駐馬店年鑑

2018 YEAR BOOK OF ZHUMADIAN

驻马店市人民政府主办
驻马店市地方史志办公室编

方志出版社

图书在版编目（CIP）数据

驻马店年鉴. 2018 / 驻马店市地方史志办公室编.
-- 北京:方志出版社, 2018.12
ISBN 978-7-5144-3529-0

Ⅰ. ①驻… Ⅱ. ①驻… Ⅲ. ①驻马店－2018－年鉴
Ⅳ. ①Z526.13

中国版本图书馆CIP数据核字(2019)第013632号

驻马店年鉴（2018）

编　　者：驻马店市地方史志办公室
责任编辑：顾洁
出 版 人：冀祥德
出 版 者：方志出版社
地址　北京市朝阳区潘家园东里 9 号（国家方志馆4层）
邮编　100021
网址　http://www.fzph.org
发　　行：方志出版社发行中心
电话（010）67110500
经　　销：各地新华书店
设计制作：河南蘭亭設繪包装有限公司
印　　刷：郑州印之星印务有限公司
开　　本：889mm×1194mm　　1/16
印　　张：30.25
字　　数：1,253千字
版　　次：2018年12月第1版　　2018年12月第1次印刷
印　　数：0001～1500册
ISBN 978-7-5144-3529-0　　**定价：**220.00元

编辑说明

一、《驻马店年鉴》是由驻马店市人民政府主办、驻马店市地方史志办公室编纂的地方综合年鉴，是一部系统记述驻马店市区域内自然、历史、政治、经济、文化、社会等方面情况的年度性、地方性、资料性文献，也是一部具有历史性、文化性、知识性、科学性的基本市情读本。

二、年鉴编纂出版坚持以马克思列宁主义、毛泽东思想、邓小平理论、"三个代表"重要思想、科学发展观和习近平新时代中国特色社会主义思想为指导，遵守国家有关法律、法规，力争做到观点正确、框架科学、资料翔实、记述准确、编写规范，编纂出版符合国家标准。

三、《驻马店年鉴》为年刊，1993年创刊，每年出版一卷。本卷为2018卷，总第26卷。

四、本年鉴采取分类编辑法，以部类为单元，每一部类由若干类目、分目、次分目及条目、文章组成；条目为基本表现形式。

五、本卷共设29个部类，即特别关注、市情概览、大事记、中共驻马店市委、驻马店市人民政府、驻马店市人民代表大会、政协驻马店市委员会、中共驻马店市纪检委驻马店市监察委、民主党派与工商联、群众团体、法治、军事、经济管理、财政税务、金融、城乡建设、环境保护、交通邮政电信、农业、工业、商贸服务业、科学、文化旅游、教育体育、社会民生、区县概况、人物、重要文献、天中文摘等。

六、本卷年鉴所用稿件，除特别关注、市情概览、大事记、人物、重要文献、天中文摘中的部分内容外，均由市直各单位、各区县及各驻驻单位提供，并经过各单位领导审核；新闻类图片资料，由驻马店日报社提供。

七、本年鉴配备多重检索系统，书前有目录，书后有主题索引、图照索引。

八、阅读本年鉴电子版，请登录驻马店市情网www.zmdsqw.com。

九、由于编辑水平有限，不妥之处在所难免，敬请读者指正。

驻马店市地方史志编纂委员会

顾　　问　陈　星（市委书记）

主任委员　朱是西（市委副书记、市政府市长）

副主任委员　李宝清（市委副书记）

戚存杰（市委常委、宣传部部长）

李国胜（市委常委、市委秘书长）

张丽彩（市人大常委会副主任、市总工会主席）

谢凤鸣（市政协副主席）

潘小平（驻马店军分区副司令员）

办公室主任　赵心田（市地方史志办公室主任）

《驻马店年鉴》编辑人员

主　　编　赵心田

副 主 编　李文杰　李方伟

执行编辑　于　红　王方明（图片）　张佳佳

编　　辑　丁喜明　王平选　王　敏　易　文　邱蕴湛

《驻马店年鉴》编辑部

地　　址：河南省驻马店市驿城区泰山路529号广泰大厦11层

电　　话：（0396）2832066　2814882

邮政编码：463000

电子信箱：zmdnjbjb@163.com

官方网站：驻马店市情 zmdsqw.com

本卷撰稿人

市委办公室　岳远博
市委保密办公室　王　涛
市委政策研究室　万超麟　代　予
市委组织部　杨　川
市委老干部局　杨寒之
市委宣传部　李晓光　赵　哲　贾帅领
市委统战部　马敬超　宋远涛
市委市直机关工委　刘文俊
市机构编制委员会办公室　吴运全
市委群众工作部（市政府信访局）　夏　杰
市委党史研究室　李志强
市委党校　张璐璐
市文明办　任　军　李　涛
市纪律检查委员会　孔秀丽
市委巡察办　张文峰
市人大办公室　郭　爽
市政府办公室　付亚丽
市接待办公室　李　森
市扶贫开发办公室　方　飞　聂海博　王林昶
　常正顺　孙　剑　陈诗忠　李　东　李林普
市民族宗教事务委员会　吕　光
市外事侨务办公室　米　丰
市直机关事务管事局　王校星
市行政服务中心（公共资源交易中心）　胡培培
市政协办公室　雷　蕾
民进驻马店市委　陈海珍
民盟驻马店市委　张　靖
农工党驻马店市委　姚新芝
市工商业联合会　王亚军　马　杰
市总工会　张步禹
共青团驻马店市委　胡　涛
市妇女联合会　陈雨阳
市归侨侨眷联合会　贾明君
市委政法委　刘义琳
市政府法制办公室　张　伟
市公安局　郝哪达　郑　方
市人民检察院　钟云锋

市中级人民法院　王东风
市司法局　李　瑞
河南省豫南监狱　张继文
驻马店市仲裁委员会　张克哲　杨　双
驻马店军分区　丁小兵　李桂宾　明　辉
中国人民武装警察部队驻马店支队　莫景廉　王建喜
　李　俊
市公安消防支队　邢海舰
市人民防空办公室　张海红
市发展和改革委员会　王全锋　冯　冰　王乐希　杨景周
　万克平　刘小飞　魏熙雨　郭晓晓　崔武申　代爱华
　张　笑　付天应　杨立杰　张建华　薛贺军　王　军
　党肖冰　袁卫军　李春霞　张拥军　李秋源　龚乃衡
　梁　琦　陈万洲
市国土资源局　李文友
市国资委　张　猛
市安全生产监督管理局　李玉成
市工商行政管理局　徐其林
市质量技术监督局　李晓丹
市食品药品监督管理局　王　丽
市审计局　罗城伟
市统计局　苑拥军　黄艳婷　陈　瑞　李怡明
国家统计局驻马店调查队　娄　明　任清华
市财政局　董华亭
市国家税务局　张旭东　康会霞
市地方税务局　曹贝贝
中国人民银行驻马店市中心支行　王太帅
驻马店银监分局　李建伟　金　锦
市政府金融服务办公室　王东亮
中国工商银行驻马店分行　谢黑龙
中国农业银行驻马店分行　李海峰　张　亮
市农业发展银行　席富强
驻马店农商银行　潘文洲
中国建设银行驻马店分行　徐登云
中国银行驻马店分行　刘显峰
中原银行驻马店分行　陈　薇
中国邮政储蓄银行驻马店分行　戚煜珩

市保险行业协会　高守俊
中国人寿保险驻马店分公司　张　愈
中国人民健康保险驻马店中心支公司　匡苏予
中国平安人寿保险驻马店中心支公司　李　路　陈振洲
大地保险驻马店中心支公司　王月玲
建信人寿驻马店中心支公司　尹路涛
华安财产保险驻马店中心支公司　孙　宁
渤海财险驻马店中心支公司　段鹏亮
永安财险驻马店中心支公司　杨文杰
合众人寿保险驻马店中心支公司　田　宁
中原证券驻马店分公司　刘海峰
广发证券驻马店营业部　胡秋玉
方正证券驻马店营业部　张　杰
中国银河证券驻马店营业部　李　娇
中国中投证券驻马店营业部　张　克
市城乡规划局　曹　圳
市住房和城乡建设局　董　峰
市住房管理中心　李　倩
市住房公积金管理中心　饶　勇
市投资公司　吴隆浩
市环保局　甄宇嫡
驻马店车务段　杨　洁
市交通运输局　乐　林
市邮政管理局　赵　晨
中国邮政集团公司驻马店市分公司　殷明珠
中国联合网络通信有限公司驻马店分公司　李向阳
中国移动通信集团河南有限公司驻马店分公司　屠　强
中国电信驻马店分公司　谭　峰
驻马店无线电管理局　俞　超
市农业局　张　洋　王　贞　胡国安　张金虎　彭　盼
张风影　佟建伟　许　巧　褚艳丽　王园园　韩　琴
孔亚丽　王家润　王海峰　耿明生　张亚丽　吴春峰
许卫平　胡洪艳　蒋　平　李长红　李洪典　张久云
朱明华　韩建强
市农科院　贺建峰　朱统泉　潘正茂　王建立　王成业
市委农村工作办公室　王国云　杜瑞娟　周保印
任慧敏　任　亚　王妹予　游　鑫　李　东　陈诗忠
市畜牧局　李林普　魏　政　曹炳友　张春岳　巫真真
付显东　贺萌萌
市林业局　黑竞颖
市水利局　韩　璐　马建国　赵国彬　吕　超　李彦华
曹　贞　张银玲　陈亚东　李颖娴　陈治国
市农机局　戚力帆　禹　力
市工业和信息化委　杨　明　尚小惟
驻马店供电公司（电业局）　王　征
河南中烟工业有限公司驻马店卷烟厂　徐　铮
王守义十三香调味品公司　黄　林　王鹏举
河南蓝天集团有限公司　刘　旭
平煤蓝天化工股份有限公司　刘　速
驻马店昊华骏化集团有限公司　张丽红
驻马店中集华骏车辆有限公司　张　宁
白云纸业　刘中海
市商务局　李耀华
市粮食局　王　尚
市供销合作社　赵　存
中石化驻马店石油分公司　郭汉轩　杨　洋
中石油驻马店销售分公司　刘艳春
市烟草专卖局（公司）　鲍　峰
市盐业局（公司）　刘　潇
市旅游局　汪　军
驻马店经济开发区管委会　胡梅宝
驻马店市产业集聚区管委会　代　兵
驻马店市城乡一体化示范区　王振耀
市科技局　杨新立
市科协　姬鹏祥
市气象局　李奕洁　刘　威　陈建杰
市社会科学界联合会　王　磊
市文化广电新闻出版局　张文超
市文学艺术界联合会　谭咏利
驻马店日报社　王　莉
天中晚报社　李贺建
驻马店广播电视台　李　荣
河南省新华书店驻马店市店　户平安
市教体局　王新洪　王梅枝
黄淮学院　梅宏涛
驻马店职业技术学院　王志刚
市卫生和计划生育委员会　薛静云　马宏伟
市人力资源和社会保障局　张　乐　刘　洋
市民政局　杨建锋　郭建设
市残联　吕银霞
市红十字会　李青峰　谭春明
驿城区　刘贝贝
遂平县　薛永亮
西平县　于　威
上蔡县　谢恭旭　张　燕
汝南县　王怀若
平舆县　陈渺生　秦继东
正阳县　侯存生　何海峰
确山县　许　霞
泌阳县　张国锁　李广正

数字2017

土地总面积：1364444.353公顷
耕地面积：845898.953公顷
总人口：801.74万人
常住人口：615.5万人
第一产业增加值：373.75亿元
第二产业增加值：806.24亿元
第三产业增加值：822.65亿元
三次产业结构比：18.7：40.2：41.1
人均生产总值：32565元
粮食作物种植面积：1084.87千公顷
粮食总产量：662.44万吨
夏粮产量：426.68万吨
秋粮产量：235.76万吨
油料产量：124.63万吨
农业机械总动力：1197.90万千瓦
化肥施用量（折纯）：67.75万吨
规模以上工业轻工业增加值：365.30亿元
规模以上工业重工业增加值：290.22亿元
建筑业实现总产值：549.99亿元
固定资产投资（不含农户）：1735.42亿元
社会消费品零售总额：886.4亿元
出口额：2.78亿美元
进口额：0.45亿美元
实际利用外商直接投资：3.99亿美元
旅游总收入：184.56亿元
接待国内外游客：3197.3万人次
A级旅游景区：27处
星级酒店：27个
公路货运量：1.07亿吨
公路客运量：1.13亿人
高速公路通车里程：437公里
电信业务总量：83.62亿元
财政总收入：180.90亿元
一般公共预算收入：115.20亿元
一般公共预算支出：477.06亿元
全部金融机构人民币存款余额：2818.88亿元
全部金融机构人民币贷款余额：1418.63亿元
普通高等学校：3所；在校生：2.62万人
中等职业教育学校：25所；在校生：5.13万人
普通中等学校：304所；在校生：44.84万人
小学：1823所；在校生：68.79万人
省工程技术研究中心：46个
科学研究开发机构：12个
授权专利：1257件
全国重点文物保护单位：14处
国家级非物质文化遗产名录：8个
卫生机构：3396个(含个体诊所)
人口自然增长率：5.77‰
城镇化率：42.57%
城镇居民人均可支配收入：26340元
农村居民人均可支配收入：10869元
享受政府最低生活保障城镇居民：6.79万
享受政府最低生活保障农村居民：31.81万
救助城乡医疗困难群众：23.35万
国家级森林公园：4个
空气优良天数：240天
全市已发现矿种：52种
已开发利用矿种：21种
全市森林覆盖率：16.88%
参加城镇职工基本养老保险人数：37.3万人
参加失业保险人数：36.65万人
参加城镇职工基本医疗保险人数：44.96万人
全社会用电量：118.10亿千瓦时

市情名片

□□驻马店市境内，商代建有挚国（今平舆），西周时封立蔡（今上蔡、汝南）、吕（今新蔡）、沈（今平舆）、江（今正阳西南、确山东南）、慎（今正阳）、道（今驿城区）、房（今遂平）、柏（今西平）等封国。秦代以后，历代常置郡设州、府，秦时属颍川郡，汉置汝南郡，三国魏置豫州，晋置汝南郡、汝阴郡，隋唐先后置溱州、蔡州、豫州、汝南郡、淮南西道、淮宁军，宋置蔡州，元明清置汝宁府，民国初置豫南道、汝阳道，后设河南省第八督察（行政）区。新中国成立前后，于1949年年初曾设汝南专区、确山专区，后改设信阳专区。1965年，置驻马店地区。2000年，设立地级驻马店市。2014年1月，新蔡县由省直管。

□□截至2017年年底，全市辖驿城区及遂平、西平、上蔡、汝南、平舆、正阳、确山、泌阳8县，169个乡镇（街道），1364444.353公顷，总人口801.74万人，是国家和河南省重要的粮油、畜禽生产基地。2017年粮食产量662.44万吨，油料总产124.63万吨。平舆、泌阳、正阳分别为全国白芝麻、香菇、花生产量第一大县。是全国最早的乡镇企业东西合作示范区，武汉经济协作区成员单位之一，在中原经济区建设中被确定为国家级现代农业示范区、国家大型农产品批发交易市场、国家农业废弃物综合利用示范基地。

□□成就与荣誉：全国文明城市（2017）；国家卫生城市（2017）；公交都市建设第一批创建城市（2017）；全国“双拥”模范城（2003／2007／2012／2016）；中国优秀旅游城市（2009）；国家园林城市（2011）；跨国公司眼中最具投资潜力20个中国城市（2006）；全国城市竞争力排行榜十佳案例城市（2008）；中国最具发展潜力金融生态示范城市（2009）；中国城市商业信用环境优秀城市（2013—2014）；中国十大最具投资潜力旅游目的地（2013）；全国科技进步考核先进市（2013）；中国最具投资竞争力金融服务城市（2013）；中国传奇之都（2014）；中国年度最佳投资休闲目的地（2016）；全国粮食百强县：上蔡县、西平县、正阳县（2005）；全国油料百强县：正阳县、汝南县、泌阳县、确山县（2005）；全国肉类百强县：西平县、正阳县（2005）；全国芝麻生产第一大县：平舆县；全国花生生产第一大县：正阳县；全国香菇生产第一大县：泌阳县；全国科技进步考核先进县：汝南县、西平县、泌阳县、遂平县、新蔡县（2013）。

□□旅游品牌：国家AAAAA级旅游景区：遂平县嵖岈山风景区；国家AAAA级旅游景区：确山县老乐山风景区、确山县竹沟革命纪念馆、汝南县南海禅寺、驿城区金顶山风景区、泌阳县铜山风景区；国家AAA级旅游景区：泌阳县白云山景区、泌阳县鄂豫边革命纪念馆、平舆县上河城景区、遂平县嵖岈山卫星人民公社旧址、驿城区三秋醋博园景区、泌阳县盘古山景区；国家水利风景区：确山县薄山湖、泌阳县铜山湖、汝南县宿鸭湖；国家地质公园：遂平县嵖岈山；国家森林公园：遂县嵖岈山、确山县薄山、泌阳县铜山（湖）、西平县棠溪源。

□□全国重点文物保护单位17项：驿城区杨台寺遗址（新石器时代）、西平县董桥遗址（新石器时代）、驿城区台子寺遗址（新石器时代）、汝南县天堂寺遗址（新石器时代）、上蔡蔡国故城（西周、春秋）、上蔡楚国贵族墓地（周至战国，并入蔡国故城）、新蔡县葛陵故城（东周、汉）、楚长城（河南长城合并）、西平酒店冶铁遗址（战国、汉）、泌阳下河湾冶铁遗址（战国至汉）、平舆县沈国故城（春秋至汉）、正阳县正阳石阙（东汉）、西平宝严寺塔（宋）、平舆县秀公戒师和尚塔（金）、汝南悟颖塔（明）、确山中共中央中原局旧址（1938—1939）、遂平嵖岈山卫星人民公社旧址（1958—1983）。

□□民间文化品牌：中国盘古圣地（泌阳）、中国嫘祖文化之乡（西平）、中国梁祝文化之乡（汝南）、中国重阳文化之乡（上蔡）、中国冶铁铸剑文化之乡（西平）、中国车舆文化之乡（平舆）、中国女娲文化之乡。

□□国家级非物质文化遗产：梁祝传说（汝南）、盘古神话（泌阳）、重阳节（上蔡）、打铁花（确山）、锣鼓艺术（大铜器）（西平）、罗卷戏（汝南）。

□□著名人物：中华民族的伟大母亲、华夏文明的奠基人之一嫘祖（今西平人），“周室三母”之一太任（今平舆人），春秋时期孔子“七十二弟子”之漆雕开、漆雕侈、漆雕从、漆雕凭、秦冉、曹恤（均为蔡国人），秦代丞相、杰出政治家、军事家、文字学家、书法家李斯（上蔡人），西汉著名政治家、文学家、《盐铁论》作者桓宽（上蔡人），西汉丞相、著名政治家翟方进（上蔡人），东汉名臣陈蕃（平舆人）、范滂（确山人），东汉名士许劭、许靖(平舆人），东晋中国志怪小说创始人、《搜神记》著者干宝（新蔡人），南北朝杰出唯物主义思想家、《神灭论》著者范缜（泌阳人），隋代杰出画家董伯仁（汝南人），唐代著名政治家、书法家袁滋（确山人），著名文学家袁郊（袁滋之子），五代时期南汉国建立者刘知谦、刘隐、刘龑（上蔡人），北宋“孙氏三进士、两状元”孙何、孙仅、孙侑（汝南人），北宋著名理学家谢良佐（上蔡人），北宋著名文学家穆修（汝南人），明代抗倭名将卢镗（汝南人），清代著名学者、方志学家张沐（上蔡人），现代杰出军事家、著名抗日英雄杨靖宇（确山人），现代著名革命家、教育家、民主人士任芝铭，著名书画家李丁陇（新蔡人）、吕佛庭（泌阳人）、魏紫熙（遂平人），中共第十七届中央委员、原中共海南省委书记、全国人大财政经济委员会副主任委员卫留成（泌阳人），中共第十九届中央政治局委员、中共新疆维吾尔自治区党委书记陈全国（平舆人），第十一届全国政协副主席、农工党中央常务副主席陈宗兴（正阳人），中国工程院院士、著名数学家张景中（汝南人），中国科学院院士、西湖大学校长施一公，中国科学院粒子天体物理重点实验室主任张双南（确山人），以及著名书画家张万庆（汝南人）、马国强（驿城区人）、宋华平（确山人）、毛国典（上蔡人）等。

漯
河
宁洛高速
G36
G4
平
顶
山
市
南
阳
市
舞阳
舞钢市
驻马店市
驿城区
西平
遂平
确山
泌阳
信
湖北省
常村镇
叶邑镇
龙泉
孟寨镇
保和
问十
孤石滩水库
燕山水库
辛店镇
保安镇
独树镇
S83
兰南高速
杨楼镇
武功
S49
石漫滩水库
尚店镇
古庄店
小史店镇
周南高速
下洼镇
郭集镇
饶良镇
朱集镇
大河屯镇
毕店镇
宁西铁路
G40
权寨镇
师灵镇
嫘祖镇
嫘祖故里
专探
杨庄镇
芦庙
出山镇
二郎
蔡寨回族乡
焦庄
槐树
沈寨镇
嵖岈山镇
和兴镇
车站街道
玉山镇
阳丰镇
灈阳街道
嵖岈山风景区
莲花湖街道
褚堂
花庄镇
关王庙
诸市镇
文城
石寨铺镇
板桥镇
沙河店镇
刘阁街道
顺河街道
南海街道
老街街道
胡庙
老河
蚁蜂镇
古城
朱古洞
三里河街道
竹沟镇
盘龙街道
朗陵街道
瓦岗镇
石滚河镇
任店镇
普会寺
新安店镇
李新店镇
象河
春水镇
下碑寺
板桥水库
羊册镇
黄山口
付庄
官庄镇
贾楼
泰山庙镇
杨家集
双庙街
王店镇
花园街道
古城街道
泌水街道
赊湾镇
高邑
铜山
马谷田镇
盘古
高店
盘古圣地
白云山
铜山湖
回龙
黄岗镇
毛集镇
邢集镇
明港镇
固县镇
查山
平昌关镇
淮河镇
小林镇
吴家店镇
长台关
淮
河
图　　例
省辖市政府驻地
县级政府驻地
乡镇、街道
行政村
旅游景点
大铜山 山峰及名称
省　　界
省辖市界
县　级　界
高　　铁
铁　　路
窄轨铁路
G4 高速公路及编号
107 国道及编号
省　　道
县　乡　道
渠　　道
河　　流
比例尺　1：580 000
审图号：驻审[2017年]001号
（注：图内境界不作实地划界依据）
河南省地图院　编制　二〇一八年七月

驻马店市政区图

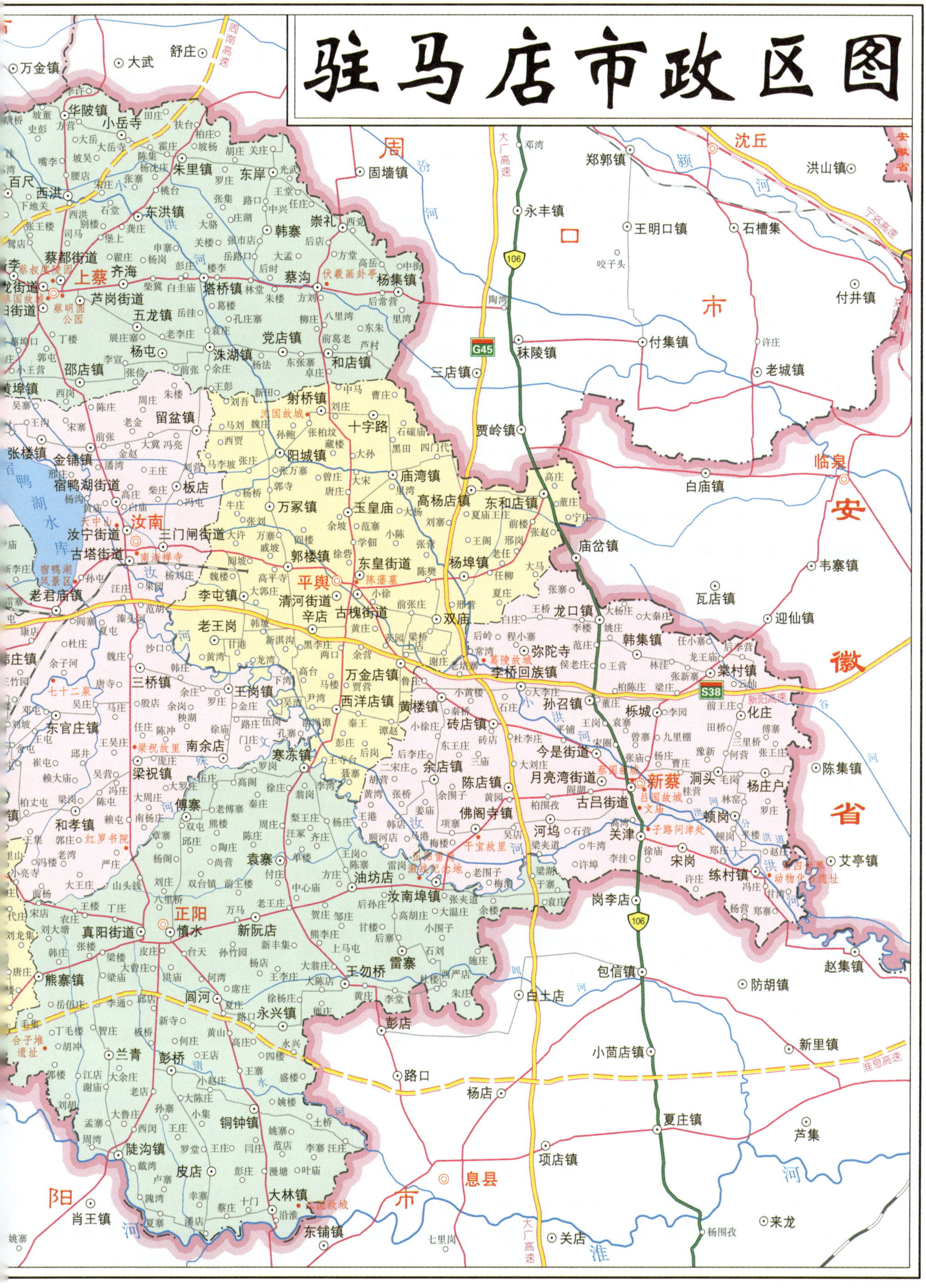

周口市
沈丘
安徽省
临泉
阳
息县
上蔡
汝南
平舆
正阳
新蔡
郑郭镇
洪山镇
固墙镇
永丰镇
王明口镇
石槽集
付井镇
付集镇
秣陵镇
三店镇
老城镇
贾岭镇
白庙镇
庙岔镇
韦寨镇
瓦店镇
迎仙镇
龙口镇
韩集镇
弥陀寺
李桥回族镇
棠村镇
孙召镇
栎城
化庄
今是街道
月亮湾街道
古吕街道
洞头
杨庄户
陈集镇
顿岗
河坞
关津
宋岗
练村镇
艾亭镇
岗李店
包信镇
赵集镇
防胡镇
白土店
小茴店镇
新里镇
彭店
路口
杨店
夏庄镇
芦集
项店镇
来龙
关店
东铺镇
大林镇
皮店
陡沟镇
铜钟镇
彭桥
兰青
永兴镇
闾河
熊寨镇
真阳街道
慎水
新阮店
雷寨
王勿桥
汝南埠镇
油坊店
袁寨
傅寨
和孝镇
梁祝镇
南余店
东官庄镇
三桥镇
王岗镇
寒冻镇
万金店镇
西洋店镇
黄楼镇
砖店镇
余店镇
陈店镇
佛阁寺镇
老王岗
李屯镇
清河街道
辛店
古槐街道
双庙
郭楼镇
东皇街道
杨埠镇
东和店镇
高杨店镇
玉皇庙
万冢镇
阳城镇
十字路
射桥镇
庙湾镇
老君庙镇
古塔街道
汝宁街道
三门闸街道
宿鸭湖街道
金铺镇
张楼镇
板店
留盆镇
邵店镇
杨屯
朱湖镇
党店镇
和店镇
五龙镇
芦岗街道
塔桥镇
蔡沟
杨集镇
蔡都街道
齐海
东洪镇
韩寨
崇礼
朱里镇
东岸
华陂镇
小岳寺
大武
舒庄
万金镇
百尺
西洪
肖王镇
宿鸭湖水库
宿鸭湖风景区
G45
106
S38
大广高速
周南高速
宁洛高速
新阳高速
淮息高速

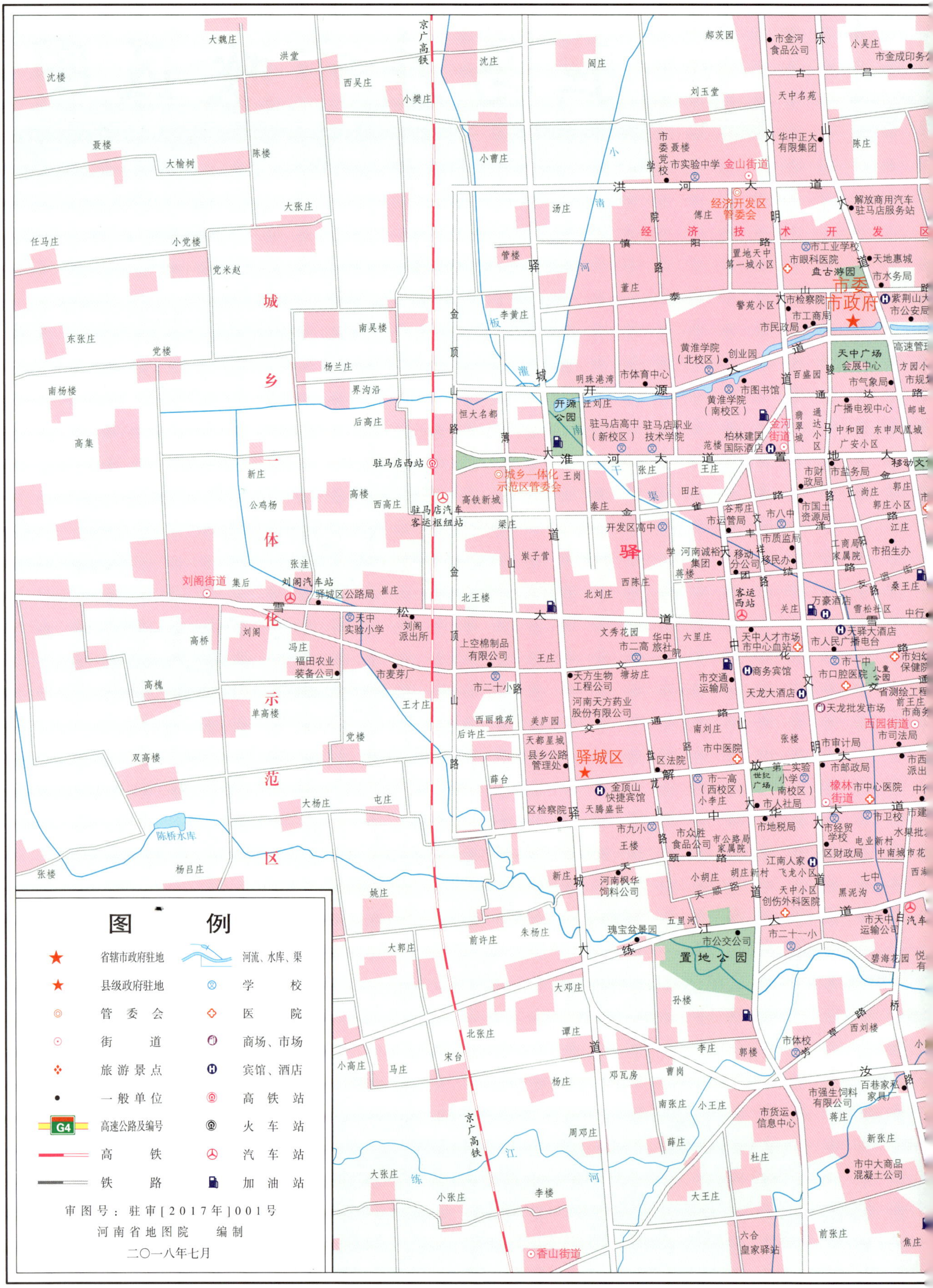

京广高铁
大魏庄
洪堂
沈楼
西吴庄
小樊庄
沈庄
闫庄
郝茨园
市金河食品公司
小吴庄
市金成印务
刘玉堂
天中名苑
聂楼
大榆树
陈楼
小曹庄
市委党校
聂楼
市实验中学
金山街道
华中正大有限集团
陈庄
洪河大道
解放商用汽车驻马店服务站
大张庄
汤庄
经济开发区管委会
傅庄
经济技术开发区
任马庄
小党楼
党米赵
管楼
置地天中第一城小区
市工业学校
市眼科医院
天地惠城
盘古游园
市水务局
城乡一体化示范区
董庄
警苑小区
市检察院
市委
市政府
紫荆山大
市公安局
市工商局
南吴楼
金顶山路
李黄庄
板桥河
市民政局
东张庄
党楼
杨兰庄
黄淮学院（北校区）
创业园
天中广场
会展中心
市速管
方园小
市规划
南杨楼
界沟沿
明珠港湾
市体育中心
市图书馆
百盛园
市气象局
开源公园
王刘庄
黄淮学院（南校区）
广播电视中心
后高庄
恒大名都
驻马店高中（新校区）
驻马店职业技术学院
柏林建国国际酒店
中和园
东申凤凰城
高集
范楼
金河街道
广安小区
驻马店西站
大淮河
张庄
王庄
市财政局
市盐务局
新庄
城乡一体化示范区管委会
王岗
田庄
郭庄
公鸡杨
高楼
西高庄
驻马店汽车客运枢纽站
高铁新城
秦庄
谷邢庄
市运管局
市八中
市国土资源局
尚庄
郭庄小区
梁庄
开发区高中
市质监局
江庄
张洼
崖子营
驿
河南诚裕集团
移动分公司
市招生办
工商局家属院
刘阁街道
集后
刘阁汽车站
驿城区公路局
崔庄
蒋楼
西陈庄
客运西站
桑王庄
北王庄
北刘庄
关庄
万豪酒店
雪松社区
天中实验小学
刘阁派出所
天骄大酒店
中行
高桥
刘阁
冯庄
福田农业装备公司
上空棉制品有限公司
文秀花园
华中旅社
六里庄
天中人才市场
市中心血站
市人民广播电台
市二高
市一中
市妇幼保健院
市麦芽厂
王庄
天方生物工程公司
塘坊庄
市交通运输局
商务宾馆
市口腔医院
儿童公园
省测绘工程
高槐
王才庄
市二十小
河南天方药业股份有限公司
天龙大酒店
天龙批发市场
前王庄
市商务
单高楼
党楼
西丽雅苑
美庐园
南刘庄
西园街道
市司法局
后许庄
天都星城
市中医院
张楼
市审计局
双高楼
县乡公路管理处
驿城区
区法院
第二实验小学（南校区）
市邮政局
市西派出
薛台
金顶山快捷宾馆
市一高（西校区）
世纪广场
橡林街道
市中心医院
大杨庄
屯庄
区检察院
天腾盛世
小李庄
市人社局
市卫校
陈桥水库
市九小
王楼
市众胜食品公司
市公路局家属院
市地税局
市经贸学校
电业新村
区财政局
中南城
张楼
杨吕庄
新庄
河南枫华饲料公司
小胡庄
胡庄新村
江南人家
飞龙小区
天中小区
创伤外科医院
七中
黑泥沟
市天中汽车运输公司
姚庄
五里河
瑰宝盆景园
市二十一小
前许庄
朱杨庄
市公交公司
大郭庄
练江大道
置地公园
碧海花园
大邓庄
孙楼
驿城大道
西刘楼
谭庄
北张庄
市体校
李庄
小高庄
马庄
宋台
郭楼
汝南路
邓瓦房
曹岗
百巷家私家具
市强生饲料有限公司
杨庄
南张庄
小王庄
市货运信息中心
蒋庄
周邓庄
薛庄
新张庄
杜庄
练江河
大张庄
小张庄
李楼
大王庄
市中大商品混凝土公司
六合皇家驿站
前张庄
焦庄
香山街道
图例
省辖市政府驻地
县级政府驻地
管委会
街道
旅游景点
一般单位
G4
高速公路及编号
高铁
铁路
河流、水库、渠
学校
医院
商场、市场
宾馆、酒店
高铁站
火车站
汽车站
加油站
审图号：驻审[2017年]001号
河南省地图院　编制
二〇一八年七月

驻马店市城区图

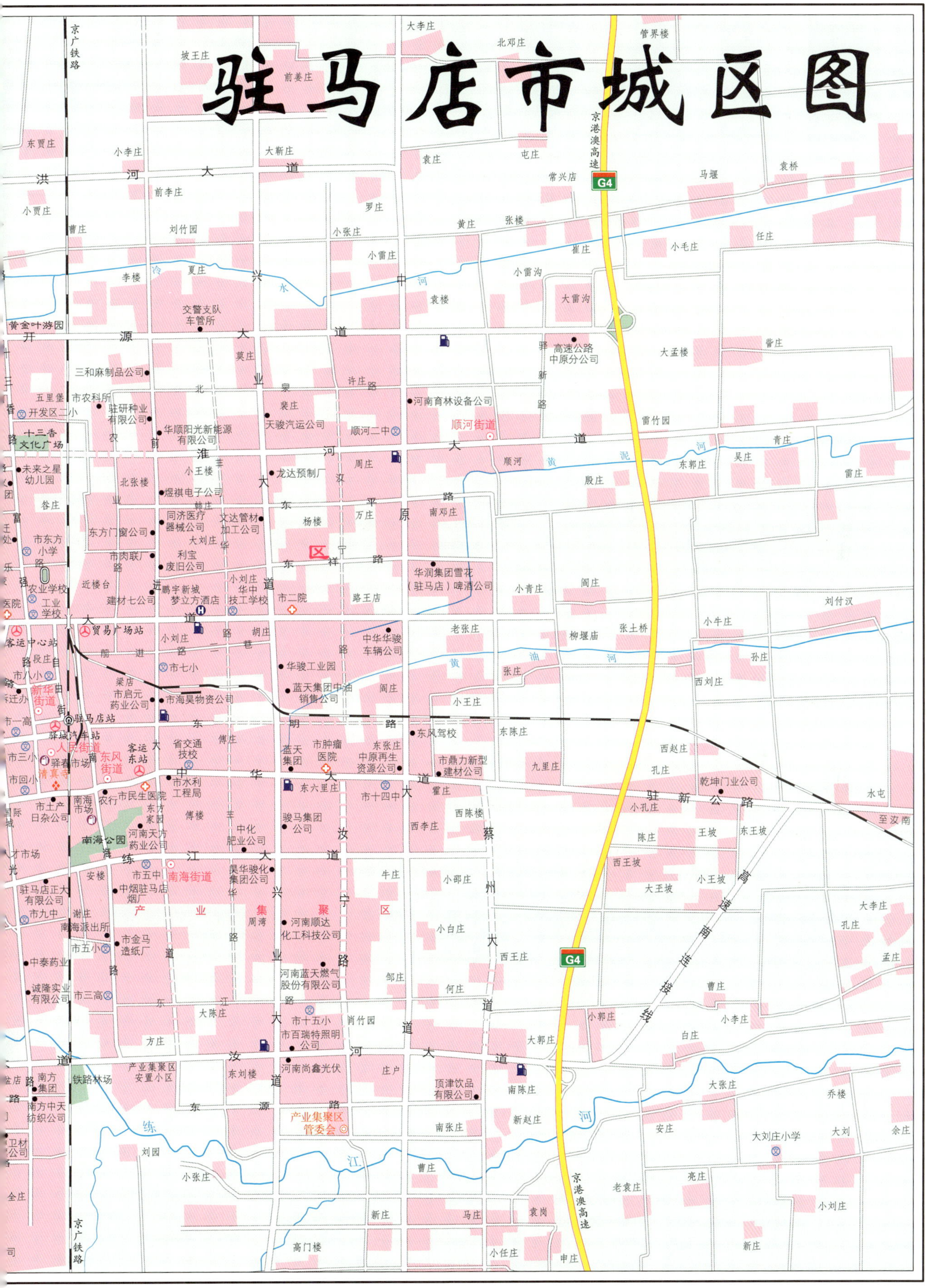

京广铁路
大李庄
北邓庄
管界楼
坡王庄
前姜庄
京港澳高速
G4
东贾庄
小李庄
大靳庄
袁庄
屯庄
常兴庄
马堰
袁桥
洪
河
大
道
前李庄
小贾庄
罗庄
曹庄
刘竹园
小张庄
黄庄
张楼
任庄
小雷庄
崔庄
小毛庄
冷
水
夏庄
李楼
兴
中
河
小雷沟
袁楼
大雷沟
交警支队
车管所
黄金叶游园
开
源
大
道
驿
新
路
高速公路
中原分公司
大孟楼
訾庄
莫庄
三和麻制品公司
许庄
五里堡
市农科所
驻研种业
有限公司
裴庄
河南育林设备公司
开发区二小
华顺阳光新能源
有限公司
天骏汽运公司
顺河二中
顺河街道
雷竹园
十三香
文化广场
前
淮
河
大
道
青庄
未来之星
幼儿园
小王楼
周庄
顺河
黄
泥
河
东郭庄
吴庄
北张楼
龙达预制厂
殷庄
雷庄
昝庄
煜祺电子公司
平
原
路
同济医疗
器械公司
文达管材
加工公司
万庄
南邓庄
东方门窗公司
大刘庄
杨楼
市东方
小学
市肉联厂
利宝
废旧公司
区
宁
祥
路
华润集团雪花
（驻马店）啤酒公司
阎庄
刘付汉
近楼台
农业学校
小刘庄
华中
技工学校
鹏宇新城
梦立方酒店
建材七公司
工业
学校
市二院
路王庄
小青庄
老张庄
小牛庄
贸易广场站
客运中心站
小刘庄
胡庄
中华华骏
车辆公司
柳堰庙
张土桥
孙庄
段庄
市七小
华骏工业园
油
河
市八小
新华
街道
梁庄
市启元
药业公司
市海昊物资公司
蓝天集团中油
销售公司
阎庄
张庄
西刘庄
小王庄
驻马店站
驿城汽车站
明
路
东风驾校
东陈庄
人民街道
东风
街道
客运
东站
省交通
技校
傅庄
蓝天
集团
市肿瘤
医院
东张庄
中原再生
资源公司
市鼎力新型
建材公司
九里庄
西赵庄
孔庄
清真寺
驿春市场
市三小
市回小
市水利
工程局
市民生医院
东六里庄
市十四中
霍庄
乾坤门业公司
驻
新
公
路
水屯
小孔庄
至汝南
南海
市场
农行
市土产
日杂公司
东方
家园
傅楼
中化
肥业公司
骏马集团
公司
西陈楼
西李庄
王坡
东王坡
南海公园
河南天方
药业公司
陈庄
蔡
州
大
道
西王坡
江
汝
道
南海街道
昊华骏化
集团公司
安楼
市五中
中烟驻马店
烟厂
牛庄
小郡庄
小王坡
大王坡
驻马店正大
有限公司
市九中
谢庄
产
业
集
聚
区
周湾
河南顺达
化工科技公司
小白庄
大李庄
孔庄
高
速
南
连
接
线
南海派出所
市金马
造纸厂
西王庄
孟庄
市五小
中泰药业
河南蓝天燃气
股份有限公司
邹庄
何庄
曹庄
诚隆实业
有限公司
市三高
大陈庄
市十五小
市百瑞特照明
公司
肖竹园
小郭庄
小李庄
白庄
方庄
大郭庄
南方
集团
铁路林场
产业集聚区
安置小区
东刘楼
河南尚鑫光伏
庄户
顶津饮品
有限公司
南陈庄
大张庄
乔楼
南方中天
纺织公司
东
源
产业集聚区
管委会
南张庄
新赵庄
安庄
大刘庄小学
大刘
余庄
练
江
刘园
小张庄
曹庄
老袁庄
亮庄
全庄
新庄
马庄
袁岗
小刘庄
高门楼
小任庄
申庄
新庄

目 录

中共驻马店市纪检委驻马店市监察委 / 131

民主党派与工商联 / 135

群众团体 / 139

法　治 / 145

交通 邮政 电信　/ 225

农　业　/ 235

特别关注

第四届产教融合发展战略国际论坛

2017 年 6 月 23 日—24 日，第四届产教融合发展战略国际论坛在驻马店市嵖岈山国际会议中心举行，该届论坛由教育部、河南省人民政府支持，教育部学校规划建设发展中心、应用技术大学（学院）联盟主办，驻马店市人民政府、黄淮学院承办，论坛主题为“跨界·融合——新兴战略性产业崛起与人才培养机制改革”，具体以地方高校转型发展成果展示与经验交流、新技术革命条件下国际应用型高校建设的新趋势与经验、“十三五”新兴战略性产业崛起与应用型高校建设为主要内容，以“十三五”高校转型发展的新探索、“十三五”战略新兴产业与产教融合发展新机制为核心议题。论坛开幕式由教育部学校规划建设发展中心主任陈锋主持，教育部副部长孙尧、河南省副省长徐济超、驻马店市委副书记、市长陈星分别在开幕式上致辞，出席该届论坛的嘉宾有中国科学院院士、清华大学副校长施一公、美国大学大气研究联盟 (UCAR) 主席托尼、英国国家学历学位评估中心总裁白云、美国加州大学联盟主席栾晶、荷兰应用科学大学联盟主席 Thom de Graaf 等来自 7 个国家的 63 位教育机构负责人、大学校长和知名学者、34 家国内外知名企业代表、105 所国内高校的负责人。该届论坛设置 1 个主论坛和 8 场分论坛、3 场圆桌会、多场座谈会和项目洽谈会，发布中英高水平应用型高校建设、中美“彩虹计划”、国育华渔 VR 世界实验室等产教融合项目。44 位业界知名专家作专题报告，51位专家开展9场对话会，26家单位和机构作创新案例分享。中国科学院院士、清华大学副校长施一公作《回国十年：清华生命学科的改革实践》主题报告，主要介绍对中国教育的反思和自己过去回国十年在清华大学的实践，清华大学生命科学学院进行了人事制度、行政管理体制改革，把管理变为服务，吸引激励了大量的优秀人才投身科研教学，使清华生命科学跨进了世界一流。另外，施院士还兼任西湖高等研究院院长，第一次公开地讲为什么创办西湖大学。英国国家学历学位评估中心的总裁 Cloud　Bai-Yun 女士作题为《英国国

6月22日，凤凰教育与黄淮学院举行校企合作签约仪式　　黄淮学院提供

6月23日，第四届产教融合发展战略国际论坛开幕式现场　　黄淮学院提供

6月23日，中科院院士、清华大学副校长施一公作主场报告　　黄淮学院提供

6月23日，认真聆听学术报告的外国嘉宾　　黄淮学院提供

6月22日，教育部副部长孙尧（左二）、河南省副省长徐济超（左三）视察黄淮学院　　黄淮学院提供

6月24日，第四届产教融合发展战略国际论坛闭幕　　黄淮学院提供

6月21日，英国斯旺西大学与黄淮学院签署合作共建联合研究中心协议 黄淮学院提供

家资格框架》的报告，与大家分享在英国的职业教育之中的一些职业资格认定方面所做的研究和经验，指出英国是第一个测试并且提供这样一种一体化资格认证服务的国家。

凤凰卫视常务副行政总裁兼凤凰教育董事长崔强作题为《数字媒体产教融合——中国高校的契机与挑战》；英伟达全球高级副总裁 / 中国区总裁沈威作题为《人工智能——产业革命的裂变器》的报告；IBM 首席技术官李永辉先生作题目为《认知计算改变未来》的报告；网龙网络公司副总裁林伟作《VR、AR 技术带来人类认知和学习模式革命》的报告；荷兰应用科学大学联盟主席 Thomas Carolus de Graaf 作题为《荷兰应用科学大学构建领先的知识型经济》的报告。此外，美国大学大气研究联盟（UCAR）主席 Antonio Busalacchi 作题为《美国大学大气研究联盟介绍和地球系统科学的未来》的报告；上海发那科机器人有限公司总经理钱晖先生作《制造企业如何转型升级和助力智能制造人才培养》的报告；美国加州高校联盟主席栾晶作题为《加州高校联盟与中美合作》的报告；英国斯旺西大学校长 Richard Davies 作题为《创新驱动经济发展》的报告；温州大学校长李校堃作题为《温州大学的国际化》的报告；重庆第二师范学院副院长陈永跃作题为《打造学科专业集群超级平台，支撑学校深度转型发展》的报告；这些专家从不同角度介绍产教跨界融合的经验与做法，对应用型人才的培养具有重要的借鉴和分享意义。

该届论坛共邀请来自美国、英国、荷兰、印度等 7 个国家 50 多位国外大学、行业企业、政府机构的专家作主题报告、开展对话合作洽谈会等。

论坛至 2017 年已成功举办四届，均取得的丰硕的成果。第一届产教融合发展战略国际论坛于 2014 年 4 月在驻马店市召开，论坛的主题为：“建设中国特色应用技术大学”，论坛发表了“驻马店共识”，在推动地方本科高校转型发展方面统一思想，明确目标。第二届论坛以“拥抱变革 创造价值——应用技术大学的使命与挑战”为主题，深化共识、凝聚力量、推动变革、创造价值，为地方本科高校转型发展注入新的活力。第三届论坛以“向互联网 + 与智能制造进军”为主题，主动聚焦国家战略，为地方本科高校服务于国家互联网 + 战略、大数据战略、智能制造战略，起到凝聚共识、引领行动的作用。该届产教融合发展战略国际论坛以“跨界 · 融合——新兴战略性产业崛起与人才培养机制改革”为主题，相对于前三届论坛，论坛聚焦在人才培养上，更加注重产教的深度融合。

正如教育部学校规划建设发展中心主任陈锋在论坛闭幕式所作的总结报告一样，跨界，开拓一片新蓝海；融合，重构产业生态圈；创新，变革大学新形态。该届论坛紧紧围绕创新驱动发展的核心动力，为推进产教融合、深化转型发展绘就新蓝图。

第二十届中国农产品加工业投资贸易洽谈会

第二十届中国农产品加工业投资贸易洽谈会于2017年9月13日—15日在驻马店市举办。会议以“开放、创新、绿色、共赢”为主题，以推动农业供给侧结构性改革、农村一二三产业融合发展和农村创业创新为目标，以投资贸易和技术提升为重点，深入推进区域经济合作，促进农产品加工业转型升级发展。

农业部部长韩长赋，中共河南省委副书记、省长陈润儿，农业部副部长屈冬玉，中共河南省委副书记王炯，河南省人大常委会副主任王保存，河南省政府副省长王铁、河南省政协副主席张广智，中国商业联合会副会长张长杰，农业部农产品加工局局长宗锦耀、副局长潘利兵，农业部财务司司长陶怀颖，国际合作司副司长张陆彪，中国农科院农产品加工研究所长戴小枫，农业部中国绿色食品发展中心主任王运浩，农业部办公厅副局级秘书刘瑞明，农业部办公厅副巡视员毛德智，农业部农业贸易促进中心副主任宋聚国，农业部农业国际合作交流中心副主任蔺惠芳，农业部农村社会事业发展中心主任张辉、副主任李增杰，农业部规划设计研究院首席科学家朱明院士，中国社会科学院人口与劳动经济研究所长张车伟，河南省政府秘书长朱焕然、副秘书长朱良才，河南省农业厅长宋虎振、副厅长邹庆鹏、农业产业化办公室主任马国明等领导和重要嘉宾出席会议。全国32个省、自治区、直辖市和河南省18个省辖市、10个省直管县（市）组团参会。中国农业大学、华中农业大学、中国农业科学院农产品加工研究所等43所大专院校、科研院所负责同志参会参展，各地各部门参会代表团172个，参会企业5000多家，参会客商和专业观众超过3万人。

中国食品包装机械有限公司、山东雷沃国际重工股份有限公司、上海冠生园、河北君乐宝、今麦郎面品有限公司、孙桥现代农业联合发展有限公司、山西紫林醋业有限公司、台湾顶新集团、台湾徐福记、三全食品股份有限公司、好想你枣业股份有限公司近300家境内外知名农产品加工企业和国家级农业产业化龙头企业以及家乐福、沃尔玛、大商新玛特等30多家知名连锁超市有关负责人参加会议。亚洲国际贸易投资商会、中国食品工业协会、中国农产品市场协会、中国蔬菜流通协会、亚洲国际贸易投资商会等38家知名商会协会参会参展。

乌兹别克斯坦副总理米尔扎耶夫，匈牙利农业部部长法泽考什，泰国农业部监察长卡尼・力珂利他亚伍替（副部级），斯洛文尼亚驻华大使馆公使普米乐，亚洲国际贸易投资商会主席吴志毅等境外重要嘉宾出席会议。联合国粮食计划署、欧盟驻华代表和德国、爱尔兰、罗马尼亚、斯洛文尼亚、西班牙、波兰等国家的10多名驻华使馆农业官员以及“一带一路”沿线9个国家的32名嘉宾参加会议。境外企业展示区面积4000多平方米，美国、俄罗斯、法国、英国、澳大利亚、新西兰、泰国等37个国家和港澳台地区的277家境外企业参会参展，参会境外客商500多人。

展会对展区进行科学规划布局，设立综合展示区（包括各省自治区直辖市、河南省各地级市名优特新、知名、领军企业展示区）、农产品食品机械装备展示区、境外与港澳台展示区、农产品展示和贸易区（包括“三品一标”农产品、中国农加工洽谈会金奖产品展示和贸易区）、科研成果展示

9月13日上午，第二十届中国农产品加工业投资贸易洽谈会在驻马店市隆重开幕　　张　朝　摄

9月13日，农业部部长韩长赋（前左三），省委副书记、省长陈润儿（左一），乌兹别克斯坦副总理兼农业水利部部长米尔扎耶夫（右三）等一行走进驻马店市会展中心，与参会嘉宾一起参观展馆、了解参展布展情况　　弓华静 摄

9月13日，近3万名客商和嘉宾参加开幕式　　吴　波 摄

9月13日，市食品药品监督管理局工作人员在市天中广场展厅内酒类及肉制品展位前察看经营者经营手续是否齐全

代廷伟 摄

9月13日，正阳县“花生秀才”戴之星在展台向客商介绍正阳花生新品种

贺永明 摄

9月13日，被誉为世界上株高最高水稻的“遮放贡”牌贡米荣获中国农加工洽谈会金奖

弓华静 摄

9月13日，第二十届农洽会上，泰国泰中工商联合总会的客商慕名来到正阳展厅前来品尝正阳花生

杨军民　高万宝 摄

9月13日，农洽会会场一角

李国喜 摄

9月11日，市委书记余学友（右三），市委副书记、市长陈星（右四）等领导查看展馆布展情况　　张　朝 摄

推介等展区，展出面积近30000平方米，内设国际标准或特装展位2500多个，来自境内外4900多家企业参展。其中，新增农产品食品机械装备展示，结合原有的产品、技术展示，初步构建产品—技术—装备展示体系；在各项展示方面，重点展示农产品加工业转型升级发展的新装备、新技术、新产品，突出创新、绿色主题，提升了展示的整体性、新颖性、时代性；在境外与港澳台展示区，积极对接国家"一带一路"战略，突出"一带一路"地区展示，深化与"一带一路"沿线国家企业合作，释放国际农产品加工合作共赢红利。同时，成功举办20周年成果展，全面展示了农产品加工业的发展历程，展示新水平，展望了农加工洽谈会的办会前景。

围绕延长产业链、提升价值链、拓宽增收链，会议期间，举办农产品加工业与农村产业融合发展论坛，邀请农业部农产品加工局领导、农业部规划设计研究院首席专家、中国农业科学院农产品加工研究所首席专家、中国农业大学知名教授，以农产品加工业和休闲农业为引领，以市场需求为导向，以农业提质增效为目标，促进一二三产业有机整合、协同发展等内容开展研讨交流，为促进农产品加工业发展发挥积极的推动作用。

此届农加工洽谈会按照中央精准扶贫、精准脱贫的部署和要求，加大对贫困地区尤其是深度贫困地区优质绿色产品的展示展销支持力度，为贫困地区免费搭建展台、免费提供食宿、帮助宣传推介。在产销对接活动中，优先安排四川、贵州、新疆、湖北等省贫困地区开展项目推介活动，促进农企对接、农超对接，积极引导贫困地区利用特色农产品优势，发展新产业新业态新模式。

会议期间，成功签约重点合作项目176项，投资总额815.3亿元，其中亿元以上重点投资项目111个。签约5000万元以上农产品采购和贸易项目40个，贸易额55.8亿元。发布科研成果512项，签约科研成果转化项目91个。项目数量、质量和投资贸易规模与往年相比均有了新的提高。

此届会议共有15个省（区、市）285个企业577个产品参加了评定，经过农业部、中国农科院、中国农业大学等专家评审组的认真评审，共评出金质产品30个，优质产品142个。金奖产品中，粮油制品类13个，畜禽及水产品类3个，果蔬制品类4个，其他类10个。参评企业、参评产品、获奖数量分别比上届农加工洽谈会增加31%、27%、11%。

国家卫生城市创建

2007年10月，驻马店市被命名为河南省卫生城市，2014年5月，驻马店市新一届市委、市政府领导班子做出创建国家卫生城市的战略决策。市委、市政府坚持党政一把手亲自抓、负总责，多次召开市委常委会、市政府常务会，每年召开爱国卫生工作会议，安排部署创建工作。一是成立书记任政委、市长任指挥长，四大班子中的14位厅级领导任副指挥长的创卫工作指挥部；二是先后成立七项专项攻坚行动和技术评估10个专业工作领导小组，分别由1名市委常委和1名市级领导担任组长和副组长；三是所有市级领导坚持工作重心下沉，靠前指挥，同时分包办事处和主干道的创卫工作。市人大、市政协多次组织人大代表、政协委员实地检查和视察，提出意见建议。2014年以来，市委、市政府围绕创卫目标，研究出台近200个文件，为解决城市建设和创卫工作方面的突出问题，制定了强有力的政策措施。

市委、市政府发表告广大市民《公开信》，主要领导多次发布电视讲话；各级各部门出台宣传活动方案，制作创卫宣传宣传片，设立了宣传教育栏，定期举办形式多样，贴近群众，生动活泼的宣传活动，使全市上下对创卫工作形成共识，产生了共鸣。在报刊、网络等媒体上开通“创卫在行动”专题栏目；积极开展“小手拉大手、创卫一起走”、“文明礼仪小标兵”周评选、“小交警上岗”“争做卫生文明小市民”等丰富多彩的活动。

市财政按照需要多少拨多少的原则，对创卫经费不讲条件，每年拿出一定资金，按照以奖代补形式，奖励有关部门和单位。仅2016年，市财政就投入2亿元，奖励补贴给中心城区14个办事处。

2015年，市建成区投资70多亿元，实施100多个城市基础设施项目，2016年又投入创卫各项资金超过百亿元，进一步加大基础设施投入力度，实施垃圾处理、建筑垃圾消纳和资源化利用、污水处理、生活饮用水和生态用水项目工程，其中投资50多亿元，完成开源大道、铜山大道等60多条市政道路的新建改造，2015年以来，打通了65条断头路；先后投资2.7亿元，对建成区破损的900条背街小巷进行升级改造；对城区的练江河、小清河、骏马河等6条河道全部进行综合整治，建设了练江湖公园、黄西河带状公园等4个水系公园；建成区新建、升级改造生活垃圾中转站61座；先后投资2.1亿元，购置了机械清扫类、洒水降尘类、垃圾运输类和其它环卫类等环卫机械设备，涉及29个品种，共计1097台，确保了中心城区机扫率达到95%；对儿童公园、靖宇广场、重阳文化园等20多处公共绿地实施绿化升级改造，新增绿化面积90万平方米。

市委、市政府围绕解决城市管理短板问题，集中开展“七项”攻坚行动。一是开展夜市摊点、城乡结合部、城中村环境卫生攻坚行动。累计投入资金5000万元，对1100个小区楼院、38个城中村及城乡结合部、城市出入口未硬

驻马店市创建国家卫生城市动员大会

1月24日，市委书记余学友（中）一行来到中心城区世纪广场，亲切看望慰问春节值班环卫工人　　刘华山　摄

4月21日，全市建筑工地质量安全标准化暨扬尘治理观摩会在蓝天置业举行　　马国省　摄

环卫工人清洁街道，美化环境。摄于解放大道
李凤岭 摄

环卫工人清洗街道护栏 李凤岭 摄

市区前王社区工作人员组织十余名社区小居民，组成小小志愿者服务队，清理社区垃圾 张 朝 摄

驻马店高中637班宏志班学生利用星期天休息时间，自发到市置地公园开展义务宣传环保知识、清捡垃圾、文明劝导和宣传创文知识等活动，用自身行动积极参与创文
李凤岭 摄

5月19日，集中开展关爱城市美容师，志愿服务文明城活动 唐 翀 摄

驻马店高中637班宏志班学生向游人讲解环保知识

李凤岭 摄

开发区金河办事处志愿者沿街清理“牛皮癣”

唐　翀 摄

化道路进行维修，对积存的垃圾全力清运，全力清除乱写乱画、非法广告，粉刷墙体立面65万平方米，对排水沟和下水道进行清淤，防止积水。二是公共旱厕、户旱厕改造攻坚行动。市财政投入专项资金，新建高标准公厕178座，升级改造116座。同时通过政府招标、社会运作、全额补贴方式，对建成区所有户旱厕进行无害化改造，截至2017年全市已经新建和改造双瓮式、水冲式户旱厕4000多座。三是开展“小食品店、小餐饮店”集中整治攻坚行动。驻马店市先后组织67次联合执法，对所有的“两小”单位进行拉网式清查，中心城区排查“两小”单位9084家，对497家无证或不符合规定的单位分别予以关停或限期整改，新发证7208家，基本消除无证经营现象，经营行为进一步规范。四是开展集贸市场升级改造和周边环境整治攻坚行动。建城区投入4.19亿元，按照《标准化菜市场设置与管理规范》标准要求，对13个农贸市场升级改造，升级改造面积约8.5万平方米，取缔1个农贸市场。在全省首次建立食用农产品快检数据监管平台，让各个农贸市场的快检数据不可逆地实时上传至监管平台，提高了监管效率，有效保障市民的“菜蓝子”安全。五是开展清理转移废品收购站点攻坚行动。先后开展集中执法行动35次，出动执法人员5528人次，清理转移废品收购站点201户，已关闭或搬迁到建成区两公里以外195户、提升改造6户。六是开展户外广告（牛皮癣）与临街门头牌匾攻坚行动。集中整治解放大道、文明大道等“八纵八横”道路的临街违建广告画面、牌匾及无审批手续的广告设施，累计拆除违章墙体广告画面3万平米，楼体广告牌780处，广告塔7座，跨街广告牌6座，指示牌36座，线杆广告牌、LED屏3000余处、门店橱窗广告2400间，整治活动初显成效。七是开展中心城区交通秩序综合整治攻坚行动。抽调20名精干警力成立摩托机动大队，加大执法力度，实施交通违法“随手拍”有奖举报，建立交通协勤人员协管制度，大力完善市区交通基础设施，增加停车泊位和交通标志牌。2016年以来，查处各类交通违法行为8800余起，清理占道经营和马路市场270余处，查处涉嫌非法营运“黑三轮”400余辆、查处无证经营（黑出租）车辆37辆，有效改善市区道路交通秩序。

2016年12月，经国家统计局驻马店城调队随机访问，本地居民对城区卫生状况满意率为97.3%；建成区绿地率34.6%、绿化覆盖率40.6%，人均公园面积11.12平方米；市中心城区现有褚堂垃圾处理场一个，建有三个污水处理厂；无害化处理率达到了95.46%；城市生活污水集中处理率96%；三年来市中心城区未发生重大、特大环境污染和生态破坏事故；近3年来未发生重大职业病危害事故；三年来未发生重大食品安全事故；近三年来未发生重大实验室生物安全事故和因防控措施不力导致的甲、乙类传染病暴发流行；建成区鼠、蚊、蝇、蟑螂的密度达到国家病媒生物密度控制水平C级标准（GB/T27770-2011）要求。

全国文明城市创建

近年来，在市委、市政府的正确领导下，驻马店市的创建全国文明城市工作坚持以人民为中心，秉持“创文为人民、创文促发展”的理念，紧扣全国文明城市创建标准，集全市之力、汇全民之智，加大投入补短板，实施攻坚集中整治，完善机制加强管理，着力解决群众最关心、最直接、最现实的问题，让广大市民在创建过程中享受文明成果，走出了一条具有驻马店特色的创建之路。主要做法如下：

一、坚持高位推动，形成城市创建合力

在文明城市创建中，始终坚持为民创建的原则，不简单以拿奖牌、争荣誉作为最终目标，而是把创建全国文明城市作为满足人民群众需求、改善生产生活环境、提升市民文明素质和城市文明程度的重要措施来看待，把为民惠民作为文明城市创建的出发点和落脚点，端正态度、提高认识，先后召开了30余次规格高、规模大的动员会、推进会、培训会，切实解决“为谁创建”、“谁来创建”、“如何创建”的问题。同时，市委、市政府成立了以市委书记任政委、市长任指挥长，四大班子相关领导任副指挥长的高规格创文指挥部，将这项工作作为一项中心工作来要求、来部署、来推动，针对群众反映强烈的突出问题和薄弱环节，专门成立市容环境卫生整治、街道社区和机关单位窗口规范化建设、未成年人工作和校园周边环境整治、公益广告宣传、文明交通、志愿服务、诚信建设等8个专项攻坚行动领导小组，分别由一名市委常委和一名市级领导担任组长和副组长。工作中，坚持领导干部带头，四大班子领导分包重点路段和乡镇街道社区，深入一线、靠前指挥，协调解决突出问题，强力推进创文工作。制定印发《驻马店市创建全国文明城市工作督导考核问责办法》，加强督促检查，强化奖惩问责，通过务实的作风、扎实的措施来推进创文工作，通过实实在在的成效让群众切实感受到创建带来的实惠和便利，激发全民创建热潮，形成人人支持创建、人人参与创建的良好氛围。

二、坚持为民创建，切实加大民生投入

驻马店作为一个欠发达的农业大市、人口大市，城市基础设施薄弱，公共服务建设欠账较多。为彻底改变这一现状，近年来，驻马店市不断创新融资模式，坚持用市场方式破解融资难题，积极推进投融资体制改革，成立市投资公司、公共资产管理公司、担保公司，设立周转基金，着力提升融资能力；积极引入社会资本参与城市建设，中心城区有15个PPP项目已完成项目采购并全部落地实施，引入社会资金243.7亿元；加强与国开行、中原豫资公司的合作，签订了总投资约700亿元的百城建设提质工程合作协议。进一步加大项目建设力度，不断完善城市功能，努力补齐城市发展

9月14日，驻马店市创建全国文明城市迎检大会召开，图为大会会场　　弓华静　摄

9月13日上午，省委副书记、省长陈润儿（中），市委书记余学友（左一）一行深入驿城区西园街道前王社区调研背街小巷改造情况 刘华山 摄

短板。2015年，中心城区投资70多亿元，实施100多个城市基础设施项目；2016年又投入100多亿元，在中心城区实施5大类300多个重点城建项目；2017年紧紧抓住列入全省第一批实施百城建设提质工程试点市机遇，强力推进百城建设提质工程，加强城市基础设施和公共服务设施建设，全面加快城市建设发展步伐，在中心城区谋划实施了7大类338个城建项目，年度投资142亿元。让广大市民群众欣喜的是，在总体布局方面，按照“一中心五组团”发展布局，规划实施12条组团连通工程，坚持“以水润城、以绿荫城、以文化城、以产兴城”，将山水引进城市，构建驻马店组团发展新格局。同时，实施高铁广场现代商业商务区、老火车站特色商业区、练江湖（皇家驿站）文化旅游休闲区、清河湖现代文化商业休闲区、城市北部新区、职教园区6大片区开发建设，着力增强城市建设的整体性。在道路交通方面，打通65条断头路，改造940多条背街小巷，完成30余条主干道路升级改造，启动实施12条组团连通工程。在生态水系方面，对中心城区6条河流进行集中整治，实施4个水系公园建设，启动水系连通工程，并全面实施雨污分流。在园林绿化方面，对20多处公共绿地实施升级改造，新增绿化面积90万平方米，城市绿化率、绿化覆盖率、人均公园绿地面积3项指标分别超出国家园林城市标准3.6、4.6个百分点和2.12平方米。在环卫设施方面，实施生活垃圾处理、建筑垃圾消纳和资源化利用、污水处理、生活饮用水项目工程，新建垃圾中转站27座，升级改造20座；新建改造公厕288座，改造旱厕近万座。投资2.1亿元，购置1097台先进的环卫清扫、清运、洒水、降尘车辆等设备，中心城区机械化清扫率和高压冲水率均达到97%。在公共服务方面，科学布局教育、卫生、体育、文化、健康养老等公共服务设施，市图书馆、博物馆、气象科普馆、群艺馆、体育中心、职工文化活动中心等先后建成投用，十三香公园、科技馆、青少年宫、杨靖宇纪念馆、国际会展中心等一批重点项目加快建设。积极推动健康驻马店建设，加快文化体育事业发展；深入实施义务教育“城镇扩容”规划，2017年-2018年计划完成投资20多亿元，加强中心城区中小学建设，着力解决大班额问题。

三、坚持重点整治，塑造城市美好形象

过去的驻马店给人留下的总体印象是“脏乱差”，对外形象不好，群众反映强烈。为此，驻马店市坚持从群众最需要的地方抓起，从群众最不满意的地方改起，勇于向困难“开战”，敢于向顽疾“亮剑”，由各攻坚行动领导小组牵头，整合资源、集中整治、全力攻坚。一是集中清除垃圾。首先从群众反映强烈的清运垃圾入手，组织240多台车辆对老旧社区、无主管社区、城中村、城市郊区堆积多年的陈旧垃圾进行集中清运，共清运垃圾178万吨，一举消灭困扰群众多年的垃圾乱堆乱放问题，改善群众生活环境。同时采取政府购买服务的方式，设立12319零星建筑垃圾清运热线，免费

5月18日，省委常委、宣传部部长赵素萍（左二）到驻马店检查指导创文工作

为城市居民清运零星建筑垃圾8000多吨。在此基础上，市、区两级财政投入资金4.7亿元，对38个城中村、1100个小区楼院和城乡结合部进行综合整治，对城市出入口未硬化道路进行维修，对夜市摊点、小食品小餐饮、废品收购点、小广告和门头牌匾进行集中整治，共关停或限期整改“两小”单位490多家，清理转移废品收购站点200余户，拆除违章墙体广告3万平方米、门店橱窗广告2400处，粉刷墙体立面65万平方米。二是深入开展城市秩序攻坚。强化文明交通工作，抽调40名精干警力，成立交警支队机动巡逻大队，加大执法力度；市政府先后招录600名辅警，城区不文明交通行为得到有效管控，并通过实施交通违法“随手拍”有奖举报、增加停车场、停车泊位和交通标志、建立路口文明交通宣传电子屏、清理占道经营、查处非法运营车辆等方式，集中力量进行整治，有效改善市区交通秩序。2017年8月份被交通部纳入第一批“公交都市”创建城市名单。投入4.19亿元，对13个农贸市场进行标准化升级改造，改造面积8.5万平方米，使原来的城市“污点”变成城市“亮点”。三是大力开展规范化整治。投入资金3.6亿元，对城区所有办事处进行改造提升。同时，对全市222家学校、医院、宾馆、办事服务大厅等窗口单位和116家党政机关、企事业单位进行集中治理。四是着力打造特色乡镇。乡镇创文工作是全市的薄弱环节，为扭转这一局面，市政府加大投入，市区每个乡镇拨款2000万元，进行总体规划，按照一街一景规划进行建设或升级改造，完善设施、立面整治、管线入地、创文宣传、居民教育等工作同步开展。五是关爱未成年人。为加强未成年人思想道德建设工作，市政府投入700余万元，在全省率先建成驻马店市未成年人“三结合”网络教育云平台。六是积极推进信用体系建设，“信用驻马店”网站上线并发挥良好作用，驻马店市公共信用信息共享平台已建成投用，每年发布诚信红黑榜2期。

四、坚持完善机制，提升城市管理水平

创建初期，群众担心这是搞形式、一阵风，创建过后还是“涛声依旧”。为避免这一现象，驻马店市从加强制度建设入手，不断完善长效机制，以常态化、长效化管理来巩固提升创建成果。一是坚持以上率下的工作机制。市四大班子领导以上率下，市委书记、市长每周都要安排专门时间深入一线调研检查指导创文工作，市委常委挂帅创文攻坚行动，市级领导分包街道、乡镇创文工作，市领导们把创文工作放在心上、抓在手上，全力攻坚克难。二是牢固树立问题导向，精准发力，强力推进。依据《全国文明城市测评体系》和操作手册要求，通过多轮模拟测评，发现问题迅速解决。特别是进入2017年创文最后冲刺阶段之后，实行每周一晚上8：00市创文周例会制度，市委书记、市长和各位常委、有重点创文任务的市领导出席会议，重在解决问题，重在补齐短板、打造亮点。坚持市领导约谈制度，对创文工作滞后的系统或单位，进行约谈，并在全市媒体进行曝光批评，加压增责效果显著。三是推行规范化管理。制定出台市民文明行为规范、中心城区公共厕所、早夜市禁止占道经营和店外销售、建筑工地文明施工、居住小区、市区农贸市场、文明交通、“门前三包”等管理办法。同时，为推动这些管理措

施落到实处，又制定出台城市市容管理考核办法，对辖区办事处、市（区）直具有城市管理职能的部门进行严格考核奖惩。四是推行网格化管理。进一步理顺市、区、办事处、社区、网格的职能职责，以沿街每个商户和单位为点，严格落实“门前三包”责任制；以分包城区主次干道为线，实行路长责任制，分别由市级领导担任路长，市直单位分包路段；以行政区域为面，实行三级网格化管理，形成全方位、全覆盖、精细化管理机制，实现“事事有人做、处处有人管”的工作格局。五是推行智慧化管理。2016 年 5 月，驻马店市建成数字化城管系统，与公安、公交等系统共享协同，并建立工地扬尘治理与渣土车监管系统，在中心城区 130 个在建工地安装监控摄像头及 PM10、PM2.5 监测仪，实行 24 小时全天候监控，大大增强市容环境卫生的管控能力，确保城市建筑工地、主次干道、街巷路面清洁通畅。六是推行市场化管理。坚持用市场思维、市场方式推动创建工作，对中心城区所有公厕和户旱厕，通过市场化运作方式进行升级改造。对日常保洁工作，由市、区、办事处引进专业环卫公司，由办事处进行监督考核，做到“管干”分离，提高了城市管理效率。七是强化督导问责机制。市委、市政府成立 9 个高规格的创文督导组，实行全覆盖、拉网式督导，实行“销号制”，问题不解决不放过，并依据《驻马店市创文督导考核问责办法》进行严肃问责。

五、坚持宣传教育，丰富城市创建内涵

充分发挥广大群众在文明城市创建中的主体作用，让人人知创建、人人愿创建成为常态，让崇德向善、见贤思齐在天中大地蔚然成风。一是强化宣传教育，积极运用媒体宣传、广告宣传和街头宣传等多种宣传方式和途径，形成全方位、大纵深、立体式、持续性的文明创建宣传格局。新建 2000 余处固定公益广告设施，精心打造核心价值观主题街道、广场、公园、社区。依托市“两报两台两网”，开辟“建设文明驻马店”、“六城联创进行时”、“大家谈”、“曝光台”等专题栏目，传播文明理念，倡导文明行为。充分利用手机短信、微信、微博等平台，开通“文明驻马店”微信微博公众号，编印了《文明言行指南》、《市民文明行为规范》等宣传资料，并通过入户发放宣传资料，教育引导广大居民崇尚文明、遵德守礼，提高他们对创文的知晓度、支持度和参与度，倡导争做文明有礼的驻马店人。二是丰富创建活动，广泛深入开展文明村镇、文明单位、文明社区、文明楼院、文明校园、文明家庭、文明服务示范窗口等各类创评活动，塑造城市文明细胞，提高文明素质。志愿服务事业蓬勃发展，截至 2017 年年底，全市拥有各类志愿者近 52 万人，市区文明单位干部职工注册志愿者达到 95% 以上，深化开展的“万名文明使者志愿服务”、“文明值守斑马线”、“市直单位周五志愿服务日”、“志愿服务手牵手”等活动，使志愿服务成为一个展示驻马店城市文明的风向标，一种温暖天中大地的精神力量，“天中志愿红”已成为全市一道城市文明风景线。三是打造“好人之城”品牌，深入开展“讲文明树新风”“我推荐我评议身边好人”等系列活动，全市涌现出一大批道德模范和身边好人、楷模标兵、最美人物，驻马店市赵小参、张全收、李国喜先后荣获全国道德模范和提名奖称号，有

9月19日，建业大市场蔬菜厅内买卖两旺　　张　朝　摄

5月25日，驻马店市举行创建全国文明城市志愿服务攻坚誓师大会。向创建全国文明城市志愿服务先锋队授旗
杨晓晖　张新理　摄

市区地矿社区，志愿者走进居民区，散发创文知识手册，营造良好文明社区气氛　　张　朝　摄

文明志愿者在街头协助交通管理，维护良好交通秩序
张　朝　摄

街头到处都留下了宣传创文骑行志愿者小分队的身影

市区总工会联合开展送清凉战酷暑共创文明城活动
唐　翀　摄

协警帮助小学生安全过马路　　李凤岭　摄

5月25日，驻马店市举行创建全国文明城市志愿服务攻坚誓师大会　　杨晓晖　张新理　摄

5月5日，市十一小学举办全校教职工志愿者培训，并当场宣誓，为创建文明城市贡献力量　　王　严　摄

8月16日，市委书记余学友（右二）、市长陈星（右一）等领导亲切会见文明家庭代表　　弓华静 摄

63 人荣登中国好人榜，居全省领先位次。2015 年 10 月，中央宣传部将驻马店市作为道德模范宣传教育方面的典型，组织中央和省重点新闻媒体，对驻马店市公民道德建设工作作集中采访报道，并在全国进行全媒体联动集中宣传。

六、坚持全域创建，提升城市文明程度

按照“覆盖全域、惠及全民”原则，坚持把中心城区与县城、村镇的文明创建统筹安排、同步推进，切实做到城乡统筹、以城带乡，全域文明创建取得显著成效。市委、市政府出台了《驻马店市创建全国文明城市三年规划（2015-2017）》，建立健全市县乡村四级联创机制，以中心城区创建为重点，辐射带动 8 个县城、延伸到乡村，动员各级各部门和全市人民积极投身文明创建活动。建立全域创建目标管理责任制，制定考评奖惩办法，积极推进城市各种优势资源向县城、乡镇倾斜，城镇公共文化服务向乡村延伸，持续改善县城、村镇创建基础条件，推进全域创建向纵深发展。截至 2017 年年底，平舆县被评为全国县级文明城市提名城市，泌阳、西平、确山、上蔡、汝南 5 个县荣获河南省文明县城，正阳县被评为河南省文明县城提名城市。在第五届全国文明村镇评选中，驻马店市西平县嫘祖镇兰衣赵村、确山县普会寺镇普会寺村荣获全国文明村镇。

通过艰苦不懈地努力，2017 年 5 月，全省创建文明城市工作经验交流会议在驻马店市召开。2017 年 10 月，全省文明城市创建暨百城提质建设工程工作会议将驻马店市作为首个观摩地，2017 年 11 月，驻马店市作为首轮参与创建的提名城市一举创成全国文明城市。这些殊荣的获得，不仅是对驻马店市创文工作的充分肯定，更是促进进一步抓好创文工作的鞭策和鼓励。

市情概览

自然地理

【区域位置】 驻马店市位于河南省南部，淮河以北的黄淮平原南域，处于亚热带与暖温带的过渡地带。地理坐标为北纬 32° 18′ ~ 33° 35′、东经 113° 10′ ~ 115° 12′之间。东与安徽省阜阳市相依，西与南阳市相连，南与信阳市毗邻，北与平顶山市、漯河市和周口市接壤。境域西起泌阳县郭集乡侉庄村黄庄，东至新蔡县练村乡闻营村，南起正阳县皮店乡潘庄村，北至西平县人和乡三李村。辖区东西最大距离 191.5 千米，南北最大距离 137.5 千米，总面积 15083 平方千米，人口密度为每平方千米 540 人。

驿城区位于驻马店市中部，地理坐标为东经北纬 32° 55′ ~ 33° 01′，113° 57′ ~ 114° 05′；遂平县位于市境中北部，地理坐标为北纬 32° 59′ ~ 33° 18′，东经 113° 37′ ~ 114° 10′；西平县位于市境西北部，地理坐标为北纬 33° 10′ ~ 33° 35′，东经 113° 36′ ~ 114° 13′；上蔡县位于市境北部，地理坐标为北纬 33° 04′ ~ 33° 25′，东经 114° 06′ ~ 114° 42′；汝南县位于市境中部，地理坐标为北纬 32° 39′ ~ 33° 11′，东经 114° 09′ ~ 114° 35′；平舆县位于市境东部，地理坐标为北纬 32° 44′ ~ 33° 10′，东经 114° 24′ ~ 114° 55′；新蔡县位于市境东部偏南，地理坐标为北纬 32° 34′ ~ 32° 58′，东经 114° 38′ ~ 115° 12′；正阳县位于市境南部，地理坐标为北纬 32° 18′ ~ 32° 47′，东经 114° 12′ ~ 114° 53′；确山县位于市境西南部，地理坐标为北纬 32° 27′ ~ 33° 03′，东经 113° 37′ ~ 114° 14′；泌阳县位于市境西部，地理坐标为北纬 32° 34′ ~ 33° 09′，东经 113° 10′ ~ 113° 48′。

驻马店市驿城区北距省会郑州铁路里程 206 千米，公路里程 228 千米；南距武汉市公路里程 321 千米，铁路里程 327 千米。驻马店市与市内各县城距离为：东距汝南县公路里程 32 千米；距平舆县公路里程 60 千米；距新蔡县公路里程 97 千米，东南距正阳县公路里程 80 千米。南距确山县铁路里程 20 千米，公路里程 20 千米。西距泌阳县公路里程 94 千米。北距遂平县铁路里程 18 千米，公路里程 19 千米；距西平县铁路里程 44 千米，公路里程 52 千米。东北距上蔡县公路里程 45 千米。

【交通】 驻马店素有“豫州之腹地、天下之最中”之称，处于中国南北交通通道，区位优势明显。周显王四十五年（前 324），区内有连接今鄂、豫、皖的楚国商运古道夏路。秦统一中国后，在全国修筑驰道，区境内古道同驰道网连接。后经历代续建，至清代形成以汝南为中心北通汴洛、南达鄂粤、东连皖苏、西接宛邑的古道网。

驻马店市境内最初的公路是民国元年（1912）在古驿道基础上改建的。市境内铁路总里程 210 千米，其中京广高铁 100.3 千米，京广铁路 109.7 千米。驻马店市境内公路网总里程 1.93 万千米，公路密度为每百平方千米 142.1 千米。公路网布局构成为：高速公路为“三纵两横”布局，共 5 条（京港澳高速、大广高速、焦桐高速、沪陕高速、新蔡至泌阳高速）437 千米；国道为“四纵两横”布局，共 6 条 634 千米；省道为“10 纵 8 横 3 联”布局，共 21 条 1771 千米；县道 2098 千米；乡道 3848 千米；村道总里程 10542 千米。按技术等级分：高速公路 437 千米，一级公路 161 千米，二级公路 1404 千米，三级公路 1404 千米，四级公路 11459 千米，等外公路 4465 千米。按路面等级分：有铺装路面 13907 千米（沥青混凝土路面 3285 千米、水泥混凝土路面 10622 千米），简易铺装路面 851 千米，未铺装路面 4571 千米。周驻南、息邢、上罗、许信高速公路正在建设，计划 2020 年年底全面建成通车。

水路运输情况。全市现有各类水路运输企业 35 家，其中：货运船舶省界运输企业 31 家，辖区内航运企业 1 家、客运企业 3 家。驻马店市辖区内洪河、汝河 2 河现不能通航，原有船民将船舶的生产经营活动转移到长江、淮河流域。2017 年，全市有省际专业货物运输船舶 760 艘，载重吨位 358.27 万吨，年完成货运量 4254 万吨、同比增长 10%，年完成货运周转量 384.57 亿吨千米、同比增长 9%，辖区内客运旅游船舶 61 艘，区域内公园、景区封闭水域非机动船 146 艘，渡船 81 艘。

【地貌】 河南省在全国地貌格局中的位置，正处于第二级地貌台阶向第三级地貌台阶过渡的地带，北部的太行山和西部伏牛山，属于全国第二级地貌台阶，东部平原和西南部的南阳盆地属于全国第三级地貌台阶，而南部边境地带呈东西向展布的桐柏—大别山构成第三级地貌台阶的横向突起。驻马店市则位于全国第三级地貌台阶上，横跨南阳盆地东缘和淮北平原，分属长江流域和淮河流域。其地势总的特点是西高东低，西部为伏牛山、桐柏山余脉构成的低山丘陵，海拔高度多在 300 米 ~ 600 米。位于泌阳县境内的白云山为最高峰，海拔 983 米。洪河、汝河、臻头河、泌阳河等河流均发源于西部山地。低山丘陵的外围为波状起伏的山前冲积洪积倾斜平原（岗地），由山前向平原倾斜，坡度多在 5° ~ 10° 之间。东部则为开阔的淮北冲积湖积低缓平原，以 1/4000 ~ 1/10000 的坡降向东缓倾，最低处海拔 32 米。

山地面积 1950 平方千米，约占全市土地总面积的 12.9%。为豫南桐柏山向西北延伸的余脉和豫西伏牛山向东延伸的余脉，主要分布于泌阳、确山、遂平、西平等县。440 多座山峰海拔多在 300 米 ~ 700 米之间，相对高度在 200 米 ~ 400 米之间，低矮的山峰呈岛状突出于波状起伏的丘陵之上。海拔超过 500 米山峰 61 座，超过 700 米的 17 座。其中，泌阳县白云山主峰白茅垛 983 米，为全市最高峰，另有泌阳县五峰山 872 米、确山县乐山 813 米、泌阳县大铜山 632.6 米、遂平县嵖岈山 417 米。

丘陵面积 1642 平方千米，约占全市总面积的 10.9%。海拔多在 200 米 ~ 400 米之间，相对高度在 200 米以下。主要分布在泌阳县境以及确山县的西部，遂平及西平县西南部的边缘地带亦有零星分布。由于流水的侵蚀切割，丘陵低缓起伏，或呈浑圆的丘状，或呈狭长的陵状，丘陵起伏，谷地开阔。以前丘陵地带一般森林植被覆盖率较低，土地瘠薄，水土流失严重，每遇山洪，沙石俱下，河道漫溢，水冲沙压良田。20 世纪 90 年代以来植被覆盖率逐年提高，水土流失状态有所好转。

岗地（洪积平原）面积 1144 平方千米，约占全市总面积的 7.6%。坡度多在 5° ~ 10° 之间，海拔一般在 100 米 ~ 200 米之间，主要沿山麓地带分布，呈现为岗地、河流谷地相间分布的波状起伏的地貌形态。岗顶一般宽 1 千米 ~ 2 千米，长数千米或十数千米。岗地的组成物质，靠近山前的较粗，越往下游越细。

平原面积 10347 平方千米，约占全市总面积的 68.6%。主要分布于汝南、平舆、上蔡、新蔡、正阳 5 县和西平、遂平、确山 3 县的东部。其地势平缓，自西北向东南倾斜，海拔在 32 米 ~ 100 米之间，地面平均坡降 1/5000 ~ 1/8000。地表组成物质主要为亚沙土、亚黏土和灰黑色含钙质的砂姜土。由于地势低洼平缓，有些是封闭洼地，如老王坡、吴宋湖、宿鸭湖、蛟停湖等，流水不畅，成为河南洪涝灾害较为严重的地区之一。

【土地资源】驻马店市土壤面积 1217652.2 公顷，占全市总面积的 80.64%。耕地土壤养分状况是：有机质含量偏低，缺磷少氮，一部分土壤缺钾。全市土壤有黄褐土、砂姜黑土、潮土、水稻土、黄棕壤、粗骨土、石质土 7 个土类。黄褐土是驻马店市面积最大的土壤类型，土壤面积 507453.5 公顷，占全市土壤面积的 41.67%。砂姜黑土是驻马店市的非地带性土壤，土壤面积 397713 公顷，占全市土壤总面积 32.66%，其中上蔡、平舆、新蔡等县均在 6 万公顷以上。驻马店市潮土土壤总面积 141443.6 公顷，占全市土壤总面积的 11.62%。主要分布在洪河、汝河、泌阳河干流及其支流两岸和古河流的故道上，多呈带状延伸。以泌阳、上蔡、西平县面积最大，其他各县（区）均有分布。水稻土土壤面积 12546.6 公顷，占全市土壤总面积的 1.03%。主要分布在正阳县、确山县，泌阳县、汝南县面积较小。黄棕壤土壤面积 8024.4 公顷，占全市土壤总面积的 0.66%，主要分布在泌阳、确山、遂平等县和驿城区的低山丘陵的中下部。粗骨土土类土壤面积 93854.8 公顷，占总土壤面积的 7.71%。分布在泌阳、确山、遂平、驿城区的低山丘陵区。石质土土壤面积 56616.3 公顷，占土壤总面积的 4.65%。主要分布在泌阳、确山、遂平县和驿城区的石质山地上。

根据土地变更调查数据显示，至 2016 年年底，全市土地总面积 1364444.35 公顷。其中：耕地 847277.25 公顷，园地 2575.52 公顷，林地 156611.15 公顷，草地 28447.2 公顷，城镇村及工矿用地 166109.22 公顷，交通运输用地 46970.11 公顷，水域及水利设施用地 97726 公顷，其他用地 18727.9 公顷。

根据地形、气候、水文、土地利用开发状况及社会经济的不同和 1987 年—1994 年全区土地利用现状调查汇总数据，驻马店地区土地可分为 4 个不同类型区。一是西部低山丘陵区。位于驻马店地区西部，主要包括泌阳县全部、确山县西部和遂平、西平 2 县的西部地区。该区域土地特征是地貌复杂多样，土地自然属性较差。二是中部城镇、经济开发区。位于驻马店地区中部，主要包括驻马店市、遂平县中部、汝南县西部和确山县北部。该区域土地特征是建设用地比重大，城镇已具规模；科技文化较发达，工业门类较齐全；人口密度高，城市人口比重增长快；农业生产条件好，矿产资源较丰富。三是北部坡洼平原区。位于驻马店地区北部和东部，主要包括西平县东部、遂平县东部、汝南县大部、平舆县和新蔡县。该区域土地特征是地势平坦，土层深厚，土地结构单一。四是南部起伏平原区。位于驻马店地区南部，主要包括驻正阳县和确山县南部。该区域土地特征是人均耕地较多，农副产品商品量较大。

驻马店市土地利用多样，分布差异明显。地理位置、地貌、气候条件对土地利用的影响，以及人们先易后难、先开发平地后开发山地，先开发浅山后开发深山的土地利用演进过程，形成全区土地利用现状的多样性。众多的土地利用类型在地域分布上大体呈现出耕地广泛分布于平原、岗地和洼地；园地主要分布平原、岗地和丘陵；林地则集中分布于山地的丘陵；城乡建设和交通用地以平原和岗地占绝对数量。根据 1987 年—1994 年全区土地利用现状调查汇总数据，驻马店地区土地利用以平原为主，农业用地相对数量大；垦殖指数高，天然植被覆盖差；土地利用率高，农业后备资源有限；建设用地增加速度快，所占土地条件优越。

【山峰】驻马店市的山地为伏牛山、桐柏山余脉，海拔高度多在 300 米 ~ 600 米之间，最高峰白云山为 983 米。境内海拔高度超过 500 米的山峰 61 座，超过 700 米的山峰 17 座。

【河流】驻马店市东西横跨淮河、长江两大流域，东部属淮河流域，由洪汝河水系、淮河干流水系、沙颍河水系等组成，总面积 13415 平方千米；西部属长江流域的汉水水系，面积1680平方千米。全市流域面积在100平方千米以上的河流有50条，其中流域面积5000平方千米以上的河流有洪河和汝河2条；流域面积在1000平方千米～5000平方千米的河流有小洪河、臻头河、北汝河和泌阳河4条。全市多年平均地表径流量39亿多立方米，径流深度257.4毫米。径流的分布趋势大体和降水一致，从西南向东北由300毫米递减至150毫米，径流系数为0.4～0.2，且汝河流域大于洪河流域，山丘区大于平原，西部大于东部，南部大于北部。径流年内变化与降水量相一致，季节变差很大，径流的60%集中在6月—9月。径流年际变化与降水量相一致，变差较大，丰水年为59.84亿立方米，平水年为31.13亿立方米，中等干旱年为16.71亿立方米，枯水年为5.05亿立方米。市内河流天然水质良好，总硬度4度～7度，pH值7.6～8.0，适用于饮用和工农业用水。

【气候】 驻马店市处在亚热带与暖温带的过渡地带，具有亚热带与暖温带的双重气候特征，是典型的大陆性季风型半湿润气候，阳光充足，热量丰富，雨量充沛，温和湿润，四季分明。但由于地理位置的特殊性，又决定境内容易出现干旱、暴雨和局地性的冰雹、龙卷风等灾害性天气。确山县、遂平县的西部和泌阳县东部系浅山丘陵区，由于局地气候的影响，多发山洪和暴雨。境内东部平坦低洼，降水集中时，容易发生洪涝。

驻马店境内四季特点为：春季，东亚大槽变平，低纬度副热带高压系统逐渐活跃起来，降水逐渐增多但不稳定，灾害性天气以连阴雨、大风和寒潮为主。夏季，冷空气影响势力北退，副热带高压带着西南暖湿气流西伸北抬，其边缘若与西风带低槽或低涡配合，境内将形成明显降水，暴雨、局地大风和冰雹等灾害性天气大多出现在这个时期。在受到较强且稳定的副热带高压控制时，又容易出现高温和干旱天气。秋季，东亚大槽建立，副热带高压逐渐南退，北部冷空气逐渐加强，温度和湿度下降，降水减少。但当西风带气流较为平缓，而西南暖湿气流较强时，也会出现连阴雨天气，有时伴有大风和寒潮。冬季，东亚大槽变得深厚而且稳定，蒙古冷高压强盛并逐渐控制全市，境内盛行东北风，气候寒冷干燥，雨雪较少。

日照光能资源丰富。全市累年太阳辐射总量112～120千卡/平方厘米，为省内次高值区。其地理分布为东部高于西部。驻马店年平均日照时数介于1854.1小时～2076.8小时之间。日照时数的分布以5月为最长，2月最短。全市年平均日照百分率为42%～47%，其地理分布与日照时数相同。西平县最高，为47%；汝南县和驿城区最低，为42%。

气温：全市累年平均气温为14.8℃～15.4℃，各县区差别不大，由于局地气候的影响，上蔡县、泌阳县、西平县较低，为14.8℃～14.9℃，确山县较高，为15.4℃。全市月平均气温与年平均气温的地理分布基本一致。气温年际变化规律一般是1月—6月气温由低逐渐升高，升致7月达到高峰，7月平均气温为27.1℃～27.5℃；自8月开始逐渐降温，降至翌年1月为最低值，1月平均气温为1.0℃～1.8℃。全市极端最低气温出现在1月、2月或12月，出现概率2月占50%。全市无霜期天数为220天～231天。

降雨：雨量比较适中。全市累年平均降水量为850毫米～980毫米，南部多于北部、西部多于东部。雨量最多的是4月—10月，集中全年降水量的82%～86%。市内降水主要特征是：一是年际变化大。由于驻马店市受季风的影响，年际降水量的波动十分明显，最多年份是最少年份降水量的2～3倍以上，如驻马店1982年降水量1791.6毫米，1966年仅400.9毫米，相差4.47倍。二是四季分配不均匀。降水主要集中在夏季（6月—8月），占全年降水量的42%～52%;秋季(9月—11月)占22%～23%;春季(3月—5月)占22%～24%;冬季(12月—2月)最少占6%～8%。全市历年平均降水日数为90天～103天，其地理分布南多北少。

降雪：全市年平均降雪日数为12.7天～15.5天，西平县和正阳县最多，均为15.5天。全市最早初雪日出现在泌阳县，在1981年10月8日；西平县最早初雪日出现11月11日；其余县区均在11月8日。全市最晚降雪终日为4月15日，出现在西平县1992年。全市年平均积雪日数为9天～13天，其分布规律与降雪日数基本一致，积雪日数最多出现在西平县、平舆县和泌阳县为13天。全市历年最大积雪深度为38厘米，1989年2月23日出现在新蔡县，驿城区、正阳县出现在24日。

风：全市冬季和秋季盛行东北风，夏季以西南风为主，偏东风次之；春季则以东北风、西北风为主。全市多年平均风速为1.8米/秒～2.4米/秒。全市各县区多年月平均风速为1.4米/秒～2.8米/秒，月最大平均风速出现在3月份(新蔡为2.8米/秒)，月最小平均风速出现在汝南县的8、9月份，平均风速为1.4米/秒。全市月平均风速以春季为最大达2.4米/秒，冬季次之达2.2米/秒，夏季为2.1米/秒，秋季最小为1.9米/秒。

【植物】 驻马店市处于亚热带与暖温带的过渡地带，植物区系组成以华北、华中植物区系为主，兼有西北、西南和东北植物区系成分。植物资源比较丰富，全市有维管束植物131科、846种。其中，藤类植物12科、28种，裸子植物3科、25种，双子叶植物94科、653种，单子叶植物20科、140种。2014年，香樟被确定为驻马店市市树，紫薇被确定为驻马店市市花。

【动物】 驻马店市在动物地理区划上，属古北界华北区和华中区的过渡地带，动物区系成分南北种类均有，且互相渗透。动物种类近2000种，其中原生动物30余种，多孔和腔肠动物2种，扁形动物10余种，线形动物约15种，环节动物5种，软体动物12种，节肢动物1500余种，鱼类79种，两栖类10余种，爬行类30余种，鸟类200余种。因境内大部为平原，所以动物具有平原型特征，多为适应性强的广布种，特有种少，动物的种类多，但数量较少。

由于自然条件等方面的差异，境内可划分为3个动物亚区。

黄淮平原动物亚区：东部平原属华北动物区系的黄淮平

驻马店市地势图

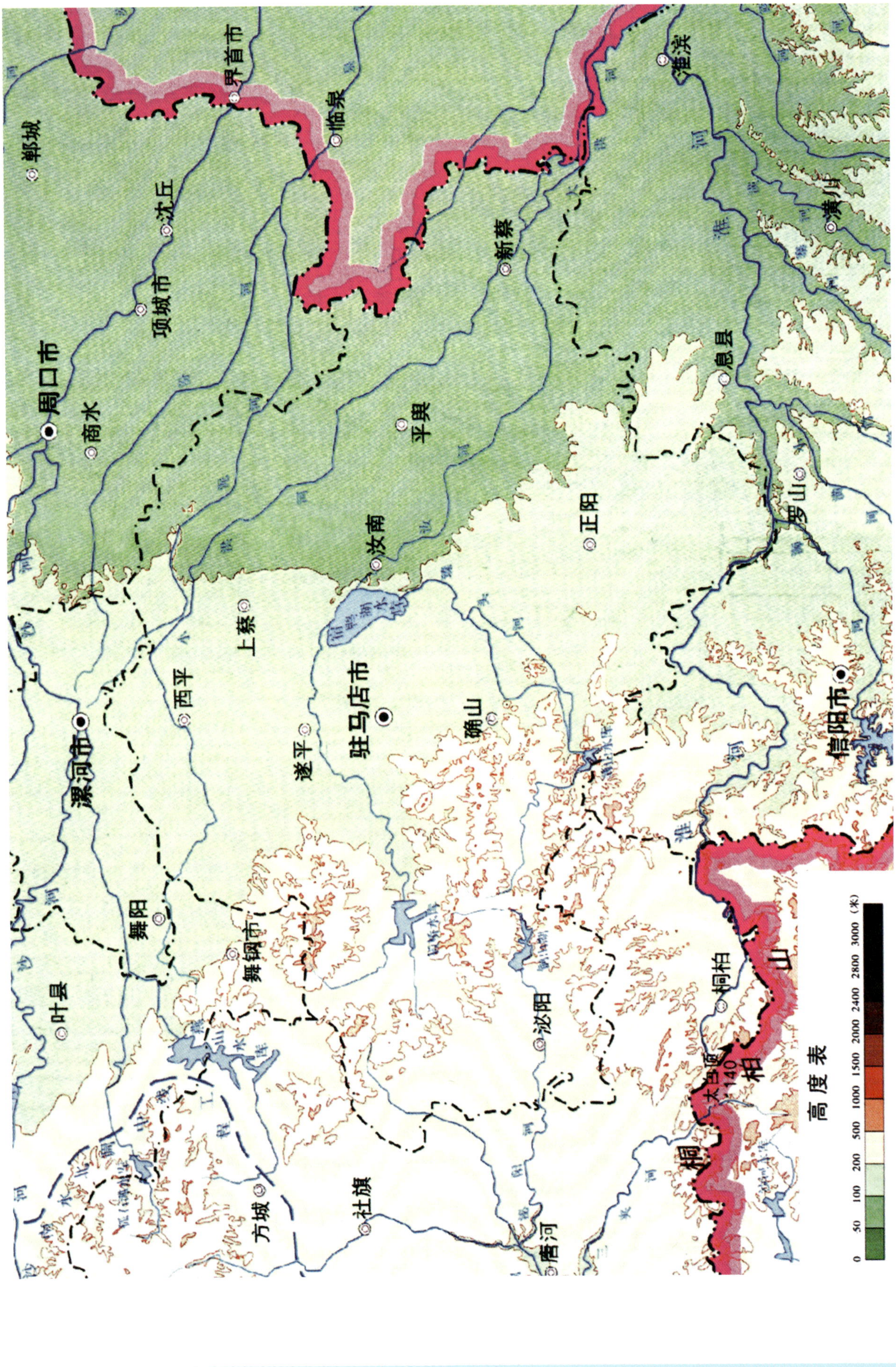

（摘自《河南森林资源——森林资源分布图集》，中原出版传媒集团、中原农民出版社，2013年4月第1版）

驻马店市水系流域图

（摘自《河南森林资源——森林资源分布图集》，中原出版传媒集团、中原农民出版社，2013年4月第1版）

驻马店市气候分区图

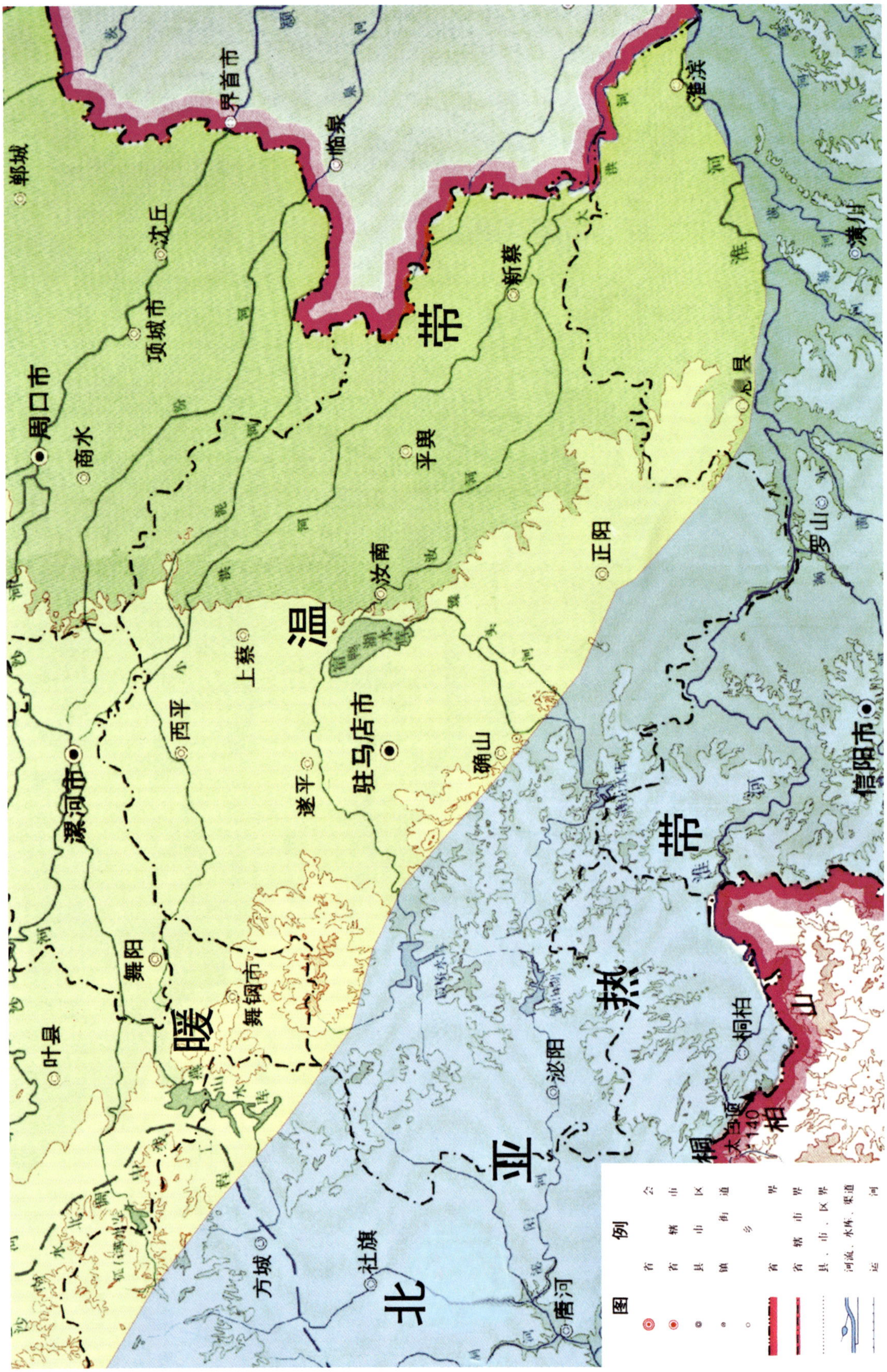

（摘自《河南森林资源——森林资源分布图集》，中原出版传媒集团、中原农民出版社，2013年4月第1版）

驻马店市土壤分布图

（摘自《河南森林资源——森林资源分布图集》，中原出版传媒集团、中原农民出版社，2013年4月第1版）

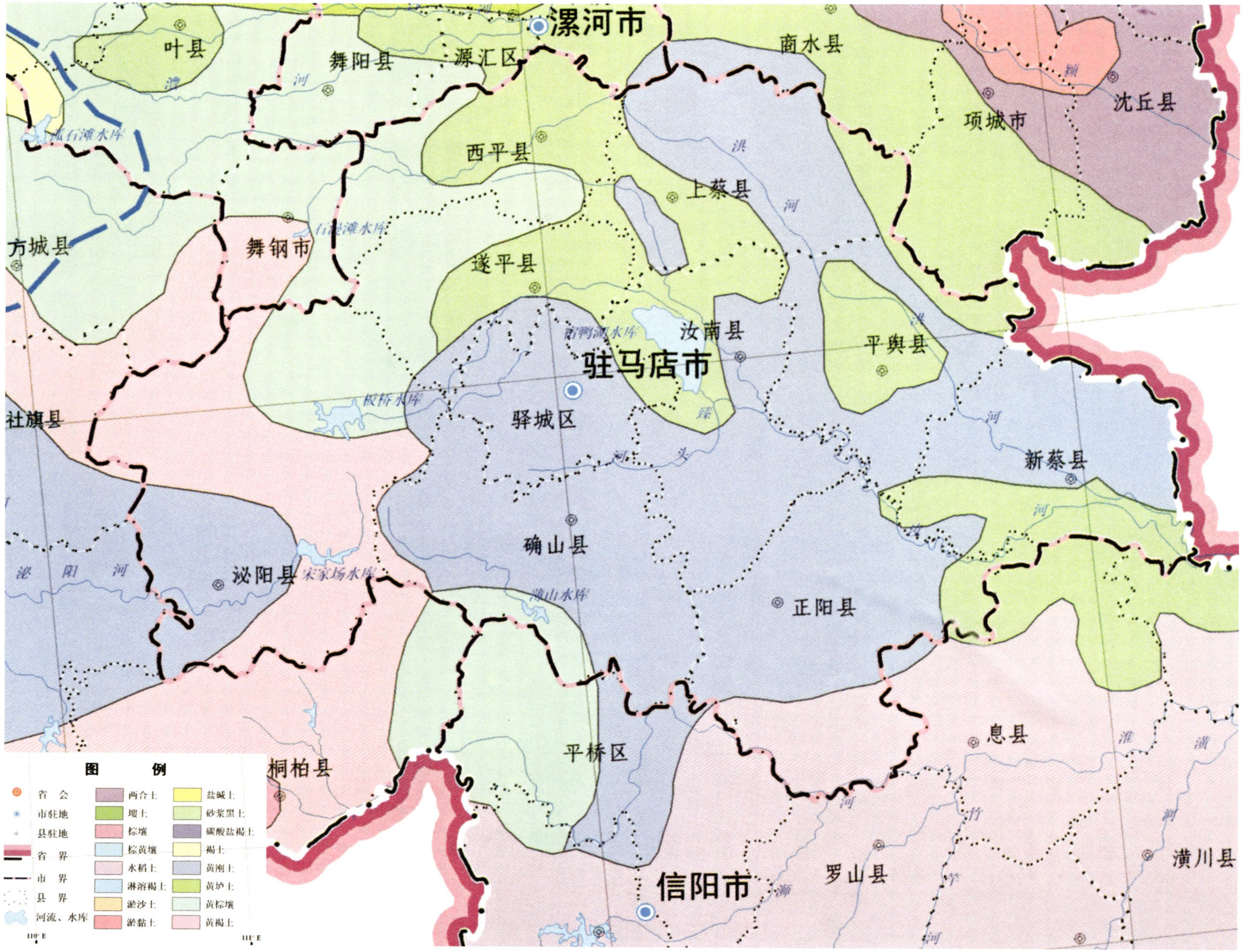

原动物亚区，以耕作区的动物为主要特征，多为适应性很强的广布种。哺乳类以黄鼬、草兔为主，啮齿类也广泛分布，其中仓鼠、田鼠等鼠类的数量较多;鸟类以灰喜鹊为优势种，秃鼻乌鸦、喜鹊较占优势；爬行类以丽斑麻蜥、山地麻蜥为优势种，鳖较多，龟罕见，蛇主要有黄脊游蛇、赤链蛇、白条锦蛇、红点锦蛇等;两栖类数量较多，主要有中华大蟾蜍、泽蛙、北方狭口蛙等。

南阳盆地岗地平原动物亚区：泌阳西北部、西平及遂平西部为华中动物区的南阳盆地岗地平原动物亚区。虽为浅山丘陵，但森林面积较小，动物也具有平原型特征。兽类普通种有刺猬、褐家鼠、小家鼠、纹背家鼠、长尾仓鼠、短耳仓鼠、黑线姬鼠、黄鼬、草兔等；鸟类以火斑鸠、黑卷尾为突出的优势种。爬行类中鳖的分布广泛，还有乌龟、无蹼壁虎及蛇类；两栖类有中华大蟾蜍、泽蛙、金线蛙等。

大别、桐柏山地丘陵动物亚区：泌阳东南部、确山西部属于华中动物区的大别、桐柏山地丘陵动物亚区。动物组成成分显示出亚热带区系特点。两栖和爬行类的种类和数量较多，爬行类以蛇类为主；两栖类有大鲵、东方蝾螈和各种蛙类；鸟类主要代表种和经济种有白鹳、秃鹫、白冠长尾雉、画眉、杜鹃、啄木鸟、长尾山雀、黑眉燕尾等;兽类中有貉、獾、豹猫、水獭等。

【矿产】 驻马店市矿产资源极为丰富，矿产资源总的特点是：分布矿种较多，分布广，矿床规模有大有小，大部分为非金属矿。

2017 年年末，全市已发现的矿种为 52 种，查明资源储量的矿种 42 种。其中，新探明的金属矿产中金红石矿储量达 5000 万吨以上，煤已探明储量 1.37 亿吨，石油储量 2146 万吨，天然气储量 4.33 亿立方米。石灰岩储量 5 亿多吨，其中熔剂灰岩储量 1.85 亿吨，平均品位 54.77%，占河南省总储量 36%；化工灰岩储量 1.75 亿吨，CaO 含量平均 55.22%，占河南省总储量的 79%，位居全省第一位；水泥灰岩储量 1.5 亿吨。含钾岩石勘探储量 1819 万吨，远景储量 16.87 亿吨，品位 8% ~ 11%。白云岩储量 8500 万吨，居全省第三位。萤石储量 100 多万吨，居全省第三位；矿泉水年可开采量 1.5 亿立方米，占全省第一位。磷矿储量 1292 万吨。2000 年，在泌阳县境内发现金红石、芒硝矿。金红石矿呈北西—南东向，分布长 60 多千米，宽 500 米 ~ 800 米，含金红石 2% ~ 4%，具有较高的开发价值。芒硝矿分布于油田一带，具大型规模，埋藏深度在 900 米 ~ 1200 米之间，累计厚度达 20 米左右，估算资源量 2000 万吨以上。膨润土、沸石、陶土矿、花岗岩、大理石等均具有较高的开发价值，特别是花岗岩品种齐全、质量好，“泌阳青”和“芝麻灰”花岗岩远销日本、韩国及东南亚地区。

驻马店全市开采利用的矿产主要有煤矿、石油、天然气、铀矿、铁矿、铜锌矿、铅锌矿、金矿、萤石矿、硅石矿、熔剂灰岩、白云岩、化工灰岩、钾长石、蛇纹石、水泥灰岩、水泥黏土、硅灰石、沸石、膨润土、熔岩、花岗石、大理石、建筑砂和陶土矿等。形成了确山刘店水泥灰岩矿区，年开采水泥灰岩矿 100 万吨，主要供应周边水泥厂；驻马店市朱古洞的建筑石料远销漯河、周口等地区；泌阳县条山铁矿区年产铁矿石 70 万吨，是信阳钢厂优质铁矿石原料基地；确山县的萤石选矿厂年采选萤石矿 2 万吨，产值超千万元；确山县采石厂是京广铁路道砟供应地，年产道砟 40 万吨；西平县年产 30 万吨高速公路用玄武岩矿开发粗具规模；确山县花岗岩远销日本、韩国等地。

建置沿革

【先秦】 夏禹时期，境内为蔡地（今上蔡县）、吕地（今新蔡县）、挚地（今平舆县）和柏皇氏活动地（今西平县）。后，《尚书·禹贡》中夏禹分天下为九州，地属豫州。西周地域分属蔡国（今上蔡县、新蔡县，治今上蔡县城）、沈国（今平舆县及汝南县东部、正阳县北部，治今平舆射桥）、江国（今正阳及确山南部，治今正阳县大林镇涂店村）、道国（今确山县北、驿城区南，治今驿城区古城）、房国（今遂平县，治今遂平县文城）、柏子国（今西平县，治今西平县西）、申国（今泌阳县属之，治今南阳）。

春秋时地域分属楚、江、沈、蔡、道、房、柏子等国所辖。东周时（前 506）蔡灭沈，后蔡、道、江、房等国均为楚所灭并，柏子国也在春秋末期归楚。

战国时大部地域属楚，今西平县和泌阳县地域属韩。

秦时，大部地域先属颍川（治今禹州）、南阳（治今南阳）、楚（治今江陵）3 郡，后属陈（治今淮阳）、南阳（治今南阳，今泌阳县属之）2 郡。境内置上蔡、新蔡、平舆 3 县。

【两汉】 西汉（前 206—8）置汝南郡（先治今上蔡县，后治今平舆县）和南阳郡（治今南阳市）。汝南郡隶豫州刺史部，领 37 个县、侯国，境内有 16 个县：平舆县（今平舆县北）、阳城县（今平舆县西北）、新蔡县（今新蔡县）、归德县（今新蔡县佛阁寺一带）、鲖阳县（今新蔡县北）、安阳县（今正阳县南）、慎阳县（今正阳县）、阳安县（今驻马店市驿城区古城）、安昌县（今确山县西）、朗陵县（今确山县西南）、安成县（今汝南县东南）、宜春县（今汝南县西南）、灈阳县（今遂平县）、吴房县（今遂平县文城）、上蔡县（今上蔡县）、西平县（今西平县吕店附近）。南阳郡隶荆州刺史部，领 36 县，境内居 2 县：舞阴县（治今泌阳县羊册镇）、比阳县（治今泌阳县泌水镇）。西汉末，归德县省入新蔡县。

王莽称帝后，新莽初始二年（9），新蔡县易名新迁县。建武元年（25），新迁县复名新蔡县。

东汉（25—220）时，境内为汝南郡（治今平舆县）和南阳郡（治今南阳市）所辖。汝南郡属豫州刺史部，辖 37 县、侯国，境内有 16 县：平舆县（今平舆县北）、阳城县（今平舆县西北）、新蔡县（今新蔡县）、鲖阳县（今新蔡县北）、安阳县（今正阳县南）、慎阳县（今正阳县）、阳安县（今驻马店市驿城区古城）、安昌县（今确山县西）、朗陵县（今确山县西南）、安成县（今汝南县东南）、北宜春县（今汝南县西南)、灈阳县(今遂平县)、吴房县(今遂平县文城)、上蔡县(今上蔡县)、征羌(今确山东)、西平县(今西平县吕店附近);南阳郡属荆州刺史部,境内有2县:舞阴县(今泌阳县西北)、比阳县(今泌阳县泌水镇)。永初二年(108),在西平县和上蔡县之间置定颍县,历经魏、晋,至南朝刘宋废。

【魏晋】 三国(220—280)时,境内属魏国汝南郡(治今息县)和南阳郡(治今南阳市)。汝南郡属豫州(治今汝南县东南),领27县,境内有13县:定颍县(今西平县)、西平县(今西平县吕店附近)、上蔡县(今上蔡县)、平舆县(今平舆县北)、新蔡县(今新蔡县)、慎阳县(今正阳县)、安阳县(今正阳县南)、宜春县(今汝南县西南)、安成县(今汝南县东南)、朗陵县(今确山县西南)、阳安县(今驻马店市驿城区古城乡)、灈阳县(今遂平县)、吴房县(今遂平县文城)。南阳郡属荆州,辖27县,境内有2县:舞阴县(今泌阳县西北)、比阳县(今泌阳县泌水镇)。魏明帝景初二年(238)置汝阴郡(治今安徽省阜阳市),新蔡县属之。

西晋(265—317),境内置汝南郡和南阳国。汝南郡属豫州,太康二年(281)改为汝南国,领15县,境内有12县:定颍县(今西平县)、西平县(今西平县吕店)、上蔡县(今上蔡县)、平舆县(今平舆县北)、慎阳县(今正阳县)、安阳县(今正阳县南)、北宜春县(今汝南县西南)、安成县(今汝南县东南)、朗陵县(今确山县西南)、阳安县(今驻马店市驿城区古城)、灈阳县(今遂平县)、吴房县(今遂平县文城);南阳国属荆州,领14县,境内有2县:舞阴县(今泌阳县西北)、比阳县(今泌阳县泌水镇)。晋元康元年(291),析汝阴置新蔡郡,治鲖阳,领4县,区境有2县:鲖阳县(今新蔡县北)和新蔡县。

东晋十六国(317—420),境内先后属后赵、前燕、前秦、后秦,后复为东晋所属,归豫州汝南郡管辖(治今息县)。东晋大兴二年(319),后赵分立隶属豫州的新蔡郡,次年被东晋收复。废新蔡郡,属东豫州汝南郡。咸和四年(329)复归后赵,重置新蔡郡(治今新蔡县城),新蔡县属之。前燕、前秦沿之。太元八年(383),归东晋,新蔡郡并入豫州汝南郡。后秦时,复置新蔡郡,后秦亡,仍为东晋属地。义熙十四年(418),汝南郡治所由息县迁至悬瓠城(今汝南县城)。

【南北朝】 南北朝(420—589)建置演变频繁。南朝宋于境内置隶属于豫州的汝南郡、新蔡郡、初安郡和绥城郡,隶属于雍州的南阳郡和广平郡。汝南郡(治悬瓠,今汝南县)领11县,境内8县:武津县(今上蔡县)、上蔡县(今汝南县)、真阳县(今正阳县)、安成县(今汝南县东南)、朗陵县(今确山县西南)、阳安县(今驻马店市驿城区古城)、西平县(今西平县吕店)、灈阳县(今遂平县);新蔡郡(郡治鲖阳)领

蔡国地域图

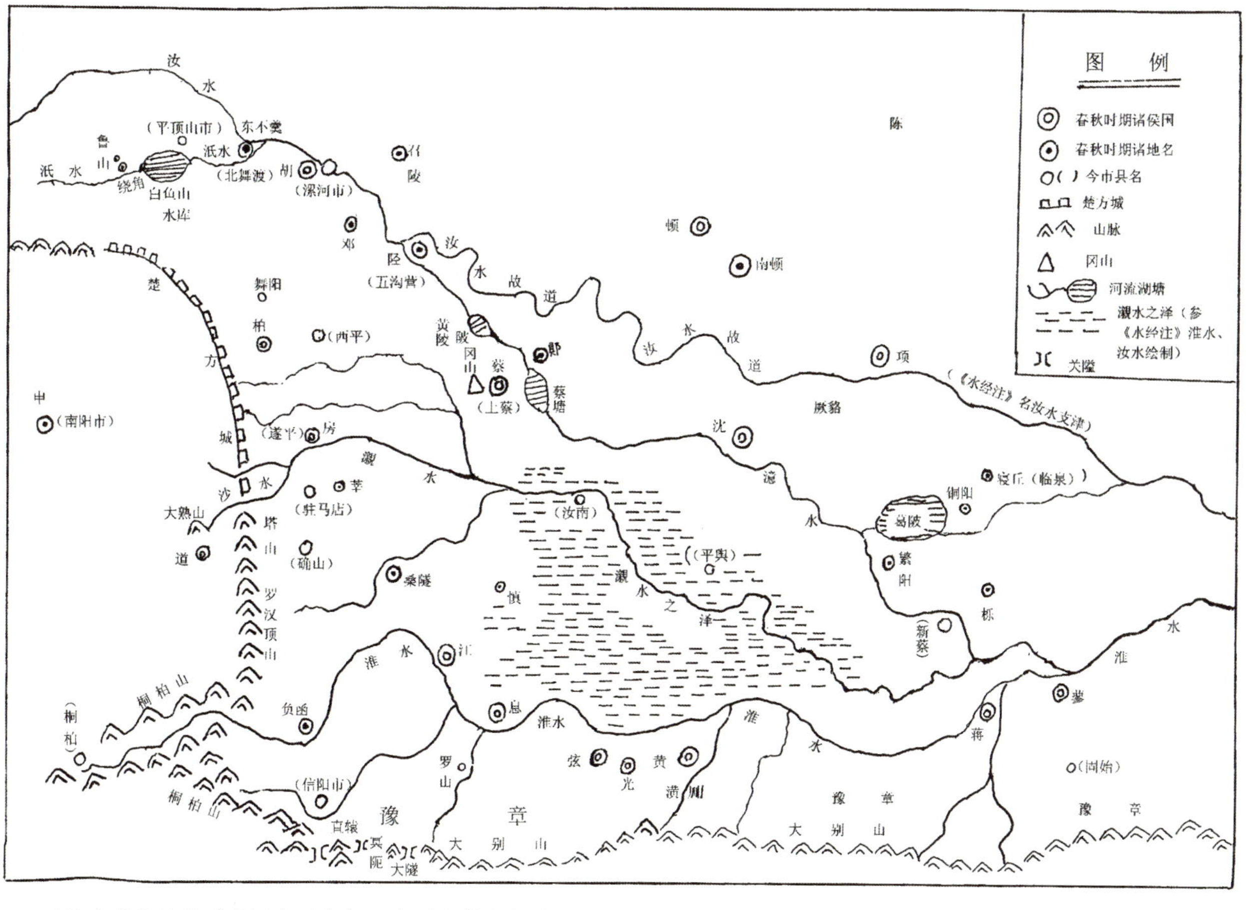

(摘自尚景熙著《蔡国史研究》,中州古籍出版社2016年5月第1版)

汉代汝南郡疆域图

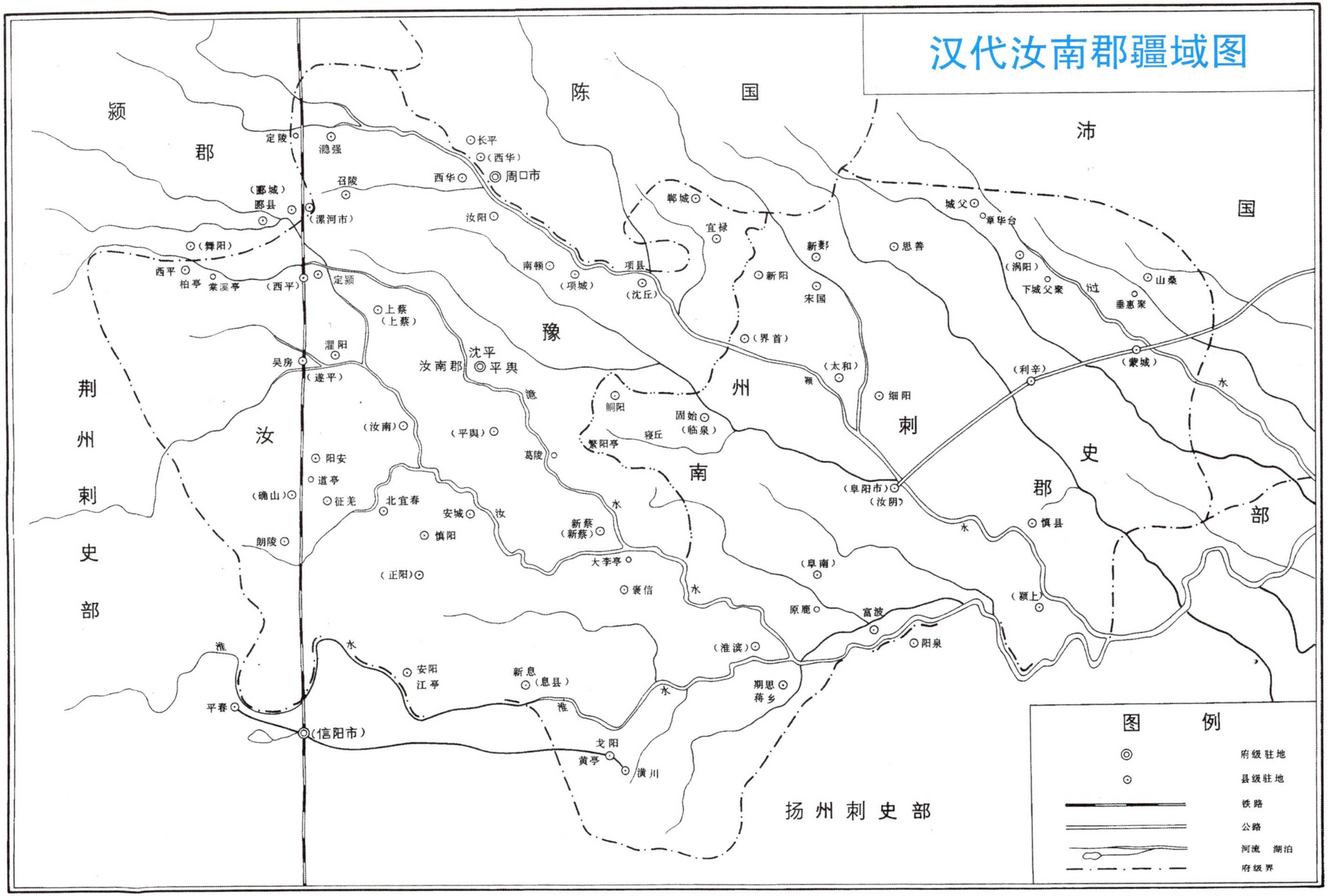

（原载《驻马店地区志》，中州古籍出版社2001年9月第1版）

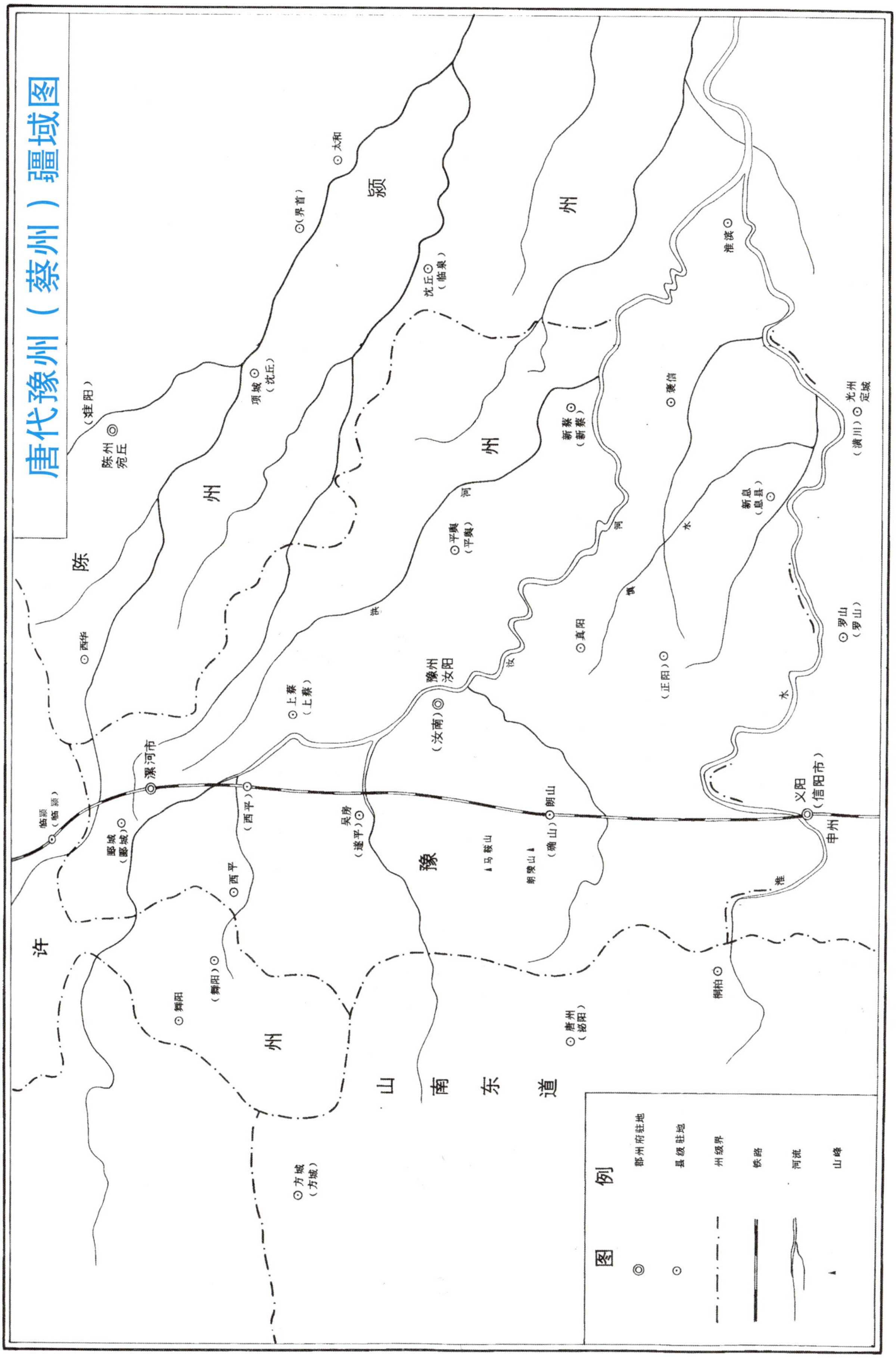

（原载《驻马店地区志》，中州古籍出版社2001年9月第1版）

4县，境内1县：新蔡县（今新蔡县）；初安郡，境内1县：新怀县（今确山县西北）；绥城郡，境内1县：安昌县（今确山县南）；南阳郡辖7县，境内1县：舞阴县（今泌阳县西北）；广平郡，境内1县：比阳县（今泌阳县泌水镇）。

北魏时，绥城郡并入初安郡，增置襄城郡（治今西平县师灵）、东荆州、城阳郡（治今泌阳县高店乡）、江夏郡（治今泌阳县付庄乡）、西汝南郡、北义阳郡（治今泌阳县西北）等。其中，属豫州（治悬瓠，今汝南县）的有汝南郡（治悬瓠，今汝南县）、新蔡郡、襄城郡、初安郡、东荆州、城阳郡和江夏郡。汝南郡领7县，境内居6县：上蔡县（今汝南县）、临汝县（今上蔡县）、平舆县（今平舆县）、安成县（今汝南县东南）、阳安县（今驻马店市驿城区古城）、真阳县（今正阳县）；襄城郡境内居4县：西平县（今西平县吕店附近）、武阳县（今西平县西南）、义绥县（今遂平县北）、遂宁县（今遂平县）；初安郡境内居2县：新怀县（今确山县西北）、安昌县（今确山县南）；东荆州郡境内居1县：阳平县（今泌阳县泌水镇）；城阳郡境内居1县：城阳县（今泌阳县高店乡）；江夏郡境内居1县：江夏县（今泌阳县付庄乡）。

永熙三年（534），北魏分为东、西魏后，东魏置引台（中央代表机关）治悬瓠（今汝南县），改东荆州为鸿州，北周时改为淮州；将鸿州并入淮州。北齐时，废初安郡，侨置荆州，襄城郡改置文城郡，北周改荆州为威州，将设在悬瓠城的总管所改为舒州。

【隋唐五代】 隋（581—618）开皇初，废威州、文城郡、舞阴郡，改舒州为豫州，淮州为显州，由州直接辖县。至隋炀帝大业三年（607）将州改为郡，实行郡辖县，仍是两级地方政区。隋时境内置汝南郡（治汝阳，今汝南县）和淮安郡（治比阳，今泌阳县泌水镇）。汝南郡领11县，境内居8县：汝阳县（今汝南县）、平舆县（今平舆县）、新蔡县（今新蔡县）、上蔡县（今上蔡县）、吴房县（今遂平县）、西平县（今西平县）、郎山县（今确山县）和真阳县（今正阳县）；淮安郡领6县，境内居3县：比阳县（今泌阳县泌水镇）、显冈县（今泌阳县西北）、慈丘县（今泌阳县付庄乡）。

唐（618—907）实行道、州、县三级制。唐初改汝南郡为豫州，改淮安郡为显州。贞观九年（635）改显州为唐州（治比阳，今泌阳）隶山南东道。宝应元年（762）改豫州为蔡州（治汝阳，今汝南县）隶河南道。蔡州领11县，境内居8县：汝阳县（今汝南县）、平舆县（今平舆县）、新蔡县（今新蔡县）、上蔡县（今上蔡县）、吴房县（今遂平县）、西平县（今西平县）、郎山县（今确山县）、真阳县（今正阳县）；唐州领7县，境内居2县：比阳县（今泌阳县泌水镇）、慈丘县（今泌阳县付庄乡）。

五代（907—960）后汉时，蔡州改为防御州，所辖县境无变。

【宋金】 北宋（960—1127）地方行政区划分为路、府（州、军、监）、县三级。境内置蔡州和唐州（治泌阳，今唐河县）。蔡州领10县，境内居8县：汝阳县（今汝南县）、平舆县（今平舆县）、新蔡县（今新蔡县）、上蔡县（今上蔡县）、吴房县（今遂平县）、西平县（今西平县）、郎山县（今确山县）、真阳县（今正阳县）。大中祥符五年（1012），郎山县改称确山县；唐州领7县，境内居2县：比阳县（今泌阳县泌水镇）、慈丘县（今泌阳县付庄乡）。

南宋（1127—1279）高宗建炎二年（1128），金兵攻陷蔡州，改蔡州属南京路。绍兴十一年（1141），宋金议和，唐州归金，隶南京路。金泰和八年（1208），升蔡州为镇南节度，镇南军治蔡州汝阳县，新蔡县改属息州。

【元明清】 元代（1271—1368），政区分省、府、州、县四级。至元三十年（1293），升蔡州为汝宁府（治汝阳县，今汝南县）。元时境内为汝宁府和南阳府（治今南阳市）所辖，隶河南行中书省。汝宁府领14州县，境内有1州即息州（治今息县）7县：汝阳县（今汝南县）、新蔡县（今新蔡县）、上蔡县（今上蔡县）、遂平县（今遂平县）、西平县（今西平县）、确山县（今确山县）和真阳县（今正阳县）；南阳府领5州13县，境内有唐州（治今唐河县）泌阳县。

明朝时期（1368—1644），境内为汝宁府和南阳府所辖，隶河南布政使。汝宁府（治汝阳县，今汝南县）辖2州12县，境内居7县：汝阳县（今汝南县）、新蔡县（今新蔡县）、上蔡县（今上蔡县）、遂平县（今遂平县）、西平县（今西平县）、确山县（今确山县）、真阳县（今正阳县）；南阳府领2州11县，境内居1县：泌阳县（今泌阳县）。

清朝时期（1644—1911），驻马店市仍为汝宁府和南阳府所辖。雍正二年（1724）汝宁府领1州8县，境内有7县：汝阳县（今汝南县）、新蔡县（今新蔡县）、上蔡县（今上蔡县）、遂平县（今遂平县）、西平县（今西平县）、确山县（今确山县）和真阳县（今正阳县）。雍正元年（1723），为避雍正胤禛名讳，改真阳县为正阳县。南阳府境内有1县为泌阳县。

【中华民国】 中华民国成立，驻马店市属河南都督府南汝光淅兵备道，民国2年（1913），改称豫南道，汝阳县改为汝南县。民国3年（1914），豫南道改称汝阳道，民国16年（1927）道废，各县直属河南省。民国21年（1932）设河南省第八行政区，领7县即汝南县、遂平县、西平县、上蔡县、新蔡县、正阳县和确山县。泌阳县属河南省第六行政区（南阳）。

1947年10月，豫皖苏解放区在境内建立第四专区，辖平汉铁路以东各县；12月，桐柏解放区在境内建立第二专区，辖遂平县、确山县和泌阳县。1948年，豫皖苏解放区在境内建立第七专区，上蔡县属之；建立第八专区，汝南、新蔡、正阳等县属之。

【中华人民共和国】 1949年3月，驻马店市全部解放，建立确山专区，专员公署从汝南县迁驻马店市，辖遂平、西平、上蔡、汝南、新蔡、正阳、确山和信阳8县及驻马店、信阳2市；泌阳县划归南阳专区。8月，专署迁信阳市，改为信阳专区，辖区未变。

1950年5月，将汝南县改为汝南市。1951年4月，撤销汝南市，划出汝南县东部8个区置平舆县。

元明时期汝宁府疆域图

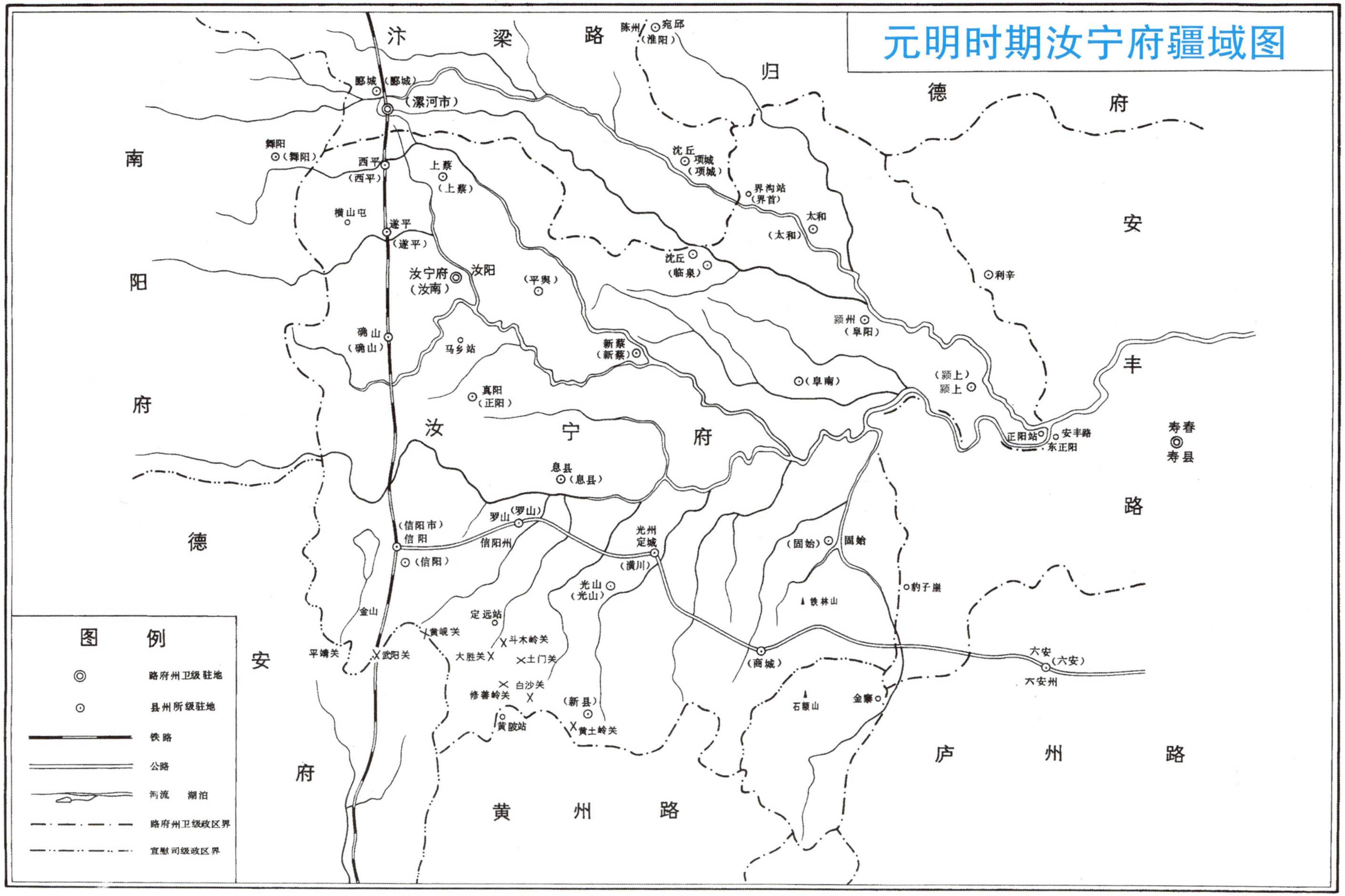

（原载《驻马店地区志》，中州古籍出版社2001年9月第1版）

明汝宁府全图

（原载明万历《汝南志》）

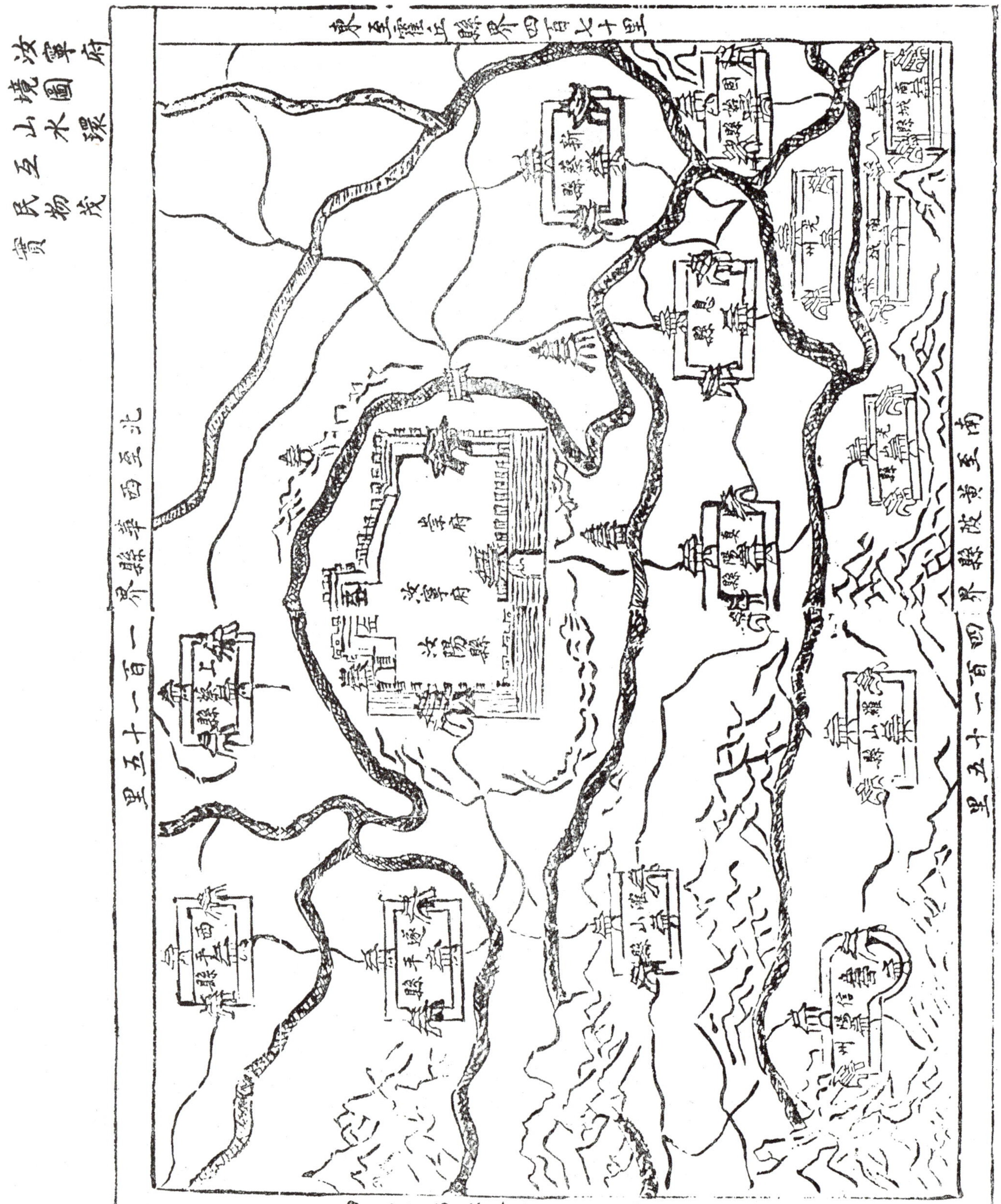

清汝宁府境图

（原载清嘉庆《汝宁府志》）

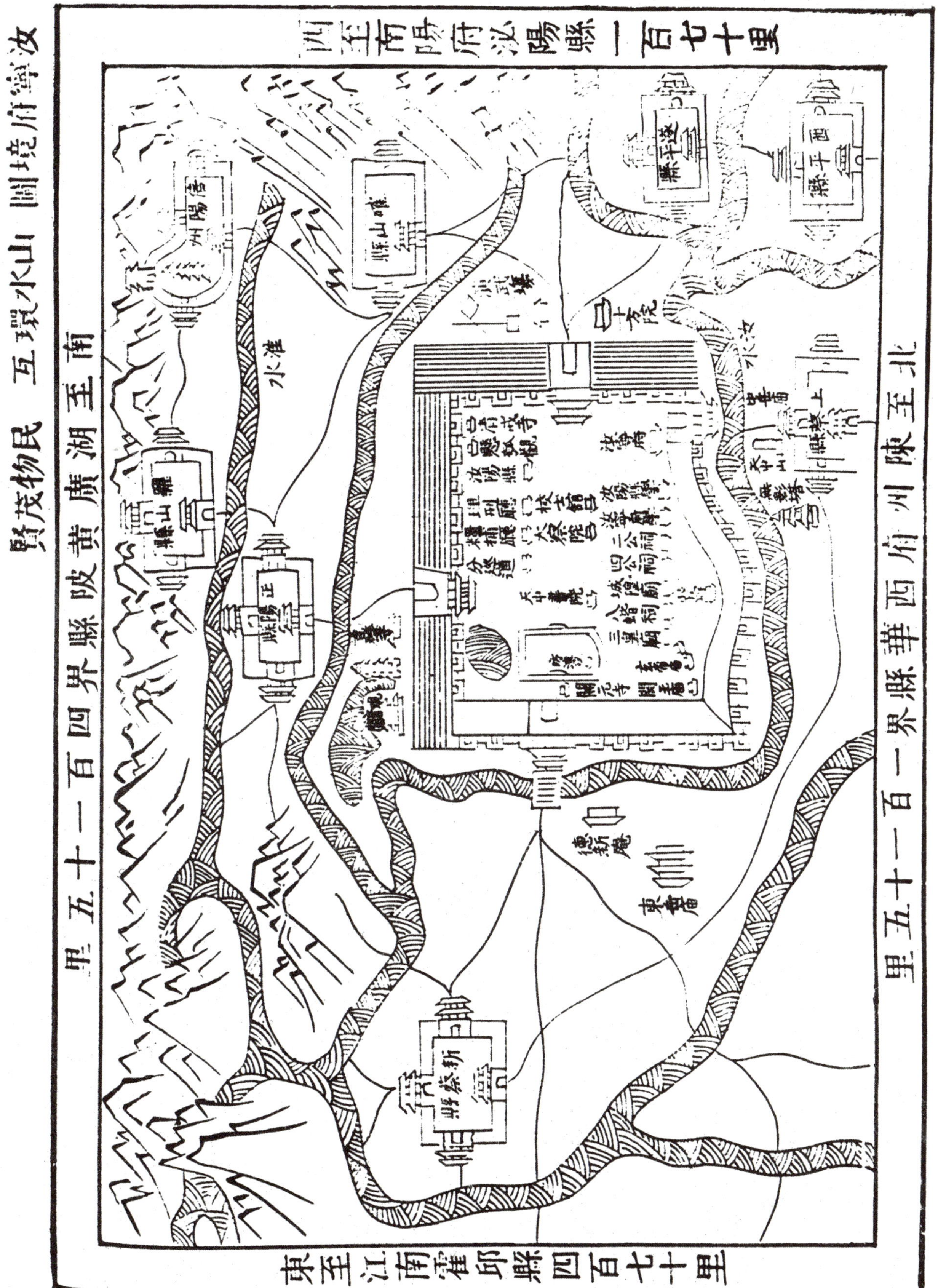

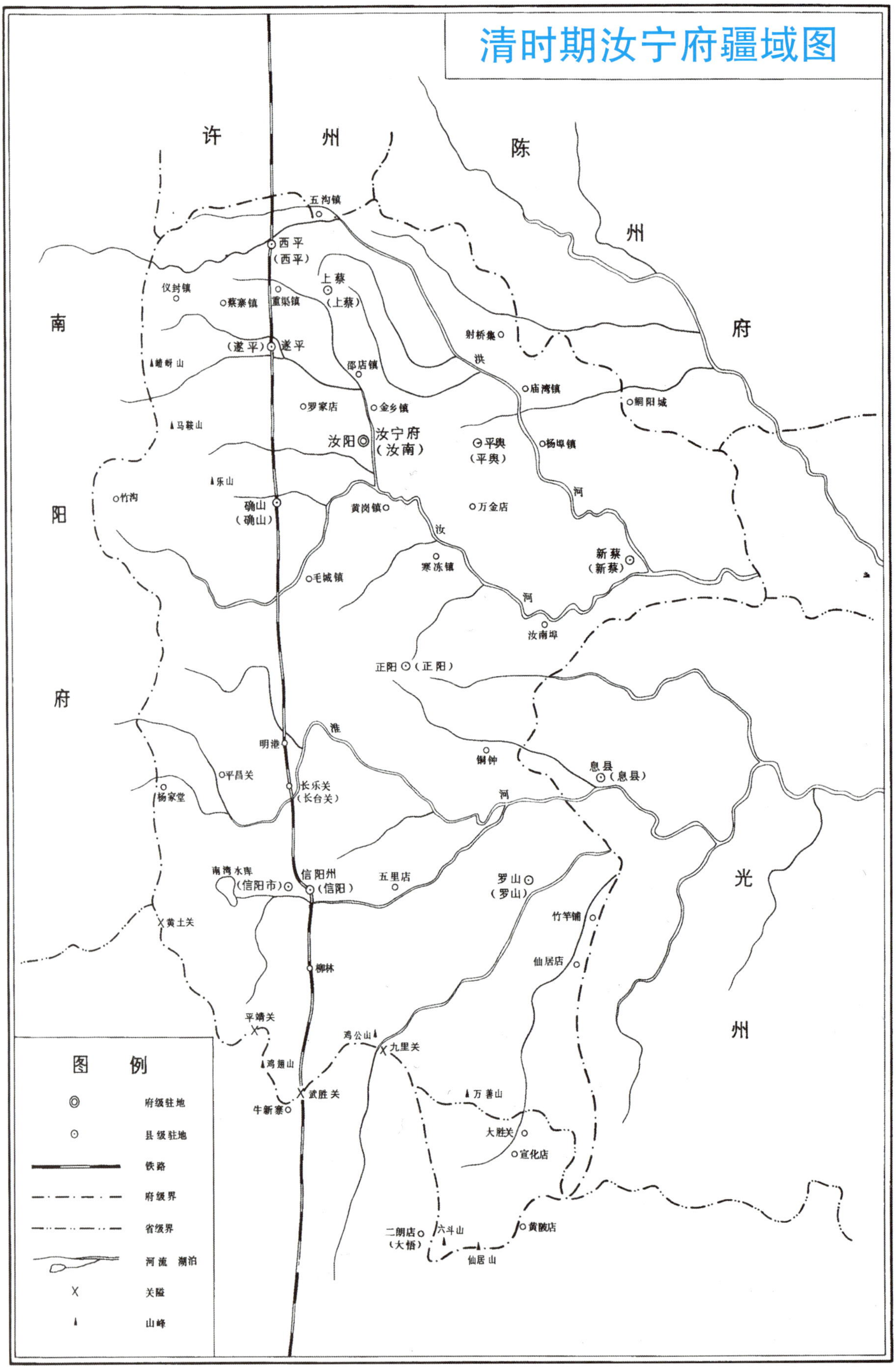

清时期汝宁府疆域图

（原载《驻马店地区志》，中州古籍出版社2001年9月第1版）

1965年7月，信阳、驻马店分治，建立驻马店专区，辖遂平、西平、上蔡、汝南、平舆、新蔡、正阳、确山、泌阳9县和驻马店镇。专员公署驻驻马店镇。

1979年11月，驻马店专员公署改称驻马店地区行政公署。

1986年，境内辖遂平、西平、上蔡、汝南、平舆、新蔡、正阳、确山、泌阳9县和驻马店市。行政公署驻驻马店市。

2000年6月，驻马店地区辖9县1市，即遂平县、西平县、上蔡县、汝南县、平舆县、新蔡县、正阳县、确山县、泌阳县和驻马店市。行政公署驻驻马店市。

2000年6月8日，国务院批复同意撤销驻马店地区，设立地级驻马店市，原驻马店市改称驿城区。7月27日，河南省人民政府下发通知，撤销驻马店地区，设立地级驻马店市，驻马店市辖遂平县、西平县、上蔡县、汝南县、平舆县、新蔡县、正阳县、确山县、泌阳县和驿城区。市人民政府驻驿城区。

2014年1月1日，新蔡县正式成为河南省直管县，由河南省政府全面管辖。

表01

2017年驻马店市区划基本情况一览表

县区名称	乡、镇、街道名称	乡镇（街道）数
驿城区	人民、新华、西园、东风、老街、橡林、南海、雪松、顺河、香山街道，水屯、诸市、板桥、蚁蜂、沙河店镇，胡庙、朱古洞、老河乡	10个街道、5个镇、3个乡
遂平县	濯阳、车站、莲花湖街道，玉山、石寨铺、嵖岈山、和兴、阳丰、沈寨、花庄、常庄镇，褚堂、文城、槐树乡	3个街道、8个镇、3个乡
西平县	柏城、柏亭、柏苑街道，师灵、权寨、出山、五沟营、盆尧镇，芦庙、吕店、谭店、宋集、人和、重渠、焦庄、专探、二郎、蔡寨、杨庄乡	3个街道、5个镇、11个乡
上蔡县	蔡都、卧龙、重阳、芦岗街道，杨集、黄埠、洙湖、朱里、党店、华陂、塔桥、东洪、邵店、和店、五龙、韩寨镇和大路李、无量寺、杨屯、崇礼、蔡沟、齐海、东岸、小岳寺、西洪、百尺乡	4个街道、12个镇、10个乡
汝南县	汝宁 、古塔 、三门闸、宿鸭湖街道，老君庙、和孝、梁祝、王岗、留盆、金铺、东官庄、常兴、罗店、张楼、韩庄、三桥镇和板店、南余店乡	4个街道、12个镇、2个乡
平舆县	古槐、清河、东皇街道，杨埠、东和店、庙湾、射桥、西洋店、阳城、郭楼、李屯、万金店、高杨店、万冢镇，十字路、老王岗、双庙、辛店、玉皇庙乡	3个街道、11个镇、5个乡
正阳县	真阳、清源街道，汝南埠、寒冻、铜钟、陡沟、熊寨、大林、永兴镇和慎水、傅寨、袁寨、新阮店、油坊店、雷寨、王勿桥、闾河、皮店、彭桥、兰青乡	2个街道、7个镇、11个乡
确山县	盘龙、三里河、朗陵街道和竹沟、新安店、任店、留庄、刘店、瓦岗、石滚河、双河镇、李新店、普会寺镇。	3个街道、10个镇
泌阳县	古城、花园、泌水街道，羊册、马谷田、春水、赊湾、官庄、郭集、泰山庙、王店、杨家集镇和象河、黄山口、双庙街、高店、盘古、高邑、下碑寺、贾楼、付庄、铜山乡	3个街道、9个镇、10个乡
合计	35个街道、79个镇、55个乡（169个乡镇街道）	

风景名胜

【天中山】 天中山，亦名天台山。在汝南城北1.5千米处，占地约800平方米，高3米余，上土下石。宋代刘敞《天台山记》云："汝阳地理书有天台山，在今县北三里所。其高尺（丈）余，传自古至今，莫有能损者。其上土，其下石也。亦曰天中山。以为豫州于四方最中，汝南故刺史治，于豫州亦最中，是山于汝南又最中，盖处天地三万里之极。自古考日景（影）、测分至者，皆莫正于此，以是名之。"（《公是集》）这是有关天中山最早的文献记载。由此可见，天中山非自然造化之功，而是人工构筑的日咎测影和观察天象的地方。

唐朝建中年间，汝南是蔡州府治所。淮西节度使李希烈拥兵自重，自立为王，对抗朝廷。他以蔡州为据点，占许昌，攻开封，围汝州，侵占中原大片土地。德宗皇帝下诏，派年逾七旬的三朝元老、太子太师颜真卿到蔡州宣慰，李希烈软硬兼施，逼颜真卿给他当宰相，颜公宁死不屈，被囚禁在龙兴寺，后被李希烈缢杀。颜鲁公在蔡州被扣押期间，写下遗表、墓志铭及"天中山"三个雄浑铿锵的大字。天中山碑不仅表明了颜真卿渴望平定中原、江山终归一统的愿望和忠贞报国的浩然正气，也因此使这座天下最小的山扬名华夏。

明嘉靖四十一年（1562），吴兴徐中行为汝南知府，修缮原笃志书院，更名为"天中书院"，并建天中阁。明万历《汝南志》卷一舆地志开篇即谓："汝南当天地之中，山川环互，风物朴茂，屹然一都会也。"明确山人陈耀文著《天中记》六十卷，"是编乃其类事之书。以所居近天中山，故题曰《天中记》"（《四库全书提要》）。明天启年间（1621—1627）安徽徽州人程春宇所著士商用书《士商类要》载，汝宁府又称"天中""汝南"。明张岱（1597—1680）辑纂的类书《夜航船》，在"山川"类中，也收录了"天中山"："天中山。汝宁府城北。在天地之中，故名。自古考日影测分数，莫正于此。"清初理学家、方志学家上蔡人张沐，著有《溯流史学钞》20卷，其中有《天中录》6卷，为其在汝宁府天中书院担任主讲时所作札记。说明至迟在唐宋时期，"天中山""天中"作为历史文化概念已为官方和民间广泛接受并普遍使用，"天中"已成为汝宁府和汝阳县（汝南县）的代称。

"山不在高，有仙则名。"天中山闻名，因为它是天下最中的标志，还是唐代重臣、大书法家颜真卿的尽节殉难之地。在今天中山游园大门两侧，镌刻着中国书协主席张海书写的"天中山圭影千古运转，颜鲁公气节万世长存"对联，全面概括了天中山的历史文化内涵。

【嵖岈山】 嵖岈山又名玲珑山、石猴仙山。嵖岈山风景区位于驻马店市遂平县西25千米处，距离驻马店市区42千米，景区紧邻国道107、京广铁路、京广高铁、京港澳高速。景区总面积150平方千米，核心景区面积52平方千米，辖嵖岈山主景区、凤鸣谷景区、龙天沟景区、红石崖景区和全国第一个人民公社旧址馆。是国家AAAAA级旅游景区、国家地质公园、国家森林公园、国家重点文物保护单位、全国青年文明号、全省首批文明景区、十佳山水景区和"河南最美的地方"之一，电视剧《西游记》续集的主要外景拍摄基地。嵖岈山景区系伏牛山东缘余脉，属典型的花岗岩地质地貌景观，山势嵯峨，怪石林立。主要景点有南山、北山、花果山、六峰山，秀蜜湖、琵琶湖、百花湖、天磨湖，以及九大奇观、

嵖岈山天磨湖　　叶辛卯 摄

山水秀美老乐山　　叶辛卯 摄

九大名峰、九大名洞、九大名棚、九大奇石，各类景点200多处，著名景点60多处，具有“奇、险、奥、幽”四大特点，享有“华夏盆景”“中州独秀”“江北石林”“伏牛奇观”之美誉。

1987年，嵖岈山景区被河南省人民政府确定为省级风景名胜区。1989年开始开发，正式向游客开放。经过多年的发展，先后开发建设南北山景区和天磨湖景区；新修、整修上山步游道、增设了旅游服务基础设施；修建景区至县城的二级公路及景区内环线；开辟天磨湖景区；修建生态停车场、生态广场、星级厕所、旅游饭店等旅游服务设施。围绕把嵖岈山建成河南省的重点景区和全国的知名景区，创新景区管理体制，2004年6月18日，遂平县政府与天津海加利集团公司签订嵖岈山风景区经营权转让合同书，规划50年投资5亿元，重新打造嵖岈山。同年9月3日，河南嵖岈山旅游实业发展有限公司成立。2012年2月13日，以河南嵖岈山旅游实业发展有限公司为核心组建的“河南嵖岈山旅游实业发展集团”正式成立，是驻马店市第一家登记注册的旅游业集团公司。公司先后开发建设观光悬索桥、内环线观光大道、景观式生态山门、多功能生态广场、停车场、大型观光水车群组、环山水系、地质博物馆、游客服务中心、天磨湖度假村、商业步行街和休闲游憩带等新景观新设施，形成融观光、探奇、度假、西游文化娱乐和地质科普于一体的原生石景生态旅游示范区。

【老乐山】 老乐山又名乐山，主峰海拔813米。古称朗陵山，隋代改为朗山，宋大祥符五年（1012）因避宋祖赵玄朗之讳改名乐山，2014年定名老乐山。老乐山位于河南省驻马店市确山县三里河乡、瓦岗乡和驿城区胡庙乡、蚁蜂镇交界处，距驻马店市9千米。南北长约12.5千米，东西宽约11千米，规划总面积67平方千米。东邻国道107、京广铁路、京广高铁。1957年12月，始建乐山国营林场；1992年11月经林业部批准建立乐山国家级森林公园。园内植物茂密，森林覆盖率达95%以上。野生动物达30多种，植物80多种。主要景区有北泉寺景区、塔儿湾景区、玄都宫景区。景区主要景点有隋果、唐柏、八卦池、九曲池、颜真卿尽节处、古长城、古碑、古塔、龙虎石、九曲飞瀑、蛤蟆泉、神仙洞、十八盘、倒栽古柏，以及“八宫两观一拜台”（“八宫”：玄都宫、斗母宫、南海宫、玉虚宫、紫霄宫、灵应宫、万寿宫、玉真宫，“两观”：群仙观、回龙观，“一拜台”：拜台宫）。2012年10月23日，景区正式开游。2014年，景区被评为国家AAAA级旅游景区，同时为区别四川乐山大佛景区，更名为“老乐山景区”。

北泉寺位于景区主峰东南山脚下，兴建于北齐年间，距今已有近1500年历史。初名树佛寺，唐代改名为资福禅寺，宋代改为万寿禅寺。后因确山城西有南泉、中泉和北泉三泉，且三泉之前都有寺院，故名北泉寺。有确山十景之“佛手圆光”“地涌金莲”。寺内颜鲁公祠，原为嘉靖二十六年（1547）知府潘于正、知县许大来始建，1982年秋河南省文物局拨款重修。颜鲁公祠西有八卦池，呈八角形，宽丈余。八卦池左右各有唐柏1棵，胸围皆丈余。寺内还有4棵隋代银杏树，

薄山湖九曲十八弯风光 叶辛卯 摄

最大 1 棵胸围 7.15 米，老树新枝，参天蔽日，依然硕果累累。另有 1 棵曾遭雷击失火，形成巨大树洞，可坐 4 人对饮，别是一番情趣。

【薄山湖】 薄山湖坐落在驻马店市确山县城南 20 千米处，国道 107 西侧，距驻马店市 42 千米，位于桐柏山与伏牛山的接合部。湖库容 6.2 亿立方米，水体绵延 25 千米，景区总体规划面积158平方千米，其中核心区面积88平方千米（湖水 22平方千米，山林66平方千米），保护区面积70平方千米。景区以湖为中心，四周群山环抱，森林茂密，峡谷高耸，形似巨龙，又名“龙湖”。著名景观有湖心岛、鲸鱼岛、九子沟、龙女潭、卢王寨遗址、水上运动训练中心等近百处。集古、幽、秀、奇于一体，素有“中原漓江”“百里画廊”之美誉。

薄山湖风景区由薄山水库、薄山林场和确山县任店、新安店、李新店、瓦岗、石滚河 5 个乡镇的部分村庄组成。薄山水库、薄山林场均建于 1954 年。薄山湖旅游开发于 1992 年起步。1993 年驻马店地区行政公署批准设立“薄山风景区”，1994 年林业部批准设立“薄山国家森林公园”，1995 年河南省政府批准设立“薄山湖省级风景名胜区”。2001 年，被水利部评为国家级水利风景区。薄山湖水质纯净，环境幽雅，是动植物繁衍生息的天堂。区内植物有 1400 多种，其中马尾松、杜鹃、枫香、柯楠为国内北缘分布树种；大叶林、野皂夹为国内南缘分布树种；野大豆、杜仲、绒毛皂荚、香果树为国家重点保护植物；薄山兰花品质优异，种类繁多，是国内北方著名的兰花品种资源库。区内动物近百种，有白天鹅、鸳鸯、锦鸡等珍稀种类 10 多种，鱼类有娃娃鱼、鳜鱼、鲳鱼等 30 多种。区内盛产板栗、猕猴桃、八月炸、野山菌等名贵特产。景区特色独具，风景宜人，是电视连续剧《西游记》《长征》外景拍摄地。

【铜山】 铜山风景区位于驻马店泌阳县城东 30 千米处的铜山乡，为伏牛山、桐柏山余脉的接合部。景区包含铜山、铜山湖、云雾峰 3 个不同特点的景区，总面积 74 平方千米。主峰铜峰海拔 632.6 米。铜山景区融汇山峦、湖水、岛屿、潭瀑、洞穴、寺庙、革命遗址、神话传说、历史故事等风景名胜资源，集“雄、险、奇、秀”于一体。自东汉以来，佛道两家的释子道徒，在铜山修身养性，弘扬拂法，形成丰富的宗教历史文化内涵。主要景点有“一天桥”“二古庙”“三宫观”“四道天门”“五大石崖”“六大洞穴”“七大寺院”“八大景观”“九大奇石”“十座名峰”等。铜山下元寺始建于东汉灵帝年间，盛于隋唐，2009 年 3 月泌阳县政府按照修旧如旧原则，对下元寺按照唐代寺院风格重新复建。2010 年 5 月 26 日，下元寺复建工程竣工暨佛像开光大典隆重举行。建成后的下元寺坐东南向西北，沿中轴线布局有山门、天王殿、钟鼓楼、大雄宝殿、毗卢殿、藏经阁等殿堂。景区 1994 年被河南省人民政府批准为省级风景名胜区，2002 年 11 月经国家林业局批准建立国家森林公园，2016 年 11 月被评为国家 AAAA 级旅游景区。

【金顶山】 金顶山位于驻马店市驿城区蚁蜂镇境内，驻马店市西 20 千米处，面积约 71 平方千米，境内大小山峰 6 座，有“天然氧吧”“绿色家园”之美誉。据史书记载，金顶山多云雾，紫绯色，望若金光，故名金顶。金顶山景区地处桐柏山余脉与伏牛山余脉结合地带，东接乐山，西连白云山，东西绵延 15 千米，面积 70 平方千米，最高峰海拔 680 米，主要有大金顶、小金顶、黄帽岭、四十亩岭等六大山峰。景区内植物资源有麻栎、板栗、紫檀、松、杉、合欢为主的乔木 40 余种。山果、酸枣为主的灌木 30 多种，一年生草本植物 80 多种。何首乌、桔梗、柴胡等多种名贵中药材 50 多种。动物繁多，有野猪、狼、野羊、麂子、狐、獾子、松鼠、

金顶山雄姿

铜峰雄姿

宿鸭湖——候鸟天堂

草兔等野生哺乳动物10余种；有蟒蛇、四足蛇、乌龟等爬行动物30余种；有国家二级保护动物冠长尾雉、鸢、山雀、杜鹃、山鸡、啄木鸟、山鹰等飞鸟40多种。主要景观有竹林寺、金扇佛经、云空寺、锯截石、天桥沟、潮油石、黑龙泉、黄帽顶、凉水洞、狮子口、金顶紫雾、云梦仙洞、云空飞瀑、金龙湖、一线天、奇树沟等。2000年12月，经省林业厅批准建立省级森林公园；2015年9月，被评为国家AAAA级旅游景区。

【棠溪源】 棠溪源位于驻马店市西平县西南部42千米处，京珠高速、国道107转省道331可直达景区，是以山水景观为主要特色的山岳型自然风景旅游区，分为棠溪湖、棠溪峡、蜘蛛山、跑马岭4个游览区，总面积38平方千米，森林覆盖率95%以上。

棠溪源景区集柏皇始祖（祖之源）、冶铁铸剑（剑之源）、棠溪源头（水之源）三源之盛。战国冶铁遗址位于景区内的棠溪湖两岸，现存的唯一一座冶铁炉是国内最早、保存最完整的战国冶铁炉，距今已2400多年。历史上的棠溪、龙泉、干将、莫邪等九大名剑皆出于此，素有“天下之剑韩为众”的美誉。棠溪峡“十里春谷蝉盈耳”，每年3月蝉鸣，实为一种罕见、奇特的自然现象。天设地造的天然城堡，东西绵延10余千米，极具太行之磅礴大气。相传为柏皇始祖化身的始祖峰，仰卧在蜘蛛山的北峰。其他景点还有嫘祖庙、始祖庙、汪郎祠、九连池、瀑布崖、双龙飞瀑、古栗子树、野葡萄长廊、天鼓、古代造磨场、大唐石寨、摩崖题记、仿古铸剑坊、兵器展览馆、刘秀饮马井、狄青练兵场等。

【宿鸭湖】 宿鸭湖位于驻马店市汝南县境内，距市区20千米，紧邻省级公路张南线。是集国家鸟类保护区、国家湿地保护区于一体的水域观光型自然风景旅游区。宿鸭湖水库始建于1958年，属淮河水系，水库土坝全长35.29千米，湖宽15千米，控制流域面积4715平方千米，库区占地35万亩，库容8.2亿立方米，湖面有5万亩森林植被，湖西岸万亩芦苇荡，环湖有数万亩绿杨翠柳，是全国最大的人工平原湖泊，享有“人造洞庭”之美誉。宿鸭湖鸟类栖息地面积239平方千米，是国家级鸟类自然保护区，多种鸟类常年或季节性栖息的地方。到冬季成群的大雁、仙鹤来这里栖息，常年居住各类世界保护鸟类大雁、鹤鸟等几十种。宿鸭湖湿地自然保护区位于宿鸭湖西岸，占地5万余亩，2000年投资4000万元开发而成，为中国占地面积最大的平原湿地自然保护区。保护区内森林植被种有杉木、垂柳、速生杨等十几个树种，还有多种野生植物和动物，是一处休闲、观光、野外餐营活动绝佳之地。湖中有二岛，一名仙女，一名遇仙，传为董永遇仙处。现存有仙女桥、董永墓等遗址。

【板桥水库】 板桥水库位于驻马店市驿城区板桥镇。景区依托板桥水库，结合南岸的白云山森林公园等自然景观和库区各种纪念建筑等人文景观，集观光、娱乐、休闲、度假或科学、文化、教育活动为一体，具有很高的旅游价值。此外，该水利风景区在维护工程安全、涵养水源、保护生态、改善人居环境、拉动区域经济发展诸方面都有着极其重要的功能作用。2012 年 12 月被批准为“国家级水利风景区”。

板桥水库在淮河支流汝河上游，位于景区中部。始建于 1952 年，是中华人民共和国成立初期建设的第一批大型水库之一。1956 年扩建加固，1975 年 8 月遭遇特大洪水漫坝溃决。垮坝后中央慰问团多亲临水库视察和灾区慰问，特别是总理李鹏先后两次视察这里，指导复建工作。1987 年复建，1992 年竣工，1993 年 6 月 5 日通过国家验收。大坝全长 3720 米，高 50.5 米，总库容 6.75 亿立方米，水库控制流域面积 768 平方千米，总泄洪量 15000 立方米 / 秒，设计灌溉面积 3 万公顷（45 万亩），水电站装机容量 3200 千瓦，供水引水流量 1.5 立方米 / 秒，水产养殖面积 0.22 万公顷(3.3 万亩)。雄伟大坝拦蓄着碧绿湖水，南依白云山，西接宋平山，青山绿水，山水相映，既见中原山水雄浑，又有江南山清水秀，景色如诗如画。复建后的板桥水库，成为一座防洪为主兼有灌溉、发电、城市供水、水产养殖及旅游等综合效益的大型水利枢纽工程。白云山森林公园面积 1.06 万公顷（15.9 万亩），生长多有原始天然次生林（栎、栗、柏、楝等），少部分人工林（松、水杉、池杉、柳杉）、经济林（桃、李、杏、榴、梨）。多林种，多林分，阔叶与针叶，乔木与灌木，藤本与草本，低等（藻、苔、蕨）与高等（裸子与被子植物），自然趣合，构成多姿多彩的茫茫林海、绿色世界、岛的天堂。“百啭千声随意移，山花红紫树高低”，这是欧阳修赞美白云山的美丽诗句。

【南海禅寺】 位于驻马店市汝南县城东南隅。宋代开始在此兴建“小南海”，明清 600 年的营建形成 600 亩左右的佛家园林，在古代被誉为蔡州“八景之一”。1932 年，河南省政府在这里建立园林学校，寺院逐渐废弃。1994 年，台北大香山观音禅寺主持明乘大法师出资 1.5 亿元在原址南扩建此寺。台北白圣法师舍利塔，也建在此寺院中。1994 年 9 月 24 日，来自泰国、印尼、新加坡等国家及中国台湾、香港等地区的大法师、高僧及社会各界人士 800 余人，参加白圣法师舍利塔落成典礼。经过十几年的开发建设，2007 年 10 月 12 日南海禅寺举行开光大典。2010 年 7 月，南海禅寺被国家旅游局正式批准为国家 AAAA 级旅游景区。

寺院主要建筑有山门、大雄宝殿、观音殿、普贤殿、文殊殿、天王殿、钟鼓楼、十二道牌坊、白圣舍利塔和世纪和平钟楼。南海禅寺建造在汝河滩地之上，平面布局整体呈

板桥水库鸟瞰图　　王朝朝 摄

"士"字形，周边为高 3 米，长 5300 余米的围墙，墙体砖混结构。寺院门前为三殿门，殿内两旁供奉 2 尊金刚，寺内南部是以大雄宝殿为中心的殿堂建筑区。

南海禅寺大雄宝殿，建筑面积 5274.30 平方米，高 36 米，为世界建筑规模最大的大雄宝殿。为三层重檐殿堂，室内供有 1 尊高 17 米、重 72 吨铜雕鎏金坐像，殿前为 1200 平方米的广场。大雄宝殿前为天王殿，建筑面积 333.16 平方米，高 15 米，殿内有四大金刚、八大怪彩泥塑像。主体建筑大雄宝殿平面呈边长 80 米的正方形，超过北京故宫太和殿与山东曲阜孔府大成殿的建筑规模。大雄宝殿台基上雕刻的花岗岩质 500 罗汉，集全国 20 多处罗汉堂之精华，风格殊异。后为观音殿，建筑面积 2170.8 平方米，殿内仅供奉 1 尊高 14 米，由香樟木雕刻千手千眼前后双面观音鎏金坐像。左右为文殊、普贤殿，二殿建筑面积均为 1520 平方米，高 21 米，殿内均供奉 1 尊高 9 米、重 12 吨的通体鎏金文殊、普贤铜雕坐像。

土特名产

【小磨香油】 小磨香油产于驻马店市各县区，因以芝麻为原料，故称"芝麻油""麻油"，又称"小磨油"，以味醇质优享誉海内外。驻马店地处淮河流域，属于亚热带向暖温带过渡地带，四季分明，光照充足，雨量充沛，土地肥沃，适宜芝麻的生长发育。特殊的地理气候条件，造就了驻马店芝麻的优良品质。驻马店素有天下粮仓、中州油库和芝麻王国之美称，是中国重要的芝麻生产基地，芝麻产量占世界总产量的 1/10。

驻马店生产小磨油历史悠久，最早可以追溯到汉代。当时的汝南郡，传说一许姓官员从石穴舂芝麻盐中受到启发，采用石穴浸出法生产出了香油，后人经进一步改进工艺，用石磨研磨芝麻生产香油，这即是小磨香油的来历。驻马店小磨香油具有枣红透明、清澈莹亮，香味浓郁、油质醇正的特点，属万般食用油品之首，堪称绝佳的烹调用料。小磨香油采用低温水代法制取，芝麻本身含有一种天然抗氧化物质—芝麻酚，芝麻酚具有浓郁的芳香气味，小磨香油在制作的过程中，芝麻酚在低温下不易被破坏流失。因此小磨香油的保质期、保存期较长。小磨香油在低温下制取的过程中，其所含的营养成分不易被破坏流失，因此营养价值较高。用石磨加工芝麻香油的传统工艺，一直延续到现在，小磨香油与机械榨出的香油有着明显不同的生产工艺，是用物理榨油法取代化学榨油法，不含任何添加剂和溶剂残留物。研磨过程中不宜起热，有效保护了芝麻中的营养成分和天然芳香。芝麻香油得名出自于《物类相感志》。驻马店市的小磨香油生产遍布于全市 9 县 1 区，培养了正道、天中古味、品正等一批知名品牌。其中正道小磨香油 2003 年 7 月获得了中国国家质量监督检验检疫总局植物油生产许可证，成为驻马店首家准入 QS 标志的食用油企业。2004 年 5 月 26 日"正道"牌小磨香油获得国家质检总局的原产地标记注册认证，获得国家地理标志保护产品称号。

南海禅寺风光　　叶辛卯 摄

小磨香油水代法生产工艺流程：芝麻→筛选→漂洗→炒籽→扬烟→磨酱→兑浆搅油→振荡分油→毛油处理→小磨香油。筛选时强调清除芝麻中的泥土、沙石、铁屑、杂草籽和不成熟芝麻粒等杂质，筛选愈干净愈好。要将芝麻漂洗浸泡1小时~2小时，让芝麻均匀地吃透水分。浸泡后的芝麻含水量为25%~30%。将芝麻沥干，再入锅炒籽。若芝麻尚湿就入锅炒籽，容易掉皮。炒芝麻出烟后出锅，炒好的芝麻用手捻即出油，呈咖啡色，牙咬芝麻有酥脆均匀、生熟一致的感觉。这里值得一提的是，专为食用的芝麻酱要用文火炒籽，而专提取小磨香油的芝麻要火大一些，炒得焦一点。将炒酥吹净的芝麻用石磨或金刚砂轮磨浆机磨成芝麻酱。芝麻酱磨得愈细愈好。把芝麻酱点在拇指指甲上，用嘴把它轻轻吹开，以指甲上不留明显的小颗粒为合格。磨酱时添料要匀，严禁空磨，随炒随磨，熟芝麻的温度应保持在65℃~75℃，温度过低易回潮，磨不细。由于芝麻含油量较高，出油较多，芝麻酱中固体物和油很难通过静置而自行分离。因此，必须借助于水，使固体粒子吸收水分，增加密度而自行分离。用人力或离心泵将芝麻酱泵入搅油锅中，芝麻酱温度不能低于40℃，分4次加入相当于芝麻酱重80%~100%的沸水。搅拌开始时芝麻酱很快变稠，难以翻动，除机械搅拌外，需用人力帮助搅拌，否则容易结块，吃水不匀。后经几次加水搅拌，油开始浮出。

【王守义十三香清真调味品】 王守义十三香调味品是全国调味品十大品牌之一，为中国驰名商标、河南省著名商标、中华老字号、全国辛料调味品行业领军品牌、消费者最喜爱最放心调味品。其生产企业驻马店市王守义十三香调味品集团有限公司是河南省农业产业化优秀龙头企业，年产各种调料达6万余吨。公司前身是驻马店市兴隆堂十三香调味品有限公司，由王守义始创于1984年，主要生产经营王守义十三香系列清真调味品。2000年，公司顺利通过ISO9000质量体系认证。公司产品除“王守义十三香”调味料外，又开发出“麻辣鲜调料”“包子饺子调料”“炖肉料”“鸡精”“炖鸡料”“炖鱼料”“炸鸡料”等200多种规格的清真调味品，产品畅销全国30多个省市，是深受广大消费者喜爱的高知名度、高美誉度产品，在全国香辛料调味品行业中处于领军地位。“王守义”和“十三香”商标均被国家商标局认定为中国驰名商标，“十三香”产品曾获得中国名牌产品、河南名优产品、消费者最喜爱最放心调味品等多个荣誉。公司先后荣获“中国调味品著名品牌企业20强”“河南省旅游产品定点生产企业”“中国调味品行业复合调味品十强品牌企业”“国家级扶贫龙头企业”“河南省农业产业化优秀龙头企业”“中国最具影响力食品企业/品牌”“中国香辛料调味品产业领导品牌”等称号。2011年3月，“王守义”商标被商务部认定为“中华老字号”。

【泌阳驴】 泌阳驴是中国优良中型驴种，因产地以泌阳为中心而得名。因其眼、嘴周围和腹部为粉白色，又称“三白驴”。俗谚称：“泌阳驴，缎子黑，粉鼻眼白肚皮。”泌阳驴体格大，姿态健美，头直颈长，大眼大口大鼻，肩直背长，肌肉丰满，四肢端正，筋明腱显，蹄质坚实，强健有力，性情活泼，役用长久，饲养简单，抗病性和适应性强，遗传性稳定。公驴性情悍威，母驴性情温驯，一般体重300千克～350千克。泌阳驴是中国优良的畜禽品种资源，被列入国家品种志，对改良小毛驴和配军骡曾起过较大的作用。泌阳种畜场是泌阳驴品种资源的重点保护单位。泌阳驴在主产区的饲养数量常年保持在2万头以上。泌阳县泌水镇是河南省最大的驴交易集散地。

【正阳三黄鸡】 正阳三黄鸡属蛋肉兼用品种，具有黄喙、黄羽、黄跖的“三黄”特征，体格中等，耐粗饲，适应性强，抗病力强，产蛋多，肉质鲜美。主要分布在正阳、汝南、确山3县交界的文殊河流域，29个乡镇，方圆百余里。其许多稳定遗传的经济性状，是培育和创造中国新鸡种的宝贵基因库，有重要的保存利用及科学研究价值，适合培育机械化笼养蛋肉兼用型良种鸡。20世纪90年代，由于受机器孵化的影响和外来鸡苗的冲击，正阳三黄鸡的饲养量呈下降趋势，常年存栏在20万只左右。到2006年，种群不足2000只，品种处于濒危阶段。2007年后，当地政府开始重视保护，进行产业扶持，推行市场化保种运作模式，到2012年存种鸡群达3个品系、80个家系、3万套，形成系谱资料齐全的庞大种群，正阳三黄鸡品种进入稳定发展的好时期。

【确山黑猪】 确山黑猪是河南省地方优良品种。主产区位于确山县竹沟镇及周边10多个山区乡镇，交通相对闭塞的山地丘陵区。1982年发现，1984年正式命名，1987年驻马店地区畜牧兽医总站与河南省农科院联合对确山黑猪进行屠宰测定。确山黑猪具有产仔多、耐粗饲、母性好、肉质优良等特性。生长发育较快，在粗放条件下，8月龄体重达90千克。繁殖性能好，母猪每窝平均产仔12.05头，瘦肉率48%～50%。用其做母本与瘦肉型品种杂交后，能获得显著的杂交效果，具有极大的保种和开发利用价值。由于外来瘦肉型品种猪的冲击，黑猪的市场销路不好，群众普遍不愿意饲养，确山黑猪的饲养量逐年下降，常年存栏在1万头左右，迫切需要加强保护。截至2011年年底，确山黑猪中心产区的养殖场户为30多户，公猪存栏11头，母猪80头。2012年3月，“确山黑猪”地理标志证明商标正式获得国家商标局批准。2012年6月上旬，确山县畜牧主管部门再次对全县确山黑猪资源进行摸底调查，全县饲养确山黑猪的规模养殖场发展到12个，饲养确山黑猪的养猪户发展到100多户，全县确山黑猪存栏数量约2000头，其中公猪20头，母猪200多头。但具有60%～70%确山黑猪血统的较纯种母猪仅存近30头，种公猪5头。

【平舆白芝麻】 平舆白芝麻被列入国家原产地域保护产品，是平舆县种植业仅次于小麦的第二大优势作物。平舆县是全国面积最大的生产基地县。1980年，平舆芝麻获经贸部授予的“优质产品”称号。1988年，平舆县被河南省命名为白芝麻外贸出口基地县。1997年，平舆县被国家批准为商品油料基地县。1998年，平舆县被国家质量技术监督局列

平舆县属全国优质白芝麻生产基地。图为白芝麻生产基地一角

天目山庄 刘凤鸣 摄

为白芝麻标准化种植试点县。2000年和2001年，平舆县连续实施国家财政支持科技扶贫白芝麻标准化生产项目建设。全县白芝麻种植面积稳定在50万亩左右，种植面积、总产、年出口量均居全国县级第一位，素有“中原百谷首、平舆芝麻王”美誉。20世纪80年代，平舆县培育出优质高产白芝麻品种“豫芝二号”和“豫芝六号”。河南省农科院长期在平舆县东皇庙乡张庙村开展白芝麻新品种研究工作，相继培育出芝麻新品种“豫芝五号”“豫芝八号”“豫芝十号”。平舆白芝麻以个大籽饱、皮薄肉厚、色泽洁白、口味香醇的优异品质享誉国内外，是平舆县传统的出口商品，年出口量1500万千克左右，在出口创汇方面占有重要地位。平舆白芝麻含油率高，生产加工成的“小磨香油”是食用油中的珍品，富含各种营养元素和维生素E、C，亚油酸等，被西方国家称为“营养之王”，具有软化血管、降低血压、健发润肤等诸多功效。以平舆白芝麻生产的小磨香油，采用传统工艺，手工磨制，棕色透明，香味持久，1986年代表河南省在北京农展馆参加全国优质农产品展览，被农业部原部长何康赞为“河南小磨油香全国第一”。

社会状况

【村落分布及特点】 2017年，驻马店市（不含新蔡县）共有169个乡镇（街道），2527个行政村（居委会）。

全市乡村聚落多以半聚集型（规模较小，住宅彼此排列保持一定的距离，分布于山区或地广人稀的新开发地区）和密集型（规模较大，房屋高度密集，多分布于地势平坦，人口稠密的以旱作农业为主的平原地区）为主。西部浅山丘岭区多为相对松散的半聚集型，个别属分散型（规模小，呈点状，松散布局，分布于地势起伏较大的山区或特殊的生产类型区）；东部平原则是密集型集中居住。村落多依道路而建，村落中主街道常为村内人员外出干道，村外多有沟渠围绕，以利汛期排涝。20世纪70年代，在农村推行“排房化”，即在农村新规划的宅基地，实行棋盘状规则布局，试行一批房屋排列比较整齐，村内街道平直的村落，属计划设计而非自然形成。大部分村落为没有经过规划设计，长期发展过程中自然形成，往往大而紧凑，村民住房排列杂乱无章，村中道路较为弯曲。农村集镇则是多靠近人口密集区，交通运输方便，便于人流和物流集散和信息传播，多为靠近乡镇政府所在地，便于居民办事和购物。另有部分街市，依街而建，或历史形成的交易市场，交易多为农副产品。民间起集设市习以农历计时，一般平原地区集稠，城镇以天天集、隔日集多；山区集稀，多两日一集或三日一集。乡村聚落的形成还与传统风俗习惯、文化背景有关。农村多以族群群居为主，显得宗族繁盛，往往集村之内全是同姓，或同姓族人居住相对集中，所以以姓氏为名称的聚落比比皆是。如马庄、郭庄、齐庄、刘庄等。

2005年后，全市落实中央推进社会主义新农村建设的政策，加大对农村建设的规划管理，从严落实相关土地政策，农村建设更注重人居环境的改善，农村脏、乱、差的状况得到一定改善。

【人口总量】 驻马店地区户口最早的文字记载见于《汉书·地理志》，后各朝各代由于战争、行政区划、人口迁移等原因，造成人口数量忽高忽低，极不稳定。

西汉时，汝南郡经过长期的休养生息和改善农业生产条件，成为全国最富庶的地区之一，人口也随之增加。西汉元始二年（2），汝南郡辖37县，县均12475.32户，户均5.62口。东汉时人口数量略有下降，东汉永和五年（140），汝南郡辖37县2100788口，县均10931.03户，户均5.19口。三国时期连年内乱，人口锐减，至西晋太康年间（280～289），汝南郡辖15县25150户，176050口，县均1676.7户，户均7口。晋代战乱四起，境内户口进一步减少。南朝宋大明八年（464），汝南郡辖11县11291户，89349口，县均1026.45户，户均7.91口。东魏武定年间（543～550），汝南郡辖8县15889户，37061口。

隋时境内人口数量大增，隋大业五年（609），汝南郡辖11县152785户，县均13889.55户，户均5.17口。隋末大乱，境内户口再次锐减，唐贞观十三年（639），蔡州辖10县12182户，60415口，县均1218.2户，户均4.96口。唐天宝元年（742），蔡州户口升至87061户，460205口，县均8706.1户，户均5.29口。宋崇宁元年（1102），蔡州辖10县，98502户，185013口，县均9850.2户，户均1.88口。金元战争又使人口耗减。金代，蔡州辖8县36093户，县均4511.63户。

元代汝宁府辖5县7075户，县均471.67户，区内人口降至有记载以来的最低点。明初，大批移民迁至汝宁地区，境内人口有增。明天顺初年及嘉靖、隆庆年间汝宁府估计户数41690户。清初户口稍减，以后则持续增长。清乾隆六十年（1795），汝宁府人口1241306人，嘉庆二十五年（1820），人口增至1934957人。中华民国时期，人口缓慢增长，民国32年（1943）区内人口2640488人，民国35年（1946）增至2781303人。

中华人民共和国成立后，在社会经济条件发生巨大变化的同时，人口也以前所未有的速度增长。1950年年底至1952年年底，全区人口由3965515人增加到3973372人，递增率为1.0‰，社会经济发展和人口变动处在恢复阶段。随着3年经济恢复和进行大规模的经济建设，人民生活安定，人口亦快速增长。1953年年初至1954年年底，区内人口净增247753人，年增长率分别为29.5‰和31.9‰，出现第一个人口增长高峰，全区总人口达到4221125人。1955年年初至1959年年底，全国人民集中力量发展社会主义生产力，工农业产值明显提高，市场繁荣，物价稳定，人民生活显著改善，全区人口处于稳定增长阶段。5年间人口增加265652人，递增率为12.3‰，总人口达到4486777人。1960年年初至1961年年底，严重的自然灾害和“大跃进”的消极影响，给经济建设和人民生活造成严重困难。1960年人口出生率骤然下降，死亡率急剧上升，全区总人口由1959年年底的4486777人降至1960年年底的4121931人。1961年年底人口回升至4132366人。1962年年初至1974年年底，由于人口补偿性生育及“文化大革命”的无政府状况，人口增长失控，造成全区人口恶性增长，年平均递增率为27.4‰，出现新中国建立以来人口增长的第二个高峰，其中1962年人口自然增长率为50.09%，较1954年的高峰值高出18.38个千分点，1974年年底人口总量达到5873180人。1974年全国开始实行计划生育，1975年8月全区遭受特大洪灾，人民生命财产遭受严重损失。之后，人口增长得到一定控制，1979年年底人口达到6460777人，较1974年年底净增人口587597人，年均递增率为19.25‰，较前13年的人口增长率下降8.16个千分点。1980年年初至1985年年底，全区人口增长已开始由高出生、高自然增长向低出生、低自然增长过渡，年平均增加人口88081人，年均递增率为12.86‰，1985年年底全区总人口为6950122人。

1988年，全市总人口为722.16万人，较1978年增加88.77万人，人口自然增长率为14.64‰；1998年，全市总人口为795.52万人，较1988年增加73.08万人，人口自然增长率为7.26‰；2008年，全市总人口为848.78万人，较1998年增加53.54万人，人口自然增长率为5.38‰；2012年，全市总人口为891.65万人，较2008年增加42.87万人，人口自然增长率为4.86‰。2017年，全市总人口801.74万人（不含新蔡县）。

【民族概况】驻马店市是以汉族为主的多民族聚居区，区内少数民族多由外地迁入。回族是最早迁入的少数民族之一，于唐初（693）在泌阳建筑象河关清真寺开始定居。其次是满族，于清代迁入西平县酒店、出山一带，其他少数民族多为中华人民共和国成立后随职工工作调动或因婚嫁迁居市内。20世纪80年代中后期，改革开放政策的实施使得区内少数民族迁入较多，迁移也较频繁，居住形式呈现出“小集中、大分散”的特点，且城市少数民族学历普遍比乡村少数民族学历高。全市各县区都有少数民族分布，新蔡县李桥回族镇和西平县蔡寨回族乡是区内2个回族乡镇，西平县和新蔡县是少数民族人口较为集中、少数民族人口比例较高的县。少数民族人口增长速度快于汉族。原因是：国家对少数民族的生育政策比较宽松，允许一对夫妇生育二胎；少数民族迁入人口较多，至2012年，除回族以外的少数民族人口增长多属于女性婚姻迁入人口；有一些原系汉族人口根据有关民族政策精神，恢复或变更为少数民族成分。

【民族分布与构成】1964年人口普查，全区有13个民族，另有未识别民族1人，外国人加入中国籍1人。少数民族人口31106人，占全区总人口的0.71%。1982年人口普查，全区民族猛增至25个，分别是：汉族、回族、满族、壮族、蒙古族、彝族、黎族、苗族、藏族、土家族、达斡尔族、白族、布依族、侗族、朝鲜族、傣族、维吾尔族、水族、纳西族、土族、哈尼族、东乡族、高山族、普米族、京族，其他未识别民族1人。民族分布状况为：西平县14个，全区最多；上蔡13个，另有未识别民族1人；驻马店市13个，确山、泌阳各12个，遂平、平舆、正阳各9个，新蔡县5个，汝南县4个。少数民族人口47170人，占全区总人口的0.71%。回族人口最多，为46520人，占少数民族人口的98.62%。其次为满族372人。高山族、普米族、京族各1人，其他少数民族人口在2人～67人之间。

1990年人口普查，全区有44个民族（含未识别民族

遇真宫雪夜　　刘凤鸣 摄

及外国人加入中国籍），汉族人口7328103人，占总人口的99.24%；其次是回族53945人，占总人口的0.73%，占少数民族人口的95.6%，其他少数民族人口2454人，占总人口的0.03%。少数民族按人口数量依次为：回族、满族、拉祜族、佤族、蒙古族、傣族、彝族、土家族、壮族、苗族、哈尼族、白族、布依族、藏族、黎族、纳西族、布朗族、瑶族、侗族、傈僳族、维吾尔族、锡伯族、朝鲜族、赫哲族、土族、达斡尔族、普米族、羌族、水族、高山族、畲族、仫佬族、撒拉族、珞巴族、怒族、东乡族、京族、鄂伦春族、景颇族、鄂温克族、阿昌族，另有未识别民族5人，外国人加入中国籍1人。

2000年人口普查，全市有44个民族（含未识别民族及外国人加入中国籍）。民族人口最多的是汉族，有7452752人，占总人口的99.17%；其次是回族58012个，占总人口的0.78%，占少数民族人口的94.16%，其他少数民族人口3595人，占总人口的0.05%。少数民族按人口数量依次为：回族、满族、佤族、拉祜族、蒙古族、苗族、土家族、壮族、彝族、哈尼族、傣族、白族、布依族、朝鲜族、藏族、维吾尔族、黎族、傈僳族、侗族、布朗族、土族、纳西族、瑶族、锡伯族、畲族、景颇族、达斡尔族、水族、赫哲族、高山族、珞巴族、德昂族、柯尔克孜族、仡佬族、哈萨克族、羌族、塔吉克族、普米族、阿昌族、俄罗斯族、裕固族，另有未识别民族7人，外国人加入中国籍1人。民族分布状况为：驿城区22个，其中少数民族人口8047人；遂平25个，其中少数民族人口4808人（含未识别民族6人）；西平31个，其中少数民族人口15038人；上蔡21个，其中少数民族人口1580人；汝南21个，其中少数民族人口6024人；新蔡19个，其中少数民族人口6132人（含外国人加入中国籍1人）；正阳22个，其中少数民族人口5214人；确山23个，其中少数民族人口3107人（含未识别民族1人）；泌阳22个，其中少数民族人口5611人；平舆18个，其中少数民族人口6019人。

2010年人口普查，全市有41个民族（含未识别民族及外国人加入中国籍），民族人口最多的是汉族，占总人口的99.23%；回族占总人口的0.73%；其他各种少数民族人口总计占总人口的比重不足0.04%。少数民族按人口数量依次为：回族、满族、佤族、苗族、土家族、壮族、蒙古族、拉祜族、哈萨克族、黎族、彝族、傣族、布依族、维吾尔族、哈尼族、藏族、瑶族、布朗族、白族、傈僳族、纳西族、锡伯族、朝鲜族、仡佬族、侗族、达斡尔族、羌族、景颇族、裕固族、赫哲族、土族、仫佬族、门巴族、水族、撒拉族、毛南族、怒族、保安族各1人，未识别民族3人，外国人加入中国籍50人。民族分布情况为：驿城区30个，其中少数民族人口10520人；遂平县36个，其中少数民族人口3294人（含未识别民族1人，外国人加入中国籍29人）；西平县29个，其中少数民族人口13480人（含外国人加入中国籍1人）；确山县25个，其中少数民族人口2103人（含外国人加入中国籍3人）；上蔡县24个，其中少数民族人口1271人（含未识别民族1人，外国人加入中国籍6人）；泌阳县20个，其中少数民族人口4645人；正阳县19个，其中少数民族人口4267人；新蔡县19个，其中少数民族人口4739人（含外国人加入中国籍9人）；汝南县16个，其中少数民族人口5228人。

2015年，全市有44个民族（含未识别民族及外国人加入中国籍），其中少数民族41个，总人口74517人（不含新蔡），居全省第五位，其中回族人口70198人占97%。按人口数量依次为回族、壮族、满族、苗族、佤族、土家族、蒙古族、拉祜族、傣族、彝族、侗族、布依族、黎族、白族、瑶族、哈尼族、藏族、朝鲜族、布朗族、傈僳族、仡佬族、纳西族、赫哲族、维吾尔族、畲族、景颇族、京族、羌族、水族、仫佬族、土族、毛南族、塔塔尔族、阿昌族、塔吉克族、哈萨克族、德昂族、普米族、怒族、高山族、鄂伦春族。少数民族人口超过万人的县区有西平县、平舆县、驿城区，全市有西平县蔡寨回族乡1个民族乡镇，少数民族人口千人以上的乡镇30个，少数民族聚居村68个。民族分布状况为：西平县31个，上蔡县30个，平舆县29个，遂平县28个，汉南县、正阳县、确山县24个，泌阳县14个，开发区5个，驿城区3个。

【宗教概况】 驻马店市境内有信徒，有活动场所的宗教有佛教、道教、伊斯兰教、基督教、天主教5个主要教派。佛教最早于东汉灵帝光和三年（180）传入驻马店，由白马寺史姓沙弥在泌阳铜山修庵定居，传扬佛法。后上蔡、西平、确山相继建立寺庙，唐代以后，佛教兴盛，至清代，有权势的乡绅多以当一名吃斋信佛的居士为荣。民国以后渐弱。境内道教始于汉，唐高宗（650—683）奉老子李耳为李氏先祖，封“太上玄元皇帝”尊号，一时道教大盛，道徒多来自武当山、嵩山。清代抑道扬佛，不少道观变为寺院，道教信徒逐渐减少。确山乐山成为道教圣地，清末汉南设“道纪司”管理全县道教。唐长寿年间（约693），大食（阿拉伯帝国）商人在泌阳旬河关定居，伊斯兰教随之传入境内。元代回族军屯驻及回族人批量迁居区内，区内各县市均建有清真寺。其中，新蔡李桥镇清真寺为1375年由明朝皇帝朱元璋的大将常遇春所建。清代达到鼎盛，民国初年，许多清真寺毁于战火，宗教活动减少。天主教是在鸦片战争后传入境内，最早在确山县香山李刘庄（今属驿城区），先属南阳教区，民国14年（1925）始属信阳教区，驻马店一度成为天主教在豫南活动基地。基督教晚于天主教传入境内，最早传入地为上蔡县。基督教派派系繁多，教会名称不一。区内有内地会、信义会、安息日会、真耶稣会、神召会、灵工院、四福音等教派。

中华人民共和国成立后，各级人民政府执行宗教信仰自由政策，保护合法的宗教活动。“文化大革命”中，宗教活动被强令禁止，教堂寺庙等宗教场所被查封或占用，时有少数信徒进行隐蔽活动。中共十一届三中全会后，中国共产党和人民政府全面恢复和落实宗教政策，归还、重建和扩建宗教活动场所，宗教活动恢复正常。地委恢复统战部，行署设立民族宗教事务处，各县（市）相继恢复并加强了宗教工作机构，为34名在“文化大革命”中受迫害的宗教界人士平反，先后开放教堂2座，清真寺51坊，“三定”（定片、定点、定负责人）活动点95个，宗教爱国组织相继恢复并开展工作。各宗教堂点分别建立了教务领导小组或“三自”（自治、自传、自养）爱国领导小组，制定有教务、财务、行政事务管理制度，信教群众在牧师、长老、传道员、教长的引导下，过着正常的宗教生活。1986年，驻马店地区有信教群众8万余人。20世纪90年代以后，驻马店地区全面贯彻落实党的宗教政策，广泛团结宗教界人士和信教群众，依法进行宗教事务管理，引导宗教与社会主义相适应。经常对宗教界人士进行法律、法规、政策教育，帮助各宗教团体加强组织建设，完善各项管理制度，并督促制度的执行。2000年，经政府登记开放的宗教活动场所382处，其中佛教12处，道教1处，伊斯兰教66处，天主教2处，基督教305处。信教群众193321人。其中佛教14888人，道教4001人，伊斯兰教71628人，天主教3336人，基督教99468人。共有宗教教职人员429人。其中佛教比丘19人，比丘尼27人；道教坤道1人；伊斯兰教阿訇60人，海里凡97人；基督教牧师1人，长老11人，传道员212人。

2012年，全市佛教、道教、伊斯兰教、天主教、基督教5个教派信教群众400536人，全省第四（商丘65万，周口60万，南阳56万），依法登记宗教活动场所570个，宗教教职人员1295人。信教群众分布全市所有乡镇，90%在农村。建立爱国宗教团体35个，其中：市级3个（基督教“三自”爱国运动委员会1个，基督教协会1个，伊斯兰教协会1个），县级爱国宗教团体32个（伊斯兰教协会10个，基督教“三自”爱国运动委员会9个，基督教协会9个，道教协会1个，佛教协会3个）。

截至2014年5月，全市（不含新蔡县）5大教派有信教群众36.69万人，依法登记宗教活动场所536个，宗教教职人员974人。信教群众分布在全市所有乡镇，90%在农村。全市有爱国宗教团体36个，其中市级3个（基督教“三自”爱国运动委员会1个，基督教协会1个，伊斯兰教协会1个），县级33个（伊斯兰教协会9个，基督教“三自”爱国运动委员会9个，基督教协会9个，道教协会1个，佛教协会5个）。

组织机构

中共驻马店市委

书　　记　余学友（12月离）　陈　星（12月任）
副 书 记　陈　星（12月离）　朱是西（12月任）　李宝清
常　　委　张　昕（12月离）　姚新文　金冬江　张卫东　戚存杰　孙巍峰　李成宽　李国胜
秘 书 长　李国胜（9月任）

市委市政府办公区　　孙国钧 摄

常务副秘书长　王太广（8月离）　李国民（8月任）
副秘书长　谢富田　孙　彪　王建国（8月任）　钟建国　李红本（9月离）　王风云

中共驻马店市纪律检查委员会（驻马店市监察委）

市纪委书记、市监察委主任　李成宽（12月任市监察委主任）

市纪委常务副书记、市监察委副主任　姜彦玲（12月任市监察委副主任　免市监察局局长）

市纪委副书记、市监察委副主任　刘向辉（12月任市监察委副主任）　王岱朝（12月任市监察委副主任）

市纪委常委、市监察委委员、正处级巡察专员　郑学成（12月任市监察委委员）

市纪委常委、市监察委委员　刘玉华（7月离市监察局副局长、12月任市监察委委员）

市纪委常委、秘书长　张洪如（3月任市纪委秘书长、7月免市监察局副局长）

市纪委常委　何清初（7月任市监察局副局长免市预防腐败局副局长、12月离市监察局副局长任市纪委常委）

市纪委常委　李安国（7月离市纪委办公室主任任市监察局副局长、12月离市监察局副局长任市纪委常委）

市监察委委员　李奎卿（12月任）　郭东升（12月任）

市预防腐败局局长　李卫星（9月离）

市纪委常委、市监察局副局长　邱保林（7月离市监察局副局长、12月离市纪委常委）

市预防腐败局副局长、市监察局副局长　王洪言（7月离市预防腐败局副局长任市监察局副局长、12月离市监察局副局长）

正处级纪检监察员　孙庆华（12月退）　王立斌　任书平

机关党委专职副书记　丁　梅（12月任，12月离组织部部长）

研究室主任　魏　民（12月任）

法规室（申诉复查复议室）主任　王宛超（12月任）

信访室主任　邹馥兰

案件监督管理室主任　李　扬

案件审理室主任　孟　瑾（12月任，12月离调研法规室主任）

纪检监察干部监督室主任　沈晓华

电教信息网络管理室（技术保障室）主任　谢　峰（12月任）

第一执纪监督室主任　刘志民（12月任，12月离党风政风监督室主任）

第二执纪监督室主任　张桂霞（12月任，12月离案件审理室主任）

第三执纪监督室主任　万　峰（12月任，12月离第二纪检监察室主任）

第四执纪监督室主任　欧阳贞宇（12月任，12月离申诉复查复议室主任）

第五执纪监督室主任　李海燕（12月任，12月离宣传部部长）

第六执纪监督室主任　蒋德福（12月任，12月离第八

纪检监察室主任）

第七执纪监督室主任　李晶华（12 月任，12 月离第三纪检监察室主任）

第八执纪监督室主任　吴　宇（12 月任，12 月离第七纪检监察室主任）

第一审查调查室主任　罗中伟（12 月任，12 月离第五纪检监察室主任）

第二审查调查室主任　胡器成（12 月任，12 月离第四纪检监察室主任）

纪检监察宣教中心主任　焦　杰

副处级纪检监察员　赵国合　朱世超

市委巡察办公室

主　　任　王明太

副 主 任　赵东亮

组　　长　黄德华　朱丹辉　刘军安

正处级巡察专员　孟庆义（12 月任）　郭贵春（12 月任）

副 组 长　杨　荔

市委部门

市委办公室

副 主 任　岳华伟　李新运

市委改革办副主任　孙　伟　秦保军

保密办副主任　王建华

市专用通信局局长　王凤霞

副处级督查专员　闫国英　毕明庆

政研室

主　　任　李红本

副 主 任　万超麟

市保密委员会办公室（保密局）

主　　任（局长）

钟建国（兼，9 月离）

市委党史研究室

主　　任　魏春阳

副 主 任　李运来　简义保

市委组织部

部　　长　金冬江

常务副部长　杨　超（1 月任）

副 部 长　张红岩（兼）　胡新功（9 月任）

李红本（9 月任）

市委组织部原常务副部长　张炳新（7 月离）

市委组织部副部长　武兰芳（9 月离）

市人才办（知工办）主任　胡新功（9 月离）

市纪委派驻副处级纪律检查员　张卫中

市人才办（知工办）副主任　赵玉欣

市大学生村干部管理办主任　郭贵春（12 月离）

市人才办（知工办）副主任　叶　珣

市领导干部考核办主任　任新华

市党员电教中心主任　于　犟

干部监督室主任　张　强（8 月离）

市委老干部局

局　　长　张红岩（兼）

副 局 长　吴升南　闫长见

市委宣传部

部　　长　戚存杰

常务副部长　刘卫明（7 月离）　孙书杰（7 月任）

副 部 长　刘　雪　刘根社（6 月任调研员）

杜　萍（7 月离）　赵庆华（7 月离）

赖小青（9 月任）

市电视新闻中心主任　于海建

市精神文明指导委员会办公室

主　　任　刘　雪（兼）

副 主 任　张志云　任　鸿

市委统战部

部　长　姚新文

常务副部长　张新友

副 部 长　蒋毓勤　常　科（7 月离）　侯　方

市纪委派驻市委统战部纪检员　刘建国

市台办主任　薛豫霞（8 月离）

副 主 任　刘　丽

市台联会会长　唐国力

市委政法委

书　　记　孙巍峰

常务副书记　王和平（8 月离）　周以德（8 月任）

综治办主任　宋志成

副书记、防范办主任　郭东明

副书记、维稳办主任　李　烨

综治办副主任　张善华　杨松涛

政治部主任　刘永士

法学会秘书长　蒋　峥

防范办副主任　黄子毅

维稳办副主任　董胜昔

市委直属机关工作委员会

书　　记　李国营

副 书 记　苏金虎　吴　丽

纪工委书记　徐青峰

市委农村工作办公室

党组书记、主任　王忠民

党组副书记、副主任　甘长青

党组成员、副主任　杨　光（8 月离）　余玉柱　王玉红

党组成员、纪检组长　张军峰

党组成员、总经济师　赵清保

市机构编制委员会办公室

主　　任　于惠权（7 月离）　李国忠（7 月任）

副 主 任　杨　军　党新选（9 月离）　李　峰（9 月离）

市委群众工作部（市政府信访局）

党组书记、部长、局长　张中林（7 月离）

徐秋生（8 月任）

党组副书记、副部长、副局长　张明宽

正处级信访督查专员　曾国华

党组成员、副部长　李承军　刘分气
党组成员、纪检组长　赖　恒

市委党校（市行政学院、市社会主义学院）
党校校长　李宝清（兼）
行政学院院长　张　昕（兼，12 月离）
社会主义学院院长　姚新文（兼）
党委书记、常务副校（院）长　杨学范（8 月离）
王爱莲（8 月任）
副书记、副校（院）长　李光亚
党委委员、副校（院）长　周　鹏　孟桂湘
党委委员、纪工委书记　栗　伟
党委委员、教育长　汪建国

驻马店日报社
党委书记、社长　刘根社（6 月离）　赵庆华（6 月任）
党委副书记、总编辑　韩祖和（9 月离）
吴振海（9 月任）
党委副书记、常务副社长　傅维刚（9 月离）
党委委员、副总编辑，天中晚报社党总支书记、社长
刘荣亚
党委委员、纪委书记　刘　浩
党委委员、副社长　鲁　萍
党委委员、副总编辑　胡殿文
党委委员、天中晚报社总编辑　郑　刚
党委委员、正处级干部　刘军民（9 月离）
党委委员、副处级干部　张付军（9 月离）

市档案局
党组书记、局长　李　蕴（8 月任局长）
党组成员、副局长　汪道祥　滕　飞
党组成员、纪检组长　王艳军（12 月离）

驻马店市第四届人大常委会

党组书记　张宪中
党组副书记　王素平（7 月离）　张丽彩（7 月任）
党组成员　张丽彩　苗建勇　栗明伦　王志华
王素平（7 月任）　李斌周（6 月离）
朱雪河（6 月任）
主　　任　张宪中
副 主 任　王素平（6 月离）　张德轩（6 月离）
张丽彩　苗建勇　栗明伦　王志华
聂　勇（6 月任）
秘 书 长　李斌周（6 月离）　朱雪河（6 月任）
副秘书长　孙铁祝（6 月离）　刘　萍　付文举
韩　琼（6 月离）
副处级纪检员　苏　森（6 月离）

法制委员会
主任委员　刘鸿章
副主任委员　谢桂良

教育科学文化卫生委员会
主任委员　刘卫明
副主任委员　徐　畅

城建与资源保护委员会
主任委员　于明标
副主任委员　路庆艳

预算委员会
主任委员　李林清
副主任委员　万海亭

办公室
主　　任　孙铁祝（6 月离）　王俊林（7 月任）

调研室
主　　任　王俊林（6 月离）　苏　森（7 月任）
副 主 任　雷彦伟

法工委
主　　任　刘鸿章
副 主 任　谢桂良

内司工委
主　　任　于惠权（7 月任）

选工委
主　　任　闫喜梅
副 主 任　雷志强

财工委
主　　任　李新奇（6 月离）　黄庆伟（7 月任）
副 主 任　栗建军

教科文卫委
主　　任　陈文启（6 月离）　刘卫明（7 月任）
副 主 任　徐　畅　陈文启（7 月任）

农工委
主　　任　杨清岭（6 月离）　岳卷中（7 月任）
副 主 任　岳卷中（6 月离）　李国营（10 月任）

民侨外工委
主　　任　韩　琼（7 月任）
副 主 任　皇甫永强

城建工委
主　　任　杨铁良（6 月离）　于明标（7 月任）
副 主 任　路庆艳　杨铁良（7 月任）

预算工委
主　　任　马书清（6 月离）　刘光辉（7 月任）
副 主 任　万海亭

信访办公室
主　　任　刘　晶

驻马店市人民政府

市　　长　陈　星（12 月离）　朱是西（代，12 月任）
副 市 长　张　昕（12 月离）　冯玉梅　杜中强（6 月离）
王明威　付自成　杨俊杰（12 月离）
王晓刚（下派）　何　晞（6 月任）
贺振华（6 月任）　郭　渊（12 月任）
秘书长、市政府办公室主任　黄卫华（8 月离）
毕俊德（8 月任）

副秘书长　邱新慧（12月离）　李国忠（8月离）
谢李利　马国安　宋志成　饶　涛
冯国保　赵　站　李保刚

市政府部门

市政府办公室副主任　刘贺伟　刘　娟
市政府应急办主任　黄汉华
监察室主任　崔　峰
市政府驻北京联络处主任　张成刚
市政府驻郑州办事处主任　孙立峰
市外事侨务办公室
党组书记、主任　祁合民（9月离书记，12月离主任）
党组副书记、副主任　杨欣宇（3月任）
党组成员、调研员　苏　飒　宋鲁平
党组成员、副主任　马　军　范红军　王　楠
市地方史志办公室
主　　任　赵心田
副 主 任　李文杰　年　华
市接待办公室
主　　任　李国忠（兼，8月离）
副 主 任　刘建中　郑　权
市政府法制办公室
党组书记、主任　吴新平（7月离职党组书记，8月离职主任）
党组成员、副主任　张卫东
党组成员、纪检组长　王宛超（12月离）
市扶贫办
党组书记、主任　邵奉公
党组成员、副主任　杨　光　刘　斌
市发展和改革委员会
党组书记、主任　孔　华
党组副书记　刘文超（8月离）
党组成员、调研员　郭海燕（9月免党组副书记，任党组成员）
党组成员、大项目办主任　任国胜
党组成员、副主任　杨　正　田云华
周雪莹（9月免，任副调研员）
黄长江
党组成员、纪检组长　康　伟
党组成员、副主任　宋万幸
党组成员、大项目办副主任　宋国喜
党组成员、总经济师　商守健（9月免，副处级干部）
市公安局
局　　长　杨俊杰（12月免）　郭　渊（12月任）
常务副局长　高　鹤（5月免）
副 局 长　刘　斌（9月免）
纪工委书记　徐秋生（8月免）
副 局 长　王长春（9月免）　孙友民
黄　鹏（9月免）　孙建华
赵全中　王向锋（12月任）
治安和出入境管理支队支队长　房国卫
教育训练队队长　陈宝星（7月退）
政治部主任　刘春庆
政治部副主任　刘运来　郑效伟
政治部教育训练队政委　喻　欣
政治部教育训练队副队长　薛青华
政治部教育训练队综合科科长　张钨金
警令部主任　李红巧
警令部副主任　郭国顶
监督部主任、纪工委副书记　林　霞
警务保障部主任　付继春
警务保障部副主任　梁建中
犯罪侦查支队支队长　贺伯华
犯罪侦查支队政委　巴军
犯罪侦查支队刑事技术研究所所长　李如响
网络安全和技术侦察支队支队长　王学钊
网络安全和技术侦察支队政委　董　伟
交通管理支队支队长　黎光华
交通管理支队政委　潘晓黎
监所管理支队支队长　郭继志（9月免）
监所管理支队政委　王明振
治安和出入境管理支队出入境管理大队大队长　陆军平
国内安全保卫和反恐怖支队支队长　张建华
国内安全保卫和反恐怖支队政委　陈兴建
特殊警务支队支队长　余　伟
特殊警务支队政委　段亚伟
老街派出所（老街分局）所长（分局局长）　吴应威
胡庙派出所（胡庙分局）所长（分局局长）　张　辉
胡庙派出所（胡庙分局）政委　赵华滨
东风派出所（东风分局）所长（分局局长）　姜　舰
东风派出所（东风分局）政委　陈喜中
南海派出所（南海分局）所长（分局局长）
韦书政（5月免）
南海派出所（南海分局）政委　陈卫华
雪松派出所（雪松分局）所长（分局局长）　孔　杰
雪松派出所（雪松分局）政委　李　新
金桥派出所（金桥分局）所长（分局局长）
丁卫军（9月免）
金桥派出所（金桥分局）政委　张　巍
板桥派出所（板桥分局）所长（分局局长）　贾广德
板桥派出所（板桥分局）政委　褚　勇
西园派出所（西园分局）所长（分局局长）
许志勇（5月免）　吴小丽（5月任）
东高派出所（东高分局）所长（分局局长）　臧文斌
市民政局
党组书记、局长　王启现
党组成员、副局长　王彦林　胡顺山　李正超
陈春和
党组成员、纪检组长　包建民

市军事供应饮食站站长　杜俊峰

市人力资源和社会保障局

党组书记、局长　王　勇

党组副书记、调研员　陈　宏

党组副书记（兼）、驻马店技师学院院长　常玉柱

党组成员、高级技工学校党委书记　田江萍

党组成员、副局长　杨文才

党组成员、调研员　刘　刚　蒋　英　王迎霜

党组成员、副局长、市企业养老保险中心主任　刘　伟

党组成员、副局长　宋爱如　靳中庆

党组成员、副局长、市公务员管理办主任　张德立

党组成员、市劳动就业处处长　李万收

党组成员、市军队转业干部工作办公室主任　姚如意

党组成员、纪检组长　高建中

就业促进工作办公室主任　邓　奇

市劳动就业处

副处级干部　张泽源

市企业养老保险中心

党支部书记　梅经楹

市人才交流中心

党支部书记　单明国

市城镇职工医疗保险处

处　　长　王保辉

党支部书记　张　乐

驻马店技师学院

党委副书记　王坤辉

党委委员、副校长　石　剑　杨海虹

副 校 长　侯进才

党委委员、纪检书记　姚恩广

党委委员、工会主席　吕承军

党委委员、副校级干部　商　平　周晓东
陈新记　王建宇

市司法局

党委书记、局长、市监狱第一政委　田国胜

副 局 长　赵　瑛（女，2月离）

党委委员、副局长　秦一松　张　燕（女）

党委委员、纪工委书记　唐春玲（女）

党委委员、政治部主任　李艳晖（女）

党委委员、监狱长　桑柏松

河南省豫南监狱

党委书记、监狱长　梁　爽

党委委员、副监狱长兼企业总经理　魏晓广

党委委员、副监狱长　邵家荣　吕伟灿　熊永忠

党委委员、纪委书记　刘全来

市财政局

党组书记　李瑞红（9月任）

局　　长　李瑞红（10月任）

党组成员、调研员　冯文福（9月任党组成员，免党组副书记）

党组成员、副局长　崔　毅　姚双喜　康庆学　王克诚

总会计师　王义成（9月免党组成员职务）

党组成员、纪检组长　王　峰

市非税收入管理局局长　贺建登

市财政支付局局长　戴　颖

市行政事业单位国有资产管理中心主任　翟富坤

市农业综合开发资金管理中心主任　白香燕

市中小企业投资担保服务中心主任　李　均

市农村综合改革工作办公室主任　赵新安

市财政投资评审中心主任　陈迎新

市财政局财政监督检查办公室主任　朱　敏

市公共资产管理有限公司总经理　刘　会（3月任）

市安全生产监督督导组组长　黄振涛（9月任）

市民族宗教事务委员会

党组书记、主任　常　科（8月离）王胜利（8月任）

副 主 任　李玉喜　吕　光

市住房和城乡建设局

党组书记、局长　张新运

党组副书记、调研员　张春明

党组成员、纪检组长　郑建立

党组成员、副局长　黎　军　宋华松　李长友
刘　浩　薛　寒

党组成员、副局长、市公用局局长　李　刚

副 局 长　祁连升

党组成员、市园林局局长　史永生

党组成员、市城建监察支队支队长　张德山

市住房管理中心

党组书记、主任　刘明亮（8月离）

党组成员、调研员　赵贺平（9月免党组成员职务）

党组成员、副主任　周文彬

党组成员、纪检组长　彭　群

党组成员、副主任　梁俊峰　陈卫国（3月任）

市住房公积金管理中心

主　　任　张新领

党委书记　卢　伟

党委委员、副主任　张　静　王艳丽

党委委员、纪委书记　谢　峰（12月离）

市城乡规划局

局　　长　李新纲

副 局 长　周铁城　王鑫建

纪检组长　张艳霞（5月病故）

总规划师　周荣辉

市国土资源局

党组书记、局长　王保海

党组成员、调研员　王永宇　陈新国

党组成员、副局长　邢建洲　崔春常　刘彦军（3月任）

土地矿山执法督导组组长　闫建新（9月任）

党组成员、纪检组长　钞　磊（9月任）

土地矿山执法督导组副组长　陈　平（9月任）

总工程师　杨　利（9月任）

市土地储备开发中心主任　霍亚非（女）

市土地储备开发中心支部书记　张玉林

市交通运输局

党组书记、局长　樊卫华（8月离）　孙留平（8月任）
党组副书记、调研员　孙陆军（9月免党组副书记）
党组成员、调研员　邹志强（7月免党组成员）
党组成员、副调研员　张国强（9月免党组成员）
党组成员、副局长　管　瑞
副 局 长　鲁武汉
党组成员、市道路运输管理局局长　靖玉彬
党组成员、调研员　李春生（2月退）
党组成员、总工程师　任　伟
党组成员、副局长　丁永峰（9月免市农村公路管理处处长职务）
党组成员、市纪委派驻市交通运输局纪检组长　刘红伟
党组成员、副局长、市邮政管理局局长
何　明（9月离）
党组成员、市交通战备办公室主任　郑远超

市农业局

党组书记、局长　毕俊德（7月免党组书记，8月免局长）
张中林（7月任党组书记，8月任局长）
党组成员、副局长　李宝山
市农业对外交流中心主任　宋华民（11月任）
党组成员、市农业对外交流中心主任　李拴紧（8月免党组成员，11月免交流中心主任）
党组成员、副局长　冯绍武　李新房　王爱月　孙志强
副 局 长　马　健
党组成员、纪检组长　魏俊国
党组成员、副局长　史迎春
党组成员、总农艺师　刘　斌

市林业局

党组书记、局长　李宪周（7月离）　陈　黎（8月任）
党组成员、副局长　杨瑞超
市森林公安局局长　郑玉江（9月免党组成员，12月免市林业局副局长）
总工程师　刘国安（9月免党组成员）
党组成员、副局长　王国强　姚　堆
党组成员、纪检组长　邵雪峰
党组成员、副局长　刘恩波　杨　贺
市森林公安局政委　朱东风
薄山林场副场长（享受副处级待遇）　李　威

市水利局

党组书记、局长　王　伟（8月任）
党组副书记、调研员　靳中山
党组成员、副局长　李东法
副 局 长　陈建东
党组成员、副局长　张建全
党组成员、总工程师　付战武
党组成员、副局长　杨新红
党组成员、副局长　刘一修（1月任副局长）
党组成员（兼）市板桥水库管理局党委书记、局长
冯朝领
党组成员（兼）市薄山水库管理局党委书记、局长
孙道成
党组成员（兼）市宿鸭湖水库管理局党委书记、局长
张东升
调 研 员　王德广（7月免党组书记，8月任调研员）
市水利勘测设计研究院党委书记、院长　秦宏鑫
市水利工程局党委书记、局长　周青锋
市政府移民安置办公室党支部书记、主任
陈英姿（1月任）

市畜牧局

党组书记、局长　蔡新国
党组成员、副局长　蒋俊杰　杨德群　魏景华　王永红
党组成员、纪检组长　商东明
党组成员、总畜牧师　张宏伟

市商务局

党组书记、局长　于明标（8月离）　刘文超（8月任）
党组副书记、副局长　齐卫国
党组成员、副局长　龙振军
党组成员、副局长、市外商投诉服务中心主任　杨　波
党组成员、副局长　周海成　段湘江
党组成员、总经济师　陈多庆
党组成员、纪检组长　杨洪峰
市贸促会会长　尚国干（8月任）

市环境保护局

党组书记、局长　王建国（9月离）　杜永军（9月任）
党组成员、副局长　张保刚　王　锋
党组成员、纪检组长　朱慧梅
副 局 长　王品磊
党组成员、副局长　万全喜
党组成员、总工程师　刘　群
调 研 员　杜建成（9月免党组副书记职务）
环境监测站站长　陈志勇
市环境污染防治攻坚督查组副组长　邢　赜（9月任）

市工业和信息化委员会

党组书记、主任　宋炳顺
党组成员、副主任　张克定　陈卫波　金卫明　梁吉强
党组成员、纪检组长　刘　胜
党组成员、总工程师　任新军
中小企业服务办公室主任　焦润启

市粮食局

党组书记、局长　刘光辉（7月离）　李道清（7月任）
党组副书记　杨红岩（9月离）
党组成员、副局长　周晓军　张医恩
党组成员、纪检组长　杨平世
党组成员、副局长　汪喜云　朱明哲
河南中原芝麻批发市场主任　王振东

市安全生产监督管理局

党组书记、局长　陶安峰（7月离）　牛清泉（8月任）
副 局 长　裴　峰

党组成员、纪检组长　徐国桉
党组成员、副局长　冀全力　张卫芳　何树恒（12月离）
市安全生产督导组组长　魏　东

市教育体育局

党组书记、局长　李　华（7月离）王和平（7月任）
党组副书记　鄢忠伟（9月离）
副 局 长　苗炳启（7月离）
党组成员、纪检组长　王春生
党组成员、副局长　丁田云　彭　燕　魏继河
党组成员、副局长（兼）市招办主任　齐宏玉（7月离副局长，9月离党组成员）
党组成员、副局长　贾振峰
副 局 长　韩　伟
党组成员、副局长　李　慧　王　睿（9月离党组成员）
党组成员、体校校长　姜福君（9月离党组成员）
驻马店高级中学校长、党委副书记　熊俊占
驻马店高级中学党委书记　王红卫
驻马店高级中学党委委员、副校长　卓黎明　杨　锋　张长群　姜金星
驻马店高级中学党委委员、纪委书记　薛　冰
驻马店高级中学党委委员、工会主席　赵　勇
驻马店市第二高级中学校长、党委副书记　智济敏
驻马店市第二高级中学党委副书记、纪委书记　陈景云
驻马店市第二高级中学党委委员、副校长　毛天路　赵秋芸　张家雷
驻马店市第二高级中学党委委员、工会主席　陈有轩
驻马店市第三高级中学校长、党委副书记　张学武
驻马店市第三高级中学党委书记　王建中
汝南幼儿师范学校党委书记（主持工作）　邵根成
汝南幼儿师范学校校长、党委副书记　杨四清
汝南幼儿师范学校党委委员、副校长　刘世勋　贾忠伟　赵汝亮
汝南幼儿师范学校党委委员、纪委书记　卓国防
汝南幼儿师范学校党委委员、副校级干部　李国建　葛心同
驻马店农业学校（汝南园林学校）校长、党委副书记　王新华
驻马店农业学校（汝南园林学校）党委副书记　毛　军
驻马店农业学校（汝南园林学校）党委委员、副校长　苗耀奎　陈占红　王太平
驻马店农业学校（汝南园林学校）党委委员、纪委书记　庞仿洲
驻马店农业学校（汝南园林学校）党委委员　潘玉林　郭　冬
驻马店市第一初级中学校长、党委副书记　岳　炜
驻马店市第一初级中学党委书记　孙　明
驻马店市第一初级中学副校长、党委委员、副处级干部　高丽娜

市科学技术局

党组书记、局长　胡晓黎（2月任）
党组成员、调研员　常　锋（9月离）
党组成员、副局长　吴小伟
党组成员、纪检组长　魏保俊
党组成员、市知识产权局局长　余　涌
党组成员、副局长　于国平
副 局 长　殷国华
市地震局局长　麻　涛

市文化广电新闻出版局

党组书记、局长　李林清（7月离）常　科（7月任）
党组副书记、副局长　冯国军
党组成员、副局长　邓长胜　余新宏
副 局 长　吴东升
党组成员、纪检组长　马德宏
党组成员、副局长　曾　罡

市卫生和计划生育委员会

党组书记、主任　李桂霞
党组副书记、调研员　朱庆才
党组成员、副主任　杨长虹　韩红英　魏　伟
党组成员、纪检书记　尚彦河
党组成员、副主任　贾国刚　段民夫　卢志刚
副 主 任　魏桂梅
党组成员、副主任　张伯恩
爱卫办主任　薛建国

市审计局

党组书记、局长　李向伟
党组副书记、副局长　罗宇威（8月离）
党组成员、副局长　刘晓东
副 局 长　宋超燕
党组成员、纪检组长　李焕军
党组成员、副局长　汪永华　林丽娜
党组成员、总审计师　王文通
党组成员、经责局局长　黎文春
党组成员、副调研员　赵新政

市国有资产监督管理委员会

党委书记、主任　李道清（7月离）李宪周（7月任）
党委副书记、副主任　邹　光
副 主 任　范家舜
党委委员、副主任　魏　华　孙亚力
党委委员、监事会主席　万大东
党委委员、总经济师　李季平（12月任）
党委委员、总会计师　刘亚林

市统计局

党组书记、局长　刘新红（8月离）罗宇威（8月任）
党组成员、副局长　李永芬　范国荣　刘　杰
党组成员、市地方经济社会调查队队长　张牧风
党组成员、总统计师　王立新
市农村社会经济调查队队长　姬志全
市企业调查队队长　王玉琴

市旅游局
党组书记、局长　高　峰（2月离）　何新阁（2月任）
党组副书记　焦尔荣
党组成员　刘白汀（9月任）
党组成员、副局长　白云鹤
党组成员、纪检组长　苏东方

市食品药品监督管理局（市政府食品安全委员会办公室）
党组书记、局长（主任）　李华荣
党组成员、副局长（副主任）　宋良花　段保华
党组成员、纪检组长　张玉娥
党组成员、副局长（副主任）　汪　磊　梁文生　贾守峰
党组成员、食品药品稽查支队支队长　马　俊

市质量技术监督局
党组书记、局长　陈长海
党组成员、副局长　杨鹤林　李　隽
党组成员、纪检组长　张大琳
党组成员、副局长　杨　帆
党组成员、稽查支队支队长　张志勇
党组成员、检测中心主任　马宝安（9月免党组成员，12月免主任，任副调研员）

市工商行政管理局
党组书记、局长　刘剑平
党组成员、副局长　杜亚民　陶　锋　王志新
党组成员、经济检查支队支队长　施卫平

市人民防空办公室
党组书记、主任　朱民喜
党组成员、副主任　姚　峰　罗国政　张振伟
党组成员、纪检组长　王君奇
总工程师　闫　敏

市政府金融服务办公室
党组书记、主任　黄庆伟（6月离）　李俊岭（9月任）
党组成员、副主任　刘培建（4月任）

驻马店经济开发区管理委员会
党委书记　栗明伦（5月离）
党委书记、管委会主任　史爱民（5月任）
党委副书记　代林江（11月免调研员）
党委副书记、调研员　晁纯禄（11月免党委副书记）
党委委员、管委会副主任　李新生（3月任）
党委委员、政法委书记　李国顺
党委委员、管委会副主任　周　炎　张　凯　宋之华（3月离）
党委委员、纪委书记　张卫东
党委委员、管委会副主任　孟秀娟
党委委员、群工部部长　周留喜
党委委员、工会主席　臧新安
党委委员、管委会副主任兼关王庙乡党委书记　张宏宗
党委委员、管委会副主任　武再杰
党委委员、组织部部长　宋　伟

驻马店市产业集聚区管理委员会
党委书记、管委会主任　陆新生
党委副书记、调研员　殷　剑
党委副书记、管委会副主任　魏　领
党委委员、管委会副主任　栗玉欣
党委委员、纪委书记　李　巍
党委委员、管委会副主任　王应中
党委委员、主任助理　王勇卫　李清海

市城乡一体化示范区
党工委书记　李新中
管委会主任　刘明放
示范区规划建设指挥部办公室副主任　刘文超（8月离）
党工委委员、管委会副主任　马桂荣

市政府直属事业单位

市直机关事务管理局
党组书记、局长　刘平队（8月离）　刘新红（8月任）
党组成员、副局长　教松林　朱焕宇　王　伟　张群宾
副局长　夏　鑫

市农业机械管理局
党委书记、局长　鲍秋仁
党委委员、副局长　赵建国　田　野（8月任）
党委委员、纪工委书记　刘　杰
副局长　李书奇

市盐业管理局（市盐业总公司）
党委副书记、总经理（局长）　赵怀中
党委书记　徐　斌
党委委员、副总经理（副局长）　杨彦亭
党委委员、纪工委书记　王　慧
党委委员、副总经理（副局长）　孙俊峰
副总经理（副局长）　陈　波
党委委员、工会主席　周　琦

市农业科学院
党委副书记、院长　孟祥锋
党委书记　胡向尚
党委委员、副院长　余　飞　张少泽
党委委员、纪工委书记　经学义

市供销合作社
党委书记　李　斌（8月离）　姚占勋（8月任）
理事会主任　李　斌（12月离）　姚占勋（12月任）
党委副书记　邱保林（12月任）
党委委员、理事会副主任　张富云　逯建成　马保红
党委委员、纪工委书记　岳卫军
副处级纪检监察员　魏海林

市行政服务中心（公共资源交易中心）
党委书记、主任　宋志成
党委委员、调研员　李国喜（9月免党委委员职务）
党委委员、副主任　姚　超　王　恂（8月离）
副主任　蔡　磊

纪委书记　马云霞

市投资公司

党委书记　马国安

党委副书记、经理　安双银

副 经 理　崔晓霞

党委委员、纪工委书记　王　静

政协驻马店市第四届委员会

主　　席　刘军甫（6月离）　陈　锋（6月任）

党组书记　陈　锋

党组副书记　姚新文　谢凤鸣（7月任）

党组成员　王秋霞　郑玉林　刘汝生（7月任）　李家平（6月任）

副 主 席　谢凤鸣　苗炳启　张勇刚　王秋霞　李万顺　郑玉林　张新领（6月任）　刘汝生

秘 书 长　李家平

办公室

主　　任　李　涛（6月任）

副 主 任　李金光

调研室

主　　任　魏文生（7月任）

委员联络室

主　　任　张　芳（6月任）

副 主 任　严玉柱

提案委员会

主　　任　杜　泙（6月任）

副 主 任　耿　瑞（6月—9月）

副 主 任　王振伟

农业委员会

主　　任　张志林（6月任）

副 主 任　赵　伟

教育科学文化卫生体育委员会

主　　任　吴新平（6月任）

副 主 任　高孟元（6月—9月）

副 主 任　李林静

社会与法制委员会

主　　任　邢继伟（6月任）

副 主 任　吴　萍

经济委员会

主　　任　刘明亮（6月任）

副 主 任　董俊红

学习文史资料委员会

主　　任　谢元涛（6月任）

副 主 任　赵　岩

台港澳侨民族宗教委员会

主　　任　刘平队（8月任）

副 主 任　李卫东

县区政协工作指导委员会

主　　任　祝六星（6月任）

副 主 任　王庆杰

民主党派

民进驻马店市委

主任委员　张翠云（6月离）　高其良（6月任）

副主任委员　和志峰　蒋伟华（6月任）

民盟驻马店市委

主任委员　王品磊（6月任）

副主任委员　陈军超（6月任）　陈海英（6月任）

农工党驻马店市委

主任委员　张勇刚

副主任委员　李东冉（6月任）　刘瑞华（6月任）

驻马店市中级人民法院

党组书记、院长　张社军

党组成员、副院长　曹宝川　王富显　王翠平　李其宏

党组成员、政治部主任　王长安

党组成员、执行局长　李蔚涛

驻马店市人民检察院

党组书记、检察长　吴文立

党组副书记、副检察长　高学奇

党组成员、副检察长　林　虹　丁　磊　刘　宇

党组成员、纪检组长　梁卫东

党组成员、政治部主任　苏管学

党组成员、反贪局局长　李奎卿（12月转隶）

党组成员、反渎局局长　郭东升（12月转隶）

专职检委员　李清华

反渎局政委　张海成

反贪局政委　魏　民（12月转隶）

司法警察支队支队长　李　年

司法警察支队政委　袁　健

中国人民解放军驻马店军分区

司 令 员　郭东升（6月任）

政治委员　张卫东（6月离）　宋万学（6月任）

副司令员　顾苏河　潘小平（6月任）　杜厚印

战备建设处处长　宋长栓（6月任）

政治工作处主任　王红兵（6月离）　杨　锋（6月任）

动员处处长　常　峰（6月任）

保障处处长　何志伟（6月任）

中国人民武装警察部队驻马店支队

支 队 长　郭荣军（4月离）　赵　恒（4月任）

政治委员　胡春雷

第一政委　杨俊杰（12月离）

副支队长　苏现华

副政治委员　王　博（4 月任）
参 谋 长　张爱军
副参谋长　屈四兵
政治处主任　韩伟锋
副 主 任　卫金正
后勤处处长　彭向阳
后勤处副处长　董湘滨

驻马店市公安消防支队
党委书记、政委　龚中贵
党委副书记、支队长　胡广超
副支队长　刘　辉　周国民（8 月任）
司令部参谋长　张训苏
政治处主任　蒋昌永（8 月任）
后勤处处长　陈艮求（8 月任）
防火处处长　王江舵

群众团体

市总工会
主　　席　张丽彩
党组书记、常务副主席　李永春
党组副书记、副主席　李新生（3 月离）
副 主 席　冀春华　高卫东
纪检组长　胡海龙
经费审查委员会主任　张永剑

共青团驻马店市委
党组书记、书记　刘欣英
党组成员、副书记　马　莉
党组成员、纪检组长　闫剑伟

市妇女联合会
党组书记、主席　刘翠萍
党组成员、副主席　张世霞　张　宏
党组成员、纪检组长　商玉琴

市社会科学界联合会
党组书记、主席　杜　萍（7 月离）　李卫群（8 月任）
副 主 席　张霖霖

市科学技术协会
党组书记、主席　王爱莲（9 月离）
党组书记　薛豫霞（9 月任）
主　　席　高其良（9 月任）
党组成员、副主席　邓清红
党组成员、纪检组长　张冠楠

市文学艺术界联合会
党组书记、主席　谢元涛（7 月离）　韩祖和（9 月任）
党组成员、副主席　禹　静
副调研员、办公室主任　张新亚

市归侨侨眷联合会
党组书记、主席　蒋毓勤
副 主 席　夏卫刚

市工商业联合会
党组书记　张新友（兼，3 月任）
主　　席　李万顺
党组副书记、副主席　赵　珍
副 主 席　何胜男

市残疾人联合会
党组书记、理事长　张银良
党组成员、调研员　赛玉此
党组成员、副理事长　郭维娜　徐　达

市红十字会
会　　长　冯玉梅（兼）
党组书记　孔艾华
常务副会长　冯　勇（1 月任）
党组成员、副会长　许时淮
党组成员　杨长岭

驻驻单位

黄淮学院
党委书记　杨德东
党委副书记、校长　谭　贞
党委副书记　王　冰　杨耀华
副 校 长　张新艳　王东云　耿红琴
纪委书记　孙新立
副 校 长　兰军瑞（12 月任）　张艺迪（12 月任）
工会主席　曹忠义
副 校 长　安春明（9 月退）

驻马店职业技术学院
党委书记　孙　海（5 月离）　宋大成（5 月任）
党委副书记、院长　张　胜（5 月任）
党委副书记、纪委书记　刘贵文
党委委员、副院长　李凤霞　朱传霖　刘道广
党委委员、工会主席　曹　剑（6 月离）

驻马店无线电管理局
局　　长　肖　柯
副 局 长　冯战生　毕程冉

驻马店供电公司（市电业局）
党委副书记、总经理　马　伟
党委书记、副总经理　仝全利
党委委员、副总经理　田洪亮　仝　猛
党委委员、纪委书记　邱大庆
党委委员、工会主席　张锦辉
总会计师　王继华

市烟草专卖局（公司）
党组书记、局长、经理　宋守晔
党组成员、副经理　黄海棠
党组成员、副局长　朱献忠
党组成员、纪检组长　崔新华
党组成员、工会主席　马　良

市气象局

党组书记、局长　魏纪滨

党组副书记、副局长　孙长林（10月离）

党组成员、副局长兼纪检组长　王予郑

党组成员、副局长　刘召彬（3月任）　梅新建（11月任）

副调研员兼驿城区气象局局长　林文全

总工程师　黄　元

市国家税务局

党组书记、局长　聂云松

党组成员、副局长　张　涛　胡保华　路国风　袁春旺

党组成员、纪检组长　汪东海

党组成员、总经济师　王松林

党组成员、总会计师　卢　林

党组成员、稽查局长　李　剑

市地方税务局

党组书记、局长　张继民

党组成员、副局长　杨　飞　周勤峰　胡　伟（3月离）
吴运喜（5月任）

党组成员、纪检组长　孙乾毅

党组成员、总会计师　刘红霞

党组成员、总经济师　吴运喜（5月离）　李艳丽（5月任）

中国邮政集团公司驻马店分公司

党委书记、总经理　赵胜利

党委成员、纪委书记、副总经理　梁　满

党委委员、副总经理　王东方　贾开红

业务经理　李建川

中国移动通信集团河南有限公司驻马店分公司

党委书记、总经理　刘点金

党委委员、副总经理、纪委书记、工会主席　王建新

党委委员、副总经理　林　磊　曾效君　江　舸

中国联合网络通信有限公司驻马店市分公司

总经理、党委书记　熊保鸿

副总经理、党委委员　邵书金　李胜利（8月任）
常　锋　牛保平（11月离）
任进军（6月任）

中国电信驻马店分公司

党委书记、总经理　熊永福

党委委员、副总经理、工会主席　崔聚奎

党委委员、副总经理　张九林（3月任）

纪委书记、副总经理　吴　笠（3月任行政，7月任党内职务）

纪委书记、副总经理　侯思波（3月离）

中国人民银行驻马店市中心支行

党委书记、行长　袁道强

党委副书记、副行长　李香稳（3月离）

党委委员、副行长　梁　虹　刘建伟　胡　红

党委委员、工会主任　张　纪

党委委员、纪委书记　王　峰（8月任）

中国银行业监督管理委员会驻马店监管分局

党委书记、局长　王献军

党委委员、副局长　夏　军　吴　超

党委委员、纪委书记　毛海法

中国工商银行驻马店分行

党委书记、行长　关文杰

党委副书记、副行长　刘鹏生（8月离）

副 行 长　信亚彬（5月离）　王彦武　孙国强　常卫平

纪委书记、工会主任　陈卫东

中国农业银行驻马店分行

党委书记、行长　梁本录

党委委员、副行长　杜银兴　陈国松　陈晓刚　袁晓东

中国农业发展银行驻马店分行

党委书记、行长　刘春前

副 行 长　王　勇　吴胜利

纪委书记、副行长　王　华

中国建设银行驻马店分行

党委书记、行长　翟东风

党委委员、副行长、纪委书记　林岗

党委委员、副行长　张新忠　李　鹏　王立维　贾晓光

中国银行驻马店分行

党委书记、行长　张会军

党委委员、纪委书记　潘春雷

党委委员、副行长　党润培　王爱荣　周　超

副 行 长　郑　峰（挂职）

驻马店农村商业银行股份有限公司

党委书记、董事长　侯新文

党委副书记、行长　郭保华

党委委员、纪委书记、监事长、工会主席　池付恒

副 行 长　曹　宁　冯大明

行长助理　张清政（1月任）

邮政储蓄银行驻马店市分行

党委书记、行长　霍志峰

党委委员、纪委书记、副行长　魏　璟

党委委员、副行长　孔小娟　吴满刚（1月任）

中原银行驻马店分行

党委书记、行长　马　立

党委委员、副行长兼风险总监　曾　帆

党委委员、副行长　陈惠军

党委委员、行长助理　魏　云（8月任党委委员）

党委委员、行长助理　侯树芳

党委委员、党办主任　闵新建

工会主任　刘作成（6月离）

咨询员（行长级）　常忠献

咨询员（副行长级）　姜丽丽（6月离）

中国人寿保险股份有限公司驻马店分公司

党委书记、总经理　徐春成（9月离）　胡　峰（9月任）

党委委员、副总经理　谷中立　吴永华　乔春明（9月离）

党委委员、总经理助理　张俊华（9月任）
刘　鹏（9月任）

中国石化河南省驻马店石油分公司

总经理、党委副书记　殷先锋

市直综合办公楼广泰大厦　　赵心田 摄

党委委员、副总经理　周　丽　张海洪　闫文生　陈向东

中国石油河南驻马店销售分公司

党委副书记、总经理　石超军

党委书记、纪检书记　任延坤（5月离）

党委委员、副总经理　李前锋　王明虎

党委委员、副总会计师　李永明

河南中烟工业公司驻马店卷烟厂

厂长、党委副书记　董建兴

党委书记、副厂长　常明升

纪委书记、党委委员　王　丽

党委委员、副厂长　张　军　王　斌　宋兴旺

党委委员　孟宪国

河南省新华书店驻马店市店

党委书记、经理　张永业（8月离）　李　涛（8月任）

党委委员、副经理　王国民（2月退）

副经理　梅　岭　罗新征

武汉铁路局驻马店车务段

段　　长　余承梁

党委书记　李顺峰

纪委书记　张四喜

工会主席　韩昆峰

副 段 长　胡世强　王勇强　徐春华　焦晓昕

国家统计局驻马店调查队

党组成员、副队长　胡湘晖

党组成员、纪检组长　王　勇（6月离）　史　剑（6月任）

大 事 记

1 月

5 日，驻马店西至上海虹桥 D3085 次“驻马店号”动车首发仪式在驻马店西站举行。标志着驻马店结束了无始发动车、无直达上海动车班次的历史。D3085 次动车，每日 8 时 11 分从驻马店西站发车，全程历时 7 小时 57 分，停靠 13 个车站，于 16 时 08 分抵达终点站上海虹桥站。

5 日，公安部党委委员、副部长李伟带领公安部慰问组到驻马店调研慰问，公安部刑侦局副局长董小刚、消防局局长于建华、交管局局长刘钊随行调研。

5 日，由驻马店市演艺中心创排的大型现代普法豫剧《桃花村》在第七届黄河戏剧节 40 个参赛剧目中脱颖而出，荣获金奖，同时还摘取了编剧奖、导演奖、灯光设计奖，表演一、二、三等奖等奖项。

6 日，中国共产党驻马店市第四届委员会第二次全体会议召开。全会深入学习贯彻中共十八届六中全会和省委十届二次全会精神，对推进全面从严治党向纵深发展进行总体部署。全会由市委常委会主持。全会听取和讨论了市委书记余学友受市委常委会委托作的工作报告，审议通过《中共驻马店市委关于深入贯彻党的十八届六中全会精神推进全面从严治党向纵深发展的决定》和《中国共产党驻马店市第四届委员会第二次全体会议决议》。李宝清就《决定（讨论稿）》起草情况向全会作了说明。

6 日，市委召开经济工作会议。传达贯彻中央和省委经济工作会议精神，全面总结 2016 年全市经济工作，分析当前经济形势，部署 2017 年经济工作，市委书记余学友主持会议并讲话。市委副书记、市长陈星作经济工作报告。

6 日，驻马店高铁汽车站临时候车厅开业试运营，实现高铁汽车站与高铁火车站旅客乘车无缝对接。

7 日，2016 环球视角 · 活力中国高峰论坛暨第六届环球总评榜·城市榜发布典礼在北京召开，西平县被评选为“2016 年度中国绿色发展十佳县（市）”，这是该县荣获“2016 中国十佳最具投资营运商价值城市”“2016 中国美丽乡村建设示范县”“2016 中国生态魅力县”等称号之后，获得的又一荣誉。

10 日，省政协副主席、省工商联主席梁静带领省工商

1月6日，市委经济工作会议召开，图为大会会场　　弓华静 摄

1月13日，2016年度驻马店十大“三农”新闻人物颁奖典礼在市群艺馆举行　　张　朝　摄

联巡视员李振、省工商联秘书长孔火团等，深入平舆县调研精准扶贫工作，并在平舆县万家镇郭寺学校出席河南省工商联爱心捐赠仪式。

11 日，武汉铁路局、宁波舟山港集团股份有限公司、市政府战略合作签约仪式暨“驻马店—宁波舟山港号”铁海联运班列首发仪式举行，开通铁海联运班列是驻市积极融入“一带一路”战略，促进对外开放、发展外向型经济、畅通对外贸易的重要举措。

13 日，全市环境污染防治攻坚战部署暨创建国家森林城市工作会议召开，回顾总结上年全市环境污染防治攻坚战、创建国家森林城市工作，表彰先进集体和先进个人，分析研究面临的形势和任务，部署 2017 年的推进措施。

13 日，2016 年度驻马店十大“三农”新闻人物颁奖典礼举行，评选出 2016 年度驻马店十大“三农”新闻人物，分别是：李德俊、许卫平、张宁、彭艳东、张新四、徐立强、王成业、张小仝、李志立、毛国凡。

16 日—20 日，省十二届人大七次会议在郑州召开，驻马店市 64 名代表出席会议。余学友为代表团团长，张宪中、陈星为副团长，金冬江为秘书长。

17 日，2016 感动天中十大年度人物颁奖典礼举行。评出的 10 位感动天中十大年度人物分别是：全心全意带领群众致富的好党员赵萌；坚守乡村小学课堂 40 年，站在讲台上就忘记自己病痛的赵文义；看到不平之事总要出手相助的李辉义；自己因公致残，在女儿车祸离世时强忍悲痛，捐出女儿器官救助 5 名患者的梁小斜；用深情的爱守护变成植物人的丈夫，帮他重新站起来的刘慧琴；为见义勇为牺牲的战友尽孝十六年如一日的赵伟；救死扶伤，把患者的病痛看得比天大、而自己的疾病却从不放在眼里的基层医生田献忠；用最伟大的母爱，将患愚病的儿子培养成河南省“生命之魂”残疾人艺术团演员的刘玉莲；子承父业，在十里八村义务修桥铺路的陈传成；病魔压不垮，永远阳光灿烂的 13 岁少年郑博涵。1 个集体是相继伸手托举起吊在窗栏上的一名儿童，并捐出全部奖金的马小印、徐国法、田来运、张红、张保华、樊建光。

18 日，由市人民政府主办，市人力资源和社会保障局、市科技局、市财政局和市委宣传部承办的驻马店市首届创业创新大赛落下帷幕。评出一等奖 2 名，二等奖 4 名，三等奖 7 名。

19 日，驻市在郑州召开芝麻产业发展座谈会，邀请相关专家学者、企业界人士，就全球经济一体化形势下“互联网 + 芝麻”产业发展有关事项，进行深度洽谈对接。

19 日晚，由市文化广播新闻出版局主办、市群众艺术馆承办的 2017 年驻马店市首届少儿春节文艺晚会在市会展中心举行。

20 日，市住房管理中心与农行驻马店分行举行“支持农民进城购房信贷业务”启动仪式。为帮助农民进城购房，农行推出一系列优惠政策。

21 日，市委书记余学友主持召开市委常委（扩大）会议，传达学习省十二届人大七次会议和省政协十一届五次会议精神，研究贯彻落实意见。

21 日，全市 2017 年第一批亿元以上重点项目集中开工。这批集中开工的项目共 40 个，总投资 133.7 亿元，涉及工业、服务业、农业等领域。此次全市共设 11 个开工仪式现场，其中驿城区天中食品产业园项目开工奠基仪式为主会场。

23 日，由省委常委、省委宣传部部长赵素萍，省人大常委会副主任储亚平带领的省慰问团，深入驻马店市部分城乡社区，走访慰问基层干部群众。

24 日，中国共产党驻马店市第四届纪律检查委员会第二次全体会议召开，主要任务是深入贯彻落实十八届中央纪委七次全会和十届省纪委二次全会精神，回顾总结全市 2016 年党风廉政建设和反腐败工作，研究部署 2017 年工作任务。市委书记余学友出席会议并作重要讲话。

31 日，中央文明办发布 2017 年 1 月中国好人榜。驻马店市挺身救人的好交警梁百磊荣登 1 月“见义勇为”类中国好人榜。

1 月，省畜牧局批准驻马店市创建河南省生态畜牧业示范市，将结合标准化规模养殖等相关政策给予大力扶持。

1 月，确山县竹沟镇竹沟革命纪念馆被列入《全国红色旅游经典景区名录》，全省共有 14 家红色旅游景区入围。

2 月

4 日，农历正月初八，省委书记、省人大常委会主任谢伏瞻到上蔡县调研脱贫攻坚进展情况，深入农村和农业产业化龙头企业，看望慰问贫困户，指导当地经济社会发展。省委常委、省委秘书长穆为民参加调研。

4 日，市委书记余学友主持召开市委常委会议，传达学习省委书记、省人大常委会主任谢伏瞻在上蔡县调研脱贫攻坚工作时的重要讲话精神，研究部署全市脱贫攻坚推进措施及贯彻落实意见。

4 日—7 日，《驻马店日报》报道的《“好人雁阵”引领城市文明》一文，被中央文明办主办的中国文明网首页《要闻栏目》全文采用并重点推出。2015 年以来，平舆县“嫂娘”赵小参荣获第五届全国孝老爱亲道德模范，上蔡县拐子杨村支部书记、被誉为“农民工司令”的张全收荣获第五届全国助人为乐道德模范提名奖称号，先后有 22 人荣登“中国好人榜”（上榜人数居全省第一位）、23 人入选“河南好人”，43 人入选“驻马店好人”。

7 日，市委召开农村工作暨脱贫攻坚推进会议，深入贯彻中央、省委农村工作会议和全省脱贫攻坚第二次推进会议精神，全面落实省委书记谢伏瞻在驻马店调研指导脱贫攻坚时的重要指示精神，总结部署全市“三农”工作和脱贫攻坚各项任务，着力加快农业供给侧结构性改革，推进一二三次产业融合发展。

8 日，驻市召开创建国家卫生城市推进会议，对创卫技术评估迎检工作进行再动员、再安排、再部署，市委书记余学友，市委副书记、市长陈星讲话。

10 日，中国共产党驻马店市第四届委员会第三次全体

2月16日，市委书记余学友（左四），市委副市记、市长陈星（右一）陪同信阳市委书记乔新江（左三）率领的考察团在中集华骏车辆有限公司调研　　弓华静 摄

会议召开。会议表决通过了6名驻马店市出席中国共产党第十九次全国代表大会的候选人初步人选。

15日，2016“感动中原”十大年度人物揭晓，河南省扶贫开发办公室副巡视员、确山县竹沟镇西王楼村第一书记吴树兰和西平县供电公司职工刘慧琴获此殊荣。

22日，市委书记、市委全面深化改革领导小组组长余学友，主持召开市委全面深化改革领导小组第十三次会议，传达学习中央、省委全面深化改革领导小组会议精神，研究审议驻市有关重大改革事项，部署下一步全面深化改革工作。

23日，河南省首个“中国关心下一代教育示范基地”在确山县竹沟镇中心小学举行揭牌暨捐赠仪式。外交部原部长助理、前驻俄罗斯大使、中国关工委常务副主任、中国社会福利基金会关心下一代基金理事长武韬，省人大常委会原副主任、省关工委常务副主任、秘书长张德广，市人大常委会原主任、市关工委执行主任路俊福，（台湾）财团法人中国信托慈善基金会大陆专案主任夏嵩共同为竹沟镇中心小学“中国关心下一代教育示范基地”揭牌，武韬代表中国关工委、中国社会福利基金会关心下一代基金和（台湾）财团法人中国信托慈善基金会向竹沟镇中心小学捐赠50万元及“中华魂书屋”学习书籍，并与竹沟镇中心小学签订建设教育示范基地协议。

28日，省考核组对驻马店市申报国家“公交都市”创建城市工作实地考核。考核组希望驻市以此次考核为契机，进一步完善申报材料，不断在公交专用道启用、公交信息化等创建亮点上下功夫，提升公交运行效率，早日成功创建国家“公交都市”。

28日，由驻马店市中心医院牵头，市内三级、二级综合医院和专科医院、社区卫生服务中心等医疗机构，共同参加的市中心医院医疗联盟联合体（简称市中心医院医联体）成立。市中心医院医联体是一种基层首诊、双面转诊、急慢分治、上下联动的分级诊疗模式。

2月，河南省王勿桥醋业有限公司生产的“王勿桥醋”经中国绿色食品发展中心审核，符合绿色食品A级标准，获得中国绿色食品发展中心颁发的“绿色食品A级产品”证书，并获准在产品包装上使用“绿色食品”标志。

2月，“寻访2016年大学生创业英雄活动”评选结果揭晓，黄淮学院优秀毕业生张志恒入选2016年度全国大学生创业英雄百强。

2月，省工商局为获得2016年度河南省著名商标的企业颁发证书。驻马店中集华骏车辆有限公司的“中集华骏”等23件商标入围，驻市河南省著名商标总量达到82件。

2月，市质监局披露，驻市推进品牌带动战略效果显著。共培育省长质量奖企业1家，市长质量奖35家，县区长质量奖143家。培育创建河南省名牌产品43个，获批创建省级知名品牌创建示范区6家，创建成功1家，位居全省前列。有5个省知名品牌示范区，位居全省第一。

2月，河南省百城建设提质工程领导小组办公室公布第一批实施百城建设提质工程市、县名单，驻马店市和西平县、遂平县成功入围。

3 月

1日—3日，以省高级人民法院审委会专职委员郭保振为组长的省委平安河南建设第九考评组到驻马店市，就平安建设各项工作进行督查考评。

1日，继全市各县区重点项目建设集中观摩活动之后，市委、市政府召开全市重点项目建设工作会议，观摩交流、表彰先进，分析形势、明确任务，总结部署全市重点项目建设各项工作。

2日，市财政局公布2016年度纳税前50名企业名单，河南中烟工业有限责任公司驻马店卷烟厂、驻马店市王守义十三香调味品集团有限公司、置地房地产集团有限公司位居前三名。

3日，中央文明办发布2017年2月中国好人榜上榜人物名单。被赞誉为“孤儿院里的好爸爸”的上蔡县阳光家园（孤儿院）主任、党支部书记李国华，入选2月“敬业奉献”类中国好人榜。

7日，驻马店市人民政府与国家开发银行河南分行签署开发性金融、全面推进百城建设提质工程合作协议。

8日，2017年全省重点项目暨产业转型攻坚第三观摩组到驻马店，观摩制造业和服务业项目，全面检阅驻市重点项目建设和产业转型攻坚取得的成效。

9日，由河北省委宣传部部务会成员、省文明办专职副主任李秀存率领的河北省文明城市创建考察团到驻马店市参观考察。

13日，著名儿童文学作家秦文君到驻马店实验小学，为同学们献上一场以“携手名家、亲近文学、阅读名作、快乐童年”为主题的讲座。

15日，省委常委、省纪委书记任正晓深入上蔡县联系点调研指导脱贫攻坚工作。省纪委副书记刘荃，省纪委常委魏治功陪同调研。

16日，市博物馆举行丁酉鸡年文物联展。来自全国20多家博物馆、400余幅鸡、凤、神鸟题材的文物和民俗作品呈现在市民面前。

20日，市委书记余学友，市委副书记、市长陈星会见到访的中铁七局集团有限公司总经理张建国、副总经理师建军一行，宾主双方围绕进一步深化务实合作，加快新型城镇化进程，推进区域经济更好发展等有关事项进行洽谈交流。

21日，全省社会事务工作暨2017年清明节文明祭扫活动部署会议在驻马店市召开。会上推广驻马店市的经验做法。

21日，市委书记余学友会见到访的新华社河南分社社长孙志平、副总编辑曹凯一行，双方围绕进一步发挥传统农区特色资源优势，加快推进农业供给侧结构性改革，走好农村一二三产业融合发展之路等有关话题，进行沟通与交流。

24日，省科协主席霍金花带领调研组到驻马店市，就农村电商技能人才培训和科普信息化工程实施情况进行实地调研指导。

29日晚，《竹沟镇——勇于开拓　敢为人先》在CCTV-4

3月15日，河南省委常委、省纪委书记任正晓（左二）深入上蔡县联系点调研指导脱贫　弓华静 摄

《记住乡愁》栏目播出，集中展示了红色竹沟悠久的历史。

29日，第十一届中国（河南）国际投资贸易洽谈会在郑州国际会展中心开幕。通过前期推介、对接，驻马店市共在大会上签约49个重大项目，投资总额326.75亿元。

30日，由世界蔡氏宗亲总会和江西省蔡氏宗亲总会主办的祭祀蔡氏人文始祖大典，在上蔡县蔡侯叔度公陵园和蔡侯仲胡公陵园先后举行。

30日，《驻马店市饮用水水源保护条例》（以下简称《条例》）获河南省十二届人大常委会第二十七次会议第二次全体会议表决通过，标志着驻马店市第一部地方性法规正式诞生。《条例》于2017年9月1日起正式实施。

30日，农历三月初三，以“同根同脉、共铸和谐”为主题的第十五届泌阳盘古文化节在泌阳盘古山举行。

31日，中国气象局党组副书记、副局长许小峰一行到驻马店调研指导防汛准备和气象服务工作。

3月，驻马店市第二初级中学的许赫和确山县第二初级中学的张翔志获全国“最美中学生”荣誉称号，汝南幼儿师范学校的程璐瑶获全国“最美中职生”荣誉称号。

3月，市残联被省委宣传部、省文明办定为河南省首批社会主义核心价值观建设示范点。

3月，黄淮学院被列入首批河南省“双创”（创新、创业）基地建设支持单位。

3月，正阳县真阳镇农民黄磊荣获由共青团中央、农业部评选的第十届“全国农村青年致富带头人”称号。

3月，市中级人民法院授予彭永梅、姜丽君、刘艾薇、肖萌菊、张敏、王勤、程瑜、翟冰冰、曹黎萍、张秀枝、张俊芝、刘瑞霞、胡艳梅、赵丽“最美女法官”荣誉称号。

3月，市残疾人康复训练中心荣获“全国三八红旗集体”称号。

3月，正阳农商银行被中华全国总工会授予“全国五一巾帼标兵岗”称号。

3月，驻马店市申报的创建国家农业综合标准化示范市项目获得国家标准化管理委员会批准，被列入国家农业综合标准化示范项目计划。项目计划执行时间为3年，2019年完成。

3月，泌阳县大型高科技电子招商项目——铭普光电建成投产。该项目以网络数据通信技术为基础、与数据通信制造商同步开发为特色，形成国内同行业领先的通信元器件产业模式。

4　月

1日，市委、市政府召开创建全国文明城市工作推进会。市委书记余学友主持会议并作重要讲话，市委副书记、市长陈星出席会议，对进一步推进创建全国文明城市工作进行整体部署。

1日，“中华母亲颂”第二届公益诗歌朗诵会在嫘祖故里西平县举行。

5日，中央文明办发布3月“中国好人榜”。驻马店市确山县三源农机合作社理事长、被群众誉为“好人哥”的张大生以“20年助人路、帮扶他人写大爱”的感人事迹光荣上榜。

6日，全国政协副主席、民盟中央常务副主席陈晓光，全国人大常委会委员、民盟中央副主席龙庄伟一行莅临驻马店，就脱贫攻坚工作进行专题调研。

6日，省人大常委会副主任、党组副书记刘满仓，省人大常委会副秘书长韩长峰，省扶贫办副主任崔军，省委政法委机关党委副书记陈如意等一行7人到确山县调研指导精准扶贫工作。

9日，在全省召开的转型发展攻坚推进会上，驻马店市被省委、省政府授予2016年目标考核评价先进省辖市荣誉称号。这是继2015年之后，驻马店市再次获得这一殊荣。

11日，省委第四巡视组巡视驻马店市工作动员会召开。省委第四巡视组组长、省委巡视组正厅级巡视专员万里光就即将开展的巡视工作讲话，省委巡视工作领导小组成员、省委组织部常务副部长谢玉安就配合做好巡视工作提出要求，省委第四巡视组副组长、省委巡视组正厅级巡视专员高建慧就问卷调查提出要求，市委书记余学友主持会议并作表态和动员讲话。省委巡视组于2017年4月11日至6月9日在驻马店市工作。

12日，正阳籍武警上尉潘涛回到家乡，受到家乡人民的热情欢迎。2016年3月至2017年3月，他参加中国第四支驻利比里亚维和任务，负责翻译工作。因工作出色，被联合国授予“和平勋章”。

13日，市委书记余学友带领全市领导干部集体赴信阳开展警示教育活动。

14日，由山东省农科院、河南省农科院、市农科院等单位共同组织的“主要粮食作物一次性施肥技术研究与示范”总结会暨田间观摩会在驻马店市召开。

15日，安徽省委副书记、省长李国英，副省长方春明率领安徽省政府考察团莅临驻马店市，就积极发展现代农业和农产品加工业，加快农业供给侧结构性改革，推动农村一二三产业融合发展等进行参观交流。市领导余学友、陈星、张昕、李国胜陪同考察。

21日，“读经典的书，做有根的人——中华优秀传统文化领读计划”驻马店启动仪式在驻马店实验小学举行。中央电视台新闻联播主持人、中国新闻文化促进会语言文化传播专业委员会主任海霞，中央人民广播电台主持人导师、播音指导黎江等出席启动仪式。

24日，全市“深入开展争做驻马店好网民活动”启动仪式在黄淮学院举行。

24日，市委书记余学友主持召开创建全国文明城市第一次周例会并作重要讲话，市委副书记、市长陈星出席会议并对推进八项攻坚行动、落实创文工作目标任务进行具体部署。

25日，全市脱贫攻坚推进会议召开，贯彻落实全省脱贫攻坚第三次推进会议精神，就进一步做好全市脱贫攻坚工

4月6日，全国政协副主席陈晓光（左二）在市委书记余学友（左四）陪同下在上蔡县大路李乡栗庄村察看贫困户电子档案　　弓华静 摄

4月11日上午，省委第四巡视组巡视驻马店市工作动员会召开，图为会议现场　　弓华静 摄

作，进行再动员、再加压、再部署。

25 日，“体彩杯”2017 年河南省青少年赛艇、皮划艇冠军赛在薄山湖开赛。来自全省 18 个省辖市的 500 多名专业运动员参加多个项目的比赛。

25 日，国家芝麻产业技术体系驻马店综合试验站在驻市举办芝麻高产高效栽培技术培训会。

26 日，省委书记、省人大常委会主任谢伏瞻到驻马店市泌阳县检查指导脱贫攻坚工作。强调要坚决扛起脱贫攻坚的政治责任，下真功夫、用硬功夫，持之以恒地推进脱贫攻坚，坚决打赢扶贫脱贫翻身仗。省委常委、省委秘书长穆为民等参加活动。

4 月，驻马店市共有享受国务院特殊津贴专家 65 名，享受省政府津贴人员 7 名，河南省学术技术带头人 16 名，市级学术技术带头人 550 名，在全省率先实行市政府特殊津贴制度，评选表彰了首批 30 名享受市政府特殊津贴人员。

4 月，在全省 2017 年质量强县示范县创建工作会议上，汝南县产业集聚区被授牌为“河南省新能源电动车知名品牌创建示范区”。

4 月，水利部批准 12 家单位为国家水情教育基地，驻马店市的“75・8”防洪教育基地榜上有名。

5 月

3 日—4 日，省委常委、省纪委书记任正晓赴上蔡县暗访督查脱贫攻坚工作，走访农户，听取意见，督促整改，推进工作。

6 日—7 日，省政协副主席、省工商联主席梁静，省工商联副主席孔火团深入平舆县、泌阳县调研精准扶贫工作。

8 日—9 日，省人大常委会副主任、党组副书记刘满仓到确山县督导检查脱贫攻坚工作，听取 13 个乡镇街道、17 个县直单位工作汇报，通报近期调研发现问题及整改意见。

8 日，全市重大工程招投标廉政谈话会召开，市委副书记、市长陈星，市委常委、市纪委书记李成宽出席会议并讲话。

9 日，全市 2017 年脱贫攻坚第一次督查巡查工作会议召开，对脱贫攻坚督查巡查组人员进行脱贫攻坚政策培训，对 2017 年脱贫攻坚督查巡查工作进行动员部署。

9 日～10 日，由全国人大代表、省人大常委会副主任、党组书记刘春良率领的全国人大代表调研组莅临驻马店市，就深入推进农业供给侧结构性改革，加快培育农业农村发展新动能问题进行专题调研。省人大常委会秘书长丁巍陪同调研。

10 日，以省环保厅副厅长王朝军为组长的省第四环保综合督查组进驻驻马店市，并召开工作动员会，部署环保督查工作。

11 日，市委书记、市委全面深化改革领导小组组长余学友，主持召开市委全面深化改革领导小组第十四次会议，传达学习中央、省委全面深化改革领导小组会议精神，研究审议驻市有关重大改革事项。

12 日，不忘初心、为爱前行——2017 年驻马店“天中最美母亲”颁奖典礼在平舆县上河城举行。10 位受到表彰的“天中最美母亲”分别是大义善举刘志红、至爱深情兰兴梅、义薄云天徐香娥、永不言弃李小燕、倾情奉献郭芳、春风化雨张颖平、孝感天中王俊梅、爱的坚守梁艺华、仁者心厚张小荣、爱心无疆周孟蕾。

15 日，广东省政协副主席刘日知、省政协提案委员会主任陈元胜带领广东省政协考察团一行，到驻马店市就有关提案工作进行考察交流。

16 日，第二十届中国农产品加工业投资贸易洽谈会驻马店市筹备工作动员会召开，总结经验、表彰先进，动员全市上下齐心协力、全力以赴，高标准、高质量完成各项筹备工作，确保大会圆满成功。

5月13日上午，市委书记余学友（中）到正阳县彭桥乡何庄村贫困户张先福（右一）家，实地走访调研脱贫攻坚整改档卡推进落实情况　　刘华山　摄

16日，以国家防汛抗旱总指挥部办公室防汛抗旱督查专员田以堂为组长的检查组到驻市检查指导防汛准备工作。

18日，《人民日报》、新华社、《光明日报》、《经济日报》、中央电视台、《河南日报》、河南电视台、《大河报》等中央驻豫新闻单位和省直主要新闻媒体的记者一行莅临西平县，围绕“返乡下乡创业，助力脱贫攻坚”主题，深入部分企业进行集中采访。

18日，全省创建文明城市工作经验交流会在驻马店市召开，学习贯彻全国、全省文明创建工作部署要求，总结交流经验，表彰先进典型，统筹推进全省文明城市创建和百城建设提质工程取得更好成效。省委常委、宣传部部长赵素萍出席会议并讲话，省人大常委会副主任李文慧，副省长徐光，省政协副主席张广智，省委宣传部常务副部长、省文明办主任王耀等领导出席会议。

23日，由市委宣传部、驻马店广播电视台举办的驻马店广视融媒新闻客户端上线启动仪式举行，该平台正式上线运营。

23日，省国土资源厅调研组深入遂平、西平、平舆三县，就国土资源管理综合改革创新试点工作进行实地调研指导。

25日，省委副秘书长、省档案局局长张荣斌率省档案局调研组，深入驻马店市调研新形势下档案工作。

25日，驻马店市工商业联合会第四次代表大会召开。省委统战部副部长、省工商联党组书记杨京伟等出席开幕式。会议选举产生了新一届领导班子和领导机构。

26日，河南省农业科学院与驻马店市人民政府合作共建现代农业科技综合示范区签约仪式举行，标志着全省首家现代农业科技综合示范区建设正式启动。

5月，西平县供电公司“国富”抢修班获中华全国总工会“工人先锋号”荣誉称号。

5月，由农业部畜牧业司、全国畜牧总站、中国饲料业协会主办的2017饲料原料暨粮改饲论坛在福建省福州市召开。泌阳县被农业部确定为粮改饲试点县。

5月，驻马店市首个国家级“星创天地”——“孺子牛星创天地”在上蔡县产业集聚区揭牌。

5月，平舆县入选国家级返乡创业试点县。

5月，确山竹沟革命纪念馆“中原抗战摇篮——从竹沟出发的新四军部队史料展”正式面向社会开展。

6　月

1日，驿城区委主要负责人带领区创文八项攻坚组负责人、城区10个办事处负责人、区直主创局委负责人、区创文办有关人员等一行，赴江苏省张家港市考察学习创文工作。

2日，驻马店市环境保护行业协会成立。有单位会员71个、个人会员27名。

3日，由国家发改委城市和小城镇改革发展中心主办，中共驻马店市委、驻马店市人民政府承办的2017中国新型城镇化（驻马店）经验交流会在驻市隆重举行。会议期间，举行了主题对话、特邀嘉宾主旨演讲、专题讲座，驻马店市人民政府与中城新型城镇化基金管理有限责任公司签署合作框架协议。

5日，市委副书记、市长陈星会见到访的中集车辆集团总经理李贵平一行，双方围绕深化合作、加快企业创新发展和转型升级等进行了友好交流。

7日，开封市政府农贸市场升级改造考察团到驻市观摩学习。

7日，焦作市考察团莅临驻市，对创建全国文明城市工作进行观摩交流。

8日，第二十届中国农产品加工业投资贸易洽谈会全国筹备工作动员会在北京召开。

10日，在河南省召开的土壤污染综合防治先行区建设工作调度会议上，驻马店市被省政府确定为全省土壤污染防治先行区3市之一。

12日，政协第四届驻马店市委员会第一次会议开幕。三届市政协主席刘军甫受三届市政协常委会委托，向大会作政协第三届驻马店市委员会常务委员会工作报告。谢凤鸣向大会作政协第三届驻马店市委员会常务委员会提案工作情况的报告。16日上午，市政协四届一次会议举行第三次全体会议，选举陈锋为驻马店市四届政协主席，苗炳启、张勇刚、谢凤鸣、王秋霞、李万顺、郑玉林、张新领为副主席，李家平为秘书长，马莉等79人为常务委员。

13日，驻马店市第四届人民代表大会第一次会议在市会展中心开幕。市长陈星作政府工作报告。13日下午至16日，市人大代表进行分组讨论，17日上午，市四届人大第一次会议举行闭幕会，表决通过关于《政府工作报告》决议、关于《驻马店市2016年国民经济和社会发展计划执行情况与2017年计划的报告》的决议、关于《驻马店市2016年财政预算执行情况与2017年预算的报告》的决议、关于《驻马店市人大常委会工作报告》的决议、关于《驻马店市中级人民法院工作报告》的决议、关于《驻马店市人民检察院工作报告》的决议。大会依法进行选举，张宪中当选市第四届人大常委会主任，张丽彩、苗建勇、栗明伦、王志华、聂勇当选副主任，朱雪河当选秘书长，丁水印等41人当选常委会委员。大会选举陈星为驻马店市人民政府市长，张昕、冯玉梅、王明威、付自成、杨俊杰、何晞、贺振华为副市长；选举张社军为驻马店市中级人民法院院长，吴文立为驻马店市人民检察院检察长。

13日，中储粮总公司党组书记、董事长吕军一行在中储粮河南分公司总经理韩建峰、副市长付自成的陪同下，深入中储粮驻马店直属库西平分库调研夏粮收购工作。

16日，全市2017年第二批亿元以上重点项目集中开工，这次集中开工的36个项目总投资171.2亿元。

21日，省委副书记王炯在市委副书记李宝清陪同下到上蔡县调研指导脱贫攻坚工作，看望慰问基层干部和驻村第一书记，进村入户走访查看扶贫产业、困难群众。

22日，省抓党建促脱贫攻坚工作豫南片会在驻马店市召开，研究和解决工作中存在的问题，安排下一阶段工作。

22日，中国农工民主党驻马店市第四次代表大会召开，张勇刚当选为四届农工民主党驻马店市委主委。

22日，出席第四届产教融合发展战略国际论坛的教育部副部长孙尧、河南省副省长徐济超，先后深入黄淮学院、职教园区调研指导地方高校转型发展和职业教育发展。

23日，省委常委、省纪委书记任正晓，深入汝南县调研指导脱贫攻坚和党风廉政建设工作。市委书记余学友，省纪委常委魏治功，市委常委、市纪委书记李成宽等一起参加调研。

23日—24日，第四届产教融合发展战略国际论坛在驻马店召开。本届论坛以“跨界·融合”为主题，聚焦“战略

6月23日，省委常委、省纪委书记任正晓（右三）深入汝南县调研指导脱贫攻坚和党风廉政建设工作，市委书记余学友（右二）参加调研　张　朝　摄

性新兴产业崛起与人才培养机制改革”，吸引来自国际国内的400名代表参会，并取得多项重要成果。论坛共设立1个主论坛和11个分论坛，内容涉及智能制造、高校深度转型发展、VR世界、国际教育合作等多个方面，旨在以产教融合为主题，建立教育界、行业企业界、学术界与各级政府，共同推动中国教育改革创新和国际合作交流的平台。

26日，平顶山市委考察团到驻马店市开发区、驿城区、小清河文化休闲商住区项目建设和市商务中心区等，实地考察驻市工业企业经济运行和市商务中心区建设等。

27日，中国民主同盟驻马店市第四次代表大会召开，王品磊当选为四届民盟驻马店市委主委。

29日，中国民主促进会驻马店市第二次代表大会召开，高其良当选为二届民进驻马店市委主委。

29日，“道德榜样·天中力量”第二届驻马店市道德模范颁奖典礼举行。第二届驻马店市道德模范是：孝老爱亲模范郭小多、刘玉莲，敬业奉献模范董英俊、越玉环，见义勇为模范梁百磊，助人为乐模范张大生、赵伟、李辉义、王士杰，诚实守信模范韩成章。

29日，驿城区蚁蜂镇庞阁村革命历史纪念馆开馆。

6月，泌阳县人民检察院率先在全省推行“司法办案责任制”改革新机制。

6月，全市已有驻马店小磨香油（正道牌）、平舆白芝麻、确山板栗、确山夏枯草、泌阳花菇、正阳花生、正阳三黄鸡、棠溪宝剑（棠溪牌）、驻马店十三香清真调味品（王守义牌）9个地理标志产品，居全省前列。

6月，驻市2人入选“中国好人榜”，其中，徐香娥被评为“孝老爱亲”类中国好人，杨正柳被评选为“助人为乐”类中国好人。

6月，陕西省、湖北省、湖南省和驻马店市及江泰保险经纪公司“三省一市一司”农机互助保险跨区作业服务联盟暨大道富平农机互助保险总社主要发起会员会议在驻马店召开。

6月，驻马店市再次提高城乡低保标准、补助水平及特困人员供养标准。从2017年1月1日执行。

6月，王守义十三香已冠名14组88条线路的高铁列车，途经150个重点城市200余个站点，覆盖24个省份。

6月，住建部等国家七部委发布全国重点镇名单，驻马店市14个镇榜上有名。分别是驿城区蚁蜂镇，西平县权寨镇、出山镇，上蔡县黄埠镇、朱里镇，平舆县射桥镇、西洋店镇，正阳县真阳镇，确山县竹沟镇、留庄镇，泌阳县官庄镇，汝南县老君庙镇，遂平县阳丰镇、嵖岈山镇。省直管县新蔡县黄楼镇也榜上有名。

6月，结合全市野生动物资源分布情况，驻马店市人民政府拟将全范围内的泌阳县、确山县、西平县、遂平县、上蔡县、汝南县、平舆县、正阳县、驿城区、城乡一体化示范区、开发区、产业集聚区划为禁猎区。

6月，驻马店市工商局获得国家工商总局商标受理窗口权。全国设立地方商标受理窗口76个，省内在洛阳、开封和驻马店设立3个。

6月，市农业局农业技术推广站站长、研究员彭春喜被授予第九批“河南省优秀专家”称号。

6月，泌阳县马谷田镇孙庄小学马庄教学点教师徐云玲，汝南县王岗镇孔寨村熊湾教学点教师熊廷凯，新蔡县李桥回族镇狮子口小学教师时想入围2017届“马云乡村教师计划”教师名单。

6月，驻马店市公安消防支队驿城区大队风光路中队政治指导员董英俊，被评为全国特级优秀人民警察。

6月，教育部等六部门公布第二批国家级农村职业教育和成人教育示范县创建合格名单，泌阳县榜上有名。

7 月

3日，由辽宁省总工会副主席张文祥带领的中华全国总工会集体协商工作第九调研督查组一行4人，到驻马店市就集体协商五年规划落实情况进行调研督查。

6日，市委书记、市委全面深化改革领导小组组长余学友主持召开市委全面深化改革领导小组第十五次会议，传达学习中央、省委全面深化改革领导小组系列会议精神，研究审议全市有关重大改革事项。

6日，全市转型攻坚暨工业发展大会召开，贯彻落实全省转型发展攻坚推进会议精神，分析形势，部署工作，全力打赢转型发展攻坚战，加快推进新型工业化进程。

6日，全市质量大会暨创建农业标准化示范市动员会议召开。

11日，山东省政协副主席陈光率领山东省政协考察组莅临驻马店市，就推进现代农业发展等进行考察。

13日，副省长徐济超深入汝南县，实地调研指导“全面改薄”和教育扶贫工作。

13日，市委召开法律顾问聘任会，市委书记余学友出席会议并向3名市委法律顾问颁发聘书，同时聘任15名市委法律专家库成员、4个研究机构为市委法律咨询机构。

13日，市委书记余学友会见到访的长江证券股份有限公司党委书记、董事长尤习贵，中铁十一局集团公司副总经理王卓华一行，宾主双方围绕进一步深化金融平台、城市建设及相关领域务实合作，进行了沟通和洽谈。

13日，第四届“中国·正阳互联网+花生产业高峰论坛暨河南省优质花生产销对接洽谈会”在驻马店会展中心举行。

14日，国家卫生计生委员会发布全国爱卫会关于命名2015至2017周期国家卫生城市（区）的决定，驻马店市被正式命名为国家卫生城市。

19日，市委、市政府召开省委巡视反馈环保问题整改暨全市环境污染防治六大专项整治动员会。

20日，驻马店市境内省道241、省道330和省道331线升级改建（西部城市连通）工程PPP合同签约仪式举行。

20日，市委书记余学友会见到访的建行河南省分行行长石永拴一行，双方围绕深化务实合作、共促互利双赢，努力在有关重点项目合作、实体经济发展领域，取得合作发展新突破等话题进行交流。

24日晚，河南省第七届优秀复转军人年度人物颁奖晚

7月28日，驻马店市人民政府与中央企业省管企业对接合作暨项目签约仪式在柏林酒店举行，图为签约仪式

弓华静 摄

会在河南电视台演播厅举行。驻市公安局南海分局治安大队大队长贾良平榜上有名，是全省公安系统唯一复转军人代表。

25日，省政协常委、省政协经济委员会主任介新带领省政协调研组，深入西平县、泌阳县调研驻市推进《大别山革命老区振兴发展规划》落实和建立生态补偿机制等工作。

25日，市委书记余学友，市委副书记、市长陈星会见到访的中国国新控股有限责任公司董事长、中国大唐集团中新能化公司董事长刘东生一行，双方围绕加强能源化工及相关领域合作发展等事项进行沟通交流。

25日，第二十届中国农产品加工业投资贸易洽谈会河南省筹备工作会议在郑州召开，省政府副秘书长朱良才出席会议并讲话。

26日，驻马店市老区建设促进会第六届理事会第一次全体会议召开。会议听取了欧阳忠宽代表五届理事会所作的工作报告，表决通过新修改的《驻马店市老区建设促进会章程》，选举欧阳忠宽为名誉会长，刘军甫为会长，刘汝生为常务副会长，王素平、宋军为副会长，王太广为秘书长。

31日，2017年驻马店市"最美兵妈妈"颁奖典礼举行，段兰英、吴秀珍、何腊梅、王书芳、刘凤英、李慧勤、庄景、吴梅英、周秀田、聂凤琴、韩书伟、韩莲花、蔡勇英、刘国红、吕香、许秀枝、李伍、杨巧灵、房艳霞、廖春霞20人被评为"最美兵妈妈"。

7月，驻市河南省李芳生态循环农业开发有限公司申报的"李芳庄精品西瓜星创天地"和泌阳县鸿发农林种植专业合作社申报的"鸿发浆果星创天地"被省科技厅认定为省级"星创天地"。

7月，省委组织部追授赵超文"优秀第一书记"称号。赵超文大学毕业后到新蔡二高工作，2016年3月，被派驻到新蔡县余店镇二宋庄村任第一书记，2017年3月31日，因劳累过度突发心肌梗塞病逝，年仅32岁。

7月，确山县被评为2017年国家电子商务进农村综合示范县。

7月，驿城区雪松街道西刘庄社区的刘久毅家庭被评为全国"最美家庭"。

7月，驻市9家单位获2016年度市长质量奖，分别是：天方药业有限公司、华润雪花啤酒（驻马店）有限公司、驻马店市新创业管桩附件有限公司、中国邮政储蓄银行股份有限公司驻马店市分行、河南圣美阳光装饰材料有限公司、河南金鹏管道有限公司、河南尚品食品有限公司、河南正康粮油有限公司、遂平县电力实业有限公司天立元分公司。

7月，河南省农业信贷担保有限责任公司豫南第三办事处揭牌仪式在西平县举行。

8 月

1日，由省人大常委会副主任刘满仓、省人大常委会副秘书长韩长峰、省人大财经委员会副主任委员贾志鹏等一行组成的《中华人民共和国预算法》执法检查组莅临驻马店市检查指导有关工作。

2日，以省民政厅副厅长李长训为组长、省政府督查室副主任陈德安为副组长的省集中督查第九督查组进驻驻马店市，并召开动员会，部署督查工作。

3日，第二十届中国农产品加工业投资贸易洽谈会新闻发布会在北京举行，农业部农产品加工局局长宗锦耀、副局长潘利兵，河南省政府副秘书长朱良才等出席会议。

8日，驻马店市人民政府与中国人保财险河南省分公司举行战略合作协议签约仪式。

10日，铜山国家AAAA级旅游景区揭牌暨全市各县区旅游直通车开通仪式在泌阳县铜山湖风景区举行。全市共拥有国家A级旅游景区24家，其中国家AAAAA级景区1家（嵖岈山景区），国家AAAA级景区5家（竹沟革命纪念馆、南海禅寺、老乐山景区、金顶山景区、铜山景区），国家AAA

8月27日，驻马店市承接京津冀产业转移项目签约仪式在北京举行　　刘华山 摄

及国家AA级旅游景区18家。

16日，省委常委、常务副省长翁杰明一行莅临驻马店市，就产业集聚区重点项目建设、城市基础设施建设等经济社会发展情况进行调研，省发改委副主任郜义，省财政厅副厅长赵学东，省住建厅副厅长郭风春，市委常委、常务副市长张昕陪同调研。

23日，三门峡市党政考察团到驻市考察文明城市创建和百城建设提质工程。

24日，驻市举行2017年“扶困助学”助学金发放仪式，共资助困难家庭大学生1162人，发放助学金596万元。

25日，省委常委、省纪委书记任正晓赴上蔡县调研指导脱贫攻坚工作，省纪委常委魏治功，团省委书记王艺、副书记武皓，市委书记余学友，市委常委、市纪委书记李成宽分别陪同或参加座谈会。

26日，市委书记余学友率团赴京津冀地区，开展招商引资、承接产业转移活动，并举行产业推介暨项目签约仪式。签约项目15个，合同总投资169.1亿元。

29日，清华大学校务委员会副主任韩景阳率领清华大学考察团到驻考察合作项目。

30日，驻市城市组团道路连通工程S330、S331、S241开工仪式举行，由境内省道241、省道330、省道331升级改建工程组成，项目全长103.5千米，总投资28.6亿元。

30日，在第十三届全国运动会赛艇女子八人单桨有舵手比赛中，代表河南省参赛的驻马店市赛艇运动员付曼获得冠军。

31日，中央文明办在乌鲁木齐举办8月“中国好人榜”发布仪式暨全国道德模范与身边好人现场交流活动。驻马店市祁兴磊入选8月“中国好人榜”。

8月，交通运输部公布“十三五”期间全面推进公交都市建设第一批创建城市名单。驻市成为“十三五”期间全国首批50个创建城市之一。

8月，驻马店市首个“三十五证合一”营业执照颁发，标志着“三十五证合一”改革在驻市全面实施。

8月，平舆县青年赵小伟荣登“北京榜样”8月第一周榜单。赵小伟1980年出生在平舆县老王岗乡，现为中央电视台财经频道编辑。2017年7月17日上午，赵小伟在其乘座的北京582路公交车上与别人共同制伏持刀行凶歹徒，挽救了女乘客生命。

8月，中国皮革协会八届二次理事扩大会在上海召开。会上，上蔡县被中国皮革协会授予“中国制鞋产业基地·上蔡”皮革特色区域称号。

8月，由人民网、大河网、中原网等媒体记者、编辑组成的2017年“中国梦·大国工匠篇”大型主题宣传采访团，走进驻马店供电公司，对该公司职工李卫军进行专题采访。

9 月

1日，由公安部督察专员石勇带队的督察组到驻马店市，对驻市公安机关学习贯彻习近平总书记“5·19”重要讲话精神、中共十九大安保等工作进行督导检查。

2日，由中残联、中国人民大学残疾人事业发展研究院举办的农村重度残疾人集中托养研讨会在驻马店市召开。

3日，市委副书记、市长陈星率团赴珠三角地区开展产业招商活动，并举行河南驻马店承接“珠三角”（深圳）产

9月13日，农业部部长韩长赋（中），乌兹别克斯坦副总理兼农业水利部部长米尔扎耶夫（右二)等一行参观今麦郎生产线　　弓华静 摄

9月14日上午，农业部部长韩长赋（左二）在正阳县熊寨镇王大塘村富硒优质花生种植基地调研。省委副书记王炯（右三），省农业厅厅长宋虎振，市委书记余学友，副市长付自成等参加调研　　刘华山 摄

业转移推介暨项目签约仪式，共签约16个项目，合同总投资153亿元。

8日，驻马店幼儿师范高等专科学校揭牌仪式举行。驻马店幼儿师范高等专科学校的前身是汝南幼儿师范学校，是驻市历史最为悠久的名校之一。

9日，第二届“未来科学大奖”在北京揭晓。施一公荣获“未来科学大奖”的“生命科学奖”。

12日，“中国花生之都”授牌仪式在正阳县举行。由国家食品行业生产力促进中心、全国特色产业品牌文化建设联盟组织相关机构和专家对正阳县进行近6个月的考察、论证，最终认定正阳县为“中国花生之都”“中国富硒花生产业化基地县”“中国（国际）花生交易中心”。

12日—13日，省委副书记、省长陈润儿深入驻马店市的西平县、遂平县、上蔡县就农业供给侧改革工作进行专题调研，省人大常委会副主任王保存等参加调研。

12日，大型音乐诗画《天中故事》在市群星剧场上演，诗画以音乐为载体、以声乐为主要表现手段的大型音乐套曲。整台剧目共分5个乐章，分别是《美丽传奇》《岁月记忆》《红色印象》《山水故事》《精神溯源》。

13日—15日，第二十届中国农产品加工业投资贸易洽谈会在驻马店召开，来自全国各省、自治区、直辖市，以及全球多个国家和地区的两万多名嘉宾客商参会。第二十届中国农加工洽谈会由原来的4A级展会提升为5A级展会，是在全国地市级举办的唯一5A级农业展会。大会以“开放、创新、绿色、共赢”为主题，以推动农业供给侧结构性改革、农村一二三产融合发展和农民创业创新为目标，以投资、贸易和技术提升为重点，深入推动农业产业化进程和区域经济持续健康发展。会议期间，成功签约重点合作项目176项，投资总额815.3亿元，发布科研成果512项，签约科研成果转化项目91个。

13日，在出席第二十届中国农加工洽谈会开幕式后，农业部部长韩长赋陪同乌兹别克斯坦副总理兼农业水利部部长米尔扎耶夫考察驻马店市重点企业。省委副书记王炯，农业部财务司司长陶怀颖，农业部农产品加工局局长宗锦耀，农业部办公厅巡视员、副主任陈邦勋，省农业厅厅长宋虎振，省外侨办主任宋丽萍等一同考察。

14日，在驻马店出席第二十届中国农加工洽谈会的农业部部长韩长赋一行，深入正阳县就花生产业发展情况进行专题调研。省委副书记王炯，省农业厅厅长宋虎振等参加调研活动。

14日，省政协副主席龚立群率领省政协调研组到驻马店市，就乡村教师队伍发展现状开展专题调研。

15日，国务院安委会第十二综合督查组莅临驻马店市，就安全生产大检查开展情况进行综合督查。

17日，市第一人民医院承办的“中国宫颈癌防治工程定点医院揭牌仪式暨驻马店市宫颈上皮内瘤变及宫颈癌防治热点论坛”在市第一人民医院举办。中国宫颈癌防治工程组委会根据相关部门推荐及专家遴选，确定市第一人民医院为中国宫颈癌防治工程定点医院。

19日，在北京召开的全国社会治安综合治理表彰大会上，遂平县被中央综治委授予“2013—2016年度全国平安建设先进县”称号，蝉联三届“全国平安建设先进县”，首次捧得全国综治最高奖“长安杯”。

27日，市委副书记、市长、市级总河长陈星主持召开

9月27日上午，2017年全市第三批亿元以上重点项目集中开工，图为主会场平舆县中原生态皮革转型发展示范园区项目，举行开工奠基仪式　　刘华山 摄

10月30日上午，省委副书记、省长、省文明委主任陈润儿（前右二）一行在市经开区建业市场观摩指导　刘华山 摄

全市市级总河长第一次会议，传达贯彻国家部委河长制和全省省级总河长会议精神，回顾总结全市推行河长制工作情况，部署全市河长制重点工作。

27 日，2017 年全市第三批亿元以上重点项目集中开工暨中原生态皮革转型发展示范园区项目开工仪式举行。

29 日，全省实施"巧媳妇"工程助力脱贫攻坚现场推进会在平舆县举行。省委副书记王炯出席会议并讲话，省政协副主席、省工商联主席梁静主持会议。省委副秘书长郝常伟，省妇联主席部秀菊出席会议。

29 日，中央文明办在山西省太原市举办全国道德模范与身边好人现场交流活动,发布 9 月"中国好人榜"。驻市"最美地税人"——上蔡县地税局干部陈琰上榜。

29 日，《驻马店市城市市容和环境卫生管理条例》（以下简称《条例》）经河南省十二届人大常委会第三十一次会议表决通过。驻马店市第二部地方性法规正式诞生,《条例》自 2018 年 1 月 1 日起施行。

31 日，省委常委、省委政法委书记、省综治委主任许甘露在驻马店调研社会治安综合治理工作。省委政法委副书记、省综治办主任彭志安陪同调研。

9 月，全市农村承包地确权到户面积 1111 万亩，占应确权面积的 105.18%；颁发承包经营权证书 147.2 万本，占农户总数的 96.6%。

10　月

8 日，副省长、省公安厅厅长舒庆深入驻马店市调研督导党的十九大安保维稳工作。

9 日—10 日，省人大常委会党组副书记、副主任刘满仓深入确山县调研指导产业扶贫工作，省人大常委会副秘书长韩长峰等陪同调研。

12 日，全省农业生产受灾救灾座谈会在驻马店市召开。省农业厅厅长宋虎振主持会议。

12 日，郑州银行驻马店分行开业暨战略合作签约仪式举行。市委书记余学友，省航空港区建设领导小组办公室常务副主任、郑州市政府党组副书记孙金献共同揭牌。市委副书记、市长陈星，郑州银行董事长王天宇分别致辞。市委常委、常务副市长张昕、郑州银行行长申学清代表双方签约。

13 日，国家大宗蔬菜产业技术体系驻马店综合试验站启动会在驻马店举行。

13 日，省科技厅与驻马店市政府举行 2017 年厅市工作会商会议，就加强创新载体建设、关键核心技术创新、科技支撑体系建设等事项进行会商，就有关重要成果签署会商议定书。

13 日，由市政协主办，团市委、市文联等单位承办，市青年书法家协会等单位协办的“喜迎十九大、共筑中国梦”第五届“八零有约”全国书法名家题贺作品展开幕。

16 日，中原银行“鼎盛天中、财富论坛”（第五季）暨张召忠军事讲座在黄淮学院图书馆报告厅举行。

19 日，省纪委副书记吴宏亮带领调研组到上蔡县实地调研指导脱贫攻坚工作。

19 日，香港天邻基金会轮椅助行行动在泌阳县举行发放仪式，共捐赠 500 辆轮椅。

24 日，第十四届河南省戏剧大赛（省市级院团组）获奖名单公布，驻马店市演艺中心排演的《皇家驿站》获河南文华大奖。

25 日，以省畜牧局副巡视员朱立良为组长的省脱贫攻坚第九督查巡查组到驻马店市，就脱贫攻坚工作开展督导。

27 日，国家园林城市复检考核组到驻市考核。驻马店市 2011 年被授予国家园林城市称号。

27 日，中国 · 上蔡第十五届重阳文化节系列群众文化活动暨“孝行天下百城巡演走进上蔡”公益演出开幕。

28 日，2017 全国群众登山健身大会暨河南省第七届“三山同登”群众登山健身大会在老乐山风景区举行。

30 日，由省委副书记、省长、省文明委主任陈润儿带队，包括省直有关厅局主要负责人，各省辖市市长、宣传部部长、文明办主任、百城办主任，157 个县（市、区）长组成的观摩团，现场观摩驻马店市文明城市创建和百城建设提质工程推进情况。省委常委、宣传部部长赵素萍，省人大常委会副主任赵建才，副省长徐光等参加观摩。

31 日，中央文明办在四川省成都市举办 10 月“中国好人榜”发布仪式暨全国道德模范与身边好人现场交流活动，驻马店市汝南县老君庙镇老胡庄村“最美村医”邱长兴荣登好人榜。

10 月，在山东济南举办的第三届中国黄河流域戏曲红梅奖大赛中，驻市参赛选手李莹莹荣获金奖。

10 月，市邮政公司结合本地题材邮票打造的《方寸映天中》邮票珍藏册公开发行。

10 月，在南京举行的第六届中国创新创业大赛生物医药行业总决赛和在洛阳举行的第六届中国创新创业大赛先进制造行业总决赛中，驻市河南名品彩叶苗木股份有限公司获得生物医药行业优秀企业奖，驻马店恒久机械制造有限公司获得先进制造行业优秀企业奖。

11　月

1 日，驻马店市政府与省测绘地理信息局《加快地理信息产业发展战略合作框架协议》签约仪式举行。

1 日，市公交公司联合腾讯公司推出“1 分钱乘公交”优惠活动，区域包括市区、平舆县和遂平县，每人每天限乘两次，两次以后恢复正常收费，活动时间暂定为一个月，为全国首家。

7 日，省政府参事室党组书记、主任朱全民率省政府参事一行莅临驻马店，以“学习贯彻党的十九大精神，共推驻马店新发展”为主题，对驻市经济社会发展和文明城市创建、重点项目建设等进行调研。

7 日，周口市、三门峡市党政考察团到驻马店考察文明城市创建工作。

7 日，中宣部新闻局组织《人民日报》、新华社、《经济日报》、中央电视台、中央人民广播电台、《农民日报》等中央媒体十几名记者深入确山县普会寺镇和遂平县益农庄园，就推进农村土地承包经营权登记颁证工作的经验做法进行采访。

8 日，河南省工商联公布《2017 年河南民营企业 100 强》榜单，驻市有 6 家民企上榜：排名第 30 营业收入总额 603441 万元的河南蓝天集团有限公司，排名第 42 营业收入总额 425395 万元的河南正华置地控股有限公司，排名第 74 营业收入总额 202657 万元的驻马店市鹏宇房地产开发有限公司，排名第 82 营业收入总额 182657 万元的驻马店欢乐爱家超市，排名第 90 营业收入总额 165712 万元的驻马店市十三香调味品集团，排名第 95 营业收入总额 151508 万元的河南大程粮油集团股份有限公司。

8 日，市委书记余学友会见到访的浦发银行郑州分行党委书记、行长董琢理一行，双方围绕进一步加强金融经济各领域务实合作和推进实体经济发展、构建良好金融生态等事项，进行深入交谈。

8 日—9 日，市水利局、市总工会、市人力资源和社会保障局联合举办驻马店市第一届防汛抗旱技能竞赛。

10 日—12 日，生猪绿色养殖提质增效协同创新与示范项目现场推进会在驻马店召开。开幕式上进行了驻马店市畜牧业协会揭牌仪式，并正式启动驻市 300 万头无抗生猪直通入沪工程。

16 日，由省工商联、驻马店市人民政府联合主办的“百名客商驻马店行”活动项目推介暨签约仪式举行，来自省内外的百余名知名企业家和客商共谋合作发展大计。省政协副主席、省工商联主席梁静，省工商联党组书记李德才等会见了客商。

17 日，全国精神文明建设表彰大会在京隆重举行，驻马店市获第五届全国文明城市称号。驻马店市西平县嫘祖镇兰衣赵村、确山县普会寺镇普会寺村入选第五届全国文明村镇，河南省豫南监狱、驻马店市国家税务局、驻马店市食品药品监督管理局入选第五届全国文明单位，驻马店实验小学入选第一届全国文明校园，上蔡县朱里镇拐子杨村党支部书记、村委会主任张全收入选第六届全国道德模范（助人为乐类），驻马店市文明办未成年人思想道德教育中心主任任军入选全国未成年人思想道德建设工作先进工作者。

18 日，驻市首家驻京党委——中国共产党河南省上蔡县在京务工人员委员会揭牌成立，这是中共十九大之后驻市率先组建成立的第一个外建党委。

20 日，省委书记、省人大常委会主任谢伏瞻，省委副书记、省长陈润儿在郑州会见全省出席全国精神文明建设表彰大会获奖代表。市委书记余学友作为第五届全国文明城市代表，上蔡县朱里镇拐子杨村党支部书记、村委会主任张全

11月28日，省委常委、省纪委书记任正晓（右二）到扶贫联系点上蔡县黄埠镇小王营村调研。图为任正晓与村民亲切交谈　弓华静 摄

收作为第六届全国道德模范代表，参加会见并分别发言。

23日，市委书记、市深化监察体制改革试点工作小组组长余学友主持召开市深化监察体制改革试点工作小组第一次会议，传达学习党的十九大精神和中央、省委关于推开监察体制改革试点工作的部署要求，研究部署全市深化监察体制改革试点工作，审议《驻马店市深化监察体制改革试点实施方案》。

23日，中国共产党驻马店市第四届委员会第四次全体（扩大）会议召开。表决通过《中国共产党驻马店市第四届委员会第四次全体会议决议》，审议并原则通过《中共驻马店市委关于深入学习贯彻党的十九大精神，奋力谱写新时代驻马店跨越发展新篇章的意见》。

24日，由市委宣传部、市文联、黄淮学院主办的“魅力天中·文明驻马店”全国女书书画艺术展暨名家书画邀请展在黄淮学院美术馆开幕。共展出来自全国书画名家、女书专家作品120余幅，获奖作品80幅。

27日，平舆—宁波舟山港号铁海联运班列首发仪式举行。

28日，省委常委、省纪委书记任正晓到扶贫联系点上蔡县实地考察指导脱贫攻坚工作，深入黄埠镇小王营村，看望慰问贫困户和驻村工作队员，为基层党员干部群众宣讲党的十九大精神，共商脱贫攻坚、决胜全面建成小康社会大计。

30日，省委宣讲团党的十九大精神宣讲报告会在市会展中心举行。省委宣讲团第六组组长、省委党史研究室主任韩斌作宣讲报告。

30日，驻马店市政府与北京东方园林环境股份有限公司《全域旅游投资建设运营项目战略合作协议》签约仪式举行。

30日，中央文明办在河北廊坊举办全国道德模范与身边好人现场交流活动，平舆县国税局纪检组长王炜入选见义勇为类“中国好人榜”。

12　月

1日，上蔡·蔡文化研究会挂牌成立。

3日，驻马店市委召开全市领导干部会议，传达省委关于驻马店市主要领导职务调整的决定：陈星任中共驻马店市委书记，朱是西任中共驻马店市委委员、常委、副书记，余学友不再担任中共驻马店市委书记、常委、委员职务。省委组织部常务副部长谢玉安出席会议并讲话。

4日—31日，驻马店市在市中心城区实行机动车单双号限行措施。号牌尾号为双号的双日上路行驶，号牌尾号为单号的单日上路行驶。

4日，市演艺中心大型古装豫剧《皇家驿站》和驿城区宏扬豫剧团演艺有限公司参赛的大型豫剧现代戏《嫂娘·大娘·亲娘》分别荣获第十四届河南省戏剧大赛省市级院团组和县区级及民营院团组河南文华大奖。

4日，纪念朱理治书籍、电视片捐赠仪式在确山竹沟革命纪念馆举行。朱理治次子、中华人民共和国国史学会会长、中国社会科学院原副院长朱佳木出席仪式并讲话。

12月5日，中国残联副主席吕世明（中）在市委书记陈星（左三）、省残联理事长王丽的陪同下在安居新村调研
弓华静 摄

5 日，中国残联 2017 年全国动态更新工作国家级试点工作总结会在驻马店市召开。中国残联副主席、党组成员、全国动态更新办主任吕世明出席会议并讲话。

5 日，“刘少奇研究述评”学术研讨会在革命老区确山县举行。中共中央文献研究室副主任、中共文献研究会副会长、刘少奇思想生平研究会会长张宏志，刘少奇亲属代表，以及来自全国各地的党史研究专家、学者代表等出席会议。

7 日—11 日，全市县处级领导干部党的十九大精神轮训班举行。

12 日，省委常委、统战部部长孙守刚到驻市就经济社会发展和统战工作进行调研。省委统战部常务副部长王海鹰，市委书记陈星，市委常委、统战部部长姚新文参加调研活动。

13 日，为期一周的《奔流》创刊 60 周年庆典暨第五届《奔流》作家研修班结业典礼在老乐山景区举行，来自省内外 50 多名作家研修班学员圆满结业。

14 日，全省城市公共交通工作推进会在驻马店市召开。省交通运输厅厅长张琼讲话。市委书记陈星致辞。

18 日，全省贫困家庭重度残疾人集中托养上蔡模式现场会在上蔡县召开。省委副书记王炯出席会议并讲话。市委副书记、代市长朱是西代表驻市作交流发言。

19 日，省高级人民法院党组书记、院长张立勇一行到驻市走访调研，征求部分人大代表、政协委员对法院工作的意见和建议。

21 日，全市创建国家森林城市攻坚推进会召开。市委书记陈星，市委副书记、代市长朱是西出席会议并讲话。

26 日，市城市管理局（城市综合执法局）成立揭牌仪式在市住建局举行。驿城区城市管理局（城市综合执法局）、经济开发区城市管理局（城市综合执法局）同时揭牌。

27 日，2017 年度“河南好人榜”上榜人物名单公布。驻市泌阳县羊册镇工商所所长平恩东，平舆县人民法院工会主席、法警大队政委陈凤伟，平舆县阳城镇孙鲍村村民杨小云 3 人上榜。

28 日，驻马店市人民政府与兴业银行郑州分行战略合作协议签字仪式、兴业银行驻马店分行升格揭牌仪式同日举行，市委书记陈星、兴业银行郑州分行行长刘健共同为兴业银行驻马店分行揭牌。

28 日，停运 216 天的驻马店火车站恢复客运。升级改造后的新站房以“九州之中、中原之鼎”为主题设计。新站房面积 1.2 万平方米，可同时容纳 4000 人候车。

12 月，市政府印发《驻马店市旅游产业“十三五”发展规划》《驻马店旅游产业转型升级方案（2017—2020）》，为驻市旅游业转型发展明确了目标任务。

12 月，驻市高速主线收费站 ETC 车道覆盖率为 100%，用户近 16 万，纵贯南北、互通东西的 ETC 联网格局已形成。

12 月，在中国微循环学会 2017 年全国学术年会上，市中心医院获得由中国微循环学会、全国防盲技术指导组共同授予的“中国糖网筛防工程先进单位”称号，并被认定为中国糖网筛防工程筛防中心。

12 月，在河南电视台使命类大型公益扶贫节目《脱贫大决战》暨“2017 河南十大年度扶贫人物”主题晚会上，上蔡县五龙镇高白玉村第一书记陈召起当选“2017 河南十大年度扶贫人物”。

中共驻马店市委

综　　述

【市委工作概况】 2017年，全市全面贯彻中共十八大、十八届历次全会和中共十九大精神，以习近平新时代中国特色社会主义思想为指导，树立和贯彻落实新发展理念，围绕实现驻马店跨越发展，坚持稳中求进工作总基调，团结带领全市干部群众，统筹推进"五位一体"总体布局、协调推进"四个全面"战略布局，着力推发展、促改革、保稳定、抓党建、惠民生，全市经济社会持续健康较快发展，良好政治生态不断巩固。经济运行：主要经济指标增速高于全省平均水平、始终保持全省第一方阵，项目建设：分三批集中开工亿元以上项目119个，总投资576.4亿元，今麦郎二期、德威电缆、夏南牛产业园、君乐宝旅游观光示范牧场以及火车站综合改造等一批重大项目进展顺利，省市重点项目全部超额完成年度投资。改革创新：紧跟中央、省委改革部署，积极推进"放管服"改革、监察体制改革、城市管理综合行政执法体制改革，结合驻马店实际，形成一批改革亮点和可复制可推广的经验做法。遂平县农村土地承包经营权抵押贷款试点工作、平舆县国家级农民工返乡创业试点工作、正阳县围绕小花生做好大产业推进供给侧结构性改革得到国家有关部委的充分肯定，全省重度残疾人集中托养上蔡模式现场会和全省实施"巧媳妇"工程助力脱贫攻坚现场会在我市召开。社会事业：十件民生实事全部完成，居民人均可支配收入增长8.9%左右、高于经济增长，城镇新增就业8.1万人。重大攻坚行动：脱贫攻坚战、国企改革攻坚战、环境治理攻坚战、转型发展攻坚战取得重大成果，特别是一举创成全国文明城市、国家卫生城市，驻马店的形象地位进一步提升，推动跨越发展的信心更加坚定。党的建设：各级党组织和广大党员干部"四个意识"更加增强、"四个自信"更加坚定，顺利完成市县人大、政府、政协和乡人大、政府换届工作；全面从严治党深入推进，党的建设质量不断提升，党内政治生活展现新气象。 （岳远博）

【市委常委会议】 2017年2月4日，市委书记余学友主持召开市委常委会议，传达学习省委书记谢伏瞻到驻马店调研

1月6日，中国共产党驻马店市第四届委员会第二次全体会议召开，图为大会会场　　弓华静 摄

脱贫攻坚时的讲话精神，研究驻马店市贯彻落实意见。会议强调，要算清精准脱贫账，高度重视产业脱贫，加快转移就业脱贫，把扶贫和扶志结合起来，确保全面打赢扶贫开发攻坚战。

2017 年 2 月 9 日，市委书记余学友主持召开市委常委会议，听取市人大常委会、市政府、市政协党组工作汇报。

2017 年 3 月 20 日，市委书记余学友主持召开市委常委会议，传达学习全国“两会”精神，并结合驻马店市实际研究贯彻落实意见。

2017 年 4 月 14 日，市委书记余学友主持召开市委常委会议，学习贯彻全省转型发展攻坚推进会议精神，研究部署全市精准扶贫脱贫攻坚推进措施。

2017 年 7 月 21 日，市委书记余学友主持召开市委常委会议，听取全市上半年经济运行情况汇报，专题研究全市经济工作和安全生产工作。

2017 年 10 月 27 日，党的“十九大”代表、市委书记余学友主持召开市委常委扩大会议，传达学习贯彻党的“十九大”精神，安排部署学习宣传贯彻工作，动员全市上下掀起学习宣传贯彻党的“十九大”精神热潮，进一步统一思想、凝聚共识，武装头脑、指导实践，为推进“四个驻马店”建设、决胜全面小康社会、实现跨越发展作出新贡献。

2017 年 11 月 16 日，市委书记余学友主持召开市委常委会议，传达省委十届四次全会精神，研究全市贯彻落实意见。

2017 年 12 月 15 日，市委书记陈星主持召开市委常委会议，传达学习习近平总书记关于进一步纠正“四风”加强作风建设的批示精神和省委办公厅《通知》，研究全市贯彻落实意见，及全市脱贫攻坚、创建国家森林城市、大气污染防治、全市经济社会目标完成情况等工作，并研究讨论《市委常委会议事决策规则（修订稿）》和《市委常委议事会制度》。（岳远博）

【全市百城建设提质工程暨中心城区建设工作会】 2017 年 2 月 23 日，全市百城建设提质工程暨中心城区建设工作会议召开，市委书记余学友，市委副书记、市长陈星出席会议并讲话，强调要始终坚持以人为核心的理念，不断丰富完善城市各项功能，努力打造宜居宜业美好城市环境，让人们的城市生活更美好。（岳远博）

【全市招商引资实现首季“开门红”】 2017 年 3 月 29 日，第十一届中国（河南）国际投资贸易洽谈会在郑州国际会展中心开幕。通过前期推介、对接，驻马店市共在大会上签约 49 个重大项目，投资总额 326.75 亿元，涉及先进制造业、现代服务业、农产品加工业、新能源、高新技术产业、城市基础设施建设等领域，一批高质量重大合作项目成功签约，驻市招商引资实现首季“开门红”。（岳远博）

【全市领导干部集体赴信阳开展警示教育】 2017 年 4 月 13 日，市委书记余学友带领全市领导干部集体赴信阳开展警示教育活动，重点参观了解信阳监狱关押犯人劳动改造、警示教育平台建设、预防职务犯罪和廉政文化教育等工作进展情况，并接受服刑人员现身说法、工作人员以案释法等为主要内容的廉政警示教育。（岳远博）

【安徽省政府考察团到驻市参观交流】 2017 年 4 月 15 日，安徽省委副书记、省长李国英，副省长方春明率领安徽省政府考察团莅临驻马店市，就积极发展现代农业和农产品加工业，加快农业供给侧结构性改革，推动农村一二三产业融合发展等进行参观交流。（岳远博）

【全省创建文明城市工作观摩团到驻观摩】 2017 年 5 月 18 日，省委常委、宣传部部长赵素萍带领全省创建文明城市工作观摩团一行到开发区，先后走进实验中学、建业市场等地，就文明城市创建工作进行实地观摩交流。（岳远博）

【中国新型城镇化经验交流会在驻马店举行】 2017 年 6 月 3 日，由国家发改委城市和小城镇改革发展中心主办，中共驻马店市委、驻马店市人民政府承办的 2017 中国新型城镇化经验交流会在驻马店市举行。来自各相关领域的领导嘉宾、专家学者会聚一堂，开展经验交流、对话研讨活动，同心探索传统农区新型城镇化创新发展之路，加速推进中国特色新型城镇化建设发展。市政府与中城新型城镇化基金管理有限责任公司签署合作框架协议，共同发起设立驻马店市新型城镇化建设产业投资子基金，合力打造产业项目融资平台，为推进新型城镇化建设提供资金支撑。（岳远博）

【焦作市党政考察团到驻市考察】 2017 年 6 月 23 日，焦作市委书记王小平，市委副书记、市长徐衣显率焦作市党政考察团到驻市考察创建全国文明城市工作。市委书记余学友，市委副书记、市长陈星陪同考察调研。（岳远博）

【全市转型攻坚暨工业发展大会】 2017 年 7 月 6 日，驻马店市召开转型攻坚暨工业发展大会，贯彻落实全省转型发展攻坚推进会议精神，总结成绩，表彰先进，分析形势，部署工作，动员全市上下乘势而上、真抓实干，全力打赢转型发展攻坚战，加快推进新型工业化进程。市委书记余学友出席会议并讲话。（岳远博）

【市委建立法律顾问制度】 2017 年 7 月 13 日，市委召开法律顾问聘任会，市委书记余学友向 3 名市委法律顾问颁发聘书，同时聘任 15 名市委法律专家库成员、4 个研究机构为市委法律咨询机构。市委副书记李宝清宣读《中共驻马店市委办公室关于聘任市委法律顾问、法律专家库成员、法律咨询机构的通知》。（岳远博）

【第二十届中国农加工洽谈会新闻发布会在京举行】 2017 年 8 月 3 日上午，第二十届中国农产品加工业投资贸易洽谈会新闻发布会在北京举行，组委会现场发布大会筹备进展情况，并通过中央和省、市等 70 多家新闻媒体向全球客商发出诚挚邀请。农业部农产品加工局局长宗锦耀、副局长潘利

9月30日上午，2017年下半年全市重点项目建设观摩点评工作会议召开　刘华山 摄

兵，河南省政府副秘书长朱良才，驻马店市委书记余学友等出席会议。（岳远博）

【驻市赴京津冀地区开展产业转移专项招商及项目推介】 2017年8月26日—27日，市委书记余学友、副市长何晞率市商务局和各县区有关负责人一行40余人，赴京津冀地区开展产业转移专项招商及项目推介活动，并举办河南驻马店承接京津冀（北京）产业转移推介暨项目签约仪式，共签约项目15个，合同总投资169.1亿元，涉及制造业、纺织服装、食品加工、新能源等领域。（岳远博）

【郑州银行驻马店分行开业暨战略合作签约仪式】 2017年10月12日上午，郑州银行驻马店分行开业暨战略合作签约仪式举行。市委书记余学友，省航空港区建设领导小组办公室常务副主任、郑州市政府党组副书记孙金献共同揭牌。市委副书记、市长陈星，郑州银行董事长王天宇分别致辞。市委常委、常务副市长张昕，郑州银行行长申学清代表双方签约。（岳远博）

【全省文明城市创建暨百城建设提质工程观摩团到驻马店观摩】 2017年10月30日，由省委副书记、省长、省文明委主任陈润儿带队，包括省直有关厅局主要负责人，各省辖市市长、宣传部部长、文明办主任、百城办主任，157个县（市、区）长组成的观摩团到驻马店市观摩文明城市创建和百城建设提质工程推进情况，学经验、找差距、提建议、鼓干劲。省委常委、宣传部部长赵素萍，省人大常委会副主任赵建才，副省长徐光，市委书记余学友等参加观摩。（岳远博）

【市委四届四次全体（扩大）会议】 2017年11月23日，中国共产党驻马店市第四届委员会第四次全体（扩大）会议召开。会议深入学习贯彻党的十九大精神和省委十届四次全会精神，以习近平新时代中国特色社会主义思想为指导，表决通过《中国共产党驻马店市第四届委员会第四次全体会议决议》，审议并原则通过《中共驻马店市委关于深入学习贯彻党的十九大精神，奋力谱写新时代驻马店跨越发展新篇章的意见》。（岳远博）

【保密工作】 制定全市《实施意见》及《“十三五”规划》。2017年，依据中央、省委关于加强和改进保密工作的《意见》和《实施意见》，市委保密办起草了市委《关于进一步加强和改进保密工作的实施意见》和《驻马店市“十三五”时期保密事业发展规划》。市委《实施意见》结合驻马店实际，提出“2年强基固本、3年创新突破、10年逐步实现转型升级”的“三步走”发展战略，制定6大块23条具体举措。《“十三五”规划》制定了至2020年形成基本防控能力，为全面实现保密工作转型升级奠定坚实基础的发展目标，明确了7个方面20项内容的主要任务。

保密依法行政。市国家保密局对所承担的行政权力进行全面梳理，编制了保密行政管理权力清单，并按照权责一致，有权必有责的要求，编制责任清单，规范执法程序，严

格执法行为，提高依法行政能力，全面依法履行监督管理职责。

保密管理。一是涉密人员、涉密网络和定密管理“三大管理”日趋规范。组织各机关单位对涉密人员的确定、分类、管理等工作进行再次梳理，特别是对涉密人员的出国（境）审批、备案等工作提出新要求，建立涉密人员数据库，加强涉密人员的动态管理。协助省国家保密局完成全市多个涉密网络终端的现场核查测评工作，对违反保密法律法规的行为进行核查，对涉密计算机违规外联事件进行查处。二是保密自查自评督查基本实现全覆盖。完成对全市机关、单位及其二级机构保密自查自评督查工作。督促存在问题的多家单位增配保密技术防护设备或完善保密管理制度，推动保密责任制的落实。三是中国共产党的十九大期间保密工作。先后组织开展了保密专项检查、门户网站及办公信息系统保密检查、网络保密管理检查等，全力保障党的十九大顺利召开。四是市委机关办公区文印室保密管理正规有序。从2月开始，对市委机关办公区文印室进行3次保密检查，督促各文印室与相关责任单位签订保密协议，安装“三铁一器”（铁门、铁窗、铁柜及报警器），对所有工作人员进行保密审查并签订保密承诺书，建立健全人员管理、涉密载体管理、信息输入输出登记等各项保密管理制度，为所有涉密计算机安装了保密技术防护设备。五是考试期间保密管理。参与国家司法考试、医师资格考试、兽医资格考试等国家考试和研究生招生、高招、成招、中招保密管理工作，检查并发放试卷保密室使用许可证16个，组织开展高、中招考试保密检查2次，专题教育2次，全市连续十余年没有发生有关国家考试的失泄密事件。

保密宣传教育。2017年，市委保密办通过提供案例、编写通用课件、指导撰写讲稿、上门宣讲等方式，完成对统战部、财政局、防范办等12家机关单位的保密宣传教育。组织各级各单位学习观看大型保密文献纪录片《胜利之盾》，继承发扬党的保密工作优良传统，增强大家做好保密工作的责任感和使命感。推广“保密观”微信公众号，扩大保密法制宣传教育范围。2017年4月、8月，分别组织全市保密系统工作人员和省管干部50多人，到省宣传教育实训平台轮训。

保密技术防控。一是制定《驻马店市保密技术服务保障应急预案》，进一步规范保密技术服务保障应急工作。二是组织开展保密技术专项培训。8月，组织全市保密系统技术人员开展为期一周的保密技术专项培训。三是做好涉密会议、涉密活动的安全保密工作。为省十次党代会（驻马店代表团）、市领导观看警示教育片、市委重要涉密会议、政法系统会议、统战会议、对台办会议等重要涉密会议、活动提供保密技术服务保障10余次。四是做好涉密载体的回收、销毁工作。

（王　涛）

【政策研究工作】 2017年，市委政研室共组织参与大型调研活动13次（其中配合省委政研室调研7次），起草撰写市委重要文件、专题调研报告和署名文章20余篇，编发《调查研究》13期，《参阅材料》20期。

以文辅政，服务市委中心工作。一是起草市委重要文件。11月，市委政研室承担《中共驻马店市委关于深入学习贯彻党的十九大精神、谱写驻马店跨越发展新篇章的意见》起草工作，完成文件起草和意见稿说明的撰写，并提交市委四届四次全会审议通过，为全市深入学习贯彻党的十九大精神提供重要指导。二是形成高质量调研报告。全年围绕市委中心任务和重点工作，以及配合省委政研室专题调研组开展大型调研活动13次。年初，对全市农村电子商务发展开展全面调研，形成《大力培育农村电商，打造经济发展新蓝海——以来村网为例对我市农村电商发展的调查与思考》的调研报告。4月，全室组成专题调研组，对正阳县培育发展太极文化产业的情况进行典型经验调研，形成《关于正阳县培育发展太极文化产业的调查》调研报告，并以县域典型经验上报到省委政研室。5月，市委政研室对河南名品彩叶苗木有限公司参与脱贫攻坚的做法进行调研，形成《勇担社会责任，助力脱贫攻坚——对河南名品彩叶苗木有限公司参与脱贫攻坚情况的调查》的调研报告。驻马店原市委书记余学友对调查报告作出重要批示。8月，市委政研室对古味小磨香油有限公司持续做强优质芝麻产业的情况进行调查，形成《倡树工匠精神，以“四专”做优芝麻产业——对古味小磨香油有限公司持续做强优质芝麻产业的的调查》的调研报告，市委常委、市委秘书长李国胜给予了批示。10月，市委政研室组成专题调研组，对泌阳县加大产业扶贫助推脱贫攻坚的典型经验进行调研和总结，形成《让贫困群众在产业扶贫收获真金白银——对泌阳县加大产业扶贫助推脱贫攻坚的调查》，调研报告分别在《驻马店日报》《驻马店工作》等报刊刊发，通过典型引路，助推全市的脱贫攻坚工作。12月，市委政研室组成大型专题调研组，对上蔡县探索农村贫困家庭重度残疾人集中托养模式进行调查，形成《勇于啃下脱贫攻坚最难啃的硬骨头——对上蔡县探索贫困家庭重度残疾人集中托养模式的调查和思考》。三是撰写领导讲话和署名文章。3月，为市委领导起草了在市委党校2017年春季主体班开学典礼上的讲话《严肃党内政治生活，营造良好政治生态》。9月，为市委领导起草了在市委党校2017年秋季主体班开学典礼上的讲话《深入贯彻习近平总书记“7·26”重要讲话精神，以优异成绩迎接党的十九大胜利召开》。整理报送原市委书记余学友《推进农村一二三产业融合发展，加快农业大市向农业强市转变——关于驻马店市农村一二三产业融合发展的探索与实践》署名文章，文章在省委政研室《调查研究》上刊发。

服务省委政研室开展调研。2017年，先后服务省委政研室在驻市开展的调研活动7次。3月，服务省委政研室在上蔡县开展的贫困家庭重度残疾人集中托养调研，撰写报送《探索集中托养模式，破解智残脱贫难题》调研报告。6月，服务省委政研室在驻市开展的农业供给侧结构性改革调研，撰写《关于我市农业供给侧结构性改革情况汇报》，并报送了确山县农民专业合作社为产业融合架金桥、平舆县大力培育白芝麻特色产业、遂平县花木产业集群发展、泌阳县大力发展特色产业培育农业发展新优势等10多篇县区农业供给侧结构性改革的典型经验材料。10月，服务省委政研室在正阳县开展的花生产业发展和脱贫攻坚调研，撰写报送了《正阳县“1+1+N”产业扶贫模式，精准助力脱贫攻坚》的调研报告。根据省委政研室通知要求，收集整理报送《负重奋进求突破，科学发展谋跨越——对驻马店市近五年经济社会发展的调查与思考》《党旗凝聚力量，党建引领发展——驻马店市基层党建巡礼》《推进科技创新提升全民素质的生动实践》等12篇反映驻马店发展成就的文章。11月，服务省委政研室开展的关于宗教工作和反邪教的调研，撰写报送《驻马店市关于依法推进宗教事务管理工作的调研报告》和《驻马店市关于反邪教工作情况的调研报告》等材料。12月，服务省委政研室开展的正阳花生产业助推脱贫攻坚、乡村振兴战略等专题调研。2017年5月中旬和12月初，分别参加省委政研室举办的两次“政研讲堂”。

做好内部刊物编发。全年共编发《调查研究》13期、《参阅材料》20期，刊发各类专题调研报告、典型经验材料和参阅文章等20多篇，其中《关于驻马店市农村一二三产业融合发展的探索与实践》《对落实全面从严治党“两个责任”的探索》《搭建信息化服务平台，提升党组织服务功能》《驻马店农村电商发展的调查与思考》等调研报告在省委政研室《调查研究》刊物刊发。

（万超麟　代　予）

表02

2017年度“驻发”文件目录

序号	文件名称	发布文号	发布机关	发布日期
1	“中共驻马店市委关于深入贯彻党的十八届六中全会精神推进全面从严治党向纵深发展的决定（2017年1月6日中国共产党驻马店市第四届委员会第二次全体会议通过）”	驻发〔2017〕1号	市委	2017/1/10
2	中共驻马店市委　驻马店市人民政府关于大力推进创新驱动发展的实施意见	驻发〔2017〕2号	市委、市政府	2017/1/13
3	中共驻马店市委关于认真做好党的十九大代表候选人初步人选推荐提名工作的通知	驻发〔2017〕3号	市委	2017/1/13
4	中共驻马店市委关于市委中心组2017年度分专题集体学习安排意见	驻发〔2017〕4号	市委	2017/2/21
5	中共驻马店市委　驻马店市人民政府关于推进百城建设提质工程的意见	驻发〔2017〕5号	市委、市政府	2017/2/22
6	中共驻马店市委　驻马店市人民政府关于印发《驻马店市法治政府建设实施方案》的通知	驻发〔2017〕6号	市委、市政府	2017/3/17
7	中共驻马店市委关于进一步加强和改进保密工作的实施意见	驻发〔2017〕7号	市委	2017/3/20
8	中共驻马店市委　驻马店市人民政府关于印发《深入贯彻落实习近平总书记调研指导河南工作时的重要讲话精神着力打好“四张牌”五年行动计划（2017—2021年）》的通知	驻发〔2017〕8号	市委、市政府	2017/3/23
9	中共驻马店市委关于印发《市委常委会2017年工作要点》的通知	驻发〔2017〕9号	市委	2017/3/24
10	中共驻马店市委关于印发《市委常委会委员职责清单》的通知	驻发〔2017〕10号	市委	2017/4/6
11	中共驻马店市委　驻马店市人民政府关于深入推进农业供给侧结构性改革加快培育农业农村发展新动能的实施意见	驻发〔2017〕11号	市委、市政府	2017/4/18
12	中共驻马店市委关于落实全面从严治党主体责任实践“四种形态”的实施意见（试行）	驻发〔2017〕12号	市委	2017/5/5
13	中共驻马店市委　驻马店市人民政府关于印发《驻马店市深化投融资体制改革实施方案》的通知	驻发〔2017〕13号	市委、市政府	2017/5/31

续表

14	中共驻马店市委关于印发《中共驻马店市委履行全面从严治党主体责任清单》的通知	驻发〔2017〕14号	市委	2017/6/28
15	中共驻马店市委关于印发《省委第四巡视组反馈意见整改落实方案》的通知	驻发〔2017〕15号	市委	2017/7/6
16	中共驻马店市委关于加强党内法规工作的意见	驻发〔2017〕16号	市委	2017/7/13
17	中共驻马店市委关于做好四届市委巡察工作的指导意见	驻发〔2017〕17号	市委	2017/7/20
18	中共驻马店市委　驻马店市人民政府关于印发《“健康驻马店2030”规划纲要》的通知	驻发〔2017〕18号	市委、市政府	2017/8/22
19	中共驻马店市委　驻马店市人民政府　驻马店军分区关于深入推进人民防空改革发展的实施意见	驻发〔2017〕19号	市委、市政府、军分区	2017/8/30
20	中共驻马店市委　驻马店市人民政府印发《关于打好转型发展攻坚战的实施方案》的通知	驻发〔2017〕20号	市委、市政府	2017/9/25
21	中共驻马店市委 驻马店市人民政府关于进一步推进农垦改革发展的指导意见	驻发〔2017〕21号	市委、市政府	2017/11/10
22	中共驻马店市委关于认真学习宣传贯彻党的十九大精神的决定	驻发〔2017〕22号	市委	2017/11/15
23	中共驻马店市委 驻马店市人民政府关于加强和改进新形势下宗教工作的实施意见	驻发〔2017〕23号	市委、市政府	2017/11/23
24	中共驻马店市委 驻马店市人民政府关于深入推进城市执法体制改革改进城市管理工作的实施意见	驻发〔2017〕24号	市委、市政府	2017/11/27
25	中共驻马店市委 驻马店市人民政府关于稳步推进农村集体产权制度改革的实施意见	驻发〔2017〕25号	市委、市政府	2017/11/24
26	中共驻马店市委关于印发《驻马店市深化国家监察体制改革试点工作实施方案》的通知	驻发〔2017〕26号	市委	2017/11/29
27	中共驻马店市委关于深入学习贯彻党的十九大精神奋力谱写新时代驻马店跨越发展新篇章的意见	驻发〔2017〕27号	市委	2017/11/30
28	中共驻马店市委 驻马店市人民政府关于印发《驻马店市引进高层次人才急需短缺人才创新团队实施细则（试行）》的通知	驻发〔2017〕28号	市委、市政府	
29	中共驻马店市委关于印发《中共驻马店市委巡察工作规划（2017—2021年）》的通知	驻发〔2017〕29号	市委	2017/12/5

组织工作

【“两学一做”学习教育】 2017年，市委组织部制定下发“两学一做”学习教育常态化制度化实施意见，组织召开工作座谈会广泛动员部署。组织党员干部学习“两学一做”先进典型，在《驻马店日报》开设专栏，集中刊发13篇党员领导干部学习廖俊波先进事迹心得体会，宣传报道13名“两学一做”先进典型。推行“双记实、双述职、双评议、双考核”制度，实现党支部组织生活有形有效、党员教育管理常态长效。《中国组织人事报》和《党的生活》对驻马店市实行“四双”（双记实、双述职、双评议、双考核）制度的经验做法进行专题报道。（杨　川）

【严格换届纪律】 2017年，市委组织部严格换届纪律。一是换届工作全程卡点管控。盯紧换届关键环节，细化制定4项工作方案、6张流程式图、37个具体步骤、71条工作清单，全程有规可依、有章可循，确保换届工作零失误、零瑕疵。

二是换届考察全程标准操作。制定换届考察工作方案、手册和守则，细分28项具体规程，集中13天时间开展县区换届考察。压紧压实换届考察组责任，考察组长对考察纪律、考察结果“双背书”“双负责”。三是换届纪律全程压力传导。严格执行“九个严禁、九个一律”要求，建立用好换届风气督导组、巡回督查组、风气监督员、会风会纪督查组“四支队伍”，健全落实警示教育、风险防控、应急处置、快速查办“四项机制”，把从严压力持续传导到换届工作全过程。

（杨　川）

【干部队伍建设】 2017年，市委组织部继续狠抓干部队伍建设。一是抓好党的十九大精神学习宣传贯彻。举办“学习贯彻党的十九大精神专题研讨班暨县处级领导干部党的十九大精神轮训班”，市主要领导亲自授课，培训处级干部1160余人。依托远程教育、共产党员手机报、“驻马店党建”微信公众号等平台，创新宣传载体，扩大宣传十九大精神的受众面，二是推动党员党性修养和能力素质“双提升”。在各级党校主体班全面推行党性教育“六个一”模式，强化党性教育在各类培训中的地位。围绕服务全市中心工作，组织举办“五大发展理念”“城市规划建设”等专题培训班71期，培训干部8800人次。举办全市“强基层党建、促脱贫攻坚”专题示范培训班，培训市派第一书记、贫困村支部书记等280余人。抓好干部学院在线学习，全年总学时2.26万，全省排名第一。三是提升选人用人科学化水平。实行干部工作标准化作业，完善干部工作责任机制和追责情形，分类制定市管干部、部管干部、备案批复干部和公务员调任等4大块64条操作规程，实行“1+4”干部工作流程化管理、标准化作业。严格“凡提五必”，动议即审、该核早核，党委书记、纪委书记对推荐人选“双签字”负责。建立干部选拔任用工作全程纪实制度，全程“痕迹化”记录，可追溯、可问责。强化选人用人源头化治理，开展干部档案管理专项治理，开发干部档案电子系统，市管干部档案全部实现无纸化接触、数字化管理、信息化应用。认真贯彻公务员考录制度，抓好青年干部和“女少非”干部培养选拔，管理服务好挂职干部，优化干部队伍来源和结构。贯彻落实省委组织部关于整治“三超两乱”的要求，严格按时间节点完成整改任务。落实干部调整工作预审制度，从源头上杜绝新的“三超两乱”现象发生。着力构建综合考核评价体系，起草《驻马店市市管领导班子和领导干部年度综合考核办法（试行）》，增强考核结果的真实性和准确性。参与全市重点工作考评，充分运用考评结果，作为年度考核和干部选拔任用的重要依据。探索建立调研走访制度，推动部机关干部科室主动开展调研走访，常态化、近距离、有原则地接触干部，分析研判班子运行情况，了解掌握干部日常表现。四是健全完善干部激励约束办法。健全监督联动机制，制定干部监督工作联席会议规则，完善市管干部监督档案，实行多部门信息共享、及时联动，发挥干部监督合力。健全综合研判机制，加强领导班子、领导干部综合信息库建设，整合纪检、信访、审计、巡察等工作资源，用好年度考核、任职考察、专项工作考核、评比检查等结果，加强经常性分析研判。健全容错纠错机制，制定《关于建立容错纠错机制鼓励改革创新激励干事创业的实施办法（试行）》，提出“3+8”容错情形，严明惩治诬告“六条红线”。

（杨　川）

【基层党组织概况】 据2017年党内统计年报，全市共有基层党组织10851个，其中党委460个、总支部375个、党支部10016个。共有党员302217名，其中女党员52226名，占党员总数的17.3%；少数民族党员5087名，占党员总数1.7%；35岁以下的党员81818名，占党员总数的27.1%；60岁及以上的党员51247名，占党员总数的16.96%。农村党员142155名，占党员总数的47%；大专以上学历党员100206名，占党员总数的33.2%。

（杨　川）

【基层党的建设】 2017年，全市狠抓基层党的建设。一是推进分领域党建。农村基层党建突出抓好“强党建促脱贫”攻坚行动。落实抓党建促脱贫攻坚五大专项行动、三项重点任务、十一条具体抓手，探索电商扶贫、集体经济孵化、助残扶贫等工作模式，推动党建资源向脱贫攻坚整合、党建工作与脱贫攻坚融合。城市基层党建突出构建区域化党建工作格局。围绕创建全国文明城市、实施“百城提质”工程等中心工作，推行街道“大工委”制、社区“大党委”制。已建立大工委21个、大党委78个、网格服务管理区3209个，实现党建网络全覆盖。“两新”组织党建，突出抓好“两个覆盖”。开展非公企业和社会组织党建“三集中”活动，选派1180名党建工作指导员、联络员，党组织覆盖率分别提高至75.5%、81.8%，应建已建率达到100%。国有企业党建突出抓好政治引领，全市国有企业全部把党建工作写入企业章程，详细规定职责权限、机构设置、人员配备等。机关党建突出抓好党建责任体系落实。建立机关党建“两述职一报告”制度，机关党委书记向机关工委进行述职，机关党支部书记向机关党委述职，班子成员向本级党委（党组）报告履行党建工作责任情况。二是实施基层党建功能提升行动。实施带头人队伍提升工程，深化“党员人才种子工程”，开展“双向培养”专项行动，把致富能手培养成党员、把党员培养成致富能手。实施回归工程，鼓励有觉悟、有想法的外出党员返乡创业，在发展特色产业、优势产业中体现先进性。发挥驻村第一书记尖兵作用，选派新一轮驻村第一书记944人。狠抓软弱涣散党组织集中整顿，运用“六步工作法”，实行治软、治乱、治穷“一揽子”整治计划，建立县处级领导干部挂点联系、分包指导“1+1”制度，排查的232个软弱涣散基层党组织全部完成整顿任务。开展村级活动场所标准化建设。深化阵地建设提升工程，市县两级重建村室422个、改扩建村室192个。依托村级阵地承接上级便民政策，在农村推广“农民办事不出村”平台，在社区推广便民服务站，“让数据多跑路、让群众少跑腿、让服务零距离”。实施“党建+”计划，深化“党建引领、电商扶贫”工程，在服务新业态发展中凝聚群众。在泌阳试点建立党群创业服务社，把外出创业人士、本地“能人”及优势资源凝聚汇集到党组织周围。三是完善基层党建工作机制。完善指数管理机制，在深化“双记实、双述职、双评议、双考核”制度的基础上，探索建立“三指数一平台”党建管理体系，对县乡党委实行“基层党建责任指数”管理，对党支部实行“堡垒指数”管理，对党员实行“先锋指数”管理，试点建立“基层党建管理服务云平台”，细化工作任务、硬化工作标准、强化考核刚性，推进“三会一课”等党章规定的基本制度落实。完善责任担当机制，坚持“书记抓、抓书记”，推行领导干部联系指导基层党建制度。完善党委书记抓基层党建工作台账，深化县乡党委书记抓基层党建述职评议考核。完善工作推进机制，推进抓乡促村，建立问题、任务、责任“三个清单”，完善乡镇党委党建工作实绩档案。深入开展“逐村观摩、整乡推进、全面提升”活动，健全督查通报、暗访督查、约谈提醒“三项制度”。四是加强党员队伍建设。建立党员发展“五本台账”，逐级建立入党积极分子基本情况台账、发展对象基本情况台账、预备党员基本情况台账、连续两年及以上没有发展党员的村（社区）台账、50岁以上党员数量占党员总数半数以上的村（社区）台账等五本台账，形成全市发展党员工作“大数据”。开展党员经常性教育，结合推进“两学一做”学习教育常态化制度化，利用党校、人社、农业、教育等有关部门培训资源，对乡镇（街道）、村（社区）等基层党组织书记、普通党员、入党积极分子开展经常性培训，推动广大党员干部党员党性和能力素质“双提升”。强化党员信息化管理，建成涵盖全市9912个基层党组织、27.5万名党员的信息库，实现党组织和党员信息动态管理、省内组织关系转接全程网上办理。（杨　川）

【人才工作】 2017年，组织部门高度重视人才工作。一是建立人才需求分析研判机制。实施人才需求专项调查，摸清人才需求现状，分析“引才难、留才难”症结。建立人才岗位需求库，梳理各领域人才需求，编制高层次人才引进计划，提高人才引进精准度。二是谋划构建人才工作格局。认真学习领会市委政府主要领导关于人才工作的新定位、新布局、新要求，研究起草人才发展“1+N”系列文件。学习借鉴郑州、洛阳、南阳等省内人才工作先进地区经验，制定《引进高层次人才、急需短缺人才及创新创业团队实施细则》，探索建立“2+7”引才体系。三是激活人才支撑服务经济社会发展能力。深化“院企人才合作”工程，组织举办第四届驻马店“院企人才合作”论坛，推动创新成果转化。发挥人才专项资金杠杆撬动作用，对评审认定的13个省级以上研发平台、创新创业实践基地予以支持。开展“千名专家帮千村”活动，选派市县两级663名相关专家与773个贫困村结成帮扶对子，服务全市脱贫攻坚大局。（杨　川）

【老干部工作】 至2017年12月底，全市离休干部总数为1142人，机关453人，事业单位414人，企业275人。享受正地（厅、司、局）级待遇者1人，享受副地（厅、司、局）级待遇者15人。年度内共有147名离休干部去世。

“畅谈”“建言”活动。2017年，全市老干部部门围绕迎接党的十九大召开这一主线，落实中央“畅谈十八大”和“建言十九大”活动的要求。市委老干部局领导班子成员牵头，分3个小组次赴8个县区、49个市直单位进行随机调研和督查指导。采取约稿、征文等形式鼓励老干部创作诗词、歌曲，撰写理论文章、回忆录，全市有1.3万余离退休干部参与“畅谈”和“建言”活动，撰写活动文章133篇。开展专题畅谈建言，围绕“四个全面”战略布局、“五位一体”总体布局和“五大发展理念”进行畅谈和建言，先后组织开展老干部学习大讲堂、“我为驻马店发展献一计”、“我看全面从严治党新气象”征文及微电影大赛等“九大系列”专题畅谈建言活动，组织发放调查问卷3万余份，其中党员

6月24日，市委办公室组织机关党员赴全国爱国主义教育示范基地——信阳市新县开展讲红色故事、走红色之路主题党日活动　弓华静 摄

占 70.26%，召开座谈会 474 场，走访座谈 14469 名老干部，听取 17 名厅级、901 名县处级、4430 名乡科级、9121 名乡科级以下老干部建议，收集老干部看法建议 900 余条，形成一批有价值的调研成果。扩大两项活动成果，贯彻中组部老干部局正能量活动调研督查会议和全省市县正能量活动推进会精神，活动结束后形成调研报告 36 篇，梳理 4 个方面的肯定意见和 11 条建议。

银发人才开发工程。2017 年，全市老干部部门继续充实“夕阳银辉”涉老团体，为他们“二次创业”牵线搭桥，已组建“老干部宣讲团”“老干部关爱团”“老干部帮教团”“老干部智囊团”“老干部网吧义务监督团”等志愿服务队 86 个、注册在库志愿者 2385 人。西平县还建起老干部专业委员会 54 个，乡镇科协组织 64 个。拓展银发志愿服务，组织夕阳志愿服务队积极参与“全国文明城市”“全国卫生城市”创建、20 届“全国农洽会”“精准脱贫”志愿服务工作。配合市文明办完成未成年人“三结合”网络教育平台信息化窗口建设。参与社会文化环境治理，帮助青少年成长成才，开展“关爱明天，普法先行”青少年普法教育活动，“代理家长”“留守儿童之家”“一帮一”“儿童成长驿站”“四点半学校”等一批老少手拉手窗口影响力感召力凸显，《用身边先进典型引领青少年向上向善 - 市关工委开展评选表彰“天中好少年”活动纪实》专题片，在全省关心下一代创新发展经验交流会上展播，全省首个、全国第 27 个“中国关心下一代教育示范基地”落户驻马店市。

“发声点赞”平台建设。2017 年，全市老干部部门坚持创新载体，讲好驻马店故事，体现驻马店味道，彰显驻马店特色。依托老干部活动中心、老年大学，联合市音乐、舞蹈多家协会和涉老团队，搭建市级展演平台，举办“不忘红色初心，颂党丰功伟绩——喜迎十九大”“中原乐龄展风采，喜迎党的十九大”“走进十九大，展示老年新风采”全市离退休干部文艺展评汇演，全市 13 支代表队 116 名老干部，以不同形式和内容展现驻马店十八大以来和谐稳定、经济繁荣发展的画卷，表达对党的十九大胜利召开的祝福和期盼。《一位天中大地走出的子弟兵母亲》荣获省微电影大赛金奖，3 个作品荣获全省离退休干部诗词大赛优秀奖。成功承办第六届全省离退休干部乒乓球大赛。开展系列创文进社区文艺演出活动。

落实离退休干部待遇。2017 年，全市离休干部的各项生活待遇与在职干部实现同步增长。杜绝离休干部“两费”拖欠现象，离休干部医保统筹超支缺口，均由各级财政兜底解决，离休干部病故一次性抚恤金、离休干部遗属补助金全部按照文件要求落实到位。离休干部住院治疗“零垫付”，企业、困难事业单位离休干部医药费收归本级财政统一负担，解放战争时期离休干部护理费取消鉴定，统一执行“生活完全不能自理”标准，全市抗日战争时期离休干部护理费标准由原来的每人每月 1200 元提高到 2500 元。离休干部公用经费标准提高至 600 元、700 元、800 元，离退休干部活动经费提高至每人 100 元，市属企业离休人员的公用经费和特需经费纳入财政，平舆县乡镇老干部活动经费达到每人每年 150 元。完善困难帮扶机制，加大对高龄、独居、多病、失能离退休干部的关心关爱力度，把困难退休干部及离休干部遗属纳入帮扶范畴，对那些参加革命时间早、实际收入低和困难地区、困难行业、困难单位的老干部，给予特别的关爱和照顾。市直帮扶资金每年不少于 50 万元，县区不少于 20 万元，正阳县乡镇、街道帮扶金同步提高至 20 万元。

（杨寒之）

宣传工作

【宣传思想文化工作概况】 2017 年，全市宣传思想文化工作以习近平新时代中国特色社会主义思想为指导，以迎接宣传贯彻党的十九大为主线，以文明驻马店建设为统领，树立“四个意识”，为市委中心工作和全市工作大局提供思想舆论保证和良好精神文化条件。

习近平新时代中国特色社会主义思想和党的十九大精神学习教育。把习近平新时代中国特色社会主义思想和党的十九大精神作为理论学习的重中之重。全年市委理论学习中心组集中学习 18 次。召开中心组经验交流会、哲学社会科学战线专题培训会，开展迎接党的十九大集中宣讲、微型党课系列活动，抓好面向基层的宣讲宣传活动，做好省委宣讲团来驻宣讲和全市宣讲工作，抽调县处级领导干部、专家学者组成市委宣讲团深入基层宣讲 38 场受众 3 万人次。新闻、文艺、社会、网络宣传等活动依次铺开，推动十九大精神“六进”。

营造主流舆论强势。围绕迎接宣传贯彻十九大，组织开展“砥砺奋进的五年”“新时代新气象新作为”等主题采访活动，开设《推动十九大精神落地生根》栏目。策划、跟踪报道了脱贫攻坚、大气污染防治、“创建全国文明城市国家卫生城市”“中国农加工洽谈会”等重点工作，继续做好项目建设、开放招商、民生工程等成就性宣传报道。借助驻马店至上海虹桥动车开通、产教融合发展国际论坛等重大活动开展对外宣传。做好突发事件舆论引导，开展打击新闻敲诈和假新闻专项行动，封堵和查缴政治性非法出版物，净化舆论环境。

以文明城市创建为重点推进精神文明建设。围绕争创全国文明城市，积极推进市容环境卫生整治、街道社区和机关单位窗口规范化建设、公益广告宣传、文明交通、志愿服务、诚信建设、未成年人工作和校园周边环境整治攻坚行动。全省文明城市创建工作会议在驻市召开，全省文明城市创建暨百城建设提质工程工作会议把驻市作为观摩点之一，驻马店市成功创建全国文明城市。同时，有 2 个村被评为第五届全国文明村镇。张全收被评为第六届全国道德模范，获奖和提名人数达到 4 人，祁兴磊等 10 人荣登中国好人榜，总数达到 61 人。1 所学校获全国文明校园称号，1 人被评为全国未成年人思想道德建设工作先进工作者，2 名学生被授予河南省美德少年称号。

网络生态建设。加强互联网、手机报、微博微信客户端等新媒体运用和管理，组织“十九大精神在天中”等网络

10月16日，市民以各种形式喜迎十九大
吴 波 摄

主题宣传，“喜迎十九大·文脉颂中华”非物质文化遗产大型网络传播活动，集中展示天中非遗之美，网民反响强烈。做好脱贫攻坚、大气污染防治等重点工作宣传，继续开展争做好网民、网络作品“七个一工程”征集评选，加强网评队伍建设，形成网上正面宣传强势。网络管理重点做好涉驻网络舆情监看处置、服务保障党的十九大网络安全、网络舆论环境专项整治等工作。网络舆情报送工作、互联网违法和不良信息举报工作获全省先进。

文化事业文化产业发展。实施文艺繁荣发展“五大工程”，5部作品入选省第六届文学艺术优秀成果奖，3部作品获省“五个一工程”优秀作品奖，5部作品获中原文艺精品工程重点项目扶持，2部作品获河南省戏剧大赛文化大奖，省委常委、宣传部部长赵素萍在全省宣传思想文化战线务虚会上给予充分肯定。推进文化体制改革，制定出台推动国有文化企业把社会效益放在首位、实现社会效益和经济效益相统一的实施办法，研究制订深化文化市场综合执法改革实施意见、推进媒体深度融合发展实施方案。开展文化产业项目观摩、专项资金项目评审，皇家驿站、确山提琴产业园等一批文化产业项目发展态势良好。

落实意识形态工作责任制。先后召开全市净化舆论环境专项整治会议、全市意识形态工作联席会议、全市服务保障党的十九大网络安全推进会、全市宣传部长座谈会等意识形态工作会议。成立市委督查组深入各县区和市直相关部门，督导、通报全市意识形态领域情况，落实意识形态工作责任制。成立市互联网行业党委，落实网络意识形态情况报告和责任制。开展“扫黄打非”，加强对市属报刊、广播电视台、形势政策报告会、哲学社会科学报告会、户外广告、电子屏等意识形态领域阵地的管理。（李晓光　赵　哲　贾帅领）

【脱贫攻坚宣传】2017年，市委宣传部采取有力措施，推进脱贫攻坚宣传报道工作。一是制订方案，动员部署。制定下发《驻马店市脱贫攻坚工作宣传报道方案》《关于全市宣传思想文化系统进一步推进脱贫攻坚工作的实施意见》，细化工作任务，明确工作职责。召开全市宣传思想文化系统进一步推进脱贫攻坚工作会议，对全市宣传思想文化系统脱贫攻坚工作进行再安排、再部署，要求全市宣传思想文化系统统一思想，凝聚力量，持续加大宣传教育力度，持续推进文化扶贫，持续实施创建带动，担当起脱贫攻坚的职责使命。二是精心组织，形成声势。市直各新闻单位结合实际，抽调精兵强将，拿出重要版面和时段，推出专题专栏，稿件接连不断，形成强大的宣传声势。驻马店日报社开设《决战十三五——扶贫攻坚进行时》《实施精准扶贫 推进脱贫攻坚》等栏目，综合运用消息、通讯、图片、评论等报道形式，全方位、多角度开展宣传报道，先后刊发系列评论8篇，刊发相关稿件200多篇。驻马店广播电视台依托《政风行风热线》栏目，邀请相关职能部门介绍推进脱贫攻坚工作的举措，在线进行政策解读、解答。全年播发相关稿件334条，在中央台、省台刊发稿件11篇。向省委宣传部上报驻马店市脱贫攻坚宣传采访点65个，其中18个采访点被选中。组织开展“脱贫攻坚记者蹲点”采访活动。三是整改落实，务求实效。对照全市2016年脱贫攻坚工作成效考核情况的通报，主动认领脱贫攻坚宣传工作中存在的问题，采取举措，加大工作力度。把脱贫攻坚工作列入全年工作要点，加强统筹策划，分工负责，落实到人，集中精力，保质保量完成工作任务。改进工作作风，创新宣传报道形式，分阶段、分步骤扎实搞好脱贫攻坚宣传，挖掘脱贫攻坚工作中的鲜活经验和先进典型，宣传一批带领群众脱贫的驻村第一书记。坚持贴近实际、贴近群众、贴近生活，发动广大记者走基层，走进脱贫攻坚一线，把镜头对准基层，对准群众，运用群众喜闻乐见的宣传形式，增强宣传的针对性、实效性。（李晓光　赵　哲　贾帅领）

【理论武装工作】2017年，全市把学习宣传贯彻党的十九大精神作为首要政治任务，结合“两学一做”学习教育常态化制度化，强化理论武装。一是加强学习教育。把习近平新时代中国特色社会主义思想和党的十九大精神作为理论学习教育的中心内容，引导全市党员干部把思想统一到党的十九大精神上来。贯彻落实《河南省党委（党组）理论学习中心组学习实施办法》，召开全市党委（党组）中心组学习经验交流会，印发《市委中心组2017年分专题学习安排意见》，将党委（党组）中心组学习情况纳入市委全面从严治党主体责任网络监督平台和意识形态专项督查，坚持每半年对全市县处级中心组学习情况进行一次通报，全年共组织市委中心组学习18次，有力带动了全市广大党员干部的学习教育。落实中心组学习资料定期推荐制度，全年共推荐中心组学习书目3批45册。二是推动宣传普及。抓好面向基层干部群众的宣传教育，继续深化百姓宣讲直通车、大学生宣讲团、社科知识大篷车进基层活动，开展“迎接党的十九大”集中宣讲、十八大以来全市经济社会发展新实践新经验新做法新成效理论征文研讨等活动，其中“迎接党的十九大”集中宣讲30场受众2万人次。市社科联被评为河南省社科联系统先进单位。15家单位被评为全省先进基层党校。组织开展“决胜全面小康让中原更加出彩”微型党课系列活动，平舆县选手郑怡心入围全省十佳优秀宣讲员比赛并代表驻马店在全省巡回宣讲。学习宣传贯彻党的十九大精神集中宣讲、征文研讨、新闻宣传、社会宣传等活动全面推进，市县共开展集中宣讲1430场，受众50万人次。三是深化研究阐释。围绕学习贯彻习近平新时代中国特色社会主义思想和党的十九大精神、构筑全国重要的文化高地、实现驻马店高质量跨越发展等中央和省委、市委重大决策部署，列出重点选题，推出一批理论成果。批准立项哲学社会科学规划项目300项，结项评奖190项，组织开展社科优秀成果评奖活动，评出优秀社科成果154项。通过召开全市社科界培育和践行社会主义核心价值观学术交流会、建军90周年和刘邓大军千里跃进大别山胜利70周年征文和理论研讨会，举办全市哲学社会科学战线专题培训，更新维护驻马店理论驿站频道，发挥市委理论宣传专家库解疑释惑作用等，把习近平新时代中国特色社会主义思想的学习教育引向深入。

（李晓光　赵　哲　贾帅领）

【意识形态工作】2017年，市委宣传部把做好意识形态工作作为迎接宣传贯彻党的十九大的重要内容。一是落实责任。制定出台《驻马店市党委（党组）意识形态责任清单》和《驻马店市党委（党组）意识形态工作报告制度等七项制度》。加强意识形态领域的分析研判，定期召开意识形态工作联席会议，印发《关于当前我市意识形态领域情况的通报》。召开全市宣传部长座谈会，专题对十九大前的意识形态工作进行安排部署。加强对责任制落实情况的跟踪问效，组织开展全市党委（党组）意识形态工作责任制全面自查、专项督查，推动工作落实。二是阵地管理。落实“谁主管谁负责”和属地管理原则，出台《驻马店市关于规范形势政策报告会和哲学社会科学报告会管理的通知》，加强对形势报告会和哲学社会科学报告会、研讨会、论坛、讲座的管理。落实新闻媒体“三校三审”制度，加强新闻媒体管理，组织召开规范舆论监督和舆情处置工作会议，提升新形势下新闻媒体阵地建设水平。严格审批流程，加强对户外广告、电子屏等意识形态阵地的管理。定期更新维护驻马店网和驻马店广视网“理论驿站”频道，深入解读重大理论政策和社会热点，及时回应干部群众关切。三是风险管控。开展净化舆论环境专项治理，贯彻落实规范舆论监督报道要求，做好“两个平台”督导检查，实施打击“新闻四假”和新闻敲诈专项治理，查处一批违法违规案件。开展“扫黄打非”工作，确保文化市场健康有序。开展服务保障十九大网络安全工作，加强广播电视播出管理，全面开展大检查、大排查，做好舆情监看研判处置，确保十九大期间网络安全、播出安全。

（李晓光　赵　哲　贾帅领）

【新闻舆论工作】2016年，全市新闻舆论工作突出迎接宣传贯彻党的十九大精神这条主线，坚持正确舆论导向，进行正面宣传。一是主题宣传。坚持网上网下、内宣外宣、报刊台网端同频共振，浓墨重彩开展迎接宣传贯彻党的十九大宣传报道工作。组织开展“砥砺奋进的五年”“新时代新气象新作为”等大型主题采访活动，开设《推动十九大精神落地生根》等栏目，推出一批有分量、有影响的综合性报道、系列报道。策划、跟踪报道脱贫攻坚、大气污染防治、“创文创卫”“中国农加工洽谈会”等重点工作。继续做好项目建设、开放招商、民生工程等成就性宣传报道。第二十届中国农加工洽谈会的宣传工作启动早、影响广、效果好，受到省委宣传部高度评价和市委主要领导肯定。二是对外对上宣传。加强与上级主流媒体的沟通合作，围绕中心工作，借助驻马店至上海虹桥动车开通、产教融合发展国际论坛、中国农加工洽谈会等重大活动，大力宣传驻马店市经济社会发展的新成就新亮点，《人民日报》、新华社、《河南日报》等主流媒体正面宣传驻马店的力度不断加大，对上发稿数量和质量稳步提升，全年在中央和省级主流媒体刊播新闻稿件2000多篇（条）。推进新闻发布工作，健全新闻发言人制度，做好市政府新闻发布厅建设前期筹备工作，全年市级层面共组织召开新闻发布会14场（次）。修改城市形象宣传片《驻马店欢迎您》并在中央电视台播出，做好《今日驻马店》外宣画册发放使用等工作。三是开展舆论引导。围绕脱贫攻坚、大气污染、民生保障、非法集资等重点热点问题，加强权威解读，及时回应社会关切，做好突发公共事件的舆论引导工作。加快推进媒体深度融合发展，制订《驻马店市推进媒体深度融合发展实施方案》，推动驻马店日报报业集团和驻马店广播电视台整合自身资源，构建新型融媒体平台，建设“中央厨房”，打造形态多样、手段先进、机制灵活、竞争力强的新型主流媒体。驻马店广播电视台自主研发出手机客户端“广视融媒”，成为全省第一家拥有自主研发客户端的地市级广播电视台。

（李晓光　赵　哲　贾帅领）

【第二十届中国农加工洽谈会新闻宣传】2017年，市委宣传部圆满完成农洽会各项宣传工作。一是新闻外宣。自6月

5日起，市各新闻媒体同时开设大会100天倒计时宣传。大会前后，市直新闻媒体陆续开设《迎农加工洽谈会，促大招商》《聚焦农产品加工企业》《十九年办会成果巡礼》《聚焦第二十届中国农加工洽谈会》《中国农加工洽谈会筹备进行时》《我看农加工洽谈会》等专题专栏，围绕招商引资、项目建设情况、历届会议招引企业发展情况、连续十九年办会取得的成果等内容进行系列报道。8月3日，在北京成功举办中国农加工洽谈会新闻发布会，中央、省、市及香港70多家媒体的100多名记者参加会议，刊播原创稿件300多篇（条）。新闻发布会召开当晚，中央电视台综合频道《新闻联播》栏目以此次新闻发布会为由头，对国内农产品加工业发展现状进行了报道。8月，《农民日报》《河南日报》分别刊发了一版头题，河南电视台《新闻联播》栏目连续播出3期会议报道，对农洽会的筹备进展情况和大会的特色亮点进行报道。制作形象宣传片、专题片、外宣画册等，分别在中央电视台、大会代表驻地、广场大屏幕和大会各展馆以及全市星级宾馆和高铁站、景区等窗口单位进行播放、摆放。会议期间，中央、省级重点新闻媒体刊播大会稿件达150多篇（条），驻马店市内新闻媒体刊播稿件350多篇（条），340多家网络媒体转发1800多篇（条）。二是网络宣传。从6月5日起，市各新闻网站在首页显著位置开设迎会倒计时流动字幕。大河驻马店网、驻马店网、驻马店广视网及微博、微信、客户端等新媒体平台分别在首页开设《中国农加工洽谈会》《迎农加工洽谈会，促大招商》等栏目，更新充实《中国农加工洽谈会动态》《网看农洽盛会》等子栏目。会议前后，市3家新闻网站共发布相关消息、评论、图片4000多篇（幅）。大会期间，邀请人民网、新华网、中广网、中新网、大河网、新浪网等主流网络媒体和商业门户网站对农加工洽谈会进行采访报道，共刊发相关稿件1000余条（篇）。三是社会宣传。路牌宣传：协调市住建局将市内50面公民道德宣传栏更换为有迎会内容的宣传版面。广告牌宣传：协调市住建局在天中广场、北高速下路口、开源大道至天中广场、高铁站出站口安装大型广告牌等突出迎会气氛，共制作大型迎会广告牌30余幅。水旗宣传：在天中广场、高铁站四周、市内4个主要接待宾馆安插迎会水旗300面。车体宣传：协调市交通局、运输总公司、运管局做好市内公交、出租车、客运车车体宣传，有流动电子屏幕的车体在迎会前滚动播出宣传标语，有车载电视的公交车、客运车在迎会前播放标语口号和专题片。手机短信宣传：协调移动公司和联通公司于8月底、9月初组织播发2次大会短信宣传。电子屏宣传：部署市内6家户外电子屏、红绿灯路口显示屏集中宣传。四是文艺宣传。主要开展了优秀歌曲展播、知名书画家作品邀请展暨情系故乡·张万庆书法作品展、音乐诗画《天中故事》演唱会、戏曲名家名段专场等4项活动。

（李晓光　赵　哲　贾帅领）

【百县万村综合文化服务中心示范工程】 截至2017年年底，上蔡县、平舆县、确山县3个县48个村百县万村综合文化服务中心示范村均按时高质量完成了建设任务，综合文化服务中心已经成为基层开展教育培训和传播先进文化的主阵地。一是宣传党的政策方针。综合文化服务中心建成后，以文化活动室为阵地，组织农村干部群众开展政治理论学习、形势政策教育和科技培训。同时，利用宣传栏、文化大舞台等设施，以文艺演出、展览、墙报等形式，大力宣传党和国家的路线方针政策，“百姓宣讲直通车”活动，用文艺形式宣传社会主义核心价值观，开展形势政策教育，市委宣传部分别被中宣部、省委宣传部表彰为2016年度全国、全省基层理论宣讲先进集体。二是丰富群众精神文化生活。各示范村结合当地实际，依托综合文化服务中心，开展一系列接地气、有内涵的文化活动。配合脱贫攻坚等中心工作，组成宣讲工作队，将脱贫攻坚政策融入快板、评书、小品、相声、歌曲、戏曲等艺术形式中，在新建成的文化服务中心举办巡回宣讲、演出。党的十九大召开后，各示范村利用宣传栏和文化墙，宣传党的十九大精神，迅速启动百姓宣讲直通车，市及各县区编排河洛大鼓《天中放歌十九大》、歌曲《走进新时代》、舞蹈《盛世欢歌》等一系列文艺节目，推进十九大精神走进千家万户。三是帮助农民增收致富。各县积极与农业、畜牧等部门联系，邀请专家能手在综合文化服务中心开展养殖、种植等各类农业技术培训，帮助农民掌握农业科技知识。村广播站常年播放有关惠农政策、生产技术、病虫害预测、土壤墒情、天气预警等信息。不少村文化书屋配备了联网电脑，村民可以上网查询市场行情、农业科技知识等，提升农民利用现代信息技术，发展生产、便利生活和增收致富的能力。

（李晓光　赵　哲　贾帅领）

【网信工作】 2017年，宣传部门坚持“正能量是总要求、管得住是硬道理”，提高网上舆论引导能力，壮大主流舆论、规范网络秩序。一是服务保障工作。围绕服务保障党的十九大，先后召开全市服务保障党的十九大网络安全工作推进会、净化舆论环境专项整治推进会等，对服务保障党的十九大相关工作进行安排。十九大期间，制订下发了网上宣传报道、调控管控、网络安全应急协调等工作方案，建立网络安全应急协调工作机制，实行网络安全和网络舆情“零报告”工作制度，确保十九大期间没有发生来自驻市的干扰。二是网上正面宣传。利用互联网、手机报、微博、微信等新媒体，组织“砥砺奋进的五年”“喜迎党的十九大”“十九大精神在天中”等重大主题宣传，其中组织开展的“喜迎十九大·文脉颂中华”非物质文化遗产大型网络传播活动，集中展示了天中非遗之美，网民反响强烈。做好脱贫攻坚、大气污染防治、“创建全国文明城市国家卫生城市”“中国农加工洽谈会”等重点工作网上宣传，组织开展争做好网民、搜索中国正能量、网络安全宣传周、网络作品创作征集和市网络作品“七个一工程”征集等活动，全年在人民网、新华网等上级主流网络媒体发稿3600多篇（条）。加强网络评论员队伍建设，全年全市网络评论员共撰写网络评论文章3000多篇，十九大期间，驻马店市网评工作受到中央网信办的充分肯定。三是网络舆情处置。常年坚持7×24小时值班制度，加强网上舆情监控，及时发出应对预警，针对敏感时间节点和重点工作，提升管控级别，做好涉巡视督导、环保督查、高考、文明城市创建等重大节日和重要时期的舆情管控工作。全年共发现涉驻相关舆情信息770余件，经分析研判上报300多件，编发《一周网上舆情》44期、《舆情专报》64期，对涉事单位下发《舆情提示函》291期。网上“扫黄打非”等专项整治工作推进了网络生态建设。驻市被省委网信办表彰为全省网络舆情报送工作表现突出单位。四是改善网络传播秩序。创新开展党委部门、事业单位网站专项检查工作，开展“两个平台”督导检查及净化网上舆论环境、属地网站落实主体责任、“打击网上暴恐音视频、清理涉民族宗教有害信息”、网上“扫黄打非”等专项整治工作，净化网络生态。落实违规约谈制度，2017年对20多位有违规现象的网站及自媒体负责人进行了约谈或提醒，报请省委网信办关闭微信公众号1家。全年共举报政治类有害信息30余万条，驻市被省委网信办表彰为全省互联网违法和不良信息举报工作表现突出单位。 （李晓光 赵 哲 贾帅领）

【文明驻马店建设】 2017年，宣传部门把培育和践行社会主义核心价值观作为推进文明驻马店建设的根本任务。一是深化文明创建。围绕创建全国文明城市，市委、市政府坚持“创文为人民、创文促发展”的理念，大手笔投入、强力推进文明城市创建，市四大班子领导挂帅攻坚，大投入、大推进、大变革，积极推进市容环境卫生整治、街道社区和机关单位窗口规范化建设、公益广告宣传、文明交通、志愿服务、诚信建设、未成年人工作和校园周边环境整治等攻坚行动，健全完善全民共建、督导考评、网格化管理、周例会等制度机制，推动创文工作取得新进展新成效，全省文明城市创建工作会议在驻市召开，全省文明城市创建暨百城建设提质工程工作会议把驻市作为观摩点之一。在2017年全国精神文明建设表彰大会上，驻马店市被中央文明委评为第五届全国文明城市，西平县嫘祖镇兰衣赵村、确山县普会寺镇普会寺村被评为第五届全国文明村镇，市国税局、市食药监局、豫南监狱被评为全国文明单位。二是强化教育引导。深化社会主义核心价值观宣传教育，组织开展“暖暖新年”、微电影征集、最美中国人笑脸照片收集等活动。深化志愿服务活动，组织开展文明交通志愿引导、学雷锋志愿服务、党员志愿者“微心愿”、青年志愿者劝导不文明行为、职工志愿服务等集中行动。全年共举办道德讲堂3000多场，受众20余万人次。上蔡县借助重阳文化节弘扬孝老爱亲文化。加大公益广告宣传力度，在市区广场、公园、社区、小区新建一大批核心价值观固定公益广告设施，在市区街道、建筑围挡、文化墙、文化宣传长廊等设置公益广告近10万平方米，更换路街名牌、公交站牌公益广告4000余块。三是打造“好人之城”。围绕打造“好人之城”品牌，开展“建设道德高地·打造好人之城”系列活动，召开全市道德模范和“身边好人”座谈会，开展“我推荐我评议身边好人”活动，评选感动天中人物、文明市民标兵、最美母亲等，看望慰问道德模范和身边好人代表，做好传承好家训、建设好家风家庭故事征集，树立和弘扬新风正气。2017年，全市先后有徐香娥、杨正柳、祁兴磊、陈琰、邱长兴、杨小云等10人入选“中国好人榜”，上榜数量居全省第二。上蔡县张全收被评为第六届全国道德模范。驻马店实验小学获全国文明校园称号，1人被评为全国未成年人思想道德建设工作先进工作者，2名学生被授予河南省美德少年称号。 （李晓光 赵 哲 贾帅领）

【文艺创作】 2017年，全市贯彻落实市委繁荣发展社会主义文艺的实施意见，深入实施文艺繁荣发展“五大工程”，推出一批文艺精品。戏剧《陈蕃》、电影《家有贤妻》、歌曲《互联网+》3部作品获省“五个一工程”优秀作品奖，市委宣传部获组织工作奖。电影《打铁花》、电视剧《逐鹿中原》、图书《中原烽火》、歌曲《生存空间》、广播剧《嫂娘》5部作品被列入2017年度中原文艺精品工程重点项目，入选数量居省辖市首位。文学《白夜照相馆》、戏剧《皇家驿站》等5部作品入选省第六届文学艺术优秀成果奖。在河南省第十四届戏曲大赛中，驻市参赛剧目《皇家驿站》《嫂娘·大娘·亲娘》获河南文华大奖，古装豫剧《蔡桓公》、现代豫剧《春桃》荣获文化剧目奖，获奖分量和获奖数量均位居省辖市前列。杂技《梦蝶》《天中娇子》获河南省第十届杂技大赛金、银奖。小品《这事弄的》获第八届全国小戏小品大展银奖，群口相声《我有钱了》获河南省曲艺牡丹奖，摄影作品《天女浣纱》入选第26届全国艺术摄影展。专著《古驿天中》获省“四个一批”人才项目资助。开展市“五个一工程”重点项目扶持、评选工作，对电视纪录片《梁祝溯源》等9个创作立项进行扶持。 （李晓光 赵 哲 贾帅领）

【文化活动】 2017年，宣传部门开展“服务生活、扎根人民”主题实践活动，成功承办省文联“到人民中去”慰问演出，举办全国女书书画艺术展暨名家书画邀请展、“广西作家看驻马店”采风、2017迎盛会知名书画家作品邀请展暨情系故乡·张万庆书法作品展、“天中之声”新年音乐会、大型音乐诗画《天中故事》演唱会、戏曲名家名段专场等活动。落实市领导联系作家、艺术家制度。围绕丰富人民群众的精神文化生活，开展中原文化大舞台、文明驻马店·欢乐天之中、舞台艺术送农民、戏曲进校园、教你一招、农村电影放映工程等活动。全年共组织开展公益性戏曲演出活动2100场，农村电影放映20890场。中原文化大舞台组织舞台演出46场，放映电影1150场。围绕创建全国文明城市，举行文化惠民进社区文艺演出27场。 （李晓光 赵 哲 贾帅领）

【文化体制改革】 2017年，全市稳步推进文化体制改革。制定出台推动国有文化企业把社会效益放在首位、实现社会效益和经济效益相统一的实施办法，开展文化市场综合执法改革督导，研究制定深化文化市场综合执法改革实施意见、推进媒体深度融合发展实施方案。实施重点文化企业培育工程，开展文化产业项目观摩、专项资金项目评审，确山提琴产业园、泌阳文化综合体等文化产业项目发展态势良好。组团参加深圳文博会、中原文博会，宣传推介杂技《冰上天姿》、梁祝文化等一批项目。 （李晓光 赵 哲 贾帅领）

统战工作

【服务科学发展】2017年，统战部门发挥优势服务科学发展。一是促进非公经济“两个健康”（非公有制经济健康发展和非公有制经济人士健康成长）发展。市委、市政府出台系列促进非公经济发展的政策措施，深化教育培训、法律维权、融资等“五大服务平台”，举行“反对贿赂·公平竞争”构建亲清新型政商关系报告会；在厦门大学等地举办民营企业经营管理人才培训班；下发《关于弘扬企业家精神促进民营企业家健康成长的通知》，引导企业家守法诚信、创业创新；与银行建立战略合作关系，举办银企对接洽谈会和小微企业融资服务对接会，对6家企业融资授信1.5亿元，提供小微企业贷款14.59亿元。二是服务全市项目建设。突出“以商招商”，加强与海内外工商社团和异地商会的联络联谊，2017年新成立了驻马店市湖北商会、驻马店市遂平商会、深圳河南确山商会、浙江省驻马店商会。部领导先后带队赴广州、深圳、杭州、太原等地开展招商邀商活动，服务中国农洽会；承办“百名客商驻马店行”活动，邀请省内省外客商100多人参加，现场集中签约项目11个。三是促进大众创业万众创新。联合市科技局等单位开展第九届河南创新创业大赛驻马店赛区暨驻马店首届创新创业大赛，组织全市6家民营企业参加全国工商联2017年民营企业项目类科技成果和民营企业科技创新人才征集工作，支持民营企业在黄淮学院大学生创业园设立研发基地，开展产教融合、校企合作，为企业培养高素质劳动者和技能型人才，形成高等院校和民营企业之间优势互补、资源共享、互利共赢的态势。四是助力脱贫攻坚。推进“百企帮百村”精准扶贫行动，与市扶贫办联合下发《关于进一步推进驻马店市“百企帮百村”精准扶贫行动的实施意见》，4家民营企业出资1200万元成立驻马店市扶贫创业基金和扶贫帮困基金。全市已有262家民营企业与192个贫困村签订企村帮扶协议，实施帮扶措施433个，帮扶贫困人数14555人，累计投入资金8721万元。省政协副主席、省工商联主席梁静先后5次深入驻马店市和平舆县调研指导脱贫攻坚工作。开展“百侨帮百困”活动，将农村贫困归侨侨眷全部纳入扶贫规划，为困难侨眷属捐赠资金、援助物资。市委统战部被市委、市政府授予2016年度“助村帮扶工作先进单位”。《河南统战信息》2017年专刊第1期编发了驻马店市统一战线服务脱贫攻坚工作经验。

（马敬超　宋远涛）

【弘扬光彩事业精神】2017年，全市深化“最美”系列评选表彰活动，开展“最美兵妈妈”评选活动，7月31日“最美兵妈妈”颁奖典礼举行，对来自各领域各战线的20位“最美兵妈妈”进行表彰和奖励。省政协副主席、省工商联主席梁静，市委书记、军分区党委第一书记余学友等为“最美兵妈妈”颁奖。市工商联2017年8月被省委、省政府表彰为全省爱国拥军模范单位。持续开展“光彩助学”活动，2017年暑期，全市民营企业捐资930万元，资助贫困学生3264名。号召全市民营企业家积极参与全国文明城市创建工作，开展“参与创文——民营企业在行动”活动，争做文明企业和文明市民，6家民营企业为交骑巡警、环卫工人、市政工人、社区志愿者等送去防暑降温食品和用品，捐赠1万份创文宣传品。

（马敬超　宋远涛）

【民族宗教工作】2017年，全市民族宗教工作一是落实民族宗教政策。及时调整市委民族宗教工作领导小组，建立民族宗教工作考核责任制，健全民族宗教工作联席会议制度，完善民族宗教工作三级网络，明确责任人员，量化工作任务。认真排查化解民族宗教领域矛盾纠纷，积极抵御渗透，做好民族宗教领域安全稳定工作，确保民族宗教领域和谐稳定。二是推进民族团结。深入宣传中央和省、市委民族工作会议精神，加大民族团结宣传教育，开展以“中华民族一家亲，同心共筑中国梦”为主题的民族团结进步教育和“六进”活动。开展不同形式的专题调研，排查影响民族团结的安全隐患。建立流动人口档案，协调解决少数民族外来务工人员、流动人口子女入学等问题。2017年共申请国家和省少数民族发展资金368万元，促进少数民族聚居村基础设施建设。三是依法管理宗教事务。贯彻落实中央、省委、市委关于宗教工作重大决策部署。9月26日，全市宗教工作会议召开，市委书记余学友出席会议并讲话。制定下发《中共驻马店市委、驻马店市人民政府关于加强和改进新形势下宗教工作的实施意见》。开展“宗教政策法规学习月”“星级宗教活动场所创建”“和谐寺观教堂创建”等活动，教育引导宗教界人士和信教群众在法律法规允许范围内开展宗教活动，全年全市宗教界共捐款120多万元支持社会公益事业，600多人次困难群众受益。

（马敬超　宋远涛）

【港澳台海外统战工作】2017年，全市港澳台、海外统战工作一是加大海外联谊。全年先后接待1万多名世界蔡氏、周氏、江氏、陈氏等姓氏宗亲会、参访团到驻马店市寻根问祖，港澳台海外10多个国家和地区的同胞和侨领到驻市考察。组团参加欧美同学会第六届年会暨海归创新创业郑州峰会，并促成博尔捷管理咨询（上海）有限公司与城乡一体化示范区在大会上签订驻马店HRS产业园（留学人员产业园）投资合作框架协议。争取中华海外联谊会向平舆县捐款75万元，捐建15所海联卫生室，澳大利亚“天籁列车”扶助工程项目为驻马店聋哑人捐赠助听器累计达1万多台，价值近亿元。二是深化对台交流交往。拓宽对台交流渠道，通过建立驻台陆配微信群、打造根亲文化品牌、科学组织赴台团组等形式，深化联络联谊。2017年接待来访60人次，解决台资企业困难和问题30多件。以中国农洽会为依托，招商邀商台资企业40家，全市新增台资企业3家，投资1.6亿元，9家台资企业追加投资2.6亿元。三是凝聚侨心侨力。持续开展“零距离聚侨心”活动，坚持“四必访”制度，实现侨界群众走访全覆盖，发放“涉侨法律知识问答”2000多份、“为侨服务联系卡”900多张，协调解决了华侨投资纠纷、归侨政策落实、困难侨眷属帮扶等100多件涉侨事项。中国侨联

12月12日，省委常委、统战部部长孙守刚（中）到驻马店市调研　　弓华静 摄

党组书记、主席万立骏对驻马店市“零距离聚侨心”为侨服务的典型做法给予高度肯定，并做出批示号召全国各级侨联组织学习。（马敬超　宋远涛）

【陈晓光到驻马店调研】 2017年4月6日，全国政协副主席、民盟中央常务副主席陈晓光，全国人大常委会委员、民盟中央副主席龙庄伟等一行到驻马店市就脱贫攻坚工作进行专题调研。省人大常委会副主任、民盟河南省委主委储亚平等分别陪同或参加调研。陈晓光一行走企业、进社区，看项目、问发展，听取工作汇报，查阅扶贫资料，询问政策落实、干部帮扶、群众满意等工作进展，对各地高度重视、扎实推进精准扶贫并取得良好成效，给予充分肯定。（马敬超　宋远涛）

【孙守刚到驻马店调研】 2017年12月12日，省委常委、统战部部长孙守刚，省委统战部常务副部长王海鹰到驻马店市调研经济社会发展和统战工作。孙守刚认为驻马店政治生态风清气正，经济发展持续向好，社会大局和谐稳定，城市文明大幅提升，各项事业蓬勃兴盛。要继续保持当前良好的发展势头，围绕跨越发展各项目标，稳重求进、久久为功，努力把各项事业发展提高到一个新阶段。（马敬超　宋远涛）

【市委召开民主协商会】 2017年6月5日，市委召开民主协商会，就提请市四届人大一次会议和市政协四届一次会议选举的人事安排事项，听取市各民主党派、工商联负责人和无党派代表人士的意见。市委书记余学友主持会议并讲话。市委常委、统战部部长姚新文，市委常委、组织部部长金冬江分别通报《中共河南省委关于驻马店市市人大、市政府、市政协、市法院、市检察院换届候选人的通知》，以及四届市人大代表、市政协委员产生过程。（马敬超　宋远涛）

【统战系统法律顾问聘任会议】 2017年10月17日，全市统战系统法律顾问聘任会议召开。会上宣读了聘任法律顾问的通知、法律顾问工作规则（试行）等文件，聘任7名律师为市委统战部、市台办、市侨联、市工商联法律顾问，并为受聘法律顾问颁发了聘书。（马敬超　宋远涛）

市直机关党建

【党员干部理论教育】 2017年，全市强化理论武装工作。一是紧扣迎接和学习宣传贯彻党的十九大精神，开展“迎接十九大、做合格党员”主题实践活动。组织征订《十九大辅导报告百问》《党章修正案学习问答》等学习资料近2万册，发放至各级基层党组织和广大党员。开展迎接党的十九大胜利召开系列主题活动，利用《机关党的工作》、微信群等平台，进行解读宣传。把班子建设摆在突出位置，强化理论学习中心组示范引领作用。二是推进“两学一做”学习教育常态化制度化学习教育。学习习近平总书记系列重要讲话精神，举办专题学习13次，开展学习研讨活动2次，领导干部上党课2次。三是以培育和践行社会主义核心价值观为重点，加强爱国主义教育、法制教育，加强社会公德、职业道德、家庭美德、个人品德教育，提高思想道德水平，举办道德讲堂4期。开展诚信教育、法治建设，党规党纪学习宣讲以及法

律知识讲座。开展文明礼仪宣传教育，以文明办公、文明上网、文明旅游、文明交通、文明就餐等为内容，倡导文明新风。四是推进学习型机关建设。把每周一确定为集中学习日，开展集中学习，邀请领导、专家授课，观看视频材料，撰写学习心得，举办学习交流活动等。6月，市委市直工委联合市委组织部、市委宣传部举办2017年全市"决胜全面小康，让中原更加出彩"微型党课授课比赛，68名选手参赛，进入决赛14人，评出一等奖2名、二等奖4名、三等奖8名、优秀奖54名。驻马店日报社、驻马店市第二高级中学、驻马店市卫校获优秀组织奖。（刘文俊）

【组织建设】2017年，全市严格执行新形势下党内政治生活若干准则规范和严格"三会一课"等党的组织生活制度。一是推进"两学一做"学习教育常态化、制度化。组织召开市直、中央和省驻驻单位党建联络组会议，听取各单位党建工作开展情况汇报，对市直单位推进"两学一做"学习教育进行安排部署。组成5个督导组,对市直67个单位推进"两学一做"学习教育常态化、制度化情况进行督导，形成《直面问题、以督促改，持续加强和改进市直机关党建工作》专题报告，时任市委书记余学友对报告作签批。指导市直、中央和省驻驻单位开展庆祝建党96周年系列活动。二是建立市直单位党组织按期换届提醒制度，健全完善基层党组织换届请示报告、提醒督促制度和工作台账，指导市直1000多个基层党组织完成换届工作。印制《发展党员工作流程图》1500份，规范基层党组织工作流程。建成全国党员信息管理系统。三是做好发展党员工作。制订2017年度市直、中央和省驻驻单位发展党员计划，举办入党积极分子培训班，培训市直入党积极分子480多名。四是继续开展党员组织关系集中排查，还有96名党员未取得联系，按照相关程序要求已处置3名。五是做好党费的收缴、管理和使用工作，举办市直单位党员管理和党费业务培训班，加大党费收缴使用管理督导力度，补缴党费1500万元，建立党费工作台账，全面实施党费证制度。六是从市直机关、事业单位选派21名党建工作联络员派驻到55个社会组织和非公有制企业的党支部，指导帮助开展工作。（刘文俊）

【服务中心工作】2017年，市直工委引领市直各级党组织和广大共产党员服务中心工作。工委班子多次深入第一书记派驻村泌阳县高邑乡谭园村调研精准扶贫，为该村贫困户协调发放20多万元优良花生种子，协调项目和资金。市直各单位在推进驻村第一书记帮扶的同时，建立县处级党员领导干部联系点431个，县处级党员领导干部深入联系点1600多人次。在全市开展的创建全国文明城市和创建国家级卫生城市（"双创"）工作及7个专项整治攻坚行动中，各单位党员领导干部亲自上阵，市直1000多个基层党组织和2万多名党员干部投入"双创"工作中。举办全市"决胜全面小康、让中原更加出彩"微型党课授课比赛、"创建文明城市从我做起"演讲比赛、工间操大赛等。抓好"政融保"产业扶贫项目落地实施，累计融资金额1.47亿元，累计带动贫困户1300多户。开展访贫济困、"送温暖，献爱心"等活动，2016年"七一"和2017年春节拨付困难党员救济金近40万元，慰问困难党员1400多名。为市直困难企业基层党组织、困难党员订阅《驻马店日报》近200份。8月，对市公安系统一线执勤党员走访慰问，送去清凉。落实党组织联系基层、党员联系群众"双联系"制度，机关党员主动到金河办事处小界牌村委会开展志愿服务活动。与市委宣传部、市文明办联合开展"文明驻马店我先行，聚力点亮微心愿"志愿服务活动，68户困难户与市直68个单位一对一开展救助服务。（刘文俊）

【反腐倡廉教育】2017年年初，市委市直工委研究制定市直党风廉政建设责任目标，将政治纪律执行情况和反腐倡廉建设各项任务逐项分解、细化到行业、部门，纳入市直机关和中央、省驻驻单位党建工作目标考核体系，与党建目标同部署、同考评，把"两个责任"尤其是主体责任作为重要内容提出要求。元旦、春节、端午、国庆、中秋节期间，纪工委组织纪律明查、暗访11次，对发现的4次轻违纪行为进行约谈提醒和批评教育。对党风廉洁建设坚持党委班子会逢会必讲，对市纪委的每期通报，坚持在全体人员会上传达学习。组织县处级干部学习《领导干部报告个人有关事项规定》《领导干部个人有关事项报告查核结果处理办法》及《中共河南省委组织部关于对部分省辖市换届人选个人有关事项报告重点查核情况的通报》，县处级干部认真填写个人重大事项，及时报告。在举办的市直入党积极分子和党务干部培训班上，增补廉政教育内容，为入党积极分子上好"廉政第一课"。2017年，市直纪工委审核、审理、批复案件13起，涉及违纪党员17名。（刘文俊）

【市直机关群团工作】2017年，市直工委加强和改进机关群团工作，增强党的群团工作的政治性、先进性、群众性。5月13日，市直团工委主办、市教体局团委和河南疯狂演说家教育基地承办的市直青少年"创建文明城市从我做起"暨第二届追梦杯演讲比赛，有18所学校186名学生参赛，市实验小学、市二十中、驻马店高级中学和河南省汝南幼儿师范学校分别获得小学组、初中组、高中组、中职组冠军。11月10日，市委市直工委联合市教体局、市总工会、市文明办主办2017年"体彩杯"驻马店市党政机关和企事业单位工间操大赛，14支代表队280余名干部职工参加比赛。（刘文俊）

机构编制工作

【行政审批制度改革】2017年，驻马店市编办深化行政审批制度改革。抓好国务院和省政府取消、下放行政审批事项的衔接落实，对市本级行政权力事项进行清理，取消行政职权158项，新列入行政职权159项，修改行政职权34项，取消和调整后保留3805项，其中：行政许可106项、行政处罚2788项、行政强制167项、行政征收28项、行政给付

9项、行政检查155项、行政确认109项、其他职权443项，并切实做好取消和调整行政职权事项的落实和衔接工作。指导县区做好行政审批标准化试点工作。对市直部门行政审批中介服务事项进行再清理，再清理规范行政审批中介服务事项11项。12月12日，以市政府文件印发《驻马店市人民政府关于清理规范市直部门行政审批中介服务事项的决定》，并以清单形式向社会公布。开展“减证便民”专项行动，共梳理各项证明材料201项，取消186项，保留15项，精简比例为93%，清理成效显著，受到省编办的通报表扬。（吴运全）

【重点领域机构编制工作改革】 2017年，全市抓好重点领域机构编制工作改革。

经济发达镇行政体制改革试点工作。根据试点工作方案和市经济发达镇行政管理体制改革试点工作领导小组政策措施责任分工方案，建立了月报和督导制度，采取听汇报、召开座谈会等形式，推进各项试点政策落实。上蔡、遂平、平舆等县已出台下放职权目录，各项工作有序推进。

城市管理执法体制改革有关机构编制工作。根据省编办批复意见，撤销市国资委，整合住建、规划、房产、公安、水利、工商等有关城市管理执法职责，成立市城市管理局，挂市城市综合执法局牌子，为市政府工作部门。

优化扶贫开发工作机构。把市扶贫办从市委农办的挂牌机构单列设置，作为中共驻马店市委、驻马店市人民政府扶贫开发领导小组的阶段性办事机构，并将市委农办所属的承担扶贫工作的事业单位转隶市扶贫办，保证有专门的机构和力量服务脱贫攻坚工作。

国家监察体制及纪检监察派驻改革。整合市监察局、预防腐败局、市检察院反贪污贿赂局、反渎职侵权局、职务犯罪预防局的职责，设立市监察委员会。配合市纪委做好监察体制改革及其综合派驻工作，下发市纪委市监委内设机构和人员编制文件，成立32个派驻纪检监察组，统一派驻机构名称、明确派驻机构主要职责，实现对党和国家机构派驻纪检机构全覆盖。（吴运全）

【事业单位改革】 盐业体制、社保经办机构整合等改革。按照政事分开、事企分开的原则，将市盐业管理局承担的盐业行政管理职能划入市工信委，成立市盐业执法监督机构，相关机构编制事项已经市编委研究并报省审批。推进“五险合一”，全市社会保险经办机构整合的实施方案已经市编委研究，有关机构编制事项上报省审批。

事业单位分类改革。摸清承担行政职能和从事生产经营类事业单位底数，做好承担行政职能、从事生产经营类事业单位改革准备工作，出台《关于从事生产经营活动事业单位改革的实施意见》。

统一中小学教职工编制标准及动态调整工作。在2016年摸底、测算的基础上，按照新的标准重新下达县区和市直教职工编制总额，明确中小学教职工编制实行市级统筹，实行编制动态调整，提升编制资源效益的最大化。

事业机构编制内部挖潜和创新管理。严格承担行政职能和从事生产经营活动事业单位机构编制管理，确保这两类事业单位编制只减不增，人员只出不进，空编及时核减。严格管理公益一类事业单位机构编制、区别管理公益二类事业单位机构编制、加强事业机构编制动态调整、严格执行事业单位编制标准、推行政府购买公共服务创新事业单位管理体制，盘活用好现有的编制资源，探索市经济开发区公办幼儿园实行员额制管理。

法人和其他组织统一社会信用代码赋码换证工作。至年底，已为全市718（市直93）个机关、群团换发了统一社会信用代码证书，结合事业单位报送年度报告和变更登记，共为4285（市直258）家事业单位换发了新版法人证书。（吴运全）

【机构编制管理】 控编减编及专项督查。按照“严控总量、盘活存量、增减平衡、分级负责”的思路，加大创新挖潜力度，对差供或自收自支事业单位空余编制予以收回，对职能任务萎缩、明确人员只出不进、编制空一减一的事业单位空余编制予以收回，职责任务减少或下放市辖区的事业单位空余编制予以收回，2017年4月，收回市直21个事业单位空余编制202名。

严格机构编制审批制度。完善机构编制审核机制，修订《市编委会议事规则》，落实市委组织部、编办、人社局下发的关于机关事业单位人员录用（聘用）调配工作规程，抓好机构编制受理评估，提高审批门槛。落实《关于转发〈中共中央组织部中央编办关于进一步规范领导职数管理的意见〉的通知》，结合治理“三超两乱”，加强机构编制与组织人事财政等部门的协调配合机制，推进机构编制法规政策进课堂常态化，增强领导干部自觉执行机构编制法规政策意识。

落实机构编制实名制管理制度。推进机构编制云平台建设工作，举办全市“机构编制云平台”系统操作培训，指导各县区编办同步推进。全市“三定”信息全部录入。做好网上名称管理工作，中文域名注册率达到104%。（吴运全）

信访工作

【全市信访工作概况】 2017年，全市信访形势继续保持平稳可控向好态势，在京、省没有发生造成不良影响的上访事件，市内没有发生因信访问题引发的重大群体性事件。全年发生赴京非正常上访195人次，同比上升170.8%。发生到省集体上访119批987人，同比批数上升5.3%，人数下降32.9%；发生到省个人上访862批1035人，同比批数下降1.6%，人数下降4.3%。接待来市集体上访728批13641人次，同比批数上升6.4%，人数上升2.9%；接待来市个人上访1347批1751人次，同比批数上升41.05%，人数上升28.1%。收到群众来信1679件，同比件数上升7.9%，其中市级党政领导阅批群众来信146件，办结98件，满意42件；征集人民建议16件，采纳9件。登记网上投诉信件4689件，同比上升 217.68%，办理 3563 件，同比上升 232.1%。

党的十九大期间，全市信访稳定工作实现零赴京非访、零赴京集体上访、零赴京极端访，并实现自 10 月 1 日以来，全市连续 53 天无赴京非访、赴京集体上访和赴京极端访。市委群工部被省委省政府表彰为先进单位，市驻京信访工作组被省信访联席办表彰为先进单位。（夏　杰）

【畅通拓宽信访渠道】 2017 年,全市信访工作按照建设“信、访、网、电、视频”五位一体的总体要求，打造全方位的“阳光信访”新模式。在市、县两级全部实行一站式接待、一条龙办理、一揽子解决的联合接访模式，减少群众信访成本、提高工作效率。大力开展网上信访、电话信访、手机智信访、绿色邮政和书记市长电子邮箱等信访新渠道，启动人民建议征集工作，完善相关工作机制，提高办理效率，引导信访群众变走访为信访、网访、电话访、短信访。全面推广应用信访信息系统，市县乡和各级直属部门全部实现互联互通，将信访业务全部纳入信访信息系统办理，实现群众信访网上反映、网上查询、网上评价，提升信访信息化水平。（夏　杰）

【落实信访工作责任制】 2017 年，全市强化信访工作责任制落实。一是完善信访工作考核办法。市信访联席办正在修订完善县区信访工作绩效考评办法，将采取平时考核与年终目标考核相结合的方式，对各县区各部门信访工作进行综合考评，推动信访工作责任制的落实。二是多层次强化督查督办。完善党委政府统一领导、信访部门组织实施、各职能部门共同参与的信访督查机制，制定出台《信访工作督查工作制度》和《信访突出问题分类督查办法》。对省市交办的重点信访案件，明确由市委群众工作部副处级领导干部专人负责跟踪督办。三是严格责任追究。坚持信访工作定期通报制度，尤其是赴京非访、集体上访情况实行日报告、周通报。对工作不力、引发群众越级上访，造成不良影响的，进行责任倒查。全年全市对 7 个县区 (15 次)、70 个责任单位、14 名党员干部 (其中 5 名处级干部) 进行通报批评，对 4 个单位实行重点管理，6 个单位挂牌督办，对 3 名县级包案领导、18 名单位主要领导进行约谈，对 76 名党员干部分别给予记过、党内严重警告、党内警告和诫勉谈话。（夏　杰）

【市县党政领导接访案件办理】 2017 年，在全市开展市县两级党政领导干部公开接待来访群众，有效解决信访突出问题。同时，坚持每天将市县党政领导接访案件息诉情况通过手机快报通报到市县党政领导，推动市县党政领导对接访案件亲自分析、过问、协调，解决了一大批疑难复杂信访事项，受到省信访局的肯定。截至 12 月 31 日，全市县区党政主要领导共化解息诉情况为：驿城区 53 批息诉 31 批，遂平县 86 批息诉 50 批，西平县 90 批息诉 29 批，上蔡县 174 批息诉 77 批,汝南县 63 批息诉 51 批,平舆县 111 批息诉 54 批，正阳县 86 批息诉 31 批，确山县 105 批息诉 51 批，泌阳县 119 批 48 批,示范区 2 批息诉 2 批,开发区 30 批息诉 25 批，集聚区 22 批息诉 21 批。（夏　杰）

【手机短信信访】 2017 年 1 月 8 日，市、县党政领导和信访部门班子成员先后全部对外公开手机短信接访号码，专门受理群众通过手机短信反映的信访问题，人民群众通过手机发个短信就能解决问题，实现“不见人解决事”，促进信访秩序持续好转。12 月 12 日，省委副秘书长、省信访局长张春香到驻市检查指导手机短信开展与办理工作。全年，共办理问题属地为驻马店市的手机短信件 753 件，信访部门及时受理率 98.57%，有权处理机关及时受理率 96.81%，按期答复率 96.86%。（夏　杰）

党史编研

【余学友对党史工作作出批示】 2017 年 4 月 24 日，市委书记余学友对全市党史工作做出批示。余学友指出，党史工作是党的事业、党的建设的重要组成部分，是一项具有全局意义和深远影响的工作，市委对党史工作一直高度重视。余学友对全市党史工作所取得的成绩给予充分肯定，并就做好今后一个时期的党史工作提出明确要求。余学友强调，2017 年党要召开十九大，全市党史部门要深入学习贯彻习近平总书记系列重要讲话精神特别是关于党的历史和党史工作的重要论述，以迎接党的十九大胜利召开和学习宣传贯彻党的十九大精神为主线，认真落实党的十八届六中全会和省十次党代会、市四次党代会精神，坚持围绕中心、服务大局，坚持“一突出、两跟进”(进一步突出开创和发展中国特色社会主义时间段历史研究，即时跟进十八大以来党中央的决策部署，即时跟进以习近平为总书记的党中央的理论发展)，坚持政治建室、研究立室、依规治室，进一步把党史工作与全市工作大局紧密结合起来，在推进“四个驻马店”建设、实现富民强市加快崛起、决胜全面小康的宏伟事业中展现新作为、再作新贡献。（李志强）

【党史资料征编】 2017 年，全市党史资料征编工作全面展开。一是健全党史资料征编网络，继续做好《中共驻马店历史年编》的征编出版工作。以落实市委办公室《关于建立驻马店党史大事记当年征编制度的意见》为重点，采取有效措施，在全市建立起一个覆盖面广泛的党史资料征集网络。年初启动了《年编（2016 卷）》的资料征编工作，收集县区及市直近 130 多个单位和涉及全市各个方面的资料近 400 万字，图片 60 余幅，按时完成 2016 年卷 90 万字的编辑工作。二是开展党史大事当日记当月报工作。全年共收集驻马店党史大事资料约 40 万字，编辑整理出党史大事 750 余条，近 15 万字。每月按时向省委党史研究室编辑整理上报当月驻马店党史大事，全年共收集上报省党史大事资料 20 万字，编辑整理出 350 余条，近 7 万字，被省党研室采用 50 余条。三是推动口述历史工作的开展。对健在的抗日战争老战士摸底调访，抢救“活资料”。通过调访，采用录音、录像的形式共征集 17 万字，图片 30 余幅。四是开展河南改革开放 40

8月23日，中共驻马店市委宣传部、市委党史研究室、市社科联、驻马店日报社联合召开纪念建军90周年和刘邓大军千里跃进大别山胜利70周年理论研讨会　　李志强 摄

周年专题资料征集工作。围绕改革开放40年来全市发生的在全国、全省有重大影响的重大事件、重大决策、重大措施、重大工程项目、典型代表人物等，认真梳理有关线索，广泛开展征集活动，重点征集档案、报刊等文献资料，历史亲历者的日记、回忆资料、图片及采访记录等历史资料，党和国家领导人对驻马店工作的指示、讲话、题词以及照片、录音、录像、诗文、信函等文字、声像资料，以及相关新闻报道、图书资料、回忆文章、文史资料、方志资料、专题报告等，形成档案资料20余万字。五是开展“大兴学习之风、调查研究之风、实干之风”资料征集工作。（李志强）

【《中共驻马店历史年编（2015年卷）》出版发行】 2017年4月，由中共驻马店市委主办，市委党史研究室承编的《中共驻马店历史年编（2015年卷）》出版发行。该书由市委副书记李宝清担任编委会主审，市委常委、市委秘书长李国胜担任编委会主任。《中共驻马店历史年编（2015年卷）》以市委的重大决策、重点工作和重要活动为主线，全面记述2015年驻马店市的政治、经济、文化、社会生活等各个方面的发展变化，真实记录在党的领导下驻马店市的历史发展轨迹。《中共驻马店历史年编》从2001年起每年编纂一卷，本卷为第15卷，全书共设9个部类：天中图志、要闻特载、工作综述、大事记、报刊文摘、系统分述、县区记述、专题选编和光荣榜，共计85万字。（李志强）

【纪念朱理治书籍电视片捐赠仪式】 2017年12月1日，纪念朱理治书籍电视片捐赠仪式在确山竹沟革命纪念馆举行。朱理治次子、中国社会科学院原副院长、中华人民共和国史学会会长朱佳木出席仪式并讲话。北京新四军研究会副会长任全胜，北京新四军研究会中原分会副会长兼秘书长李炎，河南省新四军和华中抗日根据地历史研究会会长兼秘书长彭承烈等出席仪式，市委常委、市委秘书长李国胜出席仪式并致辞。朱佳木介绍了朱理治光辉的革命经历和反映他革命一生的图书和电视片情况，并表示2017年是朱理治诞辰110周年，这次向确山竹沟革命纪念馆等单位捐赠的图书和光盘，除给大家提供一些党史、革命史、抗日战争史等历史资料外，更主要的是使它们在理想信念教育、革命传统教育、爱国主义教育中发挥辅助教材的作用。（李志强）

【“刘少奇研究述评”学术研讨会】 2017年12月5日，由刘少奇思想生平研究会，刘少奇纪念馆，中共确山县委、县政府联合主办的“刘少奇研究述评”学术研讨会在革命老区确山县举行。中共中央文献研究室副主任、中国中共文献研究会副会长、刘少奇思想生平研究会会长张宏志，刘少奇亲属代表刘维泽，河南省委党史研究室副主任路海江，驻马店市委常委、市委秘书长李国胜，以及来自全国各地的50余位党史研究专家、学者代表等出席会议。与会专家学者围绕《刘少奇纪念地研究与宣传工作述评》《〈论共产党员的修养〉研究述评》《刘少奇与中共八大研究述评》《刘少奇对中共七大的贡献研究述评》《近二十年来刘少奇执政党建设思想研究述评》《刘少奇精神风范宣传研究述评》等8个主题，对刘少奇为党的七大的胜利召开、为毛泽东思想确立为全党的指导思想所作的历史贡献，以及他对党的群众路线、民主集中制、党的作风等问题的精辟论述进行了研讨。（李志强）

【建军 90 周年和刘邓大军千里跃进大别山胜利 70 周年征文和理论研讨活动】 2017 年 5 月 8 日，市委宣传部、市委党史研究室、市社科联、驻马店日报社联合印发《关于开展建军 90 周年和刘邓大军千里跃进大别山胜利 70 周年征文活动的通知》。8 月 23 日，召开纪念建军 90 周年和刘邓大军千里跃进大别山胜利 70 周年理论研讨会。研讨会上，对征集的优秀理论文章进行了表彰，与会人员回顾了在中国共产党领导下人民军队的光辉历程，追寻刘邓大军在驻马店市的红色足迹，动员和引导全市广大党员干部群众把思想和行动统一到市委、市政府的决策部署上来，继承和弘扬刘邓大军留下的宝贵精神财富，传承好红色基因，为推进“四个驻马店”建设，决胜全面小康、实现高质量跨越发展而努力奋斗。

（李志强）

【《大美天中·红色经典》编撰工作】 2017 年 2 月 21 日，市委办公室印发《关于做好〈大美天中·红色经典〉编辑工作的通知》。《大美天中·红色经典》一书旨在大力宣扬驻马店深厚的红色文化，系统展示驻马店丰富的红色旅游资源，彰显红色旅游的教育功能，促进革命遗址的保护和利用。市委常委、市委秘书长李国胜任编委会主任，市委党史研究室主任魏春阳、市旅游局局长何新阁任副主任。至年底，收集有关资料 500 万字，图片 200 余幅，近百万字的初稿已经完成。

（李志强）

党校工作

【市委党校工作概况】 2017 年，市委党校坚持政治建校、教学立校、科研强校，以创建全省一流党校、全国文明单位为目标,发挥主渠道、主阵地和思想库作用,推进“两学一做”学习教育常态化。年内，党校 1 人被评为省青年理论宣传骨干，1 人被市政府命名为市学术技术带头人，2 人被市委宣传部确定为全市第三批“四个一批”人才，1 人当选市人大常委会委员、市人大法制工作委员会兼职委员，1 人当选市党代表，4 人被市委聘为法律专家库成员，1 人被聘为市委首席法律顾问，1 人被聘为市人大法制工作委员会法律专家咨询组成员。

（张璐璐）

【学习宣传贯彻党的十九大精神】 2017 年，中国共产党第十九次全国代表大会召开后，市委党校制订《全市党校系统开展迎接和学习宣传贯彻党的十九大工作实施方案》《市委党校关于开展学习宣传贯彻党的十九大精神活动方案》，对学习要求进行明确规定。安排教研骨干编印《十九大精神学习问答手册》，为市县区主要领导、市直单位主要负责人和党校教职工、主体班学员提供学习参考。利用校园网、官方微博和微信公众号、LED 电子屏等渠道，开展学习宣传活动。召开学习宣传贯彻党的十九大精神部署会、支部会和教师、学员、老干部等座谈研讨会，在校刊《思维与创新》开展专题征文活动，举办十九大主题演讲比赛及道德讲堂活动。选派教研骨干参加中央党校、省委党校和省委宣传部组织的十九大精神培训班，为全市党员干部培训和大规模宣讲活动做好准备。选派理论宣传专家前往对口帮扶村作十九大报告辅导，推进十九大精神进基层。选派 6 名理论骨干参加市委宣讲团，深入市直和县区进行“喜迎十九大，砥砺奋进的五年”和“十九大精神”巡回宣讲，共宣讲 48 场（次），受众党员干部 1 万多人。

（张璐璐）

【干部培训】 2017 年，市委党校坚持中国特色社会主义最新理论成果及时进课堂、进教材、进头脑，增强干部教育培训的针对性和实效性。共举办县处级干部进修班、县区科级干部进修班、市直科长进修班、纪检监察干部进修班等各类主体班 13 个班次，培训学员近 700 人。承办了市第一届志愿者骨干培训班、第二期和第三期全市领导干部学习贯彻党的十八届六中全会精神专题培训班、市“强基层党建，促脱贫攻坚”工作推进会暨示范培训班、市引进高层次人才岗前培训班、市政协委员学习贯彻十九大精神专题培训班等各类培训轮训班,参训学员 1500 多人次。

（张璐璐）

【教学工作】 2017 年，市委党校坚持教学立校。一是完善教学布局。按照“一个中心、四个方面”的基本要求，加大党的理论教育和党性教育课程的比重，理论教育课占总课时的 70% 以上，党性教育课占总课时的 20% 以上，领导讲课不低于总课时的 20%。教学内容上，重点突出党的十九大和十八届六中全会精神，特别是习近平新时代中国特色社会主义思想等内容。同时，针对不同的培训班次，实施精准化教育培训。二是加强专题库、专家库“两库”建设。全年主体班上共开设专题 103 个（含外聘），其中新专题 47 个。充实完善专家资源库，邀请国际关系学院校长助理达巍教授、北京农学院都市农业研究所所长史亚军教授、省委党校正厅级巡视员梁周敏教授等省内外知名专家学者和各级党政领导 28 人授课、讲学。三是改进教学方式方法。开展集体备课、教学观摩、评选“精品课”和“优质课教师”等活动，修订完善各项教学管理制度，采用“案例式”“情景模拟式”“现场式”等教学方法，提高培训实效。加强各类班次的教学管理。注重发挥大豫讲坛驻马店基地、杨靖宇将军纪念馆、竹沟革命纪念馆教学实验基地的作用，拓宽培训渠道。

（张璐璐）

【科研工作】 2017 年，市委党校坚持科研强校。一是加大保障力度。下半年，校党委加大对科研项目的管理力度，提高对科研成果的奖励标准，调动人员开展科研的积极性、主动性。开通中国知网，为教研人员查阅文献资料提供便利和支撑。二是开展市情调研。科研工作以市情研究为重点，围绕市委、市政府年度工作目标及经济社会发展的重点难点热点问题，指导 12 个课题调研组深入县乡开展社会调查，形成一批调研成果。在此基础上，召开第七届市委党校“驻马店经济社会发展”理论研讨会。举办全市党校系统学习贯彻党的十九大精神暨形势与政策教育理论研讨会，引导教研人

11月24日，市委书记余学友（中）、市长陈星（右三）等领导亲切会见驻马店市受全国表彰的精神文明建设工作先进单位先进个人并合影留念 弓华静 摄

员进一步认清国际国内新形势，把思想统一到中央和省委、市委的决策上来。三是严把校刊质量。在校刊《思维与创新》的编辑出版中，继续坚持正确的办刊方向，把握舆论导向，严格执行用稿、审稿制度，提高刊物质量。全年，在省级以上刊物发表理论文章32篇，其中3篇为核心期刊；结项及获奖省委党校科研课题2项；立项及结项省社科联课题3项；立项及获奖市社科规划项目33项，其中获市（厅）级一等奖2项，二等奖6项。 （张璐璐）

精神文明建设

【创建全国文明城市】 2017年，是全国文明城市的总评之年。市委、市政府高度重视，将创文工作作为全市头等大事来抓，市四大班子领导挂帅攻坚，大投入、大推进、大变革，多次召开高规格的推进会、协调会、促进会来推进工作。运用各种宣传平台和媒介，宣传社会主义核心价值观，宣传“讲文明、树新风”和全国文明城市创建等内容。深化创文8项攻坚行动（市容环境、街道（乡镇）和社区（小区）、机关和企事业单位、未成年人工作和校园周边环境整治、公益广告宣传、志愿服务、文明交通、诚信建设）。健全完善全民共建机制、督导考评机制、网格化管理机制、周例会制度等工作机制，全市各级各单位和广大干部群众踊跃参与到创文工作中，营造“文明城市人人共建，文明成果人人共享”的氛围。5月中旬，全省文明城市创建工作会议在驻马店召开，10月底，全省文明城市创建暨百城建设提质工程工作会议将驻马店作为首个观摩地，受到省领导和观摩团成员的好评。11月，驻马店市被中央文明委授予全国文明城市。 （任　军　李　涛）

【打造好人之城品牌】 2017年，全市开展“建设道德高地·打造好人之城”系列活动。一是开展市民宣传教育和培训工作，宣传《驻马店文明市民公约（守则）》和应摒弃的十大不文明行为，倡导争做文明有礼的驻马店人。二是好人之城又增亮色，在第六届全国道德模范评选工作中，张全收荣获全国道德模范称号（助人为乐类）。全市现有全国道德模范2人，提名奖1人。三是抓好典型选树宣传。开展“我推荐我评议身边好人”活动，在中国文明网“好人线索发布平台”发布好人线索数量居全省前列。全年有9人荣登中国好人榜，居全省前列。深入机关、社区、企业、乡村等组织开展道德巡讲巡演。四是加强道德讲堂建设。“道德讲堂”活动向单位、社区、学校全面覆盖，全年全市共举办道德讲堂3000多场，受众20余万人次。五是抓好市区主街道287块固定“公民道德宣传栏”阵地建设，及时更新，开展道德模范、身边好人、最美护士、美德少年等典型人物事迹专题宣传活动。六是召开全市身边好人座谈会，褒奖礼遇道德典型，管好用好道德模范和身边好人帮扶资金。七是在全国文明单位评选工作中，市国税局、市食药监局、豫南监狱荣获全国文明单位称号。 （任　军　李　涛）

【志愿服务活动】 2017年，全市加强志愿服务组织建设，拓展工作领域，完善工作机制，全市已有各类志愿者近52万人，市区文明单位干部职工注册志愿者达到95%以上。开展“阳光行动”、“爱心包”行动、“真情助困进万家”等活动。围绕文明城市创建，开展文明交通志愿引导集中行动、学雷锋志愿服务行动、党员志愿者“微心愿”活动、青年志愿者劝导不文明行为活动、职工志愿服务集中行动等，在社区推广爱心超市和爱心物品捐助箱设置工作。党员志愿者、青年志愿者、巾帼志愿者、职工志愿者，助残、红十字、科普、文体、法律、环保志愿者，忙碌在驻马店各个领域。

（任　军　李　涛）

【农村文明创建】 2017年，市财政对市区每个乡镇拨款2000万元，进行总体规划，按照一街一景标准进行建设或升级改造，完善设施、立面整治、管线入地、创文宣传、居民教育等工作同步开展，市区所属乡镇面貌有很大改善。深入开展“星级文明户”、文明集市等创评活动和好儿媳、好公婆、好邻居、好妯娌等评选活动，评选推荐一批“孝老爱亲”的模范。组织开展“三下乡”、宣传文化阵地“六进”活动和文明单位结对帮扶农村精神文明创建等活动，提高农村文明创建工作整体水平。西平县嫘祖镇兰衣赵村、确山县普会寺镇普会寺村荣获第五届全国文明村镇称号。

（任　军　李　涛）

【未成年人思想道德建设】 2017年，全市深化未成年人工作和校园周边环境整治攻坚行动，坚持开展“扫黄打非”和“六项集中整治”行动，组织开展经典诵读、清明祭英烈、“童心向党”歌咏比赛，优秀童谣征集、学唱和传唱活动，全年共争取中央和省专项彩票公益金支持乡村学校少年宫15个项目，促进未成年人全面健康成长。驻马店实验小学荣获全国文明校园称号，市文明办干部任军荣获全国未成年人思想道德建设工作先进工作者称号。学生唐家俊、张可被授予“河南省美德少年”称号。

（任　军　李　涛）

驻马店市人民代表大会

综　述

【市人大常委会工作概况】 2017年，市人大常委会召开1次代表大会，召开常委会7次，主任会议13次。听取审议“一府两院”专项工作报告20项，开展专题询问1次，开展专题调研4次，检查4部法律法规实施情况，对市直单位进行部门预决算监督审查，组织代表集中视察3次，就有关重大事项作出2项决议决定，依法任免地方国家机关工作人员193人次，2部法规草案经省人大常委会批准实施。

立法工作。一是重点领域立法。围绕民生改善和城市管理，制定了《驻马店市饮用水水源保护条例》和《驻马店市城市市容和环境卫生管理条例》，通过省人大常委会会议审查批准。这两部法规分别于2017年9月1日、2018年1月1日正式实施。二是做好法律法规草案征求意见工作。受省人大常委会的委托，常委会多次召开征求法律法规修改意见座谈会，先后对《中华人民共和国公共图书馆法（草案）》《河南省奖励和保护见义勇为人员条例（草案）》等16部法律法规进行修改，提出修改建议63条，其中被上级人大采纳11条。三是推进科学立法、民主立法、依法立法。

监督工作。一是推进经济社会持续健康发展。听取审议2017年上半年国民经济和社会发展计划执行情况的报告。听取审议供给侧结构性改革、开放招商项目建设、重大交通项目和重点项目建设情况专项工作报告，组织人大代表对重大交通项目和重点项目建设开展专题视察。对全市贯彻实施《中华人民共和国促进科技成果转化法》和《河南省促进科技成果转化条例》情况进行执法检查。跟踪监督市政府治理懒政怠政为官不为工作报告审议意见落实情况。二是促进公

6月13日，驻马店市第四届人民代表大会第一次会议隆重开幕　　吴　波 摄

6月17日，新当选的市四届人大常委会主任张宪中在闭幕式上讲话　　弓华静 摄

共财政稳健运行。建立预算审查前听取人大代表和社会各界意见的机制，制定《驻马店市人大常委会市级预决算初步审查暂行规定》。听取审议2016年财政决算和2017年上半年预算执行情况的报告。加强对部门预决算的审查工作，分别对市畜牧局等3个单位预算和市质监局等3个单位决算进行审查，督促纠正存在问题。听取审议2016年本级预算执行和其他财政收支审计及审计查出问题整改情况的报告，督促抓好审计查出问题整改，将整改任务落到实处。三是司法监督。听取审议市中级人民法院、市人民检察院司法体制改革情况报告，督促“法检”两院加快改革步伐，提升司法工作效能和社会公信力。对市政府和县区人大常委会报送的50件规范性文件进行备案审查，对未经法制办审核的22件规范性文件予以退回，进一步规范报送程序。坚持用法治思维和法治方式处理和化解信访问题，化解社会矛盾。全年共接待处理人民群众来信来访968件（次），接待来访群众889人（次），重点督办信访案件32件，办结率达100%。四是推进城乡统筹发展。关注加快新型城镇化建设、加强农村基础设施建设和脱贫攻坚工作，强化监督落实，动员各方面力量关心支持“三农”工作。听取审议新型城镇化建设情况、农村产权制度改革情况专项工作报告。对全市农田水利基本建设情况、脱贫攻坚工作推进情况开展调研，提高农村基础公共服务和农村低收入人群保障水平。开展种子法“一法一办法”执法检查。五是改善民生。围绕就业促进工作，结合听取审议就业促进专项工作报告，对全市就业促进工作开展专题询问。围绕推动民办教育事业发展、维护中小学生健康权益、医药卫生体制改革、规范电信市场秩序、生态环境保护等，采取听取审议专项工作报告，开展执法检查、专题调研等方式进行监督，督促解决一批群众关切的热点、难点问题。

人大换届选举、重大事项决定、人事任免工作。一是完成市、县、乡人大换届选举。2016年12月至2017年6月，全市市、县、乡三级人大完成换届选举。二是依法行使重大事项决定权。分别对2016年财政决算、市政府两次预算调整作出决议，并加强跟踪监督。三是做好人事任免工作。坚持党管干部与人大依法任免相结合，任免国家机关工作人员193人次，组织175人次进行宪法宣誓。开展全市监察体制改革试点人大选举任免工作，加强对县区人大及其常委会就同级监察委员会领导班子选举和任免工作的指导，选举产生市、县区监察委员会主任，依法任命市、县区监察委员会副主任、委员。四是加强县乡人大工作和建设。常委会主任、副主任两次带队深入县区乡镇调研，督导县区乡镇人大贯彻落实中央18号文件和省委、市委实施意见。召开全市县乡人大工作经验交流会。

代表发挥主体作用。一是办理代表议案建议。市四届人大一次会议，代表所提议案1件，建议、批评和意见330件。“一府两院”及有关部门全部办理完毕并答复代表。坚持对代表重点建议办理，筛选7件建议进行重点督办。完善建议办理工作机制，代表建议网上办理系统已完成试运行，2018年全面实施。二是推进代表活动常态化。邀请人大代表列席常委会会议，组织代表参加执法检查、集中视察和专题调研活动。制订《驻马店市人大常委会关于进一步完善人大代表联系人民群众制度的实施意见》，建立代表联系人民群众的工作平台和网络平台，健全代表反映人民群众意见和要求的处理反馈机制，促进代表更好地代表人民、服务人民。实行常委会主任接待代表活动日制度，接待代表76人，转办各类代表建议54件。三是完善代表履职服务保障机制。以旗帜鲜明讲政治、当好代表为人民为主题，举办有200多名新一届基层市人大代表参加的履职培训班，围绕经济发展、法律知识、人大制度等专题开展培训。探索在街道、社区和乡镇、村建立人大代表联络站，打造闭会期间代表活动的新平台。　（郭　爽）

【市、县、乡三级人大换届选举】 根据宪法法律规定和省委、市委的部署安排，2016年12月至2017年6月，在法定工作时间内，圆满完成全市市、县、乡人大换届选举的各项工作任务，共依法选举产生乡镇人大代表9415名、县区人大代表2490人、市四届人大代表546名。代表结构比例合理、素质较高，均符合法律规定。驻马店市第四届人民代表大会第一次会议选出市人大常委会主任1人，副主任5人，秘书长1人，委员41人；选出市人民政府市长1名，副市长7人；选出市中级人民法院院长和市人民检察院检察长各1人。　（郭　爽）

6月17日，市人大常委会主任张宪中（中）带领市人大工作人员、公检法工作人员进行宪法宣誓　弓华静 摄

【市人大代表履职管理和建议网上办理系统全面开通】 2017年9月1日，市人大常委会举办市人大代表履职管理和建议网上办理系统操作培训班。培训班的举办标志着市人大代表履职管理和建议网上办理系统全面开通。市人大代表只需要在市人大网站登陆，即可查询浏览代表基本情况、掌握履职信息、提交议案建议、了解议案建议办理情况等信息。建立了人大代表与常委会联系沟通的便捷有效途径，实现了档案管理和建议办理的规范化、无纸化及履职量化统计。（郭　爽）

重要会议

【市四届人大一次会议】 2017年6月13日—17日，驻马店市第四届人民代表大会第一次会议举行。大会表决通过了关于政府工作报告的决议、关于驻马店市2016年国民经济和社会发展计划执行情况与2017年计划的决议、关于驻马店市2016年预算执行情况与2017年预算的决议、关于驻马店市人大常委会工作报告的决议、关于驻马店市中级人民法院工作报告的决议、关于驻马店市人民检察院工作报告的决议，表决通过了市四届人大有关专门委员会组成人员名单。会议通过了总监票人、监票人名单，依法进行了大会选举。张宪中当选驻马店市第四届人大常委会主任，张丽彩、苗建勇、栗明伦、王志华、聂勇当选驻马店市第四届人大常委会副主任，朱雪河当选驻马店市第四届人大常委会秘书长，丁水印等41人当选驻马店市第四届人大常委会委员。大会选举陈星为驻马店市人民政府市长，张昕、冯玉梅、王明威、付自成、杨俊杰、何晞、贺振华为驻马店市人民政府副市长，选举张社军为驻马店市中级人民法院院长、吴文立为驻马店市人民检察院检察长。大会组织选举产生和表决通过的国家工作人员进行了宪法宣誓。（郭　爽）

【市三届人大常委会第三十七次会议】 会议于2017年2月23日下午举行。会议经过分组审议后，表决通过了人事任免议案。市委常委、常务副市长张昕、市中级人民法院院长张社军、市人民检察院检察长吴文立列席会议。（郭　爽）

【市三届人大常委会第三十八次会议】 会议于2017年5月16日举行。会议听取市政府关于《驻马店市城市市容和环境卫生管理条例（草案）》的起草说明、审议《驻马店市城市市容和环境卫生管理条例（草案）》，听取审议市人大环资委关于《驻马店市城市市容和环境卫生管理条例（草案）》初审情况的报告。会议听取审议并表决通过市政府关于全市农田水利基本建设情况的专项工作报告，讨论并审议通过市三届人大常委会工作报告稿。（郭　爽）

【市三届人大常委会第三十九次会议】 会议于2017年5月27日上午举行。会议听取、审议并表决通过市人大常委会代表资格审查委员会关于驻马店市第四届人民代表大会代表资格的审查报告；审议并表决通过市人大常委会关于召开驻马店市第四届人民代表大会第一次会议的决定草案；听取市人大常委会关于市四届人大一次会议筹备情况的报告，并审议了报告及有关名单（草案），表决通过市四届人大一次会议有关名单草案。 （郭　爽）

【市四届人大常委会第一次会议】 会议于2017年7月6日举行。会议听取审议并表决通过市政府关于全市水生态文明建设情况专项工作报告，市政府2016年环境状况和环境保护目标任务完成情况专项工作报告，市人大常委会执法检查组关于检查《中华人民共和国民办教育促进法》贯彻执行情况的报告，市四届人大常委会代表资格审查委员会组成人员名单。还表决通过人事任免事项。会议拟任命人员在第一次全体会议上作了表态发言，并在通过任命后进行了宪法宣誓。 （郭　爽）

【市四届人大常委会第二次会议】 会议于2017年8月16日举行。会议表决通过对市政府关于驻马店市2017年上半年国民经济和社会发展计划执行情况的报告，市政府关于驻马店市2016年决算草案和2017年上半年预算执行情况的报告，市人大常委会关于批准2016年市级决算的决议，市人大常委会关于批准2017年市级预算调整方案的决议，市政府关于2016年市级财政预算执行和其他财政收支审计工作情况的报告，市政府关于全市农村产权制度改革情况专项工作报告，市政府关于开放招商项目建设专项工作报告，《驻马店市城市市容和环境卫生管理条例（草案表决稿）》，驻马店市人民代表大会常务委员会关于修订《驻马店市人民代表大会常务委员会任免地方国家机关工作人员办法》的决定，市人大常委会执法检查组关于检查全市贯彻实施《中华人民共和国电信条例》情况的报告，市中级人民法院关于深化司法体制改革工作情况的报告，市人民检察院关于深化司法体制改革工作情况的报告。还表决通过了人事任免议案。本次会议拟任命人员在第二次全体会议上作表态发言，并在通过任命后进行了宪法宣誓。市人民检察院检察长吴文立也进行宪法宣誓。 （郭　爽）

【市四届人大常委会第三次会议】 会议于2017年10月26日举行。表决通过了市人民政府关于市四届人大一次会议代表所提建议、批评和意见办理情况的报告、市人民政府关于新型城镇化建设专项工作报告、市人大常委会关于2017年全市重大交通项目和重点项目建设专项视察情况的报告、市四届人大一次会议1号议案办理情况的报告、市四届人大一次会议七项重点建议办理情况的报告。还表决通过了人事任免议案。此次会议拟任命人员在第一次全体会议上作了表态发言，并在通过任命后进行了宪法宣誓。 （郭　爽）

【市四届人大常委会第四次会议】 会议于2017年12月7日举行。经表决通过了市四届人民代表大会常务委员会关于接受陈星辞去驻马店市人民政府市长职务的决定，通过了人事任免议案，通过了市人大常委会主任会议关于提请决定朱是西为驻马店市人民政府代理市长的决议。会议决定任命朱是西为驻马店市人民政府副市长，代理市长；任命郭渊为驻马店市人民政府副市长、驻马店市公安局局长；免去张昕驻马店市人民政府副市长职务；免去杨俊杰驻马店市人民政府副市长、驻马店市公安局局长职务。 （郭　爽）

【市四届人大常委会第五次会议】 会议于2017年12月29日举行。经表决通过了市人民政府关于2016年度市级财政预算执行及其他财政收支审计查出问题整改情况的报告，市人大常委会关于批准2017年市本级预算调整方案的决议，市人民政府关于就业促进工作情况的报告，市人民政府关于供给侧结构性改革专项工作报告，市人大常委会关于《中华人民共和国水污染防治法》执法检查报告，市人大常委会代表资格审查委员会关于驻马店市第四届人民代表大会代表资格的审查报告，关于召开驻马店市第四届人民代表大会第二次会议的决定，驻马店市第四届人民代表大会第二次会议有关名单草案，市人大常委会关于市监察委员会副主任、委员任免办法的决定。会议还表决通过了人事任免议案。 （郭　爽）

【全市推进县乡人大工作与建设经验交流会】 2017年11月28日，市人大常委会召开全市推进县乡人大工作与建设经验交流会。市人大常委会党组书记、主任张宪中出席会议并讲话。会议学习贯彻全省推进县乡人大工作和建设经验交流会会议精神，总结交流全市贯彻落实中央关于加强县乡人大工作和建设的若干意见以及省委、市委实施意见的情况，各县区和有关乡镇（街道）相互交流经验和做法，对全面加强县乡人大工作和建设进行再动员、再部署。 （郭　爽）

【开展就业促进工作专题询问】 2017年12月29日，市四届人大常委会第五次会议听取审议了市人民政府关于就业促进工作情况的报告，并开展专题询问。副市长王明威、市发改委主任孔华、市教体局局长王和平、市科技局局长胡晓黎、市工信委主任宋炳顺、市财政局局长李瑞红、市人社局局长樊卫华到会应答。7名市人大常委会委员从不同角度进行有针对性的询问，有关部门负责人一一进行了回答。 （郭　爽）

代表视察督察

【刘春良莅临驻市调研】 2017年5月9日—10日，全国人大代表、省人大常委会副主任、党组书记刘春良，带领驻豫全国人大代表专题调研组一行37人莅临驻马店市，就深入推进农业供给侧结构性改革，加快培育农业农村发展新动能问题进行专题调研。（郭　爽）

【刘满仓莅临驻市调研】 2017年4月6日，省人大常委会副主任、党组副书记刘满仓等一行7人到确山县调研指导精准扶贫工作。刘满仓强调，要坚定信心、下定决心、抢抓机遇、多措并举、形成合力，全力以赴打赢扶贫攻坚战。

2017年5月8日，省人大常委会副主任、党组副书记刘满仓到确山县督导检查脱贫攻坚工作，听取13个乡镇街道、17个县直单位工作汇报，通报近期调研发现问题及整改意见，强调脱贫攻坚任务艰巨、形势催人，各级各部门要全力抓好脱贫攻坚任务落实。

2017年6月29日，省人大常委会副主任、党组副书记刘满仓，邀请全国人大代表、濮阳县西辛庄党委书记李连成到确山县给基层党员干部讲党课和调研。省人大常委会副秘书长韩长峰、市人大常委会主任张宪中陪同。

2017年8月1日，由省人大常委会副主任刘满仓、省人大财经委员会副主任委员贾志鹏等一行组成的《中华人民共和国预算法》（以下简称《预算法》）执法检查组莅临驻市，召开座谈会听取关于《预算法》贯彻执行和监督情况的汇报，及有关单位对《预算法》实施情况，发现的问题和建议的汇报，到中心城区十三香集团和西平县两河治理工程等处实地检查指导有关工作。

2017年10月9日，省人大常委会副主任、党组副书记刘满仓深入确山县调研指导产业扶贫工作，强调各级各部门要充分认识产业扶贫的重要性，增强责任意识，加大产业扶贫力度，促进农民持续增收，努力实现贫困人口稳定脱贫。（郭　爽）

【主任接待日活动】 2017年7月18日上午，市四届人大常委会举行第一次主任接待日活动。市人大常委会主任张宪中接待了李翠芳、付常运、王伟、关保忠、王新杰、陈保健6名来自基层的市人大代表。代表们围绕精准扶贫、创文等当前全市中心工作，针对当地经济社会发展和人民群众关注的热点、难点问题提出意见建议。

2017年8月9日上午，市四届人大常委会举行主任接待日活动。副主任张丽彩接待了来自工农商学医行业的刘冬丽、朱战营、张应波、王炜业、黄磊、尚喜营、王拥军7名人大代表。代表们围绕行业中存在的突出矛盾和问题，就政府如何建立企业拆迁后保障机制、非项目区农田基础设施建设、进一步加强精神文明建设、公办医院建立编制备案制、加大社会对民办教育支持力度和市人大常委会提升代表参政议政能力等问题提出了具体的意见建议。

2017年9月12日，市人大常委会开展主任接待日活动。市人大常委会副主任苗建勇与来自基层社区及机关、企事业单位的武广伟、郭俊峰、海珍珠、买大梅、梁文萍、张世中6名人大代表开展座谈。代表们针对促进脱贫攻坚、做大做强民族经济、中小微企业融资难、提高社区两委成员待遇、推行医事服务费、农资打假以及加强代表间联系沟通、提升代表履职能力等问题，提出意见和建议。

2017年11月22日上午，市四届人大常委会举行主任接待日活动。副主任王志华接待蒋文林、王东升、赵萌、王拥军、李翠芳、李敏、华亦东、马鹰8名人大代表。代表们围绕中小学教育改革发展、素质教育和人才培养、发展现代物流产业、实施乡村振兴工程、在农村广泛开展法治教育和诚信教育、依托电商平台发展订单农业、推进中小学生营养餐工程等问题提出意见和建议。

2017年12月12日上午，市四届人大常委会举行主任接待日活动。市人大常委会副主任聂勇接待了张国柱、王春洁、李哲、冯路顺、李慧、曾兆军、刘飞7名市人大代表。代表们围绕产业扶贫、基层组织建设、农村人居环境改善以及振兴农村发展等问题提出意见和建议。（郭　爽）

【张宪中赴确山县检查指导脱贫攻坚工作】 2017年10月13日，市人大常委会主任张宪中深入确山县竹沟镇，实地走访慰问困难群众，检查指导当地脱贫攻坚工作。他强调，要切实抓好特色产业发展，全力推进贫困人口实现长期稳定脱贫。（郭　爽）

【王志华对创森工作进行专题调研】 2017年9月28日，市人大常委会副主任王志华带领市人大常委会调研组深入汝南县和市中心城区，就全市创建国家森林城市工作开展情况进行专题调研。（郭　爽）

【基层立法联系点授牌和法律咨询组颁发聘书仪式】 2017年11月16日，市人大常委会举行基层立法联系点授牌和法律咨询组颁发聘书仪式。会上宣读《关于建立驻马店市人大常委会基层立法联系点的通知》和《关于聘任陈咏梅等15人为驻马店市四届人大常委会法律咨询组成员的通知》。副主任栗明伦代表市人大常委会向15个基层立法联系点单位进行了授牌，向15位四届人大常委会法律咨询组成员颁发了聘书。（郭　爽）

【水污染防治"一法一条例"执法检查】 2017年11月17日，市人大常委会副主任栗明伦带领执法检查组对市中心城区、汝南县贯彻执行《中华人民共和国水污染防治法》和《河南省水污染防治条例》情况开展执法检查。栗明伦在调研中指出，各相关单位要严格贯彻"一法一条例"规定，明确责任，真正把江河湖泊治理好、湿地保护好、生态建设好。（郭　爽）

表03

2017年督办重点代表建议一览表

编号	分类	代表姓名	建议题目及办理单位	承办单位	牵头领导	督办单位
249	公安民政	位　伟	关于城区禁止车辆使用远光及违规安装疝气大灯的建议	公安局	栗明伦	内司工委
89	工业交通	冯路顺	关于做好农村公路（村村通）道路维护的建议	交通局	苗建勇	财经工委
36	科教文卫	马胜利	关于政府加大基层卫生人才投入力度，确保基层留住人才的建议	卫计委	王志华	教科文卫工委
17	三农	张广云	关于龙头企业推进农村一二三产业融合实施政策的建议	农业局	王志华	农工委
42	旅游	祝贺东	关于打造驻马店西部旅游综合体的建议	旅游局	苗建勇	民侨外工委
129	城建环保	雷彦伟	关于加强我市城市绿化亮化管理的建议	住建局	栗明伦	城建环资工委
106	财政经济	刘冬丽	关于落实政府投入责任，加大对公立医院的资金投入的建议	财政局	聂　勇	预算委

驻马店市人民政府

综　述

【政府工作完成情况】 2017年，全市以推进供给侧结构性改革为主线，以打好“四大攻坚战”为抓手，综合施策、精准发力，经济社会持续健康发展，主要指标增速继续保持全省第一方阵，完成市四届人大一次会议确定的各项目标任务。全市生产总值突破2000亿元，增长8.3%，规模以上工业增加值增长8.7%，均居全省第五位；全社会固定资产投资增长11.9%，社会消费品零售总额增长12.7%，均居全省第一位。十件重点民生实事全面完成。城乡居民人均可支配收入增长8.9%，高于经济增速0.6个百分点。（付亚丽）

【市政府常务会议】 2017年1月9日，市长陈星主持召开市政府第一百四十二次常务会议。会议听取全省环境污染防治攻坚战总结表彰暨动员部署电视电话会议精神和全市贯彻落实问题等有关情况汇报。

1月22日，市长陈星主持召开市政府第一百四十三次常务会议。会议听取全省脱贫攻坚第二次推进会、省委农村工作会议精神贯彻落实等有关情况汇报。

2月14日，市长陈星主持召开市政府第一百四十四次常务会议。会议听取制定出台《驻马店市法治政府建设实施方案（2017—2020年）》等有关情况汇报。

2月23日，市长陈星主持召开市政府第一百四十五次常务会议。会议听取关于出台《驻马店市2017年度大气污染防治攻坚战工作方案》等有关情况汇报。

3月1日，市长陈星主持召开市政府第一百四十六次常务会议。会议听取关于火车站综合改造工程站前区停车场PPP项目实施方案有关情况汇报。

3月6日，市长陈星主持召开市政府第一百四十七次常务会议。会议听取关于制定驻马店市行政审批标准化工作方案问题等有关情况汇报。

3月1日，全市重点项目建设工作会议召开　　张　朝　摄

5月26日，河南省农科院、驻马店市人民政府合作共建现代化农业科技综合示范区签约仪式举行　　弓华静 摄

3 月 20 日，市长陈星主持召开市政府第一百四十八次常务会议。会议听取关于第二十届中国农产品加工业投资贸易洽谈会筹备问题等有关情况汇报。

4 月 10 日，市长陈星主持召开市政府第一百四十九次常务会议。会议听取关于第四届“产教融合发展战略国际论坛”筹备工作等有关情况汇报。

4 月 17 日，市长陈星主持召开市政府第一百五十次常务会议。会议听取关于支持黄淮学院成立医学院问题和创建全国“双拥”模范城总结表彰暨创建省级“双拥”模范城动员大会筹备问题等有关情况汇报。

4 月 24 日，市长陈星主持召开市政府第一百五十一次常务会议。会议听取关于京广线驻马店站地下车行通道 PPP 项目实施方案问题等有关情况汇报。

5 月 3 日，市长陈星主持召开市政府第一百五十二次常务会议。会议听取关于第二十届中国农加工洽谈会驻马店市动员会筹备问题等有关情况汇报。

5 月 16 日，市长陈星主持召开市政府第一百五十三次常务会议。会议听取关于市政府与中原豫资投资控股集团有限公司签订《驻马店市百城建设提质工程合作协议》等有关情况汇报。

5 月 25 日，市长陈星主持召开市政府第一百五十四次常务会议。会议听取关于 2017 年中国新型城镇化（驻马店）经验交流会筹备问题等有关情况汇报。

6 月 1 日，市长陈星主持召开市政府第一百五十五次常务会议。会议听取关于《政府工作报告（讨论稿）》等有关情况汇报。

6 月 6 日，市长陈星主持召开市政府第一百五十六次常务会议。会议听取关于出台《驻马店市“十三五”社会信用体系建设规划》等有关情况汇报。

6 月 21 日，市长陈星主持召开市政府四届一次常务会议。会议听取关于 2016 年度市长质量奖评审暨创建国家农业综合标准化示范市问题等有关情况汇报。

7 月 4 日，市长陈星主持召开四届市政府第二次常务会议。会议听取关于制定出台《驻马店市解决无户口人员登记户口工作细则》问题等有关情况汇报。

7 月 18 日，市长陈星主持召开市四届政府第三次常务会议。会议听取关于全市安全生产工作等有关情况汇报。

7 月 26 日，市长陈星主持召开市四届政府第四次常务会议。会议听取关于社会公共服务平台与 110 报警服务平台协调联动机制建设问题等有关情况汇报。

8 月 1 日，市长陈星主持召开市四届政府第五次常务会议。会议听取关于出台《驻马店市食品药品安全“十三五”规划》问题等有关情况汇报。

8 月 16 日，市长陈星主持召开市四届政府第六次常务会议。会议听取关于实施“三十五证合一”登记制度改革问题等有关情况汇报。

8 月 22 日，市长陈星主持召开市四届政府第七次常务会议。会议听取关于出台《关于进一步把社会主义核心价值观融入法治建设的实施意见》问题等有关情况汇报。

9 月 2 日，市长陈星主持召开市四届政府第八次常务会议。会议听取关于调整驻马店市城市公立医院部分医疗服务价格问题等有关情况汇报。

9 月 26 日，市长陈星主持召开市四届政府第九次常务会议。会议听取关于出台《驻马店市 2017 年清洁取暖“电代煤”“气代煤”专项补贴办法》等有关情况汇报。

10 月 9 日，市长陈星主持召开市四届政府第十次常务

10月13日上午，省科技厅与市政府举行2017年厅市工作会商会议，负责人就相关重要成果签署会商议定书

刘华山 摄

会议。会议听取关于当前农业生产工作和“两免筛查”民生实事问题等有关情况汇报。

10月16日，市长陈星主持召开市四届政府第十一次常务会议。会议听取关于全市扶贫工作等有关情况汇报。

10月24日，市长陈星主持召开市四届政府第十二次常务会议。会议听取关于《驻马店市公共信用管理暂行办法》起草问题等有关情况汇报。

11月1日，市长陈星主持召开市四届政府第十三次常务会议。会议听取关于全市政府系统学习宣传贯彻十九大精神工作等有关情况汇报。

11月7日，市长陈星主持召开四届市政府第十四次常务会议。会议听取关于贯彻全省文明城市创建暨百城建设提质工程工作会议精神问题等有关情况汇报。

11月14日，市长陈星主持召开市四届政府第十五次常务会议。会议听取关于驻马店市“菜篮子”市长负责制考核办法起草问题等有关情况汇报。

11月22日，市长陈星主持召开市四届政府第十六次常务会议。会议听取关于出台《驻马店市推进健康养老产业转型发展三年行动方案和若干政策》问题等有关情况汇报。

11月29日，市长陈星主持召开市四届政府第十七次常务会议。会议听取关于进一步清理规范市直部门行政审批中介服务事项工作问题等有关情况汇报。

11月30日，市长陈星主持召开市四届政府第十八次常务会议。会议听取关于制定完善农村土地使用权承包权经营权分置办法实施方案问题等有关情况汇报。

12月19日，市委副书记、代市长朱是西主持召开市四届政府第十九次常务会议。会议听取关于十件重点民生实事推进问题等有关情况汇报。（付亚丽）

【市长办公会议】 2017年1月7日，市长陈星深入市中心城区实地查看重点城建项目推进和拆迁工作情况，并召开会议。就2017年重点城建项目谋划、项目推进和征地拆迁等问题进行研究部署。

1月12日，市长陈星主持召开全市国、省干线公路三年滚动计划编制工作及部分交通重点项目推进会。

1月12日，市委常委、常务副市长张昕主持召开会议，专题部署驿城区、确山县部分行政区划调整和相关交接工作。

1月16日，市政府副市长付自成带领市直相关单位负责人到市产业集聚区召开现场办公会议，对练江河东段绿化、市产业集聚区规划环评等问题进行专题研究。

2月7日，市委常委、常务副市长张昕组织召开市中心城区PPP项目推进会。

2月14日，市委副书记、市长陈星主持召开市产业集聚区重点项目办公会议。

2月15日，市长陈星主持召开驻马店火车站片区综合改造工程推进会，研究解决项目建设遇到的具体问题。

2月20日，副市长杜中强带领市交通局、规划局等单位负责人，实地查看重点交通项目道路规划、征地拆迁等情况，主持召开会议，安排部署近期工作。

3月29日，市政府副市长王明威主持召开会议，研究推进市中心城区弱电管线入地工程。

3月28日，市长陈星主持召开驻马店火车站片区综合改造工程推进早餐会，研究解决项目推进具体问题。

4月14日，副市长杜中强实地察看杨靖宇将军纪念馆改扩建、市殡仪馆项目进展情况，并主持召开会议，研究解决项目推进具体问题。

4月17日，市政府副市长王明威主持召开会议，专题研究市中心城区路灯管理维护方面的问题。

4月19日，市长陈星主持召开驻马店火车站片区综合改造工程早间工作会，研究解决项目推进具体问题。

4月26日，副市长杜中强就国道107线驿城区至驻信交界段升级改建项目建设有关问题进行实地调研，并召开现场办公会议，研究解决具体问题。

5月3日，市委常委、常务副市长张昕主持召开市长办公会议，专题研究驻马店市第三水厂工程项目建设问题。

5月10日，副市长杜中强深入息邢高速公路驻马店境施工现场，实地调研息邢高速公路项目建设并主持召开项目推进会，研究解决具体问题。

5月11日，副市长杜中强主持召开国道328线、省道330线升级改造工程建设推进会。

5月17日，副市长杜中强实地调研G328驿城区段升级改造工程建设情况并主持召开推进会，研究解决具体问题。

5月4日，市长陈星主持召开市长办公会议，专题研究市体育中心项目建设问题。

5月31日，市长陈星主持召开火车站片区综合改造和交通重点项目会议。

6月6日，市委常委、常务副市长张昕主持召开市专用通信局中心机房建设工作协调会。

7月5日，副市长何晞召开市中心城区棚户区改造融资工作推进会。

7月7日，市长陈星主持召开会议，专题研究驻马店市生活垃圾无害化综合处理再生利用项目和第四污水处理场项目建设问题。

7月24日，市长陈星主持召开市长办公会议，专题研究解决练江河三片区（皇家驿站片区）建设问题。

7月26日，市委副书记、市长陈星深入中心城区调研工业经济运行情况，随后召开重点企业座谈会。

8月2日，市长陈星主持召开市长办公会议，专题研究市中心城区市政道桥和公园、市第三水厂、教育卫生项目、市体育中心、职教园区建设等问题。

8月7日，市长陈星主持召开全市交通重点项目推进会。会议听取中心城区12条城市连通工程、京港澳高速公路三个出入口、许信高速项目PPP实施、上罗高速项目、107国道绕城项目、328国道“三线一缆”迁改、马庄铁路物流项目情况汇报，就有关问题进行了研究。

8月23日，副市长何晞到杨靖宇将军纪念馆改扩建工程项目现场，就解决该项目用地占用李湾村连接道路问题，召开现场办公会议。

8月30日，市长陈星主持召开全市交通重点项目及火车站片区综合改造工程推进会。

10月9日，市长陈星主持召开市长办公会议，专题研究省市重点项目建设问题。

10月9日，市长陈星主持召开全市交通重点项目推进会，会议听取京港澳高速三个出入口和国道107绕城项目进展情况汇报，就有关问题进行了研究。

10月10日，市长陈星主持召开会议，专题研究宿鸭湖水库清淤扩容项目和中心城区西部配水及水系连通循环工程问题。

10月11日，市长陈星实地察看驻马店火车站片区综合

1月21日，驻马店市2017年第一批亿元以上项目集中开工暨天中食品产业园项目开工奠基仪式举行　弓华静 摄

改造工程进展情况，并主持召开现场推进会，研究解决具体问题。

10月11日，副市长何晞主持召开驻马店域内涉铁项目建设有关问题协调会。

10月12日，市长陈星主持召开市长办公会议，专题研究市中心城区功能片区开发、重点城建项目建设、园林绿化、征地拆迁等问题。

10月24日，副市长何晞到明港机场项目实地调研，并在工程项目部召开会议，协调解决涉及驻市需要落实的具体问题。

10月25日，市长陈星主持召开市长办公会议，专题研究北部新区片区开发和重点项目建设问题。

10月31日，副市长何晞主持召开交通重点项目推进工作会议。

11月2日，市长陈星应约会见河南省煤矿安全监察局豫东分局局长张法民一行，双方就辖区煤矿安全监管问题进行了研究。

11月6日，市长陈星深入正阳县调研创建国家现代农业产业园工作，并主持召开现场办公会，专题研究国家现代农业产业园创建有关问题。

11月8日，市长陈星实地察看京港澳高速驻马店北站、驻马店站、驻马店南站、重阳大道下穿京广铁路等交通重点项目，主持召开全市交通重点项目推进会。

12月4日，市委副书记朱是西主持召开市长议事会，听取各位副市长分管工作情况汇报，研究安排市政府有关工作。

12月6日，市政府副市长王明威主持召开会议，专题协调研究北部新区和前进大道、驿城大道建设工作。

12月6日，副市长何晞主持召开国道328线驿城区境升级改建工程外部环境协调和“三线一缆”迁建推进会。

12月11日，市委副书记、代市长朱是西主持召开市长议事会，听取各位副市长分管工作情况汇报，研究安排市政府有关工作。

12月12日，市委副书记、代市长朱是西主持召开全市重点项目推进工作第一次周例会。

12月14日，副市长王明威主持召开会议，专题研究集体土地上经济林拆迁补偿问题。

12月14日，副市长王明威主持召开会议，专题研究市二水厂扩建工程股权问题。

12月28日，市政府副市长郭渊主持召开会议，专题研究消防工作。（付亚丽）

【市长调研活动】 2017年1月4日，副市长杜中强前往确山县、正阳县调研干线公路建设情况。

1月7日，市委副书记、市长陈星，副市长王明威深入市中心城区实地查看重点城建项目推进和拆迁工作情况。

1月16日，副市长付自成赴市产业集聚区调研并召开练江河绿化规划调整和环评工作现场办公会。

1月17日，副市长杜中强赴中铁电气化局集团驻马店火车站改扩建工程项目部调研。

1月18日，副市长杜中强赴市食盐储备库、部分市场、超市、餐饮企业，实地调研春节期间物资供应、市场管理和食品安全等。

1月18日，副市长付自成赴遂平、上蔡、正阳调研河流断面监控情况。

1月19日，副市长王明威到市电业局、市住建局督导检查春节期间水、电、气、暖保障工作准备情况。

2月6日，副市长王明威赴中心城区实地查看驿城大道、重阳大道、新107国道绿化及拆迁遗留问题。

2月9日，市委常委、常务副市长张昕深入西平县调研植树造林工作。

2月13日，市委副书记李宝清、副市长王明威深入市中心城区城中村、城乡接合部检查指导创卫工作。

2月15日，市委副书记、市长陈星，副市长杜中强赴驻马店火车站片区综合改造项目工地现场办公，并召开项目推进会。

2月17日，副市长王明威赴中心城区督导检查创卫迎检工作。

2月20日，市委常委、常务副市长张昕带领市创建国家卫生城市公厕管理督导组，对中心城区公厕管理工作进行督导。

2月21日，副市长王明威赴中心城区督导检查驿城大道南段升级改造工作。

3月5日，副市长付自成调研市区重点项目。

3月7日，副市长王明威陪同省国土厅检查组调研。

3月8日，副市长杜中强前往市盐业公司食盐储存仓库调研。

3月9日，市委副书记、市长陈星，副市长王明威陪同省住建厅厅长裴志扬就百城建设提质工程推进情况进行实地调研。

3月9日，副市长杜中强前往市民政局调研。

3月14日，副市长杜中强检查S330驿城区至板桥段道路修复情况，调研板桥水库—白云山—铜山水库干线公路前期谋划情况。

3月22日，副市长王晓刚赴开发区调研。

3月23日，副市长冯玉梅陪同省科协领导调研科普工作。

3月24日，市委副书记、市长陈星陪同省科协主席霍金花在驻市调研。

3月28日，市委副书记、市长陈星深入上蔡县调研脱贫攻坚工作并召开现场办公会。

3月28日，副市长冯玉梅赴正阳县调研国家农业科技园区工作情况。

3月28日，副市长付自成陪同市委书记余学友赴市产业集聚区调研。

3月29日，市委常委、常务副市长张昕陪同市委书记余学友到市城乡一体化示范区调研。

3月29日，副市长王明威督导板桥水库引水工程。

3月30日，市委常委、常务副市长张昕调研麦田管理和中心城区生态水系工程建设情况。

3月31日，市委常委、常务副市长张昕陪同中国气象局党组副书记、副局长许小峰一行在驻市调研指导防汛准备

3月8日，2017年全省重点项目暨产业转型攻坚观摩评价活动第三组在驻马店市王守义十三香调味品集团有限公司观摩

弓华静 摄

和气象服务工作。

4月6日，副市长王晓刚前往驿城区调研。

4月13日，副市长杜中强深入周驻南高速公路驻马店段实地调研。

4月14日，副市长王晓刚出席上蔡县农商行开业仪式，并调研农村金融综合服务站及部分后备上市企业。

4月17日，副市长杜中强前往国道107遂平段、西平段和省道224西平段调研并召开现场办公会议。

4月20日，副市长杜中强到重阳大道下穿京广铁路工程、京港澳高速驻马店南站、驻马店站改扩建项目，北站新建项目现场调研。

4月20日，副市长王明威陪同省国土厅督导组调研。

4月26日，市委常委、常务副市长张昕陪同省农业厅厅长宋虎振赴上蔡调研脱贫攻坚工作。

4月26日，副市长杜中强就国道107线驿城区至驻信交界段升级改建项目建设有关问题进行实地调研，并召开现场办公会议。

4月27日，市委副书记、市长陈星深入市中心城区检查指导创文工作并召开座谈会部署整改工作。

4月28日，市委副书记、市长陈星，副市长冯玉梅调研市水上运动学校。

5月2日，市委副书记、市长陈星深入中心城区检查指导创建全国文明城市工作，察看生态水系引水（西水东引）工程和市植物园选址情况。

5月4日，市委常委、常务副市长张昕陪同省国资委主任李涛赴上蔡调研脱贫攻坚工作。

5月5日，副市长杜中强调研创建全国文明城市诚信建设工作。

5月6日，市委副书记、市长陈星深入平舆县，就脱贫攻坚工作开展专题调研。

5月7日，市委副书记、市长陈星深入西平县调研指导脱贫攻坚工作。

5月8日，市委常委、常务副市长张昕陪同省人大常委会副主任、党组副书记刘满仓在确山县调研脱贫攻坚工作。

5月9日，市委副书记、市长陈星等陪同驻豫全国人大代表在驻市调研。

5月9日，副市长付自成陪同省水利厅厅长李柳身赴汝南调研脱贫攻坚。

5月10日，副市长杜中强深入息邢高速公路驻马店段项目施工现场进行调研，并召开现场办公会。

5月11日，市委副书记、市长陈星，副市长王明威深入中心城区调研指导水系连通工程和创建全国文明城市工作。

5月16日，副市长杜中强陪同国务院国资委中国煤促会副会长高福朝一行在汝南县、平舆县调研。

5月17日，副市长冯玉梅赴市中心城区调研2017年教育项目建设情况。

5月17日，副市长杜中强前往国道328驿城区段调研并召开现场推进会。

5月22日，市委副书记、市长陈星深入练江河片区现

4月15日，安徽省委副书记、省长李国英（前左三）等考察团一行在遂平县一加一天然面粉有限公司参观交流 刘华山 摄

场办公。市委常委、常务副市长张昕一同调研并出席会议。

5月25日，副市长王明威陪同省住建厅副厅长张达专题调研棚户区改造和保障性安居工程推进工作。

5月31日，市委副书记、市长陈星深入遂平、西平、上蔡县实地调研指导三夏生产工作。

5月31日，市委常委、常务副市长张昕实地调研企业生产经营和项目推进情况。

6月1日，市委常委、常务副市长张昕到市部分未实施规范化物业管理的小区进行调研。

6月2日，副市长冯玉梅赴市中心城区博物馆、图书馆、群艺馆视察创建全国文明城市未成年人思想道德建设工作。

6月3日，副市长冯玉梅陪同省政府参事调研非物质文化遗产发展及保护工作。

6月6日，市委常委、常务副市长张昕，副市长王晓刚陪同省政府专题调研组在驻市，围绕农村土地流转与适度规模经营进行实地调研。

6月6日，市委副书记、市长陈星深入市中心城区检查指导高考准备工作，副市长冯玉梅、杨俊杰陪同。

6月7日，副市长冯玉梅赴上蔡县、泌阳县巡视高招工作。

6月13日，副市长付自成陪同中储粮总公司董事长吕军一行调研全市夏粮收购情况。

6月14日，副市长冯玉梅陪同省卫计委医改调研组一行在驻调研医改工作。

6月19日，市委常委、常务副市长张昕深入宿鸭湖水库检查指导防汛工作。

6月19日，副市长付自成陪同省人大常委会委员、省人大农委副主任委员张成智到驻市调研脱贫攻坚工作。

6月19日，副市长何晞深入中心城区检查指导新一轮创建省级“双拥”模范城（县）工作。

6月19日，副市长贺振华陪同省工业和信息化委员会副主任王连海一行调研煤矿安全监管工作。

6月20日，市委常委、常务副市长张昕陪同省军区司令员周利、省水利厅厅长李柳身等一行深入板桥水库检查指导防汛工作。

6月20日，市委常委、常务副市长张昕陪同省军区司令员周利一行赴驿城区武装部调研。

6月20日，副市长冯玉梅陪同省卫计委调研组赴上蔡县调研卫生计生工作。

6月20日，副市长贺振华深入确山县，调研工业发展和环境保护工作。

6月20日，副市长贺振华深入中石化驻马店石油分公司油库，对企业安全生产工作进行检查。

6月20日，副市长贺振华到市住建局调研智慧城市平台建设情况。

6月21日，副市长贺振华调研市区水污染治理有关情况。

6月22日，副市长贺振华到泌阳县调研工业经济发展和环境污染防治攻坚战工作。

6月23日，副市长王明威到泌阳县督导检查防汛工作、地质灾害防治工作和土地卫片执法整治工作。

6月26日，市委常委、常务副市长张昕，副市长王晓

4月6日，全国政协副主席陈晓光（中）在市委书记余学友（右一）陪同下在上蔡县和谐马铃薯种植专业合作社与农民交谈 弓华静 摄

刚深入四区部分乡镇、街道检查督导创文规范化建设工作，并召开工作推进会。

6月27日，副市长付自成赴市扶贫办调研脱贫攻坚工作。

6月28日，市委常委、常务副市长张昕深入驿城区老街街道对创文工作进行检查指导。

6月28日，副市长付自成赴正阳县调研脱贫攻坚工作。

6月28日，副市长贺振华赴正阳县调研县环境保护工作和工业经济发展情况。

6月29日，副市长付自成赴遂平县花庄镇调研脱贫攻坚工作。

6月29日，副市长付自成赴驿城区板桥镇程楼村调研脱贫攻坚工作。

6月29日，副市长贺振华赴市质监局调研。

6月30日，副市长冯玉梅陪同省残联党组书记、理事长王丽到上蔡县调研重症残疾人托养和扶贫助残工作。

6月30日，副市长付自成赴泌阳县王店镇白庄调研脱贫攻坚工作。

6月30日，副市长、市公安局局长杨俊杰到平舆县检查指导防汛工作。

7月1日，副市长付自成分别赴确山县留庄镇、西平县出山镇和汝南县金铺镇调研脱贫攻坚工作。

7月3日，副市长王明威到汝南县调研扶贫工作。

7月3日，副市长付自成赴确山县调研脱贫攻坚工作。

7月3日，副市长何晞深入板桥水库检查指导防汛工作。

7月3日，副市长何晞实地查看G328道路和S333道路春水段建设情况。

7月4日，副市长付自成、王晓刚分别陪同省脱贫攻坚问题第三方评估检查组在驻调研。

7月5日，市委副书记、市长陈星，副市长王明威深入中心城区检查指导创文基础设施建设工作。

7月5日，副市长贺振华到确山县薄山水库检查指导防汛工作。

7月7日，副市长冯玉梅深入西平县洪河检查防汛工作。

7月7日，副市长贺振华赴市食品药品监督管理局调研。

7月10日，副市长王明威到市区部分路段督导检查市政项目建设情况。

7月11日，副市长王明威检查分包金河街道办事处创文工作。

7月12日，市委副书记、市长陈星深入市中心城区，就市政道路建设和铁东片区综合改造工作现场办公。副市长王明威、何晞陪同。

7月12日，市委常委、常务副市长张昕到汝南县老君庙镇老胡庄村调研脱贫攻坚工作。

7月12日，副市长冯玉梅深入遂平县玉山镇悦庄村，实地调研指导基层精准扶贫工作。

7月12日，副市长冯玉梅赴市中心城区学校和社区视察创建全国文明城市未成年人思想道德建设工作。

7月12日，副市长付自成赴上蔡县大路李乡栗庄村调研脱贫攻坚工作。

7月12日，副市长何晞深入驿城区胡庙乡，实地调研创文工作和环境综合整治情况。

7月13日，副市长贺振华赴市安监局调研。

7月14日，副市长冯玉梅到市中心城区调研2017年规划新建、迁建的14所中小学校项目建设进展情况。

7月14日，副市长王明威实地察看创文工作进展情况。

7月14日，副市长付自成赴确山县瓦岗镇卢沟村调研脱贫攻坚工作。

7月14日，副市长付自成赴泌阳县马谷田镇罗桥村调研脱贫攻坚工作。

7月17日，市委副书记、市长陈星深入西平县，调研指导脱贫攻坚和防汛抗旱工作。

7月17日，市委常委、常务副市长张昕在驿城区召开市中心城区街道社区小区创文现场观摩推进会。

7月17日，副市长贺振华赴市工商局调研。

7月18日，市委副书记、市长陈星深入市中心城区实地查看社区环境整治、市政道路推进等有关情况。

7月18日，副市长冯玉梅赴市中心城区现场查看市直学校创文工作。

7月18日，副市长王晓刚前往泌阳县看望慰问贫困户。

7月20日，副市长王明威深入市中心城区督导检查市容环境卫生综合整治攻坚行动进展情况。

7月20日，副市长何晞赴西平县调研脱贫攻坚工作。

7月20日，副市长贺振华赴朱古洞乡检查创文工作。

7月21日，市委常委、常务副市长张昕深入市中心城区部分居民小区检查指导创文规范化建设工作。

7月25日，市委常委、常务副市长张昕赴中心城区调研重点项目并召开座谈会。

7月25日，副市长何晞陪同省工信委主任王照平一行赴上蔡县调研扶贫工作。

7月26日，市委副书记、市长陈星，副市长贺振华深入驿城区、经济开发区、市产业集聚区，实地调研工业经济运行工作。

7月26日，副市长贺振华赴市工信委调研。

7月28日，市委副书记、市长陈星深入驻马店火车站片区综合改造项目工地和铁东片区现场办公。副市长何晞出席会议。

7月28日，副市长王明威深入开发区金河办事处辖区部分街道、小区，督导检查创文网格化工作。

7月31日,副市长贺振华深入平舆县调研工业经济运行、环境保护和安全生产工作。

8月1日，市委副书记、市长陈星，副市长何晞深入市中心城区和城乡接合部，实地查看创文重点工程建设情况。

8月1日，副市长王明威深入市城乡接合部督导市容环境卫生综合整治攻坚行动进展情况。

8月1日，副市长贺振华深入市产业集聚区调研工业经济运行情况。

8月2日，市委副书记、市长陈星，副市长何晞深入驻马店火车站片区综合改造项目工地现场办公。

8月3日，副市长冯玉梅陪同省科技厅副厅长刘英峰一行在市产业集聚区调研科技创新工作。

8月3日，副市长何晞赴胡庙乡实地调研创文工作。

8月4日，市委常委、常务副市长张昕陪同省政府集中督查组前往市残疾人康复中心调研。

8月4日，副市长付自成陪同省政府督查室赴正阳县督导农业供给侧结构性改革有关落实情况。

8月5日，副市长何晞赴铁路东片区改制企业现场调研。

8月7日，副市长贺振华赴海川玻璃调研。

8月8日，市委副书记、市长陈星深入市城乡一体化示范区、开发区和驿城区实地调研指导创文工作。

8月8日，市委常委、常务副市长张昕深入泌阳、正阳两县，调研督导重点项目建设和易地扶贫搬迁工作。副市长贺振华一同前往正阳县调研。

8月8日，副市长贺振华深入西平县，实地调研重点工业企业运行情况。

8月10日，副市长付自成陪同省妇联主席部秀菊一行赴平舆县调研巧媳妇工程助推精准扶贫。

8月11日，市委副书记李宝清、副市长王明威陪同河南省妇联主席部秀菊一行调研中心城区城市建设。

8月11日,副市长贺振华赴驿城区调研空气质量监测点。

8月15日，副市长王晓刚陪同省金融办主任孙新雷在泌阳县调研。

8月16日，副市长付自成调研西部水系连通工程。

8月17日，副市长冯玉梅陪同国家知识产权局专利局专利审查协作河南中心主任刘志会一行在驻市调研。

8月18日，市委常委、常务副市长张昕赴驿城区老街办事处检查指导创文工作。

8月21日,副市长贺振华深入遂平县调研工业经济运行、环境保护和安全生产工作。

8月22日，市委副书记、市长陈星深入市中心城区，实地调研小区创文工作。

8月23日，市委副书记、市长陈星深入市区西部的五里河南北支流、薛庄河以及清河湖等地，实地调研西部水系配水工程和清河湖项目推进情况。

8月24日，副市长贺振华深入驿城区，实地查看华宇电力、华润雪花啤酒（驻马店）有限公司、中集华骏等企业，对工业经济运行、环保工作和安全生产等工作进行调研。

8月25日，副市长何晞赴确山老乐山景区调研景区建设情况。

8月28日，市委副书记、市长陈星深入市中心城区实地查看创文重点项目建设和周边乡镇环境综合整治推进情况。

8月29日，市委常委、常务副市长张昕，副市长冯玉梅会见并陪同清华大学校务委员会副主任韩景阳率领的清华大学考察团一行调研。

8月30日，市委副书记、市长陈星深入上蔡县就新型农业经营主体带动脱贫工作进行实地观摩。

8月30日，副市长贺振华深入市以勒气体有限公司和昊华骏化等企业，调研企业安全生产工作。

9月1日，副市长贺振华深入上蔡县调研工业经济运行、环境保护和安全生产工作。

9月4日，副市长王明威督导二水厂引水工程建设项目。

9月5日，市委副书记、市长陈星深入市中心城区部分窗口单位实地督导检查创文工作。

9月5日，市委常委、常务副市长张昕陪同省工业投资形势调研组深入驿城区、遂平县，对产业集聚区工业经济运行情况进行专题调研。

9月5日，副市长冯玉梅赴市直学校视察创文工作。

9月5日，副市长王明威陪同省农村垃圾治理工作检查组就农村垃圾治理情况进行督导检查。

9月5日，副市长、市公安局局长杨俊杰陪同公安部党的十九大安保工作督察组一行，深入市重点部位、高层建筑等易发生安全责任事故的场所督导检查。

9月6日，副市长付自成赴汝南实地查看宿鸭湖清淤扩容工程占用农用地情况。

9月7日，市委副书记、市长陈星深入市中心城区调研指导迎会和创文工作。

9月7日，市委副书记、市长陈星，副市长何晞实地察看京港澳高速开源大道互通立交项目进展情况。

9月11日，市委副书记、市长陈星深入市中心城区天中广场、会展中心和柏林国际酒店等地，实地检查指导迎会工作进展情况。

9月14日，副市长冯玉梅陪同省政协副主席龚立群一行，赴确山县就乡村教师队伍发展现状进行专题调研。

9月15日，副市长何晞实地察看创文工作情况。

9月16日，副市长冯玉梅陪同省新闻出版广电局一行赴上蔡县调研工作。

9月17日，市委副书记、市长陈星深入市中心城区实地检查和指导创文各项工作推进情况。

9月18日，市委常委、常务副市长张昕前往市乐山大道检查创文工作。

9月18日，副市长何晞实地察看分包路段创文情况。

9月19日，市委常委、常务副市长张昕前往市乐山大道检查创文工作。

9月19日，副市长何晞实地察看G328线、S333线项目施工进展情况。

9月20日，市委常委、常务副市长张昕前往市乐山大道检查创文工作。

9月20日，副市长冯玉梅赴市中心城区部分学校检查创文工作。

9月22日，副市长付自成赴分包道路检查创文工作。

9月25日，市委副书记、市长陈星，市政府秘书长毕俊德深入泌阳县，就脱贫攻坚工作开展专题调研。

9月25日，副市长何晞赴遂平县实地调研“双节”旅游安全和旅游市场秩序。

9月26日，副市长付自成深入上蔡、汝南县检查北汝河河长制工作开展情况。

9月27日，副市长何晞检查国庆节、中秋节“双节”期间市场供应和成品油市场运营情况。

9月28日，市委常委、常务副市长张昕陪同国家人社部事业单位人事管理司副司长王瑞一行在驻市调研。

10月1日，市委副书记、市长陈星，副市长贺振华及市政府秘书长毕俊德深入市中心城区重点行业、重点区域和重点项目工地，实地检查安全生产和环境保护工作。

10月10日，副市长冯玉梅赴汝南县、平舆县督导“两筛”、全面改薄、义务教育均衡发展和医改工作。

10月11日，副市长冯玉梅赴泌阳县、确山县督导“两筛”、全面改薄、义务教育均衡发展和医改工作。

10月12日，市委副书记、市长陈星深入平舆、汝南、上蔡三县，调研三秋农业生产工作，市政府秘书长毕俊德陪同调研。

10月12日，副市长冯玉梅赴驿城区、上蔡县督导“两筛”、全面改薄、义务教育均衡发展和医改工作。

10月12日，副市长付自成赴驿城区、泌阳县调研农业生产受灾救灾情况。

10月13日，副市长何晞赴泌阳县巡河调研。

10月14日，副市长付自成陪同省三秋生产救灾督导组赴平舆县检查指导农业救灾工作。

10月15日，市委副书记、市长陈星，市委常委、常务副市长张昕陪同省发改委主任刘伟一行赴上蔡县邵店乡籽粒村调研脱贫攻坚工作。

10月16日，市委副书记、市长陈星，市政府秘书长毕俊德深入西平县调研指导秋收秋种抗灾、脱贫攻坚工作。

10月17日，市委常委、常务副市长张昕前往汝南县老君庙镇调研脱贫攻坚工作。

10月18日，副市长冯玉梅赴遂平县开展扶贫活动，并督导“两筛”“全面改薄”、医改义务教育均衡发展等工作。

10月18日，副市长何晞赴汝南县实地察看养老机构安全和当地受灾情况。

10月19日，市委副书记、市长陈星陪同省纪委副书记吴宏亮一行赴上蔡县开展“扶贫日”走访调研活动。

10月19日，副市长付自成陪省脱贫攻坚交叉核查组赴汝南县梁祝镇调研脱贫工作。

10月20日，副市长贺振华陪同省质监局局长李智民一行赴上蔡县邵店镇郭屯村调研、指导扶贫工作。

10月20日，副市长贺振华赴西平县调研白酒业转型攻坚工作。

10月23日，市委常委、常务副市长张昕陪同省监察厅副厅长孙运峰一行，前往上蔡县调研扶贫工作。

10月24日，市委副书记、市长陈星赴市中心城区实地调研指导百城建设提质工程工作。

10月24日，市委副书记、市长陈星，副市长何晞陪同交通厅副厅长徐强一行，在驻市调研高速项目建设情况。

10月24日，副市长冯玉梅赴正阳县调研“两筛”、义务教育均衡发展和医改工作。

10月24日，副市长付自成陪同农业部经管司副巡视员孙邦群一行，在驻市调研农村承包地确权登记颁证工作。

10月24日，副市长付自成陪省监察厅副厅长孙运锋一行赴上蔡县邵店镇小楼村调研脱贫攻坚工作。

10月24日，副市长何晞陪同国开行河南省分行副行长张弛一行，在驻市调研棚户区改造、中小企业风险项目化解、储备林及 PPP 业务。

10 月 25 日，市委副书记、市长陈星深入北部新区实地调研指导片区重点项目建设。

10 月 27 日，副市长何晞实地调研火车站片区项目建设工作。

10 月 31 日，市委常委、常务副市长张昕对小洪河开展巡河调研并召开座谈会。

11 月 1 日，副市长冯玉梅陪同新乡市考察组赴平舆县考察分级诊疗、协同医疗、远程医疗等信息化管理模式。

11 月 6 日，市委副书记、市长陈星，副市长付自成赴正阳县，实地调研指导淮河河长制工作落实情况和正阳创建国家现代农业产业园工作。

11 月 9 日，副市长付自成陪同省林业厅厅长陈传进一行，赴确山县乐山林场、薄山林场调研森林防火工作。

11 月 10 日，副市长贺振华赴吴桂桥煤矿调研安全生产工作并召开座谈会。

11 月 10 日，副市长贺振华调研驿城区混凝土搅拌产业园和清华阳光项目有关情况。

11 月 13 日，市委常委、常务副市长张昕调研市中心城区 2017 年中央预算内投资项目推进情况。

11 月 14 日，市委常委、常务副市长张昕深入驿城区、市产业集聚区调研 2017 年中央预算内投资项目推进情况。

11 月 17 日，市委常委、常务副市长张昕深入市中心城区调研督导 2017 年部分中央预算内投资项目推进情况。

11 月 21 日，市委常委、常务副市长张昕深入确山县、正阳县调研督导扶贫项目建设和资金拨付进度情况。

11 月 21 日，副市长付自成陪同省林业厅副厅长师永全赴确山县调研林场建设。

11 月 21 日，副市长贺振华到河南中烟驻马店卷烟厂调研。

11 月 23 日，副市长付自成赴平舆县、上蔡县调研脱贫攻坚工作。

11 月 24 日，副市长付自成调研脱贫攻坚、军供站建设选址情况。

11 月 24 日，副市长贺振华深入驿城区、遂平县调研电子信息产业转型发展情况。

11 月 27 日，副市长王晓刚赴平舆县调研农信社改革有关工作。

11 月 28 日，市委副书记、市长陈星陪同省委常委、省纪委书记任正晓到扶贫联系点上蔡县实地考察指导脱贫攻坚工作。

12 月 1 日，市委副书记、市长陈星深入平舆县就健康扶贫工作进行实地观摩，副市长付自成一同观摩并出席现场会。

12 月 3 日，副市长付自成陪同省脱贫攻坚督导组赴西平县芦庙乡九品村调研脱贫攻坚工作。

12 月 4 日，市委副书记朱是西深入驿城区，暗访检查脱贫攻坚工作，副市长付自成一同调研。

12 月 5 日，市委副书记朱是西深入市中心城区，专题调研指导大气污染防治攻坚冲刺工作。副市长贺振华及秘书长毕俊德一同调研。

12 月 6 日，副市长何晞实地察看火车站改造、G328 等项目建设情况。

12 月 7 日，副市长冯玉梅赴平舆县调研医疗卫生健康扶贫工作。

12 月 7 日，副市长付自成陪同省扶贫办领导赴泌阳县调研脱贫攻坚工作。

12 月 11 日，市委副书记、代市长朱是西深入市财政局进行实地调研，并召开财税工作座谈会。

12 月 13 日，副市长贺振华深入河南蓝天集团有限公司实地调研工业经济运行情况。

12 月 18 日，省民政厅厅长鲍常勇、省民政厅副巡视员竹怀农深入平舆县、泌阳县、确山县调研民政工作。副市长冯玉梅、何晞分别陪同调研。

12 月 18 日，副市长、市公安局局长郭渊调研市监狱迁建项目进展情况。

12 月 19 日，副市长何晞陪同省交通厅厅长张琼一行赴上蔡实地调研交通扶贫工作。

12 月 20 日，副市长冯玉梅陪同省卫计委一行赴上蔡县调研健康扶贫工作。

12 月 20 日，副市长、市公安局局长郭渊深入泌阳县调研指导公安工作和脱贫攻坚工作。

12 月 21 日，市委副书记、代市长朱是西深入驿城区调研经济社会发展情况，副市长付自成一同调研。

12 月 21 日，副市长何晞深入市殡仪馆建设项目、杨靖宇将军纪念馆改扩建项目施工现场进行调研。

12 月 21 日，副市长贺振华陪同中国电子系统技术有限公司副总经理倪忻一行调研市产业集聚区。

12 月 22 日，市委副书记、代市长朱是西深入确山县实地调研指导脱贫攻坚、产业发展和项目建设等情况，并召开现场办公会。

12 月 26 日，副市长、市公安局局长郭渊调研指导确山县公安系统工作。

12 月 29 日，副市长、市公安局局长郭渊赴汝南县、平舆县调研公安工作。

12 月 30 日，副市长、市公安局局长郭渊赴正阳县，调研指导公安系统工作。

12 月 30 日，副市长、市公安局局长郭渊赴市区 8 个派出所看望慰问节日期间坚守岗位的民警，并对公安工作和队伍建设进行实地调研。 （付亚丽）

【重要意见和通知】 2017 年，驻马店市人民政府出台的重要意见和发出的通知如下：

1 月 12 日，市政府出台《关于打赢水污染防治攻坚战的意见》。意见提出五大攻坚重点：一是实施淮河、长江流域水污染综合治理。二是保障集中式饮用水水源地环境安全。三是整治城市黑臭水体。四是减少农村农业面源污染。五是预防水污染事件。

5 月 5 日，市政府出台《“十三五”消防事业发展规划》。规划明确指出工作任务：一、健全消防安全责任体系。二、加快公共消防基础建设。三、加强社会火灾防控工作。四、强化消防宣传教育培训。五、发展多元化社会消防力量。六、推进灭火应急救援体系建设。七、加强消防科技与信息化建设。

6月9日，市政府出台《驻马店市“十三五”社会信用体系建设规划》。一、发展现状与面临形势。二、总体思路。三、推进政务诚信建设。四、商务诚信建设。五、社会诚信建设。六、司法公信建设。七、信用信息系统建设与应用。八、实施社会信用体系建设重点工程。九、社会信用体系运行机制建设。十、完善政策实施保障体系。

7月21日，市政府出台《驻马店市志愿服务管理办法》。办法明确界定了志愿服务主体、原则、主管部门、服务章程、服务范围、经费保障、志愿者登记注册制度、志愿者享有的权利和义务等，并把每年3月定为全市志愿服务集中活动月。

7月27日，市政府出台《关于城市优先发展公共交通的实施意见》。一、总体要求和发展目标。二、主要任务包括强化规划编制监督执行；加快基础设施建设速度；提升智能化水平；保障城市公交路权优先；多渠道筹措资金；加强行业管理；落实税费减免政策；科学制定票制票价；加强城市交通综合管理；全面提升城市公交服务品质。三、保障机制。

7月29日，市政府出台《关于在市场体系建设中建立公平竞争审查制度的实施意见》。基本原则包括坚持竞争优先；坚持统筹兼顾；坚持分步推进；坚持依法审查。意见明确界定了审查范围、审查方式和审查标准。组织实施包括建立联席会议制度；及时规范增量；有序清理存量；强化责任分工。保障措施是加强组织领导；健全竞争政策；完善守信机制；定期评估完善；加强执法监督；强化责任追究。

7月29日，市政府出台《关于促进新型农业经营主体带动脱贫工作的实施意见》。一、指导思想。二、帮扶目标。三、帮扶方式包括订单帮扶；入社帮扶；入股帮扶；就业帮扶。四、激励措施包括优先培育；项目支持；表彰奖励。五、组织领导。

8月7日，市政府出台《驻马店市人民政府及其各部门任命的国家工作人员宪法宣誓实施方案》。一、宣誓人员范围。二、宣誓誓词。三、宣誓组织实施。四、宣誓场所要求。五、宣誓程序。六、宣誓仪式要求。七、其他有关要求。

9月4日，市政府出台《驻马店市农业转型发展攻坚方案》《驻马店市工业绿色化改造攻坚方案》《驻马店市工业智能化改造攻坚方案》《驻马店市企业技术改造攻坚方案》《驻马店市服务业转型发展攻坚方案》和《驻马店市技术创新攻坚方案》。方案明确6大行业转型发展的指导思想、主要目标、重点任务、保障措施、组织实施，以创新、协调、绿色、开放、共享的发展理念为引领，着力转变经营方式、生产方式、资源利用方式和管理方式，推动相关产业发展由数量增长为主转到数量质量效益并重上来，走出高效、产品安全、资源节约、环境友好的现代发展道路。

11月23日，市政府出台《关于印发驻马店市粮食生产功能区和重要农产品生产保护区划定工作方案的通知》。通知指出，深入推进农业供给侧结构性改革，优化农业生产布局，明确区域农业功能定位，科学划定粮食生产功能区和重要农产品生产保护区。一、划定目标。二、总体要求包括基本原则；划定范围；划定要求。三、工作步骤包括制定工作方案；摸清地块底数；开展试点；形成全面划定成果；审核和汇总划定成果。四、保障措施包括明确部门分工；夯实各地责任；严格督导考评；大力宣传引导。

12月3日，市政府出台《关于在主城区实施机动车限行的通告》。通告指出，为有效降低机动车污染物排放，持续改善全市空气质量，切实保护人民群众身体健康，市政府决定自2017年12月4日0时开始，至2017年12月31日24时结束，在主城区实施机动车限行。

12月29日，市政府出台《关于印发驻马店市十三五生态环境保护规划的通知》。通知指出，一、生态环境保护基础与形势。二、生态环境保护总体要求。三、加强源头防控，构建生态预防体系。四、推进大气污染治理，大力提升空气质量。五、实施水质目标管理，持续改善水环境质量。六、建立土壤监测体系，有效防治土壤污染。七、有效控制噪声污染，完善固废综合处置。八、加强生态建设，强化农村生态环保。九、强化全过程管控，有效防范环境风险。十、完善环境保护机制，提升环保创新能力。十一、重点工程。十二、规划实施保障措施。（付亚丽）

【接待工作】 2017年10月，市接待办公室隶属关系由市政府办公室管理转变为市委办公室管理，原有科室人员不变。市接待办结合工作实际，完善接待制度，制定接待方案，细化接待流程，突出抓好重要活动、重要宾客和重大事件的接待工作。先后参与原省委书记谢伏瞻在驻调研、中国关工委常务副主任武韬一行、副省长翁明杰在驻调研、全省重点项目暨产业转型攻坚观摩评价活动、省政协调研组一行等大型接待活动。市接待办还参与中国农洽会的接待工作，大会期间准备充分，措施得力，接待有方，整个接待工作未出现任何漏洞，受到领导和与会代表的好评，连续数年被评为中国农洽会接待工作先进单位。市接待办配合市卫计委牵头的创卫现场会、市发改委组织的特色小城镇论坛、市国资委和市商务局组织的招商引资活动，做好接待。参与组织筹划全省创文工作现场会、全省百城提质现场会等大型活动的接待工作。（李　森）

扶贫开发

【概况】 2017年，全市193个贫困村整村脱贫，9.15万农村贫困人口稳定脱贫，完成3214人易地扶贫搬迁任务。全市累计投入财政扶贫资金38.13亿元，其中争取国家、省专项资金6.66亿元。综合实施脱贫项目3001个，其中实施产业发展项目1043个，扶持带动贫困户近18.35万人；实施基础设施和公共服务项目1958个，修建通村公路843条、硬化道路1385.5千米，解决近30万群众的出行难问题；实

2月7日，市委农村工作暨脱贫攻坚推进会议在市会展中心召开　　刘华山 摄

施供电、广播电视、网络宽带户户通工程，实现通户全覆盖；实施安全饮水工程，解决5.65万户贫困户的饮水安全；实施危房改造工程，改造危房13460座；建设综合性文化服务中心251个、标准化卫生室220个；推进改善人居环境建设项目工程，217个贫困村达到人居环境改善达标村标准。全市6个贫困县农村居民人均可支配收入增长9.6%，高于全市农村平均水平0.2个百分点。

2017年，聚焦对象精准，全市累计普查农户840747户，占全市农业人口的51.34%。全年通过精准识别入户普查，新纳入建档立卡贫困户39617户、102944人，把33618户、54619人需低保、五保政策保障的贫困户纳入保障范围，确保做到应进全进、应保尽保。聚焦问题整改，采取自查、专项督查、交叉检查、暗访等形式，全市累计查找梳理问题1945个，其中重点整改问题213个、全面整改问题439个、省督查巡查反馈整改问题91个、市专项督查巡查和暗访反馈整改问题1078个、县区交叉检查整改问题124个，以上问题均已整改销号。聚焦资金精准，按照资金一笔一笔审核的要求，梳理整改问题319项、涉及金额8.4亿元。

（方　飞　聂海博　王林昶　常正顺）

【市扶贫开发办公室独立办公】 2017年10月，根据《驻马店市机构编制委员会关于成立驻马店市扶贫开发办公室的通知》精神，市扶贫开发办公室单独设置，作为市委、市政府扶贫开发工作领导小组的阶段性办事机构，隶属市政府，机构规格为正处级。按照市机构编制委员会《关于印发驻马店市扶贫开发办公室主要职责内设机构和人员编制规定的通知》和《关于驻马店市扶贫开发办公室所属事业单位机构编制事项的批复》规定，市扶贫办下设综合科、项目资金管理科、行业社会扶贫科、督导考评科4个机构，所属市扶贫开发产业发展服务中心、市扶贫开发政策宣传咨询中心、市扶贫开发信息中心3个事业单位。行政编制15名，其中主任1名，副主任2名；正科级领导职数4名，副科级领导职数2名，非领导职数3名。事业编制22名，其中正科级领导职数3名，副科级领导职数3名，其他16名。

（孙　剑　陈诗忠）

【产业扶贫】 2017年，围绕优质粮食、畜牧养殖等十大脱贫产业，创新9种带贫模式，培育平舆、正阳、泌阳等一批特色产业强县，培育40多个特色产业专业乡镇、200多个特色产业专业村，建设箱包制造、服饰加工、藤编编织等扶贫车间1030个，组织引导贫困人口20155人稳定就业；全年开工建设村级光伏小电站989个，覆盖贫困户近5.7万户，实现并网发电683个，帮扶贫困户4万余户；建成1000个乡镇村级电商服务站、2000多个乡镇村级社区门店，实现贫困村全覆盖；开展“百企帮百村”精准扶贫行动，181家民营企业帮扶贫困村176个，帮扶有贫困户的非贫困村76个，

12月13日，市委书记陈星（中）在确山县瓦岗镇叶老庄村委向第一书记了解该村脱贫攻坚情况　　弓华静 摄

累计投入资金 6772.97 万元，帮扶贫困人口 18811 人。

（陈诗忠）

【金融扶贫】 2017 年，驻马店市全面推广金融扶贫“卢氏模氏”，推进金融扶贫“四大”体系建设。金融服务体系累计建设 9 个县级金融扶贫服务中心、154 个乡镇金融扶贫服务站、2108 个村金融扶贫服务部；信用评价体系建设完成 154 个乡镇、2108 个村、近 21.9 万户贫困群众的信用信息采集和信用评价工作；风险防控体系累计投入风险补偿金 4.04 亿元，发放扶贫小额贷款 20.44 亿元，累计贷款贫困户 3.9 万户；产业支撑体系建设依托乡村各类优秀新型农业经营主体，已有 1837 个产业基地、230 个种、养、加企业、7439 个农民专业合作社实施带贫。（方　飞　陈诗忠）

【易地搬迁】 2017 年，市扶贫办开展易地搬迁对象识别工作，坚持全面精准、应搬尽搬原则，在确山、泌阳、驿城区等丘陵山区，精准识别易地扶贫搬迁对象共计 1689 户 5932 人。推进泌阳县 2017 年 2000 人易地扶贫搬迁任务，采取 2 年任务 1 年完成的措施，累计投入 7325 万元，建设完成 4 个搬迁安置点，建成 12 栋高层建筑、264 套独体安置房，已向 838 户搬迁户交付新房钥匙，实现 3214 人贫困人口通过易地扶贫搬迁稳定脱贫。（方　飞）

【创新扶贫模式】 2017 年，驻马店市创新扶贫模式。一是创新集中托养模式。2016 年在上蔡县试点探索贫困家庭重度残疾人集中托养模式，仅上蔡县就集中托养重度残疾人 297 人，达到“托养一个人、解放一群人、幸福一家人”的目的。二是创新健康扶贫模式。在平舆县探索“互联网 + 分级诊疗”健康扶贫模式，通过创新完善“4321”（四免、三提高、两兜底、一补偿）医疗救助政策体系，全面履行“1+3”签约服务，保证每名贫困患者都拥有县、乡、村三级各 1 名“家庭医生”，因病致贫、因病返贫人口医疗救助率达 100%。三是创新产业扶贫模式。在正阳县探索“1+1+N”（“1”是以贫困户精准脱贫为主线，“1”是以花生特色产业为主导，“N”是多措并举）产业扶贫模式，2017 年正阳县花生种植面积达到 172 万亩，其中高油酸花生 8 万亩，仅此一项可实现贫困户人均收入 4000 元以上。四是创新集体经济带贫模式。泌阳县以成立党群创业服务社为突破口，在 354 个行政村依托党群创业服务社发展“一村一品”特色产业，118 个村实现集体经济“零”突破，村级集体经济总量达到 5290 万元，村集体年纯收入突破 1000 万元，带动 3200 户贫困对象发展产业 38 项，人均增收 1200 元，集体经济对该县脱贫攻坚贡献率达 67.9%。（聂海博　陈诗忠）

【以党建促脱贫】 2017 年，市扶贫办坚持抓党建从脱贫攻坚入手，抓脱贫攻坚从党建着力，组织开展脱贫攻坚“五大专项行动”。一是排查软弱涣散基层党组织 232 个，选派 520 余名队员进村开展工作，完成所有软弱涣散村党组织整顿任务。二是派驻村新选配党支部书记 192 人，培养村级后备干部 518 人，新建村室 1177 间，发展农村新经济组织 713 个。三是组织督导检查 430 多次，累计调整市、县派第一书记 167 名、召回 19 名、通报批评 69 名，约谈派出单位负责人26人次。四是成立产业型党组织168个，建立高标准的县乡村三级党群服务中心（站）2513个，服务阵地总面积达到16万平方米。争取村级集体经济孵化工程试点村项目20个，资金2680万元。全市已实现385个村有集体收入，121个村每年收入达10万元以上。

（孙　剑　李　东）

【残疾人脱贫攻坚】 2017年，市残联对8.1万贫困残疾人进行新一轮精准识别、精准建档、精准施策、精准帮扶。全市建档立卡贫困残疾人4.15万人。全市建立残疾人扶贫基地10个、残疾人创业就业基地15个，惠及近2万名残疾人脱贫。开展驻村第一书记助残扶贫工作，建立台账，帮扶1万多名残疾人；与住建部门协调，完成1200户的贫困残疾人危房改造任务。以上蔡为试点，推进重度残疾人集中托养服务工作。投入资金62.9万元，建立16个重度残疾人集中托养中心（托养院），安置重度残疾人257名。此种助残托养模式得到河南省委书记、省人大常委会主任谢伏瞻肯定。正阳县、平舆县、泌阳县立项建设县级残疾人托养中心。驿城区依托颐康阳光养老中心建立托养机构。投入50万元对驿城区怡康阳光托养中心进行扶持，扶持托养残疾人100多名。9月2日，由中残联、中国人民大学残疾人事业发展研究院举办的农村重度残疾人集中托养研讨会在驻马店市召开。10月9日，由中残联、国务院扶贫办联合承办的关爱深度贫困残疾人脱贫座谈会在北京召开，驻马店市和上蔡县在会上介绍建档立卡重度残疾人集中托养经验。国务院发展研究中心《经济要参》42期刊登“精准脱贫视域下农村重度智力残疾人集中托养的上蔡模式”，对上蔡模式给予肯定。

（吕银霞）

【畜牧产业扶贫】 2017年，市畜牧局成立扶贫专家讲师团，开展“百企带千户”活动。采取“龙头企业+合作社+贫困户”，探索出入股分红、寄养代养、就业帮扶、直接帮扶、土地增收帮扶、科技帮扶等畜牧产业帮扶模式，帮扶贫困户5966户、帮扶贫困人口14820人，带动就业2849人。

（李林普）

【全省“巧媳妇”工程助力脱贫攻坚现场会议】 2017年9月29日，全省实施“巧媳妇”工程助力脱贫攻坚现场推进会在平舆县举行。省委副书记王炯出席会议并讲话，省政协副主席梁静主持会议。会议通报全省脱贫攻坚情况和实施“巧媳妇”工程助力脱贫攻坚情况，对“巧媳妇”工程巾帼文明岗、巾帼建功标兵进行授牌，7家单位作交流发言。参会人员考察了平舆县“巧媳妇”产业扶贫项目。

（孙　剑　陈诗忠）

【全省贫困家庭重度残疾人集中托养现场会议】 2017年12月18日，全省贫困家庭重度残疾人集中托养现场会在上蔡县召开，学习、借鉴上蔡县集中托养模式经验做法，对下一步在全省推广托养工作做出安排部署。河南省委副书记王炯、省委副秘书长郝常伟、省政府副秘书长朱良才等出席会议。

（孙　剑　聂海博）

【贫困地区综合文化服务中心示范工程建设】 2017年，推进公共文化服务体系建设，市博物馆组建第一届理事会。推进贫困地区“百县万村”综合文化服务中心示范工程建设，全市48个贫困村建设任务全部完成并顺利通过验收，受到省委宣传部肯定。（李晓光　赵　哲　贾帅领）

【王炯到驻马店调研】 2017年12月18日，河南省委副书记王炯一行到驻马店市扶贫办调研指导脱贫攻坚工作。省委办公厅副秘书长郝常伟、省扶贫办副主任方国根、市委副书记李宝清陪同调研。王炯到市扶贫办查看数据平台、视察指挥中心、看望督查巡查组。在调研座谈会上，王炯听取驻马店市和6个贫困县的脱贫攻坚工作汇报，就下步工作提出几点要求：一要持续在精准上下功夫；二要抓好存在问题的整改；三要抓好典型经验的推广；四要抓好责任落实和工作创新。（孙　剑　陈诗忠　方　飞　王林昶）

民族宗教工作

【民族工作概况】 2017年，全市扎实推进民族团结进步事业。驿城区人民政府、驿城区人民街中山社区、西平县蔡寨回族乡人民政府、平舆县东和店乡人民政府被省民委命名为全省民族团结进步创建示范单位。

民族团结进步教育活动。开展以“中华民族一家亲，同心共筑中国梦”活动为主题的民族团结进步教育活动。制定并印发了《“中华民族一家亲，同心共筑中国梦”活动实施方案》的通知。组织“中华民族一家亲，同心共筑中国梦”征文活动，共收到征文稿件1000多份。继续推进以“中华民族一家亲，同心共筑中国梦”为主要内容的民族工作“六进”（进机关、进学校、进乡镇、进社区、进宗教场所）活动。

城市民族工作。全省城市民族工作会议召开后，市民宗委及时开展城市民族工作调研活动，深入各县区、乡镇、清真寺和少数民族群众中走访调研城市少数民族流动人口子女入学状况、现有政策，外来少数民族流动人口流动摊点的准入政策和管理，尊重城市少数民族清真饮食习惯、加强少数民族殡葬管理，为少数民族提供就业扶持、法律援助、急难救助、医疗计生、房屋租住、社会保障等方面服务情况，摸清了全市城市少数民族工作现状，建立了流动人口档案，解决了一些实际问题。

民族聚居地区精准扶贫。根据新的少数民族发展资金管理规定，及时研究并下达县区少数民族发展资金规模，召开全市少数民族发展资金管理工作会议，完成年度少数民族发展资金项目备案工作。全年，为少数民族聚居地争取国家和省少数民族发展资金310.4万元。开展少数民族聚居村精准扶贫活动，动员机关工作人员每人对口帮扶3户贫困户，入户走访调研，结合实际制定脱贫工作计划。

化解矛盾纠纷。一是建立信息网络，完善预警稳控机制。充实完善由统战、民宗、公安等部门牵头，市、县（区）、乡（镇、街道）、村（社区）四级贯通的民族工作信息网络，通过排查苗头性问题，及时掌握情况，对可能引发的矛盾纠纷做出充分估计。二是加强调研，深化矛盾隐患排查机制。每月开展一次全方位的排查工作，通过下基层调研、召开有关人士座谈会等形式，就全市民族宗教领域的工作形势进行分析研究，排查出倾向性的问题，对问题的原因和解决问题的对策写出报告。三是建立严格责任考核奖惩机制。建立民族宗教工作考核责任制，完善市、县（区）、乡（镇、街道）、村各级民族宗教领导小组工作职责及工作制度，明确责任人员，量化工作任务和实效，各基层单位主要负责人为本单位民族宗教工作第一责任人，严格责任考核。（吕　光）

【宗教工作概况】2017 年，全市宗教事务管理再上新台阶。

开展调查研究。对宗教领域出现的新情况新问题进行专题调研，形成《驻马店市民间信仰现状的调研报告》《基督教私设聚会点治理情况的调研报告》《驻马店市关于依法推进宗教事务工作情况的调研报告》等。

宗教法律法规宣传教育。将新修订的《宗教事务条例》作为培训宗教工作“三支队伍”和“宗教政策法规学习月”活动的重要内容，广泛宣传。6 月，在全市开展“宗教政策法规学习月”活动。以机关、宗教团体、宗教活动场所、社区为重点，向宗教活动场所集中发放、张贴一批法律法规读本、工作手册、宣传画等教育宣传品。以宗教界人士为重点，强化政策法规学习的针对性，把政策法规学习与解决实际问题紧密结合。

依法管理。开展违规建造大型露天宗教造像的专项整治工作。对确山县老乐山建造观音造像进行专项治理。协调解决驿城区中华路天主堂搬迁以及驿城区天主教与五粮神粮油贸易有限公司土地纠纷问题。开展排查宗教界开办各类以学生群体为主要对象的冬（夏）令营活动。

宗教场所管理。一是完成全市基础信息数据库建设、宗教活动场所统一社会信用代码网上赋码及换发《宗教活动场所登记证》工作。二是开展“和谐寺观教堂”创建活动。以“规范”为主题，开展“星级宗教活动场所”和“和谐寺观教堂”创建活动。三是开展宗教活动场所安全大检查。下发《驻马店市民宗委关于开展夏季宗教活动场所消防安全检查工作方案》，重点对各场所消防安全责任制落实、安全工作软硬件建设、大型宗教活动消防安全预案和工作责任落实等情况进行检查，重点整治灭火器、电路线路、安全标识、疏散标志、消防安全通道等方面存在的突出问题和安全隐患。对检查中发现的重大火灾隐患，按照“应挂尽挂”的原则，立即停止开展宗教活动，及时提请政府挂牌，向社会公布，并着手进行整改。

开展“宗教慈善周”活动。在 9 月的第三周，组织开展“宗教慈善周”活动。组织宗教人士研讨交流公益慈善的主要做法，摸索公益慈善的规律，引导宗教界开展常态化公益慈善活动，扩大社会救助范围，促进宗教公益慈善活动专业化、制度化和规范化。全市宗教界共捐款 120 多万元，助困、助残、助学受益达 600 多人次。

五大宗教重难点问题进一步解决。贯彻落实《关于处理涉及佛教寺庙、道教宫观管理有关问题的意见》等文件，对寺观被承包经营、乱设功德箱等典型案例进行重点督办。在佛教、道教界开展“文明敬香”“合理放生”活动，推动“生态寺观”建设。落实《伊斯兰教朝觐事务管理办法》，加强网上报名管理，对朝觐人员做好服务工作。正面引导穆斯林群众正信正行，自觉抵制极端、抵制民族分裂和暴力恐怖。积极协调解决天主教教产诉求。开展基督教私设点治理工作，坚持疏堵结合、纳入管理与打击取缔结合，推进治理基督教私设聚会点工作。（吕　光）

外事侨务工作

【外事工作概况】2017 年，市外侨办认真做好外事工作。

因公出国（境）管理。一是规范程序，严格因公出国（境）审批。对于出访身份与出访目的不符、团组人员构成不符合规定、没有实质性出访内容的、变相因公出国（境）的出访团组不予受理。全年共办理因公出访团组 26 批 39 人次，其中本地团组 3 批 12 人次，随省直厅局出访团组 23 批 27 人次。在出访人员中，市厅级干部出访 6 人次，县处级干部 24 人次，科级及以下人员 9 人次。较 2016 年出访的团组批次及人数略有下降。二是加强管理，严格执行因公出国（境）计划管理制度。支持经贸、文教、科技、卫生、农业、旅游等领域深化对外交流与合作，合理安排因公临时出国（境）团组和人员，编制 2017 年度驻马店市因公临时出国（境）计划，呈报省委外事工作领导小组办公室审批。

出访团组行前服务和事后管理。重视各个团组的行前教育和归国后的报告。有针对性地讲解国外安全、外事纪律、保密纪律、爱国主义教育和文明出行教育，以及在境外预防和防范敌对势力、邪教拉拢腐蚀、骚扰的方法知识等，并按规定要求出国人员回国后写出《出访报告》。

参加外交外事知识培训及活动。3 月 8 日—9 日，外侨办派人参加外交部机关党委常务副书记、国外工作局局长邓波清在省委党校举办的外交外事知识讲座。3 月 29 日，驻华大使对话中原——第十九届非洲国家驻华大使巡讲活动在郑州举行。非洲驻华大使参会并发表演讲，市外侨办率领中集华骏、昊华骏化等企业相关负责人参会并寻求合作机会。

礼宾接待工作。针对不同的外宾团组，市外侨办都制定出相应的接待方案和接待手册，确保外事礼宾接待任务等工作按要求完成。2017 年，市外侨办接待的外宾团组共 2 批 30 人次。

新形势下涉外管理。市外侨办针对新形势下出现的各种涉外问题，认真组织部署，妥善处理涉外事件，化解矛盾纠纷，维护全市社会和谐稳定。

对外友好宣传。配合省外侨办对外友好宣传工作，市外侨办广泛收集驻马店市对外开放活动大事、要事和亮点的

资料图片上报省外侨办,做好驻市的对外宣传工作。（米 丰）

【侨务工作概况】 2017年，市外侨办认真做好侨务工作。

保障改善侨界民生。一是抓侨法宣传，营造依法为侨良好氛围。通过报纸、网络开辟宣传专栏等形式，向社会大众进行侨法普法宣传活动。深入归侨侨眷和侨资、侨属企业开展普法宣传教育。二是参与脱贫攻坚，主动融入党委政府扶贫攻坚工程，深入基层调研，掌握侨界困难群众底数，办领导多次到县区调研归侨侨眷扶贫工作，针对每一位贫困侨眷制订切实可行的扶贫方案。三是坚持“四必访”制度，即重点归侨侨眷家属遇到重大事件时必访、归侨侨眷生病时必访、海外亲友回家乡时必访、归侨春节必访。2017年春节期间,慰问15户,发放慰问金9500元,慰问品价值5400元。四是组织调研侨企、召开侨界人士座谈会。先后对6家侨资（属）企业进行调研，召开2次归侨侨眷座谈会，倾听呼声，协调有关部门解决问题。五是提高归侨侨眷就业创业能力。组织归侨侨眷参加省外侨办举办的技能培训班，帮助归侨侨眷掌握劳动技能。

全国“社区侨务工作示范点”创建。办领导多次到上蔡县进行检查、指导，在创建活动中，以学习引领侨心、以真诚凝聚侨心、以交友打动侨心、以实事赢得侨心。上蔡崇阳王营社区被国务院侨办授予2016年“全国社区侨务工作示范社区”。

助推海外华文教育事业发展。2017年，市外侨办多次向省外侨办汇报、沟通，争取外派中文教师名额，传播中华民族优秀文化。驻市4名优秀教师分别到泰国、菲律宾等国家相关学校任教。

维护侨眷合法权益。一是严格执行侨生身份认证工作纪律。市外侨办按照省外侨办《关于严肃侨生身份认证工作纪律的通知》、河南省高（中）等学校招生考试委员会《关于公布高考加分项目调整办法并进一步加强管理工作的通知》精神，严格执行认证制度，严格审核。二是做好归侨侨眷信访工作。全年共受理信访事件5起,主要领导亲自过问,深入一线调查走访，及时协调相关部门妥善处理。（米 丰）

机关事务管理

【公务用车制度改革】 2017年，全市全面推进公务用车制度改革工作。一是建立市级公务用车信息管理平台，加强公务用车集中统一管理及调配使用，该管理平台于2017年6月底完成安装试运行。二是规范公务用车管理。对编制内保留公务用车，除涉及国家安全、侦查办案等有保密要求的工作用车，或已按照上级有关规定涂装制式标识的车辆外，所有公务用车统一张贴公务用车标识，安装卫星定位系统。三是制定下发《驻马店市市直党政机关公务用车使用管理实施细则（试行）》《驻马店市公务用车服务平台车辆使用管理暂行办法》。四是为妥善处理市直机关公务用车监督举报线索，明确责任分工，处理程序，中共驻马店市纪律检查委员会和驻马店机关事务管理局于2017年8月28日联合下发《关于印发〈市直机关公务用车监督举报线索处理办法〉的通知》。（王校星）

【公共机构节能管理】 2017年，全市公共机构节能管理深入开展。一是结合“全国节能宣传月和全国低碳日活动”“中国城市无车日”活动，开展节能宣传教育。二是加强能源资源消耗统计数据填报工作。建立网上能耗统计平台，完成对全市公共机构，公务用车的基础能耗数据的汇总和分析工作。三是加快节能改造进程。四是继续推进合同能源管理，抓好合同能源管理试点工程。五是大力推进能耗监控平台建设。六是做好公共机构节能责任目标考核。完成对市直单位及县区2017年度公共机构节能减排情况的考核评价。

（王校星）

【党政机关办公用房管理】 2017年，全市逐步规范党政机关办公用房管理。一是根据省“两办”文件要求，印发《市事管局关于清理腾退行业协会商会占用行政办公用房的通知》，及时上报市级各单位的行业协会商会占用行政办公用房的数据。二是根据驻马店市深化监察体制改革试点工作小组办公会议要求，对机关办公区及市工商局5家单位办公用房进行调整，为监察委员会腾出30间办公用房，面积956.5平方米。三是对全市厅级领导干部办公用房使用情况进行重新登记汇总，及时更新相关信息。四是为规范市直机关、事业单位房产管理，提高办公用房的使用效益，结合全市实际，起草拟订《关于加强市直机关事业单位房产管理的意见》，经市政府研究同意并于2017年9月11日颁布实施。（王校星）

【后勤保障服务】 2017年，市机关事务管理局坚持“服务立局”的工作理念，把“为机关服务，为领导服务，为广大干部职工服务”作为工作的出发点和落脚点，各项服务保障工作取得新进展。一是水、电、暖、消防、空调、电梯等系统设备管理做到及时维护维修，确保设备、设施正常运行。二是办公用房日常管理到位，维修及时。三是保洁工作做到地面卫生整洁，垃圾清运及时，服务满意率高。四是会务服务做到管理规范、服务到位。五是物防、技防设施得到改善，保卫工作实现三位一体。（王校星）

【后勤产业经营】 2017年，市机关事务管理局以局属广安置业有限公司、市直机关后勤服务中心和通达静怡物业为依托，利用事管局后勤品牌优势，施行市场化、现代化、规范化管理，积极参与市场竞争，推进后勤保障、服务社会化。一是进一步理顺广安置业有限公司管理体制，完善内部制度，促进公司良性运转。二是物业管理能力进一步提高。广安大厦启用后，后勤服务中心的物业管理能力不断强化，服务质量受到入驻业主好评。广安写字楼水、电、暖、物业费用征收及时；物业、保安、保洁工作扎实有序；通过建设电话局域网、完善消防设施、维护检测各类设备设施，有效保证安全生产。（王校星）

行政服务工作

【行政服务工作概况】2017年，市行政服务中心（公共资源交易中心）按照国务院、省、市“放管服”改革部署，围绕全市中心工作，推进行政审批服务平台、公共资源交易电子化平台、市长热线服务平台“三个平台”建设，努力营造更加廉政、高效、优良的政务服务环境。全年共办理行政许可服务事项48492件，收费2.37亿元；完成各类交易事项509项，交易金额107.04亿元，节约3.29亿元，增收8.62亿元。

（胡培培）

【行政审批工作】2017年，市行政服务中心继续狠抓行政审批工作。

落实简政放权措施。按照国务院、省、市“放管服”改革要求，中心对进驻的审批项目进行重新核实，落实审批事项的取消、下放工作，梳理、规范审批程序，压缩承诺时限。全年取消行政审批事项1项，取消合并行政服务事项3项，已进驻中心审批事项71项，其他行政职权（行政服务）事项33项。

持续推动申报材料“瘦身”。中心对审批项目涉及的前置要件进行重新规范，取消没有法律依据的证明。牵头组织窗口单位减少相关手续申报材料23项。

压缩审批时限。对所有审批事项严格按法定时限做到“零超时”，并在原有法定承诺时限的基础上进一步压缩，明确具体办理时限。牵头组织窗口单位对35项审批事项的承诺时限进行再压缩，由830个工作日压缩到696个工作日。

推行“三十五证合一”。为方便企业办事，中心配合市工商局窗口，推进商事制度改革，于8月1日全面实施“三十五证合一”登记制度。8月3日，举行“三十五证合一”改革营业执照首发仪式，大幅度缩短企业从筹备开办到进入市场的时间。

创新服务方式，推动服务机制优化。以全市“双创”活动为抓手，投入资金对服务大厅基础设施进行改造和完善，增添便民设施，加强咨询服务台和志愿者服务站建设，强化文明服务。在有收费项目的窗口单位安装POS机，方便群众缴费。

开展行政公文快递服务。与市邮政公司联合开展行政公文快递服务，为申请人提供全方位证照快递服务。申请人在服务窗口填写快递服务委托书，审批人员办结后，邮政速递人员将审批证照、发票、批文以特快专递方式送达申请人，打通政务服务“最后一公里”。

推行容缺受理制度。对在中心办理的审批及服务事项，在基本条件具备、主要材料齐全并符合法定条件，但次要条件有欠缺的，在服务对象书面承诺限期补齐的情况下，由职能部门先行予以容缺受理，方便办事群众。2017年，中心牵头组织窗口单位对36项审批及服务事项实行了容缺预审，可容缺申请材料82项。

深化“互联网＋政务服务”，加快网上审批应用。配合市编办梳理相关窗口的行政审批、便民服务业务系统和服务事项，建立政务平台建设工作台账，实现各审批系统与全市“互联网＋政务服务”平台的互联互通。完善网上审批办理制度，及时对中心网站进行升级改版，加大宣传力度，引导办事群众通过网上审批系统办理业务，2017年共办理群众网上审批5352件。11月21日，市工商局窗口成功办理了全市首张电子营业执照。

继续开展模拟审批和代办服务，促进项目审批提速。先后对开发区电子商务产业园、国际公路物流港等重点项目实施模拟、代办服务。

（胡培培）

【公共资源交易】2017年，市行政服务中心公共资源交易工作取得新进展。

电子化交易系统建设。按照省市电子化交易平台建设要求，对交易场所进行二次升级改造，新增大型开评标室、电子评标室等，完善智能监控系统，7月1日起涵盖“八县一市”的全市统一公共资源交易平台正式启用。

落实流程化操作和标准化监督。推进建设工程、政府采购、产权交易电子化交易工作，11月1日起，房建市政项目的工程招投标项目实现全流程电子化交易。政府采购、产权交易在2017年也实现了网上报名、网上下载标书、网上收退保证金业务。

市场主体信用信息库建设和交易数据推送工作。面向社会征集交易市场信用库，并引入河南省信息化发展有限公司进行入库企业CA数字证书办理，实现全市范围内CA数字证书的互通互认。完善电子交易系统与省交易服务平台数据传送和对接工作，在年底省公管办公布的各地市交易数据推送排名中，驻马店市位列第四名。

市县交易平台一体化。加强对各县交易中心的业务指导，加快推动市县电子交易平台建设。2月，在省公管办对县级交易平台检查验收工作中，驻市所辖8个县级交易中心一次性通过了验收。

（胡培培）

【市长热线服务工作】2017年，市行政服务中心加快热线服务平台升级改造，将市长热线呼叫系统由模拟线路升级改造为数字线路，6月19日正式运行后，群众来电日均受理量较之前增长3倍。根据省、市关于加强社会公共服务平台与110报警服务平台协调联动机制建设的要求，提请市政府出台《驻马店市社会公共服务热线协调联动工作实施方案》，对市长热线场地进行改造，办公面积由30平方米增加到70平方米，话务坐席由3位拓展到12位，加快推进人员招录、软硬件系统升级改造工作，尽快实现热线与110服务平台的互联互通。做好群众来电、网民留言办理工作，及时交办相关部门反馈办理结果，并采取电话督办、呈报市领导批示办理、在新闻媒体刊发群众关心诉求处理情况等方式，为群众排忧解难。全年共受理各种诉求20364件，与2016年同期相比增长6789件，增长率50%。其中：群众来电18046件，市长信箱留言2318件；转交3644件，办结3633件，办结率99.6%。

（胡培培）

政协驻马店市委员会

综　述

【政协驻马店市委员会工作概况】 2017年，市政协带领政协各参加单位、广大政协委员认真履行职能、助推改革发展。

开展履职活动。一是开展调研视察。围绕加快推进全市现代物流业发展，分6个课题进行专题调研。市政协领导带领调研组赴外地学习考察，深入各县区30多个物流园区和企业实地调研，召开20多次座谈会、协商会，研究提出8个方面的对策建议。市委书记陈星、市长朱是西等领导作了批示。围绕产业发展、休闲养老基地建设、创建全国文明城市、生态环境治理等组织市政协委员视察20多批次，指导驻县区市政协委员开展就地和异地视察18批次。二是开展协商议政。围绕全市经济运行情况、现代物流业发展分别召开常委会议专题议政，围绕做大做优芝麻产业、建立完善城市社区公共卫生服务体系等6个议题召开双月协商座谈会。围绕推进森林城市建设、加强乡村医疗卫生人才队伍建设、推动志愿者服务常态化等8个议题开展对口协商、界别协商和提案办理协商，向市委、市政府报送协商专报14份，提出意见建议220多条。三是实施民主监督。成立6个专题小组围绕宿鸭湖水库水污染治理、板桥和薄山饮用水源地保护、农业面源及畜禽养殖治理等进行调研，联合5个县区政协针对各自辖区内主要河流水污染情况进行水污染防治攻坚专项民主监督，提出40多条意见建议。围绕贫困县和非贫困县贫困人口的脱贫工作，针对全市2016年度脱贫工作成效考核中发现的问题的整改落实情况进行监督，提出6个方面改进工作的意见建议。四是办理提案。开展提案知识培训，印发提案参考题目，提高提案质量。严格提案审查，提高提案交办的精准性。采取市政协领导督办重点提案和重点承办单位、与“两办”联合督办、开展提案承办单位民主评议等形式，推进提案办理协商。全年市政协共收到提案467件，经审查立案408件，所有提案已按照要求全部办理完毕，办复率100%。

关注民情民生。一是反映社情民意。动员政协各参加单位、政协委员深入基层，了解群众诉求。建立完善社情民意信息收集、整理和报送机制，依托各专委会、各界别小组、政协网站等途径收集社情民意信息。全年共报送社情民意信息140多条。二是建言献策。围绕脱贫攻坚、教育发展、医

6月12日，中国人民政治协商会议第四届驻马店市委员会第一次会议在市会展中心开幕　　张　朝　摄

6月16日，市政协四届一次会议闭幕式上，新当选的主席陈锋讲话　　弓华静 摄

疗体制改革、人居环境改善、健康养老等群众反映强烈的问题开展调研视察、协商议政。政协各参加单位和政协委员运用大会发言、提案等形式为民呼吁、为民建言。三是为群众排忧解难。市政协领导分别联系县区和重点乡镇具体指导精准扶贫工作，机关对口帮扶驿城区鲁弯村和西平县冯老庄村两个贫困村，科以上干部共联系帮扶96户困难群众，为贫困村协调打井、修路、学校科普基地等项目建设资金数百万元，帮助困难群众解决就业、就医等实际困难200多项。广大政协委员积极参与帮扶活动，帮助贫困村改善基础设施、发展产业。动员政协委员投身社会公益事业、开展“三下乡”活动，组织委员和机关党员干部开展送温暖、献爱心活动，为困难群众解决实际问题，捐款捐物累计40多万元。

凝聚各方智慧力量。一是团结社会各界。加强与各党派团体、各界人士的团结合作，为他们通过政协平台参政议政、服务改革发展搭建平台。全年共办理民主党派、工商联和非中共政协委员政协提案210多件，意见建议120多条，邀请参加视察调研、民主监督等活动100多人次，安排全体会议、常委会议、协商座谈会发言40多人次。二是促进文化事业发展。编辑出版驻马店文史资料第15辑《天中记忆·知青卷》，收集文稿75篇，共计35万字。开展驻马店改革开放成果线索调研，整理出重要成果线索15条。展开市政协文史馆筹建工作，举办庆祝党的十九大书法绘画展览，开展对外文化交流活动。三是扩大政协工作交流。服务接待广东、山东等省市政协视察团20多批次，配合全国政协、省政协开展10多项调研视察，完成在驻市召开的全省政协秘书长座谈会的筹备和保障任务。加大对县区政协工作的指导力度，联合县区政协开展专题调研、委员视察、民主监督等活动，召开县区政协主席座谈会围绕把协商贯穿始终、提高提案工作水平进行总结交流。

（雷　蕾）

【优秀提案】根据《政协驻马店市委员会提案工作条例》规定，经市政协主席会议研究决定，评选出2017年的20件优秀提案。具体包括《关于健全完善长效机制，提高城市精细化管理的建议》（提案者：秦峰、刘瑞华）；《关于加强宿鸭湖水库上游污水防治的建议》（提案者:民盟驻马店市委）；《关注慢性病防治，助推健康天中建设》（提案者：农工党驻马店市委）；《关于我市“互联网+现代农业”信息化人才队伍建设的提案》（提案者：民进驻马店市委）；《关于培育创新型企业加快科技成果产业化的建议》（提案者：市工商联）；《关于规范物业管理的提案》（提案者:刘瑞华、李界峰）；《关于白云山生态保护和旅游开发的建议》（提案者:邢继伟、祝六星）；《关于我市构建大数据平台助力精准扶贫的建议》（提案者：罗新芳、陈海珍、李冰）；《关于加快我市职业院校高层次、高技能人才引进的建议》（提案者：民盟驻马店市委）；《建议加快启动107国道改线工作》（提案者:李红本）；《关于加大对石武高铁沿线香山矿坑治理的建议》（提案者：张明辉）；《推进网格化服务管理、夯实平安驻马店基础》（提案者：李晔）；《关于尽快完善我市城乡居民医保制度的建议》（提案者：常学斌）；《关于改善提高我市环卫工人工资福利待遇的提案》（提案者：许卫平、朱青霞）；《关于做好我市现代农业与产业扶贫融合发展的建议》（提案者:苗保朝）；《关于完善大数据产业推动我市网络经济跨越式发展的建议》（提案者：张昕、祁连升、李二军）；《进一步加强全市中小学心理健康教育》（提案者：党进、王红卫）；《关于我市水污染防治工作的几点建议》（提案者：龚晓润）；《关于大力发展城市公共交通的建议》（提案者：张俊峰、赵蕾）；《关于推进农村人居环境整治，建设美丽乡村的建议》（提案者：赵海金）。

（雷　蕾）

11月15日，市政协召开四届三次常委会议，围绕加快推进驻马店市现代物流业发展进行专题议政

重要会议

【全省政协秘书长座谈会第十四次会议在驻马店召开】 2017年9月19日，全省政协秘书长座谈会第十四次会议在驻马店市召开。省政协副主席张广智出席会议并讲话，省政协秘书长王树山主持会议，省政协副秘书长、办公厅主任马葆青等出席会议。（雷　蕾）

【市政协四届一次会议】 2017年6月12日—16日，市政协四届一次会议召开。大会主席团常务主席刘军甫、陈锋、姚新文、刘汝生、苗炳启、张勇刚、谢凤鸣、王秋霞、李万顺、郑玉林、张新领、李家平出席会议。市委、市人大、市政府领导和公检法、军分区、高等院校等、市部分老领导应邀出席会议。省委换届风气第七巡回督导组组长李俊杰及其他成员莅临大会指导。会议听取和审议三届市政协常务委员会工作报告和提案工作情况的报告；列席市人大四届一次会议，听取并讨论市政府工作报告和计划、财政等报告；审议通过市政协四届一次会议各项决议；审议通过市政协四届一次会议提案审查委员会关于提案审查情况的报告；选举产生四届市政协主席、副主席、秘书长和常委会组成人员。刘军甫代表三届市政协常务委员会向大会作工作报告。大会选举陈锋当选四届市政协主席，苗炳启、张勇刚、谢凤鸣、王秋霞、李万顺、郑玉林、张新领为副主席，李家平为秘书长，马莉等79人为常务委员。新当选市政协主席陈锋在大会闭幕式上作讲话。（雷　蕾）

【市政协三届五十八次主席会议】 2017年1月20日下午，市政协召开三届五十八次主席会议。市政协主席刘军甫主持会议并讲话。会议传达学习习近平在十八届中央纪委七次全会上重要讲话精神、省人大十二届七次会议和省政协十一届五次会议精神、市委四届二次全会和市委经济工作会议精神。协商讨论了市政协2017年工作要点。（雷　蕾）

【市政协三届五十九次主席会议】 2017年2月24日上午，市政协召开三届五十九次主席会议。会议传达学习2017年全省市、县政协换届工作部署会议精神和2月9日市委书记余学友在市委常委会听取市人大常委会、市政府、市政协党组工作汇报时的讲话精神，协商讨论《政协第三届驻马店市委员会常务委员会工作报告（征求意见稿）》。（雷　蕾）

【市政协三届六十次主席会议】 2017年3月29日，市政协主席刘军甫主持召开市政协三届六十次主席会议。传达学习十二届全国人大五次会议、全国政协十二届五次会议精神和省政协十一届二十一次常委会议精神，协商讨论市政协加快推进市现代物流业发展专题调研实施方案，协商讨论市政协关于开展水污染防治攻坚专项民主监督的实施方案。（雷　蕾）

【市政协双月协商座谈会】 2017年4月6日，市政协召开“大力加强中心城区中小学建设”双月协商座谈会。

2017年7月27日，市政协召开“加快休闲养老设施建设”双月协商座谈会。

2017年8月22日，市政协召开“加大宿鸭湖水污染治理力度”双月协商座谈会。

2017年9月25日，市政协召开“做大做优我市芝麻产业”

双月协商座谈会。

2017 年 10 月 26 日，市政协召开“加强基层食品安全监管”双月协商座谈会。

2017 年 10 月 31 日，市政协农业委员会组织召开“推进森林城市建设,共创天蓝地绿水净美丽家园”协商座谈会。

2017 年 12 月 14 日，市政协召开“推进城市社区公共卫生服务体系建设”双月协商座谈会。 （雷　蕾）

【市政协三届六十一次主席会议】 2017 年 4 月 25 日，市政协三届六十一次主席会议召开。会议协商讨论了政协第三届驻马店市委员会常务委员会关于提案工作情况的报告（征求意见稿）和市政协 2017 年视察工作计划（草案），听取市政协各委室关于市政协四届一次会议大会发言筹备事宜。 （雷　蕾）

【市政协三届六十二次主席会议】 2017 年 5 月 22 日，市政协召开三届六十二次主席会议。会议传达全省政协组织开展脱贫攻坚民主监督性协商动员会精神，协商研究全市政协组织围绕脱贫攻坚开展民主监督性协商工作方案，听取市政协机关精准扶贫工作情况汇报。 （雷　蕾）

【市政协召开水污染防治专项民主监督暨脱贫攻坚民主监督性协商动员会】 2017 年 5 月 25 日，市政协召开水污染防治专项民主监督暨脱贫攻坚民主监督性协商动员会。市政协主席刘军甫出席会议并讲话。市政协党组书记陈锋出席并主持会议。市委常委、常务副市长张昕等出席会议。（雷　蕾）

【市政协三届六十三次主席会议】 2017 年 5 月 27 日，市政协召开三届六十三次主席会议。会议听取关于政协第四届驻马店市委员会第一次会议筹备情况的说明，听取关于政协第四届驻马店市委员会委员建议人选名单的说明，协商通过关于召开政协第四届驻马店市委员会第一次会议的决定（草案），协商通过政协第三届驻马店市委员会常务委员会第二十五次会议议程（草案）、日程，协商通过政协第三届驻马店市委员会常务委员会工作报告（草案），听取常委会工作报告起草情况的说明并推举报告人，协商通过政协第三届驻马店市委员会常务委员会关于提案工作情况的报告（草案），听取提案工作报告起草情况的说明，协商通过关于授权主席会议审议三届二十五次常委会议未尽事宜的决定（草案）。 （雷　蕾）

【市政协三届二十五次常委会议】 2017 年 5 月 27 日，市政协召开三届二十五次常委会议。市长陈星应邀出席会议并作全市经济社会发展情况通报。市政协主席刘军甫出席会议并讲话。会议听取关于政协第四届驻马店市委员会第一次会议筹备情况的说明，审议通过关于召开政协第四届驻马店市委

10月30日，市政协农林委委员到驻马店市驿城区颐生源种养殖农民专业合作社进行现场观摩　　王朝朝 摄

员会第一次会议的决定，听取并讨论市政府关于全市经济社会发展情况的通报，审议并原则通过政协第三届驻马店市委员会常务委员会工作报告并推举了报告人，审议并原则通过政协第三届驻马店市委员会常务委员会关于提案工作情况的报告，协商决定政协第四届驻马店市委员会委员人选，审议通过关于授权主席会议审议三届二十五次常委会议未尽事宜的决定。（雷　蕾）

【市政协四届一次主席会议】 2017年6月16日上午，市政协召开四届一次主席会议。市政协主席陈锋主持会议。市政协副主席苗炳启、张勇刚、谢凤鸣、王秋霞、李万顺、郑玉林、张新领及秘书长李家平出席会议。会议协商研究主席会议组成人员工作分工，协商通过政协第四届驻马店市委员会常务委员会第一次会议议程（草案），协商通过政协第四届驻马店市委员会常务委员会第一次会议关于任命工作机构领导成员职务的决定（草案）。会议决定将上述草案提交政协第四届驻马店市委员会常务委员会议审议。（雷　蕾）

【市政协四届一次常委会议】 2017年6月16日下午，市政协召开四届一次常委会。会议审议通过政协第四届驻马店市委员会常务委员会关于任命工作机构领导成员职务的决定。（雷　蕾）

【市政协四届二次主席会议】 2017年7月26日，市政协召开四届二次主席会议。会议传达学习省政协十一届二十二次常委会议精神，听取市政协各委室上半年工作进展情况和下半年工作安排，研究市政协2017年重点提案工作，听取市政协委员联络室关于市政协各专门委员会组成人员及委员分组情况汇报。（雷　蕾）

【市政协四届三次主席会议】 2017年8月22日，市政协召开四届三次主席会议。会议传达学习习近平总书记7月26日在省部级主要领导干部专题研讨班上的重要讲话精神，听取市政协委员联络室关于赴郑州学习考察情况的报告，协商讨论市政协2017年培训工作，听取市政协提案委2017年提案办理情况汇报，协商通过市政协四届二次常委会议日程和议程(草案)。（雷　蕾）

【市政协四届二次常委会议】 2017年8月24日，市政协召开四届二次常委会议。市委副书记、市长陈星应邀到会通报上半年全市经济社会发展情况。会议传达学习习近平总书记在省部级主要领导干部专题研讨班上的重要讲话精神和省政协十一届二十二次常委会议精神，听取并讨论了陈星代表市政府所作的关于上半年全市经济社会发展情况的通报。会议还邀请中国社会科学院保险与经济发展研究中心主任郭金龙作经济和金融知识专题讲座。（雷　蕾）

【市政协四届四次主席会议】 2017年9月25日上午，市政协召开四届四次主席会议。会议传达全省政协秘书长座谈会第十四次会议精神，听取市政协各委室关于现代物流业调研情况的汇报、市政协提案委2017年提案办理情况的汇报和县区政协主席座谈会筹备情况的汇报。（雷　蕾）

【市政协四届五次主席会议】 2017年10月26日，市政协召开四届五次主席会议。会议传达学习中共十九大精神、省政协十一届二十三次常委会议精神和全省政协民主监督工作座谈会精神和中共河南省委办公厅《关于加强和改进人民政协民主监督工作的实施意见》，审议市政协关于加快推进市现代物流业发展的调研报告，听取市政协2017年提案办理情况的报告，协商通过市政协四届三次常委会会议日程和议程（草案),审议了有关人事事项。（雷　蕾）

【市政协四届三次常委会议】 2017年11月15日，市政协召开四届三次常委会议。会议围绕学习贯彻十九大精神，加快推进市现代物流业发展进行专题议政。会议听取提案委关于市政协四届一次会议以来提案办理情况的报告，审议通过有关人事事项。会议期间，河南省委讲师团副团长赵琳应邀做了十九大精神专题辅导培训。（雷　蕾）

【市政协四届六次主席会议】 2017年11月22日，市政协召开四届六次主席会议。会议传达学习省政协十一届二十四次常委会议精神，全省人大、政协换届工作座谈会会议精神和省辖市政协主席联席会第十九次会议精神，对市政协2017年底前的工作和2018年工作谋划进行安排部署。（雷　蕾）

【2017年度提案办理民主评议会】 2017年12月15日，市政协召开2017年度提案办理民主评议会，对10个市直单位政协提案办理情况进行民主评议。（雷　蕾）

领导调研视察

【陈晓光到驻调研】 2017年4月6日，全国政协副主席、民盟中央常务副主席陈晓光，全国人大常委会委员、民盟中央副主席龙庄伟一行莅临驻马店市就脱贫攻坚工作进行专题调研。省人大常委会副主任、民盟河南省委主委储亚平，省扶贫办主任张继敬等分别陪同或参加调研活动。（雷　蕾）

【夏涛到驻调研】 2017年7月5日，全国政协常委、安徽省政协副主席，民革中央常委、安徽省委主委，安徽农业大学副校长夏涛率领安徽省政协考察组莅临驻马店市，就“推进农业供给侧结构性改革，促进农民持续增收”情况进行调研。河南省政协委员、省政协民宗委副主任程德民，市政协党组书记、主席陈锋等陪同调研。（雷　蕾）

【陈光到驻考察】 2017年7月11日—12日，山东省政协副主席陈光率领山东省政协考察组莅临驻马店市，就“推进现代农业发展”等情况进行考察。山东省政协常委、经济委员会主任孙黼声，山东省政协常委、经济委员会副主任潘振文随同考察。河南省政协办公厅巡视员丁心娥，市委书记余学友等陪同考察。（雷　蕾）

【龚立群到驻调研】 2017年9月14日，省政协副主席龚立群率领省政协教科文卫体委员会和省教育厅负责人，到确山县调研乡村教师队伍建设。副市长冯玉梅、市政协副主席苗炳启陪同调研。（雷　蕾）

【介新到驻调研】 2017年7月25日，省政协常委、省政协经济委员会主任介新带领省政协调研组，深入西平县、泌阳县调研推进《大别山革命老区振兴发展规划》落实和建立生态补偿机制等工作。省政协常委、省政协经济委员会副主任陈益民，省政协委员、省政协经济委员会副主任陈党义等陪同调研。（雷　蕾）

【毛德富到驻调研】 2017年7月11日，省政协学习和文史委员会主任毛德富到驻市，就“河南改革开放40年”专项史料协作征编工作开展调研。（雷　蕾）

【驻驻省政协委员赴正阳县进行视察】 2017年10月16日，驻驻十一届省政协委员到正阳县视察花生产业发展情况。市政协主席陈锋，省政协委员、三届市政协主席刘军甫，市政协副主席谢凤鸣，省政协常委、市政协副主席张勇刚，省政协委员、市政协副主席李万顺，市政协副主席郑玉林、市政协秘书长李家平及其他住驻省政协委员参加视察。（雷　蕾）

中共驻马店市纪检委
驻马店市监察委

综　　述

【市四届纪委第二次全体会议】 2017年1月24日，中国共产党驻马店市第四届纪律检查委员会第二次全体会议召开。会议贯彻落实十八届中央纪委七次全会、十届省纪委二次全会和市四次党代会、市委四届二次全会精神，回顾总结2016年党风廉政建设和反腐败工作，研究部署2017年工作任务。市委书记余学友出席会议并讲话。市委常委、市纪委书记李成宽主持会议并代表市纪委常委会作了《强化监督执纪问责、推动全面从严治党、以优异成绩迎接党的十九大召开》的工作报告，对全市党风廉政建设和反腐败工作进行了系统总结和全面部署。各县区委书记递交了《2017年度落实全面从严治党主体责任保证书》。（孔秀丽）

【政治建设】 2017年，市纪委深入开展“五查五促”确保执纪审查安全集中教育月活动和纪检监察信访积案“大起底、大排查、大化解”活动，制定出台《驻马店市纪检监察机关信访举报双向承诺向执纪审查环节延伸暂行办法》等制度规范，采取领导包案下访、机关全员接访等措施，抓好党的十九大期间信访稳定工作，市纪委被评为全省纪检监察系统服务保障十九大先进集体。党的十九大召开后，迅速掀起学习宣传贯彻热潮并组织开展专项监督检查，推动党的十九大精神在全市落地生根。严明党的纪律特别是政治纪律和政治规矩，加强对中央和省委、市委重大决策部署执行情况的监督检查，着力开展脱贫攻坚、污染防治、创文创卫等重点任务落实情况监督检查。全市查处扶贫领域违纪违规案件326起，党政纪处分139人；查处环境污染方面失职案件123起，党政纪处分66人。抓好党的十九大代表推选，人大、政府、政协换届风气监督和干部任前廉政审核工作，严把政治关、廉洁关、形象关，防止“带病提拔”“带病上岗”。协助市委建立市委主体责任清单和市纪委监督责任清单，采取签订目标责任书、召开述责述廉大会等措施，推动管党治党责任落实。贯彻问责条例，加大责任追究力度，让失责必问、问责必严成为常态。全市共查处落实“两个责任”不力问题52起，责任追究69人。（孔秀丽）

【作风建设】 2017年，全市各级纪检监察机关深入贯彻落实中央八项规定精神，建立完善常态化通报机制。全市共查处违反中央八项规定精神问题173起，党政纪处分171人，市纪委点名通报典型问题40起。开展侵害群众利益腐败问题专项治理，全市共查处侵害群众利益不正之风和腐败问题239起，问责343人，其中党政纪处分244人，移送司法机关18人。强化懒政怠政为官不为专项检查，全市共查处懒政怠政为官不为问题311起，问责438人，其中党政纪处分266人。开展公款吃喝、公款购买高档白酒、“小金库”等专项治理，推动作风建设向深向实。加强宣传教育。采取领导干部上廉政党课，组织领导干部到省级廉政教育基地进行警示教育、集中观看《第一大案》等廉政影视作品，开展“精准扶贫·廉洁为民”专题警示宣传教育巡演，举办党内法规知识竞赛、廉政诗会和书画展等活动，深化廉政教育。加强廉政文化阵地建设，打造一批廉政教育基地、廉政文化示范点、廉政主题公园、廉政文化一条街、村镇廉政文化室。对市廉政教育展厅进行升级改造，自2017年10月1日开放后，共有43批4200余人次到展厅参观展览接受教育。办好纪检监察“一网两微一刊”，宣传解读政策、曝光典型案例、通报重要工作、回应社会关切、实施正确引导。（孔秀丽）

【执纪审查】 2017年，全市的执纪审查工作，一是保持高压态势。突出惩治重点，严查“三类人”（十八大后不收敛、不收手，问题线索反映集中、群众反映强烈，现在重要岗位且可能还要提拔使用的领导干部），保持惩治腐败高压态势。全市纪检监察机关共受理群众信访举报6387件；初核问题线索3469件，同比上升1.4%；立案1919件，同比上升0.9%；结案1862件，同比下降2.2%；党政纪处分2219人，同比下降2.3%，其中，县处级干部23人、乡科级干部299人。二是践行“四种形态”。以市委文件出台《关于落实全面从严治党主体责任实践“四种形态”的实施意见》，把运用“四种形态”贯穿于党内监督全过程。全市纪检监察机关共运用“四种形态”处置反映党员干部问题线索4900件次，其中第一种形态2661人次，占比54%，同比上升22%；第二种形态1735人次，占比35%，同比下降8%；第三种形态274人次，占比6%，同比上升32%；第四种形态230人次，占比5%，同比上升14%。三是坚持惩教并重。转变执纪审查方式，引导违纪党员学习党章党规党纪。完善说理性处分决定，以案释纪，以案说法，以理服人。改进处分决定宣布送达方式，召开被处分人员所在单位全体会议，现场解读被处分人员违纪特点、定性依据、适用条规、量纪标准等，并进

12月19日，市委书记陈星（右一）到市纪委调研 弓华静 摄

行重温入党誓词活动。同时，要求被处分人员所在单位党组织适时召开专题民主生活会，从根本上祛邪扶正，不断巩固发展良好政治生态。（孔秀丽）

【以案促改】 2017年6月9日，全市坚持标本兼治推进以案促改工作会议召开，会议印发《驻马店市坚持标本兼治推进以案促改工作的实施办法》。市纪委筛选十八大以来查处的、能够体现全面从严治党综合效果的违纪违法典型案件，作为以案促改的标靶。全市共筛选典型案例2035例，其中县处级以上领导干部127例，乡科级领导干部371例。印发《关于开好以案促改专题民主生活会的通知》，督促各级党组织和党员干部以违纪违法典型案件为镜鉴，着力查找在讲忠诚守纪律、权力运行、制度机制和作风建设4个方面存在的突出问题。全市各级党组织召开以案促改专题民主生活会和组织生活会1460余场。把教育警示作为开展以案促改工作的重点，引导党员干部吸取教训、引以为戒。全市各级各单位开展形式多样的学习教育活动，受教育人数16.2万余人。针对案件暴露出来的问题，查漏补缺、建章立制，全市重新排查廉政风险点4898个，修订风险防控措施5360余条，推动以案促改工作常态长效开展。（孔秀丽）

【监察体制改革】 2017年，全市深化国家监察体制改革试点工作取得重大成果。11月27日，《驻马店市深化国家监察体制改革试点工作实施方案》通过省改革试点工作小组办公室审核。12月8日，《驻马店市纪委监委机关内设机构设置和人员编制方案》经市编委会研究通过。12月11日，《驻马店市监察体制改革试点涉改部门机构职能编制人员转隶工作方案》正式印发。12月20日，驻马店市深化监察体制改革试点工作小组第三次会议通报全市监察体制改革工作进展情况，驻马店市监察体制改革试点工作“大头落地”。市监察委如期挂牌，10个县区监察委提前22天挂牌，走在了全省前列；全市共划转编制279个，实际转隶237人，移交问题线索311个。市纪委向市一级党和国家机关派驻机构实现全覆盖，将原有的65个派驻纪检组整合为32个纪检监察组，其中综合派驻25个，单独派驻7个。（孔秀丽）

巡察工作

【概况】 2017年，全市的巡察工作，一是深化政治巡察。聚焦坚持党的领导、加强党的建设、全面从严治党，突出严肃党内政治生活，盯住“关键少数”，查找政治偏差，推动被巡察党组织和党员干部增强“四个意识”，在政治上思想上行动上同以习近平为核心的党中央保持高度一致，把党的路线方针政策和中央、省委、市委决策部署落到实处。二是突出问题导向。坚持“带题”巡察、“听声”巡察、“贴身”巡察，聚焦“三大问题”“关键少数”、行业特点，突出重点人、重点事、重点问题，精准发力，全面问诊。市本级开展3轮巡察，巡察党组织27个，发现党的领导弱化、党的建设缺失、全面从严治党不力和违反“六项纪律”等方面的问题460个。依据巡察发现的问题，立案审查党员干部31名，党政纪处分29人，其中县处级干部7人、乡科级干部11人，移送司法机关1人。三是增强监督合力。构建市县联动监督网，探索实现上下联动、同向发力的有效途径，推动全面从严治党向基层延伸。2017年，8县2区共完成对115个党组织的巡察，发现党的领导弱化、党的建设缺失、全面从严治

党不力和违反“六项纪律”方面问题2035个。依据巡察发现的问题，纪检监察机关对302名党员干部进行立案审查，党政纪处分257人，其中乡科级干部23人，移交司法机关17人。（孔秀丽）

【市委巡察工作】 2017年，市委巡察办共开展3轮巡察，巡察党组织27个。依据巡察发现的问题，纪检监察机关对31名党员干部进行立案审查，党政纪处分29人，其中县处级干部7人、乡科级干部11人，移交司法机关1人；按照干部管理权限诫勉谈话18人；有关单位分领域分行业开展专项治理101个；组织人事部门视情节对29名党员干部进行组织调整；被巡察党组织建立完善制度374项。（张文峰）

【县区党委巡察工作】 2017年，市委加强对县区党委巡察工作的领导，通过示范传导、检查传导、制度传导，推动县区党委按照市委部署抓实主体责任、抓准巡察定位、抓好监督质量，发挥县级巡察的基础作用。全年，8县2区共完成对115个党组织的巡察，发现“三大问题”658个，违反“六项纪律”方面问题1377个。依据巡察发现的问题，纪检监察机关对302名党员干部进行立案审查，党政纪处分257人，其中乡科级干部23人，移交司法机关17人；按照干部管理权限诫勉谈话94人；有关单位分领域分行业开展专项治理186个；组织人事部门视情节对38名党员干部进行组织调整；被巡察党组织建立完善制度452项，推动全面从严治党向基层延伸。（张文峰）

【脱贫攻坚专项巡察】 2017年，按照省委巡视工作领导小组下发的《关于深入开展脱贫攻坚领域专项巡察的意见》要求，市委成立3个专项巡察组，于8月22日至9月22日，分别对泌阳县、正阳县、汝南县3个省级贫困县的9个乡镇开展脱贫攻坚领域专项巡察。3个巡察组共听取工作汇报71场，发放调查问卷479份，与干部群众个别谈话561人次，调阅有关材料4500余份，进行实地走访贫困户1987户次，共收到信访举报和发现问题线索220件次，其中纪检监察类126件次，利益诉求类91件次，涉法涉诉类3件次。10月10日和12日，市委巡察工作领导小组和市委书记专题会议分别听取巡察情况汇报，对有关问题进行研究，特别是对巡察整改和成果运用提出明确要求。11月9日至11日，市委巡察组集中向被巡察乡镇所在的县委、被巡察乡镇党委反馈了巡察情况。（张文峰）

【落实省委巡视反馈意见】 2017年，市委巡察办对照省委巡视组反馈意见和市委《省委第四巡视组反馈意见整改落实方案》中巡察工作有关内容，认真抓好整改落实。针对专职人员缺编问题，向市委和市委巡察工作领导小组汇报，提出建议；针对听取巡察汇报不及时问题，起草市委书记专题会和巡察工作领导小组听取巡察汇报制度，报市委和巡察工作领导小组审定，印发《市委书记专题会议听取巡察工作汇报议事规则》和《中共驻马店市委巡察工作领导小组会议议事规则》，对市委书记专题会和巡察工作领导小组听取巡察汇报的会议程序、议事规则和会议分工等方面做出具体规定；针对抓巡察整改不力问题，制定印发《驻马店市巡察整改督查督办工作实施办法（试行）》，对督查督办工作进行进一步规范。（张文峰）

4月20日下午，全省优秀廉政剧目大型豫剧《张伯行》巡演在市会展中心多功能厅上演　　代建新 摄

【陈星对全市巡察工作作出批示】 2017年12月12日，市委书记陈星在《全市巡察工作情况汇报》上作出批示：建立市县党委巡察制度，是以习近平同志为核心的党中央作出的重大决策。党的十九大对巡视巡察工作做出了新的部署，强调要深化政治巡视，坚持发现问题、形成震慑不动摇，建立巡视巡察上下联动监督网。驻马店市巡察工作开展以来，蹄疾步稳，成效显著，“利剑”作用充分彰显。新时代巡察工作要有新气象。全市各级党委要继续扛牢抓实巡察工作主体责任，努力开创巡察工作新局面。要深入学习贯彻党的十九大精神，坚持以习近平新时代中国特色社会主义思想为指导，围绕新时代党的建设总要求，坚定不移深化政治巡察，坚决维护以习近平同志为核心的党中央权威和集中统一领导，推动全面从严治党向纵深发展。要综合运用巡察成果，促进管党治党标本兼治。要健全完善领导体制、工作机制、服务保障机制，巩固提升巡视巡察上下联动工作格局。市县巡察机构和巡察干部要深入学习贯彻习近平新时代中国特色社会主义思想特别是巡视工作思想，忠诚履行党章赋予的职责，严格执行巡视巡察工作制度规范，发扬成绩、再接再厉，锐意进取、攻坚克难，以永不懈怠的精神状态和一往无前的奋斗姿态，推动巡察工作不断取得新成效，为奋力谱写新时代驻马店跨越发展新篇章做出新的更大贡献。

（张文峰）

【朱是西对全市巡察工作作出批示】 2017年12月12日，市委副书记、代市长朱是西在《全市巡察工作情况汇报》上作出批示：巡视巡察是管党治党的利器。管党治党责任是最根本的政治责任，政府系统党组（党委）要切实担负起全面从严治党、推进党风廉政建设和反腐败工作的主体责任，主要负责人要认真履行第一责任人的责任，对本地区、本部门、本系统党风廉政建设负总责。要用好巡察“利剑”，支持巡察工作，为深入开展巡察工作创造良好的环境和条件，并以此为抓手，促进高效政府、廉洁政府、公平政府、为民政府建设，推动政府系统全面从严治党向纵深发展，为增强党的先进性、纯洁性建设，提升党的执政能力做出应有贡献。

（张文峰）

民主党派与工商联

民进驻马店市委

【民进驻马店市委工作概况】 2017年共发展民进会员6名，截至12月底，会员人数达到112人，其中女会员58人，平均年龄43.6岁；教育、文化界会员75人，占会员总数的67%；高中级知识分子97人，占会总数的86%；中上层人士107人，占会员总数的93%；省人大常委1人，省人大代表1人，市人大常委2人，县人大常委1人；市政协常委5人，市政协委员6人，县（区）政协常委3人，县区政协委员10人；担任厅级领导干部1人、处级领导干部4人。市委会下设6个基层支部。其中，10月26日，民进黄淮学院支部成立。8月份，5个基层支部完成换届工作。在2017年民进河南省委开展的坚持和发展中国特色社会主义学习实践活动暨"创先争优"活动中，民进职业教育支部和民进市直支部分别荣获民进省委先进集体荣誉称号，胡霞、晏红等4名会员分别被授予"民进全省先进会员""民进全省创先争优先进个人"的称号。

参政议政。2017年，民进驻马店市委成立以委员侯灵敏为主任的参政议政工作专门委员会。在会员中开展"三个一"活动，即每个会员每年度献一计良策，参加一次调研，撰写一条社情民意信息。市人大、政协两会召开期间，会员们围绕全市的创文创卫、扶贫攻坚、大气污染防治、教育改革与发展中的热点难点问题提交提案，在市政协四届一次会议上提交7篇集体提案、20多份个人提案。政协委员陈海珍代表民进驻马店市委在政协会议上作了《关于提高我市职业教育发展水平的建议》大会发言。高其良委员在联组讨论会议上作了关于推进全市多样化高中发展的建议联组发言，罗新芳委员作了加大养老服务业建设、加强幼儿早教及托育服务机构建设联组发言，媒体对罗新芳、耿书霞2位委员进行了专访报道。集体提案《关于构建我市大数据平台，助力"精准扶贫"的提案》《关于我市"互联网＋现代农业"信息化人才队伍建设的提案》分别被定为1号重点提案、37号重点提案。

服务社会。2017年9月，民进市委再次为遂平县嵖岈山镇韩楼村捐赠2个开明书屋，共捐赠图书1万多册，价值7万多元，受益学生近4000人。同心助教活动小组来到嵖岈山镇中心小学，会员宴红为全体老师上了《教师礼仪》课，驻马店幼儿园的两位教师给该校幼儿园的孩子们上了舞蹈课和游戏课。12月，民进驻马店市委在确山县瓦岗镇开展送医疗、送科技、送法律"三下乡"社会服务活动，部分会员及20余名医疗卫生专家、资深律师、畜牧专家参加活动。共诊疗群众500余人次，免费发放药品近万元，发放科普宣传册1000多份，宣传小围裙500多件。经济界会员理事张巧云、巴黎、闫夏、曹洪敏等热心公益，参加社会捐助10多次，捐款、捐物达30多万元。在市总工会组织的"情系贫困学子，助力精准扶贫"活动中，会员张巧云、巴黎分别为贫困学子捐助资金20000元、5000元。在全市开展的创文攻坚及扶贫攻坚活动中，会员们发挥所长，服务社会，法律界会员开展法律进社区活动，职业学校会员组织开展礼仪进社区活动，其他会员也积极投入到文明交通、志愿者在行动等活动中。（陈海珍）

【民进驻马店市第二次代表大会】 2017年6月29日，民进驻马店市第二次代表大会召开。民进河南省委主委、省科技厅厅长张震宇，市委副书记李宝清，市委常委、统战部部长姚新文出席会议并讲话。民进河南省委专职副主委朱彤辉等出席会议。会议听取并审议通过了民进驻马店市第一届委员会工作报告，选举产生了民进驻马店市第二届委员会，表决通过了《中国民主促进会驻马店市第二次代表大会决议（草案）》。高其良当选二届民进驻马店市委主委，和志峰、蒋伟华为副主任委员，陈海珍为秘书长。（陈海珍）

民盟驻马店市委

【参政议政】 2017年，民盟驻马店市委积极开展调查研究，认真履行参政议政职能。2017年，盟市委承担了盟省委《加快农业科研成果推广，大力推进农业现代化》研究课题。成立课题组，组织市农科院专家围绕农业科研水平、农业科研推广现状和农业科技成果转化推广问题进行调研，并对调研中发现的问题提出相应的建议对策。盟市委在市政协四届一次会议上提出的集体提案《关于加强宿鸭湖水库上游污水防治的建议》《关于加快我市职业院校高层次高技能人才引进的建议》的提案，盟员朱青霞《关于改善提高我市环卫工人工资福利待遇的提案》被评为优秀提案；王慧玲、王文富、冯松涛、郭慧、张靖5位盟员被评为优秀政协委员。"两会"

期间，盟市委还围绕市人大法工委修订的《驻马店市城市市容和环境卫生管理条例》《驻马店市城市绿化条例》和驻马店农村产权制度改革问题组织盟员调研和座谈，提出有价值的意见和建议。盟市委围绕加强宿鸭湖水库上游污水防治问题，对中心城区水利系统、排污系统、污水处理厂、宿鸭湖及其上游河道进行实地调查调研，撰写出《加强排水管网建设，全面实现雨污分流》《提高污水处理厂建设标准，增强污水处理能力》2份调研报告，在市政协双月协商会上作了重点发言。（张　靖）

【开展社会服务】 2017年，民盟驻马店市委积极开展社会服务。一是盟市委根据盟省委“盟动中原”助力脱贫攻坚工作总体部署，制订《盟动中原——民盟驻马店市委助力脱贫攻坚工作行动计划》，把上蔡县大路李乡朱里桥村作为盟市委助力脱贫攻坚联系点，开展助力脱贫攻坚和脱贫攻坚民主监督工作。配合全国政协副主席、民盟中央副主席陈晓光到上蔡县开展脱贫攻坚工作调研，参加民盟中央社会服务部在上蔡县开展的脱贫攻坚民主监督专题调研，对调研中发现的脱贫攻坚先进经验进行总结，对存在的问题归纳整理，为盟中央的调研和课题研究提供参考，参加盟中央、盟省委脱贫攻坚民主监督培训班，在盟省委信阳脱贫攻坚民主监督工作会议上，以上蔡县脱贫攻坚工作情况和做法在会上进行交流。二是“烛光行动”。盟市委和北京四中网校、驿城区教体局联合主办“烛光行动·千校计划”捐赠活动，向驻马店市一高、驻马店市一高分校、驻马店市三中、四中、九中、十中6所学校，捐赠价值200余万元的信息化教育资源。三是“黄丝带”帮教。组织盟员中的法律界人士，走进市看守所，开展“黄丝带”爱心帮教活动，盟员们以案说法，以情动人，为部分涉罪未成年人进行法律教育和心理疏导。四是助力“创文”美化家园。在全市开展的全民“创文”活动中，盟员中的书画家走进社区，创作书画作品，绘制社区文化墙，弘扬优秀文化，传播正能量。（张　靖）

【民盟驻马店市第四次代表大会】 2017年6月27日，民盟驻马店市第四次代表大会召开。民盟河南省委主委、省科协主席霍金花，市委常委、常务副市长张昕，市委常委、统战部部长姚新文出席会议并讲话。民盟河南省委专职副主委柳锋波，市人大常委会副主任聂勇，市政协副主席、民盟驻马店市委主委苗炳启，市政协副主席、农工党驻马店市委主委张勇刚出席会议。会议听取并审议通过了民盟驻马店市第三届委员会工作报告，选举产生民盟驻马店市第四届委员会。王品磊当选四届民盟驻马店市委主委，陈军超、陈海英当选副主任委员，张靖为秘书长。（马敬超　宋远涛）

农工党驻马店市委

【农工党驻马店市委工作概况】 截至2017年年底，驻马店市农工党员人数发展到156人，其中卫生界97人，教育界34人，副高级以上职称117人。

参与议政协商。市委主要领导通过参与政协主席会议、常委会、全会与各类座谈会、专题会和四大班子联席会议，共同就全市经济、政治、文化、社会管理、生态建设等参政议政，分别就市《政府工作报告》、法检两院工作报告等议政建言。参与全市重大问题或议题的协商讨论，参与中共驻马店市委中心组集体学习研讨，在政协组织的全市物流业调研、建立全市慢病防控三级体系、水污染攻坚战和正阳县花生产业大型调研活动中，积极议政建言。对医养结合养老、绿色农业基地建设、医患关系调解、设施农业保险、弘扬工匠精神等人民群众关心的热点、焦点问题，通过提案、视察、走访、专题讨论等形式，与政府有关部门进行协商，并提出有价值的意见和建议。利用全市各界人士迎新春座谈会，就民生和社会热点问题积极建言。主动参与市政协、市委统战部组织的调研、视察和恳谈活动等，就全市的经济发展、城市建设与管理和民生等问题协商议政，参与省政协开展的异地调研和视察活动，围绕调研课题，深入实际与基层，倾听民意，献言献策。

提案建议。2017年，农工党驻马店市委向省政协提出《建立与完善以各级政府为主导的全省脑卒中防控体系建设的建议》《加快推进我省分级诊疗制度建设的若干建议》等提案，向省人大会议提交议案1件。向市政协四届一次会议提交大会发言2件，其中《关注慢性病防治，助推健康天中建设》被选定在2017年市四届政协大会上发言，向大会提交集体提案件4件，个人提案26件，农工党驻马店市委撰写的《关于加快推动健康驻马店建设的建议》和李二军、丁水印撰写的《推进森林城市建设，打造绿色宜居家园》被评为2016年度优秀提案。开展调查研究，形成“驻马店市水污染防治的问题与建议”“医养结合型养老的建议”“建立驻马店市农业绿色基地的建议”“关于尽快开展我省设施农业保险的建议”“建立政府主导的驻马店市急危重症救治体系建设的建议”“加强中小学学校卫生服务工作的建议”等有价值的调研报告。第五支部先后就医疗体制改革、中医药开展情况、电商经营情况、民营医院经营模式等开展调研。

反映社情民意。2017年，市委向农工党省委报送信息10多件，向市政协报送信息10余件。《城乡居民基本医疗保险制度整合后问题反映》、《建议将手足口病疫苗纳入国家免疫规划》被省政协采用，其中《建议将手足口病疫苗纳入国家免疫规划》获中共中央政治局委员、国务院副总理刘延东批示。

开展社会服务。围绕“中国环境与健康宣传周”“国际科学与和平周”“同心基地帮扶”、九九重阳节等，市委组织党员下基层为百姓义诊，现场进行科普教育、健康咨询，捐赠价值近万元药品。第五支部先后组织内科、外科、妇科等专家到段庄骨科医院、顺河乡、蚁蜂镇为群众送医送药，开展助残义诊、培训基层医务人员、科普宣教、植树造林等活动。（姚新芝）

【农工党驻马店市第四次代表大会】 2017年6月22日，农工党驻马店市第四次代表大会召开。省政协副主席、农工党河南省委主委高体健，市委副书记李宝清，市委常委、统战部部长姚新文出席会议并讲话。农工党河南省委专职副主委、农工党河南省委监督委员会主任花亚伟等出席会议。会议听取并审议通过了农工党驻马店市第三届委员会工作报告，选举产生第四届委员会。张勇刚当选为四届农工党驻马店市委主委，李东冉、刘瑞华为副主委，姚新芝为秘书长。

（马敬超　宋远涛）

民主建国会驻马店市支部

【中国民主建国会驻马店市支部成立】 2017年6月23日，中国民主建国会驻马店市支部成立大会召开。省政协副主席、民建河南省委主委龚立群，市委常委、统战部部长姚新文，民建河南省委副主委姜明，市政协副主席、农工党驻马店市委主委张勇刚出席成立大会。冯勇当选为民建驻马店市支部主委，赵玉、王刚当选为副主委。（马敬超　宋远涛）

市工商业联合会

【招商引资】 2017年，市工商联邀请外地客商参加第20届中国农洽会，接待苏州市河南商会到驻市考察，与市商务局联合在浙江省驻马店商会成立大会上举办驻马店市情暨重点项目推介会，加强与省直商会、异地商会的联络联谊，推荐驻市优良的招商引资环境和独特的区域优势。承办由省工商联、驻马店市政府主办的“百名客商驻马店行”活动，现场签约招商项目11个，投资总额达621亿元，其中万邦农产品批发市场、亿利集团绿色环保、绿地集团城市综合体等项目已经落地，是省工商联“百名客商河南行”系列活动开展以来规模最大、效益最好的一次。（王亚军　马　杰）

【脱贫攻坚】 2017年，市工商联与市委统战部、市扶贫办联合下发《关于开展“百企帮百村”精准扶贫行动的意见》，抽调素质高、能力强的年轻干部到平舆县万家镇郭寺村任驻村“第一书记”，对企村帮扶统计台账进行专项督导，在每个县区建立一个企村精准扶贫示范点，涌现出十三香、鹏宇、欢乐爱家、全宇生物、豫坡酒业等一大批扶贫先进典型。截至2017年底，全市进入“万企帮万村”精准扶贫行动全国台账管理的民营企业262家，与192个贫困村签订企村帮扶协议，实施帮扶措施433个，帮扶14555名建档立卡贫困人口，累计投入资金8721万元。蓝天集团、华东休闲用品有限公司被全国工商联、国家扶贫办表彰为“万企帮万村”精准扶贫行动先进民营企业。（王亚军　马　杰）

【打造光彩事业品牌】 2017年，市工商联发扬全市民营企业热心光彩事业的优良传统，继续打造“最美”系列工作品牌，联合市委统战部开展寻找“最美兵妈妈”活动。继续开展光彩助学活动，2017年全市超过500家企业捐资达2093万元，共资助学生5478人。组织民营企业在春节、“八一”、重阳节等节日，开展对驻军部队、孤寡老人、留守儿童的慰问活动。（王亚军　马　杰）

【助推民营企业转型升级】 2017年，市工商联健全服务平台，助推民营企业转型升级。一是开展融资服务。与邮储银行驻马店市分行联合开展中小企业走访调研活动，帮助企业疏解贷款困难。各县区工商联和直属商会也积极搭建融资平台，市企业家协会举办银企对接洽谈会，西平县工商联继续推动召开银企对接暨金融扶贫工作会，为71家企业提供贷款13亿元。二是拓宽服务领域。探索法律服务新途径、新方法，与市人社局等6家单位进一步加强劳动人事争议调解仲裁制度。依托驻马店市非公有制企业仲裁调解中心和市工商联民营经济法律维权服务中心，2017年度共办理各类案件3000余件，标的额突破40亿元。与市科技局等有关单位共同举办第九届河南省创新创业大赛驻马店赛区暨驻马店首届创新创业大赛。（王亚军　马　杰）

【参政议政】 2017年，市工商联积极建言献策，提升参政议政能力。一是参与协商建言。先后6次组织民营企业家参加市委、市政府召开的重大问题协商会和座谈会，对市委有关政策、市政府工作报告、经济工作等方面的重大问题提出参考意见。先后就加快电子商务发展等课题，利用政协全体会议和双月协商制度，集中开展专题协商，取得好的效果。支持鼓励会员中各级人大代表和政协委员履行职责，利用各级“两会”平台，提出提案、建议200多件，其中部分已被采纳。二是反映社情民意。通过走访、调研、座谈，收集上报非公有制经济人士的心声和诉求，先后有多篇意见建议被省工商联《民企社情》平台摘编。推动政府部门同民主党派工商联无党派知识分子联谊会对口联系制度的落实，主动加强与对口政府部门的联系，及时反映非公有制经济人士的意见和建议。三是进行调查研究。紧扣经济社会发展中的综合性、战略性、前瞻性课题，先后撰写多篇调研报告，其中2篇获省工商联优秀调研成果奖，部分成果通过人大建议、政协提案提交给市委、市政府决策参考。

（王亚军　马　杰）

【组织建设】 至2017年年底，全市工商联会员总数已达38286个，其中团体会员332个，非公有制企业会员8883家。指导驻马店市泉州商会换届，指导和帮助驻马店市湖北商会、遂平商会、平舆商会成立，协助焦作市驻马店商会、浙江省驻马店商会等异地商会成立和东莞市驻马店商会换届，持续指导深圳市驻马店商会筹备工作。全市（含县区）共成立行业商会115个，异地商会27个。推进“五好”县级工商联建设。遂平县工商联、上蔡县工商联、泌阳县工商联再次被确认为全国“五好”县级工商联，汝南县工商联、平舆

5月26日，市工商联第四次代表大会召开

县工商联成功争创省级“五好”县级工商联。已有7个县区成功争创省级“五好”县级工商联。（王亚军　马　杰）

【驻马店市工商联第四次代表大会】2017年5月25日，驻马店市工商业联合会第四次代表大会召开。省委统战部副部长、省工商联党组书记杨京伟，市委副书记李宝清等出席开幕式。会议审议通过市工商联三届执委会工作报告，选举产生新一届领导班子和领导机构，李万顺当选市工商联第四届执行委员会主席、总商会会长，张新友当选常务副主席。

（马敬超　宋远涛）

【“百名客商驻马店行”活动】2017年11月15日～17日，“百名客商驻马店行”活动在驻马店市举行。河南省上海商会、江苏商会、浙江商会、福建商会、广东商会、河南客家促进会6家外地在河南的商会代表，以及山西河南商会、新疆河南商会、武汉驻马店商会、东莞驻马店商会、浙江驻马店商会、深圳驻马店商会筹备组6家驻马店在异地的商会代表等140位客商齐聚天中。省政协副主席、省工商联主席梁静等出席活动。会上举办了“百名客商驻马店行”活动项目推介暨签约仪式。围绕农副产品精深加工产业、装备制造产业等9个领域对全市优势产业项目进行了推介。6个异地商会与市总商会签订商会友好合作协议，现场集中签约投资项目11个，投资总额约621亿元，涉及农副产品精深加工、物流集散、绿色建筑等多类产业。随后，组织客商到驿城区、经济开发区、城乡一体化示范区进行了参观考察，会后各商会还分赴县区就有关洽谈项目进行深度考察对接。（马敬超　宋远涛）

【梁静深入平舆县调研指导脱贫攻坚工作】2017年1月10日，省政协副主席、省工商联主席梁静带领企业家到万冢镇郭寺村学校开展爱心捐赠活动，为万冢完小、郭寺学校、高辛小学的学生们送去600份“爱心包裹”。河南省副食品公司向高辛小学捐资12.13万元，白象食品集团向万冢镇捐助价值10万元的物资。

2017年3月25日，省政协副主席、省工商联主席梁静先后深入平舆县西洋店镇、万金店镇、蓝天芝麻小镇等地，实地察看万金店镇新周村藤编厂务工群众生产生活情况和双庙乡前张村申利农业种植专业合作社，参观平舆县第二人民医院远程视频会诊和数字化药房建设，对合作社与贫困户签订扶贫资金入股转让协议，每年向贫困户分红、吸纳贫困户就业，“互联网＋精准扶贫分级诊疗”项目等扶贫措施给予肯定。

2017年4月27日，省政协副主席、省工商联主席梁静走访了万冢镇张刘村贫困户唐爱全，并到韵丰服装厂精准扶贫万冢张刘加工点、十字路乡前盛村委和李芳庄农业种植专业合作社进行调研。

2017年5月6日，省政协副主席、省工商联主席梁静出席在平舆县召开的精准扶贫工作调研座谈会。从源头上避免出生缺陷婴儿导致城乡居民家庭贫困问题产生，助力建设健康扶贫示范区。

2017年6月1日，省政协副主席、省工商联主席梁静深入平舆县检查指导脱贫攻坚工作并召开平舆县脱贫攻坚整改规范档卡工作座谈会，就进一步做好脱贫攻坚档卡规范工作提出具体要求。

2017年6月29日，省政协副主席、省工商联主席梁静带领平舆县党政考察团，到新乡市长垣县华大基因研究院长垣分院调研并进行项目对接。（马敬超　宋远涛）

群众团体

市总工会

【工会改革】 2017年，依据市编委审核批复，市总工会进行了机构编制改革。调整后，市总工会机关内设机构6个，分别为办公室（经费审查委员会办公室）、劳动和经济工作部（市直工会工作委员会）、法律和权益保障部（驻马店市总工会农民工维权工作办公室、驻马店市总工会女工委员会办公室）、基层工作部、财务资产部、网络宣教和职工服务部。市产业工会4个，分别为驻马店市教科文卫体工会委员会、驻马店市财贸金融工会委员会、驻马店市工交城建工会委员会、驻马店市农林水机工会委员会。直属事业单位3个，分别为驻马店市职工服务中心（驻马店市困难职工帮扶中心）、驻马店市工人文化宫、驻马店市职工技术协作办公室。（张步禹）

【职工政治引领】 2017年，市总工会党组开展“喜迎十九大”主题演讲比赛、“书香三八”读书活动、“驻马店市文明职工”和职工职业道德评选表彰活动、职工摄影大赛、职工心理咨询讲座等10多个主题活动，全市各县区及100多家市直单位参与。结合创建全国文明城市工作，引导全市职工自觉践行社会主义核心价值观和文明新风，积极培育弘扬社会文明新风尚。组织劳模工匠45人组成10个宣讲团，深入基层、车间、班组及职工一线，宣讲党的十九大精神，累计开展宣讲370多场次，4万多名职工聆听学习了党的十九大精神。利用报纸、网站、公众号、APP等，宣传党的理论方针政策和工会重点工作，提升广大职工对工会工作的知晓率和关注度。把党的建设与工会建设同步推进，加强职工教育培训，确保职工队伍稳定。（张步禹）

【职工建功立业】 2017年，全市工会开展“践行新理念、建功‘十三五’”主题劳动竞赛和职工技术创新活动，计算机程序工种在全省职工技能竞赛活动中取得团体第三名。推进“五比一创”劳动竞赛活动，156个项目单位参与，助推了全市重点项目进程。指导全市54家重点耗能、减排企业开展“三比两降”节能减排技能竞赛。在“安康杯”技能竞赛活动中，职工查出安全隐患13704处，保证企业安全平稳运行。创新职工技能竞赛模式，举办“玩手机、练技能、闯关卡、赢话费”网上职工技能竞赛活动，吸引25133人次参与网上练兵。评选出天中工匠5名和技术创新项目5项。（张步禹）

【基层工会建设】 2017年，全市新建工会组织112个，新入会会员94947人，其中，新增农民工会员60180人。新增省级基层工会规范化示范点33个，培育市级五星级职工之家26个，援建职工书屋35个，劳模创新工作室10个。指导各基层工会配备专兼职干部队伍，全市聘用社会化工作者34名。加强以法建会依法管会工作，4个县区、101家市直单位工会按程序完成换届工作。（张步禹）

【职工帮扶解困】 2017年元旦、春节期间，市总工会对市直486名困难职工进行了救助，发放送温暖资金48.6万元。组织市直93家行政事业单位结对帮扶市属57家困难企业中的962名困难职工。开展“金秋助学”活动，共筹集资金527.7万元，对1090名困难职工家庭学生进行助学帮扶。开展以“送岗位，送技能，送创业项目，送维权服务”为主题的工会就业创业援助月活动，组织专场招聘会6次，500多家企业进场招聘，为农民工、困难职工提供1.5万多个工作岗位，签署用工协议和意向5000多人。建设户外劳动者驿站70多个，为户外劳动者提供开水、休息椅、急救药箱、打气筒等应急物品。开展单身青年职工联谊活动，为青年职工牵线人生伴侣。配合有关部门开展农民工工资清欠、农民工平安返岗、日常帮扶救助等活动。（张步禹）

【职工维权服务】 2017年，市工会健全完善工会维权制度机制，维护职工合法权益。联合市人社局下发《关于在全市建立〈工会劳动法律监督意见书〉〈工会劳动法律监督建议书〉和惩戒制度的通知》《关于建立劳动人事争议调解联动机制的实施意见》《协调劳动关系三方会议制度》等文件，完善工会组织监督协调、用人单位整改纠正、劳动部门监察惩戒的3方协商协调制度。全市有6200家企事业单位推行厂务公开，保障职工知情、参与权。将职代会、工资集体协商等制度落实情况纳入非公经济代表人士诚信等级评价体系，全市共签订区域性工资集体协议137份，覆盖企业1879家，行业性工资集体协商17份，覆盖企业242家；单独开展工资集体协商企业2738家，覆盖职工150871人。工资集体协商工作受到中华全国总工会的调研。开展“送法到基层”“遵法守法携手筑梦”等法律宣传活动30余场，接受900余人次群众咨询，受教育人数4000余人次。全市招

1月24日，市委副书记、市长陈星（右二）到市中心城区汽车客运中心站看望坚守在工作岗位的职工，并与乘客亲切交谈

弓华静 摄

募50多名法律援助志愿者为职工提供维权服务，202家企业建立劳动争议调解组织，聘请33名劳动人事争议仲裁员，将拒不支付劳动工资的3家单位和6名个人纳入黑榜进行曝光。（张步禹）

【网上工会建设】 2017年，市工会推进网上工会建设，提升服务职工水平。深化“互联网+”工会普惠服务体系建设，开展“5元洗车”“1元观影”“元宵送汤圆”“幸运大转盘送电影票”、创文知识有奖竞答等职工普惠服务活动。拓展“河南职工网·工会会员卡”“豫工惠”APP服务领域，上传工会会员56万余人，发放会员卡26万余张，签约加盟商家涉及10个行业、800余家，微信公众号及服务号粉丝量累计达10万余人。网上入会、会籍接转、就业服务、维权帮扶、技能提升、婚恋交友、商家优惠等线上服务，与线下无缝对接，市总工会官网上传信息3000余条，河南职工网·驻马店频道上传信息2400多条。率先在全省开展网上技能提升工程，成功举办“玩手机、练技能、闯关卡、赢话费”网上技能竞赛，活动被《人民日报》《工人日报》等重要媒体关注报道，市工会被评为全国职工网上练兵活动先进单位。（张步禹）

共青团市委

【青少年思想引领工作】 2017年，团市委把迎接和学习宣传贯彻党的十九大精神作为首要的政治任务贯穿全年工作，引导全市广大团员青少年把思想和行动统一到党的十九大精神上来。党的十九大召开前，在全市团组织中开展“青春喜迎十九大·不忘初心跟党走”主题宣传教育活动，聚焦“砥砺奋进的五年”，开展成就宣讲、主题团日活动2000多场次；面向少先队员开展“喜迎十九大——我向习爷爷说句心里话”主题活动；组织学习《习近平关于青少年和共青团工作论述摘编》《习近平的知青岁月》，引导团员青年不断增强对以习近平为核心的党中央的政治认同、思想认同、情感认同。党的十九大召开后，按照“学懂弄通做实”要求，运用团市委网站、微博、“青春天中”公众号等转发、推送党的十九大精神解读文章、微视频，引导团员青年利用碎片化时间学习党的十九大精神；组织理论专家、专职团干部通过进企业、进农村、进校园、进社区，用青年喜欢的话语体系开展宣讲活动100余场次，推动党的十九大精神和习近平新时代中国特色社会主义思想深植青年心田。（胡　涛）

【服务党政中心工作】 2017年，团市委开展“八方援”驻马店共青团助力脱贫攻坚行动。举办“八方援”助力精准脱贫集中服务活动，结对帮扶建档立卡贫困青少年107户251人，开展精准扶贫志愿服务活动30多场次，累计发放扶贫物资价值120多万元。开展“希望工程圆梦行动”，募集资金105万余元，资助209名贫困学生。挖掘脱贫、扶贫青年榜样17名，其中3人获得“脱贫攻坚豫风青春榜样”。开展“创出彩”驻马店青年创新创业创优行动。引导青年在“双创”中发挥生力军作用，实施“创出彩”青年电商培育工程，选拔出以“来村网”李敏为代表的青年电商创业带头人5名。开展“创出彩青春见习活动”，帮助60名未就业青年到本地企业开展上岗见习。围绕青年创优，擦亮“驻马店青年五四奖章”“青年文明号”“青年岗位能手”等品牌，举办“寻访天中青年工匠”等活动，引导各行各业青年立足本职、创先争优。实施“绿风尚”驻马店青年生态环保攻坚行动。深化“保护母亲河行动”，围绕污染防治，开展大气污染防治“蓝天行动”、水污染防治“碧水行动”和“美丽乡村青春家园”行动；评选“绿风尚”青年环保先锋个人和先锋团体，发挥

典型示范作用;围绕全国文明城市创建,组织青少年开展“文明交通劝导”“洁城行动我先行”“除陋习树新风争做文明青少年”等志愿服务活动200多场次。　（胡　涛）

【服务青少年成长】　2017年，团市委服务青年建立“制度化”。深入学习贯彻国家《中长期青年发展规划（2016—2025年）》，拟定驻马店市规划并推动建立市、县两级青年工作联席会议制度，把党和政府对青年的关心关怀传递到青少年中去。深化“共青团与人大代表、政协委员面对面”活动,充分发挥“12355”青少年综合服务平台“青少年维权岗”作用，为青少年提供维权、救助服务。开展未成年人防溺亡教育，防范打击“校园欺凌”现象，提高青少年防护意识和防护能力。服务青年力争“精细化”。“青年创业助推计划”为创业青年协调发放低息贷款1480万元，举办青年婚恋交友联谊活动，解决单身青年婚恋问题。承办中国少年儿童服务发展中心主办的全国少年儿童“同在蓝天下、快乐共成长”主题夏令营活动。举办第四届青少年心理健康大讲堂，覆盖青少年2000余人。联系青年探索“零距离”。推进“青年之家”创建,全市建成“青年之家”78个,其中全国、省级示范性“青年之家”6个。发挥“青年之家”作用，设计开展服务青年婚恋交友、心理咨询等各具特色的项目和活动，推动团的组织网络、工作项目在青年身边有形化、日常化，实现线上线下融合发展。　（胡　涛）

【共青团驻马店市委改革】　2017年，团市委起草完善改革方案（草案），经报团省委评估和市委深改会通过后，7月19日，市委办公室印发《共青团驻马店市委改革方案》,《方案》主要围绕解决“四化”问题、突出增强“三性”主线，从改革领导机构、干部队伍、工作模式和运行方式4个方面入手，打造更加充满活力、更加坚强有力的驻马店共青团。一是改革优化机关机构设置。重新制定机关“三定”方案，增设青年发展部，并在市希望工程办公室加挂“驻马店市青少年新媒体中心”牌子，待市编委会审定批准。二是改革机关干部来源，制定团干部协管工作实施办法、《共青团驻马店市委机关挂职、兼职干部选任管理办法》，3名机关挂职干部配备到位。三是改革机关运行方式，落实“4+1”“8+4”“1+100”工作机制，全市150余名专兼职团干部直接联系服务青年2万余人，开展线上线下互动2500余次。全市共建成“青年之家”78个。四是推进从严治团，增强团员先进性光荣感。开展“学习近平总书记讲话、做合格共青团员”教育实践，创建共青团员先锋岗（队）24个。严把团员“入口关”,从严管好团员队伍,严格团员发展规划，初中、高中毕业班团学比分别控制在29.95%和65%。五是加强对全市共青团改革的纵向指导。举办改革动员会、培训班、研讨班，指导县区团委进行改革。7个县区团委改革方案已正式印发，西平县、正阳县团的改革方案已拟定并上报，待党委研究审定后印发。六是加强对青联、少先队和中学共青团改革的横向统筹。把青联、少先队、中学共青团改革作为共青团改革的重要组成部分，进行统筹规划、一体推进。　（胡　涛）

【驻马店市青年联合会第一届委员会全体会议】　2017年12月8日，驻马店市青年联合会第一届委员会全体会议召开，市委副书记李宝清出席大会开幕式并讲话，市妇联主席刘翠萍代表群团组织向大会致贺词。来自全市各族各界、各行各业的200多名优秀青年代表参加会议。会议通过《驻马店市青年联合会组织工作细则》,选举产生第一届委员会领导机构，刘欣英当选市青年联合会第一届委员会主席。　（胡　涛）

9月7日，由共青团驻马店市委主办的服务第二十届农加工洽谈会志愿者培训会在市职业技术学院进行。参加学习的志愿者有300余人

张万佳 摄

市妇联会

【驻马店市妇女联合会工作概况】 2017年，市妇联联合市委组织部在市委党校共同举办全市基层妇女干部学习十九大精神培训班，来自全市的市、县、乡（街道）、村（社区）300多名妇联干部参加培训。围绕“思想引领”“创业创新”“普法维权”“家庭文明”“健康关爱”“魅力展示”6大主题开展“中原女性大讲堂·驻马店讲堂”活动81场，受众达1.5万余人。在创建4个省级“向阳花”巾帼示范宣传队的基础上，全市共创建“向阳花”巾帼宣传队500多支。（陈雨阳）

【创业创新巾帼行动】 2017年，全市各级妇联开展“春风送岗位”活动，共免费发放妇女创业就业宣传材料8万余份，召开各类招聘会、用工洽谈会67场次，发布用工信息2.3万条，提供就业岗位2.7万个，成功就业1.4万人，接受政策咨询人数约10万人次，为3.1万余名妇女进行就业技能培训。全年共举办各类实用技术培训班48期培训1万多人次、月嫂培训班11期1900人、家政培训班14期2450人、电子商务培训班18期3640人、新型职业女农民培训班3期200人。设立咨询站点78个，展出科普版面280多块，发放科技资料6000多份，提供科技咨询1200余人次。（陈雨阳）

【巾帼脱贫行动】 2017年，全市妇联的巾帼脱贫行动一是着力实施“巧媳妇”工程。全市现有省级“巧媳妇”创业就业工程示范县1个，市级示范县3个，“巧媳妇”先进县2个，市级指导中心5个。全市共有省级示范基地40个，市级示范基地60个，县级示范基地68个，85家示范龙头企业，加工站点542个。培训“巧媳妇”8.5万人次，安置农村贫困妇女5.5万人次，带动15.6万名农村妇女实现居家灵活就业，帮助3.7万妇女实现脱贫。9月29日，全省实施“巧媳妇”工程助力脱贫攻坚推进会在驻市召开，省委副书记王炯出席会议并作重要讲话。市妇联依托开发区电子商务产业园成立驻马店市“巧媳妇”创业就业扶贫工程电商指导中心，全市共组织举办20余期专题培训会，培训留守妇女2000多人次。二是开展驻村帮扶工作。按照市委安排，市妇联选派2名优秀干部分别到遂平县褚堂乡于楼村和西平县师灵镇王寨村担当驻村第一书记，开展驻村帮扶工作。共帮助于楼村42户113人脱贫，为于楼村争取扶贫项目13个，总投资1370万元，新修村组道路12公里，新建村室500平方米，改建村小学，完成29户贫困户的危房改造，新打机井120眼，新建生产桥83座。帮助王寨村新修道路5条8公里，完成全村农电提升改造工程，修建高标准文化大舞台和小游园2座、健身广场一个，新栽绿化树木2万余棵，全村墙体彩绘近5000平方米，新建村室400平方米，注册新型家庭农场6户，流转土地400余亩。（陈雨阳）

【家庭文明建设】 2017年，全市妇联持续开展家庭美德建设。开展“好家训、好家规”评选表彰活动和驻马店市“清风满家”女子书画作品展活动。邀请国家二级心理咨询师秦萍、刘琳，省家庭教育协会成员刘友龙，市婚姻家庭指导中心武淑雅等在全市举办“有爱就有改变”“如何与孩子有效沟通”“未成年人心理健康教育”“暖心牵手，儿童心灵关爱”为主题的讲座、讲堂共计20余场次，受益儿童、家长、群众2万余人次。举办第六届驻马店市中小学生中华经典诵读大赛，共有17支代表队，2万多名少年儿童参加比赛。3月份，参与平安建设集中宣传一条街活动，全市开展专题宣传210场，展出展板1500余块，悬挂横幅250多条，发放宣传材料22万多份，接待咨询群众5000余人。2017年，市妇联婚姻家庭指导中心举办巾帼志愿者培训班共计10期，培训1500人次。组织巾帼志愿服务732次，参加巾帼志愿服务活动人数6000多人次，服务群众超过1.5万人，举办志愿者培训班51期，培训志愿者2805人次。（陈雨阳）

【妇女儿童维权关爱工作】 2017年“六一”期间，市委、市政府主要领导到幼儿园看望慰问少年儿童和少儿教育工

6月27日，正阳县妇联会举行河南省“阳光母亲”两癌救助资金发放仪式，为该县14名贫困妇女发放救助资金14万元　王　珺　摄

作者。市妇联班子成员也分别到帮扶村遂平于楼村委小学、西平王寨村委小学进行慰问，送去价值2万余元的电子琴、文具体育用品等节日礼物。组织开展农村妇女“两癌”免费检查宣传培训活动78次，全市共为6.1万名妇女进行了免费检查,查出患宫颈、乳腺及其他妇科疾病患者共1700余人。争取全国妇联项目资金348万，省妇联救助资金181万，为全市529名“两癌”贫困妇女每人发放1万元救助金。开展婚姻家庭矛盾纠纷调解，对存在婚姻家庭矛盾纠纷的家庭进行入户调解，成功调处29例。12月7日，驻马店市法学会婚姻家庭法学研究会举行成立大会，研究会设在市妇联，市委常委、政法委书记孙巍峰亲自为市婚姻家庭法学会授牌。开展禁毒宣传教育活动。下发《关于做好妇联系统2017年禁毒宣传教育工作的通知》，在全市开展“无毒家庭”创建活动，向广大妇女宣传禁毒法律法规相关知识，活动共计21场次。6月份，全市各级妇联组织巾帼志愿者300余人，联合当地教育系统、水利系统开展以“关爱留守儿童加强安全教育增强安全意识”为主题的安全教育活动，让孩子们在寓教于乐中掌握了许多安全急救小常识，受到广大留守儿童家长的认可。开展扶贫关爱公益活动。7月26日，对连续资助4年的2014级、2015级受资助的20名贫困女大学生每人发放救助金4000元，驻马店市女企业家协会等37家爱心企业及社会各界爱心人士捐款144.69万元。在全市举办的2017年“扶困助学”助学金发放仪式上，妇联系统救助的200名贫困女大学生受到每人5000元的救助。联合驻马店日报社开展“关爱特殊儿童”爱心捐赠活动，为特殊学校116名孩子发放近3万元的校服、书包等学习用品。预防出生缺陷产前和新生儿疾病两项筛查工作是省定2017年民生实事。驻市自7月1日启动“两筛”工作以来，全市共完成四项筛查任务114590人。其中：产前筛查20930人，筛查率为54.97%，全省排名第四；新生儿“两病”筛查37886人，筛查率为99.50%，全省排名第一；听力筛查37264人，筛查率为97.87%，全省排名第一。所有筛查指标均超额完成省定目标任务。

（陈雨阳）

【妇联组织建设】 2017年，全市各级组织大力推进乡镇（街道）妇联换届、乡镇（街道）妇联区域化建设和村（社区）妇代会改建妇联工作。市委办下发《驻马店市妇联改革方案》，全市177个乡镇（街道）妇联全部完成换届及区域化建设，共配备主席160人（党政副职兼任）、专职副主席176人、兼职副主席523人、执委4510人；全市共2510个村（社区），其中2505个村（社区）全部“会改联”，共配备主席2505人、副主席5965人、执委25050人。为提升改革后的基层妇联干部的理论素养和业务水平，举办全市2017年基层妇女干部培训班，市、县、乡、村300名妇联干部参加培训。联合市委组织部在井冈山红色教育学院举办驻马店市第二十二期女干部培训班，来自市直各单位的妇委会主任、优秀女干部和各县区妇联主席80人参加学习。

（陈雨阳）

【全省实施“巧媳妇”工程助力脱贫攻坚推进会】 2017年9月29日，全省实施“巧媳妇”工程助力脱贫攻坚现场推进会在平舆县召开。省委副书记王炯出席会议并讲话，省政协副主席、省工商联主席梁静主持会议。省委副秘书长郝常伟，省妇联主席部秀菊出席会议。会议通报了全省脱贫攻坚情况和实施“巧媳妇”工程助力脱贫攻坚情况，对全省“巧媳妇”工程巾帼文明岗、巾帼建功标兵进行表彰和授牌，平舆县等7家单位介绍了实施“巧媳妇”工程助力脱贫攻坚的主要做法和经验。参会人员还观摩了平舆县“巧媳妇”产业扶贫项目。

（陈雨阳）

市归侨侨眷联合会

【服务经济社会发展】 2017年，全市侨联引导广大归侨侨眷和海外侨胞参与经济建设。一是主动联络海外侨商社团。先后联络接待了美国西雅图代表团、美国中华海外总商会、摩洛哥王国代表团等20位海外知名侨领，参加在郑州举办的“共建‘一带一路’助力中原崛起”侨商峰会，主动邀请塔吉克斯坦华人华侨联合会、澳大利亚青年商会、澳中商业峰会、英国北部华人协会等海外社团、商会到驻市考察，洽谈对接合作项目。塔吉克斯坦华人华侨联合会已与泌阳县签订光伏发电合作项目；澳大利亚青年商会与驻市侨资企业金龙沃诚有限公司达成合作协议，拟投资建设大宗跨境电商项目。二是以根亲文化为媒服务发展。引导侨界人士回乡参加中华母亲节嫘祖故里拜祖大典、世界蔡氏上蔡经济发展恳谈会、重阳文化节及中国盘古圣地祈福大典等重大活动。2017年，市、县侨联先后邀请海内外宗亲代表团、文化交流团、经济考察团30多个、2000多人到驻市寻根祭祖、考察交流，推动浙江温岭蔡氏产业园、江姓文化产业园等一批项目落户驻马店。三是搞好创业就业服务。组织人员到洛阳参观全省侨联系统服务新侨创新创业基地、到济源参观学习“侨胞之家”建设。组织全市16家侨资（属）企业参加河南省侨商联合会，推荐两家侨资（属）企业为河南省侨联新侨创新创业基地。市侨联主动与市人社部门对接，为侨界群众自主创业提供财政贴息资金支持，为3家涉侨企业担保申请50万元的贷款。确山县、汝南县组织20名贫困归侨侨眷到洛阳、开封参加电子商务和烹饪培训。正阳县侨联协调农行、农商银行等信贷机构开展“阳光工程”帮扶创业活动，为返乡创业侨属大学生和贫困侨界群众提供最高10万元的无息贷款。

（贾明君）

【为侨服务】 2017年，全市侨联持续实施“零距离聚侨心”工程，有效解决联系服务侨界群众“最后一公里”的问题。一是深入开展“零距离服务月”活动。利用1个月的时间，组织机关干部采取分组包片的形式深入各县区开展走访慰问调研活动。市、县侨联先后走访侨界群众200多户，发放“为侨服务联系卡”850张。市侨联领导班子走访慰问了32户侨界空巢老人和部分重点工作对象，为他们送去慰问品。向侨界群众宣传侨法政策知识，围绕老归侨补助政策落实、困难归侨三倍补助发放等情况进行专题调研，解决他们的实际问题。10月16日，中国侨联党组书记、主席万立骏对《加拿大侨胞李荣建来信》做出批示，对驻马店市侨联工作给予高度肯定。12月4日印发的《河南统战信息》，专刊报道了驻市侨联系统开展的“零距离聚侨心”活动。二是坚持“四必访”制度。坚持重点归侨侨眷家庭遇到重大事情时必访、归侨侨眷患病时必访、海外亲友回家乡时必访、归侨春节必访。中科院电子学研究所留学归国的王宇博士荣获“赵九章优秀中青年科学奖”，市侨联得知后，立即与县侨联的人员带着鲜花和慰问品赶到王宇的老家，向他的父母表示祝贺。得知海外游子刘文超等回乡探亲时，市县侨联立即到其家中进行了慰问。走访中得知侨属翟国营的两个孩子，自幼患有严重的肾病，需要终身接受治疗时，西平县侨联及时进行看望，并送上7000元慰问金。三是参与脱贫攻坚。结合零距离走访活动，深入基层调研，掌握侨界困难群众底数，建立了全市贫困农村、城镇归侨侨眷数据库。扎实开展定点扶贫工作，全市侨联干部有5人担任驻村第一书记，4人担任驻村工作队队长。市侨联依托社会力量，为结对帮扶贫困户捐款捐物9万元，协调市教体局、企业等为驻村点争取价值14万元的全民健身器材、电脑和桌椅等物品，争取社会捐资6万元为村民修建小广场。市侨联到驻村点开展“清洁家园 保护环境”行动，并捐赠6辆卫生清扫车。举行澳大利亚魏基成“ABC天籁列车”爱心棉衣发放仪式，为建档立卡贫困户发放爱心棉衣77套。

（贾明君）

【依法维护侨益】 2017年，全市各级侨联引导侨界群众依法维权、科学维权。一是开展侨法宣传。市侨联组织机关全体干部深入社区、广场等地，发放宣传材料、提供法律咨询、布置宣传展板向广大群众宣传侨法知识，发放侨法宣传册1000多份，《涉侨政策法律问答》300多本。确山县侨联推动侨法进党校，编印了《确山县侨务法律法规实用读本》。西平县、平舆县侨联与县外侨办共同组织开展“侨法服务月”活动。二是做好信访维权工作。坚持接待来访“零等待”、维权服务“零缺位”。全年全市各级侨联机关共接待来信来访130人（件）次，回复率100%。市侨联聘任3名律师为市侨联法律顾问，向他们颁发了聘书，建立完善法律顾问制度。以涉侨法律维权服务中心为载体，为侨界群众和侨资侨属企业提供法律咨询和服务20人次。邀请省侨联领导和省法顾委专家多次到驻市督办涉侨信访案件，就案件的难点、疑点和相关部门进行研讨。妥善解决了加拿大华人魏海清的信访问题。

（贾明君）

法　治

地方立法

【概况】2017年，驻马店市坚持突出地方特色，提高立法质量。

突出重点领域立法。围绕民生改善和城市管理，制定《驻马店市饮用水水源保护条例》和《驻马店市城市市容和环境卫生管理条例》，通过省人大常委会会议审查批准。这2部法规分别于2017年9月1日、2018年1月1日正式实施。

做好法律法规草案征求意见工作。受省人大常委会委托，市人大常委会多次召开征求法律法规修改意见座谈会，先后对《中华人民共和国公共图书馆法（草案）》《河南省奖励和保护见义勇为人员条例（草案）》等16部法律法规提出修改建议63条，其中被上级人大采纳11条。

推进科学立法、民主立法、依法立法。加强立法组织协调，广泛征求社会各界意见，对法规草案起草、审议中的重大争议，充分听取起草单位及利益相关方意见，推动达成共识。围绕立法宗旨、制度安排、核心条款，做好法规起草前的立法调研、草案初审后的联合调研和二审前的专题调研，反复论证法规起草涉及的重点问题，提高立法精细化水平。完善公众意见征集体制，通过召开座谈会、公开发布法规草案及征求意见函等方式，广泛吸纳意见和建议。成立法律咨询组，建立基层联系点制度，立法工作的民意基础更加坚实。制定每部法规，都邀请有关专家、学者和富有实践经验的法律工作者参与到立法活动中，研究探讨立法工作涉及的重大疑难问题，对法规进行全面系统把关，提高立法质量。

（郭　爽）

【《驻马店市饮用水水源保护条例》制定施行】《驻马店市饮用水水源保护条例》作为驻马店市制定的首部地方性法规，于2016年12月29日经驻马店市第三届人民代表大会常务委员会第三十六次会议通过，2017年3月30日经河南省第十二届人民代表大会常务委员会第二十七次会议批准，自2017年9月1日起施行。第一部法规的诞生，开启驻马店市民主法治进程新篇章，将在保护饮用水水源，保障人民群众喝上干净水、放心水发挥作用。（郭　爽）

【《驻马店市城市市容和环境卫生管理条例》制定】《驻马店市城市市容和环境卫生管理条例》（以下简称《条例》）是驻马店市获得地方立法权后制定的第二部地方性法规。《条例》于2017年8月17日经驻马店市第四届人民代表大会常务委员会第二次会议通过，2017年9月29日经河南省第十二届人民代表大会常务委员会第三十一次会议批准，自2018年1月1日起施行。《条例》共有7章64条，体现中央和省委城市执法体制改革精神，理顺城市管理体制，明确执法主体。对城市缆线、公厕、车辆停放、占道经营、垃圾处置和运输等方面的管理都作出具体规定，并实行诚信评价和失信联合惩戒制度，将违法信息纳入行业监管体系和社会信用体系，实行失信联合惩戒，推进城市管理和城市文明建设。法律责任的设定，遵循过罚相当、切实可行原则，从立法层面引导行政机关树立和谐文明执法理念，预防权力滥用和暴力执法的发生。

（郭　爽）

法治政府建设

【概况】2017年，驻马店市委、市政府出台《驻马店市法治政府建设实施方案》，确立全市法治政府建设目标任务和路线图。市政府将原市全面推进依法行政工作领导小组更名为市法治政府建设领导小组，增加党委部门为成员单位，由市长任组长，切实加强对法治政府建设领导。市政府召开全市法治政府建设工作电视电话会议，市委副书记、市长朱是西出席会议讲话，并为新聘任的市政府法律顾问颁发聘书。加强领导干部学法用法依法行政能力建设，制订《2017年度驻马店市人民政府领导集体学法计划》，市政府常务会议学法4次，举办法治专题讲座2次。推进依法科学民主决策，履行合法性审查职责，审查市政府重大行政合同、各类协议、涉法事务有关请示1000余件。推动政府法律顾问制度化、规范化建设。2017年11月，经严格选聘程序，聘任刘苹等12人为市政府法律顾问。市政府法制办多次召开市政府法律顾问专家咨询论证会，充分发挥其参谋助手作用。各县区政府和市政府各部门均建立和实施政府法律顾问制度，各乡镇街道和县区重点执法部门也设立了政府法律顾问，形成市、县、乡三级法律顾问网络。强化法制宣传工作，向省政府法制办报送信息600余篇，省政府网站采用13篇，省政府法制办网站采用213篇。组织法治政府建设领导小组成员单位，开展全市依法行政考核，采取现场考核、案卷集中评阅和日常考核等方式，严格评定分值，综合评定出优秀等次单位 13 个。针对考评中发现的问题，建台账、下通知、促整改，推进全市依法行政工作发展。（张　伟）

【服务型行政执法建设】 2017 年，围绕全省服务型行政执法建设“服务指导年”工作主题，精心制定方案。开展行政指导案卷评查，对优秀案卷进行通报表彰。印发公布行政调解人员名单和行政调解文书示范文本的通知，规范全市行政调解工作。举办市直服务型行政执法骨干班专题培训班。确定 56 个单位为市级服务型行政示范点培育对象，经检查验收，评选出 14 个市级服务型行政执法示范点和 23 个基层服务型行政执法标兵，以先进激励推动服务型行政执法建设开展。（张　伟）

【行政执法责任制落实】 2017 年，市政府法制办确定 87 个市级行政执法责任制示范点培育对象和 64 个市级依法行政示范点培育对象，经培育、检查、验收，评选出 10 个市级行政执法责任制示范点和 10 个依法行政示范点。其中，确山县工商管理和质量技术监督局被省政府评定为全省依法行政示范单位。做好重大行政处罚备案审查，对市政府各部门报备的 94 件重大行政处罚案卷进行严格备案审查。加强行政执法主体和执法人员管理，全面推行行政执法人员资格管理和持证上岗制度。组织举办市直行政执法骨干培训班，组织新换证执法人员 402 人参加培训考试，审查办理执法证 402 本、监督证 17 本。开展行政执法文书制作检查和优秀行政执法案卷评查，抽查行政处罚、行政许可和行政指导卷宗 114 本，评选优秀执法案卷 10 本。开展受理举报投诉工作，依法依规办理群众来访来信投诉 7 件。开展行政执法自由裁量权工作，指导市环保、公安、交通等部门分别对《驻马店市饮用水水源保护条例》制定行政处罚裁量标准并向社会公布。（张　伟）

【规范性文件管理】 2017 年，市政府法制办严格执行规范性文件制定程序，定期对制定情况进行通报。依托规范性文件备案审查系统，加强对县区政府及市政府部门规范性文件的备案审查。全年制定市政府行政规范性文件 50 件，向省政府及市人大报备 50 件，办结公民异议审查 1 件。开展规范性文件清理统计工作，对 2014 年以来市政府行政规范性文件进行全面清理并汇编成册，决定继续有效规范性文件 209 件，废止规范性文件 23 件，修改规范性文件 8 件，清理结果已及时向社会公布，并将 2014 年、2015 年、2016 年度继续有效的规范性文件汇编成册。（张　伟）

【行政复议应诉工作】 2017 年，市政府法制办发挥行政复议在解决行政争议中的主渠道作用，推进行政复议申请受理、审理、决定、履行、能力建设、监督考核等规范化建设。加强对各县、区和市直部门行政复议工作指导监督，改进审理方式，依法有效化解行政争议。畅通复议案件受理渠道，方便群众提出复议申请。全年市政府法制办共接待群众来信来访咨询 1500 余人次。全市共立案受理行政复议案件 875 件，市政府本级立案受理行政复议案件 343 件。认真执行《河南省行政机关负责人出庭应诉规定》，推动和规范行政机关负责人及工作人员出庭应诉。配合人民法院行政审判工作，支持人民法院依法独立行使审判权，尊重人民法院对行政机关的审判监督。2017 年，全市共办理行政应诉案件 960 件，其中市政府本级办理行政应诉案件 148 件。解决群众信访举报反映的问题，引导信访人和举报人通过行政复议、行政诉讼、民事诉讼等法律程序解决问题。2017 年，从信访转到复议途径的案件 150 余件，全部得到依法办理。（张　伟）

政法委及综治

【维护社会稳定】 2017 年，驻马店市委政法委以平安驻马店建设为统揽，推进依法治市进程，呈现出社会大局持续稳定、治安局势持续平稳的局面。把维护国家安全和政治稳定放在首位，发挥情报信息预警功能，严密防范敌对势力插手驻马店市涉艾、扶贫、特定利益群体等问题，严厉打击暴恐犯罪活动，提档升级“滤网行动”，搜集涉稳情报信息 2673 条，抓获涉恐人员 9 名，开展“五查五促”稳定安全信访专项督查活动，完成十九大等重大安保维稳任务。开展反邪教斗争，推进“敲门行动”和追逃查失行动，破获有关案件 22 起，抓获 66 人，找到失联人员 6 人。强化网络阵地管控，做好网络负面舆情应对工作，打击整治网络违法犯罪，及时处置 5079 条网上有害信息。落实信访工作责任制，集中化解信访积案，赴京非访量同比下降 12%，中央巡视组交办 187 件涉法涉诉信访案件办结情况位居全省前列，发放国家司法救助金 349.85 万元。完善“4+2”稳控应急处置工作机制，化解 60 余次特定群体赴省进京上访活动。针对全市影响社会稳定的突出问题，开展“矛盾纠纷大排查大化解切实预防‘民转刑’命案”“特定利益群体稳控化解”“3 年以上信访老户集中化解攻坚”3 大专项行动，共排查出可能引发“民转刑”案件的矛盾纠纷 1581 起，化解率达 92%；转化省交办特定利益群体重点人员 27 人，依法打击 41 人；全部化解省交办的 59 起和市梳理的 13 起信访老户案件，确保十九大期间全市实现赴京零非访、零集体上访、零极端访。驻马店市连续 3 年被评为平安建设优秀（先进）省辖市。遂平县荣获全国综治最高奖杯——“长安杯”。（刘义琳）

【依法治市】 2017 年，驻马店市委政法委深化依法治市实践。按照“一跟进、两聚焦”总体思路，充分发挥统筹协调督导作用，紧跟顶层设计，对接基层所需，及时纠正偏差、提出意见、强化督查，推进各项司法体制改革任务落地见效。法官、检察官员额制及配套改革基本完成。被最高法院确定的以庭审直播为内容的司法公开第四大平台工作试点有序推进，市中级人民法院庭审网络直播案件 5052 件，位居全省第一。市检察院参与监察体制改革，确保市监委会挂牌。深化公安行政管理改革，市公安局探索形成具有驻马店市特色的公安执法监督暨队伍建设十项机制。强化执法监督工作，开展执法规范化建设主题活动，抓好违反“三个规定”线索核查工作，坚决纠正执法不严、司法不公等突出问题。在全市政法系统开展“公正廉洁、执法为民”十大精品案件评选表彰活动和爱民实践服务承诺活动，司法质效和公信力提升。全面落实“七五”普法规划，推动建立“谁执法谁普法、谁主管谁普法”责任清单制度，深化“法律服务进基层”活动，提升全民法治观念和法治素养。同时，推动市法学会建立覆盖全市乡镇（街道）、村（社区）的基层法律服务平台和服务体系，为基层组织和人民群众提供有效法律服务。

（刘义琳）

【社会治理】 2017年，市委政法委推进社会治理创新。启动实施“百乡千村平安筑基工程”，高度整合资源，注重实战实用，夯实社会治理基层基础。推动综治中心规范化，推进矛盾联调、治安联防、服务联抓，全市县、乡、村、组四级综治工作平台建设走在全省前列，受到省委常委、省委政法委书记许甘露高度评价。推动矛盾化解多元化，深化社会心理服务体系建设全国试点工作，在全国交流座谈会上作典型发言，并在西平县召开全省社会心理服务体系建设工作推进会，初步探索出一条用心理干预手段化解矛盾的新路子。推动综治工作信息化，在全省率先建立集技防网、政务网、信息网、视联网“四网合一”的综治信息系统，完善“9+X”模块，建成综治云信息系统，实现与各县区互联互通。推动治安防控立体化，技防平台实现县乡村联网，视频监控实现重点部位全覆盖，支撑各类案件6.7万多起，服务民生3.9万多件。推进专职巡防队伍保安化管理机制，全面开展治安保险工作，由县区财政出资800多万元对全市居民进行财产保险。加强对刑满释放、精神病患者等重点人的管理服务，其中对1596名有易肇事肇祸倾向的严重精神障碍患者，全部实行以奖代补监护并纳入人身保险。推动基层治理网格化，健全完善“一长多员”“一员多能”工作模式，配备38901名网格管理员，及时掌握第一手信息，录入信息系统，实现人、事、情、物全覆盖。推动平安创建系列化，细化创建标准，加强动态管理，表彰五星级平安乡镇（街道）46个，平安村（社区）2301个。（刘义琳）

【政法队伍建设】 2017年，驻马店市政法系统打造忠诚干净担当的政法队伍。始终把思想建设放在首位，坚持每周一晨课、周五支部活动“两个一小时”，规范党内组织生活，引导政法干部树牢“四个意识”“四个自信”。层层签订党风廉政建设责任书，查摆整改问题21个，通报违纪违法行为40多起，推动全面从严治党在政法系统向纵深发展。健全内部监督制约机制，制订《全市政法系统加强廉政风险防控工作方案》《全市政法系统正风肃纪工作实施方案》等，完善重大事项议事、重大决策征求意见、提醒和诫勉谈话等制度。全面提升实战能力和过硬本领，安排部署政法各单位结合实际，开展各类业务培训137期、参训干警7725人次，组织全市政法系统党员干部赴浙江大学、深圳大学学习培训。坚持正面宣传，一大批政法干警立功受奖，开展“人民满意的政法单位和政法干警”评选活动，持续做好因公牺牲伤残特困干警救助工作，发放救助资金69.36万元，批复率和实际批复资金位居全省前列。（刘义琳）

公　安

【概况】 2017年，市公安机关完成党的十九大、金砖国家领导人第九次会晤、“一带一路”高峰论坛、第二十届中国农加工洽谈会和春节、“五一”、国庆节等重大安保任务。年内，全市先后有1名民警荣立个人一等功，9名民警荣立个人二等功，246名民警荣立个人三等功，329名民警荣获个人嘉奖。

维稳工作。市公安机关及时处置化解一大批影响社会稳定的不安定因素。部署开展多项专项行动，开展反恐斗争，省公安厅先后5次通报表扬市公安局。加大对网站管理力度，开展打击整治网络违法犯罪活动，及时发现处置网上有害信息6501条，有效防止网上有害信息向现实危害转化。

打击刑事犯罪。2017年，先后组织开展“打黑恶反盗诈破系列”攻坚战、“平安守护”等专项行动，严厉打击严重暴力犯罪和多发性侵财类犯罪。年内，驻马店市新发命案43起，破获42起，破案率97.7%，破获命案积案5起；建立重大案件侦破工作领导督办回访机制，全市8类主要刑事案件破案率达86.5%；判决黑恶犯罪人员912人，同比上升58.3%；破获“盗抢骗”犯罪案件7965起，同比上升40.6%，破获系列案件455串4542案，追回并退还一大批赃款赃物；抓获诈骗犯罪嫌疑人423人，起诉犯罪嫌疑人293人，止付冻结被骗资金7409.4万元。继续强力整治上蔡籍人员冒充军人犯罪，此类犯罪得到有效遏制。全年全市共抓获冒充军人诈骗犯罪嫌疑人178人，破获冒充军人诈骗案件251起，追缴一大批赃款赃物。与此同时，部署开展多轮不同层次、各有侧重的打防专项行动，打击刑事犯罪综合效能提升。全市共起诉犯罪嫌疑人7509人，同比上升40.4%；抓获网上逃犯1171人，同比上升11.6%。在广东省中山市一举抓获4名台湾籍电信诈骗犯罪嫌疑人，缴获涉案银行卡128张，带破冒充公安民警在全国各地实施的电信诈骗案件200余起。8月4日，市局组织近百名警力在武汉、孝感、西安、昆明4地同时行动，成功摧毁一特大电信诈骗犯罪团伙，一举抓获犯罪嫌疑人32人，查扣一大批赃款赃物，破获办理信用卡诈骗案件500余起，涉案金额900余万元。

打击经济犯罪。组织开展非法集资攻坚战、“云端行动2017”、“猎狐行动2017”等专项行动，破获经济犯罪案件149起，抓获犯罪嫌疑人172人。在猎狐专项行动中，由公安部、省公安厅和市公安局组成的境外追逃小组于2月13日远赴波兰华沙，成功劝返涉嫌非法吸收公众存款的3名红色通缉令在逃人员。该案是全国公安机关首次在欧洲国家开

10月8日下午，副省长、省公安厅厅长舒庆（中）深入市公安局110指挥中心调研督导安保维稳工作　　张　华　摄

展劝返工作并取得成功的范例，公安部发贺电祝贺。

开展禁毒人民战争。开展打击制贩毒犯罪、堵源截流、禁种铲毒、禁吸戒毒等专项行动。全市共破获毒品犯罪案件188起，抓获毒品犯罪嫌疑人227人，缴获毒品68.72千克，强制隔离戒毒407人。全面开展毒品问题重点整治，全市外流贩毒人员在外省落网数同比下降24.4%，省禁毒委取消平舆县毒品问题通报警示地区的“帽子”。5月23日，市公安局在全省缉毒执法工作讲评会上作经验介绍。

（郝哪达　郑　方）

【专项整治行动】2017年，市公安机关开展缉枪治爆、扫黄打赌、打假“利剑”、打击环境污染犯罪“清水蓝天”行动和易制爆危险化学品和寄递物流等专项整治行动。全年查破涉枪涉爆涉刀案件537起，收缴炸药2576千克、易制爆危险化学品10747.8千克、各类枪支451支、弹111892枚、雷管414枚、烟花爆竹15221箱。侦办黄赌案件109起、食药环案件60起。侦办部督2起、省督治安部门管辖的刑事案件7起。办理“三非”外国人案（事）件27起，查处“三非”外国人29人。在对废旧金属收购业、二手手机、二手车交易市场等特种行业为重点的集中清理整治行动中，检查特种行业836家，对违法违规的废旧收购站点予以停业整顿。在打击整治黑加油站“回头看”活动中，整体拆除黑加油点98家，查扣油品89吨。在易制爆危险化学品和寄递物流专项整治中，共处罚违规经营易制爆危险化学品从业单位及生产经营企业1373家次、违规经营物流寄递企业905家次。破获刘XX非法制贩爆炸物品案件，收缴私制炸药及半成品6222千克。

（郝哪达　郑　方）

【社会治安管控】2017年，市公安机关推进“一村（格）一警”工作。发挥“一村（格）一警”包村（格）民警作用，整合社区（农村）治安防范资源，积极开展群防群治。结合驻马店行政区划及治安形势，将全市优化整合为3276个网格，共有239名社区民警、546名驻村民警、2550名包村民警、3276名专职辅警工作在基层一线。建设警务室342个、警务工作站2377个，组建专职巡逻队203个、义务巡逻队832个。组织开展“清源”“织网”“护航”3大攻坚战，加强治安管理工作。以人口、房屋、行业、场所、物品管控为基础，以排查、清理、管控、整治为手段，组织开展以清理清查和源头管控为主要内容的“清源”攻坚战。共清查涉枪、涉爆、涉毒单位72家，收缴非法枪爆物品40件；检查内保单位1093家，发现并整治隐患432处；清理整治公共复杂场所2212家，停业整顿362家。以组织开展“一标三实”基础信息采集年活动和推行标准地址二维码管理为载体，以全面推进新版社区警务信息系统建设和推广应用为基础，组织开展“织网”攻坚战。共核对标准地址信息194.4万余条、实有人口信息827.6万余条、实有房屋信息230.1万余条，删除或注销无效标准地址信息115.8万余条、实有人口信息648.2万余条、实有房屋信息110.7万余条。民警和辅警下辖区27万余人次，走访群众328万余人次，提供违法犯罪线索662条，提供黑恶线索49条，发现管控重点人员1385人，排查矛盾纠纷2632起，化解矛盾纠纷2548起，排查安全隐患4288处，开展帮困救助6665人次，为群众办好事7345件。

组织开展"护航"攻坚战，为全市创建全国文明城市、国家卫生城市做出贡献，为全市服务经济社会健康发展营造良好社会治安环境。治安支队被评为全国创建"平安医院"先进集体，社区民警在全省练兵比武竞赛活动中取得第一名。由于打击防范有力，全市刑事案件发案数同比下降9.18%。8类严重刑事犯罪案件同比下降23.62%，其中抢劫案件下降50.82%、抢夺案件下降67.65%。（郝哪达　郑　方）

【交通管理】2017年，市公安机关加强和改进交通管理工作。在持续开展道路交通安全综合整治、道路运输平安年等整治活动的同时，开展中心城区交通违法和粉尘污染专项整治行动，确保全市道路交通安全畅通。全市高速公路、国省道未发生较大范围、长时间拥堵。（郝哪达　郑　方）

【消防安全管理】2017年，市公安机关组织开展公共娱乐场所消防安全专项治理、夏季消防、"零点"夜查等专项行动，开展社会福利机构、商场市场、仓储物流企业、居民住宅公共区域、商场影院等专项排查，确保全市火灾形势持续稳定。全年全市发生火灾起数、经济损失数同比分别下降17.68%、14.42%，无人员伤亡。（郝哪达　郑　方）

【公安便民服务】2017年，市公安机关落实便民利民措施，提升公安机关服务效能。出入境部门在基层窗口推行"港澳通行证自助签注机""出入境综合信息采集预受理系统"等自助设备，增设受理点、下放县级港澳台签注制作权。依托"互联网+"便民服务平台建设，实行"异地办证""自助办理""网上预约"等惠民措施，通过科技强警，提高服务和管理水平。年内，全市共受理出入境证件14.65万人次，群众满意率为100%。户政部门通过推进居民身份证异地受理、挂失申报和丢失招领工作，依托"互联网+"便民服务平台，对29项户籍业务实行网上办理，开展无户口人员登记户口和清理整顿双重户口等措施，在户籍室推行延时和预约办理户籍业务，提高窗口单位工作效率。结合全市流动人口分布情况，建立30个居民身份证异地受理点。各派出所户籍室和户办大厅均开展挂失申报和丢失招领服务，解决无户口人员3383人，清理双重户口1.5万余人，死亡核销4万余人，办理居住证1.7万余个。新增交管驾考预约、电子监控处理等便民服务事项共计55项，新增注册用户近6.5万人，办理网上考试预约等各类事项176.8万件。（郝哪达　郑　方）

【公安执法规范化建设】2017年，市公安机关坚持和完善群众投诉案件倒查问责机制、信访案件领导首接责任机制、疑难案件会商研判机制等具有驻马店市特色的公安执法监督机制。对群众投诉案件进行责任倒查，对存在问题的案件予以全市通报，并对相关责任人和责任领导予以责任追究；凡属市局领导首接的初信初访案件一律全程督办，市局接待受理初信访案件同比下降53.61%。针对公安执法工作中存在的问题和薄弱环节，举办"以案释法"大讲堂，用发生在民警身边的"事"教育身边的人。年内共举办9期"以案释法"大讲堂。组织民警执法资格考试，规范网上执法质量考评工作，共组织召开案例评析会41场次，开展法治培训124场次。落实公安民警集中训练计划。组织警务实战和心理健康教官进行重点课题攻坚。完成市局心理服务中心建设。聘请刑警学院、公安大学专家教授为驻马店市基层民警授课。全年共举办各类培训班33期，培训民警3228人。推进执法办案中心建设。遂平、西平2县公安局执法办案中心建成并投入使用，全市5个县级公安机关办案中心实现标准化、规范化管理。配备现场执法记录仪4346部，配备率达96.1%。一线执法单位配备率达到100%，基本实现案件集中办理、全程封闭、执法活动全程同步录音录像、全程监督的执法办案新模式。（郝哪达　郑　方）

4月14日，市公安局组织民警走向街头开展丰富多彩的以"加强法制宣传教育，增强全民国家安全意识"为主题的第二个全民国家安全教育日宣传活动

王　磊摄

检 察

【概况】 2017年，驻马店市检察机关围绕经济社会发展大局，推进检察改革，提升司法公信。市检察院财政经费预算达到4649万余元，同比增长39.9%，促进两级院建立经费预算机制。15起案件入选全国、全省检察机关，全市政法机关精品案件、优质案件；14名干警入选全国、全省检察机关业务专家、办案能手。市院和5个县院反贪局、反渎局被省院评为全省优秀反贪局、反渎局，15人被评为全省优秀反贪局长、反渎局长。市检察院第三次通过全国文明单位复检，被省院表彰为2017年度全省检察机关业务工作先进单位。新蔡县检察院成功创建全国文明单位，被省院评为全省检察文化建设示范院。6个基层院被省院表彰为全省查办职务犯罪工作先进基层检察院。 （钟云锋）

【检察服务大局】 2017年，驻马店市检察机关立足职能，服务大局。一是落实平安驻马店建设目标，全面做好维护政治稳定、社会稳定、信访稳定、公共安全稳定、舆论环境稳定等关键领域工作。依法批捕各类刑事犯罪嫌疑人4420人，提起公诉8759人，批捕数和起诉数均位居全省第三。坚持区别对待、宽严相济，对涉嫌犯罪但社会危险性较小的，决定不批捕627人；对犯罪情节轻微、依法不需要判处刑罚的，决定不起诉123人。二是服务保障党的十九大胜利召开。驻马店市检察机关依法批捕邪教、暴恐、黑恶势力等严重危害国家安全和公共安全犯罪388人，提起公诉3225人；批捕故意杀人、强奸等严重侵犯公民人身权利犯罪682人，提起公诉923人；批捕“两抢一盗”等多发性侵财犯罪853人，提起公诉1367人。落实24小时值班、领导接访、领导包案等制度，做好矛盾风险防范化解工作。党的十九大期间没有发生来自驻马店市涉检信访问题干扰。三是服务保障经济健康发展。深化服务产业集聚区建设专项活动，组织干警走访企业，开展服务大局品牌评选活动。参与整顿和规范市场经济秩序，依法批捕非法集资、传销等涉众型经济犯罪670人，提起公诉622人。加强产权司法保护，参与打击侵犯知识产权专项行动，批捕侵犯知识产权犯罪11人，监督行政执法机关移送涉嫌侵犯知识产权犯罪2件2人，监督公安机关立案侦查7件7人。四是服务保障脱贫攻坚。开展集中整治和加强预防扶贫领域职务犯罪专项工作，查办扶贫领域职务犯罪109人。市院和驿城区、新蔡县院被省院表彰为专项工作先进集体。开展扶贫领域专项预防，开展“精准扶贫、廉洁为民”专题警示宣传教育全市巡讲11场。五是服务保障环境治理。持续开展破坏环境资源犯罪专项立案监督和环保领域渎职犯罪专项查案活动，监督公安机关立案破坏环境资源犯罪12件14人，查办环保领域职务犯罪2件4人。六是服务保障民生。落实爱民实践服务承诺十件实事，增强人民群众的幸福感、获得感和安全感。持续开展危害食品药品安全犯罪专项立案监督活动，监督公安机关立案此类犯罪11件12人。参与打击整治电信网络诈骗犯罪专项行动，批捕此类犯罪320人，提起公诉124人。重视涉罪未成年人教育挽救，依法附条件不起诉未成年人犯罪24人，广泛开展检校共建活动，组织送法进校园活动87次。探索司法救助与脱贫攻坚帮扶相衔接的工作模式，协调为47名生活困难的刑事被害人及其近亲属提供司法救助45万元，其中精准扶贫对象2名，发放救助金5.3万元。 （钟云锋）

【职务犯罪惩治预防】 2017年，驻马店市检察机关共立案侦查职务犯罪232件349人，其中贪污贿赂案件158件231人，渎职侵权案件74件118人，人数同比分别上升6.5%和10.3%；厅级干部2人，县处级干部5人，百万元以上案

5月26日，驻马店市检察院在市实验中学开展送法进校园活动

3月7日，关爱保护留守儿童工作室检察干警深入农村调研

件 33 件 39 人；为国家挽回直接经济损失 636 万余元。做好行贿犯罪档案查询工作，组织开展扶贫、生态环境保护等领域专项预防调查，协调召开市预防职务犯罪领导小组工作会议，推动形成不敢腐、不能腐、不想腐政治氛围。（钟云锋）

【诉讼监督】 2017 年，驻马店市检察机关加强刑事诉讼监督，监督公安机关立案 81 人，被法院作出有罪判决 82 人；监督公安机关撤案 34 件；追加逮捕 113 人，追加起诉 282 人，分别被法院作出实刑判决 118 人、254 人。提出刑事抗诉 29 件，法院已改判 22 件。10 个基层院均在相关公安派出所设立派驻检察官办公室。加强民事行政诉讼监督，提请、提出抗诉 38 件，作出不支持监督决定 141 件，提出再审检察建议 26 件，提出执行监督和程序监督检察建议 198 件。加强刑事执行监督，依法对刑罚执行和监管活动违法提出纠正意见 601 件次，提出书面纠正财产刑执行不当 614 件。（钟云锋）

【检察改革】 2017 年，驻马店市推进检察改革。一是推进司法责任制改革。推进检察人员分类管理，市、县两级院首批遴选 432 名员额检察官，确定检察辅助人员 358 人，司法行政人员 102 人。落实职业保障，员额检察官及检察辅助人员、司法行政人员等级工资套改工作全部完成并兑现到位。严格司法责任，实行随机分案制度，推进领导带头办案，办案质量、效率有新提升。二是推进人民监督员制度改革。配合市司法局选任人民监督员 50 名。2017 年，21 件职务犯罪案件接受人民监督员监督评议。三是配合推进监察体制改革。开展清理积压线索、积案和涉案财物遗留问题专项活动，积压线索、涉案财物和历年积案按期全部清理完毕。加快案件消化处理，当年所立案件全部侦查终结、移送审查起诉。两级院转隶政法编人员总体控制在政法编 25% 以内，市检察院 2 名局长转隶后均进入监委会委员，另 3 名副处级干部均任监委室主任。（钟云锋）

【司法公信力建设】 2017 年，驻马店市检察机关加强司法公信力建设。深化规范司法行为专项整治工作，律师会见难等问题得到有效解决；完善深化律师参与接访化解矛盾和反向审视工作机制，做法受到省院和市委政法委肯定。开展捕后不起诉案件、赔偿案件、系统提示超期案件等类案质量评查，推动办案质量提高；加强法治宣传，结合扶贫攻坚、环境治理、防治校园欺凌等工作，增强法治宣传针对性和实效性；自觉接受监督，市人大常委会专题听取并审议市院关于深化司法体制改革专项报告，省院在驻马店市试点代表联络手机 APP 项目顺利推进；深化检务公开，配合省院完成检务公开交叉督查，落实案件信息网上公开制度，做好行贿犯罪档案查询工作，增强人民群众的司法获得感。市检察院侦监处被省委表彰为河南省人民满意的政法单位，2 名干警被表彰为河南省人民满意的政法干警。（钟云锋）

【“检察开放日”活动】 2017 年 5 月 26 日，市检察院在市实验中学举办以“防治校园欺凌，护航未成年人成长”为主题的“检察开放日”活动。市人大常委会副主任张德轩，市政府副市长冯玉梅，市检察院党组书记、检察长吴文立等领导，团市委、市妇联、教育系统代表，部分省、市人大代表、政协委员、市检察院人民监督员及市实验中学师生，新闻媒体代表等共计 400 余人参加活动。活动通过设置宣传展板、开展法治宣讲、表演情景剧、展播微电影、通报未成年人刑事检察工作情况等多种形式，宣传校园欺凌防治措施、未成年人保护和犯罪预防、未成年人刑事检察工作成效等。5 月 26 日～27 日，全市 10 个县区检察院也分别开展以“防治校园欺凌，护航未成年人成长”为主题的“检察开放日”活动。（钟云锋）

【苗国强到市检察机关调研】 2017 年 9 月 12 日，中共河南省纪委驻省检察院纪检组组长、省检察院党组成员苗国强一行，到驻马店市检察机关调研党风廉政建设工作，先后在上蔡县检察院和市检察院召开座谈会。苗国强肯定了驻马店市两级检察院党风廉政建设工作，强调要进一步提高对党风廉政建设和管党治党的认识，推动全面从严治党、从严治检向纵深发展。市检察院党组书记、检察长吴文立，党组成员、纪检组长梁卫东，上蔡县委书记胡建辉，县委常委、政法委书记陈佳，县委常委、纪委书记李超，县检察院党组书记、检察长闫宝分别陪同调研、参加座谈。（钟云锋）

【全市检察机关侦查监督第五届精品案件评选活动】 2017 年 10 月 17 日，市检察院组织开展“喜迎十九大 评选精品案件”全市检察机关侦查监督第五届精品案件评选活动。河南省检察院侦查监督处处长乔志华，河南省人大代表、市律师协会名誉会长、河南驿城律师事务所主任曹平，驻马店市检察院党组成员、副检察长刘宇等 9 人担任评委。市检察院党组书记、检察长吴文立莅临活动现场，并为获奖单位颁奖。最终，汝南县检察院监督立案的郭某故意杀人案，遂平县检察院办理的追加逮捕刘某、刘某某贩卖毒品案等 10 起案件被评为“全市侦查监督十佳精品案件”。（钟云锋）

法　院

【概况】 2017 年，全市法院共受理各类案件 111577 件，审执结 106313 件，收结案数均首次突破十万件，同比分别增长 31.69% 和 38.21%。其中，市中院受理各类案件 9274 件，审执结 9062 件，结案率达 97.71%，基本实现动态均衡结案，审判质量、效率和司法公信力提升。（王东风）

【刑事审判】 2017 年，全市法院审结各类刑事案件 6857 件 8158 人，其中判处五年有期徒刑以上刑罚 487 人。依法惩治危害公共安全犯罪，审结交通肇事、危险驾驶等犯罪案件 3054 件 3071 人。从重打击严重暴力犯罪，审结故意杀人、故意伤害等犯罪案件 747 件 840 人。从严惩处电信网络诈骗犯罪，审结盗窃、敲诈勒索等多发性侵财犯罪案件 1409 件 1926 人。参与禁毒斗争，审结毒品犯罪案件 339 件 406 人。突出打击涉众型经济犯罪，审结集资诈骗、非法吸收公众存款等犯罪案件 111 件 172 人。持续保持反腐高压态势，审结贪污、贿赂、渎职等职务犯罪案件 230 件 322 人，其中被告人原为处级以上的 37 人。同时，推进职务犯罪预防工作，开设庭审廉政教育课堂，邀请领导干部旁听庭审，以案说法。推进以审判为中心的刑事诉讼制度改革，加强人权司法保障，保障被告人、被害人各项诉讼权利，依法对 256 名被告人免予刑事处罚，对 854 名具有从宽情节的被告人适用非监禁刑，对服刑期间确有悔改表现的 582 名罪犯减刑、假释。（王东风）

【民事审判】 2017 年，全市法院审结各类民事案件 59804 件，诉讼标的金额 70 多亿元。推进家事审判改革，将教育、疏导、调解贯穿案件审判始终，加强婚姻救治，维护家庭稳定，注重保护妇女、儿童、老人合法权益，审结婚姻家庭案件 9434 件，48.3% 的案件得以调解撤诉结案。坚持产权保护、诚实守信等原则，审结民间借贷、房屋买卖、建筑工程等合同案件 31213 件。市中院审理的代某等 214 户业主与某公司商品房买卖合同纠纷系列案，通过调解工作，最终促使当事人握手言和、息诉罢访。该案被评为第三届全市政法系统十大精品案件之首。加大人身权益保护力度，审结机动车交通事故、人身损害赔偿等侵权责任纠纷案件 7742 件。坚持保障劳动者合法权益与促进企业发展并重，审结劳动争议、社会保险等纠纷案件 1603 件。妥善处理涉企纠纷，审结破产清算、挂靠经营、股权转让等纠纷案件 1352 件。强化知识产权司法保护，审结知识产权案件 55 件。（王东风）

【行政审判】 2017 年，全市法院积极应对行政案件数量大幅增加、审理难度不断增大的实际情况，整合审判资源，提高工作质效，审结行政诉讼案件 2220 件。推进行政案件异地管辖，保护和规范当事人依法行使诉权，提高行政审判公信力。强化行政诉讼协调、调解工作，调解撤诉结案 587 件，一大批行政争议得到实质性解决。妥善审理房屋拆迁、土地征收等涉及群众切身利益案件，积极回应群众关切，监督和支持行政机关依法行政。健全司法与行政良性互动机制，完善行政机关负责人出庭应诉、司法建议反馈落实、行政审判白皮书等制度，助推法治政府建设。裁定准予执行行政非诉案件 748 件，支持行政机关发挥在市场监管、公共服务、社会管理等方面的职能作用。市中院行政庭被河南省委表彰为河南省人民满意的政法单位。（王东风）

【审判执行】 2017 年，全市法院执结各类案件 27905 件，执结率 91.65%，执结标的金额 25.9 亿元。加大对失信被执行人惩戒力度，将 20017 名失信被执行人信息录入全国法院失信被执行人名单库，并通过多途径集中曝光 9000 余名“老赖”信息。依法加大打击“老赖”力度，相继开展“春雷行

5月15日，驻马店市中级人民法院举行首批员额法官宣誓仪式

动”“夏季雷霆”等专项执行行动，司法拘留抗拒执行、阻碍执行人员2241人，以拒不执行判决、裁定罪，判处刑罚109人。慑于压力，有672起案件被执行人主动履行生效裁判确定的义务。加强网络执行查控系统建设，查询被执行人银行账户、车辆等信息1092万条，冻结金额15.78亿元，13045起案件得以执结。推进网络司法拍卖，成交783件，成交金额5.13亿元，为当事人节省佣金5100万元。（王东风）

【服务大局】 2017年，全市法院突出审理好涉重大基础设施项目、百城建设提质工程等案件，助推新型城镇化建设。严厉打击乱排乱放、乱垦乱伐等破坏环境资源违法犯罪行为，审结案件141件，判处罪犯168人，全力服务保障环境治理攻坚战。牵头起草《关于加快推进失信被执行人信用监督、警示和惩戒机制建设的实施办法》，并及时发布失信被执行人信息，联合多家单位对失信被执行人进行信用惩戒，限制其乘飞机、坐高铁、担任公职、评先晋级、融资投标等，助推全市诚信社会建设。强化与综治部门、行政机关、人民调解等组织的诉调对接，畅通纠纷解决渠道，引导当事人选择适当的方式解决纠纷，全年共协同有关单位诉前化解矛盾纠纷3000余件。（王东风）

【司法为民】 2017年，全市法院加快诉讼服务中心转型升级，合理规划设置功能区，安装自助导诉、自助查询等设备，完善预约接访、来访接待、信息查询、判后答疑等服务功能，打造诉讼服务大厅、诉讼服务网、12368热线“三位一体”的综合性诉讼服务平台。探索“互联网＋审判”新模式，推行网上立案、跨域立案、视频接访等工作，并自动向当事人推送案件流程节点信息，减轻群众诉累，方便群众诉讼。强化巡回审判工作，深入社区街道、田间地头，公开审理案件，打通司法为民工作“最后一公里”。开展第九次“拖欠农民工工资案件集中办理”等系列涉农维权专项活动，依法快立、快审、快执涉农案件4478件，对12名恶意欠薪者判处刑罚，为3461名农民工追回劳动报酬8441万元。在全省法院“为农民工讨薪”8年总结表彰大会上，市中院和辖区3个基层法院被表彰为先进集体。落实司法救助制度，依法为经济困难当事人缓减免交诉讼费，让困难群众打得起官司；为151名符合条件的救助申请人发放救助金317.1万元，帮助解决特定案件当事人所面临的生活困难。（王东风）

【涉诉信访】 2017年，全市法院落实涉诉信访改革有关要求，坚持院长接待日制度，实行“约谈制”和“带案下访制”，畅通信访渠道，并注重矛盾纠纷化解，有效解决一批疑难复杂信访案件。构建律师参与涉诉信访化解和代理申诉工作机制，引导当事人合法有序表达诉求。2017年，全市法院赴京访数量同比下降23.4%。因信访维稳工作成效突出，确山县法院、平舆县法院、遂平县法院被省法院通报表扬。（王东风）

【涉军维权】 2017年，全市法院深化涉军维权“信阳模式”，妥善审理涉及军队全面停止有偿服务等相关案件157件。集中开展打击冒充军人诈骗犯罪专项活动，审结案件42件，判处犯罪分子61人。开展“送法进军营”活动，全市两级法院院长在建军九十周年前夕集中走访慰问驻地部队、退伍老兵，并举办法治讲座12场次，赠送法律书籍2000余册，接待军人、军属咨询800余人次。《人民法院报》以《驻马店：司法关爱“最可爱的人”》为题，用整版篇幅介绍驻马店市

8月17日，全市法院基本解决执行难推进会在平舆县法院召开

法院的涉军维权工作。（王东风）

【司法公开】 2017年，全市法院推进审判流程、裁判文书、执行信息、庭审活动四大公开平台建设，全市法院裁判文书上网113227件，上网率全省第一，上网数量位居全国第73位；全市法院庭审视频直播案件7807件，市中院庭审视频直播案件数量跃居全省第一、全国第六，受到最高法院通报表扬。因庭审视频直播工作成效突出，市中院被最高法院确定为该项工作试点单位。加强微信公众平台等新媒体建设，市中院官方微信平台发布信息238期981条，粉丝人数14.5万余人，在全省政法系统微信影响力排行榜（法院篇）居前三位，并挺进全国法院微信影响力排行榜前20强。（王东风）

【未成年人审判】 2017年，全市法院开展全国独立建制未成年人案件审判庭试点工作，教育、感化、挽救失足未成年人，并妥善处理涉少民事、行政和减刑假释案件，最大限度保护未成年人合法权益。全面落实未成年人轻罪记录封存制度，完善社区矫正、回访帮教机制，帮助34名失足未成年人重返校园、25人顺利就业、8人考入高等院校。在全国第四届少年审判论坛上，全市法院有7篇论文获奖，《庭前“三查明”、庭审“重帮教”、判后回访“四结合”帮教法》被表彰为全国十大优秀创新事例之一。《法制日报》《中国少年司法》《人大建设》等报刊杂志，详细介绍驻马店市法院少年审判的相关经验做法。（王东风）

【司法改革】 2017年，全市司法体制改革主体框架基本确立。实现司法人员分类管理，全市法院首批入额法官470名，法官、审判辅助人员、司法行政人员各归其位、各尽其责。取消行政化的案件审批制，组建审判团队，院庭长不再审核签发其未直接参加审理案件的裁判文书，法官在职责范围内对案件质量终身负责，努力实现“让审理者裁判，由裁判者负责”。建立防止领导干部和内部人员干预过问案件记录、通报和追责机制，有效构筑法官依法履职的“防火墙”。推进法官单独职务序列管理和工资制度改革，最大限度激发改革内生动力。每月定期组织召开执法办案推进会，加压推进审判质效提升。2017年全市法院法官年均结案226件，最多达504件。严格控制审判委员会讨论案件的范围，审判委员会讨论案件数量较以往大幅减少。成立专业法官会议，为法官提供咨询性意见，确保放权后的案件质量。全面实行电脑随机分案制度，将新收案件优先自动分配给办案较快、存案较少的法官，有效实现从“要我办案”到“我要办案”转变。实行院庭长办案常态化，全市法院院领导带头办理案件10730件。健全完善案件繁简分流机制，通过简易程序、小额诉讼程序审结案件40434件，快速实现当事人合法权益。（王东风）

司法行政

【概况】 2017年，驻马店市司法局发挥法治宣传、法律服务、法律保障职能作用，以法治为引领，以平安驻马店建设为载体，推进司法行政改革工作。推动服务型政府建设，加大对司法行政各项工作监督力度，市司法局全年没有发生行政处罚、行政复议和行政诉讼案件。全市公证机构共办理各类公证事项13856件，全市两级法律援助机构共受理法律援助案件5956件，接待法律咨询41232人次，受援人达6788人次，为困难群众挽回经济损失和取得利益4128万元。（李　瑞）

【普法宣传教育】 2017年，市司法局全面落实“七五”普法规划，突出重点对象普法教育。组织对全市10万多名国

家工作人员进行法律知识考试。开展领导干部、公务员法治大讲堂和法治讲座200多场次；组织开展“送法进校园”宣传1700多场次、上法治课3000多场次。开展“送法进社区”，助力全国文明城市创建，法治宣传教育普及率、知晓率均达到90%以上的标准。在全市开展法治宣传助力脱贫攻坚活动，市司法局帮扶村西平县二郎乡万庄村被省普法办评为2017年度“省级民主法治村”。在利用报刊等传统媒体普法的同时，运用新媒体开展普法宣传。与相关单位合作，拍摄《人大代表与法同行》第一篇“普法篇”，开办驻马店“法治之声”，制作驻马店市第一部“七五”普法公益广告片，在市电视台开办《以案释法》栏目。通过微信群、微信公众号、手机报、微博、网站等进行普法宣传。驻马店司法局“普法在线”公众号影响力在全省18个地市司法局公众号中位列前三。2017年，市司法局在市级以上媒体发表稿件500多篇，在省级以上媒体发表稿件60多篇。做好舆情应对和舆论引导工作，建立40多人的司法行政系统骨干网评员队伍，全年共网络转发、跟帖、评论3000多人次，实现全市司法行政系统负面舆情零发生。驻马店市遂平县、驿城区被评为“全国法治县区创建先进单位”，3个村（社区）被评为“全国民主法治村（社区）”，7个村（社区）被评为“2017年河南省民主法治村（社区）”；3人被省司法厅评为“宣传工作先进个人”。（李　瑞）

【社区矫正工作】 2017年，市司法局形成“队伍专业化、执法规范化、管理信息化、档案标准化、监督常态化”的社区矫正工作管理模式。完成国家“两会”、厦门金砖会晤、天津全运会、党的十九大召开期间安全稳定零报告。遂平县社区矫正中心成为全省仅有的4个远程视频监控系统与司法部对接成功的县级司法行政机关之一。确山县社区矫正中心被评为省级标准化社区矫正中心。2017年年底，全市累计接收社区服刑人员8019人，已经解除矫正6006人，在矫服刑人员2013人，2017年度无一人脱管漏管。重新犯罪9人，再犯罪率为0.11%，低于全国和全省平均水平。（李　瑞）

【监狱管理】 2017年，市司法局实行“谁承办谁负责，谁主管谁负责，谁签字谁负责”执法办案质量终身负责制。开展“提升素质 规范管理 全面推进监狱工作科学发展”专项整顿活动和“双违”清查活动及“防暴恐 挖黑恶 查禁品 保安全”和安全警戒设施隐患排查整治等狱内活动。落实狱情分析会议制度，落实顽危犯、重点人包夹管控措施。加强市监狱迁建工程项目建设，新监狱建设所有建筑物主体工程完成，办公区在进行内外墙粉刷、门窗安装及地板铺设，信息化和安防建设、外网工程、道路、绿化工程、门禁及隔离网建设等其他各项辅助配套工程设施在招标进行中。截至2017年11月11日，驻马店市监狱实现连续25年无重特大案件、无罪犯脱逃、无重大疫情、无重大安全生产事故的“四无”目标。（李　瑞）

【人民调解工作】 2017年，全市形成以乡镇调委会为骨干，以村（居）调委会为基础，其他各类行业和专业组织调委会为补充的人民调解网络体系。推进行业性、专业性人民调解工作，全市组建各类行业性专业调委会18个。2017年，全市各级调解组织共受理民间纠纷60689起，调解成功59425起，分流及移交1264起，调解成功率97.92%，防止民间纠纷转化为刑事案件229起647人次，防止群体性械斗26起，防止群体性上访363起1727人次，开展矛盾排查活动5082次。西平县盆尧乡人民调解委员会被司法部授予“全国模范人民调解委员会”称号；汝南县指导人民调解委员会主任李梅、驿城区司法局南海街道人民调解委员会主任崔黎被司法部授予“全国模范人民调解员”称号。2017年3月，全市有26个单位、42名个人被省人力资源和社会保障厅、省司法厅联合表彰为全省人民调解工作先进单位和先进个人。（李　瑞）

【安置帮教工作】 2017年，全市建立遍布乡镇街道司法所的安置帮教工作站，形成较为完善的工作网络，建立以司法所工作人员、社区民警为主体的刑满释放人员帮教安置工作队伍。开展刑满释放人员安置帮教工作，规范化、制度化建设进一步加强。全年全市共接收刑满释放人员2977人，帮教率达98%，安置率80%，重新犯罪率控制在2%以下。（李　瑞）

【基层法律服务】 2017年，市司法局推动基层法律服务所规范化建设，做到严把入口，畅通出口。全市共有基层法律服务所16个，基层法律服务工作者158人，连续3年实现零投诉。全年全市基层法律服务工作者担任法律顾问100多家，代理诉讼事务1000多件，调解纠纷1000多起，为群众避免和挽回经济损失2000多万元。（李　瑞）

【司法所规范化建设】 2017年，市司法局以“规范化司法所复查复评工作”为契机，推进司法所规范化建设。把人民调解、法律服务、普法依法治理、安置帮教和社区矫正等工作结合起来，发挥司法所综合服务平台的作用。全面加强司法所组织机构、编制队伍、业务水平、基础设施、内务制度等方面的规范建设与管理，提高司法所履职能力和工作水平。2017年，省司法厅对2012年—2013年表彰的省级规范化司法所进行复查复评。通过复查复评，驻马店市20个省级规范化司法所均做到用房独立、产权清晰、功能齐全，都配备必要的办公设备，全部开通互联网。（李　瑞）

【法律援助】 2017年，驻马店市《关于完善法律援助制度的实施意见》制定出台。推进以审判为中心的刑事诉讼制度改革，开展刑事法律援助工作，扩大刑事法律援助范围，努力实现刑事全覆盖。刑事全覆盖试点县上蔡、正阳刑事案件辩护率分别达到64.34%和77.31%。向市财政争取法律援助工作经费75万元，保证法律援助工作有效开展。加强全市驻看守所法律援助工作站建设，做好驻看守所、驻法院值班律师工作。加强法律援助案件办理质量监管，规范接待、受理、指派、归档流程，做好群众满意度回访。全市已形成“城区半小时、乡村1小时”法律援助服务圈。打造“12348”

4月1日，驻马店市律师协会“维护律师执业权利中心”和“投诉受理查处中心”揭牌成立

法律援助免费咨询电话平台，提高群众知晓率，实现法律援助服务零距离。开展法律援助创先争优活动。确山县法律援助中心继续保持“河南省优秀法律援助中心”称号。全市有2起案件分别被省司法厅评为十三届“河南省法律援助十大精品案件”和“河南省法律援助十大优秀案件”。2017年全市两级法律援助机构共受理法律援助案件5956件，比上年同比增长12.56%。接待法律咨询41232人次，比上年同比增长2.91%，受援人达6788人次，为困难群众挽回经济损失和取得利益4128万元。（李　瑞）

【律师管理】 截至2017年年底，全市共有律师469人，其中专兼职律师443人，法律援助律师20人，公职律师7人。严格律师执业监督管理，保证律师执业方向不偏离，全市律师没有出现一起政治方向性和影响社会稳定大局的问题。全市有23名律师担任各级党代表、人大代表和政协委员，积极为经济社会和谐发展建言献策，维护公民合法权益。全市参与涉法涉诉信访值班律师136人，在法院、检察院、公安局、信访局参与信访值班3562人次，有大量信访当事人通过律师接访中依法析理、说服引导息诉罢访，一部分复杂信访案件得到有效化解。成立维护律师执业权利中心和律师投诉受理查处中心，维护律师执业权利，律师投诉得到及时有效处理。组织律师参与市局与电视台联合举办的《以案释法》栏目，筛选案例，为栏目开展做了大量基础性工作。全市律师共担任各类法律顾问1200多家，同比增长25%，全年办理诉讼案件11530件，同比增长13%；非诉讼法律事务2425件，同比增长8%；承办法律援助案件4200件，提供公益法律服务410件次。1名律师被省司法厅表彰为全省司法行政系统先进工作者，3名律师被评为全省“优秀刑辩律师”。1名律师参加2017年度“1+1”中国法律援助志愿者行动，被派驻到四川山区，为当地困难群众提供法律帮助。（李　瑞）

【公证管理】 2017年，全市公证机构共办理各类公证事项13856件，其中国内公证事项10803件，涉外公证事项2401件，涉台公证事项652件。加强公证质量监督，规范办证程序，严格规范公证执业活动，开展公证执业专项检查。加强公证机构基础设施建设，各公证机构购置身份识别等设备，安装使用公证业务软件，提高办证效率。完成全市原有行政体制公证机构改制为事业体制的改革工作，推进原事业体制公证机构管理机制创新优化工作。聚焦民生，服务社会，为老年人办理遗嘱公证，减收或免收公证费用，开展公证预约服务和上门服务，全年开展预约和上门服务1100多人次。（李　瑞）

【国家司法考试】 2017年，全市参加司法考试人数1658人（其中包含周口考生347人），设置考场56个。根据司法厅要求，这是驻马店考区第2年接待周口考生来驻马店市参加国家司法考试。市司法局配合省司法厅司法考试处建立河南省国家司法考试网上巡考指挥系统，提升司法考试工作信息化建设水平。在2017年度全省国家司法考试责任目标考核中，市司法局国家司法考试工作与其他5个市局并列全省第一名。（李　瑞）

【司法鉴定管理】 2017年，全市办理司法鉴定机构延续6家，变更司法鉴定法定代表人3家。市司法局严格执业监管，树

立鉴定机构和鉴定人风险防范意识，加强执业道德和执业纪律教育，提高鉴定机构、鉴定人规范执业、依法执业能力和水平。推进司法鉴定援助工作，把司法鉴定费用减免作为年度考评重要内容，确保困难企业、贫困当事人司法鉴定费用减、免、缓。全年全市共办理司法鉴定援助鉴定623起，占司法鉴定案件数的19.95%，减免金额十万余元，占鉴定费用的5.48%。做好司法鉴定文书、司法鉴定档案、行风建设、规范化建设、诚信执业活动、预防和减少投诉行为等工作。2017年，全市共完成司法鉴定案件3123件，采信率98%，鉴定人出庭达7人次。1人被评为“全省优秀司法鉴定管理者”，2个司法鉴定所被评为“优秀司法鉴定机构”，3人被评为“优秀司法鉴定人”。（李　瑞）

【人民监督员选任工作】 2017年，市司法局完成50名人民监督员选任及初任培训工作，先后2次组织8位人民监督员参加业务知识培训。市司法局联合市财政局制定《驻马店市人民监督员工作经费管理办法（试行）》，将人民监督员所需工作经费，纳入同级司法行政业务专项经费，为人民监督员开展工作奠定基础。截至2017年年底，63人次人民监督员参加21起监督案件，31人次人民监督员参加检察机关开展的“检察开放日”活动。（李　瑞）

【“维护律师执业权利中心”和“投诉受理查处中心”成立】 2017年4月1日，驻马店市律师协会成立“维护律师执业权利中心”和律师违法违规“投诉受理查处中心”，加强律师执业权益保障和律师违法违规行为惩戒工作，做到“四个第一”和“四个必须”，即维权申请要在第一时间受理、第一时间调查、第一时间处理、第一时间反馈；投诉查处有诉必接、有接必查、有查必果、有违必究，提高律师维权和惩戒工作的及时性和有效性。市司法局党委书记、局长田国胜，市司法局党委委员、政治部主任李艳晖，驻马店市律师协会会长刘红平等领导出席揭牌仪式并为“两个中心”揭牌。（李　瑞）

【驻看守所法律援助工作站全覆盖】 驻看守所法律援助工作站是指法律援助机构在看守所设立，安排律师定期值班，面向特定主体，开展法律咨询、诉讼指导、协助申请法律援助、提供应急法律服务等无偿服务的工作平台。按照省司法厅要求，2017年6月2日，驻马店市司法局印发《市司法局关于进一步规范全市驻看守所法律援助工作站建设的通知》，明确在2017年6月底前将全市驻看守所法律援助工作站全部设在监区内（AB门内）；统一全市驻看守所法律援助工作站墙面公示内容；转变驻看守所值班律师管理服务方式。2017年6月底，驻马店市县两级9个法律援助中心驻看守所法律援助工作站全部设在看守所监区以内（AB门内），并统一墙面公示内容。驻看守所法律援助工作站实现全市全覆盖。（李　瑞）

【司法鉴定和诉讼应对策略交流培训会】 2017年12月26日，驻马店市司法局和市保险行业协会召开联席交流会。驻马店安康法医临床司法鉴定所、军卫法医临床司法鉴定所、蔚康法医临床司法鉴定所、申正法医临床司法鉴定所负责人以及各保险公司相关负责人50余人参加交流培训会。会议就涉保司法鉴定中存在的具体问题进行探讨，同时就下一步如何共同规范司法鉴定市场秩序提出初步意见，对建立联席会议制度、开展联合调研等工作要点进行全面规划并达成共识。（李　瑞）

【河南省豫南监狱】 2017年，河南省豫南监狱被省司法厅党委表彰为“反腐倡廉建设优秀单位”。

监管改造工作。开展十九大专项安保督查、“双违”清查、“防暴恐 挖黑恶 查禁品 保安全”、百日安全竞赛等专项活动，严格落实警察直接管理制度，加强隐患整改，抓好施工现场、出监就医、进出车辆等关键环节管理，强化分析研判，有效管控风险，严厉打击违规抗改行为，稳定狱内改造秩序，完成驻马店市监狱xxx名罪犯调犯任务。加强应急处置和反恐防范工作，加强涉恐罪犯排查管控，完善与驻马店市反恐部门信息情报搜集和共享，推进枪库升级改造，开展应急演练2次。推行罪犯医疗社会化，成立特犯专管十六监区，艾滋病犯集中管理探索出河南经验。实现10年监管安全。严格执行修订后的减刑假释政策，开展减刑假释暂予监外执行专项检查，加强执法记录仪管理使用。推进建设示范监区，承办全省监区文化建设培训会议并作典型发言。强化职业技能培训，2017年罪犯职业技能鉴定获证率位于全省先进行列。加强心理矫治，开展个别教育大比武、顽危犯攻坚转化活动，顽危犯转化率达77.4%。

监狱保障工作。完成监狱改扩建工程综合验收；完成信息化及安防升级改造工程前期论证和方案修订，推动监狱指挥中心、监狱物流安检中心和警察综合楼工程立项。改造职工活动中心，更新办公机具和备勤楼生活设施，协调市内7路公交线路延长至监狱，投资167万元建设停车场，新增扩建停车位276个，推行职工食堂社会化托管。做好信访工作，加强舆论监测。推进“三供一业”和退休人员社会化管理工作，老场部家属区人员户口整体由正阳县迁移到确山县，解决历史遗留问题。（张继文）

仲　裁

【概况】 2017年，驻马店仲裁委员会共办理仲裁案件2693件，标的额40多亿元，调解率达到80%，自动履行率达90%，快速结案率达到90%以上。其中办理：交通事故损害赔偿纠纷案件1936件，占71.89%；金融纠纷案件156件，占5.79%；各类合同纠纷案件565件，占20.98%；其他案件36件，占1.34%。总体来看，2017年受理案件数量增长，标的额明显提升；受理案件类型基本保持稳定，在以传统交通事故损害赔偿纠纷案件和各类合同纠纷案件为主的同时，金融纠纷案件发展迅速。2017年3月，通过司法部介绍推荐，上海市司法局领导在省司法厅有关领导陪同下，专门到驻马店仲裁委员会考察仲裁管理工作，并进行座谈交流。周口仲裁委、襄阳仲裁委等也到驻马店仲裁委员会考察交流仲裁工作开展情况。（张克哲　杨　双）

【“两化”试点工作】驻马店仲裁委员会作为第一批全国19家仲裁机构“案件受理多样化，纠纷处理多元化”试点单位之一，为解决社会矛盾不断进行有益探索。2017年3月，全国仲裁“案件受理多样化，纠纷处理多元化”试点工作座谈会在广东省惠州市召开，驻马店仲裁委秘书长孙现成等一行应邀参会，全国仲裁“两化”试点工作协调小组负责人刘健勤在会议上2次讲到驻马店仲裁委员会在标的额增长量上占全国试点单位第三名，并结合当地实际，把仲裁工作做到基层乡村，为“三农”提供仲裁法律服务，成立金融仲裁中心，为金融机构提供专业仲裁服务，取得良好社会效果。会上，驻马店仲裁委与参会的全国74家仲裁机构交流“两化”试点工作经验。（张克哲　杨　双）

【驻马店市仲裁协会成立】2017年1月月5日，驻马店市民政局审批登记，同意使用“驻马店市仲裁协会”名称，并颁发社会团体法人登记证书。2017年6月9日，驻马店市仲裁协会成立暨首届会员代表大会召开，明确目标任务，以充分发挥仲裁服务的专业性。（张克哲　杨　双）

【仲裁宣传】2017年，驻马店仲裁委员会加大宣传，主动融入社会各个领域。利用多种形式宣传仲裁法律制度，打造全方位、多层次立体宣传模式，全面提升社会仲裁法律意识。仲裁委办公室建立短信平台、微信平台、驻马店仲裁委微信群、驻马店仲裁网站，宣传仲裁法律制度；在《天中晚报》等报纸上刊登仲裁委工作消息、动态；参加市人民政府在驻马店广播电台开办的《行风评议热线》栏目等；印制《驻马店仲裁》等宣传特刊，向社会各界宣传仲裁法律制度知识。（张克哲　杨　双）

【仲裁工作规范化建设】2017年，驻马店仲裁委办公室内设部门进行调整，设“四部两会”，即行政综合部、仲裁事业发展部、仲裁案件秘书部、仲裁案件流程管理部和专家咨询委员会、市仲裁协会，重新界定各部门职能，配备年轻骨干力量。在委工作人员配发服装，工作日着装上岗，每天进行考勤，每周进行讲评。每周组织开展一次政治业务学习，集中学习仲裁和民商事法律等业务知识。特邀黄淮学院和市消防支队专家作文明礼仪和安全知识讲座；选派人员参加各级各类培训。印制《仲裁工作管理手册》等规范性文件，做到有章可循。（张克哲　杨　双）

军　事

驻马店军分区

【概况】2017年，驻马店市军分区贯彻落实军委改革强军决策部署，召开常委会、党委全会专题动员部署，研究制定方案，调整健全组织，积极稳妥推进改革调整。广泛开展“新一代革命军人好样子”“战斗力标准”大讨论，配合开展典型事迹报告会、大党课教育、演讲比赛等系列活动。开展国防教育优秀教员比武竞赛活动，形成一批国防教育精品课程。把“两项重大教育”作为贯穿全年政治任务来抓，开展“维护核心、听从指挥”主题教育活动和推进“两学一做”学习教育常态化制度化。高度重视意识形态领域斗争，及时组织时事政策教育，部队保持纯洁巩固和集中统一。积极适应作风建设新常态，作风建设有新加强。开展基层“微腐败”和不正之风专项清理整治活动，探索建立作风纪律常态化巡查督导制度，紧盯违规饮酒、不假外出、伙食管理等敏感问题，分片进行常态化巡查督导，对责任人依规依纪严肃处理。

军事斗争动员准备。聚焦能打胜仗真抓实备，先后投入200余万元配套升级战备值班系统、指挥控制系统、重要目标监控系统、军事综合信息网工程，新建国防动员指挥控制中心，投入60余万元整修完善民兵训练基地和民兵武器仓库基础设施，战备训练和通信指挥能力提升。抓好部队基础性训练，组织“五类人员”岗位练兵和“大考核、大比武、大排名”活动。依托确山合同战术训练基地开展联演联训，完成年度演训保障任务，累计出动民兵近千人。探索形成的“打仗型支前模式”“焕发政治工作生命线生命力”等做法被《人民日报》《光明日报》《解放军报》等多家媒体报道。推进“十二五”基干民兵整组改革，同步组织完成国民经济动员、人民防空、信息动员组建任务。汝南民兵渡河抢险分队多次参加省军区应急大队拉动演练，有效提升跨区机动和遂行任务能力。抓好征兵工作，探索推广役前教育训练做法，严格落实廉洁征兵“六个一”工作。

基层基础建设。加强部队基层基础建设，将武装工作经费全部纳入地方财政预算，基层按纲自主抓建意识和能力增强，优化建设发展环境。注重加强人文关怀，师团两级普遍新建网络训练室、文印室，配齐充实训练生活保障器材，营院硬件设施不断完善。每年立项为基层办实事解难题，拿出10余万元慰问救济特困官兵职工，协调50余名官兵子女优先入学入托。注重优化专武干部结构，吸纳部分大学生和优秀退伍军人进入专武干部队伍，组织新任基层武装部长参加省军区集训比武。

依法从严治军。结合军分区特点，持续开展“学法规用法规守法规”活动。开展安全工作大检查和“百日安全活动”，抓好作风纪律整顿，加大人、车、枪、弹、密管控力度。注重健全安全防范机制，先后制定完善《车辆派遣规定》《机关公勤人员管理规定》《私家车管理规定》等多项制度措施，突出重要时机、要害部位、重点人员预知预测、动态监管和隐患排查，紧盯问题和薄弱环节进行专项治理。确山县人武部完成原济南军区赋予的安全文化建设试点观摩任务，探索总结的“五抓五靠”经验做法受到上级肯定。做好重大节日和十九大期间战备工作，及时修订完善各类防暴方案预案，加强对各类值班执勤哨位、民兵武器装备仓库等重点部位检查监督，补充安防设施器材，组织防暴演练，邀请省消防协会和159医院专家对全区进行消防安全教育，提高官兵应对突发事件的能力。

综合保障能力建设。落实党委集体理财、军政主官“双签”、联审会签等制度，严把经费、装备、物资、油料等重要关口，强化责任追究，提升经费使用效益。完成迎接军委审计署驻中部战区审计局对军分区本级和正阳县人武部2013年以来经济活动审计任务。注重用法制手段规范财务工作，落实省军区《关于规范后勤装备保障有关问题的通知》要求，围绕调整改革后车辆配备、派遣使用、油料保障、物质集中采购、工程建设、公寓住房管理等10个方面问题，逐项研究规范，细化落实措施。研究制定《机关公务接待管理暂行办法》，组织全区保障业务集训，严管预算编制、票据使用和经费审核。推进全面停止有偿服务工作，争取地方党委政府支持，全区64个有偿服务项目全部按期关停。

军民融合发展。驻马店军分区联合市委、市政府研究出台《关于进一步加强新形势下双拥工作的意见》和《服务保障军队改革大局，推进驻马店市军民融合深度发展的意见》。定期协调召开市委常委议军会，军分区和驻军部队多项重难点问题得到有效解决。积极参与地方打赢脱贫攻坚战，全区结对帮扶18个贫困村，正团以上干部与120个贫困户建立精准扶贫卡。同步推进欠发达地区精准扶贫与军民融合发展的做法被《解放军报》等媒体刊发。连续四届开展拥护支持国防建设和优秀复转军人“双十佳”评选活动，连续三届开展寻找“最美军嫂”“最美老兵”“最美兵妈妈”等“最美”系列活动，形成驻马店品牌。开展双拥模范城创建活动，驻

9月10日上午，市委书记、军分区党委第一书记余学友（右一）出席全市2017年秋季应征入伍新兵欢送仪式，并与新兵代表一一握手送行　刘华山 摄

马店连续四届被评为全国双拥模范城、连续五届被评为省级双拥模范城。　（丁小兵）

【演习保障任务】 根据中部战区年度演习（中部砺剑-2017·确山）计划安排，2017年9月25日—10月10日，驻马店军分区组织演习地域4县（区）360人的专业保障力量，全程参与部队演习保障。联合确山合同战术训练基地、市县（区）公安局、国家安全局、交战办、发改委、民政局、高速公路管理局等单位及时召开演习保障协调会，组织现地勘察，制定8类保障方案。部队跨区机动过境、环场机动期间，沿途高速服务区、出站口、重要集镇，合理配备警力，开辟“绿色通道”，确保道路畅通；民兵应急分队沿途建立主副食供应、物资补给、医疗救护和装备维修点，全程参与支前保障；市公安局和国家安全局加强网络舆情管控和社情排查，防止发生失泄密事故；协调市、县党委、政府和相关部门及时慰问参演部队，展现革命老区和双拥模范城拥军支前优良传统。通过联演联训，探索实践“部队练打仗，地方练支前，军分区练保障”的打仗型拥军支前模式。　（李桂宾）

【枪弹专项清查整治活动】 从2017年1月下旬开始至4月底，全区开展枪弹专项清查整治活动。重点对武器装备仓库、基层武器存放点、各类器材室、军史馆、荣誉室，以及所有曾存储过枪支配件等场所，进行一次全面清理清查，对各类仓库看管人员进行一次严格的政治考核，对辖区内高中级干部（含离退休老干部、免职和转业待安置人员）和单位私存私借的枪支弹药进行一次彻底的集中收缴，签订枪弹“零持有”承诺书274份，印制下发枪弹专项清理清查宣传页200余份，基本做到不漏一人、不漏一项。通过彻底清查整治，全区武器装备管理正规、各级各类库管人员稳心尽职，没有人员非法持有枪支弹药。　（明　辉）

【兵役登记和直招士官工作】 2017年1月10日开始，军分区依托“全国征兵网”组织开展兵役登记和直接招收士官工作。全市满18周岁适龄青年参加兵役登记率97.73%。6月初开始，按照筹划准备、安排部署、宣传报名、组织实施等阶段，组织展开直招士官工作。2017年省征办分配驻马店市的征兵计划，涉及陆军、海军、空军、战略支援部队、联合参谋部、公安边防部队6个大单位20类专业。7月25日，驻马店军分区召开党委会，讨论确定预招对象，按照要求进行不少于5天的公示。7月26日—8月3日，在省征办统一组织下进行档案审查交接和手续办理，确保完成直招士官征集任务。　（明　辉）

【预定新兵役前教育训练】 2017年8月17日—31日，全市全面展开预定新兵役前教育训练。这是全市第一次组织预定新兵役前教育训练活动，市征办专门制定《预定新兵役前教育训练实施方案》对训练内容、方法、组训形式等进行规范统一，各县（区）结合实际情况分别制定役前教育训练实施方案和计划。役前教育训练采取全封闭集中组训方式，依据条令条例模拟新兵连工作学习和生活制度，实行全程淘汰。期间组织重点项目身体复查和廉洁征兵调查，对有退兵隐患的人员进行全部淘汰。　（明　辉）

【军分区调整改革】 2017年，驻马店军分区贯彻军委改革强军决策部署，召开常委会、党委全会专题动员部署，研究制定方案，调整健全组织，保持组织领导。6月23日，河南省军区政委胡永生到驻马店军分区主持召开宣布军委国防动员部命令大会，驻马店军分区新一届党委班子正式调整组建。根据军分区改革实施方案，成立动员处，新的编制体制从2017年7月10日正式运行。针对改革落编定位矛盾多的特点，紧跟改革进程抓好教育引导，在组织2次集中教育的基础上，在全体官兵职工中开展“思想大谈心、矛盾大化

解、困难大帮扶”活动，过细做好一人一事工作。严格执行改革纪律规定，集中开展拥护支持改革专题承诺，40余名干部重新调整岗位或按文职人员岗位落编，军分区党委班子进行较大调整，官兵职工人岗相适，新旧体制平稳过渡，实现军分区部队体系重塑。围绕适应“三新”推动“三转”，开展“适应新体制、履行新职能、担当新使命”大讨论，明晰职能任务、规范工作运行、完善制度机制，实现军分区部队体系重塑。（丁小兵）

【周利到驻马店军分区检查指导工作】 2017年6月19日—20日，河南省军区司令员周利少将率领机关工作组莅临驻马店军分区检查指导工作，重点检查驻马店市防汛工作准备和年度重点工作开展情况。省水利厅厅长李柳身、省卫计委副主任黄玮等陪同检查或参加汇报会。周司令员一行先后到新蔡县人武部、军分区、驿城区人武部，通过听取汇报、查阅资料、座谈调研等形式了解年度重点工作展开落实等情况。深入新蔡县班台闸、驻马店板桥水库进行现地防汛勘察，参观“75·8”纪念馆，听取驻马店市和新蔡县防汛工作情况汇报，实地察看河道治理工程及防汛工程设施。（李桂宾）

武警支队

【概况】 2017年，武警驻马店支队探索“军营网络＋政治工作”新模式，占领思想主阵地，筑牢官兵思想政治基础。组织“四会”政治教员授课比赛；邀请市委党校、竹沟纪念馆专家辅导授课；开展“对党忠诚敢讲实话，明辨是非知道对错”大讨论等。调整使用干部42名，选拔考生13名，选送技术学兵22名，选取士官73名，开展大项工程建设32项，组织大宗物资采购52次。部队遂行任务能力提升，基层建设基础日益稳固。支队连续28年实现执勤安全无事故。（莫景廉）

【武警执勤处突】 2017年，武警驻马店支队先后投入130余万元开展执勤环境大整治，推进11个监所警戒区硬化工程，汝南、正阳、确山、上蔡、西平5个中队投入100余万元改造值班室和周界报警，提升目标安全防范水平。确定西平、确山中队2个先期建设试点，探索巡逻车信息化建设模式，安排2名常委全程挂钩帮建，打造科技强勤新亮点。常态纠治执勤常见病、多发病的经验做法被总队转发。泌阳、新蔡县中队各成功处置1起犯罪嫌疑人收押时脱逃事件，受到总部、总队表扬。抓住首长机关训练这个大头，每季度不少于1次集中训练。制作训练“八落实”卡片，每周五利用查训查教系统检验军事会操成果，纠治训练上的“虚、假、不落实”问题。从“消除胖子”“体能5项达标”等细节入手，对拟立功受奖对象进行集中军事考核。支队2次参加总队网上教练员比武分别获得第五名、第七名，“创纪录、当尖兵”活动经验做法、教练员巡回指导经验做法均被总队转发。组织季度“魔鬼周”极限训练，重点完成6类课目42项内容训练，提高特战分队实战训练水平。及时修订不同情况下兵力抽组和各类行动预案，细化编携配装，实现定人定岗。严格落实联合作战值班，组织机关值班要素、备勤人员和分队战备拉动演练，提升部队战备意识和应急处置能力。突出抓好支队前指带机动分队（特勤排、应急班）紧急出动，组织营区防袭击和抢险救灾等演练，健全与公安、信访、国安等部门情报互通研判机制，将辖区重点社会面监控接入支队值班室，确保部队始终处于良好战备状态。完成春运、市“两会”等重大活动和重大节日安保勤务。（莫景廉）

【武警基层基础建设】 2017年，武警驻马店支队组织三级主官《纲要》网上培训，组织召开基层党组织纪检委员培训动员会等。支队外聘心理老师深入基层开展“心理巡查”活动，对官兵思想变化、性格类型、行为特点等进行全面综合摸底。同时，分别对基层心理骨干进行传帮带，提高基层心理骨干业务水平。按照“三个一流”要求培养“枪杆子、笔杆子、腰杆子”都过硬政治干部队伍，实现人尽其才、才尽其用。抓健全机制,突出大队“一线指挥所”建设,压实“四个正营职”单位责任，解决“豆腐腰”问题。固化“分层次竞争，按比例争先”机制，规范红星官兵评比和民主评议党员经常化措施。分军事、政治、保障每周打分、每月对账、每季总评，并作为中队评先重要依据，开展一般干部比武竞赛，激发官兵“双争”热情。树立全面落实、特色落实、创新落实等大抓落实导向。抓安全稳定，通过学法规、搞辅导、看录像、搞讨论，专题召开安全警示教育大会，公开处理违纪人员，形成严抓严打鲜明导向。树立大安全观，推进安全工作“八个规范”常态落实，落实军委、总部“禁酒”规定，开展“百日安全竞赛”和安全大检查活动。加大对重点人员、重点部位、重点时段管控力度，形成人人抓安全、事事保安全、时时讲安全局面。（莫景廉）

【开展“应急救护培训进警营”活动】 2017年7月12日，驻马店武警支队邀请市红十字会对驻地官兵进行应急救护培训。培训采取理论讲解和现场演练相结合的方式寓教于学，寓练于学。红十字会老师重点对心肺复苏、创伤救护、中暑、溺水等常见问题的现场处置和预防进行讲解和演示。（王建喜）

【武警支队反劫持战法演练】 2017年7月16日，驻马店武警支队在第一中队精心组织反劫持战法演练。9时30分，参谋长张爱军以长途客车被劫持为背景向第一中队特勤排发出紧急拉动信号，特勤队员闻警而动，迅速赶往事发地域，及时组织侦察人员对劫持车辆和周边地形进行侦察，为部署处置行动提供依据。而后，运用战法探析、实兵摆练、小结讲评的方法，分别对攻心瓦解、多点狙击、化装袭击、隐蔽突袭、设伏待击5种战法进行现地摆练。整个演练过程，官兵反应迅速，模拟演练认真，协同配合到位。（王建喜）

【金砖会晤安保行动专项演习】 2017年8月8日，驻马店武

7月4日，为应对严峻的防汛形势，驻马店市武警中队官兵在确山县竹沟镇竹沟水库开展抗洪抢险救援演练　　吴　波摄

警支队组织参加总部金砖会晤安保行动专项演习。支队成立金砖会晤安保行动专项演习导调组，以处置防袭击、防冲闯、防爆炸为主要课题，重点研练协同公安机关担负公安检查站武装警戒勤务时的作战指导、组织指挥、战法运用、协同保障等问题。指挥推演，主要采取提问式、诱导式、对比式方法，检验指挥员熟悉方案、理解任务、预想预判预处和实际指挥能力。（李　俊）

公安消防

【概况】2017年，全市没有发生有较大影响的火灾事故。驻马店市公安消防支队完成中国农加工洽谈会安保任务、打赢十九大消防安保攻坚战等。严格落实消防执法回执回访和“勤廉双述、内外双评”制度，全年随机回访案件486件，实地走访办事群众100余人，全市52名执法干部公开述职述廉，邀请社会各界人士现场评议，征求意见建议53条。驻马店市公安消防支队干部董英俊被评为全国特级优秀人民警察、驻马店市道德模范，被团省委授予河南省“五四青年奖章”；全市4个集体、43名官兵被记功和嘉奖表彰。公安部消防局局长于建华到驻调研时充分肯定全市消防工作和部队建设取得成效。（邢海舰）

【社会化消防工作】2017年，驻马店市委、市政府领导多次批示消防工作，带队检查消防安全。市政府制定消防工作责任清单，推进各县区和行业部门落实消防责任。市政府牵头派出6个督导组，深入各县区巡回开展十九大消防安保督查，以市政府督查室名义下发督办通知21份。围绕十九大、中国农加工洽谈会等重大安保任务，推进冬春火灾防控、夏季消防安全检查行动，开展文物旅游、幼儿园和电气火灾等专项治理，落实“兵团化检查、集中约谈、集中执法、集中曝光”机制，全市检查单位5.7万余家，发现火灾隐患13.1万余处，“三停”827家，临时查封1416家，行政拘留846人，各项指数与上年同比上升35%以上。全覆盖提高消防安全意识。集中开展中小学生安全教育日、安全生产月、119消防宣传月等主题宣传活动，组织网格化管理人、消防管理人等开展培训725场次，利用宣传小分队开展宣传3000余场次，印发宣传资料20万余份，受教育群众达到100余万人。（邢海舰）

【从严治警】2017年，市公安消防支队加强从严治警工作。开展“维护核心、听从指挥”主题教育，推进“两学一做”常态化制度化，编制《基层大中队政治工作基本任务清单》，通过“周安排、月计划、季度考评＋不定时督查”形式推进。先后4次邀请市委党校专家教授，为部队做主题教育辅导讲座。组织政治主官分专题备课，为全市官兵授课12次。深化“帮建支部、帮带干部、帮抓骨干”活动，深层次解决“不懂建、不会建”问题，全面建强“一线指挥部”。强化战时激励，出台《战时政治工作实施细则》，开展“送奖到一线、颁奖到岗位”活动，评选“安保之星”35人、“安保标兵”6人，为3名官兵记功、26名官兵嘉奖，5名官兵火线入党。推进安全防范精细化，每月下发预警通告，开设法治大讲堂，组织部队逐级排查15类重点人，“一对一”精准帮扶，有效消除管控“风险点”。严格执行军队“好干部”标准，从优化干部队伍素质、知识结构、业务能力等方面考虑，围绕“日常工作表现、重大任务完成、达标考核成绩、实际工作成效”4个方面，科学运用绩效管理，将考核量化结果作为官兵奖惩和提拔使用重要依据。支队推荐提拔的8名副团职、58名营职以下干部和选晋的22名士官全部符合选拔推荐要求，4名战士被部队院校录取。（邢海舰）

【执勤战备】 2017年，市公安消防支队加强基础性训练。开展干部基础体能达标训练活动，每两个月对全体干部组织一次体能考核；每月对基层中队练兵情况进行考核，对体能或技能不达标的官兵、专职队员实行加操训练，成绩与立功受奖、个人进步挂钩，强化人人达标。强化多种消防力量联训，将全市乡镇政府、企业专职消防队伍和微型消防站全部纳入联勤联训体系，定期上门指导训练，组织63名队员到消防中队跟班见学，开展联合演练273次，随机抽点拉动168次。组织微型消防站比武，全市165个社区、1931个重点单位的微型站参加。抓好实战化训练。修订灭火预案1108份，开展熟悉演练346场次。组建抗洪抢险突击队，开展水上救生训练12次。支队先后组织大商新玛特、昊华骏化、蓝天集团等21个高危场所开展实战演练，全市消防安全重点单位"六熟悉"和实战演练率达100%。（邢海舰）

【消防基础建设】 2017年，驻马店市公安消防支队业务经费保障到位，支队和大队全部完成年度预算执行工作。全市有10项队站建设任务，其中泌阳、正阳、汝南已完成，乐山路站正加紧建设；布点6个小型站，新蔡、确山、汝南、正阳等6个县已建成。装备实力大幅提升，全市共购置消防车辆19台、个人防护装备6276件（套）、器材2285件（套）、灭火药剂75吨，新型防护装备基本配齐。（邢海舰）

人民防空

【概况】 驻马店市人民防空办公室为驻马店市国防动员委员会的常设办事机构。市机关设综合科（政策法规科）、工程管理科、指挥通信科、财务管理科、行政审核审批科5个科室，设人防指挥信息保障中心、人防监察支队、人防工程质量监督站、人防平战结合管理处、人民防空基本指挥所管理中心5个直属机构，其中人民防空基本指挥所管理中心为2017年11月成立。2017年，市人民防空办公室荣获"全省人民防空先进集体""全省人民防空建设综合先进单位"等称号。（张海红）

【人防组织指挥建设】 2017年，市人民防空办公室组织全市人防指挥部成员单位点验活动，规范全市人民防空指挥部编成、训练、点验、述职等工作，提高全体指挥人员应急组织指挥能力。修订市、县、街道三级防空袭方案。10月，组织200多人开展人员疏散对接演练，提高防空防灾、应急应战能力。整组9类人防专业队，新组建新型专业队和通讯专业队，组织人防专业队和重要经济目标骨干培训。启动县级机动指挥车建设工作，加快全市县级人防应急机动指挥系统建设步伐。（张海红）

【人防工程建设】 2017年，全市人防工程竣工总量、易地建设费征缴量分别是2016年的145%和223%，实现"双量齐增"。人防工程设计、审图、监理、防护（化）设备生产、安装等由具备人防资质或从业能力的单位承担；新建人防工程的防护（化）设备按设计要求同步安装。全面展开质量监督管理工作，严把质量关。加强人防工程维护管理工作，定期检查和维护保养，加强人防工程开发利用，并增强市场经济意识，挖掘人防工程利用潜力，促使人防工程使用与维护管理走上良性循环发展轨道。加强消防管理，落实消防安全责任，制定各项消防安全管理制度和操作规程，经常组织防

8月30日，第二次全市人民防空会议召开

火检查，及时发现和整改火灾隐患，加强汛期人防工程安全管理，下发防汛通知，确保人防工程汛期安全。（张海红）

【人防宣传】2017年，市人民防空办公室将干部学法纳入干部培训年度计划，举办为期4天的法制培训班。组织“铸盾护民”融媒体知识大赛，选拔一批优秀选手，并在省级比赛中进入决赛，取得三等奖并获得优秀组织奖。创办《天中人防杂志》，围绕人防建设新理念、新发展、新要求编辑刊发3期内容。召开人防“五进”现场推进会，邀请军事专家为市委党校主体班学员授课。被有关报刊杂志等媒体采用稿件约50篇，其中在《中国人民防空》杂志刊稿3篇、《河南人防》杂志刊稿10篇、《河南人防简报》刊稿8篇、《驻马店日报》刊稿20篇，在国家、省、市级各大网站发布信息300多条，通过多渠道、多形式宣传，提高人防部门知名度。（张海红）

【警报试鸣活动】2017年，市人民防空办公室开展“9·18”警报试鸣活动，并以活动为契机，在市区、各县多个中学组织人防应急疏散演练活动。开展公众开放日，向群众发放宣传资料3000余份，现场演示医疗救护和防毒防化设施，带领幼儿园小朋友参观人防信息指挥车，收到良好社会效应。（张海红）

【县级人防建设】2017年，市人民防空办公室推进县级人防工作开展，建立全市人防办主任例会制度，于每季度末，在亮点多、工作先进的县轮流召开全市人防办主任会议，研究当前县级人防工作新形势、新任务，交流工作经验，查找问题，学习先进，梳理年初责任目标完成情况等，在全市人防系统形成赶、超、比的良好氛围。根据省防办责任目标要求，结合驻马店市实际，针对人防工作，市政府与县政府、军分区与人武部、市防办与县防办签订责任目标管理书，于每年年末，成立由军分区副司令员、市政府有关领导带队的责任目标考核组，集中对县政府、人武部、县防办进行考核。考核采取实地观摩、查阅资料、听取汇报方式进行。通过考核，推动先进人防工作开展。（张海红）

经济管理

宏观经济管理

【全市经济发展概况】 2017年，全市生产总值2002.64亿元，比上年增长8.3%；三次产业结构比为18.6 ∶ 41.4 ∶ 40，二三产业比重提高1.6个百分点，全市服务业增加值增长9.7%，贡献率为50.5%。农业生产总体稳定，新建高标准粮田100万亩，全年粮食产量132.7亿斤。工业经济稳定增长，规模以上工业增加值增长8.7%，主营业务收入增长10.6%，实现利润增长17.2%。落实促进民间投资健康发展政策措施，推进市重点项目建设，加大基础设施投入，全市固定资产投资增长11.9%。发展新型消费业态，推动消费环境改善和品质提升，社会消费品零售总额增长12.7%，高于年初目标0.7个百分点，居民消费价格稳定在1.5%。加快财税体制改革，一般公共预算收入增长13.9%，高于年初目标4.9个百分点。积极提高城乡居民收入，全市城镇和农村居民人均可支配收入分别增长8.8%和9%。

经济发展质量提高。打好产业转型升级攻坚战，组织召开全市转型发展攻坚推进会议，研究制定转型发展攻坚战“1+6”方案，一个产业一个方案全力推动，加快企业绿色化改造、智能化改造、技术改造。建立转型发展项目库，重点推进总投资1120.3亿元的171个转型攻坚项目实施。推进全市产业集聚区和服务业“两区”建设，2个产业集聚区为二星级，8个县产业集聚区为一星级，平舆县服务业“两区”晋升为一星级。全市产业集聚区建成区面积达123.4平方千米，市级形成6大产业集群，县级形成8个特色百亿级产业集群。全市服务业“两区”完成投资121.4亿元，建成区面积7.22平方千米，主营业务收入160亿元。推动科技创新平台建设，8家企业成功申报省级企业技术中心，2家企业成功申报省级工程实验室和工程研究中心。制定出台生态文明建设目标评价考核实施办法，建立生态文明建设目标考核体系和绿色发展指标体系，启动生态文明考核工作。制定出台节能减排综合工作方案，在重点领域实施一批节能降碳工程，2017年，驻马店市单位生产总值能耗降低1%。推进农业转移人口市民化，全面落实居住证制度，常住人口城镇化率达到42.39%。

供给侧结构性改革。以“去降补”为重点，积极稳妥，统筹推进。去产能成效明显，共退出生铁产能100万吨、粗钢产能160万吨，全面完成去产能工作任务。商品房去库存进展明显，全市商品住房去化周期为5.89个月，去库存阶段性任务完成。推进去杠杆工作,企业债务结构进一步优化，推广应用PPP模式，积极引入社会资本，政府举债融资机制更加规范。降成本取得较好成效，从降低税负成本、用电成本、制度成本、融资成本等方面多渠道降低企业成本近3亿元。脱贫攻坚和城乡公共设施、生态环保、产业转型升级等领域投入力度不断加大，增加公共产品和公共服务供给力度加大推进。

重点领域攻坚。聚焦脱贫攻坚、新型城镇化、环境保护，集中力量，综合施策，工作取得实质性进展。脱贫攻坚全力推进，累计投入财政扶贫资金38.1亿元，实施各类脱贫项目3001个，全面完成193个贫困村整村脱贫、9.15万农村贫困人口稳定脱贫和3214人易地搬迁任务。探索贫困家庭重度残疾人集中托养模式，得到国务院有关部委和省委省政府肯定。实施百城建设提质项目573个，累计完成投资148亿元，启动实施水系连通工程和12条组团连通工程，完成42条主干道路升级改造和27条新建道路，对6条河流进行集中整治，新增绿化面积90万平方米，新建改造垃圾中转站47座、公厕288座，对38个城中村、1100多个小区楼院和城乡接合部进行综合整治，市生活垃圾综合处理项目和二污二期、四污一期开工建设，火车站新站建成投运，成功创建全国文明城市、国家卫生城市。推进大气污染防治，PM10和PM2.5浓度分别下降11.1%、10%，空气质量优良天数达到240天。5条黑臭水体全部完成整治任务。推进节能减排降碳，加强能源消耗总量和强度控制，预计万元GDP能耗、二氧化碳排放量和化学需氧量、二氧化硫、氨氮、氮氧化物4项主要污染物排放量完成省下达目标任务。

经济体制改革。深化“放管服”改革，全面推行权力、责任和效率清单，精简行政审批事项，行政许可由原来的110项减少到106项，国家和省公布取消上级指定地方实施行政许可事项全部落实到位。对驻马店市的67项行政审批中介服务事项进行清理，加强事中事后监管，政务服务平台、投资项目在线审批监管平台、公共资源交易平台、公共信用信息平台运行良好。在“五证合一”基础上，全面实施企业登记“三十五证合一”。推进新版投资审批流程在线运行，系统运行后可将审批事项从113项精简到59项，项目从立项到开工全过程审批时间将压缩到60个工作日以内，提高行政审批效率。

民生福祉改善。持续加大民生投入，推进重点民生实事，全市“十件重点民生实事”10 大类 29 项任务全部完成，全年完成财政民生支出 339.2 亿元，增长 16.6%，占一般公共预算支出的 79.6%。全年城镇新增就业 8.1 万人，失业人员再就业 3.16 万人，困难人员就业 1.35 万人，新增农村劳动力转移就业 6.05 万人。社会保障体系持续完善，城乡居民基本养老、医疗保险参保人数分别达到 419.2 万人、684.2 万人；加强残疾人、城乡低保人员和孤儿等困难群体生活保障，新的补助标准全面执行。推进保障性安居工程建设，新开工棚改安置房 3.78 万套，基本建成 2.25 万套，超额完成省下达任务。全年新增供热能力 103 万立方米，完成“双替代”民生改造 4.2 万户，发放补贴 4000 余万元。教育、卫生、文化等社会事业加快发展，启动实施中心城区中小学校消除大班额专项规划，8 所新建、6 所迁建、20 所改扩建项目加快推进。实施普通高中培优工程，本科一批上线人数增长 23.8%。职教园区、职业技术学院、省交通技校项目加快推进。推进健康驻马店建设，全面推开城市公立医院改革，全部取消药品加成，市中心医院、市第二人民医院被命名为三级甲等医院。依法处置非法集资，开展安全生产专项整治，保障食品药品安全，依法做好信访维稳工作，严厉打击违法犯罪活动，社会大局保持稳定。（王金锋　冯　冰　王乐希）

【重点项目进展情况】 2017 年，296 个市重点项目完成投资 989.9 亿元，占年度目标的 121%，全市重点项目建设保持稳步增长态势。

从建设阶段看：98 个计划竣工项目完成投资 295.6 亿元，占年度投资计划的 127%；75 个续建项目完成投资 345 亿元，占年度投资计划的 122.5%；123 个计划新开工项目已开工 118 个，开工率 95.9%。未开工项目 5 个，分别是经济开发区第五人民医院项目、经济开发区月星星彩城项目、示范区地下综合管廊项目、示范区高铁站前地下停车场项目、示范区起步区安置小区项目。

从项目归属地看：县（区）属 284 个重点项目，截至 2017 年 12 月底累计完成投资 952 亿元，占年度投资计划的 122%。各县区完成投资均高于时序进度。市直 12 个重点项目累计完成投资 35 亿元，占年度投资计划的 85%。

从所属行业看：工业、交通、农林水、科教文卫、服务业项目完成投资均超过时序进度；城市基础设施项目完成投资低于时序进度。一是工业项目。199 个亿元以上重点工业项目累计完成投资 619.9 亿元，占年度投资计划的 122%。其中：82 个计划竣工项目完成投资 227 亿元，占年度计划的 130%。遂平县今麦郎食品产业园、正康粮油二期芝麻油、确山县恒久机械、西平县国际畜牧科技产业园、平舆县百消丹药业、上蔡县亚豪鞋业、汝南县威马车业、确山县恒久耐磨机械制造、泌阳县夏南牛产业园 2 期项目、市产业聚集区尚品食品等一批计划竣工项目快速推进，进入设备安装或试生产阶段。33 个续建项目完成投资 143.7 亿元，占年度计划的 117%。驿城区德威电缆、鹏辉新能源、西平县嫘祖服装城、领秀服饰、上蔡县大程泉谷坊食品、平舆县鼎原实业、正阳县机械产业园、君乐宝乳业、开发区广大鸿远等一批续建项目工程进展顺利。84 个计划新开工项目完成投资 248.8 亿元，占年度计划的 119%。驿城区天中食品、正阳县正花食品、遂平县创新思念一期改扩建项目、汝南县护水宝产业园、西平县卓达服饰、上蔡县上合惠制鞋产业园、平舆县基业户外等全面开工建设。二是交通项目。5 个交通重点项目完成投资 28.8 亿元，占年度投资计划的 101%。平舆县公共交通项目，西北客运站投入使用，订购纯电动车辆 50 辆投入试运营。三是农林水项目。5 个农林水重点项目完成投资 15.7 亿元，占年度投资计划的 121%。正阳县乐源牧业项目，设备安装部分完成 80%，附属设施完成 100%，引进奶牛 5000 多头。四是城市基础设施项目。23 个城市基础设施重点项目完成投资 61.7 亿元，占年度投资计划的 91%。北部新区片区开发项目，纬九路、富强北路、乐山路（部分）等道路建成，群众安置区中 4 栋 26 层楼房主体封顶。五是科教文卫项目。17 个科教文卫项目完成投资 32.9 亿元，占年度投资计划的 105%。驿城区 25 所中小学校改扩建和新建项目，第二小学、第二十小学等 3 所学校完工，前张小学、第十六小学、第十五中学、原市财税学校改建一所小学 4 所学校施工建设。六是服务业项目。47 个服务业重点项目完成投资 230.7 亿元，占年度计划的 134%。泌阳县铜山湖科技生态园项目竣工。驿城区红星国际广场项目，一期、三期工程进入装修收尾，二期正在做装修工程，四期部分建筑主体封顶。

集中开工活动情况：2017 年，先后于 1 月、6 月和 9 月底组织举行 3 批亿元以上项目集中开工活动，启动和实施一批新的重大项目。3 批共集中开工亿元以上项目 119 个，总投资 576.5 亿元，年度计划投资 194 亿元。

（杨景周　万克平　刘小飞　魏熙雨　郭晓晓）

【固定资产投资】 2017 年，全市固定资产投资完成 1735.41 亿元，比上年增长 11.9%，高于全省平均水平 1.5 个百分点，总量居全省第 12 位，增速居全省第 1 位。其中：第一产业完成投资 104.83 亿元，比上年增长 8.5%，占投资的比重为 6%；第二产业完成投资 764.38 亿元，比上年增长 7.1%，占投资的比重为 44%；第三产业完成投资 866.21 亿元，比上年增长 17%，占投资的比重为 50%。2017 年，全市 296 个重点项目完成投资 989.9 亿元，其中 199 个亿元以上工业重点项目完成投资 619.9 亿元。全市在建项目 1540 个，在建项目计划总投资 3707.98 亿元，比上年增长 22.6%。全年在建项目完成投资 1454.42 亿元，比上年增长 12.7%，其中 5000 万元及以上在建项目完成投资 1144.21 亿元，比上年下降 3.9%。全年房地产开发投资 281 亿元，比上年增长 11.9%。其中：住宅投资 219.1 亿元，增长 9.5%；商品房销售面积 957.94 万平方米，比上年增长 11.9%，商品房销售额 386.51 亿元，比上年增长 31.2%。

（崔武申　代爱华　张　笑）

【项目资金争取】 2017 年，全市共争取国家、省各类政策性建设资金项目 239 个，主要资金投向为农业水利、棚户区配套基础设施、社会事业、政法基础设施、交通、能源等领域，共争取到位建设资金 23.84 亿元，其中中央预算内资金 14.84 亿元、省财政资金 2.44 亿元、国家和省有关部门专项

资金6.56亿元。（崔武申　代爱华　张　笑）

【节能监察监测】 2017年，驻马店市制定《驻马店市人民政府办公室关于印发驻马店市“十三五”节能减排综合工作方案的通知》《驻马店市“十三五”节能低碳发展规划》《关于下达各县（区）2017年单位GDP能耗降低率和能源消费增量控制目标指标计划的通知》，明确节能减排降碳工作任务。配合省节能目标责任现场考核评价组对驻马店市2016年度能源消耗总量和强度“双控”、碳排放目标完成情况及节能降碳措施落实情况开展现场考核评价，2016年度驻马店市万元生产总值能耗下降17.18%，超额完成省政府下达驻马店市2016年度万元GDP能耗下降3.4%的节能目标任务。制订《驻马店市发展和改革委员会关于组织开展2017年度节能监察工作的通知》，对驻马店市10家重点用能单位和5家固定资产投资项目开展年度节能监察。制定《驻马店市固定资产投资项目节能审查实施细则》，继续实施独立的能评制度。2017年，驻马店市共开展固定资产投资项目5个，其中节能登记表2个、节能报告3个。组织筛选资源节约循环利用重点项目，其中史丹利化肥遂平有限公司复合肥装置环保升级改造项目总投资1065万元，争取省节能减排资金159万元。（付天应　杨立杰）

【以工代赈】 2017年，下达驻马店市以工代赈项目资金共计3883万元。其中：道路建设资金2071万元；村集体经济建设资金338.616万元；残疾人托养中心护工工资22.2万元；优抚对象联络员工资19.184万元；科工委带贫企业贷款风险补偿金100万元；产业扶贫光伏发电项目投资100万元；贫困户危房改造项目投资776万元；人居环境整治投资48万元；扶贫车间建设资金37万元；夏南牛产业扶贫项目建设投资132万元；贫困户重大疾病补助及高标准粮田项目资金139万元；农村乡间工程建设投资100万元。由各县统筹整合后用于脱贫攻坚项目建设，其中用于上蔡县、确山县、泌阳县、平舆县、汝南县、正阳县修建道路61.04千米；确山县任店镇胡寨村新建扶贫生产车间1350平方米；确山县瓦岗镇叶老庄村村级集体经济发展；泌阳县夏南牛产业扶贫项目；上蔡县、确山县投入村级集体经济建设，壮大村级集体经济；泌阳县贫困户重症慢性病及9种重大疾病补助项目资金93.65万元，使930人贫困户重症慢性病及9种重大疾病患者获得补助；泌阳县高标准粮田项目建设；平舆县各乡镇安居工程、人居环境整治项目，主要购置太阳能路灯、卫生保洁器材及保洁员（建档立卡贫困户）工资等；正阳县用于农村危房改造项目等。（张建华　薛贺军　王　军）

国土资源管理

【概况】 2017年，全市国土资源系统围绕经济社会发展大局，秉承“守土有责、管土负责、用土尽责”工作理念，为推动全市经济社会高质量跨越发展提供资源保障。被河南省国土资源厅表彰为全省国土资源系统党建工作先进单位、信访稳定工作先进单位，被河南省测绘地理信息局表彰为测绘地理信息工作优秀单位；被市委市政府表彰为全市信访稳定先进单位、服务交通项目先进单位、服务项目建设先进单位；市本级和西平、遂平2个县分别被省政府确定为全省第一批实施百城建设提质工程的市县；西平、遂平、平舆3个县被省国土资源厅确定为国土资源管理综合改革试点县。（李文友）

【土地资源】 2017年，全市土地总面积1364444.35公顷。其中：耕地面积845898.95公顷，园地2554.48公顷，林地156433.05公顷，草地28135.89公顷，城镇村及工矿用地168111.92公顷，交通运输用地46884.22公顷，水域及水利设施用地97609.5公顷，其他土地18816.34公顷。（李文友）

【矿产资源】 截至2017年年底，全市发现各类矿产54种（新找矿种2种——碳质页岩、碎云母，碳质页岩储量约5亿吨，碎云母又称片麻岩，储量约1亿吨），其中金属矿17种、非金属矿产30种、能源矿产4种、其他矿产3种，主要分布在西部、西南部山区的泌阳县、确山县、遂平县和驿城区境内。发现各类矿产地129处，其中大型矿产12处，中型矿床13处，小型矿床96处。在查明资源储量和开发应用的矿产中，建材类非金属矿产是驻马店市的优势矿产，分布广、储量大、质量优、易开采。其中，化工灰岩、溶剂用灰岩、白云岩分别占全省同类资源储量的58%、25%、56%，比较优势的矿产有水泥用灰岩占3.8%，含钾岩石占10%，其次还有石油、天然气、煤、铁、玻璃用脉石英、萤石、饰面花岗岩石材等矿产。（李文友）

【耕地保护】 2017年年初，市政府召开全市国土资源管理工作会，向各县、区政府下达耕地保护考核指标，签订耕地保护目标责任书，明确县、区政府对市政府确定本行政辖区内耕地保有量和基本农田保护面积负总责，县、区长是第一责任人。各县、区把耕地保护指标逐级分解到乡（镇）、村、组和农户，落实到地块。至2017年年底，全市实有耕地面积84.59万公顷，比省下达84.31万公顷的耕地保有量（不含新蔡县）多0.28万公顷，完成永久基本农田划定面积685970公顷，比省下达685730万公顷的基本农田保护目标多240公顷。（李文友）

【土地整治项目】 2011年至2017年，全市共实施土地整治（高标准基本农田）项目19个，建设规模131764.21公顷，预算投资232229.78万元，省下达资金211203.06万元，新增耕地面积255.15公顷。其中，当年实施项目2个，规模11447.8公顷，预算投资20263.52万元，省下达资金13400万元。至2017年年底，已验收项目11个。（李文友）

【建设用地管理】 2017年，全市争取新增建设用地指标1134公顷；向省政府上报各类建设用地51个批次共893.33

表04

2017年度全市土地利用现状分类统计表

单位：公顷

一级分类		耕地		园地		林地		草地		城镇村及工矿用地		交通运输用地		水域及水利设施用地		其他土地	
二级分类	土地总面积	小计	占总面积百分比	小计	占总面积百分比	小计	占总面积百分比	小计	占总面积百分比	小计	占总面积百分比	小计	占总面积百分比	小计	占总面积百分比	小计	占总面积百分比
地类编号		1		2		3		4		20		10		11		12	
驻马店市	1364444.35	845898.95	62%	2554.48	0.19%	156433.05	11.47%	28135.89	2.06%	168111.92	12.32%	46884.22	3.44%	97609.5	7.15%	18816.34	1.38%
驿城区	130652.67	66995.6	51.28%	260.89	0.2%	22707.93	17.38%	3600.27	2.76%	19862.9	15.2%	4160.88	3.19%	11066.09	8.47%	1998.11	1.53%
西平县	109979.53	79560.24	72.34%	175.5	0.16%	3769.04	3.43%	214.32	0.195%	15638.66	14.22%	3627.49	3.3%	6256.36	5.69%	737.92	0.67%
上蔡县	151422.68	111343.22	73.53%	62.25	0.04%	3763.53	2.49%	0.31	0.0%	22647.99	14.96%	5984.45	3.95%	7343.04	4.85%	277.89	0.18%
平舆县	128410.95	94237.02	73.39%	44.78	0.04%	2601.4	2.03%	6.14	0.01%	19221.64	14.97%	4749.37	3.7%	7337.67	5.71%	212.93	0.17%
正阳县	189862.91	141956.32	74.77%	63.44	0.03%	6244.74	3.29%	156.64	0.08%	24223.21	12.758%	6741.87	3.55%	9662.75	5.09%	813.94	0.43%
确山县	162858.43	79372.83	48.74%	464.35	0.29%	45650.91	28.03%	5490.65	3.37%	14466.35	8.88%	5089.63	3.13%	9621.96	5.91%	2701.75	1.66%
泌阳县	234554.03	105371.08	44.92%	1317.25	0.56%	64179.19	27.36%	12269.55	5.23%	20566.49	8.77%	5821.65	2.48%	14607.74	6.23%	10421.08	4.44%
汝南县	150355.11	100062.7	66.55%	89.39	0.06%	2942.77	1.96%	50.99	0.03%	17387.77	11.56%	5468.25	3.64%	24086.56	16.02%	266.68	0.18%
遂平县	106348.04	66999.94	63%	76.63	0.07%	4573.54	4.3%	6347.02	5.97%	14096.91	13.26%	5240.63	4.93%	7627.33	7.17%	1386.04	1.30%

表05

2011年—2017年驻马店市土地整治项目台账

序号	年度	项目名称	建设规模（公顷）	预算投资（万元）	下达资金（万元）	新增耕地面积（公顷）	总体形象进度（%）
1	2011	汝南县金铺等2乡镇土地整理项目	7519.71	14653.05	14653.05	13.69	已验收
2		遂平县玉山等4乡镇土地整理项目	9768.25	15837.03	15837.03	114.73	已验收
3		平舆县阳城等4乡镇土地整治项目	20403.37	38143.82	38143.82	57.3	已验收
4		西平县吕店等4乡镇土地整治项目	11020.84	18406.98	18406.98	12.32	已验收
5	2013	平舆县李屯镇、老王岗乡高标准基本农田项目	5288.88	8047.48	8047.48	3.08	已验收
6		上蔡县百尺乡等3个乡土地整治项目	5089.56	9126.56	9126.56	17.72	已验收
7		正阳县大林镇等11个村土地整治项目	5259.11	8687.96	8687.96	16.14	已验收
8		西平县权寨镇等3乡镇高标准基本农田项目	3926.98	6497.06	6497.06	0.38	已验收
9	2014	汝南县王岗镇等2个镇高标准基本农田整治项目	5310.92	8245.93	8245.93	1.47	已验收
10		上蔡县齐海乡等4个乡土地整治项目	5284.2	9228.33	9228.33	0	已验收
11	2015	遂平县常庄等2个镇土地整治项目	5361.81	9290.58	9290.58	0.38	80%
12		泌阳县杨家集等2个乡镇土地整治项目	5235.03	11346.22	11346.22	2.42	80%
13		平舆县射桥镇等3个乡镇土地整治项目	6523.56	10886.87	10886.87	0	已验收
14		正阳县铜钟镇等3个镇土地整治项目	5316.66	9180.19	9180.19	12.44	30%
15		确山县普会寺乡高标准基本农田整治项目	4498.82	9304.83	4409	3.08	资金用于扶贫
16	2016	平舆县西洋店镇、万金店镇高标准基本农田整治项目	6975.79	12008.73	7199	0	资金用于扶贫
17		上蔡县邵店镇等6个乡（镇）土地整治项目	7533.02	13074.64	8617	0	资金用于扶贫
18	2017	正阳县王勿桥等2个乡镇高标准基本农田整治项目	4567.52	8097.52	1234	0	资金用于扶贫
19		西平县人和等3个乡（镇）高标准基本农田整治项目	6880.18	12166	12166	0	未招标
		合计	131764.21	232229.78	211203.06	255.15	

表06

2016年—2017年建设用地报批供应一览表

单位：公顷

年度	争取新增建设用地指标	向省政府上报各类建设用地		获批各类建设用地		供应土地	出让土地	合同价款（亿元）
		批次	面积	批次	面积	面积	面积	
2016	1147	87	3653	82	2180	1467	700	48.95
2017	1134	51	893.33	59	2800	1280	833.33	72.4

公顷；获批各类建设用地 59 个批次 2800 公顷（含上年报当年批）；供应土地 1280 公顷，其中出让土地 833.33 公顷，合同价款 72.4 亿元。 （李文友）

【土地矿产卫片执法检查】 2017 年，市国土部门广泛宣传国土资源法律法规，提升政府和社会各界保护耕地、依法用地意识。加强土地违法违规用地行为源头防控，强化土地动态巡查，做到早发现、早制止。开展土地矿产卫片执法检查，通过各县、区积极整改，全市共消除违法状态 2735 宗，消除违法用地面积 479 公顷，其中拆除复耕 172 公顷、完善手续 307 公顷，整改力度和整改效果位居全省前列。（李文友）

【矿产资源管理】 截至 2017 年年底，全市市、县两级第三轮矿产资源总体规划编制工作完成。运用数字矿山管理技术加强矿产资源开发监管，禁采区内 112 家矿山企业全部关闭，小、散、乱现象得到扭转，矿山布局进一步优化。开展绿色发展行动，引进鑫龙昌科技有限公司生物纳膜抑尘技术，在确山县境内建设矿山绿色发展示范区，在全国进行推广。加快推进地质环境治理项目，全年完成 1 个矿山地质环境治理项目、1 个泥石流治理项目，推动生态文明发展。做好汛期地质灾害防治，注重排查隐患点，完善地质灾害监测预警和应急体系，保障人民群众生命财产安全。确山、泌阳、遂平、驿城区 4 个地质灾害易发县（区）继续保持国土部“地质灾害防治十有县”称号。 （李文友）

【测绘地理信息】 2013 年 3 月，市政府与省测绘地理信息局签订《“数字驻马店”地理空间框架建设合作协议书》，协议约定市政府与省测绘地理信息局合作建设“数字驻马店”地理空间框架项目。2013 年 4 月启动该项目，2016 年 2 月完成外业测量、数据采集、编辑建库、地理信息公共应用平台和应用示范系统开发系统，数据库成果通过省军区、省国家保密局、省测绘地理信息局 3 方会审；管理应用平台和 6 个应用示范系统通过省专家组系统测试，其中旅游服务系统、全国“农洽会”信息服务系统、水利空间信息管理系统、土地规划管理系统、地籍管理系统已提交相关单位试用，天地图驻马店已上网运行。硬件建设于 2016 年 10 月启动，至 2016 年 12 月底，数字化机房系统、网络设备、网络安全及存储设备、服务器和大显示屏及集成服务等按照合同要求安装、调试完毕，2017 年 1 月 23 日工程通过初步验收。经过实际应用和试运行，各系统运行正常。推进卫星导航基准站建设，对各县区初选站点逐一进行连续 24 小时静态观测，2017 年 6 月 28 日观测结束，共观测选址 20 个，确定符合技术要求的基站选址 14 个，已开始进行建设。 （李文友）

【不动产登记】 截至 2017 年年底，全市共设立 10 个不动产登记机构，人员、职能划转整合基本到位。市、县两级登记信息平台建成联网，数据整合基本完成；出台 5 份配套文件，削减优化登记环节，登记时效提升；建立便民服务网点，开通绿色通道，完善便民措施；农村房地一体登记、农垦国有土地使用权确权登记发证稳步推进。全市共办理各类不动产登记申请 4.57 万件，出具各类不动产登记证书、证明 4.22 万份。 （李文友）

【土地利用管理突出问题集中整治】 2017 年 6 月，驻马店市政府在全市范围内部署开展土地利用管理突出问题集中整治行动，内容包括土地管理中存在不实耕地、城镇空闲土地、违法用地、征地补偿费拖欠、土地出让金欠缴等 6 大问题。提出要通过 3 年～5 年持续整改，将不实耕地、存量违法用地全部处置到位，不再出现新的不实耕地；新增违法违规用地宗数、面积大幅下降，耕地保有量和基本农田保护面积不突破上级下达目标；列入督察台账清单的闲置土地全部处置到位，城镇空闲土地基本消化使用到位；已实施土地征收的，征地补偿费足额拨付到位，欠缴的土地出让金及滞纳金全部收缴到位。为此，市政府成立以副市长王明威为组长、相关部门负责人为成员的全市土地利用管理突出问题集中整治领导小组，下发《驻马店市土地利用管理突出问题集中整治行动工作方案》，各县区政府均成立专门领导机构，共同推进整改任务落实。至 2017 年年底，全市消化处置不实耕地 120 公顷，空闲土地整改消号 1000 公顷，处置违法用地 111 公顷，清理追缴征地补偿费和土地出让金等全部整改到位。 （李文友）

【土地利用综合改革】 2017 年 5 月，河南省确定 12 个市、县为国土资源管理改革创新试点单位，驻马店市占 3 席，分别是遂平县、西平县和平舆县。省国土资源厅赋予这 3 个试点县任务是，探索运用国土资源投融资平台，以支持优势特色产业助力农业供给侧结构性改革，推进高标准农田整治、耕地提质改造，探索土地信托、土地整治融资、土地流转模式创新，为本地和全省长远发展摸索可持续的发展新路子。在 11 月 15 日全省国土资源系统学习党的十九大精神深化土地利用综合改革研讨会上，省国土资源厅党组认为当前迫切任务是开展“三块地”改革，即城镇规划区内建设用地、农村耕地、乡村建设用地。市政府高度重视“三块地”改革，专门成立以市委副书记、市长朱是西为组长、相关部门负责人为成员的领导小组，制定实施方案，建立全市统一土地收购收储平台，出台土地收储办法和城乡建设用地增减挂钩实施意见，成立驻马店市国土资源开发有限公司，设立投融资平台，开展摸清调查，助推“三块地”改革开展。在城镇规划区内建设用地方面，截至 2017 年年底，全市完成土地出让 10 公顷，土地出让计划编制完成。在农村耕地方面，2017 年通过高标准农田建设和后备资源开发，共立项高标准农田近 2 万公顷，为全市农产品加工企业储备生产基地后备资源。在乡村建设用地方面，2017 年立项 4907 公顷，完成验收 2667 公顷，为农村集体经济实体和全市扶贫攻坚工作提供资源支撑。 （李文友）

国有资产管理

【概况】 2017年，市国资委完成2016年度全市国有企业资产年报统计工作。经统计，132家国有及国有控股企业资产总额53.29亿元，负债总额44亿元，所有者权益9.29亿元，营业总收入39.41亿元，实现利润2852万元，国有资产总量9.04亿元。开展地方国有参股企业国有资产统计工作。据统计，8户国有参股企业所有者权益总额28.25亿元，营业总收入46.77亿元，利润总额4.23亿元，市本级国有资产总量3.96亿元，市本级国有股本3.82亿元。谋划转型，推动国有资本做强、做优、做大。借助“由管资产为主向管资本为主转变”的政策，形成新思路，谋划新项目。谋划矿山开发与地方铁路改准轨项目、新能源汽车充电桩项目，组建建筑集团、药品配送集团，组建市国有资本控股运营平台。解决退役士兵安置历史遗留问题，将退役士兵整体安置到一家已改制国有企业中，作为企业改制遗留问题，按照企业改制政策统一进行解决，落实好养老、失业、医保和经济补偿等待遇。 （张　猛）

【“僵尸企业”处置工作】 2017年，市国资委完成市农机公司、市糖酒副食品公司、市轻纺物资公司、市天华粮油有限公司、市畜禽食品进出口公司、市利民旧货调剂中心、市外贸运输公司、市建筑材料厂、市地方铁路建设指挥部9家市属国有“僵尸企业”处置工作，合计安置职工2317人，市财政筹集改制资金28174.02万元。通过处置“僵尸企业”，一方面盘活闲置土地，支持全市重点项目建设，另一方面职工领到经济补偿且解决了拖欠多年、反映强烈的社会保险问题。2017年“僵尸企业”处置数量、职工人数、资金额度均创历年之最。 （张　猛）

【剥离企业办社会职能工作】 2017年，市国资委完成剥离省属企业办社会职能工作，通过省企改办验收。中原高速、新华书店等驻驻省企共完成供水改造548户，供电改造515户，供热改造168户，物业改造645户。驻马店市与河南能源化工集团公司等10家省属企业签订75份退休人员移交协议，共向驻马店市移交档案1350份，党员组织关系125人，移交人员1350人，已全部组织人员进社区。驻驻央企涉及“三供一业”分离移交工作的共计13家，3家企业基本完成改造移交任务，其他10家正按照方案推进。 （张　猛）

【清欠工作】 2017年，在市政府清欠工作领导小组指导下，市国资委与市粮食局多次协调，回购河南驻马店地区植物油集团公司的不良资产债权。办理医药站门面房冲抵债务，房管局相关手续已办理完毕，正在办理不动产登记中心的相关手续。对新蔡县41户债务单位资料进行摸排。与市中院对接，加快出具对正阳县电业局执行文书。 （张　猛）

【项目对接合作会】 2017年7月27日至28日，驻马市与中央企业和省管企业项目对接合作会召开，市国资委为主要牵头单位。省政府国资委主任李涛带24家央企、17家省企高层人士参加会议。本次签约仪式共签约项目12个，合同总投资165.16亿元，其中10亿元以上项目7个，涉及园区建设、工业、化工、市政、金融、新能源等多个领域。（张　猛）

安全生产管理

【概况】 2017年，全市共发生各类生产经营性安全事故52起，死亡16人。其中，较大生产安全事故1起，低于省政府下达2起的指标；亿元GDP死亡率为0.008，低于省政府下达0.054的指标；工矿商贸企业从业人员十万人死亡率为0.055，低于省政府下达0.3的指标；特种设备万台死亡率为0,低于省政府下达0.45的指标。 （李玉成）

【安全生产大检查】 2017年，按照国家和河南省统一安排部署，从7月到10月，在驻马店市范围内开展安全生产大检查。针对全市各级产业集聚区无专设安全机构、安全监管人员“兼”（兼职）而不“专”（专职）的突出问题，市委书记陈星专题听取汇报并召开会议进行部署，副市长贺振华逐县开展调研、重点推动，将困扰产业集聚区无安全机构和专职人员的难点问题彻底解决。同时，为促进大检查扎实有效开展，建立市政府安委会12个年度综合督导组纵向对各县区和市政府安委会办公室横向对市直各部门的“双向”督导检查机制，通过多轮次、不间断督导检查，确保大检查各项部署有效落实。大检查期间,全市共组织执法检查组828个，检查各类企业7422家，停产整顿575项，关闭取缔非法违法企业179家，行政处罚308.43万元，追究刑事责任人员131人。2017年9月15日至17日，国务院安委会大检查督导组实地督导检查驻马店市大检查工作开展情况，并给予肯定；《中国安全生产报》就驻马店市大检查一些好的经验和做法进行宣传报道。 （李玉成）

【安全生产专项整治】 2017年，市安监局分行业领域开展专项整治活动，从严防范和遏制各类事故发生。危险物品和易燃易爆物品：共排查从业单位1550家（次），停产停业整顿2家，关闭1家，罚款18.34万元。涉氨制冷企业液氨使用:对全市21家涉氨制冷企业开展专项检查验收。非煤矿山:开展矿山企业安全专项整治和尾矿库汛期安全检查，共排查治理隐患158项。建筑施工：开展起重设备、脚手架、模板支撑架和深基坑预防坍塌专项整治,共检查建设工程274项，查治各类隐患问题218项。消防：对大型城市综合体、高层公共建筑、易燃易爆单位、“九小场所”、居民楼院开展消防安全专项治理，全市检查单位5.7万余家，“三停”827家，临时查封1416家，行政拘留846人，曝光社会单位、居民小区、区域隐患210处。道路交通：共检查企业508家次，约谈企业 54 家，注销企业 13 家，停业整顿 33 家，行政罚款 100 余万元。特种设备：对问题电梯、“三无”电梯和老旧电梯进行逐台建档，分类治理，共检查电梯维保单位 72 家，检查电梯 3600 余台，依法封停 22 台，更新改造老旧电梯 51 台，立案查处 17 起。同时，结合全市实际，深入分析安全生产领域薄弱环节和潜在风险，以弱势群体为重点，开展托老、托幼和学校安全专项整治。养老机构方面，排查整治各类事故隐患 121 项，取缔无证经营社会办养老机构 4 个，各级共出资 1811 万余元对乡村敬老院进行升级改造。托幼机构和学校方面，共排查治理各类隐患问题 675 项。

（李玉成）

【隐患排查治理】 2017 年，全市贯彻落实《河南省生产安全事故隐患排查治理办法》，健全完善生产经营单位自查、自报、自治和政府部门监督管理的事故隐患排查治理工作机制，强化一线员工事故隐患举报奖励制度落实，筑牢安全生产基础，本质安全生产水平全面提升。全年全市各级各部门各单位共排查治理各类一般事故隐患 21633 项。持续开展政府购买服务排查企业隐患活动，重点向产业集聚区倾斜，以弥补产业集聚区管委会监管能力薄弱问题，共排查消除各类隐患 1215 项。

（李玉成）

价格管理

【价格成本监测】 2017 年，驻马店市成本所完成河南省发改委安排的生猪、玉米价格预警报告工作，完成对驻马店市农民种植意向、农户存粮、农资购买情况和驻马店市土地流转情况的调查等专题调查任务。完成正阳、汝南、上蔡 3 个县 30 个调查户小麦成本收益情况分析和汇总工作，2017 年驻马店市小麦平均亩产 472.41 千克、产值 1023.87 元 / 亩、成本 1107.35 元 / 亩、纯利润 –83.48 元 / 亩。完成正阳、汝南、上蔡 3 个县 27 个调查户玉米成本收益情况分析和汇总工作，2017 年全市玉米平均亩产 443.18 千克、产值 756.47 元 / 亩、成本 1044.52 元 / 亩、纯利润 –288.05 元 / 亩。完成 3 个县 18 个调查户大豆成本收益分析和汇总工作，2017 年度平均大豆产量 122.12 千克 / 亩，产值 433.94 元 / 亩，成本 739.04 元 / 亩，净利润 –305.1 元 / 亩。完成正阳县 9 个调查户花生成本收益情况分析汇总工作，2017 年度平均花生产量 239.44 千克 / 亩，产值 1275 元 / 亩，总成本 1492 元 / 亩，净利润 –217 元 / 亩。市成本所对泌阳县郭集镇 9 个烟叶调查户 2017 年度烤烟生产成本及收益情况进行调查、汇总、分析，烤烟总成本 3144.71 元 / 亩，产量 153.77 千克 / 亩、产值 3556.91 元 / 亩，烤烟净利润 412.2 元 / 亩。2017 年 1 月 30 日至 12 月，对驻马店实验幼儿园保教费成本开展调定价前的成本监审，核减不合理成本 0.66 万元，核增 275.54 万元，并出具详实、可靠、全面准确的调查报告，为价格主管部门制定和调整价格提供参考依据。

（党肖冰）

【价格认证】 2017 年，全市共受理价格认定业务 1077 件，标的金额 13398 万元。其中：涉案 1057 件，标的金额 3560 万元；涉纪 8 件，标的金额 178 万元；涉税 2 件，标的金额 1720 万元；价格认证 6 件，标的 1100 万元；行政执法案件（含征地拆迁）4 件，标的金额 6840 万元。

（袁卫军　李春霞）

【物价管理】 2017 年，按照国家、省发改委部署，围绕整顿和规范市场价格秩序这一中心任务，强化队伍建设，加大市场价格监管力度。着力解决社会反映强烈的价格热点问题，相继组织实施涉企价费、电力价格、旅游景点收费等行业专项检查及节日期间市场价格监管、商品房明码标价检查。受理价格举报，查处各种价格违法行为，共处理各类举报案件 35 起，共接到、受理“12358”价格举报、民意快线、市长热线 36 件，已办结 36 件。

（张拥军　李秋源）

表 07

2017年驻马店市部分农产品市场价格行情表

序号	品名	单位	价格(元/500克)											
			1月	2月	3月	4月	5月	6月	7月	8月	9月	10月	11月	12月
1	小麦	500克	1.14	1.1	1.1	1.2	1.2	1.1	1.18	1.14	1.14	1.2	1.22	1.24
2	玉米	500克	0.81	0.81	0.8	0.8	0.8	0.75	0.85	0.85	0.85	0.82	0.75	0.78
3	面粉	500克	2	2	2	2	2	2	2	2	2	2	2	2
4	晚籼米	500克	3	3	3	3	3	3	3	3	3	3	3	3
5	挂面	500克	3.5	3.5	3.5	3.5	3.5	3.5	3.5	3.5	3.5	3.5	3.5	3.5
6	大白菜	500克	1.28	0.9	0.58	0.68	0.98	1.58	1.28	1.88	0.98	1.58	0.58	0.48
7	青菜	500克	1.58	1.38	1.38	1.58	1.88	3	2.58	4.08	4.98	4.98	2.38	1.88

续表

8	青椒	500克	3.38	2.98	2.98	2.98	1.98	1.28	0.58	1.58	1.98	1.98	1.58	1.58
9	黄瓜	500克	3.5	4.58	3.68	1.28	0.88	1.58	2.58	1.88	3.98	3.58	2.98	2.68
10	西红柿	500克	4.68	4.98	5.48	3.58	2.98	1.98	0.98	1.58	2.98	3.98	2.18	2.18
11	白萝卜	500克	1.58	1.88	1.26	1.58	1.58	1.58	1.58	1.58	1.58	1.58	0.88	0.88
12	茄子	500克	5.28	3.18	3.58	2.98	1.58	0.88	0.68	1.98	1.98	1.38	1.68	1.88
13	大蒜	500克	9.8	9.8	9.8	9.8	12.8	2.5	3.5	3.5	4.8	4.98	4.98	4.98
14	豆腐	500克	2.3	2.3	2.3	2.3	2.3	2.3	2.3	2.3	2.5	2.5	2.5	2.5
15	纯牛奶	500克	2.6	2.6	2.6	2.6	2.6	2.6	2.6	2.7	2.7	2.7	2.7	2.6
16	猪肉	500克	13.8	13.8	13.8	11.8	12.8	11.8	11.8	11.8	11.8	11.8	11.8	11.8
17	鸡肉	500克	7.8	7.8	6.8	5.8	5.8	6	7	7	7.8	7.8	7.8	7.8
18	鸡蛋	500克	3.65	3.65	3.65	2.48	2.28	2.18	2.88	4.18	4.38	4.78	4.28	4.48
19	生猪	500克	8.6	8.9	8	7.7	7	6.7	6.9	7.1	7	7.1	7.1	7.2
20	草鱼	500克	7	8	7.5	8	8	8	8.5	8.5	8.5	8.8	8.8	8.8

工商行政管理

【概况】 2017年，全市新登记各类市场主体58558户，平均每天新登记160户，其中企业11959户，同比增长17.11%。全市新增市场主体数量连续4年保持高速增长。截至2017年年底，全市实有各类市场主体27.96万户，位居全省第6位，同比增长17.88%，增速位居全省第7位。其中：企业51264户，同比增长23.37%；个体工商户20.94万户，同比增长16.63%；农民专业合作社18934户，同比增长17.75%。实有市场主体总数相比全市2014年2月底商事制度改革启动前的14.13万户企业，实际增长97.88%。驻马店市企业活跃度达74.26%，位居全省第1名。

市工商部门以推进"放管服"改革为主线，聚焦工商登记便利化、市场监管现代化、工商服务优质化、消费维权协同化、机关建设规范化"五化"建设，为全市经济社会发展做出贡献。市工商局在创建全国文明城市、国家卫生城市中荣获集体二等功。在全市评选表彰文明诚信经营户172户，联合4个社区开展文明共建，市局机关志愿者人数达在职人数的98%以上，全市7个工商窗口设立文明使者志愿服务站。

（徐其林）

【商事制度改革】 2017年，驻马店市工商局推进商事制度改革政策落地，工商登记便利化取得突破。

"多证合一"改革。发挥改革牵头作用，确保从"五证合一"到"三十五证合一"改革实施。改革前涉及多个单位的35项手续，在工商登记窗口实现"一网通办"，从受理到拿照最长3个工作日。全市共发放"三十五证合一"营业执照5270张，初步实现"一照一码走天下"。

"先照后证"改革。严格前置审批事项，前置审批项目减少至32项。动态调整后置审批项目，履行"双告知"工作职责，向全市41个相关审批部门、行业主管部门推送后置审批企业信息1524条。

简易注销登记改革。积极化解企业"退出难"问题，对未开业企业、无债权债务企业等4大类市场主体率先实行简易注销登记，注册登记改革进程从便捷准入拓展到便捷退出，全市先后有288户企业通过简易注销方式办理注销登记。

登记注册全程电子化、营业执照电子化改革。按照"互联网+政务服务"理念，以企业办理登记"零见面、零收费"、电子营业执照"无介质"为目标，于2017年10月30日颁发驻马店市第一张电子营业执照，有23户企业通过互联网足不出户成功申请办理营业执照。

（徐其林）

【市场监管】 2017年，市工商局加大企业信用监管力度，推进市场监管现代化。

推进"双随机、一公开"监管方式。建立完善抽查工作机制、检查对象名录库和执法检查人员名录库，引入政府购买服务，委托会计师事务所、税务师事务所对被抽查企业

8月3日，“三十五证合一”营业执照发放
张　勇摄

信息公示情况开展专业财务审查，随机抽查2016年度年报企业1434户，抽查结果做到全公开。

信息公示制度有效实施。强化宣传培训，实行年报进度定期通报，全市2016年度企业、个体工商户、农民专业合作社年报率分别达到97.02%、99.28%、99.89%，3项年报工作均被评为全省先进，在全省工商系统市场主体信用监管工作电视电话会议作典型发言。加强行政处罚信息公示工作，制定《驻马店市工商局行政处罚信息公示工作实施办法》，通过推行催告制度，处罚信息公示率达到100%。

涉企信息归集共享与联合惩戒。依托全市企业信用信息公示监管警示系统建立联席会议制度，与46个成员单位全部签订信息资源共享应用战略合作框架协议，其中41个单位共上传涉企信用信息9179条。全市各级工商部门归集公示经营异常名录信息6607条，3269户企业被列入经营异常名录，在受到相关限制和联合惩戒后，先后有3061户主动申请移出，信用约束成效明显加强。

重点市场监管执法。全系统围绕重点领域、抓住关键环节、紧盯大要案件，先后查办各类违法违章经营案件4065件，同比下降14%，罚没金额1894.53万元，同比增长32%。强化广告市场整治，累计监测各类媒体广告36690条次，查办违法广告266件，市级媒体严重违法广告有10个月为零，虚假违法广告势头得到有效遏制；强化农资市场整治，开展红盾护农，抽检重点农资商品2029批次，立案查处农资案件852件，案值171.58万元；强化格式合同监管，查处合同违法案件137件，有50家企业被推荐申报“省级守合同重信用”企业；强化竞争执法，查处不正当竞争案件45件、商标侵权类案件113件、传销案件4件，捣毁传销窝点1个，罚没金额402.54万元；强化网络市场监管，完善网络经营主体数据库，统计电商企业和网店2500多家，对网络平台和网商进行集中约谈，办理网络案件12件；强化校园周边、易燃易爆等重点行业监管，查处各类无照经营案件1776件，案值347万元，罚没款389.26万元。（徐其林）

【商标品牌战略】2017年，国家工商总局商标局在驻马店市设立商标受理窗口，已接受商标注册申请58件，实现“当天申请、当天受理”。推荐上报2个产业集聚区创建“省级产业集群商标品牌培育基地”，组织20名企业负责人参加全省商标品牌战略培训，指导“十三香”申报“中国商标金奖”。2017年，驻马店市新增有效注册商标2070件、中国驰名商标1件，全市共有驰名商标9件、地理标志商标2件、有效注册商标14913件，比2016年增长2884件。市政府拨付专项资金570万元，对42家2015年度、2016年度新认定驰名商标、著名商标企业进行奖励。（徐其林）

【扶持小微企业发展】2017年，市工商局做好精准扶持小微企业发展工作。帮助中小微企业解决融资难题，深化与金融部门战略合作，在2016年与市工商银行签订扶持小微企业发展全面战略协议的基础上，与中国银行、建设银行分别签订全面战略合作协议，为银、企双方搭建合作共赢桥梁。累计帮助各类市场主体融资59亿元，其中法人类企业获得贷款22亿元，个人经营类37亿元。推进小微企业名录建设，录入公示有关扶持政策文件3份，发放宣传资料1.2万份。（徐其林）

【燃煤散烧整治及大气污染防治成品油专项整治】2017年，市工商局牵头抓好燃煤散烧整治及大气污染防治成品油专项整治。围绕“查禁改替”，非法散煤销售点及燃煤散烧设备查处取缔率100%。全市新建洁净型煤仓储供应中心11个、配送网点76个。联合相关部门对全市496家加油站、3家油库进行排查摸底建档，抽检加油站613家，立案188起。

表08

2017年驻马店市市场主体基本情况统计表

<table>
<tr><th colspan="4">项目</th><th>单位</th><th>期末实有</th><th>本期登记</th></tr>
<tr><td rowspan="8">企业</td><td colspan="3">企业总数</td><td>户</td><td>51264</td><td>11959</td></tr>
<tr><td rowspan="5">内资企业</td><td colspan="2">户数</td><td>户</td><td>50927</td><td>11950</td></tr>
<tr><td colspan="2">注册资本（金）</td><td>万元</td><td>28416359.26</td><td>6080061.35</td></tr>
<tr><td rowspan="3">其中：私营企业</td><td>户数</td><td>户</td><td>42081</td><td>10390</td></tr>
<tr><td>注册资本（金）</td><td>万元</td><td>21464637.47</td><td>4855684.22</td></tr>
<tr><td>从业人员</td><td>人</td><td>409769</td><td>63304</td></tr>
<tr><td rowspan="2">外商投资企业</td><td colspan="2">户数</td><td>户</td><td>337</td><td>9</td></tr>
<tr><td colspan="2">注册资本</td><td>万美元</td><td>131424.87</td><td>13433.28</td></tr>
<tr><td rowspan="3">个体工商户</td><td colspan="3">户数</td><td>户</td><td>209389</td><td>43705</td></tr>
<tr><td colspan="3">资金数额</td><td>万元</td><td>1960479.30</td><td>484465.39</td></tr>
<tr><td colspan="3">从业人员</td><td>人</td><td>425765</td><td>94062</td></tr>
<tr><td rowspan="3">农民专业合作社</td><td colspan="3">户数</td><td>户</td><td>18934</td><td>2894</td></tr>
<tr><td colspan="3">出资总额</td><td>万元</td><td>6783014.71</td><td>993688.38</td></tr>
<tr><td colspan="3">成员总数</td><td>个</td><td>113185</td><td>14948</td></tr>
</table>

表09

2017年“12315”工作情况统计表

<table>
<tr><th rowspan="4">项目</th><th colspan="18">12315受理情况</th></tr>
<tr><th rowspan="3">合计(件)</th><th colspan="14">申诉(件)</th><th colspan="2">举报(件)</th><th rowspan="3">咨询(件)</th></tr>
<tr><th colspan="7">商品消费</th><th colspan="7">服务消费</th><th rowspan="2">小计</th><th rowspan="2">其中涉及执法人员违法违纪举报</th></tr>
<tr><th>家用电子电器</th><th>家用机械</th><th>日用百货</th><th>烟酒饮料食品</th><th>农用生产资料</th><th>建材</th><th>其他</th><th>餐饮服务</th><th>居民服务</th><th>旅游服务</th><th>电信服务</th><th>修理维护服务</th><th>装饰装修服务</th><th>其他</th></tr>
<tr><td>数量</td><td>………</td><td>273</td><td>172</td><td>382</td><td>0</td><td>31</td><td>19</td><td>229</td><td>0</td><td>56</td><td>0</td><td>95</td><td>298</td><td>12</td><td>246</td><td>0</td><td>0</td><td>0</td></tr>
<tr><td>小计</td><td colspan="8">1106</td><td colspan="7">710</td><td colspan="2">………</td><td>………</td></tr>
<tr><td>合计</td><td>15346</td><td colspan="14">1816</td><td colspan="2">302</td><td>13228</td></tr>
<tr><td rowspan="2">项目</td><td colspan="11">申诉处理情况</td><td colspan="7">举报处理情况</td></tr>
<tr><td colspan="2">已处理申诉(件)</td><td colspan="2">调节成功(件)</td><td colspan="2">申诉涉及争议金额(万元)</td><td colspan="3">加倍赔偿损失金额(万元)</td><td colspan="2">挽回经济损失金额(万元)</td><td colspan="4">已处理举报(件)</td><td>案值(万元)</td><td>没收金额(万元)</td><td>罚款金额(万元)</td></tr>
<tr><td>数量</td><td colspan="2">1727</td><td colspan="2">1297</td><td colspan="2">1637.8</td><td colspan="3">76.4</td><td colspan="2">862.9</td><td colspan="4">302</td><td>983.1</td><td colspan="2">316.4</td></tr>
</table>

表10

2017年驻马店市个体工商户情况统计表

行业分类	期末实有						其中：本期登记		
	合计			其中：城镇					
	户数（户）	从业人员（人）	资金数额（万元）	户数（户）	从业人员（人）	资金数额（万元）	户数（户）	从业人员（人）	资金数额（万元）
合计	209389	425765	1960479.30	152565	311633	1424986.06	43705	94062	484465.39
农、林、牧、渔业	11297	30804	450686.94	6308	16937	254498.37	2068	5258	91564.24
农、林、牧、渔服务业	1708	3384	36529.20	1249	2524	29283.30	246	523	8281.00
采矿业	78	416	3628.00	36	192	1862.50	4	12	130.00
开采辅助活动	1	3	10.00	1	3	10.00			
制造业	8729	24711	90700.34	6024	15960	61451.20	1973	6353	24878.35
金属制品、机械和设备修理业	68	156	597.80	52	125	542.80	7	13	49.00
电力、热力、燃气及水生产和供应业	29	57	1177.60	16	31	190.00	10	18	88.00
建筑业	852	2017	10895.70	604	1443	6892.40	218	588	3918.80
批发和零售业	130577	237539	933464.09	94379	173344	712178.89	22876	43891	218890.48
交通运输、仓储和邮政业	1906	3791	22505.08	1294	2761	14524.68	289	674	4310.00
住宿和餐饮业	30434	71359	216622.55	23942	57390	180222.06	9807	22677	76536.56
信息传输、软件和信息技术服务业	446	854	3672.10	293	590	2623.50	99	208	880.00
金融业	7	13	46.00	6	12	36.00	5	10	34.00
房地产业	166	420	942.50	155	394	710.50	63	170	415.00
租赁和商务服务业	884	1942	13673.40	734	1628	10728.50	342	755	7002.00
科学研究和技术服务业	391	757	1752.80	195	406	1120.20	17	32	123.50
水利、环境和公共设施管理业	12	57	375.00	5	21	305.00	4	8	55.00
居民服务、修理和其他服务业	22591	46485	184301.00	17774	37195	158215.56	5600	12036	47652.56
教育	36	223	2007.30	30	199	1735.30	11	39	157.50
卫生和社会工作	238	817	6247.10	210	710	3535.90	76	311	2229.50
文化、体育和娱乐业	683	3438	17427.40	536	2374	13937.10	231	1001	5446.10
其他	33	65	354.40	24	46	218.40	12	21	153.80

表11

2017年全市内资（非私营）企业登记管理情况统计表

行业分类	机器编号	期末实有						期末实有
		合计			国有企业	集体企业	公司	合计
		户数（户）	其中：企业法人	注册资本（金）（万元）	户数（户）	户数（户）	户数（户）	户数（户）
乙	丙	1	2	3	4	7	10	17
合计	1	8846	4174	6951721.79	1086	1404	6183	1560
农、林、牧、渔业	2	306	267	410515.14	27	19	259	79
采矿业	8	14	13	21115.80	4	1	9	3
制造业	16	382	311	1138634.66	45	43	294	62
电力、热力、燃气及水生产和供应业	48	128	80	338387.08	35	5	88	44
建筑业	52	533	392	893668.95	18	25	489	251
批发和零售业	57	4154	1811	1157124.20	556	1199	2369	463
交通运输、仓储和邮政业	60	599	173	141095.75	233	45	321	96
住宿和餐饮业	69	140	100	85886.80	17	17	106	36
信息传输、软件和信息技术服务业	72	366	78	45086.50	12	2	352	61
金融业	76	972	49	862389.73	22	1	851	47
房地产业	81	226	215	528900.59	13	2	211	38
租赁和商务服务业	83	421	267	676383.50	26	12	382	168
科学研究和技术服务业	86	106	93	166834.59	16	2	88	29
水利、环境和公共设施管理业	90	39	34	115579.00	2	2	35	12
居民服务、修理和其他服务业	94	314	203	323684.10	48	28	237	132
教育	98	16	14	6861.00	1		15	9
卫生和社会工作	100	10	5	10650.00			10	8
文化、体育和娱乐业	103	74	66	22862.89	11		63	16
其他	109	46	3	6061.51		1	4	6

表12

2017年驻马店市外商投资企业登记情况表(按企业行业分组)

	项目	机器编号	期末实有				本期登记				注销（户）		吊销（户）	
			户数（户）	投资总额（万美元）	注册资本（认缴出资金额）（万美元）		户数（户）	投资总额（万美元）	注册资本（认缴出资金额）（万美元）		本期注销	累计注销	本期吊销	累计吊销
					小计	其中：外方			小计	其中：外方				
	合计	1	337	206633.37	131424.87	116083.98	9	14728.75	13433.28	13421.14	4	118		100
A	农、林、牧、渔业	2	13	6945.59	3688.38	3007.39					1	3		13
B	采矿业	4	1	5000.00	2500.00	750.00								2
C	制造业	6	69	123551.56	89956.15	82160.97	3	7912.93	7897.74	7885.60	2	22		69
D	电力、热力、燃气及水生产和供应业	8	11	38700.26	13096.14	12235.33	1	2133.80	853.52	853.52		1		
E	建筑业	9												1
F	批发和零售业	10	17	4221.02	3810.51	3598.74	2	3400.00	3400.00	3400.00	1	8		1
G	交通运输、仓储和邮政业	11	4	5952.00	5952.00	3928.30						1		
H	住宿和餐饮业	12	6	14269.20	7134.60	6074.26						1		1
I	信息传输、软件和信息技术服务业	13	187				1					82		1
J	金融业	14	14											
K	房地产业	15	4	2346.39	1866.13	1866.13	1	1282.02	1282.02	1282.02				5
L	租赁和商务服务业	16	3				1							1
M	科学研究和技术服务业	17	1											
N	水利、环境和公共设施管理业	18	2	5122.20	2895.81	2209.32								2
O	居民服务、修理和其他服务业	19	3	452.51	452.51	180.90								1
P	教育	20												
Q	卫生和社会工作	21												
R	文化、体育和娱乐业	22	2	72.64	72.64	72.64								
	其他	23												3

表13

2017年全市农民专业合作社登记管理情况统计表

项目	机器编号	合计	按业务范围分（户）									出资总额	成员总数
			农业生产资料的购买	农产品销售	农产品加工	农产品运输	农产品贮藏	与农业生产经营有关的技术、信息等服务	种植业	养殖业	其他		
期末实有	1	18934	5704	6243	717	918	1790	11015	15169	2479	4482	6783014.71	113185
其中：分支机构	2	155	71	34		2	28	97	42	4	42	——	——
本期登记	3	2894	957	1010	269	507	655	1883	2230	460	743	993688.38	14948
其中：分支机构	4	8	1	1		2	2	5	2	2	3	——	——

补充资料：1. 本期注销登记105户，其中分支机构1户。
2. 本期设立登记涉及登记前置许可的1户。
3.《条例》实施前已在工商部门登记的，本期按条例规范登记的627户。

3月15日，平舆县开展由工商局牵头组织的“3·15”国际消费者权益日活动　　刘付明　摄

依法整治全市“小散乱污”企业、“地条钢”经营，940家“小散乱污”企业被全部取缔，16户销售不合格钢材的经营户被处罚。市工商局被市委办公室、市政府办公室评为“2017大气污染防治攻坚战先进集体”，被省委办公厅评为“2016年度大气污染防治攻坚战先进单位”。（徐其林）

【烟草市场综合治理】2017年，市工商局牵头开展全市烟草市场综合治理。按照“端窝点、断源头、清市场、腾空间”工作要求，集中开展烟草市场专项治理，检查零售商户119754户次，查处涉烟案件1043件，取缔无证商户121户，查处假烟、走私烟9514条、非法流通烟3045.3条，移交公安机关8件，拘留17人。（徐其林）

【消费者权益保护】2017年，市工商局积极构建社会共治格局，消费维权协同化稳步推进。开展“红盾质量维权行动”，突出新兴消费领域消费维权和农村市场消费维权，对10多类流通领域重点商品质量进行抽样检测10次，投入经费32.34万元，抽查商品306批次，立案105件，罚没款39.51万元，抽查及处理结果全部及时向社会公开。加强12315维权体系建设，成功对接全国12315互联网平台。全年受理消费者咨询、投诉、举报15346件，其中投诉涉及争议金额1637.8万元，举报类案件案值983.1万元，为消费者挽回经济损失862.9万元。开展消费维权教育和理性消费引导，全社会共同参与消费维权意识提升。各级消费者协会广泛开展内墙涂料、粮油产品等消费热点商品比较试验和评选，发挥消费维权志愿者和律师团作用，新成立汽车消费维权专家团，消协组织公信力和影响力增强。全市各级消协受理消费者投诉746件，受理咨询22857人次，为消费者挽回经济损失420万元。市消费者协会被评为“2016—2017年度全国消协组织先进集体”。（徐其林）

【法治工商建设】2017年，市工商局开展各种形式的工商法律知识培训10余次，受训人员1500人次。认真执行重大行政决策规则和行政程序，加强规范性文件合法性审查，对3万元以上大案进行重点把关，确保重大决策事项依法合规。开展行政职权清理工作，各项职权全部通过市政府网站和市局门户网站对外公布。市局被授予“全国六五普法先进集体”称号，是全省工商系统和全市唯一获此荣誉的单位；连续3届被国家工商总局指定为法治工作联系点；连续15年被评为“市直依法行政考核优秀单位”。（徐其林）

质量技术监督

【质量强市工作】2017年，全市高度重视质量工作，市政府定期听取质量工作情况汇报，研究解决质量工作中的重大问题。2017年7月6日，市政府组织召开全市质量大会，安排部署全市质量强市工作，表彰获得2016年度市长质量奖的9家企业，奖励资金180万元。出台《2016—2017年度县区质量工作考核方案》，完善考核项目和评分标准，质量考核工作实现制度化、常态化。做好国家、省质量考核准备工作，连续3年获得省质量考核B级等次，驻马店市迎接国务院质量考核工作得到考核组肯定。（李晓丹）

【品牌培育】2017年，品牌带动战略被列为全市经济社会发展“十项重点工作”之一。围绕主导产业发展，制定《驻马店市“十三五”期间品牌培育和发展规划》，建立品牌创建梯队，广泛开展品牌产品、品牌企业和品牌示范区创建工作。继续实施品牌奖励制度，对品牌创建先进单位和企业进行重奖，年度奖励资金120万元，品牌奖励累计资金达到810万元。指导驻马店市获准创建河南省知名品牌示范区的遂平县、泌阳县、驿城区3个产业集聚区做好迎检准备工作，已递交验收申请。组织开展质量管理小组成果发表活动，获省级QC小组一等奖8个、二等奖8个、三等奖12个。联合市教育局在河南乐山电缆有限公司开展中小学质量教育社会实践活动，培养学生重质守信意识。全市省知名品牌示范区达到6个，成功创建2个；河南省质量诚信体系建设A等以上工业企业达到48家；省中小学校质量教育社会实践基地累计达到4家。（李晓丹）

【标准化工作】2017年，市质监局推进国家农业综合标准化示范市创建工作。市政府印发《驻马店市创建国家农业综合标准化示范市行动计划》，成立由市长为组长，各职能部门负责人为成员的创建农业标准化示范市工作领导小组，建立联席会议制度，为创建工作提供组织保障。截至2017年年底，已成立各专业技术委员会，建立主导农产品标准体系。推进标准化改革。全面实施企业产品标准自我声明公开制度，指导帮助企业在企业标准信息公共服务平台上公示产品标准，全市有81家企业自我声明公开产品执行标准583项，涉及产品772种。农业标准化示范区建设稳步推进。正阳三黄鸡养殖标准化示范区省级项目通过省局考核验收。西平金田地家庭农场、上蔡金谷源农业开发有限公司2个省级项目按计划有序实施。2017年批准建设的省级农业标准化示范区项目已经启动创建。全市累计承担建设国家级农业标准化示范区项目15项，省级农业标准化示范区项目35项。推进社会管理和服务标准化工作。开展行政审批制度改革，市政府下发《驻马店市行政审批标准化工作方案》，决定在市政府、驿城区和泌阳县开展行政审批标准化试点工作。与市民政局联合出台《关于加快推进民政标准化建设工作的实施意见》，驻马店市儿童福利院标准化建设、平舆县养老服务机构管理和服务基本标准已经形成，驻马店市居家养老服务规范、驻马店市养老机构入住评估规范等市级地方标准待批准实施。（李晓丹）

【计量工作】2017年，驻马店市市、县两级申请建立社会公用计量标准55项，其中市检测中心投资480万元建立的46项标准全部通过省局批准，是省局一次性批准项目最多

7月6日，全市质量大会暨创建农业标准化示范市动员会议会场　　弓华静 摄

的一次，其中CT机、机动车检测线等大型计量标准是全省首次建标。开展衡器、出租车计价器、加油（气）机等强制检定计量器具普查建档和计量检定工作，对集贸市场和医疗卫生计量器具建档情况进行检查验收，全市建标项目计量器具检定率达到96%。连续5年实施"集贸市场计量器具免费检定"政府惠民工程，建立完善集贸市场计量器具档案，为市区12个集贸市场配备公平秤40台，免费检定在用衡器3896台，印制《集贸市场计量监督管理办法》，各市场都制定"计量管理制度"，配备专（兼）职计量管理人员，公示计量监督投诉电话，形成长效计量监管机制。通过连续5年开展"放心秤"服务项目，集贸市场计量器具检定合格率达到98%以上，计量纠纷明显减少。按照"双随机"方式，加大定量包装商品监督抽查批次，共抽查企业63个，抽查批次202个，净含量合格率100%，包装合格率100%。组织开展春节、中秋节等节日期间计量器具和环保计量专项检查，共检查集贸市场、超市、加油（气）站590个，检查环保行业国控、省控的13家重点企业的计量器具120台件，实施强制检定，为环保防控提供技术保障。（李晓丹）

【认证认可工作】 2017年，市质监局推进国家检验检测统计试点和省认证认可动态监管工作，对全市83家资质认定检验检测机构进行注册录入。开展检验检测认证机构和强制性产品认证专项整治工作，检查检验检测机构77家，检查3C认证企业12家，对发现的问题进行督促整改。组织17家检验检测机构参加2017年国家、省能力验证活动，排查并完善技术环节漏洞，提升全市检验检测机构能力。组织开展"全国有机宣传周"活动，通过宣传河南恒都夏南牛开发有限公司和河南恒都食品有限公司开展有机产品认证、实施循环经济、服务精准扶贫的成功经验，增强有机产品发展理念，引导推广有机产品种植、养殖。（李晓丹）

【检验检测工作】 2017年，河南省畜牧养殖机械质检中心（西平）项目获得批准筹建，全市共筹建省级质检中心9个，已建成5家。驻马店市综合检测基地项目全面开工建设，该项目总投资4850万元，占地20亩，建筑面积1.6万平方米，2017年先后投入建设资金1000多万元，主体工程、装修工程施工完毕。加快省级质检中心建设。2017年5月11日，市政府印发《驻马店市县级检验检测机构整合工作实施意见》，各县政府相继出台整合意见，全市检验检测机构体制改革有序推进。（李晓丹）

【产品质量监督】 2017年，市质监局继续实施驻马店市产品质量监督抽查制度，市财政每年拨付监督抽查经费300万元，共监督抽查产品1091个批次，合格率99.8%。做好大气污染防治工作，制订《驻马店市煤炭产品质量专项监督抽查计划》，先后抽取2家企业的燃煤样品12个，合格率100%。严格生产许可管理，对申请省级生产许可的22家企业进行审核把关，提出修改建议60条，已获证15家，不予许可1家，6家等待核查审批。加强对获证企业监督检查，共检查食品相关产品生产企业30家、电线电缆生产企业2家、危化品生产企业6家、水泥生产企业14家，全部整改到位。（李晓丹）

【特种设备安全监管】 2017年，市质监局组织开展电梯、燃煤锅炉、油气管道等专项整治活动，排查事故隐患，严厉打击各类安全违法行为。抓好电梯安全整治，开展电梯普查摸底，对问题电梯、"三无"电梯和老旧电梯逐台建档、分类治理。检查电梯维保单位72家，电梯3600余台，依法封停电梯22台，更新改造老旧电梯51台，立案查处17起。联合市总工会，聘请新乡、漯河、信阳专家为裁判，组织开展电梯维保技能竞赛，42家电梯维保单位338名电梯维保人员参加竞赛活动。推进驻马店市电梯应急处置中心项目建设，8月1日获得市政府批准。按照市政府蓝天工程行动计划，配合有关部门开展燃煤锅炉拆改工作。已拆改10吨/时及以下燃煤工业锅炉61台，全市注册登记的1323台10吨以下燃煤锅炉全部注销变更。对3台燃煤工业锅炉开展能效测

试，华中正大有限公司被评为安全节能标准化管理达标示范单位。抓好油气管道整治，检查各类门站4个，召开6家油气管线使用单位整治座谈会，对1家问题突出的单位进行约谈。 （李晓丹）

【执法打假工作】 2017年，全市质监系统围绕农资、建材、电线电缆等重点产品，以查办大案要案为重点，开展“质检利剑”专项行动，查办案件184起，涉案货值93.7万元，移送法院强制执行5起。先后开展农资、电线电缆、货车非法拼装、计量等专项执法打假行动，共检查化肥生产企业8家、电线电缆生产企业2家、货车生产企业3家，抽取化肥样品15个，电线电缆样品5个，合格率均为100%。加强12365质量热线平台建设，开通“单兵”系统，加强信息化培训，提高应急处置能力。全年受理投诉举报事项35起，回复满意率100%。其中，新蔡县栎城乡水泥质量投诉案，为消费者挽回经济损失3.5万元。 （李晓丹）

食品药品监督管理

【概况】 2017年，驻马店市食品药品监督管理局加强监管力度，开展食品药品整治，做好综治平安建设和信访稳定工作，全市食品药品安全形势稳定向好。全市全年共办理“三品一械”案件3499起，罚没款1635.91万元。市局连续第3年被市委市政府表彰为平安建设先进单位。驻马店市在2018年河南省食品药品监督管理系统工作会上被表彰为综合目标考核第二名。驻马店市人民政府被河南省食品安全委员会表彰为食品安全考核第一名。 （王　丽）

【食品安全综合协调】 2017年，驻马店市委市政府多次召开会议，专题研究食品安全党政同责意见、食品安全“十三五”规划、创建国家食品安全示范城市、食品检测中心项目建设、基层能力建设等。充分发挥食安办综合协调联动机制，增加市住建局、民政局、旅游局为市政府食安委成员单位。市、县、乡三级均成立食安委并明确办事机构，形成上下贯通的食品安全综合协调体系。建立食用农产品监管、执法、检测、信息等资源共享与合作机制，基本实现食用农产品监管无缝衔接。出台食品安全评议考核、工作责任约谈办法，将责任约谈情况和整改情况纳入地方政府和有关部门食品安全评议考核记录，充分体现驻马店市工作特色。出台职责界定办法，有效解决食品安全工作职责争议。开展食品安全年度目标考评，以考评和责任约谈为抓手，督促县区政府落实属地管理责任。向省政府食安委提出创建国家食品安全示范城市创建申请；加大对创建省级食品安全县指导力度，泌阳县已完成创建任务通过省政府食安办评估验收。 （王　丽）

【食药安全监管】 2017年，通过强化日常监管、集中整治和案件查处，督促企业落实主体责任，全市食品药品安全得到保障。一是日常监管。全年按要求对所有食品药品企业（商户）开展日常监督检查，覆盖率达到100%。对全市食品生产企业进行主体普查及风险分级评定。对食品经营户逐户进行检查，食品流通环节基本消灭无证经营现象；加强学校食堂食品安全监管，全面开展学校食堂提升工程，推进学校食堂提升计划。持续规范小餐饮经营行为，提高小餐饮店持证率，全市县城以上的小餐饮店持证率达到95%以上。推进“互联网+明厨亮灶”工程，全市共有“互联网+明厨亮灶”450余家。对药品生产企业进行2次以上的日常监督检查，对6家药品生产企业实施跟踪检查。对药品经营、使用单位实施全覆盖检查。对城乡接合部的零售药店和诊所开展飞行检查，对违反GSP认证的14家零售药店撤销GSP认证证书，对符合立案条件的依法进行查处。强化对医疗器械经营企业的监管，对179家三类医疗器械经营企业进行126次现场监督检查，对备案后的722家二类医疗器械经营企业，均按规定进行备案后现场核查。食品生产环节主体责任落实成效显著并在省局做经验介绍，食品流通监管工作在省局量化考核中取得第一名并做典型发言。二是开展专项整治。按照河南省食品药品监督管理局安排，结合驻马店市实际，相继开展桶装饮用水和调味面制品专项整治、学校及校园周边食品安全专项整治、托老托幼机构食品安全整治等20多项专项整治活动，消灭一批突出问题和风险隐患。重点开展学校食堂食品安全综合提升工程，制定方案，明确标准，选择西平作为试点，以点带面，全面促进。2017年9月，全省学校食堂治理工作现场会在西平召开。三是加强抽检监测。坚持问题导向，重点抽检高风险品种。全年全市共抽检食品8927批次，不合格315批次，问题发现率3.5%；抽检药品1084批次，其中不合格54批次，问题发现率4.99%；对不合格产品均按要求及时进行核查处理，核查处置工作在全省排在前列。全年共上报ADR报告4959例，MDR报告1529例，ACR报告740例。四是案件办理。全市全年共办理“三品一械”案件3499起，罚没款1635.91万元。其中，办理货值金额5万元以上案件7起，移送公安机关18起，抓获犯罪嫌疑人15名，捣毁制假售假窝点3个。2017年11月，全省稽查大比武在驻马店市举办，市食品药品监督管理局获得优秀组织奖。 （王　丽）

【食品药品安全监管保障】 2017年，驻马店市决定创建食品安全示范城市，出台《食品安全党政同责意见》《全市食品药品安全“十三五”规划责任分工》，全市系统全年共计保障食品药品监管经费2607.2万元，同比增长11.6%。驻马店市食品药品监督管理局6800平方米的食品检测楼项目基本完工，检验仪器设备全部到位，在组织后期施工。推进乡镇所规范化建设，全年建成并通过省局验收99家规范乡镇所、6家示范乡镇所，在全省12个非试点省辖市中排在前列。全年累计开展业务培训20多个班次，参加培训1444人；食品等相关专业人员增加112人，比上年度同比增长7%。 （王　丽）

8月24日，正阳县食品药品监督管理局执法人员查处一个非法食品加工点，对所生产的“三无”食品和加工机械机械进行扣押
贺永明　潘文林　摄

【食药监管依法行政】 2017年，全市食药监系统加强法治建设，规范监管执法行为。开展食品安全法宣传学习，先后2次组队参加全省食品安全法知识竞赛活动，分别获得2个三等奖和优秀组织奖。做好规范性文件、行政处罚案件审核工作。2017年共审查市局行政发文270余件，审核食品药品行政处罚案件45件，组织行政处罚案件听证4次，组织重大案件集体讨论5次，并按照要求及时将行政执法信息和重大行政处罚案件信息进行汇总、上报、备案；发挥法律顾问作用，坚持重大案件、复杂案件、重大合同事先经法律顾问把关。开展全市系统行政执法案卷评查，6个县区局的6卷行政执法案卷被评为优秀案卷；全体执法人员均做到持证上岗；全年累计受理县区局行政复议9件，结案7件，答复省局行政复议案件2件，市政府行政复议1次，出庭应诉行政诉讼案件3次，回复政务信息公开申请5件，网络问政答复14件。

（王　丽）

【食品药品监管宣传】 2017年，市食药监局开展形式多样的宣传引导，促进社会公众积极履行社会监督责任。在与驻马店日报社联合开设《食品药品监管专栏》的基础上，又与驻马店电视台、《天中晚报》签订宣传协议，每周刊发稿件，宣传食品安全治理成效，曝光违法行为和典型案例，全年累计发稿514篇。编发食品药品监管简报，并分送市四大班子领导，全年共印发简报68期。利用新媒体拓宽宣传渠道，全年在微信平台共发信息402条。舆论引导更加及时，重要督导、检查活动主动邀请省、市主流媒体跟随采访；专门邀请16家国内省内知名媒体开展1次“食品安全中原行走进驻马店”集中宣传报道活动。组织全市系统开展“食品安全宣传周”“安全用药月”等集中宣传活动；利用行风热线、网络新媒体等平台，及时播报监管成效；健全投诉举报机制，及时按程序处理并回复，推动食品药品安全协同治理。

（王　丽）

【农产品快检数据监管平台】 市食药监局从2016年开始在全市各农贸市场建立食品快检室，为督促企业及时检测，并适时上传信息，积极转变监管方式，借助互联网，在全省率先建立起覆盖全市各县区的食用农产品快检数据监管平台，农贸市场、商场、超市的农残检测数据实时上传，不可更改、不可选择。市、县区、乡镇监管人员足不出户就能实时监控各个市场、大中型超市每天的快检品种、数量、结果，及时监督处置快检不合格的食用农产品，实现由人工监管向电子监管转变，提高监管效率。截至2017年年底，驻马店市已有20家农贸市场、122家超市的食用农产品快检结果实现实时上传。从2016年10月份监管平台正式运转以来，全市已累计上传食用农产品快检结果230314批次，平均每天快检近900批次；先后发现不合格食用农产品1344批次。快检不合格的食用农产品，在执法人员监督下，由商户自行销毁（拒不销毁的，由执法人员进行监督抽检），保障市民的“菜篮子”安全。

（王　丽）

审　计

【概况】 2017年，全市审计机关实施项目516项，比上年增加118项。查出主要问题资金金额185.6亿元，管理不规范金额175.02亿元；发现非金额计量问题212个，提出审计建议1327条，审计期间整改落实资金1.58亿元；移送案件线索25件，涉及人员37人。其中，市审计局完成审计项目55项。查出问题金额107.6亿元，管理不规范金额105.24亿元；发现非金额计量问题111个，审计促进整改落实资金2.28亿元；移送案件线索16件。涉及人员31人，移送纪检监察部门18人，已有14人受到党政纪处分。在2017年度全省重大政策措施跟踪审计工作质量考核中，驻马店市局受到省厅通报表扬。全年先后获得市委、市政府颁发的“全市创文工作先进单位”和“全市创卫工作嘉奖单位”称号，获得省厅颁发的“精神文明创建工作先进单位”称号。“驻马店市审计局赴桐柏县扶贫资金专项审计组”被河南省审计厅评为“全省优秀集体”等。（罗城伟）

【政策措施贯彻落实跟踪审计】 2017年，市审计局开展对保障性安居工程、财政支持稳增长政策、农村安全饮水政策、政府投资重点项目推进、生态环保政策、涉企保证金情况等政策措施落实情况跟踪审计。共查出234个问题，在审计中本着边审边改原则，加大问题整改工作力度，整改问题225个，撰写的综合报告和整改报告得到各级领导认可。

（罗城伟）

【财政收支（预算执行）审计】 2017年，市审计局完成财政同级审项目12个，审计查出违规金额1.89亿元，管理不规范金额15.55亿元，揭示了少列财政预算收入、违规返还土地出让金等25项问题，提出审计建议17条，向市政府提交《被征地农民社会保障政策未落实到位》审计专报。同时，将政策跟踪审计、专项资金审计和保障房审计等内容纳入同级审报告。（罗城伟）

【经济责任审计】 2017年，市委组织部共委托经济责任审计项目22个，其中任中审计12个，党政领导干部同步审2个。对市直单位领导的经济责任审计项目，采取统一召开审计进点会，并与部门预算执行审计相结合，大幅度提高审计效率。对于经济责任审计结果报告，市委书记和常务市长逐一签批意见，要求相关单位认真整改，加强制度建设，防止类似问题发生，并要求组织部门做好审计结果运用，改变审计报告被束之高阁的局面。（罗城伟）

【政府投资项目审计】 2017年，安排政府投资项目审计8项，审计投资额16.59亿元，审结5项，发现问题金额6537.62万元，审计核减工程造价1585.57万元，移送案件线索1件，涉案人员4人，向地方政府上报审计专报2篇。（罗城伟）

【民生资金审计】 2017年，市审计局对民生资金进行审计，全年安排民生资金审计6项。对南阳桐柏、社旗和信阳罗山精准扶贫审计，审计资金3.72亿元，查出违规违纪问题70项，涉及金额6355.67万元，移交案件线索3件。对许昌市建安区和禹州的农村饮水安全审计，查出虚报冒领工程价款82.46万元，多计工程价款86.4万元，多收群众自筹资金18.69万元，移送案件线索1件，涉案人员7人。（罗城伟）

统　计

【概况】 2017年，驻马店市统计局推进统计改革创新，开展重大国情国力普查和常规统计调查，加强和改进统计服务。组织开展统计法律知识培训，严格统计执法检查，有效震慑统计违法行为。为市委市政府经济工作会议、全市经济发展目标考核、组织部门领导干部考核等及时提供统计信息服务，主动组织编印《驻马店统计年鉴》《统计公报》《全市及各县区主要统计指标》《驻马店产业集聚区主要统计指标》等综合性统计资料。组织撰写《十八大以来全市经济社会发展成就》分析报告，图文并茂展现近五年来全市经济社会发展突出成就。密切关注进度经济运行态势，及时反映经济运行中出现的新情况新问题，撰写月度、季度经济形势分析报告，为市委市政府科学决策提供参考。围绕产业转型升级、供给侧结构改革、全面建成小康社会、创业创新等热点问题开展专题分析研究，全年撰写分析研究报告100余篇，多篇被市主要领导批示或直接参与决策。《全市工业生产存在问题不容忽视》被市主要领导批示；《驻马店市上半年经济社会发展亮点纷呈》被省政府办公厅作为先进典型材料专刊印发；《供给侧改革下现代农业发展路径选择》被国家统计信息网转载，评为省地调系统优秀课题研究一等奖；《加快推进人的城镇化问题研究》被市社科联评为一等奖；《驻马店现代特色种植农业发展研究》被市委《调研与建议》专期刊发；《驻马店加快推进现代服务业发展研究》被市社科联评为二等奖。市统计局获得2017年度全市平安建设先进单位、服务企业先进单位、服务开放招商先进单位、市级文明服务示范窗口、全省统计系统先进集体等荣誉。（苑拥军）

【统计制度改革】 2017年，驻马店市贯彻落实中央《关于深化统计管理体制改革提高统计数据真实性的意见》和河南《关于深化统计管理体制改革提高统计数据真实性的实施意见》，形成驻马店《关于深化统计管理体制改革提高统计数据真实性的实施意见》，经市委全面深化改革领导小组会议审议通过下发。一是推进国民经济核算制度改革。密切关注国家和省GDP统一核算改革，加强方案学习研究，实施研发支出核算改革，对全市分行业以及8县1区研发支出新增GDP进行核算，积极稳妥跟进核算改革。二是推进工业统计改革。完善战略性新兴产业统计方法和数据评估办法，探索战略性新兴产业增加值核算方法，并试算战略性新兴产业增加值占GDP比重。及时跟踪监测制造业供给侧结构性改革成果、工业经济增长新动力成效以及降成本、去产能变化情况。三是推进建设领域统计改革。对新开工项目进行入库管理，加强对当月投资超亿元项目实地查看和审核。与住建部门沟通配合，做好建筑业企业入库和统计工作，提高建筑业数据质量。四是服务业统计改革。推进部门服务业全行业统计，抓好服务业企业入库，密切关注重点行业、重点企业尤其是巨亏企业对全市服务业的影响。五是推进贸易统计制度改革。加强贸易专业新业态、新经济体问题研究，做好电子商务统计监测。（苑拥军）

【统计普查】 2017年，市统计局完成第三次全国农业普查现场登记、数据质量抽查、普查数据审核与验收等工作，全市共组织动员普查员、普查指导员和各级普查机构工作人员

近3万人。开展第四次全国经济普查的各项筹备工作，及时启动2017年全国投入产出调查工作。（范拥军）

【常规统计调查】 2017年，驻马店市统计部门严格执行国家统计报表制度，推进农林牧渔业、工业、建筑业、服务业、固定资产投资、房地产、城乡居民收入及消费、市场物价、人口就业、能源消耗、资源环境、电子商务、非公人才资源等40多项各领域月度和季度常规统计调查及国民经济核算工作，客观真实反映驻马店市经济社会发展状况。2017年全市经济平稳健康较快发展，主要统计指标增速高于全省平均水平，位居全省各省辖市前列。（范拥军）

【统计预警和监测】 2017年，驻马店市统计局坚持每月开展经济运行预测预警，通过用电量、财政税收、金融存贷款、客货运周转量、邮政电信业量等指标变化情况及时对工业运行、固定资产投资、社会消费品市场和GDP核算进行预警预测，为市委市政府把控全市经济运行和决策调控提供统计保障。开展产业集聚区、商务中心区、特色商业区和城乡一体化示范区的统计监测工作，为全市产业集聚区考核评价和"三区"在全省的进级、晋星做出努力；高度关注全市和各县主要指标发展速度变化情况，密切监测市域经济和县域经济考核评价指标体系的综合指数，及时为市领导提供监测报告；加强民生统计监测工作，执行全省民生统计监测考核评价方案，开展对各县区"十件民生实事"考核验收；推进绿色发展统计和评价工作，密切关注、协同推进生态文明建设目标考核和绿色发展统计评价，强化全社会能耗分品种核算，推动部门绿色发展统计工作。（范拥军）

【统计基层基础建设】 2017年，市统计局加强统计基层基础建设。探索推进新形势下企业规范化建设和验收标准，工业、能源、贸易、劳动工资等专业企业规范化工作力度加大，"五区"统计基础建设进一步加强。加强名录库入库管理，严把企业名录库规模标准的审核关，提高调查单位入库质量，为各项统计调查提供准确完整、客观真实的调查单位库。推进综合治理和平安建设工作，市统计局连续多年被市委市政府评为平安建设工作先进单位、服务企业先进单位。（范拥军）

【国家常规统计调查】 2017年，国家统计局驻马店调查队开展各项常规调查。一是城乡居民收支调查。调查内容主要包括：居民现金和实物收支情况、住户成员及劳动力从业情况、住房和耐用消费品拥有情况、家庭经营和生产投资情况等。住户调查对象为中国境内的住户。截至2017年年底，在全市共149个住户调查点，1490个样本户中开展。二是农村贫困监测调查。农村贫困监测以经济贫困作为主要监测内容。贫困监测调查采用抽样调查，抽样方法与住户调查方法相同，在全市4个贫困县（新蔡县、平舆县、确山县、上蔡县）中的39个调查点、390个调查户中开展。三是工业生产者价格调查。工业品价格调查实行月报，调查日期为调查月的5日和20日。包括报告期单价和基期单价，报表中的产品代码、产品名称、销售条件等内容都要填报。产品报告期单价为报告月5日、20日2次所采单价的简单平均值。截至2017年年底，驻马店市工业生产者价格共抽选样本调查单位82家，分布在9县1区。四是采购经理调查。调查范围包括制造业法人企业以及依照法人单位进行统计的制造业产业活动单位。调查对象为制造业企业的采购（或供应）经理，即企业主管采购业务活动的副总经理或负责企业原材料采购（包括能源、中间产品、半成品和零部件）的部门经理。截至2017年年底，驻马店市制造业采购经理调查单位7家，非制造业采购经理调查单位3家。五是规模以下工业抽样调查。调查范围是年业务收入（产品销售收入）2000万元以下的工业企业和全部个体经营工业单位。调查调查

1月3日，驿城区统计局的农业普查员在驿城区顺河街道马庄村进行农业登记，采用先进的移动采集终端进行数据采集

弓华静　李凤岭　摄

频率为季报。截至 2017 年底，驻马店市规模以下工业样本企业 72 家，个体工业样本村 32 个。六是居民消费价格统计调查。2012 年 5 月起驻马店市开始实施手机采价，每月逢 5 逢 10 上报价格资料。2017 年年底，驻马店市区共选取采价点 178 个规格品 679 个。七是规模以下服务业企业监测调查。调查内容包括部分服务业行业小微法人企业的基本情况，经营状况、经营环境、遇到的困难及建议等。调查范围为驻马店市一定规模以下的服务业行业法人单位。截至 2017 年年底，全市共有 170 家企业被抽中作为省级调查样本，样本分布在 9 县 1 区。服务业小微企业监测统计调查频率为一年 4 次（季报）。八是限额以下贸易行业抽样调查工作。调查范围为抽选出来的驻马店市限额以下批发和零售业、住宿和餐饮业法人企业和个体户。调查内容为样本单位的基本情况与经营情况。全市共抽中 40 家样本，样本分布在新蔡县、泌阳县、西平县。调查频率为一年 4 次（季报）。九是固定资产投资价格调查。这是一种非全面性调查，采用重点调查与典型调查相结合的方法。固定资产投资价格统计实行季报。驻马店市固定资产投资价格共抽选样本调查单位 15 家，其中建筑安装和装饰投资调查单位 8 家、其他费用投资价格调查单位 7 家。十是劳动力调查。调查频率为月度。劳动力调查对象为调查时点居住在本户的人以及本户人口中，外出不满半年的人。截至 2017 年底，劳动力调查范围在市区及 4 个国家调查县（西平县、汝南县、新蔡县、泌阳县）共 47 个调查网点，每月抽取 230 个调查户开展调查。劳动力调查使用手持电子终端（PDA）进行样本管理、任务分配和数据采集，并由调查员利用 PDA 通过联网直报平台将调查数据直接报送到国家统计局。十一是主要畜禽监测调查。驻马店市畜禽监测调查点涉及 9 县 1 区，其中包括 8 个国家生猪调出大县（西平县、正阳县、汝南县、遂平县、新蔡县、确山县、上蔡县、平舆县），需要对全市规模饲养户、法人单位和 166 个调查小区的全部散养农户进行入户调查。2017 年年底，全市规模户（单位）为 1163 户。（娄　明）

【中国“农洽会”会展调查】 2017 年 9 月 13 日 ~ 15 日，组织开展 2017 年中国“农洽会”会展调查，本次调查采取现场问卷调查和电话调查相结合。会展期间采取调查员面谈的方式，即调查问卷由调查员在现场根据调查对象的意见填报；会展结束后，对部分参会代表进行电话回访调查。300 余份有效调查问卷显示，本届中国“农洽会”务实高效，满意度较上年有所提高。（任清华）

【驻马店市群众安全感调查】 2017 年，受驻马店市委政法委委托，驻马店调查队于 6 月、12 月，组织开展 2 次群众安全感电话调查工作。调查范围是驻马店市各县区所辖 173 个乡镇（街道）；调查对象为各乡镇（街道）辖区内 16 周岁 ~ 70 周岁的城乡常住居民。采取随机等距原则进行抽样，根据各县、区提供的样本框，每个乡、镇（街道）随机等距原则抽取不低于 50 个样本数量进行调查，每次调查样本总量为 11250 个。准确、客观地把握广大人民群众对当前社会治安状况的反映以及对公共安全的真实感受，找出影响当前群众安全感的主要因素。（任清华）

【全国文明城市创建模拟测评调查】 2017 年，为掌握和评价全国文明城市建设和市民文明素质基本状况，提高驻马店市文明城市创建工作水平，根据驻马店市创建全国文明城市指挥部的部署，驻马店调查队于 1 月、7 月和 8 月组织开展全国文明城市创建模拟测评和未成年人思想道德建设调查，测评包括实地考察和问卷调查。实地考察点位主要包括商业大街、主要交通路口、主干道、非主干道、主要商业街、大型商场（超市）、街巷、公园、广场、公交车、出租车、车站、餐饮店、学校、街道、社区、宾馆、剧场、集贸市场、医院、图书馆、群艺馆等 80 多个点位；问卷调查采用入户调查和随机街访 2 种方式相结合。按照随机等距原则抽选中心城区 10 个街道的 10 个社区，共计 300 个调查户。每次测评调查工作结束后，及时撰写专题调查报告，深入分析驻马店创建工作中存在的问题，提出行之有效的措施和建议，为驻马店市全国文明城市创建工作提供科学依据。（任清华）

【调查信息服务】 2017 年，围绕经济社会中的热点、难点问题，百姓关心关注的焦点问题，先后组织开展小微企业发展问题研究调研、农业供给侧结构性改革、主要行业生产经营状况调查、农民工问题等约稿调查任务。2017 年共撰写《驻马店市耕地轮作休耕情况调查简析》《驻马店市精准扶贫工作调研报告》、《驻马店市现代农业发展现状》《驻马店市城乡居民收入差距原因分析》《驻马店市城乡居民收入差距及缩小途径》等各类分析信息 100 余篇，被总队网络信息采用 80 余篇，国家网采用 5 篇。全年驻马店调查系统在总队申报 3 篇专题立项，在河南调查系统立项专题评审中《驻马店市城乡居民收入差距及缩小途径》《助推脱贫攻坚做大做强夏南牛产业》分别获得一等奖、二等奖。（娄　明）

【统计法治建设】 2017 年，驻马店调查队加强统计法治建设。与执法检查相结合，防范统计造假，提高统计调查数据质量和服务水平。与岗位知识培训结合，提高依法行政能力。把《统计法》作为岗位知识培训重要内容，提高调查人员特别是一线调查人员的责任担当，依法统计调查意识。与调查专业工作结合，加强调查对象普法宣传。与重要时点结合，加强统计法制社会宣传。以“9·20”“12·4”为重要宣传日，通过媒体、宣传栏、布置展位开展宣传，提高社会公众对统计法律知识认知度。（娄　明）

财政税务

财　　政

【概况】2017年，全市地方财政总收入完成180.9亿元，同比增加21.7亿元，增长13.6%；一般公共预算收入完成115.2亿元，为年度预算的104.1%，同比增加14.1亿元，增长13.9%。其中，税收收入完成79.5亿元，为年度预算的102%，同比增加11.5亿元，增长17%，税收收入占一般公共预算收入的比重为69%。市本级地方财政总收入完成59.1亿元，同比增加4.1亿元，增长7.4%；一般公共预算收入完成28.9亿元，为年度预算的100.2%，同比增加2.4亿元，增长9.2%；其中，税收收入完成20.6元，为年度预算的100.4%，同比增加1.8亿元，增长9.5%，税收收入占一般公共预算收入的比重为71.2%。全市一般公共预算支出完成477.1亿元，为调整预算的97%，同比增加60.2亿元，增长14.5%；市本级一般公共预算支出完成63.5亿元，为调整预算的89.2%，同比增加13.6亿元，增长27.3%。

（董华亭）

【收入征管】2017年，面对营改增后翘减收和部分基金收费项目取消短收、以及经济下行压力加大等各种困难，全市财政部门积极采取措施，加强征收管理，实现财政收入平稳增长。一是加强税源调查。会同国税、地税部门做好企业所得税税源调查，同时加强与企业直接沟通，在软件安装、参数调试、数据填报和分析方面对企业进行指导，确保税源调查数据质量。二是加强组织协调。密切纵向和横向联系，完善同税务、发改、工信、统计等单位协作沟通机制，加强对收入形势的预测分析和入库调度，提高对财政收支形势的预判能力和预算执行分析水平。2017年12月，成立财税促征保收工作小组，建立日分析、日报告、日碰头制度，向上积极协调，向下深挖增收潜力，促进收入目标有效落实。三是推进综合治税。制定印发《驻马店市综合治税工作实施方案》《关于建立协同工作机制加快推进综合治税工作的通知》，运用互联网、大数据和云计算等现代信息技术，及时收集有关部门涉税信息，科学分析和管控税源，构建立体化协税护税网络体系，形成税务部门依法征税、相关职能部门协税护税、纳税人依法缴税、社会各界支持治税的良好局面。四是加强非税收入管理。依托非税征管新系统，创新征缴方式，完善征管体系切实做到依法征收、应收尽收。

（董华亭）

【支持经济发展】2017年，市财政部门精准施策发力，推动经济加快发展。以推进供给侧结构性改革为主线，发挥积极财政政策的调控功能和财政资金的杠杆作用，为经济社会发展提供政策支持和资金保障。

支持“去降补”工作。贯彻国家、省推进供给侧结构性改革政策措施，联合审计、人社等相关部门做好南方钢铁去产能资金检查工作，制定印发《工业结构调整专项资金发放管理办法》，审核发放去产能职工安置资金570万元；贯彻落实“放管服”和“清费减负”改革政策，全面落实国家取消、停征、减免行政事业性收费和政府性基金政策，驻马店市取消收费基金项目19项，清理规范涉企经营服务性收费项目3项，为企业和个人减负1.6亿元；贯彻落实《驻马店市政府办公室关于促进中心城区住房消费的实施意见》，发放购房补贴资金9902万元，有效化解房地产库存。

推进产业转型升级。配合发改、工信等部门研究制订驻马店市企业转型升级政策，市政府印发装备制造业、食品、化工等主导产业转型发展行动计划；筹措资金2.3亿元，支持市直8家企业改制；争取先进制造业发展、先进制造业集群培育、中小企业发展、“互联网+”、高成长服务业等专项资金6156万元，为发展高成长服务业、培育发展战略性新兴服务业、改造提升传统技术服务业提供支持。

支持招商引资。积极支持招大商、大招商，安排重大招商奖励、招商引资推介活动、中小企业国际市场开拓资金等1762万元；预算安排资金2000万元，支持办好第二十届中国农加工洽谈会。

支持企业发展。加强政策研究，制订出台《驻马店市财政局2017年服务企业工作实施意见》；加强企业运行监控分析，定期发布企业纳税50强；深入企业开展调研，帮助解决难题；争取省级小微企业信贷风险补偿奖励资金7605万元，落实工业创新发展、重点企业税收优惠和上市企业奖励资金1245万元，鼓励企业加快发展；2017年，办理还贷企业应急周转资金158笔28.6亿元，土地出让金短期周转金12笔5亿元，数倍撬动社会资本，缓解企业资金周转困难，维护企业信用。

（董华亭）

【支持脱贫攻坚】2017年，脱贫攻坚是最大的民生工程。市财政局发挥职能作用，加大投入力度，统筹整合资金，加强监督管理，确保投入的每一分扶贫资金都发挥出最大效益。全市共安排财政扶贫资金38.1亿元，同比增长107.4%，其中统筹整合贫困县财政涉农资金34.4亿元，为全市打赢脱贫攻坚提供财力保障。制定印发《驻马店市财政局关于进一步加强财政扶贫资金管理的通知》，建立资金支出日报和月报制度、支出进度通报和局内联席会议制度，对财政扶贫资金实行动态监控系统平台管理，采取扶贫资金报账制、招投标制、项目法人制、竣工验收制，确保扶贫资金安全，贫困户受益。坚持问题导向，按照省委省政府统一部署，开展全市扶贫资金问题整改工作。全市共梳理整改问题307个，涉及资金6.7亿元，全部整改到位，通过开展扶贫资金问题整改，强化扶贫资金管理，提高资金使用效益。（董华亭）

【服务文明城市创建】2017年，驻马店市财政部门以创建全国文明城市为抓手，以百城提质工程建设为重点，多渠道筹措资金，支持城市公共基础设施建设。财政预算安排资金24.1亿元，支持中心城区重点项目建设和征地拆迁补偿。争取上级保障性住房补助资金7.3亿元，加快推进驻马店市棚户区改造步伐，推进新型城镇化建设。截至2017年年底，通过PPP模式筹措城市建设资金项目14个（中心城区已落地项目），投资规模182.5亿元，用于城市组团及外联道路建设、中心城区市政道路及绿化、城市配套场馆建设、中心城区生态环境建设等项目，推动百城提质工程建设。加强与金融机构沟通，争取银行借款和融资租赁资金98.8亿元（到位数），支持市区断头路、棚户区改造、保障性住房、公租房廉租房、练江河三片区开发、火车站改迁等项目建设。其中，通过政府购买棚改服务模式向国开行融资25.4亿元；中原银行、兴业银行、浦发银行等14家金融机构和非金融机构银行贷款和融资租赁资金73.4亿元。（董华亭）

【保障改善民生】2017年，全市财政部门调整优化支出结构，落实各项民生政策，加大民生投入，着力解决教育、医疗卫生、社会保障、农民工工资等群众关心的热点、难点问题，让改革发展成果更多惠及人民群众。全市民生支出381.8亿元，同比增长13.7%，占一般公共预算支出的比重为80%。

完善就业和社会保障体系。就业和社会保障支出71亿元，增长7.4%。支持实施更加积极的就业政策，加大对城镇就业困难人员帮扶力度，促进大学生就业创业。健全社会保障体系，支持完善城乡统一的养老保险制度。加强和改进城乡低保、农村五保工作，完善社会救助和保障标准与物价上涨挂钩联动机制。

保障教育优先发展。教育支出完成95.7亿元，同比增长17.2%。贯彻落实提高农村义务教育经费保障标准，支持实施农村义务教育薄弱学校改造计划，落实免除城市义务教育阶段学生学杂费政策，提高城市义务教育学校经费保障水平。积极筹措资金，支持市职教园区建设，推动发展现代职业教育和提升高等教育质量。

深化医药卫生体制改革。医药卫生和计划生育支出累计65.6亿元，同比增长11%。落实居民医疗保险财政补助、基本公共卫生服务补助提标政策；建立困难群众大病补充医疗保险制度，全面推开城市公立医院综合改革试点。支持建立疾病应急救助制度，强化医疗保障安全网。

促进文体科技事业繁荣发展。文体科技事业支出完成9.4亿元，同比增长25%。支持实施各类文化惠民工程，健全公共文化服务体系，继续推进公益性文化设施免费开放，促进基本公共文化服务标准化均等化。

支持农林水事业发展。农林水事业支出完成68.3亿元，同比增长11.8%。支持农业供给侧改革，推进种养业结构调整，支持构建现代农业产业体系和农业生产适度规模经营，加快现代农业发展；夯实农业生产发展基础，提高农业综合生产能力。落实耕地地力保护补贴、农机购置补贴、棉花目标价格补贴等资金13亿元，争取产粮大县、产油大县和粮油作物优良品种研发推广等奖励资金3.9亿元，调动农民种粮、种棉积极性。落实退耕还林、林木良种、生态公益林和廊道绿化补助资金9343万元，支持国家森林城市创建工作。开展美丽乡村项目建设，驻马店市争取试点县开发资格2个，美丽乡村项目12个、中心村项目28个，争取省级资金2亿元。

支持美丽驻马店建设。支持实施蓝天、碧水、乡村清洁工程；拨付资金1.1亿元，支持开展大气治理和水污染治理攻坚战；拨付资金5.4亿元，支持城市生态水系统、污水处理和城市河流清洁工程建设。市级财政预算安排1100万元，改善农村人居环境质量。（董华亭）

【财政监督】2017年，市财政局以《预算法》等法律法规为准绳，加强财政监督管理，确保财政资金安全、高效。

政府性债务管理。落实政府债务限额管理，在省政府批准的债务限额内，提出全市政府债务限额分配方案，全市政府债务规模控制在省政府下达的限额范围内。严格政府举债行为，建立起以政府债券为主体的政府举债融资机制。严格政府债务预算管理，将政府债务纳入预算管理。加快存量债务置换，优化债务结构，有效降低利息负担，缓解地区偿债压力。2017年，驻马店市置换债券资金16.3亿元，新增债券资金31.6亿元。成立驻马店市财政局政府性债务领导小组办公室，研究制定《驻马店市政府性债务风险应急处置预案》，做好政府性债务风险防范工作。综合运用债务率等指标，组织评估各级政府债务风险情况，并将结果通报县区政府，初步建立起地方政府性债务风险预警机制。

财政资金监督。组织开展财政扶贫资金统筹整合检查、财政扶贫资金专项检查和会计信息质量检查等，配合省厅开展政府违规违法举债担保检查、预决算公开专项检查和扶贫资金零申报问题重点督查，及时发现和纠正存在问题，强化检查结果运用，促进财政资金规范使用。

提升财政管理效能。制定印发《驻马店市财政信息化建设中期规划实施方案》，更新财政门户网站，完善政务公开信息发布流程和信息发布审核管理机制，探索财政内控管理新机制，建立跨平台跨系统的财政业务办理流程监管系统。完善OA办公自动化系统，制定印发《关于规范公文运转流程的通知》，提高工作效率。创新财政投资评审机制，提高财政投资审核质量和效益，全市完成评审项目4609个，送审投资额269亿元，审定投资额227.8亿元，审减41.2亿元，平均审减率15.3%。加快政府采购信息化和制度化建设，推进政府采购管理由事前监管向事后监管转变，完善政府采购评审专家进出机制，加强对代理机构和采购人监督检查，依托电子化政府采购系统规范县级政府采购管理。全市政府采购预算金额124.8亿元，实际采购104.5亿元，节约资金20.4亿元，资金节支率16%。

规范行政事业资产管理。按照《驻马店市市级行政事业单位资产配置办法》和《驻马店市市级行政事业单位通用资产配置标准》《驻马店市财政局关于进一步加强市级行政事业单位临时性资产配置管理的通知》，加强市直行政事业单位国有资产的配置、使用、处置、评估、收入管理等各个环节管理，推进国有资产规范化管理。加强对行政事业单位出租、出借国有资产形成收入的监督管理，严把资产报废关口，规范国有资产的配置、使用和处置行为。（董华亭）

【财税改革】 2017年，市财政部门落实创新机制，以深化预算管理制度改革为主体，推进财税改革。根据《河南省财政厅全面深化改革领导小组办公室2017年工作要点及责任处室（单位）》和《市委全面深化改革领导小组2017年工作要点》精神，确定2017年重点改革事项，建立工作台账，确保改革有人管、时间有节点、任务能落实、质量能保证，确保省市各项重点改革工作落实到位。市财政局承担的19项重点改革事项，完成13项，持续推进6项。

预算管理改革。推进预决算公开，市级所有部门预算全部报市人大审议，市、县两级政府预决算、市级预算调整方案全部予以公开，"三公"经费预决算单独予以公开，主动接受社会监督，市级部门预决算公开率达100%。盘活财政存量资金，将净结余和结转2年以上的资金一律收回统筹使用，提高资金使用效率。2017年年底，全市存量资金19.3亿元，同比减少80.1亿元，下降80.6%，其中市本级存量资金5.2亿元，同比减少20.7亿元，下降80%。

国库管理制度改革。制定印发《驻马店市市本级国库集中支付电子化管理试点实施方案》，推进国库集中支付电子化改革工作。推进乡镇国库集中支付改革，规范县乡国库集中支付运行机制，推进乡镇财政专户和公务卡制度改革。全年办理公务卡结算支出业务5.43万笔，报销还款金额4343.5万元，公务卡支出占非转账支出比重87.5%。开展财政专户清理工作，清理财政专户67个。严格预算单位银行账户审批和备案管理，从严控制预算单位实有资金账户设置。

投融资体制改革。推进市属国有投融资公司去平台化，截至2017年年底，市财政局下属2个国有投资公司基本实现实体化、市场化发展转型。加快PPP模式推广应用，截至2017年年底，全市入库储备PPP项目79个（财政部示范项目1个、省级库68个、市级库10个），总投资需求1011.2亿元，通过政府采购确定社会资本方项目32个，总投资需求577.6亿元。根据省财政厅按照部门编制政府购买服务指导性目录的要求，加快推进政府购买服务，建立政府购买服务工作台账，加强资金监管，严格政府采购程序；市直61个部门全部印发购买服务指导性目录。2017年，市本级实施政府购买服务项目金额4431万元，涵盖公共文化、市政管理、社会保障和就业等方面。（董华亭）

国家税收

【概况】 2017年，驻马店市累计完成税收收入105.41亿元，增长30.85%，收入总量排名全省第9位；完成省以下地方级收入36.97亿元，增长58.91%，地方级收入完成进度排名全省第3位。其中，市本级收入完成7.6亿元，增长53.99%，完成年度目标的100.59%。平舆县国税干部王炜入选2017年11月"中国好人榜"，被评为"感动天中十大人物"。市国税局被省总工会授予"河南省基层工会规范化建设示范点"。（张旭东　康会霞）

【税收改革】 2017年，全市国税系统统筹推进税收改革。一是国地税征管体制改革。全面推进信息聚合、执法整合以及服务融合，51个合作事项全面落地，多个项目实现重点突破，驻马店市被国家税务总局授予全国百佳国税地税合作市级示范区称号。二是"营改增"试点改革。开展典型调查摸清行业规律，总结探索经验加强后续管理，促进经济结构优化、产业层次提升和企业转型发展。截至2017年年底，全市1.63万户四大行业营改增纳税人累计入库增值税38.2亿元，行业税负均低于营业税期间行业税负。三是"放管服"改革。全面取消非行政许可审批事项，多渠道公开权力清单，主动接受社会监督；推广行政审批事项网上审批，提高审批效率；逐项落实后续管理措施，确保放到位、管得住、服务得好。全面推行数字人事改革，落实规范津贴补贴和公务用车改革，推进商事制度改革，充分发挥改革集成效应。（张旭东　康会霞）

【税收征管】 2017年，全市国税系统加强税收征管。深化税源分级分类管理，实行重点税源+行业管理模式；推进实名办税，通过实名采集，清理各种僵尸户6000余户。开展面粉行业专项核查，清查税款4200余万元，相关做法被省国税局局长张有乾批示肯定；开展医药、装饰材料、商场超市等批发和零售业专项整治，对税负较低的一般纳税人进行税负调整，市区大型商场、超市申报不开票收入占比由28%提高到65%；加大企业管理力度，加强增值税、所得税、车辆购置税、非居民税收管理，促征管质效提升。全市风险管理入库税款6.39亿元，对整体收入贡献率达到6.06%，高于全省2.56个百分点，居全省第1位。加强涉农管理，严格执行"黑名单"、三级约谈、新办涉农企业备案等制度。开展皮革、粮油收购、毛发等行业专项整治，虚开虚抵势头得到遏制。抵扣农副产品收购发票户数、农产品抵扣税额、农产品发票抵扣占进项税额的比例均同比下降，涉农行业平均税负同比上升。开展法治税务创建工作，以打造优质公职律师队伍为载体，清理规范行政审批事项，统一审批办理规范；加大稽查案卷、税务行政处罚和行政审批案卷审查力度，提升税收执法质量。2017 年，市国税局被命名为“全市依法行政考核优秀单位”，汝南县国税局被评为“河南省服务型行政执法示范点”，汝南县国税局、泌阳县国税局被评为“全省国税系统法治示范基地”，西平县国税局被评为“全省国税系统执法责任制示范点”。加大房地产、化工等重点行业检查力度，全年共检查纳税人 630 户，稽查入库税款 2.58 亿元；推进打虚打骗“百日会战”，向公安机关移送虚开骗税案件 89 户，抓捕犯罪嫌疑人 5 人，网上追逃 4 人。

（张旭东　康会霞）

【纳税服务】 2017 年，全市国税系统全面提升服务水平。发挥税收职能作用，开展税收经济调研，为市委市政府建言献策。落实各项税收优惠政策，特别是国务院六项减税政策，充分释放政策红利，支持企业转型升级、快速发展。全年全市 18 万户次小型微利企业减免增值税 2.21 亿元，享受面达到 100%。组织开展税情大调研和“征意见、评活动、促创新、提质效”大走访活动，全面了解纳税人需求。构建“线上申请、网上缴税、自行出票”自助办税模式，网上申报率达到 83.82%；推广移动办税“豫税通”及自助办税终端和车购税终端，部分业务实现 24 小时自助办理；提速涉税办理时限，实现所有涉税事项均可在办税厅办理，全方位减轻纳税人负担。在全市范围开展个体工商户联合信用评价工作。按 ABCD 四个等级，对 3.5 万余户个体纳税人进行信用评价。拓展评价结果应用，协调相关部门把 A 级纳税人作为当选人大代表及政协委员、评定爱心企业等的必要条件，协调金融部门对 AB 两级纳税人给予贷款优惠。相关做法被省委深改办《改革动态》刊发。

（张旭东　康会霞）

表14

2017年驻马店市分税种分级次累计入库情况表

单位：万元

序号	税别	税收合计			中央级收入			地方级收入		
		本期	同期	增长%	本期	同期	增长%	本期	同期	增长%
1	一、税收合计	1053973	805582	30.83	684383	572924	19.45	369590	232658	58.86
2	增值税	620835	422630	46.90	310512	234971	32.15	310323	187659	65.37
3	消费税	195981	190397	2.93	195981	190397	2.93			
4	企业所得税（含外资企业）	147019	112488	30.70	88212	67490	30.70	58807	44998	30.69
5	个人所得税	1146	2	57200.00	686	1	68500.00	460	1	45900.00
6	车辆购置税	88992	80065	11.15	88992	80065	11.15			
7	二、出口退税合计	−25578	−33784	−24.29	−25578	−33784	−24.29			
8	出口货物退增值税	−14710	−19827	−25.81	−14710	−19827	−25.81			
9	免、抵调减增值税	−10868	−13957	−22.13	−10868	−13957	−22.13			
10	三、其他收入合计	1044	498	109.64	1044	498	109.64			

表15

2017年驻马店市国税部门组织收入情况表

单位：万元

序号	税别	年度计划	累计收入			
			2017年	占计划%	2016年	同比增长%
1	一、税收收入合计	930000	1053973	113.33	805582	30.83
2	（一）国内增值税		620835		422630	46.90
3	其中：免抵调		10868		13957	−22.13
4	扣除免抵调直接收入		609967		408673	49.26
5	其中：国有企业		98318		90038	9.20
6	集体企业		5252		2845	84.60

续表

7	股份合作企业		5214		2179	139.28
8	股份公司		414602		255832	62.06
9	私营企业		37645		17409	116.24
10	涉外企业		29053		34001	-14.55
11	其他企业		30751		20326	51.29
12	（二）国内消费税		195981		190397	2.93
13	（三）企业所得税(含外资企业)		147019		112488	30.70
14	其中：内资企业		136379		105625	29.12
15	外资企业		10640		6863	55.03
16	（四）个人所得税		1146		2	57200.00
17	（五）车辆购置税		88992		80065	11.15
18	二、出口退税合计		-25578		-33784	-24.29
19	三、其它收入合计		1044		498	109.64
20	附列资料： 1、税款查补入库收入		63781		39243	62.53
21	2、个体税收		29154		19813	47.15

表16

2017年驻马店市税收合计分县区完成情况表

单位：万元

序号	单位名称	年度计划	累计				按计划排名	按增幅排名	按总量排名
			完成	为年计划%	同期	同比增长%			
1	合计	930000	1054099	113.34	805583	30.85			
2	确山	38100	55459	145.56	31845	74.15	2	3	5
3	泌阳	37300	51967	139.32	31779	63.53	3	6	9
4	遂平	43400	53685	123.70	35437	51.49	8	8	7
5	西平	50200	59559	118.64	44946	32.51	9	9	4
6	上蔡	40700	52479	128.94	29997	74.95	5	2	8
7	汝南	27500	35162	127.86	21271	65.30	6	4	10
8	平舆	49000	60666	123.81	39116	55.09	7	7	3
9	新蔡	35800	55254	154.34	27383	101.78	1	1	6
10	正阳	23000	31373	136.40	19085	64.39	4	5	11
11	驿城局	298000	292788	98.25	256567	14.12	11	11	1
12	开发区局	236400	256751	108.61	223116	15.08	10	10	2
13	市车购办	50600	48956	96.75	45041	8.69			

地方税收

【概况】2017年，驻马店市地税部门共组织各项收入119.97亿元，其中地方级税收收入43.13亿元，同比增长18.4%，增收6.71亿元，增幅位居全省第4位，总量在黄淮四市排名第一；社保费收入完成61.4亿元，同比增收17.08亿元，增幅38.54%，征收进度和总量在全省30个省辖市及省直管县（市）局中均排名前三。在2017年全省“岗位大练兵业务大比武”活动中，市地税局被省地税局评为先进单位，3人被授予“河南省地税系统专业骨干”称号。（曹贝贝）

【地税机构改革】2017年，全市地税系统根据机构改革和“三定规定”岗位要求，严格按照程序做好干部选拔和调整工作，共提拔和调整交流科级领导干部200余人。深化国地税合作，实现“进一家门、办两家事，到一扇窗，办所有事”，驻马店市被国家税务总局评为全国百佳国税地税合作市级示范区，新华社、《人民日报》、《河南日报》等媒体先后报道国地税合作工作，并得到总局副局长孙瑞标批示肯定。发挥风险管理中枢作用，推送风险应对率和风险识别命中率分别由2016年末的95.4%和87.72%提高到2017年末的98.75%和98.71%。通过风险应对累计入库税款3.9亿元，同比增长79%，占税收收入的10.36%，户均入库税款5.35万元，成效率位居全省前列。（曹贝贝）

【科技地税工作】2017年，全市地税系统围绕科技信息化攻坚，“科技地税”建设提档升级，对提升管理服务质效的支撑效应凸显。一是推进工作方式平台化。按照省地税局“注重集成、注重扁平、注重便捷、注重精准”总要求，运用河南地税云数据管理系统、税收管理系统推进税费管理和纳税服务扁平化，实现税收收入、征管质量、纳税服务、行政执法的线上安排、部署、监控、考核和上下级之间的实时联动。二是强化数据质量管理。制定《数据管理工作制度》及考核方案，对国家税务总局、省地税局下发的纳税人基础信息进行补正，全年补正数据任务7767条，数据治理率99.29%。开展国地税数据比对、关联，对差异户进行集中登记，已关联80172户，关联率达到97.39%，提升3.91个百分点。三是推进电子税务局建设。作为电子税务局建设第二批新增的省辖市局，按照省局“统一规划、整体设计、分步实施、全面推广”原则，采取预约纳税人试用的方式，对50个业务流程进行测试，集中发现使用中存在的问题、缺陷和不足，形成试点报告上报省局项目组，及时进行完善和优化。（曹贝贝）

【地税服务】2017年，全市地税系统提升服务大局能力和水平。通过“银税互动”助力企业贷款1224笔、29.71亿元，落实税收优惠政策，为纳税人减免税收3.7亿元。推进“放管服”改革，全面梳理公开基层公共服务事项和行政执法权责清单，清理各类不必要证明，推进行政审批制度改革后续管理，开辟行政许可、行政审批绿色通道。（曹贝贝）

金　融

综　述

【概况】2017年年末，全市银行业本外币各项存款余额2794.63亿元，较年初增加293.58亿元，增幅11.74%，余额、增量、增幅分别位居全省第5名、第7名、第4名。各项贷款余额1418.9亿元，较年初增加191.01亿元，增幅15.56%，余额、增量、增幅分别位居全省第9名、第4名、第4名。全市银行业机构不良率3.9%，较年初下降0.08个百分点。全市银行业累计实现利润28.78亿元，同比少盈0.26亿元。在利率市场化不断深化背景下，银行负债成本上升、传统信贷业务模式受影响明显，利息收入持续减少，存贷利差不断收窄，伴随风险暴露增多大幅计提减值准备等因素，银行业盈利能力延续下滑态势。（李建伟　金　锦）

【银行业改革】2017年，驻马店银监分局推进银行业改革发展新格局。

公司治理改革。督导辖内法人机构进一步厘清公司治理主体的职责边界，规范股东行为；持续完善高管人员市场化选聘机制，提升董事会履职的专业性和有效性；将党内监督与监事会监督有机结合，强化监督作用。

法人机构体系建设。截至2017年年底，全市10家农合机构有9家成功改制为农商行（其中2家已获省局批准筹建），平舆农商行筹建申请材料上报省局待批。引导村镇银行增强法人意识，完善公司治理，强化合规经营；高度关注村镇银行组建工作，引进更多优质银行来驻发起设立村镇银行。2017年11月28日，确山郑银村镇银行开业，辖内村镇银行达到7家，剩余2个县的村镇银行设立工作在推动中。

普惠金融机制改革。继续引导和支持地方法人银行设立普惠金融事业部、“三农”事业部，引导条件成熟的银行机构进行小微企业信贷子公司改革。引导银行业机构下沉重心，鼓励城商行、村镇银行向县域、重点乡镇设立分支机构。截至2017年年底，中原银行驻马店分行已设立乡镇支行8家，村镇银行共设立乡镇支行28家。继续引进更多域外银行在驻马店市设立分支机构，郑州银行驻马店分行挂牌开业，兴业银行驻马店支行升格为分行，提升金融服务能力。

（李建伟　金　锦）

【稳健中性货币政策】2017年，驻马店市围绕服务实体经济，贯彻稳健中性货币政策。一是畅通政策传导渠道。采取下发指导意见、窗口指导、现场督导等方式，引导全市金融机构精准对接项目建设、小微企业、“三农”等资金需求，加大信贷投放。截至2017年年底，全市存款较年初增加293.14亿元，贷款较年初增加191亿元，余额存贷比与新增存贷比双双突破50%。二是用足用好政策工具。加强再贷款资金运用，累计投放17.5亿元，首次实现县域和法人机构全覆盖。其中，累计向7个贫困县倾斜扶贫再贷款12.3亿元，同比增加12亿元。强化宏观审慎管理，引导法人机构资金脱虚向实。截至2017年年底，法人机构贷款较年初增加68.1亿元，同比多增38.2亿元。三是助力精准扶贫攻坚。推动市政府2次召开金融扶贫工作推进会，出台金融扶贫实施方案。推动贫困县政府设立扶贫贷款担保基金和风险补偿金4.07亿元。指导7个贫困县法人金融机构，结合本地产业特点，一县一策，推出7种“银行+”金融扶贫模式。指导市农商行创立网格化金融服务信息系统，精准掌握贫困户金融需求，发挥金融扶贫主力军作用。经验做法在全省专业会议上交流。人民银行驻马店市中心支行被人民银行郑州中心支行评为全省人民银行系统业绩考评A级行第3名，创近十年来最好位次；连续第8年被人民银行济南分行评为目标管理综合考核先进单位；先后被市政府评为全市金融服务、服务企业、开放招商先进单位。（王太帅）

【普惠金融发展】2017年，中国人民银行驻马店市中心支行围绕“信贷+信用+服务”，推进普惠金融发展。一是普惠金融服务站建设。制定规范化建站管理办法，指导主办银行落实“六统一”建站标准。拓展服务站功能，加载支付结算、货币金银、信贷咨询、金融消保、农业保险5大类20余项基础金融服务。与市金融办联合发文在第一书记所在村建设服务站，市县财政在全省率先对贫困村建站工作进行补贴。截至2017年年底，全市已建站1713家，行政村覆盖率73.7%，居全省第一位；在全省率先实现贫困村站点全覆盖。确山县在全省率先实现行政村站点全覆盖。二是推进农户和中小企业信用信息采集。制定农村信用体系建设方案，中小企业信用信息管理办法，普惠金融授信管理办法，信用户、信用村评定试点方案等政策文件。提请市政府牵头，县乡村三级政府联动，建立乡镇领导分片包村和日报告、周通报制度，推动加快全市农户信用信息采集和信用评定工作。截至2017年年底，全市17.3万贫困户信用信息已经采集完

12月30日，市委书记余学友（左二）与洛阳银行行长段跃军（右二）共同为洛阳银行驻马店分行揭牌　　弓华静 摄

毕；176.2万农户信用信息采集率超过95%，其中8个县采集率达到100%;全市共评定信用户60238户,信用村428个，信用乡1个。推进中小企业信用信息采集工作，截至2017年底，确山、西平2县已采集完毕。三是推进确山普惠金融试点工作。推动确山县政府成立试点建设领导小组，出台试点工作方案，建立“县中心、镇分中心、村级服务部、普惠金融服务站”三级四层普惠金融组织体系。牵头举办普惠金融知识专题培训班，组织中支6个专业对确山经济金融主管部门、金融机构、普惠金融服务站工作人员近300人进行培训。推动确山县政府制定普惠金融授信管理办法，选定3个试点村和4家试点银行，建立农户和中小微企业项目库。推动确山县财政出资6000万元设立风险补偿金和应急还贷周转金，成立不良贷款清收小组，健全不良贷款熔断机制和政银保三方风险分担机制。截至2017年年底，已试点授信2000万元，放贷1070万元。（王太帅）

【金融业务试点】2017年，中国人民银行驻马店市中心支行围绕金融供给，推进金融业务试点。一是农地抵押贷款“遂平模式”。创立“土地经营权+”价值评估和抵押管理模式，有效解决土地经营权抵押难题，被人民银行总行作为典型案例推广，被省两权抵押试点工作督导组批示肯定。截至2017年年底，农地抵押贷款当年累放14203万元，余额15245万元，均位居全省试点县第一位。农业部组织16家省级以上媒体进行采访。二是扶贫再贷款利率定价试点。坚持市场化改革方向，指导试点机构按照保本微利、可持续化发展原则，建立成本加价型扶贫再贷款利率定价模型，推出“一带两补”扶贫再贷款使用新模式。3家试点机构扶贫再贷款余额6.4亿元，同比多增4.4亿元；发放扶贫贷款7.13亿元，同比多增5.22亿元。三是农村和中小企业信用体系建设试点。全国农村信用体系建设试点——上蔡县，在全市率先完成农户信用信息征集和评级授信工作，为28.5万户农户建立信用档案，在涉农金融机构实现信用评级共享，上蔡涉农贷款余额连续3年位居全市第一位。全省中小企业信用体系建设示范区——西平县，在率先完成全县3873家中小企业信用信息数据采集的基础上，进一步完善中小企业信贷风险补偿机制，打造多层次银企对接平台，促进银企信息交流，西平中小企业融资需求满足率超过90%，贷款可得性明显优于全市其他县区，经验做法在全省专业会上交流，并被人民银行总行征信管理工作简报刊发。四是结合人民银行驻马店市中心支行新建发行库暨营业办公用房项目，推进区域性货币发行分中心建设。成功向漯河、南阳、信阳调运发行基金，实现正式运行。（王太帅）

【金融服务创新】2017年，中国人民银行驻马店市支行围绕规范高效创新，提升金融服务质效。一是国库信息化建设。国库集中支付电子化业务上线，无记名国债兑付信息系统在全省推广，人民银行郑州中心支行2次在驻马店召开全省国库信息化建设研讨会。二是科技支撑作用发挥。人民银行郑州中心支行委托开发的上下班考勤系统投入使用。村镇银行统计报表数据核对系统被郑州中支肯定。金融IC卡公共服务领域应用范围拓展到公交卡、校园卡、燃气卡及旅游卡4个行业。三是货币发行管理。做好人民币投放回笼工作，保证辖内现金供应总量满足、券别结构合理。加强残损币复点和销毁管理，超额完成人民银行郑州中心支行下达任务。开展“金桥银路”零钞兑换便民服务工作，完善小面额人民币调剂机制。开发运行“先进先出”库房系统,强化库房管理，

确保发行基金安全，在全省专业会上介绍经验。四是外汇管理服务。出台支持涉外经济发展指导意见，建立涉外部门、涉外银行信息共享机制，制作外汇业务指南，开通外汇服务绿色通道，及时解决企业个性化问题，被评为“全市开放招商工作先进单位”。五是支付服务。联合南阳、漯河开展跨地市 ACS 应急演练，提升突发事件联合应对能力。拓展普惠金融一网通服务内容，新增 10 项生活缴费业务。做好同城清算系统停用工作和电子商业汇票系统推广工作，社会资金清算安全高效。六是调查研究工作。重点研究课题被评为全省二等奖。地方政府债务分析报告先后 5 次被人民银行郑州中心支行行长徐诺金批示肯定，并作为人民银行郑州中心支行行长调研报告上报总行和省委省政府。全省金融信息安全保障和风险防范论坛在驻马店市举办。七是金融知识宣传。开展“守外汇法规 讲诚信经营 防汇率风险”宣讲活动；配合全市创文活动，举办“与诚信同行，创文明天中”征文及演讲比赛；开展诚信建设广场主题宣传活动；举办“点滴行动・助力反洗钱”主题宣传文艺会演等。反洗钱宣传经验被人民银行郑州中心支行副行长周波批示肯定。（王太帅）

【金融风险防范】 2017 年，中国人民银行驻马店市中心支行围绕守住不发生系统性金融风险底线，提高金融稳定工作主动性。加强监测分析，建立非现场监测体系，按季对全市贷款金额超 1 亿元的 78 家企业进行监测，及时提示风险。督促金融机构严格落实重大事项报告制度，制定全市金融突发事件应急预案，提高金融风险处置效率。组织开展银行结算账户、反洗钱、征信、外汇、金融统计、银行卡、反假币 7 个专业执法检查，对 8 家机构及责任人员罚款 40 万元。依法合规做好 12 家金融机构开业管理工作，规范金融机构经营水平。建立征信合规管理季例会制度，实行周巡查、季排查，层层签订个人信用报告查询风险防控责任书，开展征信合规教育和培训，加强征信合规管理。建立防范电信网络诈骗联席会议制度，及时共享和排查可疑线索。开展整治预付卡违规经营专项行动，净化市场环境。在全省率先制定反洗钱分类评级成果运用管理办法，被人民银行郑州中心支行反洗钱处肯定。对辖区 199 家非法人金融机构和 16 家法人金融机构开展分类评级，对 7 家 C 类非法人机构进行约见谈话，对 16 家法人机构监管走访。对全市 16 家投保机构开展风险评级，推动落实差别费率。对 3 家银证保法人机构开展稳健性现场评估，及时发现问题，评估风险，早期预警。（王太帅）

【保险业发展】 截至 2017 年年底，全市保险业保费 81.78 亿元、增长 17.2%，给付和赔款累计支出 31.34 亿元、增长 16.7%。农业保险积极服务驻马店市农业供给侧结构性改革，保费收入达 4.81 亿元（居全省第 2 位）、同比增长 35.9%，特别是在年中连续阴雨灾害天气期间加大理赔力度，为农业生产保驾护航，全年赔付金额 3.56 亿元（居全省第 1 位）、同比增长 76.2%。创新保险服务模式，拓宽企业融资渠道，推动龙凤山公司通过机器设备及生产性生物资产抵押，由中华联合财险提供担保贷款 3000 万元。（王东亮）

【县支行建设】 2017 年，中国人民银行驻马店市中心支行召开县支行建设座谈会，出台加强和改进县支行建设的实施意见，制定县支行履职清单，确立县支行建设原则和主要措施。在全省首个全部建成县支行标准化机房，按期完成 4 家县支行维修改造工程及全辖 9 家县支行公共金融服务大厅硬件建设。加快预算管理转型、保障县支行履职的做法在全省专业会上交流。以综合柜员制为抓手，整合对外业务，完善操作规程，提高服务标准，加强县支行公共金融服务大厅软件建设。遂平县支行在全省县支行国库建设会做现场交流。围绕“学新知、强业务、促履职”，以县支行科室为单位，整合中支各部门资源，集中开办 4 期、20 讲专题培训，相关做法被全省县支行建设宣传视频收录。做好新蔡县发行库恢复准备工作。（王太帅）

银行业监督管理

【概况】 2017 年，驻马店银监分局对行政许可、行政处罚等工作流程进行梳理完善，弥补监管短板；加强后勤财务管理，开展“财务规范年”活动，提升财务规范化水平。联合银行业协会开展金融服务宣传月、打击电信网络新型违法犯罪集中宣传月等活动，拍摄防范电信诈骗宣传片，送金融知识进校园、进社区，取得良好宣传效果。健全消费者权益保护工作机制，修订信访工作实施办法，梳理信访处置流程，对内实行“科长首问负责制”，对外实行“银行机构信访联系人制”，提升信访投诉处置质效。增强现场检查针对性，促进各监管部门监管协同，重点加大对同业、投资、理财等业务监管及检查力度，防止监管套利等违规行为发生。全年分局共开展现场检查 15 项，累计工作日 2070 个，检查机构网点数 26 个，发出现场检查意见书 21 份。召开辖内银行业金融机构数据质量管理约谈会，做到按月监测、按季通报，发现风险苗头及时发出风险提示。全年发出监管通报 35 个、风险提示书 19 份，提出监管整改建议 147 条。加强市场准入监管，严格按照法律规定的程序、审批权限和时限要求，规范办理各类行政许可事项。2017 年，分局受理并批复行政许可事项 82 件，其中机构变更类 21 件、机构设立类 22 件、终止营业类 2 件，董事及高管任职资格 37 件。组织开展“三违反”“三套利”“四不当”等现场检查工作，集中开展金融市场乱象整治。发挥行政处罚的警示效应和示范效应，实行纠罚并重、罚没并举、机构人员“双罚”，增强监管威慑力。全年组织召开行政处罚委员会会议 5 次，对 10 家机构及 12 名责任人罚款 307 万元，取消 1 人一定期限的高级管理人员任职资格。（李建伟　金　锦）

【案件防控】 2017 年，驻马店银监分局在年初监管工作会议上，与全市各家银行机构负责人签订案件防控目标责任书，把案防责任逐级落实到基层机构、重要部门和关键岗位。

加强事前预防。召开大型银行、城商行等监管工作座

12月28日，市委书记陈星（左一）、兴业银行河南分行行长刘健（右一）共同为兴业银行驻马店分行揭牌　　弓华静 摄

谈会，督促各银行机构开展信用风险专项排查及“回头看”整改问责工作，加强员工教育管理，消除潜在风险隐患。配合地方政府做好“处非”工作，辖内银行业“处非”工作得到国务院处非办督察组肯定。联合市公安局按季召开案件防控工作专题会议，安排部署案防工作；配合市金融办召开全市互联网金融风险专项整治会议，牵头制订P2P互联网金融风险专项整治方案。

不良贷款压降。加大不良贷款处置力度，督促各银行机构在实行不良贷款分账管理基础上，核实不良贷款成因，多方沟通协调，灵活运用政策、制度、法律诉讼等途径，通过重组、转让、追偿、核销等方式，积极盘活存量资产，多管齐下清收盘活不良贷款。引导辖内银行机构创新处置方式，探索不良资产证券化和不良资产收益权转让，提高不良资产处置效率。

加强舆情监测。督导各银行机构重视负面舆情监测，及时发现，快速处理。举办驻马店银行业声誉风险培训班，共计60多人次参与学习交流。在分局内部成立舆情监测小组，由主管领导亲自抓舆情监测应对处置工作。2017年，驻马店银监分局共监测到辖内银行业负面舆情55个，下发舆情风险提示单6份，遏制辖内有关机构声誉风险蔓延。

流动性风险监测。督促各金融机构制定有效可行的风险应急预案，按月报送流动性监测分析报告，全方位加强流动性精细化管理，定期监控大额资金、备付金、存贷款等资金变动情况，杜绝错报、漏报以及头寸不足造成的账户透支现象发生。截至2017年年底，辖内法人银行业机构拨备覆盖率整体达到监管要求，风险抵补能力保持稳定，针对信用风险计提的减值准备较为充足，各家机构流动性状况良好，风险可控。

市场乱象专项治理。加强市场乱象专项治理，引导各银行机构提升依法合规经营水平，确保辖内银行业风险可控、稳健运行。针对专项治理检查发现的问题，对4家机构及3名责任人罚款115万元。　　（李建伟　金　锦）

【金融稳定工作】 2017年，全年新立案件20起、同比下降23.1%，涉案金额约2.2亿元、同比下降37.6%，涉及集资群众1808人（部分案件仍在登记中），8起案件结案或拟结案，坚决守住不发生系统性金融风险底线，在全省防范打击和处置非法集资综治考评中获第三名。健全工作机制，成立非法集资案件诉讼、宣传教育、信访维稳、善后处置4个协调小组。分系统分区域加强涉嫌非法集资风险专项排查，全方位开展防范非法集资宣传教育，提高社会公众风险防范意识。完善预警机制，利用综治网格系统广泛摸排、搜集非法集资线索，封堵涉嫌非法集资资讯信息。摸排非法集资等涉众型犯罪涉稳隐患风险点，做到底子清、情况明。加强对非法集资类重点人员和不稳定群体异常动态摸排，建立重点人员工作台账，实行动态管理。开展互联网金融风险专项整治和各类交易场所清理整顿“回头看”工作。　　（王东亮）

【银行业债委会工作】 2017年，驻马店银监分局提出“分类排队、先易后难、边摸底、边组建”工作思路，对内成立跨部门模版化管理的债委会推进工作小组，拟定《驻马店市银行业债委会工作规则》，建立“监管引领、协会搭台，银行共商”协同机制。截至2017年年底，驻马店银监分局分3批共成立债委会50家，涉及贷款余额85.52亿元。

（李建伟　金　锦）

金融服务

【银行信贷投放】 截至2017年年底，全市金融机构贷款余额1418.9亿元，居全省第9位；全年新增191亿元、居全省第4位，增长15.6%、居全省第4位，增量、增幅均位居黄淮4市第1位。定期收集全市各行业、各县区企业和项目资金需求信息，及时向域内外银行进行推介，开展银企对接活动，深化银企合作，着力解决企业融资难题。为域外银行来驻马店市开展业务提供便利，组织洽谈对接，做好跟踪服务，扩大域外信贷投放规模。据不完全统计，2017年域外银行在棚改、城市基础设施、扶贫等方面支持驻马店市资金70亿元以上。（王东亮）

【金融支持重点领域信贷】 2017年，驻马店银监分局引导各银行业金融机构借助驻马店市经济社会转型发展新动力、新趋势，对全市优势产业、支柱行业、重点项目和骨干企业采取差别化的信贷政策，给予更多信贷资金支持。引导各涉农银行业机构增强支农意识，立足驻马店作为农业大市、国家重要粮食生产和现代农业基地实际，强化和改进涉农金融服务。针对农民专业合作社、家庭农场等新型农业经营主体，开办农民专业合作社贷款、家庭农场贷款、农机补贴贷款、扶贫贴息贷款、脱贫贷等新产品。截至2017年年底，全市涉农贷款余额921.49亿元，较年初增加122.72亿元，增长15.36%，增速位居全省第4名。提升小微企业信贷供给力度。制定印发《驻马店银监分局关于加强2017年小微企业金融服务工作指导意见》等文件，引导各银行业机构在整体把控风险前提下，单列本年度小微企业信贷计划，优化信贷结构，改进小微企业金融服务实力。推进“政银担企”合作，促进银企共赢，与税务部门建立“银税合作”机制，有效解决小微企业融资过程中信息不对称问题。配合市政府有关部门做好“驻马店市企业还贷应急周转资金”相关工作，健全和发挥好风险补偿机制，为小微企业融资提供更多便利条件。截至2017年年底，小微企业贷款余额629.02亿元，较年初增加94.92亿元，较年初增长17.17%，余额、增量、增速分别位居全省第6位、第4位、第7位。（李建伟　金　锦）

【金融扶贫】 2017年，驻马店市银监分局对全市银行业加强金融精准扶贫工作提出4项具体要求。一是以“分片包干”责任制为切入点，提高金融扶贫覆盖面。截至2017年年底，农合机构、邮储银行和农业银行3家主要责任银行在全市151个乡（镇）实现全覆盖，各分包乡（镇）108个、18个、25个，增强金融扶贫的针对性和实效性。二是以名单制管理为着力点，建立金融服务档案。责任银行要对建档立卡贫困户实行名单制管理，各银行业金融机构对全市156939户建档立卡贫困户开展走访调查，截至2017年年底，辖内建档立卡入户调查率达到100%，信用评级完成率达到80%。三是以扶贫小额信贷投放为增长点，促进扶贫小额信贷健康发展。截至2017年年底，辖内银行业金融机构（主责任行农合机构、农行和邮储）发放扶贫小额信贷贫困户户数3361户，占有信贷需求贫困户户数的51.21%。网点机具或流动服务覆盖的行政村数2325个，覆盖率95.8%。四是以扶贫开发示范村建设为结合点，完善贫困地区金融服务机构体系。截至2017年年底，辖内共设立农民金融自助服务网点721个，助农取款点1312个，投放ATM机656台，POS机8332台。四是学习推广卢氏扶贫小额信贷模式，推动各县区建立金融服务、信用评价、风险防控及产业支撑4大体系，对符合条件的建档立卡贫困户和带贫企业发放扶贫小额信贷。截至2017年年底，全市共建成县级金融服务中心10个、乡级金融服务站167个、村级金融服务部2386个，对148个乡镇、2209个行政村、119086户贫困户完成信用评价；各县区共设立风险补偿资金39621万元；扶贫小额信贷余额23.81亿元、涉及户数49671户。会同人民银行先行在市派第一书记所在村推进金融综合服务站建设，改善农村支付环境，使广大群众实现基础金融服务不出村。广泛推动保险扶贫工作以及人保财险“政融保”项目落地实施，已落地项目32个，放款及预放款总额达1347万元，累计带动贫困户达649户。（李建伟　金　锦　王东亮）

【资本市场融资】 截至2017年年底，全市资本市场融资65.35亿元，完成60亿元目标的108.9%。优化上市后备企业梯队建设，推动23家列入省定重点上市后备企业库、60家列入省新三板后备企业库。成立驻马店市企业上市工作领导小组，多次组织召开协调会、培训会、推进会，及时协调企业上市过程中的各类困难和问题，推动企业上市挂牌工作，蓝天燃气、枫华种业正接受河南证监局辅导，龙凤山农牧、顺达化工、骏化发展等一批企业正积极推进，上蔡久久农产品在新三板挂牌。多渠道推动实体部门利用资本市场融资，提高直接融资规模。为昊华骏化、市投资公司申报省金融业发展专项奖补资金178万元。（王东亮）

【地方金融体系建设】 2017年，市政府金融办会同有关部门、有关县开展不良贷款清收、增资扩股等工作，上蔡农商行挂牌，汝南农商行开业待批，泌阳农商银行获批筹建，平舆农联社上报筹建申请，全市基本完成农信社改制工作。推动金融领域开放招商，主动与域外银行沟通对接，先后拜访广发、光大、民生等域外十余家银行，接待广州农商行、恒丰、浦发、国开行等域外银行十余次来访，郑州银行驻马店分行、确山郑银村镇银行挂牌开业，兴业银行驻马店支行获批升格为分行并正式挂牌，平顶山银行驻马店分行在加紧筹建。农银人寿、恒大人寿、吉祥人寿、富德财险驻马店分支机构挂牌运营。（王东亮）

【两类机构规范发展】 2017年，全市推进两类机构（小额贷款公司、融资性担保机构）规范健康发展。截至2017年年底，全市财政性担保机构资产总额7.26亿元，增长9.5%，担保余额9.54亿元，再保户数300家。实施部门联动，开展政银担合作，创新担保模式，支持融资担保机构发展。以审促建，对全市融资担保机构和小额贷款公司2015年度和2016年度经营情况开展省、市、县三级联审，促进两类机构合规经营建设。积极稳妥处置僵尸机构，净化两类机构行业环境。积极开展两类机构社会信用体系建设。（王东亮）

【全省防范非法集资宣传工作现场会在驻马店市召开】 2017年5月19日，全省防范非法集资宣传工作现场会在驻马店市召开。省政府金融办党组成员、副主任王鹏飞出席。副市长王晓刚在经验交流会上致辞。王鹏飞要求，各地要认清当前非法集资严峻形势，增强做好处非工作的紧迫感和责任感。狠抓重点工作、关键环节，牢牢守住不发生区域、系统性金融风险和不发生大规模群体性事件两个底线。进一步完善处非工作机制，推动各项工作落到实处。加快建立市、县、乡、村四级防范和处置非法集资责任体系，严防非法集资向农村地区蔓延。（王东亮）

【国家处非办调研督导组到驻马店市调研】 2017年6月6日，国家处置非法集资部际联席会议办公室调研督导组到驻马店市调研指导工作。省政府金融办党组成员、副主任王鹏飞，省银监局副局长李焕亭，省政府金融办打非办主任高明华，省银监局案防办主任张岩及驻马店市政府副市长王晓刚等领导陪同调研。6月6日上午，国家处非办督导调研组在驻马店市柏林建国国际酒店召开处非工作及银行安保工作座谈会。下午，督导调研组一行在省政府金融办、省银监局及驻马店市政府有关领导陪同下，到建设银行驻马店分行检查指导银行安全保卫情况；到驻马店市驿城区人民街道及下辖健康社区进行实地调研，了解基层处非宣传工作开展情况；到驻马店市老干部活动中心集中观看防范非法集资宣传工作汇报演出。（王东亮）

工商银行

【概况】 2017年，全市工商银行系统累计投放各项贷款34.27亿元，其中法人客户贷款20.53亿元、个人客户贷款13.74亿元；累计办理银行承兑2亿元。截至2017年12月末，各项贷款余额98.25亿元，较年初下降0.76亿元。其中，法人客户贷款余额46.18亿元，较年初下降4.67亿元；个人客户贷款余额52.07亿元，较年初增加3.91亿元。法人客户贷款下降的主要原因是项目贷款到期还款、不良贷款清收处置。还原不良贷款清收处置因素，各项贷款实际新增3.22亿元。贷款不良率由年初的2.03%上升至2.65%，净上升0.62个百分点，在四大行处于较低水平，贷款质量同业处于较高水平。截至2017年年末，人民币公司存款时点余额20.44亿元，较年初增长1.77亿元，增幅9.5%，新增额完成年初省行下达任务的88.5%；人民币年日均余额22.29亿元，较年初增长3.62亿元，较同期增长3.68亿元，增幅19.77%，新增额完成省行下达任务的362%。公司存款综合考评结果为全省第5。实现中间业务收入1002万元，是系统中收同比正增长8家二级分行之一。对公结算账户存量11656户，对公结算账户新增2269户，系统排名第1位，存量、新增保持同业第一，是系统唯一一家同业双第一的二级分行。贵金属客户新增258户，“幸福小苹果”实现销售超2600套，18家考核支行破百套，实现中收26万元，系统排名第3。销售“大旺年红包”1200套，实现中间业务收入16万元，系统排名第2。贵金属账户交易量超2.5亿元。实现对公理财日均交易额7000万元，系统排名第6。（谢黑龙）

【工行不良贷款清收处置】 2017年，工商银行驻马店分行开展信贷资产质量攻坚战，灵活运用清收处置政策，做好常规处置与创新处置相结合，通过各种手段清收处置不良贷款，全年全行累计清收处置不良贷款4.14亿元。先后通过市场资产包处置不良贷款7笔（户），金额8030.34万元；通过平台包处置不良贷款8户，金额31736.95万元；通过现金清收法人、个人不良贷款1632万元（其中全额清收西平温馨印务有限公司不良贷款469.15万元）。（谢黑龙）

【大项目营销】 2017年，工商银行驻马店分行成功营销河南正华置地房地产开发有限公司北部新区棚户区改造项目贷款7亿元，成为工商银行驻马店分行成立以来单笔金额最大项目贷款，该笔贷款已放款3.5亿元。驻马店杭氧气体有限公司8950万元项目贷款、正阳君乐宝乳业有限公司已审批的1.5亿元项目贷款，2017年全部投放到位。同时，监管口径小微企业贷款余额27.55亿元，较年初增加2.89亿元，完成省行下达的全年目标任务的192.53%，实现“三个不低于”监管口径目标。（谢黑龙）

农业银行

【概况】 2017年，农业银行驻马店分行各项存款余额339.4亿元，时点净增21.8亿元，日均净增21.9亿元。其中，个人存款余额278.3亿元，时点净增20.4亿元，日均净增21.1亿元，增量市场份额保持四行第1位。对公存款余额61.1亿元，日均净增0.8亿元，增量居四行第2位，较年初提升1个位次。客户结构明显优化，信贷结构有效改善。各项贷款余额65.7亿元，全年累计投放各项贷款30.6亿元，均为优质项目贷款和大优楼盘按揭贷款。新增贷款15.2亿元，贷款增速23.1%。不良贷款余额23158万元，较年初下降27548万元，不良贷款率由最高的10%下降到3.5%。其中，自营不良贷款累计清收11069万元，呆账核销23051万元，计划完成率137.6%。收回已核销贷款2507万元，计划完成率565.7%。不良贷款生成率1.25%，较上年下降3.24%，不良贷款余额控制在计划以内，潜在风险客户退出情况位列全省第1。全年实现中间业务收入1.45亿元，同比多增3382万元，增速23.2%，高于全省平均增速15.1%，居全省第1位。全年拨备后利润2.79亿元，同比多增2.1亿元，增速达329.6%；净利润2.1亿元，同比多增1.6亿元，增速达328.9%。加强风险管控，全年实现平安运营无事故。

（李海峰　张　亮）

【资产业务发展】 2017年，农行驻马店分行以资产业务为引擎，推进持续发展。一是做“大”。以政府购买服务项目为抓手，抓好大项目、大企业营销和投放。全年共审批大客户大项目5个、35亿元，储备项目3个、48.4亿元，重点营销3亿元华润新能源风能有限公司贷款、10亿元火车站棚改项目贷款、18亿元驿城区产业集聚区棚改项目贷款。其中，10亿元火车站棚改项目贷款获全省农行一季度重大项目团队营销三等奖，18亿元驿城区产业集聚区棚改项目贷款获全省农行2017年度优秀项目营销团队二等奖。二是做“小”。先后准入恒大、碧桂园、建业等一批百强开发商8个项目，新增按揭贷款6亿元。2017年新增个贷优质资产质量占比98.4%，居全省第1位。培育新的个贷业务增长点，加大网捷贷、自助抵押贷、保捷贷营销力度。三是做“特”。把金融扶贫作为回归县域市场的重要抓手，同全市7家贫困县政府签订政府增信协议，落实补偿基金，规范扶贫贷款发放流程。至2017年12月末，新增金融精准扶贫贷款4975万元，摸清扶贫贷款发放路子。（李海峰　张　亮）

【中间业务转型】 2017年，农行驻马店分行积极培育新的中间业务收入增长点，有效应对银行卡新政、同行免受异地存取款手续费等政策影响。以政府购买协议、PPP项目为依托，主动沟通，深化服务，在做好利率定价谈判的同时，开展投行业务。2017年实现投行收入2243万元，同比多增2063万元，增幅高达1146%。开展信用卡营销活动竞赛，拓展信用卡客户规模，发展现金分期、消费分期、专项分期业务，提供信用卡收入贡献度。全年新增信用卡有效客户4.5万户，同比多增2.6万户，完成省分行计划的119.8%；实现信用卡中收2986万元，同比增加1120万元，完成省分行计划的107.2%，全省排名第5位。顺应互联网金融趋势，营销掌上银行、网上银行、农银e管家，互联网金融收入实现新突破。2017年实现互联网金融业务收入3962万元，全成省分行计划的174.5%，全省排名第2位。

（李海峰　张　亮）

农业发展银行

【概况】 2017年，农发行驻马店市分行以服务农业供给侧改革为主线，通过促发展、防风险、促合规、建队伍、抓营销、提绩效，全行业务经营总体平稳。12月末，各项贷款余额192.31亿元，较上年增加8.5亿元。（席富强）

【支持粮食收购】 2017年，驻马店市小麦喜获丰收，但夏粮收购面临着许多新情况、新问题，中储粮仓容压力加剧，舆情风险加大；市场化收购政策收紧，政策不断变化；双结零工作阻力重重，工作形势十分复杂。面对复杂的夏粮收购形势，农发行驻马店市分行主动应对，做到“四个提前”，即需求提前预测、贷款提前审批、资金提前供应、政策提前沟通，确保措施到位、服务到位、管理到位。全年累计投放夏粮收购资金18.3亿元，支持企业收购小麦近13.71亿斤。秋粮收购方面，截至12月末，累计发放秋粮贷款6000万元，收购稻谷3020万斤。（席富强）

【项目营销】 2017年，农发行驻马店市分行开展中长期项目营销。筛选符合农发行农业农村基础设施建设政策支持的优质项目，确定“春天行动”营销目标64亿元。各行行长为项目营销第一责任人，通过集中时间、集中精力、集中资源，采取主动上门、高层营销、重点宣传、上下联动等措施，高效开展项目营销，3月在银政企会商会签约项目23个，签约金额107.13亿元。12月末，农业农村基础设施中长期贷款项目19个，贷款余额31.02亿元，占全部贷款总额16.13%；累计对接营销项目9个，拟贷款33.95亿元；累计受理调查项目6个，贷款金额11.65亿元；累计审批项目6个，贷款金额12.92亿元；累计投放项目7个，发放贷款10.75亿元;累计收回项目14个（笔），累收贷款13亿元，有效支持全市基础设施建设和民生项目实施。（席富强）

农村商业银行

【概况】 截至2017年年底，全市农商银行系统资产总额达到1034亿元，资产总额移居全市银行业金融机构首位；各项存款余额858.25亿元，较年初净增97.25亿元，完成年度计划的108.06%。存款增量市场份额为33.18%，存量市场份额为30.4%，分别占全市金融机构存款增量和存量市场份额的近1/3；各项贷款余额505.06亿元，较年初净增62.22亿元，增长率14.05%，完成计划的141.4%。贷款增量市场份额为32.57%，贷款存量市场份额为35.6%。不良贷款余额17.13亿元，较年初下降4.54亿元，不良贷款占比3.39%，较年初下降1.5个百分点。实现经营利润23.3亿元，较上年同比增加3.2亿元，完成年度目标的129.44%；累计缴纳各项税费6.9亿元，纳税总额位居全市金融机构首位。驻马农商银行被评为“全省标杆银行”“全市金融工作先进单位”。

（潘文洲）

【农商行改革】 2017年，驻马店市农商行加快推进改制工作。上蔡、新蔡2家农商银行挂牌开业，全市开业农商银行总数达到7家。汝南县农联社组建农商银行等待批复开业，泌阳县农联社获批筹建，平舆县农联社上报筹建申请，全市系统改制组建任务总体完成。市行本部和遂平、上蔡、新蔡农商银行完成机构整合，按照现代商业银行模式规范经营。

4月14日，市农商行在上蔡县开展市场调研

市行在全省农合机构经营机制转换培训班上进行经验介绍。2017年，四川省农信联社、云南省联社、南阳、开封等10多家行社先后到驻马店市农商行考察交流，驻马店农商银行被评为全省8家标杆银行之一。（潘文洲）

【农商行金融服务】2017年，驻马店市农商银行系统推动金融产品和服务模式创新。全辖共建成农村金融综合服务站1861个，实现行政村全覆盖；拓宽金融服务渠道，在全省率先与武汉铁路局签订战略合作协议，上线开办“银铁通”业务，为客户提供存款、贷款、订购车票等金融服务，使便利化服务向普通群众延伸。按照现代金融发展要求，改善金融服务模式，发展电子银行、网上银行、手机银行，全市系统新增POS终端2364台，新增手机银行客户13.37万户，新增网上银行客户1.08万户，电子银行替代率75.77%，较上年底增加17.63%。互联网金融服务模式启动运行，开发河南省唯一一家自我开发、自我应用的信息化金融服务平台——“天中钱袋子”服务系统，搭建以农商银行为核心的本地化、社区化商圈体系，为辖内商户和客户提供业务宣传推广、供需信息对接、商品服务交易等涵盖金融、生活、投资、创业各领域的便捷服务。“天中钱袋子”商圈系统已发展商户17万户，“天中钱袋子”已申报国家工商总局注册，驻马店农商银行被农信银资金清算中心评为“2017年农信银聚合支付业务优秀应用案例奖”。优化对公业务结算服务，实现市行与住建部住房公积金账户正式对接，开创全省先河。推行阳光信贷业务，引进先进的微贷技术，通过成立微贷中心，打造专业化服务团队，对传统信贷进行重塑，使信贷置于阳光之下，较好解决“贷款找熟人”的问题。全市农商银行系统支持小微企业发展的经验在全省金融机构支持小微企业工作会议上进行交流。（潘文洲）

【农商行系统精准扶贫】2017年，驻马店市农商银行系统把信贷扶贫、产业带贫、结对帮贫、智力助贫有机融合，把支持“三农”与开展金融扶贫结合起来，一户一策，一村一策，制定金融产品，提高金融扶贫助推力。加大定点扶贫、信贷扶贫、公益扶贫、产业扶贫力度，把有限的金融资源配置到支持建档立卡贫困户脱贫、助力一般贫困户致富、支持龙头企业带贫、加强基础设施建设、捐款资助贫困家庭学生就学等领域，推动金融造血扶贫。全市农商银行系统共建档立卡贫困户17.3万户。截至2017年年底，全市农商银行系统共投放扶贫贷款22.15亿元，占全市扶贫贷款总量的80%，直接带动贫困人口10.38万人，累计捐款捐物达120万元。确山农商银行实施产业带贫的经验在全省农信社精准扶贫会议上进行交流。（潘文洲）

建设银行

【概况】2017年，建设银行驻马店分行实现各项利润4.56亿元，全年累计实现中间业务收入1.57亿元。一般性存款时点余额243.53亿元，其中企业存款79.05亿元、个人存款164.48亿元；各项贷款余额达到122.49亿元，较年初新增19.12亿元，各项贷款及对公贷款余额等同业占比第一。2017年，全行对公有效客户折算前数量为2168户，较年初新增319户，折算后数量为12308户，折算后新增805户；个人有效客户118.33万户，新增20.19万户，增幅20.58%。手机银行活跃客户100541户，微信银行有效客户31968万户，短信客户70654户。实现结售汇9746万美元，较上年同期新增452万美元，市场占比28%，完成省分行计划164%，同业排名第二；对公外汇存款时点1565万美元，较年初新增811万美元，对公外汇存款日均899万美元，较年初新

增 353 万美元。信用卡净增发卡数 32458 张，计划完成率 133.57%，净增客户 25103 户，计划完成率 147.15%；信用卡分期交易额 4.5 亿元，较上年同期增幅达 86.4%，计划完成率 86.8%；信用卡中间业务净收入 4500 万元，占全行中收的 28.3%，占个人条线中收的 1/2。实现综合融资 4.6 亿元，其中债券承销 3 亿元、投资通 1.6 亿元，实现战略协同业务 2.6 亿元。加强内控合规管理，全年安全无案件、无责任事故、无重大群体性事件，未发生重大风险隐患。（徐登云）

【业务转型创新】 2017 年，建设银行驻马店分行推进转型创新，培育发展新动能。一是开展产品创新，提升综合融资市场占比。以政府类背景项目和客户为营销重点，与地方政府职能部门沟通联系，对接项目资源。通过投行、基金、信托、租赁等多种形式，拓展新的合作领域。全年实现综合融资 4.6 亿元，其中 1.6 亿元投资通业务是全国建行范围内第 3 笔实现。二是做活金融生态圈，提升综合金融服务能力。巩固扩大前期 ETC 业务市场份额，做大做强有车客户生态圈。截至 2017 年年底，建行驻马店分行 ETC 存量余额 83529 套，市场占比 40% 以上，其中 2017 年新增 5043 套，完成率 60%。利用“龙支付”“裕农通”及“慧兜圈”等建行优势产品，探索建立县域农村商户生态圈及收单商户生态圈。截至 2017 年年底，“龙支付”新增 85210 户，计划完成率 100%。2017 年 7 月 5 日，驻马店分行与驻马店职业技术学院签署全面战略合作协议，利用“校园一卡通”平台建立高校金融生态圈。（徐登云）

【客户经营】 2017 年，建行驻马店分行推动机构客户结构优化。截至 2017 年 12 月底，社保资金承接方面，承接下拨省级医保补助资金共计 31 亿元。启用机关事业养老保险账户 15 户，其中市级机关事业保险支出户 1 户、县区级机关事业保险财政专户 3 户、县区级机关事业保险支出户 6 户、县区级机关事业保险收入户 5 户。机关事业养老保险职业年金户开立 8 户，其中市级 1 家、县区级 7 家。职业年金户启用 7 户，其中市级 1 户、县区级 6 户。驿城区社保卡工资代发个人账户 3000 户，承接雪松路和国道 328 拆迁项目补偿款 6.86 亿元；成功营销驻马店市不动产登记中心项目；泌阳人民医院健康龙卡自助设备调试投入使用，西平、平舆上报的智慧云医项目在论证阶段；司法费用系统的案款管理系统取得突破，遂平县人民法院案款系统上线。关注对公客户数量和质量双重提升，2017 年全行对公结算账户总量 10952 户，较年初新增 1387 户，其中基本户新增 1409 户，占新增总量的 101.58%。拓展与维护个人客户。2017 年建行驻马店分行成功营销总行级战略客户（天方药业）代发工资业务，涉及人员 3193 人。同时，针对高端客户尤其是私人银行客户，专门组建服务团队，为客户金融需求设计有针对性的、“一户一策”“一户多策”式的解决和服务方案，提升高端客户金融服务体验。截至 2017 年年底，驻马店分行金融资产 1000 万元以上私人银行客户数量 75 人，较年初新增 17 人，增幅 29.31%。（徐登云）

【资产结构优化】 2017 年，建设银行驻马店分行巩固传统优势产品，提升结算、银行卡、电子银行等产品支撑能力，同时积极关注信用卡分期、理财产品、保险、基金等业务。全年全行投行业务中间业务收入 4817 万元，占全行中间业务收入的 30.68%。贷款新增向资本占用少、资本回报率高的产品倾斜。截至 12 月底，驻马店分行个人贷款余额达到 55.1 亿元，当年投放 4.5 万笔，金额 20.4 亿元，净新增 8.2 亿元。其中：个人住房贷款余额 51.8 亿元，当年投放 12.4 亿元，净新增 6.2 亿元；个人消费经营类贷款余额 3.3 亿元，当年投放 8 亿元，净新增 1.9 亿元。利用科技发展形势，提升线上业务发展水平，推进移动金融、电子银行、智慧银行等发展。2017 年，全行累计投入运智慧柜员机 138 台（其中标准及综合版设备 91 台），业务范围超过 200 种，网点服务效率和智慧化水平得到提升。截至 12 月底，移动金融柜面替代率提高值 22.97%，计划完成率 96.1%，移动端交易量 377 万笔，是柜面账务性交易量 2.58 倍，智慧柜员机交易量是年初的 3.43 倍。（徐登云）

中国银行

【概况】 2017 年 12 月末，中国银行驻马店分行人民币贷款余额 100.31 亿元，较上年末增加 20.06 亿元，增长 24.99%。与同业相比，四大行人民币贷款市场份额 25.94%，四大行排名第二，较上年提升 2.04 个百分点；与一类行相比，人民币贷款增幅排名第一。人民币存款余额 154.1 亿元，较上年末增加 11.51 亿元，增长 8.07%。与同业相比，四大行人民币存款市场份额 16.48%，较上年提升 0.32 个百分点，提升度四大行排名第二；与一类行相比，存款贡献度 8.52%，较上年提升 0.25 个百分点。2017 年日均存款较上年增长 16.4 亿元。工资性费用按可比口径较上年增长 6.11%，高于全省平均增幅。全年未发生案件和重大责任事故，未发生大的违规和风险事件。（刘显峰）

【资产质量】 截至 2017 年 12 月末，中国银行驻马店分行不良贷款余额 6952.5 万元、不良率 0.69%，逾期非不良余额 4016.52 万元、逾期非不良占比 0.4%，完成省行管控目标和市行“不良率严格控制在 0.7% 以下、逾期非不良占比严格控制在 0.8% 以下”的要求。（刘显峰）

中原银行

【概况】 2017 年，中原银行驻马店分行业务规模快速增长，存款时点余额增速高于全市平均增速。存款时点余额、年日均存款余额、年日均贷款余额、贷款时点余额均完成总行下

8月，市区文明大道一金融网点，工作人员为顾客服务，全力践行诚信建设　　张　朝　摄

达的年度增量目标任务。支持地方经济发展，对市区重大项目、重点企业提供资金支持，支持县域建设改造，助力小微企业，开展涉农信贷，助推“脱贫攻坚”。被市政府授予“新增贷款先进单位”“金融保险业纳税先进单位”及“金融工作先进单位”称号；被市政府金融办授予“金融信息工作先进单位”称号；被市帮扶助学专项基金委员会评为“扶困助学爱心企业”；被驻马店日报报业集团评为“市民喜爱银行”；获人民银行反洗钱考核评级A级。（陈　薇）

【“上网下乡”战略】2017年，中原银行驻马店分行推进“上网下乡”战略。线上业务加快发展，线上客户时点存款规模、个人网络金融交易替代率均超额完成总行下达的年度目标任务。网点下沉迅速落实。加强对农村金融扶贫支持力度，打造金融扶贫“最后一公里”。截至2017年12月底，在各级乡村共开业惠农支付服务点55家。惠农业绩在全省率先突破4亿元，惠农存款总量位居全省首位，被总行评为“惠农业务先进分行”。同时，加快乡镇网点建设步伐，相继开业5家乡镇网点，扩大县域乡镇服务覆盖面，拓展农村市场蓝海。（陈　薇）

【业务创新发展】2017年，中原银行驻马店分行加大代发业务营销力度，提高批量获客能力。强化公私联动营销模式，拟定综合营销服务方案，聚焦财政单位、医院、学校、拆迁项目等优质渠道，充分挖掘企业高管、财务人员、企业员工全方位金融服务需求，制定综合营销方案，逐步推进、分层实施，分层营销；依托智能收单系统、MIS项目、IC卡行业应用平台，开展大型批发市场、大型商超营销，批量获取收单客户，拓展优质客户群体。以创新带动客户增长，利用信用卡、“存贷宝”、“存利得”、“鼎惠存”等高收益新产品，为客户提供更多增值服务。通过优质服务、规范化服务及服务竞赛等方式，提升客户体验度。通过联合市文明委、市教体局等单位开展“中原银行杯”广场操舞大赛活动、“鼎盛天中·财富论坛”系列活动、“阳春三月，相约禾绿采摘”活动等，提升活动档次，丰富营销模式，实现客户数量和资产贡献度“双提升”。主推创新产品，转变发展模式，加大投资银行、供应链金融及贸易金融产品的营销，推动各类创新业务发展。（陈　薇）

【风险管控】2017年，中原银行驻马店分行完善风险管理体系，建立高效的信贷审批机制，提高分行信贷业务审查审批效率，规范相关授信业务发展，为经营单位业务营销及办理提供政策指导，提升信贷管理水平。履行审批职能，强化信审会管理，完善议事规则，提高授信审查审批质效。针对问题授信逐笔逐户进行梳理、摸底排查，分析风险隐患，诊断根源，制定有效方案，化解业务风险。抓好“降不良、优资产”工作，组建专业清收队伍，强化清收力度，提高资产质量。（陈　薇）

邮储银行

【概况】中国邮政储蓄银行股份有限公司驻马店市分行现辖9个县支行（汝南、确山、上蔡、新蔡、西平、遂平、平舆、正阳、泌阳），9个城市支行（驿城区支行、解放大道支行、中心支行、解放大道西支行、雪松大道支行、光明路支行、天中山大道支行、高新区支行、置地大道支行），内设13个一级部门、2个二级部门。全市共有167个储蓄网点，其中银行一类网点32个，代理网点135个。银行一类网点中，

城市网点9个，县城网点13个，农村网点10个。2017年年末，全行共有员工734人，其中正式工723人、劳务工11人。前台人员466人，占比63.49%，后台268人，占比36.51%人。2017年，市分行获得驻马店市政府颁发的"市长质量奖"，荣获"金融工作先进单位""新增贷款先进单位""爱心企业"等称号。新蔡县支行被评为省级文明单位，汝南县支行荣获县长质量奖。平舆、汝南、泌阳、上蔡4个县支行荣获省分行"优秀单位"称号，新蔡、遂平、西平、正阳4个县支行荣获省分行"先进单位"称号。（戚煜珩）

【业务经营】 2017年，中国邮储银行驻马店市分行实现收入7.1亿元，增幅13.75%；实现利润3.82亿元，增幅13.95%。资产质量保持优良。全行不良贷款3541万元，不良率0.41%。储蓄余额规模达129.44亿元，居全省第3位，本年累计净增13.25亿元，居全省第3位。个贷结余74.41亿元，居全省第4位，净增13.1亿元，居全省第5位。公司存款余额76.83亿元，位居全省非省会城市第4位，净增5.53亿元，新增市场占有率15.67%；公司资产业务结存余额8.5亿元，净增8.4亿元。小企业贷款结余6.4亿元，位居全省第3位，净增6367万元，位居全省第6位。全年共批复个人贷款25018笔，金额47.6亿元，同比增长11%；共批复小企业法人授信业务140笔，金额5.77亿元；共批复支用贷款4974笔，金额19.43亿元。加强成本管控，严控非经营性支出。通过抵扣进项税额增加利润630万元。新发生存贷差5.95%，高于全省平均水平155个基点（bp），高于省行下达目标22个基点（bp）。全行经济增加值2.18亿元，经济资本回报率42.17%，分列系统内第2、第4位。完成信贷影像系统、二维码扫码支付系统等多个新系统上线，ATM及网点网络系统整体可用率达到99.85%以上。（戚煜珩）

【风险管控】 2017年，中国邮储银行驻马店市分行先后下发《2017年度信贷资产质量控制方案》《2017年风险政策与风险限额方案》，指导把控全行风险。对被大额不良贷款困扰的正阳、确山、汝南3个县支行，集中力量进行帮扶，抓紧清收与核销，将不良贷款压降至可控范围内。联合法院开展抓捕"老赖"活动，尽最大限度的清收，提升资产质量。组织开展"春季攻坚""夏季攻坚""百日竞赛"和四季度核销后贷款清收竞赛4次集中清收活动，强力压降不良贷款。全年累计清收不良贷款2800万元，核销不良资产1288万元。中国邮储银行驻马店分行在省分行2017年度不良贷款清收考核中荣获三等奖。组织开展应急预案演练，对办公和营业场所消防安全进行专项检查，营业网点逐步实现安全管理标准化达标，全年未发生安全生产事故。（戚煜珩）

保险行业协会

【概况】 驻马店市保险行业协会成立于2010年10月19日，是驻马店市民政局批准的保险业自律性社团组织。中国保监会南阳监管分局依法对驻马店市保险行业协会进行管理、指导和监督。2016年，驻马店市保险行业协会被驻马店市民政局评定为5A级社团组织。2017年被河南省民政厅授予"全省先进社团管理组织"称号。

2017年，全市保险市场保费规模达到81.79亿元，其中财产险市场保费规模19.92亿元、人身险市场保费规模61.87亿元。全年累计给付、赔付金额31.37亿元。44家保险公司累计在地方缴税1.77亿元，代收代缴车船税1.33亿元。截至2017年年底，协会共有会员单位43家，其中财产险公司会员18家、人身险公司会员25家。中原农险计划2018年加入协会。全年执业证报备工作审核55099人，通过47387人，其中寿险审核53325人、通过45706人，财险审核1774人、通过1681人。建立应急处理机制，有效防范化解风险苗头。防范案件风险，对于案件抓早抓小，早发现、早报告、早处置，做好防范非法集资和反洗钱工作。防范突发事件风险，落实重大事项报告制度和应急响应制度，确保辖区保险机构不成为区域性风险和群体性事件的源头。密切关注新业务、新渠道、政策调整和外部风险传递等因素带来的风险。与市银监局结合，合理化解满期给付和退保风险，确保全年未发生系统性、群体性风险的底线。加强保险行业宣传，开展"保险知识五进入"活动。在《中国保险报》刊发新闻稿件13篇，在《驻马店日报》《天中晚报》刊登相关稿件。同时，协会网站、微信公众平台、驻马店保险期刊、驻马店市政府金融网累计刊发行业信息、协会信息、各会员单位信息1400余条。（高守俊）

【保险消费者权益保护】 2017年，驻马店市保险行业协会推动"三中心"（涉保险纠纷诉调对接中心、快处快赔中心、反保险欺诈中心）建设，保护消费者合法权益。一是涉保险纠纷诉调对接中心工作。2017年，涉保险纠纷诉调对接中心接收案件138件，成功调解案件88件，起诉标的458.63万元，结案标的327.38万元。协会调解室来电来访58件，其中人身险53件、财产险5件，涉及资金纠纷3件，调解金额8.3万元。以上来电来访多为员工和公司之间矛盾纠纷，均得到妥善处理。二是反保险欺诈工作。协会通过多次会议对各公司宣导相关政策，先后召开4次案件协调会议，推动相关案件进展。全年反保险欺诈中心共接到各公司递交案件18件，经甄别，16件案件移交至驻马店市公安局犯罪侦查支队经侦大队。三是快处快赔工作。2017年，协会组织召开快处快赔工作推进会，联合市公安局交警支队开展2次快处快赔APP推广暨业务培训会，并赴焦作和鹤壁学习快处快赔APP推广先进经验。2017年，快处快赔在驻马店市得到推广，处理交通事故8013起，其中APP处理交通事故3201起，APP处理交通事故占快处快赔处理交通事故的39.95%。快处快赔处理交通事故较2016年增加6661起，是2016年全年处理案件数的5.93倍。四是通过保险知识"五进入"教育宣传活动，普及保险知识，培养群众正确的保险消费理念。利用协会网站、微信公众号、期刊，普及保险知识和消费者维权知识。在通过涉保险诉调对接中心调解诉讼

纠纷的同时，协会还通过电话、信件受理消费者投诉，解决与行业有关的矛盾纠纷，扩大诉调对接机制覆盖面。（高守俊）

【保险扶贫】 2017年，市保险行业协会加强保险扶贫全覆盖，解决困难群众看病贵问题。一是人保财险开展“政融保”项目和大病补充医疗保险扶贫。“政融保”项目落地32个，放款总额1347万元，带动贫困户649户创业致富；在批、已受理、对接项目86个，预计放款总额19650万元，将带动更多贫困户创业致富。在泌阳、平舆开展建档立卡贫困户大病补充医疗保险，在平舆县开展建档立卡贫困户意外伤害保险，覆盖建档立卡贫困人口55717人。二是中国人寿在6县开展扶贫项目。与确山、正阳、汝南、西平、遂平、平舆达成精准扶贫项目，为6县建档立卡贫困户16.65万人提供大病补充医疗保险和意外伤害保险保障，累计为800余个贫困家庭补偿精准扶贫大病赔款基金842.33万元，为154个贫困群众赔付29.69万元的意外伤害理赔金。三是人保健康承办的困难群众大病补充医疗保险在全市全面开展。全市参保人数796418人，包含贫困户448413人，补偿645073人次，补偿金额12474.67万元。四是协会组织开展“远离贫困，从一份保障开始”精准扶贫捐助活动。为泌阳马谷田镇南岗村小学和确山任店敬老院进行捐赠，合计捐赠47560元，中国人寿和中华联合财险分别为特困生和敬老院捐赠保险单。（高守俊）

【秋季受灾农作物理赔服务】 2017年秋季，驻马店市遭遇极端天气，大量已经成熟的农作物无法收获。灾情发生后，10月11日，协会召集承保农业保险的8家公司，召开应对灾害天气市秋季农险理赔会议，启动驻马店市保险行业突发事件应急预案，并要求各公司立即启动应急预案响应程序，协助政府部门开展防灾减损工作。10月23日，协会再次召开农险理赔专题会议，听取各保险公司查勘定损理赔工作开展情况，督促各保险公司统筹协调力度，提高服务质量，做好统计和理赔工作，协助当地政府做好宣传、维稳工作。11月12日，建立秋季农作物理赔情况旬报制度，要求各公司于每月的2日、12日、22日报告查勘、定损、理赔情况。截至12月底，驻马店市2017年秋季承保农作物479.63万亩，报案面积311.81万亩，定损114.08万亩，定损金额1.61亿元，已完成赔付，累计赔付34.27万户。其中，花生定损91.72万亩，定损金额1.4亿元，赔付1.4亿元。最高赔付一户金额达63.24万元。理赔工作得到各县区政府肯定，确保不因保险理赔出现群体性事件，为34万余户农民挽回基本损失。（高守俊）

表17

2017年驻马店市级保险机构名单

编号	公司全称	类别	成立时间
1	中国人民财产保险股份有限公司驻马店市分公司	产险	2003.6.30
2	中国太平洋财产保险股份有限公司驻马店中心支公司	产险	2002.9
3	永安财产保险股份有限公司驻马店中心支公司	产险	2003.10
4	太平财产保险有限公司驻马店分公司	产险	2016.11.25
5	天安保险股份有限公司驻马店中心支公司	产险	2005.9
6	安邦财产保险股份有限公司驻马店中心支公司	产险	2005.12
7	中华联合财产保险股份有限公司驻马店中心支公司	产险	2005.12.6
8	中国平安财产保险股份有限公司驻马店中心支公司	产险	2006.6.10
9	华安财产保险股份有限公司驻马店中心支公司	产险	2006.6.29
10	阳光财产保险股份有限公司驻马店中心支公司	产险	2007.3
11	都邦财产保险股份有限公司驻马店中心支公司	产险	2007.7
12	渤海财产保险股份有限公司驻马店中心支公司	产险	2007.8
13	中国大地财产保险股份有限公司驻马店中心支公司	产险	2007.9.11
14	中国人寿财产保险股份有限公司驻马店市中心支公司	产险	2007.10.18
15	永诚财险保险股份有限公司驻马店中心支公司	产险	2011.5.26
16	国元农险保险股份有限公司驻马店中心支公司	产险	2014.10.9
17	富德财产保险股份有限公司驻马店中心支公司	产险	2017.2

续表

18	华农财产保险股份有限公司西平支公司	产险	2017.7
19	中国人寿保险股份有限公司驻马店分公司	寿险	2003.6.30
20	泰康人寿保险股份有限公司驻马店中心支公司	寿险	2004.2.23
21	太平人寿保险有限公司驻马店中心支公司	寿险	2005.1
22	新华人寿保险股份有限公司驻马店中心支公司	寿险	2004.4.20
23	合众人寿保险股份有限公司驻马店中心支公司	寿险	2007.5.21
24	长城人寿保险股份有限公司驻马店中心支公司	寿险	2007.11.21
25	富德生命人寿保险股份有限公司驻马店中心支公司	寿险	2008.5.14
26	中国人民健康保险股份有限公司驻马店中心支公司	寿险	2008.6.11
27	华夏人寿保险股份有限公司驻马店中心支公司	寿险	2008.6.19
28	信泰人寿保险股份有限公司驻马店中心支公司	寿险	2008.11.19
29	中国平安人寿保险股份有限公司驻马店中心支公司	寿险	2009.1.21
30	中国太平洋人寿保险股份有限公司驻马店中心支公司	寿险	2009.9.2
31	民生人寿保险股份有限公司驻马店中心支公司	寿险	2009.9.25
32	阳光人寿保险股份有限公司驻马店中心支公司	寿险	2009.11.6
33	中国人民人寿保险股份有限公司驻马店中心支公司	寿险	2010.4.28
34	英大泰和人寿保险股份有限公司驻马店中心支公司	寿险	2011.11.22
35	国华人寿保险股份有限公司驻马店中心支公司	寿险	2011.12.8
36	华泰人寿保险股份有限公司驻马店中心支公司	寿险	2012.5.18
37	建信人寿保险有限公司驻马店中心支公司	寿险	2015.7.8
38	工银安盛人寿保险有限公司驻马店中心支公司	寿险	2014.7.2
39	农银人寿保险股份有限公司驻马店中心支公司	寿险	2017.1.20
40	恒大人寿保险有限公司驻马店支公司	寿险	2016.12.9
41	天安人寿保险股份有限公司驻马店中心支公司	寿险	2016.4.22
42	平安养老保险股份有限公司驻马店中心支公司	寿险	2015.7.13
43	吉祥人寿保险股份有限公司驻马店中心支公司	寿险	2017.8

保险公司

【中国人寿保险股份有限公司驻马店分公司】 2017年，中国人寿保险驻马店分公司实现总保费收入18.16亿元，同比增长20.76%，居全省系统第4位；其中，新单保费7.33亿元，同比增长12.35%；长期险首年期交保费4.32亿元，同比增长25.43%，其中首年十年期保费2.68亿元，同比增长31.28%；首年标保2.21亿元，同比增长50.38%；短期险保费8652.93万元，各类满期及年金给付7.2亿元，赔款支出9434万元，上缴地方税金1998.5万元，成功实现一类A级公司经营目标。被集团公司授予2017年度个险业务发展奖，被省公司授予2017年度“个险业务发展先进单位”和“最有价值贡献单位”称号。三大渠道销售队伍架构总人力一度突破万人，成为全省系统继南阳、郑州之后第三大团队。队伍综合实力提升位列全国系统160个大中城市第六名，首次进入全国十强。2017年，公司继续承办覆盖165万余人的城乡居民大病保险；确山、正阳、平舆、汝南、西平拓展承保建档立卡贫困人口16.65万人的精准扶贫大病保险；开启补充工伤保险的新路子，在全省系统率先达成大病补偿目标任务。全年新客户增长率37.2%，居全省系统第8名。柜面增值服务超额达成省公司下达的目标任务，初步实现由成本中心向价值中心转型。推进国寿e店、e宝、e柜工作，微信报案、微信理赔有序开展，保全服务e化率不断提升；契约核保、理赔调查“新一代”系统上线，成功进行个险无纸化承保。组织开展“VIP客户体检”“国寿健康跑”“国寿大讲堂”等客户服务活动，完善客户投诉责任追究机制，公司客户投诉率同比不断下降，实现“只降不升”目标。（张　愈）

【中国人民健康保险股份有限公司驻马店中心支公司】 2017年，中国人民健康保险股份有限公司驻马店中心支公司实现保费收入2429.19万元。其中：社保业务实现保费收入668.63万元，较上年增加4.33万元，增长0.65%。团险业务实现保费收入154.97万元,较上年增加98.37万元，增长173.8%。团险业务保费收入中，短期意外险（含意外医疗）保费收入3.68万元，短期健康险保费收入17.9万元，团体管理式医疗保费收入133.1万元。个险业务实现保费收入536.48万元，较上年增加84.58万元，增长18.72%。个险业务保费收入中，长期险新单期缴保费收入111.52万元，增加68.17万元，同比增长157.25%；长险新单趸交保费收入14.53万元，同比增加30.43%，短期意外险保费收入0.64万元，短期健康险保费收入4.54万元，同比增长320.37%；长险续期保费收入405.25万元，同比增长2.49%。银保业务实现保费收入558.52万元。银保业务保费收入中，个人管理式医疗业务实现保费收入514.74万元，长险新单业务实现保费收入41.93万元，较上年增长106.23%，续期保费收入14.68万元，较上年增长42.21%。互动业务实现保费收入510.28万元，较上年增加277.18万元，增长118.91%。在互动业务保费收入当中,管理式医疗保费收入454.95万元，较上年增长110.04%；长期险保费收入23.71万元，较上年增长133.84%。人保健康驻马店中支做好驻马店市困难群众大病补充医疗保险项目服务工作，实现“一站式”结算，方便广大困难群众就医，支持地方精准扶贫工作开展。积极参与驻马店市保险行业协会和人行驻马店市中心支行组织的“3·15”消费者权益保护日、“7·8”保险宣传日、反洗钱集中宣传、反洗钱宣传文艺汇演等多起大型公共活动，开展2017年客户节集中宣传活动,树立良好企业形象。（匡苏予）

【中国平安人寿保险股份有限公司驻马店中心支公司】 中国平安人寿保险股份有限公司驻马店中心支公司成立于2009年。截至2017年，公司共设立西平、新蔡、平舆、上蔡、确山、泌阳、汝南7个县域分支机构，各县域网点均具备相应服务能力。2017年年初，公司营销员队伍1122人，截至2017年年末营销员队伍达成1600人，较年初增长42.6%。2017年保费收入21828万元，同比增长57.58%，新单保费9265万元，同比增长48.2%，全年理赔金额1210.6万元。中支个险人均收入4817元，较2016年的4033元提升16.2%；金融模式不断创新，营销队伍和内勤员工对“产品+”“科技+”认识提升，拓宽队伍的主顾开拓渠道和思维模式，助力队伍综合收入提升。（李　路　陈振洲）

【中国大地财产保险股份有限公司驻马店中心支公司】 中国大地财产保险驻马店中心支公司成立于2007年10月，是驻马店市第二家具有“国字”品牌的财产保险企业。2017年，驻马店中心支公司全年保费收入4868.45万元，全年赔款支出2495万元，缴纳税额898万元。2016年、2017年大地保险驻马店中支连续荣获保险“诚信建设先进单位”和“优质服务窗口”称号。（王月玲）

【建信人寿驻马店中心支公司】 截至2017年12月20日，建信人寿驻马店中心支公司新业务保费25555万元，其中银保规模25214万元，银保期缴2296万元；团险效益短险231.95万元；个险108.4万元。2017年，公司加强基础管理，强化团队建设，对CS团队进行改制，扩充产品经理团队，增强培训和高端客户维护力量，保障业务发展和渠道服务需要。对业务流程和各项管理制度进行梳理，细化基础管理制度，重视客服和理赔管理，犹豫期内回访成功率为97%，较2015年提升8.3%，理赔五日结案率100%，平均理赔时效为1.5天。加强合规经营，对销售队伍和渠道网点进行合规知识培训，注重合规习惯养成。同时明确责任设立预案，防范各类投诉事件和群体性事件发生，全年未发生群体性聚集事件。（尹路涛）

【华安财产保险股份有限公司驻马店中心支公司】 2017年，华安财产保险股份有限公司驻马店中心支公司坚守合规经营，严格执行监管部门交强险4%的费用政策；调整业务结构，积极拓展新型业务，实现年度保费收入目标。2017年，公司放弃承保自卸车、特种车二等高赔付业务，同时积极寻找新的业务渠道来源，分别与多家运输公司、金融服务公司达成合作意向，大力发展品质较好的非营运客车业务以及大货车业务。积极主动开发非车险业务，2017年共承保非车险123.2万元，其中财产险120万元，意外险3.2万元。公司在坚守合规经营的前提下积极布局大货车市场，针对不同车型及车龄出台有竞争力的保费政策，面对不断缩小的私家车市场，积极开辟新市场，重新找到新的业务增长点。（孙　宁）

【渤海财险驻马店中心支公司】 截至2017年11月30日，渤海财险驻马店中心支公司保费收入2819.61万元，同比增长128%。其中：交强险保费收入823.87万元，占比29.22%；商业车险保费收入1824.56万元，占比64.71%；非车险保费合计171.17万元，占比6.07%；意健险保费合计15.55万元，占比0.55%。从保费收入上看，非车险、意健险占比较小，与总、分公司险种结构比例相差较远。综合费用率44.72%，综合成本率87.74%，预算综合成本率

89.44%，保单成本率39.35%，综合赔付率45%，变动成本率86.45%，承保利润285.69万元。公司加强管理，保证合规经营。加强单证管理，截至11月30日，单证使用数量为2.32万份，单证作废率0.6%，单证遗失率0.2%，超期未回销率0.1%，单证遗失全部属于客户遗失内置标志补打。在客服工作方面：2017年共接报案1812件，结案1353件，注销案件311件，撤案66件，结案率95.2%；车物损预估偏差0.37%；人伤预估偏差5.4%；车物损结案周期11.16天；人伤结案周期91.37天。加强业务管理，提高业管部全员业务素质水平和管理水平，保证合规经营，定期自查。公司专门成立反洗钱工作领导小组，有专人负责，并展开一系列反洗钱知识培训。（段鹏亮）

【永安财产保险股份有限公司驻马店中心支公司】 永安财产保险股份有限公司驻马店中心支公司正式成立于2005年11月14日。2017年，公司实现保费收入4078.76万元，赔款支出2549.72万元，利润95.84万元，综合成本率97.42%。公司业务以车险、农业保险、人意险、企财险等险种为主，险种配比合理，赔付率较低。加强车险理赔服务，实行车险理赔限时办结。坚持一次性告知客户需要准备的资料，车辆损失1万元以下，材料齐全，1个工作日赔付。加强员工培训，开展多层次的业务讲座，提升业务员、出单员、查勘员、会计员的岗位技能和服务水平。面对监管环境日趋严峻和同业竞争加剧双重压力，创新思路，把发展重心转移到养殖业保险上来，开拓农险业务新蓝海。公司结合泌阳县农业发展特点，针对农户实际需求，研发了母牛、犊牛保险，符合地方特色的养殖业保险，填补市场空白区，做好农业保险改革创新先行先试的实践者。公司在泌阳、西平、正阳3县猪险开展成功，使很多养殖户从中受益。（杨文杰）

【合众人寿保险股份有限公司驻马店中心支公司】 合众人寿保险股份有限公司驻马店中心支公司成立于2007年5月。2017年年底，公司累计保费收入2122万元，赔款134万元。（田　宁）

证券业

【中原证券】 2017年，中原证券驻马店分公司托管资产总值为44.71亿元（其中中国医药托管市值26.82亿元），广义代买收份额完成目标的96.34%，资本中介完成目标值的53.22%，新增有效户、新增资产综合考核得分79.74分。加快推进经纪业务向财富管理和一站式综合金融服务平台方向转型步伐。开展企业新三板、四板挂牌和企业债承揽等投行与资本中介业务，和多家企业建立合作意向。已成功挂牌展示板项目5家，另有签约展示板和交易板各3家。以公司“你来测评，我送积分”“决战红九月”等活动为契机，加强客户基础服务工作，期间新增注册财升宝APP用户3000名，金卡级别以上客户服务产品定制802户。以“培”促学、以“访”促学、以“竞”促学，加强员工队伍建设，提升队伍整体素质。组织形式多样、层次不同的投教及客户交流活动，为客户提供多维度理财咨询服务。全年共组织活动52次，累计参与客户1000余人。加强银行渠道建设，深耕县域市场，分公司新选定在乡镇县城龙头银行邮储银行为主要展业合作单位，实现人员对接、业务对接、网点对接，已在新蔡、平舆、遂平、确山4县大部分乡镇开展业务合作。利用好CRM系统，加强客户服务并关注隐形流失，防患于未然。全年通过电话、问卷、网站回访客户，完成公司下达任务的117%。做好包括反洗钱在内的各项合规管理工作，全年经营工作做到合规运营，未出现违规行为。（刘海峰）

【广发证券】 广发证券驻马店营业部成立于2011年年底，现位于驻马店市雪松大道1079号尚城华府1号楼东，营业部场地面积510平方米。营业部有员工40人，其中定职级员工5人，综合业务人员2人，营销人员33人；经纪人40人。截至2017年12月，实现股基交易额201.77亿元；累计净股基手续费收入为589.15万元；加上融资融券利息收入计实现收入1152.27万元。营业部主要业务及服务特色：一是全面的财富管理服务。营业部投资顾问团队具有10名投资顾问，在金融服务行业平均拥有5年以上从业经验。向客户提供定制移动短信服务及多媒体消息服务套餐，设计满足多元化投资者偏好及风险偏好的投资组合，根据客户需求主动选取各领域知名的基金经理，为客户设计定制化产品、与用户保持经常性联络，提供个性化投资意见。二是便捷的互联网金融平台。广发证券是行业率先推出包括平台、账户、支付、产品、交易和全天候响应服务的完整网上理财业务链的券商。已建立5大互联网金融终端，即手机证券、网上交易金融终端和页面交易平台、官方微信、易淘金等，并为客户提供实时咨询服务。三是融资融券业务优势。依托公司金管家平台为客户提供融资融券全方位资讯服务，高效的额度使用及调整，让信用额度使用效率更高。四是约定购回式证券交易业务优势。五是股票质押式回购交易业务优势。六是股权激励融资业务优势。满足激励对象融资诉求，协助上市公司激励计划管理。（胡秋玉）

【方正证券】 2017年，方正证券驻马店营业部于2014年5月正式开业。截至2017年12月，后台岗人员5人；营销岗人员10人，经纪人15人，共25人。经营业务有证券经纪、证券投资咨询、证券投资基金代销、代销金融产品、融资融券、为期货公司提供中间介绍业务。全年实现净利润47.57万元，营业收入206.68万元，营业支出159.11万元，纳税总额23.36万元。截至2017年12月底，证券交易量83.03亿元，客户交易结算资金2133.88万元，总资产2.81亿元，负债总额2825.99万元。方正证券驻马店营业部共有投顾人员2名，投顾团队1队，团队名称：掘金天中，力求着重风险控制为主，寻求市场较为确定的投资机会，选择在较好的市场环境下进行股票操作，以宁可错过也不盲目操作为服务宗旨，追求客户长期稳定收益。全年共组织2次反洗钱宣传活动、4次反洗钱培训活动，提高社会公众的反洗钱意识，同时增强员工职业道德操守。细分客户，针对性地提供服务。开展各种类型的客户交流会，满足投资者投资需求，以客户需求为导向，改变单一经营模式。在做好传统股票业务以外，还推出多种新业务，如融资融券、IB业务、期权期货业务、新三板业务等。（张　杰）

【中国银河证券】 中国银河证券股份有限公司驻马店文明大道证券营业部于2017年6月正式开业，营业部地址位于驻马店市开发区丰泽路与文明路交叉口西北角，营业面积约150平方米。经营业务范围有证券经纪，证券投资咨询，证券投资基金代销，融资融券，与证券交易、证券投资活动有关的财务顾问，代销金融产品，证券承销与保荐（仅限项目承揽、项目信息传递与推荐、客户关系维护等辅助工作），销售贵金属制品。自开业至2017年12月底，A股证券交易金额为205958226.09元，基金证券交易金额为88953.2万元，债券证券交易金额为100700.89元，债券融券回购交易金额为1605.7万元，总合计为222114880.18元。负债合计4288699.02元。净佣金为4.16万元。年末资金账户578户，A股证券账户1125户，基金账户984户，核心客户数为40户。营业部新增客户资产2613.76万元，理财产品销售额1205万元。营业部以满足客户需求为核心，推进创新业务发展，成立创新业务小组，对员工定期进行新业务和新产品培训，根据不同客户需求为客户量身定制不同产品，对客户进行分类服务，实现有效客户全覆盖。（李　娇）

【中国中投证券】 2017年，中国中投证券驻马店营业部开户2360户，资产新增1496万元，实现营业收入9.5万元，利润亏损66.11万元。着力传统业务，夯实营业部基础资产体量。依托银行渠道传统的三方存管业务，联合银行开展联合营销活动。联合农行、建行等渠道，开展全面的三方存管联合营销活动。结合公司与中金公司并购交割，完成试点要求，积极做好试点准备工作，一方面做好系统测试，另一方面做好人员归岗和规划。协同业务的开拓，促进营业部业务多元发展。2017年，营业部先后就公交公司ABS项目、平台公司永续债券、某医院重组并购等5个意向机构项目与中金投行、中金固收部门进行沟通对接。加强营业部团队建设工作，完善营业部团队框架。（张　克）

城乡建设

城乡规划

【概况】 2017年，河南省实施“百城建设提质工程”，选取100个县、市，在政策和资金上给予扶持，引导提升城市品质，丰富城市内涵。驻马店市中心城区和西平、遂平2县入围。全市城乡规划工作围绕市委、市政府中心工作，落实百城建设体质工程，以服务项目建设、关注民生问题为着力点，积极开展城乡规划各项工作。（曹 圳）

【总体规划】 2017年，驻马店市启动市中心城区城市总体规划（2011—2030年）实施评估，对过去5年中心城区总体规划实施情况全面评测。同步编制中心城区近期建设规划，为未来3年城市近期建设开发规模、重点和时序提供规划引领。（曹 圳）

【专项规划】 2017年，市城乡规划局按照百城提质的要求，对专项规划进行系统梳理。《驻马店市中心城区地下综合管廊专项规划》《驻马店市中心城区消防规划》《驻马店市中心城区水系防洪专项划》《驻马店市中心城区照明专项规划》《驻马店市海绵城市专项规划》《驻马店市城市供水与节约用水专项规划》《驻马店市中心城区水系连通工程规划》《驻马店市中心城区燃气专项规划》《驻马店市中心城区供热专项规划》《驻马店市中心城区排水（雨水）防涝综合规划》《驻马店市中心城区排水（污水）专项规划》《驻马店市老城区排水系统改造规划》《驻马店市中心城区环卫设施专项规划》和《驻马店市公共交通规划》14项专项规划编制完成待市政府研究。《驻马店市中心城区停车设施专项规划》《驻马店市中心城区电力设施专项规划》《驻马店市中心城区道路系统专项规划》《驻马店市中心城区地下管线综合规划》和《驻马店市中心城区通信设施专项规划》5项专项规划在编制中。（曹 圳）

【片区规划】 2017年，市城乡规划局完成《驻马店市豫南物流园区空间规划》《驻马店市豫南物流园区控制性详细规划》和《驻马店市静脉产业园区控制性详细规划及城市设计》成果报批工作。《小清河景观核心区周边区域控制性详细规划及城市设计》经市规划专家评审委员会审查通过。《薄山湖风景区宿鸭湖风景区总体概念规划》《西部山区生态环境保护规划》《云梦湖区域详细规划》进行初步方案汇报，设计单位在按照所提意见进行修改。开展老火车站片区、丰泽路（乐山大道—十三香路）两侧区域棚户区改造控制性详细规划及城市设计编制工作。对国际农产品加工产业园完成项目选址和规划范围划定。（曹 圳）

【控制性详细规划】 2017年，共编制控制性详细规划51个，编制控规面积达148.82公顷（合2232.33亩），控规覆盖率达到91%。同时共向市国土局及相关单位提供土地规划条件54宗，规划条件总面积452.58公顷（合6788.74亩）。（曹 圳）

【城市基础设施规划】 2017年，驻马店市强化城市外连内通，完成平山大道、文明大道、创业大道、洪河大道、中华大道等13条外联道路，团结路等65条断头路和百余条背街小巷道路规划，并完成4处客运枢纽站的规划选址。为保障居民生产生活，完成中心城区23条燃气、12条电力路由、121条给水和33条热力路由规划及43处通信基站选址；完成8处变电站、第三水厂、一处污水处理厂的选址、控规编制及报批；完成第五、第六污水处理厂项目选址。（曹 圳）

【城市设计】 2017年，城市总体设计编制完成。在控规、修规编制过程中，同步开展城市设计。结合2017年全市片区建设时序，编制小清河、练江河、老火车站、高铁站、静脉产业园区、豫南物流园区等城市重要片区的城市设计，并对中心城区71个主要道路交叉口节点进行深度城市设计。（曹 圳）

【服务项目建设】 2017年，为全市招商引资项目、公共服务设施项目及四区（管委会）项目做好规划服务。凡申请的报建项目，第一时间踏勘现场，第一时间出具规划条件，推进项目及早落地实施。结合2017年全市重点项目开发，开展练江河、小清河景观核心区控制性详细规划修编工作；为丰泽路（乐山大道—十三香路）两侧及火车站东广场片区棚户区改造项目，提出安置项目选址意见，并及时出具规划条件；为皇家驿站项目建设方案提出规划意见，促使其方案不断完善，并及时出具项目用地规划条件；配合市政府研究制定中国（驻马店）国际农产品加工产业园区项目实施方案。（曹 圳）

开源湖水系公园为城市增添亮丽的风景　　驻马店日报社提供

【规划审批】 2017年，市城乡规划局优化规划审批。对规划审批报建要件全面清查梳理，凡法律法规没有明确规定及不必要的前置材料一律取消，重新修订、完善相关审批制度16项。通过并联审批、并项研究等手段，对审批办理时限再压缩。“一书两证”行政审批法定时间为30日，压缩为20日。全面实施“互联网+规划审批”新模式。依托市四证审批网络平台，对规划审批项目全部实施网上审批，使办事单位和群众实现网络申报、网络查询办理进度及结果，为服务对象提供方便。2017年共办理“一书两证”192件，审批建筑面积632万平方米，征收基础设施配套费4.16亿元。所有规划许可项目，全部在承诺期限内办结。（曹　圳）

【县区规划】 2017年，市辖8县新一轮至2030年的城乡总体规划全部编制完成，全市138个乡镇新一轮乡镇总体规划完成近50%。督导各县按照“百城提质”要求加快完善专项规划。2017年，市辖8县共编制专项规划106项，平均每县编制专项规划13项。（曹　圳）

【规划监管】 2017年，市城乡规划局对市中心城区所有在建项目网格化划分，责任到人，并建立动态跟踪监管台账。执法管理在“抓早、抓小、抓预防”上下功夫，对发现的违建苗头及时约谈建设单位负责人，提出告诫责令其立即改正，对拒不改正的建设单位采取果断措施，保障项目建设符合规划要求，执法管理实现“零违建”管理目标。全年批后跟踪监管项目226处，发现违建8起，经整改全部符合规划要求。2017年12月，驻马店市城市管理局正式挂牌成立，市城乡规划监管职能划归城市管理局。（曹　圳）

城市建设

【概况】 2017年是驻马店市推进新型城镇化“三年行动计划”的最后一年，也是实施百城建设提质工程的第一年。市住建局加快新型城镇化进程，实施百城建设提质工程和城市创建，推动城市基础设施建设，加速推进城市组团式发展战略，加快建筑业发展步伐，全面提升城市精细化管理水平。市中心城区围绕七大片区开发、城市基础设施、民生工程等，实施百城建设提质项目573个，累计完成投资152亿元，是2016年的1.6倍。实施12条组团连通工程，加快推进城市组团发展，以遂平、确山和汝南3个县城及宿鸭湖、西部山区为支点的“一中心五组团”发展格局基本形成。先后完成65条断头路打通、42条主次干道路升级改造、940多条背街小巷整治，改善群众出行条件和老城区形象面貌。规划建设皇家驿站片区、火车站片区、小清河片区、职教园区等七大功能片区，打造高品位的现代城市。驻马店市住房和城乡建设局被住建部表彰为全国住房城乡建设系统先进集体。（董　峰）

【基础设施项目建设】 2017年，全市新开工道路建设项目27个。实施薄山和板桥水库引水、生活垃圾处理、建筑垃圾消纳和资源化利用、第四污水处理厂等工程，城市污水处理率、生活垃圾无害化处理率达到95%以上。新建改造垃圾中转站47座，新建改造公厕294座。在练江河、小清河、北部新区等区域，启动海绵城市示范区建设。加强供气、供热基础设施建设，全市完成供热管网铺设 9.26 千米，新建 6 座换热站，新增供热面积 71.42 万平方米，超额完成省下达驻马店市任务。全市共新建燃气管网 17.6 千米，改造管网 7.96 千米，新增燃气民用户 21614 户、工商业用户 245 户。

（董　峰）

【污水处理】 2017 年，驻马店市中心城区新建、改造污水管网 80.9 千米，市中心城区建设污水处理厂 2 座。驻马店市第二污水处理厂二期工程规模为 7.5 万吨 / 日，完成投资 6000 多万元；驻马店市第四污水处理厂规模为 7.5 万吨 / 日，截至 2017 年年底，纤维转盘滤池、再生调节池、消毒接触池等主要结构在施工，完成投资 4000 万元。经省住建厅考核，全市污水处理厂均达到合格以上水平。（董　峰）

【供水基础设施建设】 2017 年，市中心城区新建供水管网 23.15 千米。年初，市中业自来水公司投资近 10 亿元启动第二水厂扩建工程，工程包括 3 部分：取水工程、输水管线工程、净水厂（第二水厂二期）及配水管线。其中，取水工程及输水管线设计规模为 35 万吨 / 日；从板桥水库至市区新敷设 2 条 DN1400 球墨铸铁输水管线，共 70 千米；新建净水厂设计规模为 10 万吨 / 日。加强供水水质监测能力建设和日常水质监测管理，按照国家标准规定定期对供水水质进行检测，并在政府网站公开水质信息。（董　峰）

【城市园林生态建设】 2017 年，驻马店市实施城市生态配水和生态水系连通工程，对朱氏河、开源河、黄酉河等 6 条河流进行集中整治，新建 3 个水生态公园，对城区全面实施雨污分流。投入资金 30 多亿元，实施园林绿化项目 58 个，富强北路、天顺路、盘古山路等 28 个项目全部完工，骏马河带状公园绿化项目等 13 个项目在施工建设，练江河一片区河道公园、练江河二片区河道治理绿化工程等 17 个项目在加快推进，对置地公园、南海公园、开源公园等 23 个公园游园进行升级改造。中心城区新增绿化面积 900 万平方米。城市绿化率、人均公园绿地面积分别超出国家园林城市标准 5.7 个百分点和 2.5 平方米。（董　峰）

【建筑行业管理】 2017 年，全市批准建筑业企业 281 家，其中新申报建筑业企业 178 家，增项 103 家。受理二级建造师初始注册 1217 人，办理建造师注册变更 949 人，延续注册 393 人。全年办理质量和安全监督手续 440 项，面积 557 万平方米，竣工备案 217 项，备案率 100%，工程主体合格率、竣工验收合格率、建筑节能执行率均达 100%。受监工程获得省“中州杯”6 项，省“结构中州杯”5 项，省“文明工地”5 项，市“天中杯”33 项，市“优质结构”奖 51 项，市“文明工地”61 项。完成市政道路监督 102 万平方米，桥梁 3 座，监督 8 万米河道治理工程 1 项，排水 6 万米。加强建筑市场执法监察，排查工程项目 110 余处，立案查处 20 起，结案 4 起，行政处罚 77 万元。（董　峰）

【城市管理】 2017 年，驻马店市推进城市综合执法体制改革。成立专门领导班子，开展专题调研，学习借鉴外地市工作先进经验，制定城市管理综合执法体制改革工作方案。市级城市管理综合执法机构已组建。开展城建立法工作，《驻马店市城市市容和环境卫生管理条例》于 2018 年 1 月 1 日起正式施行。一是开展扬尘治理工作。成立 7 个治理工作组，下发各类文件 29 个，督办通知 23 期，整改通知书 364 份，对 5 家企业进行不良记录，对 8 家企业进行行政处罚，处罚到位 57.8 万元。市中心城区 134 个 1 万平方米以上的建筑工地安装视频监控系统，180 辆渣土车安装定位系统，纳入市智慧城管中心监控范畴。实行联合执法，严厉打击黑渣土车偷运行为，出动执法人员 3800 人次，处理违规渣土运输车辆 117 台，处罚到位 23.4 万元。二是开展城市精细化管理攻坚行动。完成中华大道、天中山大道等 6 条主干道、10 个示范街区、1791 间临街门店牌匾更新工作。组织拆除不规范线杆广告牌、LED 屏 1200 余块；清理橱窗广告 1760 间、拆除不符合规定的墙体广告 1.2 万平方米，楼体广告牌 360 处。（董　峰）

5月16日，高铁商务中心区建设已初具规模　　驻马店日报社提供

7月20日，驿城区练江河　　驻马店日报社提供

【建设服务】 2017年，全年共办理审批事项783件；受理12319城建服务热线来电3276件，承办民意快线39期，市长热线544期，网络问政148期，人民网网络留言49期，办结率和处理率均达到100%。办理人大建议、政协提案65件，被评为2017年度人大建议、政协提案办理先进单位。
（董　峰）

【推进非户籍人口落户城镇】 2017年，驻马店市认真贯彻落实《河南省居住证实施办法》，深入推进户籍制度改革，全面放开高校毕业生、技术工人、职业院校毕业生、农村升学学生、参军进入城镇和留学归国人员六类重点人群落户限制。4月21日，驻马店市正式启动居住证制度，实现从暂住证到居住证的历史性转变。全年全市受理居住证2万多张，居住证持有人享有的6项基本公共服务和9项便利措施全部落实。
（陈万洲）

【城镇综合承载能力建设】 2017年，驻马店市在中心城区谋划实施六大类573个重点城建项目，累计完成投资148亿元。启动实施12条组团连通工程，完成42条主干道路升级改造和27条新建道路；对6条河流进行集中整治，启动水系连通工程。新增绿化面积90万平方米；新建改造垃圾中转站47座、公厕288座；中心城区机械化清扫率达97%；对38个城中村、1100多个小区楼院和城乡接合部进行综合整治。市生活垃圾综合处理项目和二污二期、四污一期开工建设，中心城区基本实现雨污分流。火车站新站建成投运。围绕棚户区改造配套基础设施、污水垃圾、特色镇、新型城镇化等领域，积极争取中央预算内投资6.45亿元；申报政策性金融产品支持新型城镇化项目总投资超过200亿元。社会保障体系进一步完善，新开工37877套棚户区改造项目。同时，各县也谋划实施一批基础设施、生态环保、公共服务等项目，加快推进新一轮县城建设，县城功能不断完善，吸纳集聚能力明显提升。
（陈万洲）

【新型城镇化体制机制改革】 2017年，驻马店市着力消除城镇化发展的体制障碍，建立健全农业人口转移的促进机制，积极探索农民相关权益的实现形式，消除农民进城的后顾之忧。一是加快推进承包地流转和规模经营。全市流转承包土地达378.1万亩，占家庭承包面积的36%，适度规模经营面积319万亩，占耕地面积的30.2%，农村人口向城镇转移不断加快，新增农村劳动力转移就业6.05万人。二是破解融资难题。推进投融资体制改革，成立市公共资产管理公司，设立城市运营投资基金，争取国开行、农发行等政策性信贷支持，通过银企对接、PPP合作、争取国家专项基金等形式，多渠道筹集建设资金。三是强化土地供应。通过土地储备、棚户区改造、城乡建设用地增减挂钩等措施，保障城镇建设用地需求。
（陈万洲）

【2017年中国新型城镇化（驻马店）经验交流会】 2017年6月2日—4日，国家发改委城市和小城镇改革发展中心在驻马店市召开“2017年中国新型城镇化驻马店经验交流会”，市委书记余学友主持开幕式和报告会，市长陈星以《传统农业城市的新型城镇化之路》为题介绍驻马店市近年来城镇化发展的成就和经验。参会领导和嘉宾有原国务院原副秘书长、国务院参事室主任崔占福，中央研究室经济局局长冯海发，全国人大常委、民建中央副主席辜胜祖等领导。新闻机构参与报道的有人民日报社、新华社、中央电视台、光明日报社以及多家网络媒体。
（陈万洲）

8月22日，全市县城建设观摩暨百城建设提质工程推进会召开，市委书记余学友（左一）为2016年度城市建设管理先进县颁奖　　弓华静 摄

村镇建设

【新农村建设】 2017年，驻马店市以达标村和示范村创建为载体，重点实施农村畅通、环境净化、乡村绿化、村庄亮化、农村文化“五化”工程，持续改善农村人居环境。全市累计投入各类资金12.12亿元，初步建成达标村1246个、示范村577个，分别占行政村总数的49.3%、22.8%。在此基础上，健全长效管护机制，全市已有1874个村制定村规民约、建立保洁机制，1461个村建立卫生评比制度，1199个村建立垃圾收集、清运、处理机制，共配备保洁人员5798人。

2017年，根据省委、市委安排部署，在全市组织开展新型农村社区遗留问题整改工作，按照“一区一策，分类推进”原则，抓好调查研究、完善手续、引导搬迁、督导考评等工作，有效解决新型农村社区建设步伐缓慢、基础设施不配套、搬迁拆旧难等问题。全市107个新型农村社区遗留问题整改工作完成，其中重点整改类社区84个、规范提升类23个。自整改工作开展，全市累计投入各类资金16.18亿元（其中政府投入3.84亿元、社会投入12.34亿元），建成住房1.36万套，购买入住1.89万套，复垦土地1709.4亩。

（任　亚　王姝予　游　鑫）

【新型城镇化建设】 2017年，全市常住人口615.5万，其中城镇常住人口260.5万，城镇化率达到42.57%，比上年提高1.5个百分点。中心城区建城区面积扩大至85平方千米，常住人口近70万人，已成为豫中南地区重要的中心城市，辐射带动能力不断提升，中原城市群中的山水园林、高效生态示范城市的轮廓正在呈现。8个县城建成区面积达到180平方千米，常住人口达到130万；72个建制镇建成区面积超过150平方千米，集聚人口超过60万人。　（陈万洲）

【农村危房改造】 2017年，市住建局联合市财政局、市扶贫办制订驻马店市《关于做好建档立卡贫困户等重点对象农村危房改造工作的实施方案》，将建档立卡贫困户、低保户、分散供养特困人员和残疾人贫困家庭4类作为危房改造重点对象。精准做好4类重点对象核准工作。各县区及时开展工作，主动与扶贫、民政、残联等部门对接，对4类重点对象信息进行精准比对，并将4类重点对象信息录入标注到全国农村住房信息系统，乡村建立4类重点对象纸质档案，市县建立4类重点对象的电子档案。市住建局按要求将4类重点人员名册上报省住建厅。经比对核准，驻马店市“十三五”期间共有4类重点对象危房存量34949户，2016年已改造9890户，目前存量21983户，其中建档立卡16627户，贫困残疾人家庭1517户，农村分散供养特困人员2479户，低保户5894户。全年全市发放农村建房宣传挂图4700多套，发放危房改造明白卡1万多份，汝南县、确山县、正阳县编制统一的危房改造标准施工图，并按图纸要求，对危房改造进行技术指导。驻马店市2017年危房改造第一批任务3514户、第二批任务818户，共计4332户。至12月底，已开工13460户，开工率310%；竣工12182户，竣工率281%；系统录入12164户，录入率280%。中央下达驻马店市农村危房改造补助资金6210.84万元，省下达驻马店市农村危房改造补助资金606.48万元，各县区整合资金用于危房改造13785万元，已验收拨付农户补助资金14776万元。

（董　峰）

【农村住宅建设安全监管】 2017年，市住建局督促各县在乡镇设立村镇建设管理机构，全市137个乡镇全部设置管理机构。要求各村民委员会必须明确1名住宅建设兼职协理员，并做好培训工作。具有住房建设兼职协理员的行政村达1087个，占总数的50%，培训乡镇村镇管理机构人员3319人次。做好异地搬迁住房质量监督工作。驻马店市2017年异地搬迁工程项目1个，在泌阳县实施。市、县住建局和市建设工程质量监督站组织人员对该项目进行实地督导检查15次，下达限期整改通知11份。加强易地扶贫搬迁房屋质量监管，确保贫困户住上“安全房，放心房”。

（董　峰）

【农村人居环境整治】 2017年，全市加大农村人居环境工作力度，重点是农村垃圾和污水治理工作。3月，驻马店市制订出台《关于全面推进农村垃圾治理的实施意见》，成立农村垃圾治理领导小组。形成主要领导亲自抓，分管领导具体抓，市、县、乡、村齐抓共管的农村生活垃圾治理工作推进机制，确保全面推进农村生活垃圾治理工作有序开展。各乡镇按不低于2‰的标准配备保洁队伍，形成长效机制。全市有1874个村制定村规民约、建立保洁机制，配备保洁人员5798人，保洁人员有的是安排建档立卡贫困户，有的是政府购买服务由服务公司安排的人员，初步建成“有人干事、有钱办事、有章管事”长效管护机制。

规划编制。依据城镇和百城建设提质总体规划，按照城乡一体、区域统筹、设施共享的原则，加快编制完成农村生活垃圾专项规划或将相关内容纳入县域城乡规划，建立城乡一体的农村生活垃圾收运处理体系。截至2017年年底，平舆县、汝南县、正阳县、开发区农村生活垃圾治理专项规划编制完成，西平县正在加快编制，其他县将其列入县域整体规划。

农村生活垃圾治理。平舆县采取PPP社会化运作模式对全县6个垃圾填埋场、6个污水处理厂及16个乡镇垃圾中转站等基础设施实施建设；以政府购买服务的形式抓好全县农村垃圾的收集、清理和转运。汝南县启动垃圾焚烧发电厂和秸秆焚烧发电厂项目建设。上蔡县邵店镇以政府购买服务，企业整体接管的模式，实现“队伍专业化、机制常态化、作用标准化、管理信息化”。遂平县、正阳县已与有关企业达成协议，正在乡镇开展试点工作。

开展非正规垃圾堆放点排查工作。经排查情况为：遂平县漂浮垃圾有2处，非正规垃圾堆放点3处；西平县非正规垃圾堆放点8处；平舆县5处非正规垃圾堆放点，3处符合排查对象的河流漂浮垃圾点；开发区有1处非正规垃圾堆放点，河流漂浮垃圾1处；汝南县、正阳县、驿城区、上蔡县、确山县无发现有非正规垃圾堆放点。

开展陈年垃圾清理。从2017年年初开始，各县开展为期半年的陈年垃圾集中清理行动。平舆县第一批经费共计295万元（大乡镇20万元，小乡镇15万元）已经拨付给各乡镇，整合扶贫资金用于清理农村陈年垃圾，改善农村人居环境。驿城区结合人居环境建设工作购置11辆双后轮钩臂式垃圾汽油车及配套垃圾箱110个，保洁车110辆，环保垃

6月3日，由国家发改委城市和小城镇改革发展中心主办，中共驻马店市委、驻马店市人民政府承办的2017中国新型城镇化经验交流会在驻马店市举行　弓华静 摄

圾屋100座。泌阳县在宋庄、老梁河桥清理陈年垃圾300立方米，在清理处设置垃圾收集点，定时清运至垃圾处理厂。（董 峰）

【特色小镇和传统村落培育和服务】 2017年，驻马店市遂平嵖岈山镇和驿城区蚁蜂镇申报省级特色小镇，积极推荐嵖岈山镇申报国家级特色小镇。为全市3个传统村落申报国家或省级保护补助资金，其中2个村获得各180万元的省级补助资金。（董 峰）

房地产管理

【房地产开发】 2017年，全市房地产完成投资280.9亿元，同比增长8%；新建商品房销售面积957.9万平方米，同比增长11.9%；施工面积2112万平方米，同比下降3.9%；新开工面积850.4万平方米，同比下降6%；竣工面积562.9万平方米，同比下降34.1%。商品住宅待售面积385.54万平方米，同比增长5.87%，去化周期7.49个月。其中：市中心城区商品住宅待售面积124.22万平方米，同比增长62.85%，去化周期5.49个月。商品住宅均价3672元/平方米，同比增长12.24%；中心城区4570元/平方米，同比增长11.91%。截至2017年年底，共取得开发资质企业710家，其中一级2家、二级32家、三级72家、四级166家、暂定438家。（李 倩）

【棚户区改造】 2017年，河南省下达驻马店市棚户区改造新开工任务33个项目37877套全部开工，开工完成率100%；下达驻马店市基本建成任务2.2万套，驻马店市安排35个基本建成项目26883套，基本建成35个项目22541套，基本建成完成率103%；下达驻马店市公租房分配入住任务10592套，驻马店市共安排15个分配入住项目17462套，已分配入住15个项目10592套，分配完成率100%。2016年保障性安居工程审计发现问题72个，整改到位71个，审计整改率98.61%。（李 倩）

【房地产市场管理】 2017年，驻马店市下发《关于培育房屋租赁市场的意见》，推进全市住房租赁市场建设。针对网友提出驻马店市房地产市场存在的问题，组织召开全市规范房地产市场秩序动员会，号召全市房地产开发企业、物业服务企业签定维护房地产市场秩序承诺书，同时调研摸清中心城区32个问题楼盘情况上报市政府，以市政府名义分解相关部门集中予以化解。全面推进“两随机、一公开”工作，建立随机抽查监管制度和房地产市场主体名录库，完善企业诚信机制，把抽查结果作为市场主体信用信息重要来源。开展住宅专项维修资金集中清缴、房地产市场和中介市场集中整顿活动，配合市发改委物价等部门开展商品房销售价格行为联合检查，加大房地产市场监管。全年发放商品房预售许可证296件，批准预售面积276.1万平方米，其中住宅230.7万平方米、非住宅45.4万平方米，办理房地产开发企业资质171个。解决住房保障和房地产领域信访突出问题，全年处理信访案件132起、民意快线40起、市长热线126起、网络问政122起，房屋登记疑难问题40余起，100余户房产交易办证遗留问题。（李 倩）

【物业管理】 2017年，依托驻马店市创建国家卫生城市和全国文明城市，组织召开中心城区物业服务行业“双创”工作推进会，成立监督检查组，对中心城区546个物业在管项目进行督导，制定约谈整改、通报批评、评先评优及前期物业投标资格、记黑名单等惩治措施，推进物管小区建设。推行物业服务企业市场准入和退出制度，加强物业企业诚信监督。全年累计完成前期物业招标35次，备案业主委员会11家，异地估价机构10家，申报省示范住宅项目2个，市优秀住宅项目17个。出台《驻马店市住宅专项维修资金管理实施细则》，集中对开发企业代收住宅专项维修资金情况进行摸排追缴，正式启动驻马店市住宅专项维修资金信息系统建设。全市累计归集住宅专项维修资金6.3亿元，使用资金281.7万元。（李 倩）

【房地产交易与权籍登记管理】 2017年共办理各种交易61882件，服务资金288.66亿元。其中：新建商品房交易过户5290件，交易面积57.52万平方米，交易金额20.67亿元；二手房交易过户7258件，交易面积75.76万平方米，交易金额22.44亿元；办理房屋抵押手续12161件，抵押面积257.39万平方米，抵押金额90.45亿元；二手房交易监管6211件，面积16.9万平方米，监管资金6.12亿元；办理新建商品房合同网签备案30962件，面积307.33万平方米，金额148.98亿元。（李 倩）

【房地产管理综合信息系统建设】 2017年，个人住房信息系统建设持续完善，市本级和8个县均开通期房、现房、存量房网签备案。上蔡、西平、遂平、正阳、平舆、汝南县同时启用存量房交易资金监管系统，开展存量房交易资金监管业务。市本级率先开通抵押合同网签备案系统。（李 倩）

【直管公房管理】 2017年，市本级管理保障性住房14万平方米，共计2766套。全年共收缴保障房租金251万元，收缴率达到98%，并足额上缴财政专户。因旧城改造，导致直管公房租金大幅减少，本年度收缴房租156万元。清退不符合条件公租房2户，调整公租房租金14户，办理工商注销40户，完成年度审计整改工作。交通一巷拆房屋62.37平方米；十一小区域拆387.67平方米；富强路中段鞋城拆迁意向面积2666.8平方米。以政府采购方式购买都市金座商品房344套做公共租赁住房使用，其中一号楼的171套于10月份交工，已安排符合公共租赁住房承租条件的拆迁户入住。本年度维修项目1100余次，大修项目砖木结构2600平方米，砖混结构2300平方米，改善直管公房状况。

（李 倩）

【房屋安全鉴定】 2017年，全市开展安全排查商品住宅971幢，建筑面积160.47万平方米；直管公房539幢，建筑面积53.457万平方米；人口密集场所206幢，建筑面积3.158万平方米。经鉴定危险房屋面积为1.8万平方米。（李　倩）

住房公积金管理

【概况】 2017年，驻马店市住房公积金管理中心归集住房公积金24.4亿元，净增缴存职工15506人，发放个人住房公积金贷款11.44亿元；贷款逾期率为万分之0.33，低于1‰的年度目标；办理提取业务5万多笔9.6亿元；实现增值收益11484万元。全省首家完成住建部和省住建厅的住房公积金“双贯标”工作验收；承办河南省住房公积金年中工作推进会。把帮扶工作列入重点工作，开展精准扶贫，协调争取扶贫项目资金500万元，帮扶村被所在县树为党建扶贫示范点。（饶　勇）

【公积金归集扩面工作】 2017年，市住房公积金管理中心扩大住房公积金制度受益人群，起草《关于进一步扩大住房公积金制度受益范围的实施意见》，经市委、市政府审议通过并印发。先后采集并完善非财政供给单位银行账户相关基础信息，完善市直未建制住房公积金缴存单位信息，建立市直应缴单位和职工数据库，夯实缴存扩面工作基础。加大住房公积金政策宣传，2017年先后促成市中心医院1000余名人事代理人员的建制工作。通过沟通协调，驻马店市保安公司，同劳、成就等人力资源公司将年度新增职工纳入缴存范围；河南省外国企业服务总公司，驻马店劳学、天赐等人力资源公司先后为其代理员工办理住房公积金缴存登记。县区也取得较好成效，其中正阳牧原农牧业有限公司新增缴存人员600余人，泌阳县新开户百人以上的缴存单位超过3家。依法依规开展执法，先后对多家企业进行催缴催建，对3家单位进行立案催缴，促使中断缴存近5年的市公路工程公司下属6家单位1200余名职工恢复住房公积金缴存。2017年，全市净增缴存职工15506人，当年新增缴存资金24.4亿元。（饶　勇）

【公积金资金管理】 2017年，市住房公积金管理中心强化住房公积金资金管理，做到安全规范。一是发挥审计作用。按照住房公积金内部审计有关要求，对全市住房公积金资金管理工作进行自查。全年完成确山县信贷延伸专项审计、中心飞行检查等项目，开展自由职业者归集专项审计、县区管理部会计业务专项审计等，确保住房公积金资金安全。二是规范会计核算。印发《关于进一步规范会计业务管理的通知》，对提取、资金调拨、贷款回收等方面进行规范。对定期存单录入系统和保管情况进行核查，统一对定期存单进行集中保管。三是拓展保值增值方式。统筹全市资金需求，合理调度资金使用，确保住房公积金保值增值。优化资金存储，创新存储方式，2017年首次在全省开展资金竞标性存放，将资金存储到竞价利率最高的银行，提高资金收益率。四是账户管理。对中心所有资金账户进行专项核查，清理账户13个。与合作银行积极沟通，利用资金池查询数据，做到及时对账，发现错误及时处理。2017年基本做到当月第一个工作日将上月账务结账完毕。全年中心调配运作住房公积金资金约25.65亿元，办理住房公积金提取5万多笔9.6亿元，全部做到安全规范。（饶　勇）

【公积金个人贷款】 2017年，市住房公积金管理中心严格贷款审批，强化贷款监管。一是加强贷款风险防范。选择优质楼盘进行合作，当年全市新备案楼盘38个楼房221栋，全部进行实地核实。查处某楼盘虚假贷款10笔，停止发放贷款资金231万元，并终止与该楼盘贷款合作。严格贷前、贷中、贷后管理，全年仅在贷款最终审核阶段退回不合格贷款14笔581.6万元。二是积极应对贷款新问题。针对二手房贷款中不动产抵押登记方面出现的新情况，先后到郑州、焦作等地进行考查，想方设法破解难题应对风险。出台《关于对合作楼盘进行差别化管理的通知》，使管理更加精细科学。三是信贷服务。开展自主放款业务，贷款到账较以前缩短10个工作日左右；开展月冲还贷业务，将借款人家庭公积金账户余额办理支取还贷由一年一次，调整为可以按照月冲的方式进行还贷，减轻借款人还款压力。全年为2424户借款人办理月冲还贷业务。四是抓好贷后管理。在日常催收基础上，采取法律手段开展催收，追回某合作楼盘被法院划扣的保证金41万元。2017年重点对3期以上逾期贷款132人进行催缴，对6名长期逾期人员提起诉讼，促其还款。当年全市发放住房公积金个人贷款4880户11.44亿元，贷款逾期率为万分之0.33。（饶　勇）

【公积金服务】 2017年，市住房公积金管理中心以信息化建设助推业务和服务工作开展。全省首家一次性通过部、省两级住房公积金“双贯标”工作验收。完成公积金异地转移接续平台建设，开通金融专线，接入全国公积金异地转移接续平台，做到“账随人走、钱随账走”，实现职工公积金缴存信息有效接续，便利职工对住房公积金的异地转入转出。开展容灾备份演练。在建成容灾备份机房的基础上，启动灾备机房应急预案，定期模拟中心机房故障进行处置，做到风险防控日常化，确保网络和数据安全。先后开通12329住房公积金语音服务热线、官方微信、手机客户端、手机短信等服务渠道，建立起以公积金中心为轴线，提供由门户网站、网上大厅、手机APP、微信、短信、热线、自助查询终端的全方位一体化服务。全年通过门户网站、微信服务平台发布信息298条，通过短信平台向缴存职工发送短信76166条，微信公众号总关注人数16916人，手机APP访问量2794人次。认真受理群众来电，坚持做到当天热线当天处理，尽量让群众满意。2017年共受理各类群众来电49796人次，其中人工接听18793人次，自助服务31003人次，接通率94%，回复电话留言150条，回复网站留言1331条，客户满意率99%。加强窗口建设，搬迁办公场所，改善服务环境。2017年，

市直服务大厅被省建设工会授予“巾帼文明岗”称号，4 人被省住建厅表彰。（饶　勇）

【市住房公积金管理中心通过“双贯标”工作验收】 2017 年 6 月 20 日，驻马店市住房公积金管理中心住房公积金基础数据标准和银行结算应用系统“双贯标”检查验收会议在驻马店召开。以住建部住房公积金监管司信息化推进处副处长郭蔚为组长、省住建厅郭彩文处长等 13 位专家领导组成的住建部、省住建厅“双贯标”联合检查验收组，对中心落实“双贯标”工作进行验收。检查验收组实地对“双贯标”系统接入情况进行检查验收，一致同意通过验收。此次“双贯标”验收通过，打破了河南省没有实现“双贯标”的历史，驻马店市成为河南省首家实现住房公积金“双贯标”的城市。（饶　勇）

【全省住房公积金年中工作推进会在驻召开】 2017 年 6 月 21 日，全省住房公积金年中工作推进会在驻马店市召开。住建部住房公积金监管司信息化推进处副处长郭蔚、省住房城乡建设厅住房公积金监管处处长郭彩文出席会议并讲话。各省辖市、省直管县（市）住房公积金管理中心及行业分中心共计 38 个单位的负责人和信息科长参加会议。（饶　勇）

建设投资

【融资贷款】 2017 年，驻马店市投资公司拓展资本市场融资，通过融资租赁贷款、创新股权投资贷款等，多渠道筹措资金 73.789 亿元，其中发行债券 31 亿元、银行贷款 23.789 亿元、融资租赁贷款 8 亿元、股权投资贷款 11 亿元。驻马店市 2017 年棚户区改造项目总投资 164.8 亿元，国家开发银行批复授信 131.2 亿元，与国家开发银行签订借款合同 15 亿元，资金到账 6.2 亿元，后续借款合同分次签订。该项目拟筹集资本金 33.6 亿元，已与交通银行签订合同协议 10 亿元，资金全部到账；与中原银行签订资本金贷款合同协议 16 亿元，到账 1 亿元；与平安银行签订资本金贷款合同协议 9.9 亿元，资金将于 2018 年到账。（吴隆浩）

【投资担保】 2017 年，驻马店市投资公司利用公司职能，支持驻马店市城市基础设施建设和企业发展，全年公司共投放贷款资金 63441 万元，提供担保 8.58 亿元。（吴隆浩）

【贷款回收】 2017 年，驻马店市投资公司共回收各项贷款

7月18日，驻马店火车站改扩建工程施工现场，总投资3.9亿元的驻马店火车站改扩建工程由市政府和武汉铁路局共同出资建设，总工期2年　张　勇　黑华丽　摄

利息6516万元。其中，长期贷款利息3465万元，短期贷款利息3051万元。累计回收各项贷款本金4.7亿元。其中，回收长期贷款本金4.18亿元，回收短期贷款本金5149万元。回收逾期贷款2509万元。（吴隆浩）

【投资企业管理】 2017年，驻马店市投资公司履行出资人职能，参加参股企业的股东会、董事会、监事会，参与企业的中长期发展计划、企业生产计划、项目投资、资本金增加、财务预算、利润分配方案等重大决策活动。市投资公司参股企业豫龙水泥分红1810万元，中原银行由于H股上市，暂未分红。（吴隆浩）

【小清河休闲文化商住区建设】 小清河文化休闲商住区项目预计投资32.69亿元，已完成投资21亿元。小清河片区建设分4个部分实施。

小清河引水灌溉调节工程。小清河引水灌溉调节工程第一标段、第二标段土方工程都已完成，一号、二号、三号坝完工，四号坝主体混凝土浇筑基本完毕、五号坝在进行主体混凝土浇筑及护坡施工，已完成总工程量的95%。

清河湖公园景观项目。项目总投资约3.4亿元，分8个标段实施。8个标段施工及监理单位已经进场施工，由于小清河片区规划调整，公园中心区4个标段暂停施工。

小清河片区12条市政道路。创业大道、洪河大道、靖宇北路实现通车，正开展扫尾工作；复兴南路、复兴北路、盘龙山北路3条道路通过初验；板桥路等5条道路正在施工，顺河路因规划调整暂时无法开工。

小清河片区棚户区改造项目。工程总投资14.5亿元，完成投资8.05亿元。北安置区主体全部完成，内外粉和水电暖完成80%；南安置区主体工程完成90%。（吴隆浩）

【火车站片区项目建设】 2017年，驻马店市火车站片区项目建设进展情况：

驻马店火车站站前区停车场项目。建设内容为地面一层及地下一层区域公共停车场及地下环廊、联络通道、出入口、办公及商业配套设施、绿化等，停车场具备人防和火车站出站口衔接功能。项目总投资6.98亿元，完成投资4.91亿元，其中拨付拆迁款3.98亿元，累计拨付工程款9300万元。2017年12月28日，驻马店火车站恢复通车时，站前广场施工进度，已达到旅客出行基本条件，保证旅客正常出行。

京广线驻马店站地下车行通道项目。建设内容为修建交通路、解放路2条下穿通道。工程分为涉铁和市政两部分，涉铁工程由武汉铁路局信阳工程建设指挥部代建。项目总投资6.8亿元，完成投资3.58亿元，其中拨付拆迁款3.4亿元，拨付工程款1800万元。

火车站东西片区建设。经市政府安排，由市投资公司负责火车站东西片区建设。项目在前期准备阶段，规划方案未正式确定，建设内容及设计方案未确定。（吴隆浩）

环境保护

环境质量

【概况】2017年，驻马店市空气环境质量明显改善，优良天数达到240天，PM10平均浓度为100微克/立方米，PM2.5平均浓度为57微克/立方米；与上年相比，优良天数增加23天，PM10平均浓度下降12.1%，PM2.5平均浓度下降13.4%，实现两降一升。驻马店市空气质量在全省综合排名第二位，共获得省大气生态补偿金1065.5万元。全市8个省控断面水质达标率为89.6%，集中式饮用水源地达标率100%。与2016年年底相比，重点河流水质明显改善，断面水质达标率提高17.7个百分点。全市水污染防治工作在全省综合考评中排名第三位，共获得省水生态补偿资金610万元。2017年，驻马店市政府被省委、省政府表彰为全省大气污染防治工作、水污染防治工作优秀单位，市环保局被省委、省政府表彰为全省环境污染防治攻坚战优秀单位，泌阳县环保局被人社部、环保部联合表彰为全国环境保护系统先进集体，市环保局11人被表彰为全省环保系统环境污染防治先进个人。 （甄宇嫡）

【环境空气质量】2017年，驻马店市区环境空气中污染物二氧化硫、二氧化氮、可吸入颗粒物、细颗粒物、一氧化碳和臭氧年均值浓度分别为16微克/立方米、36微克/立方米、106微克/立方米、59微克/立方米、1.0毫克/立方米、108微克/立方米。按《环境空气质量标准》(GB3095-2012)，2017年驻马店市城市空气质量级别为轻污染，首要污染物为细颗粒物。全年空气质量超出二级标准。驻马店市环境空气优良达标天数240天，达标率为65.8%。与上年相比，2017年驻马店市空气质量级别仍为超二级，污染程度级别基本保持不变；综合质量指数降低0.71，质量指数降低0.172，空气质量有所好转，定性评价轻污染不变。（甄宇嫡）

【降水质量】2017年，驻马店市全年无酸雨。pH最小值5.6，最大值7.05，平均值6.18，电导率年均值为4.55毫西门子/米，硫酸根离子年均值为6.24毫克/升，硝酸根离子年均值为2.97毫克/升，氟离子年均值为0.16毫克/升，氯离子年均值为2.19毫克/升，铵离子年均值为0.248毫克/升，钙离子年均值为1.07毫克/升，镁离子年均值为0.424毫克/升，钠离子年均值为0.413毫克/升，钾离子年均值为0.358毫克/升。与上年相比，驻马店市区降水pH均值虽有所降低，但均无酸雨发生。 （甄宇嫡）

【地表水环境质量】2017年，全市地表水环境质量情况：

地表水河流断面。2017年，驻马店市主要地表水体中，洪河为轻度污染，汝河水质为良好，臻头河水质优。一是洪河。驻马店市洪河总体上为Ⅳ类水质，水质轻度污染，主要污染指标是总磷（0.4）、高锰酸盐指数（0.1）、化学需氧量（0.1）。洪河上2个监测断面中，上游西平杨庄为Ⅳ类水质，下游新蔡丁湾为劣Ⅴ类水质。洪河平水期、丰水期均为轻度污染，枯水期中度污染。与上年相比，洪河由Ⅴ类变为Ⅳ类水质，水质状况发生一个级别的变化，水质有所好转。西平杨庄断面：2017年，上游西平杨庄断面水质综合类别为Ⅳ类水质，水质轻度污染，主要污染指标为化学需氧量（0.1）。西平杨庄断面平水期、枯水期、丰水期均为轻度污染。与上年相比，西平杨庄断面由Ⅴ类变为Ⅳ类水质，水质状况发生一个级别的变化，水质有所好转。新蔡丁湾断面：2017年，下游新蔡丁湾断面水质综合类别为劣Ⅴ类水质，水质状况重度污染，主要污染指标为总磷（1.1）、高锰酸盐指数（0.1）、化学需氧量（0.1）。新蔡丁湾断面平水期为轻度污染，枯水期、丰水期均为重度污染。与上年相比，新蔡丁湾断面劣Ⅴ类不变，水质状况没有发生级别的变化，水质无明显变化。二是汝河。汝河总体上为Ⅲ类水质，水质良好。汝河上共设2个监测断面，上游板桥水库断面为Ⅱ类水质，下游汝南沙口断面为Ⅳ类水质。与上年相比，汝河Ⅲ类水质不变，水质良好。与上年相比水质状况没有级别的变化，基本持平。板桥水库断面：2017年，板桥水库断面水质综合类别为Ⅱ类水质，水质优。与上年相比，板桥水库断面符合Ⅱ类水质不变，属优，水质状况无变化。汝南沙口断面：2017年，汝南沙口断面水质综合类别为Ⅳ类水质，轻度污染，主要污染指标为总磷（0.1）。汝南沙口断面平水期、枯水期为轻度污染，丰水期为中度污染。与上年相比，汝南沙口断面由Ⅴ类变为Ⅳ类水质，水质状况发生一个级别的变化，水质有所好转。三是臻头河。2017年，该河流薄山水库断面水质综合类别为Ⅱ类水质，水质优。与上年相比，薄山水库断面符合Ⅱ类水质不变，属优，水质状况无明显变化。

湖库环境质量。一是宿鸭湖水库。2017年，宿鸭湖水库水质类别为劣Ⅴ类，水质重度污染。宿鸭湖水库的水域功能规划为一般鱼类保护区（Ⅲ类）。驻马店市和遂平县城的部分工业及生活废水，对其水质产生一定污染，超标的污染指标以总磷（3.3）、石油类（0.4）、高锰酸盐指数（0.2）为主，属中度富营养。宿鸭湖水库水质以平水期污染最重，重度污染；丰水期污染次之，中度污染；枯水期较轻，轻度污染。与上年相比，宿鸭湖水库断面类劣Ⅴ水质不变，水质状况无变化。二是宋家场水库。宋家场水库位于泌阳县境内，属长江流域，经泌阳河最终进入汉水。2017年，所有监测指标均满足Ⅱ类水质标准要求，水质优。营养状态为中营养。宋家场水库水质丰水期水质良好，平水期和枯水期水质优。三是板桥水库。2017年，板桥水库各项指标均达到《地表水环境质量标准》（GB3838-2002）Ⅱ类标准要求，水质优。营养状态为中营养。板桥水库水质丰水期、平水期和枯水期水质均为优。四是薄山水库。2017年，薄山水库各项指标均达到《地表水环境质量标准》（GB3838-2002）Ⅱ类标准要求，水质优。营养状态为中营养。薄山水库丰水期、平水期和枯水期水质均为优。（甄宇嫡）

【地下水质量】 2017年，对照《地下水质量标准》（GB/T14848—93）Ⅲ类标准，驻马店市地下水年均值各项监测因子均满足Ⅲ类标准。地下水质量综合评价级别为良好（细菌学指标Ⅰ类）。平水期和丰水期2个地下水点位各项监测因子均满足Ⅲ类标准。与上年相比，2017年驻马店市城市地下水质量仍为Ⅲ类，地下水质量保持不变。各评价因子的年均值除硫酸盐、氯化物、总硬度、硝酸盐浓度升高，发生一个级别变化；锰浓度降低，发生一个级别变化，致使污染程度减轻外，其他均无明显变化。（甄宇嫡）

【饮用水源地】 2017年，板桥水库位于汝河上游，是驻马店城市生活饮用水源地，执行地表水Ⅲ类标准。根据2017年板桥水库水质12次监测结果，对照《地表水环境质量标准》（GB3838—2002）Ⅲ类标准，水质达标率为100%，水质级别为优。与上年相比，2017年城市集中式饮用水源地板桥水库各项评价因子年均值浓度无大的变化，饮用水源地水环境质量保持稳定，水质状况级别仍为优。（甄宇嫡）

【声环境质量】 2017年，驻马店市环境监测站根据省环保厅要求，开展对驻马店市区的功能区噪声、交通干线噪声和城市区域环境噪声监测。一是功能区噪声。2017年驻马店市居民文教区昼间和昼夜等效声级年均值均达标，夜间等效声级年均值46.8分贝，超标1.8分贝；混合区噪声等效声级昼间年均值达标，夜间等效声级年均值55.1分贝，超标5.1分贝，昼夜间年均值61.8分贝，超标1.8分贝；工业区昼间和昼夜等效声级均达标，夜间年均值57.5分贝，超标2.5分贝；交通干线两侧环境噪声等效声级昼间和昼夜等效声级年均值均达标，夜间年均值61.4分贝，超标6.4分贝。驻马店市各功能区昼间等效声级达标率92.2%，夜间等效声级达标率12.5%，昼夜等效声级达标率为65.6%。与上年相比，各功能区噪声昼夜等效声级达标率均出现不同程度的降低，声环境质量有所变差。二是交通干线噪声。2017年，驻马店市环境监测站对市区12条主要道路进行监测，全市道路交通干线噪声监测路段总长为36458米，昼间平均等效声级为80.9分贝（A），声环境质量级别属差。差级别覆盖路段总长度36458米，占总监测长度的100%。驻马店市区主要道路交通干线噪声昼间平均等效声级从低到高排序是：交通路、练江路、白桥路、东风路、文明路、中华路、雪松路、天中山大道、前进路、解放路、开元路、乐山路。与上年相比，

12月4日，市产业集聚区市第三污水处理厂，污水处理设备正在对污水进行处理　　吴　波摄

开源河穿城而过　　驻马店日报社提供

市区道路交通噪声质量级别由一般变为差，声环境质量有所变差。三是城市区域环境噪声。驻马店市城市区域环境噪声的监测是按400（米）×400（米）将市区划分为141个网格，每个网格内设一个监测点。2017年9月，驻马店市环境监测站对城市区域环境噪声141个点位进行监测，城市区域环境噪声等效声级昼间平均值为53.7分贝(A)，总体水平评价为较好。驻马店市城市区域环境噪声昼间质量级别属好的占24.1%，覆盖面积5.44平方千米，人口数为60340人；属较好的占31.2%，覆盖面积7.04平方千米，人口数为70790人；质量级别属一般的占40.4%，覆盖面积9.12平方千米，人口数为79705人；质量级别属较差的占4.3%，覆盖面积0.96平方千米，人口数为7870人。与上年相比，区域环境噪声等效声级平均值降低2.7分贝（A），质量级别均为较好，声环境质量无变化。（甄宇嫡）

【农村生态环境质量】 2017年，驻马店市农村环境轻微污染，基本适合农村居民生活和生产。从各指标指数看，地表水水质是影响农村环境状况指数的主要因素，其次是饮用水源水质指数和环境空气质量指数。（甄宇嫡）

【城市河流清洁行动监测】 2017年，驻马店市城市清洁河流监测断面白桥路桥年均值均满足《地表水环境质量标准》（GB3838-2002）Ⅴ类标准，水质类别为Ⅴ类，前湖公园桥年均值均满足《地表水环境质量标准》（GB3838-2002）Ⅳ类标准，水质类别为Ⅳ类。（甄宇嫡）

环境综合整治

【大气污染防治】 2017年，驻马店市建成区落实供热供暖项目资金8545万元。完成新建和改造供热管网长度9.26千米，新建换热站6个，新建供热面积71.42万平方米，超额完成供热供暖任务。依法取缔“散乱污”企业。全市共排查出“散乱污”企业1300家，严格按照“二断、三清”标准要求，分门别类建立整治台账，确定整治措施，明确整治时限、责任单位和责任人，并全部取缔到位。推进燃煤散烧治理。全市8个洁净蜂窝型煤生产仓储中心和67个配送网点全部建成；全市排查出的162台燃煤茶浴锅炉、燃煤大灶、经营性小煤炉全部取缔到位，实现全市禁止燃煤散烧。落实扬尘治理规定，全市132个在建工地全部配套建设扬尘在线监控设施，并与当地行业主管部门联网。全市在建工地建立扬尘管控台账，全部派驻“三员”监管。严格大气污染防治管控。顺达化工2台75蒸吨锅炉超低排放改造完成；8台10蒸吨以上65蒸吨以下锅炉全部完成特别排放限值改造；50台10蒸吨及以下燃煤锅炉全部完成拆除和清洁能源改造；58家挥发性有机物提标治理企业全部提标治理到位；15家水泥企业全部完成特别排放限值改造，并核发排污许可证；全市6家火电、6家造纸企业全部核发排污许可证，做到持证排污。严格大气污染防治在线监控。全市8个县新建16

置地大道景观　　驻马店日报社提供

个空气自动监测站全部完成，并与省、市监控平台联网；市区35个空气质量微型站全面实施；19家重点企业在线监控安装任务完成，其中上蔡县1台申请缓安装，驿城区6家已经拆除，其他12家完成在线监控安装任务；16家汽车尾气检测公司全部安装在线监控装置，并与监控平台联网。强化重污染天气应急应对，修订完善《驻马店市重污染天气应急预案》，全面排查各类污染源，做到"一厂一策""一企一策"，遇到不利气象条件时，及时启动预警响应，采取有效应急减排措施，最大限度减轻重污染天气带来的不利影响。

（甄宇嫡）

【水污染防治】2017年，全市共上报规模养殖场（小区）1933家，已有1776家完成粪污处理利用配套设施，配套率达到91.9%，超额完成年度整治任务；禁养区内需关闭搬迁养殖场（小区）149个，全部完成关闭搬迁任务。推进农村环境综合整治工作。全市共上报59个（其中正阳县比目标新增2个村庄）整治村庄，完成年度省定目标。2017年列入驻马店市水攻坚目标25个重点工程，完成21个项目，完成率84%，其他4个项目在有序推进。推进加油站地下油罐改造工作。全市共有加油站324家、1247个油罐。年度内完成314家加油站防渗改造任务，完成双层罐569个、防渗池616个，完成年度任务的96.9%。排查出的涉及上蔡、平舆和泌阳3县的5条黑臭水体整治工程，全部完成整治任务。

（甄宇嫡）

【土壤污染防治】2017年，驻马店市是河南省3个土壤污染防治先行区建设试点之一。市环保局牵头编制《驻马店市土壤污染防治实施方案》，推进土壤污染综合防治先行区建设试点进度，确保"出模式、出经验、出效果"。按省政府第118次常务会议研究决定，在洛阳、新乡、驻马店3市启动土壤污染防治先行区建设试点。驻马店市积极与环境规划院协调沟通，编制《驻马店市土壤污染综合防治先行区建设方案》，印发各县、区贯彻执行，并报省环保厅、农业厅和财政厅备案。督促全市粮油大县、蔬菜重点县编制土壤环境保护方案。全市9县1区均完成土壤环境保护方案征求意见阶段工作。落实推进土壤污染防治各项工作，建立土壤污染防治工作联席会议制度，市环境保护委员会印发《关于建立驻马店市土壤污染防治工作局际联席会议的通知》，编发10期工作简报。组织开展农用地土壤污染状况详查点位布设核实与审核工作。开展土壤环境重点监管企业排查工作。全市共筛选确定土壤环境重点监管企业19家，向省厅上报并在网站公布企业名单，将其作为土壤环境监管、重金属污染防治、土壤污染治理与修复等工作的重要依据。开展持久性有机污染物排查工作。全市共排查出涉及持久性有机污染物企业8家，加大对类似企业的日常监管力度，确保其稳定达标排放。开展疑似污染地块名单建立工作。全市共排查出疑似污染地块7处，建立问题台账，加强跟踪管理。加强危险废物经营许可证管理。对全市危险废物经营许可证发放情况进行清理排查，做到"零报告"，防范危险废物环境风险。全市危废种类共计12种，2017年共产生危废量3282.75吨，贮存量3822.16吨，已安全转移1567.69吨。17家企业向县、区政府签订责任书，承诺履行企业的社会责任和环保义务。开展已关闭搬迁重点行业企业用地再开发利用情况专项排查工作，排查出4家已关闭重点行业企业用地再开发利用地块，对属于污染地块的重点行业企业用地，开展土壤环境调查和风险评估，进行风险管控、治理修复。开展危险废物经营许可证清理整顿工作。

（甄宇嫡）

生态保护

【生态保护重点工作】 2017年，驻马店市完成省划定生态保护红线驻马店市部分，并指导驿城区、泌阳县、确山县、遂平县等县区生态保护红线范围确定工作。为夯实生态文明建设的细胞工程，开展生态县、乡（镇）、村三级联创活动，发挥生态创建联动作用，指导泌阳县完成生态县创建技术评估材料准备工作；确山县三里河街道、石滚河镇省级生态乡镇创建通过省厅现场核查；驿城区蚁蜂镇鲁湾村等16个创建的省级生态村通过省厅现场核查；组织对申请创建市级生态村的109个行政村（居委会）进行实地核查和材料审核。强化自然保护区环境管理，完成宿鸭湖湿地自然保护区功能区调整评审及批复工作，开展宿鸭湖自然保护区遥感监测实地核查处理工作，完成165处人类活动核查工作，并建立自然保护区违法违规问题管理台账，实行“整改销号”制度，查处一个、整改一个、完成一个、销号一个。（甄宇嫡）

【防护林工程】 2017年，省发展改革委下达防护林工程项目。驻马店市工程投资1200万元，全部为中央预算内投资。项目涉及泌阳、确山、上蔡、西平、驿城、平舆、汝南5县区。主要建设内容：人工造乔木林2万亩，封山育林2万亩。

（赵卫东　孔　潭）

【坡耕地水土流失治理项目】 2017年，省发展改革委下达驻马店市坡耕地水土流失综合治理项目。本批计划安排泌阳县坡耕地水土流失综合治理项目投资798万元，其中：中央预算内投资600万元，省财政专项198万元。主要建设内容为主要完成坡耕地改造3192亩，配套建设田间道路、排灌沟渠、蓄水池等措施等。（赵卫东　孔　潭）

【大型沼气项目】 2017年，省发展改革委下达驻马店市大型沼气工程项目。项目总投资6170万元，资金来源为：中央预算内投资2150万元，市县投资352万元，企业自有投资3668万元。建设8个规模化大型沼气工程。主要建设内容为建设沼气发酵装置、预处理设施、沼气利用设施和沼肥利用设施等。（赵卫东　孔　潭）

【农村能源环保】 2017年，市农业局承担省十件重点民生实事——建设农村大型沼气工程4座，即河南奥峰农牧有限公司沼气工程项目、上蔡县天运养殖有限公司沼气工程项目、平舆县宋保仁养殖专业合作社沼气工程项目、河南省诸美种猪育种集团养殖有限公司原种场沼气工程项目。4个项目概算总投资2580万元，其中中央投资900万元、地方配套资金256万元、建设单位自筹1424万元。4处工程按时按质全部完工，通过省农业厅组织的第三方验收。

（张　洋　王　贞）

【秸秆禁烧和综合利用】 从2017年秋季开始，全市秸秆禁烧和综合利用工作职责由市农业局承担，并由市农村能源环境保护站负责日常管理工作。2017年9月18日，市政府召开全市动员大会，派出9个督导组分别对八县一区进行督导，市禁烧办派出1个核查组对八县一区进行不定时检查。市农业局坚持“蓝天卫士”24小时值班，发挥“蓝天卫士”监控平台的高科技优势，实现秸秆禁烧卫星拍照“零火点”目标。2017年，全市共产生各类秸秆资源量835万吨，可收集量800万吨（含小麦、玉米、花生、大豆、水稻5种作物）。秸秆资源以小麦、玉米、花生、芝麻、水稻、油菜、大豆和薯类为主，资源量分别为409.2万吨、287.1万吨、80万吨、15.6万吨、12.7万吨、11.2万吨、11万吨和5.8万吨，其他类秸秆理论资源量为2.4万吨。秸秆类型呈地域一致性，全市8县1区秸秆产生类型以小麦、玉米、花生秸秆为主。其中，正阳、上蔡、西平、汝南、平舆、泌阳6县秸秆资源量最为丰富，产生量均达到90万吨以上；其次遂平、确山2县和驿城区秸秆产生量均达到60万吨以上。2017年全市秸秆综合利用量696万吨，利用率达到87%。其中，秸秆肥料化利用435万吨，占全部秸秆可收集量的62.5%；秸秆饲料化利用110万吨（含花生秸秆80万吨），占全部秸秆可收集量的15.8%；秸秆基料化利用41万吨，占全部秸秆可收集量的5.9%；秸秆能源化利用40万吨，占全部秸秆可收集量的5.7%；秸秆工业化利用70万吨，占全部秸秆可收集量的10.1%。（李洪典）

【生态水系建设】 2017年，驻马店市推进中心城区生态水系建设，形成中心城区水网水清岸绿的水生态长廊。截至2017年12月31日，驿城区练江河治理及引水灌溉调节工程、小清河引水灌溉调节工程、西水东引工程、驿城大道防洪排涝沟治理工程基本完工。西水东引工程包括黄溪河上游引水工程和汝河亓楼提水工程，批复总投资2.5亿元，在进行扫尾工作，具备向城区输水条件。薛庄河、五里河上游河道综合治理及连通补源工程于9月开工建设，完成输水管道埋设2.3千米。双高楼水库工程和中心城区水系连通及循环工程前期工作完成。（韩　璐）

【全面推行河长制】 2017年，驻马店市八县一区、3个新建区（经济开发区、产业集聚区、城乡一体化示范区）、166个涉河乡镇都已成立河长制办公室，出台工作方案，市县乡村四级河长体系全面构建，2130块河长公示牌全部设立，全市各级河长开展巡河4390次。开展河流清洁行动和专项联合执法检查活动，聘请河长制工作社会监督员。完成对八县一区、3个新建区全面落实河长制工作验收考评，在省验收考评组的验收考评中被评定为优秀等次。（韩　璐）

环境执法监管

【环评审批管理】 2017年，全市环评审批项目558个，其中报告书62个、报告表486个；市局审批项目33个，其中报告书25个、报告表8个。全市共通过建设项目竣工环保验收42个。按照标准要求发放排污许可证，纳入发放范围的37家企业按期发放完毕。开展环保“双违”建设项目清理整改“回头看”工作，共发现全市漏报环保违法违规建设项目504个，全部完成整改任务并备案公示。（甄宇嫡）

【环境监管】 2017年，全市共出动环境监察执法人员3.29万余人次，检查企业8453家次，查处环境违法企业1800余家次，因环境问题共约谈各级政府45起，处理200余人，其中约谈53人、诫勉谈话34人，通报批评44人，分别给予党纪处分、政纪处分131人。移送公安机关涉嫌环境污染犯罪案件15起，追究刑事责任3人，治安管理处罚案件12起，行政拘留31人，对9个存在扬尘污染问题的9个县区处罚1100万元，全年全市累计罚款3482万元。市举报中心共受理举报投诉及咨询类电话1297起，承办国家批转件1起，第四环保督导组交办件378起，省环保厅批转件44件，市长热线47起，群众来信来访32起、人民网33起、网络问政69起、民意快线23起等，都得到及时处理，未出现因环保问题引发群体性上信访事件。（甄宇嫡）

【环境监测】 2017年，驻马店市环保局做好大气、水、土壤等环境监测。一是大气污染防治方面。全市3个空气自动站、2个加密空气自动站运行正常，监测数据报送及时、准确；2017年2月，完成16个县级城市环境空气自动站的建设及数据上传工作；为实时监控市区环境空气质量，2017年6月完成35个网格化微型空气自动站建设；完成预测预报平台及激光雷达站招标、建设及机动车尾气遥感监测设备招标及基础建设工作，已正常运行。二是水污染防治方面。完成对全市6个地表水河流断面、4个湖库断面、13个省控责任目标考核水质断面、26个市控责任目标考核和1个饮用水源地每月组织监测；开展国控洪汝河班台水质自动站及省控黑河漯邓桥、八里河石庄桥、三里河栗园桥自动站监测，并开展每周一次比对监测；对全市城市集中饮用水源地板桥水库每月进行1次水质全分析监测，水质达标率保持在100%；完成26个市控地表水责任目标考核断面监测。三是土壤污染防治方面。开展2017年度土壤例行监测，全市共采集土壤样品66个。按照省监测中心要求，负责信阳、南阳、平顶山和驻马店4个市的土壤样品化验，共监测土壤样品264个。（甄宇嫡）

交通 邮政 电信

铁路运输

【车务段概况】 驻马店车务段管辖运营里程 311.5 千米，有 19 个中间站。其中，一等站 1 个（驻马店），二等站 1 个（驻马店西站），三等站 6 个（西平、遂平、马庄、确山、明港、明港东），四等站 9 个（大刘庄、新安店、李新店、长台关、彭家湾、东双河、柳林、李家寨、鸡公山），五等站 2 个站（焦庄、武胜关）。固定资产原值 23950.79 万元，净值 16585.24 万元。至 2017 年末，内设 13 个科室，下设 9 个车间，40 个生产班组。有职工 1364 人。其中：男职工 1147 人，女职工 217 人；干部 155 人，工人 1209 人；大专及以上学历 310 人，高中 900 人，初中 154 人；高级技术职称 1 人，中级 33 人，初级 70 人；工人技师 86 人。全段人均工资连续 10 年较快增长，在岗职工年人均收入突破 10 万元大关，同比增长 11.2%；十件实事工程全部兑现。 （杨 洁）

【运输生产】 2017 年运输生产任务完成情况：完成发送人 503.55 万人，同比减少 10.14%；全年客运收入完成 7.64 亿元，同比增长 8.83%；完成发送吨 290.39 万吨，同比减少 33.37%；全年货运收入完成 2.52 亿元，同比减少 14.29%；全年运输收入完成 10.16 亿元，同比增长 2.63%。5 月 24 日，因驻马店站改扩建工程暂停客运业务。在此情况下，拓展高铁市场，利用调图契机，以高铁快速、高密度、高票价优势，打造“开往县乡高铁”品牌，着力拉动潜在需求。以 D3085 次成功开行为代表，结合“4·16”和“7·1”调图，广泛宣传高铁加密开行和分流方案，实现客运收入超额完成。单日发送最高达 3.2 万人，创历史新高。驻马店站新站房 2017 年 12 月 28 日恢复运营。现代物流取得有效进展。深化货运供给侧改革，推进货源结构调整。总结驻马店站至北仑港铁水联运班列运输方式，探索多种运输方式融合发展新途径，积极争取白货上量，拓展物流总包业务，货运转型取得成效。运输组织效能提高，发挥行车、货运、装卸“三位一体”保停时的合力作用，重点抓好夜间、双休日、节假日的卸车。2017 年度，完成停时 17.1 小时，压缩 0.4 小时。创新客运组织方法，做好重点车、热门车全程跟踪，提高乘降组织效率，超站停现象得到有效遏制。推进“厕所革命”，改善乘降、候车、卫生条件，客运基础设施、服务品牌创建和服务水平

12月28日，驻马店火车站经过紧张有序施工并临时停办216天客运业务后，正式恢复办理客运业务

吴 波 张 勇 摄

1月5日，驻马店西—上海虹桥D3085次“驻马店号”动车首发仪式现场
弓华静　张　朝　李凤岭 摄

提升。推出售票厅服务台、母婴候车室等新举措，旅客出行体验和感受显著改善。加快推进货运设备设施升级改造，深化星级货场评比活动，规范专用线管理，企业货主认可度提升。推进收入管理规范化建设，实现应收尽收，加强运输收入进款资金全过程监控，开展运输收入专项检查，促进增运增收和堵漏保收健康发展。全年运输收入完成10.16亿元，同比增长2.6%。（杨　洁）

【安全管理】2017年，驻马店车务段加强安全管理，修订对规对标、“五个录音”、作业记录仪、音视频回放、安全红线、安全生产责任制考核办法和道岔评比、差点公示、安全生产指挥分中心管理等16个文件，以标准化创建为抓手，开展安全大检查活动和阶段性安全专项整治，提升干部职工安全意识。以科技创新为载体，抓好安全生产指挥中心提质工程，全面完成三等站安全指挥分中心建设，在全局首推手机信息推送平台。2017年，通过安全生产指挥中心平台盯控发现各类问题1475件，安全指挥分中心640件。全面构建起“人防、物防、技防”相结合的安全风险控制体系，连续实现第13个安全年。2017年，驻马店车务段被集团公司命名为“安全优质站段”。（杨　洁）

【“三线”建设】2017年，驻马店车务段把“三线”（文化线、生活线、卫生线）建设作为有效载体，依托文明和谐站区建设，提升职工生产生活条件和思想素质。成立“三线”建设领导小组，深入沿线各车站，详细掌握职工生产生活方面基本情况和存在问题。一是整修厨房，改善职工就餐环境。制订出段、站、班组三级食堂管理措施，采取段领导班子下站“试吃、评价、提意见”的办法，分片督导，保证职工“暖胃”工程落实到位。2017年，车务段共改造食堂10个，新建小菜园6个。二是改造车站环境，推行“庭院化”职工宿舍建设。重点改善职工间休环境：对管内19个车站职工间休室进行全面整修，共改造职工宿舍100余间；重新配发新床50余张，床上用品200余套；推行“样板化”职工宿舍管理。在驻马店、西平等车站，增设篮球场、乒乓球台、健身器材等设备设施，改善车站环境。2017年，建成室外活动场地（篮球、羽毛球场）7个，室内活动场地21个。三是以“安全、高效、优质、共享”驻车理念为引领，培育车务段先进文化。强化职工职业道德教育，引导职工形成良好道德规范和职业操守，尊重职工首创精神，弘扬劳模和劳动精神，培育和选树“武铁之星”“驻车之星”，激励广大职工践行“交通强国，铁路先行”铁路精神，涌现一批先进集体和先进个人。强化职教工作，制定合理的职工培训计划，全年共组织培训359人；根据季节性特点、开展适应性培训，实际完成适应性培训13项，共培训14798人次。（杨　洁）

表18

2017年驻马店站运输生产任务完成一览表

项目	单位	年累计完成	与上年同比（%）
旅客发送人	万人	503.55	-10.4
货物发送吨	万吨	290.39	-33.37
客运收入	亿元	7.64	8.83
货运收入	亿元	2.52	14.29

【D3085次“驻马店号”到上海的始发高铁动车开行】 2017年1月5日，D3085次“驻马店号”到上海的始发高铁动车开行。D3085次高铁动车每天8：11从驻马店西站发车，行经京广高铁、合武客专、合宁高铁、京沪高铁，用时7小时57分，于16：08抵达上海虹桥站，比既有站（市区老驻马店站）普通列车所用时间压缩5小时33分钟。该高铁动车的开行，标志着驻马店西站将结束京广高铁开通后没有始发高铁动车的历史，市民前往上海、苏州、南京、合肥将更方便。（杨　洁）

【“驻马店—宁波舟山港号”铁海联运班列开行】 2017年1月11日，“驻马店—宁波舟山港号”铁海联运班列首发开行。武汉铁路局副局长包楚雄、驻马店市人民政府副市长杜中强、宁波舟山港集团股份有限公司副总经理褚斌，以及驻马店市政府、宁波舟山港集团股份有限公司、武汉铁路局其他领导参加首发仪式。开通铁海联运班列，是驻马店市积极融入“一带一路”战略，促进对外开放、发展外向型经济、畅通对外贸易的重要举措。（杨　洁）

【驻马店站恢复办理客运业务】 2017年12月28日，驻马店火车站正式恢复办理客运业务。因京广铁路驻马店火车站改扩建，该站于5月24日停办旅客运输及中铁快运（行包）运输业务。恢复办理客运业务的驻马店火车站，车站共停靠旅客列车51趟，较停办客运业务前趟数持平，部分列车有所调整。列车运行区段变化2趟：下行K433次（由北京西—昆明变更为北京西—玉溪），上行K434次（由昆明—北京西变更为玉溪—北京西）。列车等级提高2趟：原K919次（天津—汉口），改为T319次；原K920次（汉口—天津），改为T320次。改扩建后的新站房1.2万平方米，是老站房的2.5倍，设上下2个候车厅，可同时容纳4000人候车。售票厅面积达到264平方米，布局更加合理，开设7个人工售票窗口和1个公安临时身份证制证窗口，同时设置9台自动售(取)票机，以方便旅客根据需求自行选择。一、二站台均按高站台设计，各长550米，站台面积分别为5700平方米、5775平方米。同时新建1.3万平方米风雨棚，旅客上下车可挡风遮雨。（杨　洁）

公路运输

【概况】 驻马店市境内公路网总里程1.93万千米，公路密度为每百平方千米142.1千米。高速公路共5条437千米；国道共6条634千米；省道共21条1771千米；县道2098千米；乡道3848千米；村道总里程10542千米。截至2017年年底，各类营运车辆74079辆。其中，客运车辆3521辆、营运货车70558辆（载货汽车68179辆、其他载货机动车2379辆）。客、货运场站196个。其中，等级客运站168个（一级站2个、二级站12个、三级站6个、四级站76个、五级站72个）；货运站4个（二级站1个、三级站2个、四级站1个）。全年全市完成公路客运量1.13亿人，同比增长3.1%，客运周转量86.09亿人公里，同比增长-0.1%；完成货运量1.07亿吨，同比增长-3.3%，货运周转量229.06亿吨公里，同比增长8.3%。2017年，全市完成交通投资72.9亿元，超年度投资计划3.9%。周驻南、息邢高速公路有序推进，安罗、许信高速公路在勘察定界；干线公路建设实现时序同步；安排农村公路1979.64千米（含利用涉农整合资金安排农村公路999.24千米），桥梁3670.4延米（含整合资金安排的桥梁1277.92延米），安全生命防护工程1835千米全部完成任务。国道328、京港澳高速公路驻马店互通、驻马店北互通、驻马店南出口，重阳大道、12条城市组团道路连通工程、公交场站和客运场站等一批交通运输项目加快推进。以火车站片区综合改造工程为龙头的一批涉铁项目进展顺利。

道路运输经营业户情况。道路运输经营业户81787个。其中：客运经营业户37个；货运经营业户29138个；客货运兼营企业29个。机动车维修经营业户2550户。汽车综合性能检测经营业户4户。机动车驾驶员培训学校67所。物流服务经营业户229户，货运代办经营业户142户，信息配载经营业户115户。

道路运输从业人员情况。全市各类道路运输从业人员总计20.1万人。其中：客运从业人员1.82万人；货运从业人员14.51万人；道路运输场站从业人员4143人；机动车维修从业人员8369人；汽车综合性能检测站从业人员55人；机动车驾驶员培训从业人员3248人；其他道路运输相关业务从业人员2.18万人。

道路客运线路班次情况。客运线路614条，其中跨省线路138条、跨地（市）线路120条、跨县区线路116条、县区内线路240条。客运线路平均日发班次7163班次，其中跨省165班次、跨地（市）541班次、跨县区1847班次、县区内4610班次。

农村道路客运情况。全市所有乡镇和建制村全部通班车。农村客运线路240条，平均日发班次4610次，农村客运车辆2160辆，其中高级车90辆、中级车1303辆、普通车767辆。（乐　林）

【交通脱贫攻坚】 2017年，驻马店市加强交通脱贫攻坚。编制《大别山革命老区振兴发展驻马店市交通专项规划》，规划引领，精准发力。开展“四好农村路”建设，泌阳县被推荐为省交通厅“四好农村路”建设示范县。2017年全市农村公路建设项目在省切块880.4千米基础上，使用地方整合资金又安排999.24千米行政村联网和通自然村道路。同时，推进PPP模式进行农村公路融资。一是通路方面。2017年对未达到标准的270个贫困村全部安排通村公路建设项目326个594.55千米，所有项目全部完成，实现全市598个贫困村都至少有1条路况良好的出口路，提前完成所有贫困村通硬化路任务。二是通车方面。延伸公交线路，做到无缝衔接，针对偏远或不适宜开通农村客运线路的行政村、扶贫村，开通赶集班、学生周末班预约班车，并在行政村村委、集镇、学校设立标牌，公布预约电话，并由农村客运公司统一就近调配预约车辆。扶贫村通班车率达到100%。三是通邮方面。邮政部门指导邮政企业开展全面摸底调查，督促邮政企业通过增配农村投递人员、优化投递段道等措施，确保农村地区投递频次达标。全市邮政业务总量累计完成14.78亿元，增长44.84%。全市提供邮政普遍服务营业场所202个，全面实现“乡乡设所、村村通邮”，全市598个贫困村全部实现直接通邮。（乐　林）

【交通运输执法】 2017年，全市交通部门加强交通运输执法。一是货运源头治理。组织人员到昊华骏化、中集华骏、吴桂桥煤矿和市直运输公司等源头企业、货物集散地驻企蹲点，开展货运源头治理专项行动，与源头企业签订治超承诺书、合法装载承诺书，加强对企业源头管控。二是联合联动执法。及时调整市治理货车非法改装和超限超载工作领导小组，召开全市治超暨路域环境治理工作部署会议、全市治超工作推进会、公安交通联合执法座谈会、全市打击非法改装车辆集中行动专题部署会，部署公安、交通联合治超工作，开展跨区域联合治超集中整治活动，有效打击和震慑违法超限超载行为。全年全市共检测车辆222多万辆，查处超限超载车辆11044辆，超限率控制在5%以内。三是打击非法营运。2017年依法检查客运经营车辆2837辆次，现场纠章违规经营行为1719起；依法查处未经许可擅自从事货运经营活动的车辆387辆、非法从事巡游出租客运经营活动的“黑出租”276辆。四是执法工作规范化建设。完善市、县两级执法监督网络，采取市县自查、跨区域互查等监督方式，全年对超限检测站（点）明察暗访15次，问题通报4次；开展督导检查664次，净化交通运输执法环境。（乐　林）

【公共交通服务】 2017年，“全市域公交”体系建设得到新发展。建设驻马店市城市公交智能调度平台系统，建设城市公交IC卡智能收费平台系统，实现公交IC卡与全国180多个城市的互联互通，刷中原银行卡、电信手机、支付宝、微信等多种支付方式乘车。按照市政府《驻马店市优先发展公共交通实施意见》提出的“打造全市域公交统一发展”总体目标，市公交公司在上蔡县、汝南县、平舆县、遂平县组建4个城市公交公司，开通公交线路18条，投入纯电台公交车240辆。城乡客运一体化成效明显。上蔡县被交通运输部确定为全国城乡交通运输一体化示范县第一批创建县，上蔡县、泌阳县、确山县、汝南县被省交通厅确定为河南省城乡道路客运一体化示范县。2017年8月，驻马店市被交通运输部确定为“十三五”期间国家“公交都市”建设第一批创建市。（乐　林）

【交通运输管理】 2017年，全市加强交通运输管理。对施工质量、安全生产、文明工地创建、平安工地活动、质量管理行为等进行监督检查，规范公路工程建设市场。全年安全质量监督申请公路工程项目69个、桥49个。加强水路运输管理。开展船员信息采集工作，全年共采集船员信息636人；开展船员适任培训工作，先后组织295名船员参加船员基本安全培训和各类别证书适任理论考试。强化道路运输市场管理。开展道路客运安全专项整治，整治排查客运企业40家、客车3272辆、驾驶员3267人；深入客运企业、客运站检查217次，下发整改通知书76份，并按规定时间整改到位。开展危险化学品和寄递物流专项整治行动，下达整改通知书192份，处罚违法业户104家。开展道路货物安全管理集中

12月14日，全省城市公共交通工作推进会在驻马店市召开　　吴　波　摄

7月17日，国道328线平舆县王曾桥至驿城区蚁蜂段升级改造项目汝南段正在紧张施工

整治活动，排查普通货运企业 218 家、危运企业 12 家，排查隐患 386 处，全部整改。开展维修市场专项整治，查处违规经营行为 170 起，查处无证经营维修业户 56 家，超范围经营维修业户 29 家。（乐　林）

【道路通行保障】 2017 年，市交通部门组织开展全市治超暨路域环境专项整治工作，全市累计巡查清障总里程 17420 千米，下达违法行为通知书 60 份，拆除违章建筑 61 处，清除路障 4175 处。组织开展“四好农村路”示范县和示范乡创建评选，推进农村公路中心养护站建设，创建省级“四好农村路”示范县 1 个。加强农村公路养护。组织开展春季、冬季养护生产集中观摩评比活动，提升农村公路路况水平和服务能力，全年累计完成农村公路养护生产投资 1.4 亿元。（乐　林）

【交通运输安全】 2017 年，市交通运输局以落实安全生产各项制度为重点，加大对运输从业人员安全生产教育培训，全面落实道路运输安全生产责任，开展安全生产隐患大排查大整改。组织开展“安全生产月”活动，开展安全生产督导检查。全年全市共组织检查组 56 个，检查企业 1071 家次，发现安全隐患 1346 处，下发整改通知书 557 份，已整改 1320 余项，约谈企业 54 家，注销企业 13 家。组织船检人员深入旅游库区，对 79 艘营运船舶和 75 艘渡运船舶进行检查，行业安全生产形势稳定向好。（乐　林）

【出租汽车市场管理】 截至 2017 年年底，全市共有出租汽车企业 26 家，出租汽车 2817 辆。其中，中心城区出租汽车企业 8 家，出租汽车 1548 辆；遂平县出租汽车企业 2 家，出租汽车 100 辆；西平县出租汽车企业 2 家，出租汽车 178 辆；上蔡县出租汽车企业 2 家，出租汽车 216 辆；汝南县出租汽车企业 3 家，出租汽车 90 辆；平舆县出租汽车企业 1 家，出租汽车 142 辆；正阳县出租汽车企业 3 家，出租汽车 248 辆；确山县出租汽车企业 3 家，出租汽车 209 辆；泌阳县出租汽车企业 2 家，出租汽车 86 辆，这些车辆大都是个人使用挂靠公司经营。中心城区出租汽车运价为 5 元（含 2 千米），超出 2 千米每千米运价为 1.4 元；免费候时每 5 分钟加收 1.4 元；23 时至次日 5 时每千米加收 0.2 元夜补费；运距超出 8 千米以外部分按每车千米运价基础上加收 50% 空驶费。网约车发展情况和巡游出租汽车转型情况。截至 2017 年年底，提出申请的平台公司 3 家，分别是滴滴出行科技有限公司、重庆呼我出行网络科技有限公司驻马店分公司和深圳万顺叫车云信息技术有限公司驻马店分公司，滴滴出行科技有限公司经审核，已获得全市首家经营许可。按照省局要求，对符合条件的车辆采取预许可办法。截至 2017 年年底，申请从事网约车经营的车辆，经审核符合条件的 160 辆已为其核发办理道路运输证通知单 160 份。全市传统巡游出租汽车进行转型升级。2017 年，全市已有 2 家出租汽车企业进行网约平台铺设，分别为“平安出行”和“本地租车”。（乐　林）

邮政运营

【邮政业务发展概况】 2017 年，全市邮政行业业务总量完成 14.78 亿元，同比增长 44.84%。全年邮政行业业务收入（不包括邮政储蓄银行直接营业收入）完成 11.77 亿元，同比增长 23.92%。

邮政寄递服务业务。全年函件业务量完成305.54万件，同比下降7%。包裹业务量完成6万件，同比增长63%。全年汇兑业务完成20.51万笔，同比下降6%。订销报纸业务完成6886.07万份，同比增长6%。全年订销杂志业务完成253.46万份，同比增长11%。

快递业务。全年快递业务量完成3273.23万件，同比增长65.24%；快递业务收入完成3.47亿元，同比增长62.17%。同城快递业务量完成554.85万件，同比增长121.76%；实现业务收入0.46亿元，同比增长159.87%。异地快递业务量完成2685.32万件，同比增长57.03%；实现业务收入2.2亿元，同比增长56.42%。国际/港澳台快递业务量完成33.06万件，同比增长59.8%；实现业务收入0.12亿元，同比增长42.63%。同城业务收入占比提升。同城、异地、国际及港澳台快递业务量占全部比例分别为16.95%、82.04%和1.01%，业务收入占全部比例分别为13.33%、63.58%和3.54%。

通信能力和服务水平。一是机构设备。全行业拥有各类营业网点695处，其中设在农村的153处。快递服务营业网点433处，合作快递营业网点252处。全市拥有邮政信筒信箱232个，邮政报刊亭总数72处。全行业拥有各类汽车503辆，比上年末增长28%，其中快递服务汽车290辆，比上年末增长44.28%。快递服务企业拥有计算机865台，比上年末增长52.29%；手持终端1641台，比上年末增长64.59%。二是通信网路。全市邮政邮路总条数61条，邮路总长度（单程）23964千米。邮政农村投递路线328条，农村投递路线长度（单程）12150.5千米；邮政城市投递路线156条，城市投递路线长度（单程）3334千米。全市快递服务网路条数512条，快递服务网路长度（单程）35523.7千米。三是服务能力。全市全行业平均每一营业网点服务面积为21.7平方千米；平均每一营业网点服务人口为1.15万人。邮政城区每日平均投递2次，农村每周平均投递6次。全市年人均函件量为2.63件，每百人订有报刊量为9.03份，年人均快递使用量为4.08件。年人均用邮支出146.8元，年人均快递支出432.81元。

（赵　晨）

【邮政服务能力建设】 2017年，全市共新增市县邮路2条，转趟邮路2条，邮运车辆7辆，三轮车11辆，邮件处理面积1747平方米。全市县城全部实现党报当日见报。贯彻落实《邮政普遍服务》标准，深入县乡对新标准实施后乡镇邮政服务质量保障能力进行调研，组织市、县邮政公司普遍服务负责人进行邮政业法律法规知识培训。推动邮政企业深化价格机制改革，向消费者提供质优价廉邮政服务。服务“三农”和精准扶贫能力增强。支持鼓励邮政企业落实包裹专业“聚焦发展、厚植优势、强化能力”发展思路，精耕细作服装、食品、化妆品、农产品等特色产业，引导产业客户入驻，为其提供理货、包装等配套服务，全年快递包裹累计完成494.5万件、同比增长256.26%。全市共有村邮站综合便民服务点“邮掌柜”用户1559户，覆盖率达63.1%。累计建设“三农”网点2321个。引导快递下乡工程规范发展。推动乡镇快递末端网点从散乱状态向集约状态转变，鼓励县级法人快递企业在乡镇单独或者联合设立分支机构。累计设立乡镇分支机构114个，取缔138个不具备条件的合作网点，全市乡镇快递服务覆盖率保持100%，乡镇备案分支覆盖率达到52%。加强与电商、农业等关联产业协同发展。以推进“快递下乡”工程和农村邮政综合服务平台为抓手，开展“一市一品”农产品进城活动，搭建“工业品下乡、农产品进城”双向流通渠道，从服务现代农业方面助力精准扶贫，帮助农民创业增收。泌阳县邮政分公司优选出花菇、黑木耳、黑花生3种产品，在邮政电商平台上实施运作，全年配送量近20吨，交易额达到180万元。西平县快递企业与渔具商家加强合作，2017年通过网上销售渔具电商件达180多万件，逐步形成与电商互相促进、融合的良性发展链条。推进快递“进校园、进社区”双进工程实施。联合教育、住建等相关部门，提升快递末端服务能力，推动智能化服务终端建设、使用，拓宽服务渠道，延长服务时间。实施放心消费工程，通过网站、媒体、宣传活动等形式公开投申诉渠道和程序，明确专人负责处理用户投申诉，完善投申诉处理流程，建立投申诉用户回访制度，加强投申诉与市场监管工作衔接与联动，做到有申诉必受理、有问题必查处，确保每一环节都有落实，有效保护消费者合法权益。全年共接受消费者投申诉47件，全部处理完毕。开展“不着地、不抛件、不摆地摊”专项治理，督促企业采取增加基础设施、运用机械化手段等减少“三不”乱象。

（赵　晨）

【《中国古典文学名著——〈西游记〉（二）》特种邮票发行活动】 2017年3月30日，《中国古典文学名著——〈西游记〉（二）》特种邮票首发仪式在遂平县嵖岈山和郁金香园2个会场举行。活动由市邮政分公司、遂平县委宣传部主办，河南嵖岈山旅游集团、遂平县邮政分公司承办。活动准备了集邮展览，为广大市民和集邮爱好者提供邮戳加盖、邮票展示销售等服务，黑便士、大版首轮猴票、蓝军邮、全国山河一片红等珍邮亮相。现场还特邀著名邮票设计师方军、河南省集邮公司艺术总监刘钊现场签售。市邮政分公司以邮票首发式为抓手，重点运作《嵖岈山·西游印记》等本地题材项目，依托集邮文化的社会影响力，面向全国宣传驻马店。

（殷明珠）

邮政管理

【法治邮政建设】 2017年，市邮政管理局加强服务型邮政行政执法建设工作。将行政指导融入邮政行政执法工作全过程中，采取提示、引导、规劝、约谈、回访等方式，指导行政相对人依法办事，自觉履行法定义务；利用现有行政执法信息平台和资源设施推进“互联网+行政执法”，做好邮政行政审批、执法信息公开、消费者申诉处理、便民服务等工作，简化优化行政执法流程。组织开展相关法律、法规学习培训，提高现有监管队伍监管水平和依法行政能力，由“会

3月30日上午，《中国古典文学名著——〈西游记〉（二）》特种邮票发行活动现场　　殷明珠　摄

执法”向“善执法”转变。引导企业加强生产科技投入，不断转型升级，提升行业服务质量，截至2017年年底，全市共建成标准化营业网点391个、标准化形象网点17个，规范化分拨中心30个。推进“放管服”改革。优化许可办理流程，实现快递许可审批全流程网上办理。快递业务经营许可流程由原来的45个工作日优化为22个工作日，许可变更审批平均办结时间为7天，核准企业分支机构变更事项430个。开展“安全生产”宣传月、世界邮政日等宣传活动，树立行业良好形象，获得河南省邮政系统新闻宣传先进单位称号。（赵　晨）

【邮政行业安全监管】2017年，市邮政管理局共检查邮政网点76处，累计出检246人次；检查快递网点456处，累计出检1072人次；依法下达责令改正通知书44份，立案82起，下达行政处罚决定76个，共处罚金28.69万元，没收违法所得5851元。开展寄递渠道安全专项整治行动，组织全市寄递企业进行安全生产知识测试，制定驻马店局《关于开展全市邮政业安全隐患排查治理工作方案》，建立安全隐患排查治理台账，坚决整治行业安全问题和各类事故隐患。开展“3·15”寄递运单销毁活动，销毁面单约4吨，共计4100余万份。与综治、公安、国家安全、反恐、工商、消防、烟草等部门建立联动工作机制，开展电气火灾、打击假烟、清理整顿非法邮政快递网点、易制爆危险化学品等专项治理活动，确保重大活动、会议期间全市寄递渠道安全通畅。坚持政府监管、企业自检、行业自律“三管齐下”，提高行政执法能效。制定《驻马店市寄递企业安全员管理制度》，落实企业安全主体责任。对全市133名安全员进行业务培训，建立企业安全员备案台账和履职情况台账。主动配合相关部门，参与“清源、净网、护苗、秋风、固边”2017专项行动，遏制各种非法出版物及有害信息传播，杜绝非法出版物流入寄递渠道，被评为驻马店市“扫黄打非”工作先进集体。（赵　晨）

【全国邮政行业技能大赛河南初赛驻马店市选拔赛】2017年5月31日至6月1日，由驻马店市总工会、市人力资源和社会保障局、市邮政管理局联合举办的2017年全国邮政行业技能大赛河南初赛驻马店市选拔赛在驻马店市委党校举行。河南省邮政行业职业技能鉴定中心主任苏红霞，驻马店市总工会党组成员、副主席张永剑，驻马店市人社局党组成员、高级技工学校党委书记田江萍等领导出席开幕式，来自全市10家快递企业的54名参赛队员参加此次选拔赛。竞赛分为理论和实操知识2个板块。市邮政速递公司马世伟、市顺丰快递陈勇、市申通快递田艳获得个人前三名，由市人力资源和社会保障局授予“驻马店市快递技术能手”称号，其中马世伟获得第一名，按相关程序向市总工会申报“驻马店市五一劳动奖章”。（赵　晨）

【邮政服务】2017年，中国邮政集团公司驻马店市分公司累计业务收入实现8.13亿元，居全省第4位，同比增幅10.71%。“双十一”进出口邮件高峰期间，市邮政邮件日均7万件左右进出口的邮件量快速处理完毕。公司发挥自身优势，服务地方经济发展。推进农村和大型社区邮政便民服务站建设，开办小额取款，包裹、报刊代投，代收电费、通信费，网上代购等邮政业务，使广大民众足不出村（社区）就能享受方便、快捷、周到的邮政服务。创新“工业品下乡，农产品进城”服务农村电商新模式，依托“邮乐网”等自有平台

11月12日，驻马店市邮政分公司党员先锋队帮扶助力“双十一”邮件快跑 殷明珠 摄

和“拼多多”等合作平台，把驻马店市特色农副产品卖向全国各地。推进市区、平舆、泌阳、正阳、汝南、上蔡邮政包裹分拣中心和物流配送中心建设。加强电商知识培训，帮助农民开办网店销售农产品和特色工艺品，助力精准扶贫；吸引外地电商入驻驻马店邮政物流配送中心，为客户提供商品仓储、分拣、封发、运输、投递一揽子服务。发挥邮政金融网络和资金结算优势，推广邮政“消费贷”，满足人民群众日益丰富的消费需求；发展中邮人寿保险业务，促进城乡保险业均衡发展，完善社会保障机制。提高企业服务水平，以推进综合管理体系建设为突破口，解决平常邮件、普通包裹寄递中存在的热点、难点问题，用户评价综合满意度89.68分；对农村支局所、投递班进行全面检查，落实环节管控，全市邮件综合时限准时率提升。落实收寄验视和过机安检制度，全市机要通信保持质量全红。开展“合规管理提升年”活动，完善市、县、网点三级管控体系。落实安全生产责任制，开展“平安邮政”创建工作，安防、物防、技防、人防得到提升。（殷明珠）

【邮政基础能力建设】 2017年，市邮政分公司对30个农村支局所进行改造、装修，新增智能柜台、发卡机27个，存取款一体机71台，移动终端30台。完成6个县分公司邮件处理中心的改、扩建；配备邮件处理设备，新增邮件安检机、邮运车辆，补助“私车公助”投递汽车，支撑邮政寄递业务发展。落实科技兴邮战略，聚焦重点业务发展迫切需求，开发绩效考核系统，自主研发分拣转运人员量化考核系统和邮运车辆远程监控管理系统。深化金融网点转型，在全省邮政率先引进机器人大堂经理和ITM（智能柜员机），将天中区分公司风光路营业所打造成为全省邮政第一家智慧厅堂。（殷明珠）

【邮政公司改革】 2017年，围绕中国邮政集团公司“一体两翼”经营发展战略，按照“综合职能上收、经营权限下放”思路，根据整合邮政产品、客户和渠道资源的需要和省邮政分公司统一部署，市邮政分公司重构企业经营组织架构，优化机构设置，建设符合行业发展态势、市场反应迅速、机制创新灵活、运营管理高效的经营组织架构，为实现企业经营从“以产品为中心”向“以客户为中心”转型提供组织保障。市邮政分公司改革为13个内设部门，各县分公司改革为7个内设部门，区分公司改革为5个内设部门。深化激励机制改革，修订完善营业、投递绩效考核办法，主要是把原先固定的分配方式改成计件、计数，根据业务量进行“多劳多得”的按劳分配方式，调动企业、投递人员工作积极性。（殷明珠）

联通通信

【概况】 截至2017年12月31日，驻马店联通下辖9县分公司，全市共有员工1511人，其中合同制工1242人、其他从业269人。全年主营收入完成81350万元，完成预算99.11%，同比增幅12.28%，全省排名第1；利润完成6626万元，完成预算107.45%，同比增幅3170%，全省排名第3位。加强4G业务，全年新发展移网用户61.52万户，净增13.97万户，累计到达128.82万户，净增数全省排名第6位。4G用户总体ARPU值达到42.6元。4G网络用户渗透率提升至57.29%。全年新发展宽带8.5万户，净增2.4万户，累计到达38万户，净增数全省排名第6位。宽带包年用户次账期续签率超过80%。积极推广视频应用，IPTV净增5万多户，累计到达16万多户。推进转型业务发展，将2I2C作为用户增长、拉动收入的增长点。全市订单T卡转化率75%，全年2I综合订单转化率73%，均居全省第3位。全年累计发展27万多户，2I2C实现主营业务收入5612万多元，利润5000多万元，利润率95%。全年创新业务收入完成3000多

万元，完成预算的 99.41%，其中 ICT 收入完成 1300 多万元，IDC 收入完成 1700 多万元，物联网收入完成 80 多万元。
（李向阳）

【项目拓展】 2017 年，驻马店联通公司以智慧酒店、钉钉等行业应用为抓手，以名单制客户整家拓展为主线，积极拓展一批政企客户重点项目，带动 4G 规模拓展。全年实现大客户整家拓展 200 多家，发展移网用户 1.7 万多户。中小企整家拓展 405 家，发展移网用户 1.3 万户。聚焦高毛利重点产品发展，拓展挂机短信 5000 多户，钉钉卡 7604 户，智慧酒店签约 8700 间。
（李向阳）

【渠道效能】 2017 年，驻马店联通公司新建专营店以上渠道 98 家，代理点 294 家，核心门店月均达到 192 家。清理低效和无效渠道 400 家。社会渠道全年累计发展移网 21 万户，绝对值全省排名第 8 位。累计发展宽带 3.2 万户，绝对值全省排名第 7 位。开展自有厅“两个提升”活动，自有厅年收入达到 2.68 亿元，环比提升 7.18%。推进“蜂行动”推广、注册、激活，全渠道合伙人注册完成 1.9 万多人，其中 955 家各类渠道注册并发展合伙人，活跃合伙人达 1667 人，累计受理业务 7800 多户。
（李向阳）

【网络建设】 2017 年，驻马店联通公司完成投资 1.2 亿元，新建 4G 基站 308 个，4G 基站达到 2769 个。全市移动网人口覆盖率达到 96.2%，行政村覆盖率达到 88%。引入第三方投资推进驻地网宽带覆盖，共完成 90 个项目，投资 692 万元，建设 2.5 万个端口，宽带总端口达到 86.7 万个。推进贫困村基站建设，完成 27 个基站建设任务，涉及的 5 个县 54 个贫困村开通了移动网络。全年 FTTH 资源占用率较年初提升 0.39%，宽带网络资源准确率达到 98%；全年累计整治光衰劣化 9172 个；开展基站断站整治活动，累计解决长期断站 194 个，完成 86 个基站的环网整治，全网断站率控制在 0.3% 以内，基站平均退服时长达 37 分钟。
（李向阳）

【公司机制改革】 2017 年，驻马店联通公司完成机构精简、中层管理人员首聘和人岗匹配工作。市公司本部管理部门较改革前减少 3 个、生产中心减少 2 个，大客户及中小企业行业单元由 16 个优化成 9 个。市公司减少支撑类岗位 36 个，减少比例 11.5%；县公司减少支撑类岗位 49 个，减少比例为 11.4%。开展乡镇营业部、城区营业厅单元、城区营业部及政企客户单元的划小承包改革工作。实行划小单元增量效益分享，推行竞标机制，打造员工成长内部平台，调动一线积极性和活力。
（李向阳）

【资源盘活】 2017 年，4G 无线资源利用率达到 54%，较上年底提升 157%。宽带端口实占率 46.99%；营销网市场毛利率本年累计达到 77.6%，较上年提升 7.15%。开展优学通平台数据核查，累计删除用户 4.2 万户，年节省结算费用近 60 万元。创新网 IDC/ 云计算全市机架利用率达到 75%；盘活房租收入完成 169 万元。百元人工成本创利 40.14 元，高于目标值 0.74%。
（李向阳）

【河南联通网络资源整治现场会在驻召开】 2017 年 7 月 27 日，河南联通网络资源整治现场会在驻马店市召开，省公司运行维护部、资源管理中心、18 个地市分公司运维部、资源管理中心、维护中心等近 80 人参加会议。驻马店、焦作、新乡分公司作先进经验介绍。省公司资源管理中心康松波对网络资源整治劳动竞赛文件以及验收标准进行宣贯。参会人员对驻马店联通 26 分局地下室、人井、光交、杆路整治进行观摩，对资源整治工作提出意见和建议。
（李向阳）

【驻马店联通固网关口局退网】 2017 年 8 月 9 日，驻马店联通制定固网关口局进行割接方案，并做好与电信、移动的沟通和配合调测。本批割接共重新布放 2M 线 276 条，其中网内 112 条、至移动 80 条、铁通 20 条、电信 64 条；制作 2208 个 2M 头。在物理电路调通后又经过各类业务拨测，最终在省公司配合下历时 3 个多月，分别于 9 月 26 日、10 月 14 日分 2 次完成固网关口局设备的割接。11 月 21 日 0:40 分，根据省公司调度要求，对运行了 14 年之久的固网关口局正常下电，固网关口局完成了历史使命。本次下电后共减少电流 66A，全年设备直流电费 22649 元，空调费用 15078 元，合计年节电费约 3.8 万元，腾退机房面积约 10 平方米。下电后实现设备融合和机房腾退，促进降本增效。
（李向阳）

移动通信

【概况】 2017 年，驻马店移动公司全年主营业务收入完成 22 亿元，4G 客户规模达到 223.84 万户，4G 基站总数达到 5404 个。公司抓住“互联网 +”国家战略，加快大数据云计算中心投入使用，深化新技术、新业务在重点领域运用，推进传统产业改造升级和新兴产业培育壮大。由市政府与省移动合作共建的智慧城市大数据云计算中心初见规模，一期总投资近 4000 万元，可提供 140 个业务承载机柜，满足 60 余个大型项目机柜托管需求，实现 80 个门户网站、办公 OA 等项目承载，完全具备政府行业机房及云服务入驻能力。开展“乡镇营业部基础达标活动”，达标率 91%，有效提升基层营业部营销、服务、管理等综合能力。驻马店移动公司“职工之家”被河南省国防邮电工会授予“模范职工之家示范基地”称号。
（屠 强）

【移动网络建设】 2017 年，中国移动通信集团驻马店分公司以“巩固 4G 网络核心优势”为主线，打造精品网络，提升网络支撑能力。开展 4G 网络宽带建设专项劳动竞赛，全年 4G 基站总量达到 5404 个，建立覆盖全市、密布城乡、无处不在的移动 4G 网络和高速宽带网络。2017 年驻地网端口规模达到 114.2 万。同时，加强传输网络与核心网络的带宽扩容，城市光宽带接入带宽达到 200 兆，乡镇农村接入带宽达到100兆，基本满足用户高速宽带接入需求。公司围绕“网络强市”和“四化同步”发展目标，争取上级专项投资上亿元，开展“村村通”宽带服务工作，分批次为广大农村接入高速光纤宽带，推动农村经济社会和信息化水平提升。开展农村场景2G/4G一对一专项优化活动，提升农村区域网络质量。（屠　强）

【移动服务】2017年，中国移动通信集团驻马店分公司构建以4G、宽带客户感知为中心的NPS管理体系，完善服务流程，加强投诉过程管控督办，快速解决投诉热点难点问题，打造“体验好、感知好、价值高”服务模式，提升服务保障能力。健全投诉处理的闭环管理机制，健全热点处理及问责机制，挖掘家庭业务、营销活动、资费套餐、网络质量问题成因，明确解决方案。严格管控不知情投诉，强化业务稽核力度，规范业务办理。针对人民群众反映强烈的通信信息诈骗，发挥自身技术及平台优势，在“阻断信息传播、打击违法犯罪、预防上当受骗”方面发挥作用，支撑当地党委政府开展预防和打击通信信息诈骗工作。在企业内部进行服务明星评选、沙场点兵岗位技能比武等技能评定活动，提升服务和业务综合能力。开展“总经理接待日”“客户服务评价”等活动，致力解决客户难题。（屠　强）

电信通信

【概况】2017年，中国电信驻马店公司综合绩效考核全省排名第二；完成业务收入4.29亿元，收入完成率全省排名第二；各类用户规模96.6万户，其中移动网用户规模73.1万户、宽带用户23.5万户；全年共计新建4G基站689个，其中城区4G覆盖率达到97.65%，农村4G覆盖率达到90.9%。2017年，有4个县公司荣登河南电信天翼强县“龙虎榜”30强。（谭　峰）

【中国电信驻马店分公司通信枢纽楼开建】2017年7月12日，中国电信驻马店分公司举行通信枢纽楼工程项目开工仪式。通信枢纽楼项目总用地面积15504.76平方米，2016年被省政府列为第一批A类重点建设项目。（谭　峰）

【柯瑞文到驻马店调研】2017年5月9日，中国电信集团公司党组副书记柯瑞文到驻马店调研，了解基层党建工作任务落实状况，查看“党员活动室”规范化建设，走访营业厅“党员示范岗”，与汝南分公司党支部全体党员、入党积极分子座谈交流，全方位督查指导党建工作开展。中国电信河南公司党委书记、总经理向兵陪同调研。（谭　峰）

无线电管理

【概况】2017年，驻马店市无线电管理局累计监测监听重点频段10967小时。做好无线电干扰查处工作，共接到干扰投诉9起，查处干扰及非法设台案件14起，没收非法设备16套。完成无线电频率评估路测工作，累计行程1513千米，有效监测59.1千米，采集数据97GB。全年录入和修改基站18646个。做好普通高考、司法考试等20场考试的无线电安全保障工作。加强无线电管理宣传，开展无线电管理宣传月活动。（俞　超）

【无线电台站管理】2017年，市无线电管理局完成公众移动通信台站基础数据管理工作，共录入和修改基站总数18646个，其中移动基站8831个、联通基站6338个、电信基站3477个，完善台站数据库。加强对高铁用频的管理，对高铁站台站及频率管理方面提出要求，完成在用和新建移动通信基站验收工作。（俞　超）

【无线电安全保障】2017年，市无线电管理局做好普通高考、司法考试等20场考试的无线电安全保障工作，累计派出人员235人次、车辆59台次，启用监测监控设备8台(套)。其间，共查处无线电设备作弊行为3起，查获作弊设备3套，屏蔽作弊信号4个，协助公安部门抓获涉案嫌疑人4名。开展汛期期间无线电安全工作。制订防汛工作预案和中心城区防汛工作方案，成立防汛工作领导小组和防汛应急突击队。加强与水利、市政、气象等部门联系，到市水利防汛通信站进行走访，对大型水库开展电磁环境监测。加强对全市设台用户管理，重点保护防汛部门使用的频率畅通。

（俞　超）

【无线电管理执法】2017年，市无线电管理局联合市文广新局、市公安局开展打击治理“黑广播”违法犯罪专项行动，共查处“黑广播”2起，没收设备2套；“黑电视”3起，没收设备3套，有效遏制非法设置“黑广播”“黑电视”行为。组织开展航空无线电专用频率保护工作。联合市文广新局成立领导小组，制订《驻马店市航空无线电专用频率保护工作实施方案》，对全市广播电视发射台进行现场核查，对设备检测中有问题的上蔡、遂平县广播电视台的广播发射机，要求设台单位暂停使用并返厂维修。联合市工商局、市质监局对无线电发射设备销售市场进行专项检查，通过专项检查，掌握辖区内无线电发射设备市场销售情况，宣传无线电政策法规。（俞　超）

农　业

农业综述

【概况】 2017年，全市农作物播种面积2215万亩，粮食产量776.9万吨，比2016年增加1.1万吨，增长0.17%。蔬菜栽培面积162.5万亩，总产量414.38万吨，总产值54.5亿元；食用菌干鲜品总产21.3万吨，折鲜品51.85万吨，总产值50亿元；水产品总产量11.96万吨，产值13亿元。菜篮子产品供应充足。农民收入持续增长，人均可支配收入10869元，增长9.4%。新建高标准粮田100万亩，总量达到674.5万亩。全市新型农业经营主体达到3.2万个，数量位居全省第1位。发展农民合作社近1.9万家，较上年增加2500多家，其中国家级示范社35家、省级63家、市级396家；家庭农场6400多家，其中省级示范农场18家、市级56家。全市土地流转面积316万亩，占家庭承包面积的30%；经营规模在50亩以上的407万亩，占耕地面积的33%。发展农产品加工业，培育农业产业集群。全市农产品加工企业发展到1500家，实现总产值近1500亿元，同比增长6%；市级以上农业产业化重点龙头企业发展到370家，其中国家级3家、省级50家。培育省级农业产业化集群21个，市级集群30个，省级集群总量居全省第1位。全市有400多家农产品加工企业开展“互联网+”网上电子商务销售，40多家企业自建电子商务平台，年实现交易额120多亿元，其中线上交易3亿元，带动线下交易117多亿元。培育农村新业态，一、二、三产业融合步伐加快。全市建成各类农业产业园区46个，其中正阳花生产业园为国家级现代农业产业园。全市休闲农业经营主体达到1002个，接待人数、营业收入同比均增长10%以上。确山县、遂平县为国家级休闲农业示范县，西平县芦庙乡芦庙村为国家级美丽乡村示范点。农业科技服务水平提升，良种应用、合理密植、配方施肥、病虫害防治等农业生产关键技术覆盖率达90%以上。开展“万名科技人员包万村”活动，完成新型职业农民培育5645人，其中新型经营主体带头人3511人、益农信息员2134人。依托农广校资源，完成中职招生447人，进村培训近6万人次。加强农民负担监督管理，规范一事一议筹资筹劳。加快乡村沼气服务网点和社会化服务站建设，新建大中型沼气4处，完成省下达的10件民生实事中的沼气建设任务。推进农村改革，完成土地确权登记颁证工作，确山、正阳、西平、遂平4个县完成县级数据合库，并通过农业部数据汇交预验，占全省第一批完成农业部数据汇交24个县区的17%。其他县区基本完成自查自验和数据合库工作。制定出台推进农垦改革发展的指导意见，西平县老王坡农场的医院和学校全部移交地方管理。开展信息进村入户工作，完成2134个益农信息站站点遴选和建设工作。驻马店市信息进村入户工作得到省农业厅肯定，并在省政府12月5日召开的全省信息进村入户许昌现场会上作典型经验介绍。开展化肥农药零增长行动，主要农作物肥料利用率达38%，同比提升2个百分点；农药利用率37.7%，提高1.2个百分点，农作物病虫害绿色防控覆盖率达14%，提高3.7个百分点。农作物秸秆利用率达到86%。加强农产品质量安全监管，农产品抽检样品合格率达99.92%，农业“三品一标”品牌总量达到244个。新创建1个农业部水产健康养殖示范场，总量达24个；创建1个省级稻鱼综合种养示范区。正阳花生入选全国百强区域公用品牌。推进产业扶贫，制定出台市政府《关于促进新型农业经营主体带动脱贫工作的实施方案》，召开上蔡县现场会。在稳定粮食生产前提下，围绕贫困乡村的特色产业，指导各县区确立20个特色扶贫产业。总结出订单帮扶、入社帮扶、入股帮扶、就业帮扶等帮扶模式，初步建立起新型农业经营主体与贫困户的利益联结机制。争取市财政1500万元，对全市30家农业产业化重点龙头企业、240家农民合作社和家庭农场等新型农业经营组织进行表彰奖励。举办第20届中国农加工洽谈会，会议期间签约重点合作项目176项，投资总额815.3亿元。签约5000万元以上农产品采购和贸易项目40个，贸易额55.8亿元。发布科研成果512项，签约科研成果转化项目91个。评出金质产品30个，优质产品142个。

（张　洋　王　贞）

【高标准粮田建设】 2017年，全市新建高标准粮田100万亩，总量达到674.5万亩。驻马店市规划到2020年建成高标准粮田780.4万亩，截至2017年年底，基本完成田间工程建设任务。全市多次召开高标准粮田会议，推动高标准粮田建设进程。加强信息调度，适时组织调研及时发现问题，掌握全市建设进度，保持高标准粮田建设工作健康发展。

（张　洋　王　贞）

【新品种示范试验】 2016年—2017年度完成小麦、玉米品种试验展示123个，其中小麦品种76个、玉米品种47个，对所有品种观察记载、考种、评价。同时，组织市内外30

10月13日，国家大宗蔬菜产业技术体系驻马店综合试验站启动会召开　　王朝朝 摄

多家种子企业、种粮大户及有关专家、市县管理部门100余人参加全市小麦新品种观摩活动，对全市大田利用的主导品种、搭配品种、新品种进行观摩、评价和总结。国家及省站小麦、玉米新品种试验：2017年承担国家小麦播量试验1组4个品种，省小麦比较试验3组共117个品系、玉米机收组比较试验4组共146个品系，按试验方案要求完成各项工作。小麦、玉米等农作物品种考察与推介：2017年5月、9月组织有关专家进行小麦、玉米等农作物品种考察。小麦主推品种西农979、百农207、中麦895、怀川916等综合表现较好，周麦27、矮抗58锈病较重。玉米主推品种伟科702、郑单958、德单5号、隆平206表现抗旱耐高温能力强，登海605、先玉335表现抗旱耐高温能力较差，果穗结实性差。2017年向社会推荐玉米新品种迪卡653、金诚12、豫单995，小麦新品种洛麦26、郑麦101、郑麦103、偃高21、周麦30，花生品种驻花二号、豫花23，大豆品种中黄57、驻豆19。（张　洋　王　贞）

【农业广播电视教育】 2017年，市农业局开展农民教育培训和新型职业农民培育工作，实施培训进村数近1100个，实施进村次数5000多次，培训各类人员6万多人次。实施农村实用人才“百万中专生计划”，完成中等职业招生447人，并录入国家中专生学籍管理系统。开展农业技术员、农作物植保员等专业职业技能鉴定227人，颁发由人社部和农业部签章的职业技能资格证书。新增农民田间学校6所，全市农民田间学校数量达到216所，指导成立驻马店市农民田间学校联盟。按照“千名专家帮千村”的统一要求，为分包的9个贫困村征订《农民科技培训》杂志和《农业广播电视教育报》，发放农村实用技术培训视频移动硬盘和小麦、玉米、花生等主要作物培训手册，开展形式多样的专场培训班50多次、露天播放农业科技培训视频30多场，受训群众达4000多人次。（张　洋　王　贞）

【农业信息服务】 2017年，市农业局提高驻马店农业信息网服务水平，实现更优质的农业信息化服务，对网站栏目进行精准分类、科学设置，增加栏目实用性，方便社会公众浏览和查询。配合市农业局创建文明城市、文明单位活动，增设醒目专栏，根据需求第一时间发布相关信息。科学设置短信“群组”，实时发送短信信息。根据工作需要和服务群体不同需求，增设“确权办证”“结对扶贫”“三夏督导”等群组。组织农业专家编辑农业政策、市场信息、病虫情报、品种利用和突发事件等实用性强的资讯，通过手机短信的方式快速、便捷、准确地提供信息服务。2017年度共发送短信2600多条次，发送对象6400多人次。做好“12316”热线服务工作。通过驻马店农业信息网、手机短信、技术培训班、科技下乡等平台进行广泛宣传，印刷“12316”服务热线宣传彩页3000份，在科技下乡服务时广泛张贴，提高热线知晓度和影响力，引导农民积极使用。做好信息进村入户工作。截至2017年年底，全市共完成2134个益农信息站站点及信息员的遴选、信息员培训、站点信息填报上传等工作，通过公益指导、电商推动、便民服务、培训体验等具体功能，为农民带去信息时代的惠民成果，超额完成省政府下达的1900个站点建设任务。（张　洋　王　贞）

【农产品品牌创建与质量安全】 2017年，市农业局对90个拟申报“三品一标”基地进行现场检查和基地环境、产品抽样，新认证无公害农产品30个，绿色食品1个（另外有12家材料报至省绿办），驻马店市有效期内“三品一标”数量达到185个（其中无公害130个，绿色食品51个，农产品地理标志产品4个）。打造邵店生姜、瓦岗红薯、留庄大米、宿鸭湖鳙鱼、1+1面粉等一批省内外知名品牌。有效期内“三品一标”总量全省第二，获得“2017年河南省绿色食品工作先进单位”称号。新认定国家级水产健康养殖示范场1个，总数达到27个，批准市级水产良种场2家。全年共抽检蔬菜、水果样品3030个，其中蔬菜样品2458个、水果样品572个；抽样样品合格率99.93%，其中蔬菜样品合格率99.96%、水果样品合格率99.83%。发布《农产品质量安全简报》11期、1100多份。没有发生重大农产品质量安全事故。

（张　洋　王　贞）

【中国农加工洽谈会】 2017年9月13日—15日，第20届中国农加工洽谈会在驻马店举行。全国32个省、自治区、直辖市和河南省18个省辖市、10个省直管县（市）组团参会。中国农业大学、华中农业大学、中国农业科学院农产品加工研究所等43所大专院校、科研院所负责人参会参展。参会代表团172个，参会企业5000多家，参会客商和专业观众超过3万人。300家境内外知名农产品加工企业和国家级农业产业化重点龙头企业以及家乐福、沃尔玛、大商新玛特等30多家知名连锁超市有关负责人参加会议。亚洲国际贸易投资商会、中国食品工业协会、中国农产品市场协会、中国蔬菜流通协会、亚洲国际贸易投资商会等38家知名商会协会参会参展。联合国粮食计划署、欧盟驻华代表和德国、爱尔兰、罗马尼亚、斯洛文尼亚、西班牙、波兰等国家的10多名驻华使馆农业官员以及“一带一路”沿线9个国家的32名嘉宾参加会议。美国、俄罗斯、法国、英国、澳大利亚、新西兰、泰国等37个国家和中国港澳台地区的277家境外企业参会参展，参会境外客商500多人。会议期间，成功签约重点合作项目176项，投资总额815.3亿元，其中亿元以上重点投资项目111个。签约5000万元以上农产品采购和贸易项目40个，贸易额55.8亿元。发布科研成果512项，签约科研成果转化项目91个。评出金质产品30个，优质产品142个。

（张　洋　王　贞）

【农业产业化】 2017年，全市完成省级集群监测申报工作，新申报省级集群11个。全市培育农业产业化集群61个，原有省级集群13个，位居全省各省辖市第4位；市级集群30个。集群内协作企业总数达419个，集群内专业合作社总数达330个，集群内检测、研发、物流、培训等机构总数262个，集群内就业人员达17.6万人，带动农户120.57万户，呈现资源共享、优势互补、特色突出、竞相发展的态势。这些集群均有龙头企业为带动核心，建有原料基地，制定有发展规划和目标，产业链条长，产品附加值高，研发及质检等配套服务机构健全。集群在建项目6个，投资总额33.35亿元，预计项目建成后，新增销售收入80.95亿元，新增就业人员2.78万人。

（张　洋　王　贞）

【都市生态农业】 2017年，市农业局修订完善都市生态农业发展规划。西平县芦庙乡芦庙村委成功申报国家级美丽乡村示范点，国家级休闲农业示范县2个（遂平县、确山县），示范点达到4个。全市休闲农业经营主体数量达到1005家，同比增长26.7%；吸纳从业人员28557人，同比增长74.2%；累计接待人次902.4万人次，同比增长75.3%；实现营业收入116957万元，同比增长71.4%；实现利润总额9366万元，同比增长64%；上缴税金1680万元，同比增长61.7%；实现资产总额367625万元，同比增长20.9%；经营面积4.4亿平方米，同比增长7%；带动农户39364户，同比增长2.5%，各项指标与上年同期相比均呈快速上涨态势。

（张　洋　王　贞）

【农业对外合作交流】 2017年，全市推进农业对外开放合作交流。组织农业主管部门、驻马店市名特优农产品加工企业赴北京、上海、广州、呼和浩特、乌鲁木齐、廊坊、哈密、成都、桂林、台北等地和河南省洛阳市、漯河市参加全国知名会展和农业部举办的重要活动，推进农业对外开放合作交流，推介驻马店市特色农产品。被第4届中国（北京）国际优质农产品展示交易会筹委会、第15届中国（漯河）食品博览会筹委会评为“优秀组织奖”，被第21届中国（廊坊）农产品交易会筹委会评为“最佳组织奖”，被2017年中国（成都）国际都市现代农业博览会筹委会评为“优秀组织奖”。

（张　洋　王　贞）

【正阳县国家现代农业产业园】 2017年9月，农业部、财政部审批通过正阳县创建国家现代农业产业园，这个园区是河南省唯一的一家国家现代农业产业园，也是全国唯一的以花生为主导产业的国家现代农业产业园。产业园包含6个乡镇的23个行政村、县农场及产业集聚区内的农产品加工、商贸流通区域，总面积150平方千米，其中耕地面积17万亩，人口6万人。正阳县高起点规划、高标准实施、高速度建设，着力打造“四个基地”，即国内一流的花生标准化生产基地、企业高度集群的花生食品精深加工基地、国家农村一二三产业融合发展基地、花生全程机械化示范基地；建好“六个中心”，即花生良种繁育中心、花生加工研发中心、花生产品质量检验检测中心、花生产业双创孵化中心、花生产品电商物流中心、花生文化展览展示传播中心。截至2017年12月底，园区内共有新型农业经营主体282家，其中包括加工企业23家，家庭农场130家，农民合作社112家，种植大户17家，拥有产业工人1.5万人。全年园区内一产产值7.8亿元，二产产值21.66亿元，三产产值25.8亿元。园内农民人均可支配收入13880元，其中从事农业收入占总收入比重46%，种植花生收入占农业收入的比重65%，从事花生种植收入占总收入的30%。

（张　洋　王　贞）

种植业

【粮食生产】2017年，全年粮食产量776.9万吨，其中夏粮总产516万吨，是历史产量第二、质量第一年份，秋粮生产克服持续连阴雨天气的不利影响，总产达到260.9万吨。花生总产122.5万吨、芝麻总产5.1万吨。农业生产呈现3个特点：一是面积稳定。全年农作物播种面积2215万亩，其中秋季播种小麦1014.4万亩，与上年持平略减。二是产量稳定。尽管玉米面积调减，但夏粮丰收，水稻、大豆、红薯、杂粮面积增加，总产水平保持稳定。三是结构优化。无效供给减少：籽粒玉米面积492.2万亩，调减138.3万亩。有效供给增加：优质花生面积422.5万亩，增加98.2万亩；优质白芝麻面积57万亩，增加3万亩；优质瓜菜面积80.7万亩，增加20万亩。高效供给拓展：市场紧缺的优质小麦面积发展到348.6万亩，占小麦面积的34.3%，比上年增加112.5万亩。

（张 洋 王 贞）

【夏粮生产】2017年，全市收获小麦面积1015.5万亩，其中优质麦面积达到348.6万亩，为历史产量第二高产年，籽粒品质最好年份。小麦平均亩产508.1千克，比上年增加38.6千克，总产达到51.6亿千克，比上年增长3.9亿千克。由于小麦生产管理技术落实到位，加之气象因素总体有利，小麦籽粒饱满、色相品质好，基本实现小麦优质增产。2017年小麦成产三因素与上年相比“两增一减”，即亩穗数增和千粒重增加，穗粒数减少。测产调查：小麦亩成穗42.9万穗，较上年增加2.9万穗；穗粒数33.1粒，较上年减少0.5粒；千粒重42.1克，较上年增加1克。小麦生产主要技术：一是优化品种布局。半冬性品种以西农979、郑麦7698、百农207为主，搭配种植矮抗58、衡观35、中麦895、周麦27、丰德存麦1号、平安8号等；弱春性品种以怀川916、西农9718、众麦2号为主，搭配种植漯麦18、周麦23、偃高21、兰考198等。其中，在西平、遂平、上蔡、平舆、汝南等县砂姜黑土区域，着重推广种植优质强筋的西农979、郑麦7698、郑麦101、百农207、西农9718、怀川916、郑麦9023等品种，推动小麦生产由普通粮向优质粮转变。二是做好种子处理。针对上年小麦病害偏重发生且种子成熟收获时大部分经雨，种子带菌量大的情况，结合往年当地病虫发生情况，用杀菌剂和杀虫剂混合拌种或选择防病防虫混配包衣剂进行种子包衣，防控小麦纹枯病、根腐病、黑穗病等小麦种传土传病害和地下害虫，也有利于预防小麦苗期多种病虫害，起到很好防控效果。三是抢时播种，合理增加播量。针对上年麦播期降水频繁的不利气象因素，力争适时播种小麦，全市有70%以上麦田达到适期足墒匀播标准；同时，由于上年小麦种子发芽率、发芽势弱的问题，播种时适当提高下种量。四是种好晚播小麦。受降雨天气影响，针对部分晚播麦田，推广落实“四补”技术措施：选择弱春性品种，以种补晚；抢时补晚，湿度过大的低洼地进行免耕和简易整地，“晚”中求“早”；以肥补晚，晚播麦田施足底肥，适当增施氮肥，促苗早发；晚播麦田适当增加播量，每晚播3

4月13日，驿城区植保站在水屯镇石洼村召开小麦条锈病防治现场会并进行专业化统防统治宣传培训 郭连山 摄

5月9日，国家大麦青稞产业技术体系驻马店试验站南片区试点和生产田间观摩会在驻马店市举行　　王朝朝 摄

天，亩增加1万基本苗，亩播量以不高于35万基本苗为宜，达到以密补晚。五是优化种植模式。推广应用“小麦宽幅匀播”“机械免耕沟播”“小麦机械整地、施肥与播种一体化轻简栽培技术”等先进播种技术，有利于小麦稳健生长发育，助推全市小麦产量增加、品质提升。六是搞好麦田管理。制定“冬前麦田管理应急技术”“春季麦田管理技术意见”，搞好以中耕、追肥和病虫害防治为主要内容的田间管理，促进小麦苗情转化快、转化好。落实小麦灌浆期田间管理技术措施，防病、治虫、喷施叶面肥，保护叶片功能，预防植株早衰，增强籽粒灌浆强度，促进营养物质向籽粒运转，增加粒重，实现优质增产。（胡国安　张金虎　彭　盼）

【玉米生产】 2017年，全市玉米收获面积492.2万亩，比前3年加权平均种植面积659.5万亩缩小167.3万亩，缩小25.4%；比上年种植面积630.5万亩缩小138.3万亩，缩小21.9%。平均亩产507.9千克，比上年增产41.9千克，增产9%。比前3年加权平均亩产492.1千克，增产15.8千克，增产3.2%；总产250万吨，比前3年总产减少74.5万吨，减少23%，比上年总产减少43.8万吨，减少14.9%。2017年是农业供给侧结构性改革第一年，提高粮经比例，特别是秋粮种植结构大幅度调整，玉米压缩面积较大，面积、单产、总产呈现两减一增趋势。玉米生产创新性成果：主要实施22个不同杂交玉米高产品种不同种植密度比较试验、17个杂交玉米机收粒品种不同种植密度比较试验、黎民518和豫单9953高产攻关试验、高产杂交玉米品种秋丰526百亩方示范，8个机粒收玉米品种高产示范区，道吉1+1抗灾增产新技术百亩示范方等。其中，高产品种的不同密度比较试验研究筛选出鼎优919、秋乐368、登海605、运单168、荃玉1233、京品50等高产品种，机械收粒品种不同密度比较试验研究筛选出黎明518、新单68、云台玉39、粒收1号、宇玉30等高产粒收品种，试验研究为全市玉米高产品种的更新和推广玉米粒收全程机械化取得宝贵数据。主要落实的关键技术：一是选用优质高产良种。主要选用以郑单958、德单5号、登海605、伟科702为主导，搭配种植隆平206、先玉335、裕丰303、蠡玉35等品种，良种覆盖率达到100%。二是单粒种肥同播面积大，覆盖率高，达到96.3%。三是化学除草覆盖率高达100%，且除草效果好，药害发生少。四是宽窄行种植方式推广面积逐年扩大。五是控缓释肥及配方施肥落实面积大，分期追肥覆盖率高。六是科学防治病虫害，对达到防治指标的田块均进行科学防治。七是人工辅助授粉，结实率提高，穗粒数增加。八是适时晚收面积大，提高产量和品质。（张风影　佟建伟　许　巧）

【水稻生产】 2017年，全市水稻收获面积31.6万亩，比上年增加3.9万亩，平均亩产557.9千克，比上年增产36.7千克，增产7%，总产达17.63万吨。其中，种植面积最大的县是正阳县，面积达22万亩，是驻马店市水稻主产区；水稻主要种植9优418、协优9279、陵两优569、五丰优569，以两优668、冈优188、冈优363、中稻1号、新丰2号为搭配品种。水稻机械直播10.86万亩，比上年面积扩大7.66万亩，机械收获27.95万亩。水稻生长发育过程中，天气条件有利有弊，7月中下旬至8月上旬持续高温对水稻授粉产

生一定影响，加之后期的多雨低温天气，是水稻穗粒数减少的关键原因；大部分生长时段天气较适宜，光、温水充足，对灌浆十分有利，延长灌浆时间，提高了粒重和产量。关键配套增产技术措施：一是选用 9 优 418、协优 9279、陵两优 569 等优质高产品种。发展无公害优质稻米生产，搞好技术产业化链生产。引进示范香稻、糯稻等名特优新品种，良种覆盖率达到 100%。二是推广旱育稀植育秧技术，采用旱育秧和两段育秧方式。三是合理密植，改等行种植为宽行距窄株距种植方式。合理密植面积占水稻总面积的 92.5%，基本解决全市水稻插栽密度过稀、亩有效穗数低的问题。四是平衡配方施肥或施用水稻专用肥，肥料的施用与灌溉相结合，以改善根系生长量和活力，提高肥料利用率和生产率。五是化促化控和化学除草。水稻秧田和本田全部实行化学除草技术，既省工又省时，除草效果好，覆盖率达 100%。六是采用节水灌溉技术。重点浇好返青水、孕穗水、扬花水等关键水，覆盖率达到 89.8%。七是科学防治病虫害。重点防治二化螟、三化螟、稻瘟病等病害，占达到防治标准的 96.8%。 （佟建伟　张风影　许　巧）

【红薯生产】 2017 年，全市红薯种植面积 26.5 万亩，比上年扩大 6.3 万亩；平均亩产 522.2 千克，比上年亩增 27.2 千克，增产 5.5%；总产 13.84 万吨，比上年总产增加 3.84 万吨，增长 38.4%。驻马店市红薯种植主要分布在泌阳、正阳、确山、遂平、平舆等县，其中泌阳县种植面积最大，达 6 万亩；正阳、确山各 4 万亩。2017 年红薯生产遭受到中期高温和后期持续多雨等自然灾害影响，红薯产量虽然有所提高，但品质下降、口感降低。主要推广以下关键增产技术：一是推广优良品种。以商薯 19、苏薯 8 号、豫薯 7 号为主导，搭配种植以高淀粉型徐薯 18，食用型以苏薯 8 号、北京 553 为主的红薯品种。二是起垄种植及早插栽面积大，覆盖率达 85% 以上。三是合理密植。四是重施团棵肥。五是化学除草覆盖高，效果好。化学除草覆盖率达 100%。六是科学防治病虫害。对达到防治指标的田块及时进行化学防治，防治效果达到 95.2%。七是适时晚收面积大。由于后期持续阴雨，影响红薯的正常收获，晚收面积增加，产量提高，但鲜食性红薯的口感降低。 （许　巧　张风影　佟建伟）

【大豆生产】 2017 年，全市大豆收获面积 33.3 万亩，比上年面积扩大 2.7 万亩，扩大 8.8%；平均亩产 169.1 千克，比上年平均单产减少 7.4 千克，减产 4.2%；总产 5.63 万吨，比上年总产增加 0.23 万吨，增长 4.3%。全市大豆种植面积主要分布在上蔡、西平、正阳、平舆、遂平。其中：上蔡县种植面积最大，为 16.5 万亩；西平县 4.5 万亩；正阳县 4 万亩；平舆和遂平均为 3 万亩。由于大豆机械化程度提高，2017 年种植面积比上年有所扩大。气候特点：2017 年全市大豆播种比常年较早，播种时墒情充足，播种基础好，出苗率高。苗期长势良好，但在大豆生长中期即在 7 月 18 日 ~ 27 日正值大豆开花和结荚期，出现持续 35℃以上的高温天气，局部最高气温达到 38.3℃，导致个别品种豆荚形成受阻，结实性差，空秕率增加，产量降低。在大豆成熟期间即 9 月 23 日始，又出现长达 1 个月之久的连阴雨天气，造成已成熟大豆无法进行收获，收获的大豆无法晾晒，品质下降，丰产不丰收。大豆生产中重点落实的关键增产技术：一是优质高产品种面积大，覆盖率高。主要选用中黄 13、中黄 19、豫豆 29、周豆 12 等品种，搭配种植临豆系列、周豆 8 号、许豆系列等品种，良种覆盖率达 100%。二是免耕种肥同播栽培技术应用面积大，覆盖率达到 90% 以上。三是采用宽窄行种植方式，密度合理。四是配方施肥面积大，效果好。配方施肥面积达到 29.3 万亩，占 88%。五是化学除草覆盖率高，效果好，覆盖率达 96.8%。六是病虫害防治及时。2017 年大豆病虫害发生相对较轻，对达到防治标准的地块及时进行防治，防治面积达到 100%。 （张风影　佟建伟　许　巧）

【芝麻生产】 2017 年，芝麻种植面积 38.57 千公顷，同比上年增加 5.57 千公顷，面积增加 16.88%；平均单产 95.97 千克，同比上年单产增加 1.07 千克，增产 1.13%；总产 5.55 万吨，同比上年增加 8567 吨，增加 18.25%。主要分布在平舆、上蔡 2 个县。芝麻生育期间，7 月中下旬至 8 月初持续高温，降雨量远远低于往年同期；8 月底至 9 月上旬，全市出现连阴雨天，气温降低，日照偏少，对全市夏芝麻生长、收获造成一定影响。早期收获的芝麻，由于没有时间、地方晾晒，出现发芽、发霉现象。总体来说，2017 年的芝麻丰产不丰收。生产特点：一是播种基础好。5 月底、6 月初雨量适中，田间底墒充足，播种适时，大部分于 6 月 10 日前播种，播期较集中；二是良种覆盖率高，芝麻主栽品种有驻芝 15、驻芝 18、舆芝 18、豫芝 4 号、豫芝 11 号、郑芝 98N09、航芝一号等耐渍、高产、抗病品种，优良品种覆盖率达 97% 以上；三是平衡施肥面积大，全市平衡施肥 35.33 千公顷，占播种面积的 91.6%；四是种植密度趋于合理，芝麻种植密度加权平均值 10201 株 / 亩，合理密植面积占 91.2%。 （褚艳丽）

【花生生产】 2017 年，花生种植面积 281.7 千公顷（春花生 50.2 千公顷），同比上年增长 27.9%；单产 289.9 千克，同比上年减产 9.5 千克，减产 3.17%；总产 122.5 万吨，比上年增加 22.8 万吨，增产 22.8%。生产情况：2017 年全市夏播花生墒情较好，做到了适期播种；7 月中下旬至 8 月初，持续 35℃以上高温天气，局部地区高达 38.3℃，但降雨量低于往年同期，高温、干旱、强烈日照对全市夏播花生生长造成一定影响；8 月底至 9 月上旬，连阴雨天，气温降低，日照偏少，没收获的春花生出现发芽、腐烂变质，已收获的得不到及时晾晒，出现霉变现象；9 月 23 日至 10 月持续低温多雨，花生出现发芽、发霉现象，特别是种粮大户、农场，收获人手少，损失较重。总体来说，2017 年花生属于丰产不丰收。主要措施：一是做好技术服务，全市共开展各类技术培训 400 余期次，受训农民 40 万人次，发放各类技术资料 40 万余份。二是加大资金投入，全年全市投入 7942 万元用于花生产业发展，打造 2 个优质花生样板工程，即建设高油酸花生规模化生产示范区和建立优质花生现代农业示范园。三是落实增产技术。选用优良品种，优良品种区域化、集中连片种植，花生良种覆盖率达到 99%；合理密植，全市夏播花生加权平均值 18285 株 / 亩，合理密植面积占 92%；节肥增效，配方施肥，全市花生配方施肥 430 万亩，占播种面积的 96.2%；及时防控，绿色防治，花生药剂拌种播种占 100%；病虫草害综合防治占 99.5%；抢时收获，保证花生产量和质量。（王园园）

【油菜生产】 2016 年—2017 年，全市油菜播种面积 17.27 千公顷，较上年减少 11.42%；主要集中在泌阳、遂平，其中泌阳县 6667 公顷、遂平县 4333 公顷，占全市播种面积的 63.69%。总产 3.9 万吨，比上年减少 9.3%；平均单产 151.6 千克，比上年增长 3.01%。主要措施：一是适期播种。油菜播种期主要集中在 9 月 27 日至 10 月 8 日，截至 10 月 20 日，油菜播种基本结束。二是选用良种。品种主要有丰油 10 号、豫油 4 号、华杂 4 号、杂双 4 号、杂双 7 号、穗源 988 等杂交品种和双油 8 号、中油 821、早熟三月黄等常规品种。三是合理密植。每亩播种量控制在 0.25 千克 ~ 0.3 千克，出苗后适时间苗、定苗，长出 2 片真叶时间苗，一般留苗距 4 厘米 ~ 6 厘米，3 片 ~ 4 片真叶时定苗，每亩密度为 1.2 万株 ~ 1.5 万株。四是科学施肥。凡油菜种植地块亩施 40% ~ 45% 的三元复合肥 40 千克、硼肥 1 千克，于耕作前均匀撒施在田面上。蕾薹期亩追施尿素 6 千克 ~ 7 千克。施肥上做到农家肥和化肥相结合，使油菜整个生育期不脱肥、不缺水，健壮成长。五是防治病虫害。对发生菌核病的田块，喷施多菌灵、甲基硫菌灵和代森锰锌等进行防治；中后期油菜蚜中度发生，发生盛期 4 月上旬，用蚜虱净、50% 避蚜雾等药剂进行防治。存在问题：一是油菜种植品种较多。主导品种不够突出，每个县种植品种都不相同；二是规范化种植程度较低，个别区域种植多为满足农户自身食用油需求，种植零星、分散，种植面积逐年下滑。（韩　琴）

【蔬菜、食用菌生产】 2017 年，全市瓜菜栽培总面积 186.05 万亩，总产量 509.93 万吨，总产值 64.15 亿元。其中，蔬菜栽培面积 162.5 万亩，总产量 414.38 万吨，总产值 54.5 亿元。设施蔬菜栽培面积 45 万亩，占蔬菜栽培面积的 27.69%，总产量 200 万吨，占蔬菜总产量的 48.26%，总产值 31 亿元，占蔬菜总产值的 56.88%。西甜瓜栽培面积 23.55 万亩，总产量 9.55 万吨，总产值 9.55 亿元，西甜瓜设施栽培面积 1.85 万亩，占西甜瓜栽培面积的 7.85%，总产量 9.4 万吨，占西甜瓜总产量的 9.84%，总产值 1.86 亿元，占西甜瓜总产值的 19.48%。食用菌干鲜品总产 22.1 万吨，折鲜品 51.85 万吨，总产值 50 亿元。其中，香菇干品 4.29 万吨，折鲜品 21.45 万吨。木耳干品 1.8 万吨，折鲜品 14.4 万吨；鲜品总产 16 万吨，香菇产值占全市食用菌总产值的 70% 以上。（孔亚丽）

【种子质量监督】 2017 年，全市共抽检种子样品 226 份（其中玉米 82 份、小麦 131 份、花生 10 份、大豆 3 份），代表种子数量 380 万千克，涉及经营单位 174 个。组织持证种子检验员对全市种子生产企业 2.77 万亩种子田进行田间检验工作。安排小麦新品种试验示范展示 76 个，完成河南省玉米新品种示范展示 47 个，承担河南省小麦新品种比较试验 3 组 117 个品系，河南省玉米新品种机收组比较试验 4 组共 146 个品系。2017 年 5 月，组织市内外 30 多家企业和有关专家、市县种子管理部门 100 余人参加全市小麦品种观摩活动。首次开展农作物种子转基因成分检测工作，其中玉米制种基地检测玉米组合 6 个，市场抽查检测小麦、玉米种子样

3月27日，正阳县柏雄家庭农场群众正在防治小麦病虫害　　贺永明 摄

品 95 份，所检测样品未发现转基因成分。（王家润　王海峰）

【土肥工作】 2017 年，驻马店市土肥站获得河南省土肥系统先进单位称号，1 人获得国土资源部和农业部联合表彰的在永久基本农田划定工作中表现突出的先进个人称号。一是耕地质量监测工作。建立完善 18 个市级耕地质量监测点，出台《驻马店市耕地质量长期定位监测点建设方案》，尤其对市级耕地质量监测点标志牌的建立、监测的内容等工作进行统一部署，并适时召开全市耕地质量等级划分会商会、举办耕地质量评价及土壤有机质提升技术培训班。二是化肥零增长工作。按时完成 77 个土样的采集和采样点的基本信息调查，开展 1 个小麦氮肥用量试验、1 个小麦“五区丰缺”试验（肥料利用率试验），编制《驻马店市耕地质量保护与提升规划（2017—2020 年）》。测土配方施肥技术覆盖率 89%，测土配方施肥技术推广面积 1782.1 万亩，配方肥施用 14.6 万吨，面积 313 万亩，农用化肥使用 77.86 万吨。每月 10 日、25 日例行监测农田土壤墒情，并编制土壤墒情简报 12 期。（耿明生）

【病虫草害检测防控】 2017 年，全年农作物病虫害发生面积达 10637.42 万亩次，防治 11510.33 万亩次，占发生面积的 108.21%。其中，小麦条锈病发病时间早，菌源量大，病点多，严重度高，发生范围大，全市面积达到 629.2 万亩，是史料记载以来发生面积最大，发生程度最严重的一年。全市小麦条锈病统防统治面积达到 730.5 万亩次，出动无人机 7.8 万架次，飞防作业面积近 80 万亩，政府购买服务面积 199.8 万亩，共计挽回小麦损失 12.22 亿千克、挽回油菜损失 163 万千克、挽回秋季粮、棉、油损失 6.13 亿千克。全市共发布病虫情报 241 期，12 万余份，为政府决策提供科学依据。监测预警预报工作名列全省第 1(市级)，受到全国农技推广中心测报处和省植保站通报表扬。

（张亚丽　吴春峰）

【植物检疫】 2017 年，全年共开展调运检疫 2050 批次，1500 万千克，苗木 59.4 万株，食用菌 3.25 万千克，查处违章调运 92.1 万千克种子。全市共申报小麦繁种面积 204280 亩、花生 33230 亩、大麦 1.95 万亩、大豆 3.1 万亩、芝麻 1.41 万亩等全部按照产检程序进行检疫、登记和备案，其中小麦种子繁育田检疫合格面积 18.55 万亩，检疫合格种子 9616.54 万千克。重点有害生物疫情监测治理，全面开展小麦全蚀病和甘薯腐烂茎线虫等疫情普查，彻底摸清小麦全蚀病和甘薯茎线虫在全市发生分布情况，治理成效显著。

（张亚丽　吴春峰）

【专业化统防统治】 2017 年，全市专业化统防统治面积 1611 万亩次，占防治面积 15.04%，较上年增加 566.4 万亩次。其中，全程承包防治 356.4 万亩次，占防治面积 3.32%，较上年增加 106.3 万亩次。市植保站新设立药械科，专门负责和推进专业化统防统治。各级财政用于以小麦条锈病为主的小麦中后期病虫害防控金额达 1254.4 万元。引进中国第一品牌永佳动力在驻马店设立 4S 站；引进中国第一品牌广东极飞农用植保无人机，通过杂草防除、病虫害防治示范，建立基站、大面积统防统治、操作技术培训等工作开展，农用无人机——广东极飞在驻马店落地生根。全市 9 县 1 区（含新蔡县）设立 8 个飞防作业基站，可以全覆盖无死角、全天候无障碍地作业飞防，总投资超过 2000 万元，可以实现跨区域作业。

（张亚丽　吴春峰）

畜牧业

【概况】 2017 年，驻马店市畜牧业产值 250 亿元，占农业总产值比重为 37.1%。全市（不含新蔡县）猪肉总产量 563157 吨，牛肉总产量 78143 吨，羊肉总产量 20070 吨，禽蛋总产量 329323 吨，奶产量 38916 吨，禽肉总产量 745735 吨。先后被省委、省政府表彰为全省重大动物疫病防控工作先进单位；被河南省人民政府重大动物疫情应急指挥部办公室表彰为全省重大动物疫病防控工作先进单位；被河南省人社厅、河南省畜牧局联合表彰为全省畜牧系统先进集体；被河南省畜牧局表彰为畜牧业发展工作优秀单位、畜产品质量安全监管工作优秀单位等。（李林普）

【生态畜牧业发展】 2017 年，驻马店市开展畜禽养殖污染整治。全市禁养区规模养殖场关闭搬迁任务 149 家，完成 149 家，完成率 100%；规模养殖场配套建设粪污处理设施任务 1933 家，完成 1826 家，占 2017 年省定任务（1295 家）的 141%。发展畜禽标准化规模养殖。全市共开工新建大型标准化养殖场 24 个，其中年出栏万头以上生猪养殖场 14 个、500 头以上肉牛场 6 个、存栏万头奶牛场 1 个、年出栏 1000 只以上肉羊场 1 个、存栏万只以上蛋鸡场 2 个。确山县成功申报国家粪污资源化利用试点县，批复建设资金 3700 万元；正阳县成功申报种养一体化整县推进试点县，批复建设资金 1500 万元。5 个养殖场成功创建为国家级标准化示范场，9 个养殖场成功创建为省级生态畜牧业示范场，全市达到 22 个“国家级标准化规模养殖示范场”，34 个“河南省生态畜牧业示范场”。推进肉牛奶牛产业发展。由市畜牧局起草，以市政府名义印发《驻马店市支持肉牛奶牛产业发展实施方案》，市财政每年安排 2000 万元专项资金，支持肉牛奶牛产业发展。开展基础母牛扩群增量。2017 年新增肉牛犊牛 19080 头，补助资金 1144.8 万元，补助对象 1672 户，基础母牛存栏量 35041 头。2017 年，驻马店市泌阳、确山、平舆、正阳 4 县列入全省 43 个“粮改饲”试点县，争取资金 2133.9 万元，累计完成全株青贮 22.3 万吨，完成全株青贮玉米收贮面积 9.15 万亩。（李林普）

【畜禽种业生产】 2017 年，经市民政局批准，市畜牧局指导成立驻马店市畜牧业协会，并于 2017 年 11 月 10 日召开第一次会员代表大会。正阳县畜禽改良站被全国畜牧总站确

5月25日，乐源牧业正阳县有限公司车间，职工在为奶牛添加饲料　张　朝 摄

定为基层畜牧（草原）技术推广示范站；确山黑猪保种场通过河南省畜禽遗传资源保种场认定，被列入河南省畜禽遗传资源保护名录。（魏　政）

【动物防疫】 2017年，驻马店市正阳和泌阳2县被列为省级病死畜禽无害化处理长效机制试点建设项目县，2县项目建设提前完成已投入使用。截至2017年年底，全市已有遂平、西平、上蔡、正阳和泌阳5县建成无害化处理场。开展生猪和两牛保险。构建生猪保险、防疫和病死猪无害化处理三者联动相互促进的工作机制，全年全市共投保育肥猪1875945头，能繁母猪98401头，基础母牛12946头，犊牛11266头，奶牛2357头。（曹炳友）

【饲料监管】 2017年，市畜牧局推进实施《饲料质量安全管理规范》。驻马店扬翔饲料有限公司、驻马店盛世大北农农牧科技有限公司、驻马店大地饲料有限公司、河南丰源和普饲料有限公司4家饲料企业获省级示范企业荣誉奖牌，驻马店盛世大北农农牧科技有限公司通过农业部《饲料质量安全管理规范》示范企业。开展饲料生产和养殖环节抗生素及禁用化合物违法添加专项整治。全年共出动执法人员1241人次，发放普法宣传资料8037份，开展培训17场次，培训人员1735人次，对饲料生产经营企业检查做到全覆盖。开展“瘦肉精”飞行检测。9月，在遂平县组织开展2017年养殖环节“瘦肉精”拉网监测。共筛查110家生猪、肉牛、肉羊养殖场（户），抽取尿样300份，每份尿样分别使用盐酸克伦特罗、莱克多巴胺、沙丁胺醇3种试剂卡进行检测，经检测结果均为阴性。（曹炳友）

【畜禽屠宰】 2017年，驻马店市益康食品有限公司、驻马店市众胜食品有限公司、平舆县华俊屠宰场3家企业获准生猪定点屠宰资格。截至2017年年底，全市在生产的生猪屠宰企业共39家，其中A类生猪定点屠宰厂（场）13家、B类小型生猪屠宰场点26家。引导生猪屠宰企业转型升级，推进牛羊禽集中屠宰。2017年，全市有2家A类生猪定点屠宰厂（场）进行选址新建，3家B类小型生猪屠宰场点进行升级改造，新建3家牛羊屠宰场和2家禽屠宰场。加强畜禽屠宰行业从业人员培训。对全市2017年新增肉品品质检验人员和从事畜禽屠宰行政管理、执法监督人员共140人进行培训。（张春岳）

【动物卫生监督】 2017年，全市共检疫生猪565.86万头、牛2.91万头、羊173.89万只、禽类4198.68万只；完成全市养殖环节和屠宰环节“瘦肉精”抽检监测任务2635批次。全年共办理畜牧兽医行政执法案件222起，其中动物卫生监督案件87起、畜牧案件11起、饲料案件42起、兽药案件78起，生猪屠宰案件3起、诊疗案件1起，移送公安机关3起，取缔非法生产黑窝点1个。（巫真真）

【动物疾病防控】 2017年，市畜牧局强化动物疫病监测、流行病学调查及监测预警预报。更新、完善一级监测网点12个、二级监测网点43个、三级监测网点185个，实现动物疫情监测预警的定点、定时、定量和跟踪；免疫效果监测127628份，免疫合格率超过85%；病原监测7964份，走访调查养殖场（户）6043个/次，对监测中发现的阳性样品按照要求及时科学进行处理，保证全市无重大动物疫情发生。

8月20日，正阳县天润农业养殖场整洁明亮的养殖区　　高万宝 摄

根据流行病学调查和监测情况，及时组织风险评估专家团进行会商和评估，发布疫情预警信息 26 期，并上报主管部门及相关单位，为全市动物疫病防控和领导决策提供科学依据。5 月，驻马店市龙华牧业有限公司一分场蛋鸡群检测到 H7N9 阳性病例，市动物疾病预防控制中心迅速启动应急响应机制，按照“早、快、严、小”防控要求，联合市财政、公安、城管、产业集聚区等各部门共组织 200 多人严格按照《高致病性禽流感防治技术规范》《畜禽病害肉尸及其产品无害化处理规程》规定，对龙华牧业有限公司一分场 17 万只蛋鸡，进行薰杀、消毒、焚烧、深埋等无害化处理，及时将疫情扑灭。（付显东）

【兽药饲料（动物产品）质量检验监测】 2017 年，在河南省第五届畜产品质量安全检测技能竞赛中，驻马店市取得团体一等奖，李洪波、刘萌获二等奖，刘利晓获三等奖，贺萌萌获优胜奖。开展省、市两级兽药、饲料、畜产品、生鲜乳、“瘦肉精”抽样检验和委托检验，全年共完成各项检验任务 1970 批次、检 9942 项次，配合完成省中心抽样 649 批次。（贺萌萌）

林　业

【创森造林绿化】 2017 年，全市创森造林任务 106.42 万亩，实际完成 100.94 万亩，完成年度任务的 95%。中心城区实际新增绿化面积约 900 万平方米，绿化覆盖率 40.5%，人均公园绿地面积 11.5 平方米。为全面完成林业生态省提升工程建设造林任务，各级政府发挥主导作用，统一规划，调整土地，加大财政投入，采取承包返租、包乡帮扶、股份造林、路沟使用权拍卖、项目开发、招商引资等多种方式，拓宽筹资渠道，建立全社会参与的多元融资机制。驻马店市财政计划投资不低于 5000 万元的资金开展创森造林绿化工作，各县区已拨付财政资金 1.65 多亿元，对通道绿化造林进行资金补贴。市、县（区）印发造林实施方案；市委、市政府两办印发《驻马店市创建国家森林城市奖惩办法》。市创森指挥部制定督导检查方案，市委、市政府督查室对全市造林工作进行分片督导。全年全市共有 430.4 万人次参加义务植树活动，植树 1531 万株。市林业局荣获河南省林业厅授予的“2017 年度林业工作先进单位”称号。（黑竞颖）

【集体林权制度改革】 2017 年，市林业局围绕完善集体林权权能、引导林权规范有序流转、培育壮大新型林业经营主体、强化林权抵押贷款服务、大力发展绿色富民产业和建立健全社会化服务体系 6 项任务，持续深化集体林权制度改革。全年全市累计发展林下经济面积 117.6 万亩，实现综合产值 14.19 亿元。推进新型林业经营主体发展，累计发展林业专业合作社 214 个，专业大户 113 个，林业企业 26 个，涉及经营林地面积 27.17 万亩，涉及农户 9101 户。其中，2017 年新增 50 个林业专业合作社（家庭林场），完成省定年度目标任务；完成确山县和美专业合作社等 5 个林业专业合作社规范化建设任务。（黑竞颖）

【森林资源保护管理】 2017 年，市林业部门开展专项整治活动，采取多种形式，强化森林资源保护和管理工作，严厉

12月21日，全市创建国家森林城市攻坚推进会召开　　驻马店日报社提供

打击各类破坏森林和野生动植物资源违法犯罪活动。一是依法行政，加大法律法规宣传力度。开展对执法人员教育工作，要求所有执法人员做到凭证执法、亮证执法，做到执法有依据、处罚有标准。开展法律法规宣传活动5次，发放宣传页近2500张，接受咨询人员300人次。二是严格采伐限额监督管理。严格执行国家下达的“十三五”期间采伐限额，根据省厅下达年度木材生产计划，对各县（区）、国有林场年度生产木材严格限量，严禁超限额采伐；明确林木采伐实施分区分类、差别化管理的政策措施，采取定期抽查和不定期巡查方式，对西部山区木材经营加工企业的经营活动进行监督检查和管理，逐步理顺木材加工。2017年实现全市林木凭证采伐率、办证合格率均在99%以上，伐区林木凭证采伐和办证合格率达到99%以上。规范资源管理，在林地使用上报、林政稽查上，率先在全省推出规范高速公路建设取土使用林地资源程序，严格控制取土点，切实保护全市有限的林地。三是加大林业行政案件查处工作。全市共清理排查出违法占用林地的企业和个人共计107家，强制关停85家，行政处罚15家，刑事立案6家，行政立案14家。（黑竞颖）

【森林公安】 2017年，驻马店市森林公安机关在全市范围开展“2017利剑行动”和严厉惩治破坏野生动物资源违法犯罪专项行动。全年全市森林公安机关共立案657起，侦查终结491起，其中刑事案件立案139起，侦查终结103起，移送起诉124人；林业行政案件立案367起，结案311起，行政处罚318人；治安案件受案151起，结案77起，行政处罚47人，行政拘留34人。驻马店市森林公安局被评为2017年度全省森林公安工作优秀单位。（黑竞颖）

【林业有害生物防治】 2017年，驻马店市加强林业有害生物防治，开展林业有害生物测报、防治、检疫，林业有害生物普查、松材线虫病、美国白蛾普查及防控等工作。全市共发生各类林业有害生物597695亩，发生面积同比上升5%，发生率19.3%，其中草履蚧620亩，杨树病害38070亩，杨树食叶害虫265960亩，杨树蛀干害虫28610亩，松树病害2000亩，松树食叶害虫2500亩，栎类食叶害虫35550亩，其他林业有害生物65155亩，美国白蛾159230亩。通过积极防治，最大限度降低林业有害生物灾害缺失。（黑竞颖）

【森林防火】 2017年11月8日—10日，市林业局举办全市森林防火培训班暨消防队伍演练活动，150余人参加此次活动。截至2017年年底，全市有专业半专业队伍40支，队员970人；群众义务扑火队伍63支，队员4580人；专职、兼职巡山护林人员6000余人。全市全年未发生一起森林火灾，森林火灾受害率远低于省定0.9‰的目标。（黑竞颖）

【野生动植物保护】 2017年，市林业部门举行“世界野生动植物日”和“爱鸟周”科普宣传教育活动，采取多种形式向群众宣传野生动物保护法律、法规、政策和保护野生动植物的意义及重要性。开展对伤病野生动物的救护工作，救助的野生动物有猫头鹰、苍鹰、草鹭、苍鹭及鸟类30余只。同时，做好野生动物疫源疫病监测和防控工作。（黑竞颖）

【科教兴林】 2017年，市林业部门实施科教兴林和人才强林战略，结合林业经济结构调整，积极服务“三农”，推广应用林业新技术、新成果，强化林业技术服务，加强林业育苗这一基础产业和种苗工程建设。重点推广油用牡丹、火

4月21日，驻马店市“爱鸟周”宣传活动启动仪式　　市林业局提供

炬松、金叶连翘、金叶复叶槭、蓝莓等林木新品种10余个，新技术2项；围绕“科技强国 创新圆梦”“创新驱动发展 科学破除愚昧”等主题，举办展出活动3次，出展16块展板，印发科普图册190册、宣传资料1100份，设立咨询台2个，解答群众问题20个。抓好林业经营效益和经济林花卉生产工作，全市新发展经济林面积19789亩，完成花卉育苗3.8万亩。（黑竞颖）

【林业产业】 2017年，全市林业产值目标61.91亿元，实际完成61.95亿元，其中第一产业完成34.26亿元、第二产业完成18.19亿元、第三产业完成9.5亿元。全市新发展经济林面积19789亩，其中梨7643亩，桃3816亩，核桃2209亩，葡萄1353亩，油桐2300亩，还有其他少量小杂果；完成花卉育苗3.8万亩，截至2017年年底，全市花卉面积达到11.8万亩。2017年，全市累计发展林下经济面积117.6万亩，实现综合产值14.19亿元，完成省厅下达的年度工作目标任务。其中，发展林下种植面积30.98万亩、产值7.08亿元；林下养殖发展规模125.73万只（头）、产值4.78亿元；林下产品采集加工面积45万亩、产值0.86亿元；森林景观利用面积27万亩、产值1.47亿元。（黑竞颖）

【退耕还林】 2017年，市林业局推进新一轮退耕还林工作。驻马店市新一轮退耕还林计划任务全部落实到农户地块，分布在泌阳县郭集乡石子村40亩，黄山乡上周村60亩，中央预算内投资4万元。按照“谁退耕、谁造林、谁受益、谁管护”原则，市与县、县与乡、乡与农户层层签订责任书；市财政、林业部门及时申请年度退耕还林补助资金，县财政部门根据林业部门提供的农户兑现底册，由信用社将补助资金以“一卡通”形式，及时、足额打入农户存折。（黑竞颖）

【林业扶贫】 2017年，全市依托森林旅游总收入2.6亿元，助推相当一大部分贫困人口实现增收。下达6个贫困县中央和省级林业专项资金10087.28万元，较2016年增加17.5%；全市6个贫困县完成生态林营造面积11.55万亩，森林抚育和改造面积9.36万亩。在贫困地区组织实施生态廊道网络工程、“百千万”农田防护林工程、城镇社区绿化美化工程、山区及平原营造林工程和森林抚育改造工程4大林业重点工程建设；全市林业系统为重点贫困县组织培训林业新技能、实用技术11期，合计培训770人次。（黑竞颖）

【薄山林场】 薄山林场位于驻马店市南40千米处，北纬32°36′~32°44′，东经113°50′~113°58′，境内地处伏牛山与大别山交会地带，桐柏山东段余脉浅山丘陵区，海拔在76米~413米之间，山势都比较缓，坡度大多介于15°~25°之间，浅山区占15%，丘陵区占85%。土壤为黄棕壤，厚度在30厘米~70厘米之间，成土母质为片麻岩，pH值在6.5~7之间。薄山林场北接确山县城，南连信阳明港镇，国道107、京广铁路、石武高铁、京港澳高速纵穿南北，天目山公路、411公路横贯东西，交通比较便利。场部设在薄山，下辖6个林区，周围与8个乡镇、28个行政村、81个自然村相邻。自然条件优越，森林以针阔片状混交林为主，主要树种为栎类、马尾松。林区植被复杂，资源丰富，各类植物达131科、846种，构成群落的树种以栓皮栎、槲栎、麻栎、青枫栎、刺槐、山榆等落叶树种居多；主要经济树种有板栗、山楂、乌桕、猕猴桃、柿树、核桃，以及珍稀的杜仲、喜树、五加、玉兰等。建场后引进的马尾松逐渐显示生长优势，成为主要经营树种。另外，林区还广泛分布着金银花、野菊花、桔梗、灵芝、血参、柴胡、元胡等众多药材植物。野生动物资源十分丰富，鸟类近百种分属17目、35科，兽类30余种有草鹿、雉鸡、野猪、野山羊、狐狸、果子狸、獾等。由于生态区位重要，1992年第一批被批准为薄山国家级森林公园，2004年第一批被区划界定为国家级公益林。

2017年，薄山林场全面规划，适地适树安排造林，把植苗、点播和萌芽更新结合起来，提高林地生产率。全年共完成零星空地造林200亩。一是严格执行中幼林抚育工作采伐限额制度。采伐地点、采伐设计和作业实行层层把关、责任到人，全年林场共完成中幼林抚育面积4300亩，并通过检查验收。二是做好森林防火工作。组建薄山林场专业森林消防队，加强火源管理，严禁外来人员在林区烧荒、烧纸。控制入山人员，坚持入山登记制度。制定扑火预案，完善森林消防队伍建设，健全防火设备和工具，实现打早、打小、打了预期目标。荣获2017年度豫鄂2个省、11个县(市区)"护林防火先进单位"称号。三是加强森林公园建设，发展旅游多种经营。重点做好"五一"、中秋节、"十一"3个黄金假期旅游工作。依托现有条件和资源，扩大旅游业宣传，强化森林公园工作人员素质训练。全年共接待游客2.3万人次，门票收入30万元。四是国有林场改革工作。按照省、市国有林场改革领导小组批复的国有林场改革实施方案全面落实，至2017年年底全面完成国有林场改革工作，从2018年1月开始，驻马店市薄山林场正式更名为国有驻马店市薄山林场，为公益一类事业单位，副处级建制、核定编制为132人，林场人员经费、工作运转经费、基本支出等各项经费已由市财政统一预算发放。（黑竞颖）

渔 业

【概况】 2017年，全市（不含新蔡县）水产养殖面积48.2万亩，其中水库22.6万亩、池塘22.8万亩、河沟2.8万亩。其中，水库数量179个，大型水库4个、中型水库8个、小型水库167个。4个大型水库：宿鸭湖水库养殖面积12万亩，板桥水库养殖面积2.2万亩，薄山水库养殖面积1.8万亩，宋家场水库养殖面积0.8万亩。水产品产量11.96万吨，产值13亿元。全年水产品检验检测31批次，均达到无公害标准。登记在册的机动渔船有762艘，2017年发放油补资金274.07万元。同时，开展春季禁渔活动（4月1日中午12点至6月30日中午12点），张贴禁渔公告1000多份。冬季水生生物增殖放流活动，水生生物增殖放流项目资金30万元，在宋家场水库等地进行大型增殖放流活动，放流鲢鱼、鳙鱼鱼苗150万尾。9月份协助河南师范大学水产学院对驻马店市开展渔业资源调查，全市共安排191个采样点。

（张久云　朱明华）

【渔业科技培训】 2017年，全市举办水产技术培训42期，培训新型渔民和技术人员2582人，培训内容涵盖水产品健康养殖技术、养殖节能减排技术、鱼病综合防治技术、名特优新品种养殖技术等。开展技术咨询服务、渔业公共信息服务，设立专家热线和"驻马店水产养殖微信群"，组织专业技术人员全天候与渔业养殖从业者进行技术交流。建立手机信息用户2992户，发布水产公共信息3730条。同时长期派专业技术人员深入塘边、船头，送技术、送信息，帮助渔农解决养殖过程中遇到的疑难问题，全年指导农户1732户，指导企业30个，指导合作组织94个，指导面积8577公顷，发放技术资料17242份。（韩建强）

【水产养殖先进技术推广】 2017年，全市示范推广水产养殖关键技术22个。在上蔡、遂平、西平、汝南4县推广鱼菜共生养殖新技术170亩，实现养鱼不换水、种菜不施肥，解决池塘换水难及水质富营养化问题。在确山、泌阳推广微生态制剂应用技术，推广面积300亩。通过使用微生态制剂，抑制池塘内病原菌的繁殖生长，调节水质，改善池塘生态环境，提升水产品健康水平和池塘养殖的饲料转化率。在正阳、

1月13日，板桥水库冬捕起网，捕捞的都是6斤以上的大鱼

确山推广稻田养殖小龙虾、甲鱼、鲫鱼、草鱼技术，推广面积500多亩。通过示范推广健康养殖技术，树立创新、协调、绿色、开放、共享发展新理念，取得巨大经济效益和生态效益。（韩建强）

【名特优新水产品引进推广】2017年，在稳定鲤、草、鲢、鳙常规品种养殖面积的基础上，加大名优新品种推广力度，指导渔业养殖大户进行小龙虾、泥鳅、南美白对虾、澳洲龙虾、黑鱼、鳜鱼、鳖等新品种养殖试验示范，组织开展新品种养殖试验示范推广。全市新品种养殖试验示范面积已达到2000亩以上。在引进、试验、示范、推广过程中，通过配套综合高产高效健康养殖技术，实现名特优新品种产量、效益“双倍增”目标。（韩建强）

【渔业病害测报与防治】2017年，驻马店市在汝南、正阳、上蔡、遂平、确山和驿城区共设置鱼病病害监测站点18个，每个站点均配备远程测报系统和电子监测设备，全市共监测养殖水面3000亩，对全市主养品种（鲤鱼、草鱼、鲫鱼、鲢鱼、鳙鱼等）病害的发病时间、发病规律、流行情况进行不间断跟踪研究测报，及时汇总、上传病害测报数据。发现病源及时对发病水域进行处置，控制并消灭病源，并根据监测分析结果，通过网络及时向全市养殖企业（户）通报鱼病发生、流行情况及其可能造成的危害，使广大养殖企业（户）及时准确了解全市水产养殖病害的发生及流行情况，做到防患于未然，防止鱼病疫情大面积爆发。（韩建强）

农村经营管理

【农村土地承包经营权确权登记颁证工作】2017年，全市各县区全部开展并基本完成确权登记颁证工作。全市168个乡镇（街道），2338个行政村，152.72万农户，实现“应确尽确”。截至2017年年底，完善合同确权到户151.77万户，占确权农户的99.38%；确权到户耕地1129.31万亩，占二轮承包面积的106.91%；颁发证书151.01万本，占应确权农户的98.88%；档案整理148.5万册，占97.2%；县级合库全部完成，确山、正阳、西平、遂平、汝南5县完成农业部数据汇交；自查自验各县区全部完成。从省、市、县多次实地核查情况看，证书颁发率、群众满意度高。2017年10月24日—25日，农业部具体负责全国确权工作的副巡视员孙邦群，深入西平、确山2县调研后，充分肯定驻马店市确权工作成绩。2017年11月7日，《人民日报》、新华社、中央电视台、中央人民广播电台等10多家中央媒体集中驻马店市，采访报道河南省确权登记颁证工作经验。2017年年底，全省确权登记颁证工作考评中，驻马店市处于先进行列。（许卫平　胡洪艳）

【土地流转】2017年，市农业局在全市开展以鼓励土地向专业大户、家庭农场、农民合作社和农业企业等新型农业经营主体流转为重点的农村土地承包经营权流转工作。全市土地流转315.1万亩，占家庭承包耕地的30.3%。土地经营规模在50亩以上257.9万亩，占耕地的23.3%。（许卫平　胡洪艳）

【新型农业经营主体培育】2017年，市农业局加强对农民专业合作社、家庭农场的指导、扶持和服务。从政策、技术、项目、资金上给予重点新型经营主体指导支持，择优推荐支持部分新型农业经营主体获得部、省项目扶持，开展农民合作社示范社和示范家庭农场的负责人业务培训，增强其管理水平。截至2017年年底，全市依法登记注册的农民专业合作社18934家，家庭农场6485家。其中：国家级示范社35家，省级示范社63家，市级示范社396家；省级示范农场18家，市级示范农场56家。（许卫平　胡洪艳）

【农民负担监督管理】2017年，市农业局开展减轻农民负担监督检查工作。全年开展督导检查和明察暗访30次，参加人员150人次，其中市农监办直接开展检查3次，做到全市各县区全覆盖。各地查办问题23起，挽回经济损失5.8万元，处理责任人3人。做好信访接待处理和督查督办，全市各级农监部门接待群众来电来信来访229人次，查纠资金18万元，有效回应农民群众诉求。开展重点及特殊领域突出问题专项治理，全市查出违规问题89件，减轻农民负担23.8万元，查纠农村低保、五保用电补贴滞发问题1起，3年滞发电费全部补发到位。全年印制农民负担监督卡167.3万份，入户率达93%。加强对涉及农民负担文件出台、项目公示的审核，对本地区涉及农民负担收费文件进行清理和公示。全市实行涉农收费公示制的乡镇达到110个，占总乡镇数的93%，从源头上堵住加重农民负担的口子。（蒋　平）

【农业综合执法】2017年，市农业局规范农资生产经营主体生产经营行为，打击制售假劣农资行为，净化农资市场。全市共检查农资生产经营企业3800多家，出动执法人员1.3万多人次，立案1087起，移交公安机关4起（驿城区1起、遂平1起、正阳1起、西平1起）批捕4人，为农民挽回经济损失500多万元。（李长红）

【农村改革】2017年，驻马店市委农办共完成《中共驻马店市委 驻马店市人民政府关于深入推进农业供给侧结构性改革加快培育农业农村发展新动能的实施意见》《中共驻马店市委 驻马店市人民政府关于农村集体产权制度改革的实施意见》《关于引导农村产权流转交易市场健康发展的意见》3个改革文件起草任务。同时，以省级土地托管试点县遂平县为依托，推进土地托管工作。全县累计托管土地25.9万亩，占遂平全县家庭承包面积的30.8%，发展2000亩以上的托管大户20个。（任　亚　游　鑫）

农业综合开发

【概况】 2017年，全市实施农业综合开发项目12个，财政投资15878万元。其中：土地治理高标准农田建设项目4个，财政投资9380万元；高标准农田建设模式创新与美丽乡村建设试点项目1个，财政投资4200万元；产业化贴息项目3个，财政贴息268万元；部门项目4个，财政投资2030万元。农业综合开发可统筹整合资金21366万元，其中用于高标准农田建设7136万元。　（王国云　杜瑞娟　周保印）

【土地治理高标准农田建设】 2017年，全市高标准农田建设工作坚持“集中连片、规模开发、逐步推进”基本原则，打破乡村界限，按区域、按流域规划，形成当年项目区集中连片，3～5年项目区连成一大片的开发格局。2017年，实施土地治理高标准农田建设13.7万亩，其中土地治理高标准农田建设项目6.7万亩、高标准农田建设模式创新与美丽乡村建设试点项目中建设高标准农田2万亩、贫困县涉农统筹整合资金用于农业综合开发高标准农田5万亩。项目涉及5个县区、8个乡镇27个行政村。

高标准农田项目建设。2017年，高标准农田建设项目6.7万亩，总投资9380万元，项目涉及驿城区、西平、遂平3个县区的5个乡镇、13个行政村，建拦河坝4座，提灌站4座，新打机电井710眼，输变电线路348.82千米，开挖疏浚沟渠91.35千米，衬砌渠道16.08千米，埋设管道257.94千米，新建生产桥654座，硬化干道57.63千米。

高标准农田建设模式创新与美丽乡村建设试点项目。高标准农田建设任务2万亩，总投资2880万亩，其中中央财政资金1800万元、省级财政资金619万元、市级财政配套101万元、企业自筹360万元，项目涉及驻马店市的遂平县阳丰镇郑湾、邢桥、索店、王悦4个行政村，新打机电井169眼，输变电线路65.4千米，开挖疏浚沟渠30.56千米，埋设管道47.71千米，新建生产桥109座，小型蓄水工程1座，硬化干道18.68千米。

贫困县统筹整合资金用于农业综合开发项目。按照国家和省《关于支持贫困县开展统筹整合使用财政涉农资金试点的意见》，驻马店市的6个贫困县的农业综合开发资金进行统筹整合用于扶贫开发工作。正阳和泌阳2个县探索出一条扶贫开发与农业综合开发相结合的路子。其中，正阳县2017年批复农业综合开发可统筹整合资金4155万元，按照农业综合开发高标准农田建设标准，安排高标准农田建设任务3万亩，项目涉及寒冻镇台子寺、袁楼、祠堂、史庄、杨庄村和袁寨乡梨王村6个行政村。泌阳县2017年批复可统筹整合资金2981万元，安排土地治理高标准农田建设任务2万亩，项目涉及高邑乡的王湾村、谭园村、史洼村、余洼村4个行政村。　（杜瑞娟　任慧敏）

【新型农业经营体系建设】 2017年，市委农办围绕创新农业经营机制、激发农村发展活力，抓好新型农业经营主体培育、现代农业产业联合体建设和新型农业经营体系示范乡镇建设3项工作。

新型农业经营主体培育。通过财政引导、项目支持、信贷支持、费用减免等9项措施，培育农民合作社、家庭农场、专业大户等新型农业经营主体。截至2017年12月底，全市已依法登记注册各类农民合作组织25065家，其中农民合作社18676家、家庭农场6389家，总量处于全省第一位。

探索组建现代农业产业联合体。创新农业产业化带动机制，利用龙头企业的资金和市场优势、农民合作社的技术优势和家庭农场的资源优势，在三方之间建立紧密的利益联结机制，构建现代农业产业联合体。全市组建联合体20个，共带动90个专业合作社和44个家庭农场，走上共同发展、带农致富的道路。

新型农业经营体系示范乡镇建设。按照“体制机制创新、服务体系健全、产业结构合理、区域特色鲜明、主体类别齐全、农机装备领先、规模经营过半、农民增收明显”的试点标准，推进10个新型农业经营体系示范乡镇建设，重点在融资担保机制、土地流转机制创新等方面进行积极探索。
（李　东　陈诗忠）

【产业化发展项目建设】 2017年，河南省批复驻马店市产业化贷款贴息项目3个，贴息额268万元，全部贴息到位。批复驻马店市高标准农田建设模式创新与美丽乡村建设试点项目中“驻马店市遂平县15万吨小麦专用粉加工改扩建项目”，项目建设单位是“一加一天然面粉有限公司”。项目总投资3368.85万元，其中中央资金1200万元、省级资金413万元、市级配套67万元，企业自筹1688.85万元。新建小包装生产车间、配粉车间4548.3平方米及污水处理设施292立方米；购置部分清理、制粉设备及扩建配粉车间等辅助设备889台套。　（王国云）

【部门项目建设】 2017年，河南省批复驻马店市部门项目4个：一是泌阳板桥林场储备林示范项目；二是泌阳马道林场储备林基地示范项目；三是汝南县中型灌区节水改造项目；四是汝南县土地托管新建项目。财政投资2450万元，其中中央财政资金1750万元，省级财政资金603万元，市级配套资金97万元。项目实施计划于2017年7月批复到市、县。　（周保印）

水　利

【概况】 2017年，全市新增耕地灌溉面积26万亩，新增节水灌溉面积36.08万亩，新增水土流失治理面积103.7平方千米，全年共争取各类水利资金10.42亿元。上级财政安排驻马店市大型灌区续建配套与节水改造、抗旱应急水源引调提水工程、小型农田水利项目县、农村饮水安全巩固提升等

3月22日“世界水日”市水利局在解放大道开展以“落实绿色发展理念，全面推行河长制”为主题的宣传活动

王朝朝 摄

重点水利项目投资 63551.3 万元。市水利局对在建项目实行动态管理，成立 9 个督导组，每周通报评比，截至 12 月 31 日，投资完成率 96%。加强工程建设管理，72 座小型水库除险加固项目竣工验收工作完成，136 座小型水库除险加固工作接近尾声。全市有 7 个项目分别获得淮河水利委员会、河南省水利厅“文明工地”称号。全面落实安全生产责任制，未发生较大安全事故，未发生一起死亡事故。水利投资计划执行、水利建设质量考核、全面推行河长制考评均获优秀等次。

（韩　璐）

【防汛抗旱】 2017 年，全市平均降雨量 1084 毫米，较多年平均偏多近 2 成，出现 6 次较大的降雨过程、2 次洪水过程。受 9 月 30 日至 10 月 12 日连续降雨影响，全市河道水库水位明显上涨，宿鸭湖水库和 10 座中型水库、105 座小型水库超汛限水位，溢洪道出现溢流。5 月和 7 月降水偏少，部分地区出现轻旱旱情。面对洪涝灾害和旱情，防汛抗旱部门科学调度，有关部门密切配合，确保人民群众生命财产安全和防洪工程安全。薄山水库 4 次开闸放水灌溉，共放水约 1727 万立方米。

（韩　璐）

【宿鸭湖水库清淤扩容项目】 宿鸭湖水库清淤扩容项目列入国家和省、市水利发展“十三五”规划，项目可行性研究报告编制完成，项目所需的 13 个前置报告除规划选址、环境影响评价 2 个要件未批复完成外，其余均批复完成。

（韩　璐）

【水利项目前期工作】 2017 年，杨庄滞洪区改水库项目已开展项目论证工作，正进行项目可研报告编制单位招标工作。板桥水库除险加固项目初步设计报告由市发改委批复并上报省水利厅。病险水闸除险加固项目，遂平奎旺河节制闸省水利厅已批复初步设计并列入 2018 年度中央投资计划；平舆县蛟停湖滞洪区进洪闸初步设计报市发改委审批；西平县老王坡滞洪区南、北退水闸项目初步设计市发改委已批复。河南淮河流域重点平原洼地治理工程可研报告已由水利部出具审查意见并报转发改委，审批所需相关前置附件基本完成。南水北调驻马店引水工程完成取水方案论证报告，省南水北调办组织召开取水方案专家咨询会，已按专家意见修改完毕。

（韩　璐）

【农村水利】 2017 年，驻马店市持续实施宿鸭湖、薄山和汝南县野猪岗 3 座大中型灌区续建配套与节水改造；完成西平、遂平 2 个农田水利项目县建设任务；完成年度农村饮水安全巩固提升工程，新建及改造农村集中供水工程 210 处，新增受益人口 43.37 万人、受益贫困人口 11.81 万人。

（韩　璐）

【水资源管理】 2017 年，《驻马店市水资源综合规划》等 5 项规划编制完成。在省政府考核组对驻马店市政府 2016 年度落实最严格水资源管理制度的考核中获得 89.6 分、良好等次，完成市政府对县区 2016 年度考核。开展 10 个重要水功能区水质监测工作，与环保局建立水质监测数据互通互享

机制；推进水资源费改税工作。（韩　璐）

【水利改革】2017年，市水利局推动市政府与河南省水权收储转让中心签订用水指标转让意向书，争取首期4000万立方米水权指标向西平、上蔡、汝南、平舆县城供应南水北调水源。组织完成西平县省级小型水利设施产权制度改革及创新运行管护机制工作试点。编制完成《驻马店市“十三五”水资源消耗总量和强度双控工作实施方案》。启动驻马店市农业水价综合改革工作，完成2017年改革实施计划编制与试点选定工作，试点区西平县2万亩改革任务在推进。

（韩　璐）

【宿鸭湖水库概况】2017年，宿鸭湖水库全年完成投资8638万元，完成宿鸭湖水库除险加固工程验收，被评为市直水利系统责任目标完成先进单位、水库水利工程管理省一级管理单位。

防汛减灾。落实各项度汛措施，做好水雨情监测和洪水预报，及时传递防汛信息。做好在建工程防汛工作，合理调度水资源，确保水库工程安全度汛。10月1日—6日持续降雨，10月6日5时达到最大入库流量1657立方米/秒，最大下泄流量520立方米/秒，最高水位达到53.98米，进库水量13.06亿立方米，总出库水量13.06亿立方米。经过合理调度，配合流域内整体洪水调度，产生防汛减灾效益2亿元。

工程建设。推进宿鸭湖水库清淤扩容工程，可研报告已经市水利局组织技术审查，静态投资29.36亿元；PPP项目咨询服务选定咨询公司，“两报告一方案”编制完成；可研项目立项审批所需的各前置专题报告，除规划选址意见书和环境影响评价外都已编制完成并审批。宿鸭湖灌区续建配套和节水改造工程总投资7668万元，2017年10月20日开工，截至12月31日，完成22%的工程投资；配合市财政评审中心完成宿鸭湖灌区续改项目2012年度工程、2013年度工程、2014年度工程的完工结算评审工作，该项目2009年至2014年6期工程资料在整编归档。宿鸭湖渠首闸渔港项目总投资800万元，于2017年6月省农业厅进行批复，完成招投标程序，确定施工单位。2017年度水利防灾减灾专项资金40万元、2017年度省级农田水利设施建设和水土保持专项资金80万元、2017年中央特大防汛补助项目50万元于12月9日验收。宿鸭湖水库除险加固工程水土保持工程专项验收、环境保护专项验收、档案专项验收均已完成，宿鸭湖水库除险加固工程自查阶段已完成，技术预验收相关手续准备齐全，上报河南省水利厅，等待验收。棚户区改造项目于2016年4月28日开工，基本完工。

水资源管理。加强水资源管理，每周最少巡查2次，全年共组织人员巡查672人次。3月22日“世界水日”对沿湖群众进行水法律法规宣传，张贴公告5000张，发放水法规宣传单8000份。针对环保部门遥感监测发现库区内165处人类活动违法违规问题，其中涉及宿鸭湖水库需整改的8个问题，成立专项治理小组，采取切实可行措施，制定具体整改台账，明确整改负责人、整改措施及整改时限。整改完成1处，5处上报予以保留，2处正与相关部门配合处理。加强水库防污染工作，印发《关于严禁投粪施肥等违规问题的通知》，每周2次巡视湖面，做到检查有记录、有照片，针对发现的问题和隐患现场指出，并检查整改结果，防微杜渐。4月初，对水库建档注册的140条船只进行初验，督促不合格的进行整改；5月，所有船只通过市农业局验收。所有旅游船只定期检查，服从调度。

宿鸭湖水库　　王方明　摄

水利经营。全年旅游船只共出航2300余次，接待游客2万多人，营运收入56万余元，实际盈利15.7万余元。水产养殖引进新津鲤鱼苗20万尾、引进中科三号鲫鱼20万尾、鳜鱼苗3000尾。水电站在保证防汛要求前提下，科学调度，共发电1600多万度，创产值394.2万元。刘大桥单位办公用房拆迁补偿款170.9万元，其他收入25.1万元。（马建国）

【板桥水库概况】2017年，板桥水库管理局加强工程管理、水源保护、项目建设、水利经营、防汛抗旱等工作，被评为全市水利系统先进单位党组织。妥善处理水源地保护区、行洪河道、棚户区建设土地纠纷，全面落实安全生产责任制，加强安全教育培训，定期或不定期召开安全会，多次集中进行安全生产大检查，建立安全生产台账，全年未发生安全责任事故。完成2016年前固定资产核实清查工作。落实水库大坝及灌渠等水利工程管理责任制，抓好日常管理及维护，加强工程设施观测及巡视检查，保持工程设施安全完好。通过2016—2017年度大型水库工程管理考核工作，被评为河南省大型水库二级管理单位。

防汛抗旱。落实防汛抗旱行政首长负责制及成员单位分工负责制，召开防汛会议，明确职责和任务。加强汛前大检查，组织人员对水库枢纽工程、灌区工程等设备设施进行拉网式排查，发现问题及时整改并上报。落实防汛队伍、料物、设备等各项防汛措施，加强防汛设备安全检查，完成防汛通讯及上游15个雨量站维护改造。坚持领导带班制和24小时防汛值班制度，做好水库水情、雨情、工情监测，科学调度水源。2017年水库入库水量1.96亿立方米，汛期水库入库水量6600万立方米；全年流域平均降雨量890毫米，汛期流域平均总降雨量600毫米；最高水位111.76米（10月24日），为近12年来最高水位，相应库容2.65亿立方米，全年无弃水，水库安全度汛。

水源保护。加强水源地保护设施建设，完成水源保护隔离围网设置及管理范围测绘工程。开展全省重要河道水库及重点水利工程设施执法检查和2017年汛前专项执法检查活动，与有关部门联合治理上游水域违规开设餐饮业。排查水源保护区、准保护区风险源点，建立风险源名录，制定安全防范措施。做好禁钓、禁泳、禁止旅游野炊等工作，定期清理和打捞库区岸边垃圾和水面漂浮物，严厉打击夜间部分水域偷采河沙行为，责令停止采沙作业，撤离水面并拆除船上部分设备，重大问题及时向上级和有关部门反映，及时解决处理，有效遏制非法采沙行为。联合开展清河行动，出动130余人，投入大型机械设备8台（套），取缔非法养殖户2家，拆除违规建筑34间，清理部分违规种植苗木，解决板桥水库多年来下游河道清障难题，确保行洪安全。利用流动宣传车到有关乡镇街道、学校等开展水源保护宣传活动。

项目建设。板桥水库除险加固项目，工程初步设计报告通过水利厅技术审查，市发改委批复工程总概算为19972.72万元，已报水利部及发改委，待批复投资计划。灌区工程，完成2015年、2016年度中央统筹资金维修养护项目及2017年度该项目建设前期准备工作。完成灌区白蚁专项治理项目建设任务及板桥灌区续建配套和节水改造项目总体可研、年度实施方案的编制及新增量测水项目追加投资实施方案的编制工作。完成重点岁修和应急度汛项目2015年、2016年度工程建设任务。完成2017年水利防灾减灾资金项目建设、2017年应急度汛项目申报、特大防汛抗旱资金项目的申报工作。配合做好驻马店第二水厂取水口工程前期工作及实施。棚户区改造项目主体工程基本完成，基础设施建设进入收尾阶段。水电站安全生产标准化建设项目完成通过省水利厅验收并公示，取得二级安全生产标准化管理单位称号。水土保持项目2017年《板桥水库王楼小流域治理工程项目》已通过竣工验收，二期配套基础设施建设项目正在申报。市板桥水库及市防洪博物馆总体规划项目完成总体规划初步方案，正待验收审批。水情教育基地项目被水利部批准为第二批国家水情教育基地。

水利经营。城市供水6964万立方米，水费收入1183.88万元，工程水价与周边地区相比明显偏低，正在做好水价调整申报工作。在2017年春节期间、中国“农洽会”、创建全国文明城市检查和全省文明城市创建暨百城建设提质工程工作会期间3次供水历时40天，供水985万立方米。水产养殖，配合市农业局增值放流投放鲢、鳙鱼种350万尾；监督水产承包人完成鲢鳙鱼鱼种投放20.5万余千克；配合搞好渔业资源及水产品品牌宣传工作，举办“2017中国·板桥水库冬捕活动”，配合新闻媒体完成《大鱼治水》科普纪录片拍摄工作；做好渔业资源经营管理，确保水产养殖稳步推进。水力发电完成发电量200余万度。综合经营，坚持资源统筹开发，推进水利风景区建设，完成苗木栽种6200余棵。（赵国彬）

【薄山水库概况】2017年实现经营收入约403.6万元，其中水费收入202.34万元；航运承包收入10万元；近区供电63.12万元；水产承包60万元；旅游收入4.39万元；其他收入1.3万元。全年入库水量1.63亿立方米，出库1.3亿立方米，最高水位116.44米，确保水库安全度汛。加强对灌溉和生活供水保障。全年向确山县城供水685.4万立方米，古城电厂供水447万立方米；农业灌溉供水1876万立方米。

项目建设。确山办事处城市棚户区改造项目封顶；库区棚户区改造项目内外墙抹灰完成60%；2016年、2017年度水利发展资金维修养护项目完工并投入使用；薄山灌区续建配套与节水改造项目批复投资3593万元，完成项目完成总投资的40%；薄山水库臻头河小流域治理项目完工并投入使用；完成薄山水库2017年重点岁修工程（40万元）和2017年应急度汛工程（40万元）；对输水洞尾水渠道进行综合整治，对渠道进行清理淤泥、整治河坡、修复损毁堤防护岸、河岸两侧绿化等工作；对原西河承包鱼池回收并进行生态种植养殖，经过考察论证，采用引进种植白洋淀优质荷花品种，改善职工生活环境和水生态环境，荷花种植完成23亩。

安全生产。成立安全生产领导小组，充实专（兼）职安全生产管理人员，建立健全安全生产规章制度、操作规程、应急预案等。组织开展“安全生产月”活动，完善安全警示标志牌。成立水上义务救援队。举办安全生产基本知识及消

10月26日，宿鸭湖夏屯泄洪闸位于汝南县三桥镇夏屯村，由五孔泄洪闸（5-14×9.5M）和七孔泄洪闸（7-9×9M）组成，两闸合计最大泄洪量8318立方米/秒。1958年投入运行以来，发挥了巨大的社会、经济和生态效益　　李　峰摄

防安全讲座，进行消防演练，保证水库全年安全无事故。

水资源保护。对水源地一级保护区、二级保护区和准保护区内的4处训练培训基地，6家宾馆度假村，4处非营业性质综合建筑，27家农家乐饭店等餐饮服务点，4处畜牧养殖场，1处小型加油站，1座小水库等污染隐患源点进行排查，逐户造册登记存档，并将重点监控源点单独登记造册存档，建立《薄山水库饮用水水源地风险源排查名录》；配合确山县环保监察大队开展水政巡查；加大禁渔期执法巡查，对禁渔期违法捕鱼活动进行重点打击，维护水库渔业生产。

（吕　超）

【水利工程局概况】 2017年，水利工程局实现产值3.2亿元，全年无特大质量安全事故发生。加强职工教育培训，重点落实安全生产培训制度。开展水利科技创新，完成科技论文8篇。参加市第一届防汛抗旱技能大赛并有2名选手获技术标兵称号。2017年3月底完成质量、安全、职业健康三体系年度续评工作；经水利部安全生产标准化评审委员会审定，授予工程局为水利安全生产标准化一级单位称号；2个重点项目被淮委评为“治淮建设文明工地”，2个项目被省水利厅评为“水利建设工程文明工地”；被河南省市政公用业协会评为河南省市政工程安全先进企业，被驻马店市建筑业协会评为建筑业先进企业等。

工程建设。2017年，市水利工程局完成生产经营产值3.2亿元（其中本市0.9亿元，对外合作项目2.3亿元），上缴税收1635万余元。已完成的本区水利工程有：驻马店市宿鸭湖水库、薄山水库库区2016年度维修养护工程，驻马店市练江河东段综合治理项目1#、2#液压坝的土建主体工程；在建的水利工程有：市中心城区驿城大道防洪排涝沟应急治理工程，五里河薛庄河两河一管工程及水利通讯塔基础工程。房建及市政在建工程有：驻马店市薄山水库和宿鸭湖水库棚户区改造工程，遂平县嵖岈山镇美丽乡村建设试点项目，驻马店市第二污水处理厂二期生化池工程。在建合作的市外项目主要有：呼和浩特市奎素沟河道改道工程、广东省茂名市茂南区青年湖水库除险加固工程，重庆市磨刀溪流域万州区段防洪护岸综合治理项目，重庆市石柱县曹家湾水库（烟草援建水源工程）枢纽工程，辽河三江口地区西辽河内蒙古科左后旗段工程、三明市沙溪白板路段护岸工程、平顶山市湛河治理2016年度第二批工程，信阳平桥区出山店水库防护工程等近40余项。

防汛抢险。对所有在建工地，落实防汛责任，查预案、查隐患、查措施，发现问题及时提出整改意见。从5月15日起，与省、市防办同步做好防汛值班，并做好电话值守工作。制定2017年防汛抢险应急预案，组织抢险队员进行集合点验演练，利用视频对队员进行防汛技术业务知识讲座培训。加强设备的调试、维护和保养，保证防汛车辆、机械等设备正常使用。在技术上，做好各小组设备配备，对技术分队、抢险分队、后勤保障队进行人员调整，为防大汛，抢大险，做好充分准备。

市场开拓。积极在省外考察项目、考察合作伙伴，参与水利、土地、市政、工民建等领域项目建设。水利工程局在广东、浙江等十余省建立工程处，利用单位专业技术人才、资质等优势，拓宽市场渠道，扩大市场规模。2017年，签订合同60余项，合同额5.3亿元，千万元以上合同20项，其中5000万元以上的4项。　（李彦华　曹　贞）

【河道管理局概况】 2017年，市河道管理局完成河道岁修、维护工程任务。落实2016年度防汛方（预）案和抢险方案编制、整理及汇编工作。申报2016年度河道堤防整治及重点岁修小洪河右岸平舆县磨扇埠口至姚寨堤防段锥探灌浆工程，资金来源为河道堤防整治及重点岁修经费资金40万元。申报2016年中央特大防汛抗旱小洪河左岸平舆县新埠口至下王湾堤防段锥探灌浆工程，资金来源为中央特大防汛抗旱（应急度汛）补助费，资金40万元。重新修改工程管理制度，制定考核办法，落实奖惩制度，树立质量就是生命的观念。对单位国有资产进行完整统计，完善单位国有资产管理信息系统，实现资产管理与财务管理相结合的工作机制。加强人才队伍建设，组织工程技术人员参加学习教育活动及技术交流，并对在专业技术职称评审中获得资格的6人进行公示、聘任上报。

防汛工作。按照省、市对防汛工作部署和要求，成立河道管理局防汛抢险技术支援组，全面落实以主要领导为核心的防汛责任制，以提高对度汛中突发性险情的应变能力，做到迅速有效解决汛期险情，确保安全度汛。

入河排污口核查。排查区域涉及长江、淮河两大流域，其中流域面积1000平方千米～5000平方千米河流5条，流域面积50平方千米～1000平方千米河流93条，流域面积50平方千米以下河流105条。前期共普查出各类疑似排污口310个，经过多次提取排污口水样化验及监测，细致甄别出真实排污口136个，登记归档分别上报市水利局和省水利厅。对全市入河排污口进行普查登记，全面掌握入河排污口状况。

河道采沙管理。积极与县区水利局联系，每月将全市河道采沙管理工作进展情况、长效机制建立情况、采沙管理责任制、法规制度建设、日常监管与专项打击、涉沙船舶整治与滩地沙场管理、能力建设及日常管理中好的措施报送至水利厅，使河道采沙管理走上规范化管理轨道。

（张银玲　陈亚东）

【水利勘测设计研究院概况】 2017年，水利勘测设计研究院各类专业技术人员85人，其中教授级高级工程师2人，副高级专业技术人员19人，中级专业技术职称37人。技师5人，高级工9人，中级工2人。2017年获取单位资质所需相关执业资格证书情况：注册土木工程师3个，注册建筑师1个（外聘），注册结构师2个，注册测绘师1个，注册岩土工程师2个（外聘），水利造价工程师8个。推进勘察设计体制改革，成立单位体制改革领导小组。在内部实施企业化管理模式，实行以项目组为单位的项目承包方式分配勘测设计项目。内设科室为:规划设计一、二、三、四室，勘测处，测量队，办公室，人秘科，财务科，江河监理公司。

项目建设。2017年，水利勘测设计研究院完成水利工程勘测设计30余项，在进行的项目5项，项目投资额总计约30亿元。全年共完成勘察设计总产值1630余万元，支出约1590万元。完成的主要项目有：河南省淮河流域洪汝河重点平原洼地治理工程初步设计；西平县三里河（洪溪河）焦湾—小街段治理工程初设；宿鸭湖、薄山水库灌区续建配套与节水改造项目；正阳县2017年度第三批整合使用涉农资金贫困村农田水利建设项目实施方案；驿城区2016年农村饮水安全巩固提升工程实施方案；2017年西平县农村饮水安全巩固提升工程实施方案；蛟停湖滞洪区进洪闸、老王坡滞洪区南、北退水闸拆除重建工程初步设计和水土保持方案；汝南县老君庙镇现代农业特色示范园区建设项目实施方案；汝南县宿鸭湖街道桃园铺现代农业示范园区建设项目实施方案；上蔡县奎旺河K0+000-6+993段、北汝河K42+352-48+732治理工程；上蔡县2017年度农村饮水安全巩固提升工程；薛庄河、五里河上游河道综合治理及连通补源工程项目申请报告；宋家场水库棚户区改造室外工程施工图设计；驻马店市中心城区生态水系引水及连通工程可行性研究报告；汝南县北汝河城关上段治理工程河道20+236-21+325段左岸搬迁段防洪评价报告。

市场经营。参与市场竞争，强化培养专业经营队伍，增强开拓市场的竞争能力；横向联合，到各地市设计院考察、学习，并以多种合作方式参与市场竞争。主要合作单位有：河南省水利勘测设计研究有限公司、中水勘测设计有限公司和郑州市水利勘测设计研究院等。

（李颖娴）

【移民安置概况】 2017年度移民后期扶持直补资金于2016年12月提前下达各县区，2017年1月全市核定直补移民人数为181510人。各县区根据实际移民人数，于2017年4月之前全部足额发放到移民手中。市移民办及时对移民直补资金发放情况进行监督检查，保证资金安全和移民区稳定。全年全市共报送移民信息稿件58篇，其中42篇被河南省水利工程移民网采用，5篇信息稿件被驻马店市人民政府网站采用。在全省移民信息宣传工作通报中，信息报送数量居全省第2名。按省移民办要求完成移民人口基本信息录入工作，共录入目前享受后期扶持直补移民181756人；项目基本情况、资金管理录入工作基本完成。2017年，全市移民群众上访总量同比上年下降13%。

项目建设。2017年度共下达资金8011万元（结余资金6942万元，地方水库基金819万元，库区基金224万元和168万元），2017年5月批复结余资金5327.6万元和地方水库基金819万元,批复安排项目110个。按照省移民办要求，移民扶持方式逐步向生产发展方向转化。汝南县拟将部分结余资金用于生产发展扶持项目，该1614.4万元项目经过审核已审批。第一批库区基金224万元项目审批，168万元库区基金已下达资金。

避险解困工作。汝南县宿鸭湖水库54米高程以下移民共有6861人。为改善移民生产资源较少、环境容量较小、发展较为缓慢现状，2016年省移民办将汝南县罗店镇袁庄村楚铺自然村纳入第四批大中型水库移民避险解困试点范围，该村共计361户、1210人，其中移民900人、移民户内随迁人员310人。汝南县成立大中型水库移民避险解困工程指挥部、各相关部门综合协调，做出搬迁方案、住房建设方案、生产扶持等方案，积极开展避险解困试点工作。

移民乡村旅游。2015年省移民办批复全市有乡村旅游发展基础的村4个，分别为汝南县老君庙镇小方村、梁祝镇马北村，驿城区水屯镇钟楼村，泌阳县铜山乡罗沟村。各县移民部门与当地政府结合，根据当地现有资源，确定发展方向，制定相关规划，规划项目由县政府协调相关部门资金共同完成。

水库移民扶贫。截至2017年9月21日，全市贫困移民共计4384人。将扶贫部门核定的贫困人员名单与水库移民信息数据库进行比对，确保数据准确、不遗漏1名贫困移民人口。同时，对贫困移民人口建立贫困移民信息卡，逐一落实情况，做到应进必进，应退慎退。根据当地政府整体扶贫工作安排，与各职能部门和乡镇政府结合，挖掘贫困移民村资源和产业优势，重点扶持贫困移民能直接受益的种植、养殖等特色产业，并依托水库独特景观资源，结合水利风景区建设，鼓励水库移民发展库区观光、休闲、度假等特色旅游，建成一批以移民农家乐为主的生态旅游村。（陈治国）

农业机械化

【概况】截至2017年年底，全市农机总动力达1455万千瓦。粮食生产机械呈现“高、大、上”发展态势，大中型拖拉机发展到10万多台；收获机械达到3万多台，其中玉米联合收获机近7000多台，大功率、大喂入量发展趋势非常明显；花生收获机械近6万台，自走式一体化花生摘果机得到广泛推广。经济作物、农产品初加工、林果业、设施农业、畜牧业、水产养殖等生产机械较快增长，为高效农业发展提供装备支撑。全市主要农作物耕种收综合机械化水平达到86.2%，比上年提高0.2个百分点。小麦机播、机收水平均稳定在99%以上，玉米机播率99%。受秋季多雨天气影响，玉米机收面积406万亩，机收率66.8%，完成花生机收285.4万亩，机收率达85.3%。秸秆粉碎还田及综合利用面积扩大。2017年结合河南省政府出台关于推进优质小麦、优质花生、优质果蔬发展和农业机械化、农产品加工业提升行动5个专项工作方案和《农业部关于开展主要农作物生产全程机械化推进行动的意见》，组织开展主要农作物全程机械化示范县创建活动，形成小麦、玉米、花生3种主要农作物生产全程机械化模式。驻马店市正阳县被认定为全国第二批率先基本实现主要农作物生产全程机械化示范县和花生全面全程机械化示范县。2017年，河南省乃至全国规模的会议多次在驻马店市召开。3月27日，农业部南京农机化研究所和市政府联合在汝南县召开推进农业供给侧结构改革暨洁区播种现场演示会；8月27日，农业部和省农机局联合在上蔡县举办全省“三秋”机收演示会；9月12日，农业部农技推广总站在正阳县举办全国花生生产全程机械化促进会议。

（戚力帆 禹 力）

【农机购置补贴】2017年，驻马店市争取并实施中央和省级财政农机购置补贴资金17097万元，位居全省前列。全市各级农机管理部门和各级财政部门密切配合，完善购置补贴政策，加强监管和违规处理力度，实行补贴申领过程、资金使用进度全程公开，力求政策内容、实施过程、补贴结果等全公开，确保农机购置补贴政策规范、有序、高效、阳光实施。全年共补贴各类农机具18688台套，受益农户13905户。

（戚力帆 禹 力）

【农机专业合作社】2017年，全市农机合作社已发展到971家，其中部级示范社1家、省级示范市级示范合作社14家。合作社资产总额18.36亿元，入社社员23455户，入社经营土地面积141.44万亩，从业人员27541人，机具数量48181台（套），其中大中型拖拉机9146台，配套农具27438台（套），联合收获机械8563台，服务农户430528户，合作社年度总收入13.26亿元，其中作业收入8.8亿元。

（戚力帆 禹 力）

【农机深松整地作业项目】2017年，河南省农机局下达驻马店市深松整地任务145万亩，深松项目补助资金1380万元。各县区农机局开展农机深松整地作业补助项目，通过公开招标等方式委托全市70多家农机合作社承担。深松机保有量2084台(套),秋季投入作业的深松机数量2016台(套)，深松检测仪安装数量369台（套），已完成深松整地作业中信息化检测面积45.86万亩，全年拟补助农机深松整地作业面积49.11万亩，其中已补助深松作业44.68万亩（含正阳县1.01万亩）。

（戚力帆 禹 力）

【“三夏”“三秋”农机生产】2017年，全市应对灾害天气农机化生产措施得力。“三夏”时期出现飓风天气，造成部分小麦严重倒伏，市农机局及时与市气象局联系，通过手机短信、微信平台等转发气象预报、倒伏小麦的收割技术等，提前预知天气状况，做好倒伏小麦收割，减少损失。全市小麦种植面积1006万亩，机械收获率达到99.1%；玉米种植面积477.2万亩，机械播种率98%；花生种植面积435.28万亩，机播率98%；小麦秸秆还田面积831.9万亩。全面完成“三夏”农业机械化生产任务。“三秋”时节，驻马店市遭遇极特殊天气，连续降雨，机械无法进地，出现大面积涝灾。市农机局科学调度，抢收抢种，机械烘干，最大限度发挥农业机械作用，确保各类粮食颗粒归仓，各类粮食作物适时播种。玉米机收面积406万亩，机收率66.8%，花生机收285.4万亩，机收率达85.3%。“三秋”期间，全市完成玉米机收面积312万亩，玉米秸秆还田面积341.7万亩，花生机收面积310.9万亩，“三秋”机耕面积968万亩，深耕面积433万亩，深松面积142.5万亩，机播小麦面积1013万亩，其中精播面积782.5万亩。

（戚力帆 禹 力）

【农机安全】2017年，全市农机安全形势持续稳中向好。重点组织开展农机生产安全大检查活动、平安农机创建活动和农机事故应急救援演练以及变形拖拉机排查整治工作。与安监、公安、交警等部门协调配合，集中开展“打非治违”专项活动。创建国家级平安农机示范县2个（泌阳县和确山县），示范乡镇8个，示范专业合作社15个，岗位标兵5位。2017年，市农机局连续第2年被省农机局评为“全省

4月25日，全市2017年收获大江南北农机跨区作业出征仪式在汝南举行　　王朝朝　摄

农机安全生产先进集体”。制定下发《2017 年“安全生产月”活动实施方案》，开展“安全生产月”活动。全市共完成安全生产责任书签订 360 个，完成机构与农机手签订安全生产意向书 1 万余个，开展安全检查 1200 多次，累计检查农机 1 万多台，纠正农机违规行为 1800 多起，排查农机隐患近 2700 个，全部整改到位。开展“农机安全知识进校园”活动，宣传营造氛围。截至 2017 年年底，全市共投入农机安全监管人员 6000 多人次，开展农机安全宣传活动 2600 多场，受教育人员达 20 多万人次，开展培训农机驾驶人员 1 万多人次，张贴、悬挂宣传条幅 1600 多条，发放宣传资料近 17 万份，发送各类农机安全信息近 10 万条。　（戚力帆　禹　力）

【农机安全互助保险工作】 2017 年，全市农机部门持续开展农机安全互助保险探索工作。各县区农机协会同北京江泰保险公司合作，宣传农机互助保险，引导跨区作业机手自愿购买。截至 2017 年年底，共发展会员 5108 个，收取保费 172.7 万元；接到各类事故报案 231 起，理赔 137 起，赔付金额 32.2 万元。

（戚力帆　禹　力）

【农机从业人员培训】 2017 年，市农机部门开展保护性耕作技术推广应用，共实施保护性耕作试点 10 万亩。争取基层农技推广体系建设项目资金 121 万元，健全基层农机机构和充实人员。全年共培训各类农机人员 43851 人次。市农机局主导的《驻马店市农机农艺融合花生机械化生产技术研发与推广》课题荣获全国农牧渔业丰收奖三等奖。

（戚力帆　禹　力）

【市农机公司改制】 2017 年，在市国资委等部门支持下，市农机公司企业改制工作稳步推进。除 120 多名离退休人员（含内退）外，其他 160 多名参与改制的职工有 150 多人与公司签订解除劳动合同协议书，领取安置费和失业金，职工权益得到维护。

（戚力帆　禹　力）

工　业

工业综述

【工业经济运行概况】 2017年，全市规模以上工业企业发展到1544家，实现工业增加值655.52亿元，同比增长8.7%，较上年同期回落0.3个百分点，高于全省0.7个百分点，居全省第5位。全市规模以上工业企业实现主营业务收入2959.21亿元，同比增长12.5%；实现利润215.36亿元，同比增长19.3%；实现税金71亿元，同比增长6.8%。驻马店市食品、能源煤化工、生物医药、装备制造、轻纺、建材六大支柱产业集群发展初具规模，竞争优势逐渐显现。六大产业拥有规模以上工业企业1523家，在全市规模以上企业的占比为98.6%，实现增加值、主营业务收入、利润分别为649.48亿元、2933.48亿元、213.21亿元，同比增长分别为7.53%、4.28%、13.82%，占规模以上工业的比重分别达到99.08%、99.13%和99%。（杨　明　尚小惟）

【服务企业】 2017年，全市企业发展环境优化。先后深入县区和昊华骏化、天方药业等重点企业调研20余次，召开企业座谈、问题交办、联席办公等各类专题会议10多次，共收集企业反映的用工、用电、融资等问题132条，通过现场办公和问题交办等形式解决或政策解释125条，问题解决率95%，受到企业好评。组织县区、企业参加省五大产业链对接等产销对接活动7场次，形成政府引导、企业主体、市场运作的产销对接工作机制。帮助企业开拓市场，举办银企对接活动9场次，成功对接项目75个，达成贷款金额38.4亿元，缓解企业融资难题。开展用工对接，推动西平智尚工园启动万名服装产业工人培训计划，有效缓解企业用工难题。开展产学研对接活动13场次，与华中科技大学、湖南大学等高等院校和科研院所达成合作协议11个，提升全

7月6日上午，全市转型攻坚暨工业发展大会召开　　刘华山 摄

市企业技术创新能力和核心竞争力。组织企业参加“百名中原领军型企业家”创新驱动专题培训班、省中原企业家大讲堂6场次。联合市委组织部、市财政局在武汉大学举办驻马店市“天中领军型”企业家培训班，拓宽企业家知识面，提高企业家的经营管理能力和综合素质。（杨 明 尚小惟）

【产业转型发展】 2017年，全市工业绿色化、智能化、技术改造3个专项攻坚行动方案印发出台，并将食品（含白酒）、装备制造、生物医药、化工4个产业列为驻马店市重点攻坚产业，一个产业一个方案全力推动。一是产业结构优化。2017年1月—11月主导产业增长12%，高于全市工业3.1个百分点，拉动全市规模以上工业增加值5个百分点；高成长性制造业增长12.4%，高于全市工业3.5个百分点，拉动全市规模以上工业增加值6.87个百分点。建立规模以上工业企业技术改造项目库，推动一批亿元以上工业技改项目尽快达产达效，预计85个重点技改项目可实现投资160亿元。二是推进两化融合。昊华骏化的两化融合管理体系贯标试点通过工信部验收。中集华骏半挂车生产车间等5个生产车间被评为河南省智能车间，正阳君乐宝乳制品厂被评为河南省智能工厂。三是化解过剩产能。南方钢铁160万吨粗钢、100万吨生铁产能永久退出，完成省下达全市的去产能任务。打击“地条钢”，规范建设生产经营秩序，全市未发现地条钢生产企业。（杨 明 尚小惟）

【承接产业转移】 2017年，驻马店市承接产业转移目录编制修订，引导各县区合理有序承接产业转移，组织县区、企业参加省内外产业转移活动13场次。5月24日，在上海举办“驻马店市承接长三角（上海）产业转移推介会”，集中开展宣传推介和洽谈对接活动，达成签约项目15个，计划总投资72.6亿元，涉及高端装备、新能源、食品、生物医药、现代服务业等领域。（杨 明 尚小惟）

【行业管理】 2017年，全市工业企业安全生产形势持续稳定。按照“管行业必须管安全”要求，指导推动企业履行安全生产主体责任，履行煤炭和民爆行业安全生产监管职责，为全市工业经济平稳运行提供保障。加强质量品牌建设，帕加尼皮业等9家企业成功申报河南省工业品牌培育试点企业，广大鸿远进入工信部汽车生产企业及产品准入目录。推进中小企业公共服务平台建设，加强中小企业、非公有制经济统计，推动集群集聚发展，西平县产业集聚区被省工信委认定为河南省中小企业特色产业集群。（杨 明 尚小惟）

【中小企业非公经济发展】 截至2017年年底，全市中小微企业发展到1.36万家；吸纳就业人员68万人；实现增加值643亿元，同比增长7.5%；累计完成营业收入2249亿元，同比增长7.1%；实缴税金38亿元，同比增长12%；实现利润258亿元，同比增长9.1%；资产总额1493亿元，同比增长6.9%。全市非公有制经济单位个数发展到24.41万个；吸纳就业人员224万人；实现增加值1232亿元，同比增长7.1%；累计完成营业收入4322亿元，同比增长6.2%；实缴税金75亿元，同比增长6.8%；实现利润总额545亿元，同比增长7.5%；资产总额达到2729亿元，同比增长8.3%。（杨 明 尚小惟）

【弱电入地综合整治】 2017年，按照市委、市政府统一部署，助推国家卫生城市、全国文明城市创建，完成入地道路41千米，新敷设光缆1884千米，修复地下弱电管网主管道5.8千米，新建光交箱283座，建设入户分支管道256条3.5千米、人井59个，拆除通信线杆900根，拆除钢绞线60千米，拆除光电缆近463千米，城市空间得到净化。（杨 明 尚小惟）

【工业环境治理】 2017年，市工信委按时完成全市11家洁净型煤配送中心和76个配送网点建设工作，落实全市2017年～2018年工业企业错峰生产要求，确保打赢打好大气污染防治攻坚战。（杨 明 尚小惟）

【转型发展攻坚战】 2017年，筹备召开全市转型攻坚暨工业发展大会，制定转型发展攻坚“1+6”方案，建立工作联络、通报简报、总结评估统筹协调机制，督促食品加工、装备制造、化工、生物医药、高效种养、卷烟、现代物流、旅游、健康养老9个重点产业牵头单位完成转型发展专项方案制定，建立转型发展重大项目库并实行动态管理，全年入库转型发展项目171个，计划总投资1120.3亿元。（扶廷继 李 森）

【钢铁行业去产能】 2017年，南方钢铁2座420立方米高炉、2座45吨转炉及配套设备全部拆除，全面完成钢铁行业化解过剩产能工作。开展“地条钢”制售企业排查，实行县、乡、村三级联动，建立长效机制，依法依规打击“地条钢”生产和销售行为，全市无制售地条钢违法行为发生。（扶廷继 李 森）

【高技术产业发展概况】 2017年，全市规模以上高技术产业（制造业）实现增加值46.33亿元，增速5.1%；实现主营业务收入170亿元，增速3.5%；实现利润18亿元，同比增长3%。其中：医药制造业实现主营业务收入85亿元，增长13%；实现利润9亿元，增长15%。电子及通信设备制造业产业实现主营业务收入92亿元，增长2%；实现利润8亿元，增长3%。全年获认定省级企业技术中心8家、省级工程实验室2家，组织财政、地税部门认定市级企业技术中心3家。全市拥有国家级企业技术中心2家、省级企业技术中心32家、省级工程实验室12家、市级企业中心46家。（程 伟 陈妍飞）

【食品行业概况】 2017年，驻马店市以十三香、大程粮油为龙头的规模以上工业企业359家，实现主营业务收入831.19亿元，同比增长14.5%；实现利润58.67亿元，同比增长12.18%；实现税金19.44亿元，同比增长14.22%。（杨 明 尚小惟）

【装备制造业概况】 2017年，驻马店市以中集华骏、大力天骏为龙头的规模以上工业企业334家，实现主营业务收入652.39亿元，同比增长16.01%；实现利润45.96亿元，同比增长22.23%；实现税金14.04亿元，同比增长13.04%。

（杨 明 尚小惟）

【轻纺行业概况】 2017年，驻马店市以中天纺织为龙头的规模以上工业企业396家，实现主营业务收入711.29亿元，同比增长17.12%；实现利润56.3亿元，同比增长34.24%；实现税金18.36亿元，同比增长17.17%。（杨 明 尚小惟）

【能源煤化工行业概况】 2017年，驻马店市以昊华骏化为龙头的规模以上工业企业70家，实现主营业务收入347.8亿元，同比增长5.45%；实现利润13.14亿元，同比增长35.32%；实现税金5.17亿元，同比增长–25.72%。

（杨 明 尚小惟）

【建材行业概况】 2017年，驻马店市以豫龙同力为龙头的规模以上工业企业336家，实现主营业务收入296.97亿元，同比增长1.3%；实现利润29.85亿元，同比增长3.68%；实现税金9.69亿元，同比增长–5.09%。（杨 明 尚小惟）

【生物医药行业概况】 2017年，驻马店市以天方药业为龙头的规模以上工业企业28家，实现主营业务收入93.84亿元，同比增长15.1%；实现利润9.29亿元，同比增长15.8%；实现税金3.94亿元，同比增长3.1%。 （杨 明 尚小惟）

【电力工业概况】 2017年，全年累计供电量119.86亿千瓦时，同比增长9.37%，累计增幅位居全省第7位。全社会用电量118.1亿千瓦时，比上年增长8.5%。其中：第一产业用电量2.43亿千瓦时，增长15.4%；第二产业用电67.31亿千瓦时，增长8.1%；第三产业用电16.72亿千瓦时，增长10.7%，城乡居民用电31.65亿千瓦时，增长7.7%。单位规模以上工业增加值能耗下降4.75%，综合能源消费量425.6万吨标准煤，比上年增长3.5%。电力服务品质提升，推行业扩报装“极简极速”，密切跟踪驻马店市145个重点工业项目和园区项目，实施“一证受理”等举措，严格工作时限和服务质量考核，高压客户平均接电时间较2016年缩短5.78%。深化“互联网+”业务应用，推广掌上电力、电e宝等智能交费业务，线上缴费应用率达到70.2%。完成全市174个“全能型”供电所建设任务，撤并21个供电所，新成立4个园区供电所，全面提升服务水平。发布的《服务驻马店市“十三五”经济发展社会责任报告》荣获2017年中国电力行业企业公众透明度“最佳社会责任报告奖”，摄制的微电影《抢修哥》荣获国家电网公司英大传媒2017年度优秀电视作品一等奖。

基建任务超额完成。2017年度主干电网“468818”工程(即开展主网46项工程前期、8项工程开工、8项工程投产、完成18亿电网投资)超额完成。全年开展主网前期项目47项；新开工8项主网工程；建成投运9项主网工程，新增变电容

表19

2017年驻马店市各县（区）用电完成情况表

区域名称	2017年全社会用电量（万千瓦时）	2016年全社会用电量（万千瓦时）	增长率（%）
总 计	1244102	1146029	8.56
驿城区	447930	395539	13.25
遂平县	103858	97765	6.23
西平县	87169	81710	6.68
上蔡县	85011	91968	–7.56
汝南县	62445	61511	1.52
平舆县	63229	56055	12.8
新蔡县	63062	57244	10.16
正阳县	76122	68792	10.66
确山县	93521	90820	2.97
泌阳县	116241	94490	23.02

量 79 万千伏安、线路 191.6 千米；完成各级电网投资 18 亿元。服务县域经济建设，与 9 县政府分别签订共同推进“十三五”电网发展战略合作框架协议。政企联动，配合做好青海—河南 ±800 千伏特高压直流工程驻马店受端换流站前期工作。

电力保障。2017 年，电网经受住了最大负荷 9 创历史新高达 292.1 万千瓦、同比增长 16.8% 的高温大负荷考验。开展配电网“一清二除三排查”综合治理，配电线路跳闸率同比下降 20.46%，有效应对度冬期间 2 轮极端暴风雪天气影响；常态化开展应急演练，全省首家通过省电力公司应急能力建设评估；滚动修订重点场所、重要用户保电预案，完成 38 项重要保电任务，十九大期间保电实现“设备零故障、客户零闪动、工作零差错、服务零投诉”目标。

服务全市大局。一是助力脱贫攻坚。全省第 2 家完成与 9 县政府签订小城镇（中心村）电网改造升级和“井井通”工程建设合作协议。新蔡县电网脱贫攻坚任务于上半年完成，正阳、泌阳、汝南 3 县电网脱贫任务分别于下半年完成。完成年度 110 个中心村（小城镇）电网升级改造、369 个贫困村通动力电和 16360 眼机井通电任务，“一乡无站”乡镇由 31 个减少至 13 个；对确山、汝南、泌阳、新蔡、西平、驿城区 6 县区 28 个深度贫困村的电网脱贫攻坚项目进行项目储备。二是助力环境改善。配合大气污染综合防治工作，光伏扶贫电站新能源项目并网 597 个、容量 16.73 万千瓦；推进绿色能源发展，实施电能替代项目 476 个，完成替代电量 4.2 亿千瓦时，完成年度指标的 140%。落实全市大气污染防治最严管控要求，配合市政府对 97 家企业开展错峰管控，对 484 家企业实施应急管控，对 164 个施工工地落实封土行动。三是配合全国文明城市创建。配合市政府完成火车站片区等33项迁改工程和27个市区配电装置改造项目；累计更换表箱 3089 个，刷漆治理 532 个，清扫表箱 378 个，改造下户线 40427 米；亮灯率达到创文要求。四是助推百城建设提质。完成驿城区、西平、遂平、新蔡 4 个县区电力专项规划编制，其中西平、新蔡 2 个县城市电力设施专项规划通过省百城提质工程专项规划评审。五是助推国企改革攻坚战。积极联系政府部门，主动与移交企业沟通，对中原高速等 6 家省属国企开展“三供一业”供电分离移交工作，省属国企完成率 100%。

（王　征）

重点企业

【驻马店卷烟厂】 2017 年，驻马店卷烟厂共生产卷烟 20.5 万箱，省产烟销售 24.21 万箱，省产烟销售额完成 51.55 亿元；实现税金 22.62 亿元，其中国税 20.15 亿元、地税 2.38 亿元。万支综合能耗 3.15 千克标煤，较年度目标下降 18.4%。加强企业管理，完善目标绩效管理，严格绩效考核兑现。推进标准换版，新发布管理标准 164 项，管理规范化程度得到提高。坚持系统对标，16 个对标指标中优于行业平均水平指标 10 个。继制丝部职工程书根获得行业“滕王阁杯”年度精益改善达人后，动力团队斩获行业“锋芒”杯精益改善团队称号。加强定额标准体系建设，合理控制各项费用，三项费用 19562.5 万元，同比下降 111.02 万元，降本增效成效明显。规范招标采购，全年共执行采购计划项目 69 项，其中公开招标项目 60 项，总金额 8798.91 万元，完成公司特种醋纤嘴棒公开招标采购项目，实现重要领域与关键环节规范管理。深化安全生产标准化建设，被评为河南省职业健康管理示范企业，全年实现安全生产无事故目标。加强生产运行调控，建立卷包机组人员“打擂台”竞争上岗和新三班两运转的生产作业模式，实现均衡生产、连续生产，完成红梅（软顺）合作生产加工任务。开展“设备效能提升”管理课题研究，实现切丝机同牌号连续 2 ~ 5 批次生产过程中不停机，创造 ZJ19 卷接机组连续运行 9 小时 31 分纪录，制造特色初步显现。开展质量改进、工艺研究，梗丝加工质量达到全省领先水平。强化过程质量监督与管理，健全产品质量安全保障体系，实现卷烟质量缺陷市场零退回。推进技术创新，开展技术革新、QC、六西格玛等活动。年度取得实用新型专利证书 8 项、国优 QC 成果 1 项、省优 8 项、中质协优秀六西格玛项目 2 个，2 个实践性课题通过公司验收。

（徐　铮）

【王守义十三香调味品公司】 驻马店市王守义十三香调味品集团有限公司是全国大型的香辛料调味品生产企业，由王守义创始于 1984 年，集团以调味品生产销售为主营业务，同时兼营彩印、包装材料等辅业的综合性调味品企业。公司位于驻马店市十三香路中段，占地面积 270 亩，建筑面积 28 万平方米，注册资金 4 亿元。2017 年年产各种调料约 1200 余万件，实现销售收入 17.7 亿元，上缴税金 3.6 亿元。公司产品除“王守义十三香”调味料外，还生产有“麻辣鲜”“鸡精”等复合调味料，包子饺子、炖肉料、咖喱粉等复合香辛料，胡椒类、花椒、孜然等单粉香辛料以及八角、花椒、小茴等干货类 30 多个品种 70 多种规格，畅销全国 30 多个省市。公司先后获得“国家级扶贫龙头企业”“国家级守合同、重信誉企业”“全国质量管理先进企业”“中华老字号”等国家级荣誉。2017 年荣获河南民营企业 100 强（90 名）、河南省民营企业现代企业 100 强（17 名）、河南民营企业制造业 100 强（62 名），118 克“麻辣鲜”被中国农产品加工业投资洽谈会评为金质产品、“王守义十三香系列调味品”被金砖国家领导人厦门会晤指定清真食材供应商等荣誉。

2017 年 6 月，国务院原副秘书长、国务院参事室主任崔占福，国务院国有重点大型企业监事会主席、中央第九巡视组副组长季晓楠等人到公司参观调研。2017 年 9 月 13 日，农业部部长韩长赋与乌兹别克斯坦副总理米尔扎耶夫、匈牙利农业部部长法泽考什・山多尔一行人到公司参观调研。为加强品牌传播力度，公司利用高铁媒体进行宣传，2017 年共品牌冠名 30 组高铁列车；利用央视权威媒体进行宣传，在 CCTV-1 黄金时段品牌宣传，冠名 CCTV-3《我爱满堂彩》节目。支持公益事业，2017 年支持驻马店市教育建设 30 万元。

（黄　林　王鹏举）

【河南蓝天集团有限公司】 河南蓝天集团有限公司创立于

6月15日，王守义十三香调味品集团有限公司包装车间　　弓华静 摄

1986 年，是一家以清洁能源产业为主导的综合性企业集团。公司产业主要涉及燃气、置业、实业三大板块。集团下属 23 家分（子）公司和参（控）股公司。截至 2017 年年底，已形成资产总额 100 多亿元，年销售收入近 70 亿元，年纳税 2 亿多元，年输气能力 45 亿立方米，开发天然气用户 50 万户，石油批发零售 10 万吨的规模。公司先后荣获“驻马店市 A 级纳税大户企业”“河南省百强企业”“中国民营 500 强企业”“中国服务业企业 500 强”“全国创先争优先进基层党组织”“全国就业先进企业”“中国优秀民营企业”“全国‘万企帮万村’先进民营企业”等称号。

2017 年 11 月 10 日—11 日，以“相聚天中，共话蓝天”为主题的嵩山会会员互访第十一站——走进蓝天集团活动在河南驻马店举行。省政协副主席、省工商联主席梁静，省工商联副主席、省总商会副会长孔火团，市委常委、市委统战部部长姚新文，市政协副主席、市工商联主席李万顺等应邀参加本次互访活动。嵩山会理事长、建业集团董事长胡葆森，白象集团董事长姚忠良，天明集团董事长姜明，辅仁药业董事长朱文臣、林州重机董事长郭现生、楷林置业董事长郑新桥，巴奴毛肚火锅董事长杜中兵，雏鹰农牧董事长侯建芳，巨鑫生物董事长郭彦超等企业家出席活动。12 月 29 日，河南省副省长张维宁带领省环保厅等部门有关负责人到蓝天·世贸中心指导企业重污染天气应对措施落实情况。张维宁对蓝天·世贸中心针对重污染天气应急应对工作的各种处理措施给予肯定。

（刘　旭）

【中国平煤神马集团蓝天化工股份有限公司】 2017 年，公司积极融入国家“一带一路”战略，有效利用闲置资产，主动寻求国际合作，确定与俄罗斯伊尔库斯克石油公司合资共建俄罗斯甲烷气深加工园区项目，截至 2017 年年底，蓝天化工公司正按上级要求进行项目前期工作，东华工程科技公司开始进行扩大基本设计。另外，公司还委托中国出口信用保险公司完成《俄罗斯化工投资项目风险评估报告》，委托北京普华永道思略特管理咨询有限公司完成《平煤蓝天化工甲醇和乙二醇商业尽职调查报告》。2016 年 4 月以来，公司一直处于全面停产状态，2/3 以上人员放假在家或外出务工。为稳定干部职工队伍，缓解债务压力，增强企业存在感，同时为下一步退城进园争取时间，公司推进委托加工生产事宜，利用现有设备，由委托方对遂平化工厂生产装置进行全面检修，及时排除设备安全隐患，于 2017 年 12 月 22 日顺利开车。全年公司安全态势保持平稳。把环保治理工程摆在公司持续发展的重要高度，完善环保督查机制，加大整治力度。完成排污许可证换发工作；为实现主要废气污染“超低排放”目标，完成锅炉除尘脱硫脱硝技术改造工程；持续对固体排放防护设施进行升级改造；对生产装置进行“清污分流”改造，严格把控生产各环节，执行污染物减排措施，消除“跑、冒、滴、漏”现象，确保生产废水达标排放。

（刘　速）

【昊华骏化集团有限公司】 2017 年，昊华骏化集团有限

7月28日，中集华骏车辆有限公司新投资5.6亿元的新型智能渣土车生产线上，一辆辆渣土车正在安装即将下线

弓华静 摄

公司共生产氨醇 134.84 万吨，同比增长 22.9%；生产尿素 84.89 万吨（折合），同比增长 2.9%；纯碱、氯化铵 114.66 万吨，同比增长 45.3%；三聚氰胺 8.61 万吨，同比增长 21.7%；醋酸 43.35 万吨，同比增长 10.6%；复合肥 22.36 万吨，同比增长 28.5%；二甲基甲酰胺（DMF）2.73 万吨，同比增长 15.6%；DMAC1.65 万吨，同比增长 45.1%；二甲醚完成 1.5 万吨，同比下降 45.7%；氨水完成 10.4 万吨，同比下降 8.3%；乙酯 10.4 万吨，同比增长 41.7%。全年完成营业收入 106 亿元、同比增长 2%；实现利润总额 1.07 亿元，同比增长 94.55%；上缴税金 1.32 亿元，同比增长 45%。全年完成持续改进项目 740 多个，年增效 2000 余万元。强化经营管控，推进精益生产，提升管理水平。全年集团公司综合能耗下降 4.5%，节约标煤 6.17 万吨，修旧利废节支达 2033.3 万元。

信息化建设。2017 年，公司进行自动化改造和智能化工厂建设，提高本质安全。推广 DCS 系统双屏改造，完善 DCS 生产操作系统。完善现场摄像监控系统，确保生产过程实时监控。加强设备状态监测系统管理，完善安全仪表联锁及声光报警系统，加强能源管理。完善计量手段，确保能耗数据准确，建设污染源因子监测平台。优化完善电子商城系统、物资出入库条码系统、电子招标采购系统、TMS 物流配送、CRM 客户关系管理系统及 ERP 企业资源管理系统建设。实现 DCS-MES-ERP 的信息对接。各分（子）公司无人值守地磅系统投用使用效果很好。被工信部列为第二期两化融合贯标试点企业。

技术创新。实施创新驱动，加快产业升级。加大技术改造力度，型煤、纯氧气化加压等项目改造成功及 6 万发电投运为公司创造了效益。抓好技术研发队伍建设和研发中心建设，加快新技术研发。经过产品结构调整和研发创新，转型升级效果逐步显现，三胺、DMAC、锌腐酸复合肥等产品供不应求，乙醇、气化技术通过技术鉴定。2017 年取得专利 17 项。

营销变革。加强营销队伍建设，由传统营销向服务营销、互联网营销转变。重视产品质量，加强品牌塑造。推进营销模式创新，即产即销，采取线上、线下营销相结合的方式，充分发挥自媒体传播优势，提高品牌影响力，扩大传播范围，拓宽销售网络，提升骏化品牌知名度。（张丽红）

【驻马店中集华骏车辆有限公司】 中集华骏占地 80 余万平方米，总资产 16 亿元，员工 1800 人，主要产品有半挂车、自卸车、厢式车、特种车、轿运车，年生产能力 4 万余台。针对市场需求对原有产品进行改造升级，不断调整结构。主导产品半挂车产销量连续 17 年位居全国同行业第一，自卸车产销量连续十多年位居全国同行业前三甲。轿运车和智能渣土车成为引领市场知名品牌。2017 年，完成各类车辆 26069 台、实现产值 71.19 亿元，同比分别增长 33.8%、11%。中集华骏被认定为河南省首批智能制造示范企业、驻马店市“30 强企业”；被河南省工商业联合会认定为“2017 河南民营企业 100 强”。

2月26日，市产业集聚区河南海川电子玻璃有限公司生产车间　　吴　波摄

2017 年 3 月，中集华骏启动工业 4.0 智能化生产线，该生产线取名灯塔工厂，寓意照亮和引领专用车的方向。该项目于 2017 年立项，总投资 10 亿元，厂房占地面积 60 亩，设计产能 2 万台。项目以“提升产品品质”和“提升制造效率”为目标导向，从模块化的工业设计、自动化的物联设备、数字化的生产管理 3 个维度进行系统规划建设，从 4 个方面对现有专用车制造技术进行全面升级和创新：引进具有互联互通功能的自动化激光切割、上下料、焊接、喷涂等先进设备；采用“电泳”+“喷粉”的喷涂工艺，相比于油性漆，这种工艺的 VOC 排放为零；产品的涂装品质成倍提高，耐腐蚀性强，保修期限可由现在的 3~5 年提高到 10 年。（张　宁）

【白云纸业】 2017 年，白云纸业全年生产成品纸约 30.35 万吨，自制浆 11.51 万吨，较上年增加 31.24%，销售成品纸 31.55 万吨，实现销售收入 17.52 亿元，经营利润 9000 万元。全年资本性支出项目计划包括特纸事业部 QCS 系统改造、1# 机高频摇振箱改造、污泥减量化处置、厂区道路改造及抱车购置等 5 项。截至 11 月底，污泥减量化项目进入试运行阶段，其余项目已完成评价。通过资本性支出项目实施，1# 机成纸匀度由 9% 提升到 15% 以上；污水处理厂污泥全部得到干化并焚烧利用；厂区道路环境得到全面提升改善。

多措并举促转型。加快推进特种纸转型，扭转一期负毛利局面。主推高克重、高松厚、珠光原和彩胶纸等系列特种纸产品，吨纸毛利平均达 639 元，全年特种纸销量达到 2.68 万吨，毛利贡献额为 2003 万元。创新产品开发模式，与东阳合盛合作开发 5 种色相荧光彩胶纸，由合盛提供技术人员和染料，并现场指导生产技术工艺，同时包销纸张，实现一次性开发成功。同时，通过合作开发彩胶纸吨纸毛利高达 1437 元。向产业集聚区供汽取得新进展，2017 年共实现对外供汽 19 万吨，增加效益 914 万元。截至 2017 年 11 月底，公司产品库存降至 8500 吨，较年初降低 1.3 万吨，产销率达 102%。2017 年累计开发新客户 143 家，新增销量 2.91 万吨。白云纸业由于建厂时间长，部分设施逐渐不能适应新的市场需求、产能不匹配、效率发挥不充分等问题逐步显现。为此公司聚焦问题，成立多个专题攻关小组，在解决影响公司发展的瓶颈问题上取得突破。提升碱回收产能增效益。1 月—11 月，碱回收外供汽量 5.37 万吨，增利 416 万元。实施关键设备改造，加强原料源头及过程控制，提升自制浆品质。一期纸机自制浆配比由 56.96% 提升到 60.85%，二期纸机自制浆配比由 25.84% 提升到 34.3%；自制浆用量增加 1.5 万吨，纸成本降低 50 元；同时，加强与龙丰换浆，全年换浆 8125 吨，自制浆销量达到 18496 吨，毛利达到 589 元 / 吨。全年生产自制浆 11.51 万吨，较上年增加 2.74 万吨，增加效益 2020 万元。降低断纸时间，提高运行效率。断纸时间较上年同期下降 2954 分钟，4 月份后逐步达到并优于标杆值（500 分钟），跻身行业先进水平，增加效益 146 万元。彻底解决白泥处置难题，实现以废治废，公司白泥可全部实现用于锅炉烟气脱硫。

8月2日，河南中多铝镁新材有限公司的生产车间里，一批特种工业铝合金下线　　弓华静 摄

加强管理，提升管控水平。推行市场化运作，深化成立仓储物流事业部，建立仓储物流中心；对制浆事业部实施产供销一体的市场化考核；探索职能部门市场化服务考核机制。运用信息化手段，提升设备管理水平。推行设备电子化巡检；建立设备零故障平台，实施设备健康体检；规范备件管理，全面推行设备台账电子化。加强资金运作，降低资金成本。续借资金15.57亿元，压缩贷款规模1.75亿元，减少集团资金依赖1.44亿元；优化资金结构，获得建行1亿元三年期流资贷款和进出口银行融资租赁资金3亿元，长期贷款比例由49.97%提高到64.2%；创新融资渠道，以富裕银行承兑汇票质押，利用浙商银行基准利率超短融资方式累计提取资金1.05亿元，较承兑贴现降低成本20%；全年争取各类政策性资金1045万元。成立以总经理牵头的物资采购应急小组，将20项物资列入重要物资应急采购名单，有针对性地改变采购策略，扩大供货渠道，积极对物资进行备库。全年共启用签约授信客户40家，18家客户办理抵押登记，22家客户采取第三方企业担保。对授信客户定期进行风险评估，授信额度实行动态管理。截至2017年年底，较年初共调减授信额度1573万元。逐渐减少临时授信额度审批，减少应收账款赊销占比，2017年1月—11月各办事处共申请45次，较上年减少114次，临时授信审批额度累计减少1.25亿元，降低货款风险。健全安全管理体系，建立公司、事业部、班组三级安全管理网络，先后开展21次针对性的安全技能培训和10余次应急演练。加大污染治理投入，通过集团协同，采取EPC总承包+资金垫付的方式，由豫能菲达对110吨/时锅炉排烟系统进行超洁净排放改造，开创企业间合作新模式。作为驻马店市非电行业首个达到超低排放运行的企业，一次性通过验收。污泥减量化处置项目于11月初建成投运，初步达到预期效果，节约投资500多万元。（刘中海）

商贸服务业

商业贸易

【概况】 2017年，全市货物贸易进出口完成21.95亿元，占省定目标的72.69%，同比下降28.25%。全市服务贸易进出口完成9300.4万美元，占省定目标的94.46%，同比增长5.8%。全市跨境电子商务进出口交易总额47143万元，占省定目标的117%，同比增长35.6%。全市实际吸收境外资金39929万美元，占省定目标的103.3%，同比增长3.3%，增幅居全省第3位。全市实际到位省外资金262亿元，占省定目标的101.4%，同比增长8.4%，增幅居全省第2位。全年社会消费品零售总额完成886.44亿元，占省定目标的100.6%，同比增长12.7%，增幅居全省第1位。全市商务突出抓好开放招商、外经外贸、内贸流通、系统管理等重点工作，各项主要商务指标增幅均居于全省第一方阵。市商务局办公室主任余嘉平、外商投资管理科科长李惠民荣获“2017年度全省商务系统先进工作者”称号。 （李耀华）

【开放招商】 2017年，全市共签约亿元以上项目181个，合同总投资1587.17亿元，其中10亿元(含)以上项目62个，合同总投资1092亿元。依托机制引领，加大开放招商工作力度。严格组织项目考核，确保优惠政策和奖励政策落到实处。创新招商方式，通过产业链招商、节会招商、联动招商、人脉招商等方式，实施市、县两级联动，先后派出317个招商小分队，赴经济发达地区开展定点定向招商，全年举办各类主导产业大型专项招商活动16次。

做优做强主导产业，加快产业转型升级。围绕主导产业，紧盯重点区域和重点企业，开展延链补链强链招商，提升产业链附加值，打造产业集群。驻马店市已形成农产品加工、能源化工、装备制造、轻纺、医药、建材六大产值1000亿元的产业集群，和电子玻璃、电子信息、新能源电动汽车、新能源电动摩托车、皮革皮具、门产业园六大产值500亿元的专业园区。驻马店市研究制定产业发展规划，围绕电子信息、新能源、新材料、新能源电动汽车、高端制造业、节能环保、生物医药等战略性新兴产业，通过广泛开展规划招商、政策招商、服务招商等方式，集中优质资源要素，倾力扶持投资大、规模大、影响大的产业项目和尖端技术落户驻马店。围绕多领域招商，谋划重点项目148个，总投资2924.71亿元，完善项目储备库，印制项目册进行推介，吸引社会资本投资。紧盯中外500强及行业领军企业，加强产业布局、投资趋向

3月29日，第十一届中国河南国际投资贸易洽谈会驻马店市优势产业推介暨项目签约仪式举行　弓华静 摄

3月1日，计划投资100亿元的高铁广场商务综合体项目，已累计完成投资50多亿元，同信缤纷之窗、置地国际广场、蓝天世贸中心、恒大名都、建业十八城等一批重点工程和标志性建筑，将陆续建成投用　弓华静 摄

的研究分析，实施“一对一、点对点”洽谈对接，集中力量引进一批基地型、龙头型项目。（李耀华）

【外经外贸】2017年，市商务部门坚持“抓大、促小、引新、联动”四轮驱动，鼓励各类企业走出国门开展进出口业务，扩大外贸队伍。培育壮大天方药业、骏化发展、白云纸业、华中正大、华骏铸造、华骏车辆等进出口超500万美元企业15家，全市有进出口业绩的企业达到96家。一是实施出口多元化战略，帮助企业开拓市场。组织企业参加广交会、东盟博览会等国内、国际知名展会，帮助企业开拓市场、抢抓订单，产品出口到美国、欧盟、东盟、日本、韩国、俄罗斯等100多个国家和地区。二是实施质量兴市和科技兴贸战略，引导企业实施自主创新，提高产品质量，出口产品涵盖装备制造、汽车零部件、医药、化工、轻工、服装、食品七大类、120多个品种。三是主动融入“一带一路”战略，拓展“一带一路”市场，加强与“一带一路”沿线国家贸易往来，加大对中欧班列的宣传推介力度，主动组织“一带一路”沿线货源，支持企业利用中欧班列货运优势扩大进出口，对“一带一路”沿线国家进出口达到6.1亿元。四是对外直接投资和对外承包工程取得新突破。全市有2家企业在境外进行直接投资。五是坚持“请进来”与“走出去”相结合，发展开放型经济。2017年7月27日—28日，邀请24家中央企业和17家省管企业高层人士到驻马店市考察对接，共签约合作项目12个，合同总投资165.16亿元。（李耀华）

【内贸流通】2017年，市商务局加强内贸流通建设。

农产品流通体系建设。培育和鼓励大型农产品批发市场、农贸市场、大型连锁超市等农产品流通企业实施农产品现代流通网络建设，市欢乐爱家超市有限公司、市众信农副产品综合批发市场有限公司实施的农产品流通体系建设项目获得2017年省财政资金支持。

特殊行业日常监管。组织全市11家典当行开展非法集资风险排查，完成26家特殊行业2016年度年审和12家企业的变更登记事项初审上报及新增备案工作。推进老旧汽车回收拆解工作，共回收拆解老旧汽车1573台，其中黄标车143台。

国内贸易流通体制改革。推进国内贸易流通体制改革，发展省级综合试点建设，选取的国内贸易流通体制改革重点项目建设任务全部完成，通过省终期评估。

绿色商场创建、“老字号”认定和省级品牌消费聚集区申报工作。2017年推荐第二批绿色商场创建企业2家，推选第五批“河南老字号”5家，2家企业被评定为省级品牌消费聚集区。

市场监测商务预报。市场运行监测全省领先，全市商务预报信息平台共发布信息4500多篇，其中被省商务厅网站采用2300多篇，被商务部网站采用1200多篇，市场监测和商务预报工作在省商务厅排名第2位。

成品油市场整治。在打击“黑加油站”回头看行动中，全市共出动执法人员近4000人次，执法车辆1200余台次，排查加油站点1000余座次，拆除黑加油站点485座；开展打击劣质油品专项治理，抽检加油站329座。

散装水泥推广。2017年，全市完成散装水泥供应量1053万吨，完成年计划的110.9%，同比增长3.59%，散装率达到65.7%，创造社会综合效益6.76亿元。（李耀华）

【电子商务】 截至2017年，全市已有中小型电子商务企业3800多家，其中2800多家有网上交易额，303家获得河南省电子商务企业认定；全市有省级电子商务示范企业7家，市级电子商务示范企业25家，省级电子商务示范基地1家，市级电子商务示范基地4家，国家级电子商务进农村示范县2个，河南省电子商务进农村示范县3个。全市已建成电子商务产业园及电商运营中心7家，引进40多家全国知名电商入住运营，培育创建较大的本土平台载体30多家。

（李耀华）

【商务监管】 2017年，市商务部门突出互联网、城乡接合部等重点领域和部位，开展专项整治，强化日常监管，形成打击合力。全年商务行政执法部门共立案查处侵权假冒案件1450件，办结案件1417件，涉案金额436万元。以市场监管标准化建设为切入点，拓展监管领域，加强执法队伍建设，"权责明确、行为规范、监督有效、保障有力"的商务行政执法体制初步建立。2017年，共受理"12312"举报投诉35件，办结35件，接收咨询96件；检查企业商户1692家，查处违法违规商户186家，行政处罚违规商户155家，涉案金额36.8万元。加强商务领域诚信建设，围绕诚信兴商，开展"信用消费进万家"主题日和食品安全宣传周活动，结合诚信商场超市创建工作，组织开展诚信宣传教育活动，推进全市商务诚信体系建设。加强预付卡管理，开展专项整治行动，对全市规模发卡企业进行专项执法检查，先后出动执法人员32人次，检查规模发卡企业8家，促进单用途商业预付卡市场健康发展。

（李耀华）

【商务领域改革】 2017年，市商务局贯彻全市改革工作部署，推进商务领域"放管服"改革，推进放权彻底、监管到位、服务提升，着力为群众生活及办事提供便利。一是提高"放"的效率。深化行政审批改革，厘清审批职权，大力简政放权，市商务局职权目录由原来的40多项锐减至27项，其中行政许可1项、行政处罚20项、行政确认1项、其他职权5项。二是严格"管"的标准。编制并公布权责清单，制成行政权力手册印发实施，做到法无授权不可为，法定职责必须为。深化商事制度改革，建立涉企信息归依共享机制，及时录入相关企业信息，建立"双随机、一公开"企业信息和执法人员信息库，加强事中事后监管，开展抽查工作。三是提升"服"的品质。全方位推行"互联网+政务"，在政府网站和驻马店商务之窗网站上，全面公开权责清单和便民服务事项，及时为社会各界提供便利、快捷的政务服务。

（李耀华）

服务业

【服务业发展概况】 2017年，全市服务业增加值822.65亿元，占GDP总量的41.1%，首次超过第二产业占比，实现三次产业结构向"三二一"格局的转变。反应服务业发展的几个主要关联指标中，2017年全市社会消费品零售总额730亿元，同比增长12.6%，高于全省平均水平0.9个百分点，居全省第1位；居民收入增长9.7%，居全省第2位；居民消费支出增长8.6%，居全省第8位；货物运输量、周转量分别增长10.99%和6.51%；总体来看，服务业已超越二产，成为拉动驻马店市经济持续增长的主要力量。

（龚乃衡　梁　琦）

【服务业经济效益】 2017年，全市服务业税收同比增长23%。从税收占比看，服务业税收占地方税收的比重达到66%，高于工业32个百分点，占据地方税收收入的三分之二。从税收贡献率上看，服务业对地方税收增长的贡献率达到79.3%，高于工业58.6个百分点。从每万元增加值贡献地方税收收入来看，服务业每万元增加值贡献地方税收收入705.6元，高于工业311.6元。房地产业累计完成地方税收收入26.6亿元，同比增长34.2%，批发和零售业地方税收同比增长10.6%。

（龚乃衡　梁　琦）

【服务业结构优化】 随着驻马店市经济结构调整，服务业转型升级力度加大，现代物流、现代金融、文化旅游健康养老等现代服务业增势强劲，重点产业转型攻坚任务顺利推进。2017年，全市电子商务交易额和网络零售额分别增长16.2%和14.6%；快递业务量和业务收入同比分别增长92.59%和82.9%；全市金融机构人民币存款余额、贷款余额同比分别增长12.05%、15%；旅游接待人次和总收入分别增长14.4%和16%。

（龚乃衡　梁　琦）

粮油购销

【概况】 2017年，全市累计完成各类粮食收购331198万千克，占省定目标任务的126%；国有粮食企业净值产收益率2.35%。推进主食产业化和粮油深加工业发展，主食工业化率达到42%。全年完成主食产业化和粮油深加工项目投资额17194万元，占省定目标的171.94%。全市粮油加工企业努力打造产业集群，粮油加工转化率达到85%，占省定目标的101%。库存粮食"一符四无"粮油率达到100%，占省定目标的105%。

（王　尚）

【粮食流通】 2017年，驻马店市分3批启动托市收购库点99个。截至9月30日，全市累计收购新产小麦171.6万吨，占全省收购总量的8%。其中，按最低收购价收购64万吨，占全省收购总量的6%，平均收购价2.4元/千克；按市场价收购107.6万吨，平均收购价2.356元/千克，比全省平均价低3分。2017年全市秋粮受灾严重，为减少农民经济损失，市粮食局及时安排市粮油质量检测中心对各县区玉米、花生样品进行质量检测，摸清灾后品质情况。组织召开全省有关地市12家油脂及玉米加工转化企业座谈会，鼓励引导企业收购超标粮食，解决农民卖粮难。在秋粮收购中，全市设立正阳县1个托市库点。截至2017年12月底，已收购中晚稻1.37万吨，收购价2.5元/千克；玉米累计收购256072吨，平均价1.66元/千克。（王　尚）

【粮食调控】 2017年，驻马店市做好市级储备粮油轮换，共轮换市级储备粮13538吨，储备油2000吨。规范办理粮食收购许可证。全市取得粮食收购许可证的法人及其他组织806家，其中国有及国有控股企业175家，集体企业4家，私营企业440家，个体工商户184家，外资企业3家。从2017年1月初至3月底，按照省粮食局要求，进行收购资格年审工作，做到有证必查、有粮必查、查必过细、查必彻底。（王　尚）

【粮食安全】 2017年，驻马店市政府专门召开市政府常务会议研究部署粮食安全责任制考核各项工作。市粮食局履行牵头部门职责，协调14个考核工作领导小组成员单位健全考核机构、研究考核事项，分解考核任务。各县区、各部门明确分工，夯实责任，开展自查自评，确保2017年粮食安全责任考核取得成效。2017年5月，南阳光武库真菌毒素超标小麦51.2吨流入驻马店市，驻马店市粮食局认真排查，核实情况，及时查封，严格监管。8月，当事人分2批将这批小麦销售给个人喂鸭和加工鸭饲料，确保没有流入口粮市场。加强粮食质量安全监测。在全市夏秋两季粮食收购期间，市粮油质量检测中心到各县区收购网点扦取具有代表性的质量调查、品质测报样品216份；卫生安全监测小麦样品54份，玉米样品40份，开展质量、品质和卫生安全监测，为政府出台相关政策，解决农民卖粮难提供科学依据。在全市范围内开展对粮食企业的安全生产大检查活动，并结合“大快严”集中行动开展秋季粮油安全大检查活动。（王　尚）

【粮食流通监管】 2017年4月，市粮食局开展军粮供应专项检查，确保全市军供工作粮源可靠、保障质量、服务优良、部队满意。组织对粮食企业执行和落实《粮食质量安全监管办法》专项检查。2017年4月，组织开展驻马店市2017年粮食库存检查。重点督导检查企业13家，市级复查检查政策性粮食328616吨，检查地方储备粮8.7万吨，检查最低收购价粮食241616吨。开展2017年夏粮收购专项检查，夏粮收购期间市县共出动检查人数1304人次，检查收购主体431个，现场解决收购过程中出现的问题，收购过程中未发现违规行为。2017年8月，组织开展粮食安全隐患大排查快整治严执法集中行动。涉及驻马店市辖区收储企业157家，共查出隐患1419项，已整改安全生产和安全储粮问题1200项、地方储备粮管理问题1项，其他类问题整改55项，其余问题汇总列入隐患台账。（王　尚）

【粮食流通体系建设】 2017年，市粮食局加强粮食流通体系建设。一是“粮安工程”粮库智能化升级改造项目。驻马店市“粮安工程”粮库智能化升级改造项目48个（含新蔡县5个项目），总投资6028.7万元。该项目已完成招标工作。二是主食产业化建设。帮助“一加一”天然面粉有限公司等11家企业申报加入粮油深加工企业扶持基金项目库。河南省大程粮油集团股份有限公司等4家企业申报重点支持粮油产业化龙头企业。三是申报产后服务体系建设项目。市粮食局制定2017—2018年产后服务体系建设规划。2017年，首批申报建设2个县区和驻马店市东方粮油集团（丰盈公司），共计20个建设项目，预算资金2899.43万元。四是实施“中国好粮油行动计划”。为增加绿色优质粮食供给，在全市推选出河南大程粮油集团有限公司等7家面粉和油脂大型企业参加“中国好粮油”产品遴选活动。五是实施“军民融合军粮保障创新示范工程”项目。11月29日，市政府17次常务会议批准该建设项目。该项目选址驿城区胡庙乡，占地93.6亩，已通过选址规划。该项目计划投资3120万元，建筑面积2万平方米，建设周期为2年。（王　尚）

【粮油行业发展】 2017年，驻马店市有5家企业荣获“全国放心粮油示范加工企业”称号，1家企业被河南省粮食行业协会评定为“河南省放心粮油示范加工企业”，7家企业被河南省粮食行业协会审定为“河南省粮油加工企业综合实力50强”。为加快培育发展粮油骨干企业和知名品牌，发布全市2016年度粮油企业十强名单。开展落实“中国好粮油行动计划”，授予驻马店顶志食品有限公司“顶志”等16个品牌为“2016年度最受消费者欢迎的粮油产品品牌”，授予驻马店市大程东方粮食储备有限公司等9家粮油企业2016年度“文明诚信守法经营”诚信单位称号。2017年9月，驻马店市组织23家企业参加2017郑州（中国）好粮油产销对接及设备技术博览会。展会上，驻马店市总签约项目42个，总签约资金10.78亿元。（王　尚）

供销合作

【概况】 2017年，全市供销合作社系统实现商品销售总额235.19亿元，占计划100.94%，同比增长11.16%；实现利润7642万元，占计划100.41%，同比增长8.6%。专业社、联合社、土地流转、安全统筹等任务超额完成。全市供销系统土地托管面积达到62.5万亩。综合业绩考评继续保持全省第一方阵。市供销社荣获“2016年度全省供销合作社系统综合业绩考核优胜单位一等奖”“全国供销社系统先进集体”“全国巾帼建功先进集体”称号。（陈　维）

【供销社综合改革】 2017年，驻马店市供销社系统抓住作为全省供销社综合改革试点市机遇，因地制宜，推进深改事项落地生根。2017年2月8日、2月20日和2月21日，市供销社围绕全市供销合作社农业社会化服务体系创新、对接精准扶贫和基层社分类改造3个专题相继召开专题研讨会。5月19日，全市深化供销合作社综合改革推进会召开。市委市政府出台《关于深化供销合作社综合改革的实施意见》

11月1日，全市供销社健全联合社“三会”制度专项试点工作推进会议

等10多份文件，从财政扶持、金融服务、税收优惠、供地保障、品牌建设等多方面给予政策扶持。市财政局继续把深化供销社改革专项扶持资金、新网工程建设扶持资金、合作社发展扶持资金、农民经纪人培训资金等列入财政预算，其中深改资金在上年500万元的基础上增加到600万元。市供销社与宣传部门联动，在《驻马店日报》、市电视台等主流媒体中开设《7号文件解读》《供销社为农服务基层行》《深化供销社综合改革巡礼》3个宣传专栏，全年宣传报道近100期。全市确定泌阳县、汝南县和平舆县西洋店镇、确山县朗陵办事处4个供销社综合改革试点，各县区确定18个基层供销社改革试点。市供销社建设的集为农服务、社情民意、文明单位创建、“两学一做”学习教育“四位一体”的为农服务示范联系点，涵盖基层供销社、农民合作社、家庭农场、种养大户、农业企业、社区综合服务中心等，探索出一条服务“三农”、农社共兴的新路径。　（陈　维）

【基层供销社建设】 2017年，市、县两级财政分别以奖补形式注入资金，帮助基层社开展恢复重建工作。确山县供销社与确山县源丰种植专业合作社共同出资组建确山县朗陵供销股份合作社，探索“供销社 + 农业企业 + 合作社 + 基地 + 农户”经营模式，将供销社与农民结成利益共同体，常年与安徽省保银农业科技发展有限公司和郑州三全食品公司签订蔬菜种植合同，以订单农业带动特色农产品种植，达到合作社增效、农民增收效果。平舆县供销社按照“政府引导、供销社主办、多方参与、市场化运作”原则，以基层供销社为依托，推进农村社区综合服务社建设，西洋店镇供销社采取新旧划断方式，重新组建“三农”服务专业合作社，在全镇24个村重新筛选组建集生产生活资料供应、物流配送为一体的新型村级综合服务社，打通服务农民的“最后一公里”。恢复重建的平舆县西洋店镇、确山县朗陵办事处2个基层社改革试点发挥典型示范作用，服务能力明显提升。全市供销社系统完成基层社改造24个。由于驻马店市基层社改造投入大、工作实，形式多样、成效明显，河南省供销合作总社主任刘延生批示在全省系统学习借鉴。　（陈　维）

【供销电子商务发展】 2017年，驻马店市供销社系统利用供销社经营服务网点优势，加快发展农村电子商务，打通工业品下乡的“最后一公里”和农产品进城的“最先一公里”，采取线上线下融合发展，推进电子商务经营服务体系建设。上蔡县供销社按照“政府主导、供销主推、企业主体”原则，引进电商人才组建运营团队，控股成立上蔡县供销百汇通电子商务有限公司，整合电子商务进农村和益农信息社资源，依托全国供销总社“供销e家”平台，开设“古蔡特色馆”、农资商城，以供销百汇通电子商务公司物流配送中心为依托、22个乡镇供销社为中转、226个村级网点为终端，对农民所需的生产生活资料及时调配，打造“县配送、乡中转、村服务”的线上线下融合发展格局。河南省供销合作社把上蔡县供销社百汇通电商公司作为全省2个县级试点之一重点进行扶持，拟于2018年在上蔡召开现场会，在全省推广“上蔡模式”。市供销社将百汇通电商公司升级为市级运营平台，把全市特色农产品展示、农产品检测认证、物流仓储配送、跨境电子商务、电子商务培训、普惠金融、庄稼医院整合在一起，打造线上线下融合发展的电商经营服务体系。全市供销系统建成电子商务平台5个，销售额10969万元，同比增长48.06%。　（陈　维）

【新网工程建设】 2017年，驻马店市供销合作社发挥城乡并举、产销衔接传统网络优势，打造农副产品、日用消费品、农资、再生资源四大网络体系，巩固和加强供销社在农村市场流通的主导作用。全市供销系统建设村级综合服务社

2934 个，各类经营服务网点达到 4236 个，覆盖全市 90% 以上乡镇。（陈　维）

【新型农业经营主体建设】 2017 年，驻马店市各县区供销社立足当地资源和特色产业，自办领办各类农民合作社、农业产业化企业、家庭农场等农业经营主体，优势互补，联合合作，提高农业组织化程度。截至 2017 年年底，全市供销系统规范发展合作社 703 个，联合社 20 个，农业产业化龙头企业 11 个，专业协会 112 个，种粮大户 54 个，家庭农场 9 个，新型农业经营主体总数近 900 个，位居全省供销社系统首位。（陈　维）

【供销社助力精准扶贫】 2017 年，全市供销社系统采取产业扶贫、基地扶贫、服务扶贫、科技扶贫、电商扶贫等方式，开展精准扶贫，让贫困户在扶贫产业链中找准位置，由“输血”向“造血”转变。安排深改资金 165 万元，以股权投入方式改造和提升一批农民合作社，实现与农民利益无缝对接。截至 2017 年年底，全市供销社系统通过产业扶贫、服务扶贫、科技扶贫、电商扶贫等助力扶贫的单位总计达 67 个，带动 4154 户贫困户实现脱贫致富。支持系统驻村第一书记工作，投入帮扶资金、物资等 301.36 万元，帮建 12 个村级综合服务社、31 个新型农业经营主体，帮助贫困户年增收 283.04 万元。开展“好婆婆”“好媳妇”“好党员”“好学生”评选活动，改变村容村貌。（陈　维）

中石化

【概况】 2017 年，中石化驻马店石油分公司全年经营总量 33.22 万吨，其中零售 26.45 万吨、直批 6.77 万吨；非油品销售 8755 万元，天然气经营量 493 万立方米。做好零售经营，实行“一站一策”、差异化营销等措施扩大零售机出量。借助政府整治打击劣质油契机，推动成品油市场打黑治违专项活动开展。推进易捷便利店陈列标准化、商品多样化。打造 10 座专区专柜“样板店”，组织其余 33 座标准店开展专题培训，提升门店形象。落实精准营销，促进重点商品销售。拓展新业务，扩大增量渠道，开展 20 座加油站简易洗车业务。建立与客户互访机制，客户购油稳定率保持 80% 左右。全年油库吞吐量 78.24 万吨，利用输油管道优势，强化资源管理，坚持科学配送。坚持天然气“批零并举”经营方针，做大天然气销售规模，率先启动 LNG 直批业务。（郭汉轩　杨　洋）

【网建发展】 2017 年，中石化驻马店石油分公司加强外部协调，保证网络稳定，内部争取政策，盘活优质资产，确保网络建设可持续发展。紧盯土地置换，加快网络布局，落实确山油库、平舆油库土地置换和西平中心站置换相关工作。对已拆除站坚持拆一补一，完成驻马店一站拆迁重建。提前土地续租稳固现有网络，完成对土地租赁位置较好、发展潜力大的站续租事宜。盘活闲置资产提升市场控制力，完成新蔡砖店和京港澳高速南口东站 2 座歇业加油站重启改造；完成汝南八站和平舆宏达加油站 2 座站提量改造。（郭汉轩　杨　洋）

【企业管理】 2017 年，中石化驻马店石油分公司加强企业管理。一是加强现场监督管理。完善制定《加油站星级评定办法》，建立加油站自查、县公司评定、市公司复核三位一体的加油（气）站现场监督管理体系。加强市、县、站三级循环检查，重点督查县级巡检制度落实、站长履职以及问题整改情况。全年检查加油站点 466 座次，提出整改意见 6824 条，已整改 6539 条，整改率达到 95.8%。二是管控安全风险。与各县公司（经营部）、机关部门签订 HSE 目标责任书 25 份，成立零售非油、发展基建、综合信息、油库物流 4 个安全分委会。实施全员 HSE 考试专项考核奖惩，促进员工技能提升。强化 HSE 培训，安全管理人员持证上岗率 100%。在油库和 2 个加油站试点开展 7S 创建。三是数质量管理。修订完善《油品损溢管理考核办法》《加油站地罐交接管理办法》等制度，明确各环节数质量管理责任。76 座液位仪加油站全部实行地罐交接，液位仪进货验收率和进货验收质量全省排名靠前。强化油品质量监控，全年内部抽检 246 站次、抽检油样 753 个。配合政府部门对 85 座加油站、189 个油样进行质量监控，合格率 100%。四是推进机制改革。强化对县公司（经营部）考核，落实对加油（气）站的联量、联管理兑现。加大考核激励，全年兑现专项奖 277 万元。推进小站承包，承包站扩大到 10 座。新成立委托公司 20 个，做实委托站 41 座，给予委托站用工权和分配权，激发委托站增量创效积极性，实现委托方和受托方双赢。五是加强队伍建设。按照“一分五定”要求，机关部门由 11 个减少到 8 个，逐步减少机关人员，提高机关工作效率。全方位开展教育培训工作，公司新增技师 2 名、高级工 10 名、中级工 5 名。（郭汉轩　杨　洋）

中石油

【概况】 中国石油河南驻马店销售分公司于 2001 年 7 月注册成立，是中国石油天然气股份有限公司下辖的地市级分支机构。2017 年，公司拥有控股和租赁油库 2 座，库容 8.7 万立方米，确保油品资源正常供应；全资或租赁加油站 30 座，基本形成覆盖全市的销售网络。全年实现销售总量 7.81 万吨，非油收入 1772.4 万元，安全、环境等级责任事故为零，内控重大例外事项为零，上缴各项税费 1518.27 万元。（刘艳春）

【业务经营】 2017 年，中石油驻马店销售分公司加强业务经营。一是精准营销。柴油方面时刻关注油品市场走势，紧盯季节性客户用油，把握“三夏”“三秋”销售时机，开展阶梯降价、送油上门、小额配送等相关业务。针对下半年加油站集中改造，停业站较多，利用橇装加油机进行油品销售，避免重点客户流失。“三夏”“三秋”期间为确保油品供应，分公司储备成品油10万多吨，完全满足农用油市场需求。推出多项惠农措施，开辟绿色加油通道，敞开供应农用柴油，开展送油到田间地头、送油到收割现场等活动，累计送油200余吨。汽油方面调整促销方向，通过优惠促销、IC卡政策、互联网营销、调整品号设置、增加促销氛围、提升顾客体验等手段吸引客户。针对CN98#汽油推广，详细分析市场，新增CN98#汽油站点6座，实现销售478吨，汽油销量同比增加7.6%。推行进店结算，以“十惠促销”“节假日促销”“互联网营销”“办卡进社区”等手段增强客户粘性，全年共推出主题促销35期，核销电子券4.8万张，核销金额136.7万元，发放个人卡片1.19万张，顾客持卡消费比例增长0.65%，活跃卡比例25.2%。二是谋划多元发展。依托“亮化”工程，推行进店结算，开展“创意堆头销售竞赛”“机油保养开口促销”“奶类爆款促销”等活动，结合市区加油站客户打造的“奶类爆款促销活动”推出后收入同比增幅167%。紧跟河南非油业务发展形势，满足客户差异化消费需求，发掘便利店新的利润增长点，与车享家开展业务合作，实现收入130万元。增加快餐业务，在驻马店三站、上蔡二站等加油站打造放心餐吧，15座加油站设置特产专柜，利用区域优势销售驻马店本地香油系列特产五大类、11种单品，满足顾客多元化消费需求。（刘艳春）

【网建发展】2017年，中石油驻马店销售分公司推进网络布局，完成正阳间河站投运工作，新增销量473吨，办理完成兰郑长成品油管线驻马店支线相关投运验收手续，推进驻马店驿城大道加油站等3个加油站开发合作项目。强化施工安全，严格审查入围施工承包商资质，组织站经理培训，加大站经理日常监督责任，保证工程改造质量。2017年，一体化“亮化”工程改造7座，油罐防渗池改造实施80%。加快日常检维修工作进度，从被动等维修申报变主动到加油站巡查，制定检维修方案。全年处理因风灾受损加油站11座，索赔10.78万元，处理加油站报修212次，排查加油站隐患108处，解决问题101起。（刘艳春）

【安全合规管理】2017年，中石油驻马店销售分公司加强安全合规管理。一是落实安全责任。签订安全环保责任书，成立职业健康安全管理委员会，完成168名员工在职体检，6名员工岗前体检，各作业场所职业病危害检测率和申报率达100%。完成全部加油站HSE管理体系标准化达标验收，制定外聘保安管理规范，加强间歇营业加油站夜间安全管理。编制发布分公司《极端天气应急预案》，开展防雷防静电检测2次，参与河南省大气污染防治行动，全年接受内外部环保检查25次。通过月度盘点、不定期油样送检、监控监督油样确认拍照等方式构筑计质量防线，全年共抽检油品241批次，合格率100%。驻马店公司荣获河南公司计量质量管理先进单位称号。二是加强合规运营。注重现场管理，建立完善监督检查机制，做到问题有发现、有跟踪、有解决。发挥监控室优势，做好日常巡查管理，全年组织综合稽查4期、专项检查6期、复核检查4期，监控室日常问题通报率同比下降16.1%。三是强化资金监管。增加电子投币频次，对未实施上门收款的汝南五站等6座加油站采取重点监控、突击检查等方式严防资金风险。组织核算员专项培训13期，资金安全大检查4期，查出问题173项。通过对拆除、退租加油站资产清查、调拨等方式盘活资产，提高资产使用周转率，减少低效无效资产。全年共清理待报废资产237项，盘活调拨使用资产56项。（刘艳春）

烟草专卖

【概况】2017年，驻马店市销售卷烟20.95万箱，种植烟叶4.72万亩，收购烟叶10.79万担，投入生产扶持补贴2460.9万元，实现烟叶税收3160万元。全市烟草系统实现税金11.67亿元。（鲍　峰）

【卷烟营销】2017年，驻马店市烟草专卖局（公司）围绕省产烟转型升级关键指标，编制年度卷烟品牌销售规划，开展市场整治，销售省产烟14万箱，占总销量的66.83%，省产烟单箱收入增长1329元。依托市场化取向改革订货平台，实现统一货源分配、直分到户，在确保规范经营前提下，提高个性化服务水平。全面启动终端建设，建成现代零售终端2470户，并协同河南中烟建成黄金叶示范店1100户。（鲍　峰）

【烟叶生产规范管理】2017年，在国家烟草专卖局对河南省4个烟区烟叶质量抽检中，驻马店综合得分排名第一。驻马店市烟草专卖局（公司）在抓质量信誉基础上，主动引入“一院两局”联合监管机制，解决烟叶生产经营中的不规范问题。2017年7月，驻马店市承办全省烟叶生产“精细实”管理现场会，规范管理做法受到认可，并在全国烟叶工作会议上进行书面交流。全年驻马店市烟草专卖局完成烟叶基础设施项目871个，烟草行业投入补贴资金2122.55万元，改善烟农生产条件，增强烟区抵御自然灾害能力。（鲍　峰）

【卷烟市场监管】2017年，市烟草专卖局（公司）创新市场监管方式，加大卷烟打假力度。发挥部门协作优势，开展“百日会战”和“案件大比武”活动，全年查处违法案件1737起，查获违法卷烟927.2万支；破获100万元以上的网络案件5起，其中2起被列为部督案件、2起被列为厅督案件，刑事拘留44人，逮捕35人，判刑25人，有效惩治制售假冒卷烟违法犯罪活动。（鲍　峰）

【全省烟叶生产经营“精细实”管理暨烟叶收购现场会】2017年7月27日，全省烟叶生产经营“精细实”管理暨烟叶收购现场会在泌阳召开。省烟草局（公司）党组书记、局长、总经理武卫东，党组成员、副总经理王泽宗，河南中烟副总经理付顺卿出席会议并讲话，市政府副市长付自成到会致辞。泌阳县委副书记、县长魏华伟，县人大常委会主任王群生以及省烟草专卖局（公司）、河南中烟部门负责人，驻马店、三门峡、南阳、平顶山、许昌、洛阳、漯河、商丘、周口、郑州、信阳、济源等市烟草专卖局（公司）、烟办负责人和有关人员100余人参加现场会。市县烟草公司在各分场收听收看现场会。（鲍　峰）

食盐专卖

【概况】2017年，全市完成小包装食盐购进12616吨，销售13728吨，利润总额66万元，上缴税金374万元，是全省盐行业仍有盈利的3个省辖市之一。市盐业总公司所有者权益733万元，同比增长24%；资产负债率84%，同比下降6个百分点，保障了国有资产保值增值。全年查处涉盐违法案件1226起，同比增长41.7%，查获私盐773吨，刑拘4人，罚款6万元，端窝点46个，保障食盐安全供应。（刘　潇）

【食盐专营】2017年，随着食盐价格、经营区域放开，市场竞争更加激烈，市盐业局增强改革意识，推进销售提升。一是贯彻盐改精神，强化宣传引导，维护食盐专营地位。多次召开会议，领会和贯彻盐业体制改革方针政策，从根本上转变思想观念，学习市场、熟悉市场，围绕市场开展工作。利用电视、宣传车、宣传材料等方式，宣传改革后的食盐专营制度，维护盐业合法经营地位。二是创新方法，多措并举，抓好食盐销售。加强盐产品用途宣传推介，引导群众实现食盐由“吃”到“用”观念转变，扩大食盐消费需求。开展走访调研，了解购盐渠道，对食盐商户信息登记完整，定期分析研究商户购、销、存信息，建立信息平台，提升终端市场掌控能力。定期走访工业盐用户，建立友好供需关系，拓宽营销渠道，扩大销量，提升效益。三是加强目标考核，强化激励机制。加强经营管理，搞活经营机制，通过灵活多样的营销策略，给压力、分任务、重奖罚，调动销售队伍积极性，提高行业竞争力。（刘　潇）

【盐政管理】2017年，面对涉盐违法案件增多，保障食盐安全难度增大的严峻形势，对盐业市场保持高压严管态势。一是开展专项整治活动。组织开展跨区经营专项治理活动，重点整治个别食盐定点生产（批发）企业弄虚作假发展加盟商，利用第三方物流企业违法转卖转批等行为，先后查处6家省内外盐企违规转代批行为，规劝4家外地盐企放弃在驻马店市设立违规转代批的计划；组织开展“三集一净”食盐安全专项检查，走访8个县、1个区、23个乡镇，检查零售网点360余个，食堂饭店200余家，物流企业10余家，抽样送检盐样品8份，严厉打击销售不符合标准食盐的不法行为；开展“异味盐”专项整治活动，全面排查辖区内的商店、超市、学校食堂、宾馆饭店、用盐企业，确保群众用盐安全。二是提高市场监管水平。完善街道责任人负责制，在市主城区划分20多个责任区，形成网格化管理局面。以“食盐安全访万家”活动为抓手，收集汇总私盐线索，追踪索源，重点打击。加强市县联动，促进全市稽查信息互通共享，市场管理协同互动，案件办理规范统一。三是加强行刑衔接机制，提高盐业执法威慑力。加强与公检法部门协调与沟通，共同分析形势，研究探讨适用法律，加大追刑力度，严厉打击涉盐犯罪。完结案件全部报录检察机关信息平台，全程接受司法监督。四是依法行政。树立法治意识，定期组织学习各种公共法律和盐业专业法规。运用法治思维和法治方式推动盐业改革发展。构建管理、服务、执法三位一体的行政执法模式，并通过记录归档、签字背书等形式强化责任，促使自觉依法行政。盐业系统全年没有发生一例执法过错案件，所查办的盐业违法案件实现“零”复议、“零”诉讼。（刘　潇）

【盐业宣传】2017年，针对盐改过渡期食盐市场鱼龙混杂，外地劣质盐增多情况，开展“食盐安全访万家”活动，通过深入社区、深入农村、深入居民，宣传食盐安全知识，解读盐业改革过渡期政策，引导群众了解盐业、支持盐业，从正规渠道购销食盐。组织开展“5·15”碘缺乏病防治日、“3·15”消费者权益日、“食品安全周”等大型宣传活动，通过设立宣传咨询台、摆放宣传展板、发放宣传单等形式向过往群众讲解盐业政策和伪劣食盐的鉴别方法，提高群众自我防范意识。与移动公司合作，投入3.2万元向全市手机用户编发宣传短信，引导群众正确解读盐改政策，自觉抵制私盐。利用广播、电视、报刊、微信等覆盖面广的特点，向群众宣传食盐安全知识和食盐加碘防治碘缺乏病的重大意义；通过《政风行风热线》栏目，现场回答群众关心的热点、难点问题。全年全市出动宣传人员1200多人次、宣传车辆240多台次、宣传咨询台11个、展板60块、悬挂条幅58幅、散发宣传手册和传单3万余份、手机编发短信2万余条，保证食盐安全供应的主渠道地位。（刘　潇）

【盐业改革】2017年，驻马店市成立以常务副市长为组长，分管副市长为副组长，各相关局委一把手为成员的盐业体制改革领导小组，建立盐业改革领导机构和工作机构，加强领导，明确责任。多次召开会议，研究部署食盐质量安全、应急管理、食盐储备、市场稽查等配套措施，保障市场食盐安全供应。配合相关部门，按照时间节点完成改革既定工作目标任务，推进盐业体制改革。《驻马店市盐业体制改革方案》出台，《驻马店市市级盐业监管体制改革实施方案（草案）》起草完成。（刘　潇）

科 学

科学技术

【概况】 2017年，全市实施科技项目193项，其中争取国家、省级科技计划项目37项，获得资金支持1741万元；认定省级工程技术研究中心9个，认定市级工程技术研究中心21个，认定市级重点实验室3个；创建院士工作站2个；认定市级科技企业孵化器3家、市级众创空间2家；认定国家级星创天地1家、省级星创天地2家；认定高新技术企业27家、河南省创新龙头企业2家、节能减排科技创新示范企业1家；认定河南省创新型科技团队3个；认定市知识产权优势企业5家，全市专利申请2320件，专利授权1239件，比上年分别增长23.6%、16.7%。技术合同成交额突破1.2亿元，位于全省第五位。市科技局荣获“第六届中国创新创业大赛河南赛区暨第九届河南创新创业大赛优秀组织奖”，被评为“全省科技宣传暨通联工作先进单位”“省科技政务信息先进单位”“全省科技统计工作先进单位”“全省技术合同登记工作先进集体”“省级文明单位”“全市服务开放招商工作先进单位”“全市服务企业先进单位”等。（杨新立）

【科技计划项目建设】 2017年，驻马店市争取河南省科技项目立项37项，省科技资金支持1741万元。申报河南省2018年科技项目78项。实施市级科技项目160项，其中重大科技专项3项。（杨新立）

【科技创新平台和载体建设】 2017年，驻马店市认定省级工程技术研究中心9个、市级工程技术研究中心21个，认定市级重点实验室3个，新建院士工作站2个。加强科技企业孵化器和众创空间建设。新组建省级科技企业孵化器1家，新认定市级科技企业孵化器3家，新组建市级科技企业孵化器4家，新认定市级众创空间2家。新认定国家级星创天地1家，省级星创天地2家，激发全市农业农村创新创业活力，加快一、二、三产业融合发展。利用驻马店科技创新服务平台为广大科技人员提供文献期刊、企业产品样本和标准数据

2月22日，全市推进科技创新暨全民科学素质工作会议

8月18日，国家知识产权局专利局专利审查协作河南中心社会服务驻马店工作站揭牌

库下载服务。做好驻马店科技信息网维护和信息更新工作，发布政务信息、通知公告等227条。利用驻马店科技信息网开展实用技术的收集和发布，为农村和科技人员服务，共收集和发布实用技术信息823项。（杨新立）

【科技创新主体培育】 2017年，市科技局加大创新主体培育力度。一是发展高新技术产业。培育省级高新技术产业开发区1个，新认定高新技术企业27家。2017年，全市高新技术产业增加值达到142.54亿元，增长13.2%，高于全市规模以上工业平均增速4.5个百分点，占全部工业增加值的比重达到21.7%，全市工业经济发展质量、科技含量提升。二是开展科技型中小企业和“科技小巨人（培育）”企业评价工作。累计备案河南省科技型中小企业412家。新入库科技小巨人企业1家，科技小巨人培育企业3家。三是培育创新龙头企业。市科技局加强与市发改委、市工信局配合，开展创新龙头企业的培育工作，新认定河南省创新龙头企业2家。四是落实企业创新优惠政策。推动企业科研费用加计抵扣、高新技术企业所得税减按15%和企业科技创新产品政府优先购买政策落实。全市企业享受研发费用加计扣除优惠17户，优惠税额3626.45万元；享受高新技术企业优惠13户，优惠税额6070.17万元。（杨新立）

【科技成果工作】 2017年，市科技局做好科技进步奖申报工作。获省科技进步三等奖1项；市科技进步奖授奖项目49项，其中特等奖1项、一等奖23项、二等奖25项。组织成果转化奖评审。对4个转化经济效益突出的科技成果项目，分别给予20万元科技资金奖励，促进科技成果产业化，增强企业自主创新能力。这4项成果转化产值达到9亿元，实现销售收入7.6亿元，利税7850万元。开展技术合同登记工作，已注册37家企业，技术合同成交额突破1.2亿元。（杨新立）

【科技开放合作】 2017年，驻马店市参加郑洛新国家自主创新示范区开放合作北京推介会，征集技术需求32项、人才需求245人，会上签约5亿元项目1个（省要求只报一项：河南惠洁新型建材科技有限公司与中国标准化研究院合作的“中国标准化研究院特种塑料制品标准化研究基地”）。开展开放合作项目申报工作。申报省国际科技合作项目2项，获得省财政技持20万元；省开放合作项2项，获得省财政支持100万元，处于全省前列。发挥省育成中心驻马店分中心作用，为企业开展科技服务，与中科院签约合作项目2个，争取河南省中心支持经费100万元。（杨新立）

【农业科技发展】 2017年，市科技局积极实施农业科技计划项目。实施市级农业领域重大科技专项2项，农业攻关项目4项，农业自主创新产品专项4项。推进农业科技园区建设，新认定市级农业科技园区4家，实现市级农业科技园区县（区）全覆盖。实施县市创新引导计划。围绕农业增效、农民增收，实施正阳县、泌阳县2016年度县（市）创新引导计划和遂平县、西平县2017年度县（市）创新引导计划，促进科技与经济有效结合，培育壮大县域特色优势产业。（杨新立）

【科技人才队伍建设】 2017年，市科技局加强科技人才培养。评选出2017年市“151”天中科技创新人才5名、创新青年10名，分别奖励10万元、5万元，此类人才已达79

5月11日，驻马店市第二初级中学2017年“5·12”防震减灾应急避险疏散演练

名。加强创新型团队建设，认定河南省创新型科技团3个（黄淮学院申报的“河南省群体机器人协同控制创新型科技团队”“表界面活性高分子材料创新型科技团队”和河南金凤牧业设备股份有限公司申报的“河南省智能化畜禽养殖装备研究与应用创新型科技团队”）。实施科技特派员行动计划和“三区”人才支持计划科技人员专项计划。2017年度派往驻马店市的省级科技特派员6个，市级科技特派员30个；省科技厅选派98名科技人员为驻马店市2017年度“三区”人才支持计划科技人员专项计划人选。参加“三区”科技人才培训班8次100多人，推动“三区”科技人员队伍建设，为“三区”经济社会发展提供科技人才支持和智力服务，为产业脱贫、精准脱贫提供科技支撑。（杨新立）

【社发科技发展】2017年，市科技局加快社发科技发展。开展节能减排工作，华中正大被认定为省“节能减排科技创新示范企业”。实施河南弘康环保科技有限公司“旋转厌氧膜生物反应器工艺及设备开发”科技重大专项，该项目与清华大学合作，提高全市污水处理水平。申报省科技惠民计划4项，其中一加一天然面粉有限公司承担的“零添加面粉全过程安全控制技术应用与推广”，河南省人民医院实施的“遂平县高血压和糖尿病综合防治模式的建立与应用”，郑州大学在西平县中医院实施的“面向乡镇的远程心电云诊断服务平台建设”3项获省财政支持资金300万元。（杨新立）

【科技脱贫攻坚】2017年，利用科技下乡活动，全市重点围绕贫困村支柱产业和扶贫攻坚的科技需求，在征集技术需求、人才需求，供需双方洽谈对接的基础上，选派128名科技特派员深入全市各贫困村开展科技扶贫脱贫工作。共对种养殖农户100余户、300人次进行种养殖技术和市场供求信息指导，并现场指导养殖、大棚蔬菜种植及管理技术进行现场示范操作。为贫困地区经济社会发展提供科技人才支持和智力服务，为产业脱贫、精准脱贫提供科技支撑。（杨新立）

【科技宣传】2017年，市科技局加强科技宣传。参加全市文化科技卫生“三下乡”集中服务活动，举办以“科技强国创新圆梦”为主题的2017年科技活动周，并首次在县里（确山县靖宇广场）举行启动仪式，随后各县区开展科技专家下乡集中服务和防震减灾知识“六进”等一系列活动。活动中，共发放各类科普资料6万余份，开展科普咨询、义诊服务6000余人（次）。（杨新立）

【知识产权工作】2017年，全市专利申请2320件，专利授权1239件，比上年分别增长23.6%、16.7%，有效发明专利由244件提高到305件，增长25%，专利密度由2015年的0.35提升到0.44。认定市级知识产权优势企业5家。开展专利商品执法检查4次，查处10起假冒专利案件。开展银企对接、专利资产评估、专利权质押等服务，上蔡恒通机械、驻马店广大鸿源车辆2家企业通过专利质押分别获得银行500万元和1000万元贷款。（杨新立）

【防震减灾】2017年，驻马店市编制印发《驻马店市“十三五”防震减灾规划》，强化防震减灾公共服务与社会管理职能，提高全民防震减灾意识。一是地震监测预报工作。做好震情值班及震情会商工作。积极应对宏观异常及地震事件，做好西平县2.4级地震，五沟营、盆尧镇等地房屋异响调查工作。完成正阳地震台因安罗高速影响需迁建前期工

作；完成西平、平舆、上蔡、正阳、汝南、确山、泌阳7个地震台及驻马店地震数据处理中心。推进驻马店市地震台网管理中心建设，完成投资470多万元。二是地震灾害防御工作。推进驻马店市活断层探测与地震危险性评价项目，完成对第四纪地质与地貌、上蔡岗断裂、宿鸭湖断裂、驻马店—息县断裂、方城—确山—正阳断裂的踏勘工作。2017年11月底，完成验收1处省级防震减灾科普教育基地项目建设，建设内容包括地震模拟体验小屋、地震科学展板、建设抗震知识展板、河南省及邻区断裂带分布图、地震断层分类模型、工程抗震演示仪、地震监测仪器展示台等。2017年度创建国家级地震安全示范社区1处（驿城区橡林民生社区），创建省级示范学校1所，市级示范学校4所。结合国家农村危房改造和税费减免等优惠鼓励政策，建设农居工程服务站，引导广大农民建设抗震农居。三是地震应急救援。建立健全地震应急管理体系，建立经常性的工作通报和联络机制。市级应急指挥技术系统通过省地震局验收，与省地震局实现互联互通并正常投入使用。加强地震应急救援队伍建设，适时开展地震应急演练。已建成驻马店市置地公园Ⅰ类避险避难场所、平舆县奚仲公园Ⅱ类避险避难场所，做好应急避险避难场所管理维护工作。全市防震减灾工作综合评比取得河南省第七名。驻马店市被河南省地震局表彰为“2017年度省辖市防震减灾综合工作优秀单位”。（杨新立　韩　波）

【厅市工作会商会议】2017年10月13日上午，河南省科技厅与驻马店市政府举行厅市工作会商，共同推进驻马店市科技创新工作，打造产业创新高地。河南省科技厅党组书记赵建军，科技厅厅长张震宇，党组成员副厅长夏培臣，副巡视员王占波，驻马店市委书记余学友，市委副书记、市长陈星，副书记李宝清，市委常委、常务副市长张昕，市委常委市委秘书长李国胜，副市长冯玉梅等领导出席会议。省科技厅厅长张震宇主持会议。会上，省科技厅与驻马店市签署《河南省科学技术厅　驻马店市人民政府工作会商议定书》。市政府与省科技厅从创新载体建设、关键核心技术创新、科技支撑体系建设3个方面加强合作，推动全市科技工作发展。（杨新立）

【市政府与专利审查协作河南中心签订合作协议】2017年8月18日，驻马店市人民政府与国家知识产权局专利局专利审查协作河南中心签署知识产权服务合作议定书。国家知识产权局专利局专利审查协作河南中心主任刘志会，市委副书记、市长陈星，市委常委、市委秘书长李国胜，副市长冯玉梅出席仪式。陈星、刘志会代表双方共同签署《知识产权服务合作议定书》，并为国家知识产权局专利局专利审查协作河南中心社会服务驻马店工作站（全省第5个）揭牌，促进全市专利导航工作（导科研、导发展、导规划、导招商、导市场）。（杨新立）

表20

2017年度驻马店市获河南省科学技术进步奖项目表

序号	编号	项目名称	主要完成人	主要完成单位	推荐单位	获奖等级
187	2017-J-325	电磁场对骨髓间充质干细胞治疗大鼠脑外伤及并发症的研究	杨　扬　谢河秋　李　力　程璐璐　钱国强　刘　辉　朱　欣	驻马店市中心医院	驻马店市科学技术局	三等奖

表21

2017年度驻马店市科技进步奖授奖项目

获奖序号	项目名称	完成单位	完成人	奖励等级
2017T001	ZCZ系列智能环保渣土运输自卸车	驻马店中集华骏车辆有限公司	朱爱平　胡志鹏　李厚挺　李宝川　陈莉莉　李永强　张大勇　熊建军　肖占平　王　旭　刘万顶　解　新　秋　亚　姚重阳　李长春	特等奖
2017Y001	桥梁变形检测评价系统研究	黄淮学院	辛酉阳　郭士礼　李胡勇　刘　涛　任有俭　王　琼　程米春　徐　婷　虞东磊　李艳丽　张利红　袁光明　李鸿雁　李文芳　姜　楠	一等奖
2017Y002	驻马店花生机械研究及农机农艺融合技术研发推广	驻马店市农业机械化技术推广站	王东升　于俊兰　曾凡娇　张晓霞　杨爱香　陈红军　王丽娜　代海超　周华磊　柯长群　谢云梦　李元宝　余　平　孔得鹏　段　娟	一等奖
2017Y003	ZCZ系列多轮轴重型低平板半挂车的研究与开发	驻马店中集华骏车辆有限公司	徐国红　李华田　余永欣　董华周　韩月琴　王小亮　李志敏　余全富　刘春城　安　辉　王新义　曹东海　邵长松　王振华　李　静	一等奖

续表1

2017Y004	中原地区沥青路面弯沉值季节影响系数的确定研究	确山县公路工程有限公司	代卫东 潘威 赵永星 许全喜 毛艳敏 李旭丹 武亚东 张向前 臧新旺 朱铁增 梁春丽 李刚 陈黎 朱文丽 秦方珂	一等奖
2017Y005	国鉴耐热抗病辣椒新品种驻椒19的选育与推广应用	驻马店市农业科学院	赵红星 姜俊 廖书荣 何中仁 赵刚 赵静 代永青 赵玲 陈静 班新河 周霞丽 林广顺 林柯 王红梅 赵琦	一等奖
2017Y006	豫中南地区设施番茄绿色生产技术集成与推广	驻马店市农业科学院	王勇 李长红 江琳 马艳军 于永学 王玉芳 方静怡 赵春 江凤 杨亚锋 史红鸽 李宏 许彦峰 杨永乾 姚红丽	一等奖
2017Y007	小麦-花生轮作区地下害虫发生规律及无公害综合治理技术研究应用	驻马店市农业科学院	潘正茂 孟祥锋 许卫平 张春生 陈宏 段莹 崔向华 于东坡 朱云 张媛媛 何曦 赵静 冯辉 周林娜 高新国	一等奖
2017Y008	玉米浚单26优质高产栽培技术创新与利用	河南省农业广播电视学校驻马店市分校	吴剑南 董景周 王欣 刘小文 余新海 郭春梅 王立功 刘伟 刘寒 孙玉怀 赵敏 高新敬 胡伟 陈西岳 张海波	一等奖
2017Y009	规模化种猪场疫病综合防控技术探索与应用	驻马店市动物疫病预防控制中心	朱凤霞 刘莲芝 陈奎 商慧 杨晴 章四新 薛双 付显东 张三军 陶顺启 赵书强 周坤 路方 任应高 杨琳琳	一等奖
2017Y010	普通群体遗传理论研究	河南省驻马店农业学校	许时伦 于潇雨 梁生英 孙朝阳 陈铮 赵淼 李红旗 王鑫 王新建 刘全领 薛源 杨树军 赵宏飞 赵付传 杨选科	一等奖
2017Y011	设施农业景观对麦蚜与天敌发生动态影响及预测技术研究	黄淮学院	刘军和 闫艳 朱凤云 刘喜平 李琳 杨珅 赵静 禹明甫 代新义 陈黎 陈红	一等奖
2017Y012	NO和H2O2对盐胁迫下小麦幼苗生长的影响及其机理研究	黄淮学院	李大红 丁爱杰 赵永锋 张建嶺 郭红玲 刘喜平 杨艳丽 蒋炳伸 焦江洪 李伟 郑文娜 张文学 苏玺 李鸿雁 甄萍萍	一等奖
2017Y013	番茄黄化曲叶病毒病抗病机理及绿色防控技术	驻马店市农业科学院	李艳 周华迪 张高强 刘荣芝 王刚 刘书敏 彭盼 邵丰产 王震 张彩霞 刘越峰 王慧芳 孙联合 李晓波	一等奖
2017Y014	小麦主要害虫防控技术研究	河南省农业广播电视学校驻马店市分校	王丽 王静 刘培 张富银 刘果果 李林 连敏 梁丹 张少玉 崔功亚 陈典典 刘伟波 王琳 李超 范俊涛	一等奖
2017Y015	脑胶质瘤治疗的基础与临床研究	驻马店市中心医院	杨扬 程璐璐 张勇刚 钱国强 李力 张志韧 邱俊红 牛乐 潘海 冯浩 郭春霞 李小红	一等奖
2017Y016	难治性白血病的临床研究	驻马店市中心医院	钟亚平 王萍 许春玲 马东升 郭冬芳 高红秀 任晓艳 王萌 李慧 刘迎庆 范利平 杨娜 张园园 韩雨 彭莹莹	一等奖
2017Y017	多学科新技术联合应用救治大面积严重烧伤	中国人民解放军第一五九医院	李文军 林国安 袁仕安 孟进松 张亮 刘照玲 邱俊红 蔡斌 王瑞生	一等奖
2017Y018	DTI技术融合3D-TOF序列在治疗三叉神经痛中的应用价值	驻马店市中心医院	王栽忠 周莎莎 刘辉 李力 程璐璐 张亮 高银亮	一等奖
2017Y019	荧光探针对具有纳米结构光纤探头表面修饰及功能研究	黄淮学院	喻淼 白文科 张宁 张勇 耿玉国 邹胜利 李红梅 张利红 刘明 侯永勤	一等奖
2017Y020	驻马店市水杉赤枯病的防治技术研究	驻马店市园林管理局	李贞 潘娜 庞永华 唐昱 赵二云 关惠 张勇 夏亚伟 赵文清 李繁 闫自勇 王红燕 关锋 唐国顺 张艳	一等奖

续表 2

2017Y021	核酸检测对降低输血病原感染残余风险的项目研究	驻马店市中心医院	李燕琼 崔允霞 娄峻 杨丽 钟丽慧 关坤 胡瑞	一等奖
2017Y022	人文关怀护理服务对神经外科围手术期患者满意度的影响	驻马店市中心医院	刘辉 李鸿雁 王载忠 鲁慧敏 孔丽 张金华 张平 陈云云	一等奖
2017Y023	MRI(SWI)在脑血管畸形及胫骨疲劳性骨折早期诊断中的价值和优势研究	驻马店市第一人民医院	郭春锋 陈彦菊 朱风叶 张捷先 刘旭 刘东胜 谢金美 白来运 陈秀云 齐鹏飞 李凯	一等奖
2017E001	新型钢结构住宅绿色墙板的开发应用研究	黄淮学院	杨德磊 邵莲芬 辛酉阳 商拥辉 杨艳 李丙涛 樊斌 孙秋艳 唐建群	二等奖
2017E002	基于BIM的5D进度-成本动态控制系统研究	黄淮学院	李勇 李小娟 王春华 鲁旭 赵莹 张轲 陈雨露	二等奖
2017E003	基于钻孔灌注桩联合导管注浆的既有高速公路软基修复技术的研究	黄淮学院	方前程 鲁旭 郝明瑞 商丽 潘武民 程米春 商拥辉	二等奖
2017E004	河南省桥梁混凝土长期性能参数快速无损检测方法研究	黄淮学院	邵连芬 曲志 牛林新 张文忠 连自宝 史宏川 魏秋环	二等奖
2017E005	高效脱硫剂的生产技术研究与应用	驻马店市白云纸业有限公司	王伟 禹建伦 胡海涛 文玉林 邱金锋 郑子欣 桑彦杰 李喜娟 张鹏 李辉义 韩刚 高彤 拜婷 王景 余永	二等奖
2017E006	高速公路改扩建工程安全评价与控制技术研究	黄淮学院	杨艳 李胡勇 辛酉阳 连自宝 魏献忠 刘燕 马铮铮	二等奖
2017E007	家用小型天然气泄漏自动安全系统设计	黄淮学院	张晓伏 文桦 程磊 罗鑫 熊娟	二等奖
2017E008	驻马店市生态农业观光园规划理论与实践研究	黄淮学院	李伟 王宏亮 李洁 周毅 杨丽 余志勇 李亚茹 王志刚 徐伟 甄萍萍 李冬梅 王美娥 陈旭 李坦 祝凯	二等奖
2017E009	桑葚提取物提高雄性动物生精机能研究与推广	黄淮学院	李恩中 冯俊昌 陈高良 谌馥佳 魏姜勉 孙法军 崔贺婷 崔贺芳 张爽 贾冰 魏朝峰 钱啟 朱端 李文慧 李爽	二等奖
2017E010	有机复合钾肥对梨产量及品质影响的应用研究	黄淮学院	蒋炳伸 王素荣 冯宗红 周毅 李亚茹 王宏亮 孙秀春 王海霞 王志刚 姚建党 吴晓军 朱洪 文艳 孙玉 甄萍萍	二等奖
2017E011	夏玉米免耕覆盖机械化精播关键技术集成与应用	驻马店市农业科学院	许海涛 冯晓曦 许波 梁宝萍 郝仰坤 李茹 郭效红 廖书荣 郭海斌 严金格 马月强 张军刚 宋佳静 白冬	二等奖
2017E012	植物育种理论研究	河南省驻马店农业学校	杨晓明 李娜 张成林 马卫红 张富银 石永霞 郭春梅 胡美娜 王艳霞 翟魏欣 陈波 冯明华 李伟 宋威 徐变	二等奖
2017E013	百农207新品种示范推广与配套栽培技术研究	驻马店市农业推广协会	刘婷婷 王会仙 何斌 石永霞 张淑霞 吴双友 周艳 朱广平 范云霞 张晨 刘春燕 李娜 崔志勇 连正冰 田湘	二等奖
2017E014	优质高产出口型花生新品种驻花2号中试与示范	驻马店市农业科学院	甄志高 赵金环 朱亚娟 崔建民 王旭光 张志 许巧 王辉 何盼 杨瑞晗 康健民 杨中华 阚跃峰	二等奖
2017E015	Ccs启动子串联重复序列5'端缺失与特异性表达分析	黄淮学院	田士林 王军征 范杰 张韦华 陈华丽 张华伟 刘春 张喜强 岳继贞 刘春隔 胥文锋 陈雷 李莉 郑文娜 孙楠	二等奖
2017E016	驻马店市草履蚧防治技术研究	驻马店市园林管理局	孙小茹 汪卫东 庞永华 潘娜 李洁 祝秀丽 冀小菊 张艳 张会娟 张建合 刘梅 安则繁 孙二鹏 安然 侯懿珈	二等奖

续表 3

2017E017	瘦肉型猪与确山黑猪的杂交改良研究与推广	上蔡县宏伟种猪有限公司	周小龙 崔培蕾 胡红伟 吴丹丹 周勇 周大勇 孙梅 候明阳 周腾飞 吕华平 寇兵涛 李华忠 葛明星	二等奖
2017E018	黄瓜农场化生产专项技术研究	驻马店市农业推广协会	王玮 刘贺芳 王卫雨 赵淼 皮大旺 李萍 肖寒遇 范爱枝 李黎 梁中喜 张晓刚 杨素丽 王胜兰 郭志恒 张志顺	二等奖
2017E019	泌尿系结石微创治疗的围手术期护理研究	中国人民解放军第一五九医院	张锐 张华玲 周贺丽 韩红雨 朱玉清 李秀勤 邢影 冯普 赵庆端 李稳 陈婧 孙圆圆 李若愚 江莉云 李冰	二等奖
2017E020	大型制药设备闭环自控系统的实时监控装置研发	黄淮学院	刘芳 刘群 刘宁宇 李清黎 张玉军 徐慧娟 郑鑫 邢月兰 殷恒亮	二等奖
2017E021	重组人IFN-β腺病毒对膀胱癌的影响	黄淮学院	张卉 张辉 杨铁骊 张小照 张小方 钱国强 万静平 沈雁冰 刘太阳 文秀华	二等奖
2017E022	筋膜扩张器联合钬激光治疗尿道狭窄	驻马店市中心医院	张辉 张卉 宋俊香 邱华锋 从静 文秀华 尹晓峰 刘太阳 黄炳琴 徐海亮	二等奖
2017E023	烧伤病房装修辅助其它措施对感染的防控	中国人民解放军第一五九医院	孟进松 李亚敏 林国安 李文军 焦秋云 李秋红 陈艳丽 刘卫平	二等奖
2017E024	肉鸡传染性腺胃炎诱发肌胃炎的机理探析与防治药物研发	黄淮学院	王明成 王改玲 余中华 袁振锋 李兴典 冯青俊 李静 王亚 袁彦 师静 李季 张海威 刘娜 宋刘杰	二等奖
2017E025	车前子五苓散利水效果研究与剂型筛选	黄淮学院	王改玲 王明成 杨玉荣 马力 黄志伟 师永生 王莉 刘孔杰 霍冉 李远幸 李荣玲 姚良青 周威 张爽 李文慧	二等奖

农业科学研究

【概况】 2017年，市农科院共承担国家、省、市下达和自选课题51项，其中应用研究课题8项，中间试验课题8项，单项试验课题27项，农作物新品种（系、组合）生产示范课题8项。审（鉴）定农作物新品种4个（驻玉216、驻椒22、驻椒23通过河南省品种审（鉴）定，驻豆19通过国家品种审定），通过国家、省初审农作新品种2个（驻麦328、驻麦305）。参加国家和河南省预备试验、区域试验、生产试验及联合体试验的农作物新品系40个，参加国家多点鉴定、品比试验新品系4个。其中，驻麦256、驻玉603、驻玉606、驻玉614、驻玉6581、驻玉6381、驻玉6388、驻玉6133、驻玉619、驻豆27、驻豆28、驻花7号参加河南省预备试验及联合体品比试验，驻豆23、驻花1406、驻大麦2011南4-18、驻大麦4-156、驻大麦7-27、驻大麦4-237、驻大麦4-300、驻大麦2011南4-22、驻大麦6-47、驻大麦6-39、驻大麦5-10、驻大麦7-61、驻大麦7-115、天椒1号、驻研1号、驻研2号参加河南省区域试验，驻麦305、天椒1号参加河南省生产试验。驻麦328、驻麦305、驻豆20、驻芝14J50、驻芝16B04、驻花5号、驻花6号、驻大麦07048参加国家区域试验，驻麦328、驻豆20参加国家生产试验。驻麦762参加国家品比试验，驻豆21、驻豆22、驻豆26参加国家多点鉴定试验。荣获市厅级科技成果奖8项，其中驻马店市科技进步一等奖4项，二等奖2项，河南省农科系统二等奖2项。申请植物新品种权保护4项，申报国家专利6项（其中4项已获授权），6个品种通过农业部非主要农作物品种登记，制定河南省地方标准1项，制定驻马店市地方标准6个，在省级以上刊物发表学术论文25篇，在《驻马店日报》发表科普文章20篇，在市电视台举办科技讲座16期。

（贺建峰　朱统泉）

【小麦新品种选育】 2016年—2017年共种植资源1369份，种植母本80份，配制杂交组合307份、改良组合246份。各世代品系情况：种植小麦组合1431个共计11233行，选择优良单株3385棵，选择优良株系118个。新品系鉴定试验：冬性2组和春性2组，分别以周麦18和偃展4110作对照，其中12个品系表现优良。2016—2017年度参加国家、省区试、比较试验等新品系：驻麦328参加国家黄淮南片品种区域试验和生产试验，驻麦305参加河南省春水组品种生产试验，11月20日已通过河南省审定委员会初审；驻麦305参加国家黄淮南片品种区域试验，推荐参加2017年—2018年度国家黄淮南片品种生产试验和区域试验；驻麦762参加国家黄淮南片品种比较试验，推荐参加2017年—2018年度国家黄淮南片品种区域试验；驻麦256参加河南省春水组品种比较试验，推荐参加2017年—2018年度河南省春水组品种区

4月30日，上蔡农业育种专家刘世扬（左）和他的科研团队深入育种基地，观察记录小麦新品种生长情况

滑清泉 摄

域试验；驻麦 857 参加品系鉴定试验，综合表现较好，推荐参加 2017 年—2018 年度国家黄淮南片品种比较试验；驻麦 636 参加新品系鉴定试验，综合表现较好，推荐参加 2017 年—2018 年度河南省春水组品种比较试验；驻麦 586 参加新品系鉴定试验，综合表现较好，推荐参加 2017 年—2018 年度河南省小麦联合体品种比较试验。新品系品比试验：参加品比试验的有 133 个品系，以周麦 18、偃展 4110 作对照，综合表现较好的有 24 个品系。（贺建峰　朱统泉）

【玉米杂交种选育】 2017 年，种植基础自交系材料 698 份，外引材料 189 份，三系材料 6 份，选出符合育种目标的高、中、低果穗 679 个；配制测交组合 533 份，以待观察试验。对 2016 年海南新引进的 16 个外源材料进行血缘系统的观察划分与测交组配，配制杂交组合 2600 多份，外系测交组合 300 多份，成功收获 2200 多份。海南冬繁加代：2016—2017 年度总计收获种子 500 多千克，组配用于 2017 年产比及交换试验的杂交组合 1551 个，制备参加 2017 年省联合体及示范组合种 8 个、多点鉴定种 20 个，选择二环系中、低材料 228 个。新组合观察鉴定试验：种植杂交组合 39899 个，对照种为郑单 958，选出 328 个组合进行测产，其中比对照郑单 958 增产 10% 以上的新组合有 25 个，比对照郑单 958 增产 5% 以上 10% 以下的新组合有 13 个。新组合产比试验：种植优良杂交组合 50 个进行产量比较，比对照郑单 958 增产 3% 以上的组合 20 个，性状优良的组合是组合浚郑 KWS2-3111 × 昌 DHF-1122 和组合郑 2417-1112 × 14H76。有苗头新组合联合体品比试验：2017 年推荐新组合驻玉 603、驻玉 606 参加联合体 4500 株 / 亩普通组品比试验；新组合驻玉 614、驻玉 6581 参加联合体 5000 株 / 亩普通组品比试验；驻玉 6381、驻玉 6388 参加联合体 4500 株 / 亩机收组品比试验，驻玉 6133、驻玉 619 参加联合体 5500 株 / 亩机收组品比试验。驻玉 603、614、6388、6133 产量在各自小组分别排名第 2、2、3、1 位。优良组合多点鉴定试验：选择 20 个优良组合在 16 个外所等点种植，接受外所 130 个组合在市农科院种植，其中有 4 个组合综合表现好，已在海南扩繁，2018 年推荐参加河南省夏玉米联合体品比试验。新品种（组合）示范试验：在农试站种植新组合驻玉 216、驻玉 603、驻玉 606、驻玉 614、驻玉 619 进行生产示范，各示范品种（组合）比对照田块郑单 958 增产 8.1% ~ 12.6%。（贺建峰　潘正茂）

【大麦新品种选育】 2017 年，筛选出核心母本 300 份，共选配杂交组合 218 份。F1 代种植 465 个组合，实收 105 份。F2 代共种植 92 个组合，收获 46 个组合，从中选出 575 株单株。后代材料 F3 代以上 218 个组合本年度共种植 8883 行，选优良单株 2961 个，选出优良株系 107 份。选育优良株系 90 余份，参加下年度新品系观察试验，进一步观察鉴定。品种提纯复壮：选择驻大麦 3 号、驻大麦 4 号优良单株共计 1200 株；选择驻大麦 5 号及驻大麦 6 号单株 1000 余株。

参加国家、省区试的新品系 12 个：11 个大麦新品系参加河南省大麦联合区域试验，驻 07048 参加国家南片大麦区域试验，驻马店试点平均亩产量 491.77 千克，居第 1 位，比对照增产 11.94%。二棱大麦鉴定试验：参试 18 个品种，平均亩产 390.8 千克。其中，6 个品种比当地对照驻大麦 3 号增产，产量最高的为驻 6-76，达到 467.4 千克 / 亩；其次为驻 6-156，产量达 455 千克 / 亩；驻 5-118 居第三位，产量达 452.5 千克 / 亩。多棱大麦鉴定试验：本试验 15 个品种，平均亩产 487.8 千克，驻 6-36 比对照驻大麦 4 号增产 5.09%，产量达 591 千克 / 亩，居参试品种第一位。观察试验：参试二棱品种中共有个 17 品种产量较对照驻 3 表现增产；参试多棱品种中共有 10 个品种较对照驻 4 表现增产。

（贺建峰　潘正茂）

【大豆新品种选育】 2017 年，种植亲本材料 109 份，配制杂交组合 116 个，收获 103 个。种植后代材料 692 份，其中高代材料 458 份、低代材料 234 份，从中筛选出综合性状好的优良株系 82 份。南繁加代，共种植后代材料 F2—F4 代共 60 份材料，繁殖 25 个新品系，2018 年参加省和国家试验。品种提纯复壮：选择驻豆 23 优良单株 600 个，驻豆 19 优良单株 1000 个，驻豆 20 优良单株 1500 个。参加国家区试和省区试的新品系：驻豆 20 同时参加国家长江流域夏大豆中早熟组区试和生产实验，综合反馈表现较好。驻豆 26 参加黄淮南片多点鉴定试验。驻豆 21、22 继续参加国家长江流域夏大豆中早熟组多点鉴定试验。驻豆 23 参加河南省区域试验，在驻马店点表现是 B 组中第 2 位，产量 192.67 千克 / 亩，增产 18.9%。驻豆 27 参加河南省农科系统联合体试验，在驻马店点居第 1 位，产量 202.78 千克 / 亩，增产 19.67%。驻豆 28 参加河南省预备试验。综合观察试验：种植 22 份，收获 20 份，综合性状表现突出的有 3 个材料。鉴定试验：种植鉴定材料 72 份，收获 65 份，其中 J21、J44、J50、J61、J64、J65 材料表现较好。品比试验：种植新品系 31 个，综合性状表现好，比对照郑 196 增产的品系 10 个，产量幅度 198.01 千克 / 亩 ~ 225.34 千克 / 亩。

（贺建峰　潘正茂）

【芝麻新品种选育】 2017 年，种植国内外资源材料 600 份。亲本观察：种植亲本材料 338 份，选留 337 份；组配杂交组合 150 份，收获 142 份。后代材料选择：F1 ~ F5 代共种植 628 份，1863 行，收获 1204 份，表现较好的有 43 份。高代株行（F6 代以上）观察圃：种植高代 635 个株行（系），收获单株 793 个，表现较好的有 65 个，表现特别优良的有 24 份。24 个品系计划 2018 年进入产量鉴定试验。优选、提纯及系统选育：种植 30 多个芝麻品种（系）213 个株行，从中选出纯系、优系和变异优株共计 212 个，综合性状好的有 6 个。芝麻细胞核雄性不育及杂种优势利用研究：种植不育系自交保持系 183 份，细胞核雄性不育人工自交 75 份，收获不育系单株材料 188 份，不育率稳定在 50% 以上。综合性状好的有 3 份：M20、M84、M166。高代鉴定：种植材料 85 份，鉴定出 6 个有苗头的芝麻新品系，其中有 3 个品系综合性状表现良好，较对照增产 15% 以上，丰产潜力大，计划 2018 年进入品种比较试验。参加国家区域试验的新品系：驻 14J50、驻 16B04 两个新品种参加 2017 年全国（黄淮区）芝麻新品种区域试验，其中驻 14J50 为第 2 年参试，该品系在 2016 年 13 个参试品系中，产量居第 1 位。新品种（系）比较试验：种植新品种（系）25 个，以豫芝四号为对照，驻 2009G109 产量为 110.27 千克，比对照增产 18.74%，居试验第 1 位；17B9 产量为 108.94 千克，比对照增产 17.31%，居试验第 2 位。这 2 个品系综合性状好，抗病性、抗倒性、耐渍性强，丰产潜力大。芝麻新品种高产示范试验：种植驻芝 21 号、驻芝 22 号、驻芝 23 号 3 个新品种，以豫芝四号为对照，驻芝 21 号平均亩产 121.2 千克，比对照增产 26.8%，驻芝 23 号平均亩产 118.3 千克，比对照增产 23.7%，驻芝 22 号平均亩产 110.6 千克，比对照增产 15.7%；综合抗性强，可在河南省芝麻主产区大面积推广。

（崔向华　石明权）

【花生新品种选育】 2017 年，种植花生品种资源 75 份，配置杂交组合 58 个。种植后代材料 401 份，其中 F1 代 39 份，F3 代 67 份，F4 代 74 份，F5 代 44 份，F6 代 66 份，F7 代 43 份，F8 代 28 份，F9 代 10 份。海南繁殖加代材料 1055 份。南繁加代：种植后代材料及新品系 264 份。参加国家、省预试、区试的新品系：驻 1406 参加河南小粒（主要为珍珠豆）花生品种多点联合测试，驻花 5 号参加黄淮海中南片小粒花生品种多点联合测试，驻花 6 号参加长江流域片花生新品种多点试验，驻花 7 号参加河南夏播花生品种多点联合预试。品种（系）比较：试验品种（系）74 份，顺序排列。珍珠豆新品种比较试验：参试品种 33 份，对照品种为远杂 9102，2 次重复。高油酸资源材料的引进与鉴定：共引进高油酸资源材料 28 份。

（贺建峰　潘正茂）

【蔬菜新品种选育】 2017 年，新引进种质资源辣椒 56 份、茄子 17 份、丝瓜 1 份、番茄 74 份，共有辣椒种质资源 274 份、茄子 138 份、丝瓜 39 份、番茄 343 份。配制辣椒杂交组合 140 个，实收杂交组合 119 个；配制茄子杂交组合 102 个，实收杂交组合 87 个；配制丝瓜杂交组合 20 个，实收杂交组合 15 个。新组合鉴定：辣椒杂交组合 136 份，筛选出优质、抗病性强、商品性好，产量比对照湘研 13、福祺新 1 号增产 10% 以上适合保护地栽培的新组合 11 个；筛选出比对照辣优 4 号增产 10% 以上，适合露地中晚熟栽培的较好组合 6 个。茄子杂交组合 115 个，以郑研早紫茄和新乡糙青茄分别为紫茄和青茄的对照，比对照增产 10% 以上的青茄组合有 8 个，比对照增产 10% 以上的紫茄组合有 7 个，计划进入下年度新组合产量比较试验。丝瓜杂交组合 15 个，以长沙肉丝瓜作主要对照，驻丝瓜 1 号作辅对照，筛选出表现较好的组合 3 个，计划 2018 年度参加新组合产量比较试验。辣椒产量比较试验：在塑料大棚内，分别以当地主栽品种湘研 13（CK1）、福祺新 1 号（CK2）作对照，与 16 个杂交组合作产比较试验，从中筛选出适宜保护地栽培的 4 个有苗头新品系。以辣优四号（CK）作对照，与 10 个杂交组合作产比试验，通过试验筛选出适宜露地栽培的有苗头新品系 2

个。茄子产量比较试验：紫茄组以郑研早紫茄（CK1）作对照，与2015-13F1、2015-42F1作产比试验，青茄组以新乡糙青茄（CK2）作对照，与2015-03F1、2015-06F1、2015-12F1作产比试验，筛选出2015-06F1和20154-42F1有苗头新品系2个。丝瓜产量比较试验：对通过2016年组合鉴定选出的5个优势组合，以长沙肉丝瓜作产量比较试验，筛选出2个有苗头新品系。参加省区试及生产试验的新品系：选育的天椒1号参加河南省辣椒产业技术创新战略联盟朝天椒区域试验和生产试验。审（鉴）定新品种：驻椒22和驻椒23经河南省农作物新品种鉴定委员会鉴定通过。驻椒18、19、20、21、22、23辣椒品种于2017年10月通过农业部非主要农作物品种登记。小孢子培养技术快速获得DH纯系：2017年对引进辣椒资源材料，选取具有特色的材料进行游离小孢子培养试验，有目的地培育优良DH系。共接种辣椒基因型138个，诱导成功基因型数26个，辣椒诱导成功率18.8%；共移栽试管苗3批，辣椒继代材料26瓶，成活率在90%以上。实验室保存辣椒苗近50瓶，有待于2018年3月移栽。利用SSR分子标记对辣椒资源材料分析，初步构建核心种质库：利用设计的152对SSR引物，经初步试验筛选出17对多态性较好的引物，利用其对不同来源的169份辣椒材料进行PCR扩增及聚丙烯酰氨凝胶电泳检测。采用UPGMA方法进行聚类，本年度从4月—10月共移栽试管苗3批。辣椒继代材料26瓶，成活率在90%以上。实验室保存辣椒苗近50瓶，有待于2018年3月份移栽。利用分子标记技术进行番茄种质创新：2017年加入番茄超级群体研发团队，参与中国番茄种业联盟超级群体项目研发。以目标性状突出、综合性状优良的6类商业化粉果番茄杂交种为基础材料，通过复合杂交与自交，构建形成番茄超级群体。本课题组从十万多个株系中选择50份抗病材料。辣椒耐旱性鉴定：采用穴盘育苗，按常规管理，当植株6片~8片真叶展平时，浇透水，然后将穴盘放入28℃的光照培养箱内进行耐旱性处理，每处理的材料数10株，3次重复。测定脯氨酸、SOD、POD等生理指标，评价资源材料耐旱性。

（贺建峰　潘正茂）

【食用菌新品种选育】 2017年，新引进种质资源平菇9份，香菇7份，灵芝2份，白灵菇1份，紫蘑3份，栗蘑1份，灰树花4份。经过多年种质资源收集、保存，截至2017年底，本课题共保存优质种质资源167份，香菇59份，平菇58份，黑木耳7份，毛木耳5份，灵芝8份，猴头菇3份，金针菇5份，白灵菇2份，鸡腿菇2份，蛹虫草2份，紫蘑3份，灰树花4份，双孢菇、茶树菇、口蘑、榆黄蘑、秀珍菇、杏鲍菇、猪苓、大球盖菇、白玉菇各1份。平菇、香菇单孢杂交育种，共做平菇杂交组合110个，经农业部微生物肥料和食用菌菌种质量监督检验测试中心测试，2个平菇杂交组合均具有遗传特异性，已参加河南省食用菌品种区试。2017年共做香菇杂交组合40个，将杂交的组合分别与其亲本进行拮抗试验，结果表明：2个杂交菌株菌丝与亲本有明显的拮抗线，说明菌株间的体细胞具有不亲和性，具有一定的遗传差异。

芝麻秆新型基质栽培平菇试验：供试原料为玉米芯、麸皮、芝麻秆、石灰、克霉灵，供试菌株为4195。每个处理50袋，3次重复，早秋熟料栽培，秋冬出菇。芝麻秆新型基质栽培香菇试验：供试原料为杂木屑、麸皮、芝麻秆，供试菌株为申香215，每个配方45袋，3次重复。芝麻秆在平菇栽培中的应用研究：试验品种为灰美2号，每个配方设置3个重复，每个重复30袋。氯化钠在香菇栽培中的应用研究：试验品种为申香1504，材料氯化钠为市售食用盐。试验设计7个配方，3个重复，每个重复30袋。灰树花新品种栽培比较试验：试验品种N-5、N-7、迁西1号（QX-1），处于发菌阶段。密环菌品种比较试验：引进试种不同品种密环菌，进行技术储备，截至年底处于发菌阶段。羊肚菌新品种比较试验：对引进或采集的9个羊肚菌菌株开展比较试验，比较其菌丝生长及出菇情况。

（贺建峰　潘正茂）

【驻豆19品种简介】 驻豆19是由驻马店市农业科学院及河南驻研种业有限公司于2002年以郑88013×驻豆9702杂交选育的高蛋白、高产大豆新品种，于2015年5月通过河南省审定，2017年8月通过国家审定。特征特性：驻豆19紫花，灰毛，属有限结荚习性，株高60厘米~70厘米，有效分枝2个~3个，单株有效荚数50个左右，生育期105天左右。该品种有5大突出特点：高产稳产、增产潜力大；蛋白质含量高，品质优良；抗性好，不裂荚，株型紧凑，茎秆粗壮，根系发达，抗倒性好，底荚高度适中，适合高产和机械化收获；该品种自身调节能力强，鼓粒快，商品性好，百粒重22克上下，粒型圆，属中大粒型品种，深受广大种植户喜欢；适应性广，在河南及长江流域均可种植。产量表现：该品种2014年~2015年参加长江流域夏大豆早中熟组大豆品种区域试验，15点次全增产，2年平均亩产207.5千克；2016年生产试验，平均亩产219.6千克，比对照品种中豆8号增产12.1%。品质和抗性：蛋白质含量高，经农业部农产品质量监督检验测试中心(郑州)检测，蛋白质含量46.4%，属于高蛋白优质品种；抗性强，一是抗倒伏，二是抗大豆花叶病毒病等多种病害。适应性广：该品种在参加河南生产试验以及长江流域区试和生产试验中，均比对照种增产12.1%~13.22%，表现出高产、抗倒，适宜河南全省及安徽、湖北等区域夏播种植。

（王建立）

【驻玉216品种简介】 驻玉216是驻马店市农业科学院和河南驻研种业有限公司以优质、高产、抗病、早熟、耐密为育种目标，于2008年用自交系9058by为母本，驻16为父本杂交选育而成的玉米杂交种。母本9058by为外引系9058变异株经连续7代自交选育而成，父本驻16是用S122×K12的F3代再与K12回交后经连续7代自交选育而成。2017年6月，通过河南省主要农作物品种审定委员会审定。特征特性：夏播生育期103天~106天。株型紧凑，全株总叶片数17片~19片，株高254厘米~264厘米，穗位高95厘米~108厘米；叶色深绿，叶鞘紫色，第一片叶匙形；雄穗分枝8个~11个，雄穗颖片浅绿，花药浅紫色，花丝绿色；果穗筒型，穗长17厘米~17.4厘米，秃尖长0厘米～0.5厘米，穗粗4.6厘米～4.7厘米，穗行数14.2行～14.9行，行粒数33.7粒～35.6粒；穗轴红色，籽粒黄色，半马齿型，千粒重291.3克～329.6克，出籽率87.2%～88.3%，田间倒折率0%～0.6%。抗性鉴定：据2014年河南农业大学植保学院和河南科技学院人工接种鉴定报告，该品种抗锈病、穗腐病、瘤黑粉病，中抗小斑病、弯孢菌叶斑病，感茎腐病。据2015年河南农业大学植保学院和河南科技学院人工接种鉴定报告，该品种高抗茎腐病，抗小斑病、玉米螟，中抗瘤黑粉病、穗腐病、锈病，感弯孢菌叶斑病。品质分析：据2015年农业部农产品质量监督检验测试中心（郑州）对该品种多点套袋果穗的籽粒混合样品品质分析检验报告，粗蛋白质8.3%，粗脂肪4.1%，粗淀粉76.51%，赖氨酸0.31%，容重770克/升。产量表现：2016年省生产试验6个核心点平均亩产620.3千克，比对照增产9.3%，位于参试品种第6位。核心点和辅助点13个试点合并汇总，12点增产、1点减产，增产点比率92.3%；平均亩产626.1千克，比对照郑单958增产11%，居本组参试品种第4位。适宜区域：河南各地推广种植。

栽培技术要点：一是播期和密度。夏直播，等行距（60厘米）或宽窄行种植，适宜播期为5月25日至6月20日。中肥力适宜种植密度5000株/亩左右，高肥力5300株/亩左右。二是田间管理。注意足墒播种，提高播种质量，及时间定苗和中耕锄草，防治病虫害。每亩追施纯氮20千克左右，可采用大喇叭口期一次性施入或前重后轻的分期施肥方式，并注意磷钾肥配合施用。大喇叭口期和灌浆期注意防治玉米螟。及时排涝灌水。三是适时收获。玉米籽粒乳线消失或籽粒尖端出现黑色层时收获，以充分发挥该品种增产潜力。

（王成业）

【合作共建“现代农业科技综合示范区”签约】 2017年5月26日，河南省农业科学院与驻马店市人民政府合作共建“现代农业科技综合示范区”签约仪式举行，标志着全省首家现代农业科技综合示范区建设正式启动。市委书记余学友主持签约仪式，向双方共建合作表示祝贺。中国工程院院士、省农业科学院院长张新友，市委副书记、市长陈星代表双方签约。省农业科学院党委书记魏蒙关，省农业科学院副院长乔鹏程，市委常委、常务副市长张昕，副市长付自成，市政协副主席郑玉林等出席签约仪式。此项目双方各投入300万元，共计600万元，由河南省农科院和驻马店市农科院共同实施完成。

（贺建峰　潘正茂）

科技普及

【概况】 2017年，全市科协组织发挥科普主力军作用，完成各项工作任务。开展全国第四次科技工作者状况调查、十九大状况反馈等系列科技工作者调查活动，并报送4期调研信息，及时准确地反映科技工作者的意见和动态。召开驻马店市推进科技创新暨全民科学素质工作会议。推动科协系统深化改革，12月4日市委办公室出台《驻马店市科协系统深化改革实施方案》。市科协荣获中国科协全国科普日优秀组织单位、全国科普日特色活动、2016年度脱贫攻坚驻村帮扶工作先进单位等称号。

（姬鹏祥）

【科普服务】 2017年，市科协以服务经济社会发展为立足点，强化服务大局意识。一是创建创新驱动发展示范市。围绕创新驱动发展战略，推动县区、企业与各级学会进行对接洽谈及合作。2017年重点与中国畜牧兽医学会初步达成战略合作意向。11月，驻马店市获得“河南省创新驱动发展示范市”创建资格。二是举办高层次学术报告会。5月18日，邀请中国电子商务公共服务联盟主席张铁柱和淘宝大学县长班、总裁班项目负责人谷志伟在市电子商务产业园分别围绕“互联网＋农业”和“农村电商”作专题报告。8月23日，联合相关单位邀请中科院农产品加工研究所副所长王强和中国工程院院士张新友在正阳花生食品城召开高油酸花生新品种推广研讨会。9月28日，邀请中国老科协科学报告团成员、北京农学院都市农业研究所所长史亚军在市委党校围绕培育农业农村发展新动能作专题报告。12月20日，河南省土木建筑学会副理事长兼秘书长王新泉到驻马店市科协座谈交流。三是科技助力精准扶贫。成立科技助力精准扶贫工程领导小组，制订实施方案，组建科技专家技术服务团队。四是服务现代农业示范发展。指导驿城区、遂平县创建河南省基层科普服务能力提升计划先进县。实施“基层科普行动计划”评审及推荐工作，22个组织、7名农村科普带头人分别被国家、省、市评选为“基层科普行动计划”先进单位和个人，共获奖补专项资金近200万元；举办农村电商技能人才培训调研工作座谈会，组织全市23名农村电商人才参加河南省科协农村电商技能人才培训教师培训班。择优向河南省科协推荐66个农村电商培训基地和59名农村电商培训骨干教师及6名农村电商技能人才首席培训师，25个组织被河南省科协认定为河南省农村电商技能人才培训基地；推进“百千万科普工程”，全年累计上报各类科普人才900多名。

（姬鹏祥）

【科普宣传活动】 2017年，驻马店市科协围绕重点人群，联合相关部门先后开展科技活动周、食品安全周、“七五”法治宣传、全国科普日等主题宣传活动。组织参加河南省第31届青少年科技创新大赛，共获得各类奖项62项，其中7个单位被授予优秀组织奖；组织参加青少年科学素质网上知识竞赛活动，参赛人数18万人，位居全省第二名；组织20名优秀学生参加中国科协举办的高校科学营活动；开展第二届驻马店市青少年机器人竞赛，此次活动有268名选手参加比赛，是全市面向青少年开展的规模最大、层次最高的机器人类科技活动。开展驻马店首届奥林匹克机器人大赛暨青少年创客嘉年华活动；开展青少年调查体验活动推广示范单位申报工作；召开驻马店市“宗教场点反邪教警示教育”观摩座谈会；联合市供销社、159医院等单位深入正阳县彭桥乡大刘村、民生社区、市委党校、黄淮学院等地开展各类科普

4月21日“中国流动科技馆”河南巡展驿城区站启动仪式举行

宣传活动；上蔡县科协、西平县科协开展青少年“智能七巧板”培训和“科普小博士”演讲比赛等活动。科普宣传一条街活动被中国科协评为“全国科普日特色活动”，市科协被评为“2017年度全国科普日优秀组织单位”。2017年全市各级科协组织共编印和制作科普宣传品86种，发放各类科普宣传品16万余份，举办科普报告会近100期次，展出宣传展板670多块，挂图730余幅，开展各类科技咨询230余次，受益群众达数十万人。（姬鹏祥）

【科普示范创建】 2017年，驻马店市命名18个市级科普教育基地，13个市级科普示范社区，13个市级农村专业技术协会，27个市级农村科普示范基地。在全市8县1区分别开展为期2个月的中国科协流动科技馆巡展活动，累计参观人数达80.67万人。争取中国科协支持，在泌阳县建设“农村中学科技馆”。指导驿城区、泌阳县成功创建河南省科普信息化示范县区。推动科普信息化工程和百千万科普工程建设，汝南县科协创办的《科普老兵》、平舆县科协创办的“平舆县农业科技110科普网站”等成为区域性科普活动品牌。（姬鹏祥）

【科协学会建设】 2017年，市科协壮大科协基层组织。实施团体会员制度，指导昊华骏化集团发起成立市安全健康环保学会，指导市水利学会召开会员代表大会，督促市心理学会等学会进行年检登记。召开学会党建工作座谈会，要求限期设立党员教育版面并做好党员统计工作，同时对符合条件的学会要求限期成立党组织。在学会中开展在职领导干部专项排查和清理工作。联合市财政局开展“创建五星学会提升学会服务能力计划”，对5个学会进行表彰并通过以奖代建的形式奖励每个学会3万元。督促全市各县区成立县级反邪教协会，形成覆盖全市的工作网络。推动黄淮学院、职业技术学院等高等院校建立高校科协组织，推动国电驻马店热电有限公司建立企业科协组织，截至2017年年底，各项前期准备工作基本完成。引导医学会等全市各学会开展学术交流、学术征文和会员活动日等活动。指导驻马店市6家院士专家工作站在全国信息服务平台完成注册，所推荐的河南省小麦抗性遗传育种院士工作站入选中国科协2017年度示范院士专家工作站。搭建服务企业创新平台，组织驻马店市相关企业3个项目组参加全省共20个项目组参赛的全国企业创新方法大赛河南赛区比赛，荣获1项二等奖、2项三等奖。（姬鹏祥）

【国电驻马店热电有限公司企业科协成立大会】 2017年12月26日，国电驻马店热电有限公司在公司5楼会议室召开企业科协成立大会，驻马店市科协党组书记薛豫霞，党组成员、纪检组长张冠楠应邀出席。国电驻马店热电有限公司相关领导及科协会员代表共70余人参加会议。国电驻马店热电有限公司企业科协是驻马店市第一个成立的企业科协。（姬鹏祥）

【“中国流动科技馆”河南巡展驿城区站启动】 2017年4月21日，由中国科学技术协会主办，中国科技馆、河南省科学技术协会承办，河南省科技馆、驻马店市科学技术协会和中共驿城区委、驿城区人民政府协办的“中国流动科技馆”河南巡展驿城区站启动仪式在大华城举行，标志着驿城区2个月的巡展活动拉开帷幕。本次巡展活动由7个主题展区，50余件经典互动展品组成。有声光体验、电磁探秘、运动旋律、数字魅力、健康生活、安全生活等主题展区，通过展品展示、科学表演、科学实验和科普影视等方式，让广大市民特别是中小学生在互动中感受科学魅力，享受到科技馆的科普氛围。（姬鹏祥）

【全国科普日科普宣传一条街活动】 2017年9月18日，以"创新驱动发展，科学破除愚昧"为主题，由市直15家单位联合举办的2017年驻马店市全国科普日科普宣传一条街活动在世纪广场举行。市人大副主任苗建勇、市政府副市长冯玉梅、市政府副秘书长谢李利等领导对科普宣传一条街活动进行参观指导。在活动现场，市发改委、市教体局、市科技局、市环保局、市农业局、市国土局、市卫计委、市林业局、市气象局、市地震局、市农科院、市工会、市共青团、市妇联、市科协15家驻马店市全民科学素质工作相关成员单位及驿城区科协、驿城区全民科学素质工作相关成员单位、市经济开发区科协围绕"创新驱动发展，科学破除愚昧"科普宣传主题，通过展板、发放宣传资料、设立咨询台、义诊等形式，广泛宣传健康中国、绿色发展、环境保护、反对愚昧等科普知识。科普宣传一条街活动共展出展板80余块，悬挂条幅20余条，发放科普宣传彩页1.5万余份，发放各类科普图书1万余册，现场接受群众咨询2800余人次。（姬鹏祥）

【省科普专家服务团到驻市开展科普宣讲活动】 2017年12月21日，河南省科普专家服务团成员一行22人在省农技协主任马光华带领下，在汝南县三桥镇12个村民组分别举办农村实用技术培训班，为农民讲解种植、养殖及农产品加工等科技实用技术，受到农民朋友欢迎。省科普专家服务团陆续在汝南县其他16个乡镇开展科普宣讲活动。（姬鹏祥）

气象事业

【气象现代化】 2017年，驻马店市气象局联合市发改委印发《驻马店市"十三五"气象事业发展规划》。根据河南省气象局2017年12月评分结果，驻马店市为96.6分，由上年的全省第16位上升至第7位。各县得分均在90分以上，排名都有不同程度提升。8月，由中共驻马店市政策研究室作为第三方独立评估机构成立专家组，对驻马店市气象现代化建设进行综合评估。定期督导和指导各县"一流台站"建设，建设突出"气象文化、地域文化、生态文化"特色。西平、汝南、平舆、遂平基本完成"一流台站"建设，仍需进一步细化完善；上蔡、确山、泌阳正在装修收尾，配套设施建设中；正阳开工建设。泌阳、正阳于2018年1月1日启用新址。确山新址观测场于2018年1月1日进行对比观测。全市新建23套四要素区域气象站，7套六要素区域气象站，将实现多要素区域气象站乡镇全覆盖。完成监测预警工程项目、山洪地质灾害防治气象保障工程项目、气溶胶观测站、三维闪电定位系统建设工作。在此基础上逐步形成布局合理、性能优良、功能完善的气象灾害精细化监测系统，农业气象、环境气象观测体系。（李奕洁　刘　威）

【气象服务】 2017年，全市气象部门做好春运、"两会"、汛期、"三夏"、"高考"等重大社会活动和重要农事季节气象保障服务。共制作发布预报服务材料557期，发布预警信号121期。发布12期针对天气对农业生产影响的农业气象灾害监测评估，制作发布农业气象周报、农业气象灾害监测评估、农作物产量预报等各类服务材料668期。全市地面气象观测、酸雨观测、雷达观测、农业气象错情率均为0‰。灾害性天气预警提前量显著增加。推进高标准粮田气象保障工程和"三农"专项建设。2017年，西平、遂平、平舆、汝南、正阳全部完成高标准粮田气象保障工程建设，农业小气候观测仪、区域站、自动土壤水分站全部安装并投入业务运行。将气象为农观测系统、气象预报预测和综合气象观测相互衔接形成互为支撑的现代农业气象业务服务体系。遂平、上蔡完成"三农"专项建设，加强完善农村基层气象防灾减灾组织体系建设，提升基层"直通式"智慧化农业气象服务能力，提高试点气象为农服务的水平和农村气象防灾减灾能力。（李奕洁　刘　威）

【人工增雨】 2017年，驻马店市先后开展6次人工影响天气作业，合计作业面积2.32万平方千米。共计出动高炮54门次，发射增雨炮弹4248发；出动火箭38架次，发射增雨火箭弹225枚；参加作业及指挥人员共计468人次。数次解除和缓解各个阶段全市旱情，显著增加板桥水库蓄水来水量，取得社会效益和经济效益。（李奕洁　刘　威）

【气象业务创新】 2017年，市气象部门创新强化业务支撑。一是加强重大灾害性天气预报预警服务及过程总结。对"2·20"暴雪寒潮、"3·1"大风、"5·22"暴雨、"6·21"暴雨、秋季连阴雨等过程及时开展预报预警服务总结及过程分析，召开专题研讨会进行研讨，凝练预报经验。在灾害性天气过后第一时间开展灾情调查。特别是受2017年"华西秋雨"东进北扩影响，驻马店市出现自1961年以来最严重的持续阴雨天气过程。为最大限度减少农业损失，市气象局局开展联合会商，精准预报，成立9个调查组，对全市秋收秋种情况开展联合调查。共发布"重要天气预报"28期，累计向农业公司、农业合作社、种粮大户等对象发送服务短信3.5万多人次，并通过报纸、电视、广播广泛宣传。二是完善业务流程和布局。实行汛期预报、服务双首席领班制度，制定奖惩机制。优化业务流程，对短期预报岗位工作制度、工作职责及流程进行修改和完善，对各个岗位进行资源整合和优化，形成预报服务一体化流程，提升公共气象服务水平。三是实施县级预报员轮训。组织县局综合气象业务人员到市气象台跟班实训，提升市县两级预报预测实际业务能力，提高基层预报预警服务能力，共计完成14期、22人次轮训。开展县级预报综合业务竞赛，提高基层预报预警服务能力。（李奕洁　刘　威）

市气象科普馆讲解员正在向学生们介绍气象知识　李奕洁 摄

【智慧气象发展】 2017 年，市气象局完成气象监测预警分析及发布平台一期开发。与市移动公司合作建设气象监测预警分析及发布平台，构建气象灾害监测预警预判及应急短信服务的辅助决策系统，在灾害性天气落区范围内，以移动通信基站辐射范围为单元，靶向发布预警信息。平台在试运行阶段，可有效提高灾害性天气尤其是局地强对流天的预警服务精准度，增强有效预警信息的时效性。以无缝隙、精准化、智慧型为发展方向，建设分工合理、结构优化、资源互动、运行集约的防灾减灾中心（含 4 个模块 5 个中心），形成气象信息采集、处理、分析、预报、发布及服务、保障为一体的完整业务流程，实现分工合理、结构优化、资源互动、运行集约，使预报预警发布更加精准化，决策服务、专业服务更加贴合需求。开展智慧型业务管理。利用微信等"互联网+"通信技术，发挥现代信息技术手段强化基础观测业务管理，实现制度保障、设备支撑、人才管理"三位一体"直通式管理，加强信息沟通、资源共享。（李奕洁　刘　威）

【气象改革】 2017 年，全市气象部门根据国务院"放管服"工作要求，就建筑工程防雷许可工作完成交接。各县局均与县住建部门完成交接及职责划分。推进气象服务体制改革。与住建局联合印发《关于落实优化建设工程防雷许可有关事宜的通知》《关于进一步加强防雷检测组织管理工作的通知》，与安监局联合印发《关于进一步强化气象相关安全生产工作的通知》，落实企业主体责任、部门监管责任。成立驻马店市气象灾害防御技术中心，建立易燃、易爆等防雷安全重点监管单位名录库，年内共检测 75 家单位。配合市人大常委会农工委开展"一法一条例"执法检查。推进服务型行政执法，在行政许可过程中，推行一次性告知制度，逐步推进网上审批。（李奕洁　刘　威）

【2017 年气候概述】 2017 年，驻马店市总的气候特点为：气温显著偏高，降水丰沛，日照时数正常。全市年平均气温达到历史次极高值、冬末寒潮暴雪、春季风灾、干热风、夏季持续高温、暴雨洪涝、秋季连阴雨是 2017 年的主要天气气候事件。

气温显著偏高。2017 年，全市平均气温为 15.9℃，较常年偏高 0.8℃，与上年持平，为 1961 年以来第二高值，与 1961 年、2016 年并列，仅次于 1998 年的 16℃。近 5 年（2013 年—2017 年）成为驻马店市 1961 年以来次最暖的 5 年期，仅次于 1998 年—2002 年。各县区年平均气温为 15.4℃（遂平）~ 16.6℃（正阳），较常年偏高 0.2℃（遂平）~ 1.3℃（正阳）。全市 9 个气候监测站中，泌阳、正阳为 1961 年以来最高值，平舆为次高值，上蔡为第三高值，西平、确山为第四高值。

降水量丰沛。2017 年，全市平均年降水量为 1134.1 毫米，较常年同期偏多 22%，比上年同期偏多 23%。各县区年降水量为 766.1 毫米（泌阳）~ 1463.4 毫米（汝南），与常年相比，泌阳偏少 16%，其他县区偏多 13%（上蔡）~ 54%（汝南）。其中，汝南年降水量显著偏多，确山、正阳偏多，其他县区正常。

日照时数正常。2017 年，全市年平均日照时数 1843.8 小时，较常年偏少 98.1 小时，比上年同期偏多 134.3 小时。各县区年日照时数为 1528.7 小时（汝南）~ 2081 小时（遂平），与常年相比，遂平、泌阳、上蔡偏多 18.4 小时 ~ 172.5 小时，其他县区偏少 59.9 小时（西平）~ 377 小时（汝南）。其中，汝南年日照时数显著偏少，平舆、正阳偏少，其他县区正常。（陈建杰）

【气候影响评述】 2017 年，驻马店市气候影响评述：

对农业的影响。小麦在 1 月份处于越冬期，但因温高光足，小麦未完全停止生长，加之雨雪偏多，有利于小麦

气象业务人员正
在进行天气信息收集
李奕洁 摄

分蘖，苗情持续转好。2月，小麦由越冬进入返青起身期。2月上旬阴天及雨雪天气较多，气温偏低，小麦尚未结束越冬；进入中旬，温高光足，墒情适宜，小麦进入返青生长。2017年2月19日—22日出现寒潮过程，21日全市出现暴雪天气，对温棚蔬菜生产十分不利，个别地块已拔节的小麦出现冻害，但冻害以轻度到中度为主，主要表现部分叶片受冻，但对小麦后期长势和年景影响有限。3月上旬，小麦开始拔节，3月中旬以后阴雨天气较多，一方面补充土壤水分，满足小麦拔节生长需要，另一方面造成田间湿度较大，较易诱发病虫害的发生和流行，尤其是小麦条锈病和纹枯病蔓延迅速，普遍较重发生。4月中旬后温高光足，降水天气较少，有利于小麦开花授粉，提高结实率。5月3日—4日、7日—8日出现的降水，有效改善土壤墒情，为小麦灌浆提供较为充足的水分供应，加之温度适宜，光照好，有利于小麦平稳灌浆。5月22日—23日，驻马店市出现强降水、大风天气过程，部分麦田出现点片倒伏。5月24日—31日，多次出现干热风天气，鉴于小麦已基本成熟，开始收割，影响较小。玉米播种期出现的降水（6月4日—5日、9日—10日出现较强降水过程）及时补充土壤墒情，对玉米出苗比较有利，夏玉米基本达到一播全苗。玉米苗期(6月上旬至7月上旬)墒情和光温条件适宜,玉米苗期生长顺利。拔节后温高光足，玉米长势良好。7月6日—7日全市出现较强降水过程，此次雨量较大，大部分农田降水渗透深度在40厘米以上，前期旱情基本得以解除，对玉米拔节生长较为有利；在人工增雨作业共同影响下，7月14日—17日，全市大部出现大到暴雨，进一步补充土壤水分。拔节后温高光足，玉米植株健壮，长势良好。7月17日起持续无降雨，气温逐渐升高，日平均气温维持在30℃左右，尤其是7月21日—27日，最高气温基本维持在35℃以上，最高达到38.7℃（泌阳）。持续高温使处于花期的玉米授粉受阻，吐丝困难，造成花期不育，结实不良，花期错过高温阶段的玉米，生长良好。8月28日至9月6日的连阴雨天气过程造成部分县区田间渍涝灾害较重，对春花生的成熟收获和晾晒储藏十分不利，造成春花生发芽霉变。玉米根系受到浸泡，活力降低；低温寡照天气对夏玉米等秋作物的后期灌浆鼓粒造成障碍，籽粒增重基本处于停滞状态，延长玉米等秋作物的生育期，推迟成熟收获期；同时连阴雨天气也加重了秋作物病害的发生。另一方面，旱情较重的泌阳在本次连阴雨过程中土壤水分得到补充，墒情明显改善。9月23日至10月19日持续阴雨天气导致秋收进程严重滞后，未收和部分已收的玉米、花生、大豆存在不同程度霉变、发芽现象。同时由于田间过湿或渍涝，导致无法整地，小麦播种严重推迟。2017年10月17日秋收基本结束，11月5日麦播基本结束，较正常年份偏晚10天～20天。10月19日后，温高光足，降水异常偏少，前期气象条件有利偏湿地块散墒和整地备播工作尽早开展，但同时土壤偏湿造成整地效果较差，翻耕后大块坷垃较多；麦播后依然维持晴好天气，土壤水分散失较快，10月31日部分地块表墒较差，11月后表墒较差区域范围逐渐扩大，尤其是部分整地质量差、漏风地块旱情明显偏重，小麦难以及时吸水萌发，造成晚播小麦出苗困难。由于表墒较差，对小麦苗期生长也较为不利，小麦分蘖较常年偏少偏晚。总之，本年度气候条件对农业的影响为利弊兼有。

对交通运输业、水利、旅游业等行业的影响。3月1日的大风天气，对建筑行业和零售业影响较大，广告牌和建筑围栏损毁较多。2017年夏季驻马店市高温日数较多，有利于空调冰箱等制冷设备销售，同时用电负荷较高，电力供需矛盾较为突出；另外，高温高湿天气也不利于人们户外出行和建筑等户外行业施工作业开展。2017年夏，全市平均降水属于正常年份，但降水分布严重不均，泌阳显著偏少，不利于西部上游水库进行蓄水，据板桥水库8月份资料：2017

年以来，水库降水量459毫米，来水量5800万立方米，仅占库容1.68亿立方米的1/3，而年用水量超过8500万立方米，给全市用水安全带来一定威胁。但自8月20日进入后汛期，受持续降雨影响，全市河道、水库长期高水位运行（12座大中型水库有9座仍超汛限水位），宿鸭湖水库先后9次调整泄洪量，据统计，9月—10月12日，驻马店市累计下泄出境水11.34亿立方米，为历史同期罕见。“五一”和“十一”黄金周期间，多阴雨天气，给人们外出旅游合理安排假期带来一定不便。（陈建杰）

【2017年主要气象灾害】 2017年，全市平均气温显著偏高，降水丰沛，日照时数正常。冬末寒潮暴雪、春季风灾、干热风、夏季持续高温、暴雨洪涝、秋季连阴雨是2017年的主要气象灾害。冬末寒潮暴雪席卷全市，部分小麦叶片受冻；初春出现风灾，部分乡镇受灾较重；5月中下旬部分县区出现干热风天气影响小麦灌浆；6月21日泌阳出现冰雹灾害，造成一定损失；7月中下旬持续高温造成部分地块玉米花期受害；夏季暴雨洪涝，受灾较重；秋季长连阴雨历史罕见，作物受灾严重，对秋收秋种影响深远。

冬末寒潮暴雪。2月19日—22日，受北方冷空气和低槽影响，配合西南暖湿气流输送，驻马店市出现1次寒潮暴雪天气过程，全市9个县区，19日—22日最低温度72小时降幅为10.5℃（遂平）～12.5℃（正阳），全市极端最低气温为–4.2℃～–2.4℃，期间全市平均雨雪量18.4毫米，雪深2.7厘米。本次寒潮暴雪天气对小麦造成的冻害以轻度到中度为主，主要表现为部分叶片受轻微冻害，对全市小麦后期长势和年景影响有限。

春季风灾。3月1日下午，驻马店市遭受风灾，瞬间最大风力达到18.9米/秒。其中，正阳县、确山县、驿城区等县区的11个乡镇、街道受灾严重。正阳县新阮店乡、汝南埠镇袁寨乡受灾较重，主要为香菇、草莓、蔬菜等保护地栽培农作物61.67公顷，成灾31.2公顷，倒塌房屋3户6间。确山县朗陵街道、刘店镇受灾比较严重，涉及5个行政村，此次风灾共造成24个大棚（反季节蔬菜大棚、育苗大棚、草莓大棚）不同程度倒塌和损毁，受灾面积1.8公顷，刘店镇房屋损毁27间。驿城区水屯镇、诸市镇、刘阁街道428个疏菜大棚被大风刮毁。5月22日—23日，驻马店市出现强降水、大风天气过程，其中泌阳东北部、汝南中南部为2个暴雨中心，上蔡大部为小雨量级，其他地区为中到大雨。各县出现6级～8级风，市辖区风速最大，正阳风速最小。受大风降雨影响，部分麦田出现点片倒伏，倒伏部位主要集中在小麦茎秆上部，呈折弯状，倒伏面积89.4万亩。

干热风。5月中下旬，市辖区（17日—18日）、确山（17日）、遂平（17日）出现干热风天气，加快小麦叶片早衰，缩短小麦灌浆期，造成小麦提早成熟。24日—31日，部分县区相继出现轻到重度干热风天气，鉴于小麦基本成熟，开始收割，影响较小。

冰雹。2017年6月21日15时27分许，泌阳县郭集镇高庄村委、丁庄村委、黑土魏村委，泰山庙镇苗庄、姚庄村委，羊册镇尹庄村委突遭风雹灾害袭击，冰雹直径约1厘米，大面积烟叶被冰雹砸穿、砸烂，损害十分严重。市县两级民政部门及气象部门派出工作组前往受灾区域核查灾情。经核查，此次灾害共造成1289人受灾，347公顷烟叶受灾，成灾面积276.5公顷，经济损失达405万元。

持续高温。7月17日起持续无降雨，气温逐渐升高，日平均气温在30℃左右，尤其是7月21日—27日，最高气温基本保持在35℃以上，最高达到38.7℃（泌阳）。持续高温使处于花期的玉米授粉受阻，吐丝困难，造成花期不育，结实不良。

夏季暴雨洪涝。2017年7月17日凌晨到上午，遂平县褚堂乡出现暴雨，小时降水量为37毫米，造成夏玉米倒伏，倒伏面积为4560亩（304公顷），直接经济损失41.04万元。2017年8月18日—19日，上蔡、西平、平舆、正阳普降暴雨、大暴雨，给大豆、谷子、玉米等秋作物造成不同程度的内涝以及倒伏，正在生长中的农作物大量减产。受灾人口48120人，作物受灾面积3613.9公顷，损坏大棚36座，直接经济损失共1101.9万元。

秋季连阴雨。受“华西秋雨”东进北扩影响，8月28日至10月19日，驻马店市出现自1961年以来最严重的持续阴雨天气过程，阴雨天数之多、累积雨量之大、影响范围之广均较为罕见。全市平均降水量453.3毫米，较常年同期偏多2倍；全市平均降水日数32.4天，为1961年以来同期最多值；全市平均日照时数126.2小时，较常年同期偏少143.7小时，为1961年以来次少值，仅次于1964年的120.9小时。连阴雨发生时段主要集中在8月28日至9月6日和9月23日至10月19日。8月28日至9月6日全市出现长达10天的连阴雨过程，驻马店市各县区累计雨量为95.1毫米（平舆）～145.5毫米（确山），雨量大于100毫米的站点有139个，区域站雨量最大为正阳大温庄的204.1毫米。同时，本次连阴雨过程期间，光照极差，温度偏低。2017年9月23日至10月19日全市再次出现长时间阴雨天气，27天中有20.8天雨日，达到1961年来同期最多值。全市平均降水300.7毫米，较常年同期偏多359%，比上年同期偏多109%，为1961年来同期累计雨量最大值。据农业部门统计，截至10月12日，全市玉米霉变面积72.2万亩，其中霉变在30%以上的20.7万亩；花生发芽霉变面积99.6万亩，其中发芽霉变在30%以上的43万亩，发芽程度在30%以下；大豆霉变面积8.7万亩，其中霉变在30%以上的4.02万亩。（陈建杰）

社会科学

【概况】 2017年，市社科联组织召开全市社科理论界推进“两学一做”学习教育常态化制度化座谈会。强化创新理论学习，组织机关中心组共组织理论学习14次，组织机关政治学习30多次。把好社科类学会举办的座谈会、研讨会的政治方向，加强阵地管理。利用社科知识大篷车进基层活动

和中原大讲堂天中讲堂公益讲座，弘扬正能量，唱响主旋律。（王　磊）

【学术研讨活动】2017年，市社科联组织召开全市社科界培育和践行社会主义核心价值观学术交流会、《河南省社会科学普及条例》座谈会等。9月，结合全省组织的社科知识普及周活动，邀请市委党校副教授翟书俊为全市社科界对习近平“5·17”讲话精神作专题辅导报告；12月，邀请市委党史研究室主任魏春阳给全市社科界进行十九大精神培训。2017年6月—7月，组织开展纪念建军90周年和刘邓大军千里跃进大别山胜利70周年征文活动，共征集理论文章120余篇，评出优秀论文36篇；11月，开展十九大精神学习体会征文，《天中论坛》专刊和《驻马店日报》开设专版对部分优秀理论文章进行刊发。与市残联联合开展残疾人工作理论课题调研活动，共评出一等奖10项、二等奖30项、三等奖81项。（王　磊）

【社科普及】2017年，全市社科界开展社科知识大篷车进基层活动53场，其中市社科联组织开展21场、县区社科联组织开展32场，为基层群众赠送社科类图书500余册，受众达2万余人。利用微博发布现场照片和宣讲情况，及时与省社科联和市委宣传部等官方微博互动。依托黄淮学院、农校等高校为载体，举办中原大讲堂天中讲堂公益讲座，举办讲座12场，受众达4000余人次。组织协调社科普及教育基地和市级社科类学会开展宣传普及活动。全年共发放宣传册2万余份，开展50余场以天中历史文化、红色革命文化、日常健康知识等为主要内容的宣传活动。与省社科联同步组织社科普及周活动，市、县两级联动开展，活动期间制作社科知识宣传展板300余块，发放宣传册10余万册，举办社科普及讲座30多场，邀请6名全国知名书法家现场进行义写社科知识书法作品，30多名知名社科专家学者现场为群众解疑释惑，市县计100多家单位参与此项活动。做好2016年河南省社会科学普及规划项目结项工作。其中，2项被评为特等奖，4项被评为一等奖，5项被评为二等奖。组织有关单位参加2017年河南省社会科学普及规划项目申报工作，共推荐申报15项社会科学普及规划项目。（王　磊）

【社科优秀成果评奖】2017年，市社科联组织开展社科优秀成果评奖工作。评奖委员会办公室于5月—10月组织开展驻马店市2016年度（第24次）社会科学优秀成果评奖工作，经过个人申报、单位审验、评委个人阅评、集体定评，共有154项社会科学优秀成果获奖，对获得一等奖、二等奖的成果发放奖金11.7万元。（王　磊）

【社科规划项目】根据《驻马店市哲学社会科学规划项目管理办法》规定，2017年3月，市哲学社会科学规划领导小组发布《驻马店市2017年哲学社会科学规划项目选题指南》，在各单位申报的基础上，对申报项目进行择优批复立项。共申报项目375项，经社科规划领导小组成员和专家组评定审核，批准立项300项，共结项264项，评出一等奖40项、二等奖60项、三等奖90项。对获得一等奖、二等奖的项目发放科研资助经费14万元。（王　磊）

【信息调研】2017年，围绕全市社科工作共编报各类信息140余条，分别被中国社科网、河南社科界、省社科联网站、《驻马店日报》、驻马店宣传等多家媒体和单位采用，原创转发微博发布900余条。舆情信息工作和新媒体使用工作均在全省社科联系统位居前茅。（王　磊）

【《天中论坛》办刊工作】《天中论坛》是市委、市政府委托市社科联主管、主办的全市唯一社科类综合性理论刊物。2017年，开辟《学习贯彻“5·17”讲话精神”》《建军90周年刘邓大军千里跃进大别山胜利70周年》《弘扬践行社会主义核心价值观》《文化天中》《学习宣传贯彻党的十九大精神》等专题栏目。2017年9月，邀请有关专家对《天中论坛》编辑人员进行刊物提质升级培训，对刊物进行版面设计全面提升，并扩大发放范围。全年共编辑印发6期150余篇文章。（王　磊）

【学会工作】2017年，市社科联修订完善《驻马店市社科类学会管理办法》，取缔活动不主动不积极的行政区划与地名学会、文明生活与本土研究会2个学会，指导市金融学会进行换届改选。（王　磊）

【县级社科联工作】截至2017年，驻马店市8县1区中驿城区、上蔡县、遂平县、西平县、泌阳县5个县区成立社科联，汝南、正阳、确山、平舆4个县区尚未成立社科联。通过督促协调，汝南、正阳、确山3个县成立社科联的申请已报至市编办，平舆县正在申请中。（王　磊）

表22

2016年度驻马店市社会科学优秀成果一等奖项目表

序号	姓　名	单　位	成　果　题　目	参加撰写人员
1	韩占兵	黄淮学院	中国农业劳动力的历史变迁与演化趋势分析	
2	余　鹃	市机关事务管理局	改善农村人居环境问题与建议	
3	刘献丽	黄淮学院	《驻马店市非物质文化遗产项目名录》	汪利锋　韩拥军　王卫霞 从卫东　李春光　付玉生

续表

4	赵　玲	驻马店日报社	媒体融合背景下的人力资源管理	
5	张银良	市残联	全面建成小康社会与残疾人工作实践	
6	赵　健	黄淮学院	通货膨胀目标制的国际比较及其有效性研究 ——基于面板数据DID模型的实证考察	
7	栗贯清	市社科联	当好五个表率　争做合格党员	
8	戴　颖	市财政局	对驻马店市本级财政授权支付动态监控的研究	王卫延　王　琪　马冬冬 金琪琳
9	董庆涛	黄淮学院	十三五规划教材《招贴设计》	张　瑞　李天一
10	胡殿文	驻马店日报社	学习英雄史诗弘扬长征精神	
11	羊守森	黄淮学院	《红色文化资源的育人价值和功能》	刘玉民　张喜顺
12	马国伟	市水利勘测设计研究院	人力资源管理中的绩效考核管理研究	
13	张　静	黄淮学院	新生代农民工就业适应性及应对措施 ——对北京市新生代农名工的问卷调研	
14	贾芳霞	驻马店技师学院	高职院校基础会计课程教学改革研究	
15	张　敬	市军用饮食供应站	生态旅游资源开发及其影响研究	
16	叶亚杰	黄淮学院	《基于个人信息保护的法制教育研究》	
17	孙萌萌	市农村公路管理处	论公路工程监理中的计量支付	
18	刘彦军	黄淮学院	多视角关注地方高校转型与应用型人才培养	黄春寒　白　玉
19	任静瑞	市幼儿园	论儿童攻击性行为的危害及教育策略	
20	张亚军	驻马店职业技术学院	农村中小学教师专业发展的动力分析	
21	张霖霖	市社科联	加强人民政协民主监督工作的思考	李华勇
22	刘建宏	上蔡县人社局	《进城务工人员实用法律知识读本》	邱应征　许春旭　王付军 陈　江　吕红伟　张艳丽
23	魏　丹	驻马店职业技术学院	基于本土化的继续教育研究探究	
24	沈国举	市财政局	驻马店市财政转移支付的现状与思考	车向金　冯　凌　金　宁
25	高　静	驻马店职业技术学院	试论虚假诉讼案件频发的成因及对策分析	
26	李金彩	市实验幼儿园	浅谈对幼儿文明礼仪教育重要性的认识	
27	黄新建	市委党校	网络时代提高政府公信力的对策思考	
28	黄　丽	市动物疫病预防控制中心	浅谈我国管理会计的现状及对策	
29	何冰冰	市实验幼儿园	浅谈如何培养幼儿的安全意识	
30	赵　宇	驻马店职业技术学院	应用型高校电力电子技术教学探讨	

文化 旅游

文化事业综述

【公共文化服务体系建设】 2017年，市文广新局贯彻落实《公共文化服务保障法》，健全完善文化设施免费开放保障制度，提升公共文化服务效能。开展形式多样的群众文化活动、展览、赛事、培训，先后举办"天中之声"新年音乐会、"群星风采"公益文艺晚会、驻马店市首届少儿文艺晚会、民间艺术展演、驻马店市第十八届元宵灯谜晚会、"国乐飘香"元宵文艺晚会、庆"六一"少儿文艺晚会，木版年画专题巡回展、美术书法摄影作品展、手工艺作品展、"群星风采"广场舞大赛、庆"六一"驻马店青少年美术书法优秀作品展等市级赛展演活动20项，其中赛事活动4项、展览展示16项。文艺演出及其他文化活动48场次。开展文化志愿者活动，持续推进"文化艺术进社区"文化惠民专场，2017年投入资金40万元，在9个社区，演出27场次，惠及群众3万余人。指导基层队伍培训，公益特色培训等文化艺术类培训20期。组织参加"出彩河南人"第三届群众文艺精品展演、"群星耀中原"迎接十九大召开暨2017年河南省群众文化系列活动、第十五届河南省艺术摄影大展、第九届河南省少儿文化艺术节展演，获得舞台艺术类一等奖1项，美术类奖项9项，书法类2项。开展"2017全民阅读"系列活动。根据国务院、河南省推进基层综合性文化服务中心建设指导和实施意见，推进驻马店市180个乡镇（街道）文化站和2500个行政村（社区）文化服务中心建设和完善，2017年新建成550个基层综合性文化服务中心。（张文超）

【文化体制改革】 2017年，市文广新局分类推进文化馆、图书馆、博物馆等文化事业单位改革。驻马店市法人结构治理第一批试点，市博物馆理事会成立并正常运转。《驻马店市进一步深化文化市场综合执法改革的实施意见》等文件出台，全市文化市场管理工作领导小组按照文件要求推进改革。（张文超）

【文艺创作传播】 2017年，市文广新局开展"舞台艺术送农民""中原文化大舞台"和"戏曲进校园"等惠民演出活动。全年共购买基层演出活动2012场，受益群众达370万余人次。配合驻马店市委宣传部组织开展"你用电、我用心·中原文化大舞台"演出活动21场。驻马店市财政拿出10万元，对2016年度征集的139部（个）新创文艺作品进行评奖活动，对获奖的优秀作品进行资金奖励，其中一等奖1000元、二等奖800元、三等奖500元。组织召开为期5天的驻马店市戏曲工作暨编剧人才培训会议，200名编剧、院团长及各县区分管人参加会议，专家董文建、刘景亮、方可杰、戚建庄等进行讲解。举办驻马店市首次剧本推介会，共推介剧本16部，签约意见4部。完成驻马店市地方戏曲剧种普查工作，共核实上报各类剧团305个，剧种19个，其中稀有剧种6个，分别是打蛮船、灯戏、淮河道情、提线木偶、杖头木偶、锉锵小调。承办河南省第十四届戏剧大赛。驻马店市演艺中心创排的《皇家驿站》，驿城区宏扬豫剧团创排的《嫂娘·大娘·亲娘》，上蔡县常春藤戏曲艺术传媒有限公司创排的《蔡桓公》和正阳县便民豫剧团有限公司创排的《春桃》4个剧目进入决赛。《皇家驿站》荣获省市院团组文华大奖，并囊括文华导演、剧作、舞美、表演等多个奖项；《嫂娘·大娘·亲娘》在县区级及民营院团组比赛中荣获河南文华大奖，文华剧作、音乐创作、舞台美术奖等奖项；《蔡桓公》《春桃》获得县区级及民营院团组河南文华优秀剧目奖。（张文超）

【文化遗产传承保护】 2017年，市文化部门开展107国道拓宽工程、中国电建尖山风电场建设、五湖水系联通工程等项目中的文物调查、勘探和文物抢救保护工作，调查面积600平方千米，发现古文化遗址、古寨遗址3处，完成勘探面积212.5万平方米，考古发掘面积1.54万平方米，出土文物2000余件。与各县区政府和文化主管部门签订文物安全目标责任书，在全市范围内开展文物安全状况大排查行动和元旦、春节期间文物安全检查，组织开展电气火灾综合治理、古建筑白蚁灾害调查等工作。在"非物质文化遗产日""博物馆日"期间，各文物单位通过制作宣传展板、发放宣传单、设立咨询台等方式，对文化遗产知识和文物保护法律法规进行宣传。积极申报李斯墓、顺阳王墓维修保护等30余项文物保护项目。推进上蔡县蔡国故城北城垣遗址中段维修加固工程和蔡国故城整体保护规划编制工作，市博物馆可移动文物预防性保护项目和清宋祖法寿屏保护修复项目按计划开展。博物馆和纪念馆共接待观众366.6万人次。完成年度博物馆和纪念馆检查备案工作和免费开放绩效考评，1个馆被评为优秀等次，6个评为合格等次。举办驻马店市第二届民俗文化节，40余个非遗项目进行为期5天的展示展演。举办为期3天的"非遗走进天中天街"活动，29个项目进行展示，

19 个项目进行展演。在“文化和自然遗产日”，集中进行非遗宣传展演活动，集中开展驻马店市第二届唢呐大赛、第二届天中书会、剪纸大赛优秀作品展等活动。出版《驻马店市历史名人丛书——范缜》。（张文超）

【文化市场管理】2017 年，市文化部门开展文化市场综合执法“闪电”行动、迎接党的十九大文化市场专项保障行动和文化市场“创文”专项检查等重大执法检查，共出动检查人员 2 万余人次，检查文化市场经营单位 9780 家，责令整改 55 家，责令停业整顿 10 家，行政处罚 134 家，取缔无证经营单位 27 家，吊销经营许可证 2 家。开展文化市场安全隐患排查治理专项行动，共出动执法人员 10336 人次，车辆 1387 台次，检查文化市场经营场所 11589 家次，排查出一般安全隐患 165 起，重大安全隐患 7 起，整改率均达到 100%。强化演出市场执法管理，充分发挥“12318”、乡镇文化站、农村文化市场监管信息员作用，及时发现、报告和解决农村违法违规演出问题，严厉打击以“文化下乡”“送戏下乡”名义假冒正规文艺表演团体的各类非法演出行为，排查登记无证演出团体 18 家并督促其办理新证，排查登记农村庙会、物交会 34 处，制止 2 家外来非法演出行为。改进行政审批监督工作，建立“两随机一公开”随机抽查机制，强化事中事后监管。落实《河南省文化厅关于贯彻落实“先照后证”制度改进文化市场行政审批和市场监管工作的意见》文件要求，加强培训，提高审批人员履职能力，通过加强审批人员培训、审批案卷评查等方式，提升审批人员业务能力和履职水平。（张文超）

【文化产业】2017 年，市文广新局重点扶持老乐山、嵖岈山自然风景区等文化旅游业发展，在各重点景区共组织各类大型文化活动 100 多次，拉动文化旅游消费。依托黄淮学院创意创新园区，发展创意经济，并与“大华城”和“上河城”等商业综合体签订合作意向，为驻马店市文化创意产业发展搭建平台。组织开展驻马店市文化创意大赛，共有 40 多家企业和创意单位参加，14 个项目获奖。为平舆县东方迪斯尼乐园、河南昊韵乐器有限公司等 6 个项目申报河南省文化产业专项扶持基金和高成长服务业专项扶持资金。对 10 家文化产业园区进行指导扶持，推荐其中 3 家市级文化产业示范基地申报省级文化产业示范基地。组织各文化企业先后参加中原文创之星大赛、河南省文化厅文化产业培训、中国（深圳）国际礼品展、河洛文化大集、中原文博会等活动 12 次。（张文超）

公共文化

【驻马店市“群星风采”公益文艺晚会】2017 年 1 月 12 日，驻马店市“群星风采”公益文艺晚会暨进驻团队汇报演出在市群众艺术馆群星剧场上演。驻马店市群众艺术馆免费进驻的 15 家群众文艺团队表演了舞蹈、歌曲、戏曲小品等节目，免费为广大市民服务。（张文超）

【驻马店市首届少儿春节文艺晚会】2017 年 1 月 19 日，由驻马店市文化广电新闻出版局主办的驻马店市首届少儿春节文艺晚会在市会展中心上演，13 个节目进行演出，1000 多名小朋友和家长观看表演。（张文超）

【驻马店市民间艺术展演】2017 年 2 月 9 日，由中共驻马店市委宣传部、市文化广电新闻出版局主办 2017 驻马店市民间艺术展演在市天中广场举办。来自驻马店市辖内的 20 余支队伍、近千名群众演员进行表演比赛，评审组评选出一、二、三等奖，并进行全市表彰。（张文超）

【驻马店市第十八届元宵灯谜晚会】2017 年 2 月 11 日，由中共驻马店市委宣传部、驻马店市文化广电新闻出版局主办的驻马店市第十八届元宵灯谜晚会在市天中广场举办。灯谜晚会准备 3000 条谜语和 3000 份礼品。（张文超）

【驻马店市第二届民俗文化节】2017 年 3 月 30 日，由市文化广电新闻出版局主办的驻马店市第二届民俗文化节在驻马店市浙江国际商城北门广场举办。活动目的是宣传非物质文化遗产保护工作成果，弘扬天中传统文化。活动为期 11 天，12 个非物质文化遗产项目，近 300 人进行展示和表演。（张文超）

【河南木版年画专题巡回展驻马店站】2017 年 3 月 31 日，由河南省文化馆、驻马店市文化广电新闻出版局主办的河南木版年画专题巡回展启动仪式在市群众艺术馆举行。河南省文化馆党总支书记冯莉、河南省文化馆副馆长薛磊等参加启动仪式。（张文超）

【“天中文化大讲堂”走进黄淮学院】2017 年 5 月 16 日，驻马店市群艺馆主办的“天中文化大讲堂”第 3 期在黄淮学院举办。黄淮学院天中历史文化研究所所长、副教授郭超向 500 名听众作题为《解读天中》的公益文化讲座。（张文超）

【驻马店市“群星风采”广场舞大赛】2017 年 5 月 20 日，由中共驻马店市委宣传部、市文明办、市文化广电新闻出版局、市公安局主办的 2017 驻马店市“群星风采”广场舞大赛举办。全市 29 支代表队 1200 人参加比赛。经过比赛，29 支代表队评选出一等奖 6 个、二等奖 9 个、三等奖 14 个，组织工作奖 11 个。（张文超）

【庆“六一”少儿大型文艺晚会】2017 年 5 月 28 日，由中共驻马店市委宣传部、市文化广电新闻出版局主办的 2017 驻马店市庆“六一”少儿大型文艺晚会在群星剧场上演。16 个舞蹈、歌曲、戏曲、器乐类节目进行演出，近 1000 名小朋友和家长观看表演。（张文超）

【庆“六一”市青少年美术书法优秀作品展】 2017年6月1日，由驻马店市文化广电新闻出版局、市文学艺术界联合会主办的2017庆“六一”驻马店市青少年美术书法优秀作品展开幕式在驻马店市群众艺术馆举办。本次青少年美术书法作品展以“共创文明城市，同享一片蓝天”为主题，精选出200件参展作品。 （张文超）

【非物质文化遗产宣传展示活动】 2017年6月11日，由驻马店市文化广电新闻出版局主办的2017驻马店市“文化和自然遗产日”非物质文化遗产宣传展示活动举行。活动共有5个部分组成：驻马店市第二届唢呐大赛、驻马店市第二届“天中书会”、驻马店市剪纸艺术优秀作品展、驻马店市非物质文化遗产集中宣传展示、“钩古论今话非遗”电视直播月。 （张文超）

【河南省群众文化系列活动驻马店专场演出】 2017年6月23日，由河南省文化厅主办，河南省文化馆、驻马店市文化广电新闻出版局承办的2017年河南省群众文化系列活动驻马店专场演出在群星剧场举办，活动以“群星耀中原、喜迎十九大”为主题。近200名文艺工作者、群众文化爱好者献演舞蹈、歌曲、小品、曲艺、乐器演奏等13个节目。河南省文化厅公共文化处处长杨德祥、河南省文化馆活动部馆员史不凡出席并观看演出。 （张文超）

【驻马店市美术专干培训班】 2017年8月24日—26日，驻马店市第17期基层文化队伍培训——美术专干培训班举办。来自驻马店市各文化馆的美术专干和美术工作者120余人参加讲座。文化部中国艺术研究院专职画家、国家一级美术师、中国艺术研究院研究生院硕士研究生导师、首都博物馆画院院长韩学中授课，授课主题为《发展中的中国美术——创作课题漫谈》。 （张文超）

【第十四届河南省戏剧大赛在驻马店市举办】 2017年9月17日，“舞台艺术展风采，喜迎党的十九大——第十四届河南省戏剧大赛暨新创剧目展演活动”在市会展中心开幕。本届大赛由河南省文化厅、驻马店市人民政府共同主办。河南省文化厅厅长杨丽萍参加开幕式并讲话。由驻马店市演艺中心打造的豫剧《皇家驿站》作为开幕大戏进行演出。大赛于2017年9月17日至11月11日期间在驻马店市进行现场决赛、展演，全省共有80台剧目参加决赛。在驻马店市、遂平县、平舆县等地安排4个剧场。 （张文超）

【驻马店市文化惠民进社区文艺演出】 2017年11月，由中共驻马店市委宣传部、市文化广电新闻出版局主办的驻马店市文化惠民进社区文艺演出在城市各街道社区上演。活动演出27场，节目类型分综艺类和戏曲类，共有近千名文化志愿者参加演出。活动征集节目400余个，经专家评审，共选中218个综艺类节目和9台大戏参加演出。 （张文超）

【丝弦道《德孝情》在北京演出】 2017年11月20日，平舆县丝弦道非遗传承艺术保护中心排演的丝弦道《德孝情》作为“河南稀有剧种北京公益展演周活动”的第六场剧目在梅兰芳大剧院亮相。演出结束后，召开剧目研讨会，中国艺术研究院戏曲研究所所长王馗、中国戏曲研究院曲艺研究所所长吴文科、中国戏剧杂志社副主编李小青等参加研讨会。 （张文超）

【博物馆文化进校园】 2017年4月10日，驻马店市博物馆讲解员走进市第二初级中学，为同学讲解驻马店市历史知识。讲解员通过课件展示，采用图文结合、提问互动的方式，配合学生历史课本内容，充分介绍文物背后的历史知识、背景及文物出土时的相关知识。 （张文超）

【收藏活动】 2017年，驻马店市收藏家协会组织会员走进社区开展帮教惠民活动，举办书画收藏精品展、创建文明城市集邮巡回展、纪念抗日战争胜利72周年红色收藏专题展、驻马店市第三届古玩艺术品交流博览会暨首届钱币徽章展等活动。驻马店市收藏系统荣获河南省模范集体称号，1人被省藏协评为先进个人；2人在第十六届全国民间收藏文化（河南）高层论坛上荣获三等奖。 （谭咏利）

【民俗活动】 2017年，驻马店市民协系统共发展国家级会员2人、省级会员4人；组织骨干参加“中国民协学习贯彻习近平总书记系列讲话精神研讨班”；组织会员参加中原、深圳文化产业博览交易会，河南郑州绿博园春节端午中秋民间民俗文化节，2017苏州“盛世观前”第十一届中国民间手工艺艺术节等系列文化活动。市民间文艺家协会还举办端午民俗王彩虹手工艺作品展、“民间艺术进社区活动”走进飞龙小区、“灯谜喜乐会、开心闹元宵”全市第十八届灯谜竞猜和“不忘初心继续前进”喜迎十九大灯谜展猜等活动。 （谭咏利）

【传统文化传承发展】 2017年，市文联以7个国家级民间文化之乡后续建设为龙头，与有关部门联合，推进民间文化遗产抢救保护和开发利用工作；支持民间工艺创新发展，民间工艺品影响力和市场份额扩大。每年一度的泌阳盘古文化节、西平县中华母亲节·嫘祖故里拜祖大典、中国·上蔡重阳文化节等民间节典，办会水平越来越高，驻马店市传奇文化之都品牌享誉国内外。年内，还举办了“2017中国·泌阳盘古圣地九九重阳祈福大典”。西平棠溪剑业公司建厂30周年，2017年推出“五福剑”系列新产品，制定“四轮驱动销售共赢平台”模式。确山铁花应邀赴北京、内蒙、江苏、山西、河北等地表演90余场，在央视七套《致富经》、央视九套《旅游中华》、河南卫视等栏目播放，并应邀赴广州市参加电影《时代狂人》拍摄。 （谭咏利）

文化新闻出版市场管理

【文化综合执法“双随机”检查行动】 2017年3月3日，驻马店市文化广电新闻出版局开展“双随机”检查行动。市文化市场综合执法支队从执法检查人员名录库和文化市场经营主体名录库中随机抽取6名执法检查人员和3家检查对象进行检查行动。此次“双随机”检查情况向社会公开，主动接受社会监督。（张文超）

【文化市场校园周边整治行动】 2017年5月，按照驻马店市创建全国文明城市指挥部《关于印发驻马店市未成年人工作和校园周边环境整治攻坚行动实施方案》要求，市文化市场综合执法支队对市区中小学校校园周边的文化环境进行专项整治，行动中出动执法人员875人次，车辆162台次，共检查中小学校44所，检查校园周边书店文具店等经营门店169家。（张文超）

【文化市场综合执法骨干及案卷评查培训班】 2017年11月2日—5日，驻马店市文化市场综合执法支队举办文化市场综合执法骨干及案卷评查培训班，来自各县区的70名文化市场综合执法人员参加培训。根据《河南省文化厅与宁夏回族自治区文化厅2017—2020年度文化市场综合执法对口交流协作行动方案》精神，邀请宁夏回族自治区吴忠市文化市场执法骨干参加本次培训。（张文超）

【文化市场综合执法“闪电”4号行动】 2017年12月21日，市文化广电新闻出版局开展文化市场综合执法“闪电4号”行动。此次专项行动主要对文化市场经营单位安全生产隐患和违规经营行为进行拉网式排查，重点检查消防通道是否畅通、场所线路是否存在安全隐患、场所是否有明火现象存在、消防器材和设施是否完好、安全生产管理制度是否健全、互联网上网营业场所是否接纳未成年人进入、上网人员有效证件审核是否严格。（张文超）

文化遗产保护

【秀公戒师和尚塔保护】 2017年4月，平舆县人民政府投入资金，加强国家级文物保护单位秀公戒师和尚塔的日常保护工作，对文物保护单位的四周围墙进行重新加固，清理周围垃圾，拔除塔顶杂草，围栏内地面进行硬化，重修排水道。（张文超）

【文物安全状况大排查】 2017年5月—10月，市文化广电新闻出版局开展全市文物安全状况大排查。组织召开驻马店市文物安全大排查行动会议，制订方案，对工作进行部署。各县区文化广电新闻出版局按照大排查范围和重点内容，制定细则开展自查，并对发现的问题进行整改。（张文超）

【蔡国故城保护设施建设】 2017年6月，按照《蔡国故城保护设施建设项目》，发改委拨付上蔡县人民政府专项经费480万元，上蔡县财政配套经费120万元，用于对蔡国故城的道路整修、看护管理用房、安防系统、排水设施、土地平整、界桩界碑等设施建设。（张文超）

【汝南县清真寺文化保护工程】 2017年8月，省级文物保护单位汝南县清真寺文化保护工程正式完工。投入40万元，对汝南县清真寺本体裂缝、空鼓、灰皮脱落等情况进行修缮，更换糟朽木构件，进行防虫防腐处理，并对地面、门窗、屋面、瓦等进行修葺。（张文超）

【第五批市级非遗项目公示】 2017年12月，驻马店市文化广电新闻出版局印发《关于公示第五批驻马店市非物质文化遗产代表性项目的通知》，公布拟定第五批驻马店市非物质文化遗产代表性项目57项，面向社会公示。（张文超）

表23

驻马店市国家级非物质文化遗产名录

项目名称	批次	申报地区
盘古神话	第二批	泌阳县
打铁花	第二批	确山县
大铜器	第二批	西平县
梁祝传说	第一批	汝南县
罗卷戏	第二批	汝南县

续表

“重阳节”民俗	第三批	上蔡县
大铜器	第四批	遂平县
棠溪宝剑铸造工艺	第四批	西平县
毛氏济世堂脱骨疽症疗法	第四批	新蔡县

表24

驻马店市全国重点、省级文物保护单位统计表

名称	时代	公布时间	地点	备注
全国重点文物保护单位				
中共中央中原局旧址	近现代	1988.1	确山县竹沟镇	第三批
蔡国故城	春秋	1996.11	上蔡县城周围	第四批
酒店冶铁遗址	战国至汉	1996.11	西平县酒店乡	第四批
下河湾冶铁遗址	战国至汉	2006.5	泌阳县马谷田镇	第六批
杨台寺遗址	新石器时代	2006.5	驻马店市驿城区	第六批
楚长城（河南长城——合并项）	春秋战国	2006.5	泌阳县（黄山、象河、板桥、高邑四乡）确山县、驿城区、遂平、西平西部山区	第六批
悟颖塔	宋代	2006.5	汝南县城南关	第六批
宝严寺塔	北宋	2006.5	西平县城东关	第六批
嵖岈山卫星人民公社旧址	近现代	2006.5	遂平县嵖岈山乡	第六批
楚国贵族墓地（并入蔡国故城）	周至战国	2006.5	上蔡县大路李乡	第六批
西平县董桥遗址	新石器时代	2013.3	西平县吕店乡	第七批
驿城区台子寺遗址	新石器时代	2013.3	驿城区水屯镇	第七批
汝南县天堂寺遗址	新石器时代	2013.3	汝南县南余店乡	第七批
新蔡县葛陵故城	东周	2013.3	新蔡县李桥镇	第七批
平舆县沈国故城	春秋至汉	2013.3	平舆县射桥乡	第七批
正阳县正阳石阙	东汉	2013.3	正阳县城东关	第七批
平舆县秀公戒师和尚塔	金	2013.3	平舆县李屯乡普照寺村	第七批
河南省文物保护单位				
西平县耿庄遗址	新石器时代	1986.11	西平县重渠乡	二批

续表 1

西平县上坡遗址	新石器时代	2000.9	西平县人和乡	三批
西平县冶炉城	战国	1986.11	西平县卢岗乡	二批
西平县小孟庄遗址	商至汉	2006.6	西平县师灵镇	四批
西平县小潘庄遗址	新石器至汉	2006.6	西平县出山镇	四批
西平县蜘蛛山造磨作坊旧址	三国—唐	2008.6	西平县出山镇蜘蛛山	五批
西平县牛寨遗址	新石器时代	2008.6	西平县宋集乡	五批
西平县苗塚遗址	新石器时代	2008.6	西平县环城乡	五批
遂平县唐岗遗址	新石器时代	1986.11	遂平县车站镇	二批
遂平县吴房故城	春秋	1986.11	遂平县城关	二批
遂平县魏湾遗址	新石器时代	2006.6	遂平县文城乡	四批
遂平县中王庄遗址	新石器时代	2006.6	遂平县文城乡	四批
河南省塑料机械股份有限公司	1929—2002	2008.6	遂平县建设路东段	五批
驿城区薛庄遗址	新石器时代	1986.11	驿城区橡林乡	二批
驿城区郭楼遗址	新石器时代	1986.11	驿城区橡林乡	二批
驿城区杨庄遗址	新石器时代	2000.6	驿城区橡林乡	三批
驿城区朱庄遗址	新石器时代	1986.11	驿城区古城乡	二批
驿城区国楼遗址	新石器时代	1986.11	驿城区朱古洞乡	二批
驿城区杨靖宇烈士故居	近现代	1986.11	驿城区古城乡	二批
驿城区马台寺遗址	新石器时代	2006.6	驿城区诸市乡	四批
驿城区五龙口遗址	新石器时代	2006.6	驿城区诸市乡五龙口村	四批
驿城区新庄遗址	夏、商、周	2006.6	驿城区新庄村	四批
驿城区道国故城	春秋、战国	2006.6	驿城区古城乡	四批
驿城区孔庄遗址	新石器时代	2008.6	驿城区水屯镇	五批
驿城区乔庄遗址	新石器时代	2008.6	驿城区水屯镇乔庄村	五批
驿城区宋庄遗址	新石器时代	2008.6	驿城区胡庙乡宋庄村	五批
驿城区西杨庄遗址	新石器时代	2008.6	驿城区朱古洞乡西杨庄村	五批
驿城区杨角寺遗址	新石器时代	2008.6	驿城区朱古洞乡杨角寺村	五批
泌阳县蒋庄遗址	新石器时代	1986.11	泌阳县官庄乡	二批

续表 2

泌阳县太子岭遗址	新石器时代	1986.11	泌阳县老河乡	二批
泌阳县婆子山摩崖造像	北魏至宋	2006.6	泌阳县象河乡	四批
泌阳县焦竹园革命旧址	近现代	2000.9	泌阳县铜山乡	三批
泌阳县焦芳墓	明	2006.6	泌阳县贾楼乡焦坟村	四批
泌阳县张庄遗址	新石器时代	2008.6	泌阳县赊湾乡	五批
确山县曹庄遗址	新石器时代	1963.6	确山县曹庄村	一批
确山县临时治安委员会	近现代	2000.9	确山县县城	三批
确山县郎陵城	汉	1963.6	确山县任店镇	一批
确山县刘店农民暴动指挥部旧址	1923年	2006.6	确山县刘店镇	四批
确山县竹沟遗址	新石器时代	2006.6	确山县竹沟镇	四批
确山县赵楼遗址	夏、商、周	2006.6	确山县赵楼村	四批
确山县北泉寺	北齐至清	2008.6	确山县乐山林场	五批
汝南县北关石桥（汝河石桥）	明	1986.11	汝南县城北关	二批
汝南县东关石桥（汝河石桥）	明	1986.11	汝南县城东关	二批
汝南县刘备台遗址	新石器时代	1963.6	汝南县和孝镇	一批
汝南县文庙大成殿	明	2008.6	汝南县西大街	五批
平舆县台子寺遗址	新石器时代	1986.11	平舆县庙湾镇	二批
平舆县陈藩墓	汉	2008.6	平舆县北关	五批
上蔡县光武台遗址	新石器时代	1986.11	上蔡县东岸乡	二批
上蔡县航寨遗址	新石器时代	1986.11	上蔡县朱里乡	二批
上蔡县高岳集遗址	新石器时代	1986.11	上蔡县杨集乡	二批
上蔡县十里铺遗址	新石器时代	1986.11	上蔡县邵店乡	二批
上蔡县李斯墓	秦	2000.9	上蔡县卢岗乡李斯楼村	三批
上蔡县蔡仲墓	西周	2000.9	上蔡县卢岗乡	三批
上蔡县蔡叔度墓	西周	2000.9	上蔡县卢岗乡	三批
上蔡县顺阳王墓	明	2006.6	上蔡县邵店乡	四批
上蔡县苏氏节孝坊	清	2008.6	上蔡县东岸乡	五批
正阳县江国故城	西周	2000.9	正阳县东南大林乡	三批

续表 3

正阳县王家冢遗址	新石器时代	1986.11	正阳县熊寨乡	二批
正阳县临淮故城	汉	2006.6	正阳县皮店乡	四批
正阳县建安故城	南北朝	2006.6	正阳县铜钟镇	四批
正阳县李家汉墓群	汉	2006.6	正阳县城郊皮庄村	四批
正阳县黄叔度墓	东汉	2008.6	正阳县城关镇	五批
新蔡县郭冢遗址	新石器时代	1986.11	新蔡县南郭村	二批
新蔡故城	春秋	1963.6	新蔡县城关	一批
新蔡县文庙大成殿	清	2000.9	新蔡县城内	三批
新蔡县周冢遗址	商、周	2008.6	新蔡县十里铺乡任庄	五批
豫中抗日根据地旧址	1944年	2016.1	遂平县槐树乡李兴楼村	七批
辛亥革命烈士祠	1940年	2016.1	新蔡县古吕镇胜利街居委会	七批
小南海古建筑群	明、清	2016.1	汝南县汝宁街道办事处	七批
康庄遗址	商	2016.1	西平县杨庄乡康庄村	七批
天顶遗址	商、周	2016.1	西平县人和乡	七批
谢老庄遗址	新石器时代	2016.1	西平县人和乡谢老庄村	七批
台子坡遗址	新石器时代	2016.1	确山县普会寺乡台子坡村	七批
安城故城遗址	东周至魏	2016.1	平舆县老王岗乡	七批
李庄遗址	商、周	2016.1	上蔡县朱里镇李庄村	七批
老母洼遗址	新石器时代	2016.1	正阳县陡沟镇	七批
山照遗址	新石器时代	2016.1	遂平县嵖岈山镇	七批
百口井遗址	战国	2016.1	泌阳县春水镇	七批
大杜庄瓷窑址	宋、明	2016.1	驻马店市驿城区关王庙乡	七批
毛城故城遗址	东周	2016.1	新蔡县余店乡韩店村	七批
闰楼古墓群	商	2016.1	正阳县付寨乡	七批

专业文艺

【概况】 2017年，驻马店市在市级以上展览、演出、出版、刊发、播出各类文艺作品近3000件，其中国家级200多件，省级1100多件；在市级以上获奖作品1200多件，其中国家级30多件，省级900多件。5部作品获河南省第六届文学艺术优秀成果奖，3部作品获河南省“五个一工程”优秀作品奖，5部作品被列入中原文艺精品工程重点项目，2部作品获河南省戏剧大赛文华大奖，1部作品获河南省杂技大赛金奖。豫剧《皇家驿站》赴郑州汇报演出成功，专著《古驿天中》获省“四个一批”人才项目资助，《梦蝶》获河南省第五届杂技大赛金奖、《天中娇子》获银奖，小品《这事弄的》获第八届全国小戏小品大展银奖，群口相声《我有钱了》获河南省曲艺牡丹奖，摄影作品《指点迷津》《梦幻老君山》获中国无人机航拍大赛铜奖，摄影作品《天女浣纱》入选第26届全国艺术摄影展，戏剧《皇家驿站》《嫂娘·大娘·亲娘》在河南省第十四届戏剧大赛中获河南文华大奖，全国稀有剧种平舆县创作的丝弦道剧目《德孝情》受中国戏剧家协会邀请在北京梅兰芳大剧院演出2场，歌曲《互联网+》获河南省第十一届“五个一工程”优秀作品奖，驻马店5支合唱团获“河南省迎接党的十九大召开群众合唱活动暨第七届河南合唱节”二金三银等。同时，文联系统10多位文艺家被评为市“四个一批”人才并获项目资助。《河南文艺界》《驻马店日报》等媒体对市文联及各文艺家协会工作进行宣传报道，共刊发新闻稿件30多篇。全年全市文联系统举办各类展、演、评等活动600多场次。全市文艺界没有发生违反意识形态责任制要求和党的文艺路线、方针、政策现象，没有发生违反党纪政纪现象。市文联被评为全市“文明驻马店·欢乐天之中”群众文化活动组织工作优秀单位；荣获省扶贫办、省文联、省新闻出版广电局举办的中原爱心书画展暨助力脱贫攻坚捐赠活动“优秀组织单位”称号。 （谭咏利）

【文艺活动】 2017年，全市文联系统共组织和参与各类主题文艺活动、民俗文艺活动、节庆文艺活动、娱民文艺活动600多场次。围绕庆祝“七一”、庆祝新中国成立、庆祝“八一”，迎接十九大、庆祝十九大、宣传十九大，创卫创文以及宣传社会主义核心价值观等策划组织系列文艺活动。开展“深入生活、扎根人民”主题实践活动，中原文化大舞台，文明驻马店·欢乐天之中，戏曲进校园、进社区、进企业、进军营，教你一招等活动，以文艺的形式开展宣传，营造热烈祥和氛围。围绕打造全省文化发展新高地，推进省级大型文艺活动和品牌落户驻马店。市文联承办省文联“到人民中去慰问活动”和“广西作家看天中”活动，支持市戏剧家协会承办河南省第十四届戏剧大赛，支持市音协承办全省鼓手大赛，支持市美协承办全省“油画中原——十年回顾展”。市文联联合各协会举办“魅力天中·文明驻马店”全国女书书画艺术展、驻马店少儿风采大赛、美丽驻马店摄影大赛、纪念抗日战争胜利72周年红色收藏展、创建文明城市集邮巡回展、全国文明城市创建摄影展、驻马店市2017“福到万家”义写春联大型公益活动、庆回归·颂党恩——驻马店市楹联书法作品展、民间艺术进社区活动、作家采风团进老区活动、书写核心价值观·高雅艺术进万家活动、迎十九大全市第九届舞蹈大赛、全市青少年美术书法优秀作品展、2017中国农洽会知名书画家作品邀请展暨情系家乡·张万庆书法作品展、全市职工摄影大赛等系列主题文艺活动。同时，配合创卫创文，在市文联文艺刊物《天之中》的《特别推荐》栏目连续刊登宣传推介驻马店道德模范和身边好人事迹的文章20多篇。 （谭咏利）

【文艺骨干培训】 2017年5月和11月，市文联先后举办全市文学、舞蹈、音乐、曲艺、书法、摄影创作骨干培训班，邀请省内外近20位国家、省级知名专家授课，累计培训基层文艺创作骨干500多人次，培训内容除业务知识外，还增加十九大精神、党章知识和习近平新时代文艺思想内容，缓解有关文艺门类创作、表演人才濒临断层问题，培养一批“留得住”的本土文艺基层骨干。 （谭咏利）

【文艺志愿服务】 2017年，驻马店市县两级文联和各文艺家协会推动文艺志愿服务、文艺支教等活动常态长效，引导和带动文艺工作者回报社会，服务人民。市文联组建起一支近200人的文艺志愿者队伍，并注册成立市文艺志愿者协会。市级各协会和各县区文联在90个基层联系点经常义务开展“教你一招”和“送欢乐下基层”活动，广大文艺志愿者深入农村、社区、广场、校园等基层广阔天地，为群众义写春联、拍全家福照片、展演文艺节目、传播传授文学艺术知识和技巧、开展文艺知识培训等，让文艺的种子在基层潜移默化、开花结果。在河南省文联七届四次全委会上，市文联被表彰为河南省2017年文艺志愿服务先进单位，王彩虹、王耀海被表彰为河南省优秀文艺志愿者。 （谭咏利）

【文学创作】 2017年，驻马店市作协系统推荐驻马店市作者参加2017年度中国作家协会重点作品扶持征集创作计划、鲁迅文学院河南作家研修班。培养和扶持多名70后、80后、90后后起之秀，为其创造优良环境。在首届“河南青年作家30强”评选活动中，驻马店市余子愚、薛峰、齐云轲、吴相渝、余永亮5人入选。全年出版文学专著17部。市作家协会配合省文联时代传媒集团，在老乐山举办《奔流》杂志创刊六十周年暨奔流作家改稿班。召开市诗词创作理论研讨会、杨政作品研讨会，举办驻马店市第四届文学创作骨干培训班、“创文”进社区暨“迎七一诗词献给党”主题活动。组织会员先后到延安、大寨、确山普会寺、泌阳象河、平舆挚都民俗文化馆、泌阳天一味醋厂、西园街文明路社区、盘古山、信阳等地采风，成立驻马店市楹联学会。 （谭咏利）

【音乐创作】 2017年，驻马店市音乐创作优势转化为地方文化优势，多首歌曲在全市上演并广受好评。秉承“用音乐传播天中文化，用歌声讲述天中故事”的理念创作大型音乐

8月15日夜，原创大型豫剧现代戏《嫂娘 大娘 亲娘》在会展中心演出　　弓华静 摄

诗画《天中故事》。1000余名选手参加钢琴、小提琴、声乐等项考级。市音乐家协会承办第一届“FUNK杯”河南省鼓手大赛；参与组织新年音乐会、大型音乐诗画《天中故事》、天中古典吉他音乐会、古典吉他遇见大提琴重奏音乐会、非洲鼓手成人免费教学公益课等活动。（谭咏利）

【舞蹈创作】 2017年，驻马店市舞协系统发展省级会员22名，全年近5000名舞蹈学员通过中国舞考级、国标舞考牌等级考试，创历年之最。全年在国家、省级舞蹈比赛中，驻马店市共获得4个第一名和5个金奖、10个银奖、8个铜奖。市舞蹈家协会承办全市第九届舞蹈大赛、首届“西园杯”集体舞大赛、全市第三届舞蹈骨干培训班；先后举办“教你一招”进县区、进乡镇、进社区、进广场活动和“小天鹅”“美惠子”“超凡”“大风车”“郭雨舞蹈”“小溪舞蹈”“红舞鞋”等舞蹈艺术培训学校教学成果展演。（谭咏利）

【曲艺创作】 2017年，驻马店市曲协系统共发展国家级会员1人、省级会员17人；小品《选婿》入选中央电视台《我爱满堂彩》栏目播出并获优秀作品奖。论文《曲艺观众的培养和引导问题研究》入选第五届中国曲艺高峰论坛，获入围奖。市曲艺家协会开展“喜迎党的十九大说唱天中好故事”全市曲艺作品创作征文活动，组织曲艺“进校园、进社区、进企业、进乡镇”活动和“教你一招”进社区活动，指导全市20多家民营曲艺团体在基层演出1200多场次。（谭咏利）

【摄影创作】 2017年，驻马店市摄协系统有32人次在不同展览、媒体、网络、杂志上分别获奖、入选、刊发、收藏。其中，邹汝光的作品《铁花璀璨》荣获河南省第九届农村摄影大展一等奖；吴忠富的作品《梦幻老君山》《指点迷津》在2017中国（老君山）无人机航拍大赛中分别荣获图片类铜奖。市摄影家协会举办美丽驻马店摄影大赛暨《中国摄影报》走进驻马店摄影大讲堂活动、“天中文化大讲堂”2017第二期主讲《我爱摄影》——数码相机基础知识讲座、“发现·城市之美”西班牙小镇7周年艺术摄影大赛、“清风正气·魅力平舆”摄影艺术大赛等活动。（谭咏利）

【书法创作】 2017年，驻马店市书协系统共发展国家级会员2人、省级会员28人。组织骨干参加“中国书协学习贯彻习近平总书记系列讲话精神研讨班”；钟培权作品入展全国第四届隶书作品展，席居法作品获“喜迎十九大欢庆建国68周年《书法导报》年展”金奖，魏新海作品在中国保险业第五届书画摄影作品展获一等奖。市书法家协会积极发动会员参加国家、省级展览，参与首届“森林城市杯”书法大赛、全市艾滋病防治书法作品展，组织开展“书写核心价值观高雅艺术进万家”、义写春联、书法交流、书法进基层、书法进校园、送文化下乡等活动。（谭咏利）

【美术创作】 2017年，驻马店市美协系统共发展国家级会员2人、省级会员7人；在省级以上参展作品60余幅，发表作品110幅。薛水生、梁立民、陈新、李秉君、马鹰参加“油画中原·河南百名油画家走进信阳写生采风展览活动”，薛水生的《中原盆景嵖岈山》，梁立民的《风景》，马鹰的《吉

祥岭的秋天》参加由省委宣传部、省文联主办的“油画中原——十年回顾展”，并在中国文联展出。张伯杰的《红石崖》参加“中原画风全国巡回展”活动。市美术家协会主办或承办河南省木版年画专题展览、全国文明城市驻马店·济源两地油画作品交流展等艺术展览 12 项；举办《发展中的中国美术及创作漫谈》专题综合性美术创作培训、浅谈中国画的创作示范讲座、汝南罗店农民画创作培训班等辅导培训活动。组织“深入生活扎根人民”艺术采风写生活动 60 余次。

（谭咏利）

【戏剧创作】 2017 年，驻马店市剧协系统多次邀请省、市级专家召开座谈会，对《皇家驿站》《蔡桓公》《嫂娘·大娘·亲娘》《春桃》等剧目作品在剧本创作、音乐、舞美设计等方面进行把脉问诊。同时，开展戏剧编剧培训，邀请专家围绕戏曲创作形式、人物塑造以及戏曲矛盾的构思等进行讲解。市戏剧家协会参与举办河南省第十四届戏剧大赛；举办首次剧本推介会，推介剧本 16 部；加大戏剧创作扶持，对戏剧作品进行评奖和资金奖励。组织会员参与“舞台艺术送农民”活动 2012 场，受益群众达 100 余万人次，开展“戏曲进校园”活动和全市地方戏曲剧种普查工作，共核实各类剧团 305 家、普查剧种 19 个。

（谭咏利）

【杂技创作】 2017 年，驻马店市杂协系统表演团队常年在美国和西安、江苏、浙江等地巡回演出。其中，节目《中华娇子》在法国里昂的“国际杂技大赛”中，获得“表演金奖”和“最受儿童欢迎金奖”。市杂技家协会参加驻马店市新春团拜会，广场文化活动和送杂技、魔术进社区、进校园等各种演出 120 余场。

（谭咏利）

【影视创作】 2017 年，驻马店市影视系统联合推出一部儿童奇幻系列剧《萌宝也疯狂》，制作完成后准备在全国全网发行播出。市影视家协会举办驻马店市第四届汽车文化节和驻马店首届少儿风采大赛等活动，举办影视剧创作研讨会和影视剧后期制作培训班。

（谭咏利）

报　　刊

【《驻马店日报》】 2017 年，《驻马店日报》编校质量位居全省报纸系统一级报纸行列，业务人员有 30 多人次受到市级以上表彰，10 多篇新闻稿件获河南新闻奖一、二、三等奖。驻马店日报社改进时政报道，继续发挥党报评论言论优势，倡导主流价值，打造思想高地。坚持务实宣传理念，精确设置议题，更好地围绕中心服务大局、服务中心、服务人民。对党媒的其他优势，诸如公益宣传、图表图片、副刊文化、典型报道、管理科学等继续保持，并不断厚植。抓好《驻马店日报》头版头条策划和刊发工作，提升党报高度和指导力、影响力。探索和提升新闻摄影报道水平，实现“图文融合”。做大做优驻马店网、手机报和“两微一端”，推进媒体建设和媒体融合。

《驻马店日报》主题宣传报道。2017 年，《驻马店日报》做好学习贯彻落实党的十九大精神、习近平系列重要讲话精神和治国理政新理念新思想新战略报道，学习贯彻党的十八届五中、六中全会，省十次党代会、市四次党代会、市两会精神的报道。在一版、二版开设专栏，全方位、大力度宣传，营造学习贯彻会议精神的氛围。重点做好“六城联创”尤其是争创全国文明城市、国家卫生城的宣传报道，扶贫攻坚报道，第二十届中国农加工洽谈会宣传报道。持续做好稳增长、保态势和开放招商、项目建设、产业集聚区建设、农加工洽谈会项目落地情况的报道；重点做好“砥砺奋进的五年”和“十三五”看开局的宣传报道；做好“两学一做”学习教育宣传报道和建党 96 周年宣传报道；做好市县乡三级换届选举工作报道；加大对打击非法集资的宣传报道力度；进一步做好大气污染防治、水污染防治和安全生产宣传报道工作；做好新型城镇化建设和产城融合报道；重点做好文化事业、文化产业和文化体制改革方面的系列报道；做好全面深化改革宣传报道；对国内、国际大事及时、充分、同步进行报道。《驻马店日报》在打赢转型升级攻坚、党风廉政建设、环保整治、食品安全、安全生产、春运安全、防汛、园林城市建设、森林城市建设、生态建设、计划生育、送温暖献爱心、中高招、旅游等方面都给予及时报道。

经营创收。2017 年，报社策划实施近 50 多场经营活动。如日报、晚报联办的房展，经济部、能源部与网络公司联手策划的“榜样天中”“文明诚信企业”评选活动，金融保险部、网络公司与市邮储联合策划的摄影大赛，网络公司实施的健身舞大赛、诚信楼盘评比、车展、房展、婚博会、商品展销会、经典颂读，书刊编辑部出版的《印像驻马店》画册等，实现社会效益和经济效益双丰收。2017 年，报社成功承接并完成河南省教育系统“双师型”教师培训任务。《天中晚报》、印务公司、发行公司、报社新媒体等都组织了各类经营活动，获得一定经济效益。

（王　莉）

【《天中晚报》】 2017 年，天中晚报社关注民生，注重策划，全面提高办报水平和报纸质量。“致敬 2016”特别报道、“大美援疆人”系列报道、“庆祝香港回归 20 周年”、“庆祝建党 96 周年”特别报道等取得预期效果。晚报全年坚持开展“走转改”活动，“新春走基层”分为“全家福”“团圆”“进农家看变化”3 个系列，体现晚报为民情怀。2017 年，晚报在全省第十一届报纸综合质量检测中被评为“一级报”，30 多篇稿件获得省级以上新闻奖，《河南报刊审读》多次刊文肯定晚报的新闻策划和报道。

“两会”报道主题鲜明、重点突出，会议期间推出《两会聚焦》《两会声音》《两会热点》《报告解读》等栏目，宣传报道采取文图并茂形式，除每版都要配发照片外，还推出《两会影像》专版；“出彩驻马店”系列报道出新出彩；第二十届“中国农加工洽谈会”报道浓墨重彩；围绕清明节、端午节、国庆节、中秋节等节日的策划报道有声有色；关于党的十九大报道，先后用近 50 个整版，报道做得浓重热烈；

等等。由社会新闻部策划的驻马店市庆香港回归20周年“民间文艺展演”，全市有40个文艺代表队参赛。全年《民意快线》栏目发稿70余篇。由社会新闻部承担的《创建全国文明城市“我身边的好人”》栏目，全年共发稿100余篇。开设的《创卫曝光台》栏目，发表文、图30余篇幅。2017年，县域新闻版面有原来每周3个版增加到5个版。重大国际国内新闻报道及时准确。其中，热人物的报道增加科学界、文化界人物分量，改变过去热人物主要报道政治人物的做法，对一些作出突出贡献的科学界、文化界名人给予整版篇幅报道。脱贫攻坚是第一民生工程和头等大事，从主题报道到公益宣传再到新媒体平台，量身定制不同报道方案，栏目《第一书记风采录》以小切口诠释大情怀。十九大召开之前，开设《砥砺奋进的五年》《出彩驻马店》《天中新跨越》《喜迎十九大》等栏目。十九大召开期间，及时开设《十九大时光》栏目，记者走进革命老区、英雄家乡、革命纪念馆等处，先后刊发《记者走进杨靖宇故里——大伙的日子越过越红火》《红色精神激励大家奋勇前进》等稿件，并刊发全市上下喜迎十九大召开，以及收听收看十九大开幕会、社会各界反响等稿件。十九大闭幕后，及时推出《深入学习宣传贯彻党的十九大精神》《推动十九大精神落地生根》等系列报道，并开设《学习十九大报告·一日一课》《新时代、新气象、新作为》等栏目，保持每天1个版的报道内容。

2017年，《社区院巷》《生活圈》和《天天帮办》等版面，精心打造出版一系列与市民息息相关的家长里短、喜怒哀乐、民生资讯、遇困求助、生活百态等。在《社区院巷》版面开设《晒家谱》《市井人物》《社区记忆》等栏目；《天天帮办》版中的《琳琳寻找》栏目，截至2017年底已发表稿件近200篇，帮助许多外地人在驻马店找到好友、战友、恩人等；《生活圈》刊发才艺、骑友、钓友等业内达人，展示其精彩人生和对生活的热爱。

新媒体融合打造立体格局，晚报微信、微博等新媒体成长势头迅猛，新媒体各类品牌打响。多元经营，拓展报业产业链。全年发行部完成报社下达3.4万份的目标任务。天中晚报小记者人数达到5000名，全年举办各类小记者活动100多场。刊发小记者优秀作文1000多篇。（李贺建）

广播电视

【概况】2017年，驻马店广播电视台加强对内对外宣传，发挥广播电视的喉舌和舆论主阵地作用，树立驻马店市良好对外形象，多项消息、报道荣获河南省广播奖、河南省广播文艺奖、广播新闻奖、河南省电视文艺奖等。承办2017感动天中十大年度人物颁奖典礼、天中最美母亲颁奖典礼、第二届驻马店市道德模范颁奖典礼等活动。配合创文工作拍摄制作大型专题片《筑梦文明城》、配合全国新型城镇化建设经验交流会拍摄制作专题片《华丽的嬗变》、配合全国园林城复查和创森工作，拍摄制作汇报片《秀美天中生态之城》《全市林业建设汇报》。全年有5人晋升副高职称，5人获市“四个一批”人才称号，100多件作品获国家、省、市各类新闻奖项。被省委宣传部表彰为“新春走基层”工作先进单位；还被市政府授予服务企业先进单位，被市文明委授予精神文明建设先进单位、未成年人思想道德建设先进单位、“讲文明、树新风”公益广告宣传先进单位等称号。

对内宣传。围绕市委、市政府中心工作，加大主题类、典型类、民生类、人物类等报道力度，全年策划主题性重大报道30余项，开辟专栏60余个，重点宣传报道党的十九大精神、习近平新时代中国特色社会主义思想、全面深化改革、中国农加工洽谈会、创建全国文明城市、项目建设、供给侧结构性改革、精准扶贫、大气污染防治等，播发新闻稿件3万余条、专题1000余部，基本实现全年报道无差错。

对外宣传。围绕脱贫攻坚、好人之城、驻村第一书记、返乡下乡再创业、供给侧改革、中国农加工洽谈会等重点工作，认真策划选题，采写稿件，全年在中央电台发稿22条、中央电视台发稿10条，在河南广播电视台发稿768条，其中广播发稿跃升为河南省第11名，在《河南新闻联播》发稿120条，排名全省第7。《确山提琴：让世界倾听“中国好声音”》《驻马店：昔日候鸟外打拼今朝金凤忙创业》《驻村第一书记：稳住心沉下身顶着压力加油干》等稿件先后在《河南新闻联播》中作为头题、提要稿件播发。（李　荣）

【广播电视新媒体融合发展】2017年，驻马店市广播电视台推进驻马店广视网、手机广视网、微信平台——掌上驻马店、手机客户端——广视融媒、微博——@驻马店广视网和各频率、各栏目共11个微信公众号等新媒体建设，打造驻马店广播电视台“两网三微一端”全新新媒体融合平台。全面承接新华社驻马店频道、央广网驻马店新闻、金水河客户端驻马店发布的运作、维护。打通与今日头条、搜狐新闻、腾讯资讯、一点资讯等全国知名新媒体发布平台的稿件抓取联动平台。其中，自主研发的手机客户端“广视融媒”，成为河南省第一家拥有自主研发客户端的地市级广播电视台。此外，新闻集纳播报的公众号“驻马店头条”、微视频发布公众号平台“天中茶馆”上线，全年新媒体完成自采稿件800余篇，部分稿件被腾讯、搜狐、大河网等几十家网络媒体转载。（李　荣）

【广播电视基础建设】2017年，驻马店市广播电视台先后购置数字广播直播车、高清摄像机，建设广电中心UPS电源。广电中心具备搬迁条件，各类编辑、制作和播控等技术设备安装完毕，节目上载、播出等部分技术部门和广播各频率在十九大前先期搬入新台址。国家“十二五”补助高山台站建设项目——大乐山发射台工作和生活区改扩建工程基本完成。节目播出实行24小时双人值班和领导带班制度，落实“一岗双责”，完成党的十九大等重要时期，重要时段、重要活动安全播出任务。整合全台创收资源，合并电台、电视台广告部，设立教育培训中心，通过服务与合作，开展各类活动。先后举办2届汽车文化节，少儿合唱团演出，少儿才艺大赛，校园小主播大赛，校园小演员选拔赛，爱心助考，母

亲节、父亲节献爱心等一系列大型活动，全台创收与上年基本持平。 （李 荣）

图书发行

【概况】 2017年，全市书店实现营业总收入47255万元，完成全年目标任务的99.64%，较上年同期增加1422万元，增长3.1%。其中，市新华书店实现营业总收入7607.59万元，完成全年目标任务7200万元的105.66%。全市书店实现净利润3003万元，完成全年目标任务的114.73%。其中，市店实现净利润421.17万元，完成全年目标任务的131.62%。市新华书店被中原出版传媒集团公司评为“先进集体”，被河南省新华书店发行集团评为全省书店系统2017年度先进管理店、教育服务先进店、大众消费市场先进店、连锁经营示范门店、电商物流工作推进先进店等。 （户平安）

【教育图书征订发行】 2017年，市新华书店把教材教辅征订发行作为政治任务，确保“课前到书，人手一册”；全面落实国家教材征订发行各项政策，加大对全市教材教辅的征订、发行和管理力度，规范全市教辅征订发行秩序，确保教材教辅征订发行工作进行。实行目标考核责任制，全面实施“送书到校，服务到班”工作，力求将服务质量做到极致。严格按照省教育厅颁布的用书目录和市教育局选订用书版本订齐各科教材，抓好教材主副科配套及高中新课标教材和民办学校的征订发行工作。爱国主义教育读书活动有序开展，为广大青少年学生提供优质服务。2017年，驻马店全市教材征订发行完成2426万多册，是上年同期的109%；教辅征订发行完成1811万多册，与上年同期基本持平；寒暑假作业完成码洋2171万元，是上年同期的107%；读书活动用书完成码洋549万元。其中，市新华书店共发行教材2166万余元；是上年同期的103%；教辅发行码洋1893万余元，是上年同期的96%；寒暑假作业发行码洋267万元，是上年同期的110%；读书活动用书发行码洋62万余元。全市电教教材资金使用率、高中副科教材配套率、评议外教辅生均购书数，以及学前教育用书覆盖率等均在全省前列。 （户平安）

【一般图书市场开发】 2017年，全市书店面对日趋激烈的市场竞争和新媒体新渠道对一般图书市场的冲击，着眼于挖掘一般图书发行市场，提高一般图书的市场占有率和市场主导力。紧扣党和政府中心工作，抓好各类政治理论读物发行工作，发行党的十九大文献和《习近平治国理政（第二卷）》《习近平系列重要讲话读本》《中国共产党廉洁自律准则》《党内监督条例》《关于新形势下党内政治生活的若干准则》等每一批政治理论读物60多万册。抓好全员店外推销，加大重点图书销售力度，实行激励政策，调动广大员工店外推销的积极性。市店全年店外推销400多万元，销售激活云书网卡531万元。坚持精细化管理，全面提升服务质量，优化管理手段，提高市场满足率和客户满意度。注重营销活动，提升品牌意识，开展各类活动上百次，名家进校园十余次。积极参与“三下乡”活动，送书到校，送书到社区、机关等，满足广大读者需求，全年全市开展送书到机关、学校、乡村100余次。 （户平安）

【电商物流和新华超市建设】 2017年，全市新华书店推进电商物流工作，坚持建设与运营并重，推进线上销售、中盘建设和物流快递工作，建立健全以商品为核心、中盘为支撑、管理做保障，线上线下互动的运管模式。加大营销宣传力度，每月线上线下都紧跟市场变化，适时推出不同促销方案，印发各种彩页和宣传品，通过微信公众平台等宣传新华超市和特色馆线上线下商品。探索新的销售模式，全市各店试行与第三方合作，建立商品供应关系，把省店提供的拳头商品，供应给小中型超市、便利店、酒店等。培育自己的拳头商品，在深入分析市场的基础上，与知名商家合作，如遂平、正阳的酒类，西平的化肥，上蔡的面粉等，市场占有率逐步提升。市店自采商品销售美的、海尔、格力、海信、荣事达等系列家用电器，取得很好的销售业绩。2017年，全市书店线上销售900多万元，线下销售1000多万元，其中市店线上线下销售440万元；已建成超市型中小盘10个，建成乡村服务站114个；各店物流快递正常运营，平舆、汝南等县店新华快递业务快速发展。推进“百姓文化云”数字平台建设，制定印发《“百姓文化驻马店云”数字公共文化服务平台建设实施方案》，为“百姓文化驻马店云”建设提供政策支持和保障。 （户平安）

【读者俱乐部工作】 2017年，市新华书店改善借阅服务环境，保持会员稳定，尽最大限度提升会员满意度。在新书配置上，积极投入，保证最新的图书借阅供给。开展少儿胶画、涂色画等新兴业务，举办少儿手工兴趣班，每周日进行手工班；开发微信公众号等宣传平台，开发微信借阅或APP服务，致力于“互联网+”的方式服务读者，实现新时期借阅模式。推进店校联办网点建设和“实体书店进校园”，共有自营店校网点3处，承包网点17处，“实体书店”已与驻马店幼儿师范专科学校、驻马店市二中签订合作协议，联系确定意向的学校3所。2017年，市店俱乐部会员费收入81.59万元，其中社会会员费46.79万元、店校会员费收入34.8万元；新发展各类社会会员13630人，其中包年会员2030人、学校会员1.16万人，各类有效会员总人数近2万人；销售图书码洋60.92万元。 （户平安）

【书店综合管理】 2017年，全市书店加强综合管理各项重点工作。一是“三供一业”家属院物业改造移交工作。按照集团公司部署要求，严格程序，截至6月底，全市书店共维修改造移交供水380户、供电347户、物业477户，按时完成“三供一业”改造移交工作。二是完成企业退休人员社会化管理服务移交工作和上级布置的各项培训教育等工作。在全省出版物发行员职业技能竞赛决赛中，市新华书店荣获

“优秀组织奖”，参赛选手李楠、张冉荣获“个人优秀奖”。三是仓储物流工作。在保证教材教辅和一般出版物物流工作的基础上，2017 年共实现代发教材教辅 23 个品种、420 万册，码洋约 3500 万元；收转教材科教材 6 万余件，收转退天中书城、读者俱乐部一般图书 5000 件次；分发运寒、暑假作业约 230 万册，近 3.5 万件，码洋 2300 余万元。四是物业管理。严格遵守省店发行集团房屋、场地租赁管理办法的各项规定，争取中国电信驻马店分公司、太平洋保险公司等信誉好、有保障的公司入驻新华大厦，努力使国有资产收益最大化。 （户平安）

档案管理

【档案工作概况】 2017 年，全市各级档案工作有新进展。

档案法制建设。全市各级档案行政管理部门加大档案执法监督检查工作力度。11 月 13 日—17 日，市档案局对各县（区）教育系统部分单位和各县、区档案工作开展情况进行全面检查。各县（区）也采取不同形式对县直各机关、乡镇开展档案行政执法检查，对问题比较严重的单位下达整改通知书和检查情况通报。

档案信息化。全市各级档案馆 2017 年超额完成 124.2 万页馆藏档案数字化扫描任务，累计完成馆藏纸质档案数字化扫描 721.3 万页。其中，市档案馆完成 50 万页，9 个县（区）档案馆完成 74.2 万页。全市 10 个国家综合档案馆在完成纸质档案数字化处理的同时，开展原生电子档案接收工作，累计接收 24 个单位的原生电子档案 18864 卷、29973 件。各档案馆 2017 年度接收原生电子档案数量占应接收原生电子档案的比例均达 60% 以上。

档案基础设施建设和安全保障。全年全市各级国家综合档案馆馆舍面积新增 2000 平方米，馆藏档案资料全年共接收 22165 卷、41182 件，较上年增长 6.02%。市馆及各县、区档案馆平均馆藏专业档案达 31 种。市新档案馆建设项目通过初步规划、选址，被列入 2018 年市重点工程。下达驻市的中西部地区县级综合档案馆建设项目上蔡县、平舆县、正阳县档案馆投入使用，确山县综合档案新馆开工建设。2018 年度国家重点档案保护和开发项目申报完成。下发《关于开展 2018 年度国家重点档案保护与开发项目申报工作的通知》，各县区按照《通知》要求组织申报。经过筛查，上报了正阳县档案馆《历史的足迹陈列展览》项目。 （张映映）

【民生档案进馆工作】 2017 年，市档案馆按照国家档案局 9 号令要求，制定《档案资料收集范围实施细则》，加强民生档案进馆工作。各级档案部门创新服务机制，积极探索档案工作服务民生的新途径、新方法，加强与民政、人社、教育、卫生等涉及民生工作部门联系，指导其建立健全民生档案管理制度，建好管好婚姻登记、复转军人安置、劳动保障、就业培训、医疗保险等与民生密切相关的各类档案。各级档案馆均增加了电脑、复印机等设备，完善档案利用借阅、档案保密、服务承诺等相关制度，简化档案利用手续，全面落实利用档案零收费，指定专人做好现行文件接收、整理、保管、提供利用等服务工作。 （张映映）

【精准扶贫档案管理】 2017 年，市档案局开展精准扶贫档案管理业务指导，助力精准扶贫工作。一是把握政策。学习贯彻关于精准扶贫工作相关会议文件精神，掌握精准扶贫档案工作有关政策和知识。市档案局和市扶贫办联合下文转发《精准扶贫档案管理办法》和《河南省精准扶贫档案管理实施细则》。确立精准扶贫档案工作的基本原则为“统一领导、分级负责；集中统一管理；同步部署、同步实施、同步检查、同步验收”。二是加强培训。6 月，举办全市精准扶贫档案培训班，各县区档案局分管副局长、业务股等有关人员参加培训。三是注重指导。深入各县区、乡镇查看扶贫档案收集、管理和保管等方面情况，了解扶贫档案现状，并就如何做好档案室建设、精准扶贫档案规范化管理进行现场指导。7 月，参加在光山县举办的全省精准扶贫档案工作现场会，会上，驻马店市作精准扶贫档案工作经验介绍。 （张映映）

【农村土地承包权确权登记建档】 2017 年，市档案局围绕农村承包地确权颁证工作，指导农村承包地确权颁证档案工作规范化开展。按照省局工作部署，积极指导各乡镇开展农村土地承包权确权登记建档工作。在市、县区召开农村土地承包经营权确权登记登记员培训大会，对登记人员进行档案业务培训，对在确权登记中出现的问题进行经常性的业务指导。 （张映映）

史志编纂

【概况】 2017 年，全市史志系统推进志书编纂，全面开展综合年鉴编纂、地情信息化建设、地方文献研究整理等业务工作。全系统有在职专业人员 69 人，兼职修志人员 1000 余人。

志书编修 《驻马店市志》完成送审稿；《驻马店市（驿城区）志》经市史志办审查通过，向省史志办报送送审稿，得到出版批准。全市基本完成第二轮修志任务。

综合年鉴、月报编纂 2017 年 3 月和 12 月，中国年鉴精品工程专家组分别对《驻马店年鉴（2017）》框架和内容方面进行了评审指导。全书共 160 多万字，由中州古籍出版社出版发行。《驻马店市情月报》设置有特别关注、上级调研、领导活动、重要会议、经济动态、社会动态、天中人物、报网文摘等栏目。2017 年编印 12 期，总字数近 50 万。

信息化建设 市史志办以驻马店市情网为依托，建立网上市情信息库。2017 年对网站进行全面升级改造，经精简调整，设置资讯、市情、历史、人物、图片、方志馆、天中书院、视频、史志编纂 9 个栏目。持续推送“文史天中”微信公众号，已连续推送300多期。驻马店方志馆建设2017年进入市政府项目建设日程。12月，市规划委员会会议确定，档案、史志、党史3馆统筹建设，纳入2018年市政府重点项目。

历史文献研究整理 《新蔡楚简》《熙园文史录》由中州古籍出版社出版发行，《驻马店史籍人物传》《汝南遗事校注》基本定稿。清嘉庆《重修汝宁府志》完成初稿校核，正在排版校对。遂平县志办完成《遂平县志》乾隆旧志校勘，11月印刷出版。明嘉靖《确山县志》、明嘉靖《真阳县志》、《汝南县志》（1937—1948）、《朗陵古籍汇编》等一批历史文献点校整理正在加紧进行。（李方伟）

【《新蔡楚简》出版发行】 新蔡县葛陵故城楚墓1994年发掘出1571枚楚简。楚简竹质墨迹，以楚国文字书写卜筮祭祷记录和遣策赗书，文字数量近8000个，为研究楚国腹地和东部疆土之间在卜筮、祭祷等礼制风俗方面的异同提供宝贵材料。全书分5章，共25万字，2017年6月由中州古籍出版社出版。（李方伟）

【《熙园文史录》出版发行】 尚景熙是上蔡县文化局著名文史专家，在蔡国史、秦相李斯和其他地方文化史研究领域颇具建树，出版有《李斯评传》《蔡国史研究》《河南地名漫录》等重要著作。《熙园文史录》是尚景熙先生学术论文、文化散论的辑录，包括古史钩沉篇、考古篇、往事亲历篇、故事古事缅怀、诗词选等部分，全书20余万字，纳入《驻马店名家文丛》，于2017年8月由中州古籍出版社出版发行。（李方伟）

旅　游

【概况】 2017年，驻马店市接待国内外游客3200万人次，同比增长14.3%；实现旅游综合收入185亿元，同比增长15.5%。其中，春节假日期间全市各景区、饭店、旅行社共接待游客110.74万人次，同比增长10.52%，实现旅游综合收入1.81亿元，同比增长12.89%；“十一”假日期间全市共接待游客439.5万人次，同比增长12.2%，旅游综合收入24.8亿元，同比增长15.9%。全市无旅游安全事故和重大旅游投诉案件。全市有A级景区27家（其中国家AAAAA级旅游景区1家、国家AAAA级旅游景区5家、国家AAA及AA级旅游景区21家），国家、省、市乡村旅游和休闲农业示范县、示范点20余个，乡村客栈、农家餐馆等“农家乐”经营单位800多家，旅行社25家（国际社1家、国内社24家），星级饭店23家（五星级旅游饭店1家、四星级旅游饭店3家、三星级及以下旅游饭店19家），省际旅游汽车公司1家，全市旅游直接从业人员达7万余人，基本形成以“吃、住、行、游、购、娱”等要素为主体，其他关联产业为支撑，协调配套的旅游产业体系。（汪　军）

【旅游规划】 2017年，驻马店市旅游局推动全域旅游发展，召开全市旅游业转型发展工作会议，成立市政府主要领导任组长的驻马店市旅游业转型发展工作领导小组。印发《驻马市“十三五”旅游产业发展规划》《驻马店市旅游业转型升级行动方案（2017—2020年）》和《驻马店市支持旅游产业发展奖励办法》，明确全市旅游产业转型发展的总体要求、工作目标、重点任务、责任单位和保障措施，为全市旅游业转型发展夯实基础。根据全市生态文化旅游资源优势和旅游业发展情况，谋划以驻马店丰富的生态文化旅游资源为基础，构建“六山四湖”（嵖岈山、老乐山、金顶山、铜山、白云山、盘古山及薄山湖、宿鸭湖、铜山湖、板桥水库）、“两馆一站”（竹沟革命纪念馆、杨靖宇将军纪念馆，皇家驿站）、“两城一寺”（上蔡、汝南故城，南海禅寺）、“七个小镇”（嵖岈山温泉小镇、竹沟红色小镇、铜山湖渔乐小镇、胡庙田园小镇、老乐山北泉小镇、关王庙戏剧文化小镇、平舆蓝天芝麻小镇）发展新框架。（汪　军）

【旅游景区建设】 2017年，驻马店市旅游局推动嵖岈山温泉小镇国家级旅游度假区创建工作，指导推动大嵖岈旅游区的规划编制和产品重组等工作；年度内完成旅游投资总额30.6亿元，嵖岈山景区被评为全省旅游工作成绩突出单位。启动老乐山景区国家AAAAA级旅游景区创建工作，指导老乐山创建国家级生态旅游示范区通过评估；指导确山临时治安委员会旧址博物馆，泌阳角子山乡村（马术）俱乐部，西平豫坡老基生态园、嫘祖文化苑4家景区成功创建为国家AAA、AA级旅游景区。对皇家驿站、杨靖宇将军纪念馆、重阳文化园、中原新e家汽车营地等在建旅游项目进行调研指导，建立日常沟通联系服务指导机制，定期对A级旅游景区项目创建进行指导。（汪　军）

【乡村旅游】 2017年，驻马店推进乡村旅游发展。为驿城区蚁蜂镇橡林村、确山县瓦岗镇常庄村和遂平县嵖岈山镇红石崖村等编制乡村旅游扶贫公益规划。分别组织驿城区、遂平县和确山县等有关负责人到信阳郝堂，新县西河湾、田铺大湾，安徽巢湖三瓜公社、三河古镇等乡村旅游先进地区学习。指导确山县瓦岗镇常庄村启动美丽乡村建设，完成规划编制，实施道路管道铺设、水冲式旅游厕所建设和环境优化美化，游客综合服务区、农林种植区、稻田酒店区、儿童水上乐园区、民宿体验区等区域初具雏形。确山县留庄镇稻田文化艺术公园正式开园迎客，稻田艺术画成为驻马店市乡村游的一道风景。指导遂平县阳丰镇、驿城区诸市乡魏庄村和西平县芦庙乡分别启动田园综合体建设。策划推出诗画赵楼、常庄水乡、橡林院子等乡村旅游品牌，推进竹沟红色小镇、平舆蓝天芝麻小镇、正阳花生小镇等一批特色小镇项目规划和建设。指导泌阳县和园景区成功创建为“河南省四星级乡村旅游经营单位”，丰富乡村旅游业态和产品。（汪　军）

【旅游宣传促销】 2017年，驻马店旅游局加大旅游宣传力度，确定“千年古驿站、全国文明城”旅游宣传主题口号，整合宣传资金498.48万元，捆绑参与全省在中央电视台的

5月12日，第四届中华太任仁慈孝贤文化节在平舆县上河城风景区举行。图为祭拜活动上的仪式表演　　刘付明 摄

旅游形象宣传，播出时间主要在集中在央视新闻频道、综合频道的《新闻联播》《朝闻天下》《新闻 30 分》节目之后和央视国际频道的《海峡两岸》节目前后，实现驻马店市旅游宣传在国际主流媒体历史性突破。牵头成立“老家河南·生态豫南”旅游推广联盟并当选为联盟轮值主席单位，组织许昌、漯河、平顶山、信阳等豫南 5 市分别在西安、武汉举办旅游推介活动，开展西安旅行商和中铁旅行社联盟等成员单位“老家河南·生态豫南”专题踩线活动。组织全市各县区旅游部门和全市国家 AAA 级以上旅游景区及部分旅行社，分别在武汉和郑州举办驻马店旅游专场推介会；持续在郑州新郑国际机场 T2 航站楼投放驻马店旅游形象广告。指导嵖岈山、温泉小镇、老乐山、南海禅寺等热点景区举办 2017 嵖岈山国际山地运动暨西游文化节、“美丽中国乡村行——走进老乐山”暨“中国·老乐山首届休闲旅游文化节”、温泉小镇嘉年华和“盛世天中·点亮汝南”首届汝南大型灯光秀等旅游节会活动；组织参加北方（天津）旅游交易会、2017 亚太（洛阳）旅游协会探险旅游大会与装备博览会、信阳茶博会、“中华源”文化推广周暨 2017 中原（郑州）乐活旅游展等旅游专业展会活动，宣传驻马店旅游新产品，展示驻马店全国文明城市形象。　（汪　军）

【旅游品牌创建】 2017 年，驻马店市旅游局开展旅行社年度业务考评工作，对全市各旅行社旅游合同、旅游保险、诚信档案等进行综合考评指导，督促旅行社开展规范经营、诚信经营。举办旅行社业务工作暨业务提升培训会，签订旅行社服务质量目标管理责任书和诚信经营承诺书，启发全市旅行社行业在新常态、新形势下实现转型发展理清了思路、指明了方向。建立驻马店市旅游工作联席会议制度，形成部门联动，高效运行，共同推进驻马店市旅游业发展的长效机制，定期召开全市旅游市场秩序综合监管暨旅游安全工作联席会议。指导全市旅游景区、旅游星级饭店、旅行社等旅游经营单位在“5·19”中国旅游日之际，分别举办“为驻马店加分，文明旅游志愿服务进景区”和“为驻马店加分，文明旅游让生活更美好”暨 2017 中国·泌阳铜山湖首届“风情”摄影展等系列公益宣传活动，通过悬挂宣传标语、设置文明旅游咨询台和宣传展板、发放宣传折页、书画比赛等形式，全方位、多角度宣传文明旅游知识，倡导游客理性消费、依法维权。指导全市旅游星级饭店、旅行社和旅游景区等旅游行业窗口单位开展为“创建全国文明城市增光添彩”活动，树立旅游行业形象。　（汪　军）

【旅游公共服务体系建设】 2017 年，驻马店市旅游局提升旅游公共服务建设水平，将嵖岈山、老乐山、铜山（铜山湖）、金顶山、温泉小镇、竹沟革命纪念馆 6 家景区视频数据接入驻马店市和全省智慧旅游信息平台，走在全省前列。利用中国移动、联通和电信 3 大运营商的资源和技术，开展旅游大数据适时监测统计。指导嵖岈山、老乐山、铜山、金顶山等景区建设完善网上门票预售，景区监测、监控和警报、广播等智慧旅游系统。完成“厕所革命”三年行动计划，2015 年—2017 年全市共新建、改扩建旅游厕所 137 座，其

4月30日，中国·西平·嫘祖故里第一届万人河钓大赛剪影　　胡军华 摄

中新建96座、改扩建41座，总建筑面积15121.68平方米，总投资4508.45万元，驻马店市先后荣获全国厕所革命先进市、全省厕所革命综合推进先进单位、管理创新先进单位和人文关怀先进单位等称号。改版升级驻马店旅游网站，开通全市旅游系统“头条号”矩阵，指导全市各县区旅游局和国家AAAA级以上旅游景区在“今日头条”客户端开通头条号，开辟网上新媒体宣传平台。指导嵖岈山温泉酒店、天龙大酒店、柏林国际酒店、颐和山庄宾馆等饭店网上预订系统。牵头推动市域内高速公路、国道省道和城市主干道旅游交通标识指示牌建设，方便市民和游客出行，提升驻马店旅游公共服务整体智慧化水平。（汪　军）

【驻马店市获河南全域旅游推进奖】 2017年1月12日，河南首届“互联网+”旅游高峰论坛在许昌花溪温泉启幕。驻马店市旅游局荣获此次论坛的最高奖项——“2016年度河南全域旅游推进奖”。同时，驻马店市的嵖岈山景区被评为“2016年度河南最具品牌影响力景区”，金顶山景区、嵖岈山温泉小镇评为“2016年度河南最受游客欢迎景区”，老乐山景区被评为“2016年度河南最具发展力景区”。（汪　军）

【“情系江城·乐游天中”驻马店旅游推介会】 2017年3月2日—3日，“情系江城·乐游天中”驻马店（武汉）旅游推介会在武汉长江大酒店举办。会上，武汉市中南国旅与驻马店市新世纪国际旅行社、武汉市万达国旅与驻马店市春秋旅行社签订客源互送合作协议。（汪　军）

【全域旅游投资建设运营战略合作协议签订】 2017年11月30日，驻马店市人民政府与北京东方园林环境股份有限公司《全域旅游投资建设运营项目战略合作协议》签约仪式在市政府常务会议室举行，市政府副市长何晞代表驻马店市人民政府与北京东方园林环境股份有限公司进行签约。（汪　军）

表25

2011年—2017年驻马店市旅游业基本情况一览表

年度	国内旅游接待人数（万人次）	同比增长（%）	旅游总收入（亿元）	同比增长（%）
2011年	1118.5	33.8	53.48	93.3
2012年	1395.7	24.78	69.34	29.66

续表

2013年	1684	20.8	85	25.3
2014年	2025	20.2	106.5	29.66
2015年	2436	20.3	134.7	26.5
2016年	2810	15.4	160	18.8
2017年	3200	14.3	185	15.5

表26

2017年驻马店市国家级旅游景区一览表

	旅游区（点）	地址	创建时间	A级	电话	传真号码
1	嵖岈山旅游景区	遂平县嵖岈山镇嵖岈山风景区	2015年10月	AAAAA	4779318	4779318
2	竹沟革命纪念馆	确山县竹沟镇延安街119号	2010年7月	AAAA	7100010	7100010
3	南海禅寺景区	汝南县城南关	2010年7月	AAAA	4039448	8039448
4	老乐山景区	确山县瓦岗镇乐山林场	2014年4月	AAAA	3555555	3550001
5	金顶山景区	驿城区蚁蜂镇金顶山	2015年9月	AAAA	7388196	7126999
6	铜山风景区	泌阳县	2016年11月	AAAA	13839938299	7022431
7	泌阳县白云山生态保护旅游度假区	泌阳县	2013年11月	AAA	13598900008	
8	泌阳县鄂豫边革命纪念馆	泌阳县	2013年11月	AAA	15939602989	7922429
9	上河城景区	平舆县城南关	2015年12月	AAA	18790368277	
10	嵖岈山卫星人民公社旧址	嵖岈山镇	2013年11月	AAA	13623962319	
11	三秋醋博园景区	驿城区	2016年7月	AAA	13939677888	
12	盘古山景区	泌阳县	2016年12月	AAA	17760273655	
13	泌阳县角子山乡村（马术）俱乐部	泌阳县	2017年12月	AAA	13331001356	
14	西平县豫坡老基生态文化园	西平县	2017年12月	AAA	13839679937	
15	蔡侯陵园	上蔡县城南关	2009年9月	AA	13783342426	
16	蔡明园公园	上蔡县城西关	2009年9月	AA	13783342426	
17	天目山石门瀑布	确山县任店镇猴庙村何庄石门沟	2013年9月	AA	13598903693	
18	龙天沟景区	遂平县西部山区	2013年9月	AA	13939632938	
19	驻马店圆琳程现代农业科技园	遂平县城关西	2013年9月	AA	15236900777	
20	驻马店温泉小镇水土保持科技园	遂平县嵖岈山镇	2013年9月	AA	13939679696	

续表

21	确山县临时治安委员会纪念馆	确山县盘龙镇建设街中段	2013年9月	AA	13939699541	
22	南海公园	驿城区南海路南段	2013年9月	AA	13673967152	
23	棠溪剑城	西平县城南关	2014年12月	AA	13839928996	6217697
24	太极山庄	正阳县城	2014年12月	AA	13803963193	
25	古佛文化园	正阳县城	2014年12月	AA	13803963193	
26	和园景区	泌阳县	2016年12月	AA	13839610927	
27	西平县嫘祖花苑景区	西平县	2017年12月	AA	13939655419	

表27

2017年驻马店市星级饭店一览表

序号	饭店名称	地址	评定时间	星级	电话	传真号码
1	嵖岈山温泉酒店	遂平嵖岈山温泉小镇	2015年8月	五	4999999	4999998
2	天龙大酒店	市文明路289号	2000年10月	四	2859404	2859888
3	柏林国际酒店	市置地大道中段	2013年11月	四	3619999	3613333
4	遂平锦都国际酒店	遂平县南关桥头	2015年1月	四	4798888	4680188
5	建苑大厦	市解放路168号	1999年9月	三	2956698	2900007
6	中原大酒店	市解放路68号	2001年10月	三	2958856	2958856
7	颐和山庄	市高新区文明路北段	2002年7月	三	2633669	2633168
8	天驿大酒店	驻马店市雪松路	2005年11月	三	2661699	2661199
9	汝南立天印象酒店	汝南县古塔路东段	2007年1月	三	8051777	8051168
10	平舆凯悦大酒店	平舆县解放路87号	2008年5月	三	5029220	2721166
11	西平柏城宾馆	西平柏城大道139号	2009年7月	三	6222771	6225472
12	平舆温泉大酒店	平舆县舆新大道北段	2010年12月	三	5068888	5056716
13	汝南天中山宾馆	汝南县中心大街1号	2012年4月	三	8022285	8046666
14	泌阳崇学山庄	铜山湖景区	2012年4月	三	7676777	7995218
15	西平华港大酒店	西平县解放路与中原路交叉口	2013年11月	三	6268888	6268887
16	确山兰花苑商务酒店	确山朗陵大道与107国道交叉口	2013年11月	三	7034888	
17	驻马店宾馆	风光路北段	2007年9月	三	2534107	2534103

续表

18	奥搏豪森假日酒店	市天中山大道与汝河大道交叉口50米路西	2013年11月	三	2103333	2101999
19	大京都饭店	市富强路中段26号	2002年11月	二	2952197	2952188
20	泌阳皇家别苑	泌阳杨集路向北200米	2013年11月	二	7685111	7918111
21	遂平联通商务酒店	遂平文化路与国槐路交叉口	2013年4月	二	4966666	
22	遂平皇冠商务酒店	遂平建设路西段	2013年4月	二	4911111	
23	遂平佳和宾馆	遂嵖大道仁安医院对面	2013年4月	二	4911888	

教育 体育

教育综述

【概况】2017 年，全市共有小学、初中、普通高中、特殊教育学校、中等职业学校、普通高等学校 2164 所，在校学生 120.7 万人；幼儿园 891 所，在园幼儿 29.32 万人（含附设幼儿班幼儿 10.14 万人）。全市各级各类学校（含幼儿园）共有在职教职工 92830 人，其中专任教师 82634 人。

幼儿园 891 所（另有附设幼儿班 1913 所），比上年增加 106 所；在园幼儿 29.32 万人（含附设幼儿班幼儿 10.14 万人），比上年增加 0.49 万人。小学 1823 所（另有教学点 765 个），比上年减少 178 所；招生 12.17 万人，比上年减少 0.29 万人；在校生 68.79 万人，比上年增加 1.59 万人。小学学龄人口入学率 100%。平均每校 377 人（含小学所属教学点在校生），每班 34.02 人，每个专任教师负担学生 17.67 人，每万常住人口中拥有小学生 1118 人。初中 269 所，比上年增加 4 所；招生 10.13 万人，比上年增加 0.37 万人；在校生 29.71 万人，比上年增加 0.32 万人。初中学龄人口入学率 100%。平均每校 1104 人，每班 50.32 人，每个专任教师负担学生 13.2 人，每万常住人口中拥有初中生 483 人。普通高中 35 所，与上年持平；招生 5.11 万人，比上年减少 0.05 万人；在校生 15.13 万人，比上年增加 0.37 万人。平均每校 4323 人，每班 67.21 人，每个专任教师负担学生 19.51 人，每万常住人口中拥有高中生 246 人。特殊教育学校 9 所，招生 168 人，比上年增加 23 人；在校生 1095 人，比上年增加 86 人。中等职业学校 25 所（含教师进修学校 9 所），招生 1.42 万人，在校生 4.35 万人。其中：普通中专（含中师 1 所）5 所，招生 0.76 万人，在校生 2.3 万人；成人中专（即教师进修学校）9 所；职业高中、职业中专 11 所，招生 0.66 万人，在校生 2.05 万人。中等职业学校招生数、在校生数分别占高中阶段招生、

5月25日，市“庆六一”童心向党 快乐成长歌咏比赛暨表彰大会在市会展中心举行　　张　朝　摄

4月21日，“中华优秀传统文化领读计划”驻马店站启动仪式在驻马店实验小学举行。中央电视台主持人海霞（右三）等出席启动仪式

在校生总数的比例为21.75%、22.33%。普通高等学校3所，分别是黄淮学院、驻马店职业技术学院、驻马店幼儿师范高等专科学校。3所学校2017年普通类共招生0.86万人，在校生2.62万人。

全市各级各类学校（含幼儿园）共有在职教职工92830人（其中专任教师82634人）。幼儿园在职教职工14008人，其中专任教师9366人；小学在职教职工41248人，其中专任教师38923人；初中在职教职工24120人，其中专任教师22508人；普通高中在职教职工8526人，其中专任教师7753人；特殊教育学校在职教职工333人，其中专任教师307人；中等职业学校在职教职工2817人，其中专任教师2382人；高等学校在职教职工1778人，其中专任教师1395人。小学、初中、普通高中专任教师学历达标率分别为100%、99.53%、98.47%。

幼儿园占地面积203.9万平方米，建筑面积104.95万平方米，图书155.66万册。普通中小学（含特殊教育学校）占地面积3133.06万平方米，建筑面积1051.04万平方米，图书2571.34万册，固定资产1088582.31万元，仪器设备总值89631.51万元。普通中小学生均建筑面积分别为：小学8.16平方米，初中11.27平方米，普通高中9.96平方米。普通中小学生均图书分别为：小学23.69册，初中28.98册，普通高中6.14册。中等职业学校（含教师进修学校）占地面积215.75万平方米，建筑面积85.9万平方米，图书45.77万册，固定资产95526.23万元，仪器设备总值24652.17万元。

（王新洪　王梅枝）

【教育经费保障】2017年，市教体局会同市财政部门，安排下达全市义务教育学校（不含新蔡县）公用经费、免费教科书资金、家庭经济困难寄宿生生活费补助资金共计96611.1万元，其中公用经费75929.2万元（小学每生630元，初中每生830元，均含每生取暖费30元），免费教科书资金11223.5万元，家庭经济困难寄宿生生活费补助资金9458.4万元。全市所有义务教育阶段学生免费上学，家庭经济困难寄宿生享受到生活补助。

（王新洪　王梅枝）

【教师队伍建设】2017年，市教体局组织实施“国培”“省培”和“市培”计划，全年培训中小学教师4.7万人次。通过择优引进、事业单位招聘等方式补充中小学教师2136人，认定各类教师资格5359人，招聘特岗教师1930人。签约农村教育硕士18名，全科教师申报230名本科、190名专科培养指标。推进校长教师交流，2017年全市参加“两区”支教306人，驻村义务帮扶教师224人，送课下乡、“手拉手、结对子”支教交流教师706人。推进干部教育培训，实施中小学校长、幼儿园园长培训工程，共选派高中校长9人、幼儿园园长560人参加省内外高层次培训，举办全市初中校长提高培训班，培训初中校长50人，指导县区培训小学校

长 813 人。西平县五沟营镇洄油赵小学教师赵文义被评为 2017“感动中原”年度教育人物。（王新洪　王梅枝）

【教育资助政策落实】 2017 年，全市资助学前教育家庭经济困难幼儿 39998 人次，资金 1375.45 万元；为义务教育农村寄宿制学校家庭经济困难寄宿生发放生活费补助资金 8612.49 万元；为义务教育阶段学生发放省定营养改善计划补助资金 2552.88 万元，惠及 63822 名学生；发放普通高中助学金 5929.77 万元，惠及学生 59280 人次；普通高中建档立卡等四类学生免学费、住宿费 27924 人次，补助资金 1355.87 万元；发放中职国家助学金 8422 人次，资金 842.1 万元；免学费 47968 人次，资金 4266.49 万元。为大学生办理生源地信用助学贷款 31689 人，资金 2.12 亿元。办理普通高校家庭经济困难大学新生入学资助 1401 人，资金 90 万元。为 35 名高校毕业生办理服务基层国家助学贷款代偿资金 21.04 万元。（王新洪　王梅枝）

【教育信息化】 2017 年，全市中小学和中等职业学校，接入宽带网络的达到 2393 所，网络接入率达到 86.35%，装备多媒体教室 1.27 万个。初中和小学多媒体设备配到班的比例分别达到 82% 和 59%。全市配备终端数量共 66260 台，其中教师终端 33944 台、学生终端 32316 台。284 所学校建有录播教室；实施中职学校数字校园建设计划。启动“驻马店教育云服务平台”建设，投资 1250 万元，整合相关资源建设的教育云服务平台正在进行调试。组织全市 1000 多名骨干教师参加驻马店教育云服务平台应用培训。（王新洪　王梅枝）

【教学改革】 2017 年，全市第一次校本课程建设推进报告会举行，召开“三疑三探”课改经验推进会、全市中小学创新成果展示活动规则培训会和基础教育课题培训暨成果展示交流会。加强对中招、高招复习备考工作的指导，组织召开中招复习研讨会、高考联考质量分析会和高三复习研讨会。在局直中小学校开展学业质量监测工作，提高局直中小学校教育教学质量。举办送教科研下基层和课题主持人培训等活动，培训教师 600 余人次；举办全市教育科研领军人物和优秀人才研修班，参训教师 120 人；落实教育科学规划课题专项经费资助制度，资助课题 29 项；完成省市级教科规划课题研究任务 600 多项。（王新洪　王梅枝）

【招生考试】 2017 年，驻马店市推进招生考试制度改革。全年共组织普通高校招生考试、自学考试、硕士研究生招生考试等各类国家教育招生考试 13 次，涉及考生 13.7 万余名，设立考场 4996 个。（王新洪　王梅枝）

【语言文字工作】 2017 年，驻马店全面完成省政府、省语委下达的国家三类城市语言文字工作评估验收工作。举办全市中小学生第六届中华经典诵读比赛。完成教师和社会人员的普通话测试 5000 人次。（王新洪　王梅枝）

7月30日上午，2017驻马店首届奥林匹克机器人大赛暨驻马店青少年创客嘉年华在黄淮学院举行　余　音　摄

表28

2017年驻马店市各县区学校数、在校生数统计表

县区	小计	学校数（所）							小计	在校生数（人）						
		幼儿园	小学	初中	普通高中	特教学校	中职学校	普通高校		幼儿园	小学	初中	普通高中	特教学校	中职学校	中职学校
合计	3055	891	1823	269	35	9	25	3	1500277	293236	687940	297050	151294	1095	43451	26211
西平县	359	97	226	30	3	1	2		115362	24664	50247	23164	15087	82	2118	
上蔡县	660	176	423	52	6	1	2		262515	51163	119356	61864	26355	143	3634	
平舆县	200	54	110	29	4	1	2		176986	38418	87788	31890	16626	172	2092	
正阳县	395	90	268	30	4	1	2		167816	34155	85095	29730	13755	84	4997	
确山县	262	50	186	20	3	1	2		105524	17904	50330	25121	11461	145	563	
泌阳县	290	112	141	31	3	1	2		188549	43572	86978	36481	17990	170	3358	
汝南县	295	106	160	23	3	1	2		140501	31610	64914	27353	13147	58	3419	
遂平县	231	56	150	19	3	1	2		98950	21809	47974	16971	10020	117	2059	
驿城区	267	112	125	25	2	1	2		111593	19100	59019	26610	6491	124	249	
开发区	68	33	30	4	1	0	0		36435	5878	16422	7917	6218	0	0	
市直	28	5	4	6	3	0	7	3	96046	4963	19817	9949	14144	0	20962	26211

说明：1. 市直统计的幼儿园包括市实验幼儿园、汝南幼儿师范学校附属幼儿园、西园街幼儿园、雪松路幼儿园、文化路幼儿园，后3所幼儿园为民办；2. 各县区中职学校包括各县区教师进修学校，市直统计的中职学校包括驻马店财经学校和省交通职业中专，不包括驻马店技师学院；3. 汝南幼儿师范学校统计在中职学校内，驻马店幼儿师范高等专科学校统计在普通高校内，这2所学校同时存在；4. 市直小学在校生包括市第十二初中小学部1781人和市第十八初中小学部763人

表29

2017年驻马店市各县区教职工情况统计表

县区	在职教职工数（人）						在职专任教师数（人）						每个专任教师负担在校生（人）			专任教师学历达标率（%）		
	幼儿园	小学	初中	普通高中	特教学校	中职学校	幼儿园	小学	初中	普通高中	特教学校	中职学校	小学	初中	普通高中	小学	初中	普通高中
合计	14008	41248	24120	8526	333	2817	9366	38923	22508	7753	307	2382	17.67	13.20	19.51	100	99.53	98.47
西平县	1830	4554	2444	748	25	260	1154	3793	1974	693	24	214	13.25	11.73	21.77	100	100.00	99.57
上蔡县	2105	7542	4678	1394	35	192	1430	7255	4503	1221	33	192	16.45	13.74	21.58	100	100.00	99.84
平舆县	1262	5111	2638	1107	38	151	949	4744	2318	980	37	129	18.51	13.76	16.97	100	99.83	97.55
正阳县	1146	4104	2423	881	24	256	748	3776	2222	834	22	248	22.54	13.38	16.49	100	99.41	100.00
确山县	634	2894	1788	560	44	157	411	2856	1730	526	44	135	17.62	14.52	21.79	100	97.40	99.81
泌阳县	1717	4970	3082	1061	52	312	1107	4564	2813	945	39	277	19.06	12.97	19.04	100	99.82	98.94
汝南县	1270	4049	2092	591	29	134	1032	4039	2062	580	29	125	16.07	13.27	22.67	100	99.56	89.31
遂平县	942	3115	1538	655	39	157	665	3115	1529	604	39	120	15.40	11.10	16.59	100	98.10	98.34

续表

驿城区	1988	3113	2054	420	47	61	1227	3026	2003	402	40	61	19.50	13.29	16.15	100	100.00	100.00
开发区	756	897	701	148	0	0	452	885	691	145	0	0	18.56	11.46	42.88	100	100.00	100.00
市　直	358	899	682	961	0	1137	191	870	663	823	0	881	22.78	15.01	17.19	100	100.00	99.15

表30

2017年驻马店市各县区学校情况统计表

县区	校均规模（人）			平均班额（人）			生均占地面积（平方米）			生均建筑面积（平方米）			生均图书（册）		
	小学	初中	普通高中	小学	初中	普通高中	小学	初中	普通高中	小学	初中	普通高中	小学	初中	普通高中
合　计	377	1104	4323	34.02	50.32	67.21	29.54	27.86	17.55	8.16	11.27	9.96	23.69	28.98	6.14
西平县	222	772	5029	27.07	45.33	70.17	40.54	37.26	18.83	11.16	15.85	11.67	32.70	32.51	2.84
上蔡县	282	1190	4393	30.06	49.85	70.47	27.43	22.25	17.81	8.43	10.45	11.64	32.04	32.23	3.02
平舆县	798	1100	4157	38.61	52.62	59.81	29.65	31.58	10.51	8.66	13.04	6.41	23.69	21.95	5.05
正阳县	318	991	3439	39.73	61.81	65.50	30.82	38.61	26.97	6.66	12.95	12.00	15.81	21.20	10.84
确山县	271	1256	3820	30.78	48.59	74.42	27.54	21.44	10.62	6.91	7.42	6.21	21.08	28.58	9.15
泌阳县	617	1177	5997	34.08	48.71	78.56	26.05	22.17	17.85	8.70	10.79	9.14	19.97	29.36	7.76
汝南县	406	1189	4382	31.37	47.00	45.18	37.25	33.30	13.79	9.15	12.39	8.52	24.81	30.59	1.22
遂平县	320	893	3340	35.48	48.35	69.58	33.44	35.61	24.70	8.64	13.84	14.51	20.40	31.52	10.50
驿城区	472	1064	3246	36.50	47.95	72.12	26.74	24.01	9.75	6.47	8.84	12.48	21.55	31.31	10.35
开发区	547	1979	6218	39.86	53.13	87.58	21.10	17.86	0.00	7.27	9.20	3.57	21.38	29.20	0.80
市　直	4954	1658	4715	57.78	61.80	72.53	9.39	24.15	29.78	5.26	7.24	11.03	19.78	30.76	9.57

基础教育

【学前教育】 2017年，驻马店市启动实施《驻马店市第三期学前教育三年行动计划》。新建幼儿园62所，改扩建幼儿园123所，学前三年毛入园率85%，学前一年毛入园率93%。（王新洪　王梅枝）

【义务教育“两规划”实施】 2017年，义务教育“全面改薄”和“城镇扩容”规划实施。全部完成省政府确定的554所民生实事项目学校和省教育厅确定的569所项目学校“全面改薄”任务。“全面改薄”民生实事全年任务平均完成率并列全省第一名。“城镇扩容”规划项目完成投资1.44亿元，完成建筑面积10.08万平方米，新增学位7115个。汝南县通过义务教育发展基本均衡县国家认定。（王新洪　王梅枝）

【改善农村办学条件】 2017年，驻马店市完成605所项目学校改薄任务，新建校舍面积24.75万平方米，购置图书66.97万册、计算机10588台、课桌凳89881套。农村中小学校舍维修改造工程加快推进。全市规划维修改造项目学校288所，新建和维修改造校舍面积18.17万平方米及其他附属设施，已竣工24所，在建180所。实施贫困地区乡村教师周转房建设工程，2017年省发改委下达驻马店市农村学校教师周转宿舍建设项目投资计划1675万元，新建周转宿舍250套（每套入住2人）。规划的12所项目学校中，1所工程装修，11所主体施工。（王新洪　王梅枝）

【市示范性综合实践基地建设】 2017年，驻马店市推进市示范性综合实践基地项目建设。主题教育馆竣工，男、女生公寓和实训楼1号楼、2号楼、多功能厅工程建设完工，餐厅和场馆一体化工程在建。（王新洪　王梅枝）

【高中教育】 2017年，全市普通高中35所，招生5.11万人，在校生15.13万人。2017年全市高考，一本、二本进线人数有新突破，本科一批上线人数7309人，增长23.8%，录取空军飞行员15名。（王新洪　王梅枝）

【农民工子女入学】 2017年，按照“以流入地政府为主、以公办学校为主”原则，进城务工人员随迁子女实现“应入尽入”，全年妥善安排近3万名外来务工人员子女进入市中心城区及县城公办学校就读。（王新洪　王梅枝）

【学校安全】 2017年，驻马店市开展“平安校园”创建活动，49所学校获省、市“平安校园”称号，66所学校被评为省、市依法治校示范校。全市建成“互联网+明厨亮灶”工程的学校食堂有329所，成功连接到河南省“舌尖安全网”，师生家长、社会公众及监管部门可实时在网络或手机APP客户端观看学校食堂现状。全省学校食堂食品安全管理暨“互联网+明厨亮灶”推进工作现场会在驻马店市西平县召开，市教体局在全省会议上作经验介绍。全年全系统未发生重大校园安全事故。（王新洪　王梅枝）

职业教育

【职教园区建设】 2017年，职教园区基础设施建设稳步推进，路网基本形成，园区教师公寓部分已交付使用，群众安置房楼盘已封顶。2017年，职教园区完成年度总投资64280万元（不含教师公寓项目）。其中：基础设施建设29380万元（不含教师公寓项目）；入园学校建设资金2.16亿元；市儿童（妇女儿童）医院建设资金1.33亿元。截至2017年年底，园区共完成投资303485.7万元。其中：基础建设130485.7万元（不含教师公寓项目），入园学校15.3亿元，市儿童（妇女儿童）医院2亿元。（王新洪　王梅枝）

【职业教育品牌特色专业建设】 2017年，全市重点建设一批具有驻马店市特色的职业教育品牌。泌阳中等职业技术学校的畜牧兽医、汝南职教中心的电子商务、汝南幼儿师范学校的学前教育、遂平职教中心的烹饪、正阳职业中专的汽车运用与维修、农业学校的园林技术、市卫生学校的护理专业被省教育厅认定为特色专业。（王新洪　王梅枝）

【职业学校产教融合】 2017年，根据驻马店市产业结构和产业发展规划，引导职业学校加快调整专业结构，优化专业布局，培育专业特色。在全市推广驻马店技师学院、泌阳县中等职业技术学校的校企合作经验，强化产教融合理念，拓宽产教融合渠道，“企业冠名班”“订单式培养”规模扩大。（王新洪　王梅枝）

【职教培养模式创新】 2017年，驻马店市教体局组织全市职业学校教师参加国家级、省级、市级培养培训计划，组织200名教师参加市级专业骨干教师培训和班主任培训，45名教师参加省级专业骨干教师培训，20名教师参加国家级培训。完成中德师资培训项目，为期90天的中德职教合作汽车运用与维修专业师资培训结束，60名汽车专业教师参加培训，有58名学员考核合格并获得德国客尼职业学院颁发的德国培训师资格证书。上蔡、汝南、平舆、确山、正阳、泌阳6个贫困县中等职业学校开展“精准脱贫”培训工作，分别开展畜禽养殖、果树栽培与管理、汽车美容、电子商务、建筑防水、汽修等专业的技能培训，全年共培训712人。（王新洪　王梅枝）

民办教育

【概况】 2017年，驻马店市引导民间资本投资教育，全年新审批民办普通高中1所、初中1所、小学13所、幼儿园66所。全市年度增加民办教育投资7.6亿元，全市民办学校达到983所，教职工26447人，在校生332449人，民办教育总资产63.3亿元。其中，县区政府为民办学校配备在编教师共计4655人。（王新洪　王梅枝）

【民办教育规范管理】 2017年，全市新增审批学校（幼儿园）96所。对非法办学、无证办园开展专项治理，其中取缔无证幼儿园230所、整改150所、待批40所。加大民办高中质量提升工作，平舆县实验中学本科率达到82%，上蔡中学达到73.3%、正阳育才学校达到76%。（王新洪　王梅枝）

高等教育

【概况】 2017年，全市普通高等学校3所，分别是黄淮学院、驻马店职业技术学院、驻马店幼儿师范高等专科学校。3所学校在校生2.62万人。高等教育转型发展特色明显。承办第四届教育部“产教融合发展战略国际论坛”，黄淮学院向应用型大学转型发展的国际影响力扩大。完成驻马店幼儿师范高等专科学校建设任务，举行挂牌仪式。在全省率先完成职业学校布局调整工作，学校内涵建设和管理水平提升。（王新洪　王梅枝）

【黄淮学院】 黄淮学院占地2460亩，校舍面积60万平方米，教学仪器设备资产总值近2亿元，馆藏各类图书268万册、中外文期刊2.4万余种。设有16个二级教学学院，5个公共教学部，46个本科专业，25个专科专业。全日制普通在校生2万余人，在职教职工1200余人。建有26个国家级、省级教学质量工程项目和“黄淮置地建筑技术研发中心”等28个省厅级工程技术研究中心和协同创新平台。2017年，黄淮学院新增2个本科专业，获批省级专业综合改革试点1项；并与中原工学院签署联合培养研究生协议。学校获批省级实验教学示范中心建设1项、产学协同育人项目5项，省级教育教学成果奖3项、省级优秀基层教学组织建设项目3项，在全省教学技能竞赛中，7人分获一等奖和二等奖；以全省第一名成绩通过示范校建设年度考评，并获得1000万元专项支持。学校主动对接国家“一带一路”战略，推进对外合作办学，与英国、印度、美国、澳大利亚、台湾等国家和地区的20所知名高校建立校际合作关系，荣获教育部应用技术大学改革战略研究试点院校、中国应用技术大学联盟副理事长单位、河南省首批示范性应用技术类型本科院校、全国首批创新创业50强高校、河南省文明单位等称号。

学科专业建设。2017年，黄淮学院在市委市政府支持下，整合驻马店医疗教育资源，牵头组建黄淮学院医学院，申报并获批医学类本科专业1个、专科专业1个，弥补驻马店没有医学学科高等教育的短板。与哈工大机器人集团洽谈合作，筹备组建智能制造学院，为地方培养智能制造领域的高端人才，服务区域战略性新兴产业创新发展。5个学科被评为河南省第九批重点学科，获批省级专业综合改革试点、省级实验教学示范中心、教育部产学合作、协同育人项目7个。2017年11月，学校被确定为硕士学位授予立项建设单位。

科技创新服务。2017年，黄淮学院获得各级纵向项目239项，其中国家级项目6项，省部级项目72项；获得各类科研奖励137项，高层次项目数量创黄淮学院最好纪录。获批省创新型科技团队3个、省级工程实验室2个、省全媒体科普传播中心创作基地1个，驻马店市重点实验室2个，驻马店市工程中心1个；出版《嫘祖文化》等地方文化研究专著3部，天中本土音乐文化保护和传承工作在《中国教育报》进行专题报道。

校企合作与产教融合。与快速制造国家工程研究中心、中山市中创光电产业技术研究院合作共建“数字化设计与3D打印创新中心”和“产业技术创新实验室”；与凤凰教育集团合作共建“高校数字媒体产教融合创新应用示范基地”，成为全国首批13个建设学校之一。同时，在市政府主导下，由黄淮学院牵头，市直相关部门和行业骨干企业深度参与，启动“驻马店产业创新发展研究院”筹建工作，打造“一个智库、两个基地、三个平台”，即高端科技智库，科技型企业孵化基地、双创基地，政产学研用协同创新平台、创新成果转移转化平台、高端人才集聚平台，为产业转型升级提供动能。

创新创业教育。2017年，黄淮学院完成3D打印创客空间等创新创业平台建设，举办各类创新创业教育培训30余场，学生获得省级以上创新创业竞赛奖近100项，3人入选年度全国大学生创业英雄百强。截至2017年12月底，全校实现就业5815人，就业率达到94.1%。（梅宏涛）

【驻马店职业技术学院】 驻马店职业技术学院是2009年经河南省人民政府批准、教育部备案成立的一所公办全日制高等职业技术学院，系河南省首批职业教育省市共建特色院校。学院位于驻马店市置地大道，校区占地面积600亩，建有实验室47个，实验分室83个，其中中央财政支持重点建设实验室2个，仪器设备总值近7000万元。学院建有校内外实训基地40多个，与沪东中华造船（集团）有限公司（央企）、飞毛腿集团（上市公司）、日月光集团（上市公司）、方正集团（上市公司）等多家企业形成良好合作办学关系；馆藏图书30余万册，各类期刊近1600种。教职工394人，硕士、博士42人，其中专职教师380人，教授、副教授106人。学院高职教育现设有6个系，开设24个专业。在校生1.3万人，其中全日制在校生8000人。学生专升本过关率达90%。推进新校区建设，一期工程完成主体验收，二期工程招投标结束，进入施工前期准备阶段。校园信息化系统应用、数据共享有重大提升，“校园一卡通”系统进行扩容和功能拓展。加强新媒体运营团队建设，组建微博、微信、企鹅号团队，对提高学校关注度，树立学校良好形象发挥重要作用。

教学科研。2017年，驻马店职业技术学院共申报省（部）级项目4项、市（厅）级项目37项，申报省级优秀教育科学成果奖4项、市（厅）级优秀科研成果奖11项。成立3个校级科研创新团队。被市社科联评为“2016年度驻马店市社会科学普及工作先进单位”。完成2018年5个新增专业（小学教育、建筑装饰工程技术、空中乘务、软件技术、网络营销）申报工作，待上级教育部门审批。

招生就业。2017年，驻马店职业技术学院全日制招生人数近3000名，在校生规模达到8000余人。成人教育招生突破3000人。加强创业就业指导教师队伍建设，开展学生创业就业教育，举办学生创业设计大赛、就业洽谈会和大学生供需见面会，聘请就业指导专家、企业家、成功校友到校举办就业指导系列讲座和开展政策宣讲活动。2017年就业率达88%。

师资队伍建设。2017年，驻马店职业技术学院2名教师荣获“河南省教育系统学雷锋活动先进个人”称号。紧贴学校紧缺专业，推进人才引进工作，全年学校引进专业技术人才15名。加强师资培训力度，学校“双师型”教师比例达到近40%。承办为期7天共221名市级小学骨干教师培训工作。组织教学、管理人员多次到省内外知名院校调查研究、学术交流，结成项目合作伙伴，促进学校管理、教学工作提升。邀请德国爱科特国际学院建筑专家苏珊·毕珂教授来访交流，德国马格德堡大学教授LarsThiele来校进行师资培训，著名山水画家、中国艺术创作院副院长兼山水画院院长杨留义来校作《中国山水画鉴赏与创作》学术报告。

校企合作。2017年，驻马店职业技术学院与中职北方智杨（北京）教育科技有限公司（北方汽车教育集团）、厦门古域文化传媒有限公司、湖北惟楚教育科技发展有限公司、北京打造前程互联网教育科技有限公司等签订校企合作协议。同时，加强与地方政府、学校合作，达成多项合作项目，合作范围不断拓展。学生在各类创新创业竞赛，国家、省、市竞赛中获得奖项109项。（王志刚）

4月19日，2017年全国百城健身气功交流展示系列活动河南省大赛暨驻马店市全民健身月启动

体 育

【竞技体育】 2017年，驻马店市举办田径、足球、篮球、乒乓球、赛艇、皮划艇、摔跤、射击、拳击、冬季越野跑10个青少年单项比赛。组队参加河南省田径、摔跤等19个项目的年度锦标赛和冠军赛，共获得42枚金牌，其中冠军赛17枚、锦标赛25枚，60名运动员获得国家二级运动员称号。2017年4月，驻马店市成功承办河南省赛艇、皮划艇冠军赛。选派28人参加省体育局组织的教练员、裁判员培训班，其中2人获得一级裁判员资格。（王新洪　王梅枝）

【群众体育】 2017年，全市发展各级各类社会体育指导员2000人。组织完成3100余人的国民体质测试任务。全年建设农民体育健身工程225个、乡镇农民体育健身工程17个，覆盖率分别达到87%和100%；建设多功能运动场5个、健身路径27条、拆装式游泳池3个、2个乙类户外全民健身活动中心；建设国家扶持乡镇健身工程3个；建设国家级和省级体育特色休闲小镇各1个；建设国家级和省级全民健身活动中心各1个。市教体局被评为“2013—2016年度全国群众体育先进单位”。（王新洪　王梅枝）

【体育产业】 截至2017年年底，全市已成立市级体育类单项协会20个、各类体育健身俱乐部38个，全市民间体育组织共有会员38万余人，经常参加体育社团、俱乐部活动的外围会员有60万余人。体育用品及体育器材经营单位210多家，解决就业岗位近1000个。承办2017中国山地马拉松系列赛驻马店嵖岈山站比赛、全国群众健身登山大会暨河南省第七届“三山同登”驻马店老乐山群众登山健身大会等30多项各类群众体育活动。全市共有体彩销售终端426个，共销售体育彩票5.518亿元，完成全年任务122.7%，其中概率类游戏销售2.69亿元、竞彩类游戏销售2.51亿元、即开游戏销售3118万元，占驻马店彩票销售市场份额63%。2017年体育彩票总销售完成任务率排全省第9位。全年共检修健身器材200余件，健身器材完好率达到95%以上。全年投入400多万元，为市区文明单位、驻村帮扶点、社区、广场游园等90多个单位配备600余件健身器材。老乐山风景区和嵖岈山风景区分别被国家体育总局和河南省体育局作为全国和全省第一批运动休闲特色小镇试点项目单位。（王新洪　王梅枝）

【学校体育】 2017年，全市有72318名初中毕业生参加体育考试，全部使用电子仪器测试。举办第三届“市长杯”校园足球联赛，全市102所学校代表队的1345名足球运动员参加比赛。25所学校被教育部命名为全国校园足球特色学校，驻马店市全国校园足球特色学校总数达到62所。落实体育课程和上午、下午“两个大课间”制度，实施《国家学生体质健康标准》为重点，推动各学校开展形式多样、学生喜闻乐见的体育活动，确保在校中小学生每天都能锻炼1小时，提高在校学生身体素质。（王新洪　王梅枝）

社会民生

卫生计生

【概况】 2017 年，全市医疗卫生机构固定资产达到 49 亿元，比 2010 年增长 27%。床位数 34858 张，2017 年度每千人口床位数 5.66 张、每千人口执业（助理）医师数 2.09 人、注册护士数 2.38 人。人均预期寿命在 2010 年基础上增长 1 岁；婴儿死亡率、5 岁以下儿童死亡率、孕产妇死亡率与 2010 年相比分别下降 35.4%、32.88% 和 42.01%。卫生服务体系建设成效显著。争取中央投入 5.4 亿元，支持 1 个市级综合医院、2 个全科医生培养基地、1 个县级医院、2 个县级妇幼保健院、80 个乡镇卫生院、1 个社区卫生服务中心、8 个卫生监督机构、1 个重大疾病预防控制机构、11 个农村急救体系项目和 966 个村卫生室；支持 1 个市级和 4 个县级中医院，2 个国家中医重点专科建设，缓解全市优质医疗卫生资源总量短缺矛盾。二级综合医院平均住院日由 2010 年的 15 天下降至 2017 年的 8.2 天。三级综合医院平均住院日由 2010 年的 15 天下降至 2017 年的 11.4 天。甲、乙类法定传染病发病率持续下降。艾滋病、乙肝、结核病等重大疾病防控取得成效，地方病防治实现规划目标。2017 年，国家医师资格考试网上报名 3615 人，共有 2787 人通过资格审查。开展医养结合试点，确定驿城区为医养结合试点单位，指定驻马店颐康阳光康复养老中心为省级医养结合试点，总投资 4.8 亿元，设计床位 3000 张。全市共有 8 家二级医疗机构设置老年病科，238 个医疗机构开通老年人预约就诊绿色通道和老年人服务窗口。（薛静云　马宏伟）

【健康驻马店建设】 2017 年 5 月 4 日，驻马店市委、市政府召开卫生与健康大会，制定下发《"健康驻马店 2030" 规划纲要》等一系列政策文件，为健康驻马店建设绘就蓝图，指明方向。结合创建国家卫生城市、全国文明城市，策划健康教育宣传，连续举办"健康天中·共建共享"主题宣传月、第二届健康天中文化节启动仪式暨大众经方（张仲景经方）进万家、"健康中国行——合理膳食"主题宣传周、健康大讲堂、健康素养促进行动等系列活动，群众健康知识知晓率达到 96% 以上。全面提升急危重症救治水平，市中心医院建立危重孕产妇救治中心、危重新生儿救治中心、卒中中心、胸痛中心 4 个市级区域医疗中心，该院进入"全国高级卒中中心百强医院"。市中医院建立中西医结合脑卒中救治、中西医结合中毒救治中心、产前筛查中心，成为中国妇女盆底

12月1日，市委副书记、市长陈星（左二）一行在平舆县人民医院察看健康扶贫远程医疗发展情况　　弓华静 摄

3月26日，正阳县广源天下城启动庆祝广源天下城入驻正阳十年“感恩大爱健康行”活动，为业主和正阳县群众进行免费公益体检　　杨军民 摄

功能障碍防治项目防治中心。2017 年 7 月 27 日，在全国卫生城镇和健康城市工作经验交流会上，驻马店市被全国爱国卫生运动委员会正式授予“国家卫生城市”荣誉称号。全市有 5 个国家卫生县城、3 个省级卫生县城、3 个国家卫生乡镇、24 个省级卫生乡镇、105 个省级卫生村，376 个省级卫生先进单位，11 个省级卫生居民小区，292 个市级卫生村。市爱卫办被评为“河南省爱国卫生运动 65 周年先进集体”。

（薛静云　马宏伟）

【医改工作】 2017 年，驻马店市推动医改工作。一是全面推开城市公立医院改革。2017 年 8 月 31 日零时，8 家城市公立医院全部实行药品零差率销售，同步执行调整后的医疗服务价格，城乡居民医保患者自付比同比降低 7.69%；医疗服务价格调整补偿率为 95.03%。二是继续深化县级公立医院综合改革。2017 年全市 28 家县级公立医院全部实行药品零差率销售，截至 11 月底，县级公立医院门急诊 281075 人次，同比增长 0.48%；医务性收入同比增长 5.21%；药占比下降 5.74%，整体运转平稳。三是开展分级诊疗工作。发挥二、三级医院带头作用，组建医疗联合体。市中心医院与 35 家医疗机构签订医联体合作协议书，共转诊病人 1025 人次；市中医院牵头建立中医医疗联合体，涵盖 58 家中医院、妇幼保健院、民营综合性医院，互转病人 900 多人次；市二院与中南大学、湘雅医院组建专科联盟，依托国家级精神医学中心，做优做强学科建设，同时推动医院管理科学化、精细化，提升诊疗水平。县域内也组建不同形式的医共体，有效实现医疗优质资源下沉。四是推进城乡居民健康签约服务。已组建家庭医生团队 1750 个，常住人口签约率 43.11%，高血压、糖尿病、肺结核等慢病签约率分别为 48.56%、54.09%、58.02%。五是推进医保支付方式改革。在医保基金总额控制基础上，重点开展按病种付费。截至 2017 年年底，所有县级公立医院均实施了新农合住院病人按病种付费工作，平均达到 80 个病种，医院临床路径管理纳入比例平均为 52%。全面落实困难群众在县域内住院“先诊疗、后付费”政策，累计实施 55981 人次。六是药品供应保障。开展公立医院药品议价，共议价降价 1323 个品种，药品价格平均降价幅度 11.4%，价格信息在全市范围内共享；落实国家基本药物制度，全市药品网上采购 7.4 亿元，其中高值医用耗材 0.86 亿元、体外诊断试剂 0.65 亿元，全部实现阳光操作。七是推进“369 人才工程”。2017 年特招医学生 259 人，特招全科医生 20 人；全市新增 2 个“3+2”助理全科医生培训基地，住院医师“老办法”技能考核及格率由 2016 年的 62% 提高到 86%；2012 级订单定向生全部安置到位。

（薛静云　马宏伟）

【公共卫生服务】 2017 年，驻马店市累计建立居民健康档案 650.5 万份，电子建档 640.8 万份，健康档案使用率

59.86%。0–6 岁儿童 48.6 万人，健康管理率 86.35%。一是免疫规划工作实现规范管理。全市共建成 42 家示范门诊、88 家规范门诊、71 家综合门诊，免疫规划疫苗报告接种率 95% 以上，接种门诊信息上传率 100%。2017 年全市报告麻疹病例 107 例，发病率为 3.66/100 万，无死亡病例。二是流行性传染病和慢性非常传染病治疗。全市共报告法定传染病 23 种 24098 例，无甲类及按甲类管理的传染病报告，传染病发病率 391.01/10 万，甲肝下降 9.09%、艾滋病下降 4.52%。全市累计登记心脑血管事件报告 27159 人次、恶性肿瘤登记 27159 人次，死因监测 27637 例。开展以高血压、糖尿病、脑卒中、肿瘤等为主的慢性病综合防控和死因监测工作；完善市、县、乡级一体的严重精神障碍管理治疗网络，市中心医院及 8 家县级公立医院设立“心理精神科门诊”。三是卫生应急。完善卫生应急协调联动机制，组织开展专业培训和演练。泌阳县、西平县通过全省卫生应急示范县区检查验收，驻马店市成功承办河南省突发急性传染病防控队伍检验性拉动演练。（薛静云　马宏伟）

【医疗服务管理】 2017 年，全市医疗机构持续实施“十大指标”目标责任管理，在合理用药、医护配置、临床重点专科建设、规范化诊疗、医疗费用控制、平安医院创建和医德医风方面有明显改善。2017 年，市中心医院和市二院成功创建三甲医院，市中心医院荣获全国优质医疗服务示范医院、省医联体建设先进集体称号，市二院荣获全省改善医疗服务工作先进集体称号。一是规范医疗服务环境。按照全国文明城市窗口单位创建标准，中心城区各医院在门诊、急诊、护士站设置文明志愿者服务站，完善各种无障碍设施，在醒目位置标明导医指示图、投诉电话。全年市直 3 家医院受理投诉 269 起，反馈率 100%，对投诉处理满意率 95.86%。实施“先诊疗、后结算”服务模式，实施率在 80%。推进临床路径管理，医院临床路径管理纳入比例平均为 52%。推进优质服务护理，二级以上医疗机构优质服务病区覆盖率达到 100%，市中心医院护理部“品管圈”项目在“河南省第三届护理品管圈大赛”中荣获三等奖。市中心医院内一科护士长李慧玲被评为河南省“最美护士”；平舆县东和店乡卫生院孟新生、上蔡县杨屯乡韩王村卫生室村医董四平被评为全省“十大基层好医生”。二是加强岗位练兵。举办新版国家公共卫生服务项目、中医药治疗艾滋病、监督专业人才、病媒生物预防控制等业务培训，开展住院医师规范化宣讲，组织基本药物合理应用、妇幼保健、卫生应急、预防接种等知识技能比赛，提高技术服务能力。在全省卫生应急技能竞赛中，驻马店市获得单项一等奖和团体三等奖。承办全省豫南片区紧急医学救援拉练活动，综合成绩名列全省第二。三是发挥对口支援作用。全市 30 个县级二级医院对口支援 48 家乡镇卫生院，共选派主治医师及以上职称的医师 151 名，坐诊 101 人次，义诊 11492 人次，开展专题学术讲座 183 次。四是依法监管。开展放射诊疗、游泳场馆、非法医疗美容、学校周边环境等专项整治活动，共查处各类违法行为案件 506 件，罚款 117.23 万元。全市卫生监督覆盖率 99.78%，位居全省第一，食品安全工作在省政府组织的考评中获得满分。2017 年，全市来信来访及网络信访案件共 126 件，已办结 113 件，正在处理 13 件。五是做好大型义诊活动。9 月 9 日—15 日，组织各县（区）卫计委及委属各医疗机构、159 中心医院等医疗机构开展 2017 年“服务百姓健康行动”大型义诊周活动。全市 8 县 2 区共计 116 家各级各类医疗机构参与义诊活动，共有 4 家三级医院、31 家二级医院、772 名医师、63 名药师、431 名护士参与此次义诊活动，共义诊 40945 人次。其中，农村建档立卡贫困人口 6232 人次，参加健康大讲堂群众 11060 人次，制作发放宣传材料 110217 份，收治住院 232 人次，住院患者义诊手术 28 台次，减免患者费用 160064 元。（薛静云　马宏伟）

【计划生育事业】 2017 年，驻马店市实施全面二孩政策，简化生育证办证程序，做到即时登记，即时发证。2017 年妇幼出生年报统计全市出生人数为 82499 人，人口出生率约为 10.5‰，比 2016 年少 5787 人。全年再生育审批 284 人，比 2016 年增加 70 人，多孩出生 345 人，政策外生育 61 人，比 2016 年增加 41 人。全市出生人口性别比控制在省定目标 111.72 以内为 108.08。根据生育登记统计数据 2016 年一孩登记为 45078 人、二孩登记数为 28911 人，2017 年生育登记统计数据一孩登记数为 39196 人、二孩登记数为 30026 人。从数据分析来看一孩生育登记减少说明育龄妇女人数在减少，二孩出生增加说明全面两孩政策效应在继续显现，由于 2017 年比 2016 年出生总人数减少，一方面说明群众生育意愿比预期降低，另一方面说明育龄人群在不断减少的客观存在。2017 年，驻马店市共确认各类奖励扶助对象 82240 人，其中农村计划生育家庭奖扶 52598 人、城镇独生子女父母奖励扶助 27495 人、计划生育家庭特别扶助 2147 人，落实各类奖励扶助资金 9311.68 万元。103217 人享受独生子女父母奖励费。救助计划生育特殊困难家庭 216 户，救助资金 215.5 万元。落实独生子女父母农村集体经济利益分配优待和社会保障优待 281 户，合 257 万余元。（薛静云　马宏伟）

【妇幼保健】 2017 年，市卫计委支持市中心医院开展危重孕产妇救治中心、危重新生儿救治中心建设，筹备建立市妇幼保健中心；实施 6 个县区的国家妇幼保健基建项目。农村妇女“两癌”检查试点共筛查 32438 人，免费产前筛查 4177 人，免费新生儿“两病”筛查 41121 人，免费新生儿听力筛查 41185 人，实现早期诊断和治疗干预。全市免费叶酸发放 69756 人，免费孕前优生健康检查完成 78510 人，完成率 102.21%。累积发放母子健康手册 45968 本。平舆县妇幼保健院获得国家级妇幼健康服务示范县荣誉称号。

（薛静云　马宏伟）

【中医工作】“十二五”期间，驻马店市共争取县级中医医院建设项目 6 个，总投资 1.36 亿元，投资建筑面积 6.33 万平方米，市中医院儿科病房综合楼项目总体投资 8330 万元，建设面积 2.38 万平方米。2017 年，举办驻马店市中医药学会仲景学说专业委员会成立大会暨第一届经方学术会、医学名家学术宣讲暨大型义诊活动。市中医院门诊综合楼、正阳县中医院病房综合楼等项目基本完成。截至 2017 年年底，全市共 67 个乡镇卫生院建设中医馆。以市中医院为龙头成立中医医疗联合体，联合 60 多家医疗单位，开展信息沟通，医疗协同，提高市场竞争力。驻马店市泌阳、确山和汝南县中医院的脑病科，上蔡县的艾滋病科，西平县的针灸理疗康复科，市第二中医院消渴科等 6 个专科被确定为“河南省特色中医专科”。与市总工会联合组织开展中医药岗位技能竞赛。开展中医药治未病“冬病夏治”“夏病冬治”“冬病冬治”活动，推广针灸、推拿、拔罐、刮痧等中医适宜技术，开发中医护理技术应用项目 60 余项，市中医院儿科 60% 的病幼儿不需要使用负作用较大的西药，妇科就诊量增加 20%。制定名老中医跟师带教工作计划，培养优秀学术学科带头人，市中医院 9 人确定为省市名老中医专家学术经验继承人。与市人社局开展第二届驻马店市名中医评选活动，共评选出 30 名医德高尚、社会认可的先进代表。把中药材种植与精准扶贫有机结合，发展中药种植业，全市中药种植达 11 万多亩。泌阳县被评为全国基层中医药工作先进单位。

（薛静云　马宏伟）

【卫生应急工作】 2017 年，驻马店市健全突发公共卫生事件应急组织体系。成立突发公共卫生事件工作领导小组，以市政府分管副市长为领导，市卫计委、食药局、工商局、民政局等相关单位为成员，强化应急工作领导，领导小组设立办公室，委办公室有 3 人负责日常工作，根据工作需要分别成立突发公共卫生应急防疫防病队、医疗应急救护队、卫生应急监督执法队 3 个公共卫生应急支队。市直各医疗机构单位也相应成立卫生应急处置队伍，分工负责相应的应急工作，形成分级负责、条块结合、属地管理的应急管理运转机构，同时把卫生应急工作纳入年度卫生工作计划，实行目标责任管理，并进行经常性检查和定期考核。

卫生应急培训和演练。2017 年 7 月 26 日，市卫计委和市总工会主办驻马店市卫生应急技能竞赛，9 个县区、4 个单位组织 13 支代表队，96 名队员参加竞赛。此次竞赛共设突发事件紧急医学救援、突发急性传染病防控、突发中毒事件处置 3 个课目，分为理论知识笔试、技能操作 2 个类别。9 月，参加全省突发事件紧急医疗救援演练，做好演练后勤保障和服务工作，履行协办方职责，组织市中心医院、市中医院卫生应急工作队参加演练，学习省队和其他市队紧急医疗救援工作经验，提高驻马店开展紧急医疗救援能力与水平。

各类突发事件处置。重点做好人感染高致病性禽流感、流行性腮腺炎、病毒性脑炎、食源性中毒监测等突发公共卫生事件应急处置工作。针对 5 月驻马店发生的 2 例感染 H7N9 病例，多次召开人感染 H7N9 禽流感防控领导小组工作会议，加大源头管控力度。

卫生应急保障。加强与公安、交警、消防等部门联系，建立突发事件信息互通机制，提高信息报送及时性和准确性，做好重大活动卫生应急保障工作。一是市 120 指挥调度中心共受理呼救电话 41963 个，有效派车 11296 次，救治 7203 人，较上年同期减少 14%，急救调度人员严格执行 3 秒钟内接听、1 分钟内派车、1 分钟内出警的一体化管理服务规范，及时有效完成急救任务。二是承办大型活动及会议的卫生应急保障工作。先后为“2017 中国山地马拉松驻马店嵖岈山站”开幕式、创建全国文明城市志愿者誓师大会、第二十届中国农加工洽谈会等十多次大型集体活动提供卫生应急保障，共出动医生、护士 68 人次，救护车 29 台次，急救突发病人 3 例。三是围绕中心做好防汛抗旱、反恐等应急准备。市卫计委指导各县区、市直各医疗卫生单位制定救灾防病工作的几个重点阶段及主要防控措施，安全做好卫生应急物资储备，组建卫生应急医疗专家组和医疗救援小分队，配齐备足药品器械，确定保障车辆，随时待命，一旦发生疫情和恐怖活动，应急小分队可即时开展医疗救援和卫生防疫工作。四是落实对归国人员管理工作。2017 年，驻马店市共接到上级反馈朝觐归国人员 10 名，对归国人员进行随访、健康监测和管理，逐级进行日报告，通过 14 日随访、监测和管理，排除朝觐归国人员感染中东呼吸综合征。

卫生应急监测报告网络。建立和完善网络直报系统，坚持 24 小时值班。为做好卫生应急事件监测与报告工作，市卫计委与各县区卫计委、市直各医疗卫生机构均配备直报专用电脑和网络设备，建立以市卫计委应急办为龙头，县、乡各医疗机构为依托，覆盖全市的卫生应急监测报告网络。建立卫生应急事件上报与响应制度，所有应急处理领导小组，医疗救护、防疫防病小组成员，必须保持 24 小时通讯畅通，外出休假人员必须和分管领导请假，同时配备防疫防病应急处理车辆，120 急救车辆，确保发现各类突发公共卫生事件都能得到及时处理、及时上报。

应急物资储备和队伍建设。加强群防群控工作机制；保障应急工作所需经费，将应急物资经费纳入经费预算；建设一支高强度专业化专业应急队伍。2017 年 11 月，组织召开全市卫生应急管理及新发传染病防控技术培训，学习寨卡病毒病、中东呼吸综合征、黄热病、登革热、恙虫病、出血热、鼠疫、霍乱等新发和重大传染病防控知识，为应传染病疫情突发应急做好技术储备。利用各种宣传活动广泛开展卫生应急健康教育和科普宣传活动，提高公众预防发现和报告突发公共卫生事件意识。

（薛静云　马宏伟）

【血液管理】 2017 年，全市共有 29938 人次参加无偿献血，采集血液 10.7 吨，供应临床红细胞 10.6 吨，临床用血 100% 来自公民无偿献血，血站核酸检测保持 100% 全覆盖。开展临床合理用血评价工作，强化输血质量控制和监测，杜绝输血差错和事故发生。举办 2017 年度临床输血安全管理培训班，全市二级以上医疗机构业务院长、医务科长以及输血科业务骨干 200 多人参加培训。驻马店市连续 15 年被评为全国无偿献血工作先进市。市中心血站荣获 2017 年河南省血液安全保障工作先进集体称号。

（薛静云　马宏伟）

【农村贫困人口大病专项救治】 2017 年，驻马店市卫计委制订印发《农村贫困人口大病专项救治实施方案》，对罹患 9 种重大疾病的贫困患者实施专项救治。从医疗角度建立全市罹患 9 种大病人员救治动态台账，掌握贫困患者救治情况，促进大病专项救治工作开展。截至 2017 年年底，建档立卡罹患 9 种大病的贫困人口共计 1726 人。其中，已经治疗 1462 人，在治 137 人，7 人未治疗，死亡 114 人，失去联系 2 人，不在 9 种疾病的 4 人。联合市人社局、民政局制定下发《驻马店市困难群众县域内住院先诊疗后付费工作实施方案》，对建档立卡贫困人口、特困人员救助供养对象、城乡最低生活保障对象、困境儿童实施县域内住院治疗“先诊疗后付费”，符合医保规定疾病的参保患者，在县域内定点医疗机构就诊时，持有效证件办理入院手续，签订“先诊疗后付费”协议后，无需交纳住院押金，直接住院治疗。 （薛静云　马宏伟）

【平安医院建设】 2017 年，驻马店市卫计委推进“平安医院”创建工作。推进医疗纠纷与调处工作。完善以人民调解为主，行政调解和司法调解协同机制，畅通医疗纠纷调解渠道。强化管理措施，构建医疗纠纷预防机制。通过加强医疗质量管理，推行全方位医疗沟通模式，改进医疗服务和落实医疗纠纷月分析评价制度、违规行为责任追究制度、医疗质量和医疗风险监控评价制度、医疗沟通制度及纠纷调处入院告知制度的实施，从源头上减少医疗纠纷，把医疗纠纷化解在萌芽状态。实施医疗责任保险，促进医疗风险分担机制。通过“平安医院”创建活动，全市医疗机构除发生 5 起严重扰乱医疗秩序事件，1 起采取暴力或其他方法恐吓医务人员的治安案件外，没有发生危害医务人员违法犯罪和挂牌督办的重大案件，没有发生非法限制医务人员人身自由行为或其他方法公然侮辱、恐吓医务人员行为，涉医违法犯罪事件明显减少。 （薛静云　马宏伟）

【卫生科教管理】 2017 年，市卫计委全面推进住院医师规范化培训工作。一是组织 2016 年度老办法住院医师规范化培训理论合格人员技能考核，参考 538 人，合格 329 人，通过率 62%，组织 209 名技能不合格人员进行离岗培训。二是推荐“3+2”助理全科医生培训基地参加全省遴选，驻马店市第一人民医院、上蔡县人民医院被省卫计委批准为“3+2”助理全科医生培训基地。三是协助 3 个规培基地招收规培学员 143 人，其中本科起点“5+3”规培学员 79 人、专科起点“3+2”全科助理规培学员 64 人。四是受省卫计委委托，11 月 4 日，对 2014 年全省统一招录的本科毕业生住院医师和 2015 年全省统一招录的硕士毕业生共 44 人，进行住院医师规范化培训理论结业考核。五是组织 2017 年度“老办法”住院医师规范化培训理论结业考试，全市共参加考生 946 名。六是全科医生转岗培训工作。组织办理 2015 年度全科医生转岗培训合格证书，全市共计 190 份。分 2 批对 2016 年度 70 名全科医生进行转岗培训。9 月 1 日—2 日，对 2016 年第一批全科医生转岗培训学员进行技能考核；9 月 9 日，参加全省技能比赛，驻马店市总成绩进入前十名，市卫计委和市中心医院受到省卫计委通报表彰，有 2 名学员进入前 30 名，获得优秀学员称号。农村订单定向免费医学生安置录取工作任务完成。2012 级订单定向生全部安置到位，2017 级订单定向生招录工作完成。 （薛静云　马宏伟）

【卫生监督执法】 2017 年，驻马店市做好卫生监督执法。一是按照《驻马店市卫生计生委关于开展医疗机构依法执业专项监督检查工作的通知》要求，驻马店市开展自查自纠医疗机构共有 1943 家，其中三级医疗机构 6 家、二级医疗机构 33 家、疾病控制机构 9 家、血站 1 家、其他医疗机构（包括村卫生室、个体诊所、门诊部、村卫生室）1894 家；本次检查共发现 511 家次医疗机构在宣传医师、诊疗科目、诊疗技术等方面与实际情况不符，执法人员现场下达卫生计生监督意见书，共计 511 份；抽查医务人员相应资质证书 2190 人次，合格 2124 人次，合格率为 97%，不合格人员主要在一级医院和个人诊所。截至 2017 年年底，驻马店市共查处各类违法行为案件 414 件，警告 414 家次，罚款 257 家，罚没款 14.1 万元，签订承诺书 1943 份，已开展医疗机构综合监督检查 39 家。未发现开展干细胞临床应用技术。二是驻马店市在“打击非法医疗美容”专项整治期间，共出动执法人员 1220 余人次，出动执法车辆 210 余台次，发放宣传单 1600 余份，共检查各级各类医疗机构 817 家次，生活美容机构 327 家次，养生会所 8 家次，14 家药品经营单位；发现 18 家涉嫌非法医疗美容和 8 家违法发布医疗美容广告的行为，已立案查处 6 家，责令改正 19 家次，警告 13 家次，罚款 5 家，罚款 1 万余元，接到投诉举报 2 件，办结 1 件。三是根据省卫生计生委、省综治办等 12 部门联合文件精神，驻马店市开展查处违法违规应用人类辅助生殖技术专项行动，全市共检查各级各类医疗卫生机构 550 家次，驻马店市辖区尚未发现违法违规应用人类辅助生殖技术的行为。四是开展公共场所卫生、学校卫生、传染病防治、放射卫生监督工作，查处违法行为。指导驿城区卫生监督所开展创卫活动，2017 年市卫生计生监督局和驿城区卫生监督所共办理公共场所卫生许可证 2658 份。结合创卫工作，开展生活饮用水监督管理和生活饮用水日常检测；调查摸底城市规划区二次供水单位数量、位置、供水现状、存在的卫生安全问题，建立监管档案。联合市住建局和中业自来水公司，全面开展城市规划区二次供水单位的卫生监督管理，集中打击没有取得卫生许可证的二次供水单位接入城市集中式供水管网、开展二次供水活动的违规行为，保证二次供水质量，保护群众饮水安全。五是做好食品安全工作。组织市卫生计生监督局 30 名执法人员参加市政府组织的“食品安全宣传月”活动启动仪式。2017 年 6 月，开展全市“餐、饮具集中消毒服务”专项整治，打击没有取得许可证件从事餐饮具集中消毒服务的“黑作坊”，规范餐、饮具集中消毒服务单位从业行为，保证人民群众用上安全放心的餐、饮具。围绕一个重点（以市场消费量大、安全隐患多的乳制品、肉制品等为重点进行动态监测）、完善 2 个网络（化学污染物与有害因素监测网、食源性疾病监测网）、强化 3 项措施（技术培训、质量控制、督导检查），持续开展食品安全风险监测。已完成国家理化检测常规任务 49 份、微生物监测专项任务 36 份，完成省卫计委下达 282 份专项监测任务。做好食源性疾病病例监测哨点医院建设，举办 10 个市、县、区卫生计生委、疾控中心主任和业务技术人员，34 家哨点医院主管院长和技术人员参加的食源性疾病培训班。截至 2017 年年底，全市 31 家哨点医院完成本年度180例食源性疾病病例报告任务，单位完成率91.17%；共完成7286例报告任务，任务完成率116%。

（薛静云　马宏伟）

【艾滋病防治】 截至2017年12月31日，全市现存活HIV/AIDS病例10990例。全年全市新发现HIV/AIDS病例523例。在人群分布中，男性高于女性，男女比例为3.05 ：1；文化程度方面以小学、初中为主，占72.66%；婚否方面以已婚有配偶为主，占50.67%；年龄方面以40岁～50岁为主，占25.62%；职业方面仍然以农民为主，占72.85%。在感染途径中，异性传播占78.01%(其中非婚69.41%，配偶/性伴阳性8.6%)，同性传播占17.4%，母婴传播占0.57%，注射毒品占1.15%，不详/其他占2.87%。加强宣传教育，针对不同人群活动特点，完善宣传策略，明确宣传教育重点，开发喜闻乐见的宣传材料，开展效果明显的宣传活动。注重干预实效，防控性传播和吸毒传播。继续扩大监测检测范围，完善艾滋病检测监测网络，加强哨点监测。推进艾滋病检测实验室和检测点建设，推广使用快速检测方法，提高服务可及性。加强公安、司法、卫生计生部门协作配合，提高监管场所艾滋病检测工作及时率。落实阻断措施，有效预防母婴传播。完善预防艾滋病母婴传播工作网络，全面实施预防艾滋病、梅毒和乙肝母婴传播综合干预措施。强化阳性育龄妇女随访管理。强化育龄妇女孕早期检测，提升孕产妇早期服药率。6月5日—7日举办全市预防艾滋病、梅毒和乙肝母婴传播工作年会暨师资培训班，分析、研究当前预防“三项疾病”母婴传播服务工作中存在的问题，并对HIV、梅毒和乙肝阳性孕产妇及暴露儿童的检测、诊断、治疗与管理工作进行师资培训。加强血液管理，预防经血液途径传播。按照国家抗病毒治疗新标准，开展艾滋病抗病毒治疗相关工作，为符合治疗条件的感染者和病人及时提供抗病毒治疗服务。按照平舆县抗病毒治疗国家级试点取得的经验，继续推进咨询、检测、治疗“一站式”服务模式，提高抗病毒治疗比例。探索和完善医疗救治工作机制。完善基本医保、大病保险、医疗救助和慈善救助等政策与现行艾滋病医疗救治政策的衔接互补机制，减轻艾滋病患者治疗负担。6月下旬，接受国家卫计委关于艾滋病抗病毒治疗河南省、驻马店、上蔡县的专题调研，推动驻马店市艾滋病医疗救治工作开展。开展中医药治疗艾滋病工作，适时扩大中医药治疗艾滋病试点范围，扩大中医药治疗覆盖面，建立完善中西医协同工作机制。规范城乡艾滋病患者帮扶救助工作。市民政、教育、卫生计生、扶贫开发、红十字会、工商联等部门和群团组织按照职责分工，加强协作配合，确保各项救助帮扶政策措施落到实处。创新社会管理，建立完善社会组织参与艾滋病防治工作机制。实施示范带动，支持协调泌阳县作为本轮艾滋病综合防治示范区建设，引导其根据本地实际，积极探索完善防治工作策略和措施。（薛静云　马宏伟）

【医疗事故技术鉴定】 截至2017年11月底，市医学会共接待受理医患纠纷、医疗纠纷、医疗事故技术鉴定等相关咨询300余人次。在相关咨询来源中，主要分为三大方面：90%以上是患方咨询；各县区卫生行政部门及医疗纠纷调解中心的咨询也占有一定比例，大约为8%；其余为医疗机构和县级人民法院所进行的咨询。全年共受理医疗事故技术鉴定案件5起，经进一步审核，其中有2起因为不具备其鉴定资质（如要求做医疗损害鉴定及伤残等级鉴定），另有2起因不符合鉴定条件（如已向人民法院提起诉讼，人民法院已经受理，以及单方面提出鉴定申请），经与其多次沟通以后获得申请人理解而终止。在已鉴定过的1起中，经组织专家对医患双方提供的证据材料进行核实，并通过对医患双方进一步现场询问、质证与核查等，已构不成医疗事故而得出结论。2017年的医疗事故技术鉴定与往年同期相比，呈下降趋势。2017年,受卫生行政部门领导和相关调解组织委托，调解医患纠纷9起，其中典型案例3起。在医疗纠纷调解工作中，针对调解中的具体实际问题，均组织专家进行专业技术咨询。在调解的3起典型案例中，医方均存在有诸如告知沟通不到位，或者说没有做到有效沟通，对病情缺乏正确的总体评估，以及病历书写不完善或者不到位等方面的问题。

（薛静云　马宏伟）

【学会建设和学术交流】 2017年，驻马店市成立专业委员会10个，完成筹备计划的2/3。分别是：张仲景国医学术专业委员会、中西医结合护理专业委员会、妇科专业委员会、围产医学专业委员会、妇科微创专业委员会、中西医结合肾病专业委员会、高压氧医学专业委员会、影像技术专业委员会、中西医结合妇产科专业委员会，中西医结合影像专业委员会。全市各类学科组织发展到76个。全年各医学会协会研究会及专业委员会共开展学术交流活动30余次。在活动方法上，有专题学术讲座、学术报告、学术沙龙、大型学术会议、技能竞赛、专题演讲、学术讨论、学术年会、改选换届会议、成立大会等。同时，通过开展学术交流活动，引进新的诊疗技术。通过学术交流活动，2017年共聘请国内、省内、市内知名专家、教授讲学98人次，有近6000人次的相关医务工作者参加学术交流活动。（薛静云　马宏伟）

【继续医学教育】 2017年，市卫计委加强继续医学教育。在制定学术活动计划的同时，将本专业最新的学术前沿、国内外学术动态，最新的理论技术，最新的辅助检查诊断方法，最新的药物和治疗方法列入本年度学术活动计划，并通过邀请国内、省内著名专家教授，以及驻马店市知名专家进行学术讲座学术报告形式，开展各个专业继续医学教育，提升专业技术水平。同时，对部分县申报的市级继续医学教育项目进行审核，如确山县、泌阳县、遂平县等各申报单位基本完成相应计划。继续医学教育学分的审验工作，原来由驻马店市医学会统一审核，从2016年开始，就将学分审验工作下放到各县区医药卫生学会及市直各单位继续医学教育委员会审核。2017年9月—10月，驻马店市各县区医药卫生学会及市直各单位继续医学教育委员会对全市拟晋升高级专业技术职务任职人员进行继续医学教育学分审验，共审核1200余人，其中合格983人，约占82%，不合格者217人，约占18%。

（薛静云　马宏伟）

人力资源

【概况】 2017年，驻马店市新增城镇就业8.3万人，农村贫困劳动力转移就业5.69万人，全年完成各类职业技能培训17.3万人次，新培养高技能人才0.45万人，组织开展职业技能鉴定考核1.65万人。（张　乐　刘　洋）

【就业创业】 2017年，驻马店市城镇新增就业8.3万人，其中失业人员再就业3.2万人、困难人员实现就业1.38万人，均位居全省第一方阵。其中，城镇新增就业完成任务比例位居全省第二，失业人员再就业完成任务比例位居全省第一，就业困难人员实现就业完成任务比例位居全省第二，受到省人社厅通报表扬。城镇登记失业率2.5%，低于省控目标。一是统筹抓好各类群体就业。开展离校未就业高校毕业生实名登记工作，实施“三支一扶”招募计划和“政府购岗”计划，组织开展“高校毕业生就业服务月”“产业集聚区企业与高校毕业生岗位对接洽谈”等一系列就业专项服务活动，高校毕业生就业率90%。开展“春风行动”对接会32场，为农村劳动力提供公共就业服务8.9万人次。全市劳务输出258万人，实现劳务收入386亿元。农村贫困劳动力转移就业5.69万人，实现贫困家庭中有就业能力和就业意愿至少有1人转移就业的目标。开展农村劳动力转移就业技能培训5.38万人，为全市技工院校497名在校贫困家庭学生免除学费42.2万元，发放助学金49.7万元。通过阶段性降低社会保险费率，共减收各项社会保险费1.1亿元。发放职业培训补贴182万元，鼓励企业吸纳贫困家庭劳动力就业。开发城乡交通协管、城乡保洁、绿化、治安协管等公益性岗位6040个，用于安置贫困家庭劳动力就业。“零就业家庭”保持动态为零。二是推动以创业促进就业。举办首届创业创新大赛，征集参赛项目100多个。组织参加全省首届“豫创天下”创业大赛，驻马店市选送的参赛项目取得1个第二名、1个第六名。新认定市级创业孵化示范基地3家、众创空间2家。黄淮学院被命名为国家级众创空间、河南省首批创业孵化示范基地。开展创业培训5642人，失业保险基金支付创业补贴48.5万元，新增发放创业担保贷款3.73亿元，扶持3966人创业，带动就业1.53万人。三是促进返乡下乡创业。共评审认定市级农民工返乡创业示范园区7个、示范项目96个。平舆县被认定为全省农民工返乡创业示范县、十部委结合新型城镇化开展支持农民工返乡创业试点。全市农民工返乡创业10.2万人，创办企业4.3万个，年产值9.5亿元，带动就业31.3万人。四是强化公共就业服务。推进就业创业服务向基层下沉，市本级投资300万元建立就业信息服务系统，并延伸至中心城区街道（乡镇）、社区（行政村）人社服务站，多渠道、点对点发布和推送就业信息。举办各类招聘会98场，提供就业岗位7万多个。开展人力资源诚信服务主题创建活动，市锦程劳务有限公司被评为“全省人力资源诚信服务示范机构”。（张　乐　刘　洋）

【人才队伍建设】 2017年，全年完成各类职业技能培训17.3万人次，新培养高技能人才0.45万人，组织开展职业技能鉴定考核1.65万人。开展技能人才宣传活动，连续4年举行职业技能竞赛，弘扬“工匠精神”，营造“尊重知识、尊重劳动、尊重人才、尊重创造”的社会氛围。实施高层次人才集聚和培育工程，培养、培训高层次、急需紧缺和骨干专业技术人才2149人次，开展专业技术人员继续教育7万余人次。引进“985”高校博士、硕士研究生15名。新增1个博士后创新实践基地，全市博士后创新实践基地总数达到11个。承办第38批中国博士后科技服务团（河南驻马店行）活动，21名博士后与驻马店市20余家企业进行项目对接指导。（张　乐　刘　洋）

【人事管理】 2017年，市人力资源部门加强公务员登记备案、考核评价、表彰奖励、培训监督等工作，以市政府名义为3个集体、51名个人记功、嘉奖。发挥公务员网络培训学院作用，注册学员1.2万名，参学率达95%以上。创新事业单位人事管理机制，开展事业单位岗位设置动态调整工作，核准112个事业单位、7611个岗位。规范事业单位公开招聘程序，审查县区公开招聘方案19个，核准招聘计划2303名。完成6个市直部门所属45个事业单位公开招聘工作，招聘人员467人。实行军转干部“阳光安置”，全年安置军转干部89人，其中计划安置51人、自主择业38人，基本达到军队、接收单位和军转干部本人“三满意”。驻马店市被省军转办评为军转干部安置工作先进单位。做好自主择业军转干部管理服务和就业创业帮扶工作，企业军转干部保持总体稳定。（张　乐　刘　洋）

【人才体制机制改革】 2017年，市人力资源部门贯彻落实《深化职称制度改革实施意见》，打破户籍、身份、地域、人事关系、所有制等限制，畅通非公有制经济组织、社会组织、自由职业专业技术人才职称申报渠道。在已有职称评聘“绿色通道”基础上，加大对引进的高层次人才、业绩特别突出的拔尖人才和基层一线急需紧缺人才倾斜力度。推进高校全面开展自主评审，全年通过高、中级职称评审0.38万人。推进职业资格制度改革，按规定取消434项职业资格许可和认定事项。（张　乐　刘　洋）

【和谐劳动关系构建】 2017年，驻马店市加强对企业工资分配宏观调控和指导，及时发布工资指导线，调整最低工资标准，市区由1450元/月提高到1570元/月，各县由1300元/月提高到1450元/月。县区587名已备案公务员职级晋升待遇兑现到位，乡镇工作补贴全部落实。完成市直机关事业单位工作人员目标考核奖、健康休养费、未休假人员工资报酬发放审核工作。成立市协调劳动关系三方委员会，市委、市政府研究下发《关于构建和谐劳动关系的实施意见》。推动小微企业全面实行劳动合同制度，全市国有和规模以上民营企业劳动合同签订率稳定在95%以上，集体合同覆盖率稳定在90%以上。按时完成企业薪酬调查和制造业人工成本监测任务。维护劳动者合法权益。推进劳动保障监察

2月16日上午，由市总工会、市人力资源和社会保障局、市扶贫办、市妇联、正阳县人民政府共同主办的驻马店市2017年“春风行动”启动仪式暨正阳县贫困劳动力转移就业招聘大会在正阳广场隆重举行。现场会上，招聘洽谈、春季招生、创业贷款集中发放，创业项目展示、扶贫工作情况展示、就业创业政策咨询服务等 杨军民 摄

“两网化”建设，八县二区都建立劳动保障监察网格，建立全市联网的层级式劳动保障监察信息系统。开展清理整顿人力资源市场秩序、用人单位遵守劳动用工和社会保险法律情况、农民工工资支付情况等专项检查，共检查各类用人单位5019户，涉及劳动者28.5万人，受理劳动者举报投诉401件，为7499名劳动者追发工资报酬4225万元。启动治欠保支三年行动计划，健全保障农民工工资支付长效机制，劳动者合法权益得到有效维护。市本级和各县区仲裁院规范化建设全部通过省厅验收达标，市本级和泌阳县、上蔡县、正阳县仲裁院按省厅要求完成信息化建设，实现庭审直录播，调解仲裁效能提升。在全省率先开展旁听庭审活动，并在全省人力资源社会保障工作会议上进行书面交流。2017年，全市仲裁机构和调解组织共受理劳动人事争议案件2010起，调解成功率62%，法定时效内结案率100%。（张 乐 刘 洋）

【孙尧到驻马店技师学院调研】 2017年6月22日，教育部副部长孙尧带领教育部调研考察团30余人莅临驻马店技师学院调研指导工作。河南省副省长徐济超，驻马店市市长陈星，副市长冯玉梅及相关部门负责人陪同调研。调研团参观了学院机械、电气、汽车等专业实习实训教学场景，孙尧对驻马店技师学院近年来取得的成绩给予肯定，并对学院发展提出要求。（张 乐 刘 洋）

【第38批中国博士后科技服务团（河南驻马店行）活动启动仪式】 2017年6月30日，第38批中国博士后科技服务团（河南驻马店行）活动启动仪式在驻马店市举行。人社部留学人员和专家服务中心副主任、中国博士后科学基金会副秘书长邱春雷，中国博士后科学基金会基金管理处处长陈颖，河南省委组织部副部长、省人社厅厅长、党组书记刘世伟，省人社厅博士后与留学人员工作处处长张成出席启动仪式。驻马店市委副书记、市长陈星在启动仪式上发表致辞。启动仪式由驻马店市委常委、常务副市长张昕主持。第38批中国博士后科技服务团（河南驻马店行）活动由全国博士后管理委员会办公室、中国博士后科学基金会、河南省人力资源和社会保障厅主办，驻马店市人才工作领导小组办公室和驻马店市人力资源和社会保障局承办。（张 乐 刘 洋）

【驻马店市职业技能竞赛】 2017年12月8日—9日，驻马店市举办2017年职业技能竞赛。市政府副秘书长饶涛出席开幕式。市直有关单位、各竞赛承办单位负责人参加开幕式。各县区、市直代表队领队、各位裁判员以及来自全市各条战线的280余名选手参加竞赛。此次竞赛由驻马店市人民政府主办、市人力资源和社会保障局和驻马店市总工会承办。竞赛涵盖电工、焊工、中式烹饪、汽车驾驶、汽车维修、收银员、护理员7个职业（工种），共设置驻马店技师学院、河南省交通高级技工学校、驻马店财经学校、驻马店市中医院4个赛场。经过角逐，分别评出各工种一等奖1名，二等奖2名，三等奖3名。对获得各工种决赛一、二、三等奖的选手分别给予5000元、3000元、2000元奖金并颁发荣誉证书。同时，各工种决赛第一名的选手授予“驻马店市技术能手”荣誉称

号，对参加决赛各工种第一名且本工种决赛选手 30 人以上的选手，同时可按程序向市总工会申报“驻马店市五一劳动奖章”。（张　乐　刘　洋）

社会保障

【概况】2017 年，全市城镇职工基本养老、医疗、失业、工伤和生育保险参保总人数分别达到 60.7 万人（企业养老保险 37.3 万人、机关社保 23.4 万人）、44.9 万人、36.6 万人、31.5 万人和 28.3 万人，均超额完成年度目标任务。城乡居民基本养老、医疗保险参保人数分别达到 420 万人、729 万人。征缴城镇五项社会保险费 63.9 亿元，当期发放和支付 72.5 亿元，基金滚存结余 46.5 亿元。城乡居民养老保险工作被省人社厅通报表扬。市企业养老保险中心、市城镇职工医疗保险处、市失业保险管理中心、市机关事业单位社会保险处、市工伤保险处被评为全省社会保险经办管理工作先进单位。一是开展全民参保登记计划。成立全民参保登记联合办公室，建立联席会议制度，广泛深入宣传，完成 65.02 万人的入户调查任务。二是全面实施困难群众大病补充医疗保险。从 2017 年 4 月 1 日起，全面实施困难群众大病补充医疗保险制度，共覆盖困难群众 63.77 万人，受益群众 6.29 万人，报销医疗费用 1.05 亿元。全市定点医疗机构全部实现基本医疗保险、大病保险、大病补充医疗保险“一站式”即时结算，群众住院报销更加方便快捷。三是社会保障制度逐步完善。机关事业单位养老保险参保登记工作基本完成，参保职工 23.35 万人，从 2017 年 5 月起实现按月征缴基本养老费和职业年金。第一批 4 家定点医疗机构与人社部国家级平台对接，实现跨省异地就医即时结算，共开展跨省直接结算 366 人次，医疗总费用 978 万元。全面实施农民工参加工伤保险“同舟计划”，新增参保项目 87 个，新增农民工参加工伤保险 3.7 万人。降低失业保险费率，失业保险基金支付企业稳岗补贴 680.75 万元，受益企业 52 家，惠及职工 0.84 万人。四是社会保险待遇提升。调整退休人员养老金待遇，7 月底前全部发放到位。调整后，全市企业退休人员月人均养老金达到 2023 元，人均月增资 140 元。市直机关事业单位离退休人员人均月领取养老金 3549 元，人均月增资 159 元，各县机关事业单位离退休人员人均月领取养老金 3089 元，人均月增资 146 元。城乡居民基础养老金月最低标准从 78 元调整到 82 元。提高失业保险金标准，月人均增加 96 元，增幅 8.3%。（张　乐　刘　洋）

【社会保障领域改革】2017 年，全市机关事业单位养老保险制度改革稳步推进。城镇居民医保和新农合制度如期实现并轨，实施城乡统一的药品目录、诊疗项目和医疗服务设施范围标准。建立基本医保稳定可持续筹资和报销比例调整机制。推行按病种付费为主、多种付费方式结合的医保支付方式改革，降低参保人员的费用负担。推进市本级社保经办机构整合，拟定《驻马店市社会保障局“三定方案”》，经市编委研究通过后已上报省编办等待批复。2017 年，驻马店市推进人社领域“放管服”改革。加大简政放权力度，对现有权责事项进行清理，保留 69 项，取消 6 项。开通人社服务微信公众号、手机 APP，及时向公众推送人社相关政策法规等信息，处理网络留言。建立 150 多平方米的“12333”电话咨询服务大厅，开通人工热线 9 条，为群众提供 24 小时自助语音服务和人工服务。完善“12333”网上服务专栏，开通在线服务功能，促进“12333”电话咨询与互联网深度融合，实现线上线下服务渠道有机衔接。推进社会保障卡普及应用，制作发放社会保障卡 523.6 万张。开辟“绿色通道”，建立快速制卡机制，及时解决急需持卡就医、跨省异地就医等特殊参保人员的用卡需求。（张　乐　刘　洋）

民政事务

【概况】2017 年，全市民政资金总量达 15.6 亿元，比 2016 年增加 1.53 亿元，增长 10.8%；其中争取上级资金 15.23 亿元，比上年增加 1.32 亿元，增长 9.4%。争取资金量占民政全部资金总量的 98%。城乡低保、孤儿提标、残疾人“两项补贴”政策全部落实，资金及时足额发放到位。“驻马店运用‘八个一’工作法落实民政十件民生实事”做法被《中国社会报》和省民政厅网站转发。2017 年，驻马店市城市社区养老服务设施覆盖率达到 65%，超过省厅目标 15 个百分点。驻马店市西平县被民政部确定为“全国农村社区建设示范创建单位”，西平县柏城街道被确定为全省 23 个“河南省社区治理和服务创新实验区”之一。婚姻登记工作亮点突出，西平县对有家庭暴力倾向的离婚当事人进行心理干预做法在全国社会心理服务体系建设西平现场会作经验介绍。做好殡葬改革工作，分别在全省社会事务工作会议和殡葬工作座谈会上做题为“完善工作机制、强化目标管理，扎实推进殡葬改革工作”和“聚合力、育新风、重奖惩，扎实推进殡葬改革工作持续向好”典型发言。河南省“三区”社工专业人才支持计划项目，全省 15 家社工组织参加结项评估，驻马店市启航社工服务中心荣获第二名。市殡仪馆建设项目进展顺利，市杨靖宇将军纪念馆改扩建项目开工建设，加快推进市救灾物资储备库、市精神病康复大楼建设项目。驻马店市连续第五次获得“省级双拥模范城”称号。（杨建锋　郭建设）

【社会救助】2017 年，全市共有城乡低保对象 30.9 万人，农村特困人员 4.6 万人，困难残疾人 4.9 万人，重度残疾人 7.7 万人，孤儿 2634 人（机构养育孤儿 432 人、社会散居孤儿 2202 人）。全年共发放救助、补贴资金 10.1 亿元。其中，孤儿生活费按提标后的新标准，社会散居孤儿基本生活最低养育标准每人每月 700 元，机构养育孤儿基本生活养育标准每人每月 1100 元，实行按月、社会化形式发放，全年全市共发放资金 2461.2 万元。临时救助 4.6 万人次，支出资金 2215 万元，城乡医疗救助 9.2 万人次，支出资金 1.1 亿元。（杨建锋　郭建设）

【城乡低保发放】 2017 年，驻马店市城市居民最低生活保障标准从每人每月 400 元提高到不低于 430 元，月人均补助水平从 240 元提高到不低于 250 元。农村居民最低生活保障标准从每人每年 2960 元提高到不低于 3150 元、又提高到 3210 元，月人均补助水平从 132 元提高到不低于 142 元。农村特困人员供养（农村五保）原则上不低于当地低保标准的 1.3 倍，2017 年农村集中供养特困人员年基本生活标准由 4000 元提高到 4700 元，分散供养特困人员年基本生活标准由 3000 元提高到 3500 元。截至 2017 年年底，全市共有农村低保对象 166258 户、242576 人，全年累计支出救助金 48508.4 万元；全市共有城市低保对象 37669 户、65741 人，全年累计支出救助金 23299.8 万元；共有农村特困供养对象 46074 人，其中集中供养 8334 人、分散供养 37740 人，累计支出供养金 17342 万元。（杨建锋　郭建设）

【减灾救灾】 2017 年，全市有 7 个社区被省命名为河南省综合减灾示范社区，3 个社区被省推荐为全国减灾示范社区候选单位。秋季洪涝灾情和雪灾应对反应迅速，措施得力，没有发生一例不良救灾事件。争取上级救灾资金 2424 万元，有效弥补灾害损失。（杨建锋　郭建设）

【民政兜底脱贫工作】 2017 年，市民政局落实脱贫攻坚部门主体责任和帮扶责任，抓好责任落实、政策落实和工作落实。清理和退出农村低保对象 80038 户、83791 人，农村特困供养 3435 人；将 33618 户、54619 贫困人口纳入低保五保范围，15 万低保对象纳入"建档立卡"贫困户范围，实现有进有出、应保尽保、应扶尽扶。（杨建锋　郭建设）

【区划地名管理】 2017 年，市民政局完成驿城区、遂平县部分行政区划调整和泌阳、正阳、遂平 3 个县的 5 个乡撤乡建镇设立办事处工作，地名普查成果省级验收和上报国家验收工作，在全省位居第 3 名。市域平安边界创建工作提前完成，实现三级边界地区无争议、平安和睦相处促发展的新突破，平安边界创建工作在全省位于第 3 名。（杨建锋　郭建设）

【社会组织管理】 2017 年，全市社会组织数量达到 1839 家（其中社团 758 个，民办非企业单位 1081 个），全年全市共登记社会团体 54 个，民办非企业单位 91 个。完成 20 个行业协会商会与行政机关脱钩试点工作。社会组织管理工作位于全省第 4 名。（杨建锋　郭建设）

【社会福利彩票】 2017 年，驻马店市销售福利彩票 2.91 亿元，完成比率 102%，超额完成省定任务。其中，电脑票 2.19 亿元、即开票 1731 万元、中福在线 5497 万元。被表彰为"2017 年度全省福利彩票销售工作综合评估先进单位"。县级福利中心全部建成并投入使用。（杨建锋　郭建设）

【老龄工作】 据统计，全市 60 岁以上老年人 128 万人，老龄化率 15.7%，呈现出老龄化程度高、增长快、空巢化的趋势，面临着"未富先老、未备先老"双重压力。全市现有各类养老服务机构 231 个，社区老年人日间照料中心 6 个，农村幸福院 303 个，养老床位数量达到 2.8 万张，其中社会办养老机构 45 个、床位 5400 张，每千名老人拥有养老床位数达到 22 张。全市共有 171 所敬老院。（杨建锋　郭建设）

【流浪救助】 2017 年，驻马店市在全省率先出台《关于进一步加强生活无着的流浪乞讨人员救助管理工作的实施意见》，全年救助 2300 多人。在创全省双拥模范城、全国文明城、国家卫生城和中国农加工洽谈会及夏季洪灾、冬季雪灾期间，组织得当，救助有力，全市没发生一例不良救助事件，被省民政厅通报表扬。（杨建锋　郭建设）

【特殊人群关爱】 2017 年，在全省救助管理工作暨农村留守儿童"合力监护相伴成长"专项行动推进会上，驻马店市"抓好六个结合，做好留守儿童工作"的经验做法，作为唯一一家市级单位在会上做典型发言，并被《中国社会报》、省民政厅网站刊登。流动人口管理全省第 1 名，特殊人群服务全省第 1 名，农村留守儿童监管全省第 2 名。（杨建锋　郭建设）

【双拥优抚工作】 2017 年 7 月 31 日，在河南省双拥模范城（县）命名暨双拥模范单位和个人表彰大会上，驻马店市被河南省委、河南省人民政府、河南省军区命名为"河南省双拥模范城"，实现五连冠。双拥优抚工作在省政府双拥优抚工作会上交流经验，优抚工作全省第 2 名；涉军信访稳定工作位居全省第 1 名。截至 2017 年 12 月，全市共有享受抚恤补助的优抚对象 65497 人。其中，伤残人员 4680 人，"三属"（烈士遗属、因公牺牲军人遗属、病故军人遗属）人员 795 人，60 岁以上农村籍退役人员 39601 人，年满 60 周岁老烈子女（含中华人民共和国成立前错杀后被平反人员的子女）719 人，铀矿开采人员 190 人。2017 年 1 月 19 日—6 月 20 日，做好 1989 年至 2014 年以来符合政府安置条件的退役士兵安置和权益保障工作，如期完成省政府下达的"清零"目标任务。军休工作全省第二名，市军休所被省民政厅评定为"五星级军休机构"。（杨建锋　郭建设）

【民政基层服务机构大走访大调研活动】 2017 年 5 月 8 日—6 月 15 日，省民政厅利用 1 个多月的时间对驻马店市 10 个县区所有敬老院、社会福利院（含综合福利院、儿童福利院、县级社会福利中心）、光荣院、救助管理站、养老机构 5 类机构及双拥优抚服务站全面进行集中走访、检查、调研。共走访调研民政服务机构 252 个，反馈问题 737 个，全部整改到位。（杨建锋　郭建设）

【志愿服务】 2017 年，全市志愿者服务队伍达到 78.1 万人。市民政局积极筹划参与创建国家卫生城市、创建全国文明城市、中国农加工洽谈会等重大活动、重要会议志愿服务工作，牵头起草《驻马店市志愿服务管理办法》《驻马店市志愿服务礼遇办法》等一系列文件。建立各社区志愿服务站，组建 14 个如高铁广场服务站等特色服务站。开展“感恩母亲、传承美德”“万名志愿者创文攻坚签名活动”“志愿服务六进活动”等重大活动，完成设置城区地名标牌公益广告 5000 多幅。

（杨建锋　郭建设）

居民生活

【居民消费价格】 2017 年，驻马店居民消费价格累计上涨 1%，涨幅较上年同期缩小 0.5 个百分点，居民消费价格水平基本保持平稳。其中城市价格累计上涨 1.4%，农村价格累计上涨 0.9%；非食品价格上涨 2.2%；服务价格上涨 2.4%；扣除鲜菜鲜果价格上涨 1.4%；扣除食品和能源价格上涨 2%。12 月份，居民消费价格同比上涨 2.2%，环比上涨 0.4%。

CPI 变动情况。分类来看，八大类商品及服务价格呈现“六涨两降”态势，其中食品烟酒价格下降 1.7%，衣着价格上涨 3.8%，居住价格上涨 1.9%，生活用品及服务价格上涨 1.9%，交通通信价格下降 1.3%，教育文化和娱乐价格上涨 2.7%，医疗保健价格上涨 5.2%，其他用品和服务价格上涨 4.2%。一是涨幅逐月攀升，各类价格温和上涨。从各月运行走势分析，2017 年上半年各月同比涨幅总体较低，3 月份下降 0.4%，从 3 月后，各月同比涨幅逐月扩大，呈现一路走高态势，其中 12 月上涨 2.2%，追平 2016 年 4 月的涨幅，达到 2016 年—2017 年两年的最高峰值。二是城市涨幅高于农村。2017 年，驻马店城市居民消费价格上涨 1.4%，农村上涨 0.9%，城市居民消费价格水平涨幅高出农村 0.5

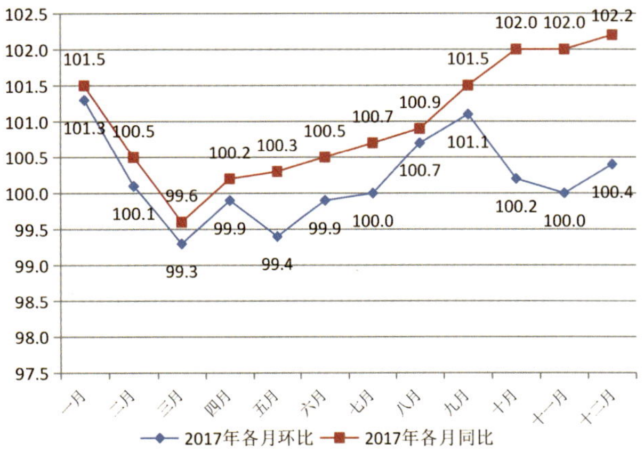

2017年驻马店居民消费价格走势图

个百分点。三是新涨价因素约占四成。据测算，在 2017 年 CPI 上涨 1% 的涨幅中，受翘尾因素影响约为 0.59 个百分点，占 59%；新涨价影响因素约为 0.41 个百分点，占 41%。

影响 CPI 变动的主要因素：一是食品类价格下跌，是影响 CPI 总水平低于上年同期的主要原因。2017 年，驻马店食品烟酒类价格下跌 1.9%，影响 CPI 下跌 0.56 个百分点。食品类中 14 个中类价格呈“八涨五跌一平”态势。其中，菜类和畜肉类价格跌幅最大，分别下跌 11% 和 7%，2 项分别影响居民消费价格总指数下跌 0.35 和 0.39 个百分点，是导致食品类价格下跌的主要原因。涨幅最大的是水产品和调味品类，分别上涨 6.3% 和 3.6%。其一，猪肉价格明显下降。猪肉是居民消费价格中影响较大的一个基本分类。2017 年，猪肉价格累计下降 10.5%，影响居民消费价格总水平下降 0.39 个百分点，是影响食品价格负增长的最重要因素。从环比看，1 月，猪肉价格受居民元旦、春节“双节”消费拉动影响，环比上涨 5%；3 月开始下降，3 月—7 月分别下

表31

2017年驻马店居民消费八大类商品与服务项目价格涨幅

类　别	涨跌幅（%）	对总指数的影响（%）
居民消费价格指数	1	—
一、食品烟酒	−1.7	−0.56
二、衣着	3.8	0.4
三、居住	1.9	0.31
四、生活用品及服务	1.9	0.13
五、交通和通信	1.3	−0.14
六、教育文化及娱乐	2.7	0.28
七、医疗保健	5.2	0.42
八、其他用品和服务	4.2	0.13

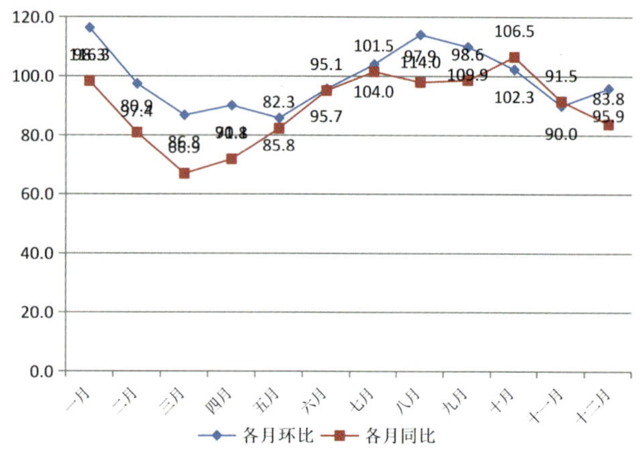

2017年驻马店鲜菜价格同比和环比指数变动趋势图

降4.6%、1.9%、4.8%、1.8%、和0.5%，8月—9月开始回升，分别上涨0.4%和1%，10月—11月分别下降0.4%和0.7%，12月，猪肉价格温和上涨1.1%。从同比看，猪肉价格明显低于上年同期。1月、2月同比分别上涨为5.7%和1.2%，3月—12月，均在下降通道运行，其中6月降幅最大，下降幅度达到19.6%。其二，鲜菜价格先跌后涨，总体低于上年同期水平。2017年，驻马店鲜菜价格下跌11%，影响总水平下跌0.35个百分点。鲜菜价格下跌，主要是受1月—6月鲜菜价格低位运行影响。分月来看，1月下降1.7%，2月—3月分别下降19.1%和33.1%，4月—6月鲜菜跌幅逐步收窄，分别下跌28.2%、17.7%和4.9%。7月开始，受全国范围内自然灾害频发和鲜菜价格季节性上涨等因素影响，鲜菜价格同比上涨1.5%，8月—9月鲜菜价格分别下降2.1%和1.4%，10月同比上涨6.5%，11月—12月分别下降8.5%和16.2%。其三，禽类、蛋类价格双双呈下跌态势，分别下跌0.5%和3.1%。禽类价格中，鸡、鸭价格均呈下跌态势，分别下跌5.9%和0.1%。禽类价格走低，主要是由于年初驻马店地区暴发H7N9禽流感疫情，后期虽然疫情高峰已过，但禽类消费需求整体始终不旺，价格回升较慢。蛋类价格下跌，主要是受鸡蛋价格下跌7.8%的影响。一方面，近年来全国蛋鸡养殖户大量增加，市场鸡蛋供过于求。另一方面，H7N9禽流感疫情使得居民在减少禽类消费同时，对鸡蛋消费意愿也很冷淡，使得鸡蛋价格缺乏上涨动力。自6月起，受禽流感疫情消退，养殖场淘汰蛋鸡，国家环保督查组关停部分污染较为严重的养鸡场以及中秋节制作月饼大量消费鸡蛋等因素影响下，鸡蛋库存量减少，供应趋紧，价格逐步回升。总体而言，鸡蛋价格依然处于低位运行的状态。二是医疗保健类价格涨幅最高，是CPI上涨重要推手。1月—9月，驻马店医疗保健类价格上涨5.2%，影响价格总水平上涨0.42个百分点。医疗保健类价格上涨，主要有2个方面原因。一方面，药品价格涨幅较高。在取消药品政府定价和全省医保目录调整等多因素叠加影响下，驻马店药品价格尤其是低价药品价格波动较为频繁。受其影响，中、西药价格分别上涨13.6%和8.5%。另一方面，上年9月起，河南全面实施城市公立医院综合改革，使得省内各大医疗机构对其医疗服务价格进行全面调整。受其影响，医疗服务价格上涨2.8%。其中，综合医疗类、康复类、治疗类、中医医疗服务类和其他医疗服务类价格分别上涨5%、1.5%、2.3%、3.6%和2.2%。三是服务项目价格上扬，是影响CPI总水平上涨重要因素。近年来，劳动力成本呈刚性上升趋势这一主基调始终保持不变。受其影响，2017年，服务项目价格上涨2.4%，比居民消费价格涨幅高出1.4个百分点，影响总水平上涨0.71个百分点。其中：家政服务上涨21.9%，养老服务上涨12.1%，鞋类加工服务上涨11.5%，美容美发洗浴上涨10.4%，教育服务上涨5.5%，旅游上涨4%。

（黄艳婷）

【农民收入】2017年，全市农民人均可支配收入10868.7元，同比增长9.4%，首次突破万元大关，高出全省平均增速0.65个百分点。

农民收入增长的特点。一是工资性收入持续增长。2017年，全市农民人均工资性收入为3834.1元，比上年增加470.2元，同比增长14%，是2014年以来增速最快的一年。在可支配收入四大项中，工资性收入所占比重提升，农民人均工资性收入占可支配收入的比重达35.3%，比上年提高1.4个百分点。二是经营净收入稳步增长。2017年，全市农民人均经营净收入4474.6元，比上年增加132.7元，同比增长3.1%。其中，农业收入人均2809.1元，占一产业比重的78.7%、占经营净收入的62.8%，是农民家庭经营净收入的主要收入来源。三是财产净收入呈现负增长。农民人均财产净收入为109.8元，比上年减少15.5元，同比下降12.4%。其中，利息净收入、转让土地收入人均分别为20.7元、47.1元，同比下降23.3%、3.9%。四是转移净收入快速增长。农民人均转移净收入2450.2元，比上年增加346.5元，同比增长16.5%。其中，政策性生活补贴人均6.8元，同比增长42.7%。

农民收入增长的主要促进因素。一是农民务工收入是增收关键。本地务工就业优势显现。驻马店市一方面加大招商引资力度，重点工程投资项目陆续开工，有效吸纳农村富裕劳动力就近就业；另一方面，城镇化进程加快，使城市房地产业回暖，建筑业逐步升温，带动农民工资性收入增长。外出务工收入持续增高。2017年，外出从业人员寄回带回收入人均达2008.3元，同比增长18.9%，保持较高增长速度。全市务工收入增长对农民可支配收入增长的贡献率高达84.5%，农民务工收入成为农民增收的关键。二是产业融合发展是增收趋势。伴随着经济社会的转型升级，农村新产业新业态蓬勃发展，家庭农场、农民合作社等各类新型经营主体大批涌现，休闲农业、乡村旅游、农村电商等新兴产业快速增长。每到节假日，农家乐、采摘园成为旅游消费新宠，是农民收入新的增长点。2017年，三产对农民可支配收入增长的贡献率高达25.6%，一定程度上削弱了一产、二产对经营净收入的下拉作用。三是精准扶贫政策是增收助力。2017年，全市累计投入中央和省市县区财政专项扶贫资金15.4亿元，实现2.84万户、9.15万农村贫困人口稳定脱贫，完成3214人易地扶贫搬迁任务，带动低收入农户快速增收。2017年，社会救济和补助人均101.6元，同比增长230.9%。

四是社会保障机制是增收补充。相继出台多项提高社会保障标准的政策，建立稳步提高社会保障标准和离退休人员养老金或离退休金的长效增长机制，社会保障制度逐步完善，农民人均转移净收入快速增加。2017年，转移净收入的增长拉动农民人均可支配收入增长3.5个百分点。

影响农民收入增长的因素。一是务工收入稳定程度低。随着工业供给侧改革的发展，劳动力市场由过去的体力型逐渐转向专业型、技术型，一些文化程度低、缺少技术的农民很难适应岗位的新要求。据调查，初中及以下文化程度的劳动力占85.1%，而有技能证书或者技术职称的劳动力仅0.6%。对文化和技术的要求使农民难以找到稳定就业岗位，务工收入不稳定。二是一产增产创收难度大。产量不稳，农业基础条件较差，农业技术较为落后，没有摆脱靠天吃饭的局面，抗御水旱灾害的能力弱；农产品市场价格不稳定，盲目跟风造成效益较低问题比较突出。2016年农民种植花生收益颇丰，引发2017年各县区大规模种植，结果秋季的雨水灾害造成花生出芽减产，价格比2016年同期下降2元/千克左右，影响农民增收。三是财产性收入比重偏低且呈现负增长。全市财产净收入呈现出总量小、负增长的特点，在构成农民可支配收入的四项收入中，财产净收入占可支配收入的比重仅为1%。（陈　瑞　李怡明）

【农民消费】 2017年，全市农村居民人均消费支出8704.3元，同比增长11.1%，比上年提高2.2个百分点。农村居民消费八大类呈现出“七增一降”的明显特征，其中医疗保健、居住、生活用品及服务的消费支出增长最快，增幅分别达26.4%、17%和16.7%；交通通信、教育文化娱乐、衣着、食品烟酒消费支出居中，分别是13%、11.2%、5.8%和4.2%；其他用品和服务消费支出下降3.6%。

消费结构逐渐优化。从居民八大类支出情况看，衣、食、住三大基本生存型消费支出占全市农村居民消费性支出的比重达58.8%，同比下降1.5个百分点，消费结构渐趋优化。其中，食品类消费更加重视营养，外出饮食成为常态。食品消费中的蛋类、奶类消费分别比上年增长2.7%、13.6%，饮食服务消费同比增长15.8%；衣着消费更加注重舒适度，衣服、鞋类消费分别为512.4元、189.2元，分别比上年增长7.2%、2%；居住条件更加宽敞便利，全年人均水电燃料支出人均432元，同比增长29%，拥有住房面积人均40.6平方米，同比增加0.2平方米。

消费方式趋向城市化。随着生活水平提高，交通、通信和家用电器等消费方面越来越向城市看齐。一方面，农村“路路通”工程使54.2%的调查小区能便利乘坐公共汽车，全年农村居民人均交通费用支出618.4元，同比增长11.8%；手机的普及、4G网络的覆盖，使全年通信费用支出达到402.1元，同比增长15.1%。另一方面，2017年年末，每百户农村居民家庭拥有耐用消费品调查资料表明，洗衣机、电冰箱、彩电等家用电器已基本普及；交通工具处于购买数量不断增长的上升时期，家用汽车和摩托车分别是14辆和61.3辆等，同比增长12.9%、3.4%；洗碗机1.8台，微波炉6.5台，洗碗机、微波炉等新型家电进入农家，虽然数量不多，但体现出农村居民生活越来越趋向城市化。

消费内容更加丰富。一方面，各级党委政府加快文化建设，实施“农村电影放映”“舞台艺术送农民”等文化惠民工程；另一方面，各级党委政府大力发展旅游业，旅游在农村成为新的休闲方式。2017年，农村居民教育文化娱乐支出人均881.6元，比上年增加89.1元，同比增长11.2%。其中，文教耐用消费品人均支出84.5元，同比增长6.9%，说明农村居民越来越重视教育投资。

消费热点更加科学。随着全民医疗保障、公共卫生服务逐步完善，特别是新农合全面覆盖，农村医疗保障水平不断提高，2017年农民医疗保健支出人均772.5元，比上年增加161.4元，同比增长26.4%，增幅位于八大类首位。其中，医疗服务支出人均542.6元，同比增长34.6%。说明随着收入增加和医疗保健制度健全，农村居民越来越重视从科学的角度关注身体健康问题。（陈　瑞　李怡明）

残疾人事业

【残疾人精准康复服务】 2017年，市委、市政府把残疾人精准康复服务纳入政府目标管理，与政府工作同督查、同考核。建立健全精准康复组织管理、技术指导和康复服务体系，全市196个乡镇分别建立康复理疗科室，2300多个村（社区）建立康复站，建立以上带下、定期指导、双向转介的康复服务模式。完成康复需求评估残疾人近11万人，其中7.4万人得到康复服务。市财政投入1600万元购买5万件残疾人辅助器具，免费配发给5万多残疾人。开展残疾人基本康复家庭医生签约服务工作，签约服务率达80%以上。市财政按照签约1个补助10元的标准投入70万元给予经费保障。2017年2月，全国初级辅助技术工程师（肢体方向）培训班及岗位能力考试在驻马店市举行，驻马店市45人取得“初级辅助技术工程师（肢体方向）岗位”证书。3月，举办全市残联系统残疾人精准康复培训班，加强康复人才队伍的培训和培养，邀请中国残联辅具中心全公处副处长何艳亲临授课。全市培训精准康复管理和服务人员3382名。11月10日，中残联康复部主任胡向阳一行调研指导驻马店市残疾人精准康复服务工作，对驻马店残疾人精准康复等各项工作给予高度评价。2017年3月，市残疾人康复中心被全国妇联授予“全国三八红旗集体”。（吕银霞）

【残疾人基本服务状况和需求信息数据动态更新】 2017年，市政府将残疾人基本服务状况和信息数据动态更新工作纳入政府目标管理考核内容，成立动态更新工作领导小组和专家指导委员会。3月5日，召开2017年驻马店市残疾人信息数据动态更新国家级试点启动会议。市县财政投入经费400余万元用于动态更新培训、入户调查补助、宣传和贫困残疾人救助等工作，依托乡镇残联、村两委班子及残协专职委员队伍，组建调查员队伍5000余人。7月1日，全市全面启动入户信息采集，完成入户调查登记、app 采集和电脑录入及上报工作。同时，加强调查数据成果转化应用，将调查数据分别与相关部门对接，通过部门综合施策，为残疾人提供精准帮扶和及时服务，促进残疾人康复教育、就业扶贫、无障碍和文化体育方面政策落实。（吕银霞）

【残疾人就业培训】 2017 年 2 月，市残联与市人社局联合在河南乐山电缆有限公司举办 2017 年残疾人就业援助月专项活动启动仪式暨现场招聘会，共为残疾人及残疾人亲属提供 150 多个就业岗位，有 80 多名残疾人及残疾人亲属当场与用工单位达成就业意愿。在市残疾人综合服务中心连续举办 14 期盲人按摩培训班和电脑培训班，培训学员 1540 人。对全市 83 家盲人保健按摩机构实行规范化管理。全市定点培训机构 14 个，培训残疾人 6929 人，实现就业创业 4941 人。加大残疾人保障金征收力度，2017 年共征收残保金 2306.4 万元。（吕银霞）

【0—6 岁残疾儿童抢救性康复项目】 2017 年，建立残疾儿童筛查工作长效机制，开展残疾儿童筛查、康复双相转介，保障残疾儿童康复权益。组织开展 0~6 岁残疾儿童调查摸底工作，建立 0~6 岁贫困残疾儿童基本状况及康复需求档案和数据库。2017 年，投入资金 2067.7 万元，为 1172 名贫困残疾儿童实施免费康复训练。完成脑瘫项目 170 名儿童的康复训练任务；完成 180 名听障、智障、孤独症儿童的康复教育任务，救助 18 名辖区内家庭贫困的普通学前儿童进入幼儿园融合教育班进行全免费学前教育。10 月 25 日—27 日，河南省残疾儿童抢救性康复项目绩效评价现场考评第二考评组对驻马店市 2016 年残疾儿童抢救性康复项目执行情况进行全面考评，给予肯定。（吕银霞）

【残联综合服务】 2017 年，全市县、乡、村三级残联组织全部达到规范化建设标准，196 个乡镇残联全部实现办公自动化。做好残疾人干部信息库信息采集上报、录入工作。3 月，举办全市提升县域残联综合服务能力培训班。9 月 27 日，召开全市各级残联换届工作动员会，全市 204 个乡镇（街道）残联全部完成换届任务；12 月底，县级残联全部完成换届任务。加大残疾人证办理力度，全面开展下乡入户办证。全年全市核发残疾人证 3.3 万份，累计核发残疾人证 23.8 万份。（吕银霞）

【驻马店市博爱幼儿园成立】 2017 年 4 月，市编委批复成立驻马店市博爱幼儿园，正科级规格，事业编制 6 名，拥有专业康教老师 34 名。投入资金 97 万多元，添置平衡功能检测及训练系统、上肢运动控制训练系统等医疗设备及康复器材。继续实践“医教结合、融合教育、特教提升”的残疾儿童医疗教育康复新模式。博爱幼儿园按照市级规范化幼儿园标准进行升级改造。市博爱幼儿园与郑州幼儿师范高等专科学校合作共建，建立特殊教育专业及学前融合教育教学实践基地，共同促进学前融合教育师资队伍规范和专业提升。开展学前教育助学活动。发放资金 8.4 万元，资助 168 名残疾贫困儿童。（吕银霞）

【残疾人教育社会保障工作】 2017 年，市残联完成普通高招上线残疾考生基本情况统计上报工作，投入资金 100 多万元，资助贫困残疾人大学生及家庭子女大学生 214 名。全市未入学残疾儿童少年统计录入 163 名。全市在校适龄儿童少年就读残疾学生 2386 名。全市近 5 万多名重度残疾人纳入低保救助；41 万名城乡残疾职工、居民参加社会和医疗保险；建立 16 个较为规范的“阳光家园”托养机构，全市部分智力、精神和重度残疾人得到居家托养及机构托养服务，集中托养残疾人近 500 名；为全市参加新型城乡居民养老保险 3.1 万多名重度残疾人参保减免个人缴费部分；11.2 万名残疾人享

1月20日，市儿童福利院举行2017年春节联欢会。工作人员编排了丰富多彩的歌舞节目，彰显人间大爱。残疾儿童们看得津津有味，报以掌声，感谢工作人员们的精彩演出
张　朝　摄

受到两项补贴。（吕银霞）

【残疾人维权工作】2017年，市残联对全市建档立卡重度残疾人家庭无障碍改造需求进行调查摸底，对365户贫困残疾人家庭实施无障碍改造，超额完成省年初下达的265户改造任务。同时，市财政投入400万元，对3850户建档立卡重度残疾人家庭实施无障碍改造。及时发放燃油补贴，加强燃油补贴资金发放的监督管理，完成2018年燃油补贴申报工作。推动《河南省残联系统信访工作制度》和网上信访处理系统的落实，妥善处理网上信访案件2起。在全国“两会”、党的十九大等重要节点，及早部署残疾人安全稳定工作，确保无一例残疾人上访事件。（吕银霞）

【残疾人宣传文化体育活动】2017年，市残联在《驻马店日报》《天中晚报》刊登残疾人康复、就业、惠残政策等宣传专版20余次，发放惠残民生工程宣传单4000多份，残疾人两项补贴制度政策宣传页10万份，广泛宣传残疾人各项事业。巩固完善市县两级盲人阅览室和文化服务站建设，建立“爱心书屋”100多家，为爱心书屋捐赠各类书籍1.1万多册。举办残疾人书法绘画讲座、培训班，观看电影等各类文化活动，受众1万人次；培训残疾人健身指导员100人，建立9个县区残疾人健身示范点，巩固完善1个省级残疾人健身示范点。开展第七届“残疾人健身周”活动，组织残疾人健身指导员培训，加强残疾人健身示范点建设，组织开展健身操、球类等各种健身活动2000余场，参与残疾人1.3万人次。实施康复体育关爱家庭106户，文化进家庭“五个一”项目110户。在4月河南省残疾人田径锦标赛上，驻马店市代表队荣获6枚金牌、7枚银牌和2枚铜牌，并获河南省体育道德风尚奖。在第九届河南省残疾人艺术汇演中，驻马店市荣获声乐类1个一等奖、1个二等奖，戏曲类一等奖。在第27个全国助残日期间，举办驻马店市“最美助残人、最美残疾人工作者”颁奖典礼。9月，举办“喜迎十九大”基层党组织助残扶贫文化宣传巡回演出活动，观看群众达2万多人。（吕银霞）

【助残帮扶】2017年，市残联投入资金165万元，发放1100台助听器；开展辅助器具免费发放活动，发放轮椅5600辆，儿童轮椅、坐姿椅等儿童辅具380件；开展“天籁列车”捐赠活动，免费发放8000台助听器，共惠及残疾人1万多人。利用双节、全国助残日等残疾人重大节日，投入资金120万元，慰问残疾人5000多人。开展“三夏”“三秋”帮扶活动，投入资金近60万元，为4000多户（人）贫困残疾人提供资金、化肥、种子、机械、排水等帮扶。（吕银霞）

【残疾人辅助器具适配工作】2017年，市残联开展辅具精准适配服务进乡村进社区活动，为符合条件低视力患者验配助视器180件，为15名下肢缺肢者进行大腿假肢、小腿假肢和髋离断假肢取型，为3名下肢缺肢者装配假肢，为听力患者免费入户验配助听器4台。组织假肢技术人员到基层为贫困肢体残疾人进行假肢需求筛查、评估、取型，完成200例的假肢装配任务。投入资金333.9万元，采购假肢、矫形器、拐杖等精准康复辅助器具8000件，免费配发给残疾人。（吕银霞）

红十字事业

【概况】2017年，驻马店市红十字会贯彻落实《驻马店市人民政府关于促进红十字事业发展的若干意见》，开展“结伴同行脱贫路 红十字志愿者在行动”活动，加强红十字组织建设、能力建设、规范化建设。全年先后举办全系统干部能力素质和业务培训班18期，组织市县两级红会骨干100人次先后赴濮阳、洛阳、焦作、鹤壁、信阳等市红十字会交流学习。开展红十字应急救护培训，结合世界急救日在《天中晚报》、电视台发出免费培训救护员的招募信息，吸引大批社会人士参与。为整合全市优质救护资源，探索建立市红会督导、县区红会主导的应急救护普及培训模式，精挑市级优秀培训老师分赴县乡进行救护培训。全年共举办应急救护普及性知识讲座77场，受益群众8023人，救护员培训23场次，培训救护员1419人。市红十字会先后获得河南省2017年目标管理考评优秀单位和“红会送医计划”先进单位、河南省红十字会人体器官和遗体捐献工作先进单位、河南省红十字会造血干细胞捐献工作先进单位等称号。（李青峰 谭春明）

【志愿服务】2017年，市红十字会开展一系列有特色的高质量志愿服务。把每月25日固定为“志愿服务日”，在农村、社区开展“三关爱”（关爱空巢老人、关爱留守儿童、关爱残疾人）志愿服务活动，组织红十字志愿者定期到敬老院、福利院开展送健康、送温暖活动，同时深入爱心企业、单位宣传脱贫攻坚工作，广泛招募志愿者投入到“结伴同行脱贫路”活动中去。在国家卫生城市和全国文明城市创建工作中，组织红十字志愿者走街入户到社区进行创卫、创文宣传，走上街道开展文明交通活动，劝阻不文明行为，提高市民对创建卫生城市和文明城市的知晓率、支持率和参与率。全年共组织各类大型志愿服务活动70多场次，2000多名志愿者参加。（李青峰 谭春明）

【“结伴同行脱贫路”活动】2017年，市红十字会打造“结伴同行脱贫路”品牌，专门下发文件成立活动领导小组，加强对活动的指导、统筹，先后3次召开推进会，班子成员5次到县区红会调研，同时利用媒体发出招募“结伴同行脱贫路”志愿者信息，并指派专人做好咨询解疑和志愿者登记、注册、服务等工作。西平县红十字会注重动员社会力量和发挥志愿者的作用，在省红十字会召开的“结伴同行脱贫路”经验交流会上进行典型发言。12月15日，驻马店市红十字会系统组织建设暨“结伴同行脱贫路”现场会在西平召开。

全年全市累计募捐“结伴同行脱贫路”资金 598 万余元，招募志愿者 865 人，帮扶贫困村 10 个，帮扶贫困家庭 300 多户。

（李青峰　谭春明）

【红十字宣传工作】 2017 年，市红十字会与驻马店电视台、《驻马店日报》、《天中晚报》签订宣传协议，及时对开展的活动进行宣传报道，运用驻马店市红十字会网站、微信公众号、自媒体、广视融媒等开展常规宣传、集中宣传和专项宣传，利用到分包路段执勤时机带上红十字法和业务宣传资料及展板进行随机宣传。全年共组织开展各类集中宣传活动 52 次，发放宣传资料 5 万余份，在《中国红十字会报》发表文章 5 篇，在省市各类媒体发表文章 135 篇，在网络媒体发表新闻信息 350 多条次。（李青峰　谭春明）

【应急救援工作】 2017 年，根据《驻马店市自然灾害应急预案》要求，修订完善《驻马店市红十字会自然灾害救助应急预案》，提高预案针对性和可操作性。指导各县区红会加强应急体系建设，修订和完善应急预案，健全应急救援队伍，在薄山湖举行水上应急救援演练，联合市人防办和消防支队在黄淮学院、民生社区、第 10 中学等多次组织应急救援演练；3 月风灾、10 月水灾发生后，市红十字会组织人员到受灾县区核实灾情，与民政部门对接及时上报灾情并指导群众自救。5 月，成立驻马店市红十字蛟龙水上救援志愿服务队，并指导各县区成立本级蛟龙水上救援志愿服务队，发展队员 350 多人，组织救援 170 多场次，搜救、打捞溺水人员 180 余次。（李青峰　谭春明）

【救助工作】 2017 年元旦、春节期间开展红十字“博爱送万家”活动，为低保户、残疾人、特困家庭送去食用油、面粉、大米等价值 109.5 万元的慰问物品；对 49 名贫困白血病患儿和 9 名贫困先心病患儿实施救助，救助资金 169 万余元。全年全市累计发放款物 400 万元，受益群众数万人。

（李青峰　谭春明）

【造血干细胞捐献工作】 2017 年，市红十字会先后组织造血干细胞捐献工作培训会和全市首次造血干细胞捐献志愿者座谈交流会，通过宣讲捐献者故事、答疑释惑，扩大捐献共识，带动更多爱心人士加入到捐献行列。2017 年，全市共完成 409 人份有效入库血样，78 位捐献志愿者与患者初配成功，8 人进行高分辨检测，3 例成功捐献。

（李青峰　谭春明）

【人体器官和遗体捐献工作】 2017 年，按照器官捐献工作流程，开展宣传、登记、见证、救助、缅怀等工作。联合市卫计委、郑大一附院，举办全市人体器官捐献专题培训；召开全市人体器官捐献工作座谈会，各医院 ICU 主任结合本院具体案例分别交流经验。同时，在世纪广场的大型电子屏幕全年不间断进行人体器官捐献宣传报道，提高社会知晓率。全年共实现器官捐献 18 例，遗体器官捐献 1 例。

（李青峰　谭春明）

【“红会送医计划”项目】 2017 年，市红十字会为扩大送医范围和效果，把红会送医计划与精准扶贫结合起来，在 2016 年上蔡县、汝南县、平舆县送医的基础上，2017 年把正阳县、确山县、泌阳县列入红会送医重点县。驻马店市红十字会一方面依托省红十字会送医优质资源结对县区送医医院，着重帮助解决县区送医存在的短板，提高县区医院送医质量；另一方面组织“医术精湛、医德高尚、乐于奉献”的市、县、乡医务志愿者赴乡村开展“送知识、送技术、送义诊”爱心助困送医活动，帮助基层改善医疗卫生条件，致力解决群众“看病难、看病贵”问题。全年共开展送医活动 43 场次，参与送医的县级医院 27 个，参与专家 632 人次，手术 22 次，解决疑难病例 105 例，举办专题讲座 25 场次，查房 361 人次，培训基层医生 1200 人次，义诊群众 5870 人次。

（李青峰　谭春明）

区县概况

驿城区

【基本区情】 驿城区位于驻马店市中部，东与汝南县隔宿鸭湖相望，南与确山县毗邻，西与泌阳县交界，北与遂平县相连。总面积1307平方千米。全区辖人民、新华、西园、东风、老街、橡林、南海、雪松、顺河、香山10个街道，水屯、诸市、板桥、蚁蜂、沙河店5个镇，胡庙、朱古洞、老河3个乡，56个社区，123个行政村，1354个自然村。

因明代曾在此地设有驿站而得名。明朝成化年间，隶属汝宁府确山县。1912年被划为确山县特别区，下辖6个保，后改为确山县辖市。抗日战争胜利后，驻马店市改为驻马店镇，仍属确山县辖。1949年3月驻马店解放，属确山专区，其下设4个镇公所，17个街道委员会；6月确山专区并入信阳专区。1951年春，下辖4区、17个街道。1953年2月改为确山县辖镇。1954年4月改为省辖镇；11月改为省辖市，信阳专区受托管辖。1958年4月降为县辖镇；11月划为确山县红色人民公社第七管理区，下辖3个分社29个大队。1959年3月驻马店管理区改为驻马店人民公社，10月改为驻马店镇。1962年12月驻马店改为专辖镇，隶属信阳专署。1965年5月，设立驻马店专区，驻地为驻马店镇。1980年9月复设驻马店市（县级），属驻马店地区，下辖4个街道、1个人民公社。2000年6月因撤地设市，驻马店镇改设驿城区，隶属新设驻马店市。2001年12月汝南县的水屯镇，确山县的朱古洞乡、胡庙乡、古城乡，遂平县的关王庙乡、诸市乡6个乡镇划入。2009年12月将确山县的蚁蜂镇划入。2010年5月、12月泌阳县的老河乡、沙河店镇划入。2011年1月泌阳县板桥镇划入。2016年，刘阁街道行政区域扩大调整后与市城乡一体化示范区管理套合；驿城区古城乡撤销，实行城市管理体制。

2月12日，驿城区召开创建国家卫生城市工作推进会　　　李　嘉　摄

【组织机构】

中共驿城区委员会

书　　记　贾迎战
副 书 记　毕启民　张二林
常　　委　贾迎战　毕启民　张二林
李　涛（6月离）　宋海潮
张轶馨（女）　李新耀（12月任）
李　勇　张剑飞　刘新太　李伟杰

驿城区第十五届人大常委会

主　　任　冯　收
副 主 任　赵　威（女，4月离）　卢　军（女）
任国全（4月离）　鲁　静
易万宝（4月任）
李玉梅（女，4月任）

驿城区人民政府

区　　长　毕启民
副 区 长　李　勇　刘瑞华（女）
李贺玲（女）　王学清
赛　睿（女，4月任）

政协驿城区第十三届委员会

主　　席　秦　峰
副 主 席　田东林（4月离）　李金枝（女）
刘华冰（4月离）　方付恒（4月离）
吴福玉（4月任）　李新国（4月任）
王　娟（女，4月任）

驿城区人民法院

院　　长　张　娟（女）

驿城区人民检察院

检 察 长　聂旭光

驿城区各街道、乡镇党委书记、乡镇长

人民街道

党工委书记　赛　睿（女）
主　　任　王玉萍（女）

新华街道

党工委书记　刘俊峰
主　　任　冯华辉（12月离）　王　淼（12月任）

西园街道

党工委书记　王红新（女，12月离）
刘　收（12月任）
主　　任　刘　收（12月离）　王三喜（12月任）

东风街道

党工委书记　薛　冰（12月离）　陈金利（12月任）
主　　任　陈金利（12月离）　张亚东（12月任）

老街街道

党工委书记　李　盟（12月离）　张禄林（12月任）
主　　任　陈黎明（12月离）　王建刚（12月任）

橡林街道

党工委书记　白双喜
主　　任　袁晓军

南海街道

党工委书记　张林森
主　　任　段德政（12月离）　曹　军（12月任）

雪松街道

党工委书记　张金晔（女，12月离）
鲁国富（12月任）
主　　任　王三喜（12月离）　冯华辉（12月任）

顺河街道

党工委书记　李新国（12月离）　胡志峰（12月任）
主　　任　胡志峰（12月离）　万　里（12月任）

香山街道

党工委书记　刘　伟
主　　任　李小福

胡庙乡

党委书记　杨光辉
乡　　长　王海威

朱古洞乡

党委书记　张敬春（女，12月离）
陈黎明（12月任）
乡　　长　张　伟

老河乡

党委书记　郭　帅（12月离）　张湘军（12月任）
乡　　长　万　里（12月离）　于　辉（12月任）

诸市镇

党委书记　鲁国富（12月离）　魏彦平（12月任）
镇　　长　王　远

水屯镇

党委书记　孙　浩
镇　　长　张湘军（12月离）
董亚楠（女，12月任）

板桥镇

党委书记　李群伦（12月离）　王建华（12月任）
镇　　长　牛新科

沙河店镇

党委书记　仇建军
镇　　长　卢晖峰

蚍蜉镇

党委书记　张建设（12月离）　段德政（12月任）
镇　　长　赵　敏（女）

【年度概况】 2017年，驿城区全区生产总值368.01亿元，同比增长8%。其中：第一产业增加值27.86亿元，同比增长4.1%；第二产业增加值172.28亿元，同比增长7.3%；第三产业增加值167.87亿元，同比增长9.5%。产业结构比7.6∶46.8∶45.6。全区居民消费价格总水平同比上升1.4%。其中：食品烟酒价格同比下降1.2%；衣着价格同比上升5.7%；居住价格同比上升2.2%；生活用品及服务价格同比上升1.3%；交通和通信价格同比下降1.9%；教育文化和娱乐价格同比上升2.1%；医疗保健价格同比上升6.2%；其他用品和服务价格同比上升2.4%；商品零售价格总水平同比上

6月，市区骏马路南段临街占压道路的商店全部拆除，取而代之的是文化墙，不仅美化道路而且让市民接受传统优秀文化熏陶 张 朝 摄

升 1.4%。

农业 2017 年，全区农业总产值完成 48.79 亿元，同比增长 4.3%；农业增加值完成 29.93 亿元，同比增长 4.3%，其中农林牧渔服务业增加值 14503 万元。粮食作物种植面积 1296540 亩。粮食总产量 47.5 万吨，同比增长 1%。其中：夏粮 28 万吨，同比增长 3%；秋粮 19.5 万吨，同比下降 1.8%。肉类总产量 57955 吨，同比增长 0.3%；其中猪牛羊禽肉总产量 56198 吨，同比增长 0.3%；禽蛋产量 14386 吨，同比下降 20.1%；奶类产量 12175 吨，同比下降 25.4%。2017 年末，猪、牛、羊、禽存栏分别达到 31.65 万头、5.88 万头、9.12 万只、250.33 万只。

工业、建筑业 2017 年，全区规模以上工业增加值 140.71 亿元，同比增长 8.5%；规模以下及个体工业增加值同比增长 4.1%。驿城区规模以上工业企业完成增加值 45.74 亿元，同比增长 9%；规模以上工业企业完成产值 229.1 亿元，同比增长 12.9%；产品销售率 96.1%。规模以上工业实现主营业务收入 213.6 亿元，同比增长 7.1%；利润总额 15.2 亿元，同比增长 18.4%；利税总额 19.9 亿元，同比增长 16.6%。

规模以上工业中，农副食品加工业增加值 51848 万元，同比增长 15.4%；食品制造业增加值 58313 万元，同比增长 12%；汽车制造业（原交通运输设备制造业）增加值 215054 万元，同比增长 16.1%；燃气生产和供应业增加值 6674 万元，同比增长 3.4%；纺织业增加值 3442 万元，同比下降 70.8%。

2017 年，全区完成资质以上建筑业总产值 1981824 万元，同比增长 13.2%；施工房屋面积 6587043 平方米，同比增长 4.4%；竣工房屋面积 1750245 平方米，同比下降 48.1%。驿城区完成资质以上建筑业总产值 1850143 万元，同比增长 13.6%；施工房屋面积 5779696 平方米，同比增长 2.2%；竣工房屋面积 1573741 平方米，同比下降 46.5%。

固定资产投资 2017 年，驿城区城镇固定资产投资 235.4 亿元，同比增长 11.9%。其中，国有及国有控股投资 62.5 亿元，同比增长 28.1%；民间投资 172.9 亿元，同比增长 6.9%。分产业看，第一产业投资 3.9 亿元，同比下降 4.8%（一产取消“农林牧渔服务业”，列三产统计）；第二产业投资 59.6 亿元，同比下降 12.8%；第三产业投资 171.9 亿元，同比增长 22.7%。装备产业集聚区完成固定资产投资 117.51 亿元，同比增长 15.2%。驿城区房地产开发完成投资 60.8 亿元，同比下降 3.3%。其中，住宅投资 47.6 亿元，同比下降 0.5%；土地购置费 5.6 亿元，同比增长 1%。商品房竣工面积 78.4 万平方米，同比下降 67.3%，其中住宅竣工面积 55.6 万平方米，同比下降 69.6%。商品房销售面积 178.1 万平方米，同比增长 5.6%；其中住宅销售面积 140.6 万平方米，同比下降 5%。商品房销售额 77.7 亿元，同比增长 22.8%；其中住宅销售额 62 亿元，同比增长 9.7%。加快推进练江湖片区开发，皇家驿站等项目进展顺利；火车站片区建设迈出新步伐，其中投资 4 亿元的站房改造完工并投入使用，投资 7 亿元的站前广场及地下停车场已近完工，西广场街景改造开工建设；东片区调查摸底工作完成。

环境保护 2017 年，驿城区 PM2.5 平均浓度 57 微克 /

表32

2017年驿城区国民经济基本情况表

项目	单位	完成数	比上年增长(%)
国内生产总值	万元	3680100	8
规模以上工业增加值	万元	1407100	8.5
农业总产值	万元	487900	4.3
粮食总产量	万吨	47．5	1.0
全社会固定资产投资总额	万元	2354000	11.9
农民人均可支配收入	元	11175.7	9.4
地方财政公共预算收入	万元	134267	15.6
地方财政公共预算支出	万元	336055	16.7
社会消费品零售总额	万元	1869000	12.8
城乡居民年末存款余额	万元	7422600	10

说明：国内生产总值、各产业增加值绝对数按现价计算，增长速度按可比价格计算

立方米，同比下降17.5%；PM10平均浓度108微克/立方米，同比下降13.9%；全年优良天数243天，较上年优良天数219天增加24天。

国内贸易 2017年，全区社会消费品零售总额196.9亿元，同比增长12.7%。分行业看：批发零售贸易业零售额182.9亿元，同比增长13.9%；住宿业和餐饮业零售额14亿元，同比下降1.4%。分规模看：全年限额以上企业消费品零售额145.2亿元，占社会消费品零售总额的73.8%；限额以下企业和个体户消费品零售额51.7亿元，占社会消费品零售总额的26.2%。驿城区社会消费品零售总额186.9亿元，同比增长12.8%。分行业看：批发零售贸易业零售额173.8亿元，同比增长13.9%；住宿业和餐饮业零售额13.1亿元，同比下降0.6%。分规模看：全年限额以上企业消费品零售额135.9亿元，占社会消费品零售总额的72.7%；限额以下企业和个体户消费品零售额51亿元，占社会消费品零售总额的27.3%。

规模以上服务业 2017年，全区共有101家规模以上服务业企业，营业收入74.8亿元，同比增长10.7%。其中，35家规模以上营利性服务业企业，营业收入5.7亿元，同比增长32.6%。驿城区有88家规模以上服务业企业，营业收入21.3亿元，同比增长19.2%。其中，31家规模以上营利性服务业企业，营业收入3.3亿元，同比增长22.3%。乐山商场、大商新玛特等商贸企业运行良好，红星国际广场、国药物流等重点项目进展顺利。特色商业区建设取得新进展，皇家驿站项目首开区启动建设。推进“互联网＋扶贫”，建立乡级电子商务服务站7个、村级电子商务服务站11个。旅游业健康发展，金顶山景区年累计接待游客突破100万人次。

财政、金融 2017年，驿城区财政总收入220505万元，同比增长15.7%。一般公共预算收入134267万元，同比增长15.6%。其中：税收收入106983万元，同比增长12.6%，占公共财政预算收入的79.7%。财政总支出495341万元，同比增长11.4%。一般公共预算支出336055万元，同比增长16.7%。其中：一般公共服务支出27630万元，同比增长32.9%；教育支出64730万元，同比增长9.2%；医疗卫生与计划生育支出49411万元，同比增长13.5%；节能环保支出2462万元，同比增长19.1%；农林水事务支出34401万元，同比下降1%。

2017年末，全区金融机构人民币各项存款金额742.26亿元，同比增长10%；金融机构各项贷款余额614.2亿元，同比增长15.6%。

教育、文化、卫生 2017年，驿城区共有普通高中1所，在校生6630人；普通初中23所，在校生25554人；小学170所，在校生58822人；特殊教育学校1所，在校生131人；幼儿园115所，在园幼儿22437人。

加强文化建设，建成村级公共文化服务中心30个，豫剧《嫂娘·大娘·亲娘》荣获省戏剧大赛文华大奖第一名，杂技《梦蝶》《天中娇子》分别荣获全省杂技大赛金奖、银奖。

推动“健康驿城”建设，医养结合省级试点加快推进，建立以市第一人民医院为主体的驿城区医疗联合体，建成标准化村卫生室17个。年末，驿城区区属共有医疗卫生机构187个（含卫生所）。其中，公立医院19个，床位2581张。卫生技术人员1896人。其中，执业医师、助理执业医师823人；注册护士1073人。

人口、人民生活、社会保障 2017年年末，全区总人口82.43万人。常住人口99.28万人。公安户籍人口82.41万人，其中城镇人口47.46万人、乡村人口34.95万人。全区人口出生率12.3‰，死亡率6.52‰，人口自然增长率5.78‰。城镇化率67.32%，提高1.68个百分点。2017年，全区城镇居民人均可支配收入28697元，同比增长9%。农村居民人均可支配收入11175.7元，同比增长9.4%。

2017年，驿城区城镇新增就业10062人，城镇失业人员再就业3555人，安排困难对象再就业938人，农村劳动力转移就业3686人。培训农村贫困劳动力452人。为缺乏资金的创业者提供创业担保贷款146笔2160万元，扶持自主创业146人，带动就业712人，其中为返乡农民工发放贷款113笔、1468万元。全区共开发公益性岗位1000多个。城镇登记失业率控制在3.5%以内，零就业家庭保持动态为零。机关事业养老保险，参保单位318家13104人，2017年养老保险费计划应征17371万元，实际征收27114万元，支出23244万元。企业养老保险，参保企业366家33844人，2017年养老保险费计划应征21600万元，全年征缴养老保险费24216万元，完成全年目标任务的112.2%，发放46864万元。城乡居民养老保险，应参保324602人，实际参保319851人，参保率99%，征缴2609万元，60周岁以上每月待遇领取为93301人，全年发放养老金9180万元，发放率100%。医疗保险，城镇职工医保参保55782人，征缴保险金11710万元，支出10582万元；城乡居民医保参保562664人，征缴保险金33642万元，支出26786万元；生育保险参

保42441人，征缴保险金597万元，支出873万元。工伤保险，参保890家53834人，基金征缴1055万元，支出1531万元。失业保险，参保411家4.03万人，基金征缴690.21万元，支出161.99万元。（刘贝贝）

遂平县

【基本县情】 遂平县位于驻马店市北部，东与上蔡县、汝南县为邻，北与西平县接壤，西与舞钢市、泌阳县毗连，南与驻马店市、确山县交界。总面积1072.8平方千米。总人口56.94万人，常住人口42.66万人。人口自然增长率5.86‰。2017年末，遂平县辖1个工业集聚区；灈阳、车站、莲花湖3个街道；玉山、石寨铺、嵖岈山、和兴、阳丰、沈寨、花庄、常庄8个镇；褚堂、文城、槐树3个乡及新区管委会、嵖岈山风景区管委会、凤鸣谷风景区管委会，207个行政村（居委会）。

唐元和十二年（817）四月，李愬从吴房县文城栅出发，夜袭蔡州，平定吴元济叛乱。后取从此出兵，遂平蔡州之意，唐宪宗下诏“敕改蔡州吴房县为遂平县”。

尧舜禹时代，此地上应房星而称房。舜封尧子丹朱于此，为房邑。相传大禹创九州，房地属豫州。夏、商相沿。西周分封诸侯，房为子爵封地，称房子国，也叫房国（治今文城乡小文城村）。春秋时期，周景王十四年（前531）楚灭蔡，房子国归楚。周敬王十五年（前505）吴王阖闾攻楚，其弟夫概趁机回吴，自立为王，事败奔楚，楚昭王封之于房，始名吴房。战国相沿。秦始皇帝二十六年（前221）吴房属颍川郡；三十三年（前214）改属陈郡。西汉高帝四年（前203），始置吴房（治今文城乡小文城村）、灈阳（治今莲花湖街道）2县。属豫州刺史部汝南郡。东汉、三国、西晋属豫州部汝南郡。东晋十六国时，先后归后赵、前燕、前秦、后秦。南北朝时，南朝宋废吴房县，灈阳县属司州部汝南郡。北魏皇兴二年（468）省灈阳县，置遂宁（治今文城乡小文城村）、义绥（治今沈寨镇小寨村西南）2县，属豫州部襄城郡。北齐天宝四年（553）罢义绥县入遂宁县，改属文城郡。

隋大业二年（606）改遂宁县为吴房县（治今莲花湖街道），属豫州部汝南郡。唐贞观元年（627）裁吴房县，八年（634）复置，属河南道蔡州；元和十二年（817）四月，宪宗下诏“敕改蔡州吴房县为遂平县”（治文城栅南新城），先属溵州（治郾城），后属唐州；长庆元年（821），复隶蔡州。五代十国相沿。北宋属京西北路蔡州淮康军。南宋建炎三年（1129）改为吴房镇并入西平县。金皇统元年（1141）复置遂平县，属南京路蔡州；泰和八年（1208），属南京路蔡州镇南军。元至元七年（1270）省遂平县，入汝阳县，属蔡州；三十年（1293）复置遂平县，属河南江北行省汝宁府。明、清俱属河南布政使司汝宁府。1914年，遂平县先后属河南省豫南道、汝阳道。1928年直隶河南省。1932年隶属河南省第八行政督察区。

1948年9月，成立遂平县爱国民主政府，驻玉山区（今玉山镇玉山村）。1949年1月遂平县爱国民主政府由玉山村迁驻遂平县城（治今莲花湖街道），属信阳专区；3月，全县设城关、沈寨、玉山、文城、诸市、界牌、任桥7个

遂平县城新区　　吴忠富 摄

区，62个乡。1951年全县设王悦、沈寨、土山、文城、诸市、刘虎庄、常庄、和兴8个区和城关镇，143个乡。1955年11月撤区并乡，全县设阳丰、王悦、玉山、杨店、土山、文城、张台、诸市、褚堂、关王庙、石寨铺、刘虎庄、常庄、张店、和兴、沈寨、恒兴17个中心乡和39个乡及城关镇。1957年3月，改56乡和城关镇为26乡、镇。12月将26乡、镇合并为17乡。1958年4月，17乡合并为10乡，每乡为一集体农庄；8月，遂平县卫星人民公社建立，10个集体农庄均改称基层合作社，后改基层合作社为管理区。1959年改管理区为人民公社。即：车站、玉山、嵖岈山、沈寨、关王庙、常庄、石寨铺、诸市、和兴、文城。1962年设15个人民公社和1个镇。新增：张店、槐树、阳丰、张台、褚堂5公社和城关镇。1965年，遂平县由信阳专区析出，改属驻马店专区。1968年复将槐树公社并入嵖岈山公社。1977年增设花庄公社。1980年分析嵖岈山公社为嵖岈山、槐树2个公社，全县共有16个公社、1个镇。

1983年12月，改公社为乡，全县有16个乡、1个镇。即：车站、玉山、嵖岈山、沈寨、关王庙、常庄、石寨铺、诸市、和兴、文城、张店、花庄、槐树、阳丰、张台、褚堂和城关镇。1987年10月城关镇更名为灈阳镇。1994年10月车站乡改为车站镇。全县有15个乡、2个镇。1997年12月玉山乡改为玉山镇。全县有14个乡、3个镇。2000年6月，遂平县属驻马店市。2001年12月关王庙、诸市2乡划归驻马店市驿城区。全县有12个乡、3个镇。2005年11月，张台、张店2乡分别并入花庄、和兴2乡。全县有10个乡、3个镇。2008年7月，嵖岈山、石寨铺2乡分别改为嵖岈山镇、石寨铺镇。撤销灈阳镇、车站镇，2009年设立灈阳街道、车站街道、莲花湖3个街道。全县有3个街道、3个镇、8个乡。2011年，和兴、阳丰、沈寨3乡分别撤乡改镇，全县有3个街道、6个镇、5个乡。2013年撤销花庄乡和常庄乡，设立花庄镇和常庄镇。

【组织机构】

中共遂平县委

书　　记　何　冬（女）
副 书 记　侯　蕴　李全喜（3月离）
　　　　　尹永彪（3月任）
常　　委　何　冬（女）　侯　蕴
　　　　　李全喜（3月离）　尹永彪　赵永俊
　　　　　郭金枝（女，8月离）　何　方
　　　　　杨　锋　孙大杰　史光辉　闫慧勇
　　　　　胡林一　张　强（8月任）

遂平县第十五届人大常委会

主　　任　梁留平
副 主 任　池秀芝（女，4月离）　张宏民
　　　　　李贺宇　张　莉（女，4月离）
　　　　　李宗喜　孙秀荣（女，4月任）

遂平县人民政府

县　　长　侯　蕴
副 县 长　尹永彪（3月离）
　　　　　李东冉（女，1月离）
　　　　　胡林一　戚　斌（3月任）
　　　　　李　峰（1月任）
　　　　　王红新（女，3月任）
　　　　　江海松（3月任）

遂平县政协第九届委员会

主　　席　李云鹏（4月离）
　　　　　郭金枝（女，4月任）
副 主 席　宋超英（女，4月离）
　　　　　孙秀荣（女，4月离）　张廷崇
　　　　　赵国庆（4月任）
　　　　　万传琴（女，4月任）
　　　　　张　阳（女，4月任）

遂平县人民法院

院　　长　刘金洲

遂平县人民检察院

检 察 长　戴海建

遂平县各乡镇、街道党委书记、乡镇长

工业集聚区

主　　任　刘念斌（代）

灈阳街道

党工委书记　师建中（2月离）　郭俊峰（3月任）
主　　任　王　鑫（3月离）　徐鹏举（3月任）

车站街道

党工委书记　魏富亮（3月离）　师道清（3月任）
主　　任　师道清（3月离）　邢继刚（3月任）

莲花湖街道

党工委书记　张　峰（2月离）　王　鑫（3月任）
主　　任　尹中祥（3月任）

新区管委会

党工委书记　杨新华（2月离）　魏富亮（3月任）
主　　任　马中阳（3月离）　马中培（3月任）

常庄镇

党委书记　李世奎（2月离）　臧　珂（3月任）
镇　　长　徐鹏举（3月离）　戴沅航（3月任）

和兴镇

党委书记　刘世杰（女，3月任）
镇　　长　曹　辉（3月离）　张天雷（3月任）

沈寨镇

党委书记　商文强
镇　　长　吴华辉（2月离）　李　民（3月任）

槐树乡

党委书记　臧　珂（3月离）　刘　纯（3月任）
乡　　长　徐　波

嵖岈山镇

党委书记　刘　冰（2月离）　徐俊启（3月任）
镇　　长　徐俊启（3月离）　李建军（3月任）

玉山镇

党委书记　郭俊峰（3月离）　马中阳（3月任）
镇　　长　张天雷（3月离）　秦菊花（女，3月任）

遂平温泉小镇　　陈　钢　摄

阳丰镇

党委书记　江海松（3月离）　李玲华（女，3月任）

镇　　长　李玲华（女，3月离）　张耀林（3月任）

文城乡

党委书记　刘中原（2月离）　李　永（3月任）

乡　　长　刘　纯（3月离）　汪　金（3月任）

花庄镇

党委书记　孙大杰（3月离）　曹　辉（3月任）

镇　　长　李九州（3月离）　张华杰（女，3月任）

褚堂乡

党委书记　冉春玲（女，2月离）　冯　涛（3月任）

乡　　长　冯　涛（3月离）　秦启智（3月任）

石寨铺镇

党委书记　刘世杰（女，3月离）　张清明（3月任）

镇　　长　张　亮（3月离）　刘海洋（3月任）

嵖岈山景区管委会

党委书记　王红军

主　　任　曹　渊

凤鸣谷景区管委会

党委书记　张清明（3月离）　李九州（3月任）

主　　任　杨凤亮（3月离）　张东辉（3月任）

【年度概况】2017年，遂平县生产总值203.4亿元，增长8.5%。其中：第一产业增加值30.2亿元，增长4%；第二产业增加值91.7亿元，增长9.2%；第三产业增加值81.5亿元，增长9.8%。一、二、三产业结构比重由2016年的16.2 ：44.6 ：39.2调整为14.8 ：45.1 ：40.1，其中第三产业比重提高0.9个百分点，二三产业比重达到85.2%，较上年提高1.4个百分点。三次产业对经济的贡献率分别为2.5%、49.7%、47.8%。人均生产总值47691元，比上年增加5148元。全年居民消费价格比上年上涨1.5%。新八大类商品和服务价格呈“六升二降”趋势，其中食品烟酒类价格上涨0.2%，衣着上涨3.9%，居住价格上涨1.4%，生活用品及服务上涨2.2%，交通和通信下降0.9%，教育文化和娱乐上涨1.7%，医疗保健上涨7.2%，其他用品和服务下降0.8%。全年城镇新增就业人员5637人；下岗失业人员实现再就业2743人，城镇登记失业率控制在4.5%以内。

农业　全年粮食种植面积147.95万亩，下降0.41%；其中小麦种植面积73.25万亩，玉米种植面积68.92万亩，下降1.53%。油料种植面积26.45万亩，增长4.34%；蔬菜种植面积11.77万亩，下降9.74%。全年粮食产量60.6万吨，比上年增长1.12%。其中，夏粮35.2万吨，增长2.63%，秋粮25.4万吨，下降0.89%。小麦35万吨，增长2.69%，玉米23.7万吨，下降0.99%；蔬菜产量22.8万吨，下降12.62%；油料产量6.1万吨，下降5.78%。全年肉类总产量7.7万吨，增长1.88%；禽蛋产量6.33万吨，下降2.82%；牛奶产量1548吨，下降41.72%。生猪存栏51.05万头，下降11.34%，出栏79.04万头，增长4.84%。年末农业机械总动力105.4万千瓦，增长0.7%；大中型拖拉机9915台，增长4.7%；全社会用电量10.39亿度，增长6.23%。

表33

2017年遂平县国民经济基本情况表

项目	单位	完成数	比上年增长（%）
生产总值	亿元	203.4	8.5
规模以上工业总产值	亿元	345.18	11.96
粮食总产量	万吨	60.6	1.12
固定资产投资总额	亿元	192.26	11.46
地方财政一般预算收入	亿元	8.53	16.1
地方财政一般预算支出	亿元	30.3	28.7
农村居民人均可支配收入	元	11493.6	9.2
城镇居民人均可支配收入	元	25297.3	9.1
社会消费品零售总额	亿元	77.8	12.6
金融机构各项存款余额	亿元	180.13	15.6

说明：国内生产总值、各产业产值按现价计算，增长速度按可比价计算

工业、建筑业 2017年，全年规模以上工业实现总产值345.18亿元，增长11.96%。规模以上工业实现增加值66.24亿元，增长9.1%，其中轻工业增长10.3%，重工业增长5.5%。规模以下工业及个体工业增加值增长2.9%。全县全年工业用电量69056万千瓦时，同比增长5.58%。规模以上工业25个行业中，有17个行业实现增长。其中，农副产品加工业增加值17.06亿元，比上年增长6.6%；造纸及纸制品业增加值7.89亿元，增长4.9%；食品制造业增加值15.08亿元，增长19.6%；化学原料及化学制品制造业增加值2.86亿元，增长7.5%；皮革、毛皮、羽毛（绒）及其制品和制鞋业增加值4.22亿元，增长25.5%；家具制造业增加值0.4亿元，增长11.7%。147家规模以上工业企业实现主营业务收入332.24亿元，比上年增长14.1%，利润总额达到16.79亿元，增长48.1%，亏损企业亏损额1.13亿元，下降69.5%。全年建筑业增加值13.7亿元，增长15.4%。

固定资产投资 2017年，全社会固定资产投资完成192.26亿元，增长11.46%；其中城镇固定资产投资（不含农户）完成188.56亿元，增长12%；农户固定资产投资完成3.7亿元，下降9.5%。从城镇固定资产投资项目分产业来看，第一产业投资16.85亿元，增长3.4%；第二产业投资102.47亿元，增长14.3%；第三产业投资69.25亿元，增长10.8%。产业集聚区投资124.6亿元，增长0.5%。全年房地产开发投资32.1亿元，增长6.3%，其中住宅投资29.67亿元，增长27.77%。房屋施工面积176.89万平方米，增长2.3%，其中住宅143.47万平方米，增长17.6%。房屋竣工面积46.22万平方米，增长576.3%，其中住宅35.48万平方米，增长539.4%。商品房销售面积67.88万平方米，增长13%，其中住宅59.61万平方米，增长4.4%。商品房销售额28.39亿元，增长44.8%。全年固定资产投资在建项目206个，其中亿元以上项目42个。

国内贸易 2017年，全社会消费品零售总额77.8亿元，增长12.6%。分城乡看，城镇消费品零售额47.5亿元，增长14.5%；乡村消费品零售额30.3亿元，增长9.6%。分行业看，批发业零售额3.1亿元，增长3.7%，零售业零售额59.8亿元，增长13.8%；住宿业营业收入1.1亿元，增长19.6%，餐饮业营业收入13.7亿元，增长8.8%。

旅游 年末，全县旅行社4家，旅游景区（点）5处，其中国家AAAAA级以上景区1处；旅游星级饭店6家。全年共接待游客390万人次，旅游综合收入7亿元，分别增长25.8%、34%。全年共完成人工造林7.9万亩，年末共有国家级森林公园1个，森林覆盖率为26.4%。

财政、金融 全年地方财政总收入11.2亿元，增长13.4%。其中，地方财政一般预算收入8.53亿元，增长16.1%；税收收入5.73亿元，增长12.6%，税收占地方财政一般预算收入的比重为67.2%，比上年同期69.2%下降2个百分点。地方财政一般预算支出30.3亿元，同比增长28.7%。一般公共服务支出25955万元，同比增长16.4%；公共安全支出15030万元，同比增长40.6%；教育支出63962万元，同比增长23.2%；科学技术支出5356万元，同比增长32.9%；社会保障与就业支出49627万元，同比增长27.7%；医疗卫生与计划生育支出41354万元，同比增长19.1%；节能环保支出2455万元，同比下降0.5%。

年末，金融机构人民币各项存款余额180.13亿元，比年初增长15.6%；人民币各项贷款余额108.98亿元，比年初增长16.8%。

教育、科技 2017年，全县高级中学3所（其中十二年一贯制学校1所），招生3317人，在校生10020人，毕业生3347人，教育职工579人（其中十二年一贯制学校227人）；初中学校19所，招生6000人，在校生16971人，毕业生5507人，教职工1229人；普通小学学校150所，教学点36所，招生8467人，在校生47974人，毕业生5988人，教职工2808人；全县幼儿园56个，招生6527人，在园21809人，离园9028人，教职工942人。

2017年，新增科技研究与技术开发机构5个，其中省级2个、市级3个；拥有高新技术企业8家；新增备案省级科技型企业4家。实施国家、省、市各类科技计划项目13项，其中省科技计划项目4家，市科技计划项目9家；申请专利79件，授权专利66件；研发农业新品种5个。

文化、卫生 年末，遂平县共有艺术表演团体80个，文化馆1个，电视广播发射台和转播台1座，电视人口覆盖率99%。城区有线电视用户2万户，农村有线电视用户4万户，广播人口覆盖率98.5%。县内拥有气象卫星数据广播接收系统1个，区域气象观测站17个。

年末，全县共有县级公立二级综合医院3个，即县人民医院、第二人民医院、中医院；妇幼保健院1个，疾病预防控制中心1个，卫生监督所1个，乡镇卫生院14所，社区卫生服务中心2所。卫生机构共有床位2288张，其中乡镇卫生院共有床位618张。民营二级综合医院1个，即仁安

医院；民营医院3个，即安贞医院、金鑫脊柱病医院、牛氏骨伤医院。全县共有执业（助理）医师1078人，执业护士1223人。

人口、人民生活和社会保障 年末，遂平县总人口56.94万人。常住人口42.66万人，其中城镇人口17.88万人、农村人口24.78万人。人口自然增长率5.86‰，出生率12.4‰，死亡率6.54‰。城镇化率41.92%，比上年提高1.66个百分点。

全年全体居民可支配收入16479.4元，增长10.5%。农村居民人均可支配收入11493.6元，增长9.2%；农村居民人均生活消费支出8926元，增长9.4%。城镇居民人均可支配收入25297.3元，增长9.1%；城镇居民人均消费支出19994元，增长7.4%。农村居民家庭恩格尔系数为29.1%，城镇居民家庭恩格尔系数为21.8%，比上年提高2.1个百分点。

2017年，全县农村养老保险应参保人数32.3万人，实际参保人数32.19万人，参保率99%。全年共收缴保险费2241.91万元，共发放养老金9183万元，发放率达到100%。全年全县参加合作医疗人数443999人，参合率98.6%，全年总计补偿参合农民资金25891.03万元，共107.27万人次；其中补偿门诊参合农民资金3709.71万元，共1001298人次，补偿住院参合农民资金22181.32万元，共71390人次。全县全年共有城镇低保对象1956人，共发放最低生活保障资金874.5万元；农村低保对象11022人，共发放最低生活保障资金2604.8万元。全年共有4149名特困人员，发放生活款1314.6万元。 （薛永亮）

西平县

【基本县情】 西平县位于驻马店市北部，南起北纬33° 10'，北至北纬33° 32'，西起东经113° 36'，东至东经114° 13'。东邻上蔡县，西接舞钢市及舞阳县，南与遂平县毗连，北和漯河市源汇区、召陵区交界。京广铁路、京深公路、京港澳高速公路纵贯县境。全县总面积1089.77平方千米。可耕地120万亩。年末总人口886529人，其中非农业人口179104人，占全县总人口的20.2%。人口自然增长率3.14‰。辖师灵、权寨、出山、五沟营、盆尧、嫘祖6镇及柏城、柏亭、柏苑3个街道，芦庙、谭店、宋集、人和、重渠、焦庄、专探、二郎、蔡寨、杨庄10个乡和老王坡管理委员会、产业集聚区，255个行政村，29个居委会，2918个村民小组，138个居民小组（小区），1230个自然村。

据郦道元《水经注》载："西平县故柏国也。汉曰西平，其西吕墟，即西陵亭也。西陵平夷，故曰西平。"

西周为柏皇氏后裔封地柏子国，后归楚国。战国属韩。秦属颍川郡。西汉高帝四年（前203）置西平县，治今县境西部与舞钢市交接地带，属豫州汝南郡。东汉属豫州刺史部汝南郡。建初七年（82）置西平侯国。章和二年（88）仍为西平县。三国属魏豫州汝南郡。东晋大兴二年（319）归属后赵。永和七年（351）属前燕，太和五年（370）属前秦，前秦亡后归东晋。南北朝时，初属南朝宋，后属北魏，改置为襄城郡，郡治在今县城西师灵。北魏天安年间（466～467）分西平县置武阳县。北齐改置文成郡，属豫州汝南郡。

隋属汝南郡，开皇初废文成郡，大业末县废。唐属河南道豫州；武德四年（621）复置西平县，属道州；贞观元年（627）并入郾城县，属豫州；天授二年（691）分郾城县复置西平县，不久又废；四年（716）再置西平县，治所移今址，属仙州；二十六年（738），改属豫州；天宝元年（742）属汝南郡，乾元元年（758）复属豫州。宝应元年（762）属蔡州；元和十二年（817）属殷州；长庆元年（821）殷州废，仍属蔡州。五代时属河南彰义军蔡州。宋属京西北路蔡州汝南郡淮康军。金属南京路蔡州防御使，泰和八年（1208）属蔡州镇安军。元属汴京路蔡州，至元三十年（1293）属汝宁府。明属河南布政司汝宁府。清属汝宁府。1914年属汝阳道。1928年直属河南省政府。1932年11月属河南省第八行政督察区。

1948年8月，中共西平县委和县民主政府成立。1949年3月属确山专区，5月改确山行政公署为信阳专区。1965年6月属驻马店专区。1967年属驻马店地区。2000年属驻马店市。2013年撤销环城乡，设立柏苑街道。2016年，吕店乡撤乡设嫘祖镇。

【组织机构】

中共西平县委

书　　记　聂晓光
副 书 记　李全喜（3月任）　陈　黎（女，8月离）
常　　委　聂晓光　李全喜
陈　黎（女，8月离）　张　新
管保臣　郑　珺（5月离）
孟　丽（女）　李玉清　张　鹏
王　兴

西平县十五届人大常委会

主　　任　李振良
副 主 任　丁建华　段彦杰（4月任）
冯旺志（4月任）　刘　宇（4月任）
刘爱玲（女，4月离）
董玉振（4月离）
于翠花（女，4月离）

西平县人民政府

县　　长　李全喜（3月任）
副 县 长　管保臣　赵海波（4月任）
赵勇军（1月任）　蔡新亭（4月任）
张　燕（女，4月任）
吕先坡（1月离）

政协西平县第九届委员会

主　　席　王梅军（女，4月离）
赵海金（4月任）
副 主 席　张新武（4月任）　姬连成（4月任）
吕新敏（女，4月任）

陈　一（女，4月任）
李书全（4月离）冯旺志（4月离）
刘　宇（4月离）

西平县人民法院

院　　长　黄依群（3月离）高　健（4月任）

西平县人民检察院

检 察 长　余卫东（3月离）
屈三平（女，4月任）

西平县各街道、乡镇党委书记、乡镇长

柏城街道

党工委书记　丁建华
主　　任　陈　龙

柏亭街道

党工委书记　李　轩
主　　任　于　杰

柏苑街道

党工委书记　于宏伟
主　　任　胡　啸

出山镇

党委书记　杨华平
镇　　长　权景兰（女）

权寨镇

党委书记　李　军
镇　　长　赵勇柱

师灵镇

党委书记　苗桂禄
镇　　长　杨　坡

五沟营镇

党委书记　王书田
镇　　长　朱丽娜（女）

盆尧镇

党委书记　丁中华
镇　　长　刘坤峰

人和乡

党委书记　董海建
乡　　长　张提华

宋集乡

党委书记　姬军正
乡　　长　宋劲松

谭店乡

党委书记　郭中亚
乡　　长　叶盛青

嫘祖镇

党委书记　安宏伟
镇　　长　武钢举

芦庙乡

党委书记　马洪岗
乡　　长　潘新卯

杨庄乡

党委书记　张　燕（女，4月离）龚会军（7月任）
乡　　长　孙立伟

专探乡

党委书记　龚会军（7月离）王世彬（7月任）
乡　　长　吕海燕（女）

二郎乡

党委书记　应奎显
乡　　长　邵　军

蔡寨乡

党委书记　吕贺华
乡　　长　吴邵光

焦庄乡

党委书记　刘　哲
乡　　长　吕建伟

老王坡管理委员会

党委书记　李汝伟（女）
主　　任　席留成

重渠乡

党委书记　王怀臣
乡　　长　赵　杰（7月离）杨永刚（7月任）

【年度概况】2017年，西平县完成生产总值225亿元，增长8.7%。其中：第一产业增加值49.1亿元，增长4.3%；第二产业增加值76.3亿元，增长8.9%；第三产业增加值99.6亿元，增长11.2%。全县人均生产总值达到33078元，增长8.6%。

农业　2017年，全县耕地面积79560公顷。全年农作物总播种面积170006公顷。其中，粮食作物播种面积139066公顷。夏粮面积70694公顷，增长0.02%；秋粮面积68372公顷，减少2.65%。小麦播种面积70694公顷；玉米播种面积67986公顷，减少2.69%。蔬菜面积15266公顷，增长1.11%；油菜面积3600公顷，增长38.46%。全年粮食总产量94.3万吨，较上年增长0.4%。全年生猪存栏102.23万头，出栏145.6万头；家禽存栏856.53万只，出栏783.15万只；肉类总产量达13.85万吨，禽蛋产量7.86万吨，实现畜牧业产值38.6亿元。年末机械总动力115.6万千瓦，年增长2.5%；大中型拖拉机8232台，增长4.4%；化肥施用量（折吨）7万吨，增长0.2%；农村用电量36748万千瓦时，增长4.7%。培育新型职业农民2300多人，农民专业合作社达到2225家，家庭农场发展496家，农机专业合作社达94家，申报、认定市级以上示范合作社、家庭农场70家，带动流转土地38.4万亩。西平县连续11年被定为全国生猪调出大县。

工业、项目建设　2017年，西平县工业总产值319亿元，增长12.8%，工业增加值66.99亿元，增长8%，实现税收1.3亿元。产业集聚区全年完成固定资产投资79.7亿元，增长16.7%。产业集聚区被中纺联认定为全国纺织服装产业转移示范园区、被省工信委认定为河南省中小企业特色产业集群（畜牧机械）；集聚区食品机械产业园和人和工业园入驻食品企业达23家。全县规上工业实现增加值49.1亿元，增长9%，增速全市第3。豫粮生物、丰华食品被认定为河南省科技小巨人培育企业，双成生物、昀航科技、豫粮生物被认定为国

洪河西新区全景　　崔宝轩 摄

家级高新技术企业，鼎力杆塔申报的“输电线路杆塔智能制造”列入市重大科技专项。

全年共引进工业项目92个，总投资94.6亿元，已完成投资32.5亿元；洽谈、签约、在建第三产业项目89个，总投资101.7亿元，2017年计划投资20亿元，实际完成投资23.2亿元。智尚工园入住歌锦服饰、华之诺服饰等40多家服装知名企业；食品机械产业园入驻温州科信、瑞安台隆等12家企业；领秀服饰物联网产业园、鹤鸣箱包项目基本建成；金凤牧业、瑞航农牧与正邦、牧原等知名企业合作，加快农牧机械装备制造产业集群发展。19个省市重点项目已完成投资89.5亿元。国际畜牧机械产业园、金牧人、海蓝牧业、新世源等项目竣工投产。

固定资产投资　2017年，全年城镇固定资产投资156.7亿元，同比增长11.9%。其中，项目投资134.9亿元，同比增长9.5%。其中，国有控股投资29.6亿元，同比减少37.2%；私人控股投资104.8亿元，同比增长38%；集体控股投资0.4亿元。分产业看，第一产业投资10.1亿元，增长33.7%；第二产业投资90.1亿元，增长24.3%；第三产业投资34亿元，减少20.2%。全年房地产开发投资20.9亿元，同比增长29%。商品房销售面积69.8万平方米，增长40.2%；商品房销售额37.5亿元，增长140.5%。

财税、金融　2017年，全县一般公共预算收入完成8.3亿元，增长14.3%。其中，税收收入5.7亿元，占一般预算收入的比重为69.1%，增长19%。一般公共预算支出完成36.6亿元，增长11.7%。其中，教育支出61513万元，增长41.9%；社会保障和就业支出58979万元，增长6.9%；医疗卫生支出49404万元，增长22.1%；农林水事务支出19892万元，较上年同期下降26.4%，减支7151万元。

截至2017年年底，全县金融机构人民币各项存款余额236.9亿元，较年初增加24亿元，增长11.2%；各项贷款余额103.9亿元，较年初增加9.9亿元，增长10.5%。

国内贸易　2017年，全县社会消费品零售总额实现114.9亿元，同比增长12.9%。按城乡统计，城镇消费品零售额84.2亿元，增长11.8%；乡村消费品零售额30.7亿元，增长16.1%。按行业统计，批发业18.4亿元，增长3%；零售业76.7亿元，增长14.7%；住宿业0.5亿元，增长13.1%；餐饮业19.3亿元，增长16.8%。

交通　截至2017年年底，全县公路通车总里程1793.293千米，公路密度为164.67公里/百平方公里。全县公路运输完成客运量987万人次，客运周转量57763万人千米；完成货运量257.87万吨，货运周转量12893.4万吨千米。水路运输完成货运量220万吨、货物周转量18.92亿吨千米。全县共有运输企业107家，检测企业2家，驾培机构5家，维修业户102户。全县货车拥有量4650辆，客车287辆，船舶324艘。已开通农村线路26条，基本形成农村客运网络。截至2017年底，已通硬化路自然村数1163个，占全县自然村总数（含建制村共计1210个）的96.11%。省级文明示范路和市级规范化美丽乡村路已累计创建里程221.33千米。优、良、中等路里程共计1046.59千米。路肩有铺装路线里程1351.69千米，路肩已培护到位里程共计1157.47千米。

教育　2017年，全县共有各级各类学校（含幼儿园）358所，其中幼儿园97所、小学226所、初中30所、普通高中3所、职业高中1所、特殊教育学校1所。全县共有教职工9814人，其中幼儿园1830人、小学4037人、初中2815人、普通高中894人、职业高中213人、特殊教育学校25人。全县共有专任教师4813人，其中幼儿园1154人、小学397人、初中2250人、普通高中813人、职业高中175人、特殊教育学校24人。全县共有各级各类在校学生113858人，其中幼

表34

2017年西平县国民经济基本情况表

项目	单位	完成数	较上年增长（%）
地区生产总值	万元	2250289	8.7
工业总产值	万元	3189942	12.8
农林牧副渔总产值	万元	877430	4.3
粮食总产量	万吨	94.3	0.4
全社会固定资产投资总额	万元	1737377	13.6
农民人均纯收入	元	11695	9.1
城镇居民可支配收入	元	23917	8.9
一般公共预算收入	亿元	8.3	14.3
一般公共预算支出	亿元	36.6	11.7
社会消费品零售总额	亿元	114.9	12.9
金融机构各项存款余额	亿元	236.9	11.2

儿23158人、小学学生50247人、初中学生23164人、普通高中学生15087人、职业高中学生2118人、特殊教育学生84人。全县小学适龄儿童入学率达到100%，无辍学现象。初中适龄少年入学率达到100%，辍学率控制在1%以内。

文化、卫生 2017年，送电影下乡3000余场；为20个乡镇图书室配书1万余册；送戏下乡360场次，观众约29万人次，新排、复排大型古装戏1台（《西陵嫘祖》），新创戏曲、音乐剧、小品6个，举办全县的群众文化活动1200场次。图书馆全年接待读者7.3万人次。

截至2017年年底，西平县拥有各类医疗机构23个，其中县级医疗机构6个，分别为县人民医院（二级甲等综合医院）、中医院（二级甲等中医院）、妇幼保健院（二级专科医院）、第二人民医院、疾控中心、计划生育技术指导站；乡镇卫生院17个、乡镇（街道）计生服务中心22个、村卫生室285个、个体诊所21个、单位卫生室（所）4个；民营医院15个，其中二级医院0个。全县医疗机构总床位达到2807张；卫生技术人员总数达2426人；每千人口拥有床位数3.2张，拥有执业（助理）医师数848人、注册护士数1062人。

人口、人民生活和社会保障 年末，全县总人口886529人，其中农业人口707425人，占全县总人口的79.8%。2017年出生人口6282人，出生率7.16‰；死亡人口3531人，死亡率4.02‰；自然增加人口2751人，自然增长率3.14‰。城镇化率36%。城镇居民可支配收入23917元，增长8.9%；农民人均纯收入11695元，增长9.1%。居民储蓄存款余额193.9亿元，增长10.7%。

2017年，全县城镇新增就业5568人，新增农村劳动力转移就业5300人，城镇失业人员再就业2008人，帮助就业困难人员实现就业677人。发放小额担保贷款273笔，金额

2月，西平县农牧机械制造产业生产图景 丁 振 胡军华 摄

2180万元。城镇登记失业率控制在3.1%以内,动态消除“零就业家庭”。截至2017年11月底，城镇企业职工基本养老保险参保人数达到32406人，其中在职企业职工参保人数达到21526人，净增825人；征缴企业养老保险金9759万元。城乡居民社会养老保险参保人数达51.98万人，其中16周岁～59周岁缴费人数36.03万人，60岁以上参保人数15.95万人，征缴养老保险金3931.73万元，发放养老金13620.78万元，符合条件的到龄人员养老金发放率100%。社会保障卡累计持卡人数514530人。机关事业单位养老保险原试点参保单位33个，参保职工1971人，退休人员509人，离休4人，基本养老金收入1198万元，发放养老金1354万元，全部实行社会化发放，发放率100%，基金滚存结余1201万元。城镇基本医疗保险参保11.4万人（其中城镇职工医保参保3.8万人，城镇居民医保参保7.6万人）；征缴城镇职工医疗保险金7808万元。失业保险月均参保2.66万人，征缴失业保险金510.9万元。生育保险参保2.3万人，征缴生育保险金252万元。工伤保险参保人数达到28082人，征缴工伤保险费565.2万元。截至2017年年底，城乡居民共计参保736215人，完成目标任务809261人的91%。

脱贫攻坚 2017年，全县新识别贫困户3186户、7472人。实现11个村整村脱贫、2327户7046人脱贫。截至2017年年底，西平县有32个贫困村、9797户21431贫困人口未脱贫，贫困发生率降至2.76%。建立20个乡级脱贫责任组、271个村级脱贫责任组，派驻驻村第一书记271名、帮扶队员317名，在全市率先实现有贫困人口的行政村（社区）驻村第一书记和驻村帮扶队全覆盖。2017年落实生活补助、保教费55.98万元，资助学前教育阶段家庭经济困难幼儿4796人次（其中建档立卡幼儿1049人次）。落实生活补助879万元，资助义务教育阶段家庭经济困难寄宿学生14999人次。实施义务教育营养改善计划，发放补贴150.16万元，资助3754人次。落实国家助学金534.98万元，资助中等职业学生404人次、普通高中学生4948人次。中职学生2507人次,享受免学费补助172.88万元。落实194.02万元,免除普通高中四类困难学生学费和住宿费1889人次，实现教育扶贫全覆盖。对358户建档立卡贫困户进行危房改造,工程验收合格率100%。投入1309万元，解决9个乡镇12个贫困村3.4万人安全饮水问题。全县贫困户残疾人持证率达99.5%；为6615名贫困户残疾人发放残疾人两项补贴,发放轮椅、助听器等1000件。 （于 威）

上蔡县

【基本县情】 上蔡县位于河南省东南部、驻马店市东北部，地处北纬33° 4′ ～33° 25′，东经114° 6′ ～114° 42′之间，东邻项城市，西连西平县、遂平县，南接汝南县、平舆县，北邻商水县、郾城区。总面积1529平方千米，其中耕地111381.4公顷。总人口153.4万人，其中乡村人口117.53万人，人口自然增长率5.67‰。辖蔡都、卧龙、重阳、芦岗4个街道，杨集、黄埠、洙湖、朱里、党店、华陂、塔桥、东洪、邵店、和店、五龙、韩寨12个镇和大路李、无量寺、杨屯、崇礼、蔡沟、齐海、东岸、小岳寺、西洪、百尺10个乡,415个行政村,45个居民委员会,1562个自然村。

因周为蔡国，公元前493年蔡昭侯迁都于州来，改州来为下蔡，蔡国故地称之为上蔡。

周武王元年（前1046)，周武王封其同母弟叔度于蔡地，建立蔡国，定都今上蔡。周景王十四年（前531)，楚灭蔡国,设立蔡县。周贞定王二十二年（前447),楚师灭蔡,蔡侯齐出亡,蔡地尽归于楚。周显王二十三年（前346),魏、韩联合伐楚，上蔡归韩，韩釐王时置上蔡县。秦王政十七年（前230)，秦灭韩，属颍川郡，西汉高祖四年（前203)，属豫州刺史部之汝南郡，三国属魏国豫州汝南郡。晋泰始四年（268)，改上蔡县为武津县。东晋及十六国时期，先后属后赵、前燕、前秦、后秦，后复为东晋所属。南北朝初属南朝宋，后属北朝。南朝宋移上蔡县治于悬瓠城（今汝南县汝宁街道)，属汝南郡。北魏神龟二年（519)，于县境北部置临汝县，又曰武津县（治今朱里镇岗郭村)，属汝阳郡，北齐省入上蔡县。隋开皇六年(586)复置武津县;大业六年(607),复改武津县为上蔡县,治所在今上蔡县城。唐属河南道蔡州。元和十一年（816）省入遂平,长庆元年（821）复置上蔡县。宋属京西北路蔡州汝南郡淮康军节度。金属京南路蔡州镇南军节度。元属河南行省汝宁府。明洪武初，废上蔡县，四年（1371）复置。属河南布政使司汝宁府辖。明代全县共划分为36里，清初，仍因之，后来改里为图，每图之下划为二里，全县有36图72里。中华民国初，属汝宁府。

1913年属豫南道，1914年属汝阳道。1927年直属河南省。1931年，上蔡县试行自治，取消旧里名称，全县共划为9个自治区，区下辖乡（镇)，共为223个乡（镇)。1932年，属河南省第八行政督察区。1933年全县改自治，实行保甲,全县仍划为9个区,区下设联保,全县共有联保126个。1935年合并为76个联保，改原来的9个区为3个区，取消区公所，改设区署。1940年全县合并为31联保。1941年取消区署和联保，县下直接设乡（镇）和保甲，全县共分17乡（镇）337保，3841甲。

1948年10月，上蔡县西部建立洪河县，属豫皖苏解放区第七专区。1949年3月,洪河县并入上蔡县,属确山专区,上蔡县人民政府成立，共划为10个区：蔡沟、东岸、洙湖、塔桥、华陂、百尺、黄埠、邵店、东洪、城关。同年6月，撤销邵店区，增设五龙区，撤销塔桥区并入洙湖区，8月，属信阳专区，至9月，共辖9个区。区下划乡，共为170个乡。1950年11月，恢复邵店、塔桥2个区，增设和店、朱里2个区,五龙区更名为申庄区,1951年7月又改为展庄区,共为13区，213乡（镇)。1952年10月，增设高岳区和周庄区,乡数增加为206个,镇数增加为13个。1954年10月,城关区更名为城关镇，全县共为15个区219乡（镇)。1956年1月，撤销周庄、和店、展庄3个区，邵店区更名为周集区，华陂区更为湖岗区，全县共为12个区；4月，撤销12个区，改设为大王、杨集、蔡沟、林堂、东岸、张寨、大姬、白圭庙、朱里、史彭、百尺、石桥、黄埠、邵店、东洪、东里、五龙、贾庄、党店、崇礼、无量寺、赵集、杨丘、张集、孟尧25个中心乡，中心乡下又设100个小乡和1个城关镇。1957年3月，撤销25个中心乡和100个小乡，设立和店、芦村、杨集、高岳、蔡沟、林堂、东岸、洙湖、张寨、塔桥、白圭庙、朱里、蒋集、华陂、史彭、百尺、鹭店、石桥、黄埠、邵店、东洪、五龙、大吴、西洪、党店、崇礼、无量寺、齐海、赵集、杨丘、张集、孟尧32个乡和1个城关镇。1958年7月，全县33个乡（镇）改建为14个乡（镇），乡镇下辖438个高级农业生产合作社。同年11月，全县14个乡（镇）改为14个人民公社，人民公社下设生产大队和生产队。1961年10月，分为50个人民公社，同时新划为9个区。1962年7月，撤销9个区，新设立和店、杨集、蔡沟、林堂、东岸、洙湖、塔桥、白圭庙、朱里、华陂、百尺、石桥、黄埠、邵店、东洪、五龙、周庄、湖岗、党店、崇礼、无量寺、申庄、张集、杨丘、孟尧、城关26个人民公社。

1965年7月，属驻马店专区。1966年5月，撤销白圭庙、林堂、石桥、杨坵、张集、湖岗、孟尧、周庄8个公社，新设城郊、西洪2个公社，申庄公社更名为齐海公社，变动后全县为20个公社。1976年2月，划出百尺、城郊2个公社中的大路李、谢堂、大胡、肖里侯、肖里王、涧沟王、聂坡、栗庄、姜庄、朱里桥、陈桥、湾李、孟尧、马堂、唐楼、郝坡16个大队设立大路李公社；划出朱里公社的张集大队，蔡沟公社的康湖、赵庄、徐楼、邱路口4个大队，东岸公社的石桥、何庄、前陈、耿陈、郭庄、张市店、义公、任集、贾寨、庄湖10个大队，东洪公社的大骆、坡李2个大队，共17个大队设立韩寨公社；划出华陂、朱里、西洪3个公社中的小岳寺、大明、西伍张、业王、望东湖、双河、边张、时庄、大岳寺、赵集、郭七、朱寨、陈集、坡吴、杨炉、大屯16个大队设立小岳寺公社。1977年7月，划出齐海公社中的石桥、王庄、宋庄、穆庄4个大队和东洪公社中的后楼、万庄、龚庄、别庄4个大队设立石桥公社；划出洙湖公社的邱庄、韩王2个大队，五龙公社的张宇、李宣、田庄、张俭、杨屯、陈法寨、魏楼7个大队设立杨屯公社。至此，全县共有25个公社。1981年8月，城关公社更名为城关镇。

1983年公社改乡，辖和店乡、杨集乡、蔡沟乡、东岸乡、洙湖乡、塔桥乡、朱里乡、华陂乡、百尺乡、石桥乡、黄埠乡、邵店乡、东洪乡、五龙乡、西洪乡、党店乡、崇礼乡、无量寺乡、齐海乡、小岳寺乡、韩寨乡、大路李乡、杨屯乡、城郊乡、城关镇。1987年10月城关镇更名为蔡都镇，城郊乡更名为芦岗乡。1987年12月杨集、黄埠撤乡建镇。1994年10月洙湖撤乡建镇。1995年11月朱里撤乡建镇。1996年1月党店撤乡建镇。1997年12月华陂撤乡建镇。2000年6月属驻马店市。2005年11月撤销石桥乡，并入东洪乡。2009年6月撤销蔡都镇、芦岗乡，将东洪乡的石桥村、王庄村，齐海乡的丁赵村、申赵村、朱庄村5个村并入县城区，分别设立蔡都、芦岗、卧龙、重阳4个街道。2010年5月塔桥、东洪撤乡建镇。2012年撤销邵店乡，设立邵店镇。2014年撤销和店乡，设立和店镇。

【组织机构】

中共上蔡县委

书　　记　胡建辉
副 书 记　李卫明　王胜利（8月离）
常　　委　胡建辉　李卫明　王胜利　闫　峰　桂兆权　张金涛　刘　楠（女）　李　新　刘银业　陈　佳　李　超　拜玉宝

上蔡县第十四届人大常委会

主　　任　肖开义
副 主 任　王保军　朱学礼　李　新　赵　宁（女）　李克臣（4月离）

上蔡县人民政府

县　　长　李卫明
副 县 长　闫　峰　拜玉宝　侯　杰（3月离）　陈　剑　雷　鸣（1月任）　胡艳红（女，3月任）　吕先坡（3月任）

政协上蔡县第十届委员会

主　　席　臧海声
副 主 席　王留柱（4月离）　王建军（4月离）　张翠平（女）　李湘俊　王廷华（4月任）　张金英（女，4月任）

上蔡县人民法院

院　　长　付自强（3月离）　王曙光（3月任）

上蔡县人民检察院

检 察 长　孟卫民（3月离）　闫　宝（3月任）

上蔡县各乡镇、街道党委书记、乡镇长

蔡都街道

党工委书记　王立新（1月离）　魏卫国（1月任）
主　　任　杨玉柱（1月离）　程建党（1月任、12月离）

芦岗街道

党工委书记　杨维新（1月离）　班泽宇（1月任、12月离）
主　　任　赵盘根（1月离）　翟自立（1月任）

卧龙街道

党工委书记　刘卫华
主　　任　张红岩（1月离）　刘东升（1月任）

重阳街道

党工委书记　邵亚伟（2月任）
主　　任　邵亚伟（1月离）　葛云亮（1月任）

杨集镇

党 委 书 记　丁华伟（1月离）　刘向猛（2月任、12月离）　魏美荣（女，12月任）
镇　　长　刘向猛（1月离）　郭永华（2月任）

黄埠镇

党 委 书 记　苏国忠

蔡明园文化活动 孙国钧 摄

镇　　长　程建党（1月离）　王永臻（2月任）

洙湖镇

党委书记　肖红旗（1月离）　丁华伟（1月任）

镇　　长　刘玉涛（1月离）　单向阳（2月任）

朱里镇

党委书记　赵建国

镇　　长　朱志发（1月离）　李运华（2月任）

党店镇

党委书记　陈保进（1月离）　张耀宇（2月任）

镇　　长　张耀宇（1月离）　李　凯（2月任）

华陂镇

党委书记　李慧贤（女，1月离）

　　　　　张春香（女，1月任）

镇　　长　葛云亮（1月离）　叶胜利（2月任）

塔桥镇

党委书记　张耀华（1月离）　李慧贤（女,1月任）

镇　　长　刘东升（1月离）　何振波（2月任）

东洪镇

党委书记　宋海波（1月离）　王银朋（2月任）

镇　　长　王银朋（1月离）　邢建设（2月任）

邵店镇

党委书记　王新伟

镇　　长　王珍华（1月离）　张轶豪（1月任）

和店镇

党委书记　冯建民（1月离）　张红岩（2月任）

镇　　长　苏静峰（女,1月离）　王　飞（2月任）

五龙镇

党委书记　李　勇（1月离）　张永喜（2月任）

镇　　长　张永喜（1月离）　侯永喜（2月任）

韩寨镇

党委书记　魏卫国（1月离）　田计划（2月任）

镇　　长　田计划（1月离）　邝二红（2月任）

大路李乡

党委书记　齐海霞（女,1月离）　孙　伟（2月任）

乡　　长　孙　伟（1月离）　徐永辉（2月任）

无量寺乡

党委书记　李爱荣（女,1月离）　赵盘根（2月任）

乡　　长　张国政

杨屯乡

党委书记　朱松涛（1月离）　刘永红（2月任）

乡　　长　刘永红（1月离）　张宏华（2月任）

崇礼乡

党委书记　张国耀（1月离）　杨玉柱（2月任）

乡　　长　孙广周（1月离）　翟洪东（2月任）

蔡沟乡

党委书记　赵建伟（1月离）　赵树明（2月任）

乡　　长　赵树明（1月离）　彭康辉（2月任）

齐海乡

党委书记　赵建军（1月离）　朱志发（2月任）

乡　　长　叶胜利（1月离）　刘亚峰（2月任）

东岸乡

党委书记　张献中（1月离）　赵建军（1月任）

乡　　长　谢恭旭（1月离）

　　　　　魏美荣（女，2月任、12月离）

小岳寺乡

党委书记　韩红蕾（女,1月离）　孙广周（2月任）

表35

2017年上蔡县国民经济基本情况表

项目	单位	完成数	较上年增长（%）
生产总值	亿元	224.5	8.2
工业增加值	亿元	76.8	7.7
规模以上工业增加值	亿元	74.6	8.5
粮食总产量	吨	1025165	-2.19
全社会固定资产投资总额	亿元	161.3	12.4
财政一般公共预算收入	亿元	6.66	15.9
一般公共预算支出	亿元	53.73	8.7
城镇居民人均可支配收入	元	24649	9.2
农村居民人均可支配收入	元	10583	9.6
社会消费品零售总额	万元	970186	12.7

乡　　长　刘东坡（1月离）　郑志峰（2月任）

西洪乡

党委书记　张春香（女，1月离）　刘玉涛（2月任）

乡　　长　张轶豪（1月离）　王彦娥（女，2月任）

百尺乡

党委书记　徐　伟（1月离）

李爱荣（女，1月任、12月离）

程建党（12月任）

乡　　长　翟自立（1月离）　夏秋亮（2月任）

【年度概况】2017年，上蔡县全年生产总值（GDP）224.5亿元，按可比价格计算，比上年增长8.2%。分产业看，第一产业增加值42.8亿元，增长4.6%；第二产业增加值89.6亿元，增长8.8%；第三产业增加值92.1亿元，增长9.7%。三次产业结构由上年的20.5：39.2：40.3调整为19.1：39.9：41，其中第二产业比重上升0.7个百分点，第三产业比重提高0.7个百分点。人均生产总值23015元。全年居民消费价格总水平比上年增长0.4%。食品类价格增幅较大，比上年同期下降3.7%。其中，粮食价格上升4.4%，畜肉类价格下降10.3%，鲜菜下降18.5%，农业生产资料价格总水平下降3.3%，商品零售价格总水平比上年增长0.5%。

农业　2017年，全县耕地面积111381.4公顷。全年农作物总播种面积达到206178公顷。其中，粮食作物播种面积161474公顷，小麦播种面积91557公顷。夏粮面积91560公顷；秋粮面积69914公顷，下降10.39%。蔬菜面积11926公顷，增长0.07%；油料面积29482公顷，增长49.9%；棉花面积597公顷，下降13.97%。全年粮食总产量1025165吨，下降2.19%。其中，夏粮产量668604吨，增长2.83%，夏粮单产产量486.8千克，增长2.83%；秋粮产量356561吨，下降10.39%，秋粮单产产量340千克，与上年相持平。全年实现农林牧渔业总产值799838万元，比上年增长4.8%。其中：农业产值494209万元，增长4.7%；林业产值5301万元，增长6%；牧业产值240990万元，增长3.9%；渔业产值10424万元，增长5.4%。农林牧渔服务业产值48914万元，增长9.5%。农林牧渔业增加值449226万元，比上年增长4.8%。其中：农业增加值277570万元，增长4.7%；林业增加值2977万元，增长3.3%；牧业增加值141481万元，增长4.5%；渔业增加值5855万元，增长1%。农林牧渔服务业增加值21343万元，增长9.5%。全年肉类总产量75738吨，禽蛋总产量49271吨。年末，生猪存栏60.2万头，生猪出栏80.6万头；牛存栏2.8万头，牛出栏3.1万头；羊存栏10.5万头，羊出栏14.2万头；家禽存栏426.8万只，家禽出栏741万只。

工业、建筑业　2017年年末，全县有规模以上工业企业141家。全县完成全部工业增加值76.8亿元，比上年增长7.7%。规模以上工业增加值74.6亿元，增长8.5%。其中，规模以上高新技术产业增加值10.3亿元，比上年增长18.4%。规模以下工业增加值2.2亿元，增长4.2%。在规模以上工业行业大类中农副食品加工业增加值119447万元，增长7.3%；纺织业增加值67508万元，增长14%；皮革、皮毛、羽毛及制品和制鞋业增加值114587万元，增长10.5%；化学原料和化学制品业增加值14918万元，下降15.3%；医药制造业增加值49699万元，增长22.8%；食品制造业增加值67088万元，增长22.9%；电力、热力的生产和供应业增加值26208万元，增长5.8%。全年完成规模以上工业总产值357亿元，增长8.1%。全部规模以上工业实现主营业务收入326亿元，增长8.6%。全年产业集聚区规模以上工业增加值71亿元，增长16.3%，占全县规模以上工业增加值比重95.2%；产业集聚区主导产业增加值42.9亿元，增长17.2%，占产业集聚区工业增加值比重60.4%。

全年建筑业总产值25.5亿元，增长30.5%。房屋建筑施工面积92万平方米，比上年增长1%。

城镇建设　2017年，上蔡县城镇化率达到37.5%，较上年增长1.7个百分点，中心城区建成区面积达到39平方千米，韩寨乡撤乡建镇已经省政府批复。周驻南高速公路项目完成投资7.48亿元。累计投入市政建设资金21.8亿元，实施城建交通重点项目30个，新建和拓宽城区主次干道22条25.7千米，城区环线道路基本实现联通。新修雨污管网42千米，改造背街小巷16条；完成绿地建设81.2万平方米、道路绿化57.4万平方米，市民公园主体工程基本完成，新建绿地游园3处，建成区绿地率和绿化覆盖率分别为31.6%、35.3%，城区人均公园绿地面积达到8.9平方米，通过省级园林县城验收。“双违”整治形成常态化机制，拆除违法建筑479宗50.8万平方米。开展乡村环境卫生整治等行动，创建省级达标村、示范村92个，新涌现出大路李湾李、党店闫刘、齐海牛庄等一批改善人居环境先进村，五龙镇成为上蔡县首个省级卫生乡镇。

项目建设　2017年，全县新引进项目62个，总投资338亿元，其中新签约项目32个，合同投资额186.2亿元。引进省外资金26.2亿元，实际利用外资3336万美元。30个

上蔡农村自然村落 孙国钧 摄

省市重点项目顺利推进，累计完成投资 90.3 亿元，占年度计划的 143.6%。诚鑫胶囊技术升级改造、上继电器、雄安制鞋产业园等一批重点项目建成投产，共享智能电器产业园、黄淮商贸城三期、中原空港物流园等一批重大项目加快推进。积极稳妥处置“僵尸企业”，7 家企业达成租赁意向，盘活闲置土地 675.4 亩、厂房 19.4 万平方米。加大重点项目征地拆迁工作力度，规范统一城区征地拆迁补偿安置标准，征收土地 4775 亩。县产业集聚区建成区面积达到 11.2 平方千米，入驻项目 155 个，安排就业 3.68 万人。上蔡县被驻马店市委、市政府表彰为“项目建设先进单位”，产业集聚区被评为“驻马店市先进产业集聚区”，被中国皮革业协会授予“中国制鞋产业基地”称号。

固定资产投资 全年完成固定资产投资 161.3 亿元，比上年增长 12.4%。在固定资产投资中，第一产业投资 17.8 亿元，下降 6.8%；第二产业投资 99.3 亿元，增长 17.5%；第三产业投资 44.2 亿元，增长 10.7%。全年房地产开发投资 20 亿元，比上年增长 12.1%。房屋施工面积 1123341 平方米，增长 5.7%。房屋竣工面积 876190 平方米，增长 3.1%；商品房销售面积 945155 平方米，增长 4.7%。2017 年产业集聚区固定资产投资完成 116.4 亿元，增长 2.3%。商务中心区固定资产投资完成 12 亿元，增长 35.1%。

国内贸易 全年社会消费品零售总额完成 970186 万元，比上年增长 12.7%。按销售地域分，城镇零售额 628087 万元，增长 12.2%；乡村 342099 万元，增长 13.5%。分行业看，批发业零售额 65023 万元，增长 7.6%；零售业零售额 774221 万元，增长 13.2%；住宿业零售额 22515 万元，增长 11.1%；餐饮业零售额 108427 万元，增长 12.3%。

交通运输、邮电 全年公路运输货物周转量 274872 万吨公里，比上年增长 8.3%；公路货物运输量 1289 万吨，同比下降 3.3%。公路旅客周转量 103302 万人公里，下降 0.1%；旅客运输量 1318 万人次，同比增长 3.1%。

2017 年，邮政业完成业务总量 12288 万元，增长 20.7%。电信公司完成业务收入 3600 万元，增长 22.7%；移动公司完成业务收入 33813.9 万元，增长 8.8%；联通公司完成业务收入 9177 万元，增长 13.4%。

财政、金融 2017 年，上蔡县财政一般公共预算收入完成 6.66 亿元，比上年同比增长 15.9%。其中，税收收入 4.18 亿元，增长 19%，占一般公共预算收入的 62.8%。一般公共预算支出 53.73 亿元，增长 8.7%。其中，教育支出 114558 万元，增长 23.4%；社会保障与就业支出 82664 万元，下降 19.1%；医疗卫生支出 98864 万元，增长 7.6%；农林水事务支出 111889 万元，增长 37.3%。

年末，金融机构各项存款余额 3175385 万元，比年初增加 357715 万元，其中居民储蓄存款余额 2717987 万元，比年初增加 335079 万元。金融机构各项贷款余额 1037633 万元，比年初增加 131878 万元。

教育 2017 年，全县共有普通高中 2 所，在校生 26355 人。普通初中 41 所，九年一贯制学校 11 所，十二年一贯制学校 3 所，完全中学 1 所，在校生 61864 人。小学 423 所，教学点 111 所，在校生 119356 人。职业中等专业学校 1 所，在校生 3634 人。特殊教育学校 1 所，在校生 143 人。

文化、卫生 年末，全县共有艺术表演团体 1 个，文化馆 1 个，公共图书馆 1 个。广播电台 1 个，电视差转台 1，有线电视转播台 1 个。广播人口覆盖率和电视人口覆盖率均达到 100%，有线电视用户 9.9 万户。

年末，全县共有卫生机构 35 个，床位 3547 张，专业卫生技术人员 2938 人。其中，医生 1562 人，护士 1376 人。医院 2 个，卫生防疫机构 2 个，妇幼卫生机构 1 个。卫生防疫防治机构人员 220 人，妇幼卫生机构人员 55 人，乡（镇）卫生院 26 个，床位 1492 张，卫生技术人员 1086 人。

人口、人民生活、社会保障 2017年年末，全县总人口153.4万人。常住人口97.2万人,其中城镇人口36.4万人。出生率12.31‰；死亡率6.62‰；自然增长率5.67‰。城镇化率为37.46%。

全县居民人均可支配收入15075元，增长11%。其中，城镇居民人均可支配收入24649元，比上年增长9.2%；农村居民人均可支配收入10583元，增长9.6%。全县居民人均消费性支出11360元，增长10.5%。其中，城镇居民人均消费性支出18864元，增长9.5%；农村居民人均消费支出7839元，增长8.1%。

全年城镇新增就业8800人，下岗失业人员再就业3104人,就业困难人员再就业1169人,年末城镇登记失业率3.3%。农村劳动力转移就业人数43.7万人。2017年，全县发放城镇居民最低生活保障资金2866.2万元，发放农村居民最低生活保障资金8757.2万元。享受城镇最低生活保障4918户，城镇最低生活保障人数为9548人，享受农村最低生活保障37528户，农村最低生活保障人数为71539人。全县敬老院发展到23个，收养院民7206人，为特困人员发放资金2897万元。（谢恭旭 张 燕）

汝南县

【基本县情】 汝南县位于驻马店中部，西与驿城区、确山县接壤，东邻平舆县，北靠上蔡县，南与正阳县隔河相望。地处北纬32° 29′ ~ 33° 11′，东经114° 06′ ~ 114° 35′之间，总面积1502平方千米，其中可耕地面积150万亩。辖汝宁、古塔、三门闸、宿鸭湖4个街道，老君庙、和孝、梁祝、王岗、留盆、金铺、东官庄、常兴、罗店、张楼、韩庄、三桥12个镇和板店、南余店2个乡，281个村（居）委会。

因其大部分地域在汝河南岸而得名。夏禹时为豫州地域。西周为挚国地。春秋为沈、蔡2国地，战国属楚。秦初属颍川郡，后属陈郡。西汉为汝南郡之上蔡、宜春、安城等县地。东汉、三国因之。东晋汝南郡治迁悬瓠城（即今汝南县城）。南朝宋元嘉二十九年(452)“刘义隆置司州治悬瓠城，领郡九，县三十九”(《魏书》)，奠定了悬瓠在豫东南的中心地位。北魏皇兴二年（468）改司州为豫州，置上蔡县（原上蔡县改曰临汝县），悬瓠城为豫州、汝南郡、上蔡县治所。北周大象二年（580）改豫州为舒州，隋仁寿四年（604）豫州改溱州；大业三年（607）复汝南郡，改县名为汝阳，并将保城并入，属未变。唐武德四年（621）复豫州；宝应元年(762)为避代宗李豫讳，改豫州为蔡州；贞元七年（791）析汝阳县西北部置汝南县；元和十三年（818）又废汝南县入汝阳。宋属依旧，又为淮康军治，汝阳县仍属蔡州，隶京西北路;建炎三年（1129）金兵攻陷蔡州，改蔡州属南京路，置镇南军。金天兴二年（1233）金朝皇帝完颜守绪在悬瓠立行宫，遂废。元至元三十年（1293）元世祖忽必烈命截断汝河，下游水患缓解，人民生活得以安宁，又改蔡州为汝宁府，汝阳县治仍故。明属汝宁府。辖今汝南、平舆2县和正阳县的一部分。

1913年改汝阳县为汝南县，属豫南道。1914年属汝阳道，1927年道废，直属河南省政府。1932年在县城设河南省第八行政督察区，辖汝南、西平、遂平、上蔡、新蔡、正阳、确山7县。1933年，设区、联保和保，辖10个区、90个联保、1095保、11215甲。民国24年（1935），将10个区缩编为5个区，辖81个联保，901保。1940年，撤区、联保，恢复乡镇。设24个乡、5个镇。

1949年，汝南县解放，改属信阳专区。设10个区，辖38个乡。1950年2月，河南省政府批准建立汝南市，县置如故；11月，将原10个区调整为15个区。1951年4月撤销汝南市，辖地归属汝南县。析汝南县东部8个区置平舆县，上蔡县的陈庄、唐桥、李庄、大冀、朱楼、大张6个乡划入汝南县，全县共有10个区，辖144个乡，1个城关镇。1953年6月，将张教庄乡的16个村和王楼乡的4个村划入确山县。1956年2月撤销区级建制，设24个中心乡，辖75个乡。1958年8月实行公社建制，设城关、王岗、水屯、三桥、红光、金铺、留盆、大王桥、官庄、光明、马乡、和孝12个人民公社。1961年9月实行区、公社制，将12个人民公社调整为8个区，下辖36个公社，1个城关镇。1962年7月撤销区建制，设刘屯、留盆、金铺、王桥、水屯、老君庙、官庄、常兴、和孝、红光、三桥、王岗、马乡、城关镇14个公社（镇）。1969年属驻马店地区。1975年2月将红光公社的板店、许屯、魏岭、东升、刘营、前进、杨洼、柴庄、仲庄、王庄10个大队划出，新建板店公社。将光明公社的韩庄、徐寨、翁屯、王竹园、和庄、王楼、陶庄桥、六里庄、林庄9个大队和水屯公社的肖屯大队划出，新建韩庄公社。1975年4月将王

3月，汝南县城新貌

岗公社的余店、大刘庄、徐庙、红旗、薛庄5个大队及马乡公社的李楼、潘庄、秧湖3个大队划出，新建余店公社。将和孝公社的大王庄、邓店、李楼、姜寨、东风5个大队和常兴公社的四新、前进、冯楼3个大队划出，新建大王庄公社。1977年2月，将金铺公社的河北、方桥、杨沟、邢桥、姚湾、庙东、守法李、王沟、张楼9个大队划出，增设张楼公社。留盆公社的小邱、金赵、老金、耿庄4个大队划归金铺公社。1977年7月又将王岗公社的张岗、卢岗、夏湾、尹庄寨、孔寨、何岗、大胡7个大队划出，建张岗公社。将官庄公社的辛屯、王屯、余店、王庄、赖楼、焦庄、滕冢8个大队划出，建舍屯公社。至此，全县辖21个公社（镇），252个生产大队，3358个生产队。

1983年12月公社改乡，设有20个乡和1个镇。原大队更名为村民委员会，生产队更名为村民小组。1987年始，先后有老君庙等10个乡撤乡建镇。2000年6月属驻马店市。2011年12月，水屯镇划归驻马店驿城区管辖。辖20个乡（镇），281个村（居）民委员会。2005年11月，撤张岗乡入王岗镇；撤舍屯乡入官庄乡；撤王庄乡入常兴乡。2009年6月撤销汝宁镇、三门闸乡、三里店乡，设立汝宁、三门闸、古塔3个街道。2012年撤销三桥乡和张楼乡，设立三桥镇和张楼镇。2016年9月，成立宿鸭湖街道。

【组织机构】

中共汝南县委

书　　记　彭宾昌

副 书 记　刘军民　王志伟

常　　委　彭宾昌　刘军民　王志伟　冯　磊　李　峰　李方杰　赖学争　成文科　李新耀（12月离）　石海波

汝南县人民政府

县　　长　刘军民

副 县 长　冯　磊　石海波　冯　勇（1月离）　陈孟君（1月任）　马红敏（女，1月任）　韩国华（3月离）　李　勇（1月任）　韩崇江（3月任）

汝南县第十五届人大常委会

主　　任　毛富国

副 主 任　赵奋发（4月离）　刘　军（女，4月离）　贺庆华（4月离）　刘昌斌（4月离）　魏国民　韩国华（4月任）　周亚斌　闫金环（女，4月任）

汝南县政协十三届委员会

主　　席　陈雁飞

副 主 席　刘景华（4月离）　李金山（4月离）　刘建华（女，4月离）　魏　靖（女，4月离）　韩宏伟（4月任）　石如凯（4月任）　龚红美（女，4月任）

汝南县人民法院

院　　长　宋琳明（3月离）　姚　强（3月任）

汝南县人民检察院

检 察 长　田冬松（3月离）　魏道军（3月任）

汝南县各乡镇、街道党委书记、乡镇长

汝宁街道

党工委书记　旦海涛

主　　任　张钊远（3月离）　赵广存（3月任）

古塔街道

党工委书记　施惠杰

主　　任　张立祥（3月离）　张　冬（6月任）

三门闸街道

党工委书记　吕凌云

主　　任　侯华灵（女）

宿鸭湖街道

党工委书记　霍永贵

主　　任　廖向东

板店乡

党委书记　李文学（3月离）　杨洪涛（3月任）

乡　　长　梁　占

留盆镇

党委书记　严　冬（3月离）　张立祥（3月任）

镇　　长　姜胜利

金铺镇

党委书记　石如凯（兼）

镇　　长　杨欲晓

张楼镇

党委书记　王　晔

镇　　长　王留印

罗店镇

党委书记　李迎彬（5月离）　王中伟（5月任）

镇　　长　牛国长（5月离）　王文平（10月任）

老君庙镇

党委书记　宋应选

镇　　长　王　华

韩庄镇

党委书记　王中伟（5月离）　李迎彬（5月任）

镇　　长　赵广存（3月离）　杨红波（3月任）

东官庄镇

党委书记　赖英杰

镇　　长　崔　亚

常兴镇

党委书记　刘　阳

镇　　长　徐春华

和孝镇

党委书记　刘红建

镇　　长　杨红波(3月离）　王　莹(女,3月任）

梁祝镇

党委书记　邓建伟

镇　　长　冯　林

三桥镇

党委书记　赵胜利（5月离）　李文学（3月任）

镇　　长　刘　华

王岗镇

党委书记　倪红卫（3月离）　张开翼（3月任）

镇　　长　刘　洋

南余店乡

党委书记　白　刚（3月离）　张钊远（3月任）

乡　　长　霍　涛

纺织车间

悟颖塔　　邵建民 摄

【年度概况】 2017 年，汝南县生产总值 196.1 亿元，增长 7.9%。其中：第一产业增加值 48.2 亿元，增长 4.2%；第二产业增加值 74.6 亿元，增长 7.8%；第三产业增加值 73.3 亿元，增长 10.9%。三次产业结构调整为 24.5 ∶ 38.1 ∶ 37.4，二、三产业比重较上年提高 1.9 个百分点。

农业 2017 年，汝南县粮食种植面积 119871 公顷，同比下降 1.33%。其中：小麦种植面积 7.49 万公顷，增长 0.94%，玉米种植面积 38385 公顷，下降 4.13%。油料种植面积 39210 公顷，增长 5.07%；蔬菜种植面积 17436 公顷，下降 0.47%。全年粮食产量 762076 吨，增长 0.57%，其中夏粮产量 534247 吨，增长 2.84%，秋粮产量 227829 吨，下降 4.39%。油料产量 185334 吨，下降 0.27%。全县完成土地实测面积 143 万亩，占承包耕地总面积的 99%；确权到户面积 142 万亩，占总承包耕地面积的 99%；颁发证书 176422 户，占总户数的 99%。全县土地流转面积 30.8 万亩，占家庭承包耕地总面积的 26%；流转出土地的农户数为 2.6 万户。其中：流转到家庭农场 11.4 万亩；流转到合作社 7.2 万亩、专业大户流转 3.7 万亩；托管面积 9.5 万亩。全年新建标准化规模养殖场 18 个，粪污改造及标准化规模养殖场 42 个；发展畜牧合作社 12 个，总数达到 85 个，规模养殖比重增长至 83%。年末全县生猪存栏 92 万头、出栏 113 万头，较上年增长 2% 和 3%；牛存栏 9.31 万头、出栏 9.24 万头，较上年增长 1.5% 和 2%；羊存栏 66.1 万只、出栏 92.3 万只，较上年增长 2% 和 2%；家禽存栏 748.5 万只、出栏 821.7 万只，分别较上年增长 3.5% 和 6%。全年肉类总产量 82938 吨，增长 2.18%。禽蛋产量 23915 吨，下降 0.75%。奶类产量 2084 吨，下降 11.8%。全县共检疫生猪 30 余万头，规模养殖场产地检疫率达到 100%；猪瘟、口蹄疫、禽流感、鸡新城疫等重大动物疫病强制免疫密度均达到 100%。全县水产养殖面积达到 18.5 万亩，水产品总量达到 3.96 万吨；渔业总产值达到 44655 万元，同比增长 3.25%。全年新增有效灌溉面积 4.17 千公顷；新增节水灌溉面积 3.55 千公顷；年末农业机械总动力 132.4 万千瓦，增长 3.9%；农用拖拉机 49965 台，下降 0.66%。

工业 全年工业增加值 659023 万元，增长 8%。规模以上工业增加值 562762 万元，增长 8.7%，其中轻工业增长 7.6%，重工业增长 10.1%。主要工业产品产量中，高新技术产业增长 18.1%，重工业增长 10.1%。全年规模以上工业企业主营业务收入 2736415 万元，比上年增长 9.9%；实现利税 204094 万元，下降 6.3%。产业集聚区建成区面积达到 9.8 平方千米，累计入驻企业 133 家，较上年增加 10 家；从业人员 2.4 万人；实现产值 240 亿元，同比增长 10.3%；实现工业增加值 49.1 亿元，同比增长 11.1%。全年新能源电动车产业产值超百亿元，入选中国新能源最具投资潜力百强县，成为全国重要的新能源电动车生产基地。2017 年，汝南县新引进重点项目 15 个，到位资金 69 亿元。实施省市重点项目 28 个，总投资 182.85 亿元，年度计划投资 79.91 亿元，累计完成投资 86 亿元，完成率 107.6%。大地饲料、广源车辆技术被认定为国家高新技术企业，豫园锅炉、恒美食品分别被认定为省、市级工程技术研发中心。

固定资产投资 2017 年，汝南县全社会固定资产投资（不含农户）1591205 万元，增长 11.2%。其中，国有及国有控股投资 453947 万元，比上年增长 38.9%；民间投资 1138258 万元，增长 3.1%。第一产业投资 100238 万元，下

表36

2017年汝南县国民经济基本情况表

项目	单位	完成数	较上年增长（%）
国内生产总值	万元	1960772	7.9
工业增加值	万元	659023	8.0
农业总产值	万元	844149	4.4
粮食总产量	吨	762076	0.57
规模以上工业增加值	万元	562762	8.7
全社会固定资产投资总额	万元	1591205	11.2
农村居民人均可支配收入	元	10984	9.3
城镇居民人均可支配收入	元	22529	8.8
地方财政收入	万元	70819	16
地方财政支出	万元	375050	17.6
社会消费品零售总额	万元	832643	12.6
城乡居民年末存款余额	万元	2063000	10

降23.7%；第二产业投资631923万元，下降5.7%；第三产业投资859044万元，增长36.8%。亿元及以上固定资产投资在建项目42个，完成投资964471万元，比上年增长5%。亿元以上新开工项目17个，完成462042万元。房地产开发投资211053万元，比上年增长15.3%，其中住宅投资193997万元，增长50.4%;房屋施工面积103.6万平方米，增长0.6%，其中住宅74.3万平方米，增长9.7%；房屋竣工面积45.9万平方米，增长4.1%，其中住宅36.82万平方米，增长9.3%；商品房销售面积53.7万平方米，增长1%，其中住宅37.5万平方米，下降13.2%。

国内贸易 2017年，汝南县社会消费品零售总额832643万元，比上年增长12.6%。分城乡看，县的消费品零售额658369万元，增长12.2%；县及县以下消费品零售额174274万元，增长13.8%。分行业看，批发零售贸易业完成零售额693297万元，增长12%；住宿和餐饮业完成零售额139346万元，增长15.3%。

财政、金融 2017年，汝南县公共财政收入合计完成70819万元，比上年增长16.2%。其中，增值税完成12823万元，增长86.8%；企业所得税完成3618万元，增长17.9%；个人所得税完成643万元，增长33.7%；营业税完成90万元;下降97.6%。公共财政支出合计375050万元，增长17.6%。

年末，全县金融机构人民币各项存款余额206.3亿元，较年初增长10%，其中住户储蓄存款余额175.5亿元，较年初增长12.6%。金融机构各项贷款余额74.3亿元，较年初增长12.5%。其中，短期贷款8.55亿元，下降1.16%；中长期贷款32.96亿元，增长3.29%。农村信用社贷款52.93亿元，增长14.2%，消费贷款11.21亿元，增长15.69%。全年人险公司保费收入10386.5万元，赔款及给付额1074万元；财险公司全年保费收入2054.8万元，赔付及给付额1651万元。

交通、邮电、旅游 2017年，汝南县公路通车里程1798千米，其中高速公路通车里程25千米。全年全县货运量2289万吨，比上年增长15.96%，货物周转量361174万吨公里，比上年增长4.88%；客运量2108万人，比上年增长17.96%，旅客周转量62567万人公里，比上年增长8%。

全年完成邮电业务总量7011万元，比上年增长22.8%。年末，本地移动电话用户46.53万户，新增1.7万户；互联网用户8.27万户，新增1.68万户。

全年接待旅游人数178万人次，实现旅游总收入6.9亿元。全县星级酒店2个，国际国内旅行社1家。

教育、科技 2017年，汝南县普通高中招生4346人，在校生13128人，毕业生3987人。初中学校招生8908人，在校生27392人,毕业生10457人。普通小学招生11597人，在校生64819人,毕业生9622人。幼儿园在园幼儿30708人。汝南县高招本科进线2182人，其中一本进线520人，比上年增加107人，增长26%；中招成绩600分以上128人，比上年增加88人,增长220%。办学条件明显改善,投入资金1.4亿元，改扩建学校144所。在学校体育团体赛中获得4个一等奖、1个二等奖、2个三等奖。市足球苗子选拔赛取得男队第一名，女队第二名。参加市职工乒乓球比赛荣获公仆组冠军，市广场舞大赛荣获健身操第一名、健身秧歌第二名，参加市全民健身月系列活动获得柔力球比赛第二名。

2017年，汝南县从事科技活动人员1348人，申请专利266件，授权专利110件。组织科技人员开展科技“三下乡”活动，制作宣传展板110余块，组织各类专业技术人员120多人深入金铺、罗店、三桥等乡镇，为群众解决生产技术难题1100多项，发放各类科技资料3万多份；培训群众4600多人次。建立科技示范户560多户，示范带动5650余户。

文化、卫生 2017年，汝南县共有已注册艺术表演团体1个，文化馆1个，公共图书馆1个。广播电台1座，广播人口覆盖率95%。电视台1座，电视综合人口覆盖率99%。全年开展“舞台艺术送农民”“农村公益电影放映”等文化下乡活动,下基层演出120场,放映数字电影3240场。指导、协助乡镇（街道）举办文化活动30多场（次），“送书下乡”15次,送书2.6万册。全年共播发新闻稿件2200篇，在省、市台发稿426条。

2017年，汝南县卫生医疗机构29个，其中乡镇卫生院22个。全县床位数2581张，卫生技术人员2133人，其中乡镇卫生院卫生技术人员1015人。全县参加新型农村合作医疗参保人数68.3万人。开展健康教育知识讲座及咨询1057次，参加人员达4.5万人次，发放健康教育宣传资料13万份；建立居民健康档案72.9万份、电子档案72份，建档率分别为80.96%、79.96%。婚检4101对，免费产前超声筛查1257人、血清学筛查1769人、新生儿“两病”筛查2919人、新生儿听力筛查2867人，为4023人发放增补叶酸12069盒。新建预防接种卡244052人，完成国家免疫规划疫苗预防接种应种272477人次，全程接种率达到89.57%。

人口、人民生活和社会保障 2017年，汝南县总人口86.44万人。常住人口65.8万人。出生人口10615人，出生率12.28‰；死亡人口5645人，死亡率6.53‰；全年净增人口4970人，自然增长率5.75‰。城镇化率37.55%，比上年提高1.69个百分点。全年城镇居民人均可支配收入22529元，比上年增长8.8%；农村居民人均可支配收入10984元，比上年增长9.3%。

年末，参加企业基本养老保险33131人，其中在职19290人，退休13481人。参加事业基本养老保险22769人，其中在职15263人，退休7506人。参加医疗保险37106人，其中在职22334人，退休人员14772人。全年发放城镇居民最低生活保障996万元，城镇居民得到政府最低生活保障的有3132人；发放农村最低生活保障金4180万元，农村享受最低保障人数为17566人。（王怀若）

平舆县

【基本县情】 平舆县位于驻马店市东部，东邻新蔡县、安徽省临泉县，南接正阳县，西连汝南县，北接上蔡县、项城市。总面积1282平方千米，耕地面积134万亩。2017年年末总人口101.86万人。辖古槐、清河、东皇3个街道，杨埠、东和店、庙湾、射桥、西洋店、阳城、郭楼、李屯、万金店、高杨店、万冢11个镇，十字路、老王岗、双庙、辛店、玉皇庙5个乡，177个村民委员会、47个居民委员会。

古因此处为太平车（称舆又称平舆）的发源地，县以此得名。夏、商为挚地。西周为沈国地。战国属楚，秦置平舆县（治今射桥镇古城村），属颍川郡。汉至晋均属汝南郡。南朝宋废平舆县。北魏太和二十一年（497）复置，属豫州汝南郡。北齐废。隋大业二年（606），复置平舆县，属蔡州。三年（607）属汝南郡;十三年（616）置舆州，辖平舆1县。唐贞观元年（627）废平舆县；天授二年（691）复置（治今平舆县城），属河南道豫州。五代属蔡州。北宋至元初均属蔡州。元至元七年（1270）废平舆县，入汝阳县。

1951年4月从汝南县析出一区（杨埠）、二区（史寨）、三区（后刘）、四区（李屯）、十一区（和店）、十二区（郭楼）、十三区（庙湾）、十四区（高楼）等8个区，164个乡，复置平舆县。10月，增设万冢区、射桥区。杨埠为一区，史寨为二区，后刘为三区，李屯为四区，和店为五区，庙湾为六区，平舆为七区，西洋店为八区，万冢为九区，射桥为十区。

1955年8月合区并乡，将全县10个区、145个乡、11个区辖镇合并为杨埠、庙湾、万金店、李屯、平舆、万冢、西洋店、后刘8个区，辖70个乡。1956年3月撤销区，建立万金店、射桥、和店、李屯、杨埠、郭楼、万冢、四门戴、玉皇庙、后岗、西洋店、三桥、邢寨、庙湾、蔡营、王岗、大麻、高杨店、梁桥、平舆、樊寨、洪山庙、刘寨23个中心乡，辖47个一般乡。1957年3月撤销中心乡和一般乡，全县划分为24个乡，即：和店、史寨、万冢、三桥、万金店、郭楼、张营、后岗、十字路、后刘、邢寨、梁桥、射桥、西洋店、王岗、龙王庙、四门戴、庙湾、杨埠、李屯、高杨店、平舆、玉皇庙、辛店。1958年5月将24个乡合并为姬庄、平舆、万冢、张营、射桥、庙湾、十字路、两路口、高平寺、王岗、西洋店、史寨、梁桥、龙王庙14个乡；7月又把14个乡并为平舆、万金店、西洋店、李屯、万冢、射桥、杨埠、庙湾8个乡；8月将全县360个高级农业生产合作社合并成立平舆、万金店、西洋店、李屯、万冢、射桥、杨埠、庙湾8个人民公社，辖288个大队、2190个生产队。1962年3月，增设后刘、和店2个人民公社。7月撤销平舆人民公社，增设城关、大王寨、辛店、郭楼、高杨店等5个人民公社。全县共辖有14个人民公社，364个大队、3258个生产队。1963年2月，将大王寨人民公社改为平舆人民公社，城关人民公社改为城关镇。1977年6月，增设十字路、双庙、王岗、红旗4个人民公社，全县共有17个人民公社，1个镇，231个大队。1981年11月，和店人民公社更名为东和店人民公社，红旗人民公社更名为玉皇庙人民公社，王岗人民公社更名为老王岗人民公社。1984年1月，18个人民公社管委会改为18个乡（镇）人民政府。1987年10月，城关镇更名为古槐镇，平舆乡更名为东皇庙乡。1988年全县共有17个乡、1个镇、254个村民委员会。1993年11月东和店乡和杨埠乡撤乡建镇，1995年11月庙湾乡撤乡建镇，1997年12月射桥乡撤乡建镇，1999年12月西洋店乡撤乡建镇。至2000年底，全县共有12个乡、6个镇、253个村民委员会、23个居民委员会。

2004年，将全县268个村民委员会调整为220个村民委员会。2007年4月撤销古槐镇，成立古槐、清河2个街道；10月，后刘乡、郭楼乡分别撤乡建镇，后刘乡更名阳城镇；10月撤销东皇庙乡，建东皇街道。2008年7月万金店乡、李屯乡撤乡建镇。

【组织机构】

中共平舆县委

书　　记　张怀德
副 书 记　赵　峰　朱雪河（6月离）
常　　委　张怀德　赵　峰　李志娴（女）
王新科　李　彬（女）　李中原
赵凯歌（1月病逝）　董红卫
仲　超（8月任）　代元辉　刘　辉
务孟飒

平舆县第十四届人大常委会

主　　任　周晓华（4月离）　禹卫东（4月任）
副 主 任　商根喜　程　彦（女）
张大海（4月任）　张伟群（4月任）
王洪博（4月离）　鲍怀亮（4月离）

平舆县人民政府

县　　长　赵　峰
副 县 长　王新科　务孟飒　韩崇江（3月离）

陈玉杰（3月任） 马　林
李庚建（1月任） 乔海军
朱瑞霞（女，1月任）

政协平舆县第九届委员会

主　　席　禹卫东（4月离） 石玉兴（4月任）
副 主 席　吴玉峰　黄冰燃　夏洪亮（4月任）
罗先进（4月任） 石玉兴（4月离）
胡　炜（4月任） 李献国（4月离）

平舆县人民法院

院　　长　张元真（3月离） 徐　普（4月任）

平舆县人民检察院

检 察 长　魏道军（3月离） 赵伟锋（4月任）

平舆县各街道、乡镇党委书记、乡镇长

古槐街道

党工委书记　朱瑞霞（女，1月离） 韩建民（1月任）
主　　任　邢　超（1月离） 刘　鹏（1月任）

清河街道

党工委书记　代向阳
主　　任　王耀山（12月离） 辛长松（12月任）

东皇街道

党工委书记　吴　志
主　　任　赵　静（女，12月离）
崔永胜（12月任）

十字路乡

党委书记　韩庆华（12月离） 郑华伟（12月任）
乡　　长　王　坤

射桥镇

党委书记　刘　震
镇　　长　王富成

庙湾镇

党委书记　周　倜
镇　　长　崔永胜（12月离）

玉皇庙乡

党委书记　李松勇
乡　　长　王　峰

阳城镇

党委书记　王洪斌
镇　　长　石玉红（女，1月任）

高杨店镇

党委书记　王洪亮
镇　　长　郭汝斌

万家镇

党委书记　韩建民（1月离） 邢　超（1月任）
镇　　长　辛长松（12月离） 孙建文（12月任）

杨埠镇

党委书记　郑华伟（12月离） 韩庆华（12月任）
镇　　长　郑　义

东和店镇

党委书记　马全丽（女）
镇　　长　马洪亮（1月任）

郭楼镇

党委书记　田建中（12月离） 孙留喜（12月任）
镇　　长　孙留喜（12月离） 冯　浩（12月任）

万金店镇

党委书记　李慧阳（女，1月离） 温留闯（1月任）
镇　　长　温留闯（1月离） 李彦伟（1月任）

李屯镇

党委书记　付　地
镇　　长　王洪涛（12月离） 任前进（12月任）

西洋店镇

党委书记　赵　华（12月离） 吴红运（12月任）
镇　　长　吴红运（12月离）
刘　艳（女，12月任）

双庙乡

党委书记　张　健
乡　　长　李　磊

辛店乡

党委书记　姚保平（12月离） 程　鹏（12月任）
乡　　长　程　鹏（12月离） 王　森（12月任）

老王岗乡

党委书记　李　辉
乡　　长　孟　晶（女）

【年度概况】 2017年，全县生产总值2151167万元，按可比价格计算较上年增长8.3%。其中，一、二、三产业增加值分别完成394945万元、923472万元、832750万元，分别增长4.3%、8.7%、10%。人均生产总值29807元（常住人口），比上年增加3081元。三次产业结构为18.4 ∶ 42.9 ∶ 38.7。全社会能耗增长1.31%，单位GDP能耗降低6.42%。居民消费价格指数（CPI）较上年上涨1.5%。

农业　2017年，全县粮食作物种植面积186万亩，较上年下降0.74%。其中，小麦种植面积109.07万亩，增长0.62%。油料作物种植面积38.17万亩，增长1.24%。蔬菜种植面积26.23万亩，增长0.06%。全年粮食总产量788234吨，增长1.19%。其中，夏粮总产量525733吨，增长3.29%；秋粮总产量262501吨，下降2.78%。油料总产量63509吨，增长1.71%；蔬菜总产量717748吨，下降0.49%。全年肉类总产量76283吨，增长2.37%。其中，猪肉产量60124吨，增长3.7%；牛肉产量3867吨，下降14.6%；羊肉产量2918吨，下降1.59%。禽肉产量8167吨，增长5.2%。年末，生猪存栏517929头，增长2.52%；生猪出栏796451头，增长4.4%。牛出栏26483头，下降14.59%；羊出栏234549只；增长2.84%；家禽出栏6911648只，增长5.26%。禽蛋产量27520吨，增长5.15%。蜂蜜产量372.65吨，增长0.15%。2017年，新增有效灌溉面积1.17万亩，年末全县有效灌溉面积106.5万亩；除涝面积新增0.87万亩，年末达到67.82万亩。新增机电井194眼，年末达到17953眼。节水灌溉面积新增0.08万亩，年末达到15.84万亩。农业机械总动力160.65万千瓦，较上年下降7.4%。拥有农用大中型拖拉机1.76万台，增长2.7%。稻麦收割机2114台，玉米联合收割机1667台，小

国家芝麻产业技术体系首席科学家、省农科院芝麻研究中心主任张海洋（左三）到蓝天芝麻小镇指导工作

型拖拉机 64710 台。

工业、建筑业 2017 年，全县完成工业总产值 4690454 万元，较上年增长 10.5%。全年完成工业增加值 1003039 万元，增长 8.5%。其中，规模以上工业企业完成工业总产值 4340835 万元，增长 12.2%；完成工业增加值 928274 万元，增长 9.2%。规模以上工业企业产销率 100%。规模以下工业企业完成工业总产值 349619 万元，增长 7.6%，规模以下工业企业完成增加值 74765 万元，增长 4.9%。在规模以上工业中，国有工业完成增加值 5050 万元，增长 11.8%；非公有制工业完成增加值 912190 万元，增长 9%。大中型企业完成增加值 252142 万元，下降 9%。高技术产业完成增加值 57262 万元，增长 4.2%。全县规模以上工业实现主营业务收入 4263242 万元，增长 16.6%。规模以上工业实现利润总额 406233 万元，增长 24.2%。年末产业集聚区共有规模以上工业企业 156 家，完成工业总产值 3871120 万元，完成增加值 827827 万元，增长 17.3%。全年工业用电量 21768 万千瓦时，同比增长 12.9%。

2017 年，全社会建筑业总产值 593059 万元，较上年增长 22.5%；实现增加值 181862 万元，增长 9.1%。

固定资产投资 2017 年，固定资产投资完成 1804828 万元（不含农户），增长 12.2%。其中，产业集聚区完成投资 854437 万元，同比增长 1.2%，占全县投资额的 47.3%；商务中心区完成投资 224102 万元，占全县投资额的 12.4%。主导产业固定资产投资完成 404462 万元。在固定资产投资中，国有投资 513912 万元，增长 32.5%；民间投资 1269710 万元，增长 6%。按产业分，第一产业投资 154468 万元；第二产业投资 778317 万元；第三产业投资 872043 万元。全年房地产业开发投资 188508 万元，增长 7.7%。其中，商品住宅投资 181530 万元，同比增长 6.9%；商业营业用房投资 6978 万元，增长 33.8%。全年完成商品房销售面积 125.6 万平方米，同比增长 22.9%。

社会贸易 2017 年，全县社会消费品零售总额完成 922226 万元，较上年增长 13%。分城乡看，城镇消费品零售额 759772 万元，增长 12.%；农村消费品零售额 162455 万元，增长 14.1%。分行业看，批发和零售贸易业零售额 714614 万元，增长 14.6%；住宿和餐饮业零售额 207613 万元，增长 7.7%。年末，全县规模以上服务业 55 家，全年完成营业收入 92595.9 万元，增长 23.6%。全年外贸进出口总额 3159 万元，同比下降 85.4%。全年实际吸收外资 3334 万美元，增长 29.7%；实际利用省外资金 28.26 亿元，增长 8.28%。

交通、邮电和旅游业 2017 年，交通运输、仓储及邮政电信业实现增加值 50098 万元，较上年增长 4.9%。全年完成货物周转量 149713 万吨千米，下降 0.9%；货运量 1731 万吨，增长 6.1%；客运周转量 66080 万人千米，增长 4.5%；客运量 1818 万人次，增长 5%。

全年完成邮电业务总量 43542 万元，增长 11.2%。其中，电信业务总量 33269 万元，增长 12.7%；邮政业务总量 10273 万元，增长 17.8%。年末，本地固定电话用户 12644 户，下降 14.%。其中，县城固定电话用户 10757 户，增长 19.9%；农村固定电话用户 1887 户，下降 67.4%。移动电话用户 49.72 万户，较上年同期增长 5.56%。互联网用户 7.82 万户，较上年增加 23451 户，增长 42.8%。

2017 年，全年接待国内外游客 33 万人次，旅游总收入 1.77 亿元。全县共有 AAA 级旅游景区 1 处，星级酒店 2 家，国内国际旅行社 6 家。

财政、金融 2017 年，全县财政总收入 110060 万元，较上年增长 15.9%。其中，一般公共财政预算收入 80099 万元，增长 20.1%。全年税收收入 50498 万元，增长 28.6%。各税种完成情况：增值税 23800 万元，增长 5.5%；企业所得税 2927 万元，下降 11.4%；个人所得税 1167 万元，增长

表37

2017年平舆县国民经济基本情况表

项目	单位	完成数	较上年增长（%）
生产总值	万元	2151167	8.3
工业总产值	万元	4690454	10.5
工业增加值	万元	1003039	8.5
粮食总产量	吨	788234	1.19
固定资产投资	万元	1804828	12.2
农村居民人均可支配收入	元	11029.4	9.9
城镇居民人均可支配收入	元	25280.5	9.3
一般公共财政预算收入	万元	80099	20.1
一般公共财政预算支出	万元	405466	14.2
社会消费品零售总额	万元	922226	13
金融机构人民币各项存款余额	万元	2510900	10.4

105.8%；房产税409万元；城镇土地使用税898万元，下降54.4%；土地增值税2257万元，增长34.7%；耕地占用税9520万元，增长318.6%。非税收入29601万元，增长8%。全年地方公共财政一般预算支出405466万元，增长14.2%。其中，一般公共服务支出50550万元，增长4.9%；公共安全支出11973万元，增长13.2%；教育支出89719万元，增长19.9%；文化体育与传媒支出1748万元，增长5.9%；科学技术支出5212万元，增长12.2%；社会保障和就业支出79843万元，增长18.9%；医疗卫生支出74261万元，增长23.3%；节能环保支出5583万元，增长31.5%；城乡社区事务支出13680万元，增长16%；农林水务支出53528万元，增长17.6%；交通运输支出4599万元，下降23.9%。

年末，金融机构人民币各项存款余额2510900万元，较上年末增长10.4%。其中，住户储蓄存款余额2060203万元，较上年末增长14.3%。人民币各项贷款余额875707万元，较上年末增长22.8%。全年保费收入20320万元，较上年增长30.2%。其中，人寿保险保费收入17063万元，财产保险保费收入3257万元。全年赔款及给付2785万元，较上年下降19%。其中，人寿保险赔付1004万元，财产保险赔付1781万元。

教育、科技 2017年年末，全县共有普通高中4所（2所完全中学，2所高级中学），招生5468人，较上年同期下降6.1%；在校生16626人，下降5.8%；毕业生6124人，下降6.2%。普通初中29所，招生11149人，较上年同期增长6.5%；在校学生31890人，增长1.25%；毕业生10811人，下降8.4%。小学292所，招生17853人，较上年同期增长4.7%；在校学生87788人，增长6.1%；毕业生11233人，增长7.7%。中等职业技术学校2所，招生1411人，较上年同期增长71.5%；在校学生2092人，增长30.3%；毕业生392人，增长10.4%。幼儿园在园幼儿38418人，较上年同期增长4.2%。全县"两免一补"安排资金9394万元，增长

千人齐跳健身舞　　刘省伟 摄

3%，资助困难学生48971人次。

2017年，全县共申请专利361件，授权专利118件，发明专利拥有量36件。全县拥有省工程技术研究中心3个。全县规模以上工业企业R&D经费支出3553.2万元，较上年同期增长30%。全县全年完成产品认证企业8家，强制检定计量器具810台件，制定、修订地方标准3项，新建计量标准1项。城乡天气预报服务网点监测站点，卫星云图接收站点，电视气象服务系统对灾害天气预防起到积极作用。

文化、卫生 2017年年末，全县有艺术表演团体29个，文化馆、公共图书馆各1个，文化站19个，全国重点文物保护单位2处，电视发射台和转播台各1座，广播电台1座，广播电视人口覆盖率98%，有线电视用户数5.22万户。

年末，全县共有卫生机构331个，其中医院和卫生院35个，妇幼保健院1个，卫生防疫机构1个。卫生技术人员4000人，其中执业医师（含助理执业医师）1100人，注册护士数1800人。卫生机构病床床位数3600张，增长5.9%。

环境保护 2017年，平舆县总体水质状况为四类水质，其中三类以上水质比为25%。城市空气质量优良天数为286天，城市空气质量优良天数比例为78.4%，增长14.2%。工业固体废物综合利用26.2吨，增长5%，工业固体废物产生量494.7吨，增长20%。全县全年没有发生生产安全伤亡事故。全县亿元GDP生产安全事故死亡人数为0人。

人口、人民生活和社会保障 2017年年末，全县总人口101.86万人，常住人口72.17万人。人口出生率12.33‰，人口死亡率6.58‰，人口自然增长率5.75‰。城镇化率达到40.2%。

全年全县居民人均可支配收入15936.4元，较上年增长11.2%。其中，农村居民人均可支配收入11029.4元，增长9.9%；农村居民人均生活消费支出8323.3元，增长11.2%。城镇居民人均可支配收入25280.5元，增长9.3%；城镇居民人均消费支出17764.8元，增长8.1%。

2017年年末，参加城乡居民社会养老保险人数550879人，城镇职工参加基本养老保险23422人。参加城镇居民医疗保险人员90271人，参加城镇职工医疗保险人员38111人。全年参加失业保险人员34281人，共有106人领取失业保险金。全年发放城镇居民最低生活保障金4754.6万元，享受城镇居民最低生活保障人数15344人。全年发放农村最低生活保障金6315.8万元，享受农村居民最低生活保障人数35617人。全年救助城乡医疗困难群众12733人次，发放城乡医疗救助金1407.1万元。截至2017年年末，建档立卡贫困户14517户33686人，其中10505人实现脱贫。（陈渉生 秦继东）

【2017年平舆白芝麻产业大会召开】 2017年9月4日—5日，平舆白芝麻产业大会在平舆县召开。大会由驻马店市政府、河南省农科院主办，平舆县政府、国家芝麻产业技术研发中心、驻马店市农业局、驻马店市农科院共同发起承办，主题是“创新、融合、绿色、共赢”，旨在进一步提高白芝麻产业的创新能力和可持续发展能力，加强国内外芝麻产业生产、加工、贸易以及科研等领域的交流和合作，推进农业供给侧改革，打造芝麻产业三产融合发展的新格局。河南省农业科学院副院长房卫平、驻马店市政府副市长付自成，平舆县有关领导，来自日本、韩国、苏丹、印度、巴基斯坦、埃塞俄比亚、塞内加尔等8个国家的24名外宾，113家企业的负责人，21家科研院校的28名专家学者及贸易客商出席会议。9月4日下午，召开芝麻产业招商推介会暨项目签约仪式，在此次项目签约仪式上，共签约项目10个，合同总金额22.03亿元。（陈渉生 秦继东）

正阳县

【基本县情】 正阳县位于驻马店市东南部，淮河北岸，东与新蔡、息县接壤，西与确山县毗邻，北靠汝南、平舆，南与罗山、信阳隔淮河相望。总面积1903平方千米，其中耕地面积213.94万亩，总人口83.84万人。辖真阳、清源2个街道，汝南埠、寒冻、铜钟、陡沟、熊寨、大林、永兴7个镇和慎水、傅寨、袁寨、新阮店、油坊店、雷寨、王勿桥、闾河、皮店、彭桥、兰青11个乡。全县有274个行政村和20个居民委员会，3546个自然村。2016年9月，撤销正阳县真阳镇，在县城区设立真阳、清源2个街道。

清雍正元年（1723）为避雍正皇帝胤禛名讳，改“真阳”为“正阳”。

夏代为慎国地，属豫州。商为挚国地。周初，南部属江国，北部属沈国，中部为慎国。春秋属蔡国。后复为慎国。战国属楚。秦王政二十四年（前223），属秦国。秦始皇帝，二十六年（前221）属颍川郡。西汉初，置慎阳国。汉元狩五年（前118）废慎阳国，置慎阳县，因在慎水之北得名。治今真阳镇。魏、晋仍之。南朝宋改名真阳县。北朝东魏真阳县改属宜阳郡。北朝北齐并入保城县。隋开皇元年（581）撤保城县。十六年（596）设真邱县。唐延载元年（694）改为淮阳县。神龙元年（705），复名真阳县，属蔡州。宋、金因之。元朝真阳县又改属息州，后属汝宁府。明洪武四年（1371）撤真阳县入汝阳县；景泰四年（1453）置真阳镇，设巡检司。正德元年（1506）真阳镇升为真阳县，属汝宁府。清雍正元年（1723）为避雍正皇帝胤禛讳，改县名为正阳县，属汝宁府。

1914年8月属河南汝阳道。1921年县境划分为5个区。第一区，简称中区，治所设在县城；第二区，简称东区，治所设在王勿桥；第三区，简称南区，治所设在铜钟；第四区，简称西区，治所设在增益店今（熊寨镇）。第五区，简称北区，治所设在寒冻。分别辖154个街村。后又改街村为乡镇。1927年直属河南省人民政府。1932年属河南省第八行政督察区。1949年改属信阳专区。全县划分为城关镇和寒冻、汝南埠、铜钟、陡沟、熊寨、王牌寺6个区，下辖174个乡。1956年调整合并为23个中心乡（镇），即：城关镇、山头铺、王牌寺、陈寨、油坊店、闾河店、岳城、寺王店、王勿桥、西严店、新丰集、永兴铺、漫塘铺、姚楼、老店、康店、孟庄、胡冲店、王店、徐庄、袁寨、梁庙、熊寨。1958年中心乡（镇）

又合并为9个乡，即：城关乡、铜钟乡、熊寨乡、陡沟乡、汝南埠乡、王勿桥乡、闾河乡、寒冻乡、袁寨乡；8月，全县9个乡改为9个人民公社，即：红旗（城郊）、上游（汝南埠）、五星（袁寨）、东风（铜钟）、先进（寒冻）、红星（王勿桥）、团结（闾河）、钢铁（陡沟）、工农（熊寨）。1961年9个人民公社改为9个区（镇），辖40个小公社，372个生产大队。1962年撤销区和小公社，并为城郊、袁寨、寒冻、汝南埠、王勿桥、闾河、铜钟、陡沟、熊寨9个公社和1个城关镇。1965年属驻马店专区。1966年增设大林、皮店、兰青、雷寨、油坊店5个公社。1975年增设西严店、永兴、岳城、新阮店、付寨5个公社。1977年增设彭桥、梁庙2个公社，全县共有22个公社（镇）。

1983年全县22个公社（镇）改建为22个乡（镇）。1987年10月，城关镇改名真阳镇，城郊乡改名慎水乡。1988年10月汝南埠、铜钟、寒冻、陡沟4乡撤乡建镇。1996年4月熊寨乡撤乡建镇。2005年11月撤岳城乡入汝南埠镇，撤梁庙乡入真阳镇；撤西严店乡入雷寨乡。2007年9月大林乡撤乡建镇，2009年11月永兴乡撤乡建镇。

【组织机构】

中共正阳县委

书　　记　刘艳丽（女）
副 书 记　王东征　邵奉公（8月离）
常　　委　刘艳丽（女）王东征
邵奉公（8月离）　边镇西　李迎春
王静娴（女）　赵向阳　梁　军
朱东升　蒋贵印　周慧深　胡敬忠

正阳县第十四届人大常委会

主　　任　李保国
副 主 任　王春山　张太祥　王建军
李　峰（女）

正阳县人民政府

县　　长　王东征
副 县 长　王静娴（女）　陈玉杰（3月离）
田　野（8月离）　刘业鹏（3月任）
夏广德（1月任）　周宏伟（1月任）

政协正阳县第九届委员会

主　　席　李贵喜
副 主 席　王思宝　张汉收　王　莉（女）
黄翠萍（女）

正阳县人民法院

院　　长　姚　强（3月离）　张元真（3月任）

正阳县人民检察院

检 察 长　刘　冰（女，3月离）
侯亚军（3月任）

正阳县各乡镇、街道党委书记、乡镇长

真阳街道

党工委书记　孙道怀（1月任）
主　　任　刘金辉（7月任）

清源街道

党工委书记　刘勇军（7月任）
主　　任　梅一禾（7月任）

汝南埠镇

党委书记　冯建民（7月离）　钟祖利（7月任）
镇　　长　管　霞（女，7月离）　黄绍文（7月任）

寒冻镇

党委书记　殷　亮（7月离）　李学宝（7月任）
镇　　长　李学宝（7月离）　马向阳（7月任）

铜钟镇

党委书记　翁玉杰（7月离）　殷　亮（7月任）
镇　　长　钟祖利（7月离）　黄　森（7月任）

陡沟镇

党委书记　李　俞（5月离）　邓彦雷（5月任）
镇　　长　刘金辉（7月离）　王　涛（7月任）

熊寨镇

党委书记　陈俊章（7月离）　杨文中（7月任）
镇　　长　潘正文（7月离）　李　涛（7月任）

大林镇

党委书记　秦海林（7月离）　周　勇（7月任）
镇　　长　周　勇（7月离）　朱超贤（7月任）

永兴镇

党委书记　李东升（7月离）　管　霞（女，7月任）
镇　　长　梅一禾（7月离）　陈广平（7月任）

慎水乡

党委书记　刘勇军（7月离）　吴　娟（女，7月任）
镇　　长　彭　超（女，7月离）　刘　斌（7月任）

傅寨乡

党委书记　杨文中（7月离）　吴新华（7月任）
乡　　长　吴新华（7月离）　张全福（7月任副书记主持乡政府工作）

新阮店乡

党委书记　刘　飞（1月任）
乡　　长　刘　才（7月离）　王　鹏（7月任）

袁寨乡

党委书记　吴　娟（女，7月离）　郑　永（7月任）
乡　　长　杨　浩（5月离）　刘　林（5月任）

油坊店乡

党委书记　戴卫国（7月离）　王慧峰（7月任）
乡　　长　王慧峰（7月离）　张文霞（女，7月任）

雷寨乡

党委书记　袁　强
乡　　长　张新旺（1月任）

王勿桥乡

党委书记　吴春华（7月离）　郭卫东（7月任）
乡　　长　黄　森（7月离）　丁　晖（7月任）

闾河乡

党委书记　赵向阳（7月离）　汤广勇（7月任）
乡　　长　汤广勇（7月离）　王　霁（7月任）

皮店乡

正阳公园　　　　陈留锁 摄

党委书记　雷　耕（7月离）　王小兴（7月任）
乡　　长　郭卫东（7月离）　王秋红（女，7月任）

彭桥乡

党委书记　刘媛玲（女）
乡　　长　邓彦雷（5月离）　肖冬雨（5月任）

兰青乡

党委书记　王小兴（5月离）　杨　浩（5月任）
乡　　长　郑　永（5月离）　姚　旭（12月任）

【年度概况】2017年，正阳县生产总值176.05亿元，同比增长8.1%。其中，第一产业增加值51.69亿元，同比增长4.4%；第二产业增加值50.03亿元，同比增长9%；第三产业增加值74.33亿元，同比增长10.7%。一、二、三产业结构为29.4 ∶ 28.4 ∶ 42.2。二三产业的比重为70.6%，一产比重首次降到30%以下。

农业　2017年，全县粮食作物种植面积220.7万亩，同比减少1.8%。其中，夏粮种植面积164.2万亩，同比减少0.8%；秋粮种植面积56.6万亩，同比减少4.6%。油料种植面积138.1万亩，同比增长4.1%。其中，花生种植面积135.5万亩，同比增长4.1%。全年粮食总产量达85.8万吨，同比增长0.1%。其中，夏粮66.5万吨，同比增长1.7%；秋粮19.4万吨，同比减少4.5%。油料总产量39.1万吨，同比增长1.3%。其中，花生总产量38.6万吨，同比增长1.5%，继续保持全国花生第一大县地位，被授予“中国花生之都”“农产品地理标志产品”“中国富硒花生产业化基地县”等称号，“正阳花生”被评为中国百强农产品区域公用品牌，位列第9位。全县农机生产企业发展到38家，拥有各类花生机械达到16.5万台，实现花生从种植、收获到加工的全程机械化。生猪存出栏216万头，标准化养殖场比例达到90%，牛存出栏12万头，羊存出栏45万头，家禽存出栏1200万只，猪肉产量9万吨，比上年增长0.2%。正阳县被批准为“全国种养结合整县推进示范县”。全年新发展农民专业合作社334家，家庭农场85家，全县农民专业合作社、家庭农场总数分别达到1214家、1514家，累计流转土地80多万亩。

工业、建筑业　2017年，规模以上工业实现增加值38.16亿元，比上年增长8.9%。全年工业增加值增速同比增长8.1%。其中，规模以上工业同比增长8.9%；规模以下及个体工业同比增长5.2%。全年规模以上工业企业主营业务收入181.5亿元，同比增长13.3%；实现利税11.81亿元，同比增长0.3%。2017年列入省市重点项目32个，完成投资85.8亿元，占年度投资计划的105%。政策性项目有新突破，全年获得中央预算内政策性项目11个，总投资2.2亿元，争取到位中央预算内资金1.6亿元，重点投向保障性安居工程、道路交通、农田水利、城镇基础设施建设、农村饮水安全、教育、卫生等方面。全年新签约项目18个，合同总投资144.5亿元。续建项目9个，合同总投资81亿元，累计到位资金65亿元。列入省“1816”投资促进计划项目30个，完成投资53.6亿元，占年度投资计划的107.4%。君乐宝乳

君乐宝正阳现代化厂区　　孙国钧 摄

制品加工项目已累计完成投资10亿元。乐源现代化旅游观光牧场项目完成投资6.5亿元，入驻澳洲奶牛6000头。成功签约引进山东鲁花集团年产10万吨压榨花生油项目是继君乐宝之后又一“国家品牌计划”企业落户正阳。全年实现建筑业增加值8.97亿元，比上年增长13.6%。

固定资产投资　全年完成全社会固定资产投资146.08亿元，同比增长12.1%。其中，房地产开发投资18.4亿元，同比增长48.3%。

表38

2017年正阳县国民经济基本情况表

项目	单位	完成数	较上年增长（%）
国内生产总值	万元	1760551	8.1
规模以上工业增加值	万元	381600	8.9
粮食总产量	吨	85.8	0.1
全社会固定资产投资	万元	1460843	12.1
农民人均纯收入	元	10623	9.4
城镇居民人均可支配收入	元	22213	8.9
地方财政一般预算收入	万元	58399	13.4
地方财政一般预算支出	万元	487400	19.9
社会消费品零售总额	万元	747400	12.6
金融机构年末各项存款余额	万元	2235200	6.2

国内贸易　2017年，正阳县社会消费品零售总额74.74亿元，比上年增长12.6%。分行业看，批发业销售额27.53亿元，同比增长12.8%；零售业销售额82.3亿元，同比增长15.4%；住宿业营业额1.12亿元，同比增长12.6%；餐饮业营业额10.2亿元，同比增长16.4%。

交通、通信　全县公路通车里程960千米，客货运输周转量同比增长15%。新增城市公交16辆，城乡道路交通条件持续改善。全年完成邮政业务总量4791.5万元，同比增长22%。移动电话用户47.6万户，固定电话1.4万户，宽带用户5.6万户。

财政、金融　2017年，全县完成地方财政一般预算收入5.84亿元，同比增长13.4%，其中税收收入3.28亿元，同比增长34.2%，税收占地方财政一般预算收入的比重为56.2%。地方财政一般预算支出48.74亿元，同比增长19.9%。

年末，全县金融机构各项人民币存款余额223.52亿元，同比增长6.2%；其中个人存款余额180.72亿元，同比增长14.46%。各项贷款余额93.56亿元，同比增长12.8%。

教育、文化、卫生　2017年，全县共有各级各类学校398所（含幼儿园）。其中：幼儿园88所，小学276所，初级中学26所，九年一贯制学校3所；普通高级中学3所，十二年一贯制学校1所；特殊教育学校1所，职业中等专科学校1所。全县在校学生15.96万人，其中学前教育3.65万人、小学8.3万人、初中2.7万人、高中1.35万人、职业学校学生3500人。全县共有在职教职工7283人。中小学教师学历合格率均达100%。实施了91所学校的“全面改薄”，数字化校园实现全覆盖，成为全省“教育信息化试点县”。高考成绩再创新高，一本进线608人，进线率23.3%；二本进线

2561 人，进线率 65.2%。

全县共有艺术表演团体 58 个，文化馆 1 个，文化站 17 个，公共图书馆 1 个。电视台 1 座，调频广播电台 1 个，有线电视台 1 个。全县拥有数字电视用户 12.8 万户，电视人口覆盖率 100%。

全县共有卫生机构 33 个，医院 30 个，其中县医院 2 个，中医院 1 个，妇幼保健医院 1 个，乡（镇）卫生院 21 个。全县共有床位 2750 张，卫生技术人员 2492 人，执业（助理）医师 893 人。

人口、人民生活和社会保障 年末，全县人口数 83.81 万人，城镇化率 33.1%，同比提高 1.6 个百分点。全年城镇居民人均可支配收入 22213 元，比上年增长 8.9%。农村居民人均纯收入 10623 元，比上年增长 9.4%。

2017 年，全县新增城镇就业人员 9620 人，失业再就业人员 3714 人，城镇登记失业率控制在 2.3% 以内。全面落实全民参保登记计划，城镇基本养老、失业、医疗、工伤和生育保险参保总数达到 21.2 万人，城乡居民社会养老保险参保人数达到 46.3 万人，城乡居民医疗保险参保人数达到 71.5 万人。发放各类社会救助资金 1 亿多元。对 4327 名困难残疾人和 9206 名重度残疾人发放“两项”补贴 1095.8 万元。开展农村低保重新复核认定工作，最终纳入农村低保对象 16186 户 18533 人。

资源、环境保护 年末，全县耕地总资源 213.94 万亩。全县林木覆盖率 24.8%，当年植树造林面积 3.56 万亩。全年全县 23 家调查企业废水排放量 64.68 万吨，化学需氧量排放量 178.1 吨，氨氮排放量 35.19 吨，二氧化硫排放量 143.6 吨，氮氧化物排放量 98.27 吨，投入运行污水处理厂 2 座，日处理生活污水 4.3 万吨。有生活垃圾处理厂 1 座，日处理生活垃圾 160 吨。（侯存生 何海峰）

确山县

【基本县情】 确山县位于驻马店市南部，东依汝南、正阳县，南接信阳市平桥区、南阳市桐柏县，西邻泌阳县，北毗驻马店市驿城区。全县总面积 1630 平方千米，耕地面积 119 万亩。年末总人口 53.42 万人。辖盘龙、三里河、朗陵 3 个街道和竹沟、新安店、任店、留庄、刘店、瓦岗、石滚河、双河镇、李新店、普会寺 10 个镇。全县共有 173 个村委会和 29 个居委会。

确山县以城南有确山而得县名。西周县境北部属道国，东南一隅属江国。春秋属楚，秦属颍川郡。西汉高帝四年（前 203），置朗陵县，治所在今臻头河北岸的任店境。公元前 25 年，县西北境建安昌侯国；公元 7 年，东北境置阳安侯国。东汉省安昌入朗陵。西晋复于西南置安昌县，南北朝时，随形势消长时南时北，县名、疆域与归属变更频繁。公元 421 年，南朝刘宋于县境建初安郡。528 年和 547 年，南梁 2 次进据淮北，废初安郡，侨治陈州，北魏复占后，废州仍置郡县。556 年，北齐废郡县，侨治荆州。北周时，改为威州。隋初，废州复置安昌县，于 583 年迁县治于盘龙山下，改名为朗山县。北宋大中祥符五年（1012），因避讳改朗山县为确山县。金时属蔡州镇南军，元至元三十年（1293），蔡州改为汝宁府，确山县属汝宁府。清朝沿袭未变。民国 2 年（1913）设汝阳道，确山属其辖。民国 20 年（1931），改属河南省第八行政区。1949 年 4 月，人民政权在驻马店设立确山专署；8 月，迁改为信阳专署。1965 年，信、驻分治，确山县属驻马店地区。

1980 年 7 月，驻马店镇的顺河、刘阁、韩庄公社划归确山县管辖。1981 年 11 月，韩庄公社改为香山公社。1983 年，全县 21 个公社先后改制为乡。1986 年 5 月，顺河、刘阁、香山 3 乡划归驻马店市。1987 年 12 月，城关镇改盘龙镇，城郊乡改三里河乡。1989 年 3 月，竹沟、任店、留庄、新安店分别撤乡建镇。1998 年 1 月，刘店撤乡建镇。2000 年 6 月，蚁蜂撤乡建镇。2002 年 1 月，古城、朱古洞、胡庙 3 乡划归驻马店市驿城区。2006 年 1 月，乡镇机构改革，杨店乡并入双河乡，顺山店乡并入新安店。2009 年 4 月，瓦岗乡、双河乡撤乡建镇，7 月石滚河乡撤乡建镇，11 月李新店乡撤乡建镇。2012 年 6 月，蚁蜂镇正式划归驻马店市驿城区，同时驻马店市驿城区朱古洞乡的老臧庄村、北泉村划归确山县三里河乡。2014 年 9 月，撤销盘龙镇和三里河乡，设立盘龙、三里河、朗陵 3 个街道。2016 年 11 月，普会寺撤乡建镇。2017 年 1 月，驻马店市驿城区古城街道朱李、洪村铺社区划归确山县朗陵街道管辖。

【组织机构】

中共确山县委

书　　记　路　耕
副 书 记　彭广峰　牛清泉（8 月离）
常　　委　路　耕　彭广峰　牛清泉（8 月离）
　　　　　陶玉强　韩学锦　张建华　刘　磊
　　　　　殷玉金　吴玉冰　张　杰
　　　　　曹亚红（女）刘宏东

确山县第十五届人大常委会

主　　任　聂庆忠
副 主 任　李守峰　刘永顺　郭全新　曾庆耀

确山县人民政府

县　　长　彭广峰
副 县 长　刘　磊　刘宏东　高其良（1 月离）
　　　　　张保红　陈振涛（4 月任）
　　　　　杨卫军（1 月任）
　　　　　王月红（女，1 月任）
　　　　　吴仲鑫（挂职，1 月离）
　　　　　王衍章（挂职，12 月离）
　　　　　罗　超（挂职，12 月任）
　　　　　贾久用（副县级干部）

政协确山县第十二届委员会

主　　席　陶宏启
副 主 席　桂治河　赵晓宏
　　　　　龚晓润（女，4 月任）

城区建设　　陈满仓 摄

确山县人民法院

院　　长　王　芳（女，3月离）
　　　　　刘　冬（女，3月任）

确山县人民检察院

检 察 长　侯亚军（3月离）　余卫东（3月任）

确山县各街道、乡镇党委书记、乡镇长

盘龙街道

党工委书记　王仲秋（3月离）　张　伟（3月任）
主　　任　张　伟（3月离）　孟迎新（3月任）

三里河街道

党工委书记　杨卫军（3月离）　郑胜利（3月任）
主　　任　郑胜利（3月离）　吴保晶（3月任）

朗陵街道

党工委书记　韩成良
主　　任　陈联合（3月离）　祝道远（3月任）

刘店镇

党委书记　刘军伟
镇　　长　马晨宇

留庄镇

党委书记　侯建伟
镇　　长　贾文彬

双河镇

党委书记　李　艳（女，8月离）
镇　　长　杨东荣

新安店镇

党委书记　朱志鹏（3月离）　景钟明（3月任）
镇　　长　石旺盛

任店镇

党委书记　龚喜庆（3月任）
镇　　长　龚喜庆（3月离）　袁向阳（3月任）

瓦岗镇

党委书记　马中山
镇　　长　王双全（3月离）　张　莉（女，3月任）

石滚河镇

党委书记　杨彦博（3月离）　李　伟（3月任）
镇　　长　李　伟（3月离）　刘　耀（3月任）

竹沟镇

党委书记　刘冬梅（女）
镇　　长　景仲明（3月离）　张宏艺（3月任）

李新店镇

党委书记　赵勇军（3月离）　许晓峰（3月任）
镇　　长　许晓峰（3月离）　毛洪立（3月任）

普会寺镇

党委书记　韩志强（3月离）　杨彦博（3月任）
镇　　长　李新政（3月离）　王志慧（女，3月任）

【年度概况】2017年，确山县完成生产总值（GDP）1682047万元，较上年增长8.1%。其中，第一产业增加值

331013万元，较上年增长4.6%；第二产业增加值688044万元，较上年增长7.9%；第三产业增加值662990万元，较上年增长10.3%。三次产业结构为19.68 ： 40.91 ： 39.41。二三产业增加值占GDP比重为80.23%，上升1.7%。人均生产总值41904元，较上年增长12.5%。全年居民消费价格总水平101.1%，商品零售价格总水平101.1%，农业生产资料总水平102.6%。保持“国家卫生县城”“全国休闲农业与乡村旅游示范县”“全国科技先进县”“全国文化先进县”“省级文明县城”“全国电子商务进农村示范县”“全国畜牧大县”“全国平安农机示范县”“全省安全生产工作先进县”“全省依法治县先进县”“全省信访工作先进县”等称号。

农业 全年粮食总产528525吨，较上年下降2.2%，单产381.75千克，较上年增长1.09%。油料总产158601吨，较上年增长18.3%，单产311.27千克，较上年增长5.3%。农林渔业总产值627220万元，增长4.8%。肉类总产量65115吨，较上年下降4.2%。禽蛋总产量24923吨，较上年增长11.1%。畜牧业总产值217176万元，较上年增长4.5%，增加值111531万元，较上年增长4.5%。全年农村用电量15988.44万千瓦小时，较上年增长9.9%。年末农业机械总动力96.5万千瓦。农用拖拉机4.53万台，其中小型拖拉机4.1万台，大中型拖拉机4632台。2017年，确山县创建全国文明村1个，省级农村人居环境示范村55个、达标村64个。家庭农场403家，规模以上农业企业113家，农民专业合作社2416家，4家农业合作社被评为国家级示范社。确山县为国家级畜禽养殖废弃物资源化利用项目县、国家级粮改饲项目县。

工业、建筑业 2017年，全部工业增加值603085万元，增长7.3%。其中，规模以上工业增加值53.09亿元，同比增长8%，规模以下工业增加值同比增长4.2%。规模以上工业企业实现工业主营业务收入2391239万元，较上年增长11.2%；利税总额273029万元。利税总额占主营业务收入的比重为11.4%。产品销售率99.11%。单位GDP能耗下降6.83个百分点，规模以上工业能耗354897吨标准煤。规模以上工业能耗增速为-12.7%。全年全社会用电量93521万千瓦小时，同比增长2.97%。

全年完成建筑业总产值109.63亿元，较上年增长26.7%；完成建筑业增加值84959万元，较上年增长12.7%。

固定资产投资 全年固定资产投资总额1608535万元，同比增长11.7%，人均固定资产投资40073元，较上年增长11.6%。其中，房地产固定资产投资239748万元，较上年增长-4.4%。

交通、邮电 全年完成普通载货汽车货运周转量288089万吨公里，较上年上升0.8%；客运周转量71801万人公里，较上年下降1.2%。全年完成邮电业务总量5575.4万元，较上年增长19.3%。

国内贸易 全年社会消费品零售总额637744万元，较上年增长12.6%。其中，批发业零售额244310万元，较上年增长13.1%；零售业零售额733418万元，较上年增长

留庄稻田艺术　　赵大军 摄

10月26日，确山县提琴产业园一隅

15.8%。住宿业零售额11668万元，较上年增长12.9%。餐饮业零售额145363万元，较上年增长16.7%。

财政、金融 全县地方财政总收入109510万元，较上年增长21.5%，税收48433万元，较上年增长16.1%。一般公共预算收入83616万元，较上年增长15.6%。人均一般公共预算收入2083元，较上年增长13.4%。全县一般公共预算支出284960万元，较上年增长7.2%。

表39

2017年确山县国民经济基本情况表

项目	单位	完成数	较上年增长（%）
国内生产总值	万元	1682047	8.1
工业增加值	万元	603085	7.3
农业总产值	万元	627220	4.8
粮食总产量	吨	528525	−2.2
固定资产投资总额	亿元	160.85	11.7
农村居民人均可支配收入	元	10662.9	9.5
城镇居民人均可支配收入	元	24746.2	9.0
财政一般公共预算收入	万元	83616	15.6
财政一般公共预算支出	万元	284960	7.2
社会消费品零售总额	万元	637744	12.6
城乡居民年末存款余额	亿元	154.4	15.1

年末，各项存款余额196.4亿元，比年初增加22.1亿元，同比增长12.7%。各项贷款余额69.1亿元，比年初增加11.2亿元，同比增长19.3%。城乡居民储蓄存款余额154.4亿元，比年初增加20.3亿元，同比增长15.1%。人均居民储蓄存款余额38465元，同比增长15.1%。

教育、文化、卫生 全县基础教育学校262所（含民办学校），高中3所，初中20所，小学186所，幼儿园50所，特殊教育学校1所，中等职业教育学校1所，职教中心1所。在校学生105524人，其中高中生11461人，初中学生25121人，小学生50330人，幼儿园学前儿童17904人。小学学龄儿童入学率100%。

年末，全县有文化馆1个，文化站13个，演出公司1个，电影院2个。全县医疗卫生机构285个，其中镇卫生院14个。

人口、人民生活和社会保障 年末，全县总人口53.42万人。常住人口40.14万人，其中乡村常住人口23.45万人、城镇常住人口16.69万人。全年人口出生率12.35‰，死亡率6.5‰，人口自然增长率5.85‰。城镇化率41.57%。

城镇居民年人均可支配收入24764.2元，较上年增长9%。农民年人均可支配收入10662.9元，较上年增长9.5%。农民人均现金收入14558.38元，较上年增长11.84%；农村居民人均家庭生活费支出7981.77元，较上年增长9.03%。城市居民人均住房面积47.2平方米，农村居民人均住房面积34.9平方米。

社会保障事业稳步发展。职工基本养老保险、大病医疗保险和离退休人员养老保险、医疗保险等保障制度继续推进。全县参加养老保险职工人数30291人，其中事业单位10838人、企业在职19453人；参加医疗保险居民470433人。

【确山县公安局获“全国优秀公安局”称号】 2017年5月，公安部发布关于表彰全国公安系统优秀单位、优秀人民警察的命令，授予100个单位“全国优秀公安局”称号，确山县公安局名列其中。8月24日上午，确山县公安局荣获“全国优秀公安局”称号揭牌仪式举行。市委常委、市委政法委书记孙巍峰及确山县委书记路耕，确山县委副书记、县长彭广峰，市公安局党委委员、市治安支队支队长房国卫，确山县委常委、政法委书记张杰，确山县委常委，副县长刘宏东与县政法系统干警，各镇街道、县直单位主要负责人参加揭牌仪式。 （许　霞）

泌阳县

【基本县情】 泌阳县位于驻马店市西南部，南接桐柏，北连方城、舞钢市，西临唐河、社旗，东交遂平、确山、驿城区。总面积2335平方千米，其中耕地105166公顷。年末全县总人口93.04万人。全县辖羊册、马谷田、春水、赊湾、官庄、郭集、泰山庙、王店、杨家集9个镇和象河、黄山口、双庙街、高店、盘古、高邑、下碑寺、贾楼、付庄、铜山10个乡及古城、花园、泌水3个街道，共319个村委会和34个居委会。

因位于泌水河北岸得名。春秋属楚，战国属韩。秦属南阳郡。西汉置比刚、舞阴2个县，属南阳郡；东汉、三国因之。东晋十六国时先后属前燕、前秦、后秦、东晋。南北朝时期，南朝宋永初元年（420）置昭越县（治今铜山乡古城岗村）。北魏延兴二年(472)置东荆州（治今泌水镇），改比阳县为阳平县；翌年，置江夏郡江夏县（郡、县同治今高店乡丁道村）。南朝齐建元元年（479），于舞阴设西汝南、北义阳2郡，同年侨置高邑县(治今高邑街)。建武四年(497）属北魏。北魏景明初（500—503）置西郢州（治今赊湾乡张湾村）。永熙三年（534），今县境东部属东魏，西部属西魏。东荆、西郢2个州属西魏。西魏恭帝元年（554）改东荆州为淮州、西郢州为鸿州。北周天和二年（567）省鸿州入淮州。

隋开皇三年(583)废舞阴、城阳、江夏3个郡，五年(585)改淮州为显州。七年(587)改阳平县为饶良县。十八年(598)改江夏县为慈邱县。大业元年（605）改昭越县为同光县，不久废。二年（606）改饶良县为比阳县，三年（607）改舞阴县为显冈县，改显州为淮安郡，隶豫州。唐武德四年(621)，复改淮安郡为显州。贞观二年（629），废显冈入比阳，九年（688）改显州为唐州。天宝元年（742）改唐州为淮安郡。乾元元年（758）复为唐州，隶山南东道。天佑三年（906）移唐州于泌阳（今唐河）。比阳、慈邱2个县仍隶唐州。五代后周显德三年（956）三月，废慈邱入比阳，仍隶唐州。宋、金沿袭不变。元至元三年（1266），废比阳为毗阳镇，隶泌阳县。明洪武十四年（1381）于毗阳镇置泌阳县，隶南阳府，清因之。1913年属汝南道。1927年直属河南省政府。1933年属河南第六行政督察专员公署。

1947年底，县境内分设中共泌北、泌西、泌东3县。泌北县（治今方城县酒店村），辖泌阳县的郭集、羊册、象河、春水等北部边缘地区与舞阳县南部的宋集（今属舞钢市）和方城县的小史店、唐河县的下洼（今属社旗县）等地。泌西县（治今羊册镇古城寨），辖大磨、双庙、官庄、饶良4个区。泌东县（治今贾楼乡曾沟），辖邓庄、王店、马谷田、石头河、牛蹄5个区。泌阳城关为桐柏区二专署直辖。1948年4月，撤销泌北县，所属羊册、郭集划归泌西县；象河、春水划归泌东县。

1949年1月，泌东、泌西2个县合并为泌阳县。10月全县设9个区、2个镇，即大磨、马谷田、王店、牛蹄、春水、羊册、官庄、饶良、双庙和城关、沙河店镇。区下辖197个乡。1953年7月，增设梅林区。城关镇改为城关区。1954年4月，撤销沙河店镇，归牛蹄区管辖。1955年底撤销梅林区。1956年撤销牛蹄区，改设板桥区。5月改区建乡；1957年调整为8个区、1个镇，另置8个县直辖乡。

1958年3月撤销县直8个乡，合并为赊湾乡、陈岗乡。8月，区改为乡，设10个乡、1个镇。10月，改称“泌阳人民公社”，辖11个管理区。年底，撤销陈岗管理区，分别并入城郊、赊湾两管理区。1959年3月，撤销“泌阳人民公社”，复为县。管理区改为人民公社。1961年8月，改社为区，全县设10个区、1镇，下辖74个人民公社。1962年3月，74个人民公社调整合并为54个，下辖433个生产大队。1965年7月，饶良区划归社旗县。1969年1月，撤销原公社，改9个区（镇）为人民公社，新增郭集、太山、杨集、立新、沙河店、大路庄6个人民公社。1976年初，又增设高店、董岗、双庙、象河4个人民公社。1977年春，增设黄山口、高邑、下碑寺、贾楼、城郊5个人民公社。

1983年11月公社改乡，全县辖23个乡、1个镇，有394个村民委员会。1987年6月，羊册、沙河店2个乡撤乡建镇。10月，城关镇更名为泌水镇，城郊乡更名为花园乡。全县设泌水、羊册、沙河店3镇和象河、春水、黄山口、郭集、泰山庙、官庄、付庄、下碑寺、板桥、老河、大路庄、王店、贾楼、杨家集、双庙街、赊湾、花园、高邑、马谷田、陈庄、高店21个乡。2010年，老河乡、沙河店镇划归驻马店市驿城区，2011年元月，板桥镇划归驻马店市驿城区，年末撤销花园乡、泌水镇，设立花园街道、泌水街道、古城街道。2012年撤销郭集乡设立郭集镇。2013年撤销泰山庙乡和王店乡，设立泰山庙镇和王店镇。2016年11月，杨家集由乡改镇。

【组织机构】

中共泌阳县委

书　　记　张树营

副 书 记　魏华伟　杜永军（10月离）

常　　委　张树营　魏华伟　杜永军（10月离）

刘　志　梁　忠（女）董新奇
张万兵　郭洪波　陈　东
刘　念（8 月离）曹克舜

泌阳县第十四届人大常委会

主　　任　王群生
副 主 任　岳清玲（女，4 月离）
张增家（4 月离）
毛永翔（4 月离）庞长和　李其钊
刘家润（4 月任）张宏超（4 月任）

泌阳县人民政府

县　　长　魏华伟
副 县 长　刘　志　王庆怀　曹克舜
王　兵（1 月任）
李慧阳（女，1 月任）
侯　杰（1 月任）刘业鹏（1 月离）

政协泌阳县第十届委员会

主　　席　邢继伟（4 月离）刘　念（4 月任）
副 主 席　王广超（4 月离）刘世祥（4 月离）
何清福（4 月离）张宏超（4 月离）
徐文贵　吴　健（4 月任）
周文革（4 月任）

泌阳县人民法院

院　　长　孙亚轩（3 月离）黄依群（3 月任）

泌阳县人民检察院

检 察 长　黎梅香(女,3 月离）田中松(3 月任）

泌阳县各乡镇、街道党委书记、乡镇长

泌水街道

党工委书记　苗　峰（1 月离）安　生（1 月任）
主　　任　吴　刚

古城街道

党工委书记　安　生(1 月离）刘广华(女,1 月任）
主　　任　袁　洋（1 月离）赵金高（1 月任）

花园街道

党工委书记　刘天坤（1 月离）李元峰（1 月任）
主　　任　吴　松

羊册镇

党委书记　关居义（1 月离）刘　兵（1 月任）
镇　　长　刘　兵（1 月离）王云才（1 月任）

赊湾镇

党委书记　王　磊(1 月离）李婉玉(女,1 月任）
镇　　长　魏　华（1 月离）刘小刚（1 月任）

高店乡

党委书记　付　彬
乡　　长　李全意

马谷田镇

党委书记　周文革（1 月离）杨春瑞（1 月任）
镇　　长　李其松（1 月任）

高邑乡

党委书记　邱士用（1 月离）张国柱（1 月任）
乡　　长　张　科（1 月离）王成伟（1 月任）

王店镇

党委书记　张　勇
镇　　长　李其威(1 月离）韩　靖(女,1 月任）

铜山乡

党委书记　刘广华（1 月离）张　科（1 月任）
乡　　长　贾清化（1 月离）张　岩（1 月任）

下碑寺乡

党委书记　侯　东
乡　　长　刘　霞（女）

春水镇

党委书记　李元峰（1 月离）谷德生（1 月任）
镇　　长　谷德生（1 月离）孟　磊（1 月任）

象河乡

党委书记　李春堂（1 月离）魏　华（1 月任）
乡　　长　赵耀东

黄山口乡

党委书记　徐德合
乡　　长　禹建刚

官庄镇

党委书记　杜永军（1 月离）张　辉（1 月任）
镇　　长　张　辉（1 月离）李洪海（1 月任）

郭集镇

党委书记　刘广超（1 月离）程　杰（1 月任）
镇　　长　武芳民

泰山庙乡

党委书记　陈　鑫
镇　　长　余昌锋

双庙乡

党委书记　孙书贵（1 月离）刘广超（1 月任）
乡　　长　程　杰(女,1 月离）李卿业(1 月任）

杨家集镇

党委书记　朱　璐
镇　　长　李婉玉(女,1 月离）刘久军(1 月任）

贾楼乡

党委书记　梁朝阳（1 月离）袁　洋（1 月任）
乡　　长　晁铁伦

付庄乡

党委书记　窦　强（1 月离）贾清化（1 月任）
乡　　长　曾照刚

盘古乡

党委书记　陈　磊（1 月离）谢修建（1 月任）
乡　　长　牛新伟

【年度概况】 2017 年，泌阳县实现地区生产总值 223.4 亿元，比上年增长 7.9%。其中，第一产业增加值 51.2 亿元，增长 4.3%；第二产业增加值 90.5 亿元，增长 7.6%；第三产业增加值 81.7 亿元，增长 10.9%。人均生产总值 33055 元。

农业　2017 年，全年粮食作物种植面积 115934 公顷，比上年下降 1.3%，其中小麦种植 66203 公顷，增长 0.8%。全年粮食总产量 637856 吨，比上年增长 0.9%，其中夏粮

9月21日，泌水河南岸生态项目区一隅　　冯华豫 摄

390260吨，增长4.2%。年底，全县有新型农业经营主体1597家，其中专业合作社1136家，家庭农场425家，流转土地38.7万亩，占承包耕地33.5%。特色产业发展迅速。烟叶种植3.5万亩，产值1亿元，实现税收2400万元。完成香菇种植2.5亿袋，草腐菌生产800棚，代科黑木耳1000万袋，产值37亿元。全年牛出栏24.2万头，生猪出栏74.1万头，羊出栏26.2万只，畜牧业产值达42亿元。全年新增恢复灌溉面积3.37万亩，新增旱保田2万亩，新修节水灌溉面积1.2万亩，巩固提升安全饮水工程24处，解决安全饮水3.8万人。全年营造林面积5114公顷，其中人工造林面积2800公顷，义务植树数量360万株。全县共有森林公园4个，国家级（试点）湿地公园1个，年末全县森林覆盖率44.8%，获河南省林业推进生态文明示范县。全县发展农机专业合作社158家，其中国家级4家、省级5家，农用拖拉机69170台，比上年增长435台。农业机械总动力143.97万千瓦。

工业　2017年，全年规模以上工业增加值84.5亿元，增长9%。继续围绕农产品加工和电子电器制造等主导产业，开展大招商活动，全年新上项目40多个，计划固定资产投资160亿元，落实投资62亿元。加快产业集聚区建设，夏南牛产业园初步建成，澳牛屠宰生产线、牛血生物制剂、牛血深加工项目建成投产，泌花食品、亿键食品二期生产项目全部建成投产，电子产业园二期工程基本完成。产业区新入驻企业12家，产业区完成营业收入360亿元。工业增加值83亿元，完成固定资产总投资120亿元，从业人员4.6万人。产业区有上市企业3家，2017年被评为河南省二星级产业集聚区。

固定资产投资　全年固定资产投资1763973万元，增长12.3%。其中，国有控股投资472397万元，增长103.2%；民间投资1038448万元，增长-1.4%。分产业看，第一产业投资31717万元，增长20%；第二产业投资788645万元，增长-2.8%；第三产业投资710408万元，增长40.2%。全县产业集聚区完成固定资产投资1176022万元，增长9.2%。全年房地产开发投资233203万元，比上年增长3%。商品房销售面积680365平方米，增长8.74%。商品房销售额257824万元，增长13.5%。

国内贸易　全年社会消费品零售总额实现857631万元，比上年增长12.7%。按城乡分，城镇消费品零售额649596万元，增长12.3%；农村消费品零售额208035万元，增长13.9%。按行业分，批发和零售业零售额731723万元，增长15.4%；住宿餐饮业零售额125908万元，增长10.6%。全年进出口总额23555万元。其中，进口额1924万元、出口额21631万元，实际利用外商直接投资3442万元，引进省外资金25.13亿元。

交通、旅游　2017年，泌阳县建成通村公路110千米。创建示范观摩路线150千米。完成客运量1210万人，客运周转量31119万人公里，分别比上年增长4.3%和4.5%；货运量1081万吨，货运周转量190287万吨公里，分别比上年增长7.2%和7.3%。

年末，全县共有国家AAA级以上景区5处。星级酒店3家。全年接待国内游客375万人次。旅游总收入3亿元。

泌阳尚东区　　刘　艺　摄

财政、金融　2017年，全县财政总收入120256万元，同比增长18.8%。其中，一般公共预算收入90039万元，增长16.9%。全年税收收入64439万元，增长21.6%，一般公共预算支出474275万元，增长16.5%。其中，一般公共服务支出增长1.8%，教育支出增长3.4%，科学技术支出增长18.2%，文化体育与传媒支出下降4.5%，社会保障与就业支出下降13.2%，医疗卫生与计划生育支出增长2.4%，城乡社区事务支出增长132.3%，农林水事务支出增长27.5%。

年末，全部金融机构人民币存款余额2001380万元，增长12.69%。其中，个人存款1556197万元，增长20.01%。全部金融机构人民币贷款余额758336万元，增长19.50%。

教育、科技　年末，全县共有各类学校486所。其中，小学337所，普通初中学校31所，普通高中学校3所，中等职业教育学校2所，特殊教育学校1所，幼儿园112所。全年各类学校招生54155人，在校生188379人，毕业生50199人。小学招生15193人，在校生86978人，毕业生13736人；普通中学招生13064人，在校生36481人，毕业生10762人；中等职业教育学校招生993人，在校生3358人，毕业生2972人；普通高中学校招生6168人，在校生17990人，毕业生5277人。幼儿园入园18737人，在园幼儿43572人，离园17452人。2017年高考进本科线3625人，进线率59.3%，进一本线1034人，上线率16.9%。

年末，全县共有科学研究开发机构2个，省工程技术研究中心6个，新增科普示范基地12个，农业专业技术协会16个，科技示范村150个。专利申请182件，授权专利89件，发明专利拥有量2件，全年完成产品认证企业3家。

文化、卫生和体育　年末，全县共有艺术表演团体15个，文化馆（站）23个，公共图书馆1个，广播电视台1座，广播人口覆盖率97.6%，电视人口覆盖率98.5%，有线电视用户4万户，全国重点文物保护单位2处，国家级非物质文化遗产名录1个。2017年创作相声、小品、情景剧14个，有5个搬上县市级以上舞台。小品《我很看好你》获中央电视台戏曲频道《一鸣惊人》小戏小品大赛最佳编剧奖，小品《选婿》被中央电视台戏曲频道录制，并获节目表演铜奖。

年末，全县共有卫生机构431个（含个体诊所），其中医院18个（含民营医院15个）、卫生院22个，妇幼保健院（所、站）1个，疾病预防控制中心（防疫站）1个，卫生监督所1个，卫生进修学校1个。全县医院、卫生院技术人员2406人，其中，执业（助理）医师1118人，注册护士870人；卫生机构实有床位数3081张。

2017年，省级以上体育比赛中，共获得5枚金牌，其中冠军赛获得4枚、锦标赛获得1枚。

人口、人民生活和社会保障　年末总人口93.04万人，常住人口67.32万人，城镇化率40.06%。全年人口出生率12.37‰，死亡率6.63‰，自然增长率5.75‰。全年城镇居

表40

2017年泌阳县国民经济基本情况表

项目	单位	完成数	比上年增长（%）
地区生产总值	万元	2234377	7.9
工业增加值	万元	845600	9.0
农业总产值	万元	961199	-0.14
粮食总产量	吨	637856	0.9
固定资产投资总额	万元	1763973	12.3
农民人均纯收入	元	10878.3	9.7
城镇居民人均可支配收入	元	25336.4	9.4
地方财政一般预算收入	万元	90039	16.9
地方财政一般预算支出	万元	474275	16.5
社会消费品零售总额	万元	857631	12.7
全部金融机构年末存款余额	万元	2001380	12.69

高铁西站 孙国钧 摄

民人均可支配收入 25336.4 元，比上年增长 9.4%。农村居民人均可支配收入 10878.3 元，比上年增长 9.7%，人均生活消费支出 8827 元。

全年共有城镇居民 5528 人享受政府最低生活保障，发放城镇居民最低生活保障金 1737 万元；30656 位农村居民享受政府最低生活保障，全年发放农村最低生活保障金 5588 万元。全年救助城乡医疗困难群众 34590 人次，发放城乡医疗救助资金 879 万元。全县城乡居民基本医疗保险参保人数 744420 人。全县有 19 个农村幸福院，2 个民办养老机构，床位数 1643 张，收养 1643 人。城镇各种社区服务设施 22 个，基本实现居民养老全覆盖。 （张国锁 李广正）

经济开发区

【概况】 驻马店经济开发区辖关王庙乡 1 个建制乡和金河、金山、开源 3 个办事处，总面积 120 平方千米，总人口约 30 万人。2017 年，开发区生产总值增长 9.3%；固定资产投资累计完成 90 亿元，增长 11.5%，其中房地产完成投资 37.4 亿元，增长 12.8%；完成社会消费品零售总额 10.07 亿元，增长 12.5%。一般公共预算收入 4.14 亿元，同比增长 4.6%；其中税收收入同比增长 13.1%，增收 4248 万元。三次产业结构达到 5 ∶ 20.2 ∶ 74.8；第三产业产值同比增长 14.6%，贡献率达到 80%。十件民生实事全面完成，农村居民参保率达到 98.68%。全年优良天数 240 天，比上年增加 23 天，超出省定目标 31 天，PM10、PM2.5 分别下降 12%、13%。全年城镇居民、农村居民人均可支配收入分别增长 8.8% 和 9%。开发区 113 件专利共获得资助金额 10.1 万元，专利数量和资助金额均位居全市首位。

创建完善城市功能。百城建设提质重点项目 2017 年完成投资 6.43 亿元，清河湖、天中老街、建业市场、关王庙特色小镇成为百城建设提质工作亮点。投资 2800 万元高标准完成建业市场升级改造；聘请杭州蓝城集团高标准规划设计和实施关王庙特色小镇建设，成为亮丽风景。投资 4300 万元购买大型清扫、洒水设备，实施全天候机械保洁，确保中心城区环境卫生整洁。拆除违建面积 6.79 万平方米。金河办事处桑王庄和东高社区成为“创文”标准化建设示范点。通达支路等 14 条“断头路”绿化工程提前完成任务，骏达路等 14 条次干道维修改造工程基本完成，同时实施一批亮化、美化工程，人居环境极大改善。

做好民生实事。一是开展环保整治专项行动。按照要求完成完善类企业 57 家、整改类企业 30 家、取缔类“散乱污”企业 51 家工作任务，辖区施工工地全面落实“六个 100%”要求，提前完成优良天数 209 天控制目标，大气污染防治工作位居全市前列。二是征地拆迁。全年完成小清河引水灌溉调节工程、文明大道绿化工程、乐山大道拓宽工程、纬六东路、纬九东路等重点项目征地面积 3191 亩、拆迁面积 81.3 万平方米，为重点项目落地提供保障。三是脱贫攻坚。精准识别贫困户 38 户、86 人，建立联系帮扶体系，派驻驻村工作队，通过金融扶贫、行业扶贫等方式，全部落实帮扶措施，全区精准帮扶、因户施策，帮扶措施覆盖率达到 100%，位居全市第一梯队。四是完成省定重点民生实事工作任务。围绕残疾人、城乡低保人员和孤儿等困难群体生活保障以及城乡低保、医疗救助、优抚对象等帮扶，全年共发放各类民政资金 1740 多万元，受益人群达 3 万多人次；开展“两筛”工作，超额完成目标任务；做好残疾人工作，残疾人康复、教育、就业、精准扶贫、维权等工作得到中残联和省、市残联高度评价。

破解难题，维护社会稳定。一是破解遗留难题。围绕富兴电子、刁庄安置区等信访问题和中州龙湖国际、新区商业广场等问题楼盘，分别成立攻坚小组，制定工作方案，责任明确到人，逐个研究破解，实现全年赴京“零非访”。二是破解教育难题。针对新区日益增长的教育资源需求，2017 年面向社会公开招聘和引进中小学、幼儿园老师 163 人，优

高铁新区　　孙国钧 摄

化全区教师结构，增强学校发展活力。全年累计投入资金1200多万元，对部分城区和农村学校教育硬件设施全面进行升级改造；投资2600万元的驻马店市第三十八小学投入使用，新增办学规模24班。三是破解安置难题。加快安置区建设，解决拆迁群众后顾之忧。小清河文化休闲商住区北安置区1018套安置房和南安置区996套安置房主体工程封顶，职教园区安置区北苑花园6栋、723套安置房主体工程完成，南苑花园在进行桩基施工，北部新区安置区、铜山大道沿线安置区、新申庄安置区建设均在推进中。（胡梅宝）

【项目建设】 2017年，驻马店经济开发区开展招商引资，主要领导多次带队外出招商，开展洽谈对接活动，共签约项目15个，合同总投资108.72亿元。总投资53亿元的上海师大教育综合体项目、总投资13亿元的红星美凯龙爱琴海城市综合体项目、总投资7亿元的快递物流仓储配送中心项目在洽谈对接。21个省、市级重点项目完成投资50.4亿元，占2017年计划投资的106.3%。其中，恒兴物流仓储及电子商务产业园（二期）、惠洁管业和广大鸿远车业等3个省级（A类）项目全年完成投资9.7亿元，占年度计划投资的121.25%。18个市级（B类）项目全年完成投资40.71亿元，占年度计划投资的103.22%。总投资18亿元的广大鸿远车业二期项目即将投入试生产，总投资10亿元的河南惠洁管业项目五栋标准化厂房建成，总投资10亿元的恒兴物流和电商产业园二期、总投资13亿元的居然之家商业广场等项目快速推进，总投资6亿元的天中老街项目内部装修即将完成，总投资30亿元的月星星彩城项目征地拆迁即将结束。（胡梅宝）

【碧桂园清月湾项目开工奠基】 2017年1月21日，驻马店碧桂园清月湾项目作为2017年全市第一批亿元以上集中开工项目开工奠基。市人大常委会副主任、开发区党委书记栗明伦，市政府副市长王明威出席奠基仪式。该项目投资方为河南碧桂园置业有限公司，总投资约12亿元，一期位于驻马店市铜山大道与洪河大道交叉口东北侧，占地面积约180亩，规划总建筑面积34万平方米，主要以多维度的规划控制打造复合型的城市片区，具有商业购物、文化休闲、生态恢复及居住等功能，与小清河自然环境素融为一体，形成一个高效的休闲、生态居住圈。（胡梅宝）

【市电子商务产业园（二期）项目】 2017年，驻马店市电子商务产业园（二期）项目纳入河南省省级重点建设项目库，该项目计划总投资10亿元，项目纳入后将在建设用地、项目融资、重大问题协调等方面获得重点支持。开发区成功纳入省级重点建设项目3个，其他2个分别是广大鸿远车业项目和惠洁管业项目。（胡梅宝）

【张兴辽到开发区调研】 2017年4月20日，河南省国土资源厅党组成员、副厅长张兴辽一行莅临开发区，调研重点建设项目推进情况。驻马店市政府副市长王明威，市政府秘书长黄卫华，市政府副秘书长李保刚，市国土资源局局长王保海，经济开发区党委副书记、管委会主任史爱民陪同调研。张兴辽一行先后实地察看开发区小清河功能片区、职教园区、电子商务产业园、广大鸿远车业项目现场，对市、区两级政府严格用地审批，加强项目集约节约用地给予肯定，并要求市、区两级要积极主动作为，把握当前土地供给侧改革有利机遇，加快推进项目建设，着力服务地域经济发展大局。（胡梅宝）

市体育馆　　　　孙国钧 摄

【翁杰明到开发区调研】2017年8月16日，河南省委常委、常务副省长翁杰明一行在省发改委副主任郜义，省财政厅副厅长赵学东，省住建厅副厅长郭风春，市委常委、常务副市长张昕陪同下莅临开发区调研市电子商务产业园发展情况。翁杰明一行先后参观阿里巴巴产业带、京东物流豫南分拨中心、恒兴物流和有关特色商品展厅，并对驻马店市电子商务产业园发展给予肯定。同时，勉励项目方负责人，要扎根驻马店、面向大河南，发展"互联网+"物流产业，加快建设区域物流集散地和分拨中心，吸引更多有实力的电商企业进驻产业园，实现企业注册法人本地化，并切实做好新兴产业统计入库工作。（胡梅宝）

【省环保厅督察组到开发区督察】2017年9月28日，河南省环保厅督察组长盛玉波一行3人，在区环保局、区发改局、区工商局主要负责人陪同下先后到纬四路、纬六路清洁煤厂、建筑工地、道路施工工地及沿路两边的餐馆现场办公开展大气污染治理行动，对13家散煤燃烧"双替代"改装餐馆要求进一步规范化、制度化、科学化经营，给5处建筑工地、2处道路施工工地下发限期整改通知书，消除大气污染对城区及人民生活环境的影响，美化、净化城区环境，全面提升城区空气质量。（胡梅宝）

产业集聚区

【概况】2017年，市产业集聚区统筹推进招商引资、项目建设、基础配套设施建设、征地拆迁安置等各项工作，全区经济发展保持良好态势。全年主营业务收入完成433亿元，增速11.5%；工业增加值完成90亿元，增速9.5%，居全市第1位；固定资产投资完成81亿元，增速12.2%，居全市第3位。全年市产业集聚区先后组织外出招商活动32个批次，正式签约项目18个。推进综治中心规范化建设，成立综治信访规范化建设工作领导小组，筹措近200万元专项资金建设1000平方米的综治中心和信访接待中心，综治大局稳定。高度重视环境治理，建立环保督查和惩处工作机制，组建区级环保问题联合督查检查工作组，不定时、多轮次对辖区施工企业开展督导检查。按照省、市环保要求先后对8家手续不完善、设施不到位的违规企业进行集中整治，取缔和整改散乱污企业133家，先后取缔燃煤散烧经营户20余家，取缔民用散煤销售点12家。在夏秋秸秆禁烧和综合利用工作中，辖区实现"零火点"。发挥园区自身优势，突出产业扶贫、转移务工、集体经济和金融扶贫，在相关职能部门不健全情况下，保障政策落实，补发教育扶贫政策资金113人45750元，为贫困人口购买政府扶助补充医疗保险1180人共计9.44万元。同时，开展扶贫对象动态管理工作，清退删除132户358人。截至2017年年底，全区共有档卡贫困户295户、740人。（代　兵）

【招商引资】2017年，市产业集聚区先后组织外出招商活动32个批次，迎接各类客商考察50余批300多人，正式签约项目18个，计划总投资近231亿元。主要包括：总投资23亿元的河南正华置地绿色建筑产业园项目、总投资50亿元的国新骏化化工园区战略投资项目、总投资14亿元的福和物流冷链产业园建设项目、总投资10亿元的驻马店第三水厂建设及管道铺设项目、总投资7.2亿元的中棉小康年产1.6万吨植物生长调节剂项目、总投资3.7亿元的华芯电力

8月16日，省委常委、常务副省长翁杰明（左二）在驻马店市电子商务产业园调研　　唐　翀　王晓光　摄

高科技光缆生产线项目、总投资5.6亿元的杭州聚能生物质发电项目等。签订框架协议项目6个，计划总投资约55亿元。（代　兵）

【项目建设】2017年，市产业集聚区优化项目建设环境，加快新建项目建设进度，管委会研究建立项目推进、企业帮扶、项目督导三项工作机制。市产业集聚区2017年亿元以上项目共计23个（永峰环保项目既是市重点又是第一批计划开工项目，华芯电力和华润古城的项目既是集中开工项目又是中国农加工洽谈签约项目），总投资209.86亿元。其中：建设省市重点项目10个，总投资61.3亿元，年度计划投资33.77亿元，完成投资35.45亿元，年度投资完成率达105%；2017年前三批集中开工项目7个，总投资约17.36亿元，2017年计划完成投资5.9亿元；2017年中国农产品加工业投资贸易洽谈会市签约项目8个，总投资143.3亿元，全部开工履约；提交市中心城区评审会共计18个项目，通过11个，该11个项目总投资74.33亿元，将于2018年开工建设。（代　兵）

【基础设施建设】2017年，全区在建市政道路项目17个，共计48.7千米，计划总投资11.47亿元，已完成投资7.55亿元，其中2017年完成投资6.34亿元。丹桂路、梧桐路、翠柏路、练江路、东河路等已通车，滨河东路、蔡州路已具备通车条件，前进路和东江路即将铺油。全年新建、续建保障房15.9万平方米，计划总投资2.34亿元，已完成投资1.97亿元，其中2017年完成投资1.14亿元。2014年公租房项目即将完工，在进行电梯安装和供水、供电外联工程。练江河南岸安置社区一期基本完工，二期全部封顶，附属工程混凝土路面完成；练江河东段综合治理主题公园建设工程进展迅速，全长1.36千米，占地面积60公顷，总投资约1.8亿元，已完成工程总量的60%。（代　兵）

【征地拆迁工作】2017年3月1日起，由区领导班子成员带队成立6个征地拆迁片区指挥部，建立晨会、日报告、周例会、督查等工作制度，启动21个村庄征地拆迁工作，计划拆迁房屋110万平方米（追加约50万平方米）、征地9000亩。通过努力，整体拆除12个自然村，拆除房屋93万平方米、征地2000亩，另外静脉产业园、靖宇大道项目涉及的9个自然村（约50万平方米）全部签订协议，剩余征地及拆迁任务待资金到位后短期内可全部完成。通过拆迁，基本实现辖区驿城大道、中华大道、蔡州路和工业四路规划核心区内已无村庄，奠定园区建设发展基础。（代　兵）

【总投资15亿元的3项目集中落户】2017年3月29日上午，市产业集聚区管委会党委书记、管委会主任陆新生带领招商小分队和有关人员赴郑州进行招商，参加河南省第十一届投洽会，并签约3个总投资15亿元的项目。分别为杭州聚能合同能源管理有限公司投资6亿元生物质气化项目、河南华芯电力科技有限公司5亿元的高科技光缆生产线项目、湖南千金养生坊健康产业有限公司3.6亿元的年产1500万盒千金

3月29日上午，市委书记余学友（中）一行在市城乡一体化示范区调研国际会展中心项目前期准备情况　　刘华山 摄

唯爱保健品项目。（代　兵）

【海洋世界文化旅游项目签约】 2017 年 6 月 30 日，市产业集聚区管委会与深圳豪德明珠投资有限公司成功签约“海洋世界文化旅游项目”。项目总投资 13 亿元，计划用地 220 亩，计划建成中原地区规模最大的海洋馆。该项目集科普教育、科学研究、自然保护、休闲娱乐为一体。项目定位为建成中原地区首家带极地动物展示的海洋馆、中原地区规模最大的海洋馆。（代　兵）

【总投资 25 亿元的 3 个项目集中开工】 2017 年 9 月 30 日，市产业集聚区举行天方药业新型原料药二期、华芯电力光缆、巨塑管业高分子燃气电力管道 3 项目的集中开工仪式，项目总投资 25 亿元，主要涉及化工和新材料领域。其中，天方药业二期占地 400 余亩，主要生产新型原料药，是产业集聚区医药生产的代表性企业，全部建成达产后可实现销售收入 12.4 亿元，完成税收 1.33 亿元。（代　兵）

城乡一体化示范区

【概况】 驻马店市城乡一体化示范区位于市中心城区西侧，空间范围东至铜山大道，北至诸市乡北边界，西至汝河、尹河东岸及胡庙乡西边界，南至工业四路。规划控制面积 354 平方千米，以“心灵驿站、田园新城”为发展总目标，规划形成“两心三轴三片”的空间发展结构。两心：高铁公共服务核心、先农湖景观核心。“三轴”：活力城市发展轴、美丽田园发展轴、城乡融合一体轴。“三片”：“北新农、中服务、南宜居”三大功能片区，北部以新农综合体项目为引领，发展都市高效农业、“三农”示范小镇等，中部以高铁商务中心区为载体，打造高铁旅游商贸服务核心，引导金融、信息服务、管理咨询、营销推广等高端服务业集中集聚，南部依托山水，发展山水度假及都市生态乐活生活，发展养生养老、健康服务业。着力把示范区建设成为全市城乡一体化先行区、高端服务业集聚区、现代生态宜居区、都市农业示范区、休闲度假旅游区。示范区负责编制区域内总体规划、经济社会发展规划、土地利用规划，按照规定权限审批、核准建设项目，负责重大项目建设、招商引资、财政管理、机构编制、人力资源和社会保障、“三农”、旅游、投融资管理服务、环境保护和安全生产等工作；在城乡统筹、产业集聚、土地管理、规划建设管理、财税体制、公共服务管理、节能减排、投融资体制和对外开放等方面开展综合配套改革试验。

2017 年，市城乡一体化示范区征地拆迁工作任务 22 个，总征地量 5298.84 亩，拆迁量 90.68 万平方米。全年共完成征地面积约 2800 亩，完成拆迁约 70 万平方米，发放征地拆迁补偿资金约 4.5 亿元。多举措保障土地要素。完成规划中期评估与调整完善，新增城镇工矿用地指标 300 公顷，自求平衡指标 234 公顷，有条件建设区 700 公顷；开展用地报批

工作，全年累计组卷上报各类用地面积1792.23亩；开展土地供应工作，计划出让土地面积476.12亩，正在走出让程序。全方位加快项目建设，大力开展招商引资，对接洽谈较大规模各类企业30多家。整治综合环境，配合全市做好全国文明城市创建工作，先后投入约1800万元用于商务中心区和城乡接合部整治，协调资金2.4亿元，集中15天时间完成紧邻高铁站2个城中村拆迁。与辖区内各施工企业签订扬尘治理目标责任书，提升村居综合环境。（王振耀）

【项目建设】 2017年，市城乡一体化示范区共有省市重点项目8个，总投资约158亿元，计划完成投资23.6亿元，全年超额完成投资任务。高铁广场片区企业实施项目12个，总投资3.63亿元，2017年完成投资4.2亿元。园林绿化项目5个，均超额完成全年计划任务。（王振耀）

【规划编制】 2017年，市城乡一体化示范区编制完成高铁地下公共停车场、地下综合管廊和起步区生态水系规划设计方案；完成高铁站前B-01-01地块、安置小区等8个项目用地规划条件；完成市第五污水处理厂等4个项目规划选址，办理完毕示范区起步区、安置小区等4个项目选址意见书和用地规划许可证。（王振耀）

【招商引资】 2017年，市城乡一体化示范区多维度开展招商引资，对接洽谈较大规模各类企业30多家。完成驻马店国际会展中心PPP项目社会资本方招标工作；与清华启迪数字集团、恒大集团、太平亿康基金、蓝城4家企业签订战略合作协议，协议金额233.44亿元；与中原国际控股集团股份有限公司对接洽谈商务中心区天元国际交易总部项目；与绿地、绿城、碧桂园洽谈高铁西广场建设、会展中心周边酒店群项目。（王振耀）

人　物

市级党政领导

【余学友】1958年6月生，光山县人。河南省委党校在职研究生学历。1983年11月加入中国共产党。1975年10月至1978年9月，在光山县供销社工作。1978年9月至1981年7月，在河南省百泉农业专科学校园艺系果树专业学习。1981年7月至1982年5月，任新县八里畈乡农技站技术员。1982年5月至1985年3月，任新县团县委常委、办公室主任，团县委副书记，团县委书记。1985年3月至1988年9月，任新县郭家河乡党委书记。1988年9月至1996年3月，任新县县长助理、副县长。1996年3月至1996年11月，任信阳地区行署驻郑办事处书记、主任。1996年11月，通过河南省委公开选拔，任河南省林业厅副厅长、党组成员。1999年9月至2002年7月，在河南省委党校行政管理专业研究生班学习（在职）。2003年2月至2006年12月，任鹤壁市委副书记。2006年12月至2008年3月，任周口市委副书记。2008年3月至2009年2月，任河南省民政厅党组书记（正厅级）、副厅长。2009年2月至2011年5月，任河南省委农村工作办公室常务副主任（正厅级）。2011年5月至2014年4月，任商丘市委副书记、市长。2014年4月25日，任驻马店市委书记。为河南省第九届委员会委员，第十二届全国人大代表。2017年12月，任省委副秘书长。

【陈星】1965年2月生，虞城县人。1984年12月加入中国共产党。经济学博士。1983年9月至1987年7月，在郑州工学院水利系农田水利工程建筑专业学习。1987年7月至1989年7月，在中国社会科学院研究生院经济管理专业学习。1989年8月至1990年10月，任商丘地区第二建筑公司总经理助理。1990年10月至1998年3月，任商丘地区人事劳动局干部科副科长、主任科员。其间，1995年8月至1998年3月，在夏邑县韩镇乡挂职任党委书记。1998年3月至1999年11月，任夏邑县副县长。1999年11月至2000年3月，任商丘市团委副书记（主持工作）。2000年3月至2001年12月，任河南省商丘市团委书记。2001年12月至2003年6月，任民权县委副书记、县长。2003年6月至2008年10月，任柘城县委书记。2008年10月至2012年4月，任驻马店市副市长。2010年3月至2013年1月，在清华大学公管学院学习（在职），获公共管理硕士学位。2012年4月至2012年5月，任济源市委常委（副市厅级）。2012年月6月，获华中科技大学经济学博士学位。2012年5月至2014年3月，任济源市委常委、常务副市长。2014年3月，任驻马店市委常委、常务副市长。2015年4月，任驻马店市委副书记、市长。2017年12月，任驻马店市委书记。

【朱是西】1966年4月出生，汉族，河南禹州人。1990年6月入党，1990年10月参加工作，研究生学历。

1985年9月至1990年7月在河南中医学院中医系中医专业学习；1990年7月至1990年10月毕业待分配。1990年10月至1993年2月任河南省郑州第一钢厂党办、团委干部；1993年2月至1994年6月任河南省郑州市团委青工部干事、组织部部长助理；1994年6月至1994年8月任河南省郑州市团委县区部负责人；1994年8月至1994年12月任河南省郑州市团委青农部副部长；1994年12月至1995年8 月任河南省郑州市团委区街部副部长；1995年8月至1996年8月任河南省郑州市团委区街部部长；1996年8月至1998年4月任河南省郑州市团委组织部部长；1998年4月至2001年11月任河南省郑州市团委副书记。2001年11月至2002年10月任河南省荥阳市委常委、宣传部长；2002年10月至2004年6月任河南省登封市委常委、组织部长（2000年9月至2003年7月在河南省委党校经济管理专业在职研究生班学习）；2004年6月至2006年2月任河南省登封市委副书记；2006年2月至2006年5月任河南省登封市委副书记，嵩山风景名胜区管理委员会主任、党委书记；2006年5月至2007年1月任河南省嵩山风景名胜区管理委员会主任、党委书记。2007年1月至2008年11月任河南省郑州市上街区委副书记、区长（2005年9月至2007年6月在新加坡南洋理工大学工商管理专业学习，获工商管理硕士学位）；2008年11月至2009年1月任河南省郑州市二七区委副书记、代区长；2009年1月至2009年

3月任河南省郑州市二七区委副书记、区长；2009年3月至2011年2月任河南省郑州市二七区委书记；2011年2月至2011年12月任河南省郑州市二七区委书记，二七区运河新区管理委员会主任、党委书记。2011年12月至2012年9月任河南省郑州市副市长；2012年9月至2017年11月任河南省委组织部副部长；2017年11月至2017年12月任河南省驻马店市委副书记、市长候选人；2017年12月至2018年1月任河南省驻马店市委副书记、代市长；2018年1月，任河南省驻马店市委副书记、市长。

【李宝清】 1964年8月生，汝南县人，1986年9月加入中国共产党。在职研究生，法学硕士。1982年10月至1984年7月，在河南省许昌商校财会专业学习。1984年7月至1985年8月，任驻马店地区行署办公室会计。1985年8月至1992年12月，任驻马店地区行署办公室办事员、科员、副科长。1992年8月至1994年12月，参加中央党校函授学院本科班经济专业在职学习。1992年12月至1997年12月，任遂平县副县长。1997年12月至1999年5月，任平舆县委常委、宣传部部长。1999年5月至2001年3月，任新蔡县委常委、副县长。2000年9月至2003年6月，在华中师范大学政治学理论专业在职攻读硕士研究生，获法学硕士学位。2001年3月至2004年11月，任新蔡县委副书记、县长。2004年11月至2006年12月，任新蔡县委书记。2006年12月至2007年2月，任驻马店市委常委、统战部部长，新蔡县委书记。2007年2月至2011年8月，任驻马店市委常委、统战部部长。2011年8月，任驻马店市委常委、市委秘书长。2016年2月，任驻马店市委副书记、市委秘书长。2016年9月，任驻马店市委副书记。

【张宪中】 1956年11月生，睢县人，1984年12月加入中国共产党。毕业于郑州大学哲学系。1976年3月至1978年9月，在睢县水利局石料厂、县人民医院工作。1978年9月至1982年7月，在郑州大学哲学系哲学专业学习。1982年7月至1990年2月，任睢县人民政府办公室办事员、秘书、副主任、主任。1990年2月至1992年9月，任夏邑县副县长。1992年10月至1998年2月，任夏邑县委副书记、副县长。1998年2月至2000年1月，任夏邑县委副书记、代县长、县长。2000年1月至2003年8月，任夏邑县委书记。2003年8月至2003年12月，商丘市委组织部副部长。2003年12月至2008年9月，任南阳市副市长。2008年9月至2008年10月，任驻马店市委常委。2008年10月至2011年8月，任驻马店市委常委、政法委书记。2011年8月任驻马店市委常委、市纪委书记。在省九次党代会上当选为省纪委委员。2015年3月，任驻马店市委副书记。2016年2月，当选为驻马店市人大常委会主任。

【陈锋】 1963年4月生，信阳人。1984年6月加入中国共产党，1981年7月参加工作。中央党校在职研究生。1979年10月至1981年7月，在信阳师范学校生化微生物学专业学习。1981年7月至1984年5月，任河南省信阳县龙井中学教师。1984年6月至1986年12月，任河南省信阳县龙井乡政府秘书。1986年12月至1990年4月，任河南省信阳县龙井乡副乡长。1990年4月至1992年3月，任河南省信阳县胡店乡乡长。1992年3月至1994年10月，任河南省信阳县胡店乡党委书记。1994年10月至1995年12月，任河南省信阳县游河乡党委书记。1995年12月至1998年10月，任河南省信阳地区团委书记（1994年9月至1996年12月，在河南省委党校经济专业函授本科班学习）。1998年10月至2001年12月，任河南省信阳市团委书记（其间：2000年2月至2000年5月，在河南省委党校第二期市地直单位主要领导干部进修班学习）。2001年12月至2002年5月，任河南省罗山县委副书记，信阳市团委书记。2002年5月至2003年7月，任河南省罗山县委副书记、代县长。2003年7月至2003年9月，任河南省罗山县委书记、代县长。2003年9月至2007年7月，任河南省罗山县委书记（其间：2004年9月至2005年1月，在中央党校进修部学习）。2007年7月至2007年12月，任河南省信阳市浉河区委书记。2007年12月至2012年4月，任河南省周口市副市长（2005年3月至2008年1月，在中央党校在职研究生法学理论专业学习）。2012年4月至2012年6月，任河南省周口市委常委。2012年6月至2015年3月，任河南省周口市委常委、宣传部部长。2015年3月至2016年9月，任河南省驻马店市委常委，市纪委书记。2017年6月，任政协驻马店市委员会主席。

【张昕】 1966年11月生，虞城县人。1986年10月加入中国共产党。1985年9月至1989年7月，在北京理工大学力学工程系安全工程专业学习。1989年7月至1992年10月，任河南省劳动保护监测检验宣传教育中心干部。1992年10月至1993年8月，任河南省劳动厅职业安全卫生监察处干部。1993年8月至1995年5月，任河南省劳动厅职业安全卫生监察处副主任科员。1995年5月至1998年1月，任河南省劳动厅职业安全卫生监察处主任科员。1998年1月至2000年9月，任河南省劳动厅职业安全卫生监察处副处长。2000年9月至2002年8月，任河南省经贸委安全生产局副局长。2002年8月至2004年6月，任河南省安全生产监督管理局综合与政策法规处处长。2003年12月至2005年12月，挂职任长垣县副县长、县委副书记。2004年6月至2008年10月，任河南省安全生产监督管理局安全生产协调处处长。2008年10月至2008年11月，任河南省审计厅副厅长人选、党组成员。2008年11月至2010年6月，任河南省审计厅副厅长、党组成员。2010年6月至2014年3月，任河南省审计厅副厅长、党组成员。2014

年3月，任驻马店市委常委、副市长。2017年12月，任河南省安全生产监管局局长。

【姚新文】1963年1月生，泌阳县人。1999年1月加入中国共产党，1983年9月参加工作。中央党校研究生。1980年7月至1983年8月，在开封卫生学校学习。1983年9月至1997年1月，任河南省驻马店市人民医院医师、主治医生（其间：1994年9月至1996年6月在河南医科大学临床医学专业脱产学习）。1997年1月至1998年2月，任河南省驻马店地区商业贸易局人事科副科长。1998年2月至2001年11月，任河南省驻马店地区商业贸易局、市商业贸易局人事科科长（其间：2001年3月至2001年5月在市委党校第16期中青班学习）。2001年11月至2005年2月，任河南省驻马店市归国华侨侨眷联合会副主席、党组成员。2004年9月至2007年7月，在中央党校经济学专业学习。2005年2月至2007年6月，任河南省驻马店市归国华侨侨眷联合会主席、党组成员。2007年6月至2010年7月，任河南省驻马店市委统战部副部长，驻马店市归国华侨侨眷联合会主席、党组成员。2010年7月至2015年4月，任河南省归国华侨联合会副主席、党组成员。2015年4月，任河南省驻马店市委常委、统战部部长。

【金冬江】1972年8月生，社旗县人。1994年6月加入中国共产党。1991年9月至1995年7月，在郑州大学中文系汉语言文学专业学习。1995年7月至1998年11月，任河南省郑州市公安局政治部干部、科员。1998年11月至2001年9月，任河南省郑州市公安局宣传处科员、副科级侦察员。2001年9月至2003年8月，任河南省委防范和处理邪教问题领导小组办公室（省政府防范和处理邪教问题办公室）综合处副主任科员。2003年8月至2006年12月，任河南省委防范和处理邪教问题领导小组办公室（省政府防范和处理邪教问题办公室）综合处主任科员。2006年12月至2007年12月，任河南省委政法委办公室副主任（试用期一年）。2007年12月至2010年12月，任河南省委政法委办公室副主任。2010年12至2011年7月，任河南省委政法委正处级秘书、办公室副主任。2011年7月至2012年9月，任河南省委政法委研究室主任。2012年9月至2013年12月，任河南省委老干部局副局长（试用期一年）。2013年12月至2016年1月，任河南省委老干部局副局长。2016年1月，任河南省驻马店市委常委、组织部部长。

【张卫东】1964年10月生，山东省德州市临邑县人。1984年10月加入中国共产党。大学学历，经济学博士。1980年9月至1983年8月，在长沙工程兵学校工程兵指挥专业学习。1983年8月至1986年1月，任排长。1986年1月至1989年4月，任某团政治处宣传股俱乐部主任（副连职）。

1989年4月至1992年9月，任某团政治处宣传股正连职干事。1992年9月至1993年2月，任某团政治处宣传股副营职干事。1993年2月至1995年3月，任某团政治处宣传股股长。1995年3月至1995年12月，任济南军区司令部技术部综合计划处副营职参谋。1995年12月至1999年3月，任济南军区司令部某部综合计划处正营职参谋。1998年9月至2000年6月，在军械工程学院军械装备管理专业本科班学习。1999年3月至2000年6月，任济南军区装备部军械装甲部武器处副团职助理员。2000年6月至2002年6月，任济南军区装备部研究室副团职研究员。2002年6月至2009年2月，任济南军区装备部研究室正团职研究员。2009年2月至2009年7月，任济南军区装备部综合计划部副师职装研员。2009年7月至2013年4月，任济南军区装备部综合计划部副部长兼装研员。2013年4月至2013年6月，任五十四集团军某旅代副旅长。2013年6月至2013年9月，任驻马店军分区政治委员。2013年9月，任驻马店市委常委、军分区政治委员。

【戚存杰】1963年1月生，新蔡县人。1985年2月加入中国共产党。在职研究生。1979年10月至1982年7月，在驻马店师范学校大专班数学专业学习。1982年8月至1983年7月，任新蔡县二中教师。1983年7月至1984年1月，任新蔡县综合治理办公室干部。1984年1月至1985年2月，任新蔡县委宣传部干部。1985年2月至1986年4月，任新蔡县“五四三”办公室副主任。1986年4月至1992年12月，任新蔡县委办公室副主任、保密办主任。1992年8月至1994年12月，在中央党校函授学院经济专业本科学习。1992年12月至1995年8月，任新蔡县栎城乡党委书记、县计经委主任。1995年8月至1997年12月，任新蔡县委常委、宣传部部长。1997年12月至1999年5月，任新蔡县委常委、副县长。1998年9月至2001年7月，在河南省委党校行政管理专业在职研究生班学习。1999年5月至2001年9月，任汝南县委副书记。2001年9月至2001年11月，任驻马店市委、市政府信访局局长、党组书记。2001年11月至2003年7月，任驻马店市委副秘书长，市委市政府信访局长、党组书记。2003年7月至2004年11月，任驻马店市审计局局长、党组书记。2004年11月至2006年5月，任驻马店市委副秘书长（正处级）。2006年5月至2007年2月，任驻马店市驿城区委副书记、代区长。2007年2月至2011年9月，任驻马店市驿城区委书记。2011年9月至2011年12月，任驻马店市副市长、驿城区委书记。2011年12月至2014年3月，任驻马店市副市长。2014年3月，任驻马店市委常委、宣传部部长、副市长。2015年10月，任驻马店市委常委、宣传部部长。

【孙巍峰】1973年4月生，太康县人。1995年4月加入中

国共产党，1995年7月参加工作。河南农业大学农学院作物栽培与耕作学专业农学硕士。1991年9月至1995年7月，在河南农业大学土壤与化学专业学习。1995年7月至2000年2月，任河南农业大学政治辅导员。2000年2月至2001年6月，任河南农业大学农学院团总支副书记。2001年6月至2001年12月，任河南农业大学农学院团委书记。2001年12月至2006年3月，任河南农业大学团委副书记（2000年9月至2003年7月，在河南农业大学农学院作物栽培与耕作学专业学习，获农学硕士学位）（其间:2004年8月至2006年1月，挂职团省委宣传部副部长）。2006年3月至2007年7月，任共青团河南省委青农部副部长。2007年7月至2011年4月，任共青团河南省委农村青年工作部部长（其间：2009年9月至2009年11月，在河南大学干部培训分部第11期县处级干部进修班学习）。2011年4月至2016年8月，任共青团河南省委副书记、党组成员（2010年1月至2011年12月，挂职任商丘市睢阳区委常委、副区长）。2016年8月，任河南省驻马店市委常委。2016年10月，任驻马店市委政法委书记。

【李成宽】 1967年8月生，禹州人。1996年5月加入中国共产党。1991年8月参加工作，省委党校研究生学历。1987年9月至1991年7月，在中国政法大学法律系法学专业学习。1991年7月至1991年8月，毕业待分配。1991年8月至1996年4月，任河南省人大常委会法工委办公室干部、科员（其间：1991年9月至1992年9月，在原阳县人大常委会办公室锻炼）。1996年4月至1999年4月，任河南省人大常委会法制室法规二处副主任科员。1999年4月至2001年6月，任河南省人大常委会法制室法规二处主任科员。2001年6月至2004年12月，任河南省人大常委会法制室法规二处副处长（其间：2002年4月至2003年5月，在巩义市涉村镇郭峪村驻村）。2004年12月至2008年10月，任河南省人大常委会法制室综合处处长（其间：2006年2月至2006年5月，在河南行政学院第21期公务员任职培训班学习；2004年9月至2007年6月，在河南省委党校在职研究生班法律专业学习）。2008年10月至2012年9月，任河南省人大常委会办公厅秘书处处长（其间:2009年9月至2009年12月，在河南省委党校第45期中青班学习）。2012年9月至2014年2月，任河南省人大常委会办公厅研究室主任（副厅级）。2014年2月至2016年9月，任河南省鹤壁市委常委、秘书长。2016年9月，任河南省驻马店市委常委，市纪委书记。

【李国胜】 1968年1月生，温县人。1988年1月加入中国共产党。文学硕士。1986年9月至1990年7月在郑州大学外文系俄语专业学习；1990年7月至1991年10月，任郑州粮食学院团委干事。1991年11月至1992年8月，任郑州粮食学院党委办公室秘书。1992年9月至1993年2月，任河南省机械进出口公司业务员。1993年3月至2000年7月，任河南省外事办（旅游局）科员、副主任科员、主任科员。2000年7月至2004年5月，任河南省外侨办（省政府港澳事务办）欧美处副处长。2004年5月至2010年4月，任河南省外侨办（省政府港澳事务办）欧美处处长。2004年7月至2005年1月在，在河南省领导干部赴美国中长期培训班学习。2006年12月至2008年12月，挂职任舞钢市委常委、副市长。2003年9月至2008年1月，在职参加郑州大学英语语言文学专业学习，获文学硕士学位。2010年4月至2010年7月，任河南省外侨办（省政府港澳事务办）综合处处长。2010年7月至2011年8月，任河南省政府外事侨务办公室党组成员、省人民对外友好协会专职副会长（副厅级）。2011年8月至2014年2月，任河南省政府外事侨务办公室党组成员、省人民对外友好协会专职副会长（副厅级）。2014年2月，任驻马店市人民政府副市长。2016年9月，任驻马店市委常委、市委秘书长。

【张丽彩】 女，1962年4月生，新郑市人。1989年10月加入中国共产党。1978年10月至1979年6月，在河南省委办公厅机要干部培训班学习。1979年6月至1984年9月，在驻马店地委办公室机要科工作。1984年9月至1986年8月，在河南省广播电视大学党政干部基础专修科学习。1986年8月至1993年9月，任河南省驻马店地委办公室第一秘书科干事、副科级协理员。1991年10月至1993年8月，下派驻马店市刘阁乡任副乡长、副书记。1993年9月至1996年4月，任驻马店地委办公室信息调研科正科级秘书。1996年4月至1999年5月，任驻马店地委督查办主任。1999年5月至2001年11月，任驻马店地委、市委办公室副主任。2001年3月至2004年5月，参加中央广播电视大学法学专业本科班学习（在职）。2001年11月至2005年2月，任驻马店市委副秘书长。2004年9月至2007年6月，在河南省委党校法律专业在职研究生班学习。2005年2月至2007年2月，任驻马店市委副秘书长、市委办公室调研员。2007年2月至2007年5月，任驻马店市监察局局长、市政府党组成员。2007年5月至2012年5月，任驻马店市纪委副书记、市监察局局长、市政府党组成员。2012年5月至2012年10月任河南省驻马店市人大常委会副主任，市纪委副书记、监察局局长、市政府党组成员。2012年10月，任驻马店市人大常委会副主任。2015年1月，兼任驻马店市总工会主席。

【苗建勇】 1959年8月生，焦作市人。1985年9月加入中国共产党。二级高级法官。1977年8月至1980年4月，在焦作市供电局汽车队当工人。1980年4月任焦作市中级人民法院法警，1982年7月转干。1980年9月至1983年7

月，参加焦作市职工大学中文专业在职学习。1982 年 12 月至 1986 年 12 月，任焦作市中级人民法院书记员。1986 年 12 月至 1988 年 5 月，任焦作市中级人民法院助理审判员。1988 年 5 月至 1989 年 1 月，任焦作市中级人民法院正科级审判员。1989 年 1 月至 1991 年 6 月，任焦作市中级人民法院正科级审判员、团支部书记。1991 年 6 月至 1992 年 6 月，任焦作市中级人民法院正科级审判员、办公室主任。1992 年 6 月至 1992 年 12 月，任焦作市中级人民法院正科级审判员、办公室主任、审判委员会委员。1992 年 12 月至 2001 年 5 月，任泌阳市人民法院党组书记、代院长、院长。1996 年 9 月至 1999 年 6 月，在吉林大学法学院法学专业学习（在职），2000 年 7 月获法学学士学位。2001 年 5 月至 2004 年 8 月，任焦作市中级人民法院副院长、党委委员、审判委员会委员。2004 年 8 月至 2009 年 3 月，任焦作市中级人民法院副院长、党组副书记。2009 年 3 月，任驻马店市中级人民法院党组书记、代院长、院长。2016 年 2 月，任驻马店市人大常委会副主任。

【栗明伦】 1961 年 3 月生，西平县人。1985 年 2 月加入中国共产党。1983 年 7 月参加工作。新乡师范学院物理系物理专业理学学士。1979 年 9 月至 1983 年 7 月，在新乡师范学院物理系学习。1983 年 7 月至 1986 年 7 月，在河南省确山县城郊乡政府、县纪委工作。1986 年 7 月至 1989 年 3 月，任河南省驻马店地委宣传部干事。1989 年 3 月至 1993 年 3 月，任河南省驻马店地委宣传部副科长。1993 年 3 月至 1994 年 10 月，任河南省驻马店地委宣传部正科级协理员、地委外宣办副主任。1994 年 10 月至 1996 年 4 月，任河南省驻马店地委宣传部新闻通讯科科长。1996 年 4 月至 2000 年 7 月，任河南省驻马店地委对外宣传工作办公室主任。2000 年 7 月至 2001 年 11 月，任河南省驻马店市委对外宣传工作办公室主任。2001 年 11 月至 2004 年 11 月，任河南省驻马店市委宣传部副部长。2004 年 11 月至 2006 年 5 月，任河南省驻马店市委宣传部副部长兼市社会科学界联合会主席。2006 年 5 月至 2012 年 7 月，任河南省确山县委副书记、县长。2012 年 7 月至 2016 年 1 月，任河南省确山县委书记。2016 年 1 月至 2016 年 2 月，任河南省驻马店市人大常委会副主任候选人，确山县委书记。2016 年 2 月至 2016 年 5 月，任河南省驻马店市人大常委会副主任。2016 年 5 月，任河南省驻马店市人大常委会副主任，经济开发区党委书记。

【王志华】 1961 年 7 月生，遂平县人。1984 年 11 月加入中国共产党，1983 年 7 月参加工作。河南师范大学政教系政治教育专业哲学学士。1979 年 9 月至 1983 年 7 月，在河南师范大学政教系政治教育专业学习。1983 年 7 月至 1987 年 9 月，任河南省确山县朱古洞乡政府团委书记、经联社副主任、

副乡长。1987 年 9 月至 1998 年 2 月，任河南省驻马店地委组织部干事、干部科副科长、正科级组织员、干部调配科科长。1998 年 2 月至 1999 年 5 月，任河南省驻马店地委副处级组织员兼干部调配科科长。1999 年 5 月至 2000 年 7 月，任河南省驻马店市（县级市）委常委、组织部长。2000 年 7 月至 2001 年 9 月，任河南省驻马店市驿城区委常委、组织部部长。2001 年 9 月至 2001 年 11 月，任河南省驻马店市驿城区委副书记、组织部部长。2001 年 11 月至 2006 年 5 月，任河南省驻马店市驿城区委副书记（其间：2003 年 9 月至 2003 年 12 月，参加省委党校第 21 期县委书记县长进修班学习）。2006 年 5 月至 2006 年 12 月，任河南省驻马店市委向省委推荐的市纪委副书记人选。2006 年 12 月至 2012 年 10 月，任河南省驻马店市纪律检查委员会副书记。2012 年 10 月至 2016 年 2 月，任河南省驻马店市纪律检查委员会副书记、市监察局局长、市政府党组成员。2016 年 2 月，任河南省驻马店市市人大常委会副主任。

【聂勇】 1963 年 12 月生，正阳县人。1983 年 8 月参加工作。1980 年 9 月至 1983 年 8 月，在河南省信阳卫校中医士专业学习。1983 年 8 月至 1985 年 7 月，在河南省正阳县吕河乡卫生院工作。1985 年 7 月至 1992 年 2 月，在河南省正阳县中医院工作（其间：1985 年 9 月至 1989 年 7 月，在河南中医学院中医专业函授大专学习）。1992 年 2 月至 1997 年 9 月，任河南省正阳县中医院副院长。1997 年 9 月至 2001 年 5 月，任河南省正阳县中医院院长（其间：1998 年 12 月，河南中医学院中医专业自考本科毕业）。2001 年 5 月至 2005 年 3 月，任河南省上蔡县副县长。2005 年 3 月至 2008 年 7 月，任河南省驻马店市人民政府艾滋病防治办公室主任。2008 年 7 月至 2015 年 2 月，任河南省驻马店市卫生局副局长（兼），市人民政府艾滋病防治办公室主任。2015 年 2 月至 2017 年 6 月，任河南省驻马店市中医院院长。2017 年 6 月，任河南省驻马店市人大常委会副主任，市中医院院长。

【冯玉梅】 女，1960 年 11 月生，上蔡县人。1982 年 7 月参加工作。1978 年 10 月至 1982 年 7 月，在河南农学院农机系修造专业学习。1982 年 7 月至 1984 年 10 月，任信阳市汽车配件厂技术科科长。1984 年 10 月至 1988 年 8 月，任驻马店地区第一工业局科员。1988 年 8 月至 1997 年 6 月，任驻马店地区经贸委科员技术科副科长。1997 年 6 月至 2001 年 11 月，任驻马店地区经贸委、市经贸委技术科科长。2001 年 11 月至 2004 年 11 月，任驻马店市经济贸易委员会副主任。2005 年 12 月至 2007 年 3 月，任驻马店市发展和改革委员会副主任。2007 年 3 月至 2012

年 5 月，任驻马店市人大常委会副主任、市发展和改革委员会副主任。2012 年 5 月，任驻马店市人民政府副市长。

【王明威】 1963 年 11 月生，杞县人。1983 年 12 月加入中国共产党。1979 年 9 月至 1981 年 7 月，在郑州中等农业机械学校学习。1981 年 9 月至 1982 年 11 月，任杞县团委干事。1982 年 11 月至 1984 年 4 月，任杞县团委宣传部副部长。1984 年 4 月至 1988 年 7 月，任杞县团委副书记。1988 年 7 月至 1990 年 7 月，任杞县团委书记。1990 年 7 月至 1994 年 3 月，任杞县平城乡党委书记。1994 年 3 月至 1997 年 11 月，任杞县西寨林场副厂长、党委副书记、西寨乡党委书记。1997 年 11 月至 2001 年 7 月，任通许县委常委、纪委书记。2001 年 7 月至 2002 年 12 月，任通许县委副书记、纪委书记。2002 年 12 月至 2003 年 2 月，任通许县委副书记、代县长。2003 年 2 月至 2006 年 5 月，任通许县委副书记、县长。2006 年 5 月至 2012 年 5 月，任确山县委书记。2012 年 5 月至 2012 年 7 月，任驻马店市副市长、确山县委书记。2012 年 7 月，任驻马店市人民政府副市长。

【付自成】 1963 年 9 月生，泌阳县人。1985 年 5 月加入中国共产党，1984 年 7 月参加工作。省委党校研究生。1980 年 9 月至 1984 年 7 月，在河南农学院植保系植物保护专业学习。1984 年 7 月至 1987 年 3 月，在河南省新蔡县陈店乡、县纪委工作。1987 年 3 月至 1989 年 1 月，任河南省新蔡县涧头乡党委副书记。1989 年 1 月至 1992 年 12 月，任河南省新蔡县砖店乡党委副书记，乡长。1992 年 12 月至 1996 年 1 月，任河南省新蔡县砖店乡党委书记。1996 年 1 月至 1996 年 2 月，任河南省新蔡县计划委员会主任。1996 年 2 月至 1999 年 5 月，任河南省新蔡县副县长。1999 年 5 月至 2001 年 9 月，任河南省新蔡县委常委、宣传部长（其间 :1997 年 9 月至 2000 年 1 月，在省委党校行管专业研究生班学习）。2001 年 9 月至 2003 年 6 月，任河南省汝南县委常委、副县长。2003 年 6 月至 2006 年 5 月，任河南省汝南县委副书记。2006 年 5 月至 2007 年 2 月，任河南省驻马店市委副秘书长（兼），市委、市政府信访局局长、党组书记。2007 年 2 月至 2008 年 5 月，任河南省遂平县委副书记（正县级）。2008 年 5 月至 2011 年 12 月，任河南省遂平县委副书记、县长。2011 年 12 月至 2016 年 1 月，任河南省遂平县委书记。2016 年 1 月至 2 月，任河南省驻马店市副市长人选，遂平县委书记。2016 年 2 月任河南省驻马店市副市长。

【王晓刚】 1968 年 6 月生，郏县人。1990 年 6 月，加入中国共产党。研究室学历。1990 年 7 月，参加工作。1990 年 7 月至 1995 年 7 月，任北京师范学院教务处教育实践科职员。1995 年 7 月至 1998 年 8 月，任中国民生银行人力资源部职员。1998 年 8 月至 2000 年 8 月，任中国民生银行人力资源部薪酬培训处副处长。2000 年 8 月至 2001 年 1 月，任中国民生银行人力资源部劳动工资处副处长。2001 年 1 月至 2002 年 7 月，任中国民生银行人力资源部机构管理处副处长。2002 年 7 月至 2005 年 11 月，任中国民生银行人力资源部系统人事处处长。2005 年 11 月至 2011 年 9 月，任中国民生银行零售银行部人力资源总监。2011 年 9 月至 2016 年 12 月，任中国民生银行郑州分行党委委员、副行长。2016 年 12 月，任河南省驻马店市人民政府副市长（挂任期二年）。

【何晞】 1965 年 6 月生，潢川县人。1987 年 7 月加入中国共产党，1988 年 7 月参加工作。1981 年 9 月至 1985 年 7 月，在哈尔滨工业大学管理学院管理工程专业本科学习。1985 年 9 月至 1988 年 7 月，在哈尔滨工业大学管理学院工业管理工程专业研究生学习，获硕士学位。1988 年 7 月至 1993 年 9 月，任河南省外经贸委外资处干部、副主任科员。1993 年 9 月至 1996 年 9 月，任河南省外经贸委外资处主任科员。1996 年 9 月至 2000 年 8 月，任河南省外经贸厅外国贷款管理处副处长。2000 年 8 月至 2004 年 12 月，任河南省财政厅债务处副处长（其间：2003 年 4 月至 2004 年 3 月，在开封市尉氏县大营乡祥符张村驻村；2004 年 7 月至 2004 年 10 月，在澳大利亚昆士兰大学中长期涉外培训班学习）。2004 年 12 月至 2008 年 9 月，任河南省财政科学研究所所长。2008 年 9 月至 2009 年 9 月，任河南省财政厅政策研究室（省财政科学研究所）主任（所长）。2009 年 9 月至 2012 年 8 月，任河南省财政厅干部教育中心主任、河南省中华会计函授学校校长。2012 年 8 月至 2017 年 6 月，任河南省驻马店市财政局局长、党组书记（其间：2016 年 9 月至 2016 年 12 月，在河南省委党校第 59 期中青年干部培训班学习）。2017 年 6 月至 2017 年 9 月，任河南省驻马店市副市长，市财政局局长、党组书记。2017 年 6 月，任河南省驻马店市副市长。

【贺振华】 1970 年 8 月生，巩义县人。1992 年 4 月加入中国共产党，1993 年 7 月参加工作。1989 年 9 至 1993 年 7 月，在西南政法学院经济法系经济法专业学习。1993 年 7 月至 1996 年 9 月，在河南省中原国际经济贸易公司工作。1996 年 9 月至 1997 年 9 月，任河南省委政法委研究室干部。1997 年 9 月至 1999 年 10 月，任河南省委政法委研究室、协调督查处副主任科员。1999 年 10 月至 2003 年 1 月，任河南省委政法委协调督查处主任科员（其间：2002 年 6 取得郑州大学法学院法律硕士专业法律硕士学位）。2002 年 2 月至 2003 年 3 月，在临颍县陈庄乡夏城村驻村。2003 年 1 月至 2004 年 2 月，任河南省委防范和处理邪教问

题领导小组办公室（省政府防范和处理邪教问题办公室）综合处副处长（试用期一年）。2004 年 2 月至 2006 年 12 月，任河南省委防范和处理邪教问题领导小组办公室（省政府防范和处理邪教问题办公室）综合处副处长（其间：2004 年 7 月至 2004 年 10 月，在澳大利亚昆士兰大学参加省委组织部举办的第 2 期赴澳大利亚中长期培训班学习）。2004 年 9 月至 2007 年 6 月，在西南政法大学法学院诉讼法学专业博士研究生学习，获法学博士学位。2006 年 12 月至 2007 年 10 月，任河南省委政法委协调督查处副处长。2007 年 10 月至 2008 年 10 月，任河南省委政法委执法监督处副处长。2008 年 10 月至 2011 年 7 月，任河南省委政法委执法监督处调研员。2011 年 7 月至 2017 年 5 月，任河南省委政法委执法监督处处长（其间：2016 年 3 月至 2016 年 7 月，在河南省委党校第 58 期中青年干部培训班学习）。2017 年 5 月至 2017 年 6 月，任河南省驻马店市副市长人选。2017 年 6 月，任河南省驻马店市副市长。

【郭渊】 1962 年 6 月出生，汉族，河南邓州人。1989 年 12 月入党，1982 年 9 月参加工作，研究生学历。

1980 年 10 月至 1982 年 7 月在河南省人民警察学校学习；1982 年 7 月至 1982 年 9 月待业。1982 年 9 月至 1986 年 7 月在河南省邓州市公安局工作；1986 年 7 月至 1992 年 1 月任河南省公安厅一处三科办事员、科员（1985 年 09 月至 1987 年 07 在河南广播电视大学党政干部理论专修科学习）；1992 年 1 月至 1992 年 12 月任河南省公安厅一处三科副科级侦察员；1992 年 12 月至 1994 年 2 月任河南省公安厅一处三科副科长；1994 年 2 月至 1999 年 3 月任河南省公安厅一处三科副科长、正科级侦察员（1992 年 9 月至 1994 年 7 月在河南省委党校夜大本科经济管理专业学习）；1999 年 3 月至 2000 年 5 月任河南省公安厅一处三科科长；2000 年 5 月至 2000 年 12 月任河南省公安厅一处助理调研员；2000 年 12 月至 2002 年 1 月任河南省公安厅一处副处长；2002 年 1 月至 2004 年 7 月任河南省公安厅 610 办公室副主任。2004 年 7 月至 2009 年 7 月任河南省公安厅行动技术总队政委（其间：2004 年 9 月至 2007 年 6 月在河南省委党校在职研究生班法律专业学习；2004 年 10 月至 2004 年 12 月在河南省干部教育培训中心河南省政法管理干部学院分部第 2 期政法领导干部进修班学习）；2009 年 7 月至 2010 年 7 月任河南省公安厅第二工程公安局局长；2010 年 7 月至 2017 年 11 月任河南省公安厅第二工程公安局党委书记、局长（其间：2011 年 9 月至 2011 年 11 月在河南省干部教育培训中心郑州大学分部 2011 年秋季县处级干部进修班学习）。2017 年 11 月至 2017 年 12　月任河南省驻马店市副市长人选；2017 年 12 月任河南省驻马店市副市长，市公安局局长、党委书记、市公安局督察长（兼）。

【苗炳启】 1956 年 9 月生，西平县人。1976 年 3 月至 1978 年 10 月，任西平县五沟营联中民办教师。1978 年 10 月至

1982 年 8 月，在新乡师范学院物理系物理专业学习。1982 年 9 月至 1983 年 8 月，任西平县金岗高中教师。1983 年 9 月至 1985 年 11 月，任西平县完中教师。1985 年 12 月至 2001 年 1 月，任驻马店地区教委基础教研室物理教研员。2001 年 1 月，任政协驻马店市委员会副主席、民盟驻马店市委主委。

【张勇刚】 1959 年 3 月生，确山县人。1977 年 5 月至 1978 年 2 月，在驻马店地区砖瓦厂当工人。1978 年 2 月至 1982 年 12 月，在河南医学院医学系医疗专业学习。1983 年 1 月至 1998 年 3 月，在驻马店地区人民医院当医生。1998 年 3 月至 2000 年 11 月，任驻马店地区人民医院急诊科主任（副科）。2000 年 2 月，聘为内科主任医师。2000 年 11 月至 2001 年 12 月，任驻马店市中心人民医院急诊科主任（正科级）。2001 年 12 月至 2006 年 12 月，任驻马店市中心人民医院急诊科主任、农工驻马店市委副主委。2006 年 12 月至 2007 年 3 月，任驻马店市中心人民医院急诊科主任、农工驻马店市委主委。2007 年 3 月，任政协驻马店市委员会副主席、农工驻马店市委主委。

【谢凤鸣】 1960 年 2 月生，汝南县人。1983 年 10 月加入中国共产党。1978 年 4 月至 1980 年 4 月，在汝南师范政语专业学习。1980 年 9 月至 1982 年 4 月，任平舆县老王岗乡教师。1982 年 4 月至 1985 年 9 月，任平舆县老王岗乡团委书记 1983 年 9 月至 1985 年 7 月，在郑州大学哲学专业脱产学习。1985 年 9 月至 1992 年 9 月，任驻马店团地委组织部干事、副部长、部长。1992 年 8 月至 1994 年 12 月，参加中央党校函授学院经济专业本科班学习。1992 年 9 月至 1996 年 2 月，任驻马店团地委副书记。1996 年 2 月至 1997 年 12 月，任泌阳县委常委、宣传部部长。1997 年 12 月至 1999 年 5 月，任正阳县委常委、纪委书记。1999 年 5 月至 2004 年 11 月，任新蔡县委副书记。2004 年 11 月至 2008 年 11 月，任泌阳县委副书记、县长。2006 年 8 月至 2009 年 6 月，在河南农业大学农业推广专业学习（在职），获农业推广硕士学位。2008 年 11 月至 2012 年 5 月，任泌阳县委书记。2012 年 5 月至 2012 年 7 月，任政协驻马店市委员会副主席、泌阳县委书记。2012 年 7 月，任政协驻马店市委员会副主席。

【王秋霞】 女，1962 年 9 月生，遂平县人。1983 年 11 月加入中国共产党。1979 年 2 月至 1981 年 11 月，在驻马店农业学校学习。1981 年 12 月至 1983 年 12 月，在遂平县车站乡妇联会、乡党办工作。1983 年 12 月至 1984 年 6 月，在遂平县委组织部工作。1984 年 6 月至 1985 年 6 月，在

驻马店地委组织部工作。1985 年 6 月至 1993 年 9 月，任驻马店地委组织部干事（副科）。1985 年 8 月至 1988 年 6 月，参加中国人民大学大专班档案专业函授学习。1992 年 8 月至 1994 年 12 月，在中央党校函授学院本科班政治专业学习。1993 年 9 月至 1999 年 5 月，任驻马店地委组织部正科级组织员、干部管理科副科长、科长。1999 年 5 月至 2001 年 11 月，任驻马店地委、市委副处级组织员、组织部干部管理科科长。2001 年 11 月至 2005 年 2 月，任驻马店市委组织部副部长。2005 年 2 月至 2007 年 2 月，任驻马店市委组织部副部长、市人才办（市委知工办）主任。2007 年 2 月至 2007 年 3 月，任新蔡县委副书记、代理县长。2007 年 3 月至 2008 年 12 月任新蔡县县长、县委副书记。2008 年 12 月至 2010 年 10 月，任驻马店经济开发区书记、管委会主任。2010 年 10 月至 2012 年 5 月，任驻马店经济开发区书记、管委会主任。2012 年 5 月至 2012 年 8 月，任政协驻马店市委员会副主席，驻马店经济开发区书记、管委会主任。2012 年 8 月，任政协驻马店市委员会副主席。

【李万顺】 1963 年 7 月生，泌阳县人。1985 年 10 月参加工作。1985 年 10 月至 1994 年 10 月，任驻马店地区安装公司技术员、施工员。1994 年 9 月至 1997 年 7 月，在郑州大学工民建专业学习。1994 年 10 月至 1999 年 2 月，任驻马店地区置地建设工程有限公司董事长兼总经理。1999 年 2 月至 2003 年 3 月，任驻马店市置地房地产有限公司董事长兼总经理。2003 年 3 月至 2004 年 9 月，任驻马店市置地房地产有限公司董事长兼总经理、驻马店市工商联副主席。2004 年 9 月至 2007 年 2 月，任河南省置地房地产集团有限公司董事长兼总经理、驻马店市工商联副主席。2004 年 9 月至 2006 年 7 月，在清华大学－澳大利亚国立大学创新与科技管理专业学习（在职），获工商管理硕士学位。2007 年 2 月至 2008 年 8 月，任河南省置地房地产集团有限公司董事长、市工商联副主席。2008 年 8 月至 2012 年 3 月，任河南省置地房地产集团有限公司董事长、华顺阳光新能源有限公司副董事长、市工商联副主席。2012 年 3 月至 2012 年 5 月，任河南省置地房地产集团有限公司董事长、华顺阳光新能源有限公司副董事长、市工商联主席。2012 年 5 月，任政协驻马店市委员会副主席、河南省置地房地产集团有限公司董事长、华顺阳光新能源有限公司副董事长、市工商联主席。

【郑玉林】 1961 年 12 月生，正阳县人，1985 年 5 月加入中国共产党，1982 年 8 月参加工作。省委党校研究生。1979 年 11 月至 1982 年 7 月，在河南省信阳农校大专班农学专业学习。1982 年 8 月至 1986 年 1 月，任正阳县汝南埠乡干部、油坊店乡团委书记。1986 年 1 月至 1990 年 6 月，任驻马店团地委干事、组织部副部长。1990 年 6 月至 1996 年 2 月，

任驻马店团地委宣传部、组织部部长（其间：1992 年 9 月至 1994 年 12 月，在中央党校函授学院经济管理专业本科班学习）。1996 年 2 月至 1999 年 5 月，任驻马店团地委副书记。1999 年 5 月至 2001 年 9 月，任遂平县委常委、办公室主任（1998 年 9 月至 2001 年 7 月，在河南省委党校经济管理专业研究生班学习）。2001 年 9 月至 2005 年 3 月，任遂平县委副书记、纪委书记。2005 年 3 月至 2007 年 2 月，任遂平县委副书记。2007 年 2 月至 2007 年 3 月，任驻马店市驿城区委副书记、代区长。2007 年 3 月至 2011 年 12 月，任驻马店市驿城区委副书记、区长。2011 年 12 月至 2015 年 2 月，任驻马店市驿城区委书记。2015 年 2 月至 2015 年 3 月，任政协驻马店市委员会副主席候选人，驻马店市驿城区委书记。2015 年 4 月至 2015 年 6 月，任政协驻马店市委员会副主席，驻马店市驿城区委书记。2015 年 6 月，任政协驻马店市委员会副主席。

【张新领】 1965 年 9 月生，西平县人。1989 年 7 月参加工作。1985 年 9 月至 1989 年 6 月，在华中师范大学政治教育系政治教育专业学习。1989 年 6 月至 1989 年 7 月，待业。1989 年 7 月至 1992 年 5 月，任驻马店师范专科学校教师。1992 年 5 月至 1996 年 12 月，在中国工商银行驻马店分行国际业务部工作。1996 年 12 月至 1998 年 11 月，任中国工商银行驻马店分行国际业务部经理助理（副科级）。1998 年 11 月至 2000 年 8 月，任中国工商银行驻马店分行富强路支行副行长。2000 年 8 月至 2001 年 5 月，任中国工商银行驻马店分行营业部副总经理兼国际业务处副处长。2001 年 5 月至 2011 年 6 月，任河南省平舆县副县长（其间：2009 年 3 月至 2009 年 5 月，在驻马店市委党校 2009 年春季县处级培训班学习）。2011 年 6 月至 2012 年 5 月，任河南省驻马店市住房公积金管理中心主任（副处级）。2012 年 5 年至 2017 年 6 月，任河南省驻马店市住房公积金管理中心主任（其间：2012 年 9 月至 2012 年 11 月，在河南省干部教育培训中心河南财经政法大学分部第 10 期正县处级干部研修班学习）。2017 年 6 月，任河南省驻马店市政协副主席，市住房公积金管理中心主任。

【张社军】 1964 年 3 月生，洛阳人。1984 年 6 月加入中国共产党，1986 年 7 月参加工作。西南政法学院法律系法律专业法学学士。1982 年 9 月至 1986 年 7 月，在西南政法学院法律系法律专业学习。1986 年 7 月至 1991 年 6 月，在河南省三门峡市人民检察院工作，1990 年 2 月，任副科级检察员。1991 年 6 月至 1994 年 8 月，任河南省三门峡市反贪污贿赂局侦查二科科长（副科级，其间：1992 年 1 月至 1993 年 12 月，在卢氏县人民检察院挂职任

副检察长)。1994年8月至1995年3月，任河南省三门峡市人民检察院正科级检察员。1995年3月至1997年10月，任河南省三门峡市反贪污贿赂局副局长。1997年10月至1999年10月，任河南省三门峡市人民检察院办公室主任。1999年10月至2002年11月，任河南省三门峡市湖滨区人民检察院检察长。2002年11月至2004年9月，任河南省三门峡市中级人民法院副院长、党组成员。2004年9月至2008年11月，任河南省三门峡市中级人民法院副院长、党组副书记。2008年11月至2012年7月，任河南省三门峡市中级人民法院常务副院长、党组副书记。2012年7月至2016年1月，任河南省信阳市中级人民法院院长。2016年1月至2016年2月，任河南省驻马店市中级人民法院院长候选人。2016年2月，任河南省驻马店市中级人民法院代院长、院长。

【吴文立】1963年12月生，西峡县人。1985年11月加入中国共产党。1986年7月参加工作。西南政法学院法律专业法学学士。1982年9月至1986年7月，在西南政法学院法律专业学习。1986年7月至1987年10月，任河南省人民人民检察院干部。1987年10月至1991年9月，任河南省人民检察院科员级书记员。1991年9月至1996年3月，任河南省人民检察院副科级助检员。1996年3月至2001年3月，任河南省人民检察院正科级助检员。2001年3月至2001年7月，任河南省人民检察院办公室检办主任(副处级)。2001年7月至2002年7月，任河南省人民检察院办公室检办主任、副处级检察员。2002年7月至2007年7月，任河南省人民检察院办公室副主任、副处级检察员。2007年7月至2009年7月，任河南省人民检察院办公室副主任、正处级检察员。2009年7月至2015年2月，任河南省人民检察院办公室主任、正处级检察员。2015年2月至2015年3月，任河南省驻马店市人民检察院检察长候选人。2015年3月至2015年4月，任河南省驻马店市人民检察院代检察长。2015年4月，任河南省驻马店市人民检察院检察长。

【刘明放】1958年1月生，汝南县人。1983年12月加入中国共产党，1976年12月参加工作。大专学历。1976年12月至1986年10月，任河南省驻马店市印刷厂职工(其间：1983年9月至1986年7月，在河南广播电视大学工业企业管理专业学习；1986年10月，驻马店地区人事局录用为干部)。1986年10月至1991年4月，任河南省驻马店地区联运公司办公室主任、副经理。1991年4月至1993年8月，任河南省驻马店地区联运公司党支部书记。1993年8月至1996年2月，任河南省驻马店地区联运总公司经理。1996年2月至2004年11月，任河南省驻马店地区、市经济贸易委员会副主任、党组成员。2004年11月至2007年6月，任河南省驻马店市发展和改革委员会党组副书记、副主任。2007年6月至2010年1月，任河南省驻马店市发展和改革委员会党组副书记、副主任，市人民政府大项目办公室主任(兼)。2010年1月至2013年10月，任河南省驻马店市发展和改革委员会主任、党组书记，市人民政府大项目办公室主任(兼)。2013年10月至2015年6月，任河南省驻马店市发展和改革委员会主任、党组书记。2015年6月，任河南省驻马店市城乡一体化示范区管委会主任(副市厅级)。

年度先进人物

【任军】男，汉族，1979年5月出生，中共党员，本科学历，现任驻马店市文明办未成年人思想道德教育中心主任。1998年12月参加工作，先后在汝南县图书馆、汝南县文化局、汝南县委宣传部工作。自2006年至今在市文明办工作期间，10余年如一日，辛勤工作在服务全市未成年人的岗位上，恪尽职守、忘我工作。该同志爱党爱国，旗帜鲜明地与党中央保持高度一致，坚持用优秀共产党员的标准来要求自己。长期以来，在市文明委、市文明办领导的关心支持下，该同志注重政治素养、理论水平和业务能力的不懈提升，积极组织、协调和推进全市未成年人思想道德建设工作，积极参与未成年人工作和校园周边环境攻坚行动，参与设计、策划和推进在全省率先打造的驻马店市未成年人思想道德建设家庭、学校、社会“三结合”云平台，做出了突出的贡献。在2016年、2017年的全国未成年人思想道德建设工作测评中，驻马店市均取得了优异成绩。2009年被省文明委授予全省未成年人思想道德建设工作先进个人。2009年、2014年被市委、市政府授予全省文明城市创建先进个人。2013年被省文明办授予全省精神文明建设工作先进个人。2016年被省委宣传部等12部门授予全省“三下乡”工作先进个人。2017年被市委、市政府授予“驻马店文明市民标兵”称号。2017年11月，被中央文明委授予全国未成年人思想道德建设工作先进工作者称号。

【张全收】男，汉族，1969年8月出生，中共党员，驻马店市上蔡县朱里镇拐子扬村党支部书记、村委会主任，深圳市全顺劳务派遣有限公司董事长，全国人大代表。张全收自幼家境贫寒，12岁因贫辍学，15岁外出打工。每当生活陷入困境，总有乡亲拉他一把，在他心里播下了善良仁爱的种子。滴水之恩报以涌泉，从那时起，张全收就许下誓言：将来要百倍回报父老乡亲。他3次南下深圳打拼，逐渐站稳脚跟，2002年成立一家人力资源公司，帮助河南等地的农民工就业。为更好地服务家乡经济建设，

2014年，他将公司总部迁至郑州，成立200余人的扶贫志愿团队，先后培训并帮助5万多名农民工就业。十几年来，张全收累计安排培训农民工就业200多万人次，每年帮农民工创收十几亿元，为伤病员工报销医药费1200多万元，资助特困农民工上千人次、数百万元，向各类慈善机构、弱势群体和家乡累计捐款达2000多万元。张全收为众多农民工建造了一个温暖的“家”，农民工中流传着这样一句话：“有困难，找全收。”他光荣当选为第十一届、第十二届、第十三届全国人大代表，被授予“全国劳动模范”光荣称号，受到习近平、李克强等党和国家领导人的亲切接见与鼓励。2014年12月，张全收荣登“中国好人榜”，被中央文明办确定为2015年“好人365”封面人物。2017年11月，荣获第六届全国道德模范称号。

【孙娟】 女，1979年7月出生，河南正阳人，汉族，中共党员，大学本科，1996年10月参加工作，正阳建工建筑集团公司党总支副书记兼工会主席。2013年度被授予驻马店市厂务公开民主管理工作“先进个人”；2014年度荣获驻马店市“劳动模范”荣誉称号；2015年度被河南省总工会授予“五一劳动奖章”；2016年度被评为驻马店市“三八”红旗手；2016年度被授予驻马店市推进企业工资集体协商工作“先进工作者”。2017年度被中华全国总工会授予“全国五一劳动奖章”获得者称号。孙娟自任集团公司工会主席以来，她不断提高自己的工会工作水平，以维护职工的合法权益为职责，把为职工办实事办好事做为自己工作的重心工作来做。为了为职工争取到合理的薪酬待遇，她积极的与公司行政领导沟通，率先在集团公司推行了工资集体协商工作。经过劳资双方的协商，使员工的工资在原来的基础上，不同程度的上调15%，使一线的技术岗位职工的薪酬更趋于合理，成为全市工资集体协商观摩学习的示范点。公司职工有红白事或伤病，她都会前去慰问和祝贺。逢节日，她都会积极的组织职工开展各种文体活动，让职工能够在快乐中工作和学习。为了为职工创建良好的学习空间和平台，她不遗余力的向上级工会申请，并不断规范职工书屋建设，建工集团的职工书屋连年被授予市级、省级、全国职工书屋示范点，并由各级工会免费配送图书三千余册。为了为职工打造健身活动场所，她努力争取上级工会和行政的支持，为职工建设了近三百平米的职工活动室。通过她的不断创新和卓有成效的开展工作，建工集团的工会工作成为省、市、县工会工作的亮点，建工集团工会先后被评为“全国模范职工之家”、“全国安康杯竞赛优胜单位”、“河南省五一劳动奖状”、“全市五星级职工之家”等荣誉。孙娟同志除了做好正常的本职工作以外，还负责着志愿者协会的日常工作，并兼任正阳建工集团志愿者协会党员和巾帼志愿者服务站站长。在她的组织和带领下，协会的志愿者们更是以雷锋为榜样，面向社会积极的开展各种学雷锋志愿服务活动。她经常带领志愿者深入敬老院关爱孤寡老人，到偏远乡村与留守儿童爱心结对，帮助残疾人鼓起生活的勇气，参加协助交通、植树造林、文字义演等各种公益活动。

表41

2017年度驻马店市入选“中国好人榜”人员表

姓名	性别	职务	入选时间	类别	事迹
梁百磊	男	市公安局交警支队事故大队副主任科员，三级警督	2017年1月	见义勇为	景区内老人突发意外命悬一线、路过交警挺身救人
李国华	男	上蔡县阳光家园（孤儿院）主任，党支部书记	2017年2月	敬业奉献	孤儿院里的“好爸爸”视孤儿如子女
张大生	男	确山县三源农机合作社理事长	2017年3月	助人为乐	企业家致富不忘乡邻、无私助人写大爱
徐香娥	女	西平县柏亭街道东吕居委会居民	2017年5月	孝老爱亲	好嫂娘34年含辛茹苦抚养4个婆弟
杨正柳	男	驻马店市“蔡州味道”饭店经理	2017年6月	助人为乐	饭店经理19年献血65次、捐款30余万元扶贫助困
祁兴磊	男	高级畜牧师。驻马店泌阳县畜牧局副局长	2017年8月	敬业奉献	畜牧师潜心钻研30载、培育中国第一个肉牛品牌
陈 琰	男	上蔡县地方税务局干部	2017年9月	诚实守信	80后小伙捡拾万元现金及时归还失主
邱长兴	男	汝南县老君庙镇老胡庄村卫生室医生	2017年10月	敬业奉献	乡村医生身残志坚行医30年、免费为五保老人就诊
王 炜	男	平舆县国家税务局纪检组长	2017年11月	见义勇为	税务干部河中救人后悄然离去
杨小云	女	平舆县阳城镇孙鲍村委徐洼村村民	2017年12月	孝老爱亲	农妇31年照顾三位患病亲人毫无怨言

重要文献

市委常委会2017年工作报告

(2018年1月4日市委四届五次全会)

驻马店市委书记 陈 星

现在，我受市委常委会委托，向全会作工作报告。

2017年是党的十九大胜利召开之年，是贯彻落实市四次党代会部署的开局之年。一年来，市委常委会全面贯彻党的十八大、十八届历次全会和党的十九大精神，以习近平新时代中国特色社会主义思想为指导，牢固树立和贯彻落实新发展理念，围绕实现驻马店跨越发展，坚持稳中求进工作总基调，团结带领全市干部群众，统筹推进“五位一体”总体布局、协调推进“四个全面”战略布局，着力推发展、促改革、保稳定、抓党建、惠民生，全市经济社会持续健康较快发展，风清气正的良好政治生态不断巩固。一是经济运行保持良好态势。主要经济指标增速高于全省平均水平、始终保持全省第一方阵，预计2017年全市生产总值增长8.3%，规模以上工业增加值增长8.7%，一般公共预算收入增长13.9%，全社会固定资产投资增长11.9%，社会消费品零售总额增长12.7%。二是项目建设取得重大突破。分三批集中开工亿元以上项目119个，总投资576.4亿元，今麦郎二期、德威电缆、夏南牛产业园、君乐宝旅游观光示范牧场以及火车站综合改造等一批重大项目进展顺利，省市重点项目全部超额完成年度投资。三是改革创新亮点纷呈。紧跟中央、省委改革部署，积极推进“放管服”改革、监察体制改革、城市管理综合行政执法体制改革，结合驻马店实际，形成了一批改革亮点和可复制可推广的经验做法。遂平县农村土地承包经营权抵押贷款试点工作、平舆县国家级农民工返乡创业试点工作、正阳县围绕小花生做好大产业推进供给侧结构性改革得到国家有关部委的充分肯定，全省重度残疾人集中托养上蔡模式现场会和全省实施“巧媳妇”工程助力脱贫攻坚现场会在我市召开。四是社会事业蓬勃发展。十件民生实事全部完成，预计居民人均可支配收入增长8.9%左右、高于经济增长，城镇新增就业8.1万人。五是重大攻坚行动成果丰硕。脱贫攻坚战、国企改革攻坚战、环境治理攻坚战、转型发展攻坚战取得重大成果，特别是广大党员干部群众心往一处想、劲往一处使，众志成城、合力攻坚，一举创成全国文明城市、国家卫生城市，驻马店的形象地位进一步提升，推动跨越发展的信心更加坚定。六是党的建设全面加强。各级党组织和广大党员干部“四个意识”进一步增强、“四个自信”更加坚定，顺利完成市县人大、政府、政协和乡人大、政府换届工作，选人用人风气更加清朗；全面从严治党深入推进，党的建设质量不断提升，党内政治生活展现新气象。

一、深入学习贯彻党的十九大精神，坚定维护以习近平同志为核心的党中央权威和集中统一领导

市委常委会坚持把迎接服务党的十九大、学习宣传贯彻党的十九大精神作为重中之重，推动全市上下更加紧密地团结在以习近平同志为核心的党中央周围，坚定维护习近平总书记党的领袖和核心地位，坚定以习近平新时代中国特色社会主义思想武装头脑、指导实践、推动工作。

我们着力服务保障党的十九大胜利召开。按照省委提出的“一个主题，四个确保”总体要求，扎实做好改革发展稳定和党的建设各项工作，为党的十九大胜利召开营造了良好环境。做好党的十九大代表选举工作，突出政治标准和先进性，严把政治关、廉洁关、程序关，高质量高标准选出党的十九大代表。深入开展“砥砺奋进的五年”重大主题宣传，组织新闻媒体推出“喜迎十九大·巡礼驻马店新变化”、“以改革推动发展，让改革惠泽民生”等系列报道，全面反映党的十八大以来我市经济社会发展取得的新成就、人民群众生活的新变化、广大干部群众喜迎十九大的实际行动。积极开展“迎接党的十九大”集中宣讲活动，全市共开展宣讲300余场，受众15万人次。坚持稳定压倒一切，扎实做好信访维稳、网络安全、公共安全管理等工作，在党的十九大期间我市没有发生一起赴京集访、非访和特殊利益群体上访事件。

我们深入学习宣传贯彻党的十九大精神。认真组织宣讲宣传，市委中心组专题学习研讨党的十九大精神，组织开展好省委宣讲团来驻宣讲和我市宣讲工作，组织新闻媒体广泛深入宣传，推动党的十九大精神进企业、进农村、进机关、进校园、进社区、进网络；举办全市学习贯彻党的十九大精神专题研讨班暨县处级领导干部党的十九大精神轮训班，推动各级领导干部把学习的过程转化为提高思想认识、完善工作思路、增强执政本领的过程。深入贯彻精神要求，作出认真学习宣传贯彻党的十九大精神的决定，召开市委四届四次全会，出台深入学习贯彻党的十九大精神、奋力谱写新时代驻马店跨越发展新篇章的意见，明确了当前和今后一个时期改革发展和党的建设总体要求、奋斗目标、战略部署、战略

保证，激励全市上下高举习近平新时代中国特色社会主义思想伟大旗帜，为决胜全面建成小康社会、推动新时代驻马店跨越发展不懈奋斗。

我们坚定维护习近平总书记党的领袖和核心地位。党的十九大召开前，市级层面举办3期党的十八届六中全会精神轮训班，推动各级加强干部轮训，教育引导全市各级党组织和广大党员干部讲政治、敢担当、重操守，不断增强忠诚核心、拥戴核心、跟随核心的思想自觉和行动自觉。党的十九大召开后，认真贯彻《中共中央政治局关于加强和维护党中央集中统一领导的若干规定》精神和省委关于坚决维护党中央集中统一领导的规定，研究制定市委关于坚决维护党中央集中统一领导的规定，严明政治纪律和政治规矩，确保党中央政令畅通。深入推进“两学一做”学习教育常态化制度化，以开展“五查五促”为载体，真正把党的十九大精神学懂弄通做实，推动中央和省委决策部署在驻马店具体化、实践化。

二、全面贯彻新发展理念，强力推进经济高质量跨越发展

市委常委会深刻认识到，推动驻马店跨越发展，必须全面贯彻新发展理念，统筹做好稳增长、促改革、调结构、惠民生、防风险各项工作，确保经济朝着更高质量、更有效率、更加公平、更可持续的方向发展。

我们坚持发展第一要务，加快推进产业企业发展。加强党对经济工作的领导，及时研判形势，加强经济运行调节，保持了经济健康较快增长。推动产业转型发展。加快推进现代制造业发展，制定加快培育新兴产业集群的实施意见，提升制造业质量品牌，促进产业集聚区转型提质，高成长性制造业和高新技术产业增加值分别增长12.1%和11.6%。加快推进现代服务业发展，积极推进服务业“两区”建设，全市服务业增加值增长9.7%，对经济增长的贡献率达到50.5%。加快推进现代农业发展，推进一二三产业融合发展，拓宽农业功能，完善农业社会化服务体系，进一步激发农业发展活力。扶持企业做大做强。深入开展企业“降本增效”专项行动，切实搞好企业服务和各项政策落实，强化产销、银企、用工对接，帮助企业协调解决问题。2017年预计全市规模以上工业主营业务收入增长10.6%，实现利润增长17.2%。简化和规范投资项目审批流程，开展重大项目专项服务督导，加强资金供给，积极争取扩大信贷规模，支持企业发债融资，全市资本市场融资56亿元。加快建设创新引领型企业、人才、平台、机构，新认定高新技术企业27家，河南省创新龙头企业2家，认定省级工程研究中心9个，新建院士工作站2个。

我们以城市创建和实施百城建设提质工程为抓手，加快推进新型城镇化。坚持以人的城镇化为核心，加强城市规划建设管理，加快基础设施和公共服务体系建设，城镇化质量不断提升。深入开展全国文明城市、国家卫生城市等系列城市创建活动，加快推进海绵城市、智慧城市、城下综合管廊等建设，全面加强城市规范化、精细化、智慧化、市场化管理，城市形象和市民文明素质显著提升。扎实推进百城建设提质工程，在中心城区谋划实施百城建设提质项目573个，总投资900多亿元，年度计划投资206亿元，累计完成投资148亿元，中心城区的首位度和辐射带动能力进一步增强。

我们积极实施好重大基础设施项目，发展的条件持续改善。坚持把提高基础能力作为推动跨越发展的重要保证，超前谋划，抢抓机遇，加快实施一批重大基础设施项目，全市基础支撑能力不断增强。在交通方面，周驻南、息邢、许信、安罗等4条高速、G328国道和火车站综合改造等项目加快推进，火车站新站房建成投用，重阳大道、开源大道、铜山大道等城市组团连通工程进展顺利，2017年预计完成交通建设投资72.9亿元。在水利方面，练江河、小清河治理和西水东引等工程基本建成，板桥水库除险加固以及一批病险水库除险加固、平原洼地治理、大型灌区续建配套等项目建设加快推进，宿鸭湖清淤扩容项目工作进展顺利。在电力方面，各级电网建设任务超额完成，扩建500千伏变电站1座，新建220千伏变电站4座、扩建3座，新建110千伏变电站8座、扩建2座；全面完成新蔡、正阳、泌阳、汝南4县电网脱贫目标。

我们进一步加大改革开放力度，发展的动力不断增强。深入推进全面深化改革。按照“一跟进两聚焦”总体思路，以推进供给侧结构性改革为主线，切实增强改革的系统性、整体性、协同性。全面建立主要负责同志领衔推动重大改革项目制度，完善重点改革事项通报机制、台账管理机制、“红黄蓝”三色督察制度，制定考核评价办法，提高改革科学化、制度化、规范化水平。召开市委深改领导小组会议6次，审议重要改革方案、意见25项。深化“放管服”改革，取消行政职权158项，取消各类证明186项。深化商事制度改革，全面实施“三十五证合一”。深入推进国企改革，比省定要求提前半年完成剥离省属企业办社会职能工作。扎实推进农村改革，全面完成农村土地承包经营权确权登记颁证工作。积极推进群团改革，市级工青妇改革任务基本完成，科侨等其他群团组织改革加快推进，县级群团改革有序推进。国家监察体制改革试点工作、盐业体制改革积极稳妥推进，城市管理综合行政执法体制改革全面完成，市城市管理局挂牌成立。同时，文化体制、司法体制、医疗卫生体制、社会体制、生态文明体制、党的建设等各方面改革全面推进。不断提升对外开放水平。积极融入“一带一路”、“三区一群”国家战略，大力对接中欧班列、明港机场，现代物流业节点城市逐步形成，海铁联运、公铁联运、公路物流港实现无缝对接，推动开放招商向更高层次、更宽领域拓展。研究出台《市直15个部门开放招商专项工作方案》，明确目标任务、工作措施等，着力构建全方位、宽领域、多层次的对外开放格局，以开放、合作、交流促进我市经济社会更高质量发展。成功举办第二十届中国农产品加工业投资贸易洽谈会，签约亿元以上重点项目176个，总投资815.3亿元。2017年全市签约亿元以上项目合同总投资1587.2亿元，实际到位省外资金260亿元，增长7.6%。

三、切实加强民主法治建设，广泛凝聚团结奋斗的力量

市委常委会认为，充分发扬民主，加强法治建设，是推动驻马店各项事业不断前进的重要保障，必须坚持党的领导、人民当家作主、依法治国有机统一，不断巩固和发展生动活泼、安定团结的政治局面，最大限度凝聚跨越发展的智慧和力量。

我们切实加强党的领导。认真贯彻地方党委工作条例和党组工作条例，充分发挥市委总揽全局、协调各方的领导核心作用，听取市人大常委会、市政府、市政协和市法院、市检察院党组的工作汇报，进一步加强对各党组的领导，支持各党组开展工作。

我们支持市人大及其常委会依法履行职能。市人大及其常委会坚持科学立法、民主立法、依法立法，制定驻马店市饮用水水源地保护条例、城市市容和环境卫生管理条例等市本级法规2部；制定驻马店市地方性法规起草审议报批工作规程。依法开展法律监督和工作监督，组织开展执法检查、专题询问和专题视察调研13次，听取和审议“一府两院”工作报告14项。依法行使重大事项决定权和人事任免权，就我市2016年市级决算、财政预算调整作出决议，指导做好人大换届选举工作，依法任免地方国家机关工作人员，组织实施宪法宣誓活动。加强代表议案建议办理工作，支持代表依法履行职责。召开全市推进县乡人大工作和建设经验交流会，加强督导调研，把中央和省委推进县乡人大工作和建设的决策部署进一步落细落实。

我们支持市政协在协商民主中充分发挥作用。高度重视人民政协协商民主重要渠道和专门协商机构作用，积极支持政协履行职能。市政协及其常委会主动服务全市工作大局，围绕完成年度全市经济社会发展目标任务、推进现代物流业发展开展专题议政，围绕创建国家森林城市、实施百城建设提质工程、发展花生产业、促进房地产业平稳健康发展、培育新型农村经营和服务主体等开展调研视察。围绕加强中心城区中小学建设、加快养老服务业发展、加大宿鸭湖水污染治理力度、做大做优我市芝麻产业、加强基层食品安全监管、推进城市社区公共卫生服务体系建设等开展双月协商、专题协商、对口协商、界别协商。围绕大气污染防治、水污染防治、脱贫攻坚、市区公安监管场所建设等开展监督活动。提高政协提案质量，强化提案办理协商，增强提案工作实效。

我们巩固发展最广泛的爱国统一战线。认真落实中央和省委关于统一战线一系列重大决策部署，深入实施凝聚力建设行动，为实现驻马店跨越发展凝聚共识、凝聚人心、凝聚智慧、凝聚力量。定期就重大决策向各民主党派、工商联和无党派人士通报情况、听取意见。支持民主党派围绕全市经济社会发展的重大问题和群众关心关切的热点难点问题开展考察调研、建言献策，组织引导各民主党派就脱贫攻坚、大气污染防治等开展民主监督。协助各民主党派、指导工商联圆满完成换届任务。做好党外知识分子、新的社会阶层人士和港澳台海外统战工作，持续加强党外代表人士队伍建设。积极构建新型政商关系，引导非公有制经济人士积极参与“百企帮百村”、创文创卫、光彩慈善等社会事业，促进非公有制经济健康发展和非公有制经济人士健康成长。铸牢中华民族共同体意识，深化民族团结进步教育，促进各民族交往交流交融。坚持我国宗教的中国化方向，着力解决宗教领域突出问题，维护宗教领域和谐稳定。

我们全面推进依法治市。坚持将依法治市工作与平安建设工作同部署、同推进、同考评，注重运用法治思维和法治方式深化改革、推动发展、化解矛盾、维护稳定。出台《驻马店市法治政府建设实施方案》，深入推进法律顾问工作制度化、规范化建设，全面落实行政执法责任制，不断促进依法行政能力提升。持续深化最高法院确定的以庭审直播为主要内容的司法公开试点工作，深入推进法官、检察官员额制改革，全面推行司法责任制，扎实推进以审判为中心的刑事诉讼制度改革，稳步推进公安改革，圆满完成人民检察院人民监督员选任制度改革，让人民群众有更多的司法获得感。全面落实“七五”普法规划，出台《关于建立“谁执法谁普法、谁主管谁普法”普法责任清单制度的实施意见》，组织开展“精准扶贫、廉洁为民”专题警示宣传教育全市巡讲，不断提升全民法治观念和法治素养。

我们支持工会、共青团、妇联等人民团体依照法律和各自章程开展工作。认真落实党管武装，支持国防和军队改革，深入开展双拥共建，推动军民深度融合发展，实现了“省双拥模范城”五连冠。扎实做好对口援疆工作。

四、高度重视宣传思想文化工作，推动天中文化健康繁荣

市委常委会坚持把推动天中文化健康繁荣作为激发跨越发展活力的重要支撑，强化思想文化引领，汇聚干事创业的强大精神动力。

我们牢牢掌握意识形态工作领导权。严格落实意识形态工作责任制，定期召开意识形态工作联席会议分析研判形势，督导、通报全市意识形态领域情况，认真排查意识形态领域风险隐患，及时发现处置苗头性倾向性问题，并把落实意识形态工作责任制纳入年度考核，确保不出现扰乱大局的意识形态事件。加强理想信念教育，深入学习宣传贯彻十九大精神和习近平新时代中国特色社会主义思想，深入开展中国特色社会主义和中国梦宣传教育，增强社会主义意识形态凝聚力和引领力。加强对市属报刊、广播电视台、形势政策报告会、哲学社会科学报告会等意识形态领域阵地建设与管理，做到可管可控。坚持依法建网管网治网，建立完善内容审核、约谈处罚、专项督查等制度体系，健全网络应急机制，积极做好服务保障党的十九大网络安全、网络舆论环境专项整治等工作，打造健康向上的网络舆论生态。

我们积极培育和践行社会主义核心价值观。制定把社会主义核心价值观融入法治建设的实施意见，推动社会主义核心价值观建设由“软性要求”向“硬性规范”转变。开展“践行价值观、文明我先行”主题活动和“暖暖新年”系列活动等，推动社会主义核心价值观走进生活、走进群众。加大公益广告宣传力度，在市区街道、建筑围挡等设置公益广告近10万平方米，更换路街名牌、公交站牌公益广告4000余块。积极打造驻马店“好人之城”品牌，“农民工司令”张全收当选第六届全国道德模范，祁兴磊等9人荣登中国好人榜，上榜人数居全省前列。深化群众性精神文明创建，扎实开展文明创建活动，全省创建文明城市工作会议在我市召开，全省文明城市创建暨百城建设提质工程工作会议对我市进行了观摩，我市被评为全国文明城市，2个村被评为全国文明村镇。

我们着力推进文化事业文化产业发展。制定出台繁荣发展社会主义文艺实施意见，持续实施文艺繁荣发展“五大

工程”，推出一批文艺精品。我市5部作品入选河南省第六届文学艺术优秀成果奖，3部作品获省“五个一工程”优秀作品奖，5部作品获中原文艺精品工程重点项目扶持，2部作品获第十四届河南省戏剧大赛文华大奖。成功承办省文联“到人民中去”慰问演出，举办全国女书书画艺术展暨名家书画邀请展、“广西作家看驻马店”采风、2017年迎盛会知名书画家作品邀请展等活动，社会各界反响良好。落实市领导联系作家、艺术家制度。大力实施文化惠民工程，推进公共文化服务体系建设；深入实施重点文化企业培育工程，发展壮大文化产业，提高文化发展的质量和效益，着力为群众提供多方面、多层次、多样化的精神文化产品和服务。深化文化体制改革，制定出台我市推动国有文化企业把社会效益放在首位、实现社会效益与经济效益相统一的实施办法，稳步推进文化市场综合执法改革等文化改革发展重点任务。制定我市推进媒体深度融合发展实施方案，加快推进融媒体中心、“中央厨房”建设，努力打造驻马店新媒体核心品牌。

五、坚持以人民为中心的发展思想，不断促进社会进步

市委常委会围绕社会主要矛盾变化提出的新要求，把人民日益增长的美好生活需要作为推动改革发展稳定的目标，尽力而为、量力而行地解决民生突出问题，更好推动人的全面发展、社会全面进步，使人民群众的获得感、幸福感、安全感更加充实、更有保障、更可持续。

我们坚决打好脱贫攻坚战。把抓好脱贫攻坚作为重大政治任务和第一民生工程，深入贯彻习近平总书记扶贫开发重要战略思想，坚持问题导向、标准导向，全面整改落实，持续转变作风，推动脱贫攻坚工作全面提升。进一步加强组织领导，全年先后召开38次综合会议、专题会议、现场会议，周密部署、加压推进；市委常委和其他市领导多次深入贫困村明察暗访，研究解决具体问题，推进重点工作落实。把握精准要求，下足“绣花”功夫解决贫困人口识别和退出不够精准问题，动员3.68万名干部进村入户走访排查，核准贫困人口，完善帮扶计划，规范档卡资料，建成全市精准扶贫信息管理平台，降低了贫困户的漏评率、错评率、错退率，提高了群众的知晓度、认可度、满意度。紧扣“转、扶、搬、保、救”五项举措，精准施策、精准推进，全市建档立卡贫困户劳动力转移就业5.6万人；实施产业扶贫项目基本实现贫困人口全覆盖；完成易地搬迁扶贫3214人；实现农村低保和贫困户标准“两线合一”，全面开展贫困人口大病补充医疗保险工作，建档立卡贫困人员参保率达到100%；对1.29万户贫困家庭实施危房改造。夯实基层基础，建立村级脱贫责任组，加强驻村第一书记管理，开展第一书记轮换工作，整顿软弱涣散基层党组织，发挥基层党组织脱贫攻坚主力军作用。创新扶贫模式，探索推进了重度残疾人集中托养、“互联网＋分级诊疗”健康扶贫、新型农业经营主体和村级集体经济带贫等模式，得到了国家、省有关部门充分肯定。严格督查考核，出台《驻马店市县乡党政正职履行脱贫攻坚责任考评办法》《关于以脱贫攻坚为统揽转变乡镇职能强化工作考核的意见》，成立9个脱贫攻坚督查巡查组开展专项督查巡查，对114名干部进行责任追究，传导了压力，激发了动力。通过全市上下不懈努力，脱贫攻坚取得明显成效，需要重点整改、全面整改和督查巡查、暗访发现的问题，已基本整改到位；全年共完成193个贫困村整村脱贫、9.15万农村贫困人口稳定脱贫。

我们着力保障和改善民生。加大民生投入力度，全年完成财政民生支出339.2亿元，增长16.6%，占一般公共预算支出的79.6%，十件重点民生实事圆满完成。突出抓好高校毕业生、返乡农民工、去产能分流职工等重点群体就业，持续开展政府购买基层服务岗位工作，支持农民工返乡创业，扎实做好新增城镇就业、失业人员、零就业家庭就业工作，全市城镇新增就业、失业人员再就业、困难人员就业、农村劳动力新增转移就业均超额完成省定目标任务。深入实施第三期学前教育三年行动计划、义务教育“全面改薄”“城镇扩容”规划和消除“大班额”专项规划；加快推进职教园区建设，支持黄淮学院转型发展，高校服务经济社会发展能力进一步提升。医疗服务和公共卫生保障能力持续增强，危重孕产妇救治中心、危重新生儿救治中心、卒中中心、胸痛中心等四个区域医疗中心投入使用，市中心医院通过三级甲等综合医院现场评审，市中医院、市第二人民医院被命名为三级甲等专科医院，先诊疗后付费和“一站式”结算覆盖全市所有贫困人口，居民健康档案电子化率达98%。社会保险待遇水平稳步提升，全民参保登记计划积极推进，社会保险全覆盖工程稳步实施。加强保障性住房建设，新开工棚改安置房3.78万套，基本建成2.25万套。

我们着力维护社会和谐稳定。按照“急则治标、缓则治本、长则建制”的原则，积极探索创新，不断完善和规范各项制度机制，夯实各级各部门“保平安、护稳定”的政治责任，全市上下形成了党委领导、政府主导、政法委协调、各县区主动参与、各部门齐抓共管的政法综治工作格局。着力防控政治风险，扎实开展反暴恐、反邪教斗争，扎实抓好网络意识形态工作，做到预知预警、预防预控。着力防控矛盾风险，积极开展“矛盾纠纷大排查大化解，切实预防‘民转刑’命案”、“特定利益群体稳控化解”、“3年以上信访老户集中化解攻坚”三大专项行动，有效预防、化解、管控各类矛盾风险。着力防控治安风险，健全完善立体化治安防控体系，始终保持严打犯罪高压态势。严格落实安全生产责任制，加强食品、药品监管，不断提升人民群众的安全感和满意度。启动开展“百乡千村平安筑基工程”，扎实推进综治和信访工作规范化建设，综治中心建设、信息化建设、网格化管理、平安创建、技防和人防建设等工作形成了特色，走在了全省前列。健全矛盾纠纷多元化解机制，积极推进社会心理服务体系建设全国试点工作，化解了大批矛盾，探索出了一条社会心理服务体系建设新路子。

六、全力打好环境治理攻坚战，扎实推进生态文明建设

市委常委会牢固树立“绿水青山就是金山银山”的理念，大力推进生态文明建设，持续强化大气、水污染防治，人与自然和谐发展的新局面正在形成。

我们持续开展大气污染防治攻坚。深入实施蓝天工程，以扬尘控制为重点，深化源头防治、标本兼治、全民共治，强化依法治污、联防联控、精准治霾。实施大气环境质量目标管理，修订完善《驻马店市重污染天气应急预案》，严

格落实建筑工地扬尘治理规定，依法取缔“散乱污”企业1300家，推行使用洁净蜂窝煤，在市中心城区、县城实施机动车单双号限行，大气污染防治管控取得较好成效，大气污染防治重点工作任务全面完成，空气质量持续改善。我市空气质量主要监测指标达到4年来同期最好水平，全市PM10、PM2.5平均浓度分别下降12%、13%，优良天数比上年增加23天。我市空气质量主要监测指标排名位居全省前列，我市获得省大气生态补偿金1066万元。

我们坚持实施水污染防治攻坚。深入实施碧水工程，坚持“节水优先、空间均衡、系统治理、两手发力”，以确保水质达标、消除黑臭水体、保障饮水安全为重点，严格落实“河长制”，系统推进水污染防治、水生态保护和水资源管理，全面提升水环境质量。加快污染治理长效机制建设和环保体制改革，制定《驻马店市饮用水水源保护条例》《驻马店市集中式饮用水水源地环境保护实施方案（2017—2019年）》，实行绿色环保调度，完善排污许可制，推进环保垂直管理改革，加快推进生态环境监测网络体系建设。重点河流水质明显改善，2017年前11个月我市集中式饮用水源地达标率100%，8个省控断面水质达标率88.6%，同比提高15.9个百分点。

七、认真履行全面从严治党的政治责任，营造风清气正的良好政治生态

市委常委会深刻认识到，打铁必须自身硬，必须切实把全面从严治党各项任务落到实处，推动全面从严治党向纵深发展，为我市各项事业发展提供坚强保证。

我们认真履行管党治党责任。建立市委履行全面从严治党主体责任清单和市委常委会委员责任清单，切实把主体责任细化具体化，坚定支持市纪委履行监督职责。压实各级各部门党委（党组）主体责任，推动县区和市直单位党委（党组）制定落实“两个责任”清单。严格实行“一案双查”，共查处落实“两个责任”不力问题52起，责任追究69人。

我们切实抓好市县人大、政府、政协和乡人大、政府领导班子换届工作。坚持把党的领导贯穿换届全过程，着力优化班子结构、选优配强党政正职。汲取湖南衡阳、四川南充、辽宁等地拉票贿选、破坏选举案件的深刻教训，严格落实“九个严禁、九个一律”等要求，加强警示教育和督导，确保了换届风清气正。统筹做好市级人大政府政协换届工作，从严从实加强代表、委员人选的产生、推荐和上报工作，把好代表、委员人选质量关。按照“严把代表委员‘入口关’、规范提名考察程序、严肃换届纪律”要求，认真开展省人大代表人选、省政协委员人选的考察推选工作。

我们着力打造高素质专业化干部队伍。认真落实好干部标准，从驻马店长远发展大局出发精准科学选人用人，切实把合适的人选放到合适的岗位，做到人事相宜、人岗相适，树立正确选人用人导向。完善市管领导班子和领导干部考核办法，探索在项目建设、脱贫攻坚、“双创”等重点工作中考核干部的具体办法，开展公务员平时考核，综合分析研判干部德才表现和工作实绩。建立调研走访制度，常态化、近距离、有原则地接触干部，及时了解掌握班子运行情况和干部日常表现情况。落实“凡提五必”要求，动议即审，该核早核。坚持严管和厚爱结合、激励和约束并重，建立容错纠错机制，充分调动和保护广大干部改革创新、干事创业的积极性主动性创造性。落实领导干部报告个人有关事项“两项法规”，建立即时报告制度，严格查核结果认定和处理报备工作。完善干部监督工作联席会议制度，发挥干部监督合力。抓好“三超两乱”问题整改，按要求完成超职数配备领导干部整改消化任务。

我们积极推动基层党组织功能整体提升。深化抓党建促脱贫攻坚，组织实施“五大专项行动”，扎实推进十一项重点任务，推动党建资源向脱贫攻坚整合、党建工作与脱贫攻坚融合。实行基层党建工作日常记实和指数管理，建立党建责任指数、支部堡垒指数、党员先锋指数和基层党建信息化平台“三指数一平台”。深化“党员人才种子工程”，开展“双向培养”专项行动，深入推进“逐村观摩、整乡推进”活动。拓展非公经济组织和社会组织“三集中”活动，选派党建工作指导员、联络员，着力提高非公企业、社会组织“两个覆盖”，目前全市非公企业、社会组织党组织覆盖率分别达到75.5%、81.8%。扎实推进城市党建，建立街道“大工委”21个、社区“大党委”78个。制定全市党员发展指导计划，实行入党志愿书编码管理，完善党员发展指标二次分配制度，优化党员发展结构质量。探索创新流动党员党组织设置形式，认真落实党员到社区报到、直接联系服务群众制度。

我们坚定不移推进党风廉政建设和反腐败斗争。锲而不舍落实中央八项规定精神和省、市若干意见，紧盯重要时间节点，加大教育提醒、监督检查、问责通报力度，全市共查处违反中央八项规定精神问题173起，党政纪处分171人。认真落实中央八项规定实施细则精神和省委、省政府《办法》，研究制定我市贯彻落实的办法，持续释放越往后执纪越严的强烈信号。有效运用监督执纪“四种形态”，2017年，全市纪检监察机关共运用“四种形态”处置反映党员干部问题线索4900件次，其中第一种形态2661人次，占54%；第二种形态1735人次，占35%；第三种形态274人次，占6%；第四种形态230人次，占5%，教育和挽救了一批党员干部。保持惩治腐败的高压态势，全市纪检监察机关共立案1919件，结案1862件，党政纪处分2219人，其中，县处级干部23人、乡科级干部299人。深入开展侵害群众利益腐败问题专项治理，全市共问责343人，其中党政纪处分244人，移送司法机关18人。持续抓好省委巡视反馈意见整改落实，不断巩固深化巡视整改成果。把握政治巡察定位，开展3轮对27个党组织的集中巡察，市、县两级巡察机构共巡察134个基层党组织。把做好我市深化监察体制改革试点工作作为推动全面从严治党向纵深发展、巩固深化反腐败斗争压倒性态势的重大战略举措，精心部署实施，狠抓转隶组建，各项工作正在扎实有序、积极稳妥推进。

同志们，过去的一年，市委常委会高度重视自身建设，要求常委会各位同志以身作则、以上率下，带头增强“四个意识”，深入学习贯彻习近平新时代中国特色社会主义思想，坚定维护习近平总书记党的领袖和核心地位，坚定维护党中央权威和集中统一领导；带头贯彻执行民主集中制，严格落实集体领导制度，完善和落实常委会议事决策规则，做到既

充分发扬民主又有效实现集中；带头强化责任担当，坚持守土有责、守土负责、守土尽责，注重观大势、谋大事、抓重点，做到察实情、出实招、办实事、求实效;带头改进作风，不忘初心、牢记使命，始终全心全意为民、踏踏实实干事；带头加强廉洁自律，严格遵守党风廉政建设各项规定，自觉接受监督，切实履行全面从严治党政治责任。

以上报告的是2017年市委常委会的主要工作。这些工作的推进和成绩的取得，是以习近平同志为核心的党中央和省委、省政府坚强领导的结果，是全市人民团结奋斗的结果，是各级党组织和广大党员干部真抓实干的结果，市委全委会的同志们对我们的工作给予了大力支持。

在总结工作的同时，市委常委会也分析了存在的问题和不足。驻马店作为经济欠发达地区，发展不平衡不充分的问题依然突出，经济总量小、人均水平低，经济发展深层次、结构性矛盾比较大，民生欠账比较多，脱贫攻坚任务重，维护社会稳定压力较大，党的建设、作风建设仍需进一步加强，等等。对这些问题和不足，我们高度重视，正在认真加以解决。

2018年是贯彻党的十九大精神的开局之年，是改革开放40周年，是决胜全面建成小康社会、实施“十三五”规划承上启下的关键一年，是推动驻马店高质量跨越发展的重要一年。做好今年工作，具有特殊重要意义。我们要更加紧密团结在以习近平同志为核心的党中央周围，深入贯彻党的十九大精神，坚持以习近平新时代中国特色社会主义思想为指导，大力弘扬“敢于争先、勇于拼搏、克难攻坚、善做善成”的创文精神，深耕细作、精准发力，真抓实干、久久为功，推动中央、省委各项决策部署在驻马店落地见效，推动我市经济社会发展和党的建设取得新进展，为决胜全面建成小康社会、实现驻马店高质量的跨越发展作出积极贡献。

请同志们对市委常委会的工作提出意见和建议。

驻马店市人大常委会工作报告

（2018年2月25日在市四届人大三次会议上）

驻马店市人大常委会主任　张宪中

2017年的主要工作

2017年，是喜迎党的十九大胜利召开、学习贯彻党的十九大精神的重要一年，是我市全面建成小康社会的关键一年，也是市四届人大常委会履职的开局之年。市人大常委会在中共驻马店市委的正确领导下，坚持以习近平新时代中国特色社会主义思想为指导，紧紧围绕全市工作大局，认真履行法定职责，不断增强工作实效，为决胜全面建成小康社会、驻马店高质量跨越发展作出了积极贡献。

一、坚持党的领导，认真贯彻落实市委重大决策部署

常委会认真贯彻落实中央、省委和市委决策部署，坚持党的领导、人民当家作主、依法治国有机统一。从制度上、程序上保证党委意图的实现，推动人大工作与时俱进。

旗帜鲜明讲政治。市人大常委会把学习党的十九大精神作为首要政治任务。党的十九大召开后，常委会及时召开党组会议、主任会议，认真传达学习，及时交流研讨，深刻理解党的十九大报告丰富内涵和精神实质，牢固树立“四个意识”、坚定“四个自信”，在政治立场、政治方向、政治原则、政治道路上同以习近平同志为核心的党中央保持高度一致，坚决维护习近平总书记在党中央和全党的核心地位。把坚持党的领导贯彻于人大工作各个方面和全过程，无论是开展立法、监督、重大事项决定、人事任免、代表等工作，还是自身建设，都及时向市委请示报告。注重发挥常委会党组把方向、管大局、保落实的重要作用，对市委作出的重要部署，及时研究具体意见和实施举措，确保党的主张通过法定程序成为国家意志，确保党组织推荐的人选通过法定程序成为国家政权机关的负责人。

全面完成深化改革任务。按照市委全面深化改革的统一部署，稳妥推进人大工作改革。为切实做好我市立法工作，制定地方性法规起草审议报批工作规程，确保立法工作在市委的领导下扎实有序推进。着眼于代表作用的发挥，制定市人大常委会进一步完善人大代表联系人民群众制度的实施意见，引导和督促代表察民情、听民意、解难事、做好事。为加强预决算审查监督，成立人大预算委员会。着眼于政府依法理财、科学理财，建立预算审查前听取人大代表和社会各界意见建议的机制，推动政府建立现代财政制度。

扎实做好脱贫攻坚工作。按照市委脱贫攻坚统一部署，认真抓好脱贫攻坚工作。常委会主任、副主任率先垂范，多次对所联系的县、乡进行实地调研，坚持每季度开展1–2次暗访、督查，确保精准扶贫落到实处。对帮扶的困难户分类施策，依托技术、产业和资金，帮助贫困户按期脱贫。着力抓好机关对口帮扶脱贫攻坚工作，协调筹措资金完成道路硬化、安全饮水等工程，完善信号基站塔建设，有效推进民生问题改善。协调组织市中医院知名诊疗专家入村入户开展扶贫义诊活动，提高村民健康意识;组织成立农民专业合作社，发展中药材特色种植产业，为产业扶贫打下坚实基础。

二、坚持突出地方特色，努力提高立法质量

市人大常委会突出立法为民宗旨，紧贴驻马店发展实际，积极发挥立法对经济社会发展引领和推动作用，努力做到立法工作与全市改革工作相适应，保障重大改革于法有据，让法治成为驻马店高质量跨越发展的重要标志。

突出重点领域立法。围绕民生改善和城市管理，制定了《驻马店市饮用水水源保护条例》和《驻马店市城市市容和环境卫生管理条例》，这两部法规在省人大常委会会议审查中受到了省人大法制委、省人大常委会法工委的一致好评。这两部法规分别于2017年9月1日、2018年1月1日正式实施，为中心城区市民饮水安全、提升城市管理水平提供有力的法律保障。

配合上级人大做好法律法规草案征求意见工作。受省人大常委会的委托，常委会多次召开征求法律法规修改意见座谈会，先后对《中华人民共和国公共图书馆法（草案）》《河南省奖励和保护见义勇为人员条例（草案）》《中华人民共和国土壤污染防治法（草案）》《中华人民共和国农民专业合作社法（修订草案）》等16部法律法规进行修改，提出修改建

议63条，其中被上级人大采纳11条，为提高法律法规质量发挥了积极作用。

推进科学立法、民主立法、依法立法。一是发挥人大立法主导作用。加强立法组织协调，广泛征求社会各界意见，对法规草案起草、审议中的重大争议，充分听取起草单位及利益相关方意见，由主任会议研究决定，推动达成共识。二是加强立法调研。制定每一部法规围绕立法宗旨、制度安排、核心条款进行充分调查研究，做好法规起草前的立法调研、草案初审后的联合调研和二审前的专题调研，反复论证法规起草涉及的重点问题，不断提高立法精细化水平。三是扩大立法有序参与途径。完善公众意见征集体制，通过召开座谈会、公开发布法规草案及征求意见函等方式，广泛吸纳意见建议。成立了法律咨询组，建立基层联系点制度，对十五个基层单位进行立法联系点授牌，人民群众利益诉求通过参与立法的形式反映出来，立法工作的民意基础更加坚实。四是注重立法科学论证。在制定每部法规时，都邀请有关专家、学者和富有实践经验的法律工作者参与到立法活动中，研究探讨立法工作涉及的重大疑难问题，对法规进行全面系统的把关，提高立法质量。

三、坚持问题导向，实行正确监督、有效监督

常委会自觉践行新发展理念，围绕中心，服务大局，聚焦市委重大决策部署，聚焦“一府两院”重点工作，聚焦人民群众普遍关注的热点难点问题，创新监督手段、加大监督力度，努力提高监督的针对性和实效性。

着力推进经济社会持续健康发展。围绕提升经济运行质量，听取审议2017年上半年国民经济和社会发展计划执行情况的报告，建议政府科学研判经济形势，采取综合性措施，着力解决经济运行中的突出问题，全力促进经济社会高质量发展。围绕促进经济转型发展，听取审议供给侧结构性改革专项工作报告，推动“三去一降一补”五大任务全面落实，加快转型升级。围绕实体经济加快发展，听取审议开放招商项目建设、重大交通项目和重点项目建设情况专项工作报告，组织人大代表对重大交通项目和重点项目建设开展专题视察，积极推进政府优化投资结构、提高投资效益，促进我市经济提质增效。围绕推进科技创新驱动，对我市贯彻实施《中华人民共和国促进科技成果转化法》和《河南省促进科技成果转化条例》情况进行执法检查，推动科技成果转化“一法一条例”全面贯彻执行。围绕政府职能转变，对市政府治理懒政怠政为官不为工作报告审议意见落实情况进行跟踪监督，推动政府强化干部队伍建设，牢固树立担当意识、责任意识。

着力促进公共财政稳健运行。为监督好人民的“钱袋子”，提高财政资金使用效益，建立预算审查前听取人大代表和社会各界意见的机制，推动政府加快建立现代财政制度；制定《驻马店市人大常委会市级预决算初步审查暂行规定》，听取审议2016年财政决算和2017年上半年预算执行情况的报告，推动政府规范财政行为，提高财政资金使用效益；加强对部门预决算的审查工作，分别对市畜牧局等3个单位预算和市质监局等3个单位决算进行审查，督促纠正预算编制不科学、执行不够严肃等问题；听取审议2016年市本级预算执行和其他财政收支审计及审计查出问题整改情况的报告，督促抓好审计查出问题整改，将整改任务落到实处。

着力加强司法监督。重视推进司法体制改革。听取审议市中级人民法院、市人民检察院司法体制改革情况报告，督促“法检”两院按照顶层设计，加快改革步伐，明确人员职责定位、健全考核管理机制、加大职业保障力度，加快建立适应新审判权、检察权运行模式的监督机制。依靠深化改革破解制约司法能力、影响司法公正的体制机制障碍，确保审判权、检察权独立公正行使，提升司法工作效能和社会公信力。重视规范性文件备案审查。对市政府和县区人大常委会报送的50件规范性文件进行备案审查，对未经法制办审核的22件规范性文件予以退回，进一步规范报送程序。加强对县区人大常委会备案审查工作的指导，更好地维护法制统一，促进依法行政，保障群众权益。重视人大信访工作。坚持用法治思维和法治方式处理和化解信访问题，加强来信来访信息分析运用，努力化解社会矛盾。全年共接待处理人民群众来信来访968件（次），接待来访群众889人（次），重点督办信访案件32件，办结率为100%。

着力推进城乡统筹发展。常委会高度关注加快新型城镇化建设、加强农村基础设施建设和脱贫攻坚工作，强化监督落实，动员各方面力量关心支持“三农”工作。听取审议新型城镇化建设情况专项工作报告，督促政府有关部门在强化城市管理、推进民生项目建设、加快特色乡镇建设、推进社会养老服务体系建设等方面下功夫。对全市农田水利基本建设情况开展调研，推动农田水利基础设施建设的规范化、科学化，构建与社会主义新农村建设相适应的民生水利。对脱贫攻坚工作推进情况开展调研，推动政府落实扶贫政策，切实提高农村基础公共服务和农村低收入人群保障水平。听取审议农村产权制度改革情况专项工作报告，促进完善农村经营体制，激发农村发展活力，推动农业农村持续健康发展。开展种子法“一法一办法”执法检查，推动政府在提高种子质量上下功夫，确保国家粮食安全。

着力推动民生福祉改善。围绕就业促进工作，结合听取审议就业促进专项工作报告，对我市就业促进工作开展专题询问。委员们围绕扩大就业覆盖面、实现高质量就业、促进重点人群就业、创业带动就业、就业创业政策实施情况等五个方面的问题，向分管副市长及六个政府工作部门负责同志问询。市政府及相关部门积极兑现应询承诺，采取有力措施推进就业促进工作不断深入。专题询问全程录像，并制作专题片在驻马店电视台连续播放，取得了较好的社会反响。围绕推动民办教育事业发展，开展民办教育促进法执法检查，针对一些民办教育机构专业教师缺乏、教学质量不高等问题及时向县区政府反馈，促进教育资源均衡发展。围绕维护中小学生健康权益，对全市中小学营养餐情况开展调研，督促中小学供餐单位严把质量关，保证学生饮食安全。围绕医药卫生体制改革，听取审议医药卫生体制改革情况报告，推动解决群众就医中存在的问题，推进健康驻马店建设。围绕规范电信市场秩序，开展《中华人民共和国电信条例》执法检查，督促电信部门着力解决电信运营中存在的问题，从源头上有效遏制电信诈骗行为，切实维护群众的切身利益。围绕

生态环境保护，开展全市水生态文明建设情况调研，向市政府提出建立联席会议制度，加强信息互通的建议；对全市贯彻实施《中华人民共和国水污染防治法》和《河南省水污染防治条例》情况进行执法检查，促进我市水环境质量持续好转。开展创森工作专题调研，全面了解我市创建国家森林城市以来的建设成效。听取审议市政府2016年环境状况和环境保护目标完成情况报告，督促以提高环境质量为核心，以解决环境领域突出问题为重点，进一步加大生态环境保护力度，努力推动形成绿色发展方式和生活方式，推动全社会高度重视生态环境，确保蓝天常在、碧水长流、美丽与发展同行。

四、坚持加强地方政权建设，做好换届选举、重大事项决定、人事任免工作

常委会坚持党的领导、充分发扬民主、严格依法办事相统一，注重从政治上把握、在大局下谋划，确保省委、市委选人用人意图通过法定程序得以实现，推动市委重大决策部署的贯彻落实。

圆满完成市县乡人大换届选举。根据宪法法律规定和省委、市委的部署安排，2016年12月至2017年6月，全市市县乡三级人大完成了换届选举。常委会坚持党对人大换届选举工作的领导，协助市委筹备召开市县乡人大换届选举工作会议，科学安排换届选举工作，对换届选举工作骨干进行业务培训。在换届选举工作中，全市各级人大严肃换届纪律，深刻汲取湖南衡阳破坏选举案、四川南充拉票贿选案、辽宁拉票贿选案的教训，严格依法办事，严明纪律规矩，严格人选标准，严格身份认定，加强资格审查，坚决杜绝身份失真、带病当选等问题，依法选出了国家政权机关好班子，选出了政治素质高的人大代表，确保换届风清气正。全市共选举产生乡镇人大代表9415名、县区人大代表2490名、市人大代表546名。

依法行使重大事项决定权。常委会认真贯彻中央和省委关于健全人大讨论决定重大事项制度、各级政府重大决策出台前向本级人大报告的相关文件精神，抓住我市经济社会发展中带有全局性、根本性、长远性的事项，认真行使重大事项决定权。对2016年财政决算作出决议，督促政府优化财政结构，在推动发展、改善民生上发挥作用。先后两次对市政府预算调整作出决议，督促政府化解财政金融风险。加强对作出决议决定的跟踪监督，扎实推动决议决定落地见效。

认真做好人事任免工作。坚持党管干部与人大依法任免相结合，贯彻市委人事安排意图，修订完善常委会人事任免办法，严格任免程序，保障国家机关有序运转。一年来，任免国家机关工作人员193人次，组织175人次进行宪法宣誓，切实增强被任命干部的宪法意识、责任意识和公仆意识。针对重要选举任命事项，加开人代会和常委会会议，精心组织安排，确保省委、市委推荐的人选通过法定程序成为国家机关负责人。按照十九大精神和省委、市委关于监察体制改革的部署，积极开展全市监察体制改革试点人大选举任免工作，作出《驻马店市人民代表大会常务委员会关于市监察委员会副主任、委员任免办法的决定》，加强对县区人大及其常委会就同级监察委员会领导班子选举和任免工作的指导，选举产生了市、县区监察委员会主任，依法任命了市、县区监察委员会副主任、委员，组建了市、县两级监察委员会，保证了中央和省委、市委重大决策部署得到贯彻落实。

切实加强县乡人大工作和建设。常委会认真贯彻落实中央和省委、市委关于加强县乡人大工作和建设的决策部署，常委会主任、副主任两次带队深入县区、乡镇调研，督导县区、乡镇人大贯彻落实中央18号文件和省委、市委实施意见。召开了全市县乡人大工作经验交流会，推进县乡人大工作和建设持续深入。在各级党委领导支持下，县级人大完善了机构设置，有的县增设了工作委员会，有的县设立了人大专门委员会。乡镇人大工作制度和组织制度进一步完善，普遍设置了专职人大主席和专职秘书，有条件的乡镇配备了专职副主席；多数乡镇由原来每年召开一次人代会落实召开两次人代会，主席团会由原来每年召开一次落实召开四次，进一步加强地方政权建设。

五、坚持优化履职环境，充分发挥代表主体作用

常委会尊重代表主体地位，充分发挥代表主体作用，着力建设同人民群众保持密切联系的代表机关，更好发挥国家根本政治制度优势。

密切代表与人民群众的联系。密切常委会同代表、代表同人民群众的联系，实现常委会组成人员联系代表全覆盖。坚持每月一次的常委会主任、副主任接待代表日制度，通过预约走访、组织代表调研座谈等方式，就脱贫攻坚、城市建设规划、生态环保等方面与代表面对面交流。换届以来，共接待代表76人，转办各类代表建议54件，并跟踪督办，推动解决人民群众关注的热点问题。坚持常委会组成人员联系代表制度，47名常委会组成人员与94名基层市人大代表保持经常性联系，通过召开座谈会、走访等形式，听取代表意见建议，帮助他们解决履职中遇到的实际问题。制定了《驻马店市人大常委会关于进一步完善人大代表联系人民群众制度的实施意见》，建立了代表联系人民群众的工作平台和网络平台，健全代表反映人民群众意见和要求的处理反馈机制，促进代表更好地代表人民、服务人民。

认真办理代表议案建议。市四届人大一次会议，代表所提议案1件，建议、批评和意见330件。“一府两院”及有关部门全部办理完毕并答复代表，推动解决了一批事关我市经济社会发展和人民群众切身利益问题。坚持对代表重点建议办理，筛选7件建议进行重点督办，注重督办中与人大代表、政府相关部门、人民群众的沟通联系，对已办复的建议进行督查反馈、跟踪推进，提高建议落实成效。听取重点建议办理情况报告，并进行满意度表决。完善建议办理工作机制，代表建议网上办理系统已完成试运行，2018年全面实施。

丰富闭会期间代表活动。加强代表培训，以旗帜鲜明讲政治、当好代表为人民为主题，举办由200多名新一届基层市人大代表参加的履职培训班，围绕经济发展、法律知识、人大制度等专题开展培训，提高代表履职意识和水平。加强代表履职管理，组织代表开展异地集中视察，对当地经济社会发展中的突出问题提出意见建议。坚持邀请基层代表列席常委会会议、参加常委会的立法座谈会、执法检查、专题调研等活动，认真研究代表反映的突出问题，并作为立法、监

督项目的重要依据。组织代表依托“代表之家”接待选民活动，了解和反映群众的意愿和诉求。搭建代表履职平台，积极探索在街道、社区和乡镇、村建立人大代表联络站，打造闭会期间代表活动的新平台。

六、坚持从严从实要求，着力加强自身建设

常委会把加强自身建设摆在突出位置，强化理论武装，完善工作制度，加强作风建设，着力提升依法履职能力和机关服务保障水平。

加强思想政治建设。常委会严守政治纪律，恪守政治规矩，保持政治定力，始终做到心中有党，心中有民。扎实推进“两学一做”学习教育常态化制度化，以党组中心组学习为引领，以机关党支部学习为平台，突出政治教育，强化党性锻炼。建立市人大常委会机关党组，加强机关党建组织保障。党组成员积极参加所在党支部组织生活，加强党性修养，自觉接受党员和群众监督。自觉遵守《准则》、《条例》，始终做到忠诚干净担当。

加强履职能力建设。组织常委会组成人员履职学习，举办以预决算监督审查和提升人大常委会组成人员履职能力为主题的法制讲座，增强做好人大工作的责任感和使命感。组织常委会组成人员深入基层现场调研，增强聚焦中心、服务大局的意识，提高依法履职能力和水平。加强专门委员会建设，充分发挥专门委员会人才和专业优势，支持他们依法做好工作。加强对代表履职事迹的宣传，健全完善代表履职网络平台，进一步提高履职质量和效率。

加强纪律作风建设。落实党风廉政建设主体责任和“一岗双责”，严格执行中央八项规定及实施细则精神和省、市若干意见，认真抓好省委有关巡视反馈问题整改，强化正风肃纪，以廉洁为民的形象感召人民群众。落实“三会一课”制度，定期开展集中学习，严肃认真开展批评与自我批评，提高政治站位，增强政治觉悟。扎实开展坚持标本兼治推进以案促改工作，加强党性党风党纪教育，筑牢拒腐防变的思想防线。针对机关存在工作纪律不严、工作作风不实等突出问题，开展为期两个月的机关作风纪律整顿，采取撰写自查报告、民主评议、检查监督、整改落实等措施，强化跟踪问效，机关工作人员纪律意识不断增强，作风状况明显好转，机关凝聚力、执行力不断增强。扎实抓好机关文明建设，巩固省级文明单位成果，树立常委会和机关良好形象。

加强制度建设。为适应新时期人大工作新要求，在充分发扬民主，广泛征求意见建议基础上，修订《驻马店市人民代表大会常务委员会会议纪律规定》《驻马店市人大常委会会议工作程序》《工作人员请休假制度》《文印管理制度》《资产（公物）管理制度》、制定《外出考察学习制度》等6项制度，常委会和机关工作更加规范有序。

各位代表，过去的一年，市人大常委会不忘初心，牢记使命，履职担当，各项工作取得了新成绩，这是市委正确领导的结果，是全体市人大代表辛勤努力的结果，是市人民政府、市中级人民法院、市人民检察院和各县区人大及其常委会密切配合的结果，是市政协、全市广大人民群众和社会各界大力支持的结果。在此，我代表市人大常委会表示衷心感谢！

各位代表，回顾过去一年的履职历程，我们也清醒地认识到，常委会的工作中还存在一些需要加强和改进的地方，一是立法工作刚刚起步，人大主导立法工作发挥不充分，立法协调机制需要健全。二是监督议题选择与党委政府主要工作结合得不够紧密，监督渠道不宽，审议质量不高，审议意见针对性不强，监督方式方法创新不够，监督实效有待提升。三是重大事项决定依然是薄弱环节，除常规性的预算、决算作出决定外，很少行使决定权。四是对代表建议办理存在重答复轻落实，对跨年度建议办理跟踪督办不到位，邀请代表参与常委会履职活动人次少，代表与群众密切联系不到位，代表建议质量不高等等。我们将认真听取代表和各方面的意见，在今后的工作中切实加以解决。

2018年的主要任务

2018年是贯彻党的十九大精神的开局之年，是改革开放40周年，是决胜全面建成小康社会、实施“十三五”规划承上启下的关键一年。面对新时代新要求，市人大常委会要以习近平新时代中国特色社会主义思想为指导，坚持党的领导、人民当家作主、依法治国有机统一，紧紧围绕市委决策部署，依法履行职责，更好发挥代表作用，努力成为全面担负起宪法法律赋予各项职责的工作机关，成为同人民群众保持密切联系的代表机关，为推动驻马店高质量跨越发展发挥好职能作用。

深入贯彻落实党的十九大精神。全面系统学习党的十九大精神，准确把握思想精髓和核心要义，牢固树立“四个意识”，坚决维护习近平总书记在党中央和全党的核心地位，始终在思想上政治上行动上同以习近平同志为核心的党中央保持高度一致。按照中央和省委、市委部署，扎实开展“不忘初心、牢记使命”主题教育，进一步提高政治站位，把牢政治方向，坚持用习近平新时代中国特色社会主义思想武装头脑、指导实践、推动工作，切实把党的十九大提出的目标任务和市委部署要求，转化为人大工作职责任务，以钉钉子精神抓好落实、抓出成效。

切实加强地方立法工作。坚持科学立法、民主立法、依法立法，充分发挥人大及其常委会在立法工作中的主导作用，多立符合实际的法、有效管用的法、百姓拥护的法。健全立法起草、论证、协调、审议机制，完善社会各方有序参与立法的途径和方式，不断提高立法质量。提请审议批准《驻马店市城市绿化条例》。开展对《驻马店市市政设施管理条例》、《驻马店市山体保护条例》、《驻马店市古树名木保护条例》立法调研。充实完善立法项目库，结合我市实际筛选确定一批社会关注、群众关心和经济社会发展迫切需要的重要事项，列入项目库，有步骤有重点地予以推进，保证立法工作的连续性和主动性。

切实增强监督工作实效。紧扣新发展理念、改革举措、立法要求，坚持问题导向，做到正确监督、有效监督，推动市委重大决策部署贯彻落实。围绕推动经济高质量跨越发展开展监督。着眼于全市经济稳中求进，听取审议计划、预算、决算、审计报告，听取审议现代企业制造和企业创新发展、资本市场培育和发展、政府与社会资本合作项目发展、闲置土地管理情况专项工作报告，推动经济发展新动能持续快速

成长。致力于促进现代农业发展，听取审议农业供给侧结构性改革、畜牧法执行情况专项工作报告，对农业机械化推广开展专题视察，对农产品质量安全法开展执法检查，对乡村振兴战略开展调研。围绕打赢“三大攻坚战”开展监督。听取审议化解金融风险专项工作报告，并进行专题询问，听取脱贫攻坚、政府债务、环境状况和环境目标完成情况专项工作报告，加强预算联网建设，建立预算执行全过程动态监控机制，配合省人大开展“中原环保世纪行”活动，统筹推进稳增长、促改革、调结构、惠民生、防风险各项工作。围绕依法行政开展监督。采取市人大代表对政府组成部门、有关直属事业单位和驻驻省直单位进行满意度测评的方式，对排名靠后的部门开展工作评议，推动这些部门改进工作，更好地服务群众，在推进高质量跨越发展上贡献力量。围绕司法公正开展监督。听取审议市中级人民法院关于解决“执行难”、市人民检察院关于民事诉讼和执行活动法律监督工作报告，推动“两院”司法为民，提升公信力。围绕新型城镇化建设开展监督。听取审议百城提质工程开展以来规划编制及实施情况专项工作报告，推动加快城镇化进程。围绕民生改善开展监督。听取审议饮用水水源地保护条例贯彻执行、公共文化服务体系建设、食品药品监督管理、普通高中教育情况专项工作报告，对发展现代服务业、学前教育、社会保障、旅游扶贫情况开展调研，积极回应群众关切。围绕加强基层人大工作开展监督。对乡镇人大主席团工作条例开展执法检查，加强对乡镇人大工作的指导，推动市委关于加强县乡人大工作和建设实施意见落地生根。

切实行使好决定权和任免权。建立政府重大决策出台前向人大报告制度。围绕市委中心工作和事关全市发展的重大事项，适时作出决议决定，将市委重大决策部署通过法定程序转化为国家意志，成为全市人民共同意愿，最广泛地动员和组织人民群众依法管理国家事务。坚持党管干部原则与人大依法任免干部有机统一，认真行使好任免权，为经济社会高质量跨越发展提供有力组织保障。

切实做好代表工作。坚持以人民为中心的发展思想，围绕民生主题，组织代表走访群众。加强代表履职服务保障，扩大代表对常委会、专门委员会工作的参与，密切常委会与代表、代表与人民群众的联系。加强代表议案建议的督办工作，健全议案建议分类交办、重点督办、跟踪督查、办理评价等工作机制，努力提高建议办成率和代表满意率。加强代表小组工作，指导“代表之家”建设，用好代表履职网络平台，启动代表建议网上办理。加强代表培训和履职监督管理，提高政治素质和履职能力，始终保持人大代表良好形象。

切实加强常委会和机关自身建设。以党的政治建设为统领，把全面从严治党落实到自身建设的各个方面，严守政治纪律和政治规矩，坚决贯彻执行中央八项规定及实施细则精神和省、市若干意见，持之以恒正风肃纪。加强作风建设，大兴学习之风、调查研究之风、干事创业之风，进一步发挥各工作委员会和有关专门委员会作用，以作风建设新成效开创人大工作新局面。加强履职能力建设，组织举办常委会组成人员和乡镇人大主席培训班，着力提升人大工作水平。健全人大组织制度和工作制度，加强专门委员会建设，协助常委会依法履行好各项职责。加强对基层人大工作的指导，推进乡镇、街道人大工作规范化建设，形成人大系统整体合力。加强人大机关建设，争创省级文明单位标兵，树立人大常委会机关良好形象。

政府工作报告

（2018年2月24日在市四届人大三次会议上）

驻马店市人民政府市长　朱是西

一、2017年工作回顾

2017年，面对复杂的经济形势和繁重的发展任务，在省委、省政府和市委的坚强领导下，全市上下以习近平新时代中国特色社会主义思想为指导，认真落实党中央、国务院和省委、省政府一系列决策部署，以推进供给侧结构性改革为主线，以打好“四大攻坚战”为抓手，综合施策、精准发力，保持了经济社会持续健康发展的良好态势，主要指标增速继续保持全省第一方阵，较好完成了市四届人大一次会议确定的各项目标任务，实现了本届政府良好开局。

——经济运行稳中向好。全市生产总值突破2000亿元，增长8.3%，规模以上工业增加值增长8.7%，均居全省第五位；全社会固定资产投资增长11.9%，社会消费品零售总额增长12.7%，均居全省第一位。

——质量效益不断提升。全市规模以上工业主营业务收入增长12.5%，实现利润增长19.3%；一般公共预算收入增长13.9%，居全省第四位，其中税收收入增长17%；节能减排完成省定目标，万元生产总值能耗下降1%以上。

——结构调整成效明显。三次产业结构达到18.7∶40.2∶41.1，二三产业比重提高1.6个百分点；全市服务业增加值增长10.4%，贡献率50.5%；秋季粮经比达到4∶6；高成长性制造业增加值增长12.7%，高新技术产业增加值增长13.2%；常住人口城镇化率达42.39%，提高1.5个百分点。

——人民生活持续改善。十件重点民生实事全面完成。完成全面改薄学校554所，困难群众大病医疗报销比例平均提高17.6%；全年优良天数240天，比上年增加23天，PM10、PM2.5分别下降12%、13%；城乡居民人均可支配收入增长8.9%，高于经济增速0.6个百分点。

一年来，重点抓了以下工作：

（一）抓产业促发展，经济保持稳定增长。大力发展工业经济。深入开展企业“降本增效”专项行动，切实搞好企业服务和各项政策落实，促进了工业经济持续稳定发展，全市规上工业增加值增长8.7%，高于年初目标0.3个百分点。深入推进工业项目建设，全年集中开工亿元以上重点项目119个，总投资576.4亿元，中原生态皮革产业园、今麦郎二期等重点项目开工建设，德威电缆、鹏辉锂电池二期等重点项目稳步推进。全市二星级产业集聚区达到2个、一星级8个，产业集聚区规上工业主营业务收入增长18.4%，规上工业增加值占全市的84.4%。积极发展现代农业。全市新建高标准粮田100万亩，全年粮食总产量132.5亿斤，为历史第二高产年。省级农业产业化集群发展到21个，总量居全省第一；市级以上重点龙头企业达到370家，农产品加工企业达到1500家。正阳县国家现代农业产业园正式获批，成为我省第一家国家级现代农业产业园。现代畜牧业持续发展，生猪、肉牛饲养量分别居全省第一、二位，肉蛋奶总产量分别达到71.8万吨、32.9万吨、3.85万吨。持续发展现代服务业。把服务业发展作为产业转型升级的重点，进一步完善措施，强化政策支持，加快发展步伐。全市服务业“两区”完成投资121.4亿元，建成区面积7.22平方公里，主营业务收入160亿元。全市房地产投资增长8%，商品房销售面积增长11.9%。全市金融机构各项存款余额2823亿元，增长11.6%，贷款余额1418.9亿元，增长15.6%；郑州银行驻马店分行及上蔡、新蔡农商行挂牌开业，兴业银行获批升格分行。全年实现旅游综合收入185亿元，增长15.5%。马庄铁路物流基地、恒兴物流二期、福汉兴公路物流港、驻马店B型保税中心等重点项目进展顺利，全市电子商务交易额达307亿元，增长30.4%。加快推进重点项目建设。纳入全省“5818”投资行动计划的315个项目完成投资910.6亿元，占年度计划的101%;2017年度中央预算内投资项目全部开工建设，完成投资19.2亿元，投资完成率达76.85%;33个省重点项目完成投资213.9亿元，占年度计划的126%;296个市重点项目完成投资989.9亿元，占年度计划的121%。

（二）抓改革扩开放，发展活力不断增强。全面深化改革。积极推进“放管服”改革，取消行政职权158项、各类证明186项。全面实施“三十五证合一”，各类市场主体增长18.8%。农村土地承包经营权确权颁证基本完成，城市管理综合执法体制改革顺利推进，市城市管理局挂牌成立。医药卫生、社会保障、文化、盐业管理等改革进展顺利。强力推进开放招商。全市实际到位省外资金262亿元，增长8.4%，增速居全省第二；实际利用外资3.99亿美元，增速居全省第三；完成进出口21.95亿元。成功举办第20届中国农加工洽谈会，我市签约亿元以上重点项目176个，总投资815.3亿元。大力实施创新驱动。积极实施大众创业万众创新行动计划，加快推进各类创新载体建设，设立了国家知识产权局专利审查协作驻马店工作站，全年实施科技创新项目193项，新增国家级星创天地1家，新认定高新技术企业27家、省级工程技术研究中心9家，新建院士工作站2家。

（三）抓建设强管理，统筹推进新型城镇化。以实施百城建设提质工程为抓手，以创建全国文明城市、国家卫生城市为目标，加强城市规划建设与管理，着力构建城乡一体化发展新格局。加快推进中心城区发展。实施百城建设提质项目573个，已开工410个、竣工133个，累计完成投资152亿元。42条主次干道维修和27条新建道路、薄山湖和板桥水库引水以及“一园两馆”、国际会展中心等重点项目加快推进。深入开展创文创卫工作，一年一举成功拿下全国文明城市、国家卫生城市两项国家级金字招牌，大大提振了广大党员干部和人民群众的士气。加快推进县城建设。各县都谋划实施了一批城市综合体、片区开发等重点项目，县城功能不断完善，吸纳集聚能力明显提升。以改善农村人居环境、实施重点镇建设示范工程为重点，启动实施了工业强镇、商贸重镇、旅游名镇和特色小镇建设。加快推进基础能力建设。周驻南和息邢高速、G328国道快速推进，12条组团连通工程和火车站综合改造项目加快推进，火车站新站房建成投用，安罗、许信高速开工建设，宿鸭湖清淤扩容项目前期工作基本完成，一批水利、能源、电力项目顺利实施。

（四）抓重点补短板，全力打好四大攻坚战。强力推进农村脱贫攻坚。强化扶贫对象精准管理，加大资金整合力度，加强贫困地区基础设施和公共服务设施建设，深入推进产业扶贫，累计投入财政资金38.1亿元，实施各类脱贫项目3001个，完成193个贫困村整村脱贫、9.15万贫困人口稳定脱贫和3214人易地搬迁任务，新蔡县顺利通过省第三方验收和省级核查验收。积极探索贫困家庭重度残疾人集中托养模式，得到国务院扶贫办、民政部、中残联和省委、省政府的充分肯定。扎实推进国企改革攻坚。全年完成9家国有商贸企业改制任务，安置补偿职工2317人；国有企业社会职能剥离和“三供一业”移交进展顺利，向属地政府移交改制企业36家。强力推进环境治理攻坚。深入实施蓝天、碧水、乡村清洁工程，全面推行“河长制”，扎实开展大气污染防治、水污染防治专项行动，大气污染防治工作受到省政府表彰奖励。启动实施转型发展攻坚。制订了全市转型发展攻坚工作方案，确定了食品加工、装备制造、生物医药等9个重点攻坚产业，组织实施了171个、总投资1120.3亿元的转型攻坚重点项目，经济转型发展呈现良好态势。

（五）抓民生增福祉，社会大局和谐稳定。坚持保基本、兜底线、建机制，持续加大投入力度，全年完成财政民生支出339.2亿元，增长16.6%，占一般公共预算支出的79.6%，十件重点民生实事全面完成。稳定扩大社会就业。全年城镇新增就业8.3万人，失业人员再就业3.2万人、困难人员就业1.38万人，分别完成目标任务的158%、161%和197%;新增农村劳动力转移就业6.05万人，完成省定目标的121%。不断完善社会保障体系。城乡居民基本养老、医疗保险参保人数分别达419.2万人、661万人；加强残疾人、城乡低保人员和孤儿等困难群体生活保障，新的补助标准全面执行。新开工棚改安置房3.78万套，基本建成2.25万套，超额完成省下达任务。加快发展社会事业。完成全面改薄学校554所，中心城区34所中小学新建、改扩建项目加快推进；积极推进普通高中培优工程，本科一批上线人数增长23.8%;职教园区完成投资6.42亿元，职业技术学院、省交通技校等项目加快推进。成功举办第四届产教融合发展战略国际论坛。健康驻马店建设扎实推进，城市公立医院改革全面推开，药品加成全部取消，市中心医院、市第二人民医院成功创建三级甲等医院。加强公共文化服务体系建设，完成700个行政村（社区）基层文化服务中心建设任务。全年完成交通项目投资72.9亿元，占年度计划的103.9%，其中新建农村公路1979公里。加强社会治理创新。认真落实安全生产责任，深化重点行业领域专项整治，各类生产经营性伤亡起数和死亡人数实现“双下降”；集中化解信访积案，维护群众合法权益，越级访、非法访明显下降；深入贯彻最严谨的标准、最严格的监管、最严厉的处罚、最严肃的问责

“四个最严”，全市食品药品安全形势稳定向好；强化社会治安综合治理，严厉打击违法犯罪和暴恐活动，人民群众安全感、满意度持续提升。

一年来，我们自觉接受人大法律监督和工作监督，自觉接受政协民主监督和社会监督，认真办理人大代表建议和政协提案，支持民主党派、工商联和无党派人士参政议政。切实加强民主法制建设，全面推进依法行政，法治政府建设取得新进展。健全权力运行制约监督，强化行政监察和审计监督，持续治理懒政怠政为官不为，营造了风清气正的政治生态和发展环境。以创建全国文明城市为抓手，深入开展社会主义核心价值观学习教育，公民道德素质和社会文明程度明显提升。积极推进军民融合发展，加强国防教育、国防后备力量和人民防空建设，我市荣获河南省双拥模范城“五连冠”。民族宗教、外事侨务、统计、气象、人防、史志、红十字、对口援疆等工作取得新成绩。

各位代表，2017 年是驻马店跨越发展成效显著的一年，也是全市人民深感自豪的一年，我们办成了许多过去想办而没有办成的大事，驻马店已站在了高质量跨越发展新的历史起点上，“四个驻马店”建设呈现光明前景，千年古驿站、全国文明城、国家卫生城、美丽驻马店正在中原大地昂首挺胸、阔步前行！这些成绩的取得，是全面落实党中央、国务院和省委、省政府决策部署的结果，是市委坚强领导的结果，是市人大、市政协大力支持的结果，是全市上下攻坚克难、不懈努力的结果。在此，我代表市人民政府，向全市广大工人、农民、知识分子、干部，向驻驻部队指战员、武警官兵、公安民警及社会各界人士，表示崇高的敬意和衷心的感谢！

在肯定成绩的同时，也要清醒认识到，当前我市经济社会发展中还存在一些突出矛盾和问题：一是经济总量小，结构不合理。全市 GDP 总量居全省第 11 位，人均分别是全国的 54%、全省的 69%。产业结构不优，二三产业分别比全国、全省低 11.7 和 9.6 个百分点。特别是我市还处于工业化初期，工业企业普遍规模小、实力弱，目前全市规模以上工业企业仅 3597 家，主营业务收入仅占全省总量的 3.6%，每千人拥有企业只有 9 家，远低于全国 19 家、全省 11 家的平均水平。二是城镇化水平低，以城带乡能力弱。2017 年，我市城镇化率分别比全国、全省低 16.1 和 7.6 个百分点，城市基础设施和服务功能不完善，产业支撑和人口集聚能力不足。县域经济发展滞后，2017 年我省 105 个县市一般公共预算收入平均 12.6 亿元，我市 8 县平均 7.7 亿元，比全省平均水平低 4.9 亿元。三是民生欠账较多，脱贫攻坚任务繁重。城乡居民收入偏低，就业、教育、医疗等公共服务质量不高，农村基础设施和公共服务落后，人居环境问题突出。全市仍有 6 个国家或省级贫困县，有 22.2 万贫困人口尚未脱贫。四是各类人才缺乏，发展方式落后。人才引进培养机制不活，科技创新、企业管理、高级工匠、农村乡土人才缺乏。创新投入少，拥有自主知识产权的核心技术更少，2016 年全市研发投入强度只有 0.43%，不足全省的三分之一和全国的六分之一；全市高新技术企业 64 家，仅占全省的 2.8%。五是能力素质不高，工作作风不实。一些政府工作人员工作作风、能力素质与新时代要求还有较大差距，缺乏敢想敢闯敢干的韧劲、干劲，特别是资本运作、经营城市的能力不足，一些机关干部为官不为、懒政怠政，项目落地难、群众办事难问题还不同程度存在。对此，我们一定要高度重视、直面问题、勇于担当、逐步解决。

二、2018年重点工作

2018 年是贯彻党的十九大精神的开局之年，是决胜全面建成小康社会、实施“十三五”规划承上启下的关键一年，我们既处在发展环境深刻变化的机遇期，又处在深化改革加快转型的挑战期。从外部环境看，当前世界经济虽复苏缓慢曲折，但呈现企稳向好态势，我省加快建设经济强省、打造“三大高地”、实现“三大提升”正在稳步推进，为我市跨越发展营造了良好的外部环境。特别是中央农村工作会议和中央 1 号文件，围绕实施乡村振兴战略，出台了财政优先保障、公共服务优先安排等一系列政策措施，为我们农业大市发展带来重大机遇。从发展阶段看，目前我国经济已由高速度增长转向高质量发展阶段，但我市作为经济欠发达的中部农业大市，仍处于工业化初期阶段，城镇化水平低，经济实力较弱。我们必须迈出更大步子、付出更多努力，既要推动高质量发展，又要保持高速度增长，实现弯道超车、跨越发展，与全国全省一道步入全面小康，我们仍面临诸多挑战。从自身基础看，去年全市生产总值突破 2000 亿元大关，五年年均增长 8.7%，规上工业五年年均增长 10.5%，二三产业比重五年提高 7.4 个百分点，经济发展态势良好；近年来，相继引进了山东鲁花、恒都食品、君乐宝、德威电缆等一批知名企业，培育壮大了昊华骏化、天方药业、十三香等一批骨干企业，产业基础更加坚实；特别是成功创建全国文明城市和国家卫生城市，城市承载能力、群众文明素养大幅提升，创造了“敢于争先、团结拼搏、克难攻坚、善作善成”的创文创卫精神，凝聚了今后发展的强大精神力量，我们一定要顺势而为、乘势而上，进一步开创我市高质量跨越发展的新局面。

今年政府工作的总体要求是：全面贯彻党的十九大和中央省委经济工作会议精神，以习近平新时代中国特色社会主义思想为指导，坚定市委对经济工作的领导，坚持稳中求进总基调，坚持新发展理念和高质量发展根本方向，统筹推进“五位一体”总体布局和协调推进“四个全面”战略布局，坚持以供给侧结构性改革为主线，着力创造优势打好“四张牌”，着力打好“三大攻坚战”，着力实施乡村振兴战略，着力深化改革开放，着力优化发展环境，着力打造产业发达之城，推动经济社会又好又快发展，奋力谱写“四个驻马店”建设、决胜全面建成小康社会、实现驻马店高质量跨越发展新篇章。

今年经济社会发展主要预期目标是：生产总值增长 8.5% 左右，规模以上工业增加值增长 9% 左右，全社会固定资产投资增长 12%，社会消费品零售总额增长 11.5%，一般公共预算收入增长 10%，城镇新增就业 5 万人以上，常住人口城镇化率提高 1.5 个百分点以上，居民消费价格涨幅控制在 3% 以内，城乡居民人均可支配收入增长与经济增长同步并略高于 GDP 增速，节能减排、生态环保等约束性指标完成省定目标任务。

围绕上述目标，重点抓好六个方面的工作：

(一)坚定不移做大做强产业，全力打造产业发达之城。坚持以产兴城、以产富民、产城融合，以产业规划为统领，以项目建设为抓手，全面实施产业强市行动，稳定一产、做强二产、提升三产，推动三次产业互动发展，加快构建现代产业体系，全力打造“产业发达之城”。

大力推动“兴工强市”，做大做强工业经济。以12个产业集聚区为依托，以年度投资614.7亿元的167个重点工业项目为抓手，制订出台产业强市实施意见及扶优扶强、招大引强、企业上市、创新升级(1+N)方案，做大做强主导产业，拉长拉粗产业链条，促进工业经济加快发展，实现工业小市向工业大市转变。扶优扶强一批。制定完善扶持政策，加大对现有企业扶持力度，做大做强食品、装备制造、能源化工、服装、建材、生物医药等主导产业，促进产业集群化发展；积极扶持昊华骏化、十三香、中集华骏等重点企业发展，抓好昊华骏化醋酸乙醇、骏化发展20万吨DMF及华中正大、天方药业、华骏铸造搬迁等重点项目建设，加大对“30强、30高、30新”企业扶持力度，促进企业集团化发展，着力打造一批年销售收入超30亿元、50亿元和100亿元的骨干企业。推动上市一批。抓住国家对贫困地区企业上市开辟绿色通道机遇，积极推进企业上市培育三年行动计划，强化上市后备企业培育辅导，加快推进蓝天燃气、顺达科技、骏化发展、龙凤山牧业、花花牛在主板上市和一批企业在新三板、中原股权交易中心挂牌，力争今年主板上市企业2~3家、2020年达到10家。转型升级一批。抓住国家实施制造业核心竞争力三年行动和新一轮技术改造升级机遇，按照“一个产业、一套班子、一个方案、一抓到底”要求，全力推进食品、装备制造、医药、化工等产业转型发展行动计划，加快推进恒久机械、中集华骏灯塔工厂、确山建筑产业园、云创谷汽车零部件产业园、惠洁新型建材、爱民药业、伊克斯达废旧橡胶循环利用等创新升级项目，认真落实增品种、提品质、创品牌专项行动，大力实施大中型企业市级研发机构全覆盖工程，引导企业与国内外科研机构联姻，加大技术改造和新产品研发力度，大力推进精品制造、品牌制造，实现产业产品创新升级。招大引强一批。围绕我市主导产业和集群发展，瞄准国内外500强、行业龙头企业和优秀上市企业，练好内功、主动出击，敢于善于与大企名企攀亲结缘，成功引进一批龙头骨干企业，抓好德威光纤光缆、杭萧钢构等优质项目洽谈对接，力争早日签约落地。开工建设一批。加快推进鹏辉锂电池三期、驻马店绿色建筑产业园、顺达化工100万吨醋酸以及金鼎远大、平舆户外休闲产业园等一批重点项目前期工作，确保尽早开工建设。建成投产一批。对德威电缆、西平嫘祖服装城、正阳机械产业园、平兴食品机械产业园等一批在建重点项目，要加快建设进度，确保尽早建成投产。通过精准施策，力争今年二星级产业集聚区有3个以上，市级形成1个具有核心竞争力的千亿级产业集群和2个500亿级产业集群，县区级形成10个百亿级特色产业集群。

大力实施乡村振兴战略，推进农业农村现代化。按照“产业兴旺、生态宜居、乡风文明、治理有效、生活富裕”总要求，编制实施乡村振兴战略规划，推动实现农业强、农村美、农民富，加快农业大市向农业强市转变。抓好国际农产品加工产业园建设。抓住农业部批准我市建设中国(驻马店)国际农产品加工产业园的机遇，高起点规划、高标准建设，努力打造国内一流、世界领先、产业发达的农产品加工中心；以办好中国农加工洽谈会为契机，积极推进国际国内合作交流、展示展销，加快实施农产品交易所建设，努力打造国内一流的农产品贸易中心；加快正阳国家现代农业产业园建设，支持西平畜牧机械示范园、平舆芝麻产业科技创新中心建设，在有条件县区开展田园综合体试点。大力发展高效农业。坚持质量兴农、绿色兴农、品牌强农，加快由增产导向转向提质导向。按照粮食保障供给、口粮绝对安全的原则，加快推进860万亩粮食生产功能区和32万亩重要农产品生产保护区建设，确保粮食总产稳定在130亿斤以上。以“四优四化”为重点，以高效种养业结构调整为主线，减少效益低下的籽粒玉米种植面积，推动花生、白芝麻、食用菌、林果、蔬菜、夏南牛等特色产业发展，培育一批叫得响的知名品牌，力争优质专用小麦发展到450万亩、花生500万亩、白芝麻80万亩、生猪出栏780万头、肉牛出栏55万头。深入实施主要农作物生产全程机械化行动，确保农业综合机械化率在86%以上，切实做好秸秆禁烧和综合利用。大力发展“旅游+”“生态+”等农业新业态，加快发展休闲农业、观光农业、体验农业。培育壮大龙头企业。坚持用工业化理念经营农业，持续抓好农业产业化龙头企业发展，加大对君乐宝、今麦郎、恒都食品、花花牛、华英禽业等龙头企业扶持力度，促其不断做大做强。加快鲁花花生油、乐源观光牧场、夏南牛产业园、克明面业等重点项目建设，促其尽早建成投产。围绕我市农畜产品资源优势，着力引进一批国内外知名龙头企业，打造一批“全链条、全循环、高质量、高效益”的产业化集群，力争省级产业化集群达到25个、市级产业化集群达到40个。积极培育新型农业经营主体。进一步完善扶持政策，探索由政府发起成立乡村振兴战略基金，积极推行“龙头企业+合作社+农户”模式，总结推广正阳红旗合作社土地托管经验，积极发展适度规模经营，全年新增农民专业合作社1000家、家庭农场500家、现代农业产业联合体20家，土地规模经营面积达到400万亩。支持农机、农技、农资、防疫、检测等社会化服务组织发展，努力形成服务主体多元化、服务效率高效化、服务形式多样化的农业社会化服务体系。强化农业科技支撑。完善农业科技创新体系，加大农业科技投入力度，推动农业科技创新和科技成果转化。深入开展粮食作物高产创建活动，推进新品种更新换代，持续提升粮食综合生产能力。深入开展科技人员包村和送科技下乡活动，引入项目管理机制，推行政府购买服务，支持各类社会力量参与农业科技推广。加强农村专业人才队伍建设，创新培育引进使用机制，发挥科技人才支撑作用；依托职业技术学院、驻马店农校建立现代农民培训中心，培养有文化、懂技术、善经营、会管理的新型职业农民。加强“四美”乡村建设。按照环境美、田园美、村庄美、庭院美标准，全面推进“四美”乡村创建工程。加强乡村环卫设施和队伍建设，完成“村收集、乡转运、县处理”三级环卫体系建设；坚持政府主导、市场化运作，结合实施“厕所革命”，积极推进县乡村三级污水处理体系建设，支持遂平、确山、汝南、驿城等县区先行先试。实施农村人居环境整治三年行动，集中开展农村沟渠河塘综合整治，实施乡村绿化提升工程，改善村容村貌、路容路貌。加强“四好”农村公路建设，新建和改造提升农村公路500公里；加快安全饮水工程建设，解决好90个贫困村饮水安全问题。结合“三块地”改革，按照农民自愿、产业支撑、保障收入、配套完善的原则，在中心城区、产业集聚区、县城和乡镇所在地周边，开展合村并城、合村并镇试点，统筹规划建设集中安置区，稳妥推进农民集中居住。大力开展县乡村文明三级联创，积极推进文化惠民工程，促进乡风民风文明。

大力推动“三产兴市”，加快发展现代服务业。积极运用“互联网+”新模式，在改造提升商业、餐饮、住宿等传统服务业的同时，推动现代服务业加快发展，实现服务业弱市向服务业强市转变。加快商务中心区和特色商业区建设。充分发挥“两区”的载体作用，进一步加大招商力度，着力引进一批投资规模大、带动能力强、业态模式新的重大项目，加快市商务中心区及万达城市综合体、绿地高铁新城、农产品商品交易所、皇家驿站、平舆上河城、新蔡西湖生态商务中心区等重点项目建设，全年完成“两区”建设投资190亿元。加快文化旅游业发展。充分利用我市山水生态、历史文化资源，加快推进全域旅游策划规划。组建驻马店文化旅游发展股份公司，设立文化旅游产业发展基金，推动旅游业转型发展。进一步理顺景区管理体制。围绕“吃住行游购娱”传统六要素和“商养学闲情奇”新兴六要素，深挖我市盘古、梁祝、嫘祖等文化内涵，组建专业创作和资本运作团队，推出一些有影响力的文化产业项目。支持遂平县争创国家旅游示范区，推进嵖岈山温泉小镇国家级旅游度假区、老乐山AAAAA景区和白云山、天中山文化园AAAA景区创建工作。加快景区连通工程、杨靖宇纪念馆等重点项目建设，启动宿鸭湖环湖生态休闲经济带规划建设，强化宣传推介，着力打造“六山四湖”、“两馆一站”、“两城一寺”等精品景区和线路，力争全年旅游综合收入增长20%以上。加快现代物流业发展。完善物流业发展规划和扶持政策，重点发展铁路物流、公路物流、冷链物流、电商物流等。借助恒兴物流成为阿里巴巴·菜鸟、京东合作商的机遇，加快恒兴物流二期项目建设。积极推进马庄铁路物流、万邦农产品物流园、福汉兴公路物流港等重点项目建设，推动大型物流企业在我市设立分拨中心，努力打造全国重要的现代物流节点城市。加快现代金融业发展。全面完成县级农信社改组农商行工作，实现村镇银行县域全覆盖。加大招行引资力度，引进2~3家股份制银行在我市设立分支机构，引进一批金融租赁、基金、证券、信托、保险等多牌照金融机构，不断完善金融体系。加强金企对接，引导企业用好资本市场，支持实体经济发展。加快健康养老产业发展。围绕老年化群体多层次多样化需求，充分发挥我市山清、水秀、林茂优势，完善产业发展规划，引进养老知名品牌，加快老乐山银发壹族养生养老园、平舆祥和养老服务中心等项目建设，全力打造豫南健康养老基地。加快电子商务产业发展。大力扶持驻马店电子商务产业园发展，积极引进国内外知名电商来我市搭建平台，推进跨境电商发展；鼓励我市商贸、工业企业线上交易，积极推进农村电商发展，扶持发展一批电商村、淘宝村，打造我市电商产业发展新高地。促进房地产业健康发展。制订出台“三改”三年行动计划，积极推进棚户区、旧城区和城中村改造，新开工棚户区改造项目96个10.8万套。认真落实国家、省促进房地产业健康发展的政策措施，着力引进一批信誉高、实力强的国内知名房地产企业，不断提升住房品质。加快已拆迁群众安置房建设，推进保障性安居工程建设，加快培育房屋租赁市场，逐步构建多主体供给、多渠道保障、租购并举的住房体系。

大力实施产业强县富民计划，不断提升县域发展实力。把县域经济发展作为产业强市行动的重要引擎，支持各县以“三区”建设为载体，发展优势主导产业，壮大县域经济实力，建设产业发达县，努力形成1城9县优势突出、产业集聚、各具特色、竞相发展的良好格局。以产业集聚区建设为载体，围绕主导产业和集群发展招大引强，集中引进一批集群式重大项目，拉长拉粗产业链条，壮大产业集群规模，促进县域工业经济做大做强。以服务业“两区”建设为载体，加快建设一批功能完善、特色鲜明的城市综合体和商业街区，推动现代金融、电子商务、文化旅游等现代服务业发展，打造县域经济发展新的增长极。以现代农业示范园区建设为载体，积极引进和培育龙头企业发展，推进“龙头企业+合作组织+农户”模式创新，使农产品就地加工、农民就地转移，不断提高农业附加值和农民收入。

大力推进企业家队伍建设，提升企业家创造创业能力。企业家是市场经济的灵魂，是各类生产要素的整合者，是建设产业发达之城的主体力量。壮大企业家队伍。研究制定营造企业家健康成长环境、弘扬优秀企业家精神、更好发挥企业家作用的实施意见，鼓励和支持具有创造创业能力的企业家脱颖而出，逐步建设一支规模宏大、对党忠诚、诚信守法、善于创造、敢为人先、专业专心、治企有方、兴企有为，推动驻马店高质量跨越发展的企业家队伍。提升企业家素质。加大企业家培训力度，定期组织优秀企业家到党校（行政学院）培训，到国内外名校名企学习考察。开办驻马店企业家大讲堂，聘请国内外知名专家辅导授课，不断提升企业家创造创业水平。建立完善服务机制。建立政府与企业家沟通联系机制，将每月15日定为企业服务日，组织各级各部门围绕企业需求开展高效服务。建立完善务实管用的企业家服务机制，让企业家有苦有处诉、有难有人帮、有事有人办，不仅要关注企业家的税收，更要关心帮助解决企业家遇到的困难和问题，不讲条件为企业家提供优质高效服务。更好发挥企业家作用。建立优秀企业家表彰制度，营造企业家政治上有荣誉、社会上有地位的良好社会环境，营造企业家找政府办事廉洁高效、快捷舒心的营商环境，引爆企业家创业激情，激发企业家创造精神，促使企业家主动投身我市产业发展，决不能让企业家流血流汗又流泪，以良好的环境吸引更多人才来驻马店创业，不断发展壮大企业家队伍，努力形成大企业顶天立地、中小企业铺天盖地、创新企业占领制高地、企业活力欢天喜地的生动局面，真正把驻马店打造成创造的沃土、创业的乐园。

（二）强力推进开放招商，着力增强发展新活力。坚持把开放招商作为加快发展的有效捷径，在抓好现有企业发展壮大的同时，以更加开放的胸怀、更加优良的环境、更加有力的举措，大力实施开放招商，促使更多优质项目在天中大地落地生根、开花结果。

强力推进招商引资。研究制订招商引资专项行动方案，立足主导产业和产业集群发展，紧盯国内外知名企业、行业龙头企业、品牌上市企业，坚持请进来走出去相结合，推动招商引资向选商选资转变，着力招引一批有辐射力、带动力、影响力的重大项目。加强与万达、绿地、上汽、柳州五菱等知名企业的洽谈，组织专业团队跟踪对接，促使项目早日签约落地。积极拓展招商渠道，围绕长三角、珠三角和京津等区域，开展定向招商；主动与外来客商“攀亲结缘”，以良好环境推动以商招商；对重大招商项目主要领导亲自出马，当好项目市县区长和项目局长，开展大员招商；切实加强软硬环境建设，推动环境吸商；加强与各地商会协会的联系沟通，开展商会招商；鼓励在外工作及务工人员为家乡发展牵线搭桥，开展老乡引商；支持我市现有企业参与重大企业重组并购，积极与国内外知名企业嫁接联姻，推动股权招商、并购招商，努力实现招引一个企业、落地一个项目、带动一个产业、拉动一批就业、造福一方人民。

大力开展招才引智。制定出台人才强市实施意见，科学编制人才引进规划，启动人才公寓建设，以更优的政策引进人才、以更活的方式用好人才、以更好的平台留住人才，为各类人才提供良好的工作生活和创业环境。切实加强科技创新、经营管理、高级工匠、社会管理等人才的引进培养，依托黄淮学院建立产业创新发展研究院，柔性引进各类高端人才，真正做到寻觅人才求贤若渴、发现人才如获至宝、举荐人才不拘一格、聚天下英才而用之。加强企业与高等院校、科研院所合作平台建设，支持实施一批产学研项目，吸引推动一批科技成果在我市转化。

健全完善招商机制。加强招商引资队伍建设，整合招商力量，成立市招商引资服务中心，在广州、上海等地设立招商窗口，赋予驻京办、驻郑办招商引资职能，建立市县两级专业招商团队，统筹抓好招商引资工作。完善招商引资政策和工作流程，明确项目包装、信息发布、洽谈签约、规划引领、土地保障、手续办理、开工建设等各环节的责任，形成部门联动、高效审批、土地等项目的招商工作机制，实现“包装一批、签约一批、开工一批、在建一批、投产一批、储备一批”的良性循环，切实提高项目履约率、资金到位率和项目开工率。

积极推动全面开放。按照自贸区标准，全面实行市场准入负面清单制度，着力推进投资自由化、贸易便利化、监管法制化、服务高效化，构建统一开放、运转高效、公开透明、竞争有序的市场体系。加强开放平台建设，推进南阳海关、信阳商检在我市设立办事机构，加快驻马店保税物流中心建设。高质量办好第 21 届中国农加工洽谈会，实现会展、招商成果效益最大化。支持西平县办好 2018 全球纺织服装供应链大会。积极组织企业参加境内外重大招商贸易活动，支持企业开拓国际市场，推动花生机械、畜牧机械、优质农产品等产品出口。主动融入“一带一路”“三区一群”国家战略，积极对接中欧班列、新郑机场、明港机场，推进海铁联运、公铁联运、公路物流港无缝对接，推动开放招商向更高层次、更宽领域拓展，确保实际到位省外资金增长 7%，实际利用外资增长 3%，完成进出口增长 10%。

（三）深入推进百城建设提质工程，着力提升城镇化水平。坚持以人为核心推进新型城镇化，探索生态、融合、适度、集约、高效的城镇化路子，突出高水平规划、高标准建设、高效率管理，坚持硬件与软件、新区与老区、地上与地下、宜业与宜居“四个统一”，做好以水润城、以绿荫城、以文化城、以业兴城“四篇文章”，着力提升城市品质和承载能力。

加快推进中心城区建设。一手抓老城区提升改造、一手抓新城区高品位建设，以实施年度投资 274 亿元的 557 个百城建设提质项目为抓手，不断完善城市功能，提升城市品位。加快完善城市规划。加强城市设计和专项规划编制，做好火车站东片区、小清河片区、高铁西片区控规修编和设计，完成城市风道、景观视廊、地下空间开发利用、城市双修等 15 个专项规划编制工作。严格按照规划进行建设，维护规划的严肃性，增强规划的执行力。加强功能片区开发建设。加快推进七大片区和城乡一体化示范区建设，加快推进火车站片区西广场、铁路东区域棚户区改造等项目建设，推动火车站东西片区一体联动发展。加强市政基础设施建设。启动实施文明大道、解放大道、中华大道等 15 条道路升级改造和兴业大道、东明路、蔡州大道等 91 条道路建设，加快推进重阳大道下穿高铁及开源大道、解放大道、交通路下穿京广铁路工程。积极推进国家“公交都市”和省公交优先示范城市创建工作，加快公交场站、公交智能化系统建设。完成板桥水库、薄山水库引水工程，加快推进第二水厂扩建及第三水厂建设。完善热力燃气、电力通信等配套设施，积极推进城市综合管廊建设，完成第二污水处理厂二期、第三污水处理厂二期和第四污水处理厂建设，开工建设第五、第六污水处理厂，加快推进生活建筑垃圾处理和 27 座垃圾中转站项目建设。加强生态水系建设。抓好河流水系治理及双高楼水库与薛庄河、五里河连通补源工程，加快推进生态水系连通、雨污分流工程，开工建设骏马河改造工程，稳步推进北部新区海绵城市示范区建设。加强绿化提升工程建设。按照创建森林城市、以绿荫城要求，着力提升绿化水平。重点抓好主要路段、公园绿化提升工程，加快推进小清河城市公园、练江河带状公园建设，开工建设开源河、朱氏河带状公园。启动实施一批特色文化主题公园及机关庭院绿化提升工程，确保中心城区新增绿化面积 290 万平方米，绿地率达 39%、绿化覆盖率达 45%，人均公园绿地面积达 16 平方米。加强城市精细化管理。认真落实《驻马店市城市市容和环境卫生管理条例》，明晰市容和环境卫生管理区域划分和行政处罚裁量标准，完善路长制、门前三包、网格管理、综合考评、督查奖惩等长效管理机制，切实加强市政公用设施、市容环境卫生、园林绿化、违法建设治理、交通秩序管理，全面提升城市规范化、精细化、智慧化、市场化管理水平，进一步提升创文创卫成果。

统筹推进城镇建设。把百城建设提质与文明城、卫生城、园林城、森林城等创建活动结合起来，切实加强城镇规划建设与管理。完善县城和乡村规划。建立健全县乡规划机构，积极推进市县规划展览馆、乡村规划展览室建设。按照“五规合一”要求和小城市建设标准，认真做好县城总体规划、专项规划、详细规划和城市设计，切实抓好乡镇规划和村庄建设规划，推进城乡规划全覆盖。加强城镇建设与管理。以产业集聚区和服务业“两区”为依托，积极推动二三产业融合发展，筑牢人口集聚的产业支撑，实现以产兴城、以城聚人、以人兴产、以产富民。立足提升县城品位和完善功能，重点实施一批基础设施、生态环保、公共服务项目。抓好竹沟红色小镇、嵖岈山风情小镇、关王庙豫剧小镇、梁祝文旅小镇以及胡庙、蚁蜂等特色旅游小镇开发建设。以创建国家卫生城、全国文明城为目标，深入开展“文明美丽县城建设三年行动计划”，不断提升城市建设管理水平和市民文明素质。

切实加强基础能力建设。基础能力建设是拉动投资增长、推进城乡发展的重要支撑，必须抢抓政策机遇，搞好项目融资，加快实施一批重大基础设施项目，提升支撑能力，厚植发展优势。交通方面，按照“一中心五组团”发展布局，加快推进12条组团连通工程等一批续建项目建设。积极做好陇盐铁路(南驻阜段)、南—驻—周—商高铁等项目谋划争取工作；加快推进周驻南、息邢、许信、安罗高速和G328、S223等一批干线公路项目建设，开工建设107国道绕城项目，启动107国道向东改线前期工作；加快推进嵖岈山通用机场前期工作，开工建设平舆通用机场，努力打造驻马店交通新优势。水利方面，开工建设宿鸭湖水库清淤扩容工程，抓好板桥水库除险加固、中小河流治理、高效节水灌溉等项目建设，加快推进南水北调4县供水工程，加快推进出山店水库向正阳县、平舆县、上蔡县供水及洪汝河连通、淮河流域滞洪区、汝河治理、杨庄滞洪区改水库、平原洼地治理、大型灌区续建配套等前期工作。能源方面，抓好中心城区、县城和产业集聚区集中供热及87个乡镇天然气利用工程，协调推动青海—河南特高压直流工程换流站建设，抓好第三座500千伏变电站前期工作，开工建设220千伏电网项目4个、110千伏18个，完成上蔡、平舆、确山3个贫困县及25个深度贫困村电网升级改造，实施好光伏发电扶贫项目和风电等新能源项目建设。信息化方面，加快数字化城市管理平台建设，实施好城市基础网络完善、宽带乡村等重大工程，加快大数据、云计算、物联网、现代通信基础设施建设，努力打造智慧城市。

(四)切实优化营商环境，着力增强创造创业新动能。进一步深化改革、提升效能、强化服务，营造审批更少、流程更优、效率更高、服务更好的营商环境，着力增强创新创业新动能。

全面深化改革。深化“放管服”改革，纵深推进“三十五证合一”改革，全面推行市场准入负面清单制度，深入开展“证照分离”改革试点；完善信用监管体系，推进信用记录归集共享，坚决严惩失信行为，营造诚实守信、公平竞争的良好氛围。深化资本市场机制改革，强化资源资产化、资产证券化和经营城市理念，完善政府投融资体系，组建豫资公司驻马店分公司、金融控股公司、产业发展投资公司，设立产业发展基金，强化金融服务，助力产业发展，推动新型城镇化。深化市属国有企业和国有控股企业去行政化、去平台化改革，制定出台市属国有企业领导人员管理办法，建立完善法人治理机构，让平台公司真正成为独立的法人实体，按照现代企业制度运营。完善市土地储备中心职能，组建驻马店市土投公司，盘活土地资源，实现土地收益最大化。积极推进土地利用综合改革，完善承包地“三权”分置制度，落实集体所有权、稳定农户承包权、放活土地经营权；深化农村集体产权制度改革，探索盘活闲置农户和宅基地的办法，促进资源变资产、资金变股金、农民变股东，激活乡村沉睡资源，释放农村改革红利。持续深化行政执法、医药卫生、财税、科技、教育、文化等体制改革，为创新创业提供良好政务环境。

提升服务效能。完善便民服务中心功能，按照“凡批必进、进必授权、依法高效、廉洁便民”的原则，积极推进行政服务体制机制改革，把行政许可流程进行科学再造，倒逼各级各部门简政放权、优化服务，收回行政审批多余之手，伸长行政服务有效之手。研究制定深化放管服改革、提高行政效能的意见，全面推进行政审批事项在线办理，完善“一次告知、一窗受理、一次办妥”机制，宁可我们跑断腿也不让企业多跑一趟。强化企业至上理念，构建“亲”“清”政商关系，急企业所急、想企业所想，真正把企业的事当作自己的事来办。切实抓好市长热线平台建设，认真收集和办理人民群众的意见建议。持续开展“降本增效”专项行动，实施涉企收费目录清单管理，打好减税、降费、降低成本“组合拳”，切实减轻企业负担。建立完善部门服务企业考评机制，千方百计解企业之忧、解群众之忧。依法依纪从严查处各种吃拿卡要、懒政怠政行为，谁砸企业的饭碗，我们就砸谁的饭碗；谁让群众不好过，我们就让谁不好过，以务实高效的作风营造良好环境，推动高质量跨越发展。

实施创新驱动。加强与知名科研院所合作，制定出台加快科技成果转化的实施意见，进一步完善政策措施，吸引各类科技成果在驻马店转化。积极推进经济开发区、市产业集聚区组团申报创建国家级高新区。依托黄淮学院积极创建国家级大学科技园，建好科技成果孵化器，办好第五届产教融合发展战略国际论坛，推动校企合作、产教融合。新建一批省级以上企业技术中心、工程技术研究中心，争取一批省级创新平台晋升国家级，确保今年新增高新技术企业15家以上，组建产业技术创新战略联盟1个，实施省市级重大科技专项5个以上。

推进大众创业万众创新。认真落实扩大科研单位及科研人员项目经费管理自主权、下放科技成果“三权”、实行股权期权激励等政策措施，进一步激发科研人员创新创业积极性。支持和鼓励事业单位选派专业技术人员到企业挂职或参与项目建设，支持和鼓励事业单位专业技术人员兼职创新或在职创办企业、离岗创业，支持和鼓励事业单位设置创新型岗位。完善支持返乡创业政策措施，引导和扶持更多成功人士返乡创业。认真落实扶持创新创业各项政策，给予创新创业者更多的阳光雨露，着力营造人人想创新创业、人人敢创新创业、人人能创新创业的社会环境，努力形成政府鼓励创新创业、社会支持创新创业、政策扶持创新创业的良好局面。

（五）精心组织实施三大攻坚战，为全面建成小康社会奠定坚实基础。认真落实中央和省委、市委经济工作会议精神，坚决打好防范化解重大风险、精准脱贫、污染治理三大攻坚战。

打好防范化解重大风险攻坚战。强化底线思维，牢牢守住不发生区域性、系统性风险底线。稳妥化解企业风险。全面排查各行业企业风险，根据企业生产经营情况，实行一企一策、分类管控、加强帮扶；充分发挥市场配置资源的决定性作用，鼓励金融机构加快资产证券化步伐，拓展低成本资金来源，实现金企双赢；引导企业强化风险意识，加强财务管控，优化债务结构，降低债务杠杆，稳健有序发展。防控政府债务风险。摸清债务家底，找准问题症结，制订防范方案；严控债务增量，稳定化解存量，规范举债行为，查处各类违法违规行为。防范金融风险。突出降杠杆、治乱象、抓规范、强监管四个重点，做到早识别、早发现、早处置，堵住金融风险源头。切实加强信用体系建设，防范打击非法集资、金融犯罪，营造良好的金融生态。

打好精准脱贫攻坚战。围绕我市脱贫攻坚目标，深入实施大别山革命老区振兴发展规划，全力以赴、精准发力，确保泌阳、汝南、正阳省级贫困县如期摘帽，完成220个贫困村退出、10.8万农村贫困人口稳定脱贫和驿城区、确山县2518人易地扶贫搬迁任务。坚持精准方略。坚持把提高脱贫质量放在首位，真正把扶持对象、项目安排、资金使用、措施到户、因村派人、脱贫成效“六个精准”落到实处，做到脱贫工作务实、脱贫过程扎实、脱贫结果真实。突出产业扶贫。坚持把产业发展作为实现稳定脱贫的重点，围绕十大脱贫产业、九种带贫模式，通过调整农村种养结构、建设特色生产基地、培育新型经营主体、推动产业融合发展等方式，多渠道推进农村产业发展。扎实推进“百企帮百村”工作，发挥好企业在产业扶贫中的作用。抓好精准帮扶。细化教育扶贫、健康扶贫、金融扶贫、社会扶贫、兜底扶贫措施，整合扶贫资金，加强贫困村基础设施和公共服务设施建设，抓好“三通”及人居环境综合整治，确保贫困村生产生活条件有效改善。免费为5000户贫困重度残疾人家庭实施无障碍改造，实施精准康复家庭医生签约，推广上蔡县重度残疾贫困人员集中托养经验，实现所有乡镇贫困家庭重度残疾人集中托养全覆盖。积极推行平舆县互联网+分级诊疗健康扶贫、泌阳县集体经济带贫、正阳县农业产业化扶贫等模式，加大对25个深度贫困村脱贫攻坚支持力度。激发内生动力。把扶贫与扶志扶智结合起来，把救急纾困与内生脱贫结合起来，加强教育引导、政策引导和典型引导，改进帮扶方式方法，建立正向激励机制，补齐精神短板，变输血为造血，实现可持续稳定脱贫。为确保脱贫攻坚各项工作落实，将2018年作为“脱贫攻坚作风建设年”，深入开展扶贫领域腐败和作风问题专项治理，切实解决作风不扎实、形式主义等问题，对弄虚作假、搞数字脱贫的要严肃查处。

打好污染防治攻坚战。实施蓝天、清水、净土行动，持续加大环境治理力度，全面完成省委、省政府下达的各项目标任务，不断满足人民日益增长的优美生态环境需要。深入推进大气污染防治。以打赢蓝天保卫战为重点，突出重点区域、重点企业、重点时段，狠抓以扬尘控制为重点的控尘、控排、控煤、控油、控烧、控黄标车“六控”措施落实，完成水泥等行业超低排放改造，引导企业加大环保投入，提高污染治理设施装备水平，力争达到高标准排放，确保全年优良天气在210天以上。持续实施水污染防治。坚持全域治理、系统治理、源头治理，认真落实“河长制”“湖长制”，坚决“堵住”排污口、污染源，系统推进水污染防治、水生态保护和水资源管理，完成涉及淮河、长江两大流域重点工程建设，持续推进集中式饮用水水源规范化建设。全面开展土壤污染防治。开展土壤污染综合防治先行区建设，加强土壤污染治理和农业面源污染防治，严格危险废物环境监管，有序搬迁和依法关停严重污染土壤的企业，努力守护一方净土。加快推进畜禽养殖废弃物资源化利用，资源化利用率在70%以上。加大生态保护修复力度。以建设良好生态体系为目标，加快生态保护红线、城镇开发边界控制划定工作，抓好西部山区、板桥和宿鸭湖水库、淮河正阳段等生态修复工程。建立健全市场化、多元化生态补偿机制，加快推进生态环境监测网络体系建设，完善控制污染物排放许可制，不断提升生态环境治理水平。全力推进国家森林城市创建工作。启动开展国土绿化驻马店行动，积极推进退耕还林、天然林保护、长江防护林工程建设，抓好农田防护林、三边（路边、河边、湖边）绿化、山区和平原“片林”绿化提升工程，加快金顶山、老乐山植物园建设，启动五里河湿地公园规划建设，确保国家森林城市创建成功。

（六）切实保障改善民生，着力增进人民福祉。践行以人民为中心的发展思想，加大民生投入，办好民生实事，进一步增强人民群众的获得感、幸福感、安全感。

办好群众急需普遍受益的民生实事。在全面完成省定民生实事的基础上，全力办好我市确定的10件民生实事。一是开工建设人才公寓800套；二是完成市县乡村四级就业服务体系建设任务；三是完成60所敬老院改造任务；四是完成城市社区卫生服务机构标准化建设任务；五是加强市县乡三级急危重症救治体系建设；六是完成370所学校农村义务教育全面改薄任务；七是完成中心城区24所中小学新建、迁建和改扩建任务；八是完成中心城区8个停车场建设任务；九是完成全市贫困家庭重度残疾人集中托养和日间照料项目建设任务；十是完成中心城区新增纯电动公交车160台、引进电动共享汽车100台任务。

着力扩大社会就业。坚持“抓产业带就业、抓创业促就业”，制定完善促进就业的政策措施，重点抓好高校毕业生、农村劳动力、就业困难群体就业工作，动态消除“零就业家庭”，确保全年新增城镇就业5万人以上。建立健全市县乡村四级就业服务体系，抓好各类就业岗位和适龄就业人员信息收集、技能培训、中介服务、就业管理工作。

完善社会保障体系。按照兜底线、织密网、建机制的原则，加强社会保障体系建设，确保城乡居民养老、医疗保险参保人数达到422万人和661万人。继续提高城乡低保、基础养老金、特困人员生活费标准，积极参与养老保险全国统筹。推动城乡居民基本医保与大病保险制度有效衔接，全面推行以按病种付费为主的多元复合式医保支付方式，探索将困难群众慢性病和重大疾病门诊诊疗费纳入基本医疗保险或大病补充保险报销范围。

大力发展社会事业。坚持教育优先发展，加快普及学前教育，全市新建幼儿园48所，改扩建幼儿园182所；认真实施义务教育“全面改薄”和“城镇扩容”规划，实现遂平、西平、驿城区、正阳、上蔡、确山、泌阳国家义务教育发展基本均衡县验收。推进高中扩容改造，不断提高高中办学质量；加快推进职教园区建设，抓好基础设施、入园学校项目建设。继续办好高等教育，支持黄淮学院转型发展。大力实施名校英才入驻计划，积极引进省内外名校到驻马店办学。积极参加省第13届运动会，承办好2018中国山地马拉松系列赛嵖岈山站比赛。加快推进健康驻马店建设，深入开展健康促进行动，扎实推进区域医疗中心建设，完善分级诊疗制度，提高家庭医生签约服务水平；坚持中西医发展并重，加快中医药产业培育；启动建设市妇幼保健中心、市疾病控制临床救治中心，加快推进市妇女儿童医院建设，力争市中医院儿科病房大楼建成投用；依托市中心医院和市中医院，筹建驻马店医疗集团，探索建立居民健康档案管理中心；深化爱国卫生运动，启动健康城市、健康村镇创建工作；加强乡镇卫生院发展，全面完成标准化村卫生室建设任务，完善市县乡村四级医疗体系。积极发展文化事业，抓好1000个基层综合性文化服务中心建设，完成250场戏曲惠民演出，加快蔡国故城等重点文物维修和文物科技保护中心项目建设。

推进社会治理创新。以“平安驻马店”建设为抓手，强化“安全隐患就是安全事故”意识，认真落实安全生产责任制，强化重点行业领域安全专项治理，排查清除各类安全隐患，确保实现“一个杜绝、三个持续下降”目标。推进食品安全城市创建，强化食品药品监管，对制假售假、制劣售劣行为依法严惩，让人民群众吃得更放心、用药更安全。推进突发事件预警信息发布体系建设，提升防灾减灾救灾能力。加强社会治安防控体系建设，深入开展为期三年的“扫黑除恶”专项斗争，依法打击各种违法犯罪和暴力恐怖活动。完善社会矛盾纠纷预防化解机制，积极推进社会心理服务体系建设，落实重大决策社会稳定风险评估机制，推行阳光信访、责任信访、法治信访，妥善解决人民群众合理诉求。扎实做好第九届村民委员会和第六届社区居民委员会换届选举工作。切实加强社区建设，全面提升社区管理水平。

加强国防教育、国防动员和国防后备力量建设，支持国防和军队改革，支持驻驻解放军、武警部队建设，抓好民兵和人民防空建设，深入开展双拥共建，推进军民融合发展。支持工会、共青团、妇联等人民团体发挥桥梁纽带作用，注重发挥工商联等社团作用。认真做好民族宗教、外事侨务、统计、档案、史志、气象、地震、援疆等工作。

三、切实加强政府自身建设

各位代表！人民对美好生活的向往就是我们的奋斗目标，我们将主动顺应人民群众新期待，切实把发展使命扛在肩上，把人民忧乐放在心上，把作风建设抓在手上，进一步强化服务、提升效能，努力造就信念过硬、政治过硬、责任过硬、能力过硬、作风过硬的干部队伍，着力打造高效政府、廉洁政府、服务型政府。

（一）加强政治建设。深入学习贯彻党的十九大精神，坚持以习近平新时代中国特色社会主义思想为指导，牢固树立“四个意识”，增强“四个自信”，自觉在政治立场、政治方向、政治原则、政治道路上，始终同以习近平同志为核心的党中央保持高度一致。深入推进“两学一做”学习教育常态化制度化，扎实开展“不忘初心、牢记使命”主题教育，切实加强政府系统思想政治建设，严守党的政治纪律和政治规矩，认真落实党中央和省委、省政府的决策部署，坚决维护市委总揽全局、协调各方的领导权威，始终与市委同心同德、同向发力，确保党的政令畅通、决策落地生根。

（二）推进依法行政。牢固树立法治思维，带头遵法学法、守法用法，提高法治素质和法治能力，着力营造办事依法、遇事找法、解决问题用法、化解矛盾靠法的法治氛围。完善政府议事规则和决策程序，落实法律顾问、经济顾问制度，做到依法、民主、科学决策。强化行政权力运行制约监督，自觉接受人大及其常委会的法律和工作监督，自觉接受政协民主监督和社会监督，高度重视民主党派、工商联和无党派人士的意见建议，认真办理人大议案、代表建议和政协提案。切实加大政务公开力度，让权力公开透明、阳光运行。深入推进服务型行政执法，严格公正文明执法，强化执法监督，做到法无授权不可为、法定职责必须为。

（三）狠抓工作落实。坚持把抓落实作为政府工作的永恒主题，以“马上办、落实好”为根本，大力弘扬“敢于争先、团结拼搏、克难攻坚、善作善成”的创文创卫精神，践行“行动迅速、善抓落实、勇争一流、廉政为民”的工作准则，以披荆斩棘、勇往直前、逢山开路、遇水架桥的韧劲，切实抓好各项工作落实，以一流的精神状态、一流的工作干劲、一流的工作业绩，向全市人民交一份满意的答卷。

（四）加强廉政建设。认真落实全面从严治党主体责任和“一岗双责”，坚持把纪律和规矩挺在前面，严格遵守廉洁自律准则、纪律处分条例等党纪党规，严格执行中央“八项规定”，驰而不息开展正风肃纪。坚持厉行节约，强化预算刚性约束，严控“三公”经费支出，把更多的资源和财力用在抓重点、补短板、强弱项上。加强对政府投资项目评审、工程招投标等关键环节的监督管理，严明财经纪律，强化审计监督。完善激励机制和容错纠错机制，加大对恶意诬告陷害他人行为的惩治力度，保护党员干部干事创业积极性。始终保持惩治腐败高压态势，加大对侵害群众利益的不正之风和腐败问题的惩治力度，以廉政建设和反腐败斗争的实效，保障发展、取信于民！

市政协常务委员会工作报告

（2018年2月23日在市政协四届二次会议上）

陈　锋

一、2017年工作回顾

2017年，是党和国家发展历史进程中具有划时代意义的一年，是驻马店经济社会发展取得重大成就的一年，也是新一届市政协的开局之年。一年来，在中共驻马店市委的坚强领导下，四届市政协及其常委会坚持以习近平新时代中国特色社会主义思想为指导，深入贯彻落实中央决策、省委部署、市委要求，牢牢把握团结和民主两大主题，充分发挥协商民主重要渠道和专门协商机构作用，坚持聚焦中心、助推改革发展，坚持履职为民、促进民生改善，坚持团结合作、广泛凝聚力量，坚持强基固本、夯实履职基础，为全市经济社会发展作出了积极贡献，实现了新一届政协工作良好开局。

（一）加强思想政治建设，坚定政协工作正确政治方向

坚持把加强思想政治建设摆在政协工作的突出位置，强化理论武装、突出思想引领，坚持党的领导、保持政治定力，牢牢把握政协工作正确政治方向。重视加强理论学习，采取集中学习、理论研讨等形式，组织政协委员和机关干部职工认真学习中共十八大和十八届历次全会精神，学习习近平总书记治国理政新思想新理念新战略。十九大召开后，通过党组会议、主席会议、常委会议、机关全体人员会议和辅导报告、专题培训等形式，深入学习领会习近平新时代中国特色社会主义思想和十九大精神，牢固树立“四个意识”，坚定“四个自信”，坚决维护中共中央的权威和集中统一领导，始终在思想上政治上行动上同以习近平同志为核心的中共中央保持高度一致。深入学习十八大以来中共中央关于推动党和国家各项事业发展的重大战略决策，学习省、市委会议精神和重要部署，引导广大政协委员正确认识发展形势、全面了解发展任务、准确把握发展要求，不断强化服务大局、助推发展的责任担当。深入学习中国特色社会主义民主政治理论，学习贯彻各级关于加强社会主义协商民主建设的意见和要求，学习统一战线和人民政协理论，增强做好政协工作的使命感和责任感。四届一次会议以来，举办专题培训班2期，组织辅导报告、理论研讨、体会交流等活动20多次，参加人员达1100多人次。

坚持中国共产党的领导，深入贯彻落实习近平总书记关于政协工作的要求，全面落实中央关于加强政协协商民主建设、民主监督工作等重大部署，始终坚持和完善中国共产党领导的的多党合作和政治协商制度，牢牢把握政协性质定位，依法依章开展政协工作，确保党的路线方针政策和决策部署的贯彻落实。自觉接受市委的领导，市政协党组主动报告工作、请示重要事项，认真贯彻落实市委决策部署和要求，紧紧围绕全市改革发展稳定大局谋划和开展政协工作。市委进一步加强对政协工作的领导，市委常委会议听取政协工作汇报，审议政协常委会工作报告和年度协商工作计划，研究解决政协工作重大问题。市委、市政府领导深入政协调查研究，主动向市政协出题目、交任务，积极参加政协有关会议和协商活动，及时阅批政协报送的调研报告、协商专报和重点提案，给予政协工作有力指导和大力支持。

（二）围绕中心履行职能，全力助推我市改革发展

坚持围绕中心、服务大局，充分发挥协商民主重要渠道和专门协商机构作用，认真履行职能，积极建言献策，助推经济社会发展。

深入搞好调研视察。坚持把调查研究作为推动履行职能、提高建言质量的重要形式和有效抓手，聚焦党委政府中心工作，深入开展调研活动。认真贯彻落实各级关于推动产业转型发展的决策部署，围绕加快推进我市现代物流业发展，选择铁路物流、冷链物流、商贸物流、生产性物流、电商物流、邮政快递物流等6个课题开展专题调研。市政协领导带领调研组成员赴山东菏泽、临沂和我省新乡、商丘等市学习考察，深入全市各县区30多个企业和部分物流园区进行实地调研，召开各种座谈会、协商会20多次，了解发展现状，查找存在问题，分析机遇和挑战，提出了加强组织领导、突出发展重点、打造特色物流、推动园区建设、培育龙头企业、完善功能要素、强化政策支持、加强行业管理等8个方面的对策建议。市委书记陈星、市长朱是西等领导对市政协报送的调研报告作出重要批示，认为市政协调研选题准、抓得实，提出的意见建议很有价值，要求有关部门在制定全市现代物流业发展规划和2018年工作方案中认真研究采纳。坚持把视察作为促进委员常态化履职的重要途径，组织住驻省政协委员视察正阳县花生产业发展情况，组织市政协委员围绕项目建设、特色产业发展、全国文明城市和国家森林城市创建等工作开展视察20多批次，指导住县区市政协委员开展就地和异地视察18批次，向有关县区和部门提出了许多有针对性的意见建议，促进了相关工作落实。

精心组织协商议政。深入贯彻各级关于加强政协协商民主工作的意见和要求，创新协商形式，探索协商途径，完善协商机制，进一步提高了协商议政的质量和实效。建立完善政协谋题、多方征题、协商定题相结合的选题机制，精心确定协商议题，使协商内容更有针对性；突出政协委员主体，吸纳各界人士参与，邀请市政府领导、有关部门负责人参加，使协商主体参与更具广泛性；突出调研先行，深入了解情况，广泛听取意见，使协商工作更加接地气；坚持务实协商、平等协商，扩大交流互动，使协商的民主氛围更加浓厚；及时报送协商形成的意见建议，注重跟踪问效，使协商成果转化更加富有成效。一年来，市政协先后围绕推动全市经济社会发展、实现2017年各项目标任务和加快推进我市现代物流业发展进行常委会议专题议政；围绕加强中心城区中小学建设、推动社会养老机构建设、治理宿鸭湖水污染、做大做优芝麻产业、加强基层食品安全监管、建立城市社区公共卫生服务体系等6个议题召开了双月协商座谈会；围绕推进森林城市建设、加强乡村医疗卫生人才队伍建设、深化户籍制度改革、因城施策促进我市房地产市场平稳健康发展、发展文化中介组织、培育新型农业经营和服务主体、推动自愿者服务常态化等8个议题进行了专题协商、对口协商、界别协商。共向市委、市政府报送协商专报14份，多数意见建议得到市委、市政府和有关部门的重视。我们还融协商于调研视察、民主监督之中，集协商与参与、服务于一体，把协商民主贯穿于政协工作的方方面面，促进了履行职能质量的提升。

不断强化民主监督。认真贯彻落实中央和省委关于加强和改进政协民主监督工作的意见和全国政协、省政协的工作部署，以党和国家重大方针政策和各级决策部署的贯彻落实情况为重点，广泛开展各项监督活动，主动协助党委政府解决问题、促进工作。深入开展水污染防治攻坚专项民主监督。市政协领导带领政协委员对各部门和县区贯彻落实《环

境保护法》《水污染防治法》和省、市水污染治理工作方案情况进行专题视察；各专委会联合民主党派成立6个专题小组，围绕宿鸭湖水库水污染治理、板桥和薄山饮用水源地生态保护、农业面源及畜禽养殖污染治理、黑臭水体治理、重点工程建设及污水处理厂除磷设施改造、农村环境综合治理等情况进行监督性调研；联合5个县区政协针对辖区内长江、淮河流域主要河流污染情况开展监督活动，提出有关改进工作的意见建议40多条。扎实开展脱贫攻坚监督性协商。围绕贫困县和非贫困县贫困人口的脱贫工作，针对全市2016年度脱贫工作成效考核中发现问题的整改落实情况进行调研视察、专题协商，提出了6个方面有针对性的意见建议。坚持寓民主监督于各项履职活动之中，积极通过政协会议、调研视察、提案、反映社情民意信息实施监督，通过参与部门开展的检查、督导、评议等活动进行监督，促进了一些问题的解决。

（三）自觉践行为民理念，切实维护人民群众利益

坚持以人民为中心的发展思想，把促进民生改善、增进人民福祉作为政协工作的出发点和落脚点，高度关注民生，积极促进民生问题解决，切实维护人民群众利益。一是倾情关注，积极反映社情民意。动员组织政协各参加单位、各专门委员会和广大政协委员深入基层、走近群众，倾听群众呼声，了解群众诉求，广泛征求群众对改革发展的意见建议。进一步建立完善社情民意收集、整理和报送机制，及时向党委政府反映社情民意信息，帮助党委政府了解和掌握社会动态。四届一次会议以来，共收集社情民意信息140多条。二是倾力建言，促进民生问题解决。关注人民对美好生活的向往，把促进民生改善作为履行职能的重点，积极围绕精准扶贫、教育发展、社会就业、医疗保障、健康养老、住房改善、城乡交通、食品安全、文化娱乐等人民群众普遍关心的热点难点问题，开展调研视察、协商议政、民主监督，提出了许多有针对性的意见建议。政协各参加单位和广大政协委员心系发展、情系民生，积极通过大会发言、提案等形式为民呼吁、为民建言。一年来，市政协开展的履职活动和委员提交的提案、提出的意见建议多数与民生问题有关，通过有关部门采纳办理、政协跟踪督办，一些民生问题得到了解决。三是倾心帮扶，为民办实事解难题。市政协领导分别联系县区、乡镇具体指导脱贫攻坚工作，机关对口帮扶驿城区鲁湾、西平县冯老庄两个贫困村，机关科长以上干部联系帮扶困难群众96户，广大政协委员也积极参与帮扶活动，为贫困村协调解决了道路建设、打井等项目资金，帮助贫困户解决就业、就学、法律纠纷等实际问题200多项。市政协机关积极组织政协委员、机关干部职工参与社会公益事业，开展“三下乡”和“送温暖、献爱心”等活动，累计捐款捐物40多万元。

（四）开展团结联谊活动，广泛凝聚各方智慧和力量

充分彰显政协作为统一战线组织的特性和独特优势，广泛团结各民主党派、人民团体和各族各界人士，凝聚思想共识，汇聚各方力量。一是搭建党派合作共事平台。加强与各民主党派、各人民团体、工商联和无党派人士的团结合作，支持他们通过政协这一平台为推动驻马店加快发展参政议政。联合开展调研、视察、监督工作，吸纳他们参加各项协商活动，认真办理他们提交的提案和意见建议，精心安排他们大会发言。共办理民主党派、工商联和非中共界别委员提交的提案210多件、意见建议120条，邀请他们参加调研视察、民主监督等活动100多人次，安排他们在各种会议上发言40多人次。二是做好民族宗教工作。密切联系民族宗教界人士，开展座谈交流活动，宣传中共十九大精神和各级重大决策部署，宣传党的民族宗教政策，促进了民族团结和宗教和睦。组织少数民族界别委员围绕搞好少数民族乡镇精准扶贫等进行调研和专题协商，为促进少数民族乡镇经济发展、群众生活改善提出意见建议。三是促进对外合作交流。重视发挥台港澳侨界别政协委员的作用，加强与台港澳地区和海外的联系，宣传我市发展优势和取得的成就，促进了我市招商引资工作。深入有关企业进行调研视察，听取他们的意见建议，帮助企业协调解决发展中遇到的困难和问题。四是不断扩大团结面。密切与非公有制经济人士、新的社会阶层人士等的联系，通过走访、座谈广泛征求他们的意见建议，畅通他们有序参与协商、合理表达诉求的渠道，鼓励和引导他们为全市发展贡献智慧和力量。

（五）全面推动工作落实，提高经常性工作实效

重视抓好政协经常性工作落实，推动政协工作全面发展。一是创新推动提案工作。加强提案知识培训，指导政协各参加单位、政协委员撰写高质量的提案；创新办理方式，现场交办提案，扩大督办范围，形成督办合力，强化办理协商，增强了提案办理的实效。通过扎实开展工作，实现了提案质量有突破、交办有创新、承办有实招、督办有良法、协商有热度、评议有硬度，更好地发挥了政协提案在推动改革发展、促进民生改善等方面的重要作用。四届一次会议以来，共收到委员提案467件，其中立案408件，截止11月全部办结，委员满意率较高。二是扎实做好文史资料工作。召开全市文史资料工作会议，总结交流经验，安排部署工作，组织业务培训。广泛征集我市知青岁月方面的有关史料，编辑出版了驻马店文史资料第15辑《天中记忆·知青卷》，收集文稿75篇，共计35万字。积极协助省政协开展驻马店改革开放成果线索调研，提供重要线索15条。全面收集整理我市政协工作文献，筹建驻马店市政协文史馆，各项工作进展顺利。三是加强政协理论研究和宣传工作。围绕学习贯彻中共十九大精神和中央、省委关于加强和改进政协民主监督工作的部署，多次组织市政协机关和县区政协开展研讨活动。积极做好政协新闻宣传工作，广泛宣传各级加强社会主义协商民主建设和政协工作的决策部署，集中报道政协全体会议，跟踪报道经常性履职工作和重要活动，在全社会营造了重视支持政协工作的浓厚氛围。一年来，在国家、省、市各类新闻媒体发表稿件300多篇（件）。四是密切与各级政协的联系合作。接待广东、安徽等外地政协来驻考察团（组）20多批次，配合省政协围绕脱贫攻坚、水污染防治、建立大别山生态补偿机制等开展了10多批次调研视察，协助省政协在我市成功召开了全省政协秘书长座谈会。加强对县区政协工作指导，联合开展专题调研、专项民主监督等活动，专题召开县区政协主席座谈会围绕把协商贯穿始终、推动提案工作上水平进行总结交流，提高了我市政协工作整体发展

水平。

（六）更加重视强基固本，不断提高政协工作水平

坚持不懈抓好自身建设，不断夯实政协工作基础。一是切实加强政协党的建设。市政协党组深入贯彻全面从严治党要求，认真履行主体责任，切实加强政协党的建设。深入贯彻落实党的路线方针政策和各项决议，严格遵守政治纪律和政治规矩，严格执行中央八项规定和实施细则，严肃党内政治生活，党组自身建设不断加强。成立了机关党组，调整了机关党支部设置，督促机关党组、支部严格落实各项制度，提高了机关党组织建设水平。深入开展“两学一做”学习教育、“以案促改”专题教育，教育引导党员干部增强党性观念，自觉做到遵规守纪、履职尽责、廉洁自律，发挥先锋模范作用更加明显。二是积极发挥政协常委会作用。每次常委会议传达学习各级会议精神、举办专题辅导报告，提高了常委会组成人员把握方向、服务大局和组织领导政协工作的能力。常委会议就年度政协工作要点制定、平时工作计划安排以及政协内部事务进行广泛协商讨论，听取和审议市政协专题调研、民主监督、提案办理等重点工作开展情况的报告，围绕事关全市经济社会发展的重大问题开展专题议政活动，政协常委会的作用得到了有效发挥。三是充分发挥委员主体作用。先后举办县区政协主席和机关委室主任、政协委员学习十九大精神和政协理论知识专题培训班，为每位委员征订了人民政协报、《协商论坛》杂志，通过辅导报告、情况通报等各种途径帮助委员知情明政，提高了委员能力素质和履职水平。精心计划安排各项履职活动，最大限度地吸纳委员参加，促进了委员履职的常态化。市政协主席、副主席和机关各委室负责人走访委员，了解委员思想、工作、生活情况，征求委员对政协工作的意见建议，增强了委员的归属感和责任感。严格落实委员履职考勤通报制度，搞好年度履职情况考评，表彰优秀政协委员和优秀提案，充分调动了委员积极性。四是充分发挥专门委员会和界别组成优势。建立完善专门委员会领导机构和工作机制，为专门委员会联系委员、开展履职活动提供了有力保障。把所有委员编入各专委会，成立界别小组 23 个，建设“政协委员之家” 18 个，界别工作开展更加活跃。五是提高机关服务保障水平。以开展创建学习型、服务型、创新型、和谐型、廉洁型机关和深化省级文明单位创建为载体，持续加强政协机关建设。开展“书香政协”、“道德大讲堂”等活动，提高机关人员政治思想素质和实际工作能力；建立完善机关服务保障机制，增强服务意识，改进工作作风，提高工作效能；加强机关干部队伍建设，重视干部培养，公平公正推荐、使用干部，激发了机关工作活力。市政协机关平安建设、志愿服务、文化体育等工作受到表彰。

回顾过去一年的工作，我们最真切地感受到，新思想引领新发展，新时代展现新作为，以习近平同志为核心的中共中央对政协工作作出的新部署、提出的新要求，为推动政协事业发展指明了前进方向，使我们工作目标更明确、思路更清晰、动力更强劲，激发了政协工作的生机和活力。我们也深切地体会到，政协工作取得的每一项成绩，是中共驻马店市委正确领导和市人大、市政府以及社会各界大力支持的结果，是各民主党派、人民团体、工商联、各族各界人士积极参与配合的结果，更是全体政协委员和各级政协组织共同奋斗的结果。在此，我代表市政协常委会向大家表示衷心的感谢，并致以崇高的敬意！

在看到成绩的同时，我们也要清醒地认识到工作中还存在着一些问题和不足。如专题调研、协商议政的质量有待进一步提高，调研视察、民主监督等工作机制有待进一步完善，委员联络、服务管理工作有待进一步加强，机关服务保障的能力和水平有待进一步增强等。对于这些问题和不足，我们要在今后工作中不断加以改进。

二、2018年主要工作任务

2018 年，是全面贯彻落实中共十九大精神的开局之年，是决胜全面建成小康社会、实施“十三五”规划承上启下的关键一年。今年市政协及其常委会工作的总体要求是：深入贯彻中共十九大精神，把习近平新时代中国特色社会主义思想作为统揽政协工作的总纲，把坚持和发展中国特色社会主义作为巩固共同思想政治基础的主轴，把为决胜全面建成小康社会、推动驻马店经济社会发展献计出力作为工作主线，更加突出坚持党的领导、推进协商民主、发挥委员主体作用，坚持团结和民主两大主题，围绕统筹推进“五位一体”总体布局和协调推进“四个全面”战略布局，牢固树立新的发展理念，聚焦党委政府中心工作，聚焦人民对美好生活的向往，深入调查研究，广泛协商议政，强化民主监督，扩大团结联谊，提高履职能力，不断推动我市政协工作新发展，努力为决胜全面建成小康社会、实现驻马店高质量跨越发展贡献力量。

（一）深入学习贯彻中共十九大精神

按照中央部署和省、市委要求，把学习贯彻习近平新时代中国特色社会主义思想和十九大精神作为首要政治任务，切实在学懂弄通做实上下功夫、见成效。要通过辅导报告、专题培训、理论研讨、学习交流等形式，组织政协委员和机关干部职工深入学习领会习近平新时代中国特色社会主义思想的科学体系、精神实质、丰富内涵、实践要求，全面理解和把握中共十九大对党和国家各项事业发展作出的重大战略部署，切实坚定政治立场、政治方向、政治原则、政治道路，坚决维护和拥戴习近平总书记党的领袖和核心地位，始终在思想上政治上行动上同以习近平同志为核心的中共中央保持高度一致。要把学习贯彻十九大精神同学习贯彻习近平总书记关于政协工作的重要论述，以及中央和省、市委关于政协工作的新部署结合起来，以习近平新时代中国特色社会主义思想统揽政协各项工作，坚持党对政协工作的领导，牢牢把握政协工作正确政治方向，不断推动新时代我市人民政协事业新发展。要把学习贯彻十九大精神同学习贯彻市第四次党代会、市委四届五次全会、市委经济工作会议精神和市委、市政府重大决策部署结合起来，把握履职主线，找准履职方位，突出履职重点，精准发力，务实献策，提高政协服务改革发展的成效。

（二）聚焦党委政府中心任务献计出力

坚持把促进改革发展作为政协工作的第一要务，聚焦中共十九大作出的战略部署，聚焦推动驻马店高质量跨越发展，聚焦市委经济工作会议明确的目标任务，谋长远之计，

建睿智之言，献务实之策。要持续推进政协协商民主。把协商民主贯穿于履行职能全过程，不断完善协商内容、丰富协商形式、突出协商重点，进一步增强协商工作的实效。着眼服务党委政府决策、推进全市重点工作落实，围绕决胜全面建成小康社会、推动乡村振兴战略实施和促进全市经济社会发展、实现年度工作目标任务开展常委会议专题议政，围绕加强农村人居环境整治、推动工业经济发展、实施人才振兴工程、破解新型农业经营主体设施用地和融资难问题、发展民办幼儿园、深化文明城市创建等议题开展双月协商活动。要扎实开展调查研究。坚持问题导向，创新方式方法，不断提高调研工作质量。高度关注全市经济社会可持续发展，关注改革发展中的重点难点问题，深入开展实施乡村振兴战略开展专题调研，围绕促进现代农业产业园建设、提高科技创新能力、规范物业管理、破解文学艺术事业发展瓶颈等课题开展专项调研活动，力争提出具有建设性的意见建议。要加大民主监督力度。正确把握民主监督的方向原则，着力增强监督选题的针对性、监督形式的灵活性、监督活动的实效性。聚焦党和国家大政方针以及各级决策部署的贯彻落实情况，围绕全市重点项目建设、脱贫攻坚、旅游业转型升级、生态环境保护、中心城区公共交通一体化建设、培育和发展文化中介组织等工作开展各项监督活动。要切实增强提案工作实效。始终把提案作为履行职能的重要抓手，着力在提高提案质量、增强办理实效上下功夫。增大集体提案比重，打造更多的精品提案。加强提案办理协商，不断增强提案交办、督办和部门办理的实效。

（三）着力服务和促进民生改善

人民对美好生活的向往是党的奋斗目标，也是人民政协的价值取向。要牢固确立以人民为中心的发展思想，关注新时代人民日益增长的美好生活需要，多谋民生之利，多解民生之忧，在造福人民中彰显政协的价值。要充分发挥政协作为党委政府团结联系群众的桥梁和纽带作用，深入实际，深入基层，倾听群众呼声，了解群众期盼，集中群众智慧，通过各种途径反映人民群众的诉求和对改革发展的建议。要积极为促进民生改善建言，紧紧抓住人民群众最关心的教育、就业、收入、社保、医疗、养老、居住、环境等方面的问题，特别是针对打赢脱贫攻坚战、解决城市生活困难家庭实际问题、发展医疗卫生和社会养老事业等广泛开展调研视察、协商议政、民主监督等活动，提出有针对性的意见和建议。要以更加积极的行动，投身全市各项事业发展，支持城市基础设施改善，服务乡村振兴发展；积极参与脱贫攻坚工作，尽心尽力搞好对口帮扶，支持贫困村改善基础设施、发展特色产业，帮助困难群众激发内生动力、尽快脱贫致富。

（四）广泛凝聚驻马店高质量跨越发展合力

充分发挥政协代表性强、联系广泛的优势，推动大团结大联合，扩大联系面，增强包容性，为推动改革发展添助力，为促进和谐稳定聚共识，形成推动驻马店高质量跨越发展的强大合力。进一步加强与各民主党派、工商联和无党派人士的团结合作，建立完善沟通联系、工作协调等机制，支持他们参与政协组织的各项活动，为全市改革发展献计出力。积极发挥少数民族界别、宗教界别委员的桥梁纽带作用，深入宣传党的民族宗教政策，促进民族团结和宗教和睦。加强与台港澳侨人士的沟通联系，广泛开展联谊交流活动，大力宣传和推介驻马店，热情为他们来驻参观考察提供服务保障，促进我市对外开放工作。密切与党外知识分子、新的社会阶层、非公有制经济等方面人士的联系，畅通他们的意见表达渠道，支持他们参与驻马店各项事业。主动做好群众工作，广泛宣传党和国家大政方针以及各级决策部署，积极做好协调关系、理顺情绪、化解矛盾、凝聚人心的工作，维护社会和谐稳定。积极搭建具有政协特色的合作交流平台，协助市委、市政府筹备有关活动。协助省政协收集反映我市改革开放成果的史料，做好《天中记忆·交通卷》文史资料的征集工作，完成市政协文史馆建设任务。

（五）全面提高政协自身建设水平

紧跟新时代，把握新要求，全面加强政协自身建设，打牢政协工作基础。全面履行从严治党主体责任，扎实开展“不忘初心、牢记使命”主题教育，严肃党内政治生活，加强党风廉政建设，提高政协党的建设水平。把握政协工作方向，加强对政协履行职能的组织领导，充分发挥政协常委表率作用，不断提高政协常委会自身建设水平。持续抓好政协委员学习培训，加快委员履职信息化平台建设，出台委员服务管理办法，在全体委员中开展“岗位争先创一流、决胜小康作贡献”活动，更好地发挥委员主体作用。建立完善政协专门委员会与对口联系单位和部门、服务管理委员、开展履职工作、组织界别活动等工作机制，充分发挥专委会的基础性作用。结合政协第十三届全国委员会修订政协章程和出台有关文件，修订完善常委会议、主席会议工作规则和专门委员会工作通则，制定专题调研、民主监督等工作细则，提高政协履行职能制度化、规范化、程序化建设水平。不断探索“政协+民主党派、政协+人民团体、政协+对口单位”工作模式，推进“网上政协”建设，进一步拓宽政协工作渠道。围绕学习贯彻中共十九大精神、推动政协工作创新发展召开人民政协理论研讨会。加强对县区政协工作的联系和指导，加强工作互动交流，提高全市政协工作发展水平。以创建省级文明单位标兵为载体，全面加强政协机关各项建设，更好地发挥参谋助手、综合协调、服务保障作用。

2017年驻马店市国民经济和社会发展统计公报

（2018年4月11日）

驻马店市统计局

2017年，全市上下深入贯彻习近平新时代中国特色社会主义思想，全面落实中央、省、市各项决策部署，以新发展理念为引领，以提高发展质量和效益为中心，深入推进供给侧结构性改革，统筹做好稳增长、促改革、调结构、惠民生、防风险各项工作，全市经济保持总体平稳、稳中有进、稳中向好的发展态势，民生保障持续改善，各项社会事业全面发展，决胜全面小康迈出坚实步伐。

一、综合

初步核算，全年全市生产总值 2002.64 亿元，比上年增长 8.3%。其中，第一产业增加值 373.75 亿元，增长 4.2%；第二产业增加值 806.24 亿元，增长 8.1%；第三产业增加值 822.65 亿元，增长 10.4%。三次产业结构比由上年的 20.3 ∶ 39.9 ∶ 39.8 调整为 18.7 ∶ 40.2 ∶ 41.1。其中第一产业比重下降 1.6 个百分点，第二产业比重提高 0.3 个百分点，第三产业比重提高 1.3 个百分点。人均生产总值 32565 元。

全年居民消费价格(CPI)总水平比上年上涨 1.0%，其中：食品烟酒类下降 1.7%；衣着类上涨 3.8%；居住类上涨 1.9%；交通和通信类下降 1.3%。

表1：2017年全市生产总值

指标	绝对数（亿元）	比上年增长（%）
生产总值	2002.64	8.3
第一产业	373.75	4.2
第二产业	806.24	8.1
工业	689.45	7.9
建筑业	116.79	9.2
第三产业	822.65	10.4
交通运输、仓储和邮政业	68.45	11.4
批发和零售业	134.85	6.5
住宿和餐饮业	55.88	7.0
金融业	75.53	7.8
房地产业	72.23	6.6
其他服务业	396.77	13.4

表2：2017年全市居民消费价格指数

类别	指数（以上年为100）	比上年增减（%）
居民消费价格指数（CPI）	101.0	1.0
食品烟酒	98.3	-1.7
衣着	103.8	3.8
居住	101.9	1.9
生活用品及服务	101.6	1.6
交通和通信	98.7	-1.3
教育文化和娱乐	102.7	2.7
医疗保健	105.2	5.2
其他用品和服务	104.2	4.2

表3：2017年全市主要农产品产量

产品名称	产量（万吨）	比上年增长（%）
粮食	662.44	0.01
夏粮	426.68	2.7
#小麦产量	425.93	2.8
秋粮	235.76	-4.6
#玉米产量	201.76	-5.1
棉花产量	0.08	-14.7
油料产量	124.63	1.8
#花生产量	111.29	2.1
蔬菜产量	408.09	0.5
肉类总产量	78.17	7.8
禽蛋产量	32.93	2.9
奶类总产量	3.89	4.6

全年城镇新增就业 8.3 万人，失业人员实现再就业 3.2 万人。年末城镇登记失业率 2.51%，全年发放小额担保贷款 3.73 亿元。全年新增农村劳动力转移就业人数 6.05 万人，农村劳动力转移就业总量 257.92 万人。

二、农业

全年粮食作物种植面积 1084.87 千公顷，比上年下降 1.89%，其中，小麦种植面积 629.87 千公顷，增长 0.24%。油料种植面积 313.03 千公顷，增长 7.3%。棉花种植面积 0.81 千公顷，下降 19.0%。蔬菜种植面积 105.65 千公顷，增长 0.29%。

全年粮食产量 662.44 万吨，比上年增长 0.01%。其中，夏粮 426.68 万吨，增长 2.7%；秋粮 235.76 万吨，下降 4.6%。油料产量 124.63 万吨，增长 1.8%。棉花产量 0.08 万吨，下降 14.7%。

全年肉类总产量 78.17 万吨，比上年增长 7.8%。禽蛋产量 32.93 万吨，增长 2.9%。奶类产量 3.89 万吨，增长 4.6%。

年末全市农业机械总动力 1197.90 万千瓦，比上年增长 1.7%。全年化肥施用量（折纯）67.75 万吨，下降 0.3%。农村用电量 19.80 亿千瓦小时，增长 6.3%。

三、工业、建筑业和能源

全年规模以上工业增加值比上年增长 8.7%。分轻重工业看，轻工业增加值增长 12.3%，重工业增长 4.1%；分所有制看，国有企业增加值增长 7.0%，集体企业增长 14.2%，股份制企业增长 9.9%，外商和港澳台商投资企业增长 6.4%；非公有制工业增加值增长 9.9%，高技术产业增加值增长 13.2%，产业集聚区工业增加值增长 16.8%。

规模以上工业中，41 个工业行业有 28 个增加值保持增长。其中，农副食品加工业增长 10.8%，非金属矿物制品业下降 7.2%，皮革、毛皮、羽毛及其制品和制鞋业增长 13.6%，食品制造业增长 25.3%，化学原料和化学制品制造业下降1.7%，金属制品业增长9.4%，电力、热力生产和供应业增长6.0%，计算机、通信和其他电子设备制造业增长1.4%，医药制造业增长11.0%。

表4：2017年全市规模以上工业增加值分类情况

指标	绝对数（亿元）	比上年增减(%)
规模以上工业增加值		8.7
分轻重工业		
轻工业	365.30	12.3
重工业	290.22	4.1
分所有制		
国有企业	19.17	7.0
集体企业	1.76	14.2
股份合作企业	0	—
股份制企业	569.33	9.9
外商和港澳台商投资企业	34.21	6.4
其他工业增加值	31.04	-7.33

表5：2017年全市规模以上工业企业主要产品产量

产品名称	单位	产量	比上年增长（%）
小麦粉	万吨	604.80	5.8
饲料	万吨	215.01	8.8
精制食用植物油	万吨	83.11	7.1
方便面	万吨	57.13	16.8
饮料酒	万升	19430.22	13.6
纱	万吨	20.69	14.6
布	万米	3986.03	11.5
轻革	万平方米	85.57	-59.2
鞣制毛皮（折羊毛皮）	万张	236.17	26.2
鞋	万双	7484.09	22.8
人造板	万立方米	244.09	-12.0
合成氨（无水氨）	万吨	133.91	-12.5
化学药品原药	万吨	2.89	15.5
中成药	万吨	0.32	13.2
塑料制品	万吨	28.00	20.9
水泥	万吨	1509.26	-5.0
商品混凝土	万立方米	686.79	-1.3
天然大理石建筑板材	万平方米	328.66	40.4
天然花岗岩建筑板材	万平方米	746.13	6.0
钢化玻璃	万平方米	35.68	-7.5
钢材	万吨	16.68	6.3
电动自行车	万辆	308.04	18.8

表6：2017年全市分行业固定资产投资

行业	投资额（亿元）	比上年增长（%）
农、林、牧、渔业	115.08	3.2
采矿业	0.75	83.3
制造业	680.36	4.0
电力、燃气及水的生产和供应业	83.27	42.3
批发和零售业	35.4	-5.8
交通运输、仓储和邮政业	88.15	21.2
住宿和餐饮业	16.84	37.9
房地产业	130.13	2.6
租赁和商务服务业	3.0	-75.7
科学研究和技术服务业	17.81	151.0
水利、环境和公共设施管理业	203.32	31.9
教育	25.35	91.2
卫生和社会工作	25.43	132.7
文化、体育和娱乐业	15.08	134.8

规模以上工业企业实现主营业务收入3032.09亿元，比上年增长12.7%。利润总额217.3亿元，增长18.6%。税金总额83.88亿元，增长7.9%。

全年建筑业实现增加值116.79亿元，比上年增长9.2%。建筑业实现总产值549.99亿元，增长21.1%。

全年全社会用电量为118.10亿千瓦时，比上年增长8.5%。其中第一产业用电量2.43亿千瓦时，增长15.4%；第二产业用电67.31亿千瓦时，增长8.1%；第三产业用电16.72亿千瓦时，增长10.7%，城乡居民用电31.65亿千瓦时，增长7.7%。单位规模以上工业增加值能耗下降4.75%，综合能源消费量425.60万吨标准煤，比上年增长3.5%。

四、固定资产投资

全年固定资产投资（不含农户）1735.42亿元，增长11.9%。其中，国有控股投资373.21亿元，增长32.6%；民间投资1352.58亿元，增长7.4%。分产业看，第一产业投资104.83亿元，增长8.5%(注：一产取消了“农林牧渔服务业”，列三产统计)，第二产业投资764.38亿元，增长7.1%，第三产业投资866.21亿元，增长17.0%。全市产业集聚区完成固定资产投资959.04亿元。

全年房地产开发投资281.00亿元，比上年增长8.0%。商品房销售面积957.94万平方米，增长11.9%。商品房销售额386.51亿元，增长31.2%。

五、国内贸易和对外经济

全年社会消费品零售总额实现886.4亿元，比上年增长12.7%。按城乡分，城镇消费品零售额645.8亿元，增长12.5%；农村消费品零售额240.6亿元，增长13.3%。按行业分，批发和零售业零售额761.9亿元，增长12.8%；住宿餐饮业零售额124.5亿元，增长12.5%。

全年进出口总额 3.23 亿美元，比上年下降 30.2%。其中，进口额 0.45 亿美元，下降 5.0%；出口额 2.78 亿美元，下降 33.0%。实际利用外商直接投资 3.99 亿美元，增长 3.3%，引进省外资金 262.00 亿元，增长 8.4%。

六、交通、邮电和旅游

全年交通运输、仓储和邮政业增加值完成 68.45 亿元，比上年增长 11.4%。

年末高速公路通车里程 437 公里。全年公路货物周转量 229.06 亿吨公里，比上年增长 8.3%，水运货物周转量 384.57 亿吨公里，增长 9.0%。全年公路货运量 1.07 亿吨，下降 3.3%，水运货运量 0.43 亿吨，增长 10.0%。公路旅客周转量 86.09 亿人公里，下降 0.1%，公路客运量 1.13 亿人，增长 3.1%。年末全市民用汽车保有量 81.6 万辆。

年末全市电信业务总量 83.62 亿元，邮政业务总量 14.78 亿元，增长 44.8%。

全年共接待国内外游客 3197.3 万人次，比上年增长 14.2%。其中国内游客 3195.31 万人次，增长 14.6%。旅游总收入 184.56 亿元，增长 15.6%。全市共有 A 级旅游景区 27 处，其中 AAAA 级以上旅游景区 6 处。全市共有星级酒店 27 个，国际国内旅行社 25 家。

七、财政和金融

2017 年，全市财政总收入 180.90 亿元，比上年增长 13.6%。其中一般公共预算收入 115.20 亿元，增长 13.9%。全年税收收入 79.54 亿元，增长 17.0%，其中，国内增值税（地方部分）增长 11.5%，营业税（地方部分）下降 96.2%，企业所得税（地方 40% 部分）增长 35.7%，个人所得税（地方 40% 部分）增长 30.9%。一般公共预算支出 477.06 亿元，增长 14.5%。其中，一般公共服务支出增长 33.5%，教育支出增长 17.2%，科学技术支出增长 45.3%，文化体育与传媒支出下降 0.1%，社会保障与就业支出增长 7.4%，医疗卫生与计划生育支出增长 11.0%，城乡社区事务支出增长 84.3%，农林水事务支出增长 11.8%。

年末全部金融机构人民币存款余额 2818.88 亿元，增长 11.6%。其中个人存款 2109.24 亿元，增长 13.9%。全部金融机构人民币贷款余额 1418.63 亿元，增长 15.6%。其中，短期贷款余额 577.67 亿元，增长 7.2%；中长期贷款余额 836.82 亿元，增长 24.0%。

八、教育和科学技术

2017 年末，全市共有各类学校 2155 所。其中，小学 1823 所；普通中等学校 304 所；普通高等学校 3 所；中等职业教育学校 25 所。全年各类学校招生 30.11 万人，在校生 121.38 万人，毕业生 27.17 万人；小学招生 12.17 万人，在校生 68.79 万人，毕业生 10.32 万人；普通中学招生 15.24 万人，在校生 44.84 万人，毕业生 14.54 万人；中等职业教育学校招生 1.83 万人，在校生 5.13 万人，毕业生 1.66 万人；普通高等学校招生 0.87 万人，在校生 2.62 万人，毕业生 0.65 万人。幼儿园在园幼儿 29.56 万人。“两免一补”安排资金 9.66 亿元，资助困难学生 39.89 万人次。

年末全市共有科学研究开发机构 12 个，省工程技术研究中心 46 个，获得省级科技进步奖 1 项，专利申请 2291 件，授权专利 1257 件，技术合同成交额 10880 万元，地震台站 8 个。

全年全市完成产品认证企业 67 家，强制检定计量器具 9.7 万台件，新建计量标准 10 项。

九、文化、卫生和体育

年末全市共有艺术表演团体 10 个，文化馆（站）184 个，博物馆 11 个，公共图书馆 9 个，广播电台 9 座，电视台 9 座，广播人口覆盖率 99.44%，电视人口覆盖率 98.87%，有线电视用户 24.82 万户，全国重点文物保护单位 14 处，国家级非物质文化遗产名录 8 个。

年末全市共有卫生机构 3396 个（含个体诊所），其中医院、卫生院 267 个，妇幼保健院（所、站）10 个，疾病预防控制中心（防疫站）10 个。全市医院、卫生院技术人员 3.24 万人，其中，执业（助理）医师 1.29 万人，注册护士 1.46 万人；卫生机构床位数 3.49 万张。

全年全市在省级以上体育比赛中，共获得 53 枚金牌，其中冠军赛获得 27 枚，锦标赛获得 26 枚。体育彩票销售额 5.52 亿元，增长 12.6%。

十、人口、人民生活和社会保障

2017 年，全年人口出生率 12.33‰，死亡率 6.56‰，自然增长率 5.77‰。年末总人口 801.74 万人，常住人口 615.5 万人，城镇化率 42.57%。

全年城镇居民人均可支配收入 26340 元，比上年增长 9.0%，城镇居民人均消费性支出 19476 元。全年农村居民人均可支配收入 10869 元，增长 9.4%，农村人均生活消费支出 8704 元。

年末参加城乡居民基本养老保险人数 419.2 万人，城镇职工参加基本养老保险人数 37.3 万人。参加城乡居民基本医疗保险人数 661 万人，城镇职工参加基本医疗保险人数 44.96 万人。全年参加失业保险人数 36.65 万人，共有 0.23 万人领取失业保险金。

全年共有 6.79 万城镇居民享受政府最低生活保障，全年发放城镇居民最低生活保障金 2.30 亿元，23.35 万农村居民享受政府最低生活保障，全年发放农村居民最低生活保障金 4.77 亿元。全年救助城乡医疗困难群众 30.96 万人次，发放城乡医疗救助资金 12075.9 万元。

全市共有各类福利院床位数 2.41 万张，收养 1.54 万人。城镇各种社区服务设施 235 个，其中社区服务中心 29 个。全年销售社会福利彩票 2.91 亿元。

十一、资源、环境和安全生产

年末全市已发现的矿种为 52 种，查明资源储量的矿种 42 种，已开发利用的矿种 21 种，其中能源矿种 3 种，金属矿种 4 种，非金属矿种 14 种。

全年营造林面积 18.41 千公顷，其中人工造林面积 10.29 千公顷，退耕还林面积 0.0067 千公顷，参加义务植树 430.4 万人次，义务植树数量 1531 万株。全市共有森林公园 14 个，其中，国家级森林公园 4 个，省级森林公园 5 个，县级森林公园 5 个，年末全市森林覆盖率 16.88%。

全年发生安全生产伤亡事故 52 起，造成死亡 16 人，事故直接财产损失 432.16 万元，增长 39.4%。

注：

1. 本公报为初步统计数。
2. 城乡居民收支增长为名义增长。
3. 生产总值、各产业增加值绝对数按现行价格计算，增长速度按可比价格计算。
4. 固定资产投资数据：一产取消了“05 农林牧渔服务业”，列三产统计；二产：取消了采矿业的“11 开采辅助活动”、制造业的“43 金属制品、机械和设备修理业”，均列三产统计。取消了“二产”下的其中项“工业”。工业单独统计，其统计行业不变；三产：增加了一产中的05，二产中的11、43。
5. 全市数据除财政、金融、城乡居民收支包含新蔡县数据外，其它指标均不含新蔡县。

天中文摘

经济发展

产业融合提升农业价值链

“当前农业主要矛盾由总量不足转变为结构性矛盾，小生产和大市场脱节，农民不能再按传统经验想种什么就种什么。发展农业，要紧紧围绕市场需求，深入推进农业供给侧结构性改革，加快培育发展新动能。”河南驻马店市委书记余学友代表说。

政府工作报告提出，深入推进农业供给侧结构性改革。余学友说，驻马店市是全国粮食主产区和现代农产品加工基地，但农产品多而不优、农业大而不强，“卖难”问题突出。作为传统农区，要抓住这一机遇，在稳定粮食产能的基础上，引导农民根据市场需求发展生产，提高农业供给质量和效率，为农民寻求更多增收渠道。要调整种养结构，促进农业提质增效。驻马店主动对接加工企业，扩大优质小麦种植面积，发展优质花生、白芝麻、红薯等经济作物。在此基础上，做大做强农产品精深加工，积极发展专业市场、仓储物流、乡村旅游、“互联网+”农业等产业，推进农村一二三产业融合发展，壮大新产业新业态，不断提升农业价值链。

余学友说，农民是农业的主体，也应是农业供给侧结构性改革的参与者。应该大力培育新型农业经营主体，引导专业大户、家庭农场、专业合作社、农业企业等发展适度规模经营，建立完善的利益联结机制，带动更多农民致富。

（原载2017年3月7日《人民日报》10版）

小小花生“变身”记

经济日报记者　夏先清　　通讯员　高顺欢

一场春雨一场暖，春雨过后忙耕田。清明前后正是播种花生的黄金时间。3月25日，在河南省驻马店市正阳县李通村柏雄种植合作社里，到处都是社员们忙碌的身影，他们分工合作，备种子、运肥料、检修播种机……大伙儿之所以这么干劲十足，是因为这小小的花生关系着乡亲们的致富梦。

正阳县种植花生的历史悠久，前些年种植品种主要以“小白沙”为主，却因为品种老化、抗病能力差，加上人工费增加，看不到花生种植的收益，导致农民种植花生的积极性大打折扣，“正阳花生”这个老字号渐渐走向衰落。

正阳花生如何提质升档？农民如何脱贫增收？这篇农业供给侧结构性改革大文章，在这个花生大县作出了新意：在稳定粮食种植面积的前提下，以花生生产为主导，大力调整农业产业结构，革新生产理念，科学改良品种，推广机械化生产，发展循环经济，创造品牌效应，实现花生生产由粗放到精细的转变。

3年来，正阳县投入大量人力物力，打造花生良种繁育基地，研究花生果大果饱增产的科学管理配方。正在试验种植的远杂9102、豫花22等品种，初步估算每亩产量可达400公斤。此外，研究推广了以起垄种植、测土配方施肥、病虫草害防治、化学调控、黄曲霉素防控等高产高效无公害栽培集成技术。

正阳县还投入“真金白银”支持本土企业自主研发花生机械，花生机械生产企业发展到38家，获国家专利103项，年产花生生产机械6万多台，产品涵盖种植、收获、初加工等环节。

“去年，精选的正阳花生米可以卖到十几块钱一斤，虽然远高于普通花生的价格，但依然供不应求。去年，合作社种了500亩花生，今年还要再多种100亩。”柏雄种植合作社农民黄磊就是正阳花生的受益者。“过去种花生需要一家老小齐上阵，犁地、洒化肥、点种、压土，忙活儿一天也种不了几亩地。机械化生产就是不一样，从播种到管理、从收获到初加工，全都交给机器，一户人家能管理好几十亩花生地。”黄磊说。

现在的正阳县，花生种植面积由过去的40万亩发展到150万亩，总产达到45万吨，连续18年保持“全国花生生产第一大县”称号，辐射带动周边平舆、汝南、确山等地种植花生超过100万亩。“每年光花生这一项，就能为正阳农民增收2.6亿元。小小花生米真正成为带领农民脱贫致富的‘金豆豆’。”正阳县委书记刘艳丽说。

有“中原粮仓”之称的驻马店市今年农业供给侧结构

性改革文章越做越大：在大力发展优质小麦、优质花生、优质白芝麻等高效作物的基础上，将重点放在平舆白芝麻、西平优质小麦、泌阳青贮玉米、确山红薯等优势作物的布局生产上。

如何实现“中原粮仓”向“国人厨房”的跨越？驻马店市委书记余学友告诉记者，“继续用足用活深化农业供给侧结构性改革这把‘金钥匙’，围绕增加农民收入这一核心，瞄准农村一二三产业融合发展这一方向，适应新常态，谋求新作为，调结构、促转型，向改革要效益，实现农业大市向农业强市转变”。

（原载2017年4月11日《经济日报》15版）

像爱护眼睛一样爱护中国品牌

3月5日上午，在北京人民大会堂聆听李克强总理政府工作报告后，王银良代表兴高采烈地走出会场，“履职第五年，又重新站在一个新起点上”，接受记者采访时，王银良代表罕有地用感性的词汇表述了当时的心境。“政府工作报告，全面展示了国情、民情，叩击心扉，对一系列难题都给出了明确答案，解我们所急，圆我们所愿。”

“报告中提到的‘严肃查处假冒伪劣’掷地有声。假冒伪劣不是中国的专利，在国外也有，世界贸易中假冒商品比例不小。假冒伪劣以盈利为目的，粗制滥造，质劣价低，是市场经济健康发展的毒瘤，应严厉打击。尤其对于入口的食品来说，更让人担忧的是造成食品安全隐患和对公众健康的侵害，甚至是损害，更应扎实深入坚决杜绝，建议从肃清企业造假、教育消费者抵制购假、加强监管等三方面入手。”

他也不无担忧地说：“有一些地方，被假冒伪劣刺激经济的虚假繁荣蒙蔽，助长其滋生蔓延；有一些消费者还青睐假冒名牌，认为不会带来什么危害，且价格便宜。

事实上，假冒伪劣商品大量存在，对正宗品牌价格、形象及市场份额造成冲击，直接打击了正宗品牌生产者的积极性，何谈投入精力财力进行创新呢，没有创新哪有中国制造的竞争力呢？反而是假冒伪劣产品一旦出了问题，让正宗品牌蒙诟，使消费者失去信任而转向国外产品。”

品牌之路，漫漫修远。中国品牌，得来不易。在改革开放30年里，有在历史长河中栉风沐雨的老字号品牌，再放光彩；有立足国际视野新打造的时代品牌，活力四射。这些品牌是当下中国的文化符号，是中国实力的代言。作为王守义十三香调味品集团有限公司董事长、总经理，王银良代表自然而然谈起王守义十三香。“十三香的诞生追溯到1959年，接近60年的历史，目前有五类别100多种产品，先后申请了46项外观专利，在30多个省、市、自治区销售，是全国最大的香辛料生产企业。”

“李克强总理谈到的加强产权保护时说，‘保护产权就是保护劳动、保护发明创造、保护和发展生产力’，品牌就是劳动、创造、生产、文化的集合体，是企业最重要的产权，我们应像爱护眼睛一样爱护中国的品牌。”王银良代表不容置疑地表达。

“质量之魂，存于匠心。这是李克强总理的原话。质量之魂，即品牌之魂。质量要以‘工匠精神’提升，‘工匠精神’不是回归到传统手工业时代，而是利用现代的工业技术，精雕细琢、精益求精、踏踏实实进行中国‘质’造。调味品是传统食品，我们充分保留传统工艺的同时，正利用工业和信息技术，更精准、精确地提升产品风味和品质，体现中国调味品的精致创造。”王银良代表最后强调。

（原载2017年3月9日《中国食品安全报》02版）

砥砺二十载　让世界聆听驻马店

李拴紧的电脑里还保存着去年第十九届农洽会开幕时的照片：悬空漂浮的彩球，鳞次栉比的展台，摩肩接踵的人流……场面恢弘而热烈。尤其是来自东盟、非洲的代表团，裹着白头巾，亮着黝黑的皮肤，被相机一一定格。

照片的拍摄地在驻马店市的天中广场，“豫州之腹地，天下之最中”，这个古代南来北往的信使驻驿歇马的城市，正把“天中”这个词，从古人的美好寄托转变成现实。

变化源自这座城市和一场盛会的牵手。1998年12月14日，由农业部、河南省人民政府主办，驻马店承办的第一届全国乡镇企业东西合作会召开。从那时起，盛会年年办，弹指20年。

20年间，“东西合作会”在渐长渐成中更名为“中国农产品加工业投资贸易洽谈会”——从当年的“马路市场”成长为5A级“国字号”农展会；从单一的农产品交易演进为技术、科研、资本、政策一体化交流协作；从中原大地走向全国，迈向世界。

20年后，驻马店牵手农洽会再次启程，带着金秋的浓墨重彩，带着积淀的累累硕果——全市农产品加工企业发展到1435家，产业集群超千亿元规模；农民人均可支配收入近万元，增速居全省前列；城镇化率提高20多个百分点，一跃成为“国家卫生城市”。

20年的历程，积聚着驻马店人面向未来砥砺奋进的力量。“农洽会20年，迎来市场化、专业化、品牌化、国际化、信息化水平全面提档升级，促进了农产品加工业提质增效，实现了农村一、二、三产业融合发展，成为推动传统农业向现代农业转型升级的重要平台。”第二十届中国农产品加工投资贸易洽谈会开幕前夕，驻马店市委书记余学友信心满怀，“农洽会的精彩将永不落幕。”

展会谋变——从“马路市场”到5A级展会从上门推介到宾客云集农洽会这张名片愈发响亮

李拴紧是驻马店市农业局农业交流中心主任，可能他也没想到，自己会和农洽会真的“拴紧”了。参与办会长达20年，他被人称为“农洽会活化石”。时隔20年，他依然记得当年那一幕：1998年初，听说市里要办全国性的展会，一时间上上下下都很振奋，可是盘盘现有资源，底气少了一半——没有像样的展馆，没有大型活动组织协调经验，就连能不能请来参展商都是个未知数。但当时箭在弦上，“驻马店决心要办这个展会”。

1997年，我国主要工农业产品产量跃居世界第一位。这是改革开放20多年，举世瞩目的中国速度中的一幕。时代的快车还在奋力前行，但隐忧也悄然而至。据当年统计，占全国人口2/3的广大中西部地区，乡镇企业产值却只占1/3。于是，东西部合作交流，被中央提上政策议程。位居中原地区，地理上天然连接东西，驻马店敏锐地捕捉到这一机遇，在全国率先实施乡镇企业东西合作工程，并被农业部评定为全国三大东西合作示范区之一。

驻马店工业基础薄弱、农业大而不强、城市建设滞后，要想系统解决这些问题，必须巧借外部力量，激发市场活力，并借此持续推动区域合作。1998年，当首届东西合作经贸洽谈会筹备的消息传来，驻马店人知道，机会来了。

可招商邀商实在太难了！这是第一届筹委会工作人员的共同感受。由于当时交通、通信条件有限，首届展会又没有知名度，光是邀请省内企业，就要来来回回说服。“‘跑断腿’上门推介，回来后还要不停打电话对接。最后，磨破嘴皮子请来了两三百家企业。”

1998年12月14日，在驻马店市火车站广场前，第一届全国乡镇企业东西合作会正式开幕。临时搭建的展棚里，一下子挤进1.2万多人。3天的时间，贸易成交额达17.5亿元。当年的报道说，“这为驻马店经济的腾飞打下了坚实的基础。”

火车站前初露头角，大会正式“入轨”启程。第二届、第三届……组织规模越来越大，专业化程度不断提高，参展商数量成倍增加。会场从马路广场搬进了会展中心，知名度也从省内走向全国，并迈向国际市场。

顺着这样一组时间轴，可以清晰地触摸到农洽会的发展脉搏——2003年，第六届展会签约项目579个，投资总额近50亿元，比第一届翻了近一倍，市场化运作加速。

2010年，第十三届展会主题全面聚焦“农产品加工业投资贸易洽谈”，4000多家参会企业中，不乏思念、徐福记、康师傅等一大批知名农业产业化龙头企业，专业化更加突出；

2012年，第十五届展会成为国内唯一一个以农产品加工业为主题的4A级盛会，吸引来自国内外近2万客商前来对接洽谈，投资金额480亿元，向品牌化、国际化迈出了关键一步。

时间进入2017年，即将举办的第二十届农洽会由4A级展会提升为5A级展会，来自美国、俄罗斯、法国等26个国家和港澳台地区的180多家境外企业已报名参展。与此同时，会前还将上线农洽会O2O跨境交易服务平台，实现线上线下展销交易相融合，让农洽会拥抱信息化。

农洽会这张名片愈加响亮，当初办展会的决心，如今带来许多意想不到的收获。每年来自全国30个省区市和境外4000多家企业参会参展、洽谈合作，累计揽下超5000亿元订单，带动泰国正大、台湾徐福记、河北君乐宝等一大批知名农业企业落户驻马店。特别是近年来，积极融入五大发展理念和“一带一路”发展战略，加强国际合作与交流，30多个国家和地区的230多家境外知名农产品加工企业参展，参会境外客商近400人，四海宾朋云集，共谋发展大计。

产业聚变——转型升级有动力产业融合有路径农洽会作为行业交流的重要平台带动农产品加工业迸发新活力

一颗花生，连果带秧能值多少钱？种了一辈子花生的正阳县傅寨乡农民李大兵发现，这个问题越来越难回答了。以往，花生去壳留果送到榨油厂，剩下的都成了垃圾。如今，花生壳、花生秧都被饲养企业争相买走用来做饲料，每亩竟然能卖200多元钱。

驻马店所辖正阳县是“中国花生第一大县”，花生种植面积从40万亩扩展到150万亩，花生食品从炒货到调味牛奶，秸秆果壳从垃圾到综合利用，在这样的变化过程中，曾经不起眼的小花生成了当地的“当家产业”。

这些年来，虽然“全国油料生产百强冠军县”、“河南省名牌农产品”等各种牌子拿到手软，可真正让正阳花生产业扬名海内外，让知名花生加工企业争相前来设厂，让正阳花生价格成为全国市场“晴雨表”的重要机缘都来自农洽会。

作为农产品加工业的盛会，农洽会重点展示产业发展新技术、新装备、新产品，提速产加销、产学研、贸工农一体化进程，为转型升级增添新活力，为产业融合探索新路径。

20年20届，农洽会的关注度不断高涨，不仅因为它是产业发展新成果的巡礼，也承载着人们对深加工农产品的新需求、新企盼。来自全国各地的农产品加工企业前来展示观摩、对接洽谈，留下成果、带走经验，它们在各地生根发芽，成长起来又推动了产业向前。

小展台连着大产业。在这一时间节点上，回看正阳花生产业的成长历程，恰恰折射出农洽会作为催化剂，持续拉动着农产品加工业实现两大关键变化——转型升级和融合发展。

每年农洽会，花生总是正阳展厅响当当的“主角”。起初，颗粒饱满的花生米被摆上展台，“正阳花生”很快在市场上收获好评。得天独厚的花生资源吸引着业内专家来到正阳，开展良种繁育、机械研发、试验示范，又进一步促进了正阳花生的产业发展。在这之后，农洽会正阳展厅里，又多了花生全程化种植机械、优良花生种苗等，展示着正阳花生产业转型升级的实力与潜力。

“现在不像以前，种花生不费啥劲儿！过去一人一天收不了1亩，现在机收1个小时搞定四五亩。”眼下花生收获正酣，田间地头机声隆隆。正阳县豫丰机械有限公司负责人陈新建介绍，在农洽会的搭桥下，公司与青岛农业大学合作建立博士专家工作站和实验基地，研发生产的“金土地”花生系列机械不但耕耘本土市场，还远销山东、内蒙古、海南等地，年产值突破1亿元。

从农洽会上抢到机遇的，还有花生食品加工企业。看中了丰富的花生秸秆资源，君乐宝乳业在第十八届农洽会上签约落户。按照计划，投资10亿元打造的华中地区大型奶牛饲养、乳制品生产和牧场观光基地年内全部落成。已建成投产的乳制品生产线，每天产量200多吨。前端利用发展秸秆饲养，中端生产乳制品，后端拓展观光游，让一产“接二连三”，促成了环保与经济效益“一举两得”。

转型升级，让正阳花生产业勇立潮头；融合发展，进一步实现了地方品牌的价值攀升。

无独有偶，在农洽会的穿针引线下，泌阳县从集群培育方面把夏南牛产业向前推进一大步——会上签约的河南恒都食品有限公司以商招商，与麦当劳、肯德基、周黑鸭等知名企业联手，实现牛肉产品精深加工集群；"公司＋合作社＋农户"经营模式带动5万农户种植青贮玉米专用品种，形成秸秆收储饲料化加工集群，为夏南牛全链条加工业提供坚实支撑。

在驻马店，更多的"正阳花生"、"泌阳夏南牛"正借助农洽会的力量成长壮大。截至2016年底，全市农产品加工企业累计实现总产值1500亿元，培育国家级龙头企业3家，省级以上农业产业化重点龙头企业50多家，省级农业产业化集群15家，形成了驻马店市第一个超千亿级规模的农产品加工业产业集群，为把驻马店打造成全国农产品加工业基地奠定了坚实基础。

农业部农产品加工局局长宗锦耀认为，这正是农洽会的意义所在。"经过不断探索和创新，农洽会已成为政策宣传、市场服务和行业交流的重要平台，成为加工企业寻求合作伙伴、掌握先进技术、展示自身形象、了解行业动态、明确投资方向、促进产品销售的重要合作交流平台，对推动区域经济合作、促进农产品加工业健康发展发挥了巨大作用。"

城乡迎变——创业创新产业兴，脱贫攻坚群众富，农洽会催生城乡建设"加速度"，实现从内到外一起美

"与想象的不一样！"来到驻马店，无论是城区的市容市貌，还是乡村的村容村貌，都让人不禁发出这样的感慨。

在中国的城市版图上，驻马店并没有太过耀眼的城市元素，甚至因为外出务工人数多、城乡发展相对滞后，背上一些历史包袱。不过，连续20年召开的农洽会，为驻马店开启了一个更为宽广的舞台。农洽会促进了地方各项产业快速发展，更为这座豫南小城带来一场里程碑式的改变。

农洽会催生了驻马店城乡建设"加速度"，城镇化进程进一步加快，实现从内到外一起美：

——道路提质改造。全面打通断头路、整治背街小巷的同时，今年启动实施12条组团连通工程、42条主次干道维修等项目。

——生态持续优化。对中心城区6条河流进行了集中整治，实施4个水系公园建设，启动了水系连通工程，全面实施了雨污分流。

——展览展厅升级。总投资16亿元、建筑面积14万平方米的国际会展中心项目正在抓紧施工，预计明后年建成投用。届时，农洽会从硬件条件到配套服务都将极大提升。

如今的驻马店，主城区建成面积已由20年前的15平方公里发展到85平方公里，城镇化率提高了20多个百分点，先后获得全国双拥模范城市、国家园林城市、国家卫生城市等称号，目前正向全国文明城市、国家森林城市迈进。

外在的变化放眼可见，内在的变化则融于平凡的点滴之中。在驻马店开源湖好人主题公园，驻马店好人群像映入眼帘，他们中有被称为"农民工司令"的第五届全国道德模范提名奖获得者张全收，有荣登"中国好人榜"、被誉为"孤儿院里的好爸爸"的驻马店上蔡县阳光家园（孤儿院）主任、党支部书记李国华，还有被弟弟妹妹尊称为"嫂娘"的第五届全国孝老爱亲道德模范赵小参……据介绍，截至今年4月，驻马店已有52人荣登"中国好人榜"。

农洽会推动产业兴，更为驻马店农村经济社会发展和农民增收致富按下"快进键"。

地处黄淮平原，驻马店的农业资源可圈可点：气候温暖湿润，适宜多种农作物生长。常年粮食产量70多亿公斤，其中小麦总产量是全国的1/28，芝麻产量全国第一，生猪出栏量、肉类总产量居河南第一。然而，农产品多而不优、农业大而不强、农民增收乏力，一直是驻马店棘手的"家底"。如何实现传统农区从外在形象到发展内涵的整体提升？正是与农洽会的牵手，拓开了出路。

"农洽会创造更多产业融合机遇，延伸了农产品加工业价值链，促进了农业供给侧结构性改革，让农民因加工而种、因加工而养，成为农村创新创业和脱贫攻坚的有力抓手。产业壮大了，农民富裕了，城市发展也同步受益。"驻马店市委副书记、市长陈星说。

周巍峰就借此实现了转身——从种植大户变为创业明星。这个上蔡县黄埠镇农民，靠着农洽会获得了第一桶金。"第一回上会没钱没经验，还是搭着别人的摊位一起卖。"周巍峰记得，2003年的农洽会上，他花费心思培育出能生长达3米的巨型丝瓜亮相展会。每个高达60元的售价，让他坚定了靠丝瓜创业的想法。

更高的价值被慢慢发掘。丝瓜水有抗皱美白的功效，又赶上电商"井喷期"，周巍峰琢磨着萃取丝瓜水销售。连上一根网线，貌不惊人的护肤品打开了销路，创造了"一天卖出10万瓶"的销售奇迹。2015年，"巨型一号"丝瓜水获得农洽会金奖。如今，他带动周边农户种植丝瓜7000多亩，亩均收益达到2万多元。

农洽会激活了不少像周巍峰一样普通农民的创业热情。驻马店各级政府部门顺势而为，下大力气支持和保护。全市共建立了7个农民工返乡创业示范园区，提供注册登记、创业培训、资金扶持、人力招募等"一站式"服务。各级园区吸纳返乡农民工创业就业31957人，创办各类实体1282家。

创新创业快马加鞭，脱贫致富也同步提速。

"每年'中国农加工洽谈会'签约好几亿元订单呢，我们这儿的贫困户，只要有劳动能力，挣钱不用愁。"上蔡县久久农产品公司总经理李卫国介绍，久久牵头联手100多家涉农企业成立的粮食产业联合体，与周边农户抱团，实现种、养、加工分工合作，采购、深加工、销售、运输、储藏一体化。贫困户进入产业链，不愁没活儿干、没钱赚。

"产业扶贫要'接地气'，不光看规模，更要算效益。"上蔡县委书记胡建辉说，从这个角度出发，农洽会已经成为贫困地区宣传推介特色农产品、加强市场开发、引导发展新业态的有效平台。

"家门口就有产业集聚区，种地打工两不误！"作为全国食品工业强县，遂平县则在农洽会的牵引下，先后引进徐福记、今麦郎、英联饲料等一批国内外知名企业，形成食品加工业产业集群。1万多个就业岗位，让贫困户不再东奔西走，在家门口就能致富。

……

砥砺奋进二十载，不忘初心再启程。金秋9月，崭新的驻马店将再次聚焦人们的目光，向四海宾朋敞开怀抱，共

赴一场农产品加工业的盛会之约！驻马店，不见不散！

（原载 2017 年 09 月 08 日《农民日报》01 版）

城市建设

驻马店：用文明演绎城市嬗变

河南日报记者　杨晓东

一座城市的嬗变，文明是其最重要的刻度。

在 11 月 17 日召开的全国精神文明建设表彰大会上，驻马店市当选第五届全国文明城市。创建全国文明城市工作启动以来，驻马店改变的不仅是一座城市的建设，也是市民的精神面貌。这座城市由内而外全新嬗变。

作为一个农业大市，驻马店创建文明城市各项工作的基础较薄弱，难度可想而知：全国 100 个地级市同批参与，最终入选的仅仅 30 个城市，竞争激烈；90 余项 188 条测评内容，考核细之又细。如此大考，驻马店如何作答？

“市委、市政府坚持以人民为中心的发展思想，牢固树立‘创文为人民、创文促发展’的理念，强力推进文明城市创建工作。”驻马店市委书记余学友说，“抓百城建设提质工程强筋骨，抓精神文明建设提精神，硬件和软件同抓共建，造福于民。”

党的十九大报告指出，中国特色社会主义进入新时代，我国社会主要矛盾已经转化为人民日益增长的美好生活需要和不平衡不充分的发展之间的矛盾。人民向往的幸福美好生活，不仅是“仓廪实衣食足”的物质生活，更是“知礼节知荣辱”的精神生活。

在近几年的创建全国文明城市工作中，驻马店市中心城区开展背街小巷维修改造、打通“断头路”、城市外联道路及主干道升级改造，实施地下管廊、海绵城市、热电管网等基础设施建设项目，建设水体循环生态水系格局，实施医疗、文化、教育等公共服务建设项目，开展历史文化建设和产业建设，认真做好“以水润城、以绿荫城、以文化城、以业兴城”四篇文章。

“以前，俺家门口的这条胡同真让人闹心。路面坑坑洼洼，电线东拉西扯。小车进不来，下雨一脚泥……”今年 46 岁的相国太，家住驿城区橡林街道王楼社区胡庄新村。好了，环境变美了，俺也要争当文明人。”

走在胡庄新村，整洁的巷道，规范的行车线，好看的文化墙，以及道路旁的景观树，一切井然有序，让人心旷神怡。如今，相国太家被评为新村文明家庭，他多次献血的事迹还上了村里的“荣誉墙”。

这些天翻地覆的变化，得益于驻马店市对 38 个城中村、1100 个小区楼院和城乡接合部进行的综合整治。行之有效的举措让小区环境提升档次，小区居民文明程度提高，群众满意度提升、幸福指数也显著增加。5 年来，胡庄新村内没有发生一起刑事案件，被评为“全省民主法治示范村”。

驻马店市文明办主任刘雪向记者介绍，驻马店城市基础设施薄弱，公共服务建设欠账较多。该市通过全国文明城市创建工作，坚持从群众最需要的地方抓起，从群众最关注的事情做起。组织对老旧社区、城中村、城市郊区堆积多年的陈旧垃圾进行集中清运。打通 65 条断头路，完成 30 余条主干道路升级改造，改造 940 条背街小巷，主要完成路面维修、人行道提升、小区排水改造、雨污分流、绿化苗木补栽、配套路灯、主体文化墙设置等内容。同时，深入开展文明内涵攻坚行动，加强精神文明创建阵地建设，开展的“道德讲堂”活动实现了城区单位、社区、学校全覆盖，精心打造核心价值观主题街道、主题广场、主题公园、主题社区，新增建筑围挡、文化墙等公益广告 8 万多平方米……

一桥一路讲述着驻马店的发展变迁，一草一木彰显着渗透在这座城市中的文明精神。几年来，驻马店市委、市政府坚持以人民为中心，始终把文明创建作为推动发展的重要抓手，作为增强实力的现实载体，作为为民谋利的重要途径，有力促进了经济社会进步、人民生活改善、城市形象提升、社会风气好转。

（原载 2017 年 11 月 23 日《河南日报》）

驻马店市创建国家森林城市纪实

驻马店市承东启西，贯南通北，素有“豫州之腹地、天下之最中”的美誉，又处于淮河流域的上游，生态区位相当重要。

植树造林功在千秋，生态建设惠及子孙。身为农业大市的驻马店一直饱含生态情结，在相继获得“国家园林城市”“中国优秀旅游城市”“河南省绿化模范城市”等多张绿色名片后，又以创建国家森林城市为载体，强力推进林业生态建设，一笔一笔描绘着山青、水秀、林茂、谷丰的绿色画卷。

审慎考量“创森”势在必行

阳春三月，天中大地，最忙的人是植树人，最火热的地方是造林现场。

只因时间紧迫。驻马店市将于 2018 年夏季接受国家林业局“创森”验收，2017 年年底要力争各项指标达到或超过国家森林城市评价标准。

驻马店平原面积较大，耕地面积超过三分之二，是我省农业生产重点地区。农业大市为何决意“创森”？

驻马店坐拥大别山、伏牛山诸多余脉，有中原盆景嵖岈山、中原漓江薄山湖、全国最大的平原人工湖宿鸭湖湿地，风光秀丽、山川俊美。

多年来，在加快经济发展的同时，驻马店市在林业生态建设方面不遗余力，以林业生态市建设为载体，以退耕还林、山区绿化、平原农田林网建设、通道绿化等林业生态工程为重点，建成了比较完善的林业生态体系和林业产业体系，初步形成了城乡绿化融为一体的人居环境。全市八县及驿城区实现了林业生态县建设目标，驻马店市建成林业生态市；泌阳、遂平、西平三县获得“全国绿化模范县”称号；30个乡镇获得“河南省绿化模范乡镇”称号。

但是，正处在快速城镇化和全面建成小康社会关键时期的驻马店，生态环境也面临巨大压力。一些地方，过度的开发已经威胁到清澈的河流、茂密的森林、人与自然的和谐。

“创森”既是回应百姓对良好生态环境的期盼，也是长远发展的考量。

驻马店市委、市政府意识到，如果不重视生态发展，不重视生态文明建设，资源环境束缚趋紧，发展难以持续，势必牺牲下一代的发展空间。

通过“创森”，能不断增加驻马店森林资源总量，逐步提高森林质量，让更多的森林进城、环村、沿路、倚水，为建设富强、文明、平安、美丽“四个驻马店”提供良好的生态支撑，为长远发展拓展环境空间，改善城乡人居环境，让天更蓝、水更清、地更绿、民更富。

2015年，全国经济下行压力较大，越是在这种情况下，越要考虑打基础、管长远的事情。同年11月，驻马店市委、市政府果断决定启动国家森林城市创建工作。

戮力同心打好“创森”攻坚战

一个规划管到底，一张蓝图画到底，“创森”的脚步才能走得更坚实、更有章法。

驻马店市提出了“一核、一心、一带、两廊、三区、八城、多点”的建设布局，针对性地规划了森林生态体系九大工程、城市林业六大产业、生态文化保护两大举措、森林管理三大方面等建设内容，以期在全市范围内构建健康稳定、覆盖全面、造福市民的城乡一体森林生态系统，将驻马店市建设成为豫中南的生态屏障和大别山革命老区的绿色明珠。

2015年12月9日驻马店市创建国家森林城市动员大会明确提出，2016年至2017年两年完成全部植树造林任务。

说干就干，干则必成。

市委市政府成立由市委书记余学友任政委、市长陈星任指挥长的高规格“创森”指挥部。根据“创森”各项指标要求，将任务层层分解到各县区、市直有关部门，专门制定了《驻马店市创建国家森林城市奖惩办法》，严格奖惩。市创建国家森林城市指挥部办公室多次组织督查组加大督导力度，及时通过下发文件、手机报、媒体公开曝光等形式通报检查结果，表彰先进，鞭挞落后。

没有资金保障，工作就会沦为空谈。驻马店市多方筹资，加大投入。市财政对省级以上通道绿化按每亩1000元进行补助，2016年共补助资金5100多万元。各县区财政投入造林绿化资金每县区不少于2000万元，西平投入资金达5000万元。在通道绿化中，各县区采取承包返租、公司运作等形式落实土地使用权和造林绿化责任主体，对省级以上通道绿化用地进行补助，连补3～5年。据统计，全市累计多方筹资5亿多元。

“创森”不仅要在“大地植绿”，更要实现在人们“心中播绿”。驻马店通过悬挂条幅、设置户外标语牌、在媒体开设专栏、举办春节义写春联活动、发放宣传品等多种形式进行宣传，不断提高广大市民的支持率和知晓率。据不完全统计，去年各级媒体共报道“创森”50余次，市“创森”办共印制宣传纸杯20万个，宣传手册3万本，手提袋1万个，文具袋1万个，笔记本0.8万本，印制《中原之肾——宿鸭湖湿地风光》画册500本。

砥砺奋进“创森”成绩斐然

“创森”伊始，驻马店市森林覆盖率22.77%，距国家森林城市标准仍有7.23个百分点的差距。并且，“创森”要求三分之二以上的区、县森林覆盖率达到30%，各区县仅有确山、泌阳达标。

“创森”时间紧、范围广、任务重，难点多。

举全市之力，聚万众之心，树必胜信心。这两年，他们热血澎湃、激情满怀；这两年，他们争分夺秒、干字为先；这两年，他们正视问题，攻坚克难。

锲而不舍，金石可镂。驻马店紧紧围绕“创森”主题，以生态廊道建设、中心城区绿化美化为重点，全面开展平原农田防护林体系建设、山区成片造林及城区公园、游园、街道、水系等绿化工作，取得了显著成效。

年度造林绿化面积创历史之最。据统计，驻马店全市2016年共完成“创森”造林面积92.08万亩。西平、上蔡、汝南三县在廊道绿化和农田林网建设中乔灌结合、搭配合理，苗木规格质量高，完善林网面积大。特别是西平县高标准规划实施了万亩生态园、4800亩的“两河”公园和3000亩的中华嫘祖海棠园等重点民生工程。驿城区完成南干渠全线绿化，取得前所未有的突破；泌阳、确山两县注重发展木本粮油经济林，预期效益突出。

中心城区绿化美化全面提升。大量栽植乔木，大规模建设城市绿地，园区绿化、道路绿化、河岸景观绿化项目得以积极推进，着力改善和提升绿地景观效果，园林绿化布局不断完善，公园绿地面积持续增加。2016年，中心城区实际新增绿化面积约90万平方米，绿地率达到34.5%，绿化覆盖率达到40.5%，人均公园绿地面积11.09平方米。

林业产业蓬勃发展。驻马店市以花卉苗木基地及森林旅游业发展为重点，大幅调整林业产业结构。在花卉苗木基地建设方面，培育出了上蔡、遂平花木基地，涌现了遂平名品彩叶花木基地等一批林业产业化重点龙头企业。在森林旅游方面，嵖岈山风景区、温泉小镇等一批森林旅游景点不断做大做强，2016年，全市森林旅游接待量同比增长19.6%。林下经济得到快速发展，发展面积85.2万亩，使不砍树也能致富，生态保护与林业发展良性循环。

2017年是“创森”的攻坚之年、关键之年，驻马店要完成106万多亩的造林任务，目前已大头落地。

重任在肩勇担当，实干有为出成效。一棵棵茁壮树苗傲然挺立，焕发出勃勃生机，承载着绿色的希望，一个宜居宜业、生态优美的森林城市芳容初绽，一个“钟灵毓秀天中地，山水田园驻马店”已渐露雏形。

（原载2017年3月13日《河南日报》07版）

驻马店：内外兼修天中“蝶变”

8月7日，立秋，一场大雨过后，炎热渐消，空气中透着清凉。

吃过晚饭，53岁的驻马店市民徐树清与往常一样，沿着开源河景观步道悠闲地散步。“现在的驻马店，环境优美、道路畅通、市容整洁，处处是景，推窗能见绿、出门能入园。”对于身边的变化，徐树清看在眼中、喜在心里。

城市，让生活更美好。应时合势、顺势而为，驻马店市紧紧抓住入选全省首批百城建设提质城市的机遇，以“六城联创”特别是全国文明城市、国家卫生城市创建为抓手，完善城市功能、塑造城市特色、增强城市内涵，全面提速提质城市建设，传统农业大市正“蝶变”为宜居宜业宜游的现代城市。

宜居之城：以人为本提品质

“城，所以盛民也。”城市，以人的宜居和乐居为主旨。

今年年初，驻马店城区主干道置地大道贯通后，既缓解了解放大道、开源大道的压力，又带动了京广线以东区域的发展。

置地大道的贯通让城市打通了一条“动脉”，市区众多道路的建设和维护则让整个城市的“经络”更加畅通。去年以来，驻马店累计升级改造30余条主干道，打通65条断头路，综合整治940多条背街小巷。

穿行于驻马店城区，随便走进一条主干道，路面宽阔平整，绿化带各色花木错落有致、摇曳生姿；随便进入一条背街小巷，文化墙丰富醒目、柏油路平坦干净；随便走进一个公园、广场，各种健身器材应有尽有……

改造整治后焕然一新的建业农贸市场内，商户在洁净环境里经营、老百姓在放心环境内购物，呈现出一派其乐融融的景象。现在，52岁的市民叶春林下班路过建业农贸市场，总是习惯性地进去买些新鲜果蔬，“以前这里环境脏乱差，摊位随意摆，俺根本就不来。”

这是驻马店市提升城市品质的一个缩影。该市不断加强基础设施建设，补齐民生短板。自去年以来，该市对中心城区13个集贸市场、38个城中村及1100个小区楼院和城乡接合部进行了升级改造和集中整治；新建改造垃圾中转站47座、公厕294座；购置1000余台大型环卫机械设备，城区主次干道机械化清扫率达到100%；升级改造32个公园和游园。

为持续提升城市承载力和吸引力，未来三年驻马店共谋划百城建设提质工程重点项目716个、总投资900多亿元，其中，今年谋划实施578个项目，计划完成投资210亿元，目前已开工346个。

随着一批批民生工程的加快建设，市民的幸福感和获得感将得到进一步提升。

魅力之城：古今并重显特色

在驻马店市智慧城市管理中心，“数字城管”系统大屏幕上显示着城市三维实景地图，70平方公里建成区被划分为103个责任网格区，虚拟成“小圆点”的100多名信息采集员不间断地传回巡逻信息，管理中心及时把信息反馈到各职能部门，保证市民关切的问题第一时间得到解决。

依托“数字城管”系统，驻马店不断拓展功能、规范城市管理，并利用微信、微博等平台，广泛收集城市管理方面的问题、意见、建议，架起城市管理部门与公众之间的桥梁，实现了传统管理与现代技术的有机融合。

“数字城管”让城市新潮和智慧起来，而功能片区的开发则凸显着驻马店的城市文脉和城市特色。

驻马店自古为交通要冲，因历史上南来北往的商贾、官宦等在此驻驿歇马而得名，素有“豫州之腹地、天下之最中”之称。

8月8日，位于驻马店中心城区西南部的练江河片区，一个计划总投资超百亿元、规划占地面积3300亩的省级重点建设项目——皇家驿站项目正如火如荼地进行，一片飞檐翘角的明清徽派建筑群古韵悠长。

传承历史文脉、复活千年古镇。皇家驿站项目突出对驻马店千年驿站文化的挖掘和延伸，未来将建设成集“吃、住、行、游、购、娱”等功能于一体的文化旅游古镇。

水赋予城市以灵性，漫步开源河、练江河等景观带，亭台楼阁、小桥流水，令人赏心悦目。以水“润”城，驻马店正在实施薄山和板桥水库引水、城市生态配水和生态水系连通工程，集中治理6条河流，新建3个水生态公园，并对城区全面实施雨污分流。

坚持规划先行，古今并重、突出特色，驻马店正在一步步成长为文化古韵与闲适乐活融合的魅力之城。

文明之城：好人精神耀天中

悠久的历史文化传承，深厚的传统美德熏陶，培育了驻马店人淳朴善良、吃苦耐劳、踏踏实实、侠肝义胆、知难而上的群体性格，文明和美德深深融入天中儿女的血脉之中。

“好人精神”光耀天中。近年来，驻马店市先后涌现出赵小参、张全收、李国喜、刘桂花、付小粉、张喜凤等一大批全国、全省道德模范，“好人之城”已经成为驻马店的新名片。

行走在驻马店市各主干道，“公民道德教育宣传栏”随处可见，道德模范、身边好人、最美护士（教师）、美德少年等“天中好人”系列典型人物事迹专题展览常年开展，在全社会形成了学习好人、争当好人、争做好事的生动局面。目前，驻马店拥有各类志愿者52万人，市区文明单位干部职工注册志愿者占比在95%以上，“小红帽”成为一道流动风景线。

今年7月，驻马店被命名为“国家卫生城市”。当前，驻马店把全国文明城市创建与推进百城建设提质工程紧密结合，出台一系列措施，持续提升城市人文气质、社会道德风尚、居民文明素质，让“文明之花”遍开天中大地。

“内外兼修”之下、“刚柔并济”之中，一座功能完备、环境优美、文化浓郁的宜居魅力文明之城犹如一幅多彩的画卷正徐徐展开。

（原载2017年8月10日《河南日报》01版）

社会民生

河南上蔡县探索托养模式 破解重残人群脱贫难题

新华社记者　孙志平　曹　凯　孙清清

“照看一个人，拖累一群人，致贫一家人”是重度残疾人家庭的真实写照，解决这类人群的脱贫问题是最难啃的“硬骨头”。2016 年以来，河南上蔡县探索建立建档立卡贫困户重度残疾人集中托养模式，在有效规避私办托养中心弊端基础上，变“输血式”扶贫为“造血式”脱贫，走出了一条重度残疾人家庭增收脱贫的新路径。

上蔡县地处豫南，是一个平原农业大县、人口大县、国家扶贫开发工作重点县。该县共有建档立卡贫困人口 90182 人，其中因残致贫的 8227 人，占贫困人口的 9.32%

为解决建档立卡重度残疾人家庭脱贫问题，2016 年上半年，上蔡县摸索建立了集中托养模式，在 12 个乡镇建成 16 个托养中心（院），可集中托养重残人员 180 人。

走进大路李乡栗庄村托养院，首先看到村卫生室，再往里走是 6 间新盖的平房，其中 3 间为托养病房，其他 3 间分别是厨房、餐厅、办公室。每间托养病房里，有 2 张病床和 1 张看护床。

临近中午，托养院厨师李玉环正在煎煎饼，熬稀饭。“今天他们想吃煎饼，喝稀饭，我正准备呢。”李玉环说。她口中的“他们”是托养院里被托养的 6 名常年卧床的重度残疾人。

记者打开厨房里的冰箱，里边有面条、鸡蛋、豆芽、猪肉、菠菜等。

“在托养院，护工、厨师和被托养的人都是贫困户。重度残疾人家庭其他人可专心在外打工挣钱，通过解放劳动力，达到脱贫的目的。”大路李乡民政所所长胡高飞说，“栗庄村托养院现在集中托养建档立卡重度残疾人 6 人，要看病旁边就是村卫生室，24 小时由护工照料，生活和就医条件都有较大改善。”

与私办托养中心不同，上蔡县探索建立的集中托养模式，托养对象必须是本地建档立卡贫困家庭二级以上智力、肢体残疾且日常饮食起居不能自理、家庭无力照料或照料困难的人员，按照“户申请、村申报、乡审批、县备案”的程序，筛选确定入住人员。

上蔡县根据重度残疾人群分布情况，结合实际需求，在全县统筹规划布局托养中心（院）点，确保重度残疾人就近得到托养安置。乡镇托养中心依托乡镇卫生院闲置病房改造，每个托养中心可同时托养 10 名至 12 名重残人员；村级托养院利用闲置集体建设用地新建或依托村卫生室改建，每个托养院可同时托养 6 名至 10 名重残人员。

托养中心（院）建设资金和日常费用支出由“县级财政列支一部分、相关部门整合一部分、集体经济投入一部分、社会各界捐赠一部分”构成。每个乡镇托养中心投入改造资金 15 万元，每个村级托养院新建资金 12 万元。

护工和厨师从建档立卡贫困户中选聘。通过积极整合扶贫、民政、残联、财政等部门项目资金，确保托养人员的医疗费用全额承担，每人每天生活费不少于 30 元，护工及厨师工资按每人每月 2000 元的标准按时发放。

34 岁的朱松涛是大路李乡马堂村人，母亲死得早，一直以来因为照顾其老年痴呆的父亲而无法外出打工。2016 年 8 月，他父亲被接进栗庄村托养院，他开始在上蔡县干建筑工，工资每月 2000 多元，今年还找到了对象。

（新华社郑州 4 月 9 日电）

一块桦树皮是“传家宝”

郑报融媒记者　董艳竹

中央文明委开展第一届全国文明家庭评选表彰活动，从全国范围评选了 300 户文明家庭，并于 12 月 12 日召开了隆重的表彰大会。郑州市马昕家庭、王金宽家庭、方秀云家庭 3 户家庭荣登榜单。《郑州晚报》相继推出《马昕：好家风源自父母“润物细无声”》《王宽:“厚善”是我们的家风》，分享了他们在创建文明家庭、塑造良好家风方面的经验和做法，受到广泛关注和热议，大家纷纷议家风、谈家规，分享家庭故事。

方秀云去世后，她的儿女们总结出“四平”家风，希望代代传承。

12 月 17 日，郑报融媒记者讲述了杨靖宇将军儿媳方秀云家的好家风，以及老人用“四平”精神教育子女要不忘初心，做无愧于英雄后人的温馨家庭故事。

将军后代不忘初心，传承“四平”精神

12 月 16 日下午，二七区永安东街社区 95 号院像往常一样平静，小区门口几位老人坐在一起拉家常，不时有行人进进出出。

16 号楼的一套三居室房子里，64 岁的马继先和妹妹马继传正在收拾母亲的遗物。床铺已经空了，兄妹 5 人轮流陪护时睡的折叠床也收起来了，柜子里的衣物归好类并摆放整齐。看着曾经熟悉的一切，如今只剩下对母亲的回忆和深切怀念，姐妹二人眼眶红红的。

这是方秀云老人生前一直居住的屋子，老人于 10 月 30 日去世，享年 92 岁。

“我的母亲很伟大。父亲去世很早，母亲独自一人抚育我们兄妹 5 人，吃了很多苦。母亲一生要强，喜欢热闹，爱干净。”提起母亲，马继先不禁哽咽。她说，母亲生前常用四句话教育家人："平凡中严要求、平常中有责任、平静中不落后、平淡中懂知足。这'四平'精神也是母亲留给我们的家风和家训，我们要不忘初心，好好传承。"

客厅里，方秀云最小的儿子马继民展开了一幅字，上面写着母亲常提的"四平"精神，他说这几天要找人把这幅字装裱起来，并挂在客厅最显眼的位置。

方秀云的儿女拿出"传家宝"——桦树皮。

说起方秀云老人，邻里街坊都知道，她是民族英雄杨靖宇将军的儿媳妇，是一位处事低调、为人和善的老太太。

方秀云老人识字不多，却用言行灌输好家风观念

民族英雄杨靖宇的故事妇孺皆知，曾率领我东北军民与敌人血战于白山黑水之间，身经百战，出生入死，屡立战功，在冰天雪地弹尽粮绝的紧急情况下，孤身一人与大量敌人周旋战斗几昼夜，最后壮烈牺牲。后敌军解剖，发现他竟以棉花、树皮、草根为食，敌军无不震惊和折服。

但是，你知道杨靖宇将军的原名叫马尚德吗？他是河南省确山县人，他的后人现居住在郑州，在平凡的岗位上过着平凡人的生活。即使日子清贫简朴，他们也不愿意在人前提起杨靖宇就是自己的祖辈，因为他们知道，不能用祖辈的功劳伸手向组织要关怀，而是要继承这种英雄气节，挺直腰板做人。

这些，都是方秀云老人生前经常告诫孩子们的。她说，"爷爷是爷爷，你们是你们，不能张扬，要低调做人。"

马继先说，母亲为了照顾好这个家受了不少罪，给别人糊过纸盒、看过孩子、穿过铁丝……但不管日子多难，母亲都未向组织提过任何要求。"母亲识字不多，但她通过一言一行，将家风、家规的观念灌输给我们。"

一块桦树皮是"传家宝"：教育全家无愧于将军的后代

提起这个全国文明家庭的传家宝，兄妹几人异口同声："桦树皮。"

1958年，杨靖宇将军唯一的儿子马从云带着妻子方秀云和长子马继光到东北为父亲扫墓。当时，杨靖宇将军生前的老战友送给他一块桦树皮，并说："当年你父亲就是吃这个和敌人打仗的。"从此，这块桦树皮成了他们的传家宝。如今，这块桦树皮被马继民用红布层层包裹着，他说："这个传家宝要一代代传下去。"

58年了，这块桦树皮已经破损。马继先说，桦树皮破损，是因为母亲没事儿时总会抠下点儿放嘴里嚼嚼，有时也让孩子们尝尝。

"桦树皮吃到嘴里没一点儿味、很硬，往下咽的时候很拉喉咙。"马继先说，兄妹们知道母亲的用意，她是想让大家铭记自己是将军的后人，任何苦都能吃得下，工作和生活中更不能和别人攀比。如同他们5人的名字，从大到小依次是：继光、继先、继传、继志、继民，意思是要继承先辈的光荣传统，做无愧于杨靖宇将军后代的人。

不仅是马继光兄妹5人，就连他们的下一代，也是如此要求的。常青是马继传的大女儿，是一名小学教师。她说："家里每个人心中都有一个信条，我们是将军的后人，我有一位伟大的姥姥，我们要一如既往地把好家风传承下去。"

"母亲走了，但家还在，家风要继续传承。"

在方秀云老人的教导和影响下，英雄的后代秉承着英雄的精神，严格要求自己，将杨靖宇将军的坚定信念、无私奉献的精神一代一代地传承和发扬光大。马继光兄妹5人全部是共产党员，在铁路系统的平凡岗位上默默奉献着自己，多次被评为优秀党员和先进工作者。

今年9月，中央文明委部署开展第一届全国文明家庭评选表彰活动，郑州市推荐了方秀云家庭。"这个时候，我母亲的意识已经不太清楚，但恍惚还知道这个消息。很遗憾母亲没能等到我把证书领回来。"马继志看着手里的"全国文明家庭"证书说，要到墓前把这个好消息告诉给母亲。

"母亲走了，但我们的家还在，家风还要继续传承。这是我们兄妹5人共同的责任。"马继先说。

（原载2016年12月17日《郑州晚报》）

文艺作品

年　味

王太广

"红萝卜、甜又甜，过了腊八就是年……"小时候，年味是在唱民谣中渐渐浓了起来。

进入腊月后，母亲就开始把积攒的小米、红枣、红小豆、黄豆、绿豆和干豆角拿出来淘洗干净，泡在瓦盆里，把各种配菜提前切好。初八早晨，当我还躺在温暖的被窝里，就听见母亲拉风箱的"呼哒、呼哒"声。不一会儿，锅里的粥发出"咕嘟、咕嘟"的声响，冒出腾腾的热气，屋子里弥漫着浓郁的香味。品味着那五颜六色的小米粥，咸咸的，稠稠的、黏黏的、甜甜的、香香的，甜中含香，香里透醇。喝罢粥，头上直冒汗。上学途中虽然寒冷，全身暖融融的，嘴里似乎满是腊八粥的余香。

"吃了腊八饭，就把年货办。"过了腊八，乡下人就开始一个集接一个集地赶，一直赶到年三十，必备的年货一件都不能落下。水屯街从东关到西关有二里多长，人们习惯地叫这条街为"街筒子"。赶年集的人很多，从四面八方涌来。熙熙攘攘，车水马龙。挑担的、推车的、挎篮的、拎包的，男女老少的脸上都挂着过年的喜悦，长长的街筒子伴着喧闹的嘈杂声，两边摆满了丰富的年货。有卖针头线脑、鞋帽手套小百货的，有卖瓜子、水果、蔬菜、烟酒副食的，有卖猪羊肉、鸡、鸭、鱼的，有卖油盐酱醋调味品的，有卖锅碗瓢盆日用品的，有卖红枣、柿饼子、黄花菜、毛鱼干货的，有卖油条、馓子、烧饼、米糕团、麻糖的，还有出售彩色气球、琉璃嘣子、泥老虎、小叫吹的……当然，我最关心的是小吃、玩具和鞭炮。

对小孩子来说，最快乐的莫过于拾鞭炮。年三十的傍晚，当老队长朱元臣家的鞭炮首先响起时，就像在庄上吹起了“集结号”，吸引着孩子们停止了各自的玩耍，纷纷从不同的地方向那里飞奔而去。那时候的鞭炮都是草节子和电光炮，每挂都比较短，当我跑到地时鞭炮已经响完，只能钻进浓浓的硝烟里，在燃放鞭炮的地方寻找“瞎炮”。正在这时，又听到西边李道林家响起了鞭炮声，大家迅速转移，奔向新的“战场”。正往西跑时，东边韩彩合家的鞭炮又响起来了。站在路旁的大人们看见我们你追我赶、争先恐后、来回穿梭的样子，忍不住笑起来。我听见王进才叔叔说：“你看看这些小孩，真是慌的跟拾小炮的一样！”随着鞭炮声的稀疏，家家户户开始吃年夜饭，之后是“熬皮袄”，为等待大年初一的到来。

从凌晨开始，鞭炮声就响个不停。我还没起床，母亲就把新衣裳放到了床头。吃过早饭，挨家挨户拜年，同时欣赏春联、门画和年画。从初二开始，我三姐就按照父母的吩咐分别去走亲戚。先去姥家、舅家，再去姨家和姑家，还有舅爷家、表爷家、表姑娘家、表叔家等等。初走亲戚时的果子包（即糕点）有角有棱，但在众多亲戚的相互走动中，黄色的草纸已被香油浸得黑乎乎的，有的甚至出现裂缝。我曾遇到过这种情况，就把裂缝弄大，从中掏出几个小金果吃。这样下来，原本一市斤的果子包，在众亲戚家周转之后明显地不够头了。过罢元宵节，该走的亲戚基本走完了，该回的礼也都回了，父亲便把全家人叫到一起，抖开果子包，让大家吃。我吃着沾有面糜和红糖的果子，尽管有的已经发霉，有的很硬，仍感到很甜、很香！

过罢破五，随着一阵阵鞭炮声响起，锣鼓声传开，民间艺人便陆陆续续进了村。舞龙的、舞狮的、踩高跷的、玩旱船的、玩肘阁的、玩竹马子的、玩大头吼的、玩犟驴的、玩二鬼绊跌的……五花八门，应有尽有。村里村外，锣鼓喧天，人们兴高采烈，欢呼雀跃，载歌载舞，热闹非凡。元宵节前后形成高潮，一直持续到二月二。这些具有浓郁地方特色和生活习俗的民间玩艺儿，花样翻新，百看不厌，不仅给老百姓带来了欢乐，也为年增添了浓浓的气味。

年味是乡愁，在渐渐失去年味的今天，我们到何处找回乡愁呢？

（原载 2017 年 2 月 4 日《人民日报》海外版 11 版）

张运涛散文三题

张运涛，正阳县人，中学教师。中国作家协会协会员，河南省文学院签约作家，鲁迅文学院英语班学员。2008 年开始创作，发表中短篇小说、散文 100 多万字，曾获《广西文学》2011 年度散文奖，第二十届梁斌小说奖短篇小说一等奖，林语堂散文奖，浩然文学奖等。2012 年秋，受美国爱荷华大学邀请、美国国务院教育文化局出资赞助，赴美国参加中美青年作家文化交流活动。2016 年 6 月，入选省作协、省文学院组织的“中原（文学）八金刚”作品研讨会。

代　元　美

1

母亲突然打来电话，说是正往县城赶，上午骑电动车赶集摔倒了，手腕老是疼。我不敢怠慢，赶紧联系县医院的医生。我是了解母亲的，不是痛到无法忍受她是不会进城找我的。

要开单子拍照，医生问我母亲的名字。我愣怔在那儿，嘴里涩涩的，发不出声。母亲的名字，我当然不可能忘记，我曾在无数的表格里填过，入团登记表，毕业生登记表，出国签证表……问题是，那三个字还从没有从我嘴里发出过。对于我们这一代农村孩子来说，父母的名字特别神圣，小辈人不能随意乱叫。要是哪个玩伴大声地叫了谁父母的名字，那就是大不敬，就会引来一场捍卫父母尊严的“战斗”。不像现在，大人经常以小孩子能叫出自己的名字而自豪。也难怪，名讳一直是中国的传统，据说早在夏商时代就盛行了。《春秋公羊传·闵公元年》就有“为尊者讳，为亲者讳，为贤者讳。”皇族国戚有名讳，镇守一方的小官小吏也不例外。一个小小的北宋太守田登，甚至禁止州内百姓提到与“登”相关的任何文字，留下遗笑千年的“只许州官放火，不许百姓点灯”的典故。还有司马迁，因为父亲名叫司马谈，整部《史记》里没有出现一个谈字。

我的名字就曾经费了一番周折。开始是叫讲新，上学的时候老师严肃告诫父母必须改名，中央有个领导叫江青。其实也只是读音相近而已，敏感时期，还是改了。第二个名字没叫多久，春节串亲戚时有人发现与我三奶名字中的一个字相同，于是改成现在的名字。

社会进入人权时代，名字不再只是一个单纯的称谓，老百姓借此张扬自己的个性。他们标新立异，不惜顶上反传统的“罪名”，李 A，王贺西亚……还有人梦想永垂不朽，把名字镌刻在墓碑上，或捐出万贯家产换取用自己的名字给桥梁或学校冠名的机会……

我不知道这个世界上到底还有多少人知道我母亲的名字。即使对于母亲自己，名字也只是她短暂少女时代的记忆。后来，像嫁到张湾的所有女人一样，母亲只剩下一个虚泛的符号——代女子。我们那个地方，长辈叫已婚晚辈女人都是某女子。代女子这个称谓跟了母亲大半生，是母亲这辈子用得最长的一个符号——远远超过代元美这个她身份证上的法定名字。

2

女人嫁了人就失去了自己，这也是我们国家五千年的传统。

代元美的惯性还没有完全停下来，母亲隔三岔五就会和父亲生一场气。因为远离自己的娘家，母亲无处诉说，只好去屋后的小树林里哭上一番。我好奇，偷偷跟过去听过一次。母亲反反复复地哭诉自己可怜，远离自己的娘家，没人为她做主，没人为她撑腰。后来我们搬回了淮河岸边的老家张湾，离母亲娘家近了，也就一公里的距离。但母亲再有委屈的时候，还是躲在家里哭，娘家不回，屋后也去不成了——新房子后面没有小树林可以隐身。有一次碰巧三奶来串门，母亲终于有了倾诉的对象，哭自己如何委屈，如何辛酸……三奶不停地安慰母亲，代女子，女人都是这样过来的……

在三奶的劝慰下，母亲反而哭得更长久。她说她为了省卫生纸，把我的废旧书本撕下来揉几揉夹在卫生纸中间。我那时候当然不明白母亲的意思，现在想起来，母亲身为女人的生活真是辛酸。

母亲和父亲的抗争好像从来都没有停止过，主题大到一个家庭的外交，小到油盐酱醋。他们不断地争吵，每一次仿佛都要分崩离析。然而，每一次又都以重归于好结束。他们那一代人的感情，我们似乎很难理解，就像现在孩子理解不了我们一样。

有人站在农家门外问有人吗，女人经常都会条件反射般回应，屋里没人……我母亲也一样，天生就有一种附属男人的心理。

有一次，母亲向我讲述过他们结婚前后的事。父亲那时候在大队的毛泽东思想宣传队工作，拉二胡。父亲上过几年学，略识文字，前程似乎锦绣。再加上年轻，面容清秀，自然会受到姑娘们的青睐。刘姓大队干部要把自己的侄女介绍给父亲，父亲没同意，于是招来百般刁难。父亲正无措，公社把会算帐的他挑选去做了某处工地的司务长。姓刘的不死心，反复向上级报告父亲的“劣迹”，终致父亲被辞退。1974年，父亲患类风湿性关节炎，几至瘫痪。母亲和二姑用架子车推着父亲去求医，医生偷偷跟母亲说，回去准备后事吧。回去的路上，母亲和二姑哭了一路。但是母亲没有放弃，又带着父亲去市里……

在我的记忆中，好像父亲从没拉过二胡，我甚至怀疑母亲是借音乐来提高父亲在我心目中的地位。但是那把二胡却证物一般确切地挂在我们家的墙壁上，南边的墙上。虽然是装在套子里——褚红色的套子，严严实实，但二胡的形状还依稀可见。上面长年累月积着灰尘，很长一段时间都没人动它。再后来，它就不见了，像舞台上的群众演员，悄无声息地退场了。

也许是因为不好意思，母亲故意略去了恋爱的那一部分。但从母亲仍然闪着光的眼睛里，我看到了年轻父亲玉树临风的形象。毋庸置疑，母亲那时候肯定是认定了年轻有为的父亲，把自己的一生都托付到父亲的身上。好在，父亲坚守了他们的爱情，不惜牺牲“锦绣”前程。这应该是他们能够经受得住生死考验的爱情基础。

关于父母，我其实还有好多疑问，但我到底没有追问，怕扯起母亲的伤痛，也怕我自己不能自制。后来便有了我，好多事我也算亲历者，不需要母亲讲述。父亲虽然行走自如了，但类风湿性关节炎是慢性病，根治不了。父亲的关节就像气象台，天阴下雨之前都会疼。即使晴好的日子，父亲也不能再沾水，不能干重活。

有一段时间，许是田地里的活太重太紧了，父亲累倒了。医生说，是营养跟不上。七八十年代的农村，都是省吃俭用过日子，哪家的营养能跟上？没钱买鱼买肉，用开水冲生鸡蛋喝也行。母亲得到这个偏方，每天冲两杯鸡蛋茶，加少许白糖，一杯给父亲，一杯给我。我那时正上初中，母亲说，学生用脑子，营养也得跟上。

坚持了一段日子，家里的鸡蛋却坚持不下去了。鸡蛋金贵着哩，油盐酱醋都指望它。没办法，母亲只好停了我的那份。我已经尝到甜头了，突然停下来，有一种不被重视的失落感。可我从来没想过，几乎承担了家里所有繁重活计的母亲为什么不给她自己补充一点营养呢？

3

我跟母亲话不多。跟父亲也是。我们面上很生硬——躲不过去的话，也就一、两句的交流。这种状况可以追溯到我的少年时代，他们从未对我有过亲昵的举动。农村的父母，总是有做不完的事，照顾我下面的弟弟、妹妹，伺弄庄稼……我的成长氛围让我养成了很少表达感情的习惯。

偶尔打一次电话，很家常地问母亲吃饭没，在做什么。想好的问候总觉得拗口，说出来反而远了，有矫情做作的嫌疑。因为电话少，以至于母亲一接到我的电话就很紧张，不停地问是不是出了什么事。有一次母亲节——城里早已经搞得轰轰烈烈了，我鼓起勇气拨通家里的电话，想学外国人说一句“我爱你，妈妈！”但我突然意识到，母亲一个乡下妇女，哪里知道这样一个洋节？三八节还好，可惜是公历，乡下人只知道与农事紧密相关的农历。

我心里很清楚，我们之间的亲情只在地下奔突，滚烫且羞怯。我天性如此，不喜欢夸张的热情，不喜欢浓烈的表达。也许，我们都怕被烫着吧。

平时回老家我一般都不敢提前告诉母亲。即便如此，母亲还是像待客一样弄几个菜一个汤。毛巾也换上新的，生怕我责怪。有次回家，家里的毛巾用得都看不出颜色了还挂在洗脸架上，我很生气，一条毛巾能省几个钱啊！母亲记住了这事，每次我回去她都会提前换上新的，像城里迎接上边下来检查的领导。要是我哪天不期而至，母亲在厨房的忙碌中还不忘抽出身从里房里拿出一条新毛巾给我用。

工作20多年，每一年的春节我都是在老家度过的。有一次我跟儿子站在当院比身高，我老婆瞄了瞄，说儿子已经超过你了。我母亲也在旁边，她坚定地支持她的儿子，哪啊，还是他爸高一些。婆媳俩谁都不让，差一点吵起来。

一眼就能看出高低的简单问题，为什么她们还会有分歧？面对皇帝的新装，两位母亲谁也不愿做那个“无邪”的幼童，尽管她们都曾嘲笑过皇帝大臣们的虚伪。

节后某日，母亲打来电话，问我在做什么。我答，晚上有学生来家做客，正在超市采买。反问母亲，母亲答，没事，在路上晒太阳。我感觉母亲好像有话，她不会打电话就为了告诉我她在晒太阳。果然，母亲说，别忘了，今天你过生。

我总是记不住自己的生日，因为是农历。我在城里工作了二十多年，早已习惯了按公历安排自己的工作生活。母亲忘不了，每年的这一天都会给我打个电话。

4

2003年春天，父亲被查出直肠癌。虽然我们对直肠都不太了解，但癌症的后果我们还是清楚的，何况又是中晚期。

从那一天起，母亲和父亲再也没有怄过一次气。

现代医疗的进步并不能终止癌症患者的绝望。父亲的状况越来越糟糕，癌细胞从直肠转移到肝，人渐渐萎缩，直到又一次瘫痪在床。最后一年，父亲无法自理自己的生活，全靠母亲护理。

有一次我回家探望父亲，母亲怯怯地递给我一小片纸。那是从一本时尚期刊的夹缝中撕下来的一则药品广告，说是可以化解所有癌症。我受过这么多年教育，当然不信。但我不忍拒绝母亲满怀希望的眼神，照着广告上的地址邮去了一笔钱。十五天后，父亲依然躺在床上，没有像广告中所说的那样精神起来。我当着母亲的面打电话质问对方，人家改口说五剂见效。我看着母亲依然怯怯的眼神，只好去邮局汇去第二笔钱。

老实说，直到父亲咽气，我都没有多少他危重的记忆。没有深夜里不能自制的咳嗽，没有沉重得透不过气来的喘息，没有痛苦的呻吟……母亲的尽心尽力，得到了左邻右舍一致地称赞。

让母亲觉得神奇的是，父亲的生命竟然又多坚持了一天一夜。父亲完全昏迷时，我远在千里之外出差。晚上没有车，我只好一程一程地倒车朝家里赶。一路上，不断接到母亲的电话，问我到哪儿了，说父亲一直看着大门口，等着见他最亲的人。我伤痛欲绝，几乎一天未进水米。车到村口，一棵小树一般的黑影迎上来。母亲反复说，你爸不见他最亲的人舍不得走啊！我搀着母亲，深一脚浅一脚地往回走。她轻飘飘的，随时像要摔倒。

只剩下36公斤的父亲可怜地蜷在当门的稻草上——这是我们老家的习惯，垂死的人都要从床上挪到地上，身下铺着稻草。父亲果然眼睛向着门的方向，恋恋不舍。我上前一步握住他的手，语不成调，只知道一声接一声地叫爸。半小时后，木乃尹一样的父亲如释重负般咽下最后一口气。母亲呼天抢地，不能自制。我太熟悉这哭声，想一想都让人断肠。

你爸没良心，死在我前面。这是过后母亲说过的一句话。母亲除了怀着对父亲的眷恋，似乎还有对我们这些子女的不满。我是负担了父亲的医药费，但他病倒的这一年，我没有给他喂过一匙饭，没有给他翻过一次身，没有抱他出来晒过太阳，更不曾为他擦屎端尿……我后来不断反省，我是不是因为自己出钱给父亲看病就在母亲面前漾出过居功自傲的神情？

葬礼稍显奢华，有欲盖弥彰之嫌。包括接下来三年中的所有祭日——周年、七月半儿、清明、十月一儿，我都小心翼翼，恪守着乡下的各种习俗，以期弥补自己对父亲的愧疚，安慰活着的母亲。

张湾从此于我又有了更宽泛的感知。除了生我养我的土地，除了母亲和弟弟一家，还有一座坟。

故乡，就是有你最亲的人的坟墓的地方。

5

父亲走了，房子塌了一个角。这个世上从此少了一双关注我的眼睛。很多事情父亲已经做完了，把我们扶养成人，起房子，给我们娶媳妇……也有他未完成的，厨房里的地锅还没有砌，东坡地里的稻谷等待收获……无论我活成什么样子，他都是我的父亲，他未完成的活我会一件一件地接下来做完。包括，照顾好母亲。

男人再不济，也是撑家门的柱子。乡下都是这样，母亲永远是家属，是代女子。有的地方甚至唤作，谁谁谁家里的。父亲没了，她还是没活回代元美，孤单单的，被人介绍为谁谁谁的母亲。

这个失去了靠山的老人，看人时总是一副躲闪不定的眼神。她还不到60岁，身板也早早地佝偻下来。我多么想让母亲也像城里人那样，昂首挺胸，充满自信。可母亲是农民，她的一生都在弯腰劳作，割罢麦插秧、播过种锄地。稍有闲暇，又得去积粪。可怜的母亲，当她兴奋地跟我讲她在路边意外捡到几块整砖时，她不知道我有多么心酸。

我让年届花甲的母亲选择，是愿意跟我进城还是在乡下跟我弟弟住在一起。我刚刚在县城边起了新房子，三层小楼，一个大院子。母亲到我们家，无非是做饭，连洗衣都用不上她。

我有啥选的？你弟弟他们出去打工了，孩子谁管？母亲仍是怯怯的，不看我们。

到年终父亲的生日，我突然想起来还没给母亲庆祝过一次生日，我们的生日她倒记得清清楚楚。不知道其他地方的农村是不是也这样，孩子们只知道给父亲过生日，忽略了母亲。

我问过母亲的生日，母亲笑着说她也忘了。我知道她不愿说，怕劳烦我们。我问妹妹，妹妹也不知道。身份证上倒是有，可农村老人的出生时间，大多都是随便填上去的。

我想设法补偿母亲，回老家的次数越来越多。我甚至想尝试一下电视上的教导，给母亲洗洗脚，抱抱母亲，趁她还健康的时候。临了，又嫌矫情。无论怎样，见到我，母亲总是很高兴。她不缺零花钱，不缺吃穿，但她脸上，偶尔也会露出小孩见大人时的怯。村里人说我孝顺，我内心很惭愧，我这哪是孝？至多算供养。我好像从来就没有俯下身子贴近过她，没有真正关注过这个叫代元美的女性的精神空间。

元宵节，可以算作是农村女人唯一的节日。我们当地的风俗，正月十六是女人回娘家的日子。以前因为穷，母亲很少回娘家——这也是父母经常生气的一大因素。我给母亲备了礼物，嘱母亲去姥姥家看看。母亲说，一看你舅那个样子我就难受，还不如不去。话是这么说，母亲还是乐意回娘家的。我舅快50岁了还单着，用农村的话说就是不成人。年轻时老是赌博，家里大到架子车小到铁锨都输给人家了，女人谁愿嫁给他？

母亲回来跟我说，等到你姥做不了饭了，我把你姥接过来住一段。粮食关那年，你姥自己饿得要死，省下口粮给我们姊妹几个。要不是你姥，哪会有你们？

不久，弟弟家又添了个侄女。小侄女才四个月大，弟媳妇就撇下她出去打工了。我知道照护一个婴儿的麻烦，没日没夜的，怕母亲身体受不了，我极力撺掇弟媳妇把侄女带到一岁再出去。母亲反对，你弟弟连个房子都没有，还不让他们趁着年轻出去挣点钱？

6

弟弟不在家，我回老家更勤了。每次在村东头碰到母亲，我都以为母亲自己在家呆不住，来东头人多的地方凑热闹了。小侄女大了，知道学话了。她奶声奶气地告诉我，奶奶说你要回来，给我带有好吃的，我们在路上等你……

有一次，母亲神秘地拉住我，惴惴地问，可否帮我买一辆电动车？在我愣怔的当儿，母亲又补充，不用你再出钱，我平时积攒的就够。

我拒绝了。理由很多，你一个老人能上街几次？再说了，电动车速度那么快，根本不是你们老年人控制得了的。最关键的理由我没讲出来，母亲住在弟弟家，我怕弟媳妇怪她乱花钱。

后来，电动车还是买了。母亲惴惴地解释说，买了一个冰箱，人家加送一辆电动车。我知道这只是托词，但还是没有责怪她。我不也继承了母亲的基因，与生俱来地热爱新生事物？十几年前，我家里连台洗衣机都没有却花了将近一年的工资买了一台没用的音响。还有摩托车，哪一件搁当时不是超前消费？

对新生事物充满了渴望，这其实是一种年轻的心态。对那辆电动车，我寄予了隐隐的期望，期望它能把母亲带回到她的代元美时代。

好在母亲那次摔倒并没有骨折，有惊无险。我怕母亲再骑电动车赶集，跟她讲了很多老年人骑电动车出事的案例。当然，都是我临时编的。母亲怕给我们带来不必要的麻烦，终于同意把电动车锁上，再也不骑它了。

2012年秋，我去美国参加国际写作计划，之前的准备工作耗去了我大量时间，几个月没见母亲了。走之前，我想回老家看看。电话先打过去，我问，家里需要什么，我随车给你带回去。米啊、油啊，你上街不方便带……母亲打断我的话，啥也不缺！

晚上从家里返回县城的时候，我仍不放心，转回身又问母亲，还要啥不？

猜猜，母亲会怎么回答我？

要你！母亲竟然冒出这样“妄为”的话。

邻居笑了，你妈是想让你多回来几次。

坐到车上，我也不禁笑了。这两年，母亲好象偶尔又活回到她的少女时代，活回到代元美。她是父亲的妻子，在父亲的影子下活了几十年。她也是我们的母亲，在我们的依赖中活了几十年。现在我们终于看到，她是代元美的样子了。

父亲的故乡

看过很多写故乡的文字，总觉得故乡于我，是一个很虚很远的词。

在我10岁以前，我们一直住在淮河以南的一个小村庄里。那是一个到处是水的地方，除了给我们带来了吃不完的稻米，还有水仗、抓鱼的回忆。那个时候，象所有的孩子一样，我只知道玩乐，没有忧愁，体会不到生活的富裕或窘迫。

不记得具体哪一天，父亲突然决定离开那个叫余湾的小村，搬到淮河北面父亲的老家，张湾村。印象中好象当时有很多人来我们家游说，说是那边连宅基地都没有，为什么这么匆忙呢。父亲反复对姑姑讲过的一句话，我记得清楚：“那可是我们祖祖辈辈生活过的老家啊！”这样的话，让小小年纪的我心里充满了对父亲故乡的向往。现在想来，或许与父亲瘫痪过两年有关。归根，让他有更踏实的安全感。

张湾，是一个全村人都姓张的大村庄。而我父亲这一枝，也是村里最大的家族。家还没有安顿好，我就去了学校，隔着窗户看到那些简陋的土桌，对新家的好奇全被失望代替。我那时正上小学五年级，在有关故乡的作文中，都把笔墨无一例外地泼给了余湾。那些童年的纸风筝，啪嗒啪嗒能自动扣上的文具盒，还有姑姑送给我的小皮鞋……余湾给我的是精神和物质的富足，这一点远不是大人们口中的故乡所能取代的。直到上了高中，我还是盼着有机会回到那个余湾，在姑姑家享受四菜一汤的家常生活。

高中是在远离张湾的县城完成的，当然要寄宿。枯燥的学习，禁锢的生活，让每一个喜欢斑斓生活的年轻人都喜欢回家的感觉。家虽然破点，但是自由啊。可是，往往是回家后又盼着返校，处处拮据的日子让一个初谙世事的小青年意识到了贫穷的滋味。每一次去学校前，我都不敢提钱，好象那个话题就是一颗地雷，谁也不愿先踩上去。每次都是尴尬地跟在父亲或母亲的身后，一家一家地去借一个月五元的生活费。

暑假里，我和父亲推着一辆载满辣姜的人力车去100多里远的信阳。其间要淌过淮河，翻过一座山，才能走上柏油马路。一路上心里凉凉的，我知道这样的日子或许就是我将来的生活，我的父辈们每天都在重复着这样的疲累。晚上，住在五角钱一晚上的小旅馆里，父子俩相对无言。我更加发奋地学习，希望课堂上学到的《政治经济学》真的能发家致富。

考上大学的动力，很大程度上是来自不想过父亲这样的生活，离开这个叫故乡的张湾。那一年，我们附近的十里八乡都知道了张湾村。我父亲这个家族的显赫，不仅仅是香火旺，父亲这一辈总共有11个男丁。还因为，只有我们这个家族出了大学生，而且不只1个，是5个。

可是，象我这样一直受正统教育的唯物主义者是不会把生活与这些联系在一起的。我只记得我上大学的那年，弟弟摔折了胳膊，全家人坐在屋子里把准备做种子的蒜瓣一个个地用剪刀剪掉须和杆，卖掉换钱给弟弟治病。杯水车薪，那些钱远不足以把弟弟送到正规的大医院，他的胳膊最终只能伸到150度左右。那是我第一次为这个穷困的家落泪，无声无息地，在周围凄凉的哭声中显得那么无助。

走了，终于有理由不回家了，大学虽然在一个并不算太远的城市。第一年，我在笔记本上认认真真地记下了我所有的花费，145元。穿着土土的布鞋，在全是水泥地的大学校园里奔走。

工作分配经历了一个小小的波折。去县城教育局时看到我名字后面的工作单位是我们乡的中学，这是意料中的事，一个在城市没有任何背景的外来户，不可能为我谋得更好的工作地点。我很难过，不是因为工作在乡下，而是因为单位离我不想面对的生活太近了。我木然地去领派遣证，却被告知要再等等，“研究一下”。我后来才知道，当时的县城高中实在没法开课了才临时把我要了过去。这次阴差阳错，改变了我一辈子的命运。父亲有些骄傲，象是他自己造就了我的学业以及我在城里的工作。

去单位报到的那晚，我很踏实，终于离开了这个让我沉重的村庄。

每年的清明节，我还是要随着在城里工作的叔叔们回父亲的老家张湾。他们都在城里谋着大大小小的官，我这个教师在他们面前有点自惭。不过，回到家乡便都成了人人艳羡的城里人了，个个都是意气风发，借着祭奠祖先的名义。我的辈份最晚，跟在他们的后面，在村里很自豪地走一遍，再去那我已分不清谁谁谁的坟地。总之，光宗耀祖就好了。

听说有一年，我们的祖坟被哪个眼红妒嫉的人挖了，说是想破破我们几百年来一直很旺的风水。

这么多年来，我小心翼翼地把自己的生活习惯归向城市，比如已经习惯把偶尔回家说成是下乡。我们家有条小狗名叫来福，每次到了村头远远地听到来福的叫声我都有一种很放松的感觉。到了家门口，来福象早已与我很熟络的样子，围着我转。有一段时间到处都是狂犬病的新闻，我就打电话回去，要父亲把来福卖掉。可是，等到我再回去时，来福的叫声还是远远地从家里传来。母亲讪讪地说，养了几年了，怪舍不得的。父亲从来没有埋怨过我回家的次数少，可是，从他们对来福的感情看，一条狗养了几年就舍不下，更何况养了一个人几十年呢？我总是很坦然地把种状况归为工作忙，都是生活给逼的。后来有了电话，回去的时间就更少了。遇到不得不在老家里住一夜的时候，父母当然高兴得不得了，象客人一样招待我。去新买了毛巾，用新的铺盖，杀鸡，……反正都是待客的礼数。我有些忐忑，转念想想，我已经给他们挣足了面子，很多邻居都把我当做教育孩子的例子。我不在家时，人前人后，父亲还是在几乎没有人上学的村庄里以有一个做高中教师的儿子而骄傲。

夜晚，躺在床上看着墙壁上挂着的已经蒙了厚厚灰尘的琴盒，忽然联想到我的音乐细胞也许是父亲遗传的。可是，长大以后好象再也没有听到过父亲抚弄他的二胡了。那忧伤婉转的弦乐，其实正合了我们家的生活。

今年6月，我在青岛接到父亲病危的消息，连夜往老家赶。妹妹在电话里已经泣不成声了，父亲真的不行了。

按农村的习惯，父亲被挪到摊着稻草的地上。他的眼睛一直向着门口，直到我回去。妈妈哭着说，他就这样一直坚持了一天一夜，他是想临走前再看看他最亲的人。这是我第一次没有以一个唯物主义者的身份看待死亡。整个葬礼，我恪守着我曾经很不屑的农村的所有旧习，争取用农村里较高的规格告慰父亲的灵魂。现实中，我没有能力改变父亲的命运，我只希望，如此的安排能让父亲在另一个世界过得好一些。

父亲如愿葬在我们的老祖坟里，墓地也是经过仔细勘探过的，用风水先生的话说，是躺在奶奶的怀里。

张湾，再也不是父亲的故乡了，它象一件家传的宝，交到了我的手上。而我那顽劣的儿子，也象我当年那样，对张湾没有什么真切感情。他只有故城，哪有什么故乡。

9月份，学校发了一张表格，上面有着祖籍一栏。以前我都是漫过去，这一次，我工工整整地填上张湾村。后来看超女总决赛，单亲的艾梦萌对节日里伤感的母亲说，有妈的地方就是家。我心里一颤，这难道不是我一直想要找的答案吗？

故乡，其实就是有你最爱的人坟茔的地方。

突然哽咽

1978年，发生了一件足以改变我命运的大事：我家从淮河南岸信阳地区罗山县迁回到北岸驻马店地区正阳县。那本《三侠五义》就是在搬家时翻出来的。那是我读过的第一本与文学有关的书，书里面的那个世界——与现实世界迥异的另一个世界完全吸引了我，我从此喜欢上了阅读。

那一年我10岁，还不知道什么是精神世界，当然也不知道创造那个世界的人叫作家。但读完《三侠五义》之后，我记得我做过一个不敢示人的梦：我也写了一本书，像《三侠五义》那样的，小伙伴们都在读。

那一年，党的十一届三中全会召开，吹来改革开放的春风。随后，家庭联产承包责任制的实行，很快解决了我们的温饱问题。镇上书店里的书也多了起来，记得有一套四卷本《世界优秀中篇小说选》，每个周末我都要去看看，怕被别人买走了，过了半年，才攒够钱买回来。还有《1982年短篇小说选》，特别喜欢其中的《哦，香雪》。有次我关起门——怕被别人看到，以为我是神经病——在屋里朗诵。

1984年，我考到县城高中。最先熟悉的两个地方是书店和图书馆，前者在县城主要街道上，而图书馆则隐在一个热闹的菜市场后面，刚建成不到一年。那几年没有怎么好好上课，读了很多课本之外的书，高考时，语文竟然考了全县第一。

大学毕业回到县城高中，头几年拼命工作，想在单位站稳脚跟。后来结婚生子，又过了一段手忙脚乱的日子。再去图书馆时，那里冷冷清清，与外面各种热闹的娱乐场所形成鲜明对比。

1998年，我在埋头阅读时突然想起10岁时的那个梦，于是开始提笔写一些小品文。第一篇《教师手记》不到2000字，发表在《教师博览》上，后又被《青年文摘》转载，仅稿费就1000多元，是我工资的两倍。这样写了几年，小县城报刊亭几乎所有的刊物都被我一一攻下。2006年，河南省作家协会吸收我为会员。我还清楚地记得办证的苗姓工作人员说的恭喜话：你现在是作家了！

2007年，当高铁飞驰，进一步缩短城市与城市之间的距离时，我开始转向真正的文学创作。有一次我去北京出差，站在鲁迅文学院的大门前感叹：我这辈子要是能来这儿学习一次就好了。5 年之后，梦想成真——我被省里推荐到鲁迅文学院青年作家英语班学习。在北京学习期间，我的短篇小说《嫂子》获得了梁斌小说奖短篇小说一等奖。北京新闻出版局“原创推新”工程也资助我出版了我的第一部小说集《温暖的棉花》。

第二年，我被批准加入中国作家协会。年底，受爱荷华大学邀请、美国国务院教育文化局出资赞助，我和另外 4 名中国作家赴美参加中美青年作家文化交流。作为一名基层中学教师，我做梦都没想过能代表中国作家出国访问。

2016 年 6 月，河南省作家协会、河南省文学院联合为包括我在内的 8 名作家举办了“中原八金刚”作品研讨会。我没预想过这一天，省内外著名评论家、作家齐聚大河锦江饭店宽敞的会议室，讨论我这个基层作者的作品。轮到我发言时，我突然哽咽，语不成句，泪如泉涌。

我知道，那哽咽里有我的激动，那泪水里有我的梦想。当祖国的经济腾飞时，文化也插上了飞翔的翅膀。广博的阅读和持续的创作让我找到了自己的价值，实现了人生梦想。

胡天翔小小说四题

胡天翔，新蔡县人，河南省作协会员，河南省小小说学会理事。在《阳光》《百花园》《四川文学》等刊物发表小说多篇，出版有长篇小说《避雷针》。

麦

我家有十亩地。北地五亩，东地也是五亩。

十亩地，一亩种了油菜，九亩种了麦子。薅了东地的油菜，拖磙碾好晒场，又要收麦了。先收北地的麦子。边割边拉，四把镰刀忙碌一天，收的麦子不到两亩。其实，说是四把镰刀，我十二岁，妹妹十岁，两个孩子能出多少力。割麦累得母亲腰酸背疼，拉麦靠父亲装车架把，就连黄牛拉套也比我出的力多。

忙了三天，北地的麦子才割完。我牵牛，父亲驾把，母亲用叉子推车，最后一架子车麦子拉进晒场，太阳已落到树梢了。母亲说：“早上天气预报说没雨，要不麦秆不垛了。”母亲还望着北边说：“他家的麦杆都在场里堆着。”北边是田大河家的晒场。父亲往北看了看，说：“人家的麦子晒两个日头就能打场了，咱不能和他比。”父亲还说：“明天还要割麦，怕天变了，还是把麦秆垛起来吧。”

垛垛也累人，先歇一歇。父亲燃了一根烟，一口接一口地抽起来。母亲让我进看场的棚子里拿收音机，再听听天气预报。在收麦的的日子，天气预报至关重要啊。虽然，有时候收音机预报的并不准。天气预报说没雨，父亲还要垛垛。把架子车扣到麦垛上，我踩住它爬上垛。父亲和母亲一叉接一叉地把麦子甩上垛，我一脚脚地踩实了。麦子垛完，星星已长满了夜空，如宝石闪着光；站在高高的麦垛上，我觉得抬手就能摘下一颗。

垛好麦子，母亲牵牛，父亲拉着架子车回家了。我躺在棚子里的床上听单田芳说《三侠五义》，等父亲吃过饭来换我。听完评书，父亲没来，饥饿的感觉却来了。我拽了一把麦穗，揉碎麦芒，吹去麦壳子，把一粒粒饱满的麦子塞进了嘴里。新麦的清香却让我更饿了。出了棚子，我站在地头向村里望。村东的树林里隔一会儿就亮起一束光，那是打着手电筒来看场的人。那些光往别处去了，不是父亲。九点多，父亲才打着手电筒，胳膊上搭条毛毯来了。阿黄也跟着父亲来了，它绕着我的腿转圈。

循着路的白光，我向村里走去。阿黄也跟着我回家了。它一会儿跑到前面，一会儿跟在我屁股后面。走到树林里，迎面过来了一束光。那束光照到阿黄，一个孩子的声音说：“狗。”阿黄倏地蹿走了。那束光落到我的脸上，刺得我捂住了眼。一个大人的声音说：“小华，别瞎照！”是田大河和他儿子田小华。他们也是来看场的。我不想理他们，径直往前走了。

因搭地边，我们家和田大河家有过纠纷。去年秋播，父亲先耩的豆子，田大河后耩的玉米。田大河竟把我家的豆子翻了出来。父亲和田大河评理。田大河说父亲没留地墒沟，父亲说田大河不该多耩半耧地。说着说着，两个人吵起来，要不是村里人拦住，还差点打起来。从此，两家人见面都不说话。

到了家，饭在锅里留着。两个馒头，半碗炒茄子，一碗黄豆稀饭，我一阵狼吞虎咽。给牛拌了草料，母亲和妹妹在堂屋里睡了。给阿黄扔了半个馒头，我把院子的门锁上了。我睡在过道的西屋里。

我往床上一躺，一会儿就睡了。夜里，我正做梦割麦哩，却迷迷糊糊听见有人拍打院门。从床上坐起来，我听见有人在喊：亮子！开门！亮子！开门！是父亲。打开院门，才发现下雨了，院子里都是水，雨滴噗噗哒哒落在屋瓦上。父亲进了屋，身上竟然湿漉漉的。脱了湿衣服，拿毛巾擦去身上的雨水，父亲裹着毯子睡了。父亲咋回来了？下雨了，棚子漏水？父亲睡了，我也不好问。吹灭灯，我躺在父亲的脚下睡了。是一场阵雨，一会就停了。挨着父亲，我感到父亲的腿凉凉的。

清晨，太阳出来了。母亲已经知道父亲夜里回来了。吃早饭时，母亲把馍筐放到桌上，说：“夜里咋回来了？是不是棚子漏水？”父亲拿起一个大馍，说：“不是棚子漏水，是给大河家垛垛。”母亲停下叨菜的筷子，看着父亲说：“冒雨给他家垛垛，你忘了他咋耩的地了？”“你看你，那是一场的麦子嘛！夜里雨来得急。一刮风，大厂、铁头都去了，没垛完雨就下了。”父亲说。其实，母亲也不是真责怪父亲，不过借机发点牢骚。

吃过早饭，母亲把父亲的湿衣服扔在水盆里，洗了、晾了。拿着镰刀去东地里转一圈，父亲回来说：“麦地里粘脚，歇一天，明儿再割麦。”

说是歇一天，屋里的活也不少。我找出一大卷破化肥袋子，母亲拿针线补袋子上的窟窿。把牛从圈里牵出来，父亲拿起铁锨和粪箕子清理牛粪。我和妹妹也被母亲分了活，捡黄豆种里面的瘪豆子。

收罢麦就该耩豆子啦。

父亲刚清完牛粪，阿黄却在院门口汪汪地叫起来。

田大河来了。田大河从镇上买了两瓶白酒，杀了个公鸡，喊父亲去他家吃午饭。田大河说："一民哥，大厂、铁头都去了，今天下不了地，干不成活，咱们喝两杯。"父亲说着不去不去，田大河还是连推带拽地把他拉走了……

又是个晴天了，还是四把镰刀，东地的四亩麦子一天就割完了。

我和妹妹都没有割麦，帮忙的是田大河和他媳妇刘小娥。

豆

"豆腐——换豆腐哦——"

清晨，吆喝声在村口一响，我就坐不住了。

我在烧锅，母亲在炸酱豆。豆秆在锅肚里滋滋啦啦地燃烧，那吆喝声却如鼓点在耳边敲打；炸酱豆的香味飘满灶屋，我却想着鲜嫩的豆腐。

"娘，俺去换豆腐吧。"

"急啥，炸好酱豆再去。"

酱豆好炸，五六把火一烧，锅就滚了。要掀大锅起馒头和稀饭，母亲让我拿着面瓢去堂屋里搲豆子。豆子在堂屋东间的瓦缸里。缸上面盖着锅簰。锅簰上压着两块砖头。拿掉砖头，掀开锅簰，蹬腿、弯腰，头伸进缸里，我搲出一满瓢豆子。怕豆子洒了，我把瓢里的豆子又抹进缸里一些。

秋天，我家种了三亩豆子，收了八袋黄豆。种麦买化肥卖了四袋，轧豆油、轧人造肉用了一袋，晒两盆酱豆用了半袋，就剩半缸豆子了。半月月把，母亲才同意换块豆腐。可能年轻的你会说，打豆浆喝也不错，可是1990年的农村没有豆浆机啊。

我端着豆子出来，妹妹在院子里等我。她拿了一个大瓷碗，要和我一起去。平常，妹妹不乐意做我的跟班：我下池塘里捉鱼摸蛤儿，让她端个盆，她都噘嘴；我爬树摘梨打枣，让她递根棍，她都瞪眼。今天，听母亲说我去换豆腐，她却愉快地跟着我。我知道她是想监督我，怕我偷吃豆腐。看我出去，小狗阿黄也摇头摆尾地跟着。这个小东西，它也要监督我嘛？

换豆腐的叫庞大成，是前村庞围子的。进了杨楼，庞大成在村口吆喝过了，就挑着担子来到池塘边的水井旁，摸出烟袋嘴，边吸烟边等村里人去来换豆腐。我端着豆子正走着，田大河赶上来了。他端着一小胶盆的豆子。他看着我端的豆子说："真干净，我得排在你前面，要不然庞夹子（因和螃蟹的读音相近，村里的人喊庞围子的人叫庞夹子）该挑毛病了。"说完，田大河快步走了。其实，他一个大人，就是不加快脚步，我也跟不上啊。

来到井边，我看见有六个人围着庞大成和他的豆腐担子。他们等庞大成过缸子。庞大成换豆腐不用秤。庞大成带着一个白色的瓷缸子，他用缸子量豆子：一缸子豆子换一大块豆腐。等了好一会，我才把面瓢里的豆子端给庞大成。他把豆子倒进缸子里：不到两满缸子。庞大成竟切了两大块豆腐。庞大成端着豆子让大家看，说："看人家的豆子干净又饱满。"庞大成还指着刚离开的田大河说："那货端来的豆子又瘪又脏，我真不想换给他，让他回家啃他媳妇的豆腐吧。"庞大成的话，让大家乐得前仰后合，来换豆腐的杨铁头笑得碗里的豆子都洒了出来。

两块豆腐端回来了。按母亲的计划，中午煎一块，留一块生臭豆腐。

母亲要洗衣服，我和妹妹在院子里踢毽子。正踢着呢，阿黄却呼地跑了出去，在院门口地汪汪叫着。这狗东西耳朵灵，有个啥动静，它都跑出去叫两声，我们懒得管它。可是，这次阿黄的叫声越来越急促，呜呜呜地乱叫。我们还听见一个女孩在大声地喊："大姐！大姐！"母亲放下衣服，甩着手上的泡沫子就出去了。

原来是小姨来了。

小姨是骑着大舅家的自行车来的。从外婆家到陈店街四里路，从陈店街到杨楼六里路，一共十里路呢。妹妹和小姨亲。小姨给她买了一个粉红的蝴蝶结，她别在马尾辫上，拿着小镜子左照照右照照，拉住小姨的手一口一个小姨地叫着。我坐在院子的阳光里，无聊地翻着一本连环画。母亲边洗衣服边和小姨说话。母亲问外婆的腿还疼嘛，问大舅母还那么扣嘛，问人家给小姨介绍的对象相见了嘛。小姨说外婆还得拄拐，说大舅母连自行车都不想借，说那个男孩挺老实已定亲了。说到那个男孩，小姨声音很低，不过我还是听见了。

母亲把衣服洗净、晾好，屋檐的影子已缩到墙根。该做午饭了。不年不节的，家里没鱼没肉；虽然养了五只母鸡，还指着它们下蛋，就是母亲舍得，小姨也不让杀啊。母亲就在小锅里炕油馍。豆腐是煎了，两块豆腐都煎了，不是做菜，是炖了豆腐汤。母亲还切了一个大萝卜，加了一把粉条、两根人造肉，炖了大半锅豆腐汤。我们都吃饱了，还给父亲留了两碗汤，三个油馍。

吃过午饭，小姨和妹妹在院子里说话，母亲却把我叫进堂屋。母亲又要给小姨带东西了。母亲常说她和大姨三姨四姨都出嫁了，三个舅舅又不当家，小姨偎着外婆受苦了。可是，我们家又能有什么呢？吃盐灌灯油，都指望卖鸡蛋换钱；一年到头，我和妹妹才换一身新衣服。钱、衣服，母亲都给不了小姨。母亲只有给小姨装点黄豆。

找来一个化肥袋子，我用手支着袋口，母亲拿面瓢去缸里搲豆子。看吧，一瓢豆子倒进袋子里，一顿煎豆腐没了；又一瓢豆子倒进袋子里，四盘炒豆芽又没了。看母亲一瓢接一瓢地搲着，我都心疼。这不能怪我霸家，怨那个物质贫乏的年代啊。第六瓢豆子搲出来，我掂一掂袋子说："够了吧中了吧，咱还得留种哩。"母亲看了看缸里的豆子，还是又搲了两瓢。用绳子把袋口扎住，母亲掂着袋子放在堂屋条几前的地上。

瞅母亲出去了，我使劲朝袋子踢了几脚。

太阳西斜，小姨要走了，母亲进堂屋把装黄豆的袋子掂了出来。

把袋子放在自行车的后架上，母亲拿绳子正绑着，豆子却漏了出来。

黄橙橙的豆子一粒粒落到地上，跳跃着、滚动着......

猪

那是个星期天。娘在大锅里煮红薯馏馍，在小锅里炸酱豆。蘸酱豆，亮子吃两个大馍。喝了红薯茶，把碗端进灶屋，亮子见爷爷在吸烟袋哩。

亮子，咱去白小庄剃头吧。爷爷问。

不去，俺看卖猪哩。亮子说。

去，给你买瓜子。爷爷说。

不去，白小庄狗多。亮子答。

亮子七岁，在王庙小学读一年级。星期天，亮子和爷爷去过白小庄，一溜的狗跟着叫，亮子害怕。爷爷笑笑，把烟袋塞进褂子兜里，推着那辆“凤凰”出了院子。家在村东头，爷爷骑着“凤凰”出了村子，往东干渠走。春三月，太阳越升越高，又红又大。爷爷越骑越远，越来越小，成了一个黑点。后来，“黑点”翻过干渠，看不到了。过干渠往东两里路，就是白小庄了。

回到院里，亮子见爹和娘在拌猪食。要卖猪了，让它吃个肚儿圆，多卖两个钱。红薯捏碎了，倒涮锅水，撒红薯叶，添麦麸子，爹拿木棍搅拌着。拌了一大盆一小盆。猪早饿了，头伸到猪圈外，嗷嗷地叫。娘拿起木棍敲它，猪往后退。猪食放进圈里，猪大口大口地吞，好像知道再吃不到似的。喂了猪，爹让亮子去看王大国来了没有。王大国是陈店镇上的猪贩子。

亮子站在村口往东干渠上望，干渠上连个人影都没有。日头爬上树梢了，猪都尿了两泡，还没王大国的影子。

王大国说一早来哩。爹说。

王大国多精，他等猪消了食再来。娘说。

日头正南了，王大国的三轮车来了。车斗里还站个扛秤的。看到院子门口堆的砖、水泥、沙子，王大国说，一民老弟，都准备好了，是不是卖了猪就要盖新房了？爹说，拿啥盖，瓦还没买哩。王大国说，买瓦用不了你一头猪钱，都知道你会养大猪。老乡，哭啥穷，攒恁些钱弄啥，别让老鼠哐了。扛秤的说。

可惜了猪的两泡尿。拽着、赶着，把猪弄出圈。拴猪的绳子系到树上，三个男人动手了，猪被掀翻了，蹄子不停地蹬，嗷嗷大叫。爹和扛秤的使劲摁住猪腿，王大国用麻绳捆了两个左腿，又捆了两个右腿。四条腿都捆上了，猪站不起来了，躺在那儿哼哼。称猪是要下力气的，王大国让烟，三个人点上了。

爹找来一根细檩。细檩插进铁条缠的提扭里，秤钩子钩住拴猪腿的麻绳，爹和扛秤的弯腰弓背扛了起来。猪又嗷嗷叫起来，头乱扭。三百多斤的大秤，王大国把称砣挪到了秤梢，停在二百八十斤的秤星上，不升不降。有恁重？王大国不相信。爹和扛秤的又扛了一回，还是二百八十斤。信了。

一斤猪肉五块钱。王大国没给现钱。他给爹打了个欠条：欠胡一民一头猪钱，280×5=1400 元。王大国。王大国的字像鬼画符，一笔一画扭得像草秧子。爹接过欠条，看了看，装进褂子兜里。爹信王大国的条子。

午饭是擀面条。卖了猪，娘炒了两个鸡蛋。喝了一碗，亮子又盛一碗。正喝着哩，院门口进来一个人。那个人推的是“凤凰”。是爷爷骑走的。柱子，你咋来了？爹问。那个叫柱子的人沉声地说，一民哥，不好了，俺俊清伯走了。啥，柱子你说啥？爹问。咋啦？俺爹咋啦！娘问。一民哥，俺俊清伯走了。柱子说。

柱子从白小庄来的。对爷爷的死，柱子是这样说的。吃了午饭，爷爷在五保户“白瞎子”家里睡午觉。后来，“白瞎子”醒了，爷爷还没醒。“白瞎子”又吸了一锅烟，爷爷还没有醒。剃头的人三三俩俩地来了，“白瞎子”喊：老伙计、快醒醒，剃头的来了。爷爷还是静静地躺着。“白瞎子”拉爷爷的手，才发觉爷爷已经走了。

爷爷在梦里走了。没有痛苦。

爷爷回来了。爹和叔用架子车拉回来的。爷爷静静地躺在堂屋明间的灵床上。"报丧炮"响过了，村里的亲戚和邻居来吊丧，娘和婶哭，女人们劝慰着。爹和叔商量着给爷爷治丧的事。

第二天，爹去陈店镇上找王大国要猪钱。天没亮，爹就在绑架子车。要买酒买肉、买米买面、买油买菜，还要买丧葬品。爹用绳子把架子车连在“凤凰”的后座上，让亮子坐在架子车上。要买的东西多，爹让亮子看架子车。

王大国给了猪钱。王大国还赊给爹一扇猪肉。把猪肉抬到架子车上，王大国说，是你家的猪哩，刚杀的。王大国说，肉钱不用急，啥时有钱啥时还。猪贩子王大国还是有大义的。

东西买齐了，回到家，天快晌午了。院子里都是人，两个姑姑来了，在哭，有人在劝；男的坐在一起说话。离得远，来得迟的两个姑奶奶没进村子就哭，娘和婶劝了好一会。晚上，亲人们止了悲伤，坐下来吃饭。院子里，哀伤的气氛淡了些，空气里有了肉味和酒香。

爷爷下葬那天，爹没有让亮子去。三天后圆坟，爹让亮子去了。青烟袅袅，黄裱纸化成了灰烬。亮子跪在坟前，给爷爷磕了三个头。亮子跟着爹绕着坟正着转了三圈，反着转了三圈。

爷爷走了，卖猪的钱花完了，没钱盖新房子了。爹又赊回来两头小猪。年底，两只小猪长大了，都卖给了王大国。爹买了一个猪头，是献给爷爷的祭品。

除夕夜，爹给爷爷烧纸。亮子给爷爷磕头。亮子听见爹给爷爷说：爹，今天是三十了，有馍你先吃，有肉你先吃，出了正月，咱就盖房子……

牛

要拉麦秸了，爹让亮子牵牛。

麦秸是烧锅的引火，是牛的草料。东地离家二里远，麦秸垛在地里，隔天去背包麦秸，麻烦不说，还怕被人一把火点了。爹就把麦秸从地里拉回来，垛在宅子里。

爹拉着空架子车在前面走，亮子牵着牤牛跟着。亮子家喂了两头牛。一头是牤牛，一头是母牛。母牛快下牛犊了，奶包坠得像个大葫芦，不舍得让她干重活。牤牛三岁了，头大如斗，四肢如柱，尾巴一甩起疾风，牛虻都不敢趴在它屁股上。三岁的牤牛，比十一岁的亮子还高。

碎麦秸杂乱地堆在地头。一条长凳垫在车把下，爹用叉子装麦秸。不用压车把，亮子就去南河里放牛。南河不远，水边野草茂盛。车子快装满了，爹就喊：小亮，小亮，牵牛来。来啦！来啦！亮子应。牤牛正吃草哩，挣着脖子不走；亮子掰根荆条抽牤牛的屁股。牤牛走了。

要扎车了，亮子得压车把。牤牛拴在长凳上。爹试了试架子车的轻重、平衡，又朝架子车后面装了几杈麦秸。架子车的车帮上绑了四根长棍。装完麦秸后，车帮和长棍都看不到了，只剩两个轮子驮着一座麦秸山。爹用粗粗的缏绳在架子车的麦秸上束个 X 形。

在平坦的路上，牤牛拉车不费劲，架子车很顺当地向前走。进村，架子车要越过一面土坡。坡不长，下坡十来米，上坡十来米。上坡有点陡，一个人是拉不上去的。下坡时了，亮子紧拽牛绳，让牛走慢点，架子车稳稳地下到坡底；上坡了，亮子牵着牛快步向上走，拉架子车上去。

拉回来的麦秸，杂乱地堆在宅子里。鸡子们咯咯地跑过来，不停扒拉着，寻麦粒。树上的小鸟也飞下来，一只、两只、一群鸟儿落了下来。人来了，鸡子们不怕，仍咯咯地叨着麦粒；小鸟却吱吱叫着，飞到树上。有两只鸟儿飞进了堂屋西山的耳洞里。

亮子家的堂屋是去年四月盖的。四间堂屋，红砖红瓦，大出封。爷爷走了两年，亮子家的新房子才盖起来。房子是杨铁头领人盖的，工钱还欠着哩。

一晌午，拉了三架子车。人要吃午饭，牤牛也该歇歇。娘用涮锅水和了两盆麦糊子水，娘给母牛端一盆，亮子给牤牛端一盆。吃过饭，还牵牛拉麦秸。每次，亮子一回来，别的鸟儿都飞到树上了，那两只鸟儿总是飞进西屋山耳洞里。耳洞里有它们的窝？它们在那里孵小鸟？想着、想着，亮子明白了。亮子就盼快点拉完麦秸，好掏鸟窝，捉小鸟。

最后一架子车，麦秸装得多些。装好车，爹照例要扎车。爹用右脚踩着车把，左脚使劲蹬地，双手使劲拉绳。怕绳子倒回去，亮子在爹身后紧紧拽住绳头。爹低头，弯腰，身子像一张拉满了的弓。绳扎好了，爹出了一头汗，拿脖里的毛巾擦了。歇了一会，爹把叉子插在麦秸上，把长凳横架在车把上。套上牛套，亮子牵牛拉车回家。

架子车下坡了，亮子还在想着掏鸟窝。亮子牵着牤牛悠悠地向上走，牛连拴架子车的缏绳都没拉直。上坡了，爹发觉架子车太沉了，直往下坠。爹明白了牤牛没使上劲，抬头就喊：小亮、小亮，快牵牛。亮子醒悟过来，晚了，架子车往坡下退，拉直了缏绳；牤牛向上走，拉紧了牛套。只僵持一会，牛套被挣断了，牤牛蹿上坡，架子车像炸堤的洪水滚到了坡底。爹被车袢绳带倒了。亮子也被牤牛拽倒了。牤牛跑进了村子。亮子跑下坡，爹已站起来了。爹的胳膊上、腿上，有几处刮破了皮，向外渗血。爹伸手扯住亮子的耳朵：你咋牵的牛！嗯！你咋牵的牛！嗯！亮子疼得呲牙咧嘴，不敢吭声。

牤牛跑回家了，娘牵着来了。好在架子车没有翻，爹解开绳子，用叉子把麦秸正了正，娘帮着扎好车，爹把牛套结好，套上牛。亮子牵着牛，娘用叉子在后面推，架子车爬上了土坡。

用酒精清洗过伤口，爹躺在床上睡了。爹累了，明天再垛麦秸。

亮子把牤牛栓到杨树上，耳朵还火辣辣地疼。亮子找来一根竹枝，狠狠地抽牤牛的屁股：该你跑你不跑，嗯！不让你跑你非跑，嗯！牤牛被抽得绕着树转圈，哞哞直叫，把小鸟都吓飞了。抽了两圈，亮子想起还要掏鸟窝，就丢了竹枝。

真巧，西屋山下有棵楝树。树有一把粗，亮子抱住往上爬。爬到耳洞处，老鸟吓得从洞里飞出来，亮子伸手进去掏，摸到了毛茸茸的小鸟。亮子捉住一只，贪心不足，又捉了一只。鸟儿握在手上，热呼呼的，吱吱叫，用小嘴啄着亮子的手，痒丝丝的。下树了，亮子一只手拿着两只小鸟，一只手抱树。一对老鸟护子心切，俯冲过来，要叨亮子。亮子手忙脚乱，一下子没抱紧树，摔了下来。

小鸟羽翼刚满，飞了。亮子没有翅膀，直坠而下。

娘来了，爹来了，又还喊来杨铁头，用架子车拉亮子去了王楼。看病的王九开说："骨头折了，赶紧往县城送吧！"在正新路上，拦了一辆大篷三轮车，爹和亮子被拉到新蔡县城。

亮子住院了。右腿轻微骨裂。

住了半个月，亮子回家了，走路得拄拐。

亮子回家了，牤牛却不见了。娘说，给你看腿，爹把牤牛卖了。亮子就怕爹再打自己。爹没打亮子，还去陈店镇上买了猪牛羊的骨头，让娘给亮子熬汤喝。骨头汤补钙。一个月后，爹带亮子去县城做了复查。医生说恢复得很好，没事了，不用拄拐了。

亮子回来的第二天，母牛下了牛犊子，一个牤牛蛋子。爹很高兴，牛犊子三天，爹又去了趟镇上，割了一大块猪肉，瘦肉娘包饺子了，肥肉炖成"刀头"敬老天爷。爹还放了一挂长鞭，院子里炸满了鞭炮屑，一片红。

爹还让亮子跟他去南河里挖螃蟹。爹掂着铁锨，亮子提着小铜，往南河去。亮子的腿真好了，一点也不瘸。挖回来的螃蟹敲碎了，拌成牛料，给母牛下奶。小牛犊吃饱了奶，长得快。

一年，小牛犊能长成大牤牛嘛。

（原载《百花园》，《微型小说选刊》转载，荣获2017～2018年度河南省小小说学会优秀作品奖）

田春雨诗选

田春雨，笔名田地，河南省作家协会会员，西平县作家协会主席，西平县第八届、九届政协委员，西平县第十批专业技术拔尖人才。曾在《诗刊》《星星》《北京文学》《北方文学》《诗选刊》《岁月》《绿风》等刊物发表作品，获2017年度河南省"七个一"网络文学优秀奖、河南省"抗日战争暨世界反法西斯战争胜利70周年"楹联诗词大赛二等奖、《诗选刊》“好好生活—好好爱”诗歌比赛二等奖等各类奖项 30 余次，作品入选《中国网络诗歌前沿佳作赏析（上）》《2016 中国年度散文诗选》《河南诗歌年选》等重要年度选本。出版有诗集《油灯点亮的村庄》《故园吟》。

土　　地

土地的心底
藏匿着父亲写给尘世的一封绝交信：
走失的牲畜，皆有来路
消逝的春秋，属于你我水质的云梯
皆有入海口。放下屠刀的手，可以种百花
守着土地的土地公，掌握着草木的根本
也难以帮助走投无路的灵魂赎回罪证
误食农药的麻雀，春风允许成为一块土坷垃一枚发霉的花生种子沉沉睡去，秋风亦不揭发

慈　　悲

春风生暖，慈悲为怀。想寄一封信给万里江山
牛羊的属相和姓氏，长在河坡上春风借草木修缮人间
年前，有一声羊咩：苍凉、低沉、困于肺腑从菜市场口响到今天
妈妈。妈妈。仿佛一直在捂着嘴喊仿佛春风寄来的这封信忘记落款

四　　月

适合一场葬仪
在麦地里，生长一条通往内心的捷径

人间的悲欢
悄悄滋生暗斑。恰逢雨意渐浓

可以挖掘一个大词
给四月一小块封地。给远方一个父亲

春草，懒洋洋舒展，仿佛刚刚
领取了俸禄：从黄土的家里，从少年的怀中

雨声埋下一捧回望的骨殖
春风翻译洁白的孤独为麦浪起伏……

命　　运

流水总是低头行走。潺潺。匆匆
帮我寻找你背叛光阴的样子。从春天
开始，草木打开内心的暗疤。给曲折的山路
引入错落的云层。给一只羊
画地为牢。捡一块石头，刻上温暖的名字
故意忽略它的棱角。赶一匹骆驼过沙漠
走着走着，成了西风瘦马。观一只秋蜘蛛
你说，它在静静结网，吐露生活的纹路
而一只蜻蜓的逆袭，没有小荷出席
是不合时宜的败笔。此刻，若返回，我将看到
被光阴抛弃的华丽外套，在流水中
左右摇摆，烟囱的倒影吐着脏话
上下浮沉，肥皂泡怀抱鱼泡肥胖的幻觉

几　　何

幼儿园的诵读声
透过围墙上，圆形、方形、梯形、菱形、扇形的
洞孔，缀饰着西后街的春天

圆形的，似鸟鸣。晨露在嫩草叶上滚铁环。球形的影子
窝藏着内心弹性的最大值
方形的，似警笛。池塘干涸了，关闭仰望的
天窗，即可锁住苍穹低垂的四个角。城市斑马线，则是流动的门
走进去，可以踩住奔波之苦的七寸
菱形的，似叹息。枯枝摆动春风的腰肢，找到新生的节奏
扇形的，似流水淙淙。缓缓舒展的光阴，终会缓缓收拢
旁观的沙漏绘制波浪状的沧海桑田，遍野皱纹横生
梯形的，似嚎啕大哭。断桥的脊梁，与远游的地平线
或交叉，或平衡。戴着面具的楔形文字，脸上不会有动静

这期间，夹杂着
若有若无的，酒樽状的哀乐。源自幼儿园的隔壁
似一个精心打制的三角形。“对酒当歌，人生几何”
在这里，空间和时间——两腰正好相等

秋雨淅沥

想要落在绿叶上的雨
不小心落在了一截枯枝上
“咔嚓”一声枯枝断了
雨滴就落在了儿子的眼角
“你的眼角尚不适合雨珠落脚”
父亲说这话之前，刚刚撂下一句狠话
“我就是进火葬场
也不回这里了”——一枚羊蹄印
拓在儿子心底，盖着一片发黄的桐树叶

想要落在人民医院的连阴雨
就请落到农历二月吧。那时，桐叶还在树上
羊还在圈里。父亲尚未摆脱尘世的纠缠

落　日

我要写的落日
是剔除修辞的落日：一个帝国的日不落
我要写的落日
是放弃意义的落日：它的价值观和一颗土豆
一样，沾满泥土
我要写的落日
此刻，夹在小城的两座高楼之间
夹在塔吊臂 90 度的腋窝里
落日之下，小洪河不舍昼夜
古往今来。从我体内经过
时清醒，时低迷……
而落日也从我的体内经过
——这来自于祖辈的遗传，他们的所指
也即是一碗苞谷粥，稠乎乎的光

麦　地

若把这一行行青绿的麦苗
比喻为杜野老的诗句，光阴会不会误读？
当作黄土地献给人间的颂辞
则会引发田鼠掏空的危险，还可能招来老鸹
而你想把这一行行青绿的麦苗
嫁接为匍匐的铁栅栏，那一座座坟茔该作何想？
或许铁锁已锈死，矿灯已熄灭。纸花圈的红和黄
则是一扇门关闭时发出不同颜色的惊叹
现在正值隆冬时节。麦苗仍一年年吐露青绿
你的父亲还会给麦地浇水。你没有看到
我的父亲，正给一首祭诗里送来种子
和雨滴。“麦地深处，您耕耘着一代人的回忆录……”

索 引

主题索引

说 明

一、本索引采取主题分析法，按汉语拼音字母（同音字按声调）顺序排列。阿拉伯数字、字母开头的条目排在索引末尾。

二、类目、分目的标题用黑体字；条目用宋体字、图表用楷体字。

三、索引名称后的数字表示内容所在的页码，数字后的英文字母（a、b）表示栏别（即指该页自左至右的版面区域）。

四、“附见”放在类目或条目下面，前空两格。

五、名称有简繁之分或内容有交叉的条目，为便于读者检索，在索引中重复出现。

六、全市性内容条目，可在“驻”“市”或“中共”字头中查阅。

K

L

M

N

P

Q

R

S

T

W

Z

图照索引

说明

一、本索引采取主题分析法，按汉语拼音字母（同音字按声调）顺序排列。
二、索引名称后的数字表示内容所在的页码。